Manuali di base
64

Giovanni Sabbatucci
Vittorio Vidotto

Il mondo contemporaneo

Editori Laterza

www.laterza.it

Prima edizione 2002
Nuova edizione riveduta 2009
Nuova edizione aggiornata gennaio 2019

Edizione
2 3 4 5 6

Anno
2019 2020 2021 2022 2023 2024

Questo libro è stampato
su carta amica delle foreste

Stampato da
SEDIT - Bari (Italy)
per conto della
Gius. Laterza & Figli Spa
ISBN 978-88-593-0042-7

Indice del volume

Premessa all'edizione 2019 xv

1. Borghesia e classe operaia 3

1.1. I caratteri della borghesia 3
1.2. La cultura del positivismo 5
Parola chiave **Progresso** 6
1.3. Lo sviluppo dell'economia 7
1.4. La rivoluzione dei trasporti e delle comunicazioni 9
1.5. Dalle campagne alle città 11
1.6. Quattro esempi di rinnovamento urbano: Parigi, Londra, Vienna e Chicago 16
1.7. La nascita del movimento operaio e la Prima Internazionale 17
1.8. La Chiesa cattolica contro la modernità borghese 20
Sommario 22
Bibliografia 23

2. La seconda rivoluzione industriale 25

2.1. Crisi e protezionismo 25
Parola chiave **Liberismo/Protezionismo** 27
2.2. Acciaio, chimica ed elettricità 28
2.3. Nuovi traguardi per la scienza medica 31
2.4. La crescita demografica 32
Sommario 33
Bibliografia 35

3. Le grandi potenze europee 36
3.1. Le potenze continentali 36
Parola chiave **Potenza** 37
3.2. Le guerre di Bismarck e l'unità tedesca 40
3.3. La Comune di Parigi 43
3.4. L'Impero tedesco e la politica di Bismarck 44
3.5. La Repubblica in Francia 48
3.6. Il liberalismo in Gran Bretagna 50
3.7. La Russia tra arretratezza e modernizzazione 51
Sommario 53
Bibliografia 54

4. Due nuove potenze: Stati Uniti e Giappone 56
4.1. Gli Stati Uniti a metà '800 56
4.2. La guerra civile americana 59
4.3. Gli Stati Uniti potenza mondiale 61
4.4. La via giapponese alla modernità 63
Parola chiave **Modernizzazione** 65
Sommario 66
Bibliografia 67

5. Gli imperi coloniali 68
5.1. L'Imperialismo 68
Parola chiave **Imperialismo** 69
5.2. La conquista dell'Africa 71
5.3. Le guerre boere 76
5.4. La conquista dell'Asia 77
5.5. Gli europei in Cina 81
5.6. Il dominio coloniale 82
Sommario 84
Bibliografia 85

6. Governare l'Italia unita 86
6.1. Demografia, economia e società 86
6.2. La classe politica e i primi provvedimenti legislativi 89
Parola chiave **Accentramento/Decentramento** 91
6.3. Le rivolte contro l'unità e il brigantaggio 92
6.4. L'economia e la politica fiscale 93
6.5. La conquista del Veneto e la presa di Roma 95
6.6. Il governo della Sinistra 98
6.7. La crisi agraria e la politica economica protezionista 100
6.8. La politica estera e il colonialismo 102
6.9. Socialisti e cattolici 105
6.10. Crispi: rafforzamento dello Stato e tentazioni autoritarie 107
Sommario 110
Bibliografia 113

7. La società di massa 115
7.1. «La moltitudine s'è fatta visibile» 115
7.2. Sviluppo industriale e organizzazione del lavoro 117
7.3. La nazionalizzazione delle masse: scuola, esercito e suffragio universale 119
7.4. Partiti di massa, sindacati e riforme sociali 122
7.5. Il movimento operaio e la Seconda Internazionale 123
7.6. I primi movimenti femministi 126
7.7. La Chiesa e la società di massa 128
Parola chiave **Secolarizzazione** 130
7.8. Nazionalismo, razzismo e antisemitismo 131
7.9. La crisi del positivismo e le nuove scienze 133
Sommario 136
Bibliografia 138

8. L'Europa e il mondo agli inizi del '900 140
8.1. Le contraddizioni della *belle époque* 140
8.2. Nuove alleanze in Europa e nuovi equilibri mondiali 141
8.3. I focolai di crisi 143
8.4. Le democrazie occidentali: Francia e Gran Bretagna 146
Parola chiave **Intellettuale** 148
8.5. Gli imperi centrali: Germania e Austria-Ungheria 151
8.6. La Russia: la rivoluzione del 1905 e la guerra col Giappone 154
8.7. La Cina dall'Impero alla Repubblica 158
8.8. L'imperialismo statunitense 160
8.9. L'America Latina e la rivoluzione messicana 162
Sommario 163
Bibliografia 165

9. L'Italia giolittiana 166
9.1. La crisi di fine secolo 166
9.2. La svolta liberale 168
9.3. Decollo dell'industria e questione meridionale 169
9.4. Giolitti e le riforme 173
9.5. Il giolittismo e i suoi critici 175
9.6. La guerra di Libia e il tramonto del giolittismo 176
Parola chiave **Massoneria** 178
9.7. Socialisti e cattolici 180
9.8. La crisi del sistema giolittiano 182
Sommario 184
Bibliografia 185

10. La prima guerra mondiale e la rivoluzione russa 187
10.1. Venti di guerra 187
10.2. Una reazione a catena 188
10.3. 1914-15: dalla guerra di logoramento alla guerra di posizione 191

10.4. 1915: l'intervento dell'Italia 193
10.5. I fronti di guerra (1915-16) 196
10.6. Guerra di trincea e nuove tecnologie 200
10.7. Il "fronte interno" 202
Parola chiave **Propaganda** 205
10.8. 1917: l'anno della svolta 206
10.9. La rivoluzione russa: da febbraio a ottobre 209
10.10. La rivoluzione russa: dittatura e guerra civile 211
10.11. 1918: la sconfitta degli Imperi centrali 214
10.12. Vincitori e vinti 216
10.13. Il mito e la memoria 220
Sommario 222
Bibliografia 224

11. L'eredità della Grande Guerra 226
11.1. Le conseguenze economiche della guerra 226
Parola chiave **Inflazione** 228
11.2. I mutamenti sociali 229
11.3. Stati nazionali e minoranze 230
11.4. Il "biennio rosso": rivoluzione e controrivoluzione in Europa 232
11.5. La Germania di Weimar 236
11.6. Il dopoguerra dei vincitori 238
11.7. La Russia comunista 241
11.8. L'Urss da Lenin a Stalin 243
Sommario 247
Bibliografia 249

12. Dopoguerra e fascismo in Italia 250
12.1. Le tensioni del dopoguerra 250
12.2. I partiti e le elezioni del 1919 253
12.3. Il ritorno di Giolitti e l'occupazione delle fabbriche 255
12.4. L'offensiva fascista 258
Parola chiave **Squadrismo** 259
12.5. Mussolini alla conquista del potere 260
12.6. Verso il regime 263
12.7. La dittatura a viso aperto 266
12.8. I regimi autoritari negli anni '20 268
Sommario 269
Bibliografia 271

13. La grande crisi: economia e società negli anni '30 272
13.1. Sviluppo e squilibri economici 272
13.2. Gli Stati Uniti: dal boom al crollo di Wall Street 273
13.3. Il dilagare della crisi 276
13.4. La crisi in Europa 277

13.5. Il *New Deal* di Roosevelt 279
13.6. Il nuovo ruolo dello Stato 281
13.7. Nuovi consumi e comunicazioni di massa 282
Parola chiave **Ceto medio** 283
13.8. La scienza e la guerra 286
13.9. La cultura della crisi 287
Sommario 289
Bibliografia 291

14. L'Europa degli anni '30: totalitarismi e democrazie 292

14.1. L'eclissi della democrazia 292
14.2. Totalitarismo e politiche razziali 294
Parola chiave **Totalitarismo** 294
14.3. L'ascesa del nazismo 296
14.4. La costruzione del regime 299
14.5. Politica e ideologia del Terzo Reich 301
14.6. L'Urss e l'industrializzazione forzata 305
14.7. Lo stalinismo, le grandi purghe, i processi 307
14.8. Le democrazie e i fronti popolari 309
14.9. La guerra civile in Spagna 313
14.10. L'Europa verso la guerra 317
Sommario 319
Bibliografia 321

15. Il regime fascista in Italia 323

15.1. Lo Stato fascista 323
Parola chiave **Consenso** 326
15.2. Un totalitarismo imperfetto 327
15.3. Scuola, cultura, informazione 329
15.4. La politica economica e il mondo del lavoro 331
15.5. La politica estera e l'Impero 335
15.6. La stretta totalitaria e le leggi razziali 337
15.7. L'antifascismo italiano 339
Sommario 342
Bibliografia 344

16. Il declino degli imperi coloniali 346

16.1. La crisi dell'egemonia europea 346
16.2. Rivoluzione e modernizzazione in Turchia 347
16.3. Nazionalismo arabo e sionismo 348
16.4. La lotta per l'indipendenza in India 350
16.5. La guerra civile in Cina 352
16.6. L'imperialismo giapponese 356
16.7. L'Oriente in guerra 357
16.8. L'Africa coloniale 358

16.9. L'America Latina fra le due guerre mondiali 359
Parola chiave **Populismo** 360
Sommario 361
Bibliografia 362

17. La seconda guerra mondiale 364

17.1. Le origini e lo scoppio della guerra 364
17.2. L'attacco alla Polonia 367
17.3. La disfatta della Francia e la resistenza della Gran Bretagna 368
17.4. L'Italia e la "guerra parallela" 372
17.5. 1941: l'entrata in guerra di Urss e Stati Uniti 374
17.6. Resistenza e collaborazionismo nei paesi occupati 376
17.7. La *Shoah* 379
Parola chiave **Genocidio** 380
17.8. Le battaglie decisive 383
17.9. Dallo sbarco in Sicilia allo sbarco in Normandia 386
17.10. L'Italia: la caduta del fascismo e l'armistizio 387
17.11. Resistenza e guerra civile in Italia 389
17.12. La fine della guerra e la bomba atomica 394
Sommario 397
Bibliografia 400

18. L'età della guerra fredda 402

18.1. La nascita dell'Onu 402
18.2. I nuovi equilibri mondiali 405
Parola chiave **Nucleare** 408
18.3. Ricostruzione e riforme 410
18.4. L'Urss e le "democrazie popolari" 412
18.5. Rivoluzione in Cina, guerra in Corea 417
18.6. Il Giappone: da nemico ad alleato 420
18.7. Guerra fredda e coesistenza pacifica 421
18.8. Le democrazie europee e l'avvio dell'integrazione economica 424
18.9. Distensione e confronto: gli anni di Kennedy e Kruscëv 428
18.10. Nuove tensioni nei due blocchi: guerra del Vietnam e crisi cecoslovacca 430
18.11. La Cina di Mao Zedong 434
Sommario 437
Bibliografia 439

19. La decolonizzazione e il Terzo Mondo 441

19.1. La crisi degli imperi coloniali 441
19.2. L'indipendenza dell'India 444
19.3. Le guerre d'Indocina 446
19.4. Il mondo arabo e la nascita di Israele 448
19.5. L'Egitto di Nasser e la crisi di Suez 451
19.6. L'indipendenza del Maghreb 452

19.7. Le guerre arabo-israeliane 454
19.8. Tradizionalismo e modernizzazione in Turchia e Iran 456
19.9. L'indipendenza dell'Africa nera 457
Parola chiave **Neocolonialismo** 460
19.10. Il Terzo Mondo: non allineamento e sottosviluppo 462
19.11. Dittature e populismi in America Latina 464
Sommario 467
Bibliografia 469

20. L'Italia repubblicana 471
20.1. L'Italia nel 1945 471
Parola chiave **Mafia** 472
20.2. La Repubblica e la Costituente 477
20.3. La Costituzione e il trattato di pace 478
20.4. Il tempo delle scelte 481
20.5. De Gasperi e il centrismo 484
20.6. Il "miracolo economico" 488
20.7. Il centro-sinistra e le riforme 491
Sommario 494
Bibliografia 496

21. La civiltà dei consumi 498
21.1. La crescita demografica 498
21.2. Il boom economico 500
21.3. Nuovi consumi e politiche sociali 502
Parola chiave **Consumismo** 503
21.4. Le nuove frontiere della scienza e della tecnologia 504
21.5. Le imprese spaziali 506
21.6. Un pianeta più piccolo: trasporti e comunicazioni di massa 508
21.7. Critica del consumismo e contestazione giovanile 511
21.8. Il nuovo femminismo 514
21.9. Chiesa e società: il Concilio Vaticano II 515
Sommario 518
Bibliografia 520

22. Anni di cambiamento 521
22.1. La fine dell'"età dell'oro": la crisi petrolifera 521
Parola chiave **Monetarismo** 523
22.2. I problemi dell'ambiente 524
22.3. Crisi delle ideologie e terrorismo 526
22.4. Gli Stati Uniti: da Nixon a Reagan 528
22.5. L'Unione Sovietica: da Brežnev a Gorbačëv 529
22.6. Il dialogo Usa-Urss 532
22.7. Mutamenti politici in Europa occidentale 533
22.8. Le nuove democrazie nell'Europa meridionale 535

22.9. L'America Latina e la fine delle dittature 536
22.10. Nuovi conflitti nell'Asia comunista 538
22.11. La Cina dopo Mao 540
22.12. Il Giappone: successi economici e debolezza politica 541
Sommario 542
Bibliografia 544

23. La caduta dei comunismi in Europa 546

23.1. Un impero in crisi 546
23.2. Il crollo del Muro di Berlino e la riunificazione tedesca 548
23.3. La fine delle "democrazie popolari" 549
23.4. La dissoluzione dell'Urss 551
23.5. Conflitti etnici e guerra in Jugoslavia 553
Parola chiave **Pulizia etnica** 554
23.6. La Russia postcomunista 557
23.7. Gli Stati Uniti: la difficile gestione di una vittoria 559
Sommario 561
Bibliografia 563

24. L'Unione europea 564

24.1. Il progetto europeo fra utopia e realismo 564
24.2. L'allargamento della Cee 565
Parola chiave **Europeismo** 566
24.3. La creazione dell'Unione europea 567
24.4. L'euro e le politiche di austerità 568
24.5. La scena politica europea tra XX e XXI secolo 570
24.6. L'allargamento dell'Unione tra progressi e resistenze 571
Sommario 574
Bibliografia 575

25. Il nodo del Medio Oriente 576

25.1. Un'area contesa 576
Parola chiave **Fondamentalismo** 577
25.2. La pace fra Egitto e Israele 578
25.3. La rivoluzione iraniana 579
25.4. La guerra del Golfo 581
25.5. La questione palestinese 583
25.6. La diffusione dell'integralismo islamico 586
Sommario 587
Bibliografia 588

26. Declino e crisi della Prima Repubblica 590

26.1. Contestazione e riforme 590
26.2. Violenza politica e crisi economica 593
26.3. Terrorismo e "solidarietà nazionale" 595
26.4. Politica, economia e società negli anni '80 598

26.5. La crisi del sistema politico 601
26.6. Una difficile transizione 602
Parola chiave **Proporzionale/Maggioritario** 606
26.7. La "rivoluzione maggioritaria" 607
26.8. Il centro-sinistra e la scelta europea 610
Sommario 613
Bibliografia 614

27. La terza rivoluzione industriale e la globalizzazione 616

27.1. La rivoluzione informatica 616
27.2. La Rete 618
27.3. Economia globale e finanza internazionale 619
27.4. Il governo dell'economia mondiale e la tutela dell'ambiente 621
27.5. Le trasformazioni nel mondo del lavoro e dell'industria 623
27.6. Mutamenti demografici e migrazioni 625
Parola chiave **Multiculturalismo** 628
27.7. Questioni di genere 630
27.8. Le religioni nel mondo contemporaneo 632
27.9. Medicina e bioetica 634
Sommario 636
Bibliografia 638

28. Sviluppo e disuguaglianza 640

28.1. Le economie emergenti 640
28.2. La Cina potenza mondiale 641
28.3. Il Giappone e le "tigri asiatiche" 644
28.4. Lo sviluppo dell'India 646
28.5. L'America Latina: dalle crisi allo sviluppo 647
Parola chiave **Debito estero** 648
28.6. Il nuovo Sudafrica 651
28.7. La geografia della povertà: l'Africa subsahariana 653
Sommario 658
Bibliografia 660

29. Il mondo islamico e lo scontro con l'Occidente 661

29.1. L'attacco all'Occidente 661
29.2. La guerra contro il terrorismo 662
29.3. La mancata stabilizzazione 664
29.4. Gli sviluppi della questione palestinese 666
Sommario 668
Bibliografia 669

30. Scenari del XXI secolo 670

30.1. Crisi finanziaria, crisi economica 670
30.2. Gli Stati Uniti e la presidenza Obama 672

30.3. Da Obama a Trump 674
30.4. La Russia di Putin 676
30.5. L'Europa e la crisi del debito 678
30.6. L'avanzata dei populismi 680
30.7. Le "primavere arabe" 684
30.8. L'Isis e i conflitti nel mondo islamico 688
Sommario 691
Bibliografia 693

31. L'Italia nel XXI secolo 694
31.1. Le trasformazioni sociali 694
31.2. La stagione del centro-destra 697
31.3. Crisi economica e instabilità politica 700
31.4. La supplenza dei tecnici 701
31.5. Un equilibrio precario 702
31.6. Renzi e le riforme 704
31.7. Nuovi equilibri e nuove forze politiche 707
Sommario 708
Bibliografia 710

Indice dei nomi 711

Premessa all'edizione 2019

Questa nuova edizione del volume *Il mondo contemporaneo* mantiene i caratteri strutturali di quelle che l'hanno preceduta, ma presenta numerose novità rispetto a un'opera che, derivata da un testo scolastico, ha poi conosciuto una larga circolazione soprattutto come testo universitario. Nuova è la scelta del termine *a quo*: si parte, anziché dalle rivoluzioni del '48, dal quadro socio-economico e culturale dell'Europa di metà Ottocento, per arrivare fino ai nostri giorni.

Cambiano inoltre, rispetto alle edizioni precedenti, gli equilibri interni della narrazione: si è cercato infatti, com'è nella tradizione di quest'opera, non solo di allargare lo spazio dedicato agli eventi e alle problematiche dell'ultimo trentennio, oltre la fine del "secolo breve", ma anche di dar conto, fin dai primi capitoli, di nuovi contributi e approcci storiografici.

Anche le note bibliografiche, naturalmente, sono state aggiornate, così come le cartine e le "parole chiave".

G.S. V.V.

Il mondo contemporaneo

1. Borghesia e classe operaia

1.1. I caratteri della borghesia

Le rivoluzioni del '48-49 si erano concluse con un totale fallimento. Nessuno degli esperimenti democratici aveva retto all'urto dell'ondata restauratrice. I vecchi sovrani erano tornati sui loro troni dappertutto, salvo che in Francia (dove però l'istituto monarchico era stato ripristinato sotto altra forma). Le istituzioni rappresentative erano state quasi ovunque cancellate o soffocate dal ritorno dei metodi assolutistici. Al clima di generale conservatorismo e alla sostanziale staticità delle strutture politiche faceva però riscontro un processo di profondo mutamento della società: un processo che aveva per principali protagonisti i ceti borghesi, ma che coinvolgeva anche, sia pure più lentamente, le classi proletarie.

Tra il 1850 e il 1870 la borghesia europea conobbe una stagione di crescita e di affermazione. Nonostante fosse ancora condizionata dalla persistenza delle vecchie gerarchie sociali e fosse pesantemente sacrificata nella distribuzione del potere, la borghesia riuscì in questo periodo a presentarsi come portatrice e depositaria degli elementi di novità e trasformazione – lo sviluppo economico, il progresso scientifico –, a far valere la sua influenza e le sue idee-guida: il merito individuale, la libera iniziativa, la concorrenza, l'innovazione tecnica.

Le stratificazioni della borghesia

Chi erano i protagonisti di questa fase della storia europea, che non a torto è stata definita come «età della borghesia»? Allora come oggi il termine "borghesia" serviva a definire una gamma molto ampia di figure e posizioni sociali. Al vertice si collocavano i magnati dell'industria e della finanza, che aspiravano ad assumere gli stili di vita tipici dell'aristocrazia e, dove ciò fosse possibile, a mescolarsi con essa grazie soprattutto ad accorte politiche matrimoniali che univano i privilegi del denaro a quelli del lignaggio. Al di sotto si collocavano i gruppi e le categorie sociali che più propriamente si possono definire borghesi. Innanzitutto i ceti "emergenti", la cui fortuna era legata allo sviluppo dell'industria e del commercio: imprenditori e dirigenti d'azienda, mercanti e banchieri. Accanto a loro, la borghesia più tradizionale: quella che traeva i suoi proventi dalla terra, quella che esercitava le professioni (avvocati, medici, ingegneri) e quella che occupava i gradi medio-alti della burocrazia statale. Un gradino più in basso si situavano impiegati e insegnanti, piccoli commercianti e piccoli professionisti: insomma quell'area dai confini non ben definiti che già allora veniva indicata come *ceto medio* o piccola borghesia. Nel complesso, la borghesia costituiva una fascia piuttosto ristretta della popolazione: in Gran Bretagna, intorno al 1870, i borghesi in senso lato non erano più del 20%; e la percentuale scendeva al 2% circa se si prendevano in considerazione solo gli strati urbani superiori (senza contare, dunque, il ceto medio e la borghesia agraria).

Lo stile borghese

Nonostante la varietà delle sue componenti, la borghesia europea tendeva a esprimere una propria cultura e un proprio stile di vita, i cui tratti essenziali si possono ricondurre a un modello unitario. Lo stile di vita borghese doveva essere visibile nei segni esteriori. Ad esempio, nell'abbigliamento, cui uomini e donne delle classi superiori dedicavano molta cura e che rappresentava, assai più di quanto accade oggi, il principale segno distintivo di una condizione sociale. Grandi cure erano destinate anche all'arredamento. Le abitazioni borghesi non avevano certo lo sfarzo né l'ampiezza dei palazzi aristocratici. Requisiti tipici della casa borghese erano piuttosto la solidità e la razionalità senza sprechi degli spazi e delle funzioni domestiche. All'interno, però, l'abbondanza degli addobbi, dei quadri e dei soprammobili, l'attenzione al particolare e il gusto della decorazione rivelavano l'esigenza di tradurre il successo e la ricchezza in simboli visibili e tangibili.

Accanto a questa esigenza – e nonostante l'adozione dei modelli aristocratici, presenti soprattutto negli strati superiori – i valori fondamentali dell'etica e della cultura borghese restavano quelli tradizionali. L'austerità, la moderazione, la propensione al risparmio, la capacità di reprimere gli istinti erano le virtù capitali per il borghese-tipo, quelle che gli permettevano di legittimare moralmente la propria posizione nella società. Questa componente moralistica si rifletteva in particolare nella struttura della famiglia: una struttura patriarcale basata sull'autorità del capofamiglia e sulla subordinazione della donna. Nella società borghese, la donna era generalmente esclusa dalle attività lavorative anche se aveva un ruolo decisivo nella sfera privata della tutela della famiglia e della cura dei figli.

Morale e rispettabilità

Come si giustificava l'intransigenza borghese in materia di morale familiare e sessuale? Proprio in quanto protagonista di un'ascesa sociale recente, priva di una consolidata accettazione, la borghesia doveva costruire e difendere un'immagine di rispettabilità (che non derivava, come per gli aristocratici, dall'appartenenza a un ordine privilegiato) e doveva quindi dotarsi di quei saldi princìpi morali che ne giustificavano la nuova posizione sociale.

In realtà, non tutti i borghesi praticavano scrupolosamente queste virtù: le cronache della borghesia ottocentesca pullulano di speculatori disonesti, di avventurieri senza scrupoli, di individui dalla doppia moralità. Ma l'idea secondo cui solo certe doti morali potevano garantire il mantenimento o il miglioramento delle posizioni acquisite era largamente accettata (e difesa spesso da una larga dose di ipocrisia).

La povertà come peccato

Ne discendeva la convinzione, ampiamente condivisa e ripetutamente enunciata, secondo cui chi occupava i gradini inferiori della scala sociale era colui che di quelle doti era sprovvisto. In altre parole, la povertà era un difetto morale o quanto meno il frutto di colpe ataviche. I poveri rimanevano poveri perché non conoscevano l'arte del risparmio e non erano in grado di dominare i loro bassi istinti. Così veniva spiegata, fra l'altro, la diffusione tra le classi subalterne della delinquenza, dell'alcolismo, della prostituzione. Al contrario, si pensava che chiunque possedesse accortezza, moderazione e capacità di sacrificio potesse raggiungere i traguardi più ambiziosi, in termini di ricchezza e di rispettabilità.

1.2. La cultura del positivismo

Ottimismo borghese e progresso scientifico

Profondamente convinto della validità dei suoi princìpi e fiducioso nelle proprie capacità, il borghese europeo della seconda metà dell'800 era anche animato da una illimitata certezza nel progresso generale dell'umanità. Questo diffuso ottimismo poggiava soprattutto su due pilastri: lo sviluppo economico [▶1.3] e le conquiste della scienza. Negli anni 1850-70, la chimica, la fisica, la biologia e tutte le scienze della natura conobbero importanti progressi teorici e tornarono a occupare, come nell'età dell'Illuminismo, una posizione di preminenza nell'ambito della cultura europea.

Il positivismo

Sui progressi della scienza si fondò essenzialmente una nuova corrente intellettuale, il positivismo, che cominciò ad affermarsi verso la metà del secolo e venne poi allargando la sua influenza fino a contrassegnare una lunga stagione della cultura occidentale e diventare una sorta di mentalità diffusa, un metodo generale di ricerca e di interpretazione della realtà. Il positivismo fu prima di tutto un indirizzo filosofico che considerava la conoscenza scientifica – quella basata su dati "positivi", cioè reali, oggettivi – come l'unica valida e applicava i metodi delle scienze naturali a tutti i campi dell'attività umana, dall'arte all'economia, dalla psicologia alla politica.

Il pensatore francese Auguste Comte (1798-1857) fu il fondatore della nuova filosofia e il primo a tracciare i lineamenti di una "scienza della società", ossia della moderna sociologia. In seguito il filosofo inglese Herbert Spencer (1820-1903) ne elaborò un'interpretazione in chiave evoluzionistica, fondata sulla convinzione che mondo sociale e mondo biologico obbedissero a leggi analoghe, che trovò largo seguito soprattutto nel mondo anglosassone. Dal settore degli studi filosofici il positivismo venne allargando la sua influenza a tutti gli altri campi del sapere. Fra i maggiori esponenti della cultura positivista si annoveravano infatti studiosi di economia e di politica, giuristi, storici, letterati e soprattutto scienziati.

parola chiave

Progresso

Nel linguaggio comune, "progresso" è sinonimo di "avanzamento" o di "sviluppo". In termini storico-filosofici, credere nel progresso significa pensare che il corso della storia sia necessariamente orientato verso un graduale miglioramento della condizione umana, verso un aumento del benessere materiale o della ricchezza spirituale dei singoli e della collettività. L'idea moderna di progresso è nata con l'Illuminismo: tipica della cultura illuministica è infatti una concezione laica della storia, che considera la natura umana in grado di perfezionarsi e la felicità realizzabile nel mondo degli uomini (e non solo nell'aldilà). Ma è certamente l'epoca del positivismo quella in cui l'ideale di progresso ha conosciuto la sua maggiore affermazione, fino a costituire il nucleo centrale della cultura borghese nella seconda metà dell'800. Per i positivisti il progresso è il risultato di leggi insite nello sviluppo storico, più che della volontà dei singoli (gli uomini possono tutt'al più agire per accelerare il progresso o per rallentarlo). Ma si tratta di leggi scientifiche, analoghe a quelle che regolano l'evoluzione del mondo naturale; e l'accento è posto non tanto sul progresso "spirituale", quanto sullo sviluppo tecnico e materiale. Questa idea di progresso è entrata in crisi alla fine dell'800, assieme a tutto il sistema culturale e filosofico legato al positivismo.

Darwin. Una nuova storia del genere umano

Il rappresentante più significativo e più noto del nuovo spirito "positivo" fu appunto uno scienziato: il grande naturalista inglese Charles Darwin (1809-1882). In un'opera dal titolo *L'origine delle specie*, uscita nel 1859 e diventata subito celebre, Darwin formulò, sulla base di lunghe osservazioni scientifiche sul mondo animale, una compiuta teoria dell'evoluzione, destinata a divenire pietra miliare degli studi biologici successivi. Secondo questa teoria, la natura è soggetta a un incessante processo evolutivo, guidato da un meccanismo di selezione naturale che determina la sopravvivenza (e la riproduzione) degli individui meglio attrezzati per reagire alle sollecitazioni dell'ambiente e la scomparsa degli elementi meno adatti. L'uomo stesso, secondo Darwin, non è che il risultato dell'evoluzione di organismi più elementari, l'ultimo anello di una catena biologica che procede dai protozoi fino ai mammiferi più complessi. La teoria evoluzionistica contraddiceva le credenze religiose sulla creazione dell'uomo direttamente ad opera della divinità e forniva gli elementi per una storia del genere umano radicalmente alternativa a quella offerta dalle Sacre Scritture. In questo modo il darwinismo si inseriva nel quadro più generale della cultura "positiva", che tendeva a liberare l'uomo da ogni forma di condizionamento soprannaturale, a immergerlo completamente nel mondo della natura, a sostituire le certezze delle religioni rivelate con quelle delle scienze esatte.

Il darwinismo sociale

Se da un lato la teoria dell'evoluzione si prestava a essere interpretata in chiave ottimistica, come prova della possibilità di progresso indefinito della specie umana, dall'altro il principio della selezione naturale poteva essere utilizzato per consacrare il diritto del più forte nei rapporti fra gli individui, tra le classi e anche fra gli Stati. Una concezione divenuta popolare alla fine dell'800, anche per le sue implicazioni razziste, e definita dai suoi oppositori come «darwinismo sociale».

1.3. Lo sviluppo dell'economia

All'ascesa della borghesia corrispose, tra la fine degli anni '40 e l'inizio degli anni '70, un periodo di forte espansione economica non solo nel nuovo settore industriale, ma anche in quello tradizionale dell'agricoltura: entrambi si avvantaggiarono dello sviluppo delle ferrovie, che favorirono la circolazione e lo scambio delle merci e aprirono anche le campagne alla penetrazione dell'economia di mercato.

I fattori dello sviluppo

Diversi sono gli elementi portanti che concorrono a sostenere questa fase di sviluppo. Alcuni sono nuovi, altri rappresentano l'applicazione diffusa o il perfezionamento di fattori già presenti soprattutto in Gran Bretagna.

Sul piano produttivo questa è l'età del ferro (o più precisamente della ghisa) e del carbone, e la macchina a vapore costruita in ferro e alimentata a carbone vi svolge un ruolo da assoluta protagonista: sia come forza motrice nelle fabbriche, che abbandonano la ruota idraulica e si convertono alla meccanizzazione alimentata dal vapore, sia come locomotiva nelle ferrovie e come motore per la navigazione [▶ 1.4]. Fra il 1850 e il 1870, la potenza in cavalli vapore delle macchine fisse per l'industria crebbe di tre volte in Gran Bretagna, di cinque volte in Francia, di quasi dieci volte in Germania. Questi dati suggeriscono che lo sviluppo economico avvantaggiava le "nuove" potenze industriali – la Francia del Secondo Impero e la Germania in via di unificazione – consentendo loro di ridurre il divario che le separava dalla Gran Bretagna.

Le nuove normative e il libero scambio

Nell'Europa centro-orientale, dove più forti erano le sopravvivenze dell'antico regime, furono smantellati gli ordinamenti corporativi che regolamentavano l'esercizio dei mestieri ostacolando la mobilità del lavoro e l'innovazione tecnologica. Furono definitivamente abrogate le vecchie leggi (mai seriamente applicate) che proibivano il prestito a interesse. A questa larga liberalizzazione, risultata dalla rimozione dei vincoli giuridici, si affiancava la diffusione del libero scambio. Nel giro di pochi anni caddero le numerose barriere che si frapponevano alla libera circolazione delle merci: dazi interni e soprattutto ai confini fra gli Stati. Una serie di trattati commerciali, che prevedevano forti riduzioni delle tariffe doganali, fu stretta tra le principali potenze europee. Il libero scambio favorì in primo luogo la Gran Bretagna che, grazie al suo ruolo di maggiore potenza industriale e commerciale, poteva offrire i suoi prodotti a prezzi competitivi sui mercati stranieri; ma finì col giovare anche agli altri paesi europei, in quanto, provocando la scomparsa delle imprese meno attrezzate per reggere alla concorrenza, favorì la modernizzazione dell'apparato produttivo.

Capitali e banche

Un ruolo decisivo giocò in questa fase lo sviluppo delle organizzazioni finanziarie. Da un lato si moltiplicarono le società per azioni, che permettevano agli imprenditori di ridurre il rischio degli investimenti e di sopperire al bisogno di capitale raccogliendolo fra numerosi sottoscrittori. Dall'altro le banche assunsero una funzione decisiva nel promuovere lo sviluppo, incanalando i capitali disponibili verso gli investimenti produttivi. Nacquero a questo scopo, soprattutto in Francia e in Germania, "banche di investimento" (o "banche d'affari"), la cui funzione principale non consisteva tanto nel fornire prestiti a breve termine per operazioni commerciali, quanto nel sostenere iniziative di ampio respiro con finanziamenti a lunga durata. Fu questo il caso delle banche di credito mobiliare sorte nella Francia del Secondo Impero o delle banche miste tedesche, chiamate così perché svolgevano contemporaneamente due funzioni: quella tradizionale della raccolta del risparmio e dell'offerta di credito a breve termine e quella nuova dell'investimento a lungo termine nelle imprese industriali.

1.4. La rivoluzione dei trasporti e delle comunicazioni

La costruzione di linee ferroviarie, treni e navi a vapore fu certamente un prodotto della rivoluzione industriale, ma al tempo stesso contribuì potentemente ad alimentarla. La rivoluzione dei trasporti non ebbe solo conseguenze di ordine economico, ma influenzò significativamente abitudini e modi di pensare della gente comune: dei borghesi che commerciavano o viaggiavano per istruzione e per turismo, ma anche dei ceti popolari (lavoratori che emigravano, manovali impiegati nelle costruzioni ferroviarie, contadini che vendevano i loro prodotti sul mercato). La stessa immagine del mondo cambiò radicalmente, com'era avvenuto ai tempi delle grandi scoperte geografiche; e l'idea di un mondo unito, le cui parti erano legate fra loro da stretti rapporti di interdipendenza, cominciò a farsi strada nella coscienza di molti.

Il boom delle ferrovie

All'inizio degli anni '50 esistevano in tutto il mondo circa 40 mila km di ferrovie: 15 mila negli Stati Uniti e 25 mila in Europa (di cui 11 mila nella sola Gran Bretagna). Dieci anni dopo,

La rete ferroviaria negli Stati Uniti d'America nel 1870

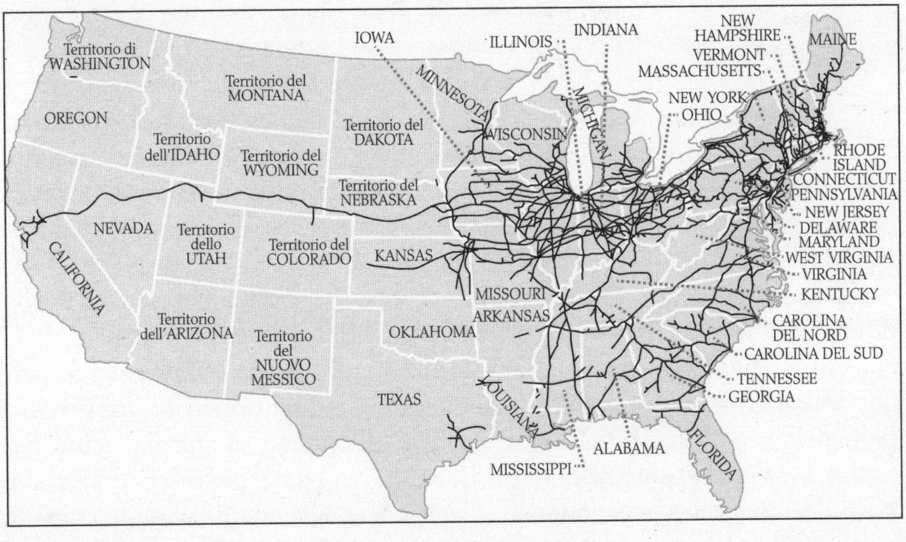

l'estensione della rete ferroviaria mondiale era quasi triplicata (110 mila km, di cui più della metà nel Nord America). La crescita continuò, con un ritmo di poco inferiore, nei due decenni successivi, favorita dai grandi progressi dell'ingegneria civile, che permisero di superare gli ostacoli naturali e di portare le linee ferroviarie anche nelle zone più impervie. Nel 1871 con l'inaugurazione del primo grande traforo delle Alpi, quello del Fréjus tra Francia e Italia, furono abbreviati di ventiquattr'ore i collegamenti con l'Europa del Nord. Ma gli sviluppi più spettacolari si ebbero negli Stati Uniti, dove le costruzioni ferroviarie accelerarono notevolmente la conquista dei territori dell'Ovest: nel '69 fu aperta la prima linea transcontinentale da New York a San Francisco, fino ad allora raggiungibile solo via mare. Fra il 1860 e il 1880, le ferrovie penetrarono in vaste aree dei continenti extraeuropei, soprattutto nelle colonie britanniche (India e Australia) e nell'America Latina.

La navigazione a vapore

Più lenta fu l'affermazione del vapore nel campo dei trasporti marittimi. Nell'800, le navi a vela avevano raggiunto un notevole grado di efficienza: i *clippers* (velieri veloci impiegati per il trasporto transoceanico soprattutto di merci leggere come il tè e le spezie) battevano in velocità gli *steamers*, battelli a vapore inizialmente azionati da grandi ruote a pale e dotati di vele ausiliarie, appesantiti dall'esigenza di imbarcare il carbone necessario per alimentare le macchine. Perciò solo dopo il 1860, con l'introduzione dell'elica al posto della ruota e con la sostituzione degli scafi in legno con quelli in ferro, le navi a vapore furono potenziate e divennero decisamente competitive in termini di velocità, oltre che di capacità di carico, soprattutto nelle rotte verso l'Asia dopo l'apertura del Canale di Suez (1869) [►5.2] , dove i velieri non potevano manovrare.

La rivoluzione delle comunicazioni

Contemporaneamente alla rivoluzione dei trasporti, un'altra trasformazione non meno radicale si ebbe nel campo della comunicazione dei messaggi, grazie alla diffusione del telegrafo. Negli anni '50 e '60, tutti i paesi europei si dotarono di un sistema di comunicazioni telegrafiche. Nello stesso periodo, nuove tecniche di isolamento dei fili metallici consentirono la posa dei primi cavi telegrafici sottomarini: la Manica fu attraversata nel 1851, l'Atlantico nel 1866.

La comunicazione dei messaggi era così svincolata per sempre dalla dipendenza dai mezzi di trasporto e la velocità di diffusione delle notizie aumentò in modo vertiginoso. Da allora diventò possibile concludere istantaneamente transazioni finanziarie con paesi lontani, impartire direttive diplomatiche in tempi rapidissimi, guidare gli eserciti da zone distanti dal fronte. Una rivoluzione nella rivoluzione si verificò nel settore giornalistico, dove l'uso del telegrafo potenziò il ruolo delle agenzie di stampa, come la

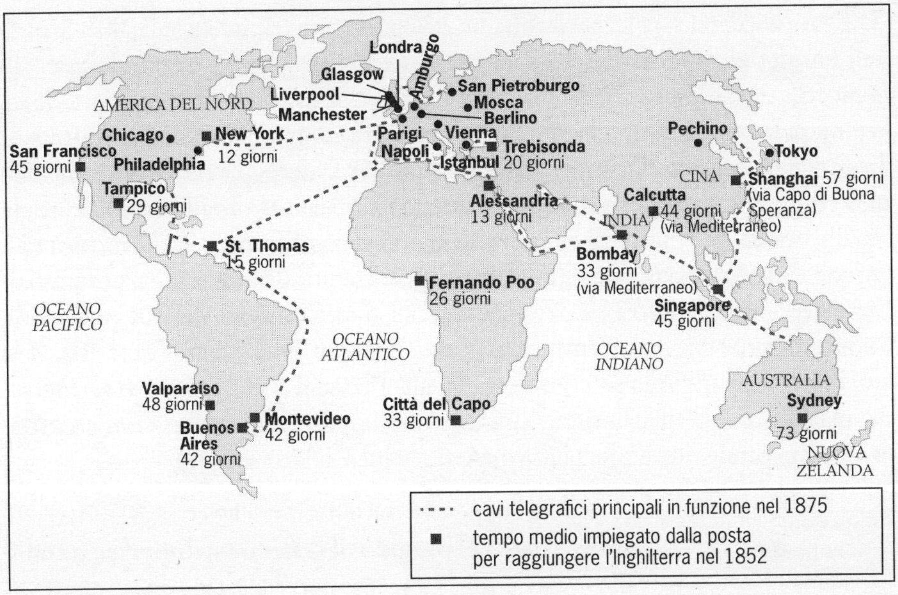

Comunicazioni postali e telegrafiche (1852-75)

francese Havas, la britannica Reuters, la tedesca Wolff, l'italiana Stefani (fondata nel 1853 con l'appoggio di Cavour): fornendo notizie ad altri organi di informazione – quotidiani, riviste, ecc. –, esse divennero veicoli indispensabili per l'acquisizione e diffusione delle notizie in tempi rapidissimi da tutto il mondo.

1.5. Dalle campagne alle città

Il mondo rurale

Intorno alla metà dell'800, in tutta l'Europa continentale erano i lavoratori della terra a costituire la grande maggioranza della popolazione attiva. Il mondo contadino presentava tuttavia forti differenze fra Stato e Stato e fra regione e regione. La Gran Bretagna, con una popolazione agricola formata in buona parte da lavoratori salariati, rappresentava un caso isolato. Così come un caso limite era costituito dalla Russia, con i suoi 20 milioni e più di servi della gleba, liberati solo nel 1861 [▶3.7]. In Francia la tendenza all'aumento della piccola proprietà contadina, favorita in parte dalla rivoluzione del 1789, continuò a manifestarsi per tutto l'800. Negli Stati tedeschi e nei paesi dell'Impero asburgico una serie di leggi di emancipazione emanate fra il 1815 e il 1850 aveva gradualmente abolito le ultime forme di lavoro servile e avviato il processo di privatizzazione della terra.

Diversi furono però i beneficiari di queste trasformazioni. Nel Sud e nell'Ovest della Germania, la scomparsa del regime feudale lasciò il posto alla piccola e media proprietà. Nelle regioni tedesche a est dell'Elba, nonché in buona parte dell'Europa orientale, la privatizzazione della terra andò invece a vantaggio dei grandi proprietari, mentre, per la maggior parte dei contadini, l'emancipazione significò semplicemente il passaggio dalla condizione di servi a quella di braccianti senza terra e non sempre comportò la rottura dei vincoli di subordinazione agli antichi signori. Una condizione in parte analoga, aggravata dalla scarsa produttività dei suoli, era quella in cui versavano i contadini del Mezzogiorno d'Italia e dell'intera Europa mediterranea. La situazione era ancora più complessa in altre zone del continente (Germania centrale, Italia centro-settentrionale, Austria, Boemia), dove coesistevano azienda capitalistica e piccola proprietà, lavoro salariato e mezzadria.

L'abbandono delle campagne

I progressi, peraltro limitati, realizzati dall'agricoltura europea nel periodo di generale sviluppo economico degli anni '50 e '60 non valsero a modificare le condizioni di vita delle masse contadine. Quasi dappertutto i lavoratori agricoli versavano in condizioni di notevole disagio: i redditi erano bassi o bassissimi salvo rare eccezioni, l'alimentazione povera, l'analfabetismo diffuso, la partecipazione alla vita politica quasi inesistente. Dappertutto i ceti rurali costituivano l'elemento statico della società, quello più legato alle religioni tradizionali e alle consuetudini del mondo preindustriale.

La novità più rilevante stava nel fatto che lo sviluppo industriale e la rivoluzione dei trasporti offrivano ai lavoratori della terra maggiori possibilità di allontanarsi dal luogo d'origine. Fra il 1840 e il 1870, milioni di lavoratori – in buona parte contadini poveri provenienti dalla Gran Bretagna e dall'Europa centrale – lasciarono i loro paesi per andare a dissodare le terre vergini del Nord America, dove trovarono condizioni più favorevoli e più occasioni per liberarsi dalla condanna alla povertà. Ancora più imponente fu, nello stesso periodo, il numero di coloro che abbandonarono definitivamente le campagne per trovare lavoro nelle città come manovali, muratori o operai di fabbrica.

L'urbanesimo

Ebbe allora inizio quel grande processo storico che va sotto il nome di urbanesimo e che avrebbe portato gradualmente la maggioranza della popolazione dei paesi sviluppati a trasferirsi dalle campagne nelle città. Intorno al 1850, la grande città – intendendo per grande città ciò che si intendeva allora, cioè un centro con almeno 100 mila abitanti – era ancora un fenomeno molto raro. Unica eccezione, la Gran Bretagna, dove già negli anni '40 la popolazione urbana aveva uguagliato e superato quella rurale e dove, nel 1850, esistevano una trentina di grossi centri industriali. In Germania, invece, il pareggio tra i residenti in città e quelli in campagna venne raggiunto solo all'inizio del '900, in Francia una trentina di anni dopo, in Italia solo a metà del XX secolo.

Nell'800 si moltiplicò il numero delle grandi città. Se all'inizio del secolo soltanto Londra aveva già superato il milione di abitanti, nel 1914 ben 22 città avevano oltrepassato quella soglia: 8 in Europa, 10 in Asia e 4 in America. Fu uno sviluppo impetuoso, stimolato in gran parte dall'espansione del commercio europeo nel mondo: anche in Asia, infatti, crebbero soprattutto le cosiddette "città-emporio", ovvero i centri di scambio situati vicino alle foci di fiumi navigabili o ai terminali di linee ferroviarie, come Canton in Cina o Calcutta e Bombay in India.

Le città in Europa e negli Stati Uniti

Alla metà dell'800 Londra, con oltre 2 milioni e mezzo di abitanti, era di gran lunga la più grande metropoli del mondo e continuava a espandersi a un ritmo impressionante. In Francia, nello stesso periodo, le città con più di 100 mila abitanti erano solo sei, compresa Parigi, che superava ormai il milione. In Germania erano otto, fra cui Berlino, che raggiungeva appena i 400 mila residenti. Solo trent'anni dopo, la situazione era molto cambiata. In Francia e in Germania, il numero delle grandi città era più o meno raddoppiato. Le grandi capitali si erano ampliate a dismisura: Parigi era passata da poco più di 1 a oltre 2 milioni di abitanti, Berlino da 400 mila a oltre 1 milione, mentre Londra manteneva largamente il suo primato, superando i 4 milioni e mezzo. Alla base di questo fenomeno c'erano cause diverse, ma strettamente legate fra loro.

In Gran Bretagna l'industrializzazione ridisegnò la geografia delle città, favorendo lo sviluppo di piccoli centri in passato ai margini della vita economica e sociale del paese: infatti Birmingham, Glasgow, Liverpool e Manchester avevano superato abbondantemente, alla metà dell'800, i 200 mila abitanti mentre un secolo prima nessuna di loro oltrepassava i 30 mila. In Francia e in Italia, invece, lo sviluppo delle città ebbe caratteri diversi sia per le peculiarità del sistema urbano dei due paesi, sia per il più lento sviluppo dell'industrializzazione: qui furono le città già preminenti durante l'*ancien régime* a registrare gli incrementi demografici più significativi, lasciando così quasi intatte le tradizionali gerarchie urbane.

Nella seconda metà dell'800, furono soprattutto gli Stati Uniti a elaborare un nuovo modello di sviluppo della città, con la costruzione dei grattacieli e l'espansione dei sobborghi periferici. Questo nuovo modello era ben rappresentato da New York e Chicago. La prima passò da poco più di 50 mila abitanti all'inizio dell'800 a 3 milioni e mezzo nel 1900. La seconda fu protagonista di un vero e proprio boom demografico in solo mezzo secolo: dai 5 mila residenti nel 1850 a 1.700.000 nel 1900.

L'urbanizzazione in Gran Bretagna a metà '800

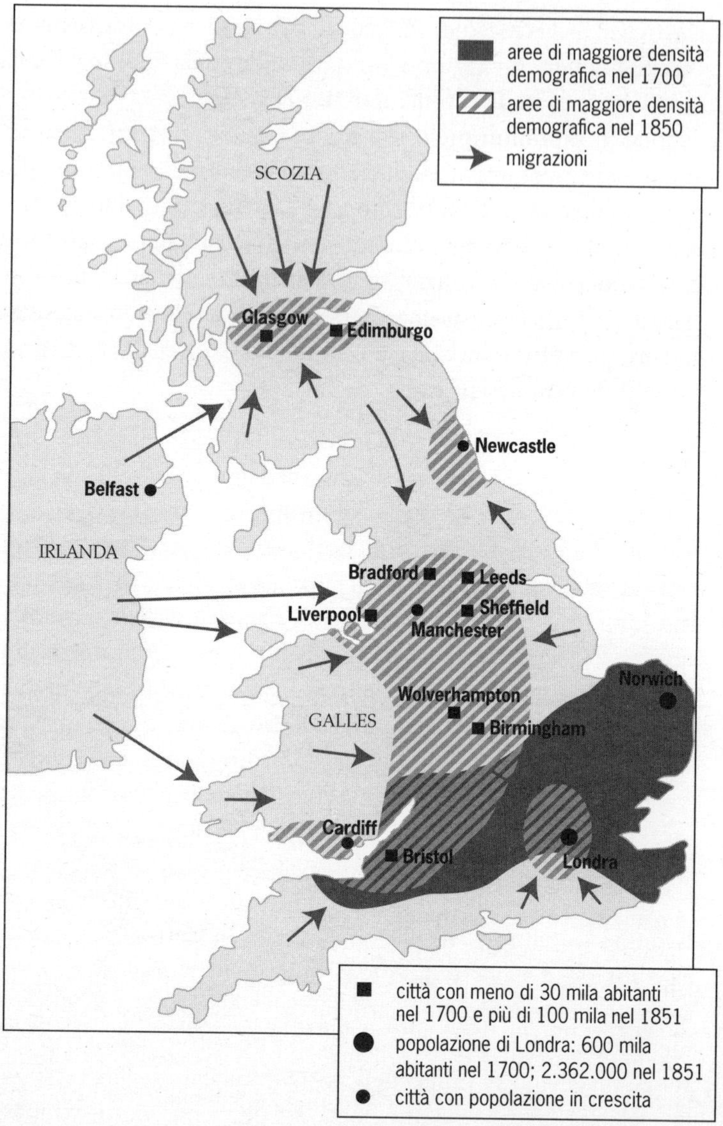

I nuovi centri della vita urbana

L'ampliamento delle dimensioni urbane e le trasformazioni delle città avevano dato vita a nuovi centri che si affiancavano e si sostituivano a quelli tradizionali (la cattedrale, il municipio, la piazza del mercato). Punti di riferimento essenziali erano in primo luogo le stazioni ferroviarie, spesso costruite come grandiosi monumenti alla modernità dell'età industriale, poi la Borsa, i grandi magazzini, il tribunale e, nelle capitali, i palazzi dei ministeri. Attorno a questi poli si sviluppava il quartiere degli affari, che tendeva a svuotarsi dei suoi abitanti di condizione meno agiata e a riempirsi di uffici e di negozi.

I ceti popolari espulsi dai centri storici andavano ad addensarsi, assieme ai nuovi immigrati, nelle grandi periferie, costruite completamente da zero o nate dall'assorbimento e dalla trasformazione di villaggi già separati dal centro principale, come i sobborghi che costituivano la "cintura operaia" di Parigi. Diventava sempre più netta la separazione fra le periferie operaie, sovraffollate, malsane, prive di servizi e spesso afflitte dal fumo delle fabbriche, e i quartieri residenziali borghesi, che erano situati in zone più amene e cominciavano a essere provvisti di acqua corrente e di impianti di riscaldamento centralizzato. Anche questa separazione costituiva una differenza importante rispetto alla città tradizionale, dove ricchi e poveri coabitavano nelle stesse strade e spesso nei medesimi edifici: i ricchi ai piani bassi, i poveri ai piani alti e nelle soffitte.

Le infrastrutture urbane

Lo sviluppo urbano impose presto di affrontare i gravi problemi igienici e sanitari derivanti dal sovrappopolamento che favoriva la diffusione di malattie infettive – in primo luogo il colera e il tifo – e manteneva la mortalità a livelli molto elevati. Dovunque fu migliorata o ricostruita la rete fognaria e l'acqua potabile divenne più diffusa e più regolare, anche se doveva passare ancora parecchio tempo prima che la disponibilità di acqua corrente e di servizi igienici nelle case diventasse un fatto generalizzato.

Le autorità pubbliche cercarono anche di facilitare gli spostamenti all'interno dell'area urbana. Le strade in terra, polverose d'estate e fangose d'inverno, furono sostituite dal selciato. I quartieri della periferia, bui e malsicuri nelle ore notturne, furono, come già il centro, illuminati da lampioni a gas. Attraversare la città divenne più facile anche per chi non disponeva di mezzi privati, grazie all'organizzazione di reti di trasporto pubbliche. Un caso unico era quello di Londra che, già negli anni '70, aveva un efficiente sistema di ferrovie metropolitane. Ma in tutte le grandi città, molto prima dell'avvento delle metropolitane e delle tramvie elettriche, gli itinerari più importanti erano serviti dagli omnibus, grandi carrozze su rotaie trainate da cavalli.

Man mano che l'area urbana si ampliava, si moltiplicavano i servizi commerciali (mercati, botteghe, grandi magazzini), i luoghi di svago e di riunione (teatri, caffè, ristoranti), i punti di riferimento culturali (scuole, musei, biblioteche), ma anche le istituzioni preposte al controllo sociale: uffici comunali, posti di polizia, tribunali, carceri.

Amministrare le città

L'intervento sempre più sistematico dei pubblici poteri, statali e municipali; lo sviluppo di più ampi apparati burocratici per il governo delle città; la creazione di nuovi corpi di polizia sempre più numerosi e più "professionali"; la formazione di nuovi quadri tecnici (amministratori, architetti, ingegneri) specializzati nei problemi della convivenza urbana: tutto ciò servì a disciplinare i processi di urbanizzazione e ad attenuarne il carattere spontaneo, talora "selvaggio". Pur conservando al suo interno squilibri giganteschi, la grande città tendeva a perdere il suo aspetto caotico e si avviava a diventare un sistema organizzato e funzionale, specchio della civiltà moderna e dei suoi progressi e al tempo stesso luogo di tutte le sue contraddizioni.

1.6. Quattro esempi di rinnovamento urbano: Parigi, Londra, Vienna e Chicago

La Parigi di Haussmann

La ristrutturazione di Parigi negli anni '60 dell'800 fu un esempio di intervento attuato dallo Stato, in base a un progetto consapevolmente studiato. Su incarico di Napoleone III, il prefetto Georges-Eugène Haussmann operò in profondità sul vecchio tessuto urbano, sventrando buona parte del centro medievale, col suo intrico di vicoli strettissimi, e aprendo una serie di larghi viali, i boulevard, che avevano lo scopo di rendere più piacevole e meglio percorribile il centro cittadino, ma servivano anche a scoraggiare il ripetersi di sommosse urbane come quelle del '48: nei grandi boulevard, infatti, erano più facili gli spostamenti delle forze di polizia ed era impossibile la costruzione di barricate. L'opera di Haussmann non si limitò alla risistemazione della rete viaria: nell'arco di un ventennio, tra gli anni '50 e '60 dell'800, Parigi fu dotata di ben quindici nuovi ponti sulla Senna, di quattro nuove stazioni ferroviarie, di un nuovo sistema di fognature, di parchi e di edifici pubblici.

Londra e lo sviluppo dell'edilizia privata

Da princìpi completamente diversi fu guidato lo sviluppo di Londra nell'800. Qui l'intervento pubblico risultò quasi assente: mentre a Parigi il governo indicava con minuzia i caratteri e le direttrici dell'attività edilizia, a Londra non esisteva nemmeno uno strumento di pianificazione generale. L'espansione della città era nelle mani dell'iniziativa privata, ovvero dei proprietari terrieri che, attraverso un meccanismo di *leasing*, cedevano agli imprenditori edilizi diritti di superficie e usufrutto per periodi determinati (fino a 99 anni), rimanendo però in possesso del terreno e garantendo così un'omogeneità tra i complessi immobiliari. A Londra, infatti, i quartieri venivano chiamati con i nomi delle famiglie proprietarie dei terreni: Bedford, Grosvenor, Hannover (ovvero la dinastia regnante, anch'essa promotrice di attività edilizie private). Nell'800, soprattutto nella parte occidentale della città (West End), nacquero eleganti complessi residenziali dove si concentrarono i ceti più benestanti.

Vienna e la riorganizzazione del centro cittadino

Nell'800 Vienna rappresentò un modello urbanistico per la riorganizzazione del suo nucleo centrale e la dislocazione degli edifici connessi alle sue funzioni di capitale imperiale. Tra il 1815 e il 1857, infatti, furono abbattute le antiche mura e nella zona liberata venne costruita la Ringstrasse, ovvero un'ampia strada circolare dove successivamente furono collocati i principali edifici pubblici – Parlamento, municipio, università, musei nazionali, teatro lirico – e una serie di eleganti palazzi con abitazioni private. Il Ring divenne presto il luogo più importante e prestigioso della città, al confine tra il centro antico e i borghi esterni: al pari dei boulevard parigini, costituì una via di passeggio e un punto di ritrovo per la vita intellettuale e mondana, con una forza di attrazione irresistibile per la ricca borghesia cittadina.

Chicago e la costruzione dei primi grattacieli

Nell'ultimo decennio dell'800 Chicago costituì uno dei simboli più evidenti del dinamismo americano. Metropoli "nata dal nulla", centro della macellazione delle carni e dell'immagazzinamento dei cereali, nodo strategico delle comunicazioni ferroviarie tra l'Est e l'Ovest degli Stati Uniti, venne quasi completamente distrutta da un incendio nel 1871. In breve tempo fu ricostruita e da allora cominciò a espandersi a ritmi straordinari. Fu un luogo privilegiato di sperimentazione per la costruzione dei grattacieli: qui, infatti, i migliori architetti, tra cui Louis Henry Sullivan, misero in pratica le loro teorie per uno sviluppo verticale della città. Nacquero un avveniristico centro degli affari e una serie di efficienti infrastrutture urbane. Con la Fiera colombiana, nel 1893, Chicago divenne famosa in tutto il mondo come una delle metropoli più moderne e dinamiche del pianeta.

1.7. La nascita del movimento operaio e la Prima Internazionale

Con lo sviluppo della grande industria, il proletariato di fabbrica veniva assumendo sempre maggiore consistenza. I salari nell'industria erano mediamente superiori a quelli del settore agricolo e crebbero lentamente negli anni '50 e '60, pur senza mai elevarsi molto al di sopra del livello di sussistenza, salvo che per alcune categorie di lavoratori specializzati. Ma per altri aspetti – orari di lavoro, condizioni abitative, assenza di sicurezza sul proprio futuro – la vita dell'operaio non era migliore di quella del lavoratore agricolo.

La formazione di una coscienza di classe

Il movimento operaio britannico – l'unico che potesse vantare una struttura organizzativa ormai solida e si potesse muovere in condizioni di relativa libertà – si era concentrato sul rafforzamento delle Trade Unions, che conobbero un notevole sviluppo negli anni '50 e '60. Questo sviluppo fu coronato, nel 1868, dalla costituzione del *Trade Unions Congress*, che riuniva i delegati di tutti i maggiori sindacati e che rappresentò da allora il nucleo basilare del movimento operaio in Gran Bretagna.

Peggiore era la situazione del movimento operaio francese, decimato nei suoi quadri più attivi dalle sconfitte del '48 e del '51. I pochi nuclei organizzati su base locale erano influenzati soprattutto dalle teorie di Proudhon, fautore di una sorta di cooperativismo a sfondo anarchico. I princìpi proudhoniani – che ben si adattavano alla struttura sociale di un paese caratterizzato dalla presenza di molti piccoli proprietari contadini e in cui l'artigianato e il commercio minuto conservavano un peso notevole anche nelle città – ebbero una certa fortuna anche in Italia, dove, peraltro, il proletariato di fabbrica era ancora pressoché inesistente e i pochi nuclei di operai e artigiani organizzati in società di mutuo soccorso avevano subìto soprattutto l'influenza di Mazzini, fautore della cooperazione e ostile alla lotta di classe e a ogni forma di collettivismo.

Molto diversa era la situazione in Germania, dove un movimento socialista esisteva già prima del '48. Alla fine degli anni '50, questo movimento trovò un leader abile e autorevole in Ferdinand Lassalle, che basava le sue concezioni socialiste su una teoria dello sfruttamento capitalistico molto simile a quella marxista, ma, diversamente da Marx, credeva nella possibilità per i lavoratori di conquistare lo Stato borghese e di trasformarlo dall'interno attraverso il suffragio universale. Lassalle svolse nel suo paese, la Prussia, un'intensa attività politica e riuscì a fondare, nel 1863, una Associazione generale dei lavoratori tedeschi, che raccolse vaste adesioni negli Stati della Confederazione germanica e rappresentò il primo importante esempio di partito operaio organizzato su scala nazionale.

Il movimento operaio si organizza. L'Internazionale del 1864

La crescente contrapposizione tra proletariato e borghesia favorì la nascita di un'organizzazione internazionale di coordinamento del movimento operaio. La riunione inaugurale della nuova organizzazione, che prese il nome di Associazione internazionale dei lavoratori, si tenne a Londra nel settembre 1864. Vi presero parte rappresentanti delle organizzazioni operaie inglesi e francesi. Un emissario di Mazzini rappresentava le società operaie italiane. Gli altri partecipanti alla riunione erano esuli di vari paesi invitati a titolo personale, fra cui Karl Marx. Quest'ultimo, assuntosi il compito di redigere lo statuto provvisorio, riuscì a inserire nel documento alcuni punti che qualificavano l'Associazione in senso classista, nonostante l'opposizione del rappresentante italiano: da allora i mazziniani non ebbero più parte alcuna nell'Internazionale. Ciò che risultava più evidente era l'affermazione dell'autonomia del proletariato e la priorità data alla lotta contro lo sfruttamento.

La fondazione dell'Associazione internazionale dei lavoratori – o Prima Internazionale, come venne successivamente chiamata – fu senza dubbio un evento capitale nella storia del movimento operaio, ma lo fu più per il suo significato simbolico che per i suoi effetti pratici. L'Internazionale costituì subito un punto di riferimento ideale per i lavoratori di tutta Europa, oltre che uno spauracchio per i governi, sempre pronti ad attribuirle la responsabilità di agitazioni e complotti. Ma la sua capacità di rappresentare realmente le organizzazioni operaie dei singoli paesi e di guidare la loro attività fu assai scarsa e il suo funzionamento venne gravemente compromesso dall'eterogeneità delle sue componenti e dalle aspre rivalità che dividevano i suoi capi.

La contrapposizione tra socialisti e proudhoniani

Fino alla fine degli anni '60, il dibattito ai vertici dell'Internazionale vide contrapposti da un lato i socialisti veri e propri (coloro, cioè, che sostenevano la socializzazione dei mezzi di produzione), dall'altro i proudhoniani, fautori di un sistema fondato sulle cooperative e sulle autonomie locali. Nei primi congressi dell'Associazione le tesi dei proudhoniani furono ripetutamente sconfitte. Ma gli ideali libertari conobbero nuova fortuna nella versione assai più radicalmente rivoluzionaria che ne diede il russo Michail Bakunin (1814-1876), massimo teorico dell'anarchismo.

Il contrasto tra Bakunin e Marx

Una divergenza radicale separava le posizioni di Marx, che era la personalità di maggiore spicco dell'Internazionale, e quelle di Bakunin. Per Bakunin l'ostacolo principale che impediva all'uomo il conseguimento della piena libertà era costituito non tanto dai rapporti di produzione, quanto dall'esistenza stessa dello Stato. Lo Stato era, assieme alla religione, lo strumento di cui si servivano le classi dominanti per mantenere la stragrande maggioranza della popolazione in condizioni di inferiorità economica e intellettuale. Così, abbattuto il potere statale, il sistema di sfruttamento economico basato sulla proprietà privata sarebbe inevitabilmente caduto. Il comunismo si sarebbe instaurato spontaneamente come l'ordine più consono alle esigenze naturali delle masse, senza che allo Stato dovesse sostituirsi alcuna organizzazione di tipo centralizzato e coercitivo.

Marx aveva pubblicato nel 1867 il primo volume della sua opera fondamentale *Il Capitale* in cui non solo analizzava i meccanismi del modo di produzione capitalistico, ma sosteneva che la realizzazione del socialismo sarebbe derivata dalle leggi stesse dello sviluppo economico. Anche Marx vedeva nella religione e nello Stato degli strumenti al servizio delle classi dominanti, ma collocava l'uno e l'altra nella sfera della «sovrastruttura», li considerava cioè come un prodotto della «struttura» economica basata sullo sfruttamento: solo la distruzione di quella struttura – ossia del sistema capitalistico – avrebbe reso possibile la distruzione dello Stato borghese. Si doveva dunque partire dallo scardinare la struttura economica. Pertanto, anche per Marx, l'avvento del comunismo e della società comunista – senza privilegi, senza classi, senza proprietà privata e senza Stato, ma le cui potenzialità produttive e tecniche fossero a disposizione di tutti i suoi membri – avrebbe portato con sé l'«estinzione dello Stato»; tuttavia, questo stadio finale sarebbe stato raggiunto solo dopo una fase transitoria, quella della «dittatura del proletariato», necessaria per neutralizzare la reazione delle classi dominanti (perché le organizzazioni operaie avrebbero rifondato, in quel tempo, la struttura sociale e produttiva). Per Marx, quindi, il protagonista del processo rivoluzionario non poteva essere che il proletariato industriale dei paesi più avanzati. Per Bakunin, invece, il vero soggetto della rivoluzione erano le masse diseredate in quanto tali, senza distinzione fra operai, contadini e sottoproletari.

La crisi dell'Internazionale e la sorte del bakuninismo

Il contrasto tra marxisti e bakuniniani, esploso agli inizi degli anni '70, mise in crisi le fragili strutture dell'Internazionale che fu sciolta ufficialmente nel 1876. Gli anarchici riuscirono tuttavia a conservare in molti paesi europei un seguito e un'influenza considerevoli. Il bakuninismo, infatti, si adattava meglio del marxismo a quei paesi e a quei ceti sociali che non avevano ancora conosciuto la rivoluzione industriale e si innestava spesso sul tronco di un antico ribellismo contadino. Fu questa la forza dell'anarchismo bakuniniano. Ma fu anche la causa del suo inarrestabile declino di fronte allo sviluppo dell'industria e alla crescita di una classe operaia moderna.

1.8. La Chiesa cattolica contro la modernità borghese

La difesa dell'ortodossia

Negli stessi anni in cui il movimento operaio internazionale muoveva i suoi primi passi, anche il mondo cattolico assunse, sia pure da posizioni opposte, un atteggiamento duramente critico nei confronti di una civiltà che si basava su presupposti laici e individualistici e che tendeva a relegare la religione nell'ambito delle superstizioni e delle credenze popolari. Alla testa di questa crociata ideologica fu quello stesso papa Pio IX che inizialmente aveva suscitato tante speranze tra i cattolici liberali. Ferito e disilluso dalle esperienze del '48-49, Pio IX abbandonò qualsiasi ipotesi innovatrice e, per il restante corso del suo lungo pontificato (morì nel 1878), si preoccupò soprattutto di riaffermare la più rigida ortodossia dottrinaria e di incoraggiare le pratiche di devozione, soprattutto quelle relative al culto mariano. Nel 1854 fu proclamato il dogma dell'Immacolata Concezione, con cui si stabiliva che la Vergine era stata concepita libera dal peccato originale. Dal 1858, la cittadina francese di Lourdes, luogo di una miracolosa apparizione della Madonna, divenne meta di ininterrotti pellegrinaggi.

Il *Sillabo* e il Concilio Vaticano I

Lo scontro fra la Chiesa cattolica e la cultura laico-borghese ebbe il suo culmine nel 1864, quando Pio IX emanò l'enciclica *Quanta cura*, nella quale accomunava in una condanna senza appello il liberalismo, la democrazia, il socialismo e l'intera civiltà moderna. Per dare maggior forza alla condanna, il papa fece pubblicare, assieme all'enciclica, una sorta di elenco – il *Sillabo* – degli «errori del secolo», dove in ottanta proposizioni erano raccolti tutti i princìpi basilari della tradizione illuministica e della cultura liberale ottocentesca: dalla sovranità popolare alla laicità dello Stato, alla libertà di stampa e di opinione. La pubblicazione del *Sillabo* suscitò sorpresa e scalpore in tutta Europa, anche tra i cattolici e i loro alleati: Napoleone III, per esempio, ne proibì la diffusione in Francia, poiché lo giudicava imbarazzante e nocivo per la convivenza fra Chiesa e Stato. La frattura si allargò ulteriormente pochi anni dopo quando, nel Concilio Vaticano I conclusosi nell'estate del 1870, fu proclamato il dogma dell'infallibilità del papa nelle sue pronunce ufficiali in materia di fede e di morale. Una decisione che rafforzava l'autorità del pontefice nei confronti dell'episcopato e che anche per questo non piacque ai governi degli Stati cattolici, accentuando così l'isolamento della Santa Sede. Quando, nel settembre 1870, le truppe italiane entreranno a Roma per annetterla al Regno d'Italia e completare così l'unificazione della penisola, nessuno dei governi europei si muoverà per salvare il potere temporale del papa [▸6.5].

Il cristianesimo sociale

La condanna intransigente della civiltà borghese, se schiacciava e riduceva al silenzio le correnti cattolico-liberali, lasciava in compenso un certo spazio ai movimenti cristiano-sociali presenti in Belgio, Francia, Austria e Germania. Sostenitori di un intervento dello Stato, sotto forma di iniziative assistenziali a favore dei lavoratori, auspicavano lo sviluppo della cooperazione e del mutuo soccorso fra i lavoratori stessi. Su questa base si realizzarono, soprattutto nei paesi dell'Europa centrale, i primi esperimenti di un moderno associazionismo cattolico, fondato sulle unioni di mestiere, sulle cooperative, sulle casse rurali e artigiane: una rete organizzativa che avrebbe in seguito permesso ai movimenti cattolici di contare su una propria base organizzata, non solo fra i ceti rurali ma anche fra i lavoratori urbani, soprattutto artigiani.

sommario

Al conservatorismo politico che, dopo il fallimento delle rivoluzioni del '48-49, caratterizzava la situazione europea, faceva riscontro un processo di profondo mutamento sociale. Il ventennio successivo al '48 vide la crescita della borghesia: un ceto sociale attraversato da notevoli differenziazioni interne e tuttavia portatore di uno stile di vita e di un insieme di valori sostanzialmente unitari – merito individuale, libera iniziativa, concorrenza, innovazione e, nella sfera familiare e privata, austerità, moderazione, vocazione al risparmio – su cui sembrava poggiare la trasformazione in atto nel campo dello sviluppo economico e del progresso scientifico.

Centrale, tra i valori borghesi, era la fede nel progresso generale dell'umanità, che poggiava sull'imponente sviluppo economico e scientifico della seconda metà dell'800. Sul piano culturale, il progresso scientifico diede origine a una nuova corrente filosofica, il positivismo, che diventò l'ideologia della borghesia in ascesa e influenzò tutta la mentalità dell'epoca. Il rappresentante più noto del nuovo spirito "positivo" fu Darwin, cui si deve la teoria dell'evoluzione e della selezione naturale: come tutte le specie viventi, la specie umana è – secondo Darwin – il risultato di un'evoluzione da un unico organismo semplicissimo nella sua composizione cellulare; e, come altre specie viventi, è riuscita a non estinguersi e a sopravvivere adattandosi al contesto e perdendo, tra i suoi, gli individui con minore capacità di adattamento.

Dalla fine degli anni '40, l'economia europea conobbe una fase di forte sviluppo durata quasi un quarto di secolo. Lo sviluppo interessò anzitutto l'industria, principalmente nei settori siderurgico e meccanico. Si generalizzò in quest'epoca l'impiego delle macchine a vapore e del combustibile minerale. I fattori principali del boom industriale degli anni '50 e '60 furono: la rimozione dei vincoli giuridici che ostacolavano le attività economiche; l'affermarsi del libero scambio; il ruolo assunto dalle banche nelle operazioni di investimento sul lungo e medio termine e la nascita di numerose società per azioni.

Lo sviluppo di nuovi mezzi di trasporto, come navi a vapore e, soprattutto, ferrovie, rendeva più agevoli la mobilità delle persone e lo scambio delle merci, alimentando a sua volta il processo di industrializzazione: da una parte, infatti, la costruzione di questi nuovi mezzi stimolava l'industria siderurgica e meccanica, dall'altra consentiva un ampliamento dei mercati. Infine le innovazioni nel campo della comunicazione (per esempio il telegrafo) consentivano alle notizie di viaggiare molto più velocemente, dando impulso allo sviluppo della stampa, che rispose con la creazione di agenzie specializzate per la raccolta e la diffusione delle informazioni. Questi ultimi fattori di sviluppo mutavano per alcuni aspetti essenziali la vita dell'epoca e l'immagine stessa che la gente aveva del mondo: esso appariva, ed era effettivamente, sempre più unito.

Alla metà dell'800, in tutta l'Europa continentale erano i lavoratori della terra a costituire la grande maggioranza della popolazione attiva. Diversi furono gli effetti della privatizzazione delle terre: in alcune regioni la scomparsa del regime feudale lasciò il posto alla piccola e media proprietà, in altre andò invece a vantaggio dei grandi latifondisti; in altre ancora si crearono situazioni di convivenza fra azienda capitalistica e piccola proprietà terriera, lavoro salariato e mezzadria. Ovunque, in ogni caso, i lavoratori agricoli occupavano i gradini inferiori della scala sociale. Fra il 1840 e il 1870 milioni di persone lasciarono i loro paesi per andare a dissodare le terre vergini del Nord America o si trasferirono nelle aree urbane in cerca di nuova occupazione. Nell'800 aumentò non solo la popolazione urbana ma anche il numero delle grandi città. In Gran Bretagna, in particolare, per via della rivoluzione industriale, piccoli centri si trasformarono in grandi città, in pochi decenni. Nella seconda metà dell'800 furono soprattutto gli Stati Uniti a offrire un nuovo modello di sviluppo della città, con la costruzione dei grattacieli e l'espansione dei sobborghi periferici. In molti grandi centri punti di riferimento essenziali divennero le stazioni ferroviarie, la Borsa, i centri commerciali, il tribunale, i palazzi dei ministeri. I ceti popolari andarono ad addensarsi nelle grandi periferie, ben distinte dai quartieri residenziali borghesi. Nello stesso periodo, quasi tutte le grandi città europee videro moltiplicarsi le iniziative dei poteri pubblici per favorire lo sviluppo dei trasporti e per cercare di risolvere i più urgenti problemi igienici.

La ristrutturazione di Parigi fu un esempio di intervento attuato dallo Stato. Haussmann sventrò buona parte del centro medievale e aprì una serie di larghi viali. Princìpi completamente diversi guidarono lo sviluppo di Londra. Qui l'intervento pubblico risultò quasi assente: l'espansione della città rimase nelle mani dell'iniziativa privata. Vienna rappresentò invece un modello urbanistico per la costruzione della Ringstrasse, dove furono collocati i principali edifici pubblici e una serie di eleganti palazzi privati. Alla fine dell'800 Chicago fu uno dei simboli più efficaci del dinamismo americano. Distrutta da un incendio nel 1871, la città venne in breve tempo ricostruita e da allora cominciò a espandersi a ritmi straordinari.

Si diffondeva, nello stesso periodo, la figura dell'operaio di fabbrica, le cui dure condizioni di vita e di lavoro favorivano il formarsi di una coscienza di classe e delle prime associazioni operaie, soprattutto in Gran Bretagna, Germania e Francia. Nel 1864 venne fondata, a Londra, la prima Associazione internazionale dei lavoratori, la cui storia fu caratterizzata dai contrasti fra le varie correnti – principalmente tra marxisti e anarchici – che avrebbero presto condotto alla sua dissoluzione. Il maggior teorico dell'anarchismo fu Bakunin, le cui teorie si distinguevano per alcuni aspetti sostanziali da quelle di Marx. Bakunin, tra l'altro, riteneva che, una volta abbattuto il potere statale, il comunismo si sarebbe instaurato spontaneamente, senza dunque la fase di «dittatura del proletariato» prevista da Marx. Egli considerava, inoltre, le masse diseredate (e non il proletariato industriale) il soggetto della rivoluzione. Per quest'ultimo motivo il bakuninismo si diffuse soprattutto nei paesi più arretrati e declinò progressivamente coll'avanzare dell'industrializzazione e la crescita della classe operaia.

Di fronte alla società borghese, il mondo cattolico da un lato assunse un atteggiamento di dura condanna – con Pio IX, che fece pubblicare il *Sillabo* degli «errori del secolo» (1864) –; dall'altro, si fece promotore, con i movimenti cristiano-sociali, di un intervento dello Stato a favore dei lavoratori e dei primi esperimenti di associazionismo cattolico.

bibliografia

In generale, sulla definizione delle classi sociali, si vedano: R. Crompton, *Classi sociali e stratificazione*, Il Mulino, Bologna 1999 (ed. or. 1993) e P.N. Furbank, *Quel piacere malizioso ovvero la retorica delle classi sociali*, Il Mulino, Bologna 1988 (ed. or. 1985).

La migliore esposizione degli argomenti trattati in questo capitolo è fornita da E.J. Hobsbawm, *Il trionfo della borghesia 1848-1875*, Laterza, Roma-Bari 2010 (ed. or. 1975). Per un quadro generale del periodo: G. Palmade (a cura di), *L'età della borghesia*, Feltrinelli, Milano 1975. Su alcuni aspetti del modo di vita e della cultura borghese, si vedano: il volume a cura di M. Perrot, *L'Ottocento* dell'opera collettanea P. Ariès-G. Duby (a cura di), *La vita privata*, Laterza, Roma-Bari 2001 (ed.

or. 1987); J. Kocka (a cura di), *Borghesie europee dell'Ottocento*, Marsilio, Venezia 1995 (ed. or. 1988); U. Frevert-H.-G. Haupt (a cura di), *L'uomo dell'Ottocento*, Laterza, Roma-Bari 2000 (ed. or. 1999). Sull'evoluzionismo e Darwin: L. Eiseley, *Il secolo di Darwin*, Feltrinelli, Milano 1975 (ed. or. 1958); J. Howard, *Darwin*, Il Mulino, Bologna 2003 (ed. or. 1982).

Per i problemi dello sviluppo economico: D.S. Landes, *Prometeo liberato*, Einaudi, Torino 2000 (ed. or. 1969); J. Osterhammel-N.P. Petersson, *Storia della globalizzazione*, Il Mulino, Bologna 2014 (ed. or. 2003); il vol. IV, t. 1, di P. Léon (a cura di), *Storia economica e sociale del mondo*, intitolato *Il capitalismo. 1840-1914*, Laterza, Roma-Bari 1980. Per un'analisi comparata dell'industrializzazione nei paesi europei: S. Pollard, *La conquista pacifica. L'industrializzazione in Europa dal 1760 al 1970*, Il Mulino, Bologna 1998 (ed. or. 1981). Sullo sviluppo delle reti ferroviarie: W. Schivelbusch, *Storia dei viaggi in ferrovia*, Einaudi, Torino 2003 (ed. or. 1979).

Per la storia del movimento operaio, del socialismo e del marxismo, si vedano i titoli citati nella bibliografia del cap. 5.

Per i rapporti fra mondo cattolico e società borghese-liberale si vedano: R. Aubert, *Il pontificato di Pio IX (1846-1878)*, in A. Fliche-V. Martin (a cura di), *Storia della Chiesa dalle origini ai nostri giorni*, vol. XXI/1-2, Saie, Torino 1976 (ed. or. 1946); H. Jedin (a cura di), *Storia della Chiesa*, vol. XXI, *Liberalismo e integralismo. Tra stati nazionali e diffusione missionaria 1830-1870*, Jaca Book, Milano 1993 (ed. or. 1977); G. Martina, *Pio IX (1867-1878)*, Pontificia Università Gregoriana, Roma 1986; F. Traniello, *Religione cattolica e Stato nazionale. Dal Risorgimento al secondo dopoguerra*, Il Mulino, Bologna 2007; i saggi di F. Margiotta Broglio (*Contro tutti: il* Sillabo *di Pio IX*) e D. Menozzi (*Il confronto della Chiesa con la modernità nell'età di Pio IX*), in G. Fabre-K. Venturini (a cura di), *La Chiesa tra Restaurazione e modernità*, Il Mulino, Bologna 2018.

Sullo sviluppo della città e l'urbanizzazione: L. Benevolo, *La città contemporanea*, in *Storia della città*, vol. IV, Laterza, Roma-Bari 2006 (ed. or. 1975); P.M. Hohenberg-L. Hollen Lees, *La città europea dal Medioevo a oggi*, Laterza, Roma-Bari 1992 (ed. or. 1985); C. De Seta, *La città europea: origini, sviluppo e crisi della civiltà urbana in età moderna e contemporanea*, Il Saggiatore, Milano 2010; G. Zucconi, *La città dell'Ottocento*, Laterza, Roma-Bari 2001; C. Zimmermann, *L'era delle metropoli. Urbanizzazione e sviluppo della grande città*, Il Mulino, Bologna 2004 (ed. or. 1996). Sulle migrazioni dalle campagne: K.J. Bade, *L'Europa in movimento*, Laterza, Roma-Bari 2001 (ed. or. 2000).

2. La seconda rivoluzione industriale

2.1. Crisi e protezionismo

Tra il 1870 e il 1914 l'economia capitalistica subì una serie di trasformazioni di tale profondità e di tale portata da giustificare, in riferimento a questo periodo, la definizione di "seconda rivoluzione industriale".

Sovrapproduzione e caduta dei prezzi

La nuova fase dell'economia ebbe inizio con una improvvisa crisi di sovrapproduzione che, scoppiata nel 1873, continuò a far sentire i suoi effetti nei due decenni successivi, caratterizzati da una prolungata caduta dei prezzi. In realtà la caduta dei prezzi fu, più che un sintomo di crisi, un prodotto delle trasformazioni organizzative e delle innovazioni tecnologiche che permisero di ridurre progressivamente i costi di produzione. In nessun paese, infatti, si registrarono sostanziali diminuzioni della produzione industriale. Il volume degli scambi commerciali continuò a crescere ovunque. Il tenore di vita della popolazione nelle aree urbane non subì riduzioni: al contrario, i lavoratori salariati si giovarono della diminuzione dei prezzi e riuscirono, grazie anche all'azione delle organizzazioni di classe, a difendere meglio che in passato il livello reale delle loro retribuzioni.

La crisi agraria in Europa

Il settore dell'economia europea in cui la caduta dei prezzi si fece sentire con maggiore intensità e con effetti più drammatici fu senza dubbio quello agricolo. Quando i progressi della navigazione a vapore, determinando un notevole abbassamento dei costi di trasporto, consentirono ai prodotti dell'agricoltura nordamericana – che avevano prezzi competitivi – di raggiungere l'Europa, tutta l'agricoltura europea, in particolare quella più arretrata, ne ricevette un colpo durissimo. A partire dagli anni '79-80, i prezzi dei prodotti agricoli calarono bruscamente. Questo ribasso avvantaggiò i consumatori delle città, ma provocò la rovina di molte aziende agricole piccole e grandi: e quindi disoccupazione, fame, miseria crescente nelle campagne, soprattutto in quelle dove le tecniche produttive erano rimaste più arretrate.

Si difesero meglio dalla crisi i settori agricoli presenti nell'Europa centro-settentrionale in cui erano state introdotte nuove tecniche di coltivazione volte ad aumentare la produttività: l'uso di concimi chimici; l'impiego di mietitrici e trebbiatrici a trazione animale (l'uso del vapore, dell'elettricità e del motore a scoppio si sarebbe affermato solo nel '900); l'estensione delle opere di bonifica e di irrigazione; l'introduzione di nuove colture (come la barbabietola da zucchero) e di nuovi sistemi di rotazione.

L'emigrazione europea

Conseguenza immediata della crisi fu l'intensificarsi dell'emigrazione verso le aree industriali e verso i paesi d'oltreoceano, soprattutto l'America del Nord, ma anche verso il Brasile e l'Argentina. Il flusso degli emigranti dall'Europa raggiunse le 500 mila unità annue intorno all'80, per superare le 800 mila alla fine del decennio e per sfondare infine il tetto del milione nei primi anni del '900. Mutò anche, progressivamente, la provenienza geografica degli emigranti: fino a circa il 1880 erano stati in prevalenza inglesi, irlandesi, tedeschi e scandinavi. Alla fine del secolo erano per due terzi originari di paesi latini e slavi: qui, infatti, le conseguenze della crisi agraria si erano fatte sentire più pesantemente e minori erano le capacità di assorbimento della manodopera da parte dei settori industriali.

Il protezionismo

Fu anche per far fronte alle conseguenze della crisi agraria e per venire incontro alle pressioni dei grandi proprietari, e degli agricoltori in genere, che i governi europei finirono per imboccare la strada del protezionismo. Tutte le nuove tariffe adottate dai vari Stati stabilivano dazi elevati per numerosi prodotti agricoli, in particolare per i cereali. Ma le politiche protezionistiche ebbero anche come obiettivo la tutela delle produzioni industriali dai rischi della concorrenza estera: tutti gli Stati europei adottarono nuove misure protezionistiche, a cominciare dalla Germania nel 1879, seguita dalla Russia (1881-82), dall'Italia (1887) e dalla Francia (1892). Accanto a questa politica gli Stati diedero avvio a varie forme di sostegno diretto alla grande industria, attuato per lo più mediante le commesse per l'esercito e la marina militare.

Il declino della Gran Bretagna

Solo la Gran Bretagna, patria del liberoscambismo e primo paese esportatore del mondo, restò estranea alla tendenza generale, ma ne fu doppiamente danneggiata in quanto vide ridursi gli sbocchi di mercato per le sue merci e dovette assistere allo sviluppo delle industrie nei paesi concorrenti, protette dalle bar-

Liberismo/Protezionismo

parola chiave

Il "liberismo" è quella dottrina che affida al mercato – e solo al mercato – il compito di regolare l'attività economica, che si oppone all'intervento dello Stato nel mondo della produzione e del commercio, che sostiene il principio del libero scambio nei traffici fra paese e paese. In quest'ultimo senso il liberismo si oppone al "protezionismo": ossia a quella pratica che tende a proteggere la produzione nazionale imponendo sui prodotti di importazione dazi doganali così elevati da scoraggiarne l'acquisto. Al contrario del protezionismo – che è solo una prassi adottabile, e adottata, da regimi diversi per motivazioni diverse – il liberismo è anche un'ideologia a sfondo ottimistico, che ha il suo fondamento nelle teorie di Adam Smith. Un'ideologia che vede nella libertà economica non solo il mezzo più sicuro per ottenere il maggior benessere possibile per l'intera collettività (attraverso il perseguimento del benessere privato da parte dei singoli soggetti), ma anche il complemento indispensabile della libertà politica. Il momento di maggior fortuna del liberismo si può collocare attorno alla metà del XIX secolo, proprio nel periodo che seguì l'abolizione del dazio sul grano in Gran Bretagna (1846). In questo periodo, come abbiamo visto, il liberismo fu, non solo in Inghilterra, l'ideologia delle correnti progressiste, che vedevano in esso anche un mezzo per sconfiggere i privilegi dell'aristocrazia terriera; e finì quasi con l'identificarsi col liberalismo politico. A partire dagli anni '70 dell'800, le fortune del liberismo andarono declinando in tutti i paesi, salvo che in Gran Bretagna. Negli ultimi decenni del secolo si assisté ovunque all'imposizione di elevati dazi protezionistici e, più in generale, a un intervento crescente dei poteri pubblici nelle vicende economiche (sotto forma sia di leggi sociali, sia di provvedimenti a favore di singoli comparti produttivi). Nel corso del XX secolo, l'intervento statale si è andato continuamente sviluppando in quantità e in qualità, anche all'interno dei sistemi economici fondati sulla proprietà privata e sulla libera impresa. Soprattutto negli anni della grande crisi economica seguita al crollo della Borsa di New York nel '29, l'era del liberismo sembrò definitivamente conclusa. Nel secondo dopoguerra il liberismo ha conosciuto una fase di rilancio, grazie anche alle opere di economisti come Friedrich Hayek e Milton Friedman. Alle loro teorie si sono in parte ispirate le politiche "neoliberiste" affermatesi verso la fine degli anni '70 e applicate nei decenni successivi soprattutto in Gran Bretagna e negli Stati Uniti.

riere doganali. Nell'ultimo decennio del secolo, le industrie tedesche e statunitensi riuscirono a superare quelle inglesi nella produzione di acciaio e si assicurarono un vantaggio decisivo in settori nuovi e strategicamente importanti come quelli chimico ed elettrico. Fra il 1880 e il 1914 la partecipazione britannica al commercio mondiale si dimezzò, passando dal 25 al 12%. Alla perdita del primato industriale e alla riduzione dei suoi spazi commerciali in Europa, la Gran Bretagna reagì rinsaldando e ampliando il suo già vasto impero d'oltremare e intensificando gli scambi con le colonie.

Il capitalismo finanziario

L'abbandono del liberismo non fu l'unico modo per aggirare le crescenti difficoltà create alle imprese dal regime di prezzi calanti. Nacquero così grandi consociazioni per il controllo finanziario di diverse imprese; consorzi – cartelli o *pools* – fra aziende dello stesso settore che si accordavano sulla produzione e sui prezzi; infine vere e proprie concentrazioni, *trusts*, fra imprese prima indipendenti. Questi fenomeni assunsero dimensioni imponenti, soprattutto negli Stati Uniti e in Germania, fino a determinare in qualche caso situazioni di monopolio.

Un ruolo decisivo, in questi processi, fu svolto dalle istituzioni finanziarie. Solo le grandi banche potevano assicurare i flussi di denaro necessari alla crescita dei colossi industriali per i quali i profitti, per quanto elevati, non erano sufficienti a ricostituire in tempi brevi il capitale di investimento. Fra banche e imprese si venne così a creare uno stretto rapporto di compenetrazione: le imprese dipendevano sempre più dalle banche per il loro sviluppo e le banche legavano in misura crescente le loro fortune a quelle delle imprese. Le banche controllavano quote rilevanti dei pacchetti azionari delle industrie, ma d'altro canto i magnati dell'industria sedevano spesso nei consigli di amministrazione delle banche. Questo intreccio fra industria e finanza fu definito dagli economisti marxisti «capitalismo finanziario».

2.2. Acciaio, chimica ed elettricità

Durante la seconda metà dell'800 e nei primi anni del '900 si affermò in Europa e in Nord America un processo, la seconda rivoluzione industriale, che fece sentire i suoi effetti con una diffusione capillare, mutando le abitudini, i consumi e i comportamenti di milioni di individui.

Se il cotone, il ferro, il carbone e la macchina a vapore erano stati i fattori trainanti della prima rivoluzione industriale, nella seconda si affermarono l'acciaio, la chimica, il motore a scoppio e l'elettricità.

L'età dell'acciaio

Le nuove tecniche di fabbricazione – il metodo Bessemer e il forno Martin-Siemens, sperimentati già negli anni ’50 e ’60, quindi il procedimento Gilchrist Thomas, introdotto nel 1879 – consentirono di produrre grandi quantità di acciaio a costi relativamente modesti. Da allora l’acciaio vide crescere la sua produzione a ritmi rapidissimi (fra il 1870 e il 1913 il consumo mondiale aumentò di circa ottanta volte) e trovò infinite applicazioni nei campi più svariati. Fu usato per le rotaie delle ferrovie al posto del ferro, per le corazze delle navi da guerra, per gli utensili domestici e per le macchine industriali, che divennero più leggere, precise e potenti, dando così una spinta decisiva ai processi di meccanizzazione. Ma fornì anche le strutture che resero possibile la costruzione di grandi edifici e di grandi ponti, ancor prima che, nel 1892, fosse introdotto nell’ingegneria civile l’uso del cemento armato, ossia del calcestruzzo rinforzato da barre di ferro. Il primo palazzo con strutture in acciaio, il Tower Building di New York, alto dieci piani, fu costruito nel 1889. Nello stesso anno, in occasione dell’Esposizione universale di Parigi, l’ingegnere francese Alexandre-Gustave Eiffel realizzò una torre alta 300 metri e pesante 8 mila tonnellate, destinata a diventare il simbolo più celebre dell’età dell’acciaio.

L’industria chimica

L’industria chimica abbracciava una grandissima varietà di produzioni: dalla carta al vetro, dai medicinali ai concimi, dai saponi ai coloranti, dagli esplosivi al cemento, dalla gomma alla ceramica. La stessa siderurgia, nel momento in cui usava procedimenti chimici per combinare diversi elementi, poteva essere considerata un settore della chimica applicata. Fu, per esempio, un processo chimico che, nel 1886, permise di ricavare dalla bauxite l’alluminio, divenuto presto un utile sostituto del ferro e dell’acciaio. Sotto la spinta incessante di nuove scoperte e invenzioni, intorno al 1870 fu sperimentata per la prima volta, in Gran Bretagna e soprattutto in Germania, la produzione dei coloranti artificiali, i cui princìpi furono alla base di molti successivi sviluppi della chimica organica. Nel 1875 un chimico svedese, Alfred Nobel, depositò il brevetto della dinamite. Nel 1888 l’invenzione dello pneumatico da parte dello scozzese John Boyd Dunlop aprì nuovi orizzonti all’industria della gomma. Fra l’89 e il ’92, furono realizzate in Francia e in Gran Bretagna le prime fibre tessili artificiali, derivate dalla cellulosa.

La chimica ebbe un ruolo decisivo anche nel settore alimentare con l’invenzione di nuovi metodi per la sterilizzazione, la conservazione e l’inscatolamento dei cibi, e con lo sviluppo delle tecniche di refrigerazione. La diffusione degli alimenti in scatola, più rapida negli Stati Uniti, molto più lenta in Europa, e la costruzione dei vagoni e delle celle frigorifere rappresentarono un’autentica innovazione nell’ambito della più generale rivoluzione dei trasporti. Per tutto il mondo industrializzato, la possibilità di conservare cibi deperibili e di trasportarli a grande distanza dai luoghi di produzione significava la liberazione definitiva dal rischio delle carestie.

Il motore a scoppio e il petrolio

Risultato di lunghi studi ed esperimenti, il motore a combustione interna o a scoppio (quello in cui è il combustibile a fornire la spinta motrice, esplodendo ed espandendosi in uno spazio limitato) vide una prima realizzazione ad opera del tedesco Nikolaus Otto che, nel 1876, costruì un motore a quattro tempi. Successivamente due ingegneri tedeschi, Gottlieb Daimler e Carl Friedrich Benz, riuscirono, separatamente, a montare dei motori a scoppio su autoveicoli a ruote, realizzando così, nel 1885, le prime automobili. Il combustibile usato era un distillato del petrolio che prese poi il nome di benzina, mentre, nel 1897, un altro ingegnere tedesco, Rudolf Diesel, inventò il motore a gasolio che porta ancora il suo nome. Tuttavia la diffusione dell'automobile fu lenta e avventurosa e solo all'inizio del '900 si cominciarono a produrre autovetture a motore abbastanza veloci e affidabili. Questo sviluppo limitato fu tuttavia sufficiente a dare un impulso decisivo all'estrazione del petrolio, soprattutto negli Stati Uniti dove, alla fine dell'800, era concentrata la metà della produzione mondiale. La diffusione dei prodotti petroliferi, usati anche come lubrificanti e come combustibili da riscaldamento e da illuminazione, era però ostacolata dagli alti costi di produzione: il prezzo del petrolio era molto più alto di quello del carbone, che rimaneva il combustibile di gran lunga più diffuso.

Una nuova fonte d'energia: l'elettricità

Oggetto di studi e di esperimenti fin dai tempi del primo generatore di energia elettrica – la pila di Alessandro Volta (risalente al 1800 circa) – l'elettricità divenne una nuova e straordinaria fonte di energia tra il 1860 e il 1880, quando fu possibile realizzare congegni in grado di trasformare il movimento di un corpo entro un campo magnetico in corrente elettrica (dinamo e generatori), di immagazzinarla (accumulatori), di trasmetterla e distribuirla a grandi distanze, di utilizzarla per l'illuminazione o il riscaldamento o di ritrasformarla in movimento (motori elettrici).

Ma l'invenzione decisiva per lo sviluppo dell'industria elettrica fu la lampadina a filamento incandescente, ideata dallo statunitense Thomas Alva Edison nel 1879. Nacquero così, all'inizio degli anni '80, in Gran Bretagna, in Francia, in Germania, negli Stati Uniti e anche in Italia, le prime centrali termiche (azionate cioè da motori a vapore), capaci di fornire energia elettrica soprattutto all'illuminazione privata. Più lenta fu l'affermazione dell'elettricità come mezzo di illuminazione pubblica: ai primi del '900, le principali città europee erano ancora illuminate con lampade a gas. A partire dalla fine dell'800, comunque, l'energia elettrica cominciò a essere adoperata anche per i mezzi di trasporto – come le tramvie – e per gli usi industriali: essa fornì alle fabbriche una nuova forza motrice e rese possibili nuove lavorazioni nella chimica e nella metallurgia.

Contemporaneamente si fece strada l'idea di ricorrere per la produzione di elettricità, anziché alle macchine a vapore, all'energia idraulica che sfrutta la caduta, naturale o artificiale, dei corsi d'acqua. La costruzione di centrali idroelettriche ebbe impulso, nell'ultimo decennio del secolo, soprattutto in quei paesi, come l'Italia del Nord, che erano poveri di carbone ma ricchi di bacini idrici.

Telefono, grammofono e cinematografo

Sempre legate all'elettricità furono altre novità non meno rivoluzionarie: il telefono, inventato nel 1871 dall'italiano Antonio Meucci e perfezionato pochi anni dopo in Nord America dallo scozzese Alexander Graham Bell; il grammofono, ideato da Edison nel 1876; e infine il cinematografo, sperimentato in Francia nel 1895 dai fratelli Louis e Auguste Lumière. Queste invenzioni erano destinate a produrre i loro effetti soprattutto nel '900. Ma, già al loro apparire, fecero intravedere la possibilità di nuovi sviluppi nel campo delle comunicazioni, e anche di nuovi linguaggi e di nuove forme di espressione artistica.

2.3. Nuovi traguardi per la scienza medica

La medicina diventa una scienza

Negli ultimi decenni dell'800 la medicina si trasformò in una disciplina scientifica abbandonando le pratiche empiriche della tradizione. Questa trasformazione si basava su quattro princìpi: la diffusione delle pratiche igieniste e la conseguente adozione di efficaci strategie di prevenzione e contenimento delle malattie epidemiche; lo sviluppo della microscopia, che consentì di identificare i microrganismi responsabili di alcune malattie infettive; i progressi della farmacologia che permise la sintesi e l'estrazione di numerose sostanze in grado di modificare il corso naturale delle malattie; la nuova ingegneria sanitaria, che rese possibile, con la costruzione dei grandi "policlinici" (con reparti specializzati), l'osservazione sistematica del malato.

La diffusione delle pratiche igieniste

Partendo da osservazioni empiriche e dati statistici inoppugnabili e proponendo una serie di interventi dimostratisi poi efficaci (la canalizzazione delle acque di scarico, la lotta contro il sovraffollamento nelle abitazioni, la rigida circoscrizione dei focolai di epidemie), gli igienisti riuscirono a diffondere alcune pratiche preventive e a imporle, nonostante l'ostilità di gran parte della medicina "accademica", all'attenzione dei poteri pubblici. Il rispetto dell'igiene si diffuse gradualmente anche negli ospedali, luoghi spesso di contagio e di infezione più che di cura, con l'adozione di alcune pratiche, che oggi a noi paiono elementari, come quella di lavarsi le mani tra una visita e l'altra.

Parallelamente il francese Louis Pasteur e il tedesco Robert Koch identificarono dei microrganismi come agenti di alcune gravi malattie infettive: la peste, il colera e la tubercolosi. Una scoperta che, accertando la responsabilità dei germi nella genesi delle malattie infettive, dimostrava anche come le condizioni ambientali non fossero di per sé sufficienti a provocare l'insorgere del male, e che fu usata da molti medici per svalutare l'importanza dei fattori igienici.

Nuovi farmaci e nuovi ospedali

Un'ulteriore e decisiva spinta ai progressi della medicina venne, sempre nella seconda metà dell'800, dalle scoperte della chimica, che consentirono di agire sui processi fisiologici con l'isolamento di una serie di sostanze e la sintesi di numerosi farmaci. Già nel 1846, la scoperta degli effetti anestetici dell'etere dietilico aveva aperto la strada alla pratica dell'anestesia chirurgica. Nel 1860 fu la volta dell'acido acetilsalicilico, che dal 1875 avrebbe costituito la base della più diffusa fra le medicine dei nostri tempi, l'aspirina. Sempre al 1875 risale la sintesi del diclorodifeniltricloroetano (meglio noto come Ddt), un potente insetticida che consentì progressi decisivi nella lotta contro la malaria. Grazie a scoperte come queste, si sviluppò rapidamente una nuova industria farmaceutica, le cui fortune coincisero in molti casi con le fortune personali di celebri ricercatori come i tedeschi Friedrich Bayer e Heinrich Emanuel Merck.

La radicale trasformazione delle terapie andò di pari passo con la contemporanea evoluzione subìta dagli ospedali, fino ad allora più ospizi per i poveri e i trovatelli che luoghi di cura per malati. Le nuove strutture realizzate in Europa negli ultimi decenni del secolo, i policlinici, si basavano su un'organizzazione razionale dello spazio, su padiglioni con ampie stanze ventilate, sulla suddivisione dei pazienti in reparti specializzati per tipi di malattie e sul rispetto delle più essenziali norme igieniche.

2.4. La crescita demografica

L'innalzamento della vita media

A partire dalla seconda metà dell'800, i progressi della medicina e dell'igiene, assieme agli sviluppi dell'industria alimentare, determinarono un vistoso aumento della popolazione. I grandi fattori che nei secoli precedenti avevano inciso negativamente sull'andamento demografico (epidemie e carestie) sembravano ormai definitivamente eliminati, nonostante alcuni episodi significativi ma marginali che ancora colpivano le aree più depresse, come il colera a Napoli e a Palermo nel 1884-85. La vita media dell'uomo europeo, che era di 30-35 anni prima della rivoluzione industriale, poté salire a 50 anni alla fine del secolo. La popolazione europea, che fra il 1800 e il 1850 era passata da 190 a 270 milioni, raggiunse nel 1900 i 425 milioni: l'aumento fu dunque di quasi il 60% in cinquant'anni, senza contare i circa 30 milioni di individui che avevano abbandonato l'Europa e si erano in buona parte trasferiti negli Stati Uniti; qui l'immigrazione, sommandosi all'incremento naturale della popolazione, fece quasi quadruplicare il numero degli abitanti – da poco più di 20 milioni nel 1850 a quasi 80 nel 1900.

La diminuzione delle nascite

Questo aumento della popolazione fu tanto più notevole in quanto era dovuto soprattutto alla diminuzione significativa della mortalità e si accompagnava a una progressiva riduzione della natalità: questo duplice andamento individuava quella che i demografi hanno chiamato la seconda transizione demografica tipica del mondo contemporaneo. La tendenza al calo delle nascite, per effetto del controllo della fecondità e della diffusione delle pratiche contraccettive, si era manifestata precocemente in Francia già alla fine del '700 e si diffuse in seguito in tutto l'Occidente. Questo comportamento demografico, proprio dei paesi economicamente più avanzati, esprimeva un nuovo atteggiamento nei confronti della vita e dei figli: un atteggiamento meno soggetto al tradizionale controllo delle norme religiose e orientato invece a programmare razionalmente la famiglia e il suo futuro. Agli inizi dell'età industriale i principali paesi europei avevano un tasso di natalità medio che si aggirava intorno al 35‰ (ossia 35 nati per anno ogni mille abitanti). Tra la fine dell'800 e l'inizio del '900, in Gran Bretagna, in Germania e negli Stati Uniti, il tasso scese sotto il 30‰. In Francia la natalità era inferiore al 30‰ già nel decennio 1830-39. In Italia e in altri paesi mediterranei, ancora alla fine dell'800, il tasso si manteneva invece ben al di sopra del 35‰: sarebbe sceso sotto il 30‰ solo negli anni '20 del '900.

Per quanto riguarda l'Asia e l'Africa, anch'esse conobbero nella seconda metà dell'800, nonostante il permanere di alti tassi di mortalità, un incremento della popolazione abbastanza consistente (rispettivamente del 30 e del 20%), anche se molto più limitato di quello dell'Europa. Il rapporto fra la crescita demografica delle aree industrializzate e quella dei paesi non ancora toccati dalla modernizzazione avrebbe cominciato a invertirsi solo con l'inizio del '900.

sommario

L'ultimo trentennio dell'800 vide una profonda trasformazione economica. La crisi di sovrapproduzione del 1873 diede inizio a una fase di rallentamento dello sviluppo e di caduta dei prezzi – conseguenza soprattutto delle trasformazioni organizzative e delle innovazioni tecnologiche. In Europa gli effetti più gravi della caduta dei prezzi si ebbero nell'agricoltura, anche per la concorrenza dei prodotti americani, più convenienti sul mercato. Si affermò nei vari Stati una politica di sostegno all'economia nazionale attraverso il protezionismo. Anche la crisi agraria favorì l'affermazione di politiche doganali per proteggere la produzione nazionale dalla concorrenza estera. Un altro effetto della crisi fu l'ingente migrazione europea verso le aree industriali d'oltreoceano. Solo la Gran Bretagna rimase estranea alla tendenza generale ad applicare misure protezionistiche, venendone danneggiata: alla chiusura dei mercati europei e allo sviluppo industriale di paesi concorrenti come Francia e Germania, reagì allargando i commerci internazionali con le colonie. Sempre di ispirazione protezionista fu la tendenza di varie imprese, spesso afferenti a uno stesso settore, a consociarsi e accordarsi per una più efficace azione sul mercato (stabilendo, per esempio, il prezzo dei prodotti per ridurre al minimo la concorrenza). Queste complesse operazioni finanziarie (cartelli, *pools*, *trusts*) richiedevano un ingente impiego di capitali, per cui sempre più determinante risultò il sodalizio tra banche e industrie, che diede vita al cosiddetto capitalismo finanziario.

Mentre la prima rivoluzione industriale era stata dominata dal cotone e dal ferro, caratteristica fondamentale della seconda rivoluzione industriale fu il rinnovamento tecnologico nei nuovi settori dell'industria chimica, elettrica e dell'acciaio. Quest'ultimo, in particolare, migliorato nella sua qualità dalla messa a punto di procedure sempre più raffinate, conobbe applicazioni d'uso in svariati campi, da quello industriale a quello della nuova edilizia urbana. Furono soprattutto gli sviluppi della chimica, però, che aprirono nuove prospettive in quasi tutti i settori produttivi: dalla produzione di alluminio a quella dei coloranti e delle fibre tessili artificiali, ai nuovi metodi di conservazione degli alimenti. L'invenzione del motore a scoppio e la produzione di energia elettrica furono, tuttavia, le novità che meglio rappresentano nell'immaginario comune la seconda rivoluzione industriale: la prima diede l'impulso decisivo all'estrazione del petrolio, mentre la seconda rivoluzionava – anzitutto con l'illuminazione – la vita quotidiana e, dalla fine dell'800, forniva una nuova importante forza motrice per gli usi industriali. Anche il campo delle comunicazioni venne rivoluzionato da innovazioni epocali: basti pensare al telegrafo (che consentiva la trasmissione quasi in tempo reale delle informazioni da un capo all'altro del mondo) e al grammofono e al cinematografo (che consentivano una riproduzione di suoni e immagini in movimento).

La trasformazione scientifica della medicina poggiò su quattro fattori. In primo luogo la prevenzione e il contenimento delle malattie epidemiche attraverso la diffusione delle pratiche igieniste e l'identificazione dei microrganismi responsabili di malattie infettive come il colera, il tifo e la malaria, quest'ultima neutralizzata da un potente insetticida (il Ddt). Queste e altre malattie vennero, infatti, controllate e combattute grazie ai progressi della farmacologia e alla nascita delle prime industrie farmaceutiche. Infine, la nuova architettura ospedaliera garantì migliori condizioni di trattamento e degenza ai malati, accolti ora in moderni ospedali (policlinici) organizzati in reparti.

I progressi della medicina e dell'igiene, sommandosi allo sviluppo dell'industria alimentare, favorirono in Europa una riduzione della mortalità, che a sua volta determinò un sensibile aumento della popolazione, soprattutto in quei paesi, come gli Stati Uniti, mete privilegiate dell'emigrazione oltreoceano. Ciò avvenne nonostante il calo delle nascite verificatosi, nei paesi economicamente più avanzati, a causa della diffusione di pratiche contraccettive e di una nuova mentalità tesa a programmare razionalmente la famiglia.

bibliografia

L'esposizione più chiara degli aspetti economici e tecnologici della seconda rivoluzione industriale si trova nel volume di D.S. Landes, *Prometeo liberato*, Einaudi, Torino 2000 (ed. or. 1969). Più in generale, si vedano: il vol. V, *I mercati e le guerre mondiali, 1870-1945* dell'opera a cura di E.S. Rosenberg, *Storia del mondo*, Einaudi, Torino 2015 (ed. or. 2012) e J. Mokyr, *Il cambiamento tecnologico, 1750-1945*, in P. Bairoch-E.J. Hobsbawm (a cura di), *Storia d'Europa*, V, *L'età contemporanea. Secoli XIX-XX*, Einaudi, Torino 1996.

Per gli sviluppi della medicina e dell'assistenza sanitaria in Italia: F. Della Peruta (a cura di), *Malattia e medicina*, vol. 7 degli *Annali* della *Storia d'Italia*, Einaudi, Torino 1984; G. Cosmacini, *Storia della medicina e della sanità in Italia*, vol. I, *Dalla peste europea alla prima guerra mondiale, 1348-1918*, Laterza, Roma-Bari 1998 (ed or. 1987).

Sulle tendenze demografiche in Europa: M. Livi Bacci, *La trasformazione demografica delle società europee*, Loescher, Torino 1990 (ed. or. 1977); per l'Italia: L. Del Panta-M. Livi Bacci-G. Pinto-E. Sonnino, *La popolazione italiana dal Medioevo a oggi*, Laterza, Roma-Bari 1996. Sulle migrazioni: P. Bevilacqua-A. De Clementi-E. Franzina (a cura di), *Storia dell'emigrazione italiana*, Donzelli, Roma 2001-2002, 2 voll. e A. De Clementi, *L'assalto al cielo. Donne e uomini nell'emigrazione italiana*, Donzelli, Roma 2014.

3. Le grandi potenze europee

3.1. Le potenze continentali

Il ventennio 1850-70 fu caratterizzato da un elevato tasso di conflittualità e di instabilità tra le tre principali potenze dell'Europa continentale: instabilità originata soprattutto dal tentativo della Francia di Napoleone III di riaffermare la sua posizione di massima potenza continentale europea (sullo scacchiere mondiale la superiorità britannica era fuori discussione), rovesciando il sistema sancito dal congresso di Vienna e contrapponendosi all'Impero asburgico, che di quel sistema era il cardine principale. Ma l'indebolimento dell'Austria, derivato da un sostanziale immobilismo politico e sociale, favorì l'ascesa della potenza prussiana. La crescita della Prussia e la sua aspirazione a riunire attorno a sé un grande Stato nazionale tedesco costituivano una minaccia intollerabile per la Francia, che dalla pace di Vestfalia del 1648 aveva fondato la sua egemonia continentale proprio sulla debolezza e sulla frammentazione politica della Germania: la strada dell'unità tedesca passava quindi inevitabilmente attraverso lo scontro con la Francia.

La Francia di Napoleone III

Nell'Europa di metà '800 la Francia di Napoleone III rappresentava un caso anomalo. Per molti aspetti, il nuovo regime (instaurato nel 1852) – che pure ricalcava le forme istituzionali del Primo Impero napoleonico – inaugurò un modello politico di nuovo genere, che da allora fu detto "bonapartismo". Nel bonapartismo l'omaggio formale al principio della sovranità popolare – espressa attraverso i plebisciti – legittimava un potere fondato in realtà sulla forza delle armi, in cui il centralismo autoritario si univa a una certa dose di riformismo sociale e il conservatorismo si mescolava con la demagogia: tutti elementi che ritroveremo in molti regimi autoritari tipici delle moderne società di massa. L'autoritarismo e il centralismo di Napoleone III (all'imperatore, titolare del potere esecutivo, spettavano anche il controllo del potere giudiziario, la facoltà di proporre leggi e il comando dell'esercito) si fondavano su un vasto consenso popolare, derivante anche dalla tradizione napoleonica che si manteneva viva in tutta la Francia. Oltre al sostegno delle campagne l'imperatore cercò e ottenne quello della borghesia urbana, del mondo degli affari,

Potenza

parola chiave

Nel linguaggio della diplomazia, sono definiti "potenze" quegli Stati che si dimostrano in grado, in virtù della loro forza economica e militare o della loro capacità politica, di essere soggetti attivi, e non solo oggetti, della politica internazionale, di assumere autonomamente impegni ed iniziative senza essere condizionati da vincoli di subordinazione. Si parla poi di «grandi potenze» in riferimento a quegli Stati che, in un dato periodo, acquistano un ruolo egemonico in una determinata area e sono chiamati per questo ad assumere responsabilità speciali nella conduzione degli affari internazionali. Nell'800, le grandi potenze erano cinque: Francia, Gran Bretagna, Russia, Prussia (poi Germania) e Austria. Negli ultimi decenni del secolo a esse si aggiunsero l'Italia (cui non tutti, per la verità, riconoscevano questo ruolo) e le nuove potenze extraeuropee, gli Stati Uniti e il Giappone. Dopo la prima guerra mondiale, l'Austria, non più centro di un impero, uscì dal novero delle grandi potenze, e ne furono escluse, ma solo temporaneamente, la Germania e la Russia (che vi sarebbe rientrata come Unione Sovietica). All'indomani del secondo conflitto mondiale, emerse un nuovo equilibrio internazionale, basato sull'esistenza di due sole "superpotenze", Stati Uniti e Urss, capaci di far sentire il loro peso sull'assetto dell'intero pianeta. Con la crisi del blocco comunista e la fine dell'Urss (1991), gli scenari mutarono di nuovo. Gli Stati Uniti restarono l'unica superpotenza planetaria. Ma nel frattempo emergevano altri candidati al ruolo di grandi potenze internazionali: le due nazioni sconfitte della seconda guerra mondiale, la Germania riunificata e il Giappone, e la stessa Russia, portata a ereditare il ruolo dell'ex Unione Sovietica, affiancata dalla Cina, grande potenza economica e commerciale. Si aggiungevano poi le nuove potenze regionali come il Brasile e l'Argentina, la Turchia e l'Iran, l'India e l'Indonesia, pronte a inserirsi in una realtà internazionale diventata di nuovo fluida dopo la fine del bipolarismo Usa-Urss durato quasi mezzo secolo.

della finanza e dell'industria. Questa borghesia fu, negli anni del Secondo Impero, attiva e influente come non era mai stata prima. Le costruzioni ferroviarie e le grandi opere pubbliche promosse dal regime svolsero la funzione di motore dello sviluppo, sia per l'edilizia sia per i settori di punta come il siderurgico e il meccanico. Conseguentemente, un aspetto importante della cultura e della società del Secondo Impero fu quello che potremmo definire "tecnocratico": la tendenza cioè ad affidare sempre maggior potere ai tecnici (scienziati, ingegneri, esperti di economia e finanza) e a vedere nel trionfo della tecnica e della civiltà industriale la via più sicura per la realizzazione del bene comune.

Ma la tradizione bonapartista portava inevitabilmente la Francia a intraprendere una politica estera ambiziosa e aggressiva. La prima occasione fu la guerra di Crimea, quando Gran Bretagna e Francia si impegnarono a difendere l'Impero ottomano dall'espansionismo russo. Nell'estate del 1854 una flotta anglo-francese penetrò nel Mar Nero: gli eserciti alleati sbarcarono nella penisola di Crimea e posero l'assedio alla piazzaforte russa di Sebastopoli. La guerra, alla quale partecipò anche il Piemonte con un corpo di spedizione, si risolse nel lunghissimo assedio di Sebastopoli, durato circa un anno e conclusosi nel settembre 1855 con la caduta della città. Il successivo congresso di Parigi confermò la neutralizzazione del Mar Nero,

La guerra di Crimea, 1853-55

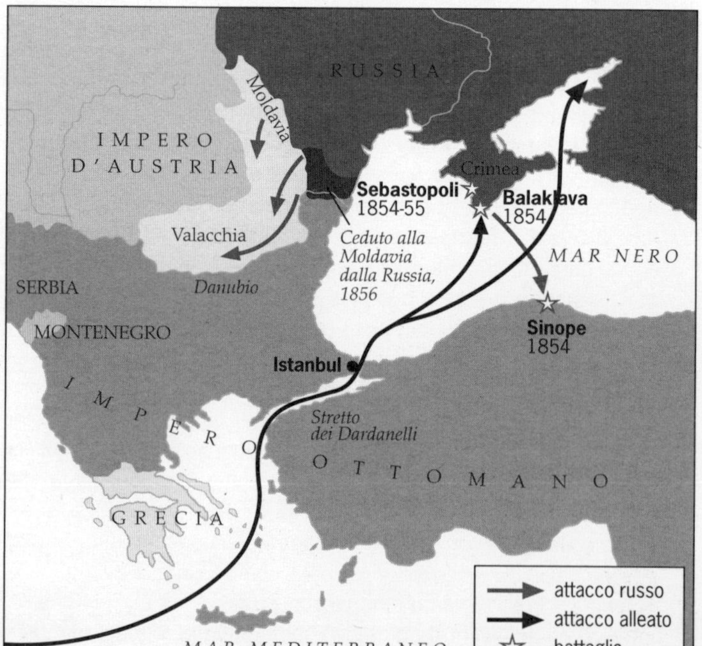

stabilendo che restasse chiuso alle navi da guerra di tutti i paesi, compresa la Russia. L'Impero ottomano vide garantita la sua integrità e confermata la sua sovranità nominale sui Principati autonomi di Serbia, Moldavia e Valacchia: questi ultimi due si sarebbero uniti nel 1859 per formare il nuovo Stato di Romania.

Una seconda occasione fu quella della vittoriosa guerra contro l'Austria al fianco del Piemonte cavouriano nel 1859. Ma il risultato principale della guerra – la formazione di uno Stato nazionale italiano sotto la guida del Piemonte – fu ben lontano dai progetti di Napoleone III, che mirava in realtà a subentrare all'Austria come potenza egemone in un'Italia che doveva rimanere divisa.

La debolezza dell'Impero d'Austria

Dopo le rivoluzioni del '48-49, l'Impero asburgico si era riorganizzato sulla base del vecchio sistema assolutistico: il potere tornò a concentrarsi nelle mani dell'imperatore, l'apparato poliziesco fu consolidato, il centralismo amministrativo rafforzato. La Costituzione concessa nel 1849, e mai realmente applicata, fu revocata nel 1851: solo dieci anni dopo fu ricostituito un Parlamento bicamerale, dotato peraltro di poteri molto limitati. Del resto, nonostante il persistere dei contrasti di nazionalità – che erano stati aggravati dalle vicende del '48 – il potere imperiale poteva contare sul sostegno della maggioranza dei contadini, favoriti dall'abolizione della servitù della gleba, e su quello della Chiesa cattolica. Appoggiandosi su queste forze, lo Stato sacrificò le esigenze dei settori industriali (soprattutto quelli delle zone più progredite, come la Boemia e la Lombardia), chiamati a pagare i costi di un imponente apparato amministrativo e militare, e mancò in sostanza l'appuntamento con lo sviluppo economico degli anni '50 e '60 senza peraltro mantenere, anche a causa delle ripetute sconfitte militari, il ruolo da protagonista della scena europea che aveva prima del '48.

La forza della Prussia

Negli stessi anni la Prussia proponeva con autorità la sua candidatura alla guida della nazione tedesca, fidando soprattutto sulla forza trainante del suo sviluppo industriale e sulla stretta integrazione della sua economia con quella degli altri Stati germanici, uniti fin dal 1834 in una Lega doganale (*Zollverein*) da cui era invece esclusa l'Austria. La Prussia, infatti, si era sviluppata, a partire dagli anni '50, a un ritmo che non aveva uguali in Europa. Questa espansione industriale e la crescita di una forte borghesia si concentrarono soprattutto nella parte occidentale dello Stato prussiano (cioè nella Renania-Vestfalia). Lo sviluppo economico non era stato accompagnato, però, da un'evoluzione delle istituzioni in senso liberal-parlamentare: al contrario i vertici dello Stato continuavano a essere occupati dagli esponenti degli Junker, gli aristocratici proprietari terrieri. Proprio il conservatorismo sociale si rivelò una componente essenziale di quella "via prussiana" allo sviluppo, guidato dall'alto e legato al potenziamento militare, che avrebbe finito col costituire una sorta di modello alternativo a quello britannico. Inoltre, elementi di modernità come un efficiente sistema di comunicazioni interne (strade, canali), una rete ferroviaria relativamente sviluppata e un'alta diffusione dell'istruzione rappresentarono un fattore decisivo per i successi della Prussia nel campo economico come in quello militare. Così il tradizionalismo degli Junker e le aspirazioni nazionali della borghesia finirono col trovare un terreno di convergenza nella politica di potenza dello Stato prussiano e nel suo necessario complemento, ossia lo sviluppo di un forte esercito.

L'artefice principale di questa politica fu Otto von Bismarck, un tipico rappresentante degli Junker che non aveva mai fatto mistero della sua avversione alla democrazia e al liberalismo. Nominato primo ministro nel 1862 dal re Guglielmo I, Bismarck si impegnò a realizzare, anche contro le riserve del Parlamento, una riforma dell'esercito che prevedeva l'aumento degli organici e il prolungamento del servizio di leva in funzione dell'obiettivo dell'unificazione. Per raggiungere questo obiettivo la Prussia doveva sconfiggere sul campo di battaglia Austria e Francia, i due nemici di un'unità tedesca a guida prussiana. Del resto il programma politico di Bismarck era stato chiaramente enunciato quando aveva sostenuto che le grandi questioni si sarebbero risolte «non con discorsi né con deliberazioni della maggioranza – questo era stato l'errore del '48-49 – bensì col ferro e col sangue».

3.2. Le guerre di Bismarck e l'unità tedesca

La guerra contro l'Austria

La contesa tra Austria e Prussia relativamente all'amministrazione dei Ducati di Schleswig, Holstein e Lauenburg, sottratti dalle due potenze alla Danimarca nel 1864, costituì il pretesto di una guerra nel 1866. Garantitasi la neutralità della Russia e della Francia, e alleatasi con l'Italia, la Prussia sconfisse l'Austria nella grande battaglia campale di Sadowa in Boemia (3 luglio). A conferma della preponderante superiorità militare prussiana, la guerra era durata solo tre settimane. Giocarono a favore dei prussiani la perfetta organizzazione dell'esercito, guidato dal generale von Moltke, la miglior qualità degli armamenti (le truppe erano dotate per la prima volta di fucili a retrocarica, che consentivano una superiore rapidità di tiro), la tempestività degli spostamenti dovuta a un razionale sfruttamento delle ferrovie. Fu, quella del '66, la prima delle numerose guerre di movimento che avrebbero reso celebre e temuta la macchina militare tedesca.

Nella successiva pace di Praga l'Austria non subì mutilazioni territoriali, salvo quella del Veneto ceduto all'Italia [▶6.5]. Ma dovette accettare lo scioglimento della vecchia Confederazione germanica, e dunque la fine di ogni sua influenza nell'Europa centro-settentrionale, dove a nord del fiume Meno si formò la nuova Confederazione della Germania del Nord a guida prussiana.

I nuovi equilibri spinsero l'Impero asburgico a spostare il centro dei suoi interessi verso l'area danubiano-balcanica e a cercare una nuova soluzione per il problema delle nazionalità che convivevano al suo interno. Nel 1867 l'Impero fu diviso in due Stati, l'uno austriaco, l'altro ungherese (da ora in poi si parlerà infatti di Impero austro-ungarico), uniti fra loro nella persona del sovrano, ma ciascuno con un proprio Parlamento e un proprio governo, salvo che per i ministeri preposti agli affari di interesse comune (Esteri, Guerra e Finanze). Col "compromesso" del '67, la dinastia asburgica si accordava col gruppo nazionale più forte e compatto, ma scontentava soprattutto gli slavi che avrebbero rappresentato da allora il pericolo più grave per l'unità dell'Impero [▶3.4].

La guerra franco-prussiana

Il cammino verso l'unificazione tedesca procedeva secondo un programma di politica di potenza che la borghesia liberale era costretta ormai a subire e che era fuori dal controllo del Parlamento, nel quale le posizioni liberali erano state sconfitte dal rapporto diretto del cancelliere con il sovrano: sulle spese militari Bismarck decise infatti di scavalcare il Parlamento e di farle approvare per decreto reale. L'ultimo ostacolo sulla via dell'unità era rappresentato dalla Francia di Napoleone III, deciso a non consentire ulteriori ingrandimenti alla Prussia.

L'occasione per il conflitto fu offerta da una questione dinastica. Nel 1868 il trono di Spagna era rimasto vacante e la corona era stata offerta a un parente del re di Prussia. La prospettiva di un principe tedesco sul trono di Spagna spaventava ovviamente la Francia, che si sentiva minacciata di accerchiamento. L'opinione pubblica francese insorse compatta e la reazione del governo fu fermissima. Bismarck esasperò abilmente queste tendenze bellicose rilasciando, all'indomani di un incontro fra Guglielmo I e l'ambasciatore francese, un comunicato stampa formulato in modo volutamente provocatorio: vi si lasciava intendere che l'ambasciatore era stato messo alla porta dal re. Quel comunicato provocò in Francia, e soprattutto a Parigi, un'ondata di furore nazionalistico. Il governo e lo stesso imperatore, fino ad allora esitante, si lasciarono trascinare dalla spinta dell'opinione pubblica e, il 19 luglio 1870, dichiararono guerra alla Prussia.

La Francia affrontò il conflitto in un clima di grande entusiasmo, ma con scarsa preparazione militare. L'esercito, che pure poteva contare su un armamento moderno ed efficiente, era nettamente inferiore a quello prussiano sia per il numero degli effettivi sia per l'organizzazione. Come nella guerra contro l'Austria del '66, le truppe comandate dal generale von Moltke si mossero con grande rapidità: il 1° settembre, mentre metà dell'esercito francese veniva circondata a Metz in Lorena, l'altra metà venne accerchiata a Sedan, presso il confine col Belgio, e costretta ad arrendersi. Lo stesso imperatore fu preso prigioniero dai tedeschi.

Pochi giorni dopo, nella capitale francese minacciata dai prussiani, abbattuto l'impero e proclamata la repubblica, si formava un governo provvisorio. Invano il ministro della Guerra Léon Gambetta, fuggito con un pallone aerostatico da Parigi assediata, tentò di rianimare la resistenza organizzando la leva in massa nelle province e mobilitando il popolo contro gli invasori (in questa occasione intervenne in difesa della nuova Francia repubblicana anche un corpo di volontari italiano comandato da Garibaldi). Dopo una serie di sconfitte il governo fu costretto a chiedere l'armistizio nel gennaio 1871.

L'unificazione tedesca e il desiderio di rivincita francese

Nel frattempo, il 9 dicembre 1870, era stato proclamato l'Impero tedesco – il secondo Reich ("impero", in tedesco) dopo il Sacro romano impero di Carlo Magno – che nasceva dalla fusione della Prussia e degli Stati della Confederazione del Nord con gli Stati della Germania meridionale tra cui il Regno di Baviera. Il 18 gennaio 1871 nella Reggia di Versailles, luogo-simbolo della potenza dei re di Francia, Guglielmo I fu incoronato impe-

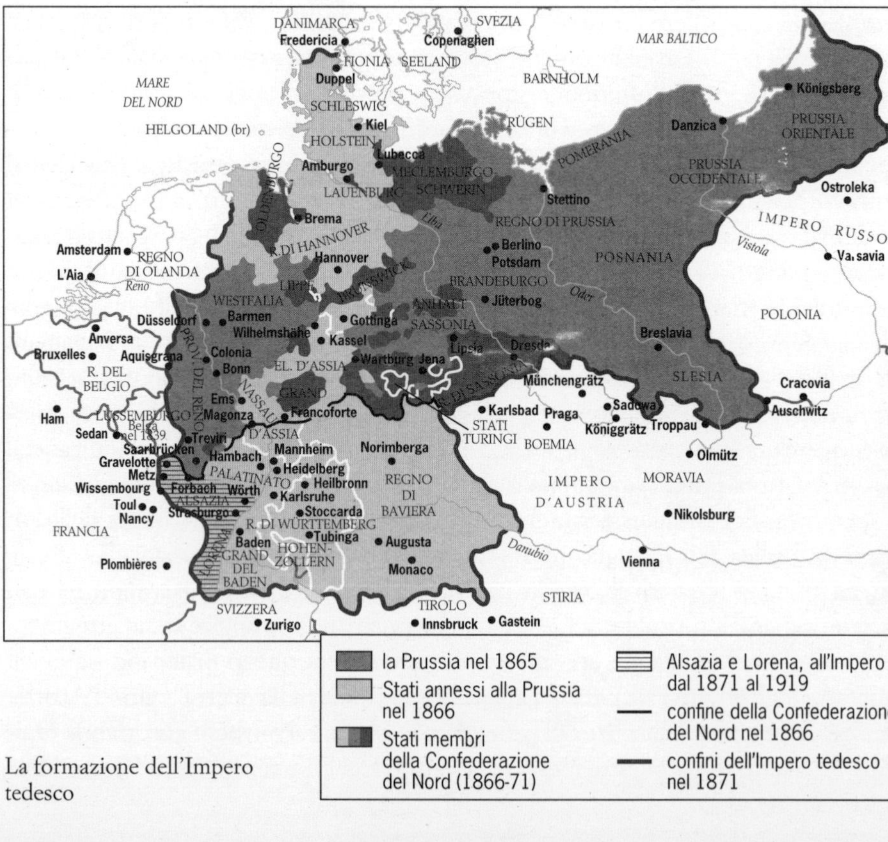

La formazione dell'Impero tedesco

ratore tedesco (*Deutscher Kaiser*). L'unità tedesca era compiuta: un'unità calata dall'alto, attuata in seguito a una guerra combattuta fuori dai confini nazionali contro il nemico tradizionale, soprattutto per l'iniziativa di uno statista abile e autoritario; mai ratificata, dunque, da un plebiscito o da una qualsiasi forma di consultazione popolare.

Con la successiva pace di Francoforte non solo la Francia fu costretta a corrispondere una pesante indennità di guerra, ma dovette cedere al Reich l'Alsazia e la Lorena, due regioni di confine di notevole importanza economica e strategica. La disfatta di Sedan, l'invasione del paese, la caduta di Parigi e la perdita dell'Alsazia-Lorena rappresentarono per la Francia molto più che una sconfitta militare. Si trattò di una vera e propria umiliazione nazionale. Il desiderio di riparare a questa umiliazione – il cosiddetto "revanscismo", dal francese *revanche*, "rivincita" – avrebbe condizionato per quasi mezzo secolo la politica francese determinando un'insanabile rivalità.

3.3. La Comune di Parigi

Lo scontro tra la capitale e la Francia rurale

Dopo la battaglia di Sedan, che aveva sancito la vittoria prussiana, era stato il popolo della capitale francese a insorgere, a costituire una Guardia nazionale e a decretare la fine del regime napoleonico. Parigi aveva vissuto la caduta dell'Impero come una nuova occasione rivoluzionaria e al tempo stesso come l'inizio di una riscossa nazionale. Molto diverso era l'orientamento nelle campagne e nei centri minori, dove prevalevano le tendenze conservatrici. La frattura si delineò con chiarezza dopo le elezioni della nuova Assemblea nazionale, che si tennero nel febbraio 1871. Grazie al voto delle campagne, l'Assemblea, che tenne le sue prime riunioni a Bordeaux, risultò composta in stragrande maggioranza da moderati e conservatori. A presiedere il governo fu chiamato Adolphe Thiers, un esponente della Francia moderata, già ministro di Luigi Filippo d'Orléans. Appena entrato in carica, il nuovo governo si affrettò ad aprire trattative di pace. Ma, quando furono note le durissime condizioni imposte da Bismarck (che prevedevano fra l'altro l'ingresso delle truppe tedesche nella capitale), il popolo di Parigi protestò in massa e decise di difendere la città. Lo scontro fra la Parigi rivoluzionaria e la Francia rurale e conservatrice diventava inevitabile, né Thiers fece nulla per evitarlo. Quando, a metà marzo, il governo ordinò la consegna delle armi raccolte per la difesa della capitale, il comando della Guardia nazionale rifiutò di obbedire e indisse le elezioni per il Consiglio della Comune.

L'esperienza rivoluzionaria della Comune

In queste elezioni, tenutesi in marzo, l'elettorato conservatore si astenne in gran parte dalle urne – anche perché i ricchi avevano abbandonato in massa la capitale – e il potere restò nelle mani dei gruppi di estrema sinistra, democratico-giacobini ma anche socialisti e anarchici. Per quanto divisi da seri contrasti, i dirigenti della Comune diedero vita nel giro di poche settimane a un esperimento radicale di democrazia diretta. Fu abolita la distinzione fra potere esecutivo e legislativo, tutti i funzionari furono resi elettivi e continuamente revocabili, l'esercito venne sostituito da milizie popolari armate. Queste misure provocarono l'allarme dei conservatori e dei moderati e suscitarono l'entusiasmo dei rivoluzionari di tutta Europa. Marx e Bakunin [▶1.7] videro nella Comune il primo esempio di gestione diretta del potere da parte delle masse, quasi un modello per la futura società socialista.

Racchiusa entro i confini di una sola città, isolata dal resto del paese, occupato per giunta da truppe straniere, la Comune non riuscì a coinvolgere anche i piccoli centri e le campagne. Gli appelli lanciati da Parigi agli altri comuni di Francia perché si associassero alla capitale in una libera federazione caddero nel vuoto. E l'esperienza della Comune durò non più di due mesi: il tempo necessario a Thiers per raccogliere, con l'assenso degli occupanti tedeschi, un esercito abbastanza forte per muovere alla conquista della capitale. Fra il 21 e il 28 maggio le truppe governative procedettero all'assalto di Parigi, che fu difesa strada per strada dalle milizie popolari. La battaglia fu condotta da ambo le parti con estrema determinazione. Alle esecuzioni sommarie – circa 20 mila uomini furono passati per le armi senza processo durante la "settimana di sangue" – i difensori della Comune risposero con sanguinose rappresaglie, che contribuirono ad accentuare nell'opinione pubblica moderata i sentimenti di paura e odio per i rivoluzionari. Per la seconda volta in poco più di vent'anni, il movimento rivoluzionario francese si ritrovava alla fine sconfitto e decimato.

3.4. L'Impero tedesco e la politica di Bismarck

Il trionfo della politica di potenza

All'inizio degli anni '70, all'indomani della guerra franco-prussiana, una nuova concezione dei rapporti internazionali si andò diffondendo in tutta Europa. Il modo stesso in cui era stata preparata e realizzata l'unità tedesca aveva fatto tramontare, agli occhi di molti uomini politici e di molti intellettuali, alcuni fra i princìpi fondamentali della cultura liberal-democratica ottocentesca, come il diritto di nazionalità e la libertà dei popoli. Si affermava sempre più l'ideologia della forza, del fatto compiuto, della pura politica di potenza, fondata sullo sviluppo degli eserciti permanenti e degli armamenti di terra e di mare. A questo nuovo clima contribuì il mutamento della congiuntura economica, che, come abbiamo visto [▶2.1], indusse quasi tutti gli Stati europei a ripudiare la politica del libero scambio e ad accentuare le misure protezionistiche.

Istituzioni politiche e classe dirigente del nuovo Reich

Con 40 milioni di abitanti, una vasta disponibilità di materie prime, un'economia in continua crescita, un esercito di provata efficienza e un sistema di istruzione altrettanto qualificato, il nuovo Stato tedesco si presentava come la maggiore potenza continentale europea. Dal punto di vista istituzionale, il Reich ereditava la struttura della vecchia Confederazione germanica: era infatti diviso in venticinque Stati – alcuni vastissimi, come la Prussia, altri piccoli o piccolissimi – con propri governi e Parlamenti (che avevano però funzioni prevalentemente amministrative) e in qualche caso un proprio esercito, come la Baviera. La grande politica era di competenza del governo centrale, presieduto da un cancelliere responsabile di fronte all'imperatore. Il potere legislativo era esercitato dal Parlamento, diviso in due Camere, una Camera elettiva, il Reichstag, eletta a suffragio universale, e un Consiglio federale, il Bundesrat, composto da rappresentanti dei singoli Stati. Come nella Prussia preunitaria, il Parlamento aveva limitate possibilità di condizionare il potere esecutivo, concentrato nelle mani dell'imperatore e del cancelliere. Come in Prussia, il blocco sociale dominante era costituito da una solida alleanza fra il mondo industriale e bancario e l'aristocrazia terriera e militare: un blocco che fu rinsaldato dalla politica protezionista adottata da Bismarck, a vantaggio soprattutto dell'industria pesante e della cerealicoltura.

I partiti politici

Una vivace dialettica politica caratterizzò la Germania con la nascita di nuovi e forti movimenti politici di massa. Alle tradizionali formazioni liberali e conservatrici che avevano dominato la scena parlamentare in Prussia negli anni '60 – il Partito conservatore, espressione degli Junker, il Partito nazional-liberale, che rappresentava la borghesia industriale e commerciale, e il piccolo raggruppamento degli intellettuali liberal-progressisti – si aggiunse, nel 1871, il partito cattolico del Centro. Nel 1875, dall'accordo fra la corrente marxista e quella che si ispirava a Lassalle, nacque il Partito socialdemocratico tedesco (Spd). Mentre la socialdemocrazia traeva la sua forza dalla massiccia adesione operaia delle regioni e città industriali, il Centro poggiava su una base sociale formata per lo più da agricoltori e ceti medi urbani presenti in Renania e in Baviera.

Bismarck contro i cattolici e i socialdemocratici

Nei primi anni '70 Bismarck iniziò una politica duramente anticattolica – il *Kulturkampf*, la "battaglia per la civiltà" – emanando una serie di misure volte non solo ad affermare il carattere laico dello Stato (obbligo del matrimonio civile, abolizione di ogni controllo religioso sull'insegnamento), ma anche a porre sotto sorveglianza l'attività del clero cattolico. La lotta scatenata da Bismarck ebbe però l'effetto di stimolare l'orgoglio e la compattezza dei cattolici tedeschi, che, sotto la guida di un leader di grandi capacità, Ludwig Windthorst, riuscirono nel giro di pochi anni a raddoppiare la loro rappresentanza parlamentare. Bismarck fu costretto, così, ad attenuare le misure anticattoliche e a varare una nuova legislazione ecclesiastica, molto più moderata della precedente.

L'abbandono del *Kulturkampf* fu imposto al cancelliere anche dalla necessità di fronteggiare la minaccia che veniva dall'ascesa della socialdemocrazia. Già nel 1878, traendo pretesto da due attentati falliti contro l'imperatore, il governo varò una serie di leggi eccezionali specificamente rivolte contro il movimento socialdemocratico. Le «leggi contro le tendenze sovvertitrici» ponevano gravi limitazioni alla libertà di stampa e di riunione e dichiaravano illegali tutte le associazioni «aventi lo scopo di provocare il rovesciamento dell'ordinamento statale o sociale esistente», costringendo così la socialdemocrazia a una condizione di semiclandestinità.

Le leggi sociali

Nel tentativo di soffocare sul nascere lo sviluppo del movimento operaio, Bismarck non si limitò però alle misure repressive. Fra il 1883 e il 1889 il Parlamento approvò, su proposta del governo, alcune importanti leggi di tutela delle classi lavoratrici, che istituivano assicurazioni obbligatorie per gli infortuni sul lavoro, le malattie e la vecchiaia, facendone gravare il peso in parte sugli imprenditori, in parte sullo Stato, in parte sui lavoratori stessi. In un'epoca in cui le attività previdenziali e assistenziali erano affidate all'iniziativa dei privati o delle istituzioni religiose, la legislazione sociale varata da Bismarck era obiettivamente molto avanzata. Dando soddisfazione ad alcune delle esigenze più sentite dalla classe operaia e al tempo stesso rifiutando di riconoscere legittimità alla sua rappresentanza organizzata, Bismarck mirava a integrare le masse lavoratrici nello Stato in una posizione subalterna.

I successi della socialdemocrazia

Questa operazione andò però incontro a un insuccesso politico analogo a quello subìto nella lotta contro i cattolici. Il varo della legislazione sociale non impedì la nascita, alla fine degli anni '80, di un forte movimento sindacale guidato dai socialdemocratici. D'altra parte le leggi eccezionali, prorogate periodicamente fino al 1890, non riuscirono a bloccare la crescita elettorale della socialdemocrazia, che passò dai circa 500 mila voti del 1878 a quasi 1 milione e mezzo (il 18% dei suffragi, con 35 deputati al Reichstag) nel 1890. L'affermazione socialdemocratica sancì il fallimento della politica bismarckiana nei confronti del movimento operaio e contribuì a provocare, nel 1890, l'allontanamento dal governo dell'onnipotente cancelliere.

La politica estera e il sistema bismarckiano

Nel ventennio in cui rimase al potere Bismarck fu l'arbitro dell'equilibrio europeo. Dopo la vittoria sulla Francia, infatti, il cancelliere tedesco costruì un sistema di alleanze che aveva come scopo principale quello di impedire che la Francia potesse uscire dal suo isolamento politico-diplomatico. A questo fine si alleò con l'Austria-Ungheria, con la Russia e con l'Italia, contando sul fatto che la Gran Bretagna non si sarebbe mai avvicinata alla Francia, sia per la sua riluttanza a impegnarsi sul continente europeo, sia per la rivalità che opponeva le due potenze nell'espansione coloniale in Africa [▸5.2].

Fulcro iniziale del sistema bismarckiano fu il patto dei tre imperatori, stipulato nel 1873 fra Germania, Austria-Ungheria e Russia: un patto difensivo che si fondava soprattutto sulla solidarietà fra le tre monarchie autoritarie e aveva per obiettivo palese la tutela degli equilibri conservatori all'interno dei singoli Stati. L'alleanza aveva però un punto debole: la vecchia rivalità fra Austria e Russia nella penisola balcanica, dove le popolazioni slave erano in perenne ribellione contro il dominio ottomano.

Fra il 1875 e il 1876 il governo turco represse con grande spargimento di sangue una serie di rivolte scoppiate in Bosnia, in Erzegovina e in Bulgaria. Nella primavera del '77 la Russia, grande protettrice dei popoli slavi, dichiarò guerra alla Turchia ottomana e la sconfisse, imponendole una pace quanto mai onerosa, che in pratica avrebbe sancito l'egemonia russa nei Balcani. Come era avvenuto nel 1854, in occasione della guerra di Crimea [▸3.1], questa prospettiva allarmò le altre potenze europee. Austria-Ungheria e Gran Bretagna, in particolare, minacciarono di intervenire contro la Russia.

Dal congresso di Berlino alla Triplice alleanza

A questo punto fu Bismarck a prendere l'iniziativa, nel ruolo del mediatore. Un congresso delle potenze europee fu convocato a Berlino nell'estate del '78, dove si giunse a un accordo che limitava notevolmente i vantaggi ottenuti dalla Russia, pur ridisegnando radicalmente gli equilibri della penisola balcanica. La Bulgaria ottenne l'indipendenza, ma entro confini assai più ristretti rispetto a quelli determinati dall'esito del conflitto russo-turco dell'anno precedente. La Bosnia e l'Erzegovina furono dichiarate autonome, ma affidate in "amministrazione temporanea" all'Austria. La Gran Bretagna ottenne l'isola di Cipro, in posizione strategica per il controllo del Canale di Suez che collega ancora oggi il Mediterraneo al Mar Rosso [▸5.4]. La Francia ebbe mano libera per una eventuale espansione in Tunisia nel Nord Africa. In questo modo Bismarck non solo indirizzava verso obiettivi extraeuropei le velleità espansionistiche della Francia, ma creava le premesse per un contrasto con l'Italia.

Scongiurato il pericolo di un conflitto, Bismarck cercò di ricucire l'alleanza con l'Austria e la Russia. Ci riuscì nel 1881, quando fu rinnovato il patto dei tre imperatori. Un anno dopo l'edificio fu completato con la stipulazione della Triplice alleanza, che inseriva nel sistema bismarckiano anche l'Italia come alleata della Germania e dell'Austria.

3.5. La Repubblica in Francia

Dopo i traumi della sconfitta e la "settimana di sangue" con cui si chiuse l'esperienza della Comune, la Francia non tardò a manifestare segni di ripresa. Nel luglio del '72, quasi a dimostrare la volontà di rivincita del paese, l'Assemblea nazionale decise l'introduzione del servizio militare obbligatorio. Nel settembre '73 fu ultimato il pagamento dell'indennità di guerra dovuta ai tedeschi. Alla fine degli anni '70 la Francia aveva già recuperato buona parte del suo prestigio internazionale, disponeva di un forte esercito e cominciava a incamminarsi con decisione sulla strada delle conquiste coloniali.

La Terza Repubblica e la nuova Costituzione

Più travagliato fu il processo di stabilizzazione politica. La stessa forma di governo repubblicana fu a lungo in forse, dato che i membri dell'Assemblea nazionale, incaricata di redigere la nuova Costituzione, erano in maggioranza favorevoli alla restaurazione della monarchia. Solo le fratture interne allo schieramento monarchico – diviso fra i legittimisti, fautori di un ritorno dei Borbone, e gli orleanisti, che volevano sul trono gli eredi di Luigi Filippo – e un accordo raggiunto *in extremis* fra orleanisti e repubblicani moderati consentirono il varo di una Costituzione repubblicana. La Costituzione della Terza Repubblica del 1875 prevedeva che il potere legislativo fosse esercitato da una Camera eletta a suffragio universale maschile e da un Senato composto da membri in parte vitalizi e in parte elettivi. Un elemento di stabilità era costituito dalla figura del presidente della Repubblica, capo dell'esecutivo, che veniva eletto dalle Camere riunite e godeva in teoria di poteri molto ampi. La Carta costituzionale, così concepita, rappresentava un compromesso fra una soluzione di tipo presidenziale, all'americana, preferita dai moderati, e una di stampo parlamentare, sostenuta dai democratici: la prima avrebbe conferito amplissimi poteri al presidente della Repubblica, la seconda maggiori poteri al Parlamento. La Costituzione del 1875 rappresentò un indubbio successo per i repubblicani francesi che, nelle elezioni del 1876, riuscirono a capovolgere la tendenza conservatrice fino ad allora prevalente nell'elettorato e ad assicurarsi una solida maggioranza.

Opportunisti e radicali

A dominare la scena politica furono i repubblicani dell'ala moderata, i cosiddetti "opportunisti", la cui forza stava essenzialmente in un solido legame con l'elettorato "medio", quello dei commercianti, degli impiegati e soprattutto dei piccoli agricoltori. Di questo elettorato essi seppero interpretare la generica aspirazione al progresso, ma anche le tendenze conservatrici in materia di rapporti sociali. Di qui le critiche dei repubblicani più avanzati – o radicali, come allora si definirono in contrapposizione agli opportunisti – che costituirono un forte raggruppamento autonomo capeggiato da Georges Clemenceau.

L'operato dei governi repubblicani

Fu comunque sotto la guida dei governi repubblicano-moderati che la Francia poté consolidare le sue istituzioni democratiche e superare gradualmente le fratture provocate dalla Comune del '71. Nel 1880 fu approvata un'amnistia per i comunardi incarcerati o deportati, che permise al movimento operaio francese di ricostituire lentamente le sue file. Nel 1884 il Senato divenne completamente elettivo. Sempre nel 1884, furono approvate tre leggi di notevole importanza: quella che garantiva la libertà di associazione sindacale, quella che ampliava le autonomie locali, stabilendo fra l'altro l'elettività dei sindaci, e quella che introduceva il divorzio.

L'azione dei governi repubblicani fu incisiva soprattutto nell'affermazione della laicità dello Stato, in particolare nel settore della scuola, tradizionale terreno di scontro fra cattolici e laici, fra democratici e conservatori. Con una serie di leggi approvate fra l'80 e l'85, l'istruzione elementare fu resa obbligatoria e gratuita e posta sotto il controllo statale, mentre le università e gli istituti superiori gestiti dal clero furono privati del diritto di rilasciare titoli legali di studio.

Corruzione politica e speculazione finanziaria

L'indebolimento dei poteri del presidente della Repubblica a favore dell'instaurarsi di una prassi di governo sempre più centrata sull'attività del Parlamento ebbe come conseguenza negativa un'altissima instabilità degli esecutivi, aggravata dalla mancanza di schieramenti politici compatti. Un altro male storico della Terza Repubblica fu la corruzione diffusa nelle alte sfere del potere. Una corruzione che – come già nella monarchia di Luigi Filippo e nel Secondo Impero – affondava le sue radici nello stretto legame fra il mondo politico e gli ambienti della speculazione finanziaria, e che trovava nuovo alimento nelle rapide possibilità di guadagno offerte dall'espansione coloniale [►5.2 e 5.4]. Il susseguirsi di scandali politico-finanziari mise spesso a dura prova la solidità delle istituzioni e seminò disagio e sfiducia in larghi settori dell'opinione pubblica.

Un segno eloquente di questo disagio si ebbe alla fine degli anni '80, quando un generale in fama di repubblicano, Georges Boulanger, si mise a capo di un vasto ed eterogeneo movimento che invocava una riforma delle istituzioni in senso autoritario e antiparlamentare. L'avventura neobonapartista di Boulanger ebbe breve durata: nel 1889, accusato di aver preso parte a un complotto contro la Repubblica, il generale fuggì all'estero dove si uccise poco dopo. L'episodio rivelava, tuttavia, che le tentazioni autoritarie erano sempre vive nella società francese e toccavano anche settori politici diversi dalla destra tradizionale.

3.6. Il liberalismo in Gran Bretagna

La Gran Bretagna a metà '800

La Gran Bretagna rimaneva, alla metà dell'800, la più progredita fra le grandi potenze europee. Produceva i due terzi del carbone e la metà del ferro di tutto il mondo. Aveva la rete ferroviaria più sviluppata in relazione al territorio e una flotta mercantile pari alla metà di quella di tutti gli altri paesi europei messi insieme. Era il centro commerciale e finanziario cui facevano capo i traffici di tutti i continenti. Possedeva un impero coloniale già vasto e, come vedremo, in via di ulteriore espansione. Aveva un tasso di analfabetismo fra i più bassi del mondo. Aveva infine le istituzioni politiche più libere d'Europa.

Il ventennio '46-66, caratterizzato dalla presenza quasi ininterrotta dei liberali al governo, segnò un ulteriore consolidamento del sistema parlamentare, cioè di quel sistema, nato proprio in Gran Bretagna, che subordinava la vita di un governo alla fiducia del Parlamento e faceva di quest'ultimo l'arbitro indiscusso della vita politica. Alla Corona era invece affidato un ruolo essenzialmente simbolico di personificazione dell'identità nazionale, ruolo che si manifestò pienamente nel corso del lunghissimo regno della regina Vittoria (dal 1837 al 1901). Il sistema parlamentare non era però sinonimo di democrazia. In Gran Bretagna molti poteri spettavano ancora alla Camera alta, ossia alla Camera dei Lord, alla quale si accedeva per diritto ereditario o per nomina regia. La stessa Camera elettiva, la Camera dei Comuni, era espressione di uno strato piuttosto ristretto della popolazione: in base alla legge elettorale del 1832, avevano diritto al voto negli anni '60 circa 1.300.000 persone, ossia il 15% del totale dei maschi adulti. Inoltre la pratica del voto palese, che sarebbe stata abolita solo nel 1872, rappresentava, soprattutto nelle zone rurali, un potente mezzo di condizionamento a vantaggio dell'aristocrazia terriera.

Riforma elettorale e alternanza al governo di liberali e conservatori

Nel 1865 il leader dei liberali William Gladstone, facendosi interprete della parte più dinamica della società britannica – la borghesia industriale alleata con le frange più qualificate della classe operaia –, presentò un progetto di legge che prevedeva una limitata estensione del diritto di voto. La proposta provocò però, nel 1866, la caduta del governo liberale e il ritorno al potere dei conservatori. Ma furono proprio i conservatori, sotto la spinta di un nuovo e dinamico leader, Benjamin Disraeli (un ebreo di origine veneziana convertito adolescente all'anglicanesimo), ad assumere l'iniziativa di una riforma elettorale più avanzata di quella proposta da Gladstone. La nuova legge, o *Reform Act*, varata nel 1867, aumentava di quasi un milione la consistenza del corpo elettorale, ammettendo al voto i lavoratori urbani a reddito più elevato. Spingendo i conservatori a farsi promotori della riforma, Disraeli mostrava di riconoscere il peso che i lavoratori dell'industria avevano assunto nella società britannica e cercava di allargare in quella direzione la base di consenso del suo partito.

Fino alla fine degli anni '70 Gladstone e Disraeli si alternarono al governo, distinguendosi soprattutto per lo stile politico e per la diversa impostazione della politica estera: più legato Gladstone agli ideali del liberalismo, più proiettato sugli obiettivi imperiali della politica britannica Disraeli [▸5.1], che cercò di assicurarsi un solido consenso popolare, promuovendo importanti riforme sociali in tema di salute pubblica e di edilizia popolare. A partire dal 1880 i liberali tornarono a dominare la scena politica promuovendo, nel 1884, una nuova riforma elettorale che allargava ulteriormente il diritto di voto estendendolo alla maggioranza dei lavoratori agricoli.

Il problema irlandese

In questa fase, però, il governo liberale fu costretto a dedicare buona parte delle sue energie alla "questione irlandese". Negli irlandesi convivevano infatti fedeltà al cattolicesimo (e alla Chiesa di Roma) e tendenze indipendentiste di marca nazionalista, entrambi fattori che mettevano in discussione l'appartenenza al Regno Unito. Alla fine degli anni '70, inoltre, l'Irlanda aveva visto aggravare le sue già disagiate condizioni economiche a causa della grave crisi che aveva colpito l'agricoltura europea [▸2.1]. Alla pressione del movimento indipendentista – che si esprimeva sia con le lotte parlamentari sia con gli atti terroristici – Gladstone rispose presentando in Parlamento un progetto che prevedeva la concessione di ampie autonomie all'isola seppure nella cornice istituzionale del Regno Unito. Questo progetto (*Home Rule*) provocò una forte opposizione nello stesso partito liberale e la secessione degli esponenti unionisti, cioè contrari alla autonomia dell'Irlanda, guidati da Joseph Chamberlain, leader della corrente di sinistra, che vantava forti legami con l'elettorato operaio. L'apporto degli unionisti consentì ai conservatori di affermarsi nelle elezioni del 1886 e di mantenere a lungo il potere rinnovando il tentativo, che era stato già di Disraeli, di coniugare la politica imperialistica con una certa dose di riformismo sociale.

3.7. La Russia tra arretratezza e modernizzazione

Nella seconda metà dell'800, la Russia conservava, fra le grandi potenze europee, il primato dell'arretratezza politica e civile. Era ancora uno Stato autocratico, il cui controllo supremo era riposto nelle mani dello zar. Inoltre, all'inizio degli anni '50 più del 90% della popolazione era occupato nell'agricoltura e oltre 20 milioni di contadini (su un totale di circa 60 milioni di abitanti) erano soggetti alla servitù della gleba: erano cioè legati alla terra che coltivavano

– dunque comprati e venduti assieme a essa – e subordinati personalmente ai proprietari. Un'aristocrazia terriera assenteista, propensa a consumare le proprie rendite in spese di prestigio più che a investirle in impieghi produttivi, dominava ancora incontrastata come nell'Europa dell'*ancien régime*.

All'immobilismo delle strutture politiche e sociali faceva singolare riscontro l'eccezionale livello della vita intellettuale. L'800 fu il secolo d'oro della letteratura russa: grandi scrittori come Turgenev, Tolstoj, Dostoevskij, Čechov ci offrono un quadro vivissimo di una società diversa in ogni suo aspetto da quella dell'Europa occidentale e ci restituiscono gli echi di un dibattito ideologico quanto mai vivace.

Lo zar Alessandro II

Nel 1855 salì sul trono imperiale Alessandro II. Il nuovo zar iniziò il suo regno concedendo un'amnistia ai detenuti politici e varando una serie di riforme che avevano lo scopo di introdurre elementi di modernizzazione nella burocrazia, nella scuola, nel sistema giudiziario e nell'esercito. Ma la riforma di gran lunga più importante cui Alessandro II legò il suo nome fu l'abolizione della servitù della gleba. Grazie a una serie di decreti imperiali emanati nel febbraio 1861, i servi acquistarono la libertà personale e la parità giuridica con gli altri cittadini e, contemporaneamente, ebbero la possibilità di riscattare le terre che coltivavano e di trasformarsi così in piccoli proprietari. L'assegnazione delle terre agli ex servi, tuttavia, avvenne con criteri non uniformi, e comunque tali da salvaguardare le grandi proprietà. Agli entusiasmi che avevano accompagnato l'inizio della riforma subentrò ben presto nelle campagne un clima di delusione e di malcontento, rivolto soprattutto contro i signori accusati (a torto) di aver deliberatamente travisato e tradito l'autentica volontà dello zar. Vi furono proteste e vere e proprie ribellioni, represse con l'intervento dell'esercito.

I populisti

Con le travagliate vicende legate all'emancipazione dei servi si chiuse la breve stagione liberalizzante del regno di Alessandro II. Dopo il 1861 si assisté, infatti, a un appesantimento del clima politico e a un nuovo inasprimento dei controlli polizieschi, che accentuarono la frattura fra il potere statale e la borghesia colta. Fra le giovani generazioni andò diffondendosi un atteggiamento di rifiuto totale dell'ordine costituito, unito a uno sforzo sincero di avvicinarsi ai problemi delle classi subalterne. Fu questo il senso della parola d'ordine «andare al popolo» che ebbe ampia eco fra i giovani negli anni '60 e '70: da questo slogan derivò il nome di populisti (*narodniki*, da *narod*, "popolo") col quale vennero designati gli intellettuali rivoluzionari che in questo periodo tentarono, senza troppa fortuna, di compiere opera di educazione culturale e di proselitismo politico fra le masse. Base fondamentale del loro programma era l'utopia di un socialismo agrario che facesse leva sul proletariato delle campagne e si inserisse nella tradizione comunitaria della società rurale russa. L'incomprensione delle masse contadine e la durezza della repressione poliziesca finirono però con l'isolare sempre più i *narodniki* e con lo spingerli verso la pratica cospiratoria. Quando, nel 1881, Alessandro II fu ucciso da un attentatore anarchico, le speranze che avevano accompagnato i suoi primi anni di regno non erano ormai che un lontano ricordo.

sommario

Nella seconda metà del secolo XIX, le maggiori potenze europee si impegnarono nella lotta per l'egemonia. Il ruolo più attivo fu svolto dalla Francia del Secondo Impero, che però, nel suo tentativo di indebolire l'Austria con una politica estera ambiziosa e aggressiva, finì col facilitare l'ascesa della Prussia. Una prima manifestazione di questa strategia si ebbe con la guerra di Crimea (1854-55). La Prussia si incamminava, invece, sulla via dell'unificazione, in particolare con l'ascesa al governo di Bismarck (1862).

La guerra del '66 tra Prussia e Austria portò alla formazione di una Confederazione della Germania del Nord. Nel '67 si giunse alla divisione dell'Impero asburgico, da tempo in difficoltà, in due parti, una austriaca e l'altra ungherese. Nel 1870 Bismarck riuscì a provocare una guerra con la Francia – ultimo ostacolo ai suoi progetti di unificazione tedesca –, che fu rovinosamente sconfitta a Sedan. A Versailles nel 1871 nasceva il nuovo Reich tedesco. La sconfitta comportò per la Francia la caduta di Napoleone III, la proclamazione della Repubblica e la cessione dell'Alsazia-Lorena. Più in generale, rappresentò un'umiliazione nazionale che – per il desiderio di rivincita che alimentava – avrebbe condizionato per quasi mezzo secolo la politica francese.

Tra le conseguenze della sconfitta militare francese vi fu la ribellione di Parigi e la proclamazione della Comune, radicale e breve esperimento di democrazia diretta rivoluzionaria (marzo-maggio 1871). Isolata dal resto del paese, la Comune tentò inutilmente di coinvolgere nella rivolta la popolazione delle altre città e delle campagne per lo più di tendenze conservatrici e moderate, e presto venne sconfitta dalle truppe governative dopo durissimi combattimenti. Questa vicenda contribuì a diffondere nell'opinione pubblica moderata un senso di paura e di odio per i rivoluzionari.

La Germania unita era il più potente Stato dell'Europa continentale. La supremazia del potere esecutivo sul legislativo e un blocco sociale dominante formato dal mondo dell'industria e della finanza e dall'aristocrazia degli Junker non impedirono la nascita, negli anni '70, di due nuovi partiti: il Centro cattolico e il Partito socialdemocratico. In politica interna Bismarck lavorò per affermare il carattere laico dello Stato e fronteggiare il nuovo pericolo rappresentato dalla socialdemocrazia affiancando alle tendenze autoritarie una legislazione sociale molto avanzata, secondo un modello di stampo paternalistico. In politica estera creò un sistema di alleanze per l'isolamento della Francia. Fondato sul patto dei tre imperatori del 1873, questo sistema si scontrò con le rivalità che opponevano nei Balcani gli altri due contraenti (Austria e Russia), che determinarono la guerra russo-turca (1877) e il successivo congresso di Berlino (1878). Nel 1882 la Germania stipulò il trattato della Triplice alleanza con Austria e Italia.

La Francia si riprese rapidamente dalla sconfitta del 1870. La nuova Costituzione diede alla Francia un sistema di governo di compromesso fra il modello presidenzialista all'americana e quello parlamentare. La scena politica era dominata dai repubblicani – "opportunisti" e radicali –, che riuscirono gradualmente a consolidare il nuovo regime, spesso però messo a repentaglio dalla notevole instabilità dei governi e dalla grande corruzione che dominava il mondo politico e finanziario.

In Gran Bretagna, gli anni dal 1850 al 1870 videro il rafforzamento del sistema parlamentare – con una lunga presenza dei liberali al governo –, una notevole prosperità economica e il varo di alcune importanti riforme, soprattutto quella elettorale – che allargava di quasi un milione il numero degli aventi diritto al voto. Fra il '66 e l'86 si alternarono al potere il conservatore Disraeli, fautore di una politica imperialistica non priva di aperture sociali, e il liberale Gladstone, che realizzò nuove riforme – fra cui un ulteriore ampliamento del suffragio dopo quelli attuati da Disraeli – e tentò senza fortuna di concedere l'autonomia all'Irlanda.

In Russia, all'arretratezza sociale e politica faceva riscontro una grande vivacità della vita culturale e del dibattito ideologico. L'avvento al trono di Alessandro II nel 1855 alimentò forti speranze di rinnovamento, soprattutto in conseguenza delle riforme attuate dal nuovo sovrano, tra le quali – importantissima – l'abolizione della servitù della gleba (1861). Presto, tuttavia, si tornò a un indirizzo autocratico, con il conseguente accrescimento del distacco tra potere statale e borghesia colta.

biblio grafia

Per un quadro generale: E.J. Hobsbawm, *L'età degli imperi 1875-1914*, Laterza, Roma-Bari 2011 (ed. or. 1987). Per l'inquadramento degli aspetti politici e diplomatici: A.J.P. Taylor, *L'Europa delle grandi potenze*, Laterza, Roma-Bari 1977 (ed. or. 1942).

Sulla Francia, si vedano i titoli citati nella bibliografia del cap. 6. Sulla Comune, oltre al racconto di un contemporaneo, P.-O. Lissagaray, *La Comune di Parigi. Le otto giornate di maggio dietro le barricate*, Feltrinelli, Milano 1979, si veda la raccolta di saggi a cura di J. Bruhat-J. Dautry-E. Tersen, *La Comune del 1871*, Editori Riuniti, Roma 1971 (ed. or. 1970).

Sulla Terza Repubblica francese: M. Winock, *La febbre francese. Dalla Comune al maggio '68*, Laterza, Roma-Bari 1987 (ed. or. 1986) e, per gli aspetti sociali, E. Weber, *Da contadini a francesi. La modernizzazione della Francia rurale 1870-1914*, Il Mulino, Bologna 1989 (ed. or. 1976).

Sull'Impero asburgico, oltre ai volumi citati nella bibliografia del cap. 6: J.W. Mason, *Il tramonto dell'impero asburgico*, Il Mulino, Bologna 2008 (ed. or. 1985); M. Bellabarba, *L'Impero asburgico*, Il Mulino, Bologna 2014; P.M. Judson, *The Habsburg Empire. A New History*, Harvard University Press, Cambridge (Mass.)-London 2016.

Per l'ascesa della Prussia e il processo di unificazione tedesca, oltre ai titoli citati nella bibliografia del cap. 6: J. Breuilly, *La formazione dello stato nazionale tedesco (1800-1871)*, Il Mulino, Bologna 2004 (ed. or. 1996); G. Ritter, *I militari e la politica nella Germania moderna*, I. *Da Federico il Grande alla prima guerra mondiale*, Einaudi, Torino 1967 (ed. or. 1954); L. Gall, *Bismarck*, Rizzoli, Milano 1982 (ed. or. 1980); A.J.P. Taylor, *Bismarck. L'uomo e lo statista*, Laterza, Roma-Bari 2004 (ed. or. 1955); G.L. Mosse, *La nazionalizzazione delle masse. Simbolismo politico e movimenti di massa in Germania (1812-1933)*, Il Mulino, Bologna 2016 (ed. or. 1975).

Sulla Germania imperiale: H.U. Wehler, *L'Impero guglielmino, 1871-1918*, De Donato, Bari 1981 (ed. or. 1973); M. Stürmer, *L'Impero inquieto. La Germania dal 1866 al 1918*, Il Mulino, Bologna 2001 (ed. or. 1983) e S. Conrad, *Globalisation and the Nation in Imperial Germany*, Cambridge University Press, Cambridge-New York 2011 (ed. or. 2006).

Sul Regno Unito, vedi: A. Briggs, *L'Inghilterra vittoriana*, Editori Riuniti, Roma 1978 (ed. or. 1954); G. Kitson Clark, *L'Inghilterra vittoriana. Genesi e formazione*, Jouvence, Roma 1980 (ed. or. 1965); E.J. Feuchtwanger, *Democrazia e Impero. L'Inghilterra fra il 1865 e il 1914*, Il Mulino, Bologna 1998 (ed. or. 1985). Sulla regina Vittoria: C. Hibbert, *Queen Victoria: a personal history*, Harper Collins, London 2000.

Sulla Russia: M. Raeff, *La Russia degli Zar*, Laterza, Roma-Bari 1999 (ed. or. 1982); D. Saunders, *La Russia nell'età della nazione e delle riforme, 1801-1881*, Il Mulino, Bologna 1997 (ed. or. 1992); F. Benvenuti, *Storia della Russia contemporanea, 1853-1996*, Laterza, Roma-Bari 1999.

4. Due nuove potenze: Stati Uniti e Giappone

Quanto avvenne oltreoceano, negli Stati Uniti e in Giappone, nella seconda metà dell'800 rivestì un'importanza pari alle trasformazioni che coinvolsero l'Europa descritte nel capitolo precedente, soprattutto in relazione agli sviluppi successivi dei rapporti internazionali, alle guerre e alle alleanze. Dopo una durissima guerra civile gli Stati Uniti approdarono, alla fine del secolo – ormai esaurita la spinta verso la conquista della nuova frontiera continentale –, al ruolo di grande potenza proiettata sui mari, nei Caraibi e nel Pacifico. Il Giappone iniziò nel 1868 una fase di modernizzazione uscendo da un regime feudale e approdando anch'esso al ruolo di grande potenza economica e militare sul finire del secolo.

4.1. Gli Stati Uniti a metà '800

Lo sviluppo economico

Alla metà dell'800, gli Stati Uniti d'America erano un paese in crescente espansione con una popolazione in costante aumento (23 milioni nel 1850, oltre 30 dieci anni dopo), grazie soprattutto all'ininterrotto flusso migratorio proveniente dall'Europa. I confini dell'Unione continuavano a spostarsi verso ovest, includendo vasti territori ben presto attraversati da strade e linee ferroviarie. La produzione agricola progrediva con ritmi molto elevati, sia per la messa a coltura di nuove terre nelle regioni di recente colonizzazione, sia per lo sviluppo di una moderna agricoltura negli Stati del Vicino Ovest (Midwest), di più antica colonizzazione. Contemporaneamente, la regione del Nord-Est – in particolare la zona della costa atlantica – conosceva un rapido sviluppo industriale. Ma a questa straordinaria espansione dell'economia facevano riscontro profonde fratture interne. Negli Stati Uniti coesistevano infatti tre diverse società, corrispondenti alle diverse zone del paese, ciascuna col suo sistema economico, i suoi valori, le sue tradizioni culturali.

Il Nord-Est

C'erano innanzitutto gli Stati del Nord-Est, sede delle prime colonie britanniche e nucleo originario dell'Unione. Era la zona più progredita, più ricca e più industrializzata, dove sorgevano i maggiori centri urbani (New York, Boston, Philadelphia), dove si concentravano i commerci con l'Europa e dove principalmente si indirizzava l'ondata migratoria proveniente dall'Europa. Un ambiente in continua trasformazione, profondamente influenzato dai valori del capitalismo imprenditoriale, dominato dai gruppi industriali, commerciali e bancari, e dalla presenza di un numeroso proletariato urbano.

Il Sud delle piantagioni

Quella degli Stati del Sud era invece una società agricola e profondamente tradizionalista, che fondava la sua economia e la sua organizzazione sociale sulle grandi piantagioni di cotone e, in minor misura, di tabacco e canna da zucchero. La manodopera che vi lavorava era costituita in gran parte da schiavi neri, discendenti da quelli che erano stati forzatamente trapiantati in America nel '700 (la tratta era stata ufficialmente vietata negli Stati Uniti solo nel 1808). Nel 1860 vivevano negli Stati del Sud quasi 4 milioni di schiavi neri, contro circa 6 milioni di bianchi, in maggioranza piccoli e medi coltivatori. Il ceto dei grandi proprietari – che impiegavano il grosso della manodopera servile – contava non più di 2 mila famiglie: una ristretta minoranza, che però dominava la vita politica e sociale, forniva i migliori ufficiali all'esercito federale e svolgeva, in un paese in cui non era mai esistita una vera nobiltà, una funzione sociale simile a quella di un'aristocrazia. I grandi proprietari vivevano in case ampie e lussuose, avevano il culto della tradizione e il gusto delle buone maniere, si ispiravano a un'etica patriarcale e paternalistica. La stessa istituzione della schiavitù veniva giustificata in questo contesto: anzi, la vita nella piantagione, dove allo schiavo erano assicurati l'abitazione, il vitto giornaliero e l'istruzione religiosa, era polemicamente contrapposta – trascurando di ricordarne il durissimo sfruttamento e il diffuso abuso sessuale delle donne – alla venalità e all'insicurezza che caratterizzavano i rapporti di lavoro delle realtà industriali.

Il West dei contadini e degli allevatori

A queste due società così diverse fra loro se ne contrapponeva una terza: quella dei liberi agricoltori e allevatori di bestiame che popolavano gli Stati dell'Ovest.

Era una società in rapida evoluzione: man mano che la frontiera si spostava verso il West, le aziende stabili si sostituivano agli insediamenti isolati dei pionieri introducendo un'agricoltura mercantile che forniva derrate alimentari, carne e cereali, alle città del Nord-Est. Nonostante tutto ciò, la società agricola dell'Ovest restava legata all'etica e ai valori della frontiera: l'iniziativa individuale, l'indipendenza, l'uguaglianza delle opportunità.

Lo scontro sulla schiavitù

Le differenze tra Nord e Sud erano profonde e destinate inevitabilmente ad accentuarsi fino a divenire insanabile contrasto. L'idea stessa della schiavitù non si conciliava con la mentalità democratica diffusa fra le popolazioni del Nord dove era attivo da tempo un vivace movimento abolizionista, ma era anche incompatibile con la filosofia di un capitalismo moderno e con la sua esigenza di disporre di una manodopera mobile per un mercato interno in espansione.

Quando, negli anni '40 e '50, lo sviluppo industriale si allargò a nuovi settori, in particolare quello meccanico, e nel complesso dell'economia americana diminuì l'importanza della produzione cotoniera, cruciale per il Sud, si fecero più strette le relazioni fra il Nord-Est industriale e l'Ovest agricolo: quest'ultimo trovava infatti nelle aree urbane in continua espansione ampi sbocchi per i suoi prodotti e costituiva a sua volta un largo mercato per l'industria meccanica, che vi collocava soprattutto macchine agricole. Su queste premesse si acutizzò lo scontro sulla schiavitù: l'estensione dell'economia delle piantagioni – e dunque del lavoro servile – ai nuovi territori era richiesta dai piantatori del Sud, che volevano portare la coltura del cotone nelle terre vergini, ma incontrava forti opposizioni nell'opinione pubblica del Nord e fra i coloni dell'Ovest, che chiedevano terre a buon mercato, o addirittura in uso gratuito, per diffondervi la coltivazione dei cereali.

Il Partito repubblicano e Lincoln

Alle divisioni della società si aggiunsero i contrasti fra le forze politiche. Con l'inizio degli anni '50 i partiti tradizionali – democratici e Whigs (liberali) – entrarono in una profonda crisi. I democratici si identificarono sempre più con la causa dei grandi proprietari schiavisti, mentre dall'ala progressista del partito whig nacque nel 1854 una nuova formazione politica, il Partito repubblicano, che assunse una posizione decisamente antischiavista e accolse nella sua piattaforma politica sia le rivendicazioni della borghesia del Nord (dazi doganali più alti, che avrebbero favorito la produzione industriale, ma danneggiato le esportazioni di cotone dal Sud), sia quelle dei coloni dell'Ovest (distribuzione gratuita dei terreni demaniali). Il nuovo partito conquistò un seguito sempre crescente finché, nelle elezioni del 1860, riuscì a portare alla presidenza un tipico uomo dell'Ovest, Abraham Lincoln, un avvocato di salde convinzioni democratiche, proveniente da una famiglia di modesti agricoltori del Kentucky.

Nonostante fosse un convinto avversario della schiavitù, Lincoln non era un abolizionista radicale. Nella sua campagna elettorale aveva anzi negato qualsiasi intenzione di abolire la schiavitù dove esisteva. Tuttavia, la vittoria repubblicana nelle elezioni del '60 fu sentita da una parte dell'opinione pubblica del Sud come l'inizio di un processo irreversibile che avrebbe portato alla vittoria degli interessi industriali, al rafforzamento del potere centrale, alla progressiva emarginazione degli Stati schiavisti.

4.2. La guerra civile americana

Dalla secessione al conflitto

Tra il dicembre '60 e il febbraio '61 i timori nei confronti della politica di Lincoln spinsero dieci Stati del Sud a staccarsi dall'Unione e a costituirsi in una Confederazione indipendente. Questa scelta secessionista, imposta da una minoranza intransigente a una popolazione incerta e divisa, non poteva non suscitare la reazione del potere federale: non vi era dunque alternativa alla guerra civile tra Unione e Confederazione, che ebbe inizio nell'aprile 1861. Scegliendo la strada dello scontro, i confederati facevano assegnamento sulla migliore qualità delle loro forze armate. Ma speravano anche in un intervento a loro favore della Gran Bretagna, che era la principale importatrice del cotone del Sud e osteggiava i programmi protezionisti dei repubblicani. Gli Stati del Nord confidavano invece nella schiacciante superiorità numerica della loro popolazione e sul loro maggior potenziale economico.

Nelle fasi iniziali della guerra, il miglior addestramento delle forze sudiste e le notevoli capacità del loro comandante, il generale Robert Lee, diedero ai confederati una netta prevalenza. Ma, quando fu chiaro che gli Stati del Sud avrebbero dovuto contare solo sulle loro forze – la Gran Bretagna e le altre potenze europee si astennero infatti da ogni intervento – e che la guerra sarebbe stata lunga e logorante, il fattore numerico e quello economico si rivelarono decisivi. La guerra si concluse infatti nell'aprile del 1865 con la resa dei confederati al generale Ulysses Grant, comandante delle forze del Nord. Pochi giorni dopo, il presidente Lincoln cadeva vittima di un attentato per mano di un fanatico sudista.

Le conseguenze della guerra

La guerra era durata ben quattro anni, aveva visto impegnati nelle operazioni belliche circa 3 milioni di uomini, era costata oltre 600 mila morti e aveva conosciuto battaglie durissime come quella di Gettysburg vinta dai nordisti (luglio 1863). Era stata senza dubbio la prima guerra totale dei nostri tempi: la prima cioè che avesse coinvolto così a lungo la società civile di un grande paese moderno, la prima in cui fossero stati utilizzati sistematicamente i nuovi mezzi offerti dallo

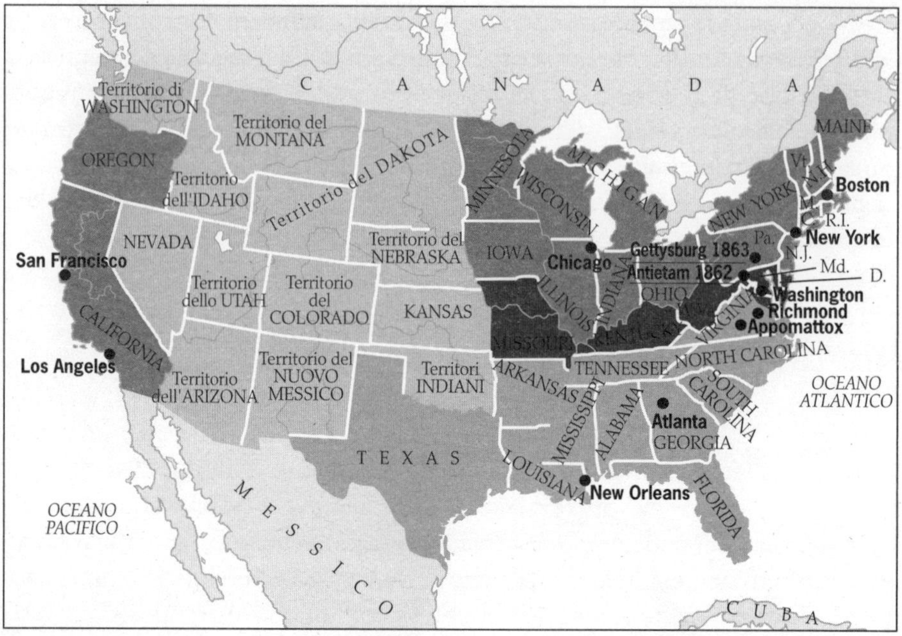

C. = Connecticut
D. = Delaware
Md. = Maryland
M. = Massachusetts
N.H. = New Hampshire
N.J. = New Jersey
Pa. = Pennsylvania
R.I. = Rhode Island
Vt. = Vermont
W.Va. = West Virginia

Stati dell'Unione
Stati confederati
Stati schiavisti unionisti
territori liberi
Antietam 1862 battaglie

Gli Stati Uniti al tempo della guerra civile

sviluppo tecnologico e industriale, a cominciare dalla ferrovia e dal telegrafo. Per vincerla, i nordisti dovettero non solo fare appello a tutte le loro risorse economiche, ma anche spingersi oltre i programmi iniziali del presidente Lincoln. Nel 1862 fu approvata una legge che assegnava gratuitamente quote di terre del demanio statale ai cittadini che ne facessero richiesta. Lo stesso anno fu decretata a partire dal 1° gennaio del 1863 la liberazione degli schiavi in tutti gli Stati del Sud, anche per consentirne l'arruolamento nell'esercito dell'Unione.

Una rivoluzione sociale mancata

In realtà, la rivoluzione sociale implicita nell'esito della guerra di secessione fu ben lontana dal compiersi interamente. La legge del '62 sulla distribuzione delle terre libere fu revocata pochi anni dopo la fine della guerra. Gli schiavi acquistarono la libertà, ma le loro condizioni economiche non migliorarono. La vittoria nordista e le innovazioni legislative non valsero a colmare le disuguaglianze sociali, né poterono cancellare i pregiudizi razziali profondamente radicati nella società del Sud. Certo non giovarono alla causa della democrazia e dell'integrazione razziale i metodi sbrigativi e lo spirito talvolta vendicativo con cui i vincitori condussero l'opera di riunificazione del paese. Negli anni successivi alla fine della guerra, il Sud fu sottoposto a un regime di vera e propria occupazione militare. Il risultato fu una reazione di rigetto, che prima si espresse in forma di lotta clandestina – fu creata allora l'organizzazione paramilitare e razzista del *Ku Klux Klan* – e che più tardi determinò la riscossa del Partito democratico negli Stati del Sud. Il ritorno alla normalità nel Sud, che poté considerarsi compiuto solo alla fine degli anni '70, significò anche il ritorno all'indiscussa supremazia dei bianchi e ad un regime di segregazione razziale di fatto, destinato a protrarsi, in molti Stati, per buona parte del '900.

4.3. Gli Stati Uniti potenza mondiale

La colonizzazione dell'Ovest

All'indomani della guerra di secessione e della ricostruzione postbellica, riprese con rinnovato slancio la colonizzazione dei territori dell'Ovest, ora favorita dallo sviluppo della rete ferroviaria che nel 1869 raggiunse le coste della California. Intorno al 1890 la conquista del West poteva considerarsi compiuta: la frontiera coincideva ormai col Pacifico e gli Stati Uniti avevano raggiunto l'estensione attuale. Vittime principali della corsa all'Ovest furono le tribù dei pellerossa, che videro restringersi progressivamente gli spazi, un tempo sconfinati, in cui potevano muoversi in libertà. I pellerossa cercarono di resistere alla conquista bianca e riuscirono anche a riportare qualche isolato successo, ma dopo il 1890, decimati dalle guerre (il loro numero alla fine del secolo non superava i 250 mila individui), furono confinati nelle riserve e ridotti a un corpo estraneo e marginale.

La questione del Messico

Gli Stati Uniti non avevano mai tollerato ingerenze europee nella loro politica continentale. Così, quando Napoleone III cercò di far nascere, sotto la protezione delle truppe francesi, un impero del Messico, offrendone la corona a un principe di casa d'Austria, Massimiliano d'Asburgo, fratello minore di Francesco Giuseppe, gli Stati Uniti sostennero la guerriglia dei repubblicani messicani guidati da Benito Juárez fornendo armi e appoggio politico. Nel 1867 i francesi si ritirarono, abbandonando a sé stesso lo sfortunato Massimiliano, che fu catturato e fucilato. Fu un grave colpo per il prestigio delle potenze europee, ma anche una eloquente e definitiva conferma della dottrina Monroe.

Sviluppo e tensioni sociali

Dalla metà degli anni '60 la società americana stava attraversando una fase di impetuoso sviluppo capitalistico. La crescita più imponente si verificò nell'industria, in particolare in alcuni settori-guida come il siderurgico, il meccanico, l'elettrico e il petrolifero, dove dominavano le grandi concentrazioni (*corporations*) industriali e finanziarie [▸2.1]: come la General Electric, la American Telephone Company, la Standard Oil nel settore petrolifero, la DuPont in quello chimico e degli esplosivi o come il gigantesco *trust* dell'acciaio, la United Steel, costituitosi nel 1901. Alla fine dell'800, gli Stati Uniti non solo avevano superato Gran Bretagna e Germania nel volume della produzione industriale (raggiungendo quindi il primato mondiale), ma erano anche diventati un paese esportatore di capitali e di prodotti industriali. Questo sviluppo fu reso possibile, oltre che dall'abbondanza di risorse naturali, anche dall'esistenza di un mercato interno in continua espansione, grazie all'afflusso di immigrati provenienti dall'Europa. Tale era il bisogno di manodopera che, nel 1882, il governo federale spalancò le porte all'immigrazione rendendo l'ingresso negli Stati Uniti libero a tutti, con le sole eccezioni dei criminali comuni e dei malati di mente. La società americana diventò così un immenso crogiolo, un *melting pot*, dove andarono a fondersi culture, tradizioni ed energie di tutti i paesi europei.

Il grande sviluppo materiale degli ultimi anni del secolo non fu privo di tensioni sociali. Lo strapotere delle *corporations* e il rigido protezionismo alimentarono il malcontento dei contadini del Midwest, danneggiati dagli alti prezzi dei manufatti. Notevole sviluppo ebbero in questo periodo anche le organizzazioni operaie: nel 1886 venne fondata l'*American Federation of Labor*, una grande confederazione di sindacati autonomi priva di una precisa caratterizzazione politica. Ma né la maggioranza delle organizzazioni sindacali né il movimento dei contadini adottarono la strategia di classe dei movimenti socialisti europei o si posero come obiettivo il rovesciamento del sistema capitalistico [▸1.7].

L'espansionismo nei Caraibi e nel Pacifico

È in questo contesto che va considerata la nuova politica espansionistica messa in atto dagli Stati Uniti oltre i propri confini territoriali a partire dalla fine dell'800. La prima importante manifestazione di questa politica si ebbe con l'intervento a Cuba dove, dal 1895, era in corso una violenta rivolta contro i dominatori spagnoli. Questi ultimi avevano avviato una dura repressione che aveva suscitato vivaci reazioni nell'opinione pubblica americana, ma anche notevoli preoccupazioni per la sorte dei cospicui interessi economici che gli Stati Uniti avevano nelle piantagioni di canna da zucchero dell'isola. Così, nel febbraio 1898, l'affondamento di una nave da guerra americana nel porto dell'Avana condusse alla guerra con la Spagna, che fu rapidamente sconfitta sia nelle Antille sia nel Pacifico. Cuba divenne una repubblica indipendente, sottoposta tuttavia al controllo politico ed economico degli Stati Uniti. La Spagna fu inoltre costretta a cedere Portorico e l'intero arcipelago delle Filippine. In questo modo gli Stati Uniti si assicurarono, oltre all'egemonia nei Caraibi, anche un

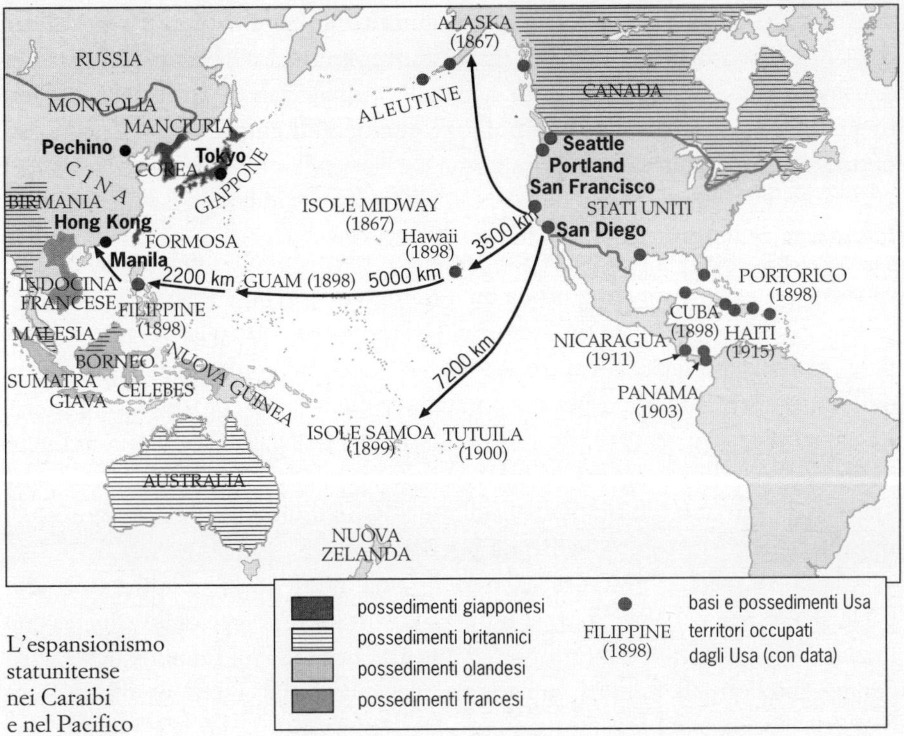

L'espansionismo statunitense nei Caraibi e nel Pacifico

vasto dominio in Asia orientale. Sempre nel '98 la presenza americana nel Pacifico fu rafforzata dall'annessione delle isole Hawaii, da tempo un importante punto di appoggio nelle rotte oceaniche. Nel giro di pochi mesi gli Stati Uniti avevano compiuto un salto decisivo nella loro posizione internazionale, assumendo a tutti gli effetti il ruolo di potenza mondiale.

4.4. La via giapponese alla modernità

La fine dell'isolamento

Il Giappone, alla metà dell'800, conservava la struttura politica di tipo feudale che si era consolidata con l'ascesa al potere degli *shogun* Tokugawa all'inizio del '600. E dal 1639 aveva scelto l'isolamento commerciale dai paesi occidentali, salvo mantenere una linea di scambi con la Cina. Furono gli Stati Uniti a rompere l'isolamento del Giappone, verso la metà dell'800: nel 1854, inviarono una squadra navale nelle acque giapponesi e chiesero formalmente allo *shogun* il libero accesso nei porti e l'apertura di relazioni commerciali.

L'iniziativa americana – cui subito si unirono Gran Bretagna, Francia e Russia – trovò il Giappone del tutto impreparato. Lo *shogun* fu costretto a firmare nel 1858 una serie di accordi commerciali (i cosiddetti trattati ineguali) che assicuravano alle potenze occidentali ampie possibilità di penetrazione economica.

La restaurazione Meiji e la modernizzazione del paese

La firma dei "trattati ineguali" del '58 suscitò in tutto il paese un'ondata di risentimento nazionalistico, che fu guidata dai grandi feudatari (*daimyo*) e da una parte dei samurai, e si indirizzò contro lo *shogun*, principale responsabile della capitolazione. A esso fu contrapposta la figura dell'imperatore, che in teoria rappresentava ancora la vera fonte del potere. I *daimyo* si resero sempre più indipendenti dal governo centrale e, nel gennaio del 1868, dichiararono decaduto lo *shogun*, dando vita a un governo che aveva sede a Tokyo e si richiamava all'autorità dell'imperatore, un ragazzo di quindici anni, Mutsuhito, salito da poco al trono.

Ma la cosiddetta "restaurazione Meiji", dal nome dato all'imperatore dopo la sua morte nel 1912, non si limitò a sostituire il potere dello *shogun* con quello dell'imperatore o a rafforzare l'autorità dei *daimyo*. La nuova élite dirigente – intellettuali, militari, funzionari provenienti dal ceto dei samurai – era ben consapevole del legame esistente fra l'inferiorità politica e militare del Giappone rispetto alle potenze occidentali e l'arretratezza delle sue strutture economico-sociali: era dunque decisa a colmare il dislivello in tempi il più possibile rapidi, senza paura di ricalcare i modelli degli Stati europei più avanzati.

La modernizzazione del paese fu condotta con risolutezza eccezionale. Nel giro di pochi anni, senza sommovimenti sociali, il Giappone compì quella transizione dal sistema feudale allo Stato moderno, che nella maggior parte dei paesi europei si era realizzata in tempi lunghissimi, accelerati solo da traumatiche svolte rivoluzionarie. Nel 1871 furono proclamate l'uguaglianza giuridica di tutti i cittadini, l'abolizione dei diritti feudali e la trasformazione dei feudi in circoscrizioni amministrative. I feudatari vennero indennizzati, mentre ai samurai fu assegnata una pensione vitalizia. Negli anni seguenti fu introdotto l'obbligo dell'istruzione elementare, venne unificata la moneta, fu creato un sistema fiscale moderno in luogo dei vecchi tributi in natura, venne organizzato un esercito nazionale basato sulla coscrizione obbligatoria.

Il decollo industriale

Eccezionale fu anche la crescita dell'industria, che si sviluppò praticamente da zero grazie al massiccio investimento di capitali statali – ricavati in parte dalla vendita delle terre sequestrate allo *shogun* – e alla rapidissima importazione di tecnologia straniera (acquisto di brevetti, assunzione di esperti occidentali, invio di giovani all'estero per soggiorni di studio). Non meno rapida fu la crescita delle infrastrutture: dalle ferrovie

Modernizzazione

parola chiave

"Modernizzazione" è un termine creato dalla sociologia e dalla scienza politica del '900 per designare quell'insieme di trasformazioni politiche, economiche e sociali che hanno avuto luogo nelle società occidentali tra '800 e '900 (a partire, grosso modo, dalle grandi rivoluzioni politiche del '700 e dalla rivoluzione industriale) e si sono successivamente verificate – o si stanno ancora verificando, pur fra molte resistenze e contraddizioni – nella maggior parte del mondo. Nel linguaggio politico contemporaneo il concetto di modernizzazione tende a sostituirsi a quello di progresso e a superarne la genericità mediante il riferimento a una serie di parametri "oggettivi". Sul piano politico, si ha una modernizzazione quando l'autorità statale acquista autonomia dagli altri poteri (in particolare da quello religioso) e capacità di far rispettare le proprie decisioni; quando esistono leggi valide per tutti; quando, per la popolazione, si verifica il passaggio dalla condizione di sudditi a quella di cittadini dotati, almeno in teoria, di uguali diritti. Sul piano economico, la modernizzazione è quel processo mediante il quale un sistema acquista razionalità ed efficienza e accresce la sua capacità di produrre beni e di soddisfare bisogni: in questo senso la modernizzazione coincide col passaggio da un'economia agricola a una economia industriale e si misura con indici quali il prodotto nazionale, il reddito pro capite e, soprattutto, il tasso di sviluppo annuo. Sul piano sociale, la modernizzazione si identifica con una serie di processi tutti in qualche modo legati fra loro: la diffusione dell'istruzione, premessa essenziale per lo sviluppo della partecipazione politica e per la stessa crescita economica; l'urbanizzazione, conseguenza dello sviluppo industriale; l'aumento della mobilità geografica e sociale della popolazione; la rottura delle vecchie stratificazioni legate alla società tradizionale e la creazione di gerarchie basate non più sulla appartenenza dalla nascita a un ceto sociale, ma piuttosto sul merito individuale e sulla possibilità di ascesa economica e sociale. Tutti i processi cui abbiamo accennato hanno, nella tradizione culturale occidentale, un valore implicitamente positivo; e il processo di modernizzazione nel suo complesso è considerato, in questo contesto, come un fenomeno auspicabile e in qualche misura necessario. Ma una simile prospettiva non è condivisa universalmente, né all'interno delle società industrializzate, né, soprattutto, in molti di quei paesi che oggi si definiscono "in via di sviluppo". Se alcuni di questi paesi hanno imboccato con decisione la strada dell'industrializzazione, cercando, con alterna fortuna, di imitare l'esempio del Giappone (o quello delle economie pianificate dell'Est europeo), in altri la modernizzazione è stata vista come una "occidentalizzazione" più o meno forzata, e ha provocato reazioni talora molto aspre, a sfondo nazionalistico o religioso-tradizionalistico.

– la prima linea fu aperta nel '71 – alle comunicazioni telegrafiche, all'organizzazione bancaria. Nell'ultimo ventennio del secolo il Giappone vantava un tasso di crescita del prodotto interno lordo fra i più alti del mondo e, pur restando ancora distante dai paesi occidentali più avanzati, aveva sviluppato un suo consistente nucleo di industrie moderne, soprattutto nei settori tessile e meccanico.

Il modello giapponese

Quella che si compì in Giappone dopo il 1868 fu una vera e propria "rivoluzione dall'alto", realizzata senza alcuna partecipazione attiva delle classi inferiori, non preparata, com'era avvenuto in Occidente, da un'autonoma crescita della borghesia e non seguita da uno sviluppo delle istituzioni liberali e della democrazia politica: solo nel 1889 il Giappone ebbe un suo Parlamento, eletto a suffragio ristretto e con poteri molto limitati. Furono le classi dirigenti tradizionali a guidare la trasformazione e a gestirla in prima persona, spogliandosi spontaneamente dei loro antichi diritti, senza per questo perdere la loro posizione privilegiata nella società, investendo le loro rendite nella terra, nelle banche o nell'industria protetta, convertendosi insomma da oligarchia feudale in oligarchia industriale e finanziaria. Il processo di rapida modernizzazione sul piano delle strutture economiche e politiche risultò tanto più straordinario in quanto si accompagnò alla conservazione dei tradizionali valori culturali e religiosi.

Per alcuni aspetti l'esperienza giapponese è stata accostata a quella della Germania bismarckiana, dove il passaggio dalle strutture tradizionali a quelle della società industriale si effettuò senza che fosse messo in pericolo il potere dell'aristocrazia terriera e militare. Ma, per quante analogie si possano istituire, l'esperienza del Giappone dopo la "restaurazione Meiji" resta un caso assolutamente unico. Non era mai accaduto che un paese passasse, in pochi decenni, da una condizione di estrema debolezza e di assoluta emarginazione a una realtà di grande potenza, quale il Giappone si sarebbe rivelato già alla fine dell'800.

sommario

Alla metà dell'800 gli Stati Uniti erano un paese in crescente espansione, benché attraversato da forti differenze tra le diverse zone: il Nord-Est industrializzato, il Sud agricolo e tradizionalista, nelle cui grandi piantagioni lavoravano gli schiavi neri, gli Stati dell'Ovest con una popolazione di liberi agricoltori e di allevatori di bestiame. Il dibattito sull'estensione della schiavitù ai nuovi territori dell'Unione determinò una contrapposizione tra gli Stati dell'Ovest e del Nord-Est e quelli del Sud. Al Nord, in particolare, aveva attecchito un capitalismo moderno, che spingeva a cercare manodopera operaia, soprattutto per la fiorente industria meccanica. Le divisioni trovarono riscontro nella crisi del Partito democratico, che restò su posizioni schiaviste, e nella nascita del Partito repubblicano tendenzialmente abolizionista.

Tra il '60 e il '61 gli Stati del Sud si separarono dal resto dell'Unione attuando una scelta secessionista e si confederarono. Scoppiò così la guerra civile (1861-

65), che si concluse con la vittoria degli "unionisti", superiori numericamente ed economicamente. La liberazione degli schiavi fu uno dei risultati più rilevanti della guerra, benché si riproducesse presto, per la popolazione nera, una situazione di segregazione di fatto.

Superati i traumi della guerra civile, gli Stati Uniti si concentrarono soprattutto sullo sviluppo dell'economia e sull'espansione a ovest, che fu completata intorno al 1890 dopo una serie di conflitti con i pellerossa. In politica estera gli Stati Uniti scelsero la via dell'espansionismo consolidando la loro presenza nei Caraibi, in particolare dopo la guerra con la Spagna (1898), che rese l'isola di Cuba una repubblica controllata dagli Usa, e nel Pacifico (Filippine, Hawaii).

A metà dell'800 la società giapponese era ancora organizzata secondo uno schema tipicamente feudale. La penetrazione commerciale delle potenze occidentali, imposta con i "trattati ineguali" del 1858, fu vissuta dai grandi feudatari, dai giovani nobili di corte e dai samurai come un'umiliazione del paese e scatenò una rivolta contro lo *shogun*, che di fatto esercitava il potere di sovrano assoluto, a favore del ripristino dell'autorità dell'imperatore. La cosiddetta "restaurazione Meiji" (1868) avviò una modernizzazione accelerata dello Stato e dell'intera società giapponese, guidata dall'alto. Nell'ultimo ventennio dell'800 il Giappone raggiunse un tasso di crescita del prodotto interno lordo fra i più alti del mondo.

bibliografia

Fra le opere generali sugli Stati Uniti, si vedano: E. Foner, *Storia degli Stati Uniti d'America*, Donzelli, Roma 2017 (ed. or. 1994); O. Bergamini, *Storia degli Stati Uniti*, Laterza, Roma-Bari 2010 (ed. or. 2002): M. Del Pero, *Libertà e impero. Gli Stati Uniti e il mondo, 1776-2016*, Laterza, Bari-Roma 2017 (ed. or. 2008). In particolare, sul periodo: D.B. Davis-D.H. Donald, *Espansione e conflitto. Gli Stati Uniti dal 1820 al 1877*, Il Mulino, Bologna 1997 (ed. or. 1985); A. Stephanson, *Destino manifesto. L'espansionismo americano e l'Impero del Bene*, Feltrinelli, Milano 2004 (ed. or. 1995); A. Testi, *La formazione degli Stati Uniti*, Il Mulino, Bologna 2013 (ed. or. 2003). Sulla schiavitù: E.D. Genovese, *L'economia politica della schiavitù*, Einaudi, Torino 1972 (ed. or. 1961) e, in una prospettiva più ampia, S. Beckert, *L'impero del cotone. Una storia globale*, Einaudi, Torino 2016 (ed. or. 2014).

Sulla guerra civile americana: R. Luraghi, *Storia della guerra civile americana*, Mondadori, Milano 2011 (ed. or. 1966); R. Mitchell, *La guerra civile americana*, Il Mulino, Bologna 2015 (ed. or. 2000); B. Levine, *La guerra civile americana. Una nuova storia*, Einaudi, Torino 2015 (ed. or. 2013). Sulla figura di Abraham Lincoln: T. Bonazzi, *Abraham Lincoln. Un dramma americano*, Il Mulino, Bologna 2016. Sugli Stati del Sud, si veda R. Luraghi, *La spada e le magnolie. Il Sud nella storia degli Stati Uniti*, Donzelli, Roma 2007.

Sul Giappone: E.O. Reischauer, *Storia del Giappone*, Bompiani, Milano 2010 (ed. or. 1939); E.K. Tipton, *Il Giappone moderno. Una storia politica e sociale*, Einaudi, Torino 2011 (ed. or. 2001); D. Keene, *Emperor of Japan. Meiji and His World, 1852-1912*, Columbia University Press, New York 2002; R. Caroli-F. Gatti, *Storia del Giappone*, Laterza, Bari-Roma 2018 (ed. or. 2004).

Per una analisi comparativa dei processi di modernizzazione in Europa, Asia e America del Nord, vedi B. Moore jr., *Le origini sociali della dittatura e della democrazia. Proprietari e contadini nella formazione del mondo moderno*, Edizioni di Comunità, Torino 1998 (ed. or. 1966).

5. Gli imperi coloniali

5.1. L'Imperialismo

I caratteri del nuovo colonialismo

Fin dai tempi delle grandi scoperte geografiche, l'Europa si era lanciata alla conquista del mondo, disseminando in tutti i continenti soldati e missionari, commercianti e coloni. Ma negli ultimi decenni dell'800, questo processo raggiunse il suo apice, con dimensioni nuove e forme diverse. Fu questo uno degli aspetti più evidenti di quel grande fenomeno di espansione economica e politica noto come imperialismo. Se la colonizzazione tradizionale era rimasta legata soprattutto all'iniziativa delle grandi compagnie mercantili, la nuova espansione venne assunta sempre più come un obiettivo di politica nazionale da parte dei governi. Alla penetrazione commerciale subentrò un disegno più sistematico di assoggettamento politico e di sfruttamento economico. La tendenza prevalente divenne quella di imporre un controllo a vastissimi territori dell'Africa, dell'Asia e del Pacifico, che furono ridotti alla condizione di vere e proprie colonie o di protettorati.

I territori detenuti dalle potenze europee vennero enormemente ampliati nel giro di pochi decenni – un'espansione che si avvalse anche della supremazia tecnologica occidentale, per esempio nel campo degli armamenti e dei trasporti. Tra il 1876 e il 1914, la Gran Bretagna aggiunse al suo già vastissimo impero 11 milioni di km^2 (con 142 milioni di abitanti), raggiungendo così un'estensione complessiva di circa 30 milioni di km^2, quasi cento volte la superficie del

Imperialismo

parola chiave

Coniato in Francia ai tempi del Secondo Impero in riferimento ai disegni egemonici di Napoleone III, il termine "imperialismo" si affermò in Gran Bretagna alla fine degli anni '70 per indicare il programma di espansione coloniale del governo Disraeli, per entrare poi nell'uso comune come sinonimo di politica di potenza e di conquista territoriale su scala mondiale. In generale, l'imperialismo rappresentò la tendenza degli Stati europei a proiettare aggressivamente verso l'esterno i propri interessi economici, le proprie esigenze di difesa, la propria immagine nazionale e la propria cultura: la fusione di queste diverse componenti (economiche, politiche, ideologiche) si tradusse in una politica di potenza realizzata con la forza e spesso perseguita senza altro scopo che l'affermazione del prestigio nazionale. Nel tentativo di identificare le forze profonde che erano alla base di questi sviluppi, molte delle teorie sull'imperialismo avanzate all'inizio del '900, soprattutto – ma non soltanto – da parte di studiosi marxisti, hanno posto l'accento sui suoi moventi economici (la ricerca di materie prime a buon mercato e di nuovi sbocchi per merci e capitali in eccedenza) e sui suoi legami con le trasformazioni interne del sistema capitalistico (la svolta protezionistica, le concentrazioni industriali, la prevalenza del capitale finanziario), lasciando in secondo piano gli aspetti ideologici e politico-militari. Sia per il liberale progressista John A. Hobson sia per la marxista rivoluzionaria Rosa Luxemburg, per esempio, la causa principale del fenomeno stava nel «sottoconsumo», ossia nel divario fra la capacità sempre crescente del sistema capitalistico di produrre merci e la possibilità di acquistarle da parte di un numero di consumatori che non cresceva allo stesso ritmo: donde la necessità di trovare sbocchi nei mercati esteri. Per Lenin, il massimo esponente della rivoluzione comunista del 1917 in Russia, l'imperialismo era legato alla concentrazione industriale e alla formazione del capitale finanziario e costituiva la «fase suprema» dello sviluppo capitalistico (quella che l'avrebbe condotto alla catastrofe).
Le varie teorie divergono non solo sugli elementi caratterizzanti dell'imperialismo, ma anche sui suoi termini cronologici. Secondo molti studiosi il fenomeno va collocato fra gli anni '70 dell'800 e la prima guerra mondiale. Altri ne spostano in avanti la data finale, comprendendovi la seconda guerra mondiale, o, come alcuni marxisti, lo considerano tuttora operante. In sede storica, si può comunque affermare che, se da un lato è scorretto identificare l'imperialismo col colonialismo (iniziato, fra l'altro, alcuni secoli prima), dall'altro non sarebbe utile dilatare fino ai giorni nostri l'estensione del concetto, staccandolo dal contesto in cui nacque e si affermò: che è appunto quello della grande espansione delle potenze europee tra la fine del XIX e l'inizio del XX secolo.

Regno Unito. Nello stesso periodo la Francia acquistò nuovi possedimenti per 10 milioni di km^2 (con 50 milioni di abitanti). Alla competizione coloniale si unirono anche Stati privi di una tradizione imperiale o con una storia unitaria molto recente: la Germania, malgrado l'iniziale scetticismo di Bismarck sull'utilità delle colonie, il Belgio, l'Italia – fra le potenze europee, l'unica assente di rilievo fu l'Austria-Ungheria – e, negli ultimi anni del secolo, anche il Giappone e gli Stati Uniti.

Interessi economici e motivazioni politico-ideologiche

Le ragioni di questo fenomeno erano numerose e complesse ed erano legate principalmente agli interessi economici. Un ruolo fondamentale ebbero, in questa direzione, la spinta all'accaparramento di materie prime a basso costo e la ricerca di sbocchi commerciali, che erano sempre stati i moventi principali della politica coloniale e che vennero assumendo un nuovo peso in coincidenza con la svolta protezionistica adottata dai paesi europei [▶2.1]. Più recente era la spinta proveniente dall'accumulazione di capitali finanziari, alla ricerca di occasioni di investimenti ad alto profitto nei territori d'oltremare. Questi aspetti non devono però essere sopravvalutati: alla vigilia della prima guerra mondiale (1914-18), la Gran Bretagna indirizzava verso le nuove colonie conquistate dopo il 1870 appena il 3% dei suoi investimenti, la Francia il 9%. Inoltre, anche nell'età dell'imperialismo, gran parte del commercio mondiale si svolse tra i paesi industrializzati. Ciò non toglie nulla al fatto che proprio la prospettiva dei benefici economici ottenibili dalle colonie – teorizzati nelle opere di illustri economisti e al centro delle discussioni politiche e dell'opinione pubblica – finì con l'influenzare in modo decisivo le scelte dei governanti europei.

Le motivazioni politico-ideologiche ebbero spesso un'importanza pari a quelle economiche. Esse affondavano le loro radici in una mescolanza di nazionalismo e di politica di potenza, di razzismo e di spirito missionario. In Gran Bretagna, per esempio, l'idea di appartenere a una nazione eletta, che il premier conservatore Disraeli chiamava «una razza dominatrice, destinata dalle sue virtù a spargersi per il mondo», fu comune a scrittori come Thomas Carlyle e Rudyard Kipling e a uomini politici anche di estrazione liberale, come Joseph Chamberlain. Questo mito di una vocazione imperiale delle singole nazioni si legò a quello di una missione nel mondo della civiltà europea nel suo complesso. Kipling, per esempio, parlava di un «fardello dell'uomo bianco», ovvero del dovere dei bianchi europei di civilizzare le "popolazioni selvagge". Così, il paternalismo si univa a un razzismo di matrice positivistica.

Spesso l'azione coloniale era determinata anche dall'intento di prevenire e controbattere le iniziative di potenze concorrenti, senza che ciò rispondesse a un piano di conquista prestabilito. Il risultato fu comunque che, alla fine del processo di espansione, il mondo intero risultò spartito in imperi e zone di influenza fra le maggiori potenze.

Esplorazioni e conquiste

L'interesse dell'opinione pubblica europea nei confronti delle colonie – già sollecitato dall'opera, per molti versi anticipatrice, dei missionari, da tempo impegnati nell'evangelizzazione dei popoli non cristiani – fu fortemente alimentato dall'eco delle grandi esplorazioni che, a partire dalla metà del secolo, ebbero per teatro soprattutto l'Africa. In questo interesse confluivano la prospettiva di grandi ricchezze nascoste nei territori da esplorare, la curiosità scientifico-geografica tipica della cultura del positivismo, la moda dell'esotismo presente in molta letteratura della seconda metà dell'800, l'alone romantico da cui erano circondate – grazie anche all'amplificazione che la stampa faceva delle loro imprese – le figure dei grandi esploratori: il missionario scozzese David Livingstone che, già all'inizio degli anni '50, esplorò per primo la zona del fiume Zambesi, nel cuore dell'Africa meridionale, e, nei vent'anni successivi, attraversò tutta l'Africa centro-meridionale, da un oceano all'altro; il giornalista americano di origine britannica Henry Morton Stanley che negli anni '70 esplorò, per incarico del re del Belgio, il bacino del fiume Congo e pose le basi per la successiva conquista belga della regione, di cui divenne governatore; l'italo-francese Pietro Savorgnan di Brazzà che, nel decennio successivo, aprì la strada alla penetrazione francese in Africa equatoriale; il tedesco Karl Peters che, nello stesso periodo, esplorò l'Africa orientale per conto del governo tedesco.

5.2. La conquista dell'Africa

Colonizzatori e missionari

Gli sviluppi più spettacolari dell'espansione coloniale di fine '800 si ebbero nel continente africano. Nel 1870 i paesi europei ne controllavano appena un decimo: i francesi occupavano l'Algeria e il Senegal, i portoghesi l'Angola e il Mozambico, i britannici la Colonia del Capo, ossia la parte meridionale dell'odierna Repubblica Sudafricana. Meno di quarant'anni dopo, i possedimenti europei comprendevano più dei nove decimi del continente.

Contestualmente all'espansione coloniale europea, si assistette, nella seconda metà dell'800, a un rilancio dell'attività missionaria, soprattutto nelle zone di nuova colonizzazione come l'Africa centrale e meridionale. La Chiesa cattolica strinse accordi con diversi paesi europei, come Francia, Belgio e Italia, per partecipare con personale missionario alle rispettive avventure coloniali.

L'Africa settentrionale: Tunisia ed Egitto

I primi atti della nuova espansione, che contribuirono in buona parte a innescare la gara di conquista che ne seguì, furono l'occupazione francese della Tunisia, nel 1881, e l'anno successivo quella britannica dell'Egitto. In entrambi i paesi, nominalmente appartenenti ancora all'Impero ottomano, ma di fatto resi indipendenti dai rispettivi governanti (il *bey* di Tunisi e il *khedivè* d'Egitto), le potenze europee avevano consistenti interessi economici e strategici. La Tunisia era rivendicata dalla Francia, già padrona della vicina Algeria, nonostante la presenza di consistenti interessi italiani. L'Egitto aveva acquistato un'importanza fondamentale per la Gran Bretagna dopo che, nel 1869, era stato aperto il Canale di Suez tra il Mediterraneo e il Mar Rosso, che permetteva di raggiungere rapidamente l'Asia, e i possedimenti britannici in India, senza dover più circumnavigare l'intero continente africano. Negli anni '70 sia l'Egitto sia la Tunisia si erano lanciati in ambiziosi programmi di modernizzazione che però avevano finito per provocare il dissesto delle finanze dei due paesi costringendo i governi, tra le proteste popolari, ad aumentare la pressione fiscale per far fronte ai debiti contratti con le banche europee.

Proprio per tutelarsi contro il rischio di una bancarotta, Francia e Gran Bretagna, principali paesi creditori, scelsero la strada dell'intervento militare. La prima a muoversi fu la Francia che, avendo avuto mano libera dalle altre grandi potenze nel congresso di Berlino del 1878 [▸3.4], trasse pretesto da un incidente avvenuto nel 1881 alla frontiera con l'Algeria per inviare un contingente militare a Tunisi e imporre al *bey* un regime di protettorato.

Gli avvenimenti tunisini ebbero immediate ripercussioni in Egitto, dove la nascita di un forte movimento nazionalista, guidato dal colonnello Arabi Pascià, sembrò mettere in pericolo non solo il recupero dei crediti esteri, ma anche il controllo internazionale sul Canale di Suez. Nell'estate 1882, in seguito allo scoppio di moti anti-europei ad Alessandria, il governo britannico inviò in Egitto un corpo di spedizione che sconfisse gli egiziani e assunse il controllo del paese. Da allora l'Egitto, pur conservando la sua indipendenza formale, divenne di fatto una sorta di colonia britannica.

Il Sudan

Ben presto la Gran Bretagna si trovò impegnata nel Sudan, un vastissimo territorio sotto il controllo egiziano, dove era scoppiata una rivolta capeggiata dal *Mahdi* (profeta) Mohammed Ahmed, un carismatico leader islamico, fautore di una teocrazia musulmana che mirava ad allargare a tutto il mondo arabo. Il *Mahdi* lanciò le truppe sudanesi in una guerra santa contro le forze anglo-egiziane sconfiggendole a più riprese, conquistando la città di Khartum nel 1885 e fondando un proprio Stato che i britannici sarebbero riusciti a rovesciare solo nel 1898.

La conquista belga del Congo

L'azione unilaterale della Gran Bretagna in Egitto provocò il risentimento della Francia, suscitando tra le due potenze una rivalità destinata a durare per quasi un ventennio, e contribuì a scatenare la corsa alla conquista dell'Africa nera. I primi contrasti tra i conquistatori europei si delinearono nel bacino del

Congo. Qui re Leopoldo II del Belgio, sotto la copertura di una Associazione internazionale africana fondata nel 1876 con scopi apparentemente umanitari (evangelizzazione e lotta contro la tratta degli schiavi), si era costruito una sorta di impero personale. Dopo la scoperta di importanti giacimenti minerari nella regione del Katanga, il sovrano belga cercò di consolidare il suo dominio attraverso uno sbocco sull'Atlantico, ma suscitò l'opposizione del Portogallo, che rivendicava la foce del Congo per la contiguità con la sua antica colonia dell'Angola.

La conferenza di Berlino e la spartizione dell'Africa

La questione del Congo fu oggetto di una conferenza internazionale convocata a Berlino, per iniziativa di Bismarck, nel 1884-85. Questa conferenza, oltre a dare una prima sanzione alla spartizione dell'Africa, codificò le norme che avrebbero dovuto regolarla anche nell'avvenire. Il principio adottato fu quello dell'effettiva occupazione, ufficialmente notificata agli altri Stati, come unico titolo valido per legittimare il possesso di un territorio. Questo principio, in realtà, lasciava larghi margini di incertezza – allora le occupazioni "effettive" si limitavano spesso a pochi scali commerciali posti nelle zone

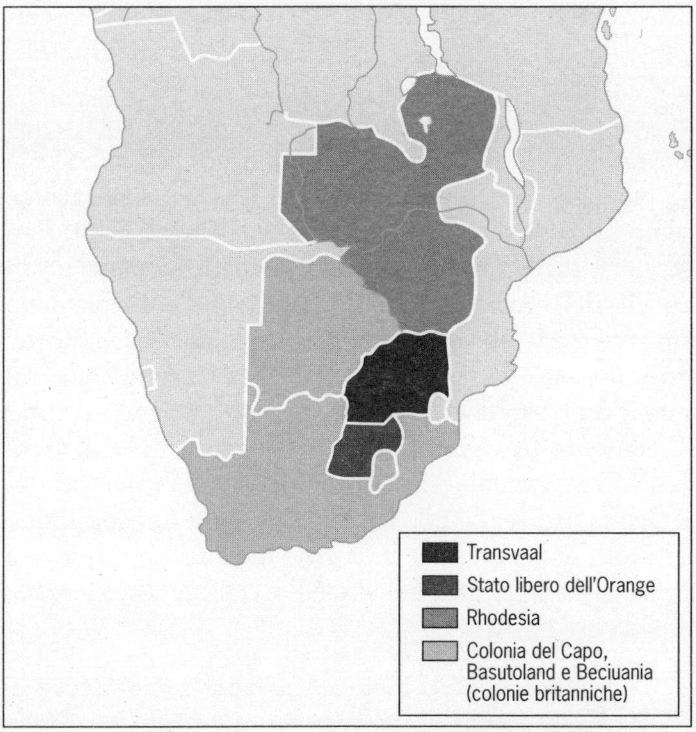

L'Africa del Sud nel 1899

costiere – e stimolò anche un'accelerazione della corsa all'occupazione di territori ritenuti di qualche interesse economico o strategico. In concreto, la conferenza di Berlino riconobbe la sovranità personale di re Leopoldo sull'immenso territorio che poi sarebbe stato denominato Congo belga (dopo l'indipendenza Zaire e nel 1996 Repubblica democratica del Congo), ma che allora venne chiamato Stato libero del Congo – un paradossale eufemismo per indicare quella che fu, per il trattamento delle popolazioni e lo sfruttamento delle risorse, una delle forme più rapaci e disumane di dominio coloniale –, e gli assegnò un piccolo sbocco sull'Atlantico. Alla Francia andarono i territori sulla riva destra del fiume (l'attuale Repubblica del Congo). In Africa occidentale, la Germania, ultima arrivata nella corsa alle colonie, si vide riconosciuto il protettorato sul Togo e sul Camerun. La Gran Bretagna ebbe il controllo del basso Niger (l'attuale Nigeria), mentre la Francia si assicurò il possesso dell'alto corso del fiume. Partendo da questa regione, in dieci anni di sanguinose guerre di conquista contro gli Stati musulmani del Sahara, i francesi riuscirono ad assicurarsi il possesso di territori immensi, anche se in gran parte desertici, che si estendevano dall'Atlantico al Sudan, dal bacino del Congo al Mediterraneo.

Le linee direttrici dell'espansione britannica

La Gran Bretagna non si oppose alle conquiste francesi, che considerava di scarso interesse, e concentrò invece le sue mire sull'Africa sud-orientale, importante per il controllo dell'Oceano Indiano – e dunque per la sicurezza dei traffici con l'India. Fra il 1885 e il 1895, partendo dalla Colonia del Capo e muovendosi per lo più in appoggio alle iniziative delle grandi compagnie private, i britannici risalirono il continente fino al bacino dello Zambesi e al lago Niassa, mentre più a nord si impadronivano del Kenya e dell'Uganda, ossia dei territori compresi fra le sorgenti del Nilo, il lago Vittoria e l'Oceano Indiano. La tendenza era quella di saldare i possedimenti britannici a sud dell'equatore con quelli della regione del Nilo, assicurandosi un dominio ininterrotto dall'estremità meridionale a quella settentrionale del continente. Questo disegno, però, si scontrava con la presenza della Germania che dal 1885 si era assicurata il controllo dell'area a est del lago Tanganika e a sud del lago Vittoria. Il contrasto fu regolato da un accordo nel 1890: la Gran Bretagna riconobbe l'Africa orientale tedesca, rinunciando al sogno del dominio «dal Capo al Cairo», ricevendo in compenso l'isola di Zanzibar, nodo importantissimo delle rotte commerciali nell'Oceano Indiano, e ottenendo di tener lontana la Germania dalla regione dell'alto Nilo, considerata essenziale per il controllo dell'Egitto.

Tensioni tra Francia e Gran Bretagna

Proprio in questa regione i britannici si trovarono in rotta di collisione con i francesi che, nella loro marcia

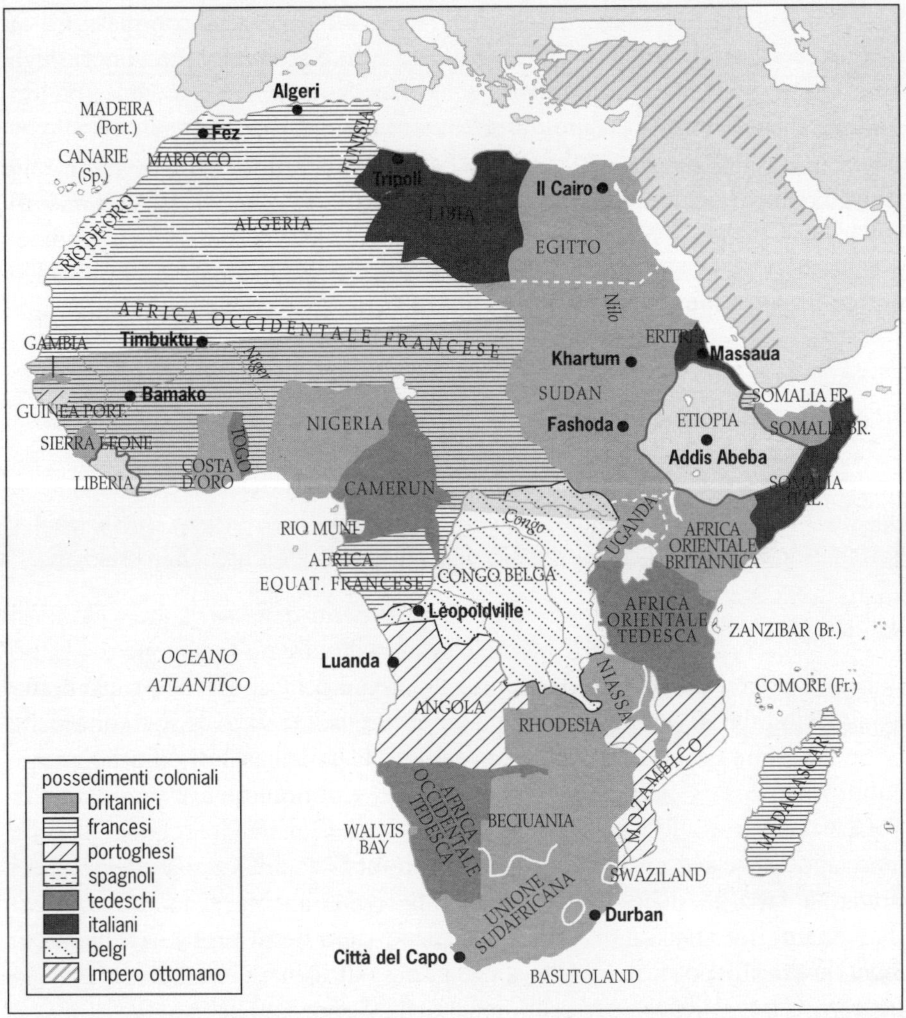

L'Africa nel 1914

dalla costa atlantica verso l'interno dell'Africa, si erano spinti fino al Sudan. Nel settembre del 1898 un contingente dell'esercito britannico, allora impegnato nella riconquista del Sudan, si incontrò con una colonna francese che aveva occupato la fortezza di Fashoda sul Nilo. L'incontro rischiò di trasformarsi in un conflitto dalle conseguenze imprevedibili. Ma il governo francese, che non era preparato a una guerra, ritirò le sue truppe e rinunciò alle sue mire sulla regione. Ne seguì una distensione nei rapporti franco-britannici, che avrebbe poi aperto la strada a una più stretta intesa fra le due potenze.

All'inizio del '900 la spartizione dell'Africa era pressoché completa. Oltre alla piccola Repubblica di Liberia (fondata nel 1822 da ex schiavi neri degli Stati Uniti), restavano indipendenti solo l'Impero etiopico e, ancora non per molto, la Libia (sotto il dominio ottomano), il Marocco e le Repubbliche boere del Sudafrica. Tutto il resto del continente era diviso in colonie e in protettorati di nome o di fatto, separati da confini spesso arbitrari, tracciati sulla carta geografica – a volte in corrispondenza di meridiani e paralleli – senza tenere alcun conto delle divisioni tribali e delle preesistenti realtà etnico-linguistiche.

5.3. Le guerre boere

In Africa australe (o meridionale) l'imperialismo della Gran Bretagna si scontrò con un nazionalismo locale anch'esso di origine europea, quello boero, scatenando un inedito conflitto coloniale tra due popoli bianchi e cristiani.

Le Repubbliche boere

I boeri erano i discendenti degli agricoltori olandesi che nel '600 avevano colonizzato la regione del Capo di Buona Speranza – che fu denominata Colonia del Capo –, ai quali si erano aggiunti immigrati ugonotti francesi, ed erano caduti sotto la sovranità della Gran Bretagna quando questa aveva ottenuto la colonia al tempo delle guerre napoleoniche. Per sfuggire alla sottomissione, molti di loro avevano dato vita a un massiccio esodo verso nord – il cosiddetto Grande Trek, ossia "grande marcia" –, dove avevano fondato le due Repubbliche dell'Orange (1845) e del Transvaal (1852). Alla fine degli anni '60 la scoperta di importanti giacimenti di diamanti nel Transvaal risvegliò l'interesse della Gran Bretagna, che lasciò mano libera alla politica aggressiva della classe dirigente della Colonia del Capo, minacciata dalla crescita economica delle due repubbliche.

Il progetto imperialista della Gran Bretagna

Se nella prima guerra boera (1880-81) i britannici vennero sconfitti e il Transvaal riuscì a mantenere una propria autonomia, nel periodo successivo la politica britannica si fece più aggressiva. Protagonista e promotore principale se ne fece Cecil Rhodes, politico e uomo d'affari, presidente e padrone della British South Africa Company, primo ministro della Colonia del Capo fra il 1890 e il 1898. Rhodes mise una colossale fortuna personale, accumulata con il quasi-monopolio della produzione diamantifera, al servizio di un disegno imperiale: sua fu l'idea di estendere la sovranità britannica «dal Capo al Cairo». Proprio grazie alla sua frenetica attività, la Gran Bretagna poté espandere i suoi domìni in buona parte dell'Africa meridionale, fino alla zona dello Zambesi – che appunto da Rhodes avrebbe avuto il nome di Rhodesia –, circondando completamente le due Repubbliche boere. Un ulteriore elemento di tensione fu costituito dalla scoperta, nel 1885-86, di nuovi giacimenti auriferi nell'Orange e nel Transvaal, che attirò nelle due repubbliche un gran numero di immigrati (*uitlanders*), soprattutto di origine britannica. In questo afflusso di forestieri i boeri videro l'inizio di un processo che minacciava di stravolgere il carattere patriarcale e contadino della loro società: una società che coltivava il mito della propria indipendenza e superiorità, che si ispirava a un calvinismo rigidamente conservatore e si fondava sull'imposizione agli indigeni di un regime di semischiavitù, avversato invece dai britannici. Gli *uitlanders* furono duramente discriminati e Rhodes ne appoggiò la protesta.

La sconfitta dei boeri

La tensione crebbe ulteriormente finché, nell'ottobre del 1899, il presidente del Transvaal, Paul Krüger, dichiarò guerra alla Gran Bretagna. La seconda guerra boera fu lunga e sanguinosa. I boeri combatterono con grande tenacia, riportando all'inizio notevoli successi e suscitando un'ondata di simpatie nell'opinione pubblica europea, soprattutto in quella tedesca. Anche dopo la sconfitta – che si consumò nel maggio 1902 e fu seguita dall'annessione del Transvaal e dell'Orange all'Impero britannico – i boeri condussero un'accanita lotta di resistenza che durò vari anni e fu piegata dai britannici solo con una serie di spietate azioni antiguerriglia. In seguito l'Orange e il Transvaal ottennero uno statuto di autonomia simile a quello della Colonia del Capo, alla quale vennero uniti nel 1910, dando vita all'Unione sudafricana. Britannici e boeri avrebbero poi trovato un terreno concreto di collaborazione nello sfruttamento delle immense risorse del paese e nella politica di dura segregazione praticata ai danni della popolazione nera.

5.4. La conquista dell'Asia

La presenza europea in Asia

A differenza di quanto accadeva in Africa, agli inizi dell'età dell'imperialismo gli europei avevano già messo radici profonde nel continente asiatico. I britannici, oltre all'India, possedevano Ceylon (attuale Sri Lanka), Hong Kong, Singapore e numerose basi nell'Oceano Indiano e nel Sud-Est asiatico. Gli olandesi dominavano l'arcipelago indonesiano. I portoghesi controllavano Macao in Cina, Goa in India e una parte dell'isola di Timor. La Spagna possedeva le Filippine (che passarono agli Stati Uniti nel 1898: ▶4.3). La Russia aveva avviato da oltre un secolo la sua espansione verso la Siberia e l'Asia centrale. La Francia, ultima a giungere sul continente, aveva gettato negli anni '50 le basi di un vasto dominio nella penisola indocinese. A dare nuovo impulso alla corsa verso oriente contribuì potentemente l'inaugurazione del Canale di Suez, avvenuta nel novembre 1869 dopo dieci anni di lavori: questo canale artificiale, che tagliò l'istmo di Suez, mise in comunicazione il Mediterraneo con il Mar Rosso, abbreviando di parecchie settimane i collegamenti marittimi fra l'Europa e l'Asia. La nuova via d'acqua, gestita da una compagnia internazionale controllata da Francia e Gran Bretagna, sanzionava e simboleggiava la supremazia tecnica e commerciale dell'Europa e ne facilitava l'espansione verso il continente asiatico.

L'India britannica

L'India fu a lungo amministrata dalla Compagnia delle Indie orientali, che agiva come un rappresentante del governo britannico. A metà '800 il territorio controllato era vastissimo – si estendeva su buona parte dell'area oggi occupata da India, Pakistan e Bangladesh – e, con una popolazione in continua crescita (130 milioni nel 1845, oltre 200 nel 1881), offriva ampi sbocchi di mercato per i manufatti provenienti dalla Gran Bretagna, verso la quale venivano invece esportati grandi quantità di tè e di cotone. Cent'anni di dominazione britannica non avevano mutato di molto i caratteri della società indiana. L'effetto principale della presenza britannica era stato quello di distruggere, con l'importazione di tessuti dal Regno Unito, l'industria cotoniera locale, abbastanza estesa anche se a livello artigianale. Il potere statale, formalmente ancora rappresentato dall'antico Impero Moghul, era carente o addirittura assente: il senso dell'appartenenza alla casta o alla comunità locale prevaleva su qualsiasi legame con l'autorità centrale.

I colonizzatori britannici si erano appoggiati sulle gerarchie sociali preesistenti – i signori locali, i sacerdoti induisti (brahmini) – per assicurare il mantenimento dell'ordine e la riscossione delle imposte. I loro tentativi di avviare un prudente processo di modernizzazione, diffondendo la cultura occidentale e combattendo alcune delle pratiche più crudeli della tradizione induista – come l'usanza di bruciare le vedove insieme con i cadaveri dei mariti –, provocarono reazioni di stampo tradizionalistico-religioso. La più importante fu la cosiddetta rivolta dei Sepoys, scatenata nel 1857 da un ammutinamento dei reparti indigeni dell'esercito (chiamati appunto Sepoys). Questa rivolta, che richiese una lunga e sanguinosa repressione, indusse il governo britannico a riorganizzare la propria presenza in India. Nel 1858 la Compagnia delle Indie fu soppressa e il paese passò sotto la diretta amministrazione della Corona, rappresentata da un viceré. L'esercito e la burocrazia vennero ristrutturati: furono promossi gli elementi indigeni e i notabili fedeli al Regno Unito, affiancandoli a elementi britannici. La costruzione di nuove ferrovie consentì non solo un incremento degli scambi, ma anche un più stretto controllo militare su tutto il territorio indiano. Nel 1876, a coronamento di quest'opera di riorganizzazione, la regina Vittoria fu proclamata imperatrice delle Indie.

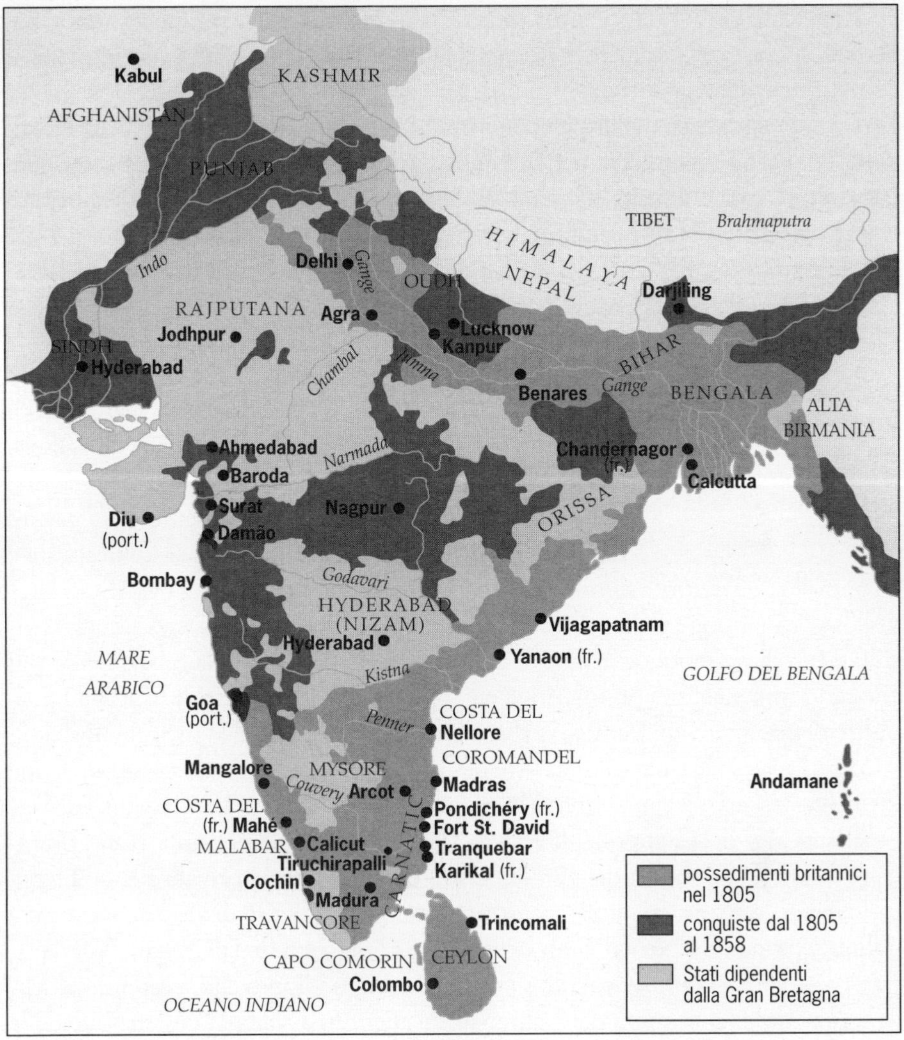

L'India britannica a metà '800

La Francia in Indocina

Negli anni '50 i francesi, spinti dalla concorrenza con i britannici, cominciarono ad avanzare in Indocina. La penisola indocinese, abitata da popolazioni di religione buddista, era divisa in una serie di regni dipendenti dall'Impero cinese: i più importanti erano quello dell'Annam (oggi Vietnam), quello del Siam (oggi Thailandia) e quello della Cambogia. All'inizio i francesi si limitarono a costruire qualche stazione commerciale accanto alle numerose missioni cattoliche già da tempo presenti nella regione. Furono proprio le persecuzioni contro i missionari a fornire alla Francia il pretesto per un intervento militare: nel 1862 venne occupata la Cocincina, ossia la parte meridionale del Regno dell'Annam e, l'anno dopo, fu imposto il protettorato alla Cambogia.

Una seconda fase dell'espansione francese in Indocina si aprì all'inizio degli anni '80. Dopo una guerra con la Cina (1883-85), la Francia riuscì a estendere il suo protettorato a tutto l'Annam. Dal canto suo la Gran Bretagna, per evitare che i possedimenti francesi giungessero a ridosso dell'India, tra il 1885 e il 1887 procedette all'occupazione del Regno di Birmania. La Francia rispose, nel 1893, assicurandosi il controllo del Laos. Quanto al Siam, Gran Bretagna e Francia si accordarono per mantenerlo indipendente come Stato-cuscinetto.

La colonizzazione russa e la spartizione degli arcipelaghi del Pacifico

Intanto l'Impero russo seguiva in Asia due direttrici di espansione: la prima verso la Siberia e l'Estremo Oriente, la seconda verso l'Asia centrale. La colonizzazione della Siberia, che ebbe un decisivo impulso già a partire dagli anni '30, fu realizzata soprattutto sotto la spinta e il controllo dell'autorità statale, contrariamente a quanto avveniva negli Stati Uniti, dove l'espansione verso ovest era dovuta alla libera iniziativa individuale. I risultati furono comunque notevoli: nella prima metà dell'800 la Siberia vide più che raddoppiata la sua popolazione e notevolmente incrementate le attività produttive e commerciali. La Russia cercò anche di consolidare le proprie posizioni strategiche verso la Cina e il Pacifico: nel 1860 impose alla Cina la cessione di due distretti – Ussuri e Amur – e avviò la costruzione del porto di Vladivostok sul Mar dell'Est o Mar del Giappone. Il governo zarista ritenne invece opportuno rinunciare all'Alaska, dove fin dal 1799 operava una compagnia privata russa: il territorio, il cui controllo fu giudicato troppo costoso dal punto di vista economico e militare, venne venduto agli Stati Uniti nel 1867 per 7 milioni di dollari. Nel 1891, quasi a sancire il completamento di uno sterminato impero che si estendeva senza soluzione di continuità dal Baltico al Pacifico, fu avviata la costruzione della ferrovia Transiberiana, la più lunga del mondo che, una volta completata nel 1904, collegò Mosca a Vladivostok con un percorso di oltre 9 mila km.

In Asia centrale l'Impero zarista riuscì a incamerare, fra 1876 e 1885, l'intera regione del Turchestan: una zona importante in quanto forte produttrice di cotone, ma pericolosamente vicina alle frontiere dell'India. Proprio in questa area, tra Turchestan, Afghanistan e Pakistan, Russia e Gran Bretagna si fronteggiarono a lungo fino a quando, nel 1885, giunsero a un accordo per definire le frontiere tra il Turchestan e il Regno dell'Afghanistan, che restò indipendente, ma sotto l'influenza britannica.

Mentre si compiva la spartizione dell'Asia, anche gli arcipelaghi del Pacifico vennero inglobati negli imperi coloniali, soprattutto in quelli britannico e tedesco. La Gran Bretagna, che già dominava su Australia e Nuova Zelanda, occupò le isole Fiji, le Salomone e le Marianne, mentre la Nuova Guinea fu divisa fra tedeschi e britannici. Inoltre alla colonizzazione nell'area del Pacifico parteciparono anche gli Stati Uniti e il Giappone.

5.5. Gli europei in Cina

L'isolamento cinese

Dall'inizio dell'800 l'Impero cinese era rimasto pressoché inaccessibile ai viaggiatori e ai commercianti occidentali. Non aveva neanche relazioni diplomatiche con l'esterno, in omaggio all'idea che l'imperatore fosse l'unica fonte di potere sulla Terra e che gli altri sovrani potessero avere con lui solo rapporti di vassallaggio. Agli stranieri era consentito di operare solo nel porto di Canton, nella Cina meridionale. Questo orgoglioso isolamento mascherava in realtà una profonda debolezza. Da tempo ormai la società cinese, irrigidita e chiusa in sé stessa, aveva perso quel primato scientifico e tecnologico di cui aveva goduto fino al '700. Il ceto burocratico dei mandarini, profondamente tradizionalista e legato alla propria formazione filosofico-letteraria, ostacolava ogni mutamento nelle tecniche produttive e nei sistemi di governo. Il risultato fu che, al primo traumatico scontro con l'Occidente, la Cina imperiale entrò in una crisi irreversibile.

Le guerre dell'oppio

Occasione dello scontro fu il contrasto scoppiato alla fine degli anni '30 fra il governo imperiale e la Gran Bretagna a proposito del commercio dell'oppio. La droga, prodotta in grandi quantità nelle piantagioni indiane, veniva esportata clandestinamente in Cina, dove il suo consumo era largamente diffuso, benché ufficialmente proibito da oltre un secolo. Era nata così un'acuta tensione tra la Cina e la Gran Bretagna, la principale responsabile e beneficiaria del traffico. Quando, nel 1839, un funzionario cinese fece sequestrare il carico di tutte le navi straniere nel porto di Canton, il governo britannico decise di intervenire militarmente.

Dopo una guerra durata più di due anni, i britannici ebbero partita vinta, conquistando tutti gli accessi agli estuari dei grandi fiumi e dei porti cinesi. Con il trattato di Nanchino del 1842, la Cina dovette cedere alla Gran Bretagna la città di Hong Kong, situata su un'isola costiera vicina al grande porto fluviale di Canton, e aprire al commercio straniero altri quattro porti, fra cui Shanghai. Questa prima guerra dell'oppio, mettendo a nudo la debolezza militare della Cina e aprendola alla penetrazione commerciale europea, ebbe il duplice effetto di sconvolgere gli equilibri sociali su cui si reggeva l'Impero e di far convergere su di esso le mire espansionistiche di altre potenze.

Così, nel decennio 1850-60, la Cina si trovò ad affrontare contemporaneamente una gravissima crisi interna – culminata nella lunga e sanguinosissima ribellione contadina nota come rivolta dei Taiping – e un nuovo sfortunato scontro con la Gran Bretagna, coadiuvata questa volta dalla Francia. Il conflitto, chiamato impropriamente seconda guerra dell'oppio, cominciò nel 1856 in seguito all'attacco a una nave britannica nel porto di Canton e si concluse quattro anni dopo con una nuova capitolazione della Cina, costretta ad aprire al commercio straniero anche le vie fluviali interne e a stabilire normali rapporti diplomatici con gli Stati occidentali.

5.6. Il dominio coloniale

I caratteri della conquista

Nel corso della sua espansione coloniale, l'Europa portò in tutto il mondo l'impronta della sua tecnica, della sua economia e, più in generale, della sua civiltà. Di solito non ne portò la faccia migliore. Quasi tutte le conquiste coloniali furono segnate dall'uso sistematico e indiscriminato della violenza contro le popolazioni indigene, da un campionario di crudeltà sconosciuto agli ultimi conflitti combattuti sul Vecchio Continente. Soprattutto nell'Africa nera, dove più schiacciante era la superiorità tecnologica degli europei, le frequenti rivolte delle popolazioni locali contro i nuovi dominatori si concludevano spesso con veri e propri massacri: fu terribile, per esempio, quello perpetrato dai tedeschi nell'Africa del Sud-Ovest ai danni della tribù bantu degli Herero, che venne quasi completamente sterminata.

Sviluppo e sfruttamento

Dal punto di vista economico, l'esperienza coloniale ebbe alcuni effetti positivi sui paesi che ne furono investiti: vennero messe a coltura nuove terre, introdotte nuove tecniche agricole, costruite infrastrutture, avviate attività industriali e commerciali, esportati migliori ordinamenti amministrativi e finanziari. Ma tutto ciò avveniva a prezzo di un continuo impoverimento di risorse materiali e umane, ovvero di un vero e proprio sfruttamento coloniale: i lavoratori indigeni, infatti, venivano pagati per lo più con salari irrisori, quando non erano costretti a forme di lavoro forzato. La trasformazione delle economie dei paesi sottomessi, che furono generalmente orientate verso l'esportazione, ebbe un doppio esito: in molti casi portò alla rottura di sistemi economici di pura sussistenza, basati sul circolo vizioso dell'autoconsumo e della povertà; in altri, invece, stravolse un meccanismo produttivo modellato in funzione del mercato interno. Fu comunque messo in moto un processo di sviluppo in funzione degli interessi dei colonizzatori. Nuovi paesi entrarono in un più vasto mercato mondiale, ma vi entrarono in una posizione dipendente: passarono cioè dalla povertà al sottosviluppo.

Politica della razza e stratificazioni sociali

Il razzismo condizionò la politica degli Stati europei nelle colonie. Ovunque furono "censite le razze" e accentuate le divisioni all'interno delle società indigene anche allo scopo di controllare meglio i colonizzati. Le nuove città coloniali furono spesso caratterizzate da quartieri separati e dalla creazione di "confini" che dividevano la vita degli indigeni da quella degli europei: anche in alcuni centri fondati dagli italiani in Eritrea e Libia, per esempio, furono tracciate "linee" per separare gli spazi destinati agli africani da quelli destinati ai bianchi. In generale, dunque, il razzismo era largamente diffuso nelle società coloniali.

Non bisogna però immaginare i rapporti tra colonizzatori e colonizzati dominati esclusivamente da pregiudizi razzisti. Nelle colonie, a volte, si instaurarono legami di solidarietà tra i funzionari europei e i notabili locali proprio in virtù della comune appartenenza agli strati superiori delle rispettive società. Accadde così, per esempio, nell'India britannica di fine '800, dove gli aristocratici inviati dalla Corona ad amministrare la colonia non esitavano a considerare i notabili indiani "superiori" ai britannici di basso ceto. Per molti aspetti, infatti, i governatori cercarono di riprodurre in India la stessa rigida struttura di distinzione di classe presente nel Regno Unito, preoccupandosi di trattare con riguardo gli elementi locali che consideravano loro pari rango.

L'impatto sociale e culturale della colonizzazione

Gli effetti della colonizzazione sulle culture dei paesi afro-asiatici furono drammatici, pur variando a seconda delle diverse realtà locali e delle diverse politiche attuate dai paesi colonizzatori: quella britannica, per esempio, fu più rispettosa degli usi locali, mentre quella francese risultò più oppressiva nel tentativo di introdurre elementi di modernizzazione forzata. I sistemi culturali legati a strutture politico-sociali e religiose bene organizzate e con una solida tradizione alle spalle – come quelli dell'Asia e del Nord Africa – si difesero meglio, opponendo una resistenza più consapevole e assimilando in qualche misura gli apporti esterni. Ben diverso, invece, fu il caso dell'Africa più arcaica e animista. Qui l'effetto dell'incontro con la civiltà del colonizzatore fu dirompente: le trasformazioni economiche, tecnologiche, sociali, religiose e linguistiche prodotte dalla presenza degli europei alterarono dalle fondamenta non solo gli equilibri secolari delle comunità di tribù e di villaggio, ma gli stessi universi culturali che ne erano espressione. Interi sistemi di vita, di riti e di credenze, di costumi e di valori entrarono rapidamente in crisi. Nei molti casi in cui mancava una tradizione scritta, rimasero a malapena tracce delle culture "cancellate". Sul piano politico, però, l'espansione coloniale finì per favorire, in tempi più o meno lunghi, la formazione o il risveglio di nazionalismi locali a opera soprattutto di nuovi dirigenti formatisi proprio nelle scuole europee, dove avevano avuto la possibilità di assorbire gli ideali democratici e i princìpi del nazionalismo. L'Europa si trovò così a esportare quello che meno avrebbe desiderato: il bisogno di autogovernarsi e di decidere il proprio destino.

sommario

Diverse furono le cause della corsa alla conquista coloniale che, negli ultimi decenni dell'800, connotò la politica estera di molti Stati europei, presto affiancati dalle potenze emergenti di Stati Uniti e Giappone. Vi fu certamente la spinta esercitata dagli interessi economici – materie prime a basso costo, sbocchi per i prodotti industriali e i capitali d'investimento –, ma non meno importante fu l'affermarsi di tendenze politico-ideologiche che affiancavano a un acceso nazionalismo la convinzione nella missione civilizzatrice dell'uomo bianco. L'opinione pubblica, infine, fu particolarmente colpita e influenzata dalle notizie sui viaggi in Africa compiuti da esploratori, viaggiatori, missionari.

Fu in Africa che l'espansione coloniale si realizzò con la velocità più sorprendente, portando nel giro di pochi decenni alla conquista quasi completa di tutto il continente, sotto forma di colonie o protettorati. Francia e Inghilterra occuparono rispettivamente Tunisia (1881) ed Egitto (1882). Poco dopo, la conferenza di Berlino (1884-85), convocata per risolvere i contrasti internazionali suscitati dall'espansione belga in Congo, stabilì i princìpi della spartizione dell'Africa (in primo luogo quello dell'effettiva occupazione) e riconobbe il possesso di vari territori a Belgio, Francia, Germania e Gran Bretagna. Nel 1900 i territori africani rimasti indipendenti erano pochi: l'Impero etiopico, la Libia (ottomana), il Marocco (fino al 1912), la piccola Liberia e le Repubbliche boere del Sudafrica.

In Sudafrica la Gran Bretagna, soprattutto attraverso la politica di Cecil Rhodes, politico e proprietario della British South Africa Company, mirò a estendere il dominio britannico dalla Colonia del Capo alle due Repubbliche boere dell'Orange e del Transvaal, ricche di giacimenti d'oro e di diamanti. Il disegno poté realizzarsi solo dopo due lunghe e sanguinose guerre contro i boeri (1880-81 e 1899-1902). Nel 1910 l'Orange e il Transvaal confluirono nell'Unione sudafricana insieme alla Colonia del Capo.

Agli inizi dell'età dell'imperialismo, gli europei avevano già numerosi possedimenti in Asia. In India, da tempo affidata al controllo della Compagnia delle Indie, gli inglesi tentarono di introdurre elementi di modernizzazione provocando però violente reazioni. La colonia fu allora riorganizzata sotto la diretta amministrazione della Corona britannica. L'apertura del Canale di Suez (1869) diede nuovo impulso alla penetrazione europea in Asia. In questo periodo ci furono la conquista francese dell'Indocina, la spartizione del Pacifico e lo sviluppo della colonizzazione russa della Siberia. L'altra direttrice dell'espansionismo russo – quella verso l'Asia centrale – portò l'Impero zarista a un duro contrasto con la Gran Bretagna, molto attiva anche nel consolidamento della sua presenza nel Pacifico, insieme a Germania, Stati Uniti e Giappone.

A metà '800 l'isolamento della Cina dal resto del mondo fu interrotto dalla pressione degli Stati europei e in particolare dal conflitto nato con la Gran Bretagna per il commercio dell'oppio, vietato in Cina ma molto lucroso per i trafficanti britannici. Dopo due guerre (1839-42 e 1856-60) venne imposta al paese l'apertura al commercio straniero, prima attraverso l'accesso ai principali porti, poi con l'accesso anche alle vie fluviali interne.

Le potenze conquistatrici fecero generalmente un uso indiscriminato della forza contro le popolazioni indigene, sconvolsero l'economia dei paesi afro-asiatici sottoponendola a un sistematico sfruttamento finalizzato all'esportazione di materie prime e, in questo modo, colpirono, spesso irrimediabilmente, antiche culture, danneggiando inoltre il mercato interno. Gli effetti della conquista, tuttavia, non furono sempre e solo negativi. Sul piano economico ci fu, in molti casi, un inizio di modernizzazione, sia pur finalizzata agli interessi dei dominatori. Su quello culturale, alcuni paesi con tradizioni e strutture politico-sociali più solide riuscirono a difendere la loro identità, ovvero ad assimilare alcuni aspetti della cultura dei dominatori. Sul piano politico, infine, la colonizzazione favorì, a più o meno lunga scadenza, la formazione di nazionalismi locali che avrebbero successivamente alimentato le lotte per l'indipendenza.

bibliografia

Per una rapida introduzione agli aspetti teorici dell'imperialismo: T. Kemp, *Teorie dell'imperialismo*, Einaudi, Torino 1969 (ed. or. 1967); M. Barratt Brown, *L'economia dell'imperialismo*, Laterza, Roma-Bari 1977 (ed. or. 1974). Si veda anche P. Chiantera-Stutte, *Il pensiero geopolitico. Spazio, potere e imperialismo tra Otto e Novecento*, Carocci, Roma 2014.

Sull'espansione coloniale e l'imperialismo: D.K. Fieldhouse, *L'età dell'imperialismo 1830-1914*, Laterza, Roma-Bari 1996 (ed. or. 1973); Id., *Politica ed economia del colonialismo, 1870-1945*, Laterza, Roma-Bari 1996 (ed. or. 1976); R.F. Betts, *L'alba illusoria. L'imperialismo europeo nell'Ottocento*, Il Mulino, Bologna 2008 (ed. or. 1975); H. Wesseling, *La spartizione dell'Africa 1880-1914*, Corbaccio, Milano 2001 (ed. or. 1991); W. Reinhard, *Storia del colonialismo*, Einaudi, Torino 2002 (ed. or. 1996); D.R. Headrick, *Il predominio dell'Occidente. Tecnologia, ambiente, imperialismo*, Il Mulino, Bologna 2011 (ed. or. 2010). In particolare, sull'impero coloniale del Regno Unito: P. Wende, *L'impero britannico. Storia di una potenza mondiale*, Einaudi, Torino 2009 (ed. or. 2008).

Sulla penetrazione europea in Asia: J. Chesneaux, *L'Asia orientale nell'età dell'imperialismo: Cina, Giappone, India e Sud-est asiatico nei secoli XIX e XX*, Einaudi, Torino 1975 (ed. or. 1966); G. Borsa, *La nascita del mondo moderno in Asia orientale. La penetrazione europea e la crisi delle società tradizionali in India, Cina e Giappone*, Rizzoli, Milano 1977; E. Collotti Pischel, *Storia dell'Asia orientale, 1850-1949*, Carocci, Roma 2004 (ed. or. 1994). Per la Cina: M. Sabattini-P. Santangelo, *Storia della Cina*, Laterza, Bari-Roma 2017 (ed. or. 1986); J. Osterhammel, *Storia della Cina moderna (secoli XVIII-XX)*, Torino, Einaudi 1992 (ed. or. 1989); J.A.G. Roberts, *Storia della Cina*, Il Mulino, Bologna 2013 (ed. or. 1999); *La Cina*, III, *Verso la modernità*, a cura di G. Samarani e M. Scarpari, Einaudi, Torino 2009. Sul Giappone si vedano i titoli citati nella bibliografia del cap. 13. Sull'India: M. Torri, *Storia dell'India*, Laterza, Roma-Bari 2010 (ed. or. 2000); D. Rothermund, *Storia dell'India*, Il Mulino, Bologna 2007 (ed. or. 2002); D. Ludden, *Storia dell'India e dell'Asia del Sud*, Einaudi, Torino 2011 (ed. or. 2002).

Sull'Africa: J. Ki-Zerbo, *Storia dell'Africa nera*, Einaudi, Torino 1977 (ed. or. 1972); A.M. Gentili, *Il leone e il cacciatore. Storia dell'Africa sub-sahariana*, Carocci, Roma 2008 (ed. or. 1995); G.P. Calchi Novati-P. Valsecchi, *Africa: la storia ritrovata. Dalle prime forme politiche agli Stati nazionali*, Carocci, Roma 2016 (ed. or. 2005); W. Speitkamp, *Breve storia dell'Africa*, Einaudi, Torino 2010 (ed. or. 2007); S. Bellucci, *Africa contemporanea. Politica, cultura, istituzioni a sud del Sahara*, Carocci, Roma 2010.

Per uno sguardo sulle rappresentazioni coloniali, si veda E. Said, *Orientalismo. L'immagine europea dell'Oriente*, Feltrinelli, Milano 2016 (ed. or. 1978).

6. Governare l'Italia unita

6.1. Demografia, economia e società

Popolazione e alfabetizzazione

Al momento dell'Unità gli italiani erano circa 22 milioni (arrivavano a poco più di 25 calcolando anche il Veneto e il Lazio). La percentuale degli analfabeti, di quanti cioè non sapevano né leggere né scrivere, era molto alta, il 75% (ma nei decenni successivi diminuì costantemente). L'analfabetismo era inoltre molto più diffuso tra le donne. Solo il 10% degli italiani era da considerare "italofono", ossia parlava la lingua italiana, mentre tutti gli altri comunicavano attraverso i dialetti, di cui la stessa minoranza colta si serviva nella comunicazione familiare e nei rapporti con la gente del popolo (pratica largamente diffusa fino a tempi recenti). Inoltre, nonostante da tempo l'italiano fosse impiegato dalla Chiesa nella predicazione, i dialetti affiancavano la lingua colta nelle scuole elementari. Nell'insieme la grande maggioranza degli italiani non possedeva ancora una lingua comune. Misurata sul terreno delle conoscenze di base, l'Italia era dunque molto meno istruita di paesi come la Prussia e la Francia, dove gli alfabetizzati erano rispettivamente il 70% e il 50% della popolazione.

Città e campagne

Intorno al 1860 l'Italia era, come già in passato, uno dei paesi europei con il maggior numero di città. Una decina erano i centri con più di 100 mila abitanti – il più grande era Napoli con 450 mila, seguivano Torino, Palermo, Milano e Roma con circa 200 mila – e la popolazione urbana propriamente detta (quella che viveva in comuni con oltre 20 mila abitanti) era pari al 20% del totale. La grande maggioranza degli italiani viveva nelle campagne e nei piccoli centri rurali e traeva i suoi mezzi di sostentamento dalle attività agricole: era quindi costituita prevalentemente da contadini. L'agricoltura occupava infatti il 70% della popolazione attiva (cioè di quelli in età lavorativa) contro il 18% dell'industria e dell'artigianato e il 12% del settore terziario (che comprende commercio e servizi), contribuendo per il 58% al prodotto interno lordo di tutto il paese, mentre industria e settore terziario vi contribuivano ciascuno per il 20% circa. E le attività agricole fornivano i principali prodotti di esportazione: seta grezza dalle regioni settentrionali, e i prodotti delle colture specializzate come agrumi, frutta secca, vino e olio (per fini industriali) da quelle meridionali.

Contrariamente a quanto una tradizione, prevalentemente letteraria, aveva tramandato, l'agricoltura italiana nel suo complesso non era affatto favorita dalle condizioni naturali. Le zone pianeggianti, le più adatte all'agricoltura intensiva, costituivano poco più del 20%, mentre tutto il resto era terreno collinare o montagnoso. Inoltre il 20% della superficie del paese era occupato da terre incolte o da terreni paludosi infestati dalla malaria.

Paesaggio agrario e assetti produttivi

In generale, quella italiana era prevalentemente un'agricoltura povera, caratterizzata da una grande varietà di colture e di tipologie di proprietà fondiaria. Solo nella zona irrigua della Pianura padana si erano ormai sviluppate numerose aziende agricole moderne che univano l'agricoltura all'allevamento bovino, erano condotte con criteri capitalistici, producevano per il mercato e impiegavano soprattutto manodopera salariata. Accanto a esse coesistevano, nelle regioni del Nord, le grandi proprietà coltivate a cereali e le piccole unità produttive in affitto a conduzione familiare, diffuse queste ultime soprattutto nelle zone collinari del Piemonte, della Lombardia e del Veneto.

Nell'Appennino e in tutta l'Italia centrale, in particolare in Toscana, Marche e Umbria, dominava invece la mezzadria. La terra era divisa in poderi, prevalentemente di piccole e medie dimensioni, dove le colture cerealicole si mescolavano agli olivi, alle viti e agli alberi da frutto. Ciascun podere produceva quanto era necessario per il mantenimento della famiglia che viveva sul fondo e per il pagamento del canone in natura, pari alla metà del prodotto, dovuto al padrone. Il mezzadro era tenuto inoltre a concorrere alle spese di manutenzione e a quelle per gli attrezzi agricoli e il bestiame. Il contratto di mezzadria, con la sua rigida ripartizione delle spese, non favoriva gli investimenti e le innovazioni tecniche in funzione dello sviluppo di un'agricoltura moderna, orientata verso il mercato. In compenso consentiva una relativa pace sociale – per questo era apprezzato da molti conservatori – e assicurava un certo grado di tutela del territorio: ne è testimonianza il tipico paesaggio vario e ordinato, che ancora oggi sopravvive in buona parte dell'Italia centrale.

In molte zone dell'Italia meridionale, oltre che nella vasta campagna intorno a Roma, la coltivazione prevalente era il latifondo: grandi distese, per lo più seminate a grano o lasciate alla pastorizia, con la popolazione concentrata in pochi e grossi borghi rurali. Le tracce dell'ordinamento feudale si facevano sentire pesantemente negli arcaici contratti agrari – basati spesso su compensi di quota parte del raccolto – e nei rapporti fra i proprietari e i contadini, caratterizzati da forme di dipendenza personale, ma anche da ricorrenti contrasti derivanti dall'irrisolto problema della utilizzazione contadina delle terre soggette agli usi civici. Non mancavano tuttavia nel Mezzogiorno, per esempio in Campania, in Puglia e in Sicilia, zone fertili e pianeggianti dove erano diffuse le colture specializzate – ortaggi, frutta, agrumi, vino, olio – destinate all'esportazione.

Una parte molto estesa dell'Italia, soprattutto nelle zone altocollinari o montane, continuava a praticare un'agricoltura di pura sussistenza, dove l'autoconsumo era la regola.

Le condizioni di vita delle popolazioni rurali

Tutto ciò si rifletteva nel bassissimo livello di vita della popolazione rurale. I contadini italiani, nella loro grande maggioranza, vivevano ai limiti della sussistenza fisica. Si nutrivano quasi esclusivamente di pane – per lo più non di frumento, ma di cereali "inferiori" come granturco, avena e segale – e di pochi legumi: andavano quindi soggetti alle malattie da denutrizione, prima fra tutte la pellagra. Vivevano, soprattutto nel Sud, ammucchiati in abitazioni piccole e malsane, non di rado in capanne o in caverne che spesso servivano da ricovero anche per gli animali.

Il divario tra Nord e Sud

Per gran parte sconosciute alla classe dirigente del paese erano le condizioni economiche e sociali del Mezzogiorno. Lo stesso Cavour non si era mai spinto a sud di Firenze. Quando, nell'autunno del 1860, il romagnolo Luigi Carlo Farini fu inviato nelle province meridionali in qualità di luogotenente generale (cioè rappresentante del governo) non seppe nascondere il proprio stupore e il proprio disprezzo: «Che barbarie! – scriveva in una lettera a Cavour – Altro che Italia! Questa è Affrica: i beduini, a riscontro di questi caffoni, sono fior di virtù civili». Impressioni che, se da un lato segnalavano pregiudizi e incomprensioni destinati a durare nel tempo, dall'altro poggiavano su un reale divario tra Nord e Sud del paese e ne testimoniavano anche la distanza culturale e la diversità di comportamenti e mentalità.

Al momento dell'Unità questo divario si misurava anche sul piano della disponibilità di infrastrutture, della produttività agricola e dell'istruzione di base. Se al Nord, nella Pianura padana e in particolare in Piemonte, esisteva già una rete ferroviaria sviluppata, al Sud, salvo qualche breve tratto intorno a Napoli, le ferrovie erano inesistenti. Il valore della produzione agricola per ettaro era al Sud pari a un terzo di quello della Lombardia e a metà di quello del Piemonte. Molto significativo risultava inoltre il differenziale di alfabetizzazione: in Piemonte e in Lombardia gli analfabeti erano intorno al 54%, in Puglia salivano all'86% e in Sicilia all'89%.

Il divario tra Nord e Sud segnalava già l'emergere di un problema nazionale che sarebbe stato definito in seguito come «questione meridionale»: tuttavia allora nel confronto con l'Europa le differenze tra le "due Italie" risultavano appiattite e accomunate da una generale arretratezza rispetto ai paesi più sviluppati del continente.

6.2. La classe politica e i primi provvedimenti legislativi

Tutt'altro che agevole fu governare l'Italia dopo la sua unificazione. L'improvvisa e precoce morte di Cavour (giugno 1861) lasciava priva di guida la classe dirigente moderata, anche se i successori di Cavour si attennero sostanzialmente alla politica da lui già impostata nelle grandi linee: una politica rispettosa delle libertà costituzionali e insieme accentratrice, liberista in campo economico, laica in materia di rapporti fra Stato e Chiesa.

La Destra storica

Il gruppo dirigente che governò ininterrottamente il paese nel primo quindicennio non era molto diverso da quello che si era formato dopo il '49 in Piemonte. Il nucleo centrale era costituito dai moderati piemontesi, cioè dalla vecchia maggioranza della Camera subalpina. A essa si erano uniti i gruppi moderati lombardi, emiliani e toscani. Meno numerosa era la rappresentanza delle regioni meridionali, che pure contava personalità di tutto rilievo.

Diversi per provenienza geografica, per formazione culturale e per esperienze politiche, questi uomini formavano tuttavia un gruppo abbastanza omogeneo, sia dal punto di vista sociale – appartenevano prevalentemente ai ceti superiori – sia sotto il profilo politico. Nei primi Parlamenti dell'Italia unita, la maggioranza si collocava a destra e come Destra essa venne definita nel linguaggio politico corrente (l'aggettivo «storica» fu aggiunto più tardi, per sottolineare la funzione decisiva svolta da quella classe dirigente nella storia d'Italia). In realtà, più che una forza di destra, essa costituiva un gruppo di centro moderato: la vera destra – quella dei clericali e dei nostalgici dei vecchi regimi – si era infatti autoesclusa dalle istituzioni in quanto non riconosceva la legittimità del nuovo Stato.

La Sinistra

Anche i mazziniani di stretta osservanza e, in genere, i repubblicani intransigenti rifiutarono di partecipare all'attività politica ufficiale. Sui banchi dell'opposizione in Parlamento sedettero gli esponenti della vecchia sinistra piemontese, insieme con un numero via via crescente di patrioti mazziniani o garibaldini che avevano deciso di inserirsi nelle istituzioni monarchiche, sia pure per cambiarle: essi formavano la cosiddetta Sinistra. Rispetto alla Destra, la Sinistra si appoggiava su una base sociale più ampia e composita, formata essenzialmente dai gruppi borghesi delle città – professionisti e intellettuali, ma anche commercianti e imprenditori – e comprendeva anche gruppi di operai e artigiani del Nord, esclusi dall'elettorato. Nei primi anni dopo l'Unità, la Sinistra fece proprie e portò avanti le rivendicazioni democratiche risorgimentali: il suffragio universale, il decentramento amministrativo (che comportava la concessione di margini di autonomia alle comunità locali) e soprattutto il completamento dell'Unità, da raggiungersi tramite la ripresa dell'iniziativa popolare.

Il sistema elettorale

Destra e Sinistra erano comunque entrambe espressione di una classe dirigente molto ristretta, di un "paese legale" assai poco rappresentativo del "paese reale". La legge elettorale piemontese, estesa a tutto il Regno, concedeva infatti il diritto di voto solo a quei cittadini maschi che avessero compiuto i 25 anni, sapessero leggere e scrivere e pagassero almeno 40 lire di imposte all'anno. Nelle prime elezioni dell'Italia unita gli iscritti nelle liste elettorali erano circa 400 mila, meno del 2% della popolazione totale e del 7% dei maschi adulti. Se poi si calcola che la percentuale di coloro che si astenevano era molto elevata – sfiorando spesso il 50% – si capirà come, grazie anche al sistema del collegio uninominale, bastassero poche centinaia o addirittura poche decine di voti per eleggere un deputato. La vita politica assumeva così un carattere oligarchico e personalistico. Nell'assenza di partiti organizzati nel senso moderno del termine, la lotta politica si imperniava su singole personalità più che su programmi definiti: era dominata da pochi notabili in grado di sfruttare la propria influenza e le proprie relazioni per ottenere i voti necessari all'elezione e pesantemente condizionata dal potere esecutivo che facilmente poteva favorire la riuscita dei candidati "governativi", indirizzando il voto dei militari e degli impiegati nella pubblica amministrazione.

Per quanto ristretta, la classe dirigente era tuttavia convinta di rappresentare la parte migliore del paese: e, in effetti, gli uomini della Destra storica si distinsero per onestà e per rigore, tanto da costituire, da questo punto di vista, un esempio mai più superato nella storia dell'Italia unita.

La scelta dell'accentramento

D'altro canto, gli esponenti della Destra storica furono portati a identificare le sorti del proprio gruppo politico con quelle delle istituzioni statali, sottoposte alla duplice minaccia dei "neri" e dei "rossi", ossia dei clericali reazionari e dei repubblicani rivoluzionari, e a considerare i fermenti e le inquietudini della società come attentati al bene supremo dell'unità appena raggiunta. La preoccupazione quasi ossessiva dell'unità da salvaguardare contro nemici veri o presunti condizionò pesantemente le scelte dei primi governi postunitari e determinò in larga parte la stessa fisionomia del nuovo Stato. I leader della Destra, ammiratori dell'esempio britannico, erano disposti a riconoscere in teoria la validità di un sistema decentrato, basato sull'autogoverno (*self-government*) delle comunità locali. Nei fatti, però, prevalsero le esigenze pratiche immediate, che spingevano i governanti a stabilire un controllo il più possibile stretto e capillare su tutto il paese e dunque a scegliere un modello di Stato accentrato molto vicino a quello napoleonico: basato cioè su ordinamenti uniformi per tutto il Regno e su una rigida gerarchia di funzionari dipendenti dal centro.

L'accentramento era anche il risultato inevitabile della unificazione, ottenuta attraverso l'annessione delle varie province al Regno di Sardegna e la conseguente adesione al suo impianto istituzionale e alle sue leggi. Tra il giugno '59 e il gennaio '60, grazie ai poteri straordinari conferiti al governo dallo stato

Accentramento/ Decentramento

parola chiave

Per tutto il secolo XIX la scena politica europea fu dominata dallo scontro fra conservatori, liberal-moderati e democratici: tale scontro riguardava da un lato le forme e i modi della partecipazione al potere, dall'altro l'organizzazione del potere, ovvero la forma delle istituzioni statali, accentrata o decentrata. La linea di divisione fra i sostenitori dell'uno e dell'altro modello non coincideva con quella fra conservatori e progressisti. Nell'800 furono soprattutto i democratici a sostenere l'accentramento e l'unità amministrativa, vista come strumento di uguaglianza, mentre conservatori e moderati difesero le autonomie e le diversità locali come il contesto più adatto a far valere i tradizionali privilegi sociali delle classi alte. In Italia, invece, esisteva fra i democratici una forte corrente autonomista e federalista (si pensi a Cattaneo), mentre i moderati, al potere dopo l'unificazione, realizzarono un ordinamento fortemente accentrato. Presi in sé, dunque, l'accentramento e il decentramento non sono né "di destra", né "di sinistra": entrambi possono essere usati con scopi politici opposti. È vero invece che la propensione all'accentramento è propria in qualche misura di chi detiene il potere centrale (e cerca di rafforzarne le basi), mentre il decentramento è solitamente rivendicato dalle forze che da quel potere sono escluse o non vi si sentono adeguatamente rappresentate.

di guerra con l'Austria, erano state varate senza alcun controllo parlamentare numerose leggi riguardanti i settori chiave della vita del paese: oltre ad estendere, con piccole modifiche, le leggi piemontesi alle province appena annesse (così fu, ad esempio, per la legge elettorale), furono emanate leggi nuove: la legge Casati sull'istruzione, che creava un sistema scolastico nazionale e stabiliva il principio dell'istruzione elementare obbligatoria (demandandone però l'attuazione ai comuni); la legge Rattazzi sull'ordinamento comunale e provinciale, che affidava il governo dei comuni a un consiglio eletto a suffragio ristretto e a un sindaco di nomina regia. Il territorio nazionale era suddiviso in province, che rappresentavano le circoscrizioni amministrative più importanti, poste sotto lo stretto controllo dei prefetti, rappresentanti del potere esecutivo centrale su tutto il paese. Anche questa legge fu successivamente estesa, con poche modifiche, a tutto il Regno.

6.3. Le rivolte contro l'unità e il brigantaggio

L'ostilità dei contadini meridionali

Tra i motivi che spinsero la classe politica a scegliere l'accentramento e ad accantonare ogni progetto di decentramento amministrativo, il principale fu costituito certamente dalla situazione che si era venuta a creare nel Mezzogiorno. Nelle province meridionali liberate dal regime borbonico, il malessere antico delle masse contadine si sommò a una diffusa ostilità verso il nuovo ordine politico, che non aveva portato alcun mutamento radicale nella sfera dei rapporti sociali, anzi aveva visto la borghesia rurale schierarsi dalla parte dei "conquistatori". E a questo si erano aggiunte la nuova pesante fiscalità e la leva militare obbligatoria osteggiate duramente dal mondo contadino. Già nell'ultima fase dell'impresa garibaldina erano scoppiate, soprattutto in Campania, rivolte contadine di una certa gravità: rapidamente i disordini si fecero più estesi e più frequenti, fino a trasformarsi in una generale insorgenza, incoraggiata da una parte del clero e finanziata dalla corte borbonica in esilio a Roma.

Il brigantaggio

Dall'estate del 1861, in tutte le regioni del Mezzogiorno continentale si erano formate bande di irregolari, dove i contadini insorti si mescolavano agli ex militari borbonici (per i quali la fine del Regno delle Due Sicilie si era trasformata in una catastrofe personale), ai cospiratori legittimisti italiani e stranieri, ai banditi veri e propri. Le bande assalivano di preferenza i piccoli centri e li occupavano per giorni, massacrando i notabili liberali e incendiando gli archivi comunali: quindi si ritiravano sulle montagne per attaccare subito dopo altrove. A queste aggressioni, che parevano mettere in gioco il controllo territoriale di intere regioni, il governo reagì con spietata energia, rafforzando in primo luogo la presenza militare nel Sud. Fin dai primi tempi di queste sollevazioni si registrarono, in risposta agli eccidi delle bande, rappresaglie indiscriminate compiute dall'esercito: come quella di Pontelandolfo, nei pressi di Benevento, dove nell'agosto 1861 furono uccisi 400 civili e incendiato il paese.

Nel 1863 il Parlamento approvò una legge che istituiva, nelle province dichiarate in stato di "brigantaggio", un vero e proprio regime di guerra: tribunali militari per giudicare i ribelli e fucilazione immediata per chi avesse opposto resistenza con le armi. Sia per l'efficacia delle misure repressive, sia per la stanchezza della popolazione, il brigantaggio fu sconfitto nel giro di qualche anno, e nel 1865 le bande più importanti erano state isolate e distrutte.

Il problema della terra

Rimasero però irrisolti i nodi politici e sociali che avevano reso possibile la diffusione del fenomeno. Mancò ai governi della Destra la capacità o la volontà di attuare una politica per il Mezzogiorno capace di ridurre le cause del malcontento: cause legate in gran parte alla mancata realizzazione delle secolari aspirazioni contadine alla proprietà della terra. La divisione dei terreni demaniali – ossia delle terre pubbliche di origine feudale o comunale – fu portata avanti con scarsa incisività, mentre la vendita dei terreni dell'asse ecclesiastico, attuata col sistema delle vendite all'asta, non migliorò la situazione dei piccoli proprietari e dei contadini senza terra, che non erano in grado di concorrere all'acquisto dei fondi, e si risolse in tutta Italia in un rafforzamento della grande proprietà. In generale le scelte di politica economica della Destra accentuarono il divario fra le regioni del Sud e quelle del Centro-Nord.

6.4. L'economia e la politica fiscale

L'unificazione economica

Parallelamente all'unificazione amministrativa e legislativa, i governi della Destra dovettero affrontare il complesso problema dell'unificazione economica del paese. Vennero uniformati a quello del Piemonte i diversi sistemi monetari presenti nella penisola, con l'adozione di un'unica moneta, la lira italiana, e fu creato un unico regime fiscale. La legislazione doganale liberista vigente nel Regno sardo, basata su dazi di entrata molto bassi, fu estesa a tutta l'Italia, penalizzando, come vedremo, il Mezzogiorno fino ad allora inserito in un sistema protezionistico. Molto rapido fu lo sviluppo delle vie di comunicazione stradali e ferroviarie, premessa indispensabile per la formazione di un mercato nazionale ma anche simbolo visibile di modernità e di progresso civile: in particolare della rete ferroviaria che nel primo decennio unitario passò da poco più di 2 mila a circa 6 mila chilometri, collegando il Nord al Sud. Anche se la nuova rete ferroviaria, per gli alti costi, rimase inizialmente poco utilizzata: per le lunghe distanze si continuò a preferire il trasporto delle merci via mare.

L'industria e l'agricoltura

Nei primi decenni dopo l'Unità il settore agricolo conobbe un significativo incremento di produttività di cui si avvantaggiarono soprattutto le colture specializzate del Mezzogiorno e la produzione della seta greggia (ossia di quella giunta solo allo stadio della filatura), principali voci dell'esportazione italiana. Invece il settore industriale fu nel complesso penalizzato dall'accresciuta concorrenza internazionale favorita dalla politica liberista. Declinarono la produzione laniera e, cosa ancora più grave, i settori siderurgico e meccanico, ancora lontanissimi dal potersi giovare dell'occasione che in altri paesi era stata offerta dallo sviluppo delle ferrovie, la cui costruzione si avvalse di materiali d'importazione e di imprese prevalentemente straniere. Gli effetti negativi della scelta liberista colpirono soprattutto i pochi nuclei industriali del Mezzogiorno, inesorabilmente cancellati dalla caduta dei dazi protettivi che ne avevano sostenuto lo sviluppo.

Le attività industriali non erano del resto al centro dell'attenzione degli uomini politici italiani, tanto della Destra quanto della Sinistra, convinti che la vocazione dell'Italia risiedesse nell'agricoltura, base del suo sviluppo economico, mentre lo sviluppo industriale sarebbe venuto semmai più tardi. L'espansione dell'agricoltura degli anni '60 e '70, derivante da queste scelte, consentì un'accumulazione di capitali che rese possibile un ulteriore potenziamento delle infrastrutture (strade, ferrovie), indispensabile per il futuro sviluppo industriale del paese. Ma nel complesso, dopo un ventennio di vita unitaria, l'Italia aveva perso terreno nei confronti dei paesi più progrediti e il tenore di vita della maggioranza dei suoi abitanti non aveva registrato mutamenti di rilievo: anzi, in alcuni casi, era addirittura peggiorato.

Una pesante fiscalità

Responsabile principale di questa situazione fu la durissima politica fiscale, legata alla necessità di coprire i costi dell'unificazione. La costruzione del nuovo Stato aveva infatti comportato spese altissime, sia nel campo delle comunicazioni sia in quelli dell'amministrazione pubblica, dell'istruzione e dell'esercito. Per far fronte a queste spese, i governi della Destra dovettero ricorrere a una serie di inasprimenti fiscali, che colpivano sia i redditi e i patrimoni sia i consumi (tasse su sali e tabacchi, dazi locali sui generi alimentari). La situazione si aggravò ulteriormente dopo il 1866, in conseguenza delle spese sostenute per la guerra contro l'Austria (la terza guerra d'indipendenza, di cui si dirà nel paragrafo successivo). Nell'estate del 1868 fu introdotta infatti una tassa sulla macinazione dei cereali, meglio nota come tassa sul macinato: si trattava in pratica di una tassa sul pane, cioè sul consumo popolare per eccellenza, che colpiva duramente le classi più povere, tanto da scatenare all'inizio del 1869 le prime agitazioni sociali su scala nazionale della storia dell'Italia unita. Scoppiati spontaneamente un po' in tutto il paese, i moti contro la tassa sul macinato assunsero dimensioni preoccupanti soprattutto nelle campagne padane. La repressione fu anche in questo caso durissima.

6.5. La conquista del Veneto e la presa di Roma

A pochi anni dalla proclamazione dell'Italia unita la Destra e la Sinistra avevano il comune obiettivo di completare il processo di unificazione annettendo il Veneto e soprattutto il Lazio con Roma. Mentre i leader della Destra si affidavano ai tempi lunghi delle vie diplomatiche, la Sinistra restava fedele all'idea della guerra popolare e vedeva nella lotta per la liberazione di Roma l'occasione per un rilancio dell'iniziativa democratica.

In realtà, le acquisizioni del Veneto e di Roma, che avvennero rispettivamente nel 1866 e nel 1870, furono fortemente condizionate dal mutare degli equilibri europei sui quali pesò il rinnovato dinamismo politico e militare della Prussia [▶3.1 e 3.2].

La questione romana

Il nodo più difficile da sciogliere era rappresentato dalla questione di Roma, proclamata formalmente capitale del nuovo Stato già nel marzo 1861, ma sede di un pontificato ostile all'Unità e difesa dalle truppe francesi. La questione romana andava risolta con prudenza perché da un lato la Francia rimaneva l'alleato più sicuro e il principale partner economico dell'Italia, dall'altro il paese era cattolico al 99% e il clero continuava a svolgere un ruolo decisivo nel controllo sociale e culturale delle campagne. Lo stesso Cavour era stato dell'avviso di muoversi con cautela: fedele al principio «libera Chiesa in libero Stato», aveva avviato trattative in vista di una soluzione che assicurasse al papa e al clero piena libertà di esercitare il proprio magistero spirituale in cambio della rinuncia al potere temporale e del riconoscimento del nuovo Stato. Su questa stessa linea si mossero i governi italiani anche in seguito, registrando tuttavia l'impraticabilità di una conciliazione osteggiata fermamente da Pio IX.

Il fallimento dei tentativi garibaldini

Di fronte a questa situazione di stallo apparve possibile una ripresa della mobilitazione patriottica democratica guidata ancora una volta da Garibaldi. Ma i due tentativi del 1862 e del 1867 si rivelarono male organizzati, in larga misura velleitari e destinati all'insuccesso. Nel 1862 Garibaldi raccolse in Sicilia qualche migliaio di volontari, varcò lo Stretto di Messina ma fu fermato (e ferito) sull'Aspromonte dalle truppe regie intervenute ad arrestare la spedizione che minacciava di provocare un intervento militare della Francia di Napoleone III.

Due anni dopo, nel 1864, fu trovato un accordo con la Francia – la cosiddetta Convenzione di settembre – in base al quale l'Italia si impegnava a garantire il rispetto dei confini dello Stato della Chiesa, ottenendo in cambio il ritiro delle truppe francesi dal Lazio. A garanzia del suo impegno, il governo decideva di trasferire la capitale da Torino a Firenze in quella che sembrava una rinuncia a Roma. La decisione suscitò nella città piemontese violenti disordini popolari che vennero duramente repressi dai militari causando oltre 50 morti.

Nel 1867 prese avvio una nuova iniziativa garibaldina, che avrebbe dovuto appoggiarsi su un'insurrezione preparata dai patrioti romani. Si sperava in tal modo di giustificare il colpo di mano, presentandolo come un atto di volontà popolare, e di evitare l'intervento francese. Napoleone III inviò invece un corpo di spedizione nel Lazio, mentre l'insurrezione a Roma falliva per la sorveglianza della polizia e per la scarsa partecipazione popolare. Il 3 novembre 1867, le truppe francesi da poco sbarcate a Civitavecchia si scontrarono presso Mentana, alle porte di Roma, con i volontari garibaldini e li sconfissero dopo un duro combattimento.

La terza guerra d'indipendenza e la conquista del Veneto

Intanto, l'anno precedente alla sconfitta di Mentana l'Italia era riuscita ad assicurarsi il possesso del Veneto. Nel 1866 il governo italiano aveva infatti accettato la proposta di alleanza militare con la Prussia rivolta da Bismarck, che si apprestava ad affrontare la guerra con l'Impero asburgico. La partecipazione italiana fu decisiva per l'esito del conflitto, in quanto impegnò una parte dell'esercito austriaco agevolando la vittoria prussiana. Ma, per le forze armate nazionali chiamate alla loro prima prova impegnativa, la guerra si risolse in un clamoroso insuccesso. Gli italiani, infatti, furono sconfitti sia per terra, a Custoza, sia per mare, presso l'isola di Lissa, nonostante le forze austriache fossero inferiori di numero: gravi errori di valutazione dei comandi trasformarono in dure sconfitte quelli che in realtà erano stati degli scontri brevi e confusi, con perdite limitate da ambo le parti. Solo Garibaldi, con i suoi volontari, era riuscito ad aprirsi la via verso Trento, ma aveva dovuto fermarsi perché i prussiani, raggiunti i loro obiettivi, avevano stipulato l'armistizio con gli austriaci. Dalla successiva pace di Vienna (ottobre 1866) l'Italia ottenne, non direttamente ma con la mediazione della Francia, solo il Veneto e i territori del Friuli fino a Udine. L'ultima delle guerre di indipendenza si concludeva così con un bilancio deludente: rimanevano sotto l'Austria il Trentino e la Venezia Giulia. Ciò avrebbe costituito, ancora per mezzo secolo, un ricorrente motivo di agitazione patriottica. La sconfitta, poi, non solo aveva chiaramente dimostrato l'impreparazione militare italiana, ma aveva diffuso in larga parte dell'opinione pubblica l'amara convinzione che il nuovo Stato non era ancora pronto a inserirsi fra le potenze europee su un piano di parità.

Roma capitale

Anche la presa di Roma dipese direttamente dai successi militari della Prussia. Questa volta fu la Francia a essere sconfitta [▶3.2]. Nel settembre 1870, subito dopo la battaglia di Sedan, il governo italiano, non sentendosi più vincolato ai patti sottoscritti con Napoleone III, decise di inviare un corpo di spedizione nel Lazio. Contemporaneamente cercò un accordo col pontefice, ma Pio IX respinse ogni proposta, deciso a mostrare al mondo intero di essere stato costretto a cedere alla violenza. Il 20 settembre le truppe italiane, dopo aver aperto con l'artiglieria una breccia nelle mura presso Porta Pia e dopo un breve combattimento, entravano in città accolte festosamente dalla popolazione. Pochi giorni dopo, un plebiscito confermava a schiacciante maggioranza l'annessione di Roma e del Lazio.

Il 20 settembre 1870 rappresenta una data epocale non solo per l'Italia unita che otteneva la sua capitale, ma soprattutto per la Chiesa cattolica. Quel giorno poneva fine al potere temporale dei papi durato oltre un millennio – dal 752 – e dava inizio a una nuova storia per il cattolicesimo romano.

Il trasferimento della capitale e il *non expedit*

Nell'estate del 1871 la capitale con tutte le sue strutture politiche e amministrative – Parlamento, governo, ministeri – fu trasferita da Firenze a Roma. Nel frattempo era stata approvata una legge detta delle Guarentigie, cioè delle "garanzie", con la quale il Regno d'Italia si impegnava unilateralmente a garantire al pontefice le condizioni per il libero svolgimento del suo magistero spirituale, secondo le linee del progetto cavouriano. Al papa venivano riconosciute prerogative simili a quelle di un capo di Stato: onori sovrani, facoltà di tenere un corpo di guardie armate, diritto di rappresentanza diplomatica, extraterritorialità per i palazzi del Vaticano e del Laterano, libertà di comunicazioni postali e telegrafiche col resto del mondo. Pur rifiutando la legge e con essa la somma annuale che lo Stato italiano aveva previsto di corrispondere alla Santa Sede, Pio IX di fatto si avvalse delle prerogative assicurate dalle Guarentigie.

Non per questo si ridusse l'ostilità di Pio IX nei confronti del Regno d'Italia. Anzi, l'invito ad astenersi da ogni partecipazione alla vita politica dello Stato rivolto dal clero ai cittadini italiani all'indomani dell'Unità si trasformò, nel 1874, in un esplicito divieto di partecipare alle elezioni politiche con la formula del *non expedit*, che significa "non giova, non è opportuno". L'acquisto di Roma, nel momento stesso in cui coronava il processo di unificazione nazionale, lasciava aperto un conflitto con la Chiesa che sarebbe stato sanato solo nel 1929 con i Patti lateranensi.

6.6. Il governo della Sinistra

La fine del governo della Destra

Nel 1876 il governo passò dalla Destra alla Sinistra. L'anno precedente, grazie alla severa politica fiscale impostata dal ministro delle Finanze Quintino Sella, era stato raggiunto il pareggio nel bilancio statale. Ma ormai, in Parlamento e nel paese, erano molti a chiedere una politica meno rigida e restrittiva, che lasciasse più ampi margini alla formazione della ricchezza privata.

Furono comunque le divisioni della Destra ad aprire alla Sinistra la via del governo. Nel marzo 1876 il governo Minghetti, messo in minoranza sul suo progetto di passaggio alla gestione statale delle ferrovie, fino ad allora affidate ai privati, presentò le dimissioni. Pochi giorni dopo, il re chiamò a formare il nuovo governo Agostino Depretis, leader della Sinistra all'opposizione, che costituì un ministero interamente composto da uomini della Sinistra. Nelle elezioni politiche del novembre di quell'anno, il successo della Sinistra fu nettissimo e confermò il carattere irreversibile del declino della Destra.

La Sinistra e i governi Depretis

Col 1876 si apriva una nuova fase nella storia politica dell'Italia unita. Giungeva al potere un ceto dirigente quasi del tutto nuovo a esperienze di governo, diverso per formazione e per estrazione sociale da quello che aveva retto il paese nel primo quindicennio di vita unitaria.

La Sinistra parlamentare aveva in realtà fortemente attenuato la sua originaria connotazione radical-democratica e aveva accolto nel suo seno componenti moderate o addirittura conservatrici. Ciononostante, la nuova classe dirigente riuscì a esprimere il desiderio di democratizzazione della vita politica diffuso in larga parte della società: tentò infatti, pur con molte incertezze e cautele, di ampliare le basi della politica e seppe venire incontro alle esigenze di una borghesia in crescita.

Il protagonista indiscusso di questa fase, Agostino Depretis, fu capo del governo, salvo brevi interruzioni, per oltre dieci anni. Mazziniano in gioventù, approdato poi a posizioni più moderate, parlamentare espertissimo, Depretis riuscì a contemperare con molta abilità le spinte progressiste e le tendenze conservatrici presenti nella nuova maggioranza. Il programma della Sinistra era basato su pochi punti fondamentali: ampliamento del suffragio elettorale, maggiore sostegno all'istruzione elementare, sgravi fiscali soprattutto nel settore delle imposte indirette, decentramento amministrativo.

Quest'ultimo impegno fu accantonato mentre gli altri ebbero attuazione, anche se a volte tardiva.

La riforma dell'istruzione elementare

La prima riforma fu quella dell'istruzione elementare. Una legge del 1877 – nota come legge Coppino dal nome del ministro che la presentò – prolungò l'obbligo della frequenza scolastica a nove anni di età e inasprì le sanzioni per i genitori inadempienti. Tuttavia, a causa delle ristrettezze in cui versava la maggioranza delle famiglie italiane e della scarsa capacità dei comuni di provvedere ai compiti loro spettanti, non ci fu una reale attuazione dell'obbligo scolastico: fino alla fine del secolo la percentuale di analfabeti si mantenne molto elevata, pur diminuendo costantemente.

La riforma elettorale del 1882

Legato al problema dell'istruzione era quello dell'ampliamento del suffragio. La nuova legge elettorale, approvata dalla Camera all'inizio del 1882, introduceva infatti come requisito fondamentale l'istruzione, concedendo il diritto di voto a tutti i cittadini che avessero compiuto il ventunesimo anno d'età – la legge precedente fissava l'età minima a 25 anni – e avessero superato l'esame finale del corso elementare obbligatorio, o dimostrassero comunque di saper leggere e scrivere. Il requisito del censo era mantenuto, in alternativa a quello dell'istruzione, e abbassato di circa la metà (da 40 a 20 lire di imposte annue pagate).

A causa dell'alto tasso di analfabetismo, la consistenza numerica dell'elettorato restava sempre piuttosto esigua: poco più di 2 milioni, pari al 7% della popolazione e a circa un quarto dei maschi maggiorenni. Il corpo elettorale risultava tuttavia più che triplicato rispetto alle ultime consultazioni e, quel che più conta, profondamente modificato nella composizione. Grazie alla nuova legge accedeva alle urne anche una frangia non trascurabile di artigiani e operai del Nord. Per questo, le prime elezioni a suffragio allargato (ottobre 1882) videro l'ingresso alla Camera del primo deputato socialista, il romagnolo Andrea Costa.

Il trasformismo

La riforma elettorale dell'82 segnò il coronamento, ma anche il punto terminale, della breve stagione di riforme della Sinistra. Furono proprio le preoccupazioni suscitate dall'ampliamento del suffragio e dal conseguente prevedibile rafforzamento dell'estrema Sinistra a favorire quel processo di convergenza fra le forze moderate di entrambi gli schieramenti, che nacque da un accordo elettorale fra Depretis e il leader della Destra Minghetti e che prese il nome di trasformismo. La sostanza del trasformismo non stava – come sosteneva Depretis – nella "trasformazione" dei moderati in progressisti, ma piuttosto nel venir meno delle tradizionali distinzioni ideologiche fra Destra e Sinistra e nella rinuncia, da parte di quest'ultima, a una precisa caratterizzazione. Si compiva così un mutamento irreversibile nella fisionomia della Camera e nei caratteri stessi della lotta politica. A un modello "bipartitico" di stampo inglese – Destra contro Sinistra, maggioranza contro opposizione, conservatori contro progressisti – se ne sostituiva un altro basato su un grande Centro che tendeva a inglobare le opposizioni moderate e a emarginare le ali estreme (i conservatori più intransigenti da un lato, l'estrema Sinistra dall'altro).

La maggioranza non era più definita sulla base di discriminanti programmatiche, ma veniva "costruita" giorno per giorno a forza di compromessi e patteggiamenti: una situazione che provocava un sostanziale rallentamento nell'azione di governo, oltre che un netto scadimento nella qualità della vita politica.

I radicali

La svolta moderata di Depretis ebbe come conseguenza il definitivo distacco dalla maggioranza dei gruppi democratici più avanzati che, pur avendo accantonato la pregiudiziale repubblicana, continuavano a battersi per il suffragio universale, per una politica estera antiaustriaca, per una politica ecclesiastica più decisamente anticlericale e per un più vasto impegno in favore delle classi disagiate. Sotto la guida di Agostino Bertani, e poi di Felice Cavallotti, questo gruppo – che, con termine mutuato dalla Francia della Terza Repubblica [►3.5], fu chiamato radicale – svolse negli anni '80 un ruolo di combattiva opposizione contro le maggioranze trasformiste.

6.7. La crisi agraria e la politica economica protezionista

Sgravi fiscali e spesa pubblica

In campo economico, la Sinistra allentò la dura politica fiscale fino ad allora praticata: la contestata tassa sul macinato fu considerevolmente ridotta nel 1880, per essere poi del tutto abolita nell'84 [►6.4]. Venne contemporaneamente aumentata la spesa pubblica, sia per coprire le accresciute esigenze militari sia per accontentare le richieste dei vari gruppi di interesse su cui si reggeva la maggioranza. Questa politica provocò, fin dall'inizio degli anni '80, la ricomparsa di un crescente deficit nel bilancio statale, senza peraltro riuscire a superare le difficoltà economiche dovute in primo luogo all'arretratezza del settore agricolo.

La crisi agraria

I pochi miglioramenti avevano riguardato infatti le zone e i settori già relativamente progrediti: le terre irrigue della pianura lombarda e le colture specializzate del Mezzogiorno (olivi, agrumi e soprattutto uva da vino). Altri mutamenti significativi si erano avuti, fin dall'inizio degli anni '70, in alcune zone della Bassa padana, in particolare nel Ferrarese: qui grandi lavori di bonifica promossi da imprenditori capitalisti avevano trasformato la fisionomia del paesaggio agrario e attirato vaste masse di braccianti. In tutto il resto d'Italia la situazione dell'agricoltura non era molto cambiata rispetto ai primi anni dell'Unità né erano migliorate le condizioni dei lavoratori delle campagne, oppressi da contratti arcaici, sottopagati, malnutriti, analfabeti nella stragrande maggioranza.

L'Inchiesta Jacini

Questa realtà fu ampiamente documentata dalla grande *Inchiesta agraria* deliberata dal Parlamento nel 1877 e presieduta dal senatore lombardo Stefano Jacini. Dall'Inchiesta, che fu conclusa nel 1884, emergeva un quadro drammatico dello stato dell'agricoltura italiana. Nella relazione finale si indicavano come rimedi un'estensione delle opere di bonifica e di irrigazione, un più razionale avvicendamento delle colture e una loro maggior diversificazione. Ma ciò richiedeva abbondanza di capitali e disponibilità all'investimento da parte dei privati: tutte condizioni che allora mancavano, soprattutto nel Mezzogiorno.

Gli effetti della congiuntura negativa europea

La situazione si aggravò quando, a partire dal 1881, l'Italia cominciò a risentire gli effetti della crisi che investì in quegli anni l'agricoltura europea [▸2.1]: un brusco abbassamento dei prezzi colpì in primo luogo i cereali e poi tutto l'insieme dei prodotti agricoli, a eccezione delle colture da esportazione che non subivano la concorrenza d'oltreoceano. Al calo dei prezzi seguì un calo della produzione, con conseguenze gravissime per tutte le categorie produttive legate all'agricoltura. Anche gli effetti sociali della crisi agraria furono analoghi a quelli già osservati per l'insieme dei paesi europei: aumento della conflittualità nelle campagne e rapido incremento dei flussi migratori verso i centri urbani e soprattutto verso l'estero. Fra il 1881 e il 1901 abbandonarono definitivamente l'Italia più di 2 milioni di persone. La crisi non solo distolse capitali dal settore agricolo, indirizzandoli verso altri impieghi, ma fece cadere le illusioni di chi ancora credeva che lo sviluppo economico italiano potesse fondarsi solo sull'agricoltura e sull'esportazione dei prodotti della terra.

La svolta protezionistica

Gli esponenti della Sinistra erano, come i loro predecessori, avversi in linea di principio all'intervento dello Stato nell'economia. Queste convinzioni liberiste furono però scosse dall'andamento tutt'altro che brillante dell'economia nazionale e dall'esempio che veniva dagli altri Stati europei, soprattutto dalla Germania. Una decisa svolta in senso protezionistico era del resto invocata ormai da quasi tutti gli industriali e dagli stessi proprietari terrieri, un tempo incondizionatamente favorevoli al liberismo ma ora colpiti dalle conseguenze della crisi agraria.

Si giunse così nel 1887 al varo di una nuova tariffa doganale che proteggeva dalla concorrenza straniera importanti settori dell'industria nazionale (i più favoriti, oltre al siderurgico, furono il laniero, il cotoniero e lo zuccheriero), colpendo le merci di importazione con pesanti dazi di entrata. In campo agricolo, il nuovo regime doganale fu esteso ai cereali: il dazio sul grano fu quasi triplicato fra l'87 e l'89. La tariffa dell'87 segnava una rottura definitiva con la prassi liberoscambista seguita negli anni '60 e '70 e poneva le basi di un nuovo blocco di potere economico fondato sull'alleanza fra l'industria protetta e i grandi proprietari terrieri (settentrionali e meridionali) e sull'intreccio non sempre limpido fra i maggiori gruppi di interesse e i poteri statali.

Gli effetti negativi

È ormai opinione comune che la scelta protezionistica costituisse per l'Italia una sorta di passaggio obbligato sulla strada di quel decollo industriale poi realizzatosi a partire dagli ultimi anni dell'800. È certo tuttavia che, almeno nell'immediato, la tariffa dell'87 produsse una serie di conseguenze negative e accentuò gli squilibri fra i vari settori dell'economia e fra le varie zone del paese. I dazi doganali non proteggevano in modo uniforme i diversi comparti produttivi. Al forte sostegno accordato alla siderurgia, anche per motivi strategici legati agli armamenti, faceva riscontro la scarsa protezione di cui godeva l'industria meccanica (danneggiata oltretutto dal rialzo dei prezzi dei prodotti siderurgici). Per quanto riguarda l'agricoltura, l'introduzione del dazio sul grano provocò un immediato rialzo del prezzo dei cereali che, se da un lato rappresentò una boccata d'ossigeno per le aziende in crisi, dall'altro danneggiò i consumatori e contribuì a tenere in vita, soprattutto nel Mezzogiorno, arretrate realtà produttive. Contemporaneamente l'agricoltura meridionale veniva colpita nel suo settore più moderno: quello delle colture specializzate, che si reggeva soprattutto sulle esportazioni e che vide bruscamente chiudersi il suo principale mercato di sbocco. La tariffa dell'87 ebbe infatti come conseguenza una rottura commerciale, poi degenerata in vera e propria guerra doganale con la Francia, che era stata fino ad allora il principale partner economico dell'Italia e il maggior acquirente dei prodotti agricoli italiani (soprattutto seta e vino), la cui esportazione diminuì di oltre il 50%.

6.8. La politica estera e il colonialismo

La Triplice alleanza

Anche per la politica estera italiana gli anni della Sinistra segnarono una svolta decisiva: nel maggio 1882 il governo Depretis stipulò con la Germania e l'Austria-Ungheria il trattato della Triplice alleanza [▶3.4]. Questa scelta rappresentava una netta rottura, poiché abbandonava la politica seguita dai governi precedenti basata sul mantenimento di buone relazioni con le grandi potenze e sul rapporto preferenziale con la Francia. La motivazione principale di questa decisione fu il desiderio di uscire da una situazione di isolamento diplomatico che appariva insopportabile in un'epoca dominata dalla logica di potenza.

Questo isolamento era apparso chiaramente nel 1881 quando la Francia, col consenso delle altre potenze, aveva occupato la Tunisia [▶5.2] e l'Italia –

che da tempo nutriva aspirazioni su quel territorio, anche per la presenza di una forte comunità di emigrati italiani – non aveva potuto far nulla per opporsi. Ne era seguito un grave deterioramento dei rapporti italo-francesi, destinato a far sentire i suoi effetti per oltre un quindicennio. Per uscire dall'isolamento, l'Italia non aveva dunque altra strada se non quella dell'accordo con Germania e Austria, insistentemente sollecitato da Bismarck.

La Triplice era un'alleanza di carattere difensivo, che impegnava gli Stati firmatari a garantirsi reciproca assistenza in caso di aggressione da parte di altre potenze. In concreto, l'Italia veniva coinvolta nel sistema di sicurezza bismarckiano senza ottenere dai nuovi alleati alcun vantaggio immediato, anzi rinunciando implicitamente alla rivendicazione storica sul Trentino, la Venezia Giulia e Trieste, le terre irredente, cioè "non redente" ovvero non liberate dal dominio austriaco [▶6.5]. Un problema questo che fu drammaticamente riproposto dal caso di Guglielmo Oberdan, un giovane triestino impiccato nel dicembre 1882 per aver progettato di attentare alla vita dell'imperatore austriaco Francesco Giuseppe.

La Triplice fu rinnovata a più riprese, ma le garanzie ottenute sulla carta dall'Italia nel 1887 – in particolare la clausola secondo cui ogni eventuale espansione austriaca nei Balcani doveva essere bilanciata da adeguati "compensi" per l'Italia – non vennero praticamente mai applicate. Come si sarebbe visto nel 1908 con l'annessione austriaca della Bosnia e dell'Erzegovina.

L'espansione coloniale in Africa orientale

Contemporaneamente alla stipulazione della Triplice, il governo Depretis, spinto da considerazioni di prestigio e dalla pressione di ristretti gruppi di interesse, aveva ritenuto opportuno porre le basi per una piccola iniziativa coloniale in Africa orientale. Il punto di partenza fu costituito dall'acquisto, nel 1882, della Baia di Assab, sulla costa occidentale del Mar Rosso. Tre anni dopo fu inviato un corpo di spedizione che occupò una striscia di territorio tra la Baia di Assab e la città di Massaua. Questa zona, abitata da popolazioni nomadi, confinava con l'Impero etiopico, il più forte e il più vasto fra gli Stati africani indipendenti. L'Etiopia (o Abissinia, come veniva allora chiamata in Italia) era un paese economicamente molto arretrato, con una popolazione di fede cristiana e di confessione copta (secondo la tradizione dell'antica Chiesa cristiana d'Egitto); dedita in prevalenza alla pastorizia, essa aveva un'organizzazione di tipo feudale in cui l'autorità dell'imperatore, il *negus*, era fortemente limitata da quella dei signori locali, i *ras*, che disponevano di propri eserciti. In un primo tempo gli italiani cercarono di stabilire buoni rapporti con gli etiopi e di avviare una penetrazione commerciale. Ma, quando tentarono di ampliare il loro controllo territoriale verso l'interno, dovettero scontrarsi con la reazione del *negus* e dei *ras* locali. Nel gennaio 1887

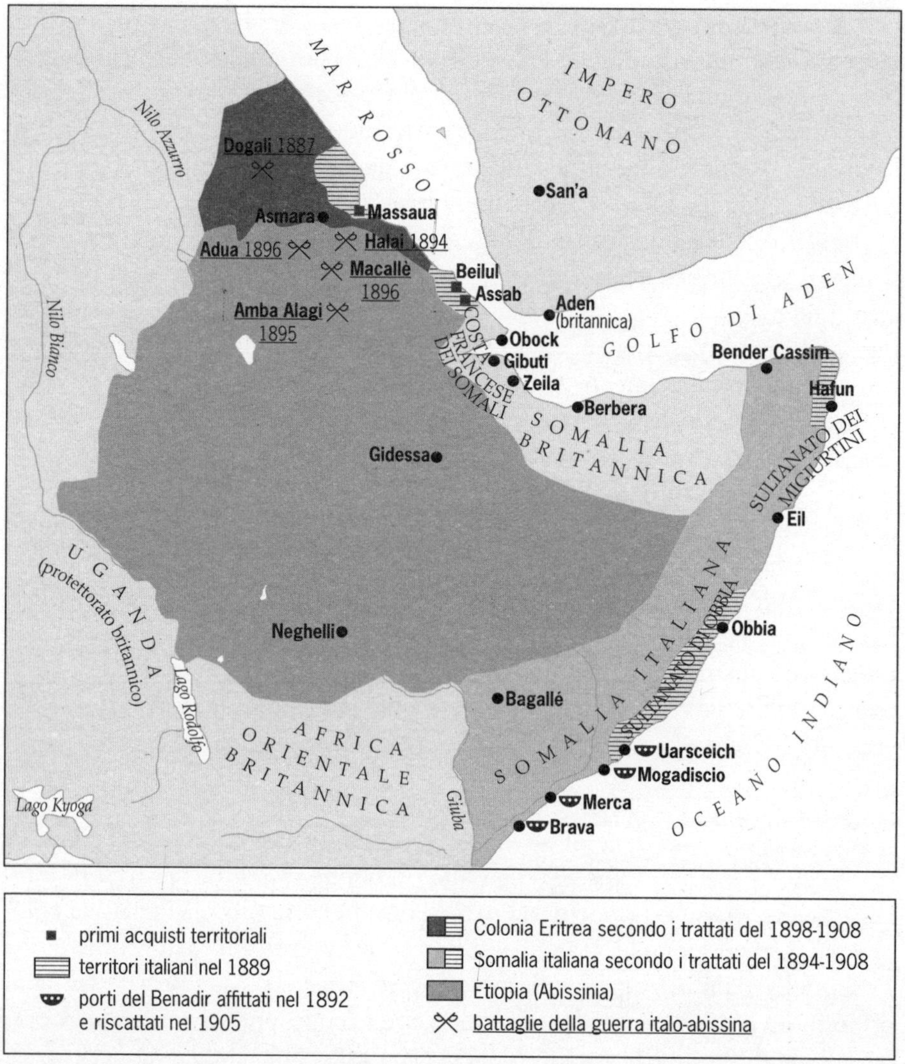

L'Italia in Africa orientale

una colonna di 500 militari italiani fu sorpresa dalle truppe abissine del *ras* Alula e sterminata nei pressi di Dogali. La notizia della disfatta suscitò un'ondata di proteste in tutto il paese, in particolare tra i gruppi di estrema sinistra che si erano sempre opposti alla politica coloniale. Prevalse però l'esigenza di tutelare il prestigio nazionale: così la Camera accordò al governo i finanziamenti richiesti per l'invio di rinforzi e per il consolidamento della presenza italiana sulla fascia costiera.

6.9. Socialisti e cattolici

Le società di mutuo soccorso

Il ritardo nello sviluppo industriale e la conseguente assenza di un proletariato di fabbrica numericamente consistente rallentarono in Italia la crescita di un movimento operaio organizzato. Del resto gli oltre 3 milioni di individui (pari al 20% della popolazione attiva) che il censimento del 1871 indicava come addetti all'industria erano per gran parte lavoranti di botteghe artigiane. Anche nelle unità produttive di maggiori dimensioni (specie nel settore tessile, dove era molto numerosa la manodopera femminile e minorile) accadeva spesso che gli operai alternassero stagionalmente il lavoro in fabbrica con quello nei campi; e molto diffuso, sempre nel settore tessile, restava il lavoro a domicilio.

Fino all'inizio degli anni '70, l'unica organizzazione operaia di una certa consistenza diffusa in tutto il paese fu quella delle società di mutuo soccorso, associazioni in parte controllate dai mazziniani e in parte organizzate da esponenti moderati. Concepite come strumenti di educazione del popolo più che come organismi di lotta, le società di mutuo soccorso avevano essenzialmente scopi di solidarietà, rifiutavano la lotta di classe e lo sciopero. Era dunque naturale che perdessero terreno quando cominciò a diffondersi nel paese l'internazionalismo socialista, che in Italia si ispirò, almeno in un primo tempo, più alle teorie anarchiche di Bakunin che a quelle di Marx [▸1.7].

Anarchici e operaisti

La crescita del movimento internazionalista si dovette soprattutto all'opera di alcuni instancabili agitatori, come Carlo Cafiero, Andrea Costa, Errico Malatesta, che, fedeli a Bakunin, concentrarono i loro sforzi nell'organizzazione di moti insurrezionali, facendo leva soprattutto sul proletariato delle campagne. Il completo fallimento di questi tentativi convinse Andrea Costa che era necessario elaborare un programma concreto, impegnandosi nelle lotte di tutti i giorni e dando vita a un vero e proprio partito. La "svolta" di Costa trovò una prima attuazione con la nascita, nell'estate del 1881, del Partito socialista rivoluzionario di Romagna, che rese possibile l'elezione di Costa nell'82. In realtà il partito rimase sempre una formazione locale, priva di legami con i nuclei operai più maturi e avanzati che intanto si andavano costituendo soprattutto in Lombardia. Fin dall'inizio degli anni '70, circoli operai e leghe di resistenza (queste ultime esplicitamente finalizzate alla organizzazione degli scioperi) erano venuti sorgendo in numerosi centri industriali e avevano dato un forte impulso all'azione rivendicativa dei lavoratori. Nell'82 alcune associazioni operaie milanesi decisero di dar vita a una formazione politica autonoma che prese il nome di Partito operaio italiano e che si presentò come un organismo rigidamente classista. Fermissimi nel respingere ogni apporto borghese, gli "operaisti" cercarono di stabilire un contatto con quel proletariato rurale della Bassa padana che fu protagonista dei primi grandi scioperi agricoli nella storia dell'Italia unita: particolarmente imponenti quelli che si svolsero nel Mantovano e nel Polesine nel 1884-85.

Filippo Turati

Fra il 1887 e il 1893 sorsero le prime organizzazioni sindacali a carattere nazionale – le federazioni di mestiere –, vennero fondate le prime Camere del lavoro (organizzazioni sindacali a base locale), si accelerò anche la penetrazione del socialismo fra i lavoratori della terra grazie al movimento associativo fra i braccianti e i contadini della Val Padana. Per tutto il movimento di classe si poneva a questo punto il problema di una organizzazione politica unitaria capace di guidare e coordinare le lotte a livello nazionale. Il problema non era di facile soluzione a causa della frammentazione organizzativa e ideologica del movimento operaio italiano. Le opere di Marx erano peraltro poco conosciute e l'unico autentico e originale teorico marxista allora attivo in Italia era il filosofo napoletano Antonio Labriola, amico e corrispondente di Engels. Ma Labriola era una figura sostanzialmente isolata tra i leader socialisti.

Fu invece un intellettuale milanese, Filippo Turati, il principale protagonista delle vicende che portarono alla fondazione del Partito socialista italiano. Nato nel 1857 da una famiglia dell'alta borghesia lombarda, Turati aveva militato da giovane nelle file della democrazia radicale. Decisivo per la sua formazione politica era stato l'incontro con Anna Kuliscioff, una giovane esule russa che aveva già alle spalle una notevole esperienza politica e una larga conoscenza del mondo socialista europeo. Ma non meno decisivo fu il contatto con l'ambiente operaio di Milano, già allora indiscussa capitale economica d'Italia e sede degli esperimenti più avanzati di associazionismo fra i lavoratori. La posizione di Turati, meno rigorosa sul piano teorico di quella di Labriola, fu molto chiara nelle scelte politiche di fondo: l'affermazione dell'autonomia del movimento operaio dalla democrazia borghese; il rifiuto dell'insurrezionalismo anarchico; il riconoscimento del carattere prioritario delle lotte economiche; l'esigenza di collegare queste lotte con quelle politiche e di inquadrarle in un progetto generale che aveva come obiettivo finale la socializzazione dei mezzi di produzione.

La fondazione del Partito socialista italiano

Nell'agosto del 1892 si riunirono a Genova i delegati di circa 300 fra società operaie, leghe contadine, circoli politici e associazioni di varia natura. Subito si delineò la frattura tra una maggioranza favorevole all'immediata costituzione di un partito e una minoranza contraria, formata dagli anarchici e da una parte degli aderenti al Partito operaio. Vista l'impossibilità di trovare un accordo, i delegati della maggioranza, guidati da Turati, abbandonarono la sala del congresso e, riunitisi in altra sede, dichiararono costituito il Partito dei lavoratori italiani, approvandone subito il programma e lo statuto. Il programma indicava come fine la «gestione sociale» dei mezzi di produzione e, come mezzo atto a raggiungerlo, «l'azione del proletariato organizzato in partito [...] esplicantesi sotto il doppio aspetto: 1) della lotta di mestieri per i miglioramenti immediati della vita operaia [...]; 2) di una lotta più ampia intesa a conquistare i poteri pubblici». Divenuto Partito socialista dei lavoratori italiani nel '93, due anni dopo il partito assunse il nome definitivo di Partito socialista italiano.

I cattolici

Se per la classe dirigente liberal-moderata il movimento socialista rappresentava una presenza minacciosa, sull'opposto versante politico non meno preoccupante era l'atteggiamento della massa dei cattolici militanti, fermi nella fedeltà al papa e nel conseguente rifiuto dello Stato uscito dal Risorgimento. I cattolici costituivano dunque una forza eversiva nei confronti delle istituzioni unitarie di cui non riconoscevano la legittimità: una forza tanto più pericolosa in quanto profondamente radicata nel tessuto sociale, in particolare nel mondo delle campagne. Il divieto papale di partecipare alle elezioni, formulato col *non expedit* del 1874, non si applicava alle elezioni amministrative né significava per il movimento cattolico la rinuncia a una presenza autonoma nella vita del paese. Proprio nel 1874, in un convegno tenuto a Venezia, un gruppo di autorevoli esponenti del mondo cattolico italiano (ecclesiastici e laici) decise di dar vita a un'organizzazione nazionale che fu chiamata Opera dei congressi: saldamente controllata dal clero, ebbe il compito di convocare periodicamente congressi delle associazioni cattoliche operanti in Italia, assicurando loro un più stretto collegamento. Il suo programma si riduceva a una dichiarazione di ostilità nei confronti del liberalismo laico, della democrazia e del socialismo, a una professione di fedeltà al magistero del pontefice e alla dottrina cattolica.

Qualche segno di apertura si ebbe dopo il 1878, in coincidenza con l'avvento al soglio pontificio di papa Leone XIII. Sotto il suo pontificato il movimento cattolico italiano accentuò il suo impegno sul terreno sociale, cui lo spingeva fatalmente la stessa tendenza a raccogliere una base di massa [▶ 1.8]. Sorsero così, soprattutto in Lombardia e nel Veneto, società di mutuo soccorso, cooperative agricole e artigiane controllate dal clero e ispirate alla dottrina sociale cattolica.

6.10. Crispi: rafforzamento dello Stato e tentazioni autoritarie

Il primo governo Crispi: riforme e repressione

Alla morte di Depretis, nel 1887, fu nominato presidente del Consiglio Francesco Crispi, la personalità più rilevante della Sinistra. Siciliano, temperamento forte e autoritario, primo meridionale a salire alla presidenza del Consiglio, Crispi poteva contare, in virtù del suo passato mazziniano e garibaldino, su ampie simpatie a sinistra, ma anche sulla fiducia dei gruppi conservatori, attratti dalle sue promesse di uno stile di governo più deciso ed efficiente, di chiara impronta "bismarckiana".

Accentrando nella sua persona per quasi quattro anni, oltre alla presidenza del Consiglio, i Ministeri dell'Interno e degli Esteri, Crispi impresse in effetti una svolta all'azione di governo: si fece promotore di un'opera di riorganizzazione e di razionalizzazione dell'apparato statale, ma accentuò anche le spinte autoritarie e repressive.

Nel 1888 fu approvata una legge comunale e provinciale che ampliava il diritto di voto per le elezioni amministrative e rendeva elettivi i sindaci dei comuni con più di 10 mila abitanti (fino ad allora di nomina regia). Nel 1889 fu varato un nuovo Codice penale – noto come Codice Zanardelli, dal nome dell'allora ministro della Giustizia – che aboliva la pena di morte, ancora in vigore in tutti i maggiori Stati europei, e non negava il diritto di sciopero, riconoscendone implicitamente la legittimità. Questo riconoscimento fu di fatto contraddetto dalla nuova legge di Pubblica sicurezza che poneva gravi limiti alla libertà sindacale e lasciava alla polizia ampi poteri discrezionali, come quello di inviare al domicilio coatto, senza l'autorizzazione della magistratura, gli elementi ritenuti pericolosi. Di questi poteri Crispi si avvalse con molta frequenza, intervenendo duramente contro il movimento operaio, ma anche contro le organizzazioni cattoliche e contro i circoli irredentisti di ispirazione repubblicana.

I progetti coloniali di Crispi

Crispi fu anche sostenitore dell'ascesa dell'Italia a grande potenza coloniale. Per realizzare il suo programma, puntò sul rafforzamento della Triplice alleanza e, all'interno di essa, sul consolidamento dei legami con l'Impero tedesco. Nelle intenzioni di Crispi, la Triplice doveva non solo garantire l'Italia da nuove iniziative francesi nel Mediterraneo, ma anche servire da base per una più attiva presenza in Africa. Nel 1890 i possedimenti italiani furono ampliati e riorganizzati col nome di Colonia Eritrea, mentre venivano poste le basi per una nuova espansione sulle coste della vicina Somalia. La politica coloniale di Crispi suscitava, però, perplessità in seno alla stessa maggioranza, in quanto risultava troppo costosa per il bilancio dello Stato. Messo in minoranza, Crispi si dimise all'inizio del 1891.

Il primo governo Giolitti

Nel maggio 1892, la presidenza del Consiglio passò al piemontese Giovanni Giolitti. Figura centrale del successivo trentennio di storia italiana, Giolitti, allora cinquantenne, si presentava con un programma piuttosto avanzato. In politica finanziaria mirava a una più equa ripartizione del carico fiscale, che risparmiasse i ceti disagiati e colpisse con aliquote più alte i redditi maggiori secondo il principio della progressività delle imposte (oggi universalmente accettato). In politica interna aveva idee innovatrici, contrarie all'intervento repressivo contro il movimento operaio e le organizzazioni popolari. Si rifiutò infatti di ricorrere a misure eccezionali contro i Fasci dei lavoratori, associazioni popolari (il termine "fascio" stava per "unione") sviluppatesi in Sicilia, che protestavano contro le tasse troppo pesanti e il malgoverno locale e chiedevano per i contadini terre da coltivare e patti agrari più vantaggiosi. Non si trattava di un movimento rivoluzionario, anche se diede luogo ad alcune manifestazioni violente, né di un movimento socialista in senso stretto, ma suscitò tuttavia forti preoccupazioni fra i conservatori, ai quali non piacque l'atteggiamento, ritenuto debole, del presidente del Consiglio. L'ostilità dei conservatori – contrari anche ai progetti giolittiani di riforma fiscale – contribuì a indebolire il governo e ad accelerarne la caduta, che fu dovuta tuttavia alle conseguenze del grave scandalo della Banca Romana, responsabile dell'emissione fraudolenta di carta moneta e di finanziamento occulto di uomini politici e giornalisti per influenzare la stampa e l'opinione pubblica in occasione delle campagne elettorali. Giolitti, implicato nello scandalo, cadde e fu sostituito da Crispi, anche lui coinvolto nelle vicende della banca, ma ritenuto l'uomo forte, capace di rimettere ordine nel paese e di arrestare la crescita delle organizzazioni operaie.

Il ritorno di Crispi e le leggi antisocialiste

Tornato al governo nel dicembre del 1893, Crispi affrontò con risolutezza una situazione che vedeva l'opinione pubblica allarmata dalla crisi economica, sconcertata dagli scandali bancari, spaventata dall'intensificarsi delle agitazioni in Sicilia. In campo economico il nuovo governo avviò una politica di risanamento del bilancio basata su pesanti inasprimenti fiscali e completò la riorganizzazione del dissestato sistema bancario, già iniziata da Giolitti, con una legge che istituiva la Banca d'Italia. Questa, nel 1926, avrebbe ottenuto il monopolio della emissione di carta moneta (e, a partire dal 1947, avrebbe svolto compiti di controllo sull'intero sistema bancario). In materia di ordine pubblico Crispi non esitò a ricorrere a misure eccezionali, convinto com'era che le agitazioni sociali costituissero un pericolo non solo per l'ordine costituito, ma per la stessa sicurezza dello Stato uscito dal Risorgimento.

Ai primi di gennaio del 1894 lo stato d'assedio – ossia il trasferimento all'esercito del controllo dell'ordine pubblico – fu proclamato in Sicilia e successivamente esteso alla Lunigiana, tra Toscana e Liguria, dove si era verificato, senza alcun nesso con gli avvenimenti siciliani, un tentativo di insurrezione anarchica. La repressione militare fu dura e sanguinosa e venne accompagnata da una più generale repressione poliziesca estesa a tutto il paese e rivolta soprattutto contro circoli, leghe e giornali facenti capo al Partito socialista, che pure non aveva responsabilità dirette nel moto siciliano. Nel luglio 1894 il governo volle dare alla sua azione repressiva un carattere organico, facendo approvare dal Parlamento un complesso di leggi limitative della libertà di stampa, di riunione e di associazione. Queste leggi, definite "antianarchiche", avevano in realtà come obiettivo principale il Partito socialista, che nell'ottobre fu dichiarato fuori legge: un provvedimento simile a quello varato da Bismarck nel 1878 [▶3.4]. Gli effetti non furono però quelli sperati da Crispi. Le persecuzioni, infatti, non riuscirono a distruggere la già solida rete organizzativa del partito e accrebbero i favori di cui i socialisti godevano nella sinistra democratica e soprattutto negli ambienti intellettuali.

Adua e la caduta di Crispi

Ma il colpo definitivo per Crispi venne dal fallimento della sua politica coloniale. Già durante il suo primo governo, Crispi aveva cercato di stabilire una qualche forma di protettorato sull'Etiopia, intavolando col nuovo *negus* Menelik trattative che portarono, nel 1889, alla firma del trattato di Uccialli. Ma questo trattato, considerato dagli italiani come un implicito riconoscimento del loro protettorato, fu interpretato diversamente dagli etiopi, che reagirono energicamente ai tentativi italiani di penetrazione ripresi dopo il ritorno al potere di Crispi. Fra Italia ed Etiopia si giunse così allo scontro armato, culminato nel disastro di Adua del 1° marzo 1896, quando un contingente italiano di 20 mila uomini (comprese le truppe coloniali) venne praticamente annientato dalle forze etiopiche. La sconfitta ebbe immediate ripercussioni in Italia: violente manifestazioni contro la guerra d'Africa scoppiarono a Roma, a Milano e in molte altre città, mentre Crispi fu costretto a dimettersi e uscì dalla scena politica.

L'episodio di Adua e le reazioni che ne erano seguite avevano dimostrato quanto la guerra coloniale fosse poco sentita dalle masse popolari e da larghi strati della stessa classe dirigente e quanto illusorio fosse stato il tentativo di Crispi di cogliere successi di prestigio, per sé e per il paese, in un'avventura imperialistica a cui mancavano le indispensabili premesse ideologiche, politiche ed economiche.

sommario

Al momento dell'Unità la grande maggioranza degli italiani era analfabeta. Soltanto il 20% della popolazione viveva in città; l'agricoltura era l'attività economica prevalente, ma si trattava di un'agricoltura per lo più povera, caratterizzata da una grande varietà negli assetti produttivi: aziende agricole moderne (Pianura padana), mezzadria (Italia centrale), latifondo (Mezzogiorno). La condizione di vita dei contadini era generalmente ai limiti della sussistenza fisica. Questa realtà di arretratezza economica e disagio sociale era assai poco conosciuta dalla classe dirigente nazionale. Inoltre, pur essendoci un divario reale tra il Nord e il Sud del paese (in termini di sviluppo, infrastrutture, produttività e istruzione), al confronto con i paesi più sviluppati d'Europa, tutta l'Italia appariva complessivamente arretrata.

Morto Cavour (giugno '61), il gruppo dirigente che tenne le redini del paese proseguendone l'opera fu quello della Destra, poi detta "storica", e composta in realtà dai rappresentanti della classe dirigente moderata. Le si contrapponeva la Sinistra, che faceva proprie le rivendicazioni della democrazia risorgimentale: suffragio universale, decentramento amministrativo, completamento dell'Unità attraverso l'iniziativa popolare. Destra e Sinistra erano espressione d'una classe dirigente molto ristretta – solo 400 mila persone avevano il diritto di voto – che diede un carattere accentrato alla vita politica. I leader della Destra realizzarono, sul piano amministrativo e legislativo, una rigida centralizzazione, temendo le conseguenze disgregatrici dei fermenti sociali e facendo proprio il modello di Stato accentrato napoleonico.

Tra le circostanze che spinsero il governo verso la centralizzazione va ricordata soprattutto la situazione del Mezzogiorno, dove l'ostilità delle masse contadine verso i "conquistatori" assunse col brigantaggio caratteristiche di vera e propria guerriglia. Il brigantaggio fu sconfitto grazie a un massiccio impiego dell'esercito. Restò tuttavia irrisolto il problema di fondo del Mezzogiorno, cioè quello della distribuzione delle proprietà agricole: né la divisione dei terreni demaniali né la vendita dei beni ecclesiastici favorirono i contadini, al contrario quest'ultima in particolare rafforzò la grande proprietà terriera.

Sul piano economico, la linea liberistica seguita dal governo produsse un'intensificazione degli scambi che favorì lo sviluppo dell'agricoltura. Fu importante anche l'impegno del governo nella creazione delle infrastrutture necessarie allo sviluppo economico (strade, ferrovie). L'idea dei politici italiani che il paese avesse essenzialmente una vocazione agricola, tuttavia, non giovò affatto allo sviluppo industriale accrescendo il divario fra l'Italia e i paesi più progrediti. Nell'immediato, infatti, il tenore di vita della popolazione non migliorò e diminuì il peso percentuale delle attività industriali. La distanza tra la classe dirigente e il "paese reale" fu aumentata dalla dura politica fiscale seguita dalla Destra. Particolarmente impopolare fu la tassa sul macinato, che provocò violente agitazioni sociali in tutta la penisola.

Il completamento dell'Unità costituì uno dei problemi più difficili per la nuova classe dirigente nazionale. Falliti i tentativi di conciliazione con la Chiesa, riacquistò spazio l'iniziativa dei democratici: nel 1862 l'iniziativa garibaldina di una spedizione di volontari si risolse in uno scontro con l'esercito regolare (Aspromonte). Nel 1864 fu firmata la Convenzione di settembre con la Francia, che prevedeva il trasferimento della capitale a Firenze, ma anche il ritiro delle truppe francesi dal Lazio. L'alleanza con la Prussia contro l'Austria e la vittoria prussiana consentirono all'Italia l'acquisto del Veneto, nonostante le sconfitte subìte a Lissa e a Custoza (1866). Il problema della conquista di Roma – fallito a Mentana (1867) un nuovo tentativo garibaldino – si risolse al momento della sconfitta inflitta dalla Prussia al Secondo Impero di Napoleone III, che permise al governo italiano di approfittare delle difficoltà francesi per prendere la città (20 settembre 1870). Finiva il potere temporale dei papi e Roma diveniva capitale del Regno d'Italia. Con la legge delle Guarentigie lo Stato italiano si impegnava a garantire al pontefice le condizioni per il libero svolgimento del suo magistero spirituale. L'intransigenza di Pio IX, tuttavia, si manifestò nel divieto per i cattolici italiani di partecipare alle elezioni politiche: un ulteriore ostacolo che si frapponeva al processo di reale unificazione del paese.

Nel marzo 1876 il governo della Destra fu battuto alla Camera su un progetto di legge relativo alla statalizzazione delle ferrovie. L'avvento al potere della Sinistra segnò l'inizio di una nuova fase con una classe dirigente più giovane, che avrebbe perso le componenti radical-democratiche. Approvate la legge Coppino sull'istruzione e la riforma elettorale del 1882, gran parte del programma riformatore della Sinistra fu accantonato. Il sistema politico italiano perse, col trasformismo di Depretis (l'allora leader della Sinistra), il suo carattere bipartitico, finendo con l'essere dominato da un grande Centro che emarginava le ali estreme.

La Sinistra abolì la tassa sul macinato e aumentò la spesa pubblica. Ma non riuscì a fronteggiare la grave crisi agraria che investiva anche l'Italia. Se si escludono le zone più sviluppate del Nord, infatti, l'agricoltura italiana versava in condizioni assai arretrate, e questa situazione fu ulteriormente aggravata dalle ripercussioni della crisi. Tra gli effetti della crisi vi fu un rapido incremento dell'emigrazione e, in tempi più lunghi, il decollo industriale italiano. Questo dimostrò quanto fosse illusoria l'idea che lo sviluppo economico del paese potesse basarsi solo sull'agricoltura. Si affermò invece una linea di appoggio dello Stato all'industria con l'adozione di tariffe protezionistiche (1887). Ne derivarono però anche alcuni importanti effetti negativi: la guerra doganale con la Francia, l'aumento degli squilibri tra Nord e Sud, la penalizzazione delle esportazioni agricole.

La stipulazione della Triplice alleanza con Germania e Austria-Ungheria (1882) segnò nella politica estera italiana una svolta, determinata sia dal timore di un isolamento internazionale sia dal trauma rappresentato dall'occupazione francese della Tunisia, su cui puntavano anche i progetti espansionistici italiani. Il trattato costringeva l'Italia a rinunciare implicitamente alla rivendicazione di Trentino, Venezia Giulia e Trieste, le cosiddette "terre irredente" ancora in mano agli austriaci. Fu anche avviata in quegli anni un'espansione coloniale sulle coste del Mar Rosso, in Africa, ma il tentativo di estendersi verso l'interno portò al contrasto con l'Etiopia e all'eccidio di Dogali (1887).

Dati i ritardi nello sviluppo industriale, la classe operaia italiana era costituita solo per una minoranza da proletariato di fabbrica. Le società di mutuo soccorso, inizialmente dominate da mazziniani e moderati, persero via via terreno a favore del movimento internazionalista che in Italia ebbe essenzialmente indirizzo anarchico. Gli anni '80 videro una notevole crescita del movimento operaio, con la fondazione di federazioni di mestiere e Camere del lavoro. Nel 1892 fu fondato il Partito dei lavoratori italiani (poi Partito socialista). Benché il *non expedit* (1874) vietasse la partecipazione dei cattolici alle elezioni politiche, la presenza cattolica nella società italiana, soprattutto nelle campagne, era massiccia. L'Opera dei congressi sorse proprio per organizzare tale presenza, secondo una linea di rigida opposizione al liberalismo e al socialismo. L'elezione di papa Leone XIII (1878), più aperto ai problemi della società moderna, favorì l'impegno sociale dei cattolici e lo sviluppo delle loro organizzazioni.

Alla morte di Depretis (1887) divenne presidente del Consiglio Crispi: la sua politica autoritaria e repressiva si accompagnò a un'importante riorganizzazione dell'apparato statale. Nettamente diversa fu la politica di Giolitti, capo del governo nel '92-93: l'azione di Giolitti fu imperniata su una linea non repressiva nei confronti dei conflitti sociali. Il rifiuto di Giolitti di adottare misure eccezionali contro i Fasci siciliani e lo scandalo della Banca Romana provocarono però le sue dimissioni. Il ritorno di Crispi al governo (1893) fu caratterizzato, quindi, da un orientamento nettamente diverso, che si concretizzò nella riforma bancaria (nascita della Banca d'Italia), nella proclamazione dello stato d'assedio in Sicilia e Lunigiana, nelle leggi antisocialiste e nell'ulteriore spinta all'azione colonialista, che portò alla guerra con l'Etiopia: una nuova disastrosa sconfitta, ad Adua (1896), determinò la fine politica dello statista siciliano.

biblio
grafia

Per la storia dell'Italia unita fino al 1915, accanto alle classiche interpretazioni – «liberale» di Benedetto Croce (*Storia d'Italia dal 1871 al 1915*, Milano, Adelphi 2004, ed. or. 1928) e «nazionalista» di Gioacchino Volpe (nei tre volumi dell'*Italia moderna*, Le Lettere, Firenze 2002, ed. or. 1943-52), tuttora ricche di suggestioni –, si vedano il V e il VI volume della *Storia dell'Italia moderna* di G. Candeloro: *La costruzione dello Stato unitario* e *Lo sviluppo del capitalismo e del movimento operaio*, Feltrinelli, Milano 1994 (ed. or. 1968 e 1970); R. Romanelli, *L'Italia liberale (1861-1900)*, Il Mulino, Bologna 1997 (ed. or. 1979); G. Sabbatucci-V. Vidotto (a cura di), *Storia d'Italia*, II, *Il nuovo Stato e la società civile (1861-1887)*, Laterza, Roma-Bari 1995; F. Cammarano, *Storia dell'Italia liberale*, Laterza, Roma-Bari 2011. Ricordiamo inoltre, tra le storie generali dell'Italia unita, i tre tomi del IV volume, *Dall'unità a oggi*, di R. Romano-C. Vivanti (a cura di), *Storia d'Italia*, Einaudi, Torino 1975-76. In una prospettiva di più lungo periodo, G. Pécout, *Il lungo Risorgimento. La nascita dell'Italia contemporanea (1770-1922)*, Mondadori, Milano 2011 (ed. or. 1997).

Sugli aspetti istituzionali: C. Ghisalberti, *Storia costituzionale d'Italia. 1848/1994*, Laterza, Roma-Bari 2015 (ed. or. 2002); R. Romanelli (a cura di), *Storia dello Stato italiano dall'Unità a oggi*, Donzelli, Roma 2002 (ed. or. 1995); G. Melis, *Storia dell'amministrazione italiana (1861-1993)*, Il Mulino, Bologna 1996 e Id., *Fare lo Stato per fare gli italiani*, Il Mulino, Bologna 2014.

Per la storia economica, vedi: G. Toniolo, *Storia economica dell'Italia liberale 1850-1918*, Il Mulino, Bologna 1998 (ed. or. 1988); L. Cafagna, *Dualismo e sviluppo nella storia d'Italia*, Marsilio, Venezia 1989; V. Zamagni, *Dalla periferia al centro. La seconda rinascita economica dell'Italia (1861-1981)*, Il Mulino, Bologna 2008 (ed. or. 1990); G. Pescosolido, *Unità nazionale e sviluppo economico*, Laterza, Roma-Bari 2007 (ed. or. 1998) e S. Fenoaltea, *L'economia italiana dall'Unità alla Grande Guerra*, Laterza, Roma-Bari 2006. In particolare, sul problema dell'industrializzazione: R. Romeo, *Risorgimento e capitalismo*, Laterza, Roma-Bari 2008 (ed. or. 1959); Id., *Breve storia della grande industria in Italia 1861-1961*, Il Saggiatore, Milano 1991 (ed. or. 1961); G. Pescosolido, *Agricoltura e industria nell'Italia unita*, Laterza, Roma-Bari 2004 (ed. or. 1993) e i saggi raccolti in A. Caracciolo (a cura di), *La formazione dell'Italia industriale*, Laterza, Roma-Bari 1977 (ed. or. 1963).

Sulla questione meridionale: R. Villari (a cura di), *Il Sud nella storia d'Italia*, Laterza, Roma-Bari 1988 (ed. or. 1961); P. Bevilacqua, *Breve storia dell'Italia meridionale*, Donzelli, Roma 1990; C. Petraccone, *Le "due Italie". La questione meridionale tra realtà e rappresentazione*, Laterza, Roma-Bari 2005 e F. Barbagallo, *La questione italiana. Il Nord e il Sud dal 1860 a oggi*, Laterza, Bari-Roma 2017 (ed. or. 2013).

Sui ceti dirigenti, vedi A.M. Banti, *Storia della borghesia italiana. L'età liberale*, Donzelli, Roma 1996.

Sui rapporti tra classe dirigente e "paese reale", vedi R. Romanelli, *Il comando impossibile*, Il Mulino, Bologna 1995 (ed. or. 1988). Su scuola e cultura: S. Soldani-G. Turi (a cura di), *Fare gli italiani*, vol. I, *La nascita dello Stato nazionale*, Il Mulino, Bologna 1996 (ed. or. 1993). Sulla politica estera, ma anche sull'atmosfera politica e culturale dell'epoca, si veda il classico studio di F. Chabod, *Storia della politica estera italiana dal 1870 al 1896. Le premesse*, Laterza, Roma-Bari 1997 (ed. or. 1951).

Su Depretis: G. Carocci, *Agostino Depretis e la politica interna italiana dal 1876 al 1887*, Einaudi, Torino 1956. Su Crispi: C. Duggan, *Creare la nazione. Vita di Francesco Crispi*, Laterza, Roma-Bari 2000 e G. Astuto, *«Io sono Crispi». Adua, 1° marzo 1896: governo forte. Fallimento di un progetto*, Il Mulino, Bologna 2005.

Per la storia del movimento operaio e del socialismo: G. Arfè, *Storia del socialismo italiano (1892-1926)*, Einaudi, Torino 1992 (ed. or. 1965); G. Manacorda (a cura di), *Il socialismo nella storia d'Italia. Storia documentaria dal Risorgimento alla Repubblica*, Laterza, Roma-Bari 1975 (ed. or. 1966); M. Ridolfi, *Il PSI e la nascita del partito di massa*, Laterza, Roma-Bari 1992; R. Zangheri, *Storia del socialismo italiano. Dalle prime lotte nella Valle Padana ai fasci siciliani*, Einaudi, Torino 1997. Sulla formazione della classe operaia e sulla nascita delle organizzazioni di classe vedi S. Merli, *Proletariato di fabbrica e capitalismo industriale. Il caso italiano, 1880-1900*, La Nuova Italia, Firenze 1984 (ed. or. 1972). Sui Fasci siciliani: F. Renda, *I Fasci siciliani 1892-94*, Einaudi, Torino 1977.

Sui cattolici: G. Candeloro, *Il movimento cattolico in Italia*, Editori Riuniti, Roma 1982 (ed. or. 1953); G. De Rosa, *Storia del movimento cattolico in Italia*, vol. I, *Dalla Restaurazione all'età giolittiana*, Laterza, Roma-Bari 1996 (ed. or. 1966) e G. Formigoni, *L'Italia dei cattolici. Dal Risorgimento a oggi*, Il Mulino, Bologna 2010.

Sul colonialismo italiano: A. Del Boca, *Gli italiani in Africa orientale*, I, *Dall'Unità alla marcia su Roma*, Mondadori, Milano 2002 (ed. or. 1976); N. Labanca, *In marcia verso Adua*, Einaudi, Torino 1993; Id., *Oltremare. Storia dell'espansione coloniale italiana*, Il Mulino, Bologna 2007; G.P. Calchi Novati, *L'Africa d'Italia. Una storia coloniale e postcoloniale*, Carocci, Roma 2011.

7. La società di massa

7.1. «La moltitudine s'è fatta visibile»

Masse e individui

«Le città sono piene di gente. Le case piene di inquilini. Gli alberghi pieni di ospiti. I treni pieni di viaggiatori. I caffè pieni di consumatori. Le strade piene di passanti. Le anticamere dei medici piene di ammalati. Gli spettacoli [...] pieni di spettatori. [...] La moltitudine, improvvisamente, s'è fatta visibile [...]. Prima, se esisteva, passava inavvertita, occupava il fondo dello scenario sociale; adesso s'è avanzata nelle prime linee, è essa stessa il personaggio principale. Ormai non ci sono più protagonisti: c'è soltanto un coro». Questo passo è tratto dal celebre libro *La ribellione delle masse* dello spagnolo José Ortega y Gasset, pubblicato nel 1930. Ma il fenomeno che vi è descritto aveva radici molto lontane.

Di "massa" o di "masse", nel senso di moltitudine indifferenziata, di aggregato in cui gli individui tendono a scomparire rispetto al gruppo, si cominciò a parlare con toni allarmati fin dai primi anni dell'800, dopo che la Rivoluzione francese aveva visto il "popolo" entrare per la prima volta da protagonista sulla scena politica. I problemi del rapporto fra massa e individuo e i pericoli che l'ascesa delle masse portava all'ordine sociale tradizionale, ma anche a quello liberal-borghese, erano stati al centro della riflessione di molti pensatori ottocenteschi. Ma è solo alla fine dell'800, con la seconda rivoluzione industriale e i connessi fenomeni di urbanizzazione, e solo nei paesi economicamente più avanzati dell'Europa occidentale e del Nord

America, che si vennero delineando i contorni di quella che oggi chiamiamo "società di massa".

I nuovi rapporti sociali

Nella società di massa la maggioranza dei cittadini vive in grandi e medi agglomerati urbani; gli uomini sono quindi a più stretto contatto gli uni con gli altri; entrano in rapporto fra loro con maggiore frequenza e facilità, grazie anche alla disponibilità di mezzi di trasporto, di comunicazione, di informazione e di svago (negli ultimi anni dell'800 nascono le prime sale cinematografiche). Ma questi rapporti hanno spesso un carattere anonimo e impersonale: il sistema delle relazioni sociali, infatti, non passa più attraverso le comunità tradizionali (locali, religiose, di mestiere), ma fa capo alle grandi istituzioni nazionali, agli apparati statali, all'esercito, ai partiti e in genere alle organizzazioni "di massa", che esercitano un peso crescente sulle decisioni pubbliche e sulle stesse scelte individuali. Il grosso della popolazione è uscito dalla dimensione dell'autoconsumo e quasi tutti sono entrati, come produttori o come consumatori di beni e di servizi, nel circolo dell'economia di mercato. I comportamenti e le mentalità tendono a uniformarsi secondo nuovi modelli generali: consumi e stili di vita un tempo riservati a un'esigua minoranza si diffondono fra strati sociali sempre più larghi.

Le due facce della società di massa

La società di massa è il risultato dell'intreccio di una serie di processi economici, di trasformazioni politiche, di mutamenti culturali. Una realtà che ha suscitato resistenze e reazioni d'ogni sorta e che è stata dipinta ora con tratti ottimistici – l'ascesa delle masse come frutto della democratizzazione e della diffusione del benessere –, ora con accenti di angosciata preoccupazione – il dominio delle masse come appiattimento generale e come minaccia per le libertà individuali. Comunque lo si voglia considerare, l'avvento della società di massa è un fenomeno che ha segnato come forse nessun altro il mondo contemporaneo.

L'espansione dei ceti medi

Gli esordi della società di massa, se da un lato tendevano a creare uniformità nei comportamenti e nei modelli culturali, dall'altro rendevano più mobile e più complessa la stratificazione sociale. Nella classe operaia si veniva accentuando la distinzione fra la manodopera generica e i lavoratori qualificati (specializzati in alcune mansioni), fra la "base" del proletariato e le cosiddette "aristocrazie operaie", che partecipavano in misura maggiore ai vantaggi dello sviluppo industriale. Contemporaneamente, l'espansione del settore terziario e la crescita degli apparati burocratici facevano aumentare la consistenza di un ceto medio urbano che andava sempre più distanziandosi dagli strati superiori della borghesia. A ingrossare le file di questo ceto medio contribuivano sia il settore del lavoro autonomo – liberi professionisti, artigiani, commercianti – sia quello del lavoro dipendente. In quest'ultimo settore la categoria dei dipendenti pubblici si allargava di pari passo con l'aumento dei compiti dello Stato e delle amministrazioni locali in materia di sanità, di istruzione, di trasporti e di altri servizi. Ancora più rapidamente cresceva la massa degli addetti al settore privato – tecnici, impiegati, commessi – che svolgevano mansioni non manuali: quelli che più tardi sarebbero stati chiamati colletti bianchi, per sottolineare il contrasto con i "colletti blu" delle tute degli operai.

La piccola borghesia impiegatizia

Già alla vigilia della prima guerra mondiale, nei paesi più industrializzati e più toccati dai processi di modernizzazione produttiva, colletti bianchi e impiegati statali costituivano una massa abbastanza omogenea e numerosa, anche se non paragonabile per consistenza a quella dei lavoratori manuali. Nella scala dei redditi, i ceti medi impiegatizi occupavano una posizione molto distante da quella dell'alta borghesia e tendenzialmente più vicina a quella degli strati "privilegiati" della classe operaia. Dal punto di vista della cultura, della mentalità, dei comportamenti sociali, la distinzione fra piccola borghesia e proletariato era però molto netta. I ceti medi rifiutavano ogni identificazione con le classi lavoratrici, erano per lo più ostili alle organizzazioni sindacali e puntavano sul merito individuale per progredire nella scala sociale. Agli ideali tipici della tradizione operaia – la solidarietà, lo spirito di classe, l'internazionalismo – contrapponevano i valori storici della borghesia: l'individualismo e la rispettabilità, la proprietà privata e il risparmio, il rispetto delle gerarchie e il patriottismo. Anzi, si atteggiavano a difensori di questi valori in polemica con l'alta borghesia industriale e bancaria, che tendeva a diventare cosmopolita e adottava modelli di comportamento tipici delle classi aristocratiche.

La piccola borghesia impiegatizia era destinata, man mano che cresceva in consistenza numerica, a svolgere un ruolo di primo piano: sia nel campo economico, in quanto principale destinataria di una serie di beni di consumo prodotti dall'industria, sia in quello politico, come elettorato di massa, capace, a seconda delle sue oscillazioni, di far pendere la bilancia dalla parte delle forze conservatrici o di quelle progressiste.

7.2. Sviluppo industriale e organizzazione del lavoro

La crescita economica

Dagli ultimi anni dell'800 allo scoppio della prima guerra mondiale (1914), l'economia dei paesi industrializzati conobbe una fase di espansione intensa e prolungata, interrotta solo da una breve crisi nel 1907-8. Se il periodo 1873-95 era stato caratterizzato soprattutto dalle innovazioni tecnologiche, dalla affermazione di settori "giovani" – acciaio, chimica, elettricità – e dalla crescita di nuove potenze industriali – Germania e Stati Uniti –, gli anni 1896-1913 furono segnati da uno sviluppo generalizzato della produzione che interessò quasi tutti i settori e toccò anche paesi "nuovi arrivati" come la Russia e l'Italia. In questo periodo, l'indice della produzione industriale e quello del commercio mondiale risultarono più o meno raddoppiati. I prezzi, che erano stati sempre calanti a partire dal 1873, crebbero costantemente, anche se lentamente, dopo il 1896. Ma crebbe anche, e in misura più consistente, il livello medio dei salari, e il prodotto pro capite dei paesi industrializzati aumentò nonostante il contemporaneo, cospicuo aumento della popolazione.

Produzione in serie e nuovi consumi

La crescita dei redditi determinò a sua volta l'ampliamento del mercato. Le industrie produttrici di beni di consumo e di servizi si trovarono per la prima volta a dover soddisfare una domanda che sempre più assumeva dimensioni di massa. Beni la cui produzione era stata fino ad allora assicurata solo dal piccolo artigianato o dall'industria domestica – abiti e calzature, utensili e mobili – cominciarono a essere prodotti in serie e venduti attraverso una rete commerciale sempre più estesa e ramificata: nelle città, ma anche nei piccoli centri, si moltiplicarono i negozi; i grandi magazzini crebbero in numero e in dimensioni; si aprirono nuovi canali di vendita a domicilio e per corrispondenza, con forme di pagamento rateale che rendevano gli acquisti più accessibili ai ceti meno abbienti; i muri dei palazzi e le pagine dei giornali si riempirono di annunci e cartelloni pubblicitari.

La catena di montaggio

Le esigenze della produzione in serie per un mercato di massa spinsero le imprese ad accelerare i processi di meccanizzazione e di razionalizzazione produttiva. Nel 1913, nelle officine automobilistiche Ford di Detroit, fu introdotta la prima catena di montaggio: un'innovazione rivoluzionaria che consentiva di ridurre notevolmente i tempi di lavoro ma, frammentando il processo produttivo in una serie di piccole operazioni affidate ciascuna a un singolo operaio, rendeva il lavoro ripetitivo e spersonalizzato. La catena di montaggio fu, del resto, il culmine di una serie di tentativi volti a migliorare la produttività non solo mediante l'introduzione di nuove macchine, ma anche attraverso un più razionale controllo e sfruttamento del lavoro umano.

Taylorismo e fordismo

Il tentativo più organico e più fortunato in questo senso si dovette a un ingegnere statunitense, Frederick W. Taylor, autore nel 1911 di un libro intitolato *Princìpi di organizzazione scientifica del lavoro*. Il metodo di Taylor si basava sullo studio sistematico del lavoro in fabbrica, sulla rilevazione dei tempi standard necessari per compiere le singole operazioni e sulla fissazione, in base ad essi, di regole e ritmi cui gli operai avrebbero dovuto uniformarsi, eliminando le pause ingiustificate e gli sprechi di tempo. Applicate con un certo successo in molte grandi imprese americane e – soprattutto dopo la prima guerra mondiale – anche europee, le tecniche del taylorismo assicurarono notevoli progressi in termini di produttività e permisero alle imprese che le adottarono di innalzare il livello delle retribuzioni. Tipico fu il caso della Ford, l'industria di Detroit che fu la prima a produrre automobili in grande serie, legando il suo nome a una nuova filosofia imprenditoriale – il fordismo – basata sui consumi di massa, sui prezzi competitivi e sugli alti salari. I sistemi tayloristici incontrarono però una diffusa ostilità fra i lavoratori che si sentivano spossessati di qualsiasi autonomia, oltre che di qualsiasi orgoglio professionale, e vedevano subordinato il loro lavoro agli automatismi delle macchine.

7.3. La nazionalizzazione delle masse: scuola, esercito e suffragio universale

Come diffondere i valori nazionali

Nel corso dell'800, e soprattutto nella seconda metà del secolo, prese forma, ad opera dei singoli Stati, quella politica di educazione ai valori nazionali che gli storici avrebbero definito in seguito come "nazionalizzazione delle masse". L'estraneità di una larga parte delle popolazioni ai princìpi e agli obiettivi politici delle classi dirigenti al potere andava superata grazie al ruolo svolto dalla scuola, dall'esercito e, in seguito, dall'allargamento del suffragio. Costituirono potenti fattori di costruzione di un'identità nazionale la scuola elementare obbligatoria, che attraverso la pratica della lettura e della scrittura promuoveva lo studio delle tradizioni patriottiche, e il servizio militare che, svolto in luoghi lontani da quelli di origine, favoriva l'amalgama con soldati di altra provenienza. Ad essi si aggiunse, alla fine del secolo, la diffusione del suffragio universale maschile che consentì a masse sempre più ampie la partecipazione alla vita politica rappresentativa.

L'istruzione per tutti

In questo periodo si cercò ovunque di dare attuazione pratica al principio secondo cui l'istruzione non era un bene riservato ai membri di una élite sociale – destinata per nascita a comandare altri uomini, ad amministrare i culti, a esercitare arti e professioni – ma costituiva un'opportunità da cui nessuno doveva essere escluso, un servizio reso alla collettività. Per assicurare questo servizio non poteva essere sufficiente l'impegno della Chiesa e delle istituzioni filantropiche, ma era necessario l'intervento dello Stato e delle amministrazioni locali. L'idea di una scuola aperta a tutti e controllata dai poteri pubblici, se provocava la resistenza degli ambienti più legati a una visione tradizionale della società (che vedevano nell'istruzione popolare un'arma pericolosa in mano alle classi subalterne), presentava non pochi motivi di interesse per le classi dirigenti: la scolarizzazione diffusa poteva rappresentare, infatti, non solo uno strumento pacifico di promozione sociale, un mezzo per educare il popolo e per ridurre la criminalità, ma anche un canale attraverso cui lo Stato poteva diffondere i suoi valori tra le giovani generazioni.

La scuola pubblica

A partire dagli anni '70 dell'800, pertanto, tutti i governi d'Europa si impegnarono per rendere l'istruzione elementare obbligatoria e gratuita, per sviluppare quella media e superiore e per portare l'insegnamento sotto il controllo pubblico. Il processo di laicizzazione e di statalizzazione del sistema scolastico ebbe tempi, forme e risultati diversi a seconda dei paesi. Fu meno spinto in Gran Bretagna, dove la Chiesa anglicana e le istituzioni private conservarono spazi abbastanza ampi, più radicale in Francia, dove la questione scolastica diede luogo ad aspri conflitti fra Chiesa e Stato. In generale lo sviluppo della scuola statale fu più rapido in quegli Stati, come la Francia e la Germania, in cui esisteva già da tempo un'alfabetizzazione diffusa, più lento nei paesi mediterranei e nell'Europa orientale, dove le condizioni di partenza erano più sfavorevoli dal punto di vista sociale ed economico. L'effetto più immediato di questo sforzo fu un aumento generalizzato della frequenza scolastica: alla vigilia della prima guerra mondiale andare a scuola era diventata la regola per i bambini europei sotto i dieci anni. Lo sviluppo dell'istruzione elementare determinò una rapida diminuzione del tasso di analfabetismo, che già ai primi del '900 era sceso a percentuali poco più che marginali (intorno al 10%) nelle aree più avanzate e tendeva a calare anche in quelle più arretrate (dove spesso superava ancora il 50%) relativamente alle classi di età più giovani.

I giornali

Strettamente legato ai progressi dell'alfabetizzazione fu l'incremento nella diffusione della stampa quotidiana e periodica. All'inizio del '900, infatti, i quotidiani divennero più vivaci: aumentarono le notizie di cronaca cittadina e crebbe l'interesse per gli spettacoli e gli avvenimenti mondani. Nei paesi più industrializzati si moltiplicarono lettori e tirature: in questo periodo, per esempio, il «Daily Mail» in Gran Bretagna e il «Petit Journal» in Francia superarono il milione di copie quotidiane. I giornali più importanti potevano contare su numerosi corrispondenti sparsi nelle altre città del paese e nelle capitali estere da dove inviavano quotidianamente servizi sulle principali notizie del giorno. Questa straordinaria espansione dei quotidiani all'inizio del '900 fu favorita anche dai progressi tecnologici: dalla diffusione delle rotative e delle linotype (la macchina per la composizione dei caratteri) all'uso sempre più frequente del telefono, che consentì di aumentare quantità e rapidità nella circolazione delle informazioni. La crescita del numero dei lettori determinò quindi un progressivo allargamento dell'area di coloro che contribuivano a formare l'opinione pubblica: per un numero crescente di cittadini, infatti, diventò più facile accedere alle informazioni di interesse generale, farsi una propria opinione sulle questioni più importanti e far pesare questa opinione nelle scelte politiche.

Il servizio militare obbligatorio

Un contributo notevole allo sviluppo della società di massa venne anche dalle riforme degli ordinamenti militari che furono realizzate in tutta Europa – con l'unica eccezione della Gran Bretagna – a partire dagli anni '70 dell'800. Il principio su cui si fondavano queste riforme era quello del servizio militare obbligatorio per la popolazione maschile, ossia la trasformazione degli eserciti a lunga ferma, composti in pratica da professionisti, in eserciti a ferma più o meno breve formati da "cittadini in armi".

Nonostante gli ostacoli di natura economica (un esercito di tali dimensioni comportava una spesa considerevole per gli Stati) e politica (addestrare all'uso delle armi masse potenzialmente rivoluzionarie poteva diventare una minaccia all'ordine costituito), due importanti fattori spingevano per la trasformazione degli eserciti. Uno era di carattere politico-militare: la disponibilità di grandi masse consentiva agli Stati di dotarsi di eserciti abbastanza numerosi da poter assolvere quella funzione deterrente che ne faceva uno strumento indispensabile anche in tempo di pace. L'altro era dato dal fatto che la tecnologia e l'industria consentivano la produzione in serie di armi, munizioni ed equipaggiamenti in misura tale da coprire le esigenze di grandi eserciti, mentre lo sviluppo delle ferrovie offriva a questi eserciti la possibilità di spostamenti veloci, riducendo di molto i tempi di mobilitazione, di radunata e di schieramento. A tutto ciò vanno aggiunte le pressioni esercitate sui governi dai gruppi industriali interessati alle forniture militari. Fra il 1870 e il 1914, l'impegno crescente di governi e stati maggiori nell'organizzare la mobilitazione e l'armamento di grandi quantità di coscritti non solo rese possibile la nascita dei moderni eserciti di massa, che sarebbero stati i protagonisti del primo conflitto mondiale, ma servì anche a estendere la capacità di controllo dei poteri statali sulla società civile.

L'estensione del diritto di voto

La coscrizione obbligatoria si legava tuttavia all'inevitabile estensione del suffragio: come si poteva negare infatti il diritto di voto a coloro ai quali lo Stato chiedeva di mettere a repentaglio la propria vita? E in effetti in Europa, tra la fine dell'800 e l'inizio del '900, il cammino verso la società di massa si accompagnò alla tendenza costante verso l'allargamento del diritto di voto. Nel 1890 il suffragio universale maschile era adottato solo in Francia, in Germania e in Svizzera. Nei venticinque anni successivi, in quasi tutti i paesi dell'Europa occidentale furono approvate leggi che allargavano il corpo elettorale fino a comprendervi la totalità o la stragrande maggioranza dei cittadini maschi maggiorenni, indipendentemente dal censo. Il suffragio universale maschile fu introdotto in Spagna nel 1890, in Belgio nel 1893, in Norvegia nel 1898, in Austria e nel Granducato di Finlandia, allora parte dell'Impero russo, nel 1907 (Norvegia e Finlandia furono i primi paesi a concedere il voto anche alle donne), in Italia

– con alcune limitazioni – nel 1912. Gran Bretagna e Olanda furono le ultime ad adeguarsi e lo fecero immediatamente dopo la prima guerra mondiale.

7.4. Partiti di massa, sindacati e riforme sociali

I partiti di massa

L'allargamento del diritto di voto alle grandi masse determinò dappertutto mutamenti di rilievo nelle forme organizzative e nei meccanismi della lotta politica. Tutti i gruppi – anche i più conservatori – furono costretti a sperimentare nuove tecniche per conquistare e mantenere il consenso popolare. Si affermò il nuovo modello del partito di massa: quello realizzato per la prima volta dai socialdemocratici tedeschi (poi imitato dai socialisti degli altri paesi e in minor misura dai cattolici), basato sull'inquadramento di larghi strati della popolazione attraverso una struttura permanente, articolata in organizzazioni locali – sezioni, federazioni – e facente capo a un unico centro dirigente. Già alla vigilia della prima guerra mondiale appariva chiaro come in nessun paese dell'Europa occidentale la vita pubblica potesse più essere considerata un terreno riservato a ristretti gruppi di notabili che traevano la loro forza dalla loro posizione sociale; e come nuovi centri di potere si andassero affiancando a quelli tradizionali presenti nei sistemi politici liberali.

La difficile affermazione dei sindacati

Un altro segno delle nuove dimensioni assunte dalla lotta politica e sociale – e un altro canale efficacissimo di nazionalizzazione delle masse – fu costituito dalla rapida crescita delle organizzazioni sindacali. Sino alla fine dell'800 il sindacalismo operaio era una realtà solida e consistente solo in Gran Bretagna, dove le Trade Unions, intorno al 1890, contavano già un milione e mezzo di iscritti. Negli ultimi anni dell'800, grazie all'impulso decisivo del movimento socialista, le organizzazioni dei lavoratori crebbero in numero e in consistenza in tutti i paesi europei, ma anche negli Stati Uniti, in Australia e in America Latina: quasi ovunque riuscirono a far valere il proprio diritto all'esistenza contro l'opposizione degli imprenditori e delle classi dirigenti conservatrici e contro i pregiudizi della dottrina liberista, che vedeva nei sindacati un ostacolo al libero gioco della contrattazione.

Nati e sviluppatisi in forme diverse a seconda dei paesi, i sindacati si federarono, sull'esempio delle Trade Unions britanniche, in grandi organismi nazionali. I più importanti furono quelli di ispirazione socialista, come la Commissione centrale dei sindacati liberi tedeschi, fondata nel 1890, la francese *Confédération générale du travail* (Cgt, Confederazione generale del lavoro), nata nel 1895, o la Confederazione generale del lavoro (Cgl), costituita in Italia nel 1906. Ma un notevole sviluppo ebbero anche le associazioni sindacali cattoliche e, in Germania e in Francia, non mancarono nemmeno le organizzazioni a guida liberale o conservatrice. Alla vigilia della prima guerra mondiale, i lavoratori iscritti ai sindacati erano 4 milioni in Gran Bretagna, quasi 3 milioni in Germania, oltre 2 milioni in Francia, poco più di 500 mila in Italia: si trattava del più vasto fenomeno di associazionismo popolare cui mai si fosse assistito nella storia d'Europa.

Le riforme sociali

Tra la fine dell'800 e l'inizio del '900, grazie anche alla pressione delle organizzazioni sindacali, furono introdotte nei maggiori Stati europei alcune forme di legislazione sociale: furono istituiti sistemi di assicurazione contro gli infortuni e di previdenza per la vecchiaia e, in alcuni casi, anche sussidi per i disoccupati. Si stabilirono controlli, in realtà poco efficaci, sulla sicurezza e l'igiene nelle fabbriche. Si cercò di impedire il lavoro dei fanciulli in età scolare. Furono introdotte limitazioni agli orari giornalieri degli operai – la media non scese comunque sotto le dieci ore – e fu sancito il diritto al riposo settimanale.

Servizi pubblici e nuovo sistema fiscale

All'azione dei governi si affiancò quella delle amministrazioni locali, soprattutto nei grandi centri urbani. Qui il fatto nuovo fu costituito dalla progressiva estensione dei servizi pubblici – gas, acqua, trasporti – a opera degli stessi comuni, che in molti casi ne assunsero la gestione tramite aziende pubbliche appositamente create. L'iniziativa degli organi di governo locale si concretizzò anche nel campo dell'istruzione (scuole, biblioteche, musei), dell'assistenza (ospedali, ospizi, asili d'infanzia) e dell'edilizia popolare. Per sopperire all'aumento delle spese, governi centrali e amministrazioni locali ricorsero a nuove forme di imposizione fiscale per accrescere le entrate. La tendenza sostenuta dalle forze politiche più avanzate fu quella di aumentare il peso delle imposte dirette (ossia sul reddito o sul patrimonio di persone o società) a vantaggio di quelle indirette (cioè di quelle che colpiscono i consumi e le attività economiche e che gravano soprattutto sui ceti popolari), introducendo anche il principio della progressività del carico fiscale, in relazione all'aumento del reddito. Si andava così lentamente affermando l'idea che compito dello Stato fosse anche quello di assicurare una più equa distribuzione della ricchezza all'interno della popolazione.

7.5. Il movimento operaio e la Seconda Internazionale

I partiti socialisti

Fino agli anni '70-80 dell'800, i movimenti socialisti costituivano dappertutto delle piccole minoranze emarginate – e spesso perseguitate – e per lo più puntavano a un radicale sconvolgimento rivoluzionario che colpisse alla radice la società capitalistico-borghese e tutte le sue ingiustizie e permettesse la costruzione di una società nuova e più giusta, fondata sui valori della solidarietà e della uguaglianza.

Alla fine dell'800 la situazione era mutata: in tutti i più importanti paesi europei, e anche fuori d'Europa, nacquero partiti socialisti che cercavano di organizzarsi sul piano nazionale, che affiancavano al proselitismo rivoluzionario un'azione legale all'interno delle istituzioni, che partecipavano alle elezioni inviando loro rappresentanti nei Parlamenti, e che, in qualche caso, cominciarono a discutere circa la possibilità di una loro partecipazione a governi "borghesi". Furono proprio i partiti socialisti a realizzare per primi il modello di quel partito di massa che si sarebbe affermato come la forma di organizzazione politica più diffusa nelle democrazie europee.

La socialdemocrazia tedesca

Il primo e il più importante di questi partiti fu quello socialdemocratico tedesco (Spd), nato nel 1875. L'efficienza organizzativa, i successi elettorali, la compattezza ideologica fornita dal marxismo, assunto come dottrina ufficiale, ne fecero un esempio e un modello per gli altri partiti nazionali che nacquero nell'ultimo ventennio del secolo. Più lenta e laboriosa fu la formazione di un partito socialista unitario in Francia, dove la Sfio (Sezione francese dell'Internazionale operaia) si costituì solo nel 1905.

Il laburismo

Ancora diversa era la situazione in Gran Bretagna, dove i gruppi marxisti non riuscirono a imporre la loro egemonia sul forte movimento sindacale delle Trade Unions. Furono comunque gli stessi dirigenti dei sindacati a creare una formazione politica che aveva l'obiettivo di rappresentare l'intero movimento operaio britannico, al di là delle divisioni dottrinarie. Nacque così, nel 1906, il Partito laburista (Labour Party), che si fondava sull'adesione collettiva delle organizzazioni sindacali ed era privo di una netta caratterizzazione ideologica.

La Seconda Internazionale

All'inizio del '900, al di là delle diversità organizzative e delle divergenze ideologiche, i partiti operai europei, compresi i laburisti, avevano elaborato programmi in larga parte simili: tutti si proponevano il superamento del sistema capitalistico e la gestione sociale dell'economia; tutti si ispiravano a ideali internazionalisti e pacifisti; tutti infine facevano capo a un'organizzazione socialista internazionale, erede di quella che si era dissolta nel 1876.

La nascita della Seconda Internazionale risaliva al 1889, quando i rappresentanti di numerosi partiti europei, per lo più di ispirazione marxista, si riunirono a Parigi e approvarono alcune importanti deliberazioni, fra cui quella che fissava come obiettivo primario del movimento operaio la giornata lavorativa di otto ore e proclamava a tale scopo una giornata mondiale di lotta per il primo maggio di ogni anno. Nel 1891, inoltre, vennero esclusi dall'organizzazione gli anarchici e quanti rifiutavano pregiudizialmente la partecipazione all'attività politico-parlamentare. Diversamente dalla Prima Internazionale, che aveva cercato di imporsi come una specie di nucleo dirigente della classe lavoratrice di tutto il mondo, la Seconda Internazionale fu più che altro una federazione di partiti nazionali autonomi e sovrani. Essa svolse tuttavia un'importante funzione di coordinamento e i suoi congressi costituirono un fondamentale luogo di incontro e di discussione sui problemi di interesse comune (lo sciopero generale, la lotta contro la guerra, la questione coloniale), la sede naturale dei grandi dibattiti ideologici che animarono il movimento operaio europeo all'inizio del '900.

Le correnti del marxismo

La Seconda Internazionale ebbe nel marxismo – nella versione divulgata da Engels e fatta propria dai più autorevoli esponenti della Spd, come Karl Kautsky – la sua dottrina ufficiale. Inizialmente la posizione di Engels e Kautsky – che, senza porre in discussione le finalità rivoluzionarie della lotta di classe, insistevano soprattutto sulle esigenze concrete e sulle battaglie quotidiane del movimento operaio – fu fatta propria dalla maggioranza dei leader socialisti europei. Tuttavia in seguito presero corpo due opposti orientamenti: da un lato la tendenza a prendere atto dei mutamenti intervenuti nella situazione politica e sociale per valorizzare l'aspetto democratico-riformistico dell'azione socialista; dall'altro il tentativo di bloccare le tentazioni legalitarie e parlamentaristiche recuperando l'originaria impostazione rivoluzionaria del marxismo.

Il revisionismo

L'interprete più coerente della prima tendenza fu il tedesco Eduard Bernstein. In alcuni scritti pubblicati nel 1899, Bernstein partiva dalla constatazione di una serie di fatti che andavano in senso contrario alle previsioni di Marx: il proletariato non si impoveriva, ma migliorava lentamente la sua condizione; il capitalismo rivelava una notevole capacità di modificarsi e di superare le crisi; lo Stato borghese diventava sempre più democratico.

In questa situazione, i partiti operai dovevano accantonare gli aspetti più radicali dell'ideologia marxista e collaborare con le altre forze progressiste: la società socialista sarebbe nata non da una rottura rivoluzionaria, ma da una trasformazione graduale realizzata grazie al lavoro quotidiano delle organizzazioni operaie e soprattutto del movimento sindacale. Le tesi di Bernstein – che furono definite revisioniste in quanto implicavano una profonda revisione della teoria marxista – suscitarono un acceso dibattito in seno al movimento socialista internazionale, ma furono respinte da tutti i maggiori esponenti del marxismo "ortodosso".

Le posizioni rivoluzionarie

Negli stessi anni in cui si sviluppava il dibattito sul revisionismo, il movimento operaio vide emergere nuove correnti di estrema sinistra che contestavano la politica "centrista" dei dirigenti socialdemocratici tedeschi ed europei, accusati di mascherare, dietro un'apparente fedeltà agli ideali rivoluzionari, una pratica riformista e legalitaria. In Germania un'agguerrita minoranza di sinistra si creò attorno a Karl

Liebknecht e a Rosa Luxemburg, una giovane intellettuale di origine polacca, mentre gruppi analoghi si formarono in tutti i più importanti partiti europei, giungendo in qualche caso a minacciare l'egemonia delle correnti centriste.

Lenin e la socialdemocrazia russa

Un'ulteriore dissidenza fu quella che si sviluppò nella socialdemocrazia russa e che ebbe per protagonista l'allora poco più che trentenne Vladimir Il'ič Ul'janov, più noto con lo pseudonimo di Nikolaj Lenin (1870-1924). Lenin contestava il modello organizzativo della socialdemocrazia tedesca, e gli contrapponeva il progetto di un partito tutto votato alla lotta, formato da militanti scelti e guidato da "rivoluzionari di professione", con una direzione fortemente accentrata. Questa concezione contrastava con le tradizioni del movimento operaio occidentale, ma si adattava alla situazione di un partito come quello russo, costretto alla quasi completa clandestinità. In un congresso della socialdemocrazia russa, svoltosi in esilio a Londra nel 1903, le tesi di Lenin ottennero, sia pur di stretta misura, la maggioranza dei consensi. Il partito si spaccò allora in due correnti: quella bolscevica (cioè maggioritaria) guidata da Lenin e quella menscevica (ossia minoritaria); una divisione che sul momento non destò molto interesse, poiché riguardava un partito fra i meno importanti della Seconda Internazionale.

Sorel e il sindacalismo rivoluzionario

Un importante dibattito fu invece suscitato da un'altra dissidenza di sinistra, che ebbe origine in Francia e prese il nome di sindacalismo rivoluzionario. Furono i dirigenti sindacali francesi a formulare la teoria secondo cui il momento più importante dell'azione operaia era lo sciopero, visto come una "ginnastica rivoluzionaria" utile a rendere i lavoratori consapevoli della loro forza e a prepararli al grande sciopero generale che avrebbe segnato la fine del sistema borghese. Queste idee trovarono il loro interprete più autorevole in un intellettuale francese, Georges Sorel, che nel volume *Considerazioni sulla violenza*, del 1908, esaltò la funzione liberatoria della violenza proletaria e insistette sull'importanza dello sciopero generale come mito capace di trascinare gli operai alla lotta.

Il sindacalismo rivoluzionario non riuscì a trovare consensi nei principali partiti socialisti, ma esercitò una forte suggestione su molti intellettuali e anche su frange consistenti della classe operaia, soprattutto nei paesi latini (dove si legò alla tradizione anarchica), contribuendo alla radicalizzazione dello scontro sociale che si verificò in Europa negli anni precedenti la prima guerra mondiale.

7.6. I primi movimenti femministi

La condizione femminile: tra subalternità e impegno

Negli anni fra '800 e '900 cominciò a emergere – in forme ancora frammentarie – la "questione femminile". Il problema dell'inferiorità economica, politica e giuridica delle donne, in una parola della subalternità femminile, era rimasto, con poche eccezioni, estraneo agli orizzonti del pensiero liberale e democratico ottocentesco. John Stuart Mill era stato uno dei pochi intellettuali a richiamare l'attenzione sul tema in un libro intitolato *La servitù delle donne*, pubblicato nel 1869. Del resto, i primi movimenti di emancipazione femminile, nati alla fine del '700 nella Francia rivoluzionaria, avevano avuto scarsissimo seguito. Così, alla fine dell'800, le donne erano ancora escluse dappertutto dall'elettorato attivo e passivo e, in molti paesi, anche dalla possibilità di accedere agli studi universitari e alle professioni e, se sposate, di disporre liberamente dei loro beni. Quando lavoravano, ricevevano un trattamento economico nettamente inferiore a quello degli uomini.

Le donne e il lavoro

Per le donne, il lavoro extradomestico non era un'emancipazione, ma piuttosto una dura necessità, quasi una naturale prosecuzione del lavoro svolto da sempre nei campi o entro le pareti domestiche, e non significava nemmeno (allora come oggi) la liberazione dai tradizionali obblighi familiari. Tuttavia i maggiori contatti col mondo esterno, le esperienze collettive, la partecipazione alle agitazioni sociali portarono le donne lavoratrici a una più viva coscienza dei loro diritti e delle loro rivendicazioni nei confronti dell'intera società. In tutti i paesi industrializzati, infatti, la manodopera femminile fu protagonista di episodi salienti nella lotta sindacale e questa mobilitazione contribuì a consolidare i legami tra le donne, ad accrescere la consapevolezza dell'esistenza di un problema specifico all'interno della questione più generale del miglioramento delle condizioni di lavoro.

Le suffragette

Nonostante questo ruolo attivo nel mondo del lavoro, il movimento per l'emancipazione femminile rimase a lungo ristretto a minoranze operaie e intellettuali, a circoli e leghe prive di un seguito consistente. Solo in Gran Bretagna il movimento, sotto la guida di Emmeline Pankhurst – fondatrice nel 1903 della Women's Social and Political Union –, riuscì a imporsi all'attenzione dell'opinione pubblica, concentrando la sua attività nell'agitazione per il diritto al suffragio (donde il nome di "suffragette" dato alle sue militanti) e ricorrendo non di rado a forme di protesta quanto mai decise: dimostrazioni di piazza, marce sul Parlamento, scioperi della fame e anche attentati a edifici pubblici. La lotta delle suffragette – che nel 1918 avrebbe portato, in Gran Bretagna, alla concessione del voto alle donne – trovò qualche appoggio tra i parlamentari laburisti. Nel complesso, però, il movimento operaio non si mostrò troppo sensibile nei confronti delle rivendicazioni femministe.

L'isolamento dei movimenti femminili

Molti dirigenti socialisti guardavano con sospetto al voto delle donne, perché temevano che ciò avrebbe significato, almeno a breve scadenza, un vantaggio per i partiti di ispirazione cristiana: si riteneva, infatti, che questi riscuotessero maggiori simpatie in un elettorato femminile. Diffusa era poi, fra i socialisti, la tendenza a privilegiare gli aspetti economico-retributivi del problema del lavoro femminile, o a vederne la soluzione nel ritorno delle donne ai loro compiti "naturali" in seno alla famiglia. Certo è che quasi dappertutto i movimenti femminili furono lasciati soli a combattere le loro battaglie, ricevendo tutt'al più qualche generico incoraggiamento. Allo scoppio della prima guerra mondiale, le donne europee avevano visto cadere alcune delle preclusioni più gravi, relative all'istruzione superiore e all'accesso alle professioni, ma restavano ancora escluse dal diritto di voto – salvo che in Norvegia e Finlandia – e pesantemente discriminate sui luoghi di lavoro.

7.7. La Chiesa e la società di massa

I cattolici e l'impegno sociale

Di fronte all'avanzata inarrestabile dell'industrialismo, alla crescita del movimento operaio e alle prime manifestazioni della società di massa, la Chiesa di Roma e il mondo cattolico reagirono in modo complesso e articolato. Accanto al rifiuto tradizionale della società industriale, alla duplice condanna lanciata nei confronti dell'individualismo borghese e delle ideologie socialiste, vi fu anche il tentativo, in parte riuscito, di rilanciare la missione della Chiesa, adeguandone le forme alle mutate condizioni storiche.

La Chiesa, infatti, fu l'unica istituzione a poter supplire ai fenomeni di disgregazione sociale e di perdita di identità indotti dall'urbanizzazione con una struttura organizzativa capillare e collaudata: quella delle parrocchie, delle associazioni caritative, dei movimenti di azione cattolica. L'esistenza di queste strutture permise anzi ai cattolici di impegnarsi con un certo successo nell'inquadramento dei lavoratori in organismi di massa, capaci di porsi in concorrenza con quelli di ispirazione socialista e classista.

L'impegno dei cattolici su questo terreno si era cominciato a manifestare già durante il pontificato di Pio IX, ma ebbe un impulso decisivo con Leone XIII (1878-1903). Questi, pur senza attenuare l'intransigenza dottrinaria del suo predecessore, si mostrò politico assai più duttile: favorì il riavvicinamento fra i cattolici e le classi dirigenti di quei paesi (come la Germania e la Francia, ma non l'Italia) dove maggiore era la tensione fra Stato e Chiesa; incoraggiò la nascita di nuovi partiti cattolici in Belgio (1884) e in Austria (1887); ma soprattutto cercò di riqualificare il ruolo della Chiesa in materia di questione sociale.

La *Rerum novarum* di Leone XIII

Il documento più importante e più emblematico di questo sforzo fu l'enciclica *Rerum novarum*, emanata da Leone XIII nel maggio 1891 ed espressamente dedicata ai problemi della condizione operaia. L'enciclica non conteneva novità rilevanti sul piano dottrinario: ribadiva la condanna del socialismo e riaffermava l'ideale della concordia fra le classi. Ma indicava anche, come condizione di questa concordia, il rispetto dei doveri spettanti alle parti sociali: e, se i doveri degli operai erano la laboriosità, la frugalità e il rispetto delle gerarchie, il dovere degli imprenditori stava nel retribuire i lavoratori con la «giusta mercede», nel rispettarne la dignità umana, nel non considerare la loro fatica come una merce da pagare al minor prezzo possibile.

L'associazionismo cattolico

La parte più innovativa dell'enciclica era quella che riguardava il movimento associativo fra i lavoratori. Veniva apertamente incoraggiata la creazione di società operaie e artigiane ispirate ai principi cristiani e tutti i cattolici erano invitati a impegnarsi su questo terreno.

Ciò che conferì all'enciclica un'enorme risonanza fu il fatto che l'incoraggiamento venisse dalla più alta autorità della Chiesa e fosse sancito in un documento ufficiale. La *Rerum novarum*, infatti, si muoveva all'interno di una concezione tradizionalista, venata di nostalgia per la società preindustriale, e vedeva nelle associazioni cattoliche uno strumento di collaborazione fra le classi, qualcosa di simile alle antiche corporazioni di arti e mestieri. Nella pratica, però, questi ideali si rivelarono di difficile attuazione: i sindacati cattolici si svilupparono soprattutto su basi di classe – cioè raccogliendo solo i lavoratori dipendenti – e in seguito avrebbero adottato metodi di lotta non troppo diversi da quelli dei sindacati socialisti.

Contro la democrazia cristiana e il modernismo

Parallelamente, negli ultimi anni dell'800, venne emergendo, in particolare in Francia e in Italia, una nuova tendenza politica che fu definita "democrazia cristiana" e che mirava a conciliare la dottrina cattolica non solo con l'impegno sociale, ma anche con la prassi e gli istituti della democrazia. La nascita dei movimenti democratico-cristiani coincise, e in parte si collegò, col sorgere di una corrente di riforma religiosa che prese il nome di modernismo, in quanto si proponeva di reinterpretare la dottrina cattolica in chiave appunto "moderna", applicando i metodi della critica storica e filologica allo studio delle Sacre Scritture. Anche il modernismo – che ebbe tra i suoi maggiori teorici il francese Alfred Loisy e l'italiano Ernesto Buonaiuti – aspirava sul piano dottrinario a uno scopo simile a quello perseguito sul piano politico dalla democrazia cristiana: conciliare l'insegnamento della Chiesa col progresso filosofico e scientifico e, più in generale, con la civiltà moderna. Ma la Chiesa era tutt'altro che disponibile ad aprirsi a queste innovazioni, resistendo ostinatamente al processo di secolarizzazione della società (esemplari, a questo proposito, le posizioni dei cattolici intransigenti sul voto alle donne). Dopo una fase di relativa tolleranza, il nuovo pontefice Pio X proibì ai democratici cristiani ogni azione politica indipendente dalle gerarchie ecclesiastiche e, nel 1907, scomunicò i modernisti. Mentre sul terreno religioso la condanna pontificia riuscì a bloccare la diffusione delle voci riformatrici, sul piano politico non si arrestarono gli sviluppi del movimento democratico-cristiano, che aveva ormai una sua base sociale e un suo spazio ben definiti nella vita politica europea.

parola chiave

Secolarizzazione

Nel linguaggio della Chiesa, "secolarizzazione" (da "secolo", inteso come "mondanità, vita terrena") indica il passaggio allo stato laicale di chi ha ricevuto gli ordini religiosi oppure la destinazione all'uso profano di beni già destinati al culto. Nel linguaggio delle scienze sociali contemporanee, per secolarizzazione si intende il processo di emancipazione della società dal condizionamento e dal controllo delle autorità religiose. Una società secolarizzata non è necessariamente una società irreligiosa. È piuttosto una società laica, in cui le credenze e le pratiche religiose non si traducono in norme vincolanti per tutti; in cui i comportamenti collettivi – in materia di attività economiche, di istruzione, ma anche di morale familiare e sessuale – tendono ad allontanarsi dagli schemi della tradizione e a orientarsi secondo criteri di pura razionalità. In questo senso la secolarizzazione è componente essenziale della modernizzazione e si accompagna ai processi di sviluppo industriale e di urbanizzazione. Non si deve pensare però alla secolarizzazione come a una tendenza irreversibile, a un portato necessario del progresso scientifico e dello sviluppo economico. Se nei paesi industrializzati dell'Occidente il processo può considerarsi in larga parte compiuto, nonostante i molti segni di risveglio religioso e nonostante la tenace opposizione delle Chiese (lo testimonia la scarsa osservanza, negli stessi paesi cattolici, delle prescrizioni ecclesiastiche in materia di contraccezione e in genere di morale sessuale), la situazione è molto diversa in altre parti del mondo. In particolare nei paesi islamici, e non solo in quelli più arretrati economicamente, si è assistito negli ultimi decenni a un prepotente ritorno dell'integralismo, ossia del tentativo di sottomettere all'autorità religiosa le scelte dei pubblici poteri e dei privati cittadini.

7.8. Nazionalismo, razzismo e antisemitismo

Il nuovo nazionalismo

Fra il 1815 e il 1870 il nazionalismo era stato soprattutto il principio ispiratore di movimenti di liberazione che combattevano contro l'ordine costituito: si era così collegato all'idea di sovranità popolare e si era alleato col liberalismo e con la democrazia. Le cose cambiarono dopo l'unificazione tedesca – realizzata nel 1871 da Bismarck «col ferro e col sangue» – e soprattutto con l'imperialismo coloniale, che legava la grandezza nazionale alle guerre di conquista a danno di altri popoli ritenuti inferiori. Inoltre, la crescita dei movimenti socialisti, che si ispiravano a ideali internazionalisti e pacifisti, suscitò per reazione un ritorno di sentimenti patriottici e guerrieri in seno ai ceti conservatori. La battaglia per i valori nazionali o per gli interessi del proprio paese finì spesso col legarsi alla lotta contro il socialismo e alla difesa dell'ordine sociale esistente.

Le teorie razziste

In altri termini, il nazionalismo tendeva a spostarsi a destra, sganciandosi dalle sue matrici illuministiche e democratiche per riscoprire quelle tradizionaliste fondate sui miti della terra e del sangue e per collegarsi in qualche caso alle teorie razziste allora in voga: quelle che pretendevano di stabilire una gerarchia fra "razze superiori" e "razze inferiori" e di affermare su questa base la superiorità di un popolo, o di un gruppo di popoli, su tutti gli altri. Queste teorie, che avevano avuto il loro precursore nel francese Arthur de Gobineau (autore nel 1855 di un *Saggio sull'ineguaglianza delle razze umane*), si fondavano su argomentazioni pseudoscientifiche di origine positivistica, ma in realtà non facevano altro che rielaborare antichi pregiudizi (la tradizionale diffidenza per l'estraneo e per il "diverso") e proprio per questo avevano una forte capacità di suggestione anche fra le classi popolari.

Più in generale, il successo del nuovo nazionalismo si può spiegare in buona parte con l'appello alle componenti irrazionali della psicologia collettiva, oltre che col ricorso a strumenti tipici della società di massa (stampa popolare, comizi, manifestazioni di piazza) e a tecniche di lotta tipiche della tradizione sovversiva.

Il nazionalismo francese

In Francia il nazionalismo coniugava lo spirito di rivincita nei confronti della Germania, innescato dalla sconfitta subita nel 1870, con la polemica contro una classe dirigente repubblicano-moderata considerata mediocre e corrotta e quindi incapace di tutelare gli interessi e le tradizioni del paese. Il nazionalismo dei gruppi più oltranzisti (il più noto fu quello che si raccolse intorno alla rivista «Action française» fondata nel 1899) era rivolto non tanto contro i "nemici esterni" (i tedeschi), quanto contro i supposti "nemici interni": i protestanti, gli immigrati e soprattutto gli ebrei, considerati come un corpo estraneo alla nazione e identificati con gli ambienti dell'affarismo e della speculazione bancaria.

Il nazionalismo tedesco

Una forte componente antiebraica, unita a un'impostazione popolareggiante e a una sottile vena anticapitalistica e antiborghese, fu presente anche nei movimenti nazionalisti dei paesi di lingua tedesca, nei quali l'antisemitismo (che in Francia si legava soprattutto a una tradizione cattolico-reazionaria) si appoggiava su presupposti apertamente razzisti. Fu proprio in Germania che le teorie della razza conobbero, già alla fine dell'800, le loro formulazioni più organiche e più popolari: come quella contenuta nel libro *I fondamenti del XIX secolo*, uscito nel 1899, dello scrittore di origine inglese Houston Stewart Chamberlain. Chamberlain riprendeva da Gobineau il mito di una razza ariana depositaria delle virtù più nobili e ne vedeva l'incarnazione più pura nel popolo tedesco. Anche il nazionalismo tedesco aveva lo sguardo rivolto al passato e cercava le sue basi nel mito del popolo (*Volk*), concepito come comunità di sangue e come legame quasi mistico con la terra d'origine. Questo mito, che aveva le sue radici nella cultura romantica ed era stato fatto rivivere, nella seconda metà dell'800, dalle opere del grande compositore (e radicale antisemita) Richard Wagner, fornì la base alle ideologie e ai movimenti pangermanisti, che auspicavano cioè il ricongiungimento in un unico Stato di tutte le popolazioni tedesche, comprese quelle che erano rimaste escluse dall'unificazione del 1871.

L'antisemitismo in Europa orientale

Un movimento contrapposto al pangermanismo, ma ad esso affine per molti aspetti, fu il panslavismo, che nacque in Russia alla fine dell'800 e si diffuse nei paesi slavi dell'Europa orientale come strumento della politica imperiale zarista. Il panslavismo si basava su ideologie tradizionaliste e largamente intrise di antisemitismo. Infatti, nell'Europa orientale – dove le comunità ebraiche erano più numerose, ma anche meno integrate nella società e nella cultura dei paesi ospitanti – l'antisemitismo aveva profonde radici popolari. Nell'Impero russo (dove vivevano alla fine dell'800 oltre cinque milioni di ebrei) era addirittura sancito da leggi discriminatorie e ufficialmente tollerato, quando non incoraggiato, dalle autorità, che se ne servivano come di un classico diversivo per lasciar sfogare il malcontento delle classi subalterne. Di qui la barbara pratica del *pogrom*, ossia di periodiche e impunite violenze contro i beni e le persone degli ebrei. Fu inoltre la polizia segreta zarista a confezionare, all'inizio del '900, uno dei più clamorosi falsi della storia: i cosiddetti *Protocolli dei Savi anziani di Sion*, in cui un immaginario consiglio ebraico mondiale avrebbe esposto i suoi progetti di dominio.

La nascita del sionismo

Una reazione all'antisemitismo – ma anche una manifestazione fra le più significative di quel fenomeno di risveglio nazionalistico che attraversò tutta l'Europa di fine '800 – fu la nascita del sionismo: cioè di quel movimento, fondato nel 1897 a Basilea dal giornalista e scrittore ebreo ungherese Theodor Herzl, che si proponeva di restituire un'identità nazionale alle popolazioni israelite sparse per il mondo e di promuovere la costituzione di uno Stato ebraico in Palestina (il nome "sionismo" viene dalla collina di Sion su cui sorge Gerusalemme). Movimento complesso, ai confini fra il politico, il religioso e il sociale (non senza una componente di stampo colonialistico), il sionismo stentò all'inizio ad affermarsi, anche perché l'alta e media borghesia ebraica era prevalentemente "assimilazionista", tendeva cioè, pur senza rinnegare le sue origini, a integrarsi, ove possibile, nelle società dei paesi d'appartenenza. All'inizio del '900, tuttavia, grazie all'attività instancabile dei suoi sostenitori, il movimento riuscì a imporsi all'attenzione delle comunità ebraiche e a trovare qualche autorevole appoggio anche nelle classi dirigenti dell'Europa occidentale.

7.9. La crisi del positivismo e le nuove scienze

La crisi della fiducia nel progresso

A partire dalla fine dell'800, il modello interpretativo offerto dal positivismo apparve sempre più inadeguato non solo a spiegare i fenomeni politici, economici e sociali, ma anche a tener dietro all'evoluzione delle scienze. Il positivismo restò per molti un metodo di ricerca e di conoscenza della realtà, ma si incrinò la fiducia nella sua capacità di offrire un'organica visione del mondo, legata all'idea di un progresso necessario e costante. Sul piano filosofico si assisté alla nascita di nuove correnti irrazionalistiche e vitalistiche, diverse fra loro ma tutte convergenti nel ricondurre i meccanismi della conoscenza e dell'attività umana a fattori che sfuggivano al controllo razionale, come l'istinto, la volontà o lo "slancio vitale"; l'oggetto principale dell'indagine condotta da queste nuove correnti diventava la realtà psicologica: una realtà anch'essa "oggettiva", e dunque conoscibile, ma dotata di sue proprie leggi e di un suo tempo – quello della memoria, del vissuto – diverso da quello fisico-quantitativo delle scienze esatte.

Friedrich Nietzsche e la critica alla cultura borghese

Primo e principale interprete della critica al positivismo fu il filosofo e letterato tedesco Friedrich Nietzsche (1844-1900). Alla concezione lineare del tempo Nietzsche oppose quella ciclica dell'eterno ritorno mettendo in discussione il concetto di tempo come lo concepiva la civiltà occidentale. All'ottimismo progressivo delle filosofie borghesi – considerato come il risultato ultimo e negativo dell'intera tradizione ebraico-cristiana giunta ormai alla sua estrema decadenza – contrappose l'idea dell'uomo nuovo, il superuomo, nato dalle ceneri della vecchia civiltà e capace di esprimere e realizzare la propria individualità al di fuori della morale corrente. Le teorie nietzschiane conobbero una larghissima popolarità alla fine del XIX secolo: ad esse si sarebbero poi richiamati, più o meno arbitrariamente, i movimenti nazionalisti e totalitari.

La ripresa dell'idealismo in Germania e Italia

In Germania, però, la reazione al positivismo si espresse soprattutto in una ripresa della filosofia kantiana e idealistica, in una più approfondita riflessione sui problemi della conoscenza storica, in un ritorno alla distinzione fra "scienze dello spirito" e "scienze della natura". In questo clima culturale operarono filosofi come Wilhelm Dilthey, considerato il fondatore dello storicismo moderno, storici come Friedrich Meinecke, sociologi come Werner Sombart.

Anche in Italia, a partire dall'inizio del '900, vi fu una rinascita dell'idealismo, che ebbe per protagonisti Benedetto Croce e Giovanni Gentile. Filosofo, storico e uomo di lettere, protagonista di oltre mezzo secolo di storia della cultura italiana, Croce partì da una critica al materialismo marxista e giunse a elaborare un complesso sistema filosofico che tendeva a risolvere tutta la realtà nella dimensione storica. Gentile portò la filosofia idealistica alle sue estreme conseguenze riducendo tutta la realtà all'"atto" pensante del soggetto (attualismo).

Bergson e la scoperta del tempo interiore

In Francia la reazione al positivismo trovò la sua espressione più organica nella filosofia di Henri Bergson, che concepiva la realtà come creazione continua, mossa da uno "slancio vitale" e conoscibile nella sua pienezza solo attraverso l'intuizione, contrapponendo alla concezione del tempo "spazializzato" – quello dell'orologio o della clessidra – l'idea di un tempo "vissuto" internamente nella coscienza.

Il pragmatismo di James e Dewey

Nei paesi anglosassoni, invece, soprattutto negli Stati Uniti, la corrente di pensiero dominante fu quella conosciuta col nome di pragmatismo, che si diffuse largamente anche in Europa nei primi anni del '900 ed ebbe i suoi rappresentanti più noti in William James e in John Dewey. Il pragmatismo considerava determinante il rapporto di reciproca verifica fra teoria e pratica e fra individuo e natura: rivalutava così, inserendole nel campo filosofico, scienze "pratiche" come la psicologia e la pedagogia.

Gli sviluppi del pensiero scientifico

Anche gli sviluppi del pensiero scientifico contribuirono a mettere in crisi il quadro di certezze su cui la cultura positivistica si era fondata. Si pensi alla nascita della fisica atomica, dovuta soprattutto alle scoperte degli inglesi Joseph Thomson ed Ernest Rutherford; alla formulazione, nel 1900, della teoria quantistica da parte del tedesco Max Planck; all'enunciazione, nel 1905, della teoria della relatività di Albert Einstein: teoria che non solo metteva in discussione i fondamenti della fisica classica, ma sconvolgeva alcuni pilastri della scienza tradizionale, come la distinzione fra materia ed energia e il carattere "assoluto" dei concetti di spazio e di tempo. L'idea di un tempo "relativo" – i cui parametri di misurazione potessero, cioè, cambiare in funzione di altre variabili come la velocità – rappresentò una sorta di filo comune, attraverso il quale la fisica einsteiniana si legò ad altre fondamentali esperienze intellettuali dell'epoca, nei campi del pensiero filosofico, della psicologia, delle lettere e delle arti.

La psicanalisi

L'importanza dell'irrazionale trovò un riscontro di eccezionale rilievo nell'opera del medico viennese Sigmund Freud (1856-1939), fondatore della teoria psicanalitica. Nelle sue opere (in particolare nell'*Interpretazione dei sogni* del 1900 e nei *Tre saggi sulla teoria della sessualità* del 1905), Freud poneva alla base dei processi psichici il concetto di una vita "inconscia" (Es), dominata da leggi diverse da quelle della vita cosciente (Io). L'esigenza di "rimuovere" (ossia di reprimere, di allontanare dalla coscienza) gli istinti primari dell'inconscio è, secondo Freud, essenziale per lo sviluppo normale dell'individuo e della stessa civiltà; ma può creare – se gli istinti non vengono "sublimati" nelle realizzazioni sociali (ossia nella sfera del Super-io) – delle turbe psichiche (nevrosi). Da qui la necessità di una tecnica terapeutica che riporti alla luce i processi inconsci attraverso l'analisi dell'attività onirica. Accolte all'inizio con diffidenza, le teorie freudiane avrebbero non solo rivoluzionato la terapia delle malattie mentali, ma anche influenzato profondamente, soprattutto nella seconda metà del '900, la cultura e la mentalità delle società occidentali.

Il metodo delle scienze sociali

Un ulteriore tratto distintivo della cultura europea negli anni a cavallo fra i due secoli fu la riflessione sulla relatività e sulla soggettività della conoscenza: più esattamente, il problema dell'influenza delle inclinazioni personali, dei "valori" dell'osservatore sul modo di studiare e di rappresentare il fenomeno osservato. Un problema che interessò i filosofi, ma anche i cultori delle cosiddette "scienze umane" (sociologia, psicologia, scienza politica, antropologia) e che trovò le sue formulazioni più lucide nell'opera del tedesco Max Weber (1864-1920). Sociologo, filosofo e storico, Weber approfondì soprattutto i problemi relativi al metodo delle scienze sociali (o scienze umane): pur muovendo inevitabilmente da un punto di partenza soggettivo (costituito dagli interessi personali e dalla situazione culturale dello studioso), le scienze sociali possono dare risultati scientificamente validi purché adottino procedimenti logici e criteri esplicativi corretti.

La scienza politica

I nuovi orientamenti della filosofia e delle scienze umane influenzarono profondamente anche il pensiero politico, dove dominante fu la tendenza a penetrare oltre la facciata delle formule ideologiche per ricostruire i meccanismi reali e svelare i moventi autentici dell'agire politico. Si spiega così la notevole fortuna incontrata dalla "teoria della classe politica", formulata per la prima volta alla fine dell'800 dall'italiano Gaetano Mosca. In contrasto con la dottrina democratica della sovranità popolare, Mosca sosteneva che, in qualsiasi ordinamento, il potere effettivo è destinato a restare comunque nelle mani di una ristretta minoranza di politici di professione, la classe politica, appunto, o classe dirigente. Questa teoria fu ripresa, all'inizio del '900, dal sociologo Vilfredo Pareto, che vedeva nella politica soprattutto uno scontro di élite (ossia minoranze qualificate, oligarchie), nel quale la borghesia liberale sarebbe stata presto sostituita da nuove élite più giovani e più aggressive. A questo stesso filone di pensiero si collegava il sociologo tedesco Robert Michels che, nella sua opera più nota, la *Sociologia del partito politico* del 1910, stabiliva un nesso inscindibile fra la tendenza all'organizzazione, tipica dei grandi partiti di massa, e la creazione di oligarchie burocratiche praticamente inamovibili. Anche per Weber la tendenza alla crescita degli apparati burocratici era inarrestabile in quanto espressione della fase più evoluta dello sviluppo della società, ma conteneva in sé gravi pericoli per il destino delle libertà individuali.

La critica della democrazia

È facile notare come queste analisi avessero in comune un accentuato pessimismo sulla sorte degli ordinamenti democratici. Certo è che, indipendentemente dalle personali convinzioni dei loro autori, esse contribuirono a determinare quel clima di insofferenza e sfiducia verso la democrazia, i suoi faticosi meccanismi e le sue complesse istituzioni, che si diffuse negli ambienti intellettuali europei proprio nel periodo in cui la partecipazione alla vita politica si ampliava incessantemente e si muovevano i primi passi verso la società di massa.

sommario

Tra la fine dell'800 e l'inizio del '900 cominciarono a delinearsi, nell'Europa occidentale e negli Stati Uniti, i caratteri della moderna "società di massa". La maggioranza della popolazione viveva ormai nei centri urbani ed era inserita nel circolo dell'economia di mercato: così i rapporti sociali si fecero più intensi e si basarono non più sulle comunità tradizionali bensì sulle grandi istituzioni nazionali (apparati statali e organizzazioni di massa). Nella classe operaia si accentuò la distinzione fra la manodopera generica e i lavoratori qualificati. Contemporaneamente aumentò la consistenza di un ceto medio urbano che andava sempre più distinguendosi dagli strati superiori della borghesia: si allargò la categoria dei dipendenti pubblici e si moltiplicò la massa degli addetti al settore privato che svolgevano mansioni non manuali, i "colletti bianchi". Dal punto di vista della cultura, della mentalità, dei comportamenti sociali, la distinzione fra piccola borghesia e proletariato era molto netta.

Gli anni 1896-1913 furono, per i paesi industrializzati, un periodo di intensa espansione economica, cui si accompagnò un aumento del prodotto pro capite. Le dimensioni di massa assunte dalla domanda stimolarono la produzione industriale in serie, nonché la diffusione di processi di meccanizzazione e razionalizzazione produttiva (catena di montaggio, taylorismo), che resero più efficienti i ritmi produttivi, ma incontrarono la diffidenza degli operai, il cui lavoro diveniva sempre più ripetitivo per l'automatismo delle macchine.

Tra il XIX e gli inizi del XX secolo gli Stati avviarono un processo di "nazionalizzazione delle masse", finalizzato a educare i cittadini ai valori nazionali. A partire dagli anni '70 dell'800 tutti i governi d'Europa, seppure in tempi diversi, si impegnarono per rendere l'istruzione elementare obbligatoria e gratuita, per sviluppare quella media e superiore e per portare l'insegnamento sotto il controllo pubblico. L'effetto più immediato di questo sforzo fu comunque un aumento generalizzato della frequenza scolastica. Strettamente legato ai progressi dell'istruzione fu l'incremento dei lettori e delle tirature dei giornali. Un contributo notevole allo sviluppo della società di massa venne anche dalle riforme degli ordinamenti militari, fondate sul principio del servizio militare obbligatorio per la popolazione maschile. Tra il 1890 e il 1915, in quasi tutti i paesi dell'Europa occidentale furono approvate leggi che allargavano il corpo elettorale fino a comprendervi la totalità o la stragrande maggioranza dei cittadini maschi maggiorenni.

Con l'allargamento del diritto di voto si affermarono i partiti di massa e le confederazioni sindacali nazionali, che trasformarono profondamente le forme della lotta politica e sociale. I partiti si diedero una struttura centralizzata, sviluppando però organizzazioni locali cui avevano accesso ampi strati della cittadinanza. Tra la fine dell'800 e l'inizio del '900, grazie anche alla pressione delle organizzazioni sindacali, furono introdotte nei maggiori Stati europei forme di legislazione sociale. All'azione dei governi si affiancò quella delle amministrazioni locali, soprattutto nei grandi centri urbani, dove per gestire servizi essenziali sempre più complessi furono create aziende a carattere pubblico. Per sopperire all'aumento delle spese, governi centrali e amministrazioni locali dovettero ricorrere a nuove forme di imposizione fiscale per accrescere le entrate.

Alla fine dell'800 sorsero, nei principali paesi europei, partiti socialisti che si ispiravano per lo più al modello della socialdemocrazia tedesca e facevano capo alla Seconda Internazionale, fondata nel 1889. Negli anni della Seconda Internazionale il marxismo divenne la dottrina ufficiale del movimento operaio. Col passare del tempo, però, presero corpo due diverse tendenze: da un lato la valorizzazione dell'aspetto democratico-riformistico dell'azione socialista (Bernstein), dall'altro il tentativo di recuperare l'originaria impostazione rivoluzionaria del marxismo (Liebknecht, Luxemburg). Dissidenze del tutto particolari furono quelle che si svilupparono nella socialdemocrazia russa (Lenin) e nel movimento sindacale francese (Sorel).

Tra la fine dell'800 e l'inizio del '900 cominciò a emergere una "questione femminile". I maggiori contatti col mondo esterno, le esperienze collettive, la partecipazione alle agitazioni sociali portarono le donne lavoratrici a una più viva coscienza dei loro diritti e delle loro rivendicazioni nei confronti della società. Il movimento per l'emancipazione femminile rimase a lungo ristretto a minoranze operaie e intellettuali. Solo in Gran Bretagna riuscì a imporsi all'attenzione dell'opinione pubblica, concentrando la sua attività nell'agitazione per il diritto al suffragio ("suffragette").

Leone XIII favorì il riavvicinamento fra i cattolici e le classi dirigenti di quei paesi dove maggiore era la tensione fra Stato e Chiesa, incoraggiò la nascita di nuovi partiti cattolici e cercò soprattutto di riqualificare il ruolo della Chiesa in materia di questione sociale. Il documento più emblematico di questo sforzo fu l'enciclica

Rerum novarum (1891). Parallelamente emerse una nuova tendenza politica, definita democrazia cristiana, che mirava a conciliare la dottrina cattolica con la prassi e gli istituti della democrazia. E sorse anche una corrente di riforma religiosa che prese il nome di modernismo, poiché si proponeva di reinterpretare la dottrina cattolica in chiave appunto "moderna", applicando i metodi della critica storica e filologica allo studio delle Sacre Scritture. Quando però salì al soglio pontificio Pio X, i democratico-cristiani si videro proibita ogni azione politica indipendente dalle gerarchie ecclesiastiche, mentre il modernismo fu colpito da scomunica.

Alla fine dell'800 il nazionalismo finì spesso col legarsi alla lotta contro il socialismo e alla difesa dell'ordine sociale esistente, collegandosi spesso anche alle teorie razziste allora in voga. In Francia il vessillo del nazionalismo fu innalzato sia dai nostalgici del militarismo bonapartista sia dai gruppi reazionari e antisemiti. Una forte componente antiebraica fu presente anche nei movimenti nazionalisti dei paesi di lingua tedesca, nei quali l'antisemitismo si appoggiava su presupposti razzisti. In Germania si svilupparono i movimenti pangermanisti, mentre in Russia e nei paesi dell'Europa orientale quelli panslavisti: entrambi si basavano su ideologie tradizionaliste e largamente intrise di razzismo. Una reazione all'antisemitismo fu la nascita del sionismo, che si proponeva di restituire un'identità nazionale alle popolazioni israelite sparse per il mondo e di promuovere la costituzione di uno Stato ebraico in Palestina.

Alla fine dell'800 il positivismo apparve sempre più inadeguato non solo a spiegare i fenomeni politici, economici e sociali, ma anche a tener dietro all'evoluzione delle scienze. Nacquero allora nuove correnti filosofiche irrazionalistiche e vitalistiche, di cui il principale interprete fu Nietzsche. In Germania la reazione al positivismo si espresse in una ripresa della filosofia kantiana e idealistica e in una più approfondita riflessione sui problemi della conoscenza storica. Anche in Italia, a partire dall'inizio del '900, vi fu una rinascita idealistica, che ebbe per protagonisti Croce e Gentile. In Francia, intanto, divenne popolare la filosofia di Bergson, mentre nei paesi anglosassoni si affermò il pragmatismo. Anche gli sviluppi del pensiero scientifico misero in crisi il quadro di certezze della cultura positivista: le teorie di Einstein demolirono i fondamenti della fisica classica e le idee di Freud rivoluzionarono la terapia delle malattie nervose. Profonde trasformazioni avvennero anche nelle scienze umane, dalla sociologia alla scienza politica, condizionando la stessa vita politica europea. Gli scienziati politici, in particolare, analizzarono i processi di formazione delle classi dirigenti e la tendenza alla crescita degli apparati burocratici.

bibliografia

Sulla società di massa e le nuove stratificazioni sociali: D. Riesman, *La folla solitaria*, Il Mulino, Bologna 1967 (ed. or. 1950); C. Wright Mills, *Colletti bianchi. La classe media americana*, Edizioni di Comunità, Torino 2001 (ed. or. 1951); R. Dahrendorf, *Classi e conflitto di classe nella società industriale*, Laterza, Roma-Bari 1977 (ed. or. 1959); S. Cavazza, *Dimensione massa. Individui, folle, consumi, 1830-1945*, Il Mulino, Bologna 2005. Sulla nuova organizzazione del lavoro: B. Settis, *Fordismi. Storia politica della produzione di massa*, Il Mulino, Bologna 2016. In particolare, sull'Italia, S. Musso, *Storia del lavoro in Italia*, Marsilio, Venezia 2011 (ed. or. 2002).

Sui partiti politici: M. Duverger, *I partiti politici*, Edizioni di Comunità, Milano 1980 (ed. or. 1951)[2]; G. Sivini (a cura di), *Sociologia dei partiti politici*, Il Mulino,

Bologna 1979 (ed. or. 1971); M. Brigaglia (a cura di), *L'origine dei partiti nell'Europa contemporanea, 1870-1914*, Il Mulino, Bologna 1985; P. Pombeni (a cura di), *La trasformazione politica nell'Europa liberale, 1870-1890*, Il Mulino, Bologna 1986.

Su istruzione e alfabetizzazione, vedi: K. Jarausch (a cura di), *The Transformation of Higher Learning, 1860-1930: Expansion, Diversification, Social Opening and Professionalization in England, Germany, Russia and the United States*, The University of Chicago Press-Klett Cotta, Chicago-Stuttgart 1983 e H. Graff, *Storia dell'alfabetizzazione occidentale*, III, *Tra presente e futuro*, Il Mulino, Bologna 1989 (ed. or. 1987).

Il problema degli eserciti di massa è affrontato in J. Gooch, *Soldati e borghesi nell'Europa moderna*, Laterza, Roma-Bari 1982 (ed. or. 1980).

Sulla questione femminile: L.A. Tilly-J.W. Scott, *Donne, lavoro e famiglia nell'evoluzione della società capitalistica*, De Donato, Bari 1981 (ed. or. 1978); G. Duby-M. Perrot (a cura di), *Storia delle donne in Occidente*, vol. 4, *L'Ottocento* e vol. 5, *Il Novecento*, Laterza, Roma-Bari 2007 (ed. or. 1990-92); A. Rossi Doria, *La libertà delle donne. Voci della tradizione politica suffragista*, Rosenberg & Sellier, Torino 2004 (ed. or. 1990). In particolare, sull'Italia: P. Willson, *Italiane*, Laterza, Roma-Bari 2011 (ed. or. 2010).

Per la storia del marxismo e della Seconda Internazionale: G.D.H. Cole, *Storia del pensiero socialista*, III, *La Seconda Internazionale, 1889-1914*, Laterza, Roma-Bari 1979 (ed. or. 1956); *Storia del marxismo*, vol. II, *Il marxismo nell'età della Seconda Internazionale*, Einaudi, Torino 1979; A. Salsano (a cura di), *Antologia del pensiero socialista*, vol. III, *La Seconda Internazionale*, Laterza, Roma-Bari 1981; S. Petrucciani (a cura di), *Storia del marxismo*, vol. 1, *Socialdemocrazia, revisionismo, rivoluzione (1848-1945)*, Carocci, Roma 2015.

Sul mondo cattolico e la Chiesa: É. Poulat, *Chiesa contro borghesia. Introduzione al divenire del cattolicesimo contemporaneo*, Marietti, Casale Monferrato 1984 (ed. or. 1977); H. Jedin (a cura di), *Storia della Chiesa*, vol. IX, *La Chiesa negli stati moderni e i movimenti sociali (1878-1914)*, Jaca Book, Milano 2006 (ed. or. 1979); K.E. Lönne, *Il cattolicesimo politico nel XIX e XX secolo*, Il Mulino, Bologna 1991 (ed. or. 1986); G. Verucci, *L'eresia del Novecento. La Chiesa e la repressione del modernismo in Italia*, Einaudi, Torino 2010.

Sul nazionalismo: E.J. Hobsbawm, *Nazioni e nazionalismo*, Einaudi, Torino 2002 (ed. or. 1990); O. Zimmer, *Nationalism in Europe, 1890-1940*, Palgrave MacMillan, Basingstoke-New York 2003. Su alcuni aspetti particolari: G.L. Mosse, *La nazionalizzazione delle masse. Simbolismo politico e movimenti di massa in Germania dalle guerre napoleoniche al Terzo Reich*, Il Mulino, Bologna 1975 (ed. or. 1974). Dello stesso Mosse si vedano inoltre: *Il razzismo in Europa dalle origini all'olocausto*, Laterza, Roma-Bari 2010 (ed. or. 1978) e *L'uomo e le masse nelle ideologie nazionaliste*, Laterza, Roma-Bari 2002 (ed. or. 1980). In particolare, sulle correnti razziste in Italia: A. Burgio (a cura di), *Nel nome della razza. Il razzismo nella storia d'Italia (1870-1945)*, Il Mulino, Bologna 1999 e M. Nani, *Ai confini della nazione. Stampa e razzismo nell'Italia di fine Ottocento*, Carocci, Roma 2006. Sul sionismo si veda I. Greilsammer, *Il sionismo*, Il Mulino, Bologna 2007 (ed. or. 2005).

Sulle nuove correnti culturali e la società politica di fine secolo: J.W. Burrow, *La crisi della ragione. Il pensiero europeo 1848-1914*, Il Mulino, Bologna 2002 (ed. or. 2000); R. Koselleck, *Il vocabolario della modernità*, Il Mulino, Bologna 2009 (ed. or. 2006); S. Eisenstadt, *Sulla modernità*, Rubbettino, Soveria Mannelli 2006.

8. L'Europa e il mondo agli inizi del '900

8.1. Le contraddizioni della *belle époque*

Sviluppo e insicurezza

Negli anni che precedettero lo scoppio della prima guerra mondiale, nel 1914, l'Europa visse una fase di forti contraddizioni. Furono anni di intenso sviluppo economico e di continua crescita del commercio mondiale, ma anche di inasprimento delle tensioni internazionali e della conflittualità sociale all'interno dei singoli Stati; di frenetico riarmo da parte delle grandi potenze e di rinnovate spinte pacifiste; di nazionalismi esasperatamente aggressivi e di utopie internazionaliste e rivoluzionarie; di incessante progresso scientifico e tecnologico e di critica nei confronti del progressismo positivista che aveva improntato di sé la cultura tardo-ottocentesca. Le spinte alla democratizzazione, che in molti paesi portarono all'allargamento del diritto di voto [▸7.3], incontrarono dappertutto la resistenza ostinata dei gruppi conservatori e in alcuni casi furono duramente represse, come in Russia, o bloccate entro le vecchie strutture autoritarie, come in Germania e nell'Impero asburgico.

Le radici della guerra

Questa compresenza di spinte diverse e fra loro contraddittorie ha fatto sì che della realtà europea di quest'epoca si costruissero due rappresentazioni contrapposte. Da un lato quella idilliaca e nostalgica di un'età di progresso e di spensieratezza, di pace e di benessere: la *belle époque*, l'"epoca bella", come sarebbe stata definita successivamente in implicito confronto con le tragedie del primo conflitto mondiale e con gli anni agitati del dopoguerra. Dall'altro quella di una stagione dominata dal militarismo, dall'imperialismo e dalla più spietata logica di potenza: dunque irreversibilmente avviata verso lo scontro fratricida e suicida della Grande Guerra.

È facile osservare che entrambe le immagini risultano distorte e unilaterali, influenzate come sono dalla conoscenza degli eventi successivi. C'erano nell'Europa del primo '900 forze che lavoravano, più o meno consapevolmente, per la guerra e altre che vi si opponevano. Lo sviluppo del capitalismo finanziario, indicato dai teorici marxisti come sicura premessa di guerra, era considerato da molti una garanzia di pace, visti i legami sempre più stretti che univano il mondo industriale e bancario al di là delle frontiere nazionali. Persino la corsa agli armamenti fu vista di volta in volta come un fattore di scontro e, all'opposto, come un deterrente che avrebbe sconsigliato l'uso degli strumenti distruttivi prodotti dalla moderna tecnologia.

In realtà, la guerra non fu né il portato inevitabile di un'epoca o di un sistema economico né una catastrofe accidentale e imprevedibile: fu piuttosto il prodotto della combinazione di eventi casuali e di cause profonde. E queste ultime vanno ricercate principalmente negli storici contrasti fra le grandi potenze europee e nella nuova configurazione del sistema di alleanze, quale si venne delineando a partire dall'ultimo decennio del XIX secolo.

8.2. Nuove alleanze in Europa e nuovi equilibri mondiali

La fine dell'equilibrio bismarckiano

Dopo il 1890, con l'uscita di scena del cancelliere tedesco Bismarck, i rapporti fra le grandi potenze che dominavano la politica europea e mondiale subirono radicali mutamenti. Si ruppero infatti gli equilibri internazionali, che nei vent'anni precedenti erano rimasti inseriti in una rete di alleanze con al centro la Germania bismarckiana, e si formò un nuovo assetto bipolare fondato sulla contrapposizione fra due blocchi di potenze europee: la Germania, l'Impero austro-ungarico con l'Italia da una parte, la Francia, la Russia e la Gran Bretagna dall'altra. A mettere in crisi il vecchio sistema di alleanze furono soprattutto due fattori: la scelta dell'imperatore tedesco Guglielmo II in favore di una politica più dinamica e aggressiva di quella praticata da Bismarck dopo il 1870; e la crescente, obiettiva difficoltà per la Germania di tenere uniti i suoi due maggiori alleati, gli Imperi austro-ungarico e russo, in perenne contrasto nel settore balcanico.

L'alleanza franco-russa

Mentre Bismarck era riuscito in qualche modo a legare a sé entrambe le potenze, i suoi successori decisero di privilegiare l'alleanza con l'Austria e non rinnovarono quella con la Russia, nella convinzione che l'Impero zarista non avrebbe mai stretto alleanza con la Francia repubblicana. Ma queste due potenze, diversissime e distanti sotto tutti i punti di vista, avevano almeno una cosa in comune: la necessità di trovare un alleato. Si giunse così, nell'estate del 1891, a un primo accordo franco-russo, trasformatosi poi, nel 1894, in vera e propria alleanza militare. Contemporaneamente la Francia si impegnò in una serie di ingenti prestiti alla Russia, che stava cercando di avviare un processo di industrializzazione. Con la stipulazione della Duplice franco-russa veniva meno il principale pilastro su cui si era fondato il sistema bismarckiano, l'isolamento della Francia, e la Germania era costretta a premunirsi contro l'eventualità, sempre temuta, di una guerra su due fronti.

La corsa agli armamenti navali

Pochi anni dopo, la decisione presa dal governo tedesco di dare il via alla costruzione di una potente flotta da guerra capace di contrastare la superiorità britannica nel Mare del Nord provocava un inasprimento dei rapporti – fino ad allora abbastanza cordiali – fra Germania e Gran Bretagna. Nelle intenzioni dei suoi fautori, il riarmo navale doveva servire a incutere rispetto nella maggiore potenza marittima e a renderla più malleabile in vista di un'intesa generale. Ma l'effetto fu quello di indurre i britannici, decisi a mantenere la propria superiorità, a impegnarsi a loro volta in una vera e propria corsa agli armamenti navali, che avrebbe toccato il suo culmine fra il 1907 e il 1914.

Triplice alleanza e Triplice intesa

Frattanto aveva inizio fra Gran Bretagna e Francia quel processo di graduale riavvicinamento che portò le due potenze a regolare i rispettivi interessi coloniali in Africa e a stipulare, nel 1904, un accordo che prese il nome di Intesa cordiale. L'Intesa non era una vera e propria alleanza militare, ma costituiva ugualmente una sconfitta diplomatica per la Germania e un notevole successo per la Francia, che diventava il perno di un nuovo sistema di alleanze. Quando, nel 1907, anche Gran Bretagna e Russia regolarono i loro contrasti in Asia con un accordo che limitava le rispettive sfere di influenza, il capovolgimento della situazione antecedente il 1890 poté dirsi completo. Del sistema di alleanze bismarckiano restava in piedi soltanto il blocco fra i due Imperi centrali, con l'appendice dell'Italia (che peraltro tendeva a riservarsi una sempre maggiore autonomia all'interno della Triplice alleanza). A questo blocco se ne contrapponeva un altro, quello che poi fu chiamato Triplice intesa, politicamente meno omogeneo e meno compatto dal punto di vista diplomatico, ma potenzialmente più forte per risorse e per popolazione e unito, se non altro, dalla preoccupazione per la crescente potenza tedesca.

L'aggressività tedesca

In Germania, d'altro canto, questa situazione – che pure era dovuta in massima parte agli errori della classe dirigente tedesca – determinò una sorta di complesso di accerchiamento. E ciò fu causa a sua volta di una maggiore aggressività in politica estera, di una più accentuata spinta al riarmo, di una pericolosa inclinazione – diffusa soprattutto nelle alte sfere militari – verso la guerra "preventiva". Tendenze aggressive e spinte nazionalistiche si manifestavano, del resto, anche negli altri Stati; e convergevano nel creare un clima di sempre maggiore tensione internazionale.

Gli inizi del declino europeo

Alle paure di un conflitto generalizzato fra le grandi potenze europee si aggiungevano le ansie suscitate da possibili sfide esterne. Nel primo quindicennio del '900 si cominciarono ad avvertire i sintomi di un ridimensionamento dell'Europa in rapporto al resto del mondo; e l'idea di una minaccia portata alla supremazia europea dall'emergere di nuovi popoli e nuove nazioni cominciò a farsi strada in alcuni settori dell'opinione pubblica. A suggerire questi timori non era tanto l'ascesa degli Stati Uniti, visti pur sempre come un'appendice dell'Europa, quanto il risveglio dei popoli dell'Estremo Oriente: il Giappone innanzitutto, ormai lanciato in una politica imperialista che lo portò a scontrarsi con la Russia; ma anche la Cina, sempre più insofferente dello stato di subordinazione impostole dalle grandi potenze. Si trattava di paure largamente irrazionali, fondate non solo su fattori di ordine politico-militare, ma anche sulle tendenze dello sviluppo demografico. La popolazione europea continuava a crescere, ma non al punto da ridurre significativamente il divario con i popolosissimi paesi asiatici: la crescita di questi ultimi fu sentita da molti come una minaccia demografica all'egemonia europea e, più in generale, alla supremazia dei popoli «bianchi». Fu allora che in Europa si cominciò a parlare sempre più insistentemente di un «pericolo giallo»: un'espressione coniata dall'imperatore di Germania Guglielmo II e diventata d'attualità soprattutto dopo la guerra russo-giapponese del 1904-5 [►8.6].

8.3. I focolai di crisi

I contrasti fra le potenze

Nel decennio che precedette lo scoppio della prima guerra mondiale, i due blocchi di potenze che si erano venuti a formare nell'Europa di inizio secolo si fronteggiarono in un contesto internazionale sempre più inquieto, dove ai vecchi motivi di contrasto (il revanscismo francese nei confronti della Germania, la rivalità austro-russa nei Balcani) si sommavano le nuove tensioni derivanti dalla politica sempre più aggressiva dell'Impero tedesco e dalla sua competizione con la Gran Bretagna per la superiorità navale. In queste condizioni accadeva di frequente che le tensioni vecchie e nuove si traducessero in crisi acute, ognuna delle quali rischiava di innescare il meccanismo di un conflitto generale.

La contesa tra Francia e Germania per il Marocco

Due furono in questo periodo i più pericolosi punti di frizione. Il primo e il più importante riguardava l'assetto dei Balcani. Il secondo era costituito dal Marocco, uno degli ultimi Stati africani indipendenti, da secoli governato da dinastie islamiche, oggetto delle mire francesi e proprio per questo scelto dalla Germania come ultimo possibile terreno di scontro per contrastare lo strapotere delle rivali in campo coloniale. Per due volte, nel 1905 e nel 1911, il contrasto franco-tedesco sul Marocco sembrò portare l'Europa sull'orlo della guerra. Alla fine la Francia riuscì a spuntarla, grazie alla solidarietà dei suoi alleati, e si vide riconosciuto un formale protettorato sul territorio conteso.

La rivoluzione in Turchia

I pericoli maggiori per la pace sul continente vennero in questo periodo dalla zona balcanica. A mettere in movimento una situazione già precaria fu, nel 1908, una profonda trasformazione interna all'Impero ottomano: la cosiddetta rivoluzione dei "Giovani turchi", un movimento composto in prevalenza da intellettuali e da ufficiali che si proponevano la trasformazione dell'Impero, retto da istituzioni autocratiche e arretrato sul piano economico, in una moderna monarchia costituzionale. Nell'estate del 1908, un gruppo di ufficiali marciò con le proprie truppe sulla capitale, costringendo il sultano Abdul Hamid a concedere una Costituzione e, l'anno successivo, a lasciare il trono al fratello Maometto V. Il nuovo regime tentò di realizzare, con qualche successo, un'opera di modernizzazione dello Stato. Ma non si mostrò in grado di risolvere il problema dei rapporti con i popoli europei ancora soggetti all'Impero, in stato di diffusa rivolta. Al contrario, i "Giovani turchi" cercarono di attuare un ordinamento amministrativo più centralizzato di quello, inefficiente, del vecchio regime; ma ottennero l'effetto di accentuare le spinte indipendentiste e di accelerare la fine della presenza ottomana in Europa.

La crisi bosniaca

Della crisi interna all'Impero ottomano approfittò subito l'Austria-Ungheria per procedere, nell'ottobre 1908, all'annessione della Bosnia e dell'Erzegovina, che le erano state affidate in amministrazione temporanea al congresso di Berlino del 1878: ciò provocò un immediato inasprimento dei rapporti con la Serbia – che mirava a unificare sotto il suo regno gli slavi del Sud – e con la stessa Russia, che della Serbia era la grande protettrice. Appoggiata dall'alleata Germania, l'Austria riuscì però a far accettare alle altre potenze il fatto compiuto. I due Imperi centrali ottennero così un successo diplomatico; ma lo pagarono con una radicalizzazione del nazionalismo sud-slavo e con un indebolimento della Triplice alleanza: l'Italia, infatti, subì a malincuore l'iniziativa austriaca.

Le guerre balcaniche

Pochi anni dopo, nel 1912, l'occupazione italiana della Libia provocò una guerra fra l'Italia e la Turchia, che subì l'ennesima sconfitta [▸9.6]. La sconfitta turca favorì a sua volta le mire degli Stati balcanici: i Regni di Grecia, Serbia, Montenegro e Bulgaria, coalizzati, attaccarono l'Impero ottomano e lo sconfissero (prima guerra balcanica), strappandogli quanto restava dei suoi territori europei, salvo una piccola zona della Tracia che consentiva il controllo degli stretti. Sulla costa meridionale dell'Adriatico nasceva un nuovo piccolo Stato, il Principato di Albania, voluto dall'Austria e dall'Italia per impedire alla Serbia lo sbocco al mare.

Ma, al momento della spartizione dei territori conquistati, l'alleanza fra gli Stati balcanici si ruppe. Nel 1913 la Bulgaria, che aveva sostenuto il maggior peso nella guerra contro la Turchia e si riteneva sacrificata nella divisione del

I Balcani nel 1913

bottino, attaccò improvvisamente la Grecia e la Serbia. Contro l'aggressione bulgara si formò una nuova coalizione. Alla Serbia e alla Grecia si unirono la Romania, che non aveva partecipato alla guerra precedente, e la stessa Turchia (seconda guerra balcanica). La Bulgaria, sconfitta, dovette restituire alla Turchia una parte della Tracia e cedere alla Romania una striscia di territorio sul Mar Nero.

Il nodo balcanico e la minaccia della guerra

Si trattò, in entrambi i casi, di guerre sanguinose, che colpirono pesantemente le popolazioni civili, anticipando gli orrori che avrebbero segnato quei territori nel corso del XX secolo. Dal punto di vista degli equilibri internazionali, il bilancio finale delle due guerre balcaniche risultava sfavorevole per gli Imperi centrali. Il loro maggiore alleato, l'Impero turco, era stato praticamente estromesso dall'Europa. La Serbia, vera spina nel fianco della monarchia austro-ungarica, si era considerevolmente rafforzata raddoppiando quasi il suo territorio senza per questo attenuare la sua ostilità verso l'Impero asburgico, che le aveva precluso lo sbocco sull'Adriatico e ostacolava i suoi disegni di unificazione dei popoli slavi. In queste condizioni si faceva sempre più forte nei circoli dirigenti austriaci, e soprattutto fra i militari, la tentazione di liquidare una volta per tutte i conti con la Serbia.

Ma se l'Austria avesse attaccato la Serbia, come avrebbe reagito la Russia? E, in caso di conflitto austro-russo, come si sarebbero comportate la Germania e la Francia, legate da stretti vincoli di alleanza militare rispettivamente all'Impero degli Asburgo e a quello degli zar? Le rivalità fra gli Stati minori del Sud-Est europeo si intrecciavano dunque pericolosamente con il confronto fra i due blocchi contrapposti delle grandi potenze.

8.4. Le democrazie occidentali: Francia e Gran Bretagna

I modelli politici

Negli anni a cavallo fra '800 e '900, le maggiori potenze europee si differenziavano e si contrapponevano anche sul piano degli ordinamenti interni. Mentre in Francia e in Gran Bretagna le istituzioni rappresentative si rafforzavano ed evolvevano, pur tra forti contrasti, verso forme più avanzate di democrazia, nei due imperi del Centro Europa, Germania e Austria-Ungheria, i poteri del Parlamento restavano subordinati a quelli dei sovrani, dei governi e delle gerarchie militari, nonostante la crescita dei nuovi partiti di massa. A Est, l'Impero russo, pur alleato delle democrazie occidentali, restava sostanzialmente legato al vecchio modello autocratico.

La Francia repubblicana

Dopo la sconfitta nella guerra con la Germania e il ritorno alla Repubblica, la Francia aveva compiuto progressi sostanziali sulla strada della democrazia. Eppure le istituzioni repubblicane continuavano a essere oggetto di una insidiosa contestazione, che ora prendeva le forme di un esasperato nazionalismo, ora quelle della reazione clericale, ora quelle di un demagogico antisemitismo. Alla fine dell'800 queste correnti, facendo blocco con una parte delle forze moderate, misero a serio rischio la vita stessa delle istituzioni repubblicane.

Il "caso Dreyfus"

L'offensiva nazionalista partì da un clamoroso caso giudiziario: quello di Alfred Dreyfus, un ufficiale ebreo condannato ai lavori forzati nel 1894 con l'accusa di aver fornito documenti riservati all'ambasciata tedesca. La sentenza, che fornì alla stampa di destra il pretesto per una violenta campagna antisemita, era basata su indizi falsi o inconsistenti. Ma le alte sfere militari si rifiutarono di procedere a una revisione del processo, giungendo al punto di falsificare documenti e di coprire i veri colpevoli. Quando, nel gennaio del 1898, il celebre scrittore Émile Zola pubblicò un esplicito atto d'accusa contro i tentativi messi in atto per nascondere la verità, fu processato e condannato per offese all'esercito. Sul caso, l'opinione pubblica francese si divise in due schieramenti contrapposti. Socialisti, radicali e una parte dei repubblicani moderati, assieme a un nutrito gruppo di intellettuali, si batterono perché venisse riconosciuta l'innocenza dell'ufficiale condannato. Clericali, monarchici, nazionalisti di destra e non pochi moderati insistettero sulla tesi della colpevolezza e sulla difesa a ogni costo del prestigio delle forze armate. Il contrasto superò ben presto i confini del caso giudiziario per trasformarsi in uno scontro politico. Dreyfus fu infine graziato dal presidente della Repubblica e ufficialmente riabilitato solo nel 1906.

La vittoria dei progressisti

I sostenitori di Dreyfus ebbero partita vinta anche sul terreno politico. L'esito delle elezioni del 1899 fu favorevole ai radicali e alle altre forze progressiste e consentì la formazione di un governo di "coalizione repubblicana" appoggiato anche dai socialisti. Alcune associazioni di estrema destra vennero sciolte e i loro capi arrestati. Fu avviata un'epurazione negli alti gradi dell'esercito e, soprattutto, riprese con rinnovato vigore la battaglia contro le posizioni di potere ancora detenute dal clero cattolico: allo scioglimento di oltre cento congregazioni religiose seguirono, nel 1905, la rottura delle relazioni diplomatiche tra Francia e Santa Sede, la denuncia del concordato in vigore dal 1803 e la completa separazione fra Stato e Chiesa. La battaglia anticlericale, condotta non senza eccessi e faziosità, suscitò nel paese nuove profonde divisioni, ma si concluse con un sostanziale successo e con un netto rafforzamento dei gruppi radicali.

I governi radicali

La Francia del primo ’900, all’avanguardia in materia di democrazia politica e di laicità dello Stato, non lo era affatto sul piano della legislazione sociale né su quello dell’ordinamento fiscale, che era basato in larga parte sulla tassazione indiretta.

I governi a direzione radicale che si succedettero fra il 1906 e il 1911, sotto la guida di Georges Clemenceau e dell’ex socialista Aristide Briand, condussero in porto alcune importanti riforme sociali, come la limitazione dell’orario di lavoro, la legge sul riposo settimanale e le pensioni di vecchiaia, ma non riuscirono a far passare un progetto di imposta generale sul reddito; per questo dovettero scontrarsi, anche duramente, con la protesta di una classe lavoratrice che aveva beneficiato solo marginalmente dei progressi economici compiuti dal paese ed era quindi sensibile agli appelli delle correnti rivoluzionarie. Lo spostamento a

parola chiave

Intellettuale

Negli anni a cavallo fra ’800 e ’900, si diffuse, prima in Francia, poi in Italia, l’uso del termine “intellettuale” (in francese *intellectuel*) non solo come aggettivo riferito a qualsiasi aspetto o proprietà della mente umana, ma anche come sostantivo che, declinato al plurale (“gli intellettuali”), serviva a indicare una categoria, o addirittura un ceto sociale: quello formato da coloro che svolgevano funzioni e lavori generalmente associati all’intelletto, dunque gli scrittori, i giornalisti, gli scienziati, i filosofi, gli accademici, gli insegnanti, i giuristi, gli artisti. La diffusione del termine, anche nel dibattito politico, indicava la nuova centralità di questi soggetti, che rivendicavano, e spesso si vedevano riconosciuta, una funzione pubblica, un ruolo di guida etica, di stimolo o di critica.
Di intellettuali si cominciò a parlare negli ultimi anni dell’800, in riferimento al “caso Dreyfus”, intorno a cui si sollevò un grande dibattito pubblico. Ad innescarlo fu un celebre articolo pubblicato il 13 gennaio 1898 dal quotidiano parigino «L’Aurore» col significativo titolo *J’accuse* (“io accuso”). In quell’articolo, scritto in forma di appello al capo dello Stato, lo scrittore Émile Zola non solo si schierava a sostegno dell’innocenza di Dreyfus, ma denunciava le falsificazioni e gli inganni delle alte gerarchie militari. Il giorno seguente lo stesso giornale pubblicava il *Manifesto degli intellettuali*, in favore della revisione del processo: lo firmavano, tra gli altri, lo scrittore Marcel Proust, il pittore Claude Monet, il sociologo Émile Durkheim. Era la prima mobilitazione pubblica di un ceto intellettuale che rivendicava il ruolo di difensore dei valori universali di civiltà, anche contro i poteri costituiti.
L’idea di un ceto intellettuale capace di parlare a nome di tutti ascoltando solo la voce della coscienza entrò in crisi già con la prima

sinistra del movimento sindacale e della stessa Sfio [▶7.5] provocò la rottura dell'alleanza fra socialisti e radicali e, alla lunga, ridiede spazio alle correnti repubblicano-moderate che riuscirono a tornare al potere fra il 1912 e il 1914 con il loro leader più prestigioso, Raymond Poincaré. Il dibattito politico, accantonati i temi delle riforme, si sarebbe concentrato sul problema delle spese militari e del rafforzamento dell'esercito, in vista di quella rivincita sulla Germania a cui larghi strati dell'opinione pubblica francese non avevano mai cessato di pensare.

I governi conservatori in Gran Bretagna

Per un ventennio, fra il 1886 e il 1906, la Gran Bretagna fu governata dalla coalizione fra i conservatori di Robert Salisbury e gli "unionisti" di Joseph Chamberlain, che si erano separati dai liberali perché contrari alla concessione

parola chiave

guerra mondiale, che vide gli schieramenti in campo contrapporsi in nome di diversi sistemi di valori e di diverse concezioni della cultura. Le fratture si allargarono poi negli anni fra le due guerre mondiali, quando molti fra i maggiori intellettuali europei si schierarono secondo linee di contrapposizione che riflettevano le militanze politico-ideologiche e ad esse sembravano subordinarsi. Un fenomeno deplorato dallo scrittore francese Julien Benda in un libro del 1927 intitolato *Il tradimento degli intellettuali* (*La trahison des clercs*), dove i *clercs* (i chierici) sono i monaci medievali dediti solo ai loro studi e lontani dalle passioni del mondo.
Dopo la seconda guerra mondiale, fu un altro scrittore e filosofo francese, Jean-Paul Sartre, a indicare agli intellettuali la via dell'impegno (*engagement*). Per "impegno" Sartre intendeva una assunzione individuale di responsabilità da parte dell'uomo di cultura nei confronti del mondo in cui vive che si traduca in attivo interessamento ai problemi sociali e politici del suo tempo e nella denuncia di tutte le oppressioni. Ma negli anni della guerra fredda e della divisione del mondo in blocchi, anche il mondo della cultura si divideva inevitabilmente in fronti opposti, rendendo così poco credibile ogni tentativo degli intellettuali di farsi portavoce di valori universali.
A partire dagli anni '60, la figura dell'intellettuale comincia a perdere la centralità che aveva avuto fin dall'inizio del secolo. Da una parte, infatti, la crescita della partecipazione democratica e del livello culturale medio della popolazione moltiplica progressivamente nella società le funzioni e le competenze del ceto intellettuale, erodendone la dimensione elitaria. Dall'altra, i mezzi di comunicazione di massa tendono a sostituirsi agli intellettuali in un'altra delle loro principali funzioni, l'organizzazione del consenso.

dell'autogoverno all'Irlanda. In questi anni – gli ultimi del lungo regno della regina Vittoria, morta nel 1901 – i governi si impegnarono soprattutto sul fronte delle imprese coloniali, ma cercarono al tempo stesso di contemperare le spinte imperialiste con una certa dose di riformismo sociale. Fra il 1897 e il 1905 furono varate leggi che aumentavano i finanziamenti per le scuole elementari e medie e favorivano il collocamento dei lavoratori disoccupati. A mettere in crisi l'egemonia della coalizione di governo fu il progetto, sostenuto da Chamberlain, sotto la pressione di una parte degli industriali, di introdurre anche nell'Impero britannico il protezionismo doganale, sconvolgendo così una tradizione liberoscambista che durava ormai da più di mezzo secolo.

I liberali e lo scontro con i Lord

Nelle elezioni del 1906 i liberali conquistarono un'ampia maggioranza, mentre per la prima volta faceva il suo ingresso alla Camera un gruppo di trenta deputati laburisti. I liberali adottarono una linea meno aggressiva in campo coloniale e una più organica politica di riforme sociali. Ma l'aspetto più nuovo e coraggioso della loro azione fu la proposta di introdurre una politica fiscale fortemente progressiva [▶7.4], che imponeva cioè una tassazione via via più onerosa in rapporto alle dimensioni della ricchezza e mirava a colpire soprattutto i grandi patrimoni. Il tentativo si scontrò con la reazione della Camera dei Lord, roccaforte dell'aristocrazia, che aveva il diritto di respingere le leggi votate dalla Camera dei Comuni. Il diritto di veto, però, non si applicava per tradizione alle leggi finanziarie, la cui mancata approvazione avrebbe provocato il blocco della macchina statale. Quando, nel 1909, i Lord violarono questa prassi respingendo il bilancio preventivo presentato dal governo ne nacque un conflitto costituzionale che vide contrapposte le due Camere, l'una a maggioranza liberale, l'altra dominata dai conservatori. I liberali presentarono allora un "progetto di legge parlamentare" (*Parliamentary Bill*), che negava ai Lord il diritto di respingere le leggi di bilancio e lasciava loro, per tutte le altre leggi, solo la facoltà di rinviarle due volte alla Camera dei Comuni (dopodiché sarebbero state comunque approvate).

Nel 1911, dopo un braccio di ferro durato due anni e dopo due successive elezioni anticipate vinte (sia pure di stretta misura) dai liberali, i Lord, grazie anche alle pressioni del nuovo re Giorgio V, si piegarono ad accettare una riforma che impediva loro di respingere le leggi di bilancio.

La questione irlandese

Nello stesso anno, il governo decise di affrontare la questione irlandese e presentò un nuovo progetto di *Home Rule* ("autogoverno"), che prevedeva un'Irlanda autonoma, con un proprio governo e un proprio parlamento, ma pur sempre legata alla Corona britannica. La soluzione proposta scontentava sia i nazionalisti irlandesi, che miravano alla piena indipendenza, sia i protestanti dell'Ulster (Irlanda del Nord), che organizzarono un movimento clandestino armato per opporsi all'autonomia. Dopo un lungo e tormentato dibattito, il progetto, avversato anche da una parte dei liberali, fu approvato nel maggio 1914, ma la sua applicazione fu subito sospesa a causa dello scoppio della guerra.

8.5. Gli imperi centrali: Germania e Austria-Ungheria

La Germania guglielmina e il "nuovo corso"

La fine del lunghissimo cancellierato di Otto von Bismarck, nel 1890, parve segnare una svolta nella politica tedesca. Erano stati soprattutto motivi interni – in particolare i successi dei socialdemocratici nelle elezioni del 1890 – a determinare la caduta del "cancelliere di ferro". Lo stesso imperatore Guglielmo II, salito al trono nel 1888, aveva annunciato un "nuovo corso" nella vita del paese e aveva criticato le leggi eccezionali contro i socialisti (che in effetti non furono più rinnovate dopo il 1890).

Le speranze in una evoluzione liberale del sistema andarono però deluse. L'imperatore mostrò ben presto una chiara inclinazione alle soluzioni autoritarie e all'esercizio personale del potere. L'unico mutamento di rilievo fu costituito dal fatto che nessuno dei cancellieri succedutisi alla guida del governo ebbe le capacità e la personalità che avevano permesso a Bismarck di imporsi allo stesso potere imperiale: i cancellieri continuarono a governare "al di sopra dei partiti" e a render conto del loro operato all'imperatore e allo stato maggiore, più che al Parlamento. Insomma, il passaggio dall'età bismarckiana all'età "guglielmina" non comportò nessun mutamento sostanziale, se non una maggiore influenza dei vertici militari sulle scelte di governo.

La "politica mondiale"

A partire dagli ultimi anni dell'800 la Germania imboccò la via della *Weltpolitik* ("politica mondiale") e diede il via al riarmo navale che doveva consentirle di reggere il confronto con la Gran Bretagna [▸8.2]; la politica del riarmo, inoltre, rappresentò un importante stimolo per l'economia tedesca, e contribuì a rinsaldare l'alleanza fra la casta agraria e militare degli Junker e gli ambienti della grande industria. Un'industria che era sempre più dominata dalle grandi concentrazioni e dalle imprese giganti (come la Krupp nel settore siderurgico e degli armamenti) e che vantava ritmi di sviluppo tecnologico e di crescita produttiva paragonabili solo ai contemporanei progressi dell'industria statunitense. La coscienza di questa superiorità accentuò nella classe dirigente, ma anche nei ceti popolari, le tendenze nazionaliste e imperialiste. Pur essendo un paese ricco di risorse naturali, infatti, la Germania, priva com'era di un grande impero coloniale, non aveva una disponibilità di materie prime paragonabile a quella dell'Impero britannico, degli Stati Uniti o dello stesso Impero russo. Da qui la volontà di modificare a proprio vantaggio la distribuzione mondiale delle risorse e gli equilibri sullo scacchiere planetario: il che, essendo ormai compiuta la spartizione dei continenti extraeuropei, portava fatalmente la Germania ad assumere una posizione antagonistica rispetto alle altre potenze imperialiste, come si è visto nel caso del Marocco [►8.3].

La socialdemocrazia

La spinta nazionalista e aggressiva insita nella politica estera tedesca finì col coinvolgere in varia misura tutte le maggiori forze politiche. L'unica autentica forza di opposizione, la socialdemocrazia, restò per tutta l'età guglielmina in una condizione di isolamento che le precludeva qualsiasi influenza sulla condotta degli affari di Stato. L'esclusione dall'area di governo, tuttavia, non le impedì di aumentare continuamente la massa dei propri iscritti (più di un milione nel 1914), incrementando il proprio seguito elettorale (nel 1913 la Spd si affermò addirittura come gruppo di maggioranza relativa col 34% dei voti e 110 seggi al Reichstag) e ampliando il proprio controllo sulle organizzazioni collaterali, come sindacati, cooperative, circoli ricreativi e culturali. A lungo andare però – nonostante la riaffermata fedeltà ai princìpi della dottrina marxista – anche la socialdemocrazia ammorbidì i toni e le forme della sua opposizione e venne tacitamente a patti con le ideologie nazional-imperialistiche cui nemmeno la classe operaia era del tutto insensibile.

Sviluppo e arretratezza nell'Impero asburgico

Nei decenni che precedettero la prima guerra mondiale, l'Impero asburgico vide aggravarsi il declino delineatosi a partire dal 1848 e dovuto, oltre che al ritardo nello sviluppo dell'economia, ai sempre più forti contrasti fra le diverse nazionalità. Dal punto di vista economico, l'Impero era ancora complessivamente più povero della Germania e della Francia e poco più ricco dell'Italia, ma con alcune isole altamente urbanizzate e industrializzate: la regione gravitante attorno alla capitale Vienna, la Boemia (in particolare la zona di Praga), il porto di Trieste, nodo commerciale di primaria importanza fra il Centro Europa e il Mediterraneo. Allo sviluppo economico e civile dei grandi centri, alla eccezionale vitalità culturale che si manifestò in questo periodo a Vienna – una delle maggiori capitali europee della musica, delle arti figurative e della letteratura –, alla crescita dei grandi partiti di massa (socialdemocratici e cristiano-sociali) facevano riscontro il sostanziale immobilismo del sistema politico e la persistenza delle strutture sociali tradizionali nelle province contadine, dominate dalla Chiesa e dai grandi proprietari.

I conflitti nazionali

Ma il principale motivo di crisi era costituito dai conflitti nazionali. Mentre l'Impero tedesco trovava nella compattezza etnica un potentissimo elemento di coesione, in Austria-Ungheria le tensioni fra i diversi gruppi nazionali costituivano un fattore di logoramento e di disgregazione per una compagine statale che aveva come principali elementi unificanti la Corona, l'esercito e la burocrazia. Con la soluzione "dualistica" che nel 1867 aveva diviso l'Impero in due parti (Austria e Ungheria), la monarchia asburgica aveva scelto la strada del compromesso col gruppo nazionale più forte, quello ungherese, che aveva conquistato nella parte sud-orientale dell'Impero una posizione privilegiata, simile a quella detenuta dagli austriaci nella parte nord-occidentale.

Fino alla fine del secolo il potere imperiale riuscì a controllare la situazione appoggiandosi agli elementi conservatori e all'aristocrazia agraria delle varie nazionalità, con qualche concessione alle masse contadine. Ma tra la fine dell'800 e l'inizio del '900 si assisté a una crescita dei movimenti nazionali: tutti in forte contrasto gli uni con gli altri, ma uniti dall'ostilità al centralismo

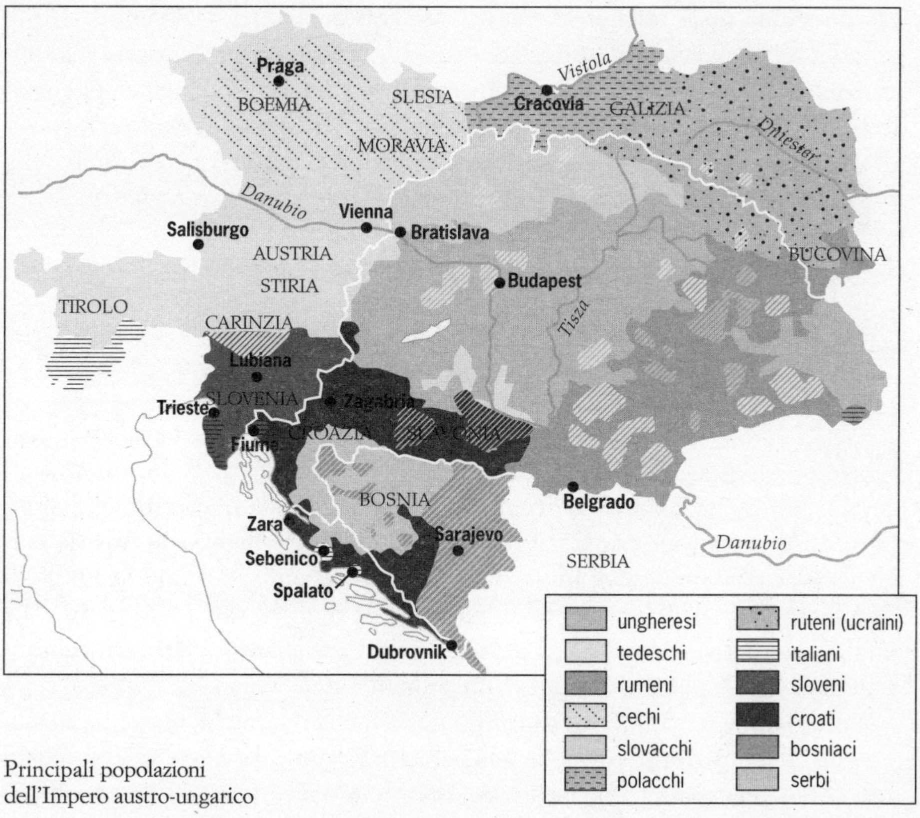

Principali popolazioni dell'Impero austro-ungarico

imperiale e dalla tendenza a radicalizzarsi, passando dal piano delle rivendicazioni autonomistiche a quello dell'indipendentismo. I più irrequieti erano naturalmente i popoli slavi, i grandi sacrificati dal compromesso del '67. Fra i cechi della Boemia e della Moravia – che erano inclusi nella zona di competenza austriaca – si affermò, nell'ultimo decennio dell'800, il movimento dei "Giovani cechi" che si batteva contro la politica di germanizzazione del governo di Vienna. Tendenze nazionaliste ancora più radicali si cominciarono a manifestare nello stesso periodo fra gli "slavi del Sud", serbi e croati, che erano soggetti al dominio ungherese (più duro di quello austriaco) e subivano l'attrazione del vicino Regno di Serbia. Persino fra gli ungheresi sorse, all'inizio del '900, un movimento che rivendicava totale autonomia dall'Austria anche in materia di tariffe doganali e di organizzazione dell'esercito.

Il progetto di un polo slavo

Una parte della classe dirigente e dei circoli di corte si orientò verso l'idea di trasformare la monarchia da "dualistica" in "trialistica": di staccare cioè gli slavi del Sud dall'Ungheria e di creare così un terzo polo nazionale accanto a quelli tedesco e magiaro. Questo progetto, che aveva il suo sostenitore più autorevole nell'arciduca ereditario Francesco Ferdinando (nipote di Francesco Giuseppe), si scontrava però con l'opposizione degli ungheresi e ancor più con quella dei nazionalisti serbi e croati, che miravano con tutti i mezzi – compresi quelli terroristici – alla fondazione di un unico Stato slavo indipendente ed erano palesemente appoggiati dalla Serbia (a sua volta protetta dalla Russia). Da questo pericoloso focolaio di tensione sarebbe scoccata nel 1914 la scintilla che portò allo scoppio della prima guerra mondiale e alla dissoluzione dell'Impero austro-ungarico.

8.6. La Russia: la rivoluzione del 1905 e la guerra col Giappone

Autocrazia e industrializzazione

Fra le grandi potenze europee la Russia era la sola che, alla fine dell'800, si reggesse ancora su un sistema autocratico, nemmeno mitigato da quelle forme di limitato costituzionalismo che si stavano affermando in Germania e in Austria-Ungheria. Ciò non impedì all'Impero zarista di avviare il suo primo tentativo di decollo industriale. Cominciato all'inizio degli anni '90 sotto lo stimolo delle grandi costruzioni ferroviarie, il processo di industrializzazione ebbe un impulso decisivo dalla politica di Sergej Vitte, ministro delle Finanze dal 1892 al 1903 e successivamente primo ministro. Le politiche economiche messe in atto in questi anni dal governo russo, da una parte, mirarono ad aumentare il sostegno dello Stato alla produzione nazionale, inasprendo il protezionismo e moltiplicando gli investimenti pubblici; dall'altra, incoraggiarono l'afflusso di capitali stranieri (soprattutto francesi), cui la repressione dei conflitti sociali e la conseguente compressione dei salari offrivano la possibilità di elevati profitti. Affidata all'iniziativa dello Stato e del capitale straniero, più che all'autonoma crescita di una borghesia imprenditoriale, l'industrializzazione risultò come calata dall'alto e fortemente concentrata sia per la dislocazione geografica sia per le dimensioni delle imprese.

Una società arretrata

Pertanto anche la classe operaia russa si concentrò in poche aree – la capitale Pietroburgo, la zona di Mosca, i distretti minerari degli Urali, la regione petrolifera di Baku sul Mar Caspio – e rimase isolata in un contesto sociale ancora dominato dall'agricoltura, che occupava circa il 70% della popolazione attiva e versava ancora in uno stato di estrema arretratezza. Il decollo industriale di fine secolo non cambiò dunque i tratti fondamentali della società russa, né elevò in misura significativa il tenore di vita di una popolazione che cresceva con un ritmo fra i più rapidi del mondo. All'inizio del '900 la Russia era in testa alle classifiche europee dell'analfabetismo e della mortalità infantile, mentre il suo prodotto pro capite era meno della metà di quello della Francia o della Germania.

I gruppi rivoluzionari

In queste condizioni era naturale che la tensione politica crescesse e che le manifestazioni di malcontento, anche violente, si moltiplicassero in tutti i settori della società. Del resto, in questi stessi anni si accentuò in modo determinante la penetrazione delle correnti rivoluzionarie fra i ceti popolari. Mentre la classe operaia subiva l'influenza del Partito socialdemocratico, fondato nel 1898 da Georgij Plechanov e aderente alla Seconda Internazionale, fra i contadini riscuoteva qualche successo la propaganda del Partito socialista rivoluzionario, nato nel 1900 dalla confluenza di gruppi anarchici e populisti, dai quali riprendeva il progetto di un socialismo agrario legato alle tradizioni russe. Priva di canali legali attraverso cui esprimersi, la protesta politica e sociale finì col coagularsi, nella Russia zarista, in un moto rivoluzionario: il più ampio e sanguinoso cui l'Europa avesse mai assistito dai tempi della Comune di Parigi del 1871.

La "domenica di sangue"

A far precipitare gli eventi contribuì, come vedremo fra poco, lo scoppio, nel 1904, della guerra col Giappone, che fece immediatamente salire la tensione sociale nelle città provocando fra l'altro un brusco aumento dei prezzi. In una domenica di gennaio del 1905, a Pietroburgo, un corteo di 150 mila persone si diresse verso il Palazzo d'Inverno, residenza dello zar Nicola II, per presentare al sovrano una petizione in cui si chiedevano maggiori libertà politiche e interventi per alleviare il disagio delle classi popolari. I manifestanti furono accolti a fucilate dall'esercito: i morti furono più di 100 e oltre 2000 i feriti. La brutale repressione scatenò in tutto il paese un'ondata di agitazioni, di vere e proprie sommosse, di ammutinamenti nelle stesse forze armate.

La nascita dei *soviet*

Fra la primavera e l'autunno del 1905, la Russia visse in uno stato di semianarchia. Di fronte alla crisi dei poteri costituiti – incapaci di riportare l'ordine, anche perché il grosso dell'esercito era impegnato in Estremo Oriente – sorsero spontaneamente in molti centri nuovi organismi rivoluzionari, i *soviet*, rappresentanze popolari elette sui luoghi di lavoro e costituite da membri continuamente revocabili, secondo un principio di democrazia diretta ispirato all'esperienza della Comune parigina del 1871. Il più importante di questi *soviet*, quello di Pietroburgo, assunse la guida del movimento rivoluzionario. Fra novembre e dicembre però – dopo che era stata conclusa la pace col Giappone e le truppe erano rientrate dal fronte – la Corona e il governo passarono risolutamente alla controffensiva facendo arrestare quasi tutti i membri del *soviet* di Pietroburgo e schiacciando con durezza le rivolte successivamente scoppiate nella capitale e a Mosca.

Il fallimento della Duma e la restaurazione autoritaria

Una volta ristabilito l'ordine, restava, come unico risultato del moto rivoluzionario, l'impegno dello zar di convocare un'assemblea rappresentativa (*Duma*). Le attese di un'evoluzione parlamentare del regime andarono comunque deluse. Eletta nell'aprile 1906, a suffragio universale ma con un complicato sistema che privilegiava i proprietari terrieri, la prima Duma rappresentò ugualmente un ostacolo sulla via della restaurazione assolutista e fu sciolta dopo poche settimane. Uguale sorte subì una seconda Duma eletta nel febbraio 1907 e rivelatasi ancor meno governabile della prima, in quanto le elezioni avevano rafforzato le ali estreme (destra reazionaria e socialisti rivoluzionari) ai danni del centro rappresentato dai costituzionali-democratici (cadetti). A questo punto (estate 1907) il governo modificò la legge elettorale in senso fortemente classista (il voto di un grande proprietario contava cinquecento volte quello di un operaio) e poté finalmente disporre di un'assemblea più docile, composta in gran parte da aristocratici. Con questo colpo di mano, gli strascichi della rivoluzione del 1905 potevano considerarsi liquidati e la Russia tornava a essere un regime sostanzialmente assolutista.

La riforma agraria

Artefice principale della restaurazione fu il conte Pëtr Stolypin, diventato primo ministro nel 1906. Stolypin legò il suo nome alla spietata repressione di ogni opposizione politica, ma al tempo stesso si pose il problema di riguadagnare al regime una base di consenso: avviò pertanto una riforma agraria, in base alla quale i contadini ebbero la facoltà di divenire proprietari della terra che coltivavano, e di godere di facilitazioni creditizie per l'acquisto di altre terre sottratte al demanio statale o cedute dai latifondisti. Lo scopo era quello di creare un ceto di piccola borghesia rurale che fosse al tempo stesso fattore di modernizzazione economica e di stabilità politica, ma il progetto riuscì solo in parte: dei nuovi piccoli proprietari creati dalla riforma (circa sette milioni fra il 1906 e il 1914), una parte andò a ingrossare il numero dei *kulaki*, i contadini ricchi o relativamente agiati; ma i più non trovarono nei loro piccoli appezzamenti la possibilità di condizioni di vita accettabili.

La guerra col Giappone

Come abbiamo visto, nel 1905, mentre era ancora scossa dalla rivoluzione, la Russia aveva subito una severa sconfitta militare ad opera del Giappone che, già alla fine dell'800, si era affacciato prepotentemente sulla scena della competizione imperialistica in Asia: aveva infatti mosso guerra all'Impero cinese (1894) e lo aveva sconfitto dando una prima prova della sua efficienza bellica. Subito dopo il Giappone entrò in diretta concorrenza con la Russia per il controllo delle regioni del Nord-Est asiatico. Nel 1903, le due potenze non trovarono un accordo sulla spartizione della Manciuria. Nel febbraio del 1904, senza alcuna dichiarazione di guerra, la flotta nipponica attaccò quella russa nel Mar Giallo e strinse d'assedio la base di Port Arthur, all'estremità meridionale della Manciuria. L'assedio durò quasi un anno. All'inizio del 1905, caduta Port Arthur, le forze giapponesi penetrarono in Manciuria e, in marzo, sconfissero l'esercito russo nella battaglia di Mukden. Anche la flotta russa, giunta in maggio dal Mar Baltico, fu distrutta in una grande battaglia navale nello Stretto di Tsushima, tra il Giappone e la Corea. Alla Russia non restò che accettare la mediazione offerta dagli Stati Uniti e firmare, in settembre, il trattato di Portsmouth, in base al quale il Giappone otteneva la Manciuria meridionale e una parte dell'isola di Sakhalin, situata di fronte alle coste della Siberia, e si vedeva riconosciuto il protettorato sulla Corea (che già deteneva di fatto dal 1895).

La fine del mito della superiorità europea

Per l'Impero zarista la sfortunata guerra contro il Giappone significò un ridimensionamento della propria posizione internazionale. Ma per l'Europa intera, la sconfitta della Russia rappresentò un trauma di proporzioni difficilmente immaginabili. Per la prima volta nell'età moderna un paese asiatico batteva in un'autentica guerra una grande potenza europea, distruggendo in un sol colpo il mito della supremazia militare e tecnologica europea e quello di una presunta superiorità della "razza bianca". L'Estremo Oriente cessava di essere campo d'azione incontrastato per le potenze europee e si avviava a diventare terreno di competizione fra i due nuovi imperialismi in ascesa: quello giapponese e quello statunitense.

8.7. La Cina dall'Impero alla Repubblica

La rivolta dei boxer

Dopo la vittoria del Giappone sulla Russia nel 1905, presero vigore le lotte nazionali e anticoloniali dei popoli asiatici. Movimenti indipendentisti si svilupparono nell'Indocina francese, nell'Indonesia olandese, nelle Filippine, da poco passate sotto il controllo degli Stati Uniti, e nell'India britannica. Ma fu soprattutto la Cina a subire in maniera determinante l'influsso del vicino Giappone, visto a un tempo come minaccia all'indipendenza nazionale e come modello da imitare sul piano dello sviluppo economico e dell'emancipazione politica. Da decenni ormai l'Impero cinese era oggetto della pressione commerciale e militare delle potenze europee, che miravano a spartirne il territorio in zone di influenza. La sconfitta nella guerra del 1894 col Giappone non fece che accelerare la crisi e provocò, per reazione, la nascita di un movimento conservatore e xenofobo che si proponeva di restaurare integralmente le antiche tradizioni imperiali. Questo movimento trovò il suo braccio armato in una società segreta e paramilitare, i cui aderenti furono chiamati in Occidente boxer, ossia pugili (dal nome di una antica società ginnica denominata "Pugni della giustizia e dell'armonia"). Nel 1900, in seguito a una serie di violenze compiute dai boxer contro i simboli e gli stessi rappresentanti della presenza straniera, le grandi potenze, compresi Stati Uniti e Giappone, si accordarono per un intervento militare congiunto (cui prese parte anche l'Italia). In due settimane la rivolta fu sedata e Pechino venne occupata dalle truppe alleate. Le potenze vincitrici, compresa l'Italia, ottennero concessioni territoriali e autonomie amministrative a Tientsin (oggi Tianjin), la città portuale di Pechino, in quartieri separati riservati agli europei e presidiati da una costante presenza militare.

L'avvio delle riforme

La rivolta però non rimase senza effetto. Da un lato essa mostrò la persistenza di un nazionalismo cinese che rendeva impraticabile una spartizione politica dell'Impero. Dall'altro, la sconfitta del nazionalismo tradizionalista e il crescente discredito della dinastia Qing Manciù prepararono il terreno allo sviluppo di un movimento democratico e occidentalizzante, che avrebbe cercato di collegare, come era avvenuto in Giappone, la lotta contro gli stranieri a quella per la modernizzazione del paese. Tra la fine dell'800 e l'inizio del nuovo secolo, importanti riforme, come la libertà di espressione e di stampa, oltre a un limitato diritto di voto, furono introdotte dalla imperatrice vedova Cixi (o Tzu-hsi), che governò il paese fino al 1908.

Sun Yat-sen

In coincidenza con questo rinnovamento politico e civile, nel 1905 nacque il *Tung meng hui* (lega di alleanza giurata), una organizzazione segreta fondata da un medico di Canton, Sun Yat-sen, che aveva soggiornato a lungo in Europa e in Giappone. Il programma era basato sui tre princìpi del popolo, modellati sulla tradizione democratica occidentale: l'indipendenza nazionale, la democrazia rappresentativa, il benessere del popolo. La lega di Sun Yat-sen fece proseliti soprattutto fra gli intellettuali, gli ufficiali dell'esercito e i nuclei di proletariato industriale. Al movimento andarono anche le simpatie di una parte della ancora esigua borghesia imprenditoriale, quella meno legata agli interessi commerciali delle potenze straniere.

La rivoluzione del 1911
e la fine dell'impero Qing

Nell'ottobre del 1911 la decisione del governo di affidare a imprese straniere il controllo della rete ferroviaria cinese provocò una serie di sommosse nelle province centro-meridionali e l'ammutinamento di alcuni reparti dell'esercito. Nel gennaio del 1912 un'assemblea rivoluzionaria dichiarò decaduta la dinastia Qing ed elesse Sun Yat-sen alla presidenza della Repubblica. In aprile il generale Yuan Shi-kai, inviato dal governo di Pechino a domare la rivolta, si schierò dalla parte dei repubblicani e ottenne in cambio di essere nominato

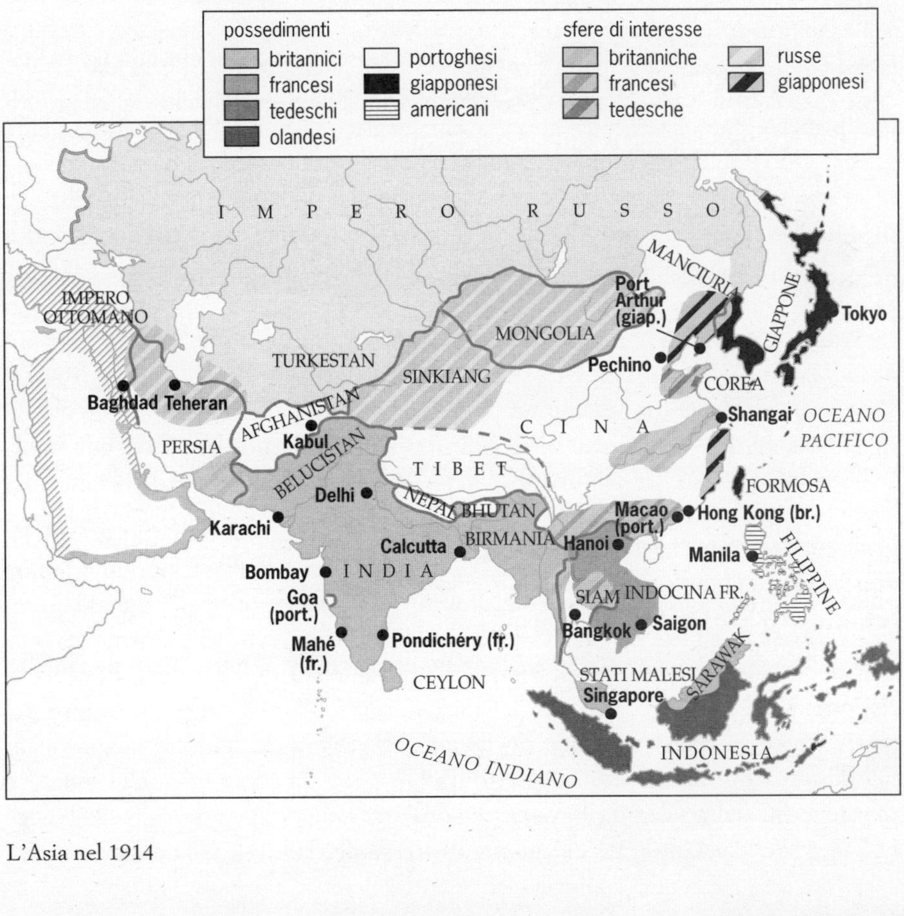

L'Asia nel 1914

presidente in luogo di Sun Yat-sen. Il più antico impero del mondo – aveva alle spalle circa 3 mila anni di storia – crollava così ingloriosamente. Ma la nuova Repubblica era destinata a una vita quanto mai travagliata.

La dittatura di Yuan Shi-kai

Il fragile compromesso raggiunto tra le forze democratiche organizzate nel nuovo Partito nazionale – il *Kuomintang* – e i gruppi conservatori che facevano capo a Yuan Shi-kai, ostili a ogni riforma che minacciasse i tradizionali equilibri sociali nelle campagne, si ruppe nel giro di pochi mesi. Nel 1913 il nuovo presidente sciolse il Parlamento appena eletto, mise fuori legge il Kuomintang, costrinse Sun Yat-sen all'esilio e instaurò una dittatura personale appoggiata dalle potenze straniere, i cui privilegi rimasero naturalmente intatti. Cominciava per la Cina una lunga stagione di guerre civili che si sarebbe conclusa solo nel 1949 con la vittoria della rivoluzione comunista.

8.8. L'imperialismo statunitense

Lo sviluppo economico

Mentre l'Asia orientale assisteva alla crescita inarrestabile della potenza nipponica, favorita anche dal crollo dell'Impero cinese, sull'altra sponda del Pacifico si andava progressivamente rafforzando il ruolo egemonico degli Stati Uniti: un ruolo fondato essenzialmente su uno sviluppo economico che non aveva paragone, per ritmo e intensità, in nessun altro paese del mondo. La crescita più imponente si verificò nell'industria, dove dominavano le grandi concentrazioni industriali e finanziarie (*corporations*), come il gigantesco *trust* dell'acciaio, la United Steel Corporation, costituitosi nel 1901. Alla fine del XIX secolo, gli Usa avevano raggiunto il primato mondiale nella produzione industriale, superando Gran Bretagna e Germania. Progressi decisivi furono compiuti anche nel settore dell'agricoltura e in quello dell'allevamento. Soprattutto nelle grandi praterie del Midwest, proseguì quella rivoluzione agricola che sempre più faceva degli Stati Uniti il granaio del mondo.

La presidenza Roosevelt

Dopo l'espansione nel Pacifico con la conquista delle Filippine e l'annessione delle Hawaii, fino alla prima guerra mondiale l'imperialismo statunitense si rivolse soprattutto verso l'America centrale. Qui la presenza degli Stati Uniti si fece sentire in forme quanto mai pesanti, soprattutto negli anni della presidenza di Theodore Roosevelt. Esponente dell'ala progressista del Partito repubblicano, salito al potere nel 1901, Roosevelt mostrò grande decisione nella difesa degli interessi americani nel mondo, alternando con disinvoltura la pressione economica alle minacce di interventi armati, la "diplomazia del dollaro" alla politica del "grosso bastone" (*big stick*), secondo un'eloquente espressione da lui stesso coniata.

Il Canale di Panama

Un esempio significativo di questa politica fu la vicenda del Canale di Panama. Nel 1901 gli Stati Uniti avevano ottenuto dal governo della Colombia l'autorizzazione a costruire e a gestire per un periodo di cento anni un canale che tagliasse l'istmo di Panama (allora facente parte della Repubblica colombiana), aprendo un passaggio fra il Pacifico e il Mar dei Caraibi. Quando, nel 1903, il senato colombiano rifiutò di ratificare l'accordo, gli Stati Uniti organizzarono una sommossa a Panama e minacciarono un intervento armato. Panama, come già Cuba, divenne una repubblica indipendente sotto la tutela americana. Il canale fu realizzato nel giro di dieci anni e la sua apertura, nel 1914, consentì di mettere in comunicazione i due settori – l'Oceano Pacifico e i mari del Centro America – su cui si esercitava allora la spinta espansionistica degli Stati Uniti.

Le riforme sociali ed economiche di Roosevelt

Imperialista e aggressiva all'estero, la linea di Roosevelt si caratterizzò in politica interna per un'apertura ai problemi sociali sconosciuta alle precedenti amministrazioni, sia repubblicane sia democratiche. Si dovettero a Roosevelt i primi, limitati provvedimenti del governo federale nel campo della legislazione sociale (limitazioni di orario, tutela del lavoro minorile, assicurazioni contro gli infortuni) e le prime energiche affermazioni del diritto di intervento dei pubblici poteri nel mondo dell'economia. Pur senza mai mettere in discussione i princìpi-cardine del capitalismo americano e senza modificare la politica protezionistica ereditata dai suoi predecessori, Roosevelt cercò di limitare il potere dei grandi *trusts*, interpretando così le esigenze della piccola e media borghesia urbana, dei piccoli produttori indipendenti e degli stessi sindacati operai.

L'elezione di Wilson

Ma, una volta che Roosevelt ebbe lasciato la presidenza, nel 1908, il Partito repubblicano si spaccò in un'ala progressista e una conservatrice. Nelle elezioni del 1912, la divisione tra le file repubblicane favorì il successo del candidato democratico, Woodrow Wilson. Professore di Scienze politiche, molto lontano da Roosevelt per formazione e per temperamento, Wilson ne riprese l'impegno sociale inserendolo però in un quadro ideologico e politico completamente diverso. Mentre Roosevelt aveva lasciato inalterato il regime doganale protezionistico, Wilson impostò la lotta contro i grandi monopoli sull'abbassamento delle tariffe protettive, che furono considerevolmente ridotte nel 1913. Anche nella politica estera Wilson portò uno stile nuovo, più prudente e rispettoso delle norme della convivenza internazionale, anche se non meno attento alla tutela degli interessi statunitensi nel mondo. Era infatti convinto che il ruolo degli Stati Uniti dovesse fondarsi, più che sulla forza delle armi, sulla capacità espansiva dell'economia e sulla fedeltà ai princìpi basilari della tradizione democratica. Paradossalmente fu proprio in base a questi princìpi che, nel 1917, Wilson avrebbe condotto il suo paese a intervenire per la prima volta in un conflitto fra potenze europee: la prima guerra mondiale.

8.9. L'America Latina e la rivoluzione messicana

La dipendenza economica dall'Occidente

Nel trentennio che precedette la prima guerra mondiale, i paesi dell'America Latina conobbero uno sviluppo economico di notevoli proporzioni, basato principalmente sull'esportazione di materie prime e di prodotti agricoli verso l'Europa industrializzata. Questo sviluppo attirò un consistente flusso migratorio dall'Europa e favorì la crescita di grandi centri urbani come Buenos Aires, Rio de Janeiro e Città del Messico. L'aumento delle esportazioni, però, finì con l'accentuare il carattere di subalternità dell'economia latino-americana, sempre più dipendente dagli investimenti e dai mercati esteri. Fu infatti favorita la tendenza delle agricolture dei singoli paesi a concentrarsi sulle monocolture, scelte in base alla richiesta del mercato internazionale: il caffè in Brasile, il grano in Argentina, la canna da zucchero a Cuba. E, dal momento che l'industria manifatturiera era assente quasi ovunque, mentre il settore estrattivo era in gran parte controllato da compagnie straniere, l'oligarchia terriera riuscì a mantenere una posizione dominante nella vita sociale e politica.

I sistemi politici

Dal punto di vista istituzionale, gli Stati latino-americani erano retti da regimi parlamentari e repubblicani ispirati ai modelli del liberalismo ottocentesco: l'ultima monarchia, quella brasiliana, fu rovesciata da un colpo di Stato nel 1889. La facciata istituzionale liberal-parlamentare, però, copriva una realtà di corruzione e di esclusione delle masse dalla vita politica che, in alcuni casi, degenerò in forme più o meno evidenti di dittatura personale.

La vittoria dei progressisti in Argentina

Negli anni immediatamente precedenti la prima guerra mondiale, importanti rivolgimenti politici ebbero luogo in due fra gli Stati più vasti e popolosi: l'Argentina e il Messico. Nel caso dell'Argentina si trattò di un rivolgimento pacifico, originato dall'introduzione del suffragio universale, nel 1912, e dalla successiva ascesa al potere dell'Unione radicale, espressione delle classi medie di orientamento progressista.

La rivoluzione messicana

In Messico, invece, la spinta alla democratizzazione politica e sociale sfociò in una lotta rivoluzionaria fra le più lunghe e sanguinose della storia del '900. La rivolta scoppiò nel 1910 contro il regime semidittatoriale del presidente Porfirio Díaz, un generale che governava dal 1876 appoggiandosi soprattutto sull'oligarchia terriera. Promotori dell'insurrezione furono i gruppi liberal-progressisti guidati da Francisco Madero, subito affiancati però da un vasto moto contadino, organizzato da improvvisati e popolarissimi capi rivoluzionari come Emiliano Zapata e Pancho Villa. Nell'autunno del 1911, Díaz fu costretto ad abbandonare il paese mentre Madero venne eletto presidente. A questo punto però cominciò a manifestarsi in modo drammatico il contrasto fra le due componenti del fronte rivoluzionario: quella borghese e moderata, che mirava soprattutto a una liberalizzazione delle istituzioni politiche, e quella contadina, che aveva come obiettivo fondamentale una radicale riforma agraria. Un tema fortemente sentito, e altrettanto fortemente temuto, in un paese in cui la proprietà della terra era concentrata nelle mani di un migliaio di latifondisti, mentre circa tre quarti della popolazione erano costituiti da braccianti senza terra (*peones*), quasi tutti analfabeti e poverissimi.

Nel 1913 il presidente Madero fu ucciso durante un colpo di Stato militare che portò al potere il generale Victoriano Huerta e aprì la strada a un regime di spietata reazione. La guerra civile riprese da allora con rinnovata violenza e si protrasse, in un susseguirsi di rivolte e colpi di Stato, fino all'inizio degli anni '20, per concludersi infine con l'assunzione della presidenza da parte del progressista Álvaro Obregón (1921) e con il varo di una Costituzione democratica e laica aperta alle istanze di riforma sociale, la cui attuazione si sarebbe però rivelata lenta e difficile.

sommario

Negli anni che precedettero lo scoppio della prima guerra mondiale, nel 1914, l'Europa visse una fase di forti contraddizioni: furono anni di sviluppo economico e crescita del commercio mondiale, ma anche di tensioni internazionali e conflittualità sociale. Questa compresenza di aspetti contraddittori è all'origine di due rappresentazioni contrapposte della realtà europea di questi anni: da un lato quella di un'età di progresso e di spensieratezza, di pace e di benessere, la *belle époque*; dall'altro quella di una stagione dominata dall'imperialismo e dalla più spietata logica di potenza, inevitabili premesse della Grande Guerra.

In seguito alla crisi del sistema bismarckiano le alleanze in Europa cambiarono. Con l'alleanza tra Francia e Russia, l'Intesa cordiale franco-inglese e l'accordo anglo-russo sulle questioni asiatiche, si venne a costituire in Europa uno schieramento – poi detto Triplice intesa – che comprendeva Francia, Russia e Gran Bretagna e si contrapponeva alla Triplice alleanza, che univa invece Germania, Impero austro-ungarico e Italia. Il primo quindicennio del '900 vide inoltre manifestarsi i primi segni di declino dell'Europa di fronte all'emergere di popoli extraeuropei. Preoccupava in particolare la crescita dei paesi asiatici (Cina e Giappone), che fece parlare di un "pericolo giallo".

Il decennio precedente la prima guerra mondiale (1914-18) registrò un'accentuazione dei contrasti internazionali. Dalle due crisi marocchine (1905 e 1911) la Germania uscì sconfitta, mentre la Francia ottenne un protettorato sul Marocco. L'annessione della Bosnia-Erzegovina (1908) da parte dell'Austria, e poi la guerra italo-turca (1911-12) e le due guerre balcaniche (1912-13) segnarono un profondo rivolgimento degli equilibri nell'Europa sud-orientale. L'Impero ottomano – dove nel 1908 era scoppiata la rivoluzione dei "Giovani turchi" – veniva così definitivamente estromesso dall'Europa, mentre si faceva sempre più acuto il contrasto tra Austria e Serbia, quest'ultima protetta dalla Russia che aspirava all'egemonia nei Balcani.

In Francia restavano forti le correnti contrarie alle istituzioni repubblicane. Tra la fine dell'800 e l'inizio del '900, queste correnti si coagularono intorno al caso del capitano Dreyfus – un ufficiale ebreo ingiustamente condannato per spionaggio – che divenne simbolo della spaccatura dell'opinione pubblica. Le forze progressiste, la cui mobilitazione contribuì alla liberazione di Dreyfus, ebbero una vittoria anche sul piano elettorale, che diede inizio a un periodo di governi a direzione radicale. In Gran Bretagna, invece, a cavallo fra i due secoli, la vita politica fu dominata dai conservatori, che cercarono di unire all'espansione imperialistica una politica di riforme sociali. Il successo dei liberali (1906) segnò un mutamento in senso progressista, che trovò il suo momento più importante nella battaglia per una più equa distribuzione del carico fiscale e per la riduzione dei poteri della Camera dei Lord.

In Germania, dopo l'uscita di Bismarck dalla scena politica, il "nuovo corso" di Guglielmo II non segnò un effettivo mutamento di indirizzi: anzi, la più aggressiva politica estera della Germania guglielmina – perseguita grazie a un accelerato riarmo navale – rafforzava la tradizionale alleanza tra grande industria, aristocrazia terriera e vertici militari, e finiva con l'ottenere l'appoggio di tutte le forze politiche. Da questa forte base di consenso venivano però esclusi i socialdemocratici, che nonostante ciò riuscirono ad allargare il proprio elettorato. Nell'Impero asburgico, invece, lo sviluppo economico rimaneva limitato ad alcune aree, mentre il sistema politico e la struttura sociale delle campagne erano caratterizzati da un sostanziale immobilismo. Il problema più grave era rappresentato però dalle agitazioni autonomistiche e indipendentiste delle varie nazionalità, anzitutto degli slavi. Queste tensioni interne all'Impero sarebbero state all'origine della prima guerra mondiale.

Grazie all'intervento diretto dello Stato e all'afflusso di capitali stranieri si ebbe, nella Russia degli anni '90, un primo decollo industriale. La società russa rimaneva però fortemente arretrata. Queste contraddizioni si rivelarono nella rivoluzione del 1905, che vide nascere nuovi organismi rivoluzionari, i *soviet*. Ristabilito l'ordine e vanificato l'esperimento parlamentare della Duma, nel 1906 fu varata dal primo ministro Stolypin una riforma agraria che mirava a creare una piccola borghesia rurale, ma non riuscì a risolvere gli enormi problemi delle campagne. Nel 1905, mentre era in corso la rivoluzione, il Giappone aveva attaccato e sconfitto la Russia, provocandone il ridimensionamento nel contesto internazionale. Per la prima volta nell'età moderna un paese asiatico era riuscito a battere in un'autentica guerra una grande potenza europea.

Dopo la vittoria del Giappone sulla Russia nel 1905, presero vigore le lotte nazionali e anticoloniali dei popoli asiatici. In Cina nacque un movimento conservatore e xenofobo i cui aderenti furono chiamati in Occidente boxer, ossia pugili. Nel 1900, le grandi potenze, compresi Stati Uniti e Giappone, si accordarono per un intervento militare congiunto che represse ogni tentativo di ribellione. All'inizio del '900, tuttavia, si diffuse un movimento nazionalista e democratico, guidato da Sun Yat-sen, che mirava all'indipendenza nazionale e alla istituzione nel paese di una democrazia rappresentativa. La decisione di affidare a imprese straniere il controllo della rete ferroviaria scatenò una rivoluzione che rovesciò la dinastia Qing. La presidenza della neonata Repubblica fu assunta da Sun Yat-sen, ma le forze conservatrici presero presto il sopravvento, inaugurando così una lunga stagione di guerre civili.

Durante la presidenza di Theodore Roosevelt (1901-8), la politica estera americana fu aggressiva e di stampo imperialista. Il risultato più importante fu la realizzazione e il controllo, in Centro America, del Canale di Panama, che collegava l'Atlantico al Pacifico. Sul piano interno, Roosevelt mostrò particolare sensibilità e apertura verso i problemi sociali. Le divisioni nel Partito repubblicano, però, favorirono nel 1912 l'elezione del democratico Wilson, che riprese l'impegno sociale di Roosevelt, pur inserendolo in un quadro politico e ideologico assai diverso. Fu tuttavia questo presidente, poco propenso a una politica estera fondata sulla forza delle armi, a guidare gli Stati Uniti nel 1917 nella prima guerra mondiale.

Nei trent'anni precedenti la prima guerra mondiale i paesi latino-americani registrarono un notevole sviluppo economico. Tuttavia non si attenuò la loro dipendenza dagli Stati industrializzati dell'Occidente, che importavano materie prime ed esportavano prodotti finiti, ostacolando lo sviluppo di un vero e proprio settore industriale. Le campagne erano dominate dal latifondo, mentre una ristretta oligarchia terriera controllava la vita sociale e politica. I maggiori mutamenti sul piano politico furono la vittoria dei radicali in Argentina e la rivoluzione messicana. Quest'ultima, cominciata nel 1910 e condizionata dal conflitto fra le sue varie componenti, si trasformò in una guerra civile che si concluse solo nel 1921 con la vittoria dei democratici.

bibliografia

Sulla storia europea fra i due secoli, oltre alle opere citate nella bibliografia del cap. 12, si vedano: W. Mommsen, *L'età dell'imperialismo. Europa 1885-1918*, Feltrinelli, Milano 1990 (ed. or. 1969); A.J. Mayer, *Il potere dell'Ancien Régime fino alla prima guerra mondiale*, Laterza, Roma-Bari 1999 (ed. or. 1981). Si veda anche A. Graziosi, *Guerra e rivoluzione in Europa 1905-1956*, Il Mulino, Bologna 2001.

Sulla socialdemocrazia tedesca: G. Roth, *I socialdemocratici nella Germania imperiale*, Il Mulino, Bologna 1971 (ed. or. 1963). Sulla Russia, oltre ai titoli citati nella bibliografia del cap. 12, si vedano: N. Werth, *Storia della Russia nel Novecento*, Il Mulino, Bologna 2000 (ed. or. 1990); H. Rogger, *La Russia pre-rivoluzionaria 1881-1917*, Il Mulino, Bologna 2005 (ed. or. 1993); O. Figes, *La tragedia di un popolo. La rivoluzione russa, 1891-1924*, Mondadori, Milano 2017 (ed. or. 1996).

Sull'Impero ottomano: G. Del Zanna, *La fine dell'Impero ottomano*, Il Mulino, Bologna 2012; S. McMeekin, *Il crollo dell'impero ottomano. La guerra, la rivoluzione e la nascita del moderno Medio Oriente, 1908-1923*, Einaudi, Torino 2017 (ed. or. 2015).

Sul Giappone e sulla Cina si vedano i volumi citati nella bibliografia dei capp. 13 e 14. Sulla rivolta dei boxer: D. Preston, *The Boxer Rebellion*, Berkley Books, New York 2001.

Sugli Stati Uniti, oltre ai testi citati nella bibliografia del cap. 13: A. Aquarone, *Le origini dell'imperialismo americano. Da McKinley a Taft (1897-1913)*, Il Mulino, Bologna 1973; J.L. Thomas, *La nascita di una potenza mondiale. Gli Stati Uniti dal 1877 al 1920*, Il Mulino, Bologna 1999 (ed. or. 1988); A. Testi, *Il secolo degli Stati Uniti*, Il Mulino, Bologna 2017.

Sull'America Latina, oltre i titoli citati nella bibliografia del cap. 7, si veda: M. Plana-A. Trento, *L'America Latina nel XX secolo*, Ponte alle Grazie, Firenze 1992.

9. L'Italia giolittiana

9.1. La crisi di fine secolo

Liberalismo e democrazia

Negli ultimi anni dell'800, l'Italia fu teatro di una crisi politico-istituzionale paragonabile a quella vissuta dalla Francia, più o meno nello stesso periodo, intorno al caso Dreyfus o a quella attraversata dall'Inghilterra una decina di anni dopo con lo scontro fra Lord e Camera dei Comuni [▶8.4]. Se diverso era nei vari casi il contesto politico-sociale e diverse furono le modalità del conflitto, uguale nella sostanza era la posta in gioco: l'evoluzione del regime liberale verso forme di più avanzata democrazia. Anche in Italia lo scontro si concluse con un'affermazione delle forze progressiste: un'affermazione non completa né definitiva, ma sufficiente a far evolvere la vita del paese, che conosceva allora una fase di intenso sviluppo industriale, secondo modelli più vicini a quelli delle liberal-democrazie occidentali che non a quelli autoritario-costituzionali degli imperi del Centro Europa.

I conservatori e la proposta di Sonnino

La caduta di Crispi (marzo 1896), determinata dagli insuccessi coloniali e dall'opposizione convergente dell'estrema sinistra e di una parte della destra, non pose fine ai tentativi di risolvere le tensioni politiche e sociali con una restrizione delle libertà. Al contrario, negli anni che seguirono le dimissioni di Crispi, si delineò fra le forze conservatrici – già divise sulla politica estera e sulle questioni coloniali – la tendenza a ricomporre un fronte comune contro le minacce portate all'ordine costituito dai "nemici delle istituzioni", socialisti, repubblicani o clericali che fossero. Questa tendenza si esprimeva nel tentativo di tornare a una interpretazione restrittiva dello Statuto che, interrompendo la prassi "parlamentare" affermatasi con Cavour, rendesse il governo responsabile di fronte al sovrano, lasciando alle Camere i soli compiti legislativi: era quanto proponeva Sidney Sonnino in un celebre articolo apparso all'inizio del '97 e intitolato significativamente *Torniamo allo Statuto*; contemporaneamente si assisteva a una ripresa dei metodi crispini in materia di ordine pubblico, volti a colpire indiscriminatamente ogni forma di protesta sociale.

I moti per il pane

La tensione esplose nella primavera del 1898, quando un improvviso aumento del prezzo del pane – provocato da un cattivo raccolto e dal contemporaneo blocco delle importazioni di cereali dagli Stati Uniti in seguito alla guerra di Cuba – fece scoppiare in tutto il paese una serie di agitazioni popolari. Si trattava di manifestazioni in larga parte spontanee, che richiamavano, nelle motivazioni e nella dinamica, forme di protesta tipiche delle società preindustriali. La risposta del governo, guidato dal conservatore Antonio di Rudinì, fu comunque durissima come se si dovesse fronteggiare un complotto rivoluzionario: prima massicci interventi delle forze di polizia, quindi proclamazione dello stato d'assedio, con conseguente passaggio dei poteri alle autorità militari, a Milano, a Napoli e nell'intera Toscana. La repressione raggiunse il culmine a Milano nelle giornate fra il 6 e il 9 maggio, quando le truppe del generale Bava Beccaris fecero uso dell'artiglieria contro la folla inerme provocando circa ottanta morti e più di cinquecento feriti. Capi socialisti, radicali e repubblicani e anche esponenti del movimento cattolico intransigente furono arrestati e condannati a pene severissime.

Progetti autoritari e ostruzionismo

Una volta riportato l'ordine, i gruppi moderati e conservatori, che detenevano la maggioranza alla Camera e godevano dell'appoggio del re, cercarono di dare una base legislativa all'azione repressiva dei poteri pubblici. Lo scontro si trasferì così dalle piazze alle aule parlamentari. Dimessosi in giugno Rudinì, il suo successore, il generale piemontese Luigi Pelloux, presentò un pacchetto di provvedimenti che limitavano gravemente il diritto di sciopero e le stesse libertà di stampa e di associazione. I gruppi di sinistra (socialisti, repubblicani, radicali) risposero mettendo in atto la tecnica dell'ostruzionismo, consistente nel prolungare all'infinito le discussioni e paralizzare così l'azione della maggioranza. La maggioranza cercò allora di tagliare i tempi della discussione modificando i regolamenti parlamentari, ma si scontrò ancora con l'ostruzionismo della sinistra. La battaglia si protrasse per quasi un anno con fasi altamente drammatiche: dibattiti accesissimi, interventi-fiume, scontri fisici fra i deputati.

La sconfitta dei conservatori e l'uccisione di Umberto I

Incapace di venire a capo dell'ostruzionismo, e indebolito dalla sempre più aperta opposizione dei gruppi liberali-progressisti che facevano capo a Giuseppe Zanardelli e a Giovanni Giolitti, Pelloux si dimise dopo il risultato sfavorevole delle elezioni del giugno 1900, in cui le opposizioni guadagnarono numerosi seggi. Affidando la successione al senatore Giuseppe Saracco, un moderato ritenuto al di sopra delle parti, il re Umberto I mostrava di prendere atto del fallimento di quella politica repressiva che lo aveva visto fra i più attivi sostenitori. Un mese dopo, il 29 luglio 1900, Umberto cadeva vittima di un attentato per mano di un anarchico, Gaetano Bresci, venuto appositamente dagli Stati Uniti per vendicare le vittime del '98.

9.2. La svolta liberale

Il governo Zanardelli-Giolitti

Il governo Saracco rinunciò a ripresentare i provvedimenti repressivi proposti da Pelloux. Si aprì così una fase di distensione, indubbiamente favorita dal buon andamento dell'economia – e dal conseguente allentamento delle tensioni sociali – e dall'atteggiamento del nuovo re, Vittorio Emanuele III, assai più aperto del padre nei confronti delle forze progressiste. Quando, nel febbraio 1901, il governo Saracco fu costretto a dimettersi per il comportamento incerto e contradditorio tenuto in occasione di un grande sciopero indetto dai lavoratori genovesi, il re chiamò alla guida del governo il leader della sinistra liberale Giuseppe Zanardelli, che affidò il Ministero dell'Interno a Giovanni Giolitti. Proprio Giolitti, nel dibattito parlamentare sullo sciopero di Genova, aveva formulato con molta chiarezza la teoria secondo cui lo Stato liberale non aveva nulla da temere dallo sviluppo delle organizzazioni operaie e nulla da guadagnare da una repressione indiscriminata delle loro attività, ma al contrario aveva tutto l'interesse a consentirne il libero svolgimento, purché non uscissero dai confini della legalità.

Le riforme di Zanardelli

Nei suoi quasi tre anni di vita, il Ministero Zanardelli-Giolitti condusse in porto alcune importanti riforme. Furono estese le norme che limitavano il lavoro minorile e femminile nell'industria. Venne migliorata la legislazione sulle assicurazioni per la vecchiaia e per gli infortuni sul lavoro. Fu costituito un Consiglio superiore del lavoro, organo consultivo per la legislazione sociale, cui partecipavano anche esponenti delle organizzazioni sindacali socialiste. Venne approvata una legge per la municipalizzazione dei servizi pubblici. Ma più importante delle singole riforme fu il nuovo atteggiamento del governo in materia di conflitti di lavoro. Tenendo fede al suo programma, Giolitti mantenne una linea di rigorosa neutralità nelle vertenze, purché non degenerassero in manifestazioni violente.

Il movimento sindacale

Le conseguenze del nuovo corso furono subito evidenti. Le organizzazioni sindacali, operaie e contadine, cancellate o ridotte alla clandestinità dalle repressioni del '98, si svilupparono rapidamente. In quasi tutte le principali città del Centro-Nord si costituirono, o si ricostituirono, le Camere del lavoro, gli organismi locali di coordinamento e difesa degli interessi dei lavoratori, mentre crescevano anche le organizzazioni nazionali di categoria (le Federazioni di mestiere). Contestualmente cominciarono a organizzarsi anche i lavoratori agricoli. Formate in prevalenza da braccianti – ma anche da mezzadri e piccoli affittuari – e concentrate soprattutto nelle province padane, le "leghe rosse" – dette così per la vicinanza al movimento socialista – si riunirono, nel novembre 1901, nella Federazione italiana dei lavoratori della terra (Federterra) che contava oltre 200 mila iscritti. Obiettivo finale e dichiarato delle leghe era la "socializzazione della terra". Obiettivi immediati erano l'aumento dei salari, la riduzione degli orari di lavoro, l'istituzione di uffici di collocamento controllati dai lavoratori stessi.

Scioperi e aumenti salariali

Lo sviluppo delle organizzazioni sindacali fu accompagnato da una brusca impennata degli scioperi. Le astensioni dal lavoro, che nell'ultimo decennio dell'800 erano state rare e sporadiche, con una media di poche decine all'anno, salirono a 1670 nel 1901 e superarono il migliaio anche nel 1902, interessando sia il settore industriale sia quello agricolo. Ne derivò una spinta al rialzo dei salari destinata a protrarsi, con poche interruzioni, per tutto il primo quindicennio del secolo. Fra il 1900 e il 1915 le retribuzioni reali dei lavoratori dell'industria crebbero del 35% e ancora più consistente, intorno al 50%, fu l'aumento delle paghe giornaliere dei salariati agricoli. Questi progressi non si possono spiegare solo con la nuova politica liberale, ma vanno inquadrati nella fase di generale sviluppo economico attraversata dal paese in questo periodo.

9.3. Decollo dell'industria e questione meridionale

Le premesse dello sviluppo industriale

A partire dagli ultimi anni dell'800, l'Italia conobbe il suo primo autentico decollo industriale. Se l'economia italiana poté inserirsi nella congiuntura internazionale favorevole cominciata nel 1896 [▶7.2], ciò fu dovuto anche ai progressi che, pur fra battute d'arresto e contraddizioni, il paese era venuto realizzando, nei primi trenta-quarant'anni di vita unitaria, sul piano delle infrastrutture economiche e delle strutture produttive. La costruzione di una rete ferroviaria, avviata negli anni della Destra, aveva favorito lo sviluppo del commercio. La scelta protezionistica del 1887 aveva reso possibile la creazione, sia pure a costi molto alti, di una moderna industria siderurgica. Infine, il riordinamento del sistema bancario attuato dopo la crisi della Banca Romana aveva creato una struttura finanziaria abbastanza efficiente. Particolare importanza ebbe la costituzione, avvenuta nel 1894 con l'incoraggiamento dello Stato e con l'apporto di capitali tedeschi, di due nuovi istituti di credito, la Banca commerciale e il Credito italiano, che svolsero una funzione decisiva nel facilitare l'afflusso del risparmio privato verso gli investimenti industriali, soprattutto nei settori più moderni.

I settori strategici

Furono appunto questi settori che fecero registrare i maggiori progressi. La siderurgia, la più favorita dalle tariffe del 1887, vide la creazione, accanto alle Acciaierie di Terni (fondate, col concorso dello Stato, nel 1884), di numerosi nuovi impianti per la lavorazione del ferro (a Savona, Piombino, Bagnoli). Nel settore tessile, i maggiori progressi si ebbero nell'industria cotoniera, anch'essa altamente meccanizzata e favorita dal protezionismo. Nel settore agroalimentare si assisté alla crescita rapidissima di un'altra industria protetta, quella dello zucchero. Sviluppi interessanti si ebbero anche in settori che non erano favoriti dalle tariffe doganali, come quello chimico (soprattutto nell'industria della gomma, con gli stabilimenti Pirelli di Milano), o addirittura ne erano svantaggiati, come quello meccanico. In questo campo la principale novità fu costituita dall'affermazione dell'industria automobilistica dove, nonostante la ristrettezza del mercato interno (le automobili erano allora riservate a pochissimi privilegiati), riuscirono a svilupparsi numerose aziende: alcune, come la Fiat di Torino, fondata nel 1899 da Giovanni Agnelli, avrebbero poi acquistato una posizione di preminenza nel mondo industriale italiano. Un discorso a parte va fatto, infine, per l'industria elettrica, che in Italia aveva mosso i primi passi già negli anni '80 dell'800 e che conobbe un autentico boom all'inizio del '900.

Le cifre della crescita

In termini complessivi, l'economia italiana realizzò notevoli progressi. Fra il 1896 e il 1907 il tasso medio di crescita annua fu del 6,7%, superiore a quello di qualsiasi altro paese europeo nello stesso periodo. Il prodotto pro capite aumentò di oltre un terzo, mentre era rimasto pressoché invariato nei precedenti quarant'anni. Fra il 1896 e il 1914 il volume della produzione industriale risultò quasi raddoppiato, mentre la quota dell'industria nella formazione del prodotto nazionale, che fra il 1880 e il 1900 era rimasta pressoché stazionaria attorno al 20%, passò nel 1914 al 25% circa, contro il 43% dell'agricoltura.

Consumi e servizi

Il decollo industriale dell'inizio del '900 fece sentire i suoi effetti anche sul tenore di vita degli italiani. L'aumento generalizzato delle retribuzioni consentì a vasti strati della popolazione di destinare una quota dei bilanci familiari – fino ad allora assorbiti in misura schiacciante dalle spese per l'alimentazione – alla casa, ai trasporti, all'istruzione, alle attività ricreative e soprattutto all'acquisto di beni di consumo durevoli: in primo luogo utensili domestici, ma anche biciclette, macchine per cucire e altri prodotti della moderna tecnologia che fecero allora la prima timida comparsa sul mercato nazionale.

Era insomma la qualità della vita degli italiani che cominciava a mutare, sia pur lentamente e parzialmente, di pari passo con lo sviluppo economico. I segni di questo mutamento erano visibili soprattutto nelle città, ancora piccole rispetto alle maggiori metropoli europee – Roma, per esempio, contava nel 1906 poco più di 500 mila abitanti contro i quasi 3 milioni di Parigi – ma ad esse più simili che in passato, grazie soprattutto allo sviluppo dei servizi pubblici (illuminazione, trasporti urbani, gas domestico, acqua corrente) gestiti non di rado dagli stessi comuni tramite apposite aziende municipalizzate.

Abitazioni e igiene pubblica

Le condizioni abitative dei lavoratori urbani restavano ancora precarie. Le case operaie erano per lo più malsane e sovraffollate. Gli appartamenti dotati di servizi igienici autonomi restavano un'eccezione nelle grandi città e un'autentica rarità nei centri rurali. Il riscaldamento centralizzato era un lusso. Ma la diffusione dell'acqua corrente nelle case e il miglioramento delle reti fognarie costituirono un progresso di non poco conto, contribuendo alla forte diminuzione della mortalità da malattie infettive (colera, tifo e, in genere, affezioni gastroenteriche) che si verificò nel primo quindicennio del secolo. Anche la mortalità infantile – indicatore fra i più importanti dell'arretratezza economica e civile – fece registrare un notevole calo.

I fattori di arretratezza

Questi progressi tuttavia non furono sufficienti a colmare il divario che ancora separava l'Italia dagli Stati più ricchi e più industrializzati. Alla vigilia della prima guerra mondiale il prodotto pro capite era circa la metà di quello tedesco; l'analfabetismo era ancora molto elevato (37% nel 1911), mentre si avviava a scomparire in tutta l'Europa del Nord. Il consumo annuo di carne di ogni italiano era di tre volte inferiore a quello di un cittadino britannico. La quota della popolazione attiva impiegata nelle campagne era ancora intorno al 55% (mentre non superava il 40% in Francia, il 35% in Germania e addirittura l'8% in Inghilterra): una quota troppo alta per le capacità produttive dell'agricoltura italiana, com'era dimostrato dall'incremento dell'emigrazione verso l'estero.

L'emigrazione

Fra il 1900 e il 1914 si contarono circa 8 milioni di emigrati (di cui almeno 2 milioni a carattere permanente). Nel solo 1913 le partenze furono 870 mila. Tutte le regioni italiane parteciparono al fenomeno migratorio. Ma il contributo più rilevante, in rapporto alla popolazione, venne in questo periodo dal Mezzogiorno. Inoltre, mentre l'emigrazione dalle regioni centro-settentrionali era soprattutto temporanea e diretta verso i paesi europei, quella meridionale si indirizzava in prevalenza verso le Americhe e aveva per lo più carattere permanente. Dal punto di vista economico, il fenomeno migratorio ebbe alcuni effetti positivi: non solo perché allentò la pressione demografica, creando un rapporto più favorevole fra popolazione e risorse e attenuando tensioni sociali altrimenti insostenibili, ma anche perché le rimesse degli emigrati alleviarono il disagio delle zone più depresse e risultarono di giovamento all'economia dell'intero paese. D'altra parte, un'emigrazione così massiccia rappresentò un impoverimento, in termini di forza-lavoro e di energie intellettuali, per la comunità nazionale: soprattutto per il Mezzogiorno, privato di molti fra i suoi elementi più giovani e intraprendenti.

Il divario tra Nord e Sud

Ancora una volta, dunque, gli effetti del progresso economico non si distribuirono uniformemente in tutto il paese, ma si fecero sentire soprattutto nelle regioni già più sviluppate, in particolare nel cosiddetto triangolo industriale che aveva come vertici Milano, Torino e Genova. E il divario fra Nord e Sud si venne perciò accentuando, sia pure nel quadro di una crescita generalizzata. Nel 1903, sul totale dei lavoratori dell'industria il 57% era concentrato nelle regioni settentrionali mentre solo il 25% viveva nel Mezzogiorno (che aveva una popolazione pari al 37% di quella nazionale), dove erano assenti, salvo rare eccezioni, le aziende di grandi dimensioni e a tecnologia avanzata. Anche i discreti progressi che l'agricoltura italiana venne realizzando a partire dagli ultimi anni dell'800 finirono col concentrarsi nel Nord, soprattutto nelle aziende capitalistiche della Valle Padana. Scarsi furono invece i progressi nelle regioni meridionali, sfavorite dalle condizioni climatiche e idrologiche e dalla naturale povertà dei terreni appenninici, ma anche dalla permanenza di rapporti sociali consolidati e di mentalità diffuse che ostacolavano il mutamento economico e sociale.

I mali della società meridionale

Da questa situazione derivavano in buona parte i mali storici della società meridionale: l'analfabetismo diffuso (nel 1911 il tasso era ancora del 60% nel Mezzogiorno contro il 15% nelle regioni del Nord), la disgregazione sociale, l'assenza di una classe dirigente moderna, la subordinazione della piccola e media borghesia agli interessi della grande proprietà terriera, il carattere clientelare e personalistico della lotta politica. Tale carattere era accentuato dal fatto che, per molti giovani, la conquista di un impiego pubblico – raggiungibile grazie ai favori del notabile o del deputato locale – costituiva l'unica alternativa alla disoccupazione o all'emigrazione: fu in questo periodo che la pubblica amministrazione italiana, nata piemontese e "nordista", cominciò a meridionalizzarsi.

I meridionalisti

Dalla denuncia di questi mali antichi, e del conseguente approfondirsi dello squilibrio fra Nord e Sud d'Italia, prese avvio, già nei primi decenni postunitari, un movimento di opinione, e insieme un indirizzo di studi, che poi fu definito col termine "meridionalismo" e che si applicava allo studio dei problemi del Mezzogiorno nel quadro dello Stato italiano. I meridionalisti erano diversi fra loro per orientamento politico: c'erano conservatori come Giustino Fortunato e Sidney Sonnino, socialisti come Gaetano Salvemini, radicali come Francesco Saverio Nitti. Spesso erano divisi sugli strumenti da adottare: Salvemini, ad esempio, considerava prioritaria la fine del protezionismo doganale che favoriva l'industria del Nord, mentre Nitti era favorevole a specifici interventi statali nel Mezzogiorno. Ma tutti individuavano nella questione meridionale il principale ostacolo da superare perché l'Italia potesse procedere sulla via dello sviluppo economico e civile.

9.4. Giolitti e le riforme

Giolitti alla guida del governo

Su una realtà complessa e contraddittoria come quella dell'Italia all'inizio del '900 si esercitò per oltre un decennio l'opera di governo di Giovanni Giolitti, la più notevole figura di statista mai apparsa in Italia dopo la morte di Cavour. Chiamato alla guida del governo nel novembre 1903, dopo le dimissioni di Zanardelli, Giolitti cercò non soltanto di portare avanti l'esperimento liberal-progressista avviato dal precedente ministero, ma anche di allargarne le basi offrendo un posto nella compagine governativa al socialista Filippo Turati [▸9.7]. Ma il leader socialista rifiutò l'offerta, in quanto temeva, non a torto, di non essere seguìto dal suo partito. Giolitti finì col costituire un ministero aperto alla destra. Una mossa che dà la misura dei limiti entro cui si muoveva il riformismo giolittiano, sempre condizionato dal peso delle forze moderate e sempre attento alla conservazione degli equilibri parlamentari, al punto da sacrificare progetti anche importanti quando si rivelassero incompatibili con la solidità della maggioranza: tipico fu il caso della riforma fiscale, che fu lasciata cadere nonostante costituisse uno dei punti qualificanti del programma di Giolitti.

Le leggi per il Mezzogiorno e la statizzazione delle ferrovie

Furono invece condotte in porto, nel 1904, le prime importanti "leggi speciali" per il Mezzogiorno: quella per la Basilicata e quella per Napoli, volte a incoraggiare la modernizzazione dell'agricoltura e, nel caso di Napoli, lo sviluppo industriale, mediante una serie di stanziamenti statali e di agevolazioni fiscali e creditizie (così fu realizzato il centro siderurgico di Bagnoli). Queste leggi – seguite da altre analoghe per la Calabria e per le isole – costituirono un precedente cui si sarebbe ispirata, anche in tempi più recenti, la pratica degli "interventi speciali" dello Stato nelle aree depresse.

Un altro importante progetto elaborato da Giolitti nel 1904-5 fu quello relativo alla statizzazione delle ferrovie, ancora affidate alla gestione di compagnie private. Il progetto incontrò diffuse opposizioni sia a destra sia a sinistra: i socialisti, in particolare, lo avversarono perché prevedeva il divieto di sciopero per i ferrovieri diventati dipendenti pubblici.

I governi Fortis e Sonnino

Di fronte a queste difficoltà, Giolitti si dimise con un pretesto lasciando la guida del governo ad Alessandro Fortis, secondo una tattica che avrebbe messo in atto anche successivamente e che consisteva nell'abbandonare le redini del potere nei momenti difficili per poi riprenderle in condizioni più favorevoli, confidando sul controllo della maggioranza parlamentare. Fortis restò al governo meno di un anno: il tempo necessario per condurre in porto la legge sulla statizzazione delle ferrovie. E vita ancora più breve (tre mesi) ebbe il successivo ministero guidato da Sidney Sonnino, che si presentava come il più autorevole antagonista di Giolitti in campo liberale ma non disponeva di un forte seguito in Parlamento.

La conversione della rendita

Nel 1906 Giolitti tornò alla guida del governo e vi restò ininterrottamente per tre anni e mezzo. In quello stesso anno fu realizzata la cosiddetta conversione della rendita, ossia la riduzione del tasso di interesse versato dallo Stato ai possessori di titoli del debito pubblico, un provvedimento che serviva a ridurre gli oneri gravanti sul bilancio statale. Il successo dell'operazione si manifestò nel fatto che solo pochi possessori di titoli si valsero della facoltà di esigere l'immediato rimborso delle somme prestate: segno evidente della fiducia dei risparmiatori nella solidità del bilancio pubblico.

Il suffragio universale

Nel dicembre del 1909 Giolitti attuò una nuova "ritirata strategica", aprendo la strada a un secondo governo Sonnino, destinato anch'esso a vita brevissima, e a un successivo governo Luzzatti, che avviò un'importante riforma scolastica: la legge Daneo-Credaro, che avocava allo Stato, sottraendolo ai comuni, l'onere dell'istruzione elementare. Nel marzo 1911 Giolitti tornò al governo con un programma decisamente orientato a sinistra, il cui punto cardine era la proposta di estendere il diritto di voto a tutti i cittadini maschi che avessero compiuto trent'anni e a tutti i maggiorenni che sapessero leggere e scrivere o avessero prestato servizio militare: si trattava, di fatto, del suffragio universale maschile, che era ormai in vigore in buona parte dei paesi europei e fu introdotto in Italia nel 1912. Nello stesso anno fu istituito, con la creazione di un nuovo ente pubblico, l'Ina (Istituto nazionale assicurazioni), il monopolio statale delle assicurazioni sulla vita, i cui proventi sarebbero serviti a finanziare il fondo per le pensioni di invalidità e vecchiaia dei lavoratori.

9.5 Il giolittismo e i suoi critici

La "dittatura" di Giolitti

Se è consuetudine parlare di "età giolittiana" per indicare il periodo che va dal superamento della crisi di fine secolo alla vigilia della prima guerra mondiale, ciò è dovuto al fatto che in questo periodo lo statista piemontese esercitò sulla vita del paese un'influenza ancora maggiore di quanto non dica la sua pur lunga permanenza alla guida del governo. Quella esercitata da Giolitti fu una "dittatura parlamentare" molto simile, per le forme in cui si manifestava, a quella realizzata da Depretis fra il 1876 e il 1887, anche se diversa, e decisamente più aperta, nei contenuti. Tratti caratteristici dell'azione di Giolitti furono infatti: il sostegno costante alle forze più moderne della società italiana (la borghesia industriale e il proletariato organizzato), il tentativo di condurre nell'orbita del sistema liberale gruppi e movimenti tradizionalmente considerati nemici delle istituzioni, la tendenza ad allargare l'intervento dello Stato per correggere gli squilibri sociali.

Trasformismo e ingerenze elettorali

Il controllo delle Camere – unito a una perfetta conoscenza della burocrazia statale – costituì l'elemento fondamentale del "sistema" di Giolitti. Grazie ad esso lo statista poté governare a lungo senza l'assillo di crisi ricorrenti e addirittura, come si è visto, abbandonare temporaneamente la guida del governo per riprenderla nel momento più opportuno. Questo controllo era però ottenuto a prezzo della perpetuazione dei vecchi sistemi trasformistici e di un intervento costante e spregiudicato del governo nelle lotte elettorali: intervento che si esercitava soprattutto nel Mezzogiorno, dove le ingerenze del potere esecutivo trovavano terreno favorevole in un ambiente dominato dalle lotte fra i notabili e caratterizzato dall'assenza quasi totale di organizzazioni politiche moderne. Tutto ciò finiva inevitabilmente col limitare gli aspetti più nuovi e progressivi dell'esperienza giolittiana e col contraddirne, almeno in parte, le stesse premesse.

L'opposizione al giolittismo

Su questi aspetti deteriori si appuntarono ben presto le critiche dei numerosi avversari dello statista piemontese. Per i socialisti rivoluzionari e per i cattolici democratici Giolitti era colpevole di far opera di corruzione all'interno dei rispettivi movimenti, dividendoli e cooptandone le componenti moderate entro il suo sistema di potere. Per converso, i liberali-conservatori, come Sidney Sonnino o Luigi Albertini (direttore del «Corriere della Sera» di Milano, il più importante quotidiano italiano), accusavano Giolitti di venire a patti con i nemici delle istituzioni, mettendo così in pericolo l'autorità dello Stato. Non meno gravi erano le accuse lanciate a Giolitti dai meridionalisti come Gaetano Salvemini, che lo bollò con l'epiteto ingiurioso di "ministro della mala vita". Per loro la denuncia del malcostume politico imperante nelle regioni del Sud si legava alla severa critica della politica economica protezionista attuata dal governo, che aveva favorito l'industria e le "oligarchie operaie" del Nord (ma anche la grande proprietà terriera meridionale, tutelata dal dazio sul grano), ostacolando lo sviluppo delle migliori forze produttive nel Mezzogiorno.

Le difficoltà del sistema giolittiano

Nonostante l'ampiezza delle maggioranze parlamentari che continuavano a sostenerlo, Giolitti dovette così fare i conti con una crescente impopolarità, sintomo dell'interna debolezza di tutto il sistema, oltre che del distacco fra classe dirigente e pubblica opinione. Questi sintomi di difficoltà si fecero più evidenti dopo il 1911, in coincidenza con le vicende legate alla guerra di Libia. La decisione di impegnarsi nell'impresa coloniale è stata spesso interpretata in chiave di politica interna, come una concessione fatta ai gruppi conservatori per bilanciare gli effetti del suffragio universale e del monopolio delle assicurazioni. In realtà essa fu soprattutto l'atto finale di un lungo lavoro di preparazione diplomatica cominciato alla fine dell'800.

9.6. La guerra di Libia e il tramonto del giolittismo

La svolta in politica estera

A partire dal 1896, anno della caduta di Crispi, la politica estera italiana subì una netta correzione di rotta. Pur senza rinnegare il vincolo della Triplice alleanza, fu attenuata la linea rigidamente filotedesca seguita nel precedente decennio. Il conseguente miglioramento dei rapporti con la Francia portò, nel 1898, alla firma di un nuovo trattato di commercio che poneva fine alla "guerra doganale" iniziata dieci anni prima, con i provvedimenti protezionistici varati dall'ultimo governo Depretis. Nel 1902 fu stabilito un accordo per la divisione delle sfere di influenza in Africa settentrionale: l'Italia otteneva il riconoscimento delle sue aspirazioni sulla Libia, lasciando in cambio mano libera alla Francia sul Marocco. La nuova situazione creava però motivi di contrasto in seno alla Triplice alleanza. L'accordo con la Francia sul Marocco non piacque ai tedeschi. E meno ancora piacque agli italiani il modo in cui l'Austria-Ungheria, con l'appoggio della Germania, procedette unilateralmente all'annessione della Bosnia-Erzegovina nel 1908 [▶8.3]. L'episodio, che metteva in evidenza la posizione di partner più debole occupata dall'Italia nella Triplice, lasciò nell'opinione pubblica uno strascico di malumori e risentimenti.

Il movimento nazionalista

Intanto, allontanatosi il trauma delle prime e sfortunate imprese africane, molti uomini politici e intellettuali cominciavano a chiedersi perché l'Italia dovesse rassegnarsi a un destino di potenza di secondo rango, perché tanti lavoratori italiani fossero costretti a emigrare in cerca di lavoro nei paesi più ricchi anziché impegnare le loro energie al servizio della grandezza nazionale. Ebbe allora notevole fortuna la teoria formulata dallo scrittore Enrico Corradini, secondo cui il contrasto fondamentale non era più quello fra le diverse classi all'interno di un singolo paese, ma quello fra paesi ricchi e paesi poveri, fra "nazioni capitalistiche" e "nazioni proletarie", ossia dotate di una popolazione in eccedenza rispetto alle risorse economiche, proprio come l'Italia.

In questo clima politico e culturale poté nascere e affermarsi un movimento nazionalista che, raccoltosi in un primo tempo attorno a riviste e circoli intellettuali, si diede una struttura organizzativa alla fine del 1910 con la fondazione dell'Associazione nazionalista italiana. Nata dalla confluenza di correnti politicamente eterogenee (democratici e reazionari, fautori delle imprese coloniali e nostalgici dell'irredentismo), l'Associazione vide prevalere al suo interno un gruppo imperialista e conservatore, che subito avviò una martellante campagna in favore della conquista della Libia. In questa campagna i nazionalisti trovarono potenti alleati nei gruppi cattolico-moderati legati alla finanza vaticana e in particolare al Banco di Roma, da anni impegnato in una opera di penetrazione economica in terra libica.

La guerra di Libia

La spinta decisiva venne però dalle vicende della politica internazionale, in particolare dagli sviluppi della seconda "crisi marocchina" dell'estate 1911 [►8.3]. Quando apparve chiaro che la Francia si apprestava a imporre il suo protettorato sul Marocco, il governo italiano ritenne giunto il momento di far valere gli accordi del 1902 e, nel settembre del 1911, inviò sulle coste libiche un contingente di 35 mila uomini, scontrandosi però contro la reazione dell'Impero turco, che esercitava su quei territori una sovranità poco più che nominale. La guerra fu più lunga e difficile del previsto, anche perché i turchi, anziché accettare uno scontro campale, preferirono fomentare la guerriglia delle popolazioni arabe contro gli occupanti. Per venire a capo della resistenza, l'Italia dovette non solo rinforzare il corpo di spedizione, ma anche estendere il teatro di guerra al Mare Egeo, occupando l'isola di Rodi e l'arcipelago del Dodecaneso. Solo nell'ottobre del 1912 i turchi acconsentirono a firmare la pace di Losanna, rinunciando alla sovranità politica sulla Libia e riservando al sultano una teorica autorità religiosa sulle popolazioni musulmane. La pace non valse, peraltro, a far cessare la resistenza araba; e da ciò gli italiani trassero pretesto per mantenere l'occupazione di Rodi e del Dodecaneso.

Opposizione e consenso alla guerra

Dal punto di vista economico, la conquista della Libia si rivelò un pessimo affare. I costi della guerra furono molto pesanti; le ricchezze naturali favoleggiate dai nazionalisti si scoprirono scarse o inesistenti (nessuno sospettava allora la presenza di petrolio sotto lo "scatolone di sabbia" del deserto libico); la colonizzazione delle zone costiere non bastò ad assorbire quote consistenti di lavoratori. Nonostante ciò, il paese accolse l'impresa con spirito ben diverso da quello con cui aveva seguìto le avventure africane di Crispi. Non mancarono, anche questa volta, gli oppositori decisi: i socialisti, che organizzarono manifestazioni contro la guerra, una parte dei repubblicani e dei radicali, oltre ad alcuni intellettuali indipendenti, come Gaetano Salvemini, che si sforzarono di contrastare le falsificazioni della propaganda colonialista. Ma la maggioranza dell'opinione pubblica borghese si schierò a favore dell'impresa coloniale, la appoggiò con manifestazioni patriottiche, accolse con soddisfazione il fatto che l'Italia fosse riuscita, a sedici anni dal disastro di Adua, a condurre in porto la sua prima campagna militare vittoriosa.

parola chiave

Massoneria

La "massoneria" è un'associazione segreta che trae il suo nome dalle corporazioni medievali dei "liberi muratori" (*free masons* in inglese, *franc-maçons* in francese), i cui membri erano tenuti all'aiuto reciproco e alla conservazione dei segreti del mestiere. Nel corso dei secoli, col decadere delle corporazioni artigiane, queste associazioni assunsero un carattere esoterico, allargandosi anche a membri estranei all'arte muratoria e appartenenti agli strati superiori della società (nobili, borghesi, intellettuali). Finché, all'inizio del '700, l'associazione perse definitivamente il suo carattere di organizzazione di mestiere, pur conservandone il linguaggio, la simbologia e le strutture organizzative (la divisione in "logge" facenti capo a un "gran maestro").
Diffusasi prima in Gran Bretagna e poi in tutta Europa e nel Nord America, la "nuova" massoneria si ispirava a una filosofia "deista" (Dio era chiamato il "Grande architetto" dell'Universo), faceva propri gli ideali illuministi, professava la tolleranza religiosa e imponeva ai suoi affiliati la pratica della filantropia e della mutua assistenza. Duramente avversata dalla Chiesa cattolica, la massoneria venne accentuando, durante il XIX secolo, la sua ispirazione anticlericale e assunse una connotazione politica più spiccata. Legate direttamente o indirettamente alla massoneria erano molte delle società segrete (come la Carboneria) impegnate nelle agitazioni nazionali e costituzionali dell'età della Restaurazione. Nella seconda metà del secolo, la massoneria divenne in molti paesi (in particolare in quelli in cui più forte era la presenza cattolica) una sorta di accademia

La radicalizzazione del confronto politico

Il successo politico e propagandistico non si risolse però in un durevole consolidamento del governo. Al contrario, la guerra di Libia, introducendo elementi di radicalizzazione nel dibattito politico, scosse pericolosamente gli equilibri su cui si reggeva il sistema giolittiano e favorì il rafforzamento delle ali estreme. La destra liberale, i clerico-conservatori e soprattutto i nazionalisti trassero nuovo slancio dal buon esito di un'impresa che avevano fermamente e rumorosamente sostenuto. Sull'opposto versante, quello socialista, l'opposizione alla guerra fece emergere le tendenze intransigenti e indebolì quelle correnti riformiste che avevano costituito fino ad allora un elemento non secondario degli equilibri politici giolittiani. In molte città importanti, compresa Roma, entrarono in crisi i cosiddetti "blocchi popolari", ossia le amministrazioni di centro-sinistra nate sotto gli auspici della massoneria e basate sull'alleanza in chiave anticlericale fra i liberali progressisti, i socialisti e i radicali. Mentre – lo vedremo fra poco – si facevano più frequenti, a livello locale, le intese "clerico-moderate" fra liberali di destra e cattolici conservatori.

parola chiave

del "libero pensiero", un vero e proprio contraltare della Chiesa di Roma, e insieme un luogo di incontro e di raccordo fra gruppi politici di orientamento democratico e anticlericale.

Questa funzione quasi di "superpartito" fu svolta principalmente in Francia e in Italia e soprattutto negli anni a cavallo fra '800 e '900. In Francia la massoneria fu in prima fila nelle battaglie sviluppatesi intorno all'affare Dreyfus [▶8.4] e fu ispiratrice della politica anticlericale praticata dai governi di inizio secolo. In Italia svolse un'importante funzione di appoggio alla svolta giolittiana e favorì, a livello delle amministrazioni locali, la formazione di "blocchi popolari" aperti a tutte le forze di sinistra.

In questo stesso periodo, però, la massoneria fu oggetto di critiche e attacchi sempre più frequenti. Non solo da parte dei tradizionali avversari cattolici, ma anche di uomini politici e intellettuali di diverse tendenze (dall'estrema destra all'estrema sinistra), che vedevano in essa un centro di potere occulto, in cui i riti iniziatici e la fraseologia umanitaria servivano a coprire il perseguimento di obiettivi tutt'altro che idealistici. In effetti, nel corso del '900, la massoneria finì col perdere buona parte della sua caratterizzazione ideologica e del suo afflato universalistico, per frammentarsi in una serie di gruppi di interesse legati alle specifiche situazioni dei singoli paesi. Significativo a questo proposito è il caso dell'Italia, che ha visto, negli anni '70 e '80, alcune frazioni della massoneria coinvolte in oscuri scandali politico-finanziari e in trame a sfondo autoritario.

9.7. Socialisti e cattolici

La corrente rivoluzionaria e lo sciopero generale del 1904

La svolta liberale dell'inizio del '900 aveva avuto nei socialisti dei protagonisti attivi: Filippo Turati e i dirigenti della corrente riformista pensavano che la via della collaborazione con la borghesia progressista fosse per il movimento operaio l'unica capace di assicurare il consolidamento dei risultati appena conseguiti. Man mano che si venivano delineando i limiti del liberalismo giolittiano, però, crebbe nel Partito socialista la forza della corrente rivoluzionaria, che sosteneva la necessità di opporre allo Stato monarchico e borghese la linea di una intransigente lotta di classe. Nel congresso di Bologna dell'aprile 1904 le correnti rivoluzionarie conquistarono la guida del partito e, a settembre, in seguito alla morte di alcuni minatori in Sardegna nel corso di una manifestazione, indissero il primo sciopero generale nazionale della storia d'Italia. Ci furono forti pressioni sul governo perché intervenisse militarmente, ma Giolitti lasciò che la manifestazione si esaurisse da sola, salvo poi sfruttare le paure dell'opinione pubblica moderata per convocare, a novembre, nuove elezioni in cui le sinistre segnarono una battuta d'arresto.

La nascita della Cgl e della Confindustria

Per il movimento operaio lo sciopero costituì una prova di forza ma rivelò anche gravi limiti organizzativi: si era infatti sentita l'esigenza, soprattutto da parte dei riformisti, di un più stretto coordinamento nazionale. Proprio dalle federazioni di categoria controllate dai riformisti partì l'iniziativa che portò, nel 1906, alla nascita della Confederazione generale del lavoro (Cgl), che raccolse circa 250 mila iscritti. La corrente più estremista, quella che si ispirava al sindacalismo rivoluzionario francese [▸7.5], fu progressivamente emarginata dalla Cgl e infine allontanata anche dal Psi.

Mentre le lotte sociali si inasprivano, anche gli industriali cominciarono a organizzarsi in associazioni padronali per poi dar vita, nel 1910, alla Confederazione italiana dell'industria (Confindustria): il loro atteggiamento si fece più duro nei confronti della controparte operaia e più diffidente rispetto alle iniziative sociali dei pubblici poteri, contribuendo a frenare l'azione riformatrice del governo.

La scissione di Reggio Emilia

Intanto, si accentuavano le fratture interne al Psi. Questa volta fu la maggioranza riformista a dividersi, lasciando spazio alle tendenze intransigenti. All'interno del fronte riformista si andava infatti delineando una tendenza revisionista che faceva capo a Leonida Bissolati e a Ivanoe Bonomi e che, ispirandosi alle teorie di Bernstein e all'esperienza del laburismo britannico [▸7.5], prospettava la trasformazione del Psi in un "partito del lavoro" privo di connotazioni ideologiche troppo nette e disponibile per una collaborazione di governo con le forze democratico-liberali. A far precipitare i contrasti fu l'atteggiamento non pregiudizialmente contrario assunto da Bissolati e Bonomi di fronte all'impresa libica. Nel congresso di Reggio Emilia del luglio 1912, i rivoluzionari riuscirono a imporre l'espulsione dal Psi dei riformisti di destra, che diedero vita al Partito socialista riformista italiano.

Mussolini direttore dell'«Avanti!»

I riformisti rimasti nel Psi furono nuovamente ridotti in minoranza e la guida del partito tornò nelle mani degli intransigenti. Fra questi venne emergendo la figura di un giovane agitatore romagnolo che si era distinto nelle manifestazioni contro la guerra libica ed era stato fra i protagonisti del congresso di Reggio Emilia: Benito Mussolini. Chiamato alla direzione del quotidiano del partito, l'«Avanti!», Mussolini portò nella propaganda socialista uno stile nuovo, basato sull'appello diretto alle masse e sul ricorso a formule agitatorie prese a prestito dal sindacalismo rivoluzionario. Uno stile che si inseriva bene nel clima politico creatosi in Italia all'indomani della guerra libica.

Murri e i democratici cristiani

Nel corso dell'età giolittiana, anche il movimento cattolico italiano conobbe sviluppi e trasformazioni di grande importanza che lo portarono a esercitare un peso reale crescente nella vita politica nazionale, a cui pure restava ufficialmente estraneo. Il fatto nuovo che, all'inizio del '900, portò una ventata di rinnovamento nell'ambiente chiuso e immobilista del cattolicesimo intransigente inquadrato nell'Opera dei congressi, fu l'affermazione del movimento democratico-cristiano [►7.7]. Leader del movimento era un giovane sacerdote marchigiano, Romolo Murri, che, dopo aver militato fra gli intransigenti, era poi approdato a posizioni audacemente riformatrici, in cui la polemica contro il capitalismo e lo Stato borghese si riempiva di contenuti progressisti. Nei primi anni del '900, i democratici cristiani svolsero un'intensa attività organizzativa, fondarono riviste e circoli politici, diedero vita alle cosiddette "leghe bianche", le prime unioni sindacali cattoliche basate sull'adesione dei soli lavoratori.

Pio X e lo scioglimento dell'Opera dei congressi

Tollerata da Leone XIII, l'azione dei democratici cristiani fu invece osteggiata dal nuovo papa Pio X [►7.7]. Questi, nel 1904, temendo che l'Opera dei congressi (l'organizzazione che riuniva le associazioni di orientamento cattolico operanti in Italia) potesse finire sotto il loro controllo, la sciolse, creando al suo posto tre organizzazioni distinte, tutte strettamente dipendenti dalla gerarchia ecclesiastica: l'Unione popolare, l'Unione economico-sociale e l'Unione elettorale, più tardi riunite da un organo di coordinamento che fu detto Direzione generale dell'Azione cattolica italiana. Romolo Murri, che aveva rifiutato di sottostare alle direttive pontificie, fu sconfessato e più tardi sospeso dal sacerdozio (eletto in Parlamento nel 1909, avrebbe militato nel gruppo radicale).

Le alleanze clerico-moderate

Preoccupati dai progressi delle forze laiche e socialiste, il papa e i vescovi favorirono invece le tendenze clerico-moderate che si andavano manifestando nel movimento cattolico e che miravano a far fronte comune con i "partiti d'ordine" per bloccare l'avanzata delle sinistre. Alleanze di questo genere, già largamente sperimentate nelle elezioni amministrative, furono esplicitamente autorizzate dalle autorità ecclesiastiche e furono d'altra parte incoraggiate dallo stesso Giolitti. Questi, pur ispirandosi in materia di rapporti fra Stato e Chiesa a una linea rigorosamente laica (sua è l'immagine delle "due parallele" che non devono mai interferire reciprocamente), vide nel nuovo atteggiamento dei cattolici la possibilità di allargare i suoi spazi di manovra, utilizzando nuove forze a sostegno delle sue maggioranze. Il *non expedit* (la direttiva papale che proibiva ai cattolici di partecipare alla vita politica italiana) fu sospeso, in alcuni collegi del Nord, già nelle elezioni del novembre 1904 e, in misura molto più ampia, nelle successive consultazioni del marzo 1909, dove fu autorizzata anche la presentazione di candidature dichiaratamente cattoliche, anche se solo a titolo personale (secondo la formula "cattolici deputati sì, deputati cattolici no").

Il "patto Gentiloni"

La linea clerico-moderata ebbe piena consacrazione con le elezioni del novembre 1913 – le prime a suffragio universale maschile – quando il conte Ottorino Gentiloni, presidente dell'Unione elettorale cattolica, invitò i militanti ad appoggiare quei candidati liberali che si impegnassero, una volta eletti, a rispettare un programma comprendente fra l'altro la tutela dell'insegnamento privato, l'opposizione al divorzio, il riconoscimento delle organizzazioni sindacali cattoliche. Moltissimi candidati liberali, fra cui non pochi noti anticlericali, accettarono segretamente di sottoscrivere questi impegni, spinti dall'esigenza di assicurarsi i suffragi di un elettorato di massa. Nella prospettiva dello sviluppo di un movimento cattolico autonomo, il "patto Gentiloni" rappresentò una netta battuta d'arresto, e fu per questo criticato dai democratici cristiani. D'altra parte, con le elezioni del '13, i cattolici italiani acquistavano una capacità di pressione sulla classe dirigente mai avuta fino ad allora.

9.8. La crisi del sistema giolittiano

Da Giolitti a Salandra

L'allargamento del suffragio – che quasi triplicava il corpo elettorale, portandolo da poco più di tre milioni a 8.672.000 unità – non ebbe effetti sconvolgenti sugli equilibri parlamentari. Nonostante i progressi dei socialisti e dei cattolici "dichiarati" e nonostante l'ingresso alla Camera di un piccolo gruppo nazionalista, i liberali delle varie gradazioni, grazie anche al "patto Gentiloni", conservavano un'ampia maggioranza. Ma si trattava di una maggioranza più eterogenea e divisa che in passato: il che rendeva la mediazione giolittiana sempre più problematica.

Nel maggio 1914, Giolitti rassegnò le dimissioni, indicando al re come suo successore Antonio Salandra, uomo di punta della destra liberale. Come aveva già fatto in passato, Giolitti incoraggiò dunque un'esperienza di governo conservatore con la prospettiva di lasciarla logorare rapidamente e di tornare poi al potere a capo di un ministero orientato a sinistra. Ma la situazione era molto cambiata rispetto a quattro o cinque anni prima. La guerra di Libia – lo abbiamo visto – aveva fortemente radicalizzato i contrasti politici; e anche la situazione economica, a partire dal 1913, si era nuovamente deteriorata, provocando un inasprimento delle tensioni sociali. Il dibattito tendeva a polarizzarsi nello scontro fra una destra conservatrice, rafforzata dall'apporto di clerico-moderati e nazionalisti, e una sinistra in cui le correnti rivoluzionarie prendevano il sopravvento su quelle riformiste.

La "settimana rossa"

Un sintomo evidente del nuovo clima fu la cosiddetta "settimana rossa" del giugno 1914. La morte di tre dimostranti in uno scontro con la forza pubblica durante una manifestazione antimilitarista e antimonarchica ad Ancona provocò un'ondata di scioperi e di agitazioni in tutto il paese. Nelle Marche e in Romagna la protesta, guidata dagli anarchici e dai repubblicani – ma appoggiata anche dai socialisti rivoluzionari, in particolare dall'«Avanti!» di Mussolini –, assunse un carattere apertamente insurrezionale: vi furono assalti a edifici pubblici, atti di sabotaggio contro le linee telegrafiche e ferroviarie; alcuni ufficiali dell'esercito furono catturati dai rivoltosi e in molti piccoli centri furono proclamate effimere repubbliche. Priva di qualsiasi sbocco concreto, non appoggiata dalla Cgl e fronteggiata con decisione dal governo, l'agitazione si esaurì in pochi giorni. L'unico risultato fu quello di rafforzare le tendenze conservatrici in seno alla classe dirigente, spaventata dal ritorno di fiamma del sovversivismo vecchia maniera, e di accentuare le fratture all'interno del movimento operaio.

La crisi del giolittismo

Gli echi della "settimana rossa" non si erano ancora spenti, quando lo scoppio del conflitto mondiale intervenne a distogliere l'opinione pubblica dai problemi interni e a determinare nuove linee di divisione tra le forze politiche italiane. La Grande Guerra avrebbe reso irreversibile la crisi del giolittismo e messo in luce la debolezza di una strategia politica che aveva avuto il merito innegabile di favorire la democratizzazione della società, incoraggiando al tempo stesso lo sviluppo economico, ma che, tutta fondata sulla mediazione parlamentare, si rivelava inadeguata a fronteggiare le tensioni sprigionate dalla nascente società di massa.

sommario

Negli ultimi anni dell'800, si fece strada tra le forze conservatrici italiane la tentazione di risolvere in senso autoritario le tensioni politiche e sociali. Essa si manifestò con la dura repressione militare dei moti per il pane del '98, quando a Milano il generale Bava Beccaris fece sparare sulla folla provocando numerosi morti e feriti, e con il tentativo del governo Pelloux di far approvare delle leggi limitative delle libertà. L'opposizione incontrata alla Camera e le elezioni del 1900 portarono a un mutamento di rotta che, dopo l'assassinio di Umberto I, fu confermato dal nuovo re Vittorio Emanuele III.

Il governo Zanardelli-Giolitti (1901-3) si caratterizzò per alcune importanti riforme sociali (limitazione del lavoro minorile e femminile, legislazione sulle assicurazioni di vecchiaia e infortuni, municipalizzazione di alcuni servizi pubblici), ma soprattutto per la neutralità nel campo dei conflitti di lavoro. Questo atteggiamento di apertura favorì lo sviluppo delle organizzazioni sindacali: le Camere del lavoro, le organizzazioni di categoria, le leghe tra i lavoratori agricoli, che diedero vita nel 1901 alla Federazione italiana dei lavoratori della terra. Questo sviluppo dell'attività sindacale fu accompagnato da un brusco aumento degli scioperi (con la conseguenza di un notevole incremento dei salari operai e agricoli).

Negli ultimi anni dell'800 iniziò il decollo industriale italiano, preparato – negli anni precedenti – dalla costruzione di una rete ferroviaria, dalla scelta protezionistica, dal riordinamento del sistema bancario. Lo sviluppo industriale, se non annullò il divario con i paesi più ricchi, provocò un aumento del reddito e un miglioramento del tenore di vita degli italiani. Cresceva, tuttavia, l'emigrazione, conseguenza di una sovrabbondanza della popolazione rispetto alle capacità produttive dell'agricoltura, che soprattutto nel Mezzogiorno restava arretrata. Qui analfabetismo, disgregazione sociale, assenza di una classe dirigente moderna, difesa degli interessi della grande proprietà terriera e una politica clientelare impedirono di colmare il divario con il Nord industrializzato.

Giolitti rimase a capo del governo, con alcune interruzioni, dal 1903 al 1914; in questo arco di tempo varò importanti riforme: le leggi speciali per il Mezzogiorno (volte a modernizzare l'agricoltura e a favorire l'industrializzazione attraverso stanziamenti statali e agevolazioni fiscali), la statizzazione delle ferrovie (ancora in larga parte in mano ai privati), la conversione della rendita (per alleggerire il bilancio statale riducendo i tassi di interesse sui titoli di Stato), l'introduzione del suffragio universale maschile (1912) e il monopolio statale delle assicurazioni sulla vita. Il suo riformismo però fu condizionato dalla costante attenzione agli equilibri parlamentari su cui si reggeva la maggioranza di governo.

La "dittatura" di Giolitti – realizzata attraverso lo stretto controllo del Parlamento e l'intervento del governo, soprattutto al Sud, nelle competizioni elettorali – trovò molti critici fra le forze politiche (socialisti rivoluzionari, cattolici democratici, liberali-conservatori, meridionalisti) e soprattutto fra gli intellettuali. Se da un lato, infatti, Giolitti tentò di assorbire nell'attività parlamentare forze tradizionalmente nemiche delle istituzioni, dall'altro dovette ricorrere ai vecchi sistemi trasformistici.

Sul piano della politica estera, l'Italia si avvicinò, tra fine '800 e inizio '900, alla Francia, pur restando fedele alla Triplice alleanza. Mutò contemporaneamente l'atteggiamento dell'opinione pubblica nei confronti delle imprese coloniali, che cominciarono ad essere caldeggiate soprattutto dal nuovo movimento nazionalista. Proprio la campagna di stampa dei nazionalisti fu, con le pressioni degli interessi della finanza cattolica, tra i fattori che spinsero il governo all'intervento militare in Libia (1911). La guerra con la Turchia che ne seguì si concluse con l'imposizione della sovranità italiana sulla Libia.

Nel Psi la corrente riformista guardò con simpatia alla politica giolittiana. Presto crebbe però entro il partito la forza delle correnti di sinistra, che portarono nel 1904 al primo sciopero generale nazionale in Italia. La fondazione della Cgl (1906) segnò un rafforzamento della presenza riformista; anche gli industriali cominciarono a organizzarsi, fondando nel 1910 la Confindustria. Il conflitto politico-sociale si radicalizzò nel 1912, dopo l'espulsione dal Partito socialista dei riformisti di destra, capeggiati da Bissolati e Bonomi; il controllo del partito passò quindi ai rivoluzionari, di cui uno dei maggiori leader era Mussolini. In campo cattolico si sviluppò il movimento democratico-cristiano, condannato dal nuovo papa Pio X. Ebbero un grande sviluppo, contemporaneamente, le organizzazioni sindacali "bianche", cioè cattoliche. Sul piano politico le forze clerico-moderate stabilirono alleanze elettorali, in funzione conservatrice, con i liberali: questa linea politica avrebbe avuto piena consacrazione, nelle elezioni del 1913, col "patto Gentiloni".

I mutamenti in atto nel sistema politico italiano alla vigilia della Grande Guerra (sviluppo del nazionalismo, accresciuto peso dei cattolici, prevalenza dei rivoluzionari nel Psi) segnavano la progressiva crisi della politica giolittiana, sempre meno in grado di controllare la radicalizzazione che si stava verificando (e di cui, nel '14, la "settimana rossa" fu un rilevante sintomo). In questa situazione la guerra avrebbe significato la fine del giolittismo.

bibliografia

Per uno sguardo generale, oltre alle opere citate al cap. 15, si vedano: il vol. VII della *Storia dell'Italia moderna* di G. Candeloro, *La crisi di fine secolo e l'età giolittiana*, Feltrinelli, Milano 1995 (ed. or. 1974); A. Aquarone, *L'Italia giolittiana*, Il Mulino, Bologna 1988 (ed. or. 1981); il vol. III della *Storia d'Italia* a cura di G. Sabbatucci e V. Vidotto, *Liberalismo e democrazia 1887-1914*, Laterza, Roma-Bari 2007 (ed. or. 1995); E. Gentile, *Le origini dell'Italia contemporanea. L'età giolittiana*, Laterza, Roma-Bari 2011 (ed. or. 2003).

Per un profilo biografico di Giolitti, oltre alla biografia di Nino Valeri, *Giovanni Giolitti*, Utet, Torino 1971, si veda A.A. Mola, *Giolitti. Lo statista della nuova Italia*, Mondadori, Milano 2012 (ed. or. 2003). Su Salandra: F. Lucarini, *La carriera di un gentiluomo. Antonio Salandra e la ricerca di un liberalismo nazionale (1875-1922)*, Il Mulino, Bologna 2012.

Sulla questione meridionale si vedano i volumi citati nella bibliografia del cap. 15. Sull'emigrazione, quelli citati nella bibliografia del cap. 11.

Sui socialisti e il movimento sindacale, oltre ai titoli citati nella bibliografia del cap. 15, si vedano: G. Procacci, *La lotta di classe in Italia agli inizi del secolo XX*, Editori Riuniti, Roma 1992 (ed. or. 1970); M. Degl'Innocenti, *Geografia e istituzioni del socialismo italiano, 1892-1914*, Guida, Napoli 1983; M. Scavino, *Il socialismo nell'Italia liberale*, Unicopli, Milano 2007 e P. Mattera, *Le radici del riformismo sindacale. Società di massa e proletariato alle origini della CGdL (1901-1914)*, Ediesse, Roma 2007. Per i cattolici, oltre ai volumi citati nella bibliografia del cap. 15, vedi: M.G. Rossi, *Le origini del partito cattolico*, Editori Riuniti, Roma 1977. Sui nazionalisti e il radicalismo nazionale: F. Gaeta, *Il nazionalismo italiano*, Laterza, Roma-Bari 1981 (ed. or. 1965) e E. Gentile, *Il mito dello Stato nuovo. Dal radicalismo nazionale al fascismo*, Laterza, Roma-Bari 2002 (ed. or. 1982).

Sul colonialismo italiano, oltre ai titoli citati nella bibliografia del cap. 15, si veda sulla Somalia: L. Ceci, *Il vessillo e la croce. Colonialismo, missioni cattoliche e Islam in Somalia (1903-1924)*, Carocci, Roma 2006. Sulla conquista della Libia: A. Del Boca, *Gli italiani in Libia*, I, *Tripoli bel suol d'amore, 1860-1922*, Mondadori, Milano 1997 (ed. or. 1986); F. Cresti, *Non desiderare la terra d'altri. La colonizzazione italiana in Libia*, Carocci, Roma 2011 e N. Labanca, *La guerra italiana per la Libia, 1911-1931*, Il Mulino, Bologna 2012.

10. La prima guerra mondiale e la rivoluzione russa

10.1. Venti di guerra

L'Europa del 1914

Agli inizi del 1914 il predominio dell'Europa su gran parte del mondo era ancora indiscusso, nonostante l'emergere a Oriente e Occidente di nuove potenze, come il Giappone e gli Stati Uniti. Lo straordinario sviluppo nella produzione industriale, nel campo tecnologico e negli scambi commerciali aveva diffuso l'idea di un progresso inarrestabile, che avrebbe portato benessere a tutti. L'integrazione tra le economie più sviluppate e il consolidamento delle istituzioni rappresentative (con l'estensione del diritto di voto) sembravano poter poi realizzare un processo di democratizzazione e scongiurare il pericolo di scossoni rivoluzionari o guerre.

Conflitti latenti

Tuttavia, l'evoluzione politica e i progressi economici e materiali non bastavano a spegnere i conflitti sociali interni ai singoli paesi né a far scomparire le tensioni politiche internazionali. Tra le potenze europee, che pure non si combattevano da quasi mezzo secolo, erano ancora vive vecchie e nuove rivalità: tra l'Austria-Ungheria e la Russia per il controllo dei Balcani; tra la Francia e la Germania per l'Alsazia e la Lorena; tra la Gran Bretagna e la Germania per la corsa agli armamenti navali. L'equilibrio continentale si basava, come abbiamo visto [►8.2], sulla contrapposizione di due blocchi di alleanze: Austria e Germania contro Francia, Russia e Gran Bretagna. In questo quadro, la corsa agli armamenti intrapresa dalle maggiori potenze e la forza distruttiva dei nuovi mezzi bellici rendevano sempre più inquietante l'ipotesi di un conflitto.

La guerra come occasione

La guerra era dunque nell'aria. Ma non tutti la temevano come il peggiore dei mali. Se le minoranze pacifiste si mobilitavano per impedirne lo scoppio, se i socialisti di tutti i paesi la condannavano in nome degli ideali *internazionalisti* (ma la vedevano anche come l'esito fatale delle contraddizioni del capitalismo), settori non trascurabili delle classi dirigenti e delle opinioni pubbliche nazionali la valutavano come un'opzione praticabile nella logica del confronto fra le potenze, o la concepivano come un dovere patriottico, o addirittura la invocavano come un evento liberatorio. Per molti giovani, che condividevano con i più autorevoli intellettuali dell'epoca l'insofferenza nei confronti dell'ottimismo positivista e progressista, o che erano semplicemente alla ricerca di nuove esperienze e di nuove emozioni, la guerra si presentava come la grande occasione per uscire dagli orizzonti angusti di una mediocre realtà quotidiana. Solo la guerra – si pensava – avrebbe potuto risvegliare una società intorpidita da troppi anni di pace e di ricerca del benessere materiale, restituire alla vita una dimensione eroica, rilanciare l'ideale patriottico e l'etica del sacrificio.

Ma le motivazioni di chi auspicava il conflitto potevano essere anche meno disinteressate: c'erano, infatti, militari, uomini politici, industriali e finanzieri pronti a sfruttare le opportunità di carriera, di successo e di guadagno offerte da una guerra che i più immaginavano breve, sul modello dei conflitti ottocenteschi, e naturalmente vittoriosa per il proprio paese.

Questa somma di aspirazioni ideali e di calcoli sbagliati non basta certo a spiegare lo scoppio della Grande Guerra. Ci aiuta però a capire il clima fra il rassegnato e l'esaltato in cui l'Europa affrontò un evento che le sarebbe costato milioni di morti e avrebbe segnato il declino irreversibile della sua egemonia.

10.2. Una reazione a catena

Nell'Europa del 1914 esistevano dunque tutte le premesse che rendevano possibile, anzi probabile, una guerra. Imprevedibile, e per molti aspetti casuale, fu però la dinamica degli eventi da cui scaturì il *casus belli*, ovvero l'occasione, o il pretesto, per lo scatenamento del conflitto.

L'attentato di Sarajevo

Il 28 giugno 1914, uno studente bosniaco di nome Gavrilo Princip uccise con due colpi di pistola l'erede al trono d'Austria, l'arciduca Francesco Ferdinando, e sua moglie, mentre attraversavano in auto scoperta le vie di Sarajevo, capitale della Bosnia. L'attentatore faceva parte di un'organizzazione ultranazionalista che si batteva affinché la Bosnia, annessa all'Austria-Ungheria nel 1908 ma abitata in maggioranza da popolazioni slave, entrasse a far parte di una "grande Serbia" indipendente dall'Impero asburgico. L'organizzazione, detta "Mano nera", aveva la sua base operativa proprio in Serbia e godeva di larghe complicità nella classe politica e nei vertici militari di quel paese. Tanto bastò per suscitare la reazione del governo e dei circoli dirigenti austriaci, da tempo convinti della necessità di impartire una lezione alla Serbia e alle sue ambizioni espansionistiche che minacciavano l'integrità dell'Impero [▶8.3]. Un attentato terroristico, molto simile a quelli di matrice anarchica che avevano già mietuto numerose vittime fra governanti e sovrani, si trasformò così in un caso internazionale e mise in moto una catena di reazioni e controreazioni che precipitarono l'Europa in un conflitto di proporzioni mai viste. Un conflitto che avrebbe segnato una svolta decisiva nella storia dell'Europa e del mondo, ridisegnando i confini e mutando i rapporti di forza fra gli Stati, trasformando la stessa società, aprendo infine una fase di guerre e rivolgimenti interni durata più di trent'anni e conclusasi col definitivo tramonto della centralità europea.

Il caso e la storia

La vicenda dell'attentato di Sarajevo è dunque un tipico esempio di come il corso della "grande storia" possa essere influenzato da eventi singoli, da decisioni individuali, da circostanze del tutto accidentali: nessuno può dire che cosa sarebbe accaduto se a Sarajevo i servizi di sicurezza imperiali fossero stati più efficienti o se l'attentatore avesse mancato il suo bersaglio. Ma Princip non sbagliò la mira. E l'attentato di Sarajevo fece esplodere tensioni che altrimenti avrebbero potuto restare latenti. Furono le decisioni prese da governanti e capi militari a trasformare una crisi locale in un conflitto generale, il primo combattuto sul Vecchio Continente dopo la fine delle guerre napoleoniche.

Ultimatum e dichiarazioni di guerra

L'Austria compì la prima mossa inviando, il 23 luglio, un durissimo *ultimatum* alla Serbia. Il secondo passo lo fece la Russia promettendo sostegno alla Serbia, sua principale alleata nei Balcani. Forte dell'appoggio russo, il governo serbo accettò solo in parte l'ultimatum, respingendo la clausola che prevedeva la partecipazione di funzionari austriaci alle indagini sui mandanti dell'attentato. L'Austria giudicò la risposta insufficiente e, il 28 luglio, dichiarò guerra alla Serbia. Immediata fu la reazione del governo russo che, il giorno successivo, ordinò la mobilitazione delle forze armate. Dichiarare la mobilitazione significava dare il via a tutta quella serie di operazioni che costituivano la necessaria premessa di una guerra: operazioni particolarmente lunghe e complesse in un paese delle dimensioni dell'Impero zarista. Ma la mobilitazione – che i generali russi vollero estesa all'intero confine occidentale (e non solo alle frontiere con l'Austria-Ungheria) per prevenire un eventuale attacco da parte della Germania – fu interpretata dal governo tedesco come un atto di ostilità.

Il 31 luglio la Germania inviò un ultimatum alla Russia intimandole l'immediata sospensione dei preparativi bellici. L'ultimatum non ottenne risposta e fu seguito, a ventiquattro ore di distanza, dalla dichiarazione di guerra. Il giorno stesso (1° agosto) la Francia, legata alla Russia da un trattato di alleanza militare, mobilitò le proprie forze armate. La Germania rispose con un nuovo ultimatum e con la successiva dichiarazione di guerra alla Francia (3 agosto).

Le responsabilità della Germania

Fu dunque l'iniziativa del governo tedesco, che già nella prima fase della crisi aveva assicurato il proprio appoggio incondizionato all'Austria, a far precipitare definitivamente la situazione. Ma come spiegare un impegno così deciso della Germania in una crisi che in fondo non toccava direttamente nessuno dei suoi interessi vitali?

Bisogna ricordare innanzitutto che la Germania soffriva da tempo di un complesso di accerchiamento, ritenendosi ingiustamente soffocata nelle sue ambizioni internazionali. C'erano poi le motivazioni di ordine militare. La strategia dei generali tedeschi si basava infatti sulla rapidità e sulla sorpresa, non ammetteva la possibilità di lasciare l'iniziativa in mano agli avversari e costituiva dunque di per sé un fattore di accelerazione della crisi e un ostacolo al negoziato. Il piano di guerra elaborato ai primi del '900 dall'allora capo di stato maggiore Alfred von Schlieffen, dando per scontata l'eventualità di una guerra su due fronti (l'alleanza franco-russa era operante dal 1894), prevedeva in primo luogo un massiccio attacco contro la Francia, che doveva esser messa fuori combattimento in poche settimane. Raggiunto questo obiettivo, il grosso delle forze sarebbe stato impiegato contro la Russia, la cui macchina militare era potenzialmente fortissima, ma lenta a mettersi in azione.

L'invasione del Belgio e l'intervento britannico

Presupposto essenziale per la riuscita del "piano Schlieffen" era la rapidità dell'attacco alla Francia. A questo scopo era previsto che le truppe tedesche passassero attraverso il Belgio, nonostante la sua posizione di neutralità, garantita da un trattato internazionale sottoscritto anche dalla Germania. Ciò avrebbe permesso di investire lo schieramento nemico nel suo punto più debole e di puntare direttamente su Parigi.

Il 4 agosto, i primi contingenti tedeschi invasero il Belgio per attaccare la Francia da nord-est. La violazione della neutralità belga non solo scosse profondamente l'opinione pubblica europea, ma ebbe anche un peso decisivo nel determinare l'allargamento del conflitto. La Gran Bretagna non poteva tollerare l'aggressione a un paese neutrale che si affacciava sulle coste della Manica. Così, il 4 agosto, dichiarò guerra alla Germania. Fu questo il primo grave scacco per i governanti tedeschi, che avevano subordinato alle esigenze militari qualsiasi considerazione di opportunità politica.

L'entusiasmo patriottico

Fra i politici, del resto, era diffusa la convinzione che una guerra, da ognuno immaginata breve e vittoriosa per la propria parte, avrebbe contribuito a soffocare i contrasti sociali e a rafforzare la posizione di governi e classi dirigenti. In un primo tempo, i fatti parvero dar loro ragione. Nei primi giorni di agosto, le piazze delle grandi capitali europee si riempirono di manifestazioni in favore della guerra. Intellettuali di prestigio e maestri di scuola si impegnarono per spiegarne al popolo le buone ragioni. Nemmeno i partiti socialisti, che avevano fatto del pacifismo e dell'internazionalismo la loro bandiera, seppero o vollero sottrarsi al clima generale di "unione sacra". I capi della socialdemocrazia tedesca votarono in Parlamento a favore dei crediti di guerra (ossia degli stanziamenti necessari a sostenere lo sforzo bellico), motivando la loro scelta col pericolo di una vittoria dell'assolutismo zarista. Analogo atteggiamento fu assunto dai socialdemocratici austriaci. I socialisti francesi, dopo l'assassinio del loro leader Jean Jaurès da parte di un fanatico nazionalista alla fine di luglio, rinunciarono a ogni manifestazione di protesta e, poco dopo, entrarono a far parte del governo. La stessa cosa fecero i laburisti britannici. La Seconda Internazionale – nata come espressione della solidarietà fra i lavoratori di tutti i paesi e impegnata da sempre nella difesa della pace – cessò praticamente di esistere: fu, in fondo, la prima vittima della Grande Guerra.

10.3. 1914-15: dalla guerra di logoramento alla guerra di posizione

Nuovi eserciti e vecchie strategie

Guerra di posizione, guerra di logoramento, guerra di usura, guerra di trincea: queste alcune definizioni usate per descrivere le caratteristiche di un conflitto che non aveva precedenti nelle guerre del passato, sia per le dimensioni delle forze in campo sia per le potenzialità distruttive degli strumenti bellici. La pratica ormai generalizzata della coscrizione obbligatoria e le accresciute possibilità dei mezzi di trasporto consentirono ai belligeranti di schierare rapidamente milioni di uomini in uniforme e di dotarli di armi moderne: tutti gli eserciti disponevano di fucili a ripetizione e di cannoni potentissimi, ma la novità più importante era costituita dalle mitragliatrici automatiche, armi micidiali capaci di sparare centinaia di colpi al minuto. Nonostante ciò, nessuna fra le potenze in guerra aveva elaborato strategie diverse da quelle della tradizionale guerra di movimento, che si fondava sullo spostamento di ingenti masse di uomini in vista di pochi e risolutivi scontri campali. Tutti i piani di guerra erano basati sulla previsione di un conflitto di pochi mesi o addirittura di poche settimane.

Il fallimento del piano tedesco

Furono soprattutto i tedeschi a puntare su una strategia offensiva, già sperimentata con successo nella campagna del 1870 contro la Francia. Anche questa volta, ottennero una serie di importanti successi attestandosi, ai primi di settembre, lungo il corso della Marna, a poche decine di chilometri da Parigi. Nel frattempo, sul fronte orientale, i russi, che cercavano di penetrare nella Prussia orientale, erano sconfitti nelle grandi battaglie di Tannenberg e dei Laghi Masuri. La minaccia russa si rivelò tuttavia più seria del previsto e indusse i comandi tedeschi a distogliere una parte delle loro forze dal fronte occidentale. Il 6 settembre, i francesi riuscirono a lanciare un improvviso contrattacco e, dopo una settimana di furiosi combattimenti, i tedeschi furono costretti a ripiegare su una linea più arretrata, in corrispondenza dei fiumi Aisne e Somme. Con l'arresto dell'offensiva sulla Marna, il piano tedesco poteva dirsi sostanzialmente fallito.

La guerra di logoramento

Alla fine di novembre gli eserciti si erano ormai attestati in *trincee* improvvisate su un fronte lungo 750 chilometri, che andava dal Mare del Nord al confine svizzero. Cominciava così, sul fronte occidentale, una guerra di tipo nuovo, che vedeva due schieramenti praticamente immobili affrontarsi in una serie di sterili quanto sanguinosi attacchi, inframmezzati da lunghi periodi di stasi. In una guerra di questo genere, l'iniziale superiorità militare degli Imperi centrali (Germania e Austria-Ungheria) passava in secondo piano. Diventava invece essenziale il ruolo della Gran Bretagna, che poteva contare sulle risorse del suo impero coloniale e sulla sua superiorità navale. Altrettanto importante si dimostrava l'apporto della Russia col suo enorme potenziale umano.

Un conflitto mondiale

Un problema vitale per entrambi gli schieramenti era poi l'atteggiamento dei paesi che in un primo momento erano rimasti estranei al conflitto e che temevano di veder sacrificate le loro ambizioni. Molte potenze minori temevano di restare sacrificate da una nuova sistemazione dell'assetto internazionale decisa sopra le loro teste, altre cercarono di profittare della guerra per soddisfare le loro ambizioni territoriali. Da qui la tendenza del conflitto ad ampliarsi, fino ad assumere dimensioni planetarie.

Nell'agosto 1914 il Giappone dichiarava guerra alla Germania per impadronirsi dei possedimenti tedeschi nel Pacifico. Nel novembre dello stesso anno la Turchia interveniva a favore degli Imperi centrali. Nel maggio 1915 l'Italia entrava in guerra contro l'Austria-Ungheria [▶10.4]. A fianco della Germania e dell'Austria sarebbe poi intervenuta la Bulgaria, mentre nel campo opposto si sarebbero schierati il Portogallo, la Romania e la Grecia. Decisivo sarebbe risultato, infine, l'intervento degli Stati Uniti (aprile 1917), che si schierarono con l'Intesa; gli Usa si trascinarono dietro numerosi paesi extraeuropei (Cina, Brasile e altre Repubbliche latino-americane), il cui contributo alla guerra fu

I paesi in guerra (1914-17)

però poco rilevante. Se a tutto questo si aggiunge l'estensione del conflitto agli imperi coloniali, si capirà come la guerra, pur avendo sempre in Europa il suo teatro principale, assumesse sempre più un carattere mondiale, coinvolgendo per la prima volta tutti e cinque i continenti.

10.4. 1915: l'intervento dell'Italia

L'Italia entrò nel primo conflitto mondiale nel maggio del 1915, quando la guerra era già iniziata da dieci mesi, schierandosi a fianco dell'Intesa contro l'Impero austro-ungarico fino ad allora suo alleato. Fu una scelta sofferta e contrastata, sulla quale classe politica e opinione pubblica si spaccarono in due fronti contrapposti, solo in parte coincidenti con gli schieramenti tradizionali.

L'iniziale neutralità

Nell'agosto 1914, a guerra appena scoppiata, il governo presieduto da Antonio Salandra aveva dichiarato la neutralità dell'Italia. Questa decisione, giustificata col carattere difensivo della Triplice alleanza (l'Austria non era stata attaccata, né aveva consultato l'Italia prima di intraprendere l'azione contro la Serbia), aveva trovato concordi in un primo tempo tutte le principali forze politiche. Ma, una volta scartata l'ipotesi di un intervento a fianco degli Imperi centrali – ipotesi che cozzava fra l'altro contro i sentimenti antiaustriaci di buona parte dell'opinione pubblica –, cominciò a essere affacciata da alcuni settori politici l'eventualità opposta: quella di una guerra contro l'Austria, che avrebbe consentito all'Italia di portare a compimento il processo risorgimentale, riunendo alla patria le terre *irredente* del Trentino e della Venezia Giulia, abitate da popolazioni italiane, ma ancora soggette all'Impero austro-ungarico.

Gli interventisti

Sostenitori di questa linea interventista furono innanzitutto gruppi e partiti della sinistra democratica – i repubblicani, i radicali, i socialriformisti di Leonida Bissolati [►9.7] – convinti che una partecipazione italiana alla guerra contro gli Imperi centrali avrebbe aiutato la causa di una nuova Europa fondata sulla democrazia e sul principio di nazionalità. Erano naturalmente a favore della guerra anche le associazioni irredentiste, che avevano tra le loro file numerosi fuoriusciti dall'Impero austro-ungarico, tra cui Cesare Battisti, già leader dei socialisti trentini. A essi si aggiunsero esponenti delle frange estremiste del movimento operaio convertitisi alla causa della "guerra rivoluzionaria": una guerra destinata, nelle loro speranze, a rovesciare gli equilibri sociali all'interno dei paesi coinvolti. Sull'opposto versante dello schieramento politico, fautori attivi dell'intervento furono i nazionalisti, che si erano schierati in un primo tempo per gli Imperi centrali ed erano comunque decisi a far sì che l'Italia potesse affermare la sua vocazione di grande potenza imperialista. Più prudente e graduale, invece, fu l'adesione alla causa dell'intervento da parte di quei gruppi liberal-conservatori che avevano la loro espressione più autorevole nel «Corriere della Sera» di Albertini [►9.5] e i loro punti di riferimento politici nel presidente del Consiglio Antonio Salandra e nel ministro degli Esteri (dall'ottobre 1914) Sidney Sonnino. Questi ultimi temevano soprattutto che una mancata partecipazione al conflitto avrebbe gravemente compromesso la posizione internazionale dell'Italia e il prestigio della monarchia.

I neutralisti

Schierata su una linea "neutralista" era invece l'ala più consistente dei liberali, che faceva capo a Giovanni Giolitti, protagonista assoluto della vita politica italiana nel primo quindicennio del '900. Giolitti, infatti, non riteneva il paese preparato alla guerra ed era inoltre convinto che l'Italia avrebbe potuto ottenere dagli Imperi centrali, come compenso per la sua neutralità, buona parte dei territori rivendicati. In maggioranza ostile all'intervento era anche il mondo cattolico, a cominciare dal nuovo papa Benedetto XV (eletto nel 1914), mentre il Partito socialista (Psi) e la Confederazione generale del lavoro (Cgl), in contrasto con la scelta patriottica dei maggiori partiti operai europei, mantennero una posizione di netta condanna della guerra, in nome degli ideali internazionalisti. Tra i leader socialisti, solo Benito Mussolini, direttore del quotidiano del partito «Avanti!», si schierò, con un'improvvisa e clamorosa conversione, a favore dell'intervento. Espulso dal Psi, Mussolini fondò, nel novembre 1914, un nuovo quotidiano, «Il Popolo d'Italia», che divenne la voce principale dell'interventismo di sinistra.

I rapporti di forza

In termini di forza parlamentare e di peso nella società, i neutralisti erano in netta prevalenza, ma non costituivano uno schieramento omogeneo, capace di trasformarsi in alleanza politica. Il fronte interventista era altrettanto composito. Era però unito da un obiettivo preciso, la guerra contro l'Austria, oltre che dalla comune avversione per la "dittatura" giolittiana: per molti intellettuali e politici, infatti, la guerra doveva significare la fine del giolittismo e l'avvio di un radicale rinnovamento della politica italiana. Favorite dall'atteggiamento tutt'altro che imparziale delle autorità, le minoranze interventiste seppero impadronirsi, nei momenti decisivi, del dominio delle piazze. Inoltre, il partito della guerra poteva contare sui settori più giovani e dinamici della società. Erano in maggioranza interventisti gli studenti, gli insegnanti, gli impiegati, i professionisti, ovvero la piccola e media borghesia colta, più sensibile ai valori patriottici. Erano interventisti, con poche eccezioni fra cui quella illustre di Benedetto Croce, gli intellettuali di maggior prestigio: da Giovanni Gentile a Giuseppe Prezzolini, da Luigi Einaudi a Gaetano Salvemini. Il caso più tipico fu quello di Gabriele D'Annunzio che, noto fino ad allora come scrittore raffinato e come personaggio eccentrico, si improvvisò per l'occasione capopopolo ed ebbe un ruolo di rilievo nelle manifestazioni di piazza a favore dell'intervento.

Il patto di Londra

A decidere l'esito dello scontro fra neutralisti e interventisti furono le scelte del capo del governo, del ministro degli Esteri e del re: cioè degli uomini cui spettava, a norma dello Statuto, il potere di decidere i destini del paese in materia di alleanze internazionali. Fin dall'autunno '14 Salandra e Sonnino, mentre trattavano con gli Imperi centrali per strappare qualche compenso territoriale in cambio della neutralità, avevano stretto contatti segretissimi con l'Intesa. Infine decisero, col solo avallo del re, di accettare le proposte di Francia, Gran Bretagna e Russia firmando, il 26 aprile 1915, il patto di Londra. Le clausole principali prevedevano che l'Italia avrebbe ottenuto, in caso di vittoria, il Trentino, il Sud Tirolo fino al confine "naturale" del Brennero, la Venezia Giulia, l'intera penisola istriana e parte della Dalmazia e delle sue isole adriatiche.

Le "radiose giornate"

Restava da superare, a questo punto, la prevedibile opposizione della maggioranza della Camera. Quando, ai primi di maggio, Giolitti, non ancora al corrente del patto di Londra, si pronunciò per la continuazione delle trattative con l'Austria, ben trecento deputati gli manifestarono solidarietà, inducendo Salandra a rassegnare le dimissioni. Ma la volontà neutralista del Parlamento fu di fatto scavalcata: da un lato dalla decisione del re, che respinse le dimissioni di Salandra, mostrando così di approvarne l'operato; dall'altro dalle manifestazioni di piazza che in quei decisivi giorni di maggio – le "radiose giornate" celebrate dalla retorica interventista – si fecero sempre più imponenti e più minacciose.

La dichiarazione di guerra

Il 20 maggio 1915, costretta a scegliere fra l'adesione alla guerra e un voto contrario che sconfessasse il governo e lo stesso sovrano, aprendo così una crisi istituzionale, la Camera approvò, col voto contrario dei soli socialisti, la concessione dei pieni poteri al governo. L'Italia dichiarò guerra all'Austria e il 24 maggio 1915 cominciarono le operazioni militari. Disorientati e isolati, i socialisti non riuscirono a organizzare un'opposizione efficace: la stessa formula "né aderire né sabotare", coniata per definire l'atteggiamento del partito a intervento ormai deciso, era poco più di una dichiarazione di principio e un'implicita confessione di impotenza. Lo scontro sull'intervento lasciò un segno profondo nella vita politica italiana, evidenziando l'estraneità di larghe masse popolari ai valori patriottici, l'indebolimento della mediazione parlamentare, rifiutata da consistenti settori dell'opinione pubblica, e l'emergere di nuovi metodi di lotta politica estranei alle tradizioni dello Stato liberale.

10.5. I fronti di guerra (1915-16)

Il fronte italiano e la *Strafexpedition*

L'intervento italiano non servì, come molti avevano sperato, a decidere le sorti del conflitto. Le forze austro-ungariche si schierarono sulle posizioni difensive più favorevoli, lungo il corso dell'Isonzo e sulle alture del Carso. Contro queste linee le truppe comandate dal generale Luigi Cadorna sferrarono, nel corso del 1915, quattro sanguinose offensive (le prime quattro "battaglie dell'Isonzo") senza cogliere alcun successo.

Nel giugno 1916 furono gli austriaci a lanciare un improvviso attacco (che fu chiamato significativamente *Strafexpedition*, ossia "spedizione punitiva" contro l'antico alleato ritenuto colpevole di tradimento), tentando di penetrare dal Trentino nella pianura veneta e di spezzare in due lo schieramento italiano. L'offensiva fu faticosamente arrestata. Ma il governo Salandra, per il

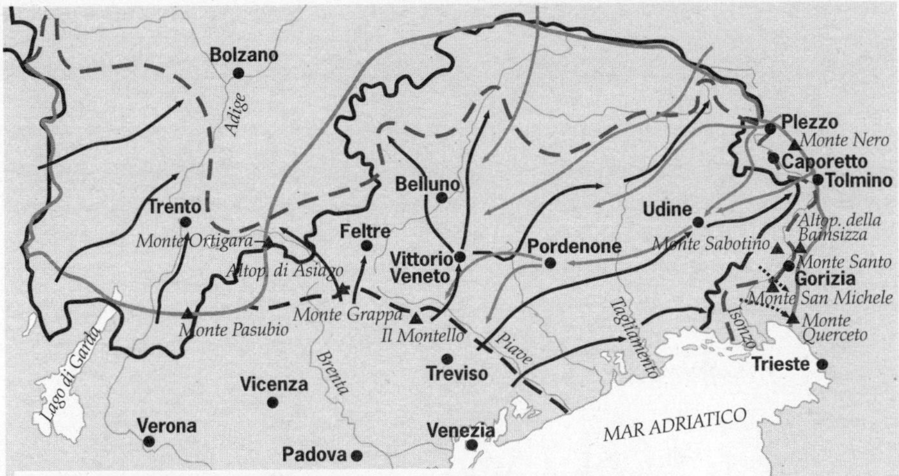

confine al 24 maggio 1915
battaglie dell'Isonzo, maggio 1915-settembre 1917
linea del fronte al 24 ottobre 1917
offensiva austro-tedesca, 24 ottobre 1917 (Caporetto)
linea del fronte al dicembre 1917
offensiva italiana, 24 ottobre-3 novembre 1918
linea raggiunta il 3 novembre 1918

Il fronte italiano (1915-18)

contraccolpo psicologico suscitato nel paese, fu costretto alle dimissioni e sostituito da un governo di coalizione nazionale – comprendente cioè tutte le forze politiche, esclusi, in questo caso, i socialisti – presieduto da un anziano politico di orientamento conservatore, Paolo Boselli. Ne faceva parte, per la prima volta, un esponente dell'area cattolico-moderata, Filippo Meda. Il cambio di ministero, però, non comportò alcun mutamento nella conduzione militare della guerra. Nel corso dell'anno furono combattute altre battaglie sull'Isonzo, senza che fossero ottenuti risultati importanti, salvo quello, soprattutto simbolico, della presa di Gorizia in agosto.

Il fronte francese

Una situazione analoga, su scala ancora più ampia, si era creata sul fronte francese. Anche qui gli schieramenti rimasero pressoché immobili per tutto il 1915. All'inizio del 1916 i tedeschi sferrarono un attacco in forze contro la piazzaforte francese di Verdun con lo scopo principale di logorare le forze nemiche. La battaglia, durata quattro mesi, risultò troppo costosa anche per gli attaccanti: complessivamente i due schieramenti registrarono oltre 600 mila perdite fra morti, feriti e prigionieri. E la carneficina, forse la più tremenda cui l'umanità avesse mai assistito in uno spazio geografico così limitato, proseguì nell'estate 1916, quando gli anglo-francesi lanciarono una controffensiva sul fiume Somme: qui, in sei mesi, il numero delle perdite arrivò a quasi un milione.

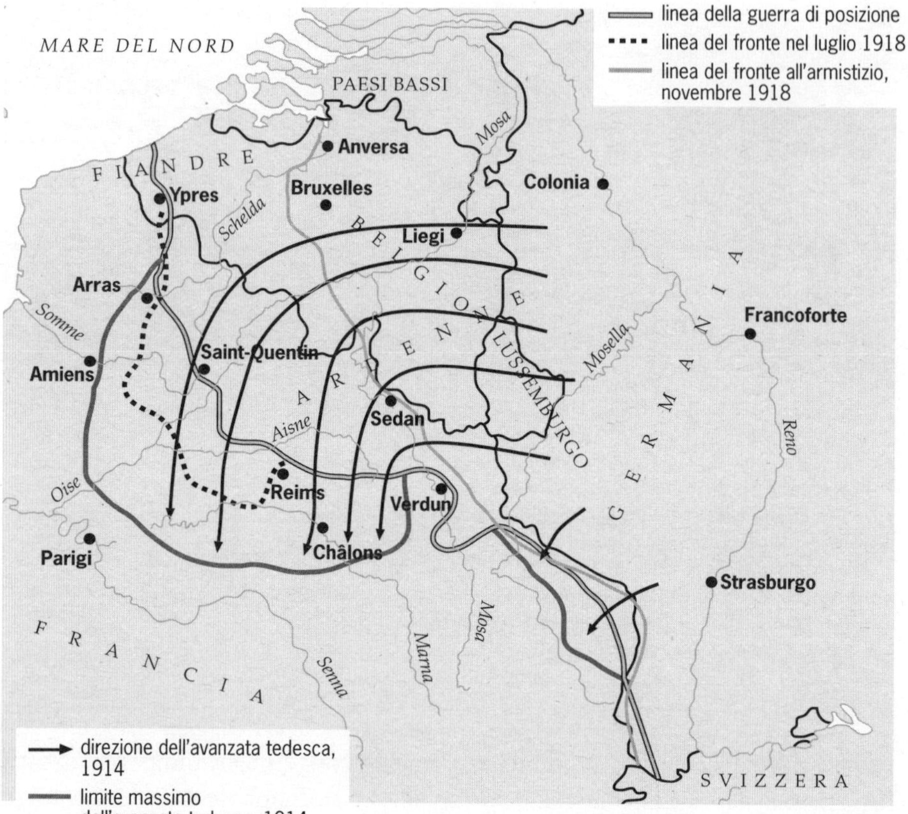

Il fronte occidentale (1914-18)

Il fronte orientale

In realtà, fra il 1915 e il 1916, i soli successi militari di qualche importanza furono conseguiti dagli Imperi centrali e i pochi spostamenti rilevanti del fronte si verificarono in Europa orientale. Nell'estate del '15 una grande offensiva tedesca costrinse i russi ad abbandonare buona parte della Polonia. In autunno gli austriaci attaccarono la Serbia, che fu invasa e di fatto eliminata dal conflitto. Falliva intanto il tentativo degli anglo-francesi di alleggerire la pressione nemica sull'alleato russo portando la guerra sul territorio della Turchia, il più potente alleato degli Imperi centrali. Fra la primavera e l'estate del '15 una spedizione navale britannica attaccò lo Stretto dei Dardanelli e riuscì a far sbarcare un contingente nella penisola di Gallipoli, sulle coste turche. Ma l'impresa, contrastata con efficacia, si risolse in un sanguinoso fallimento. Nel giugno del 1916, furono i russi a lanciare l'offensiva contro gli austriaci allora impegnati sul fronte italiano. I loro iniziali successi convinsero la Romania a intervenire a fianco dell'Intesa. Ma in ottobre gli austro-tedeschi contrattaccarono e la Romania subì la stessa sorte della Serbia, lasciando nelle mani dei nemici le sue risorse agricole e minerarie (grano e petrolio).

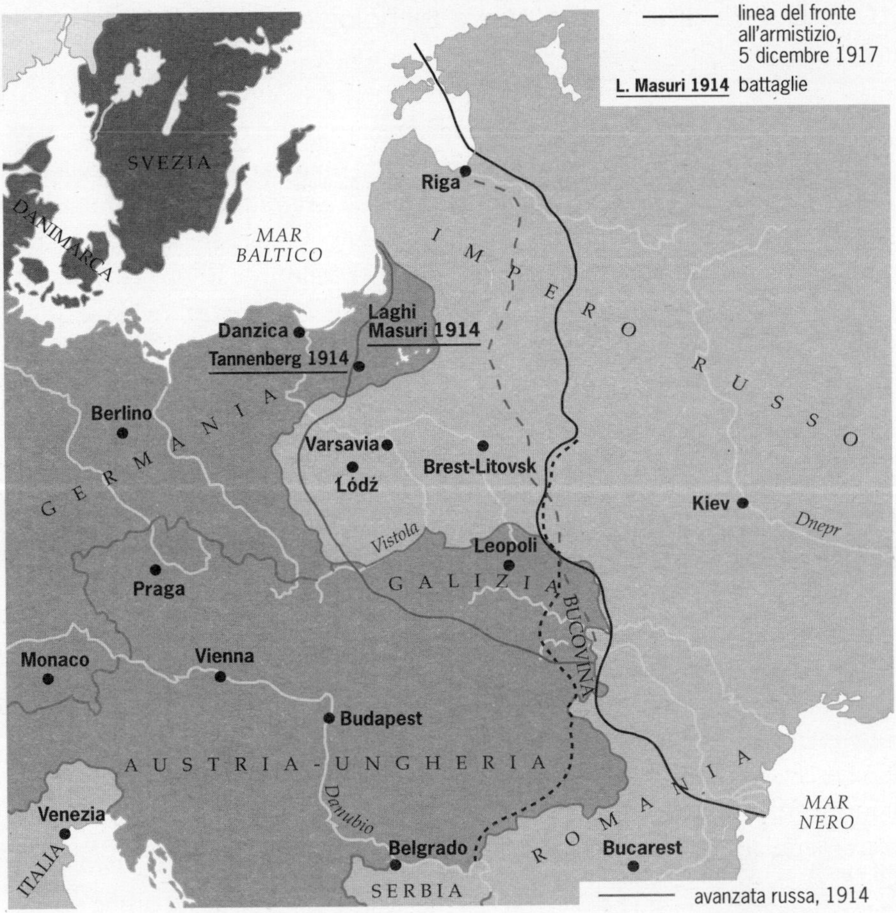

Il fronte orientale (1914-17)

Il blocco navale

Questi risultati non bastarono a riequilibrare la situazione a favore degli Imperi centrali, che subivano le conseguenze del blocco navale attuato dai britannici nel Mare del Nord. Invano, nel maggio 1916, la flotta tedesca aveva tentato un attacco in prossimità della penisola dello Jutland. Le perdite subìte nella battaglia, per quanto inferiori a quelle degli avversari, furono tali da indurre i comandi tedeschi a ritirare le navi nei porti, rinunciando definitivamente allo scontro in campo aperto. A questo si ridusse il contributo della flotta tedesca del Mare del Nord, che aveva rappresentato nell'anteguerra uno dei più gravi fattori di tensione fra Germania e Gran Bretagna.

10.6. Guerra di trincea e nuove tecnologie

La vita al fronte

Due anni di guerra non avevano dunque risolto la situazione di stallo creatasi nell'estate del '14, né avevano mutato i caratteri di un conflitto sempre più dominato dalla tremenda usura dei reparti combattenti. Un'usura dovuta soprattutto alla combinazione micidiale tra la vecchia dottrina militare, che imponeva ai soldati di cercare a ogni costo la rottura del fronte avversario (o la conquista di una determinata posizione), e le nuove armi automatiche, le mitragliatrici in primo luogo, capaci di trasformare ogni assalto in una carneficina.

Dal punto di vista tecnico, la vera protagonista della guerra fu la trincea, ossia la più semplice e primitiva tra le fortificazioni difensive. Scavate all'inizio come rifugi provvisori per le truppe in attesa del balzo decisivo, divennero, una volta stabilizzatesi le posizioni, la sede permanente dei reparti di prima linea. Col passare del tempo, vennero allargate, dotate di ripari, protette da reticolati di filo spinato e da "nidi" di mitragliatrici. La vita nelle trincee, monotona e rischiosa al tempo stesso, logorava i combattenti nel morale oltre che nel fisico e li gettava in uno stato di apatia e di torpore mentale. Soldati e ufficiali restavano in prima linea senza ricevere il cambio anche per intere settimane. Vivevano in condizioni igieniche deplorevoli, esposti al caldo, al freddo e alle intemperie, oltre che ai periodici bombardamenti dell'artiglieria avversaria. Non uscivano dai loro ricoveri se non per compiere qualche pericolosa azione notturna di sabotaggio nelle linee nemiche o per lanciarsi all'attacco, quando scattava un'offensiva.

L'assalto

Gli assalti, che iniziavano di regola nelle prime ore del mattino, erano preceduti da un intenso tiro di artiglieria ("fuoco di preparazione") che in teoria avrebbe dovuto scompaginare le difese avversarie ma in pratica aveva come risultato principale quello di eliminare ogni effetto-sorpresa. I soldati che scattavano simultaneamente fuori delle trincee e riuscivano a superare il fuoco di sbarramento delle mitragliatrici finivano con l'accalcarsi nei pochi varchi aperti dall'artiglieria nei reticolati, facilitando così il compito dei tiratori nemici. Se, nonostante tutto ciò, riuscivano a raggiungere le trincee di prima linea, dovevano subire il contrattacco dei reparti di seconda linea e delle riserve, che in genere li ricacciava sulle posizioni di partenza.

Entusiasmo e rassegnazione

Bastarono i primi mesi di guerra nelle trincee a far svanire l'entusiasmo patriottico con cui molti combattenti – soprattutto i giovani di estrazione borghese – avevano affrontato il conflitto. Gran parte dei soldati semplici – soprattutto quelli di origine contadina – non aveva idee precise sui motivi per cui si combatteva e considerava la guerra come una specie di flagello naturale. La visione eroica e avventurosa dell'esperienza bellica restò prerogativa di esigue minoranze di combattenti: in particolare quelli inquadrati nelle truppe speciali – come le *Sturmtruppen* ("truppe di assalto") tedesche o gli Arditi italiani – impiegati in azioni particolarmente rischiose e per questo esentati dai turni di trincea. Per tutti gli altri la guerra era una dura necessità. I soldati la combattevano perché animati da un senso di elementare solidarietà con i propri compagni di reparto o con i propri superiori diretti, ma anche perché vi erano costretti dalla presenza di un apparato repressivo spietato nel punire ogni forma di insubordinazione.

Le forme del rifiuto

Né il senso del dovere né la minaccia del plotone di esecuzione poterono impedire, tuttavia, che la paura o l'avversione alla guerra si traducessero talora in forme di rifiuto. Le più diffuse erano quelle individuali, che andavano dalla renitenza alla leva alla diserzione o alla pratica dell'autolesionismo, consistente nell'infliggersi volontariamente ferite e mutilazioni per essere dispensati dal servizio al fronte. Meno frequenti erano i casi di ribellione collettiva – "scioperi militari" o veri e propri ammutinamenti – che crebbero in numero e intensità col prolungarsi del conflitto. E fecero crescere in parallelo, nei governi e nei comandi militari, i timori di un cedimento delle truppe.

Le nuove armi

Nella ricerca spasmodica di un risultato decisivo sul campo, gli eserciti belligeranti fecero ricorso senza risparmio a tutte le risorse messe a disposizione dai progressi della scienza e della tecnologia. Il primo conflitto mondiale fu dunque segnato dall'uso su larghissima scala di strumenti bellici già sperimentati in precedenza (a cominciare dalle mitragliatrici), ma anche dall'invenzione di nuovi mezzi d'offesa. Del tutto nuova e sconvolgente fu l'apparizione delle armi chimiche: proiettili esplosivi che, lanciati sulle trincee nemiche, sprigionavano gas tossici letali. Furono i tedeschi, nella primavera del 1915, a sperimentare per la prima volta queste armi, che in seguito vennero adottate anche dagli altri eserciti, fino a quando l'uso generalizzato delle maschere antigas rese gli aggressivi chimici troppo costosi in rapporto alle perdite inflitte al nemico.

Telecomunicazioni, mezzi motorizzati, aviazione

Oltre a stimolare la produzione in grande serie di armi vecchie e nuove, la guerra accelerò la crescita di settori relativamente giovani, come quello automobilistico, o che stavano muovendo i primi passi, come la radiofonia. Il perfezionamento delle telecomunicazioni, via radio o via filo, permise di coordinare meglio i movimenti delle truppe. L'impiego sempre più massiccio dei mezzi motorizzati consentì di far affluire rapidamente enormi masse di soldati dalle retrovie al fronte.

Più lento, quanto agli impieghi bellici, fu lo sviluppo dell'aviazione. Dal 1903, quando due ingegneri americani, i fratelli Orville e Wilbur Wright, erano riusciti per la prima volta a far sollevare dal suolo un apparecchio a motore più pesante dell'aria, la tecnica del volo aveva fatto limitati progressi. E gli aerei, costruiti in gran numero nel corso della guerra, furono usati soprattutto per la ricognizione e per qualche azione di bombardamento, senza svolgere un ruolo decisivo nelle principali battaglie.

I mezzi corazzati

Altrettanto stentati furono gli esordi di un altro futuro protagonista delle guerre del '900: il carro armato. I primi mezzi corazzati, le autoblindo (ossia autocarri ricoperti da piastre d'acciaio e muniti di mitragliatrici), erano limitati nel loro impiego dal fatto di potersi muovere solo su strada. Il passo successivo consistette nel sostituire le ruote con i cingoli, che già venivano impiegati sulle macchine agricole e che permettevano ai veicoli di attraversare qualsiasi terreno e di essere usati per attaccare e scavalcare le trincee nemiche. Sperimentati per la prima volta nel 1916 dai britannici, i carri armati erano però molto lenti; e furono impiegati in modo massiccio solo nell'ultima fase della guerra.

Il sommergibile

Fra le nuove macchine belliche sperimentate in questi anni, una sola influì in modo significativo sul corso della guerra: il sottomarino. Furono soprattutto i tedeschi a servirsene sia per attaccare le navi da guerra nemiche, sia per affondare senza preavviso i mercantili, anche di paesi neutrali, che portavano rifornimenti verso i porti dell'Intesa. La guerra sottomarina si rivelò subito un'arma molto efficace. Essa però sollevava gravi problemi politici e morali e urtava in particolare gli interessi commerciali degli Stati Uniti. Infatti, quando nel maggio 1915 un sottomarino tedesco affondò il transatlantico britannico *Lusitania*, che trasportava più di mille passeggeri fra cui 140 cittadini americani (ma aveva a bordo anche armi destinate alla Gran Bretagna), le proteste degli Stati Uniti furono così energiche da convincere i tedeschi a sospendere la guerra sottomarina indiscriminata.

10.7. Il "fronte interno"

Guerra e mobilitazione sociale

Per tutti i paesi che vi parteciparono, e in particolare per quelli che la combatterono sul proprio territorio, la Grande Guerra costituì un laboratorio, un campo di sperimentazione e anche un acceleratore di tutti i fenomeni legati alla società di massa. Circa 65 milioni di uomini furono strappati alle loro occupazioni abituali, alle famiglie e ai mondi chiusi in cui la maggior parte di loro viveva, per essere coinvolti in una gigantesca esperienza collettiva. Indossavano le stesse uniformi, combattevano negli stessi luoghi, mangiavano lo stesso rancio. Si abituavano forzatamente alla vita in comune e alla disciplina, ma anche alla violenza e alla quotidiana familiarità con la morte.

Anche i civili furono chiamati a dare il loro contributo nel cosiddetto "fronte interno": le donne, per esempio, si trovarono spesso a svolgere le funzioni di capofamiglia [▸11.2]. Molte di loro sostituirono nei lavori dei campi, negli uffici e anche nelle fabbriche gli uomini arruolati nell'esercito. L'intera società dei paesi belligeranti fu dunque mobilitata in funzione della guerra e ne risentì in varia misura le conseguenze: quella combattuta sui fronti europei fu una guerra totale, perché coinvolse tutti gli ambiti della vita dei paesi belligeranti.

Il coinvolgimento dei civili

I più colpiti furono naturalmente gli abitanti delle zone in cui si combatteva, costretti a lasciare le loro case e le loro terre. Ma anche coloro che vivevano lontano dal fronte dovettero affrontare situazioni nuove e mutamenti anche traumatici. C'era poi il problema di chi risiedeva in un paese diverso dalla propria patria d'origine e poteva trovarsi improvvisamente nella condizione di nemico: soggetto quindi alla confisca dei beni e a una serie di restrizioni personali che potevano arrivare all'internamento. Infine, le minoranze etniche che avevano nel passato recente manifestato aspirazioni indipendentiste erano ovunque tenute sotto controllo perché sospettate di scarsa lealtà nei confronti della nazione in guerra.

Lo sterminio degli armeni

Un caso limite, a questo proposito, fu quello degli armeni. Questa antica popolazione di religione cristiana abitava prevalentemente in una regione del Caucaso divisa fra l'Impero ottomano e quello russo. Già alla fine dell'800, e ancor più dopo la rivoluzione dei "Giovani turchi" del 1908 [▸8.3], gli armeni di Turchia avevano pagato con persecuzioni e massacri i loro tentativi di ribellione. Nella primavera-estate del 1915, mentre Russia e Turchia si combattevano nel Caucaso (e gli anglo-francesi cercavano di sbarcare sulle coste dei Dardanelli), gli armeni che vivevano nella parte turca di quella regione, sospettati di intesa col nemico russo, furono sottoposti a una brutale deportazione nelle zone interne dell'Anatolia che, per la maggior parte di loro (oltre un milione), si trasformò in sterminio: una sorta di sinistro preludio ad altri stermini di massa che avrebbero costellato il '900.

Le trasformazioni nell'economia

Al di là dei lutti e delle sofferenze legate, direttamente o indirettamente, alle operazioni militari, la guerra produsse una serie di profonde e durature trasformazioni in tutti i paesi che vi furono coinvolti. I mutamenti più vistosi furono quelli che interessarono il mondo dell'economia e in particolare il settore industriale, chiamato ad alimentare la macchina gigantesca degli eserciti al fronte. Le industrie interessate alle forniture belliche (siderurgiche, meccaniche e chimiche in primo luogo) conobbero uno sviluppo imponente, al di fuori di qualsiasi legge di mercato.

Tutto ciò impose una riorganizzazione dell'apparato produttivo e una continua dilatazione dell'intervento statale, che assunse dimensioni incompatibili col modello liberale ottocentesco. Interi settori dell'industria furono posti sotto il controllo dei militari. Anche la produzione agricola fu assoggettata a un regime di requisizioni e di prezzi controllati. In alcuni casi si giunse al razionamento dei beni di consumo di prima necessità. In Germania – il paese in cui la *pianificazione economica* raggiunse le forme più spinte – si giunse addirittura a parlare di "socialismo di guerra". Ma il sistema era in realtà gestito da organismi composti da militari e da industriali, i quali trassero dall'economia bellica notevoli vantaggi in termini di profitto e di potere.

Politici e militari

Strettamente legate ai mutamenti nell'economia furono le trasformazioni degli apparati statali. Ovunque i governi furono investiti di nuove attribuzioni e dovettero farvi fronte con l'aumento della burocrazia. Ovunque il potere esecutivo si rafforzò a spese degli organismi rappresentativi, poco adatti per loro stessa natura alle esigenze di rapidità e segretezza nelle decisioni imposte dallo stato di guerra. I poteri dei governi erano a loro volta insidiati dall'invadenza dei comandi militari, che avevano poteri pressoché assoluti per tutto ciò che riguardava la conduzione della guerra e potevano quindi influenzare pesantemente le scelte dei politici. In questo senso non vi erano differenze sostanziali fra la dittatura militare di fatto esercitata dal 1916 in Germania dal capo di stato maggiore Paul von Hindenburg e dal suo più stretto collaboratore, il generale Erich Ludendorff, e la gestione autoritaria del potere praticata in Francia nell'ultimo anno di guerra dal governo di unione nazionale di Georges Clemenceau o in Gran Bretagna dal "gabinetto di guerra" di David Lloyd George. Tutti i mezzi – compresa la censura e la sorveglianza sui cittadini sospetti di "disfattismo" – furono usati per combattere i "nemici interni" e per mobilitare la popolazione verso l'obiettivo della vittoria.

La propaganda

Strumento essenziale per la mobilitazione dei cittadini era la propaganda: una propaganda che non si rivolgeva soltanto alle truppe, ma cercava anche di raggiungere in tutti i modi possibili la popolazione civile. I governi di tutti i paesi profusero un impegno senza precedenti per stampare manifesti murali, organizzare manifestazioni di solidarietà ai combattenti, incoraggiare la nascita di comitati e associazioni "per la resistenza interna". Si trattava di mezzi ancora rudimentali, che rivelavano tuttavia la preoccupazione dei governi nel "curare" l'opinione pubblica e nel cercarne l'appoggio: preoccupazione che diventava tanto più forte quanto più crescevano i segni di stanchezza fra i combattenti e la popolazione civile e quanto più si rafforzavano le correnti di opposizione alla guerra.

I socialisti contro la guerra

La scelta patriottica operata dai maggiori partiti socialisti nell'estate del '14 non fece tacere del tutto le voci di opposizione nel movimento operaio europeo. A Zimmerwald e a Kienthal, in Svizzera, nel settembre 1915 e nell'aprile 1916, si tennero due conferenze socialiste internazionali che si conclusero con l'approvazione di documenti in cui si chiedeva una pace "senza annessioni e senza indennità". Col protrarsi del conflitto i gruppi contrari alla guerra si rafforzarono. Fra di essi, i bolscevichi russi, guidati da Lenin [▶7.5], che si erano staccati definitivamente dalla socialdemocrazia e costituiti fin dal 1912 in partito autonomo.

Propaganda

parola chiave

Il termine "propaganda" deriva dalla locuzione latina *de propaganda fide* ("sulla fede da diffondere") con la quale la Chiesa designa la Congregazione che si occupa delle attività di proselitismo e di diffusione dei princìpi cattolici in tutto il mondo. Nel linguaggio contemporaneo per "propaganda" si intende la diffusione deliberata e sistematica di informazioni e messaggi volti a fornire un'immagine, positiva o negativa, di determinati fenomeni – o avvenimenti o istituzioni o persone –, ma anche a far apprezzare un prodotto commerciale (in questo caso "propaganda" è sinonimo di "pubblicità").
Praticata per la prima volta su vasta scala dai partiti socialisti, la propaganda politica è presto divenuta una componente essenziale della società di massa, soprattutto a partire dal primo conflitto mondiale, quando furono le autorità statali a impadronirsi dei metodi e delle tecniche propagandistiche per rendere popolare presso l'opinione pubblica la causa della guerra. Lo sviluppo dei mezzi di comunicazione di massa (la radio e il cinema, poi la televisione, infine i *social network*) ha dato alle attività di propaganda nuove dimensioni e nuova capacità di penetrazione. Di queste possibilità si sono avvalsi largamente i regimi totalitari – fascismo, nazismo e comunismo sovietico – che, controllando direttamente i canali di informazione, hanno potuto realizzare forme di persuasione e di indottrinamento molto più efficaci e sofisticate di quelle attuate in passato (quando la propaganda era affidata essenzialmente alla stampa o, tutt'al più, ai manifesti e ai volantini). Anche in seguito a queste esperienze, il termine "propaganda" ha finito con l'assumere una connotazione negativa, legata all'idea di manipolazione, o quanto meno di informazione unilaterale e distorta.

10.8. 1917: l'anno della svolta

La rivoluzione in Russia e l'intervento americano

Nei primi mesi del 1917 due novità intervennero a mutare il corso della guerra e dell'intera storia europea e mondiale. All'inizio di marzo (fine febbraio secondo il calendario russo) uno sciopero generale degli operai di Pietrogrado (questo il nuovo nome assunto dalla capitale russa dopo l'estate del '14) si trasformò in un'imponente manifestazione politica contro il regime zarista. Quando i soldati chiamati a ristabilire l'ordine rifiutarono di sparare sulla folla e fraternizzarono coi dimostranti, la sorte della monarchia fu segnata: lo zar abdicò il 15 marzo e pochi giorni dopo venne arrestato con l'intera famiglia reale. Si metteva in moto, così, un processo che avrebbe portato in breve tempo al collasso militare della Russia e alla firma dell'armistizio.

Il 6 aprile dello stesso anno gli Stati Uniti dichiaravano guerra alla Germania che aveva ripreso la guerra sottomarina indiscriminata, in precedenza sospesa proprio per le proteste americane. L'intervento degli Usa, pur facendo sentire il suo peso solo dopo parecchi mesi, sarebbe risultato decisivo sia sul piano militare sia su quello economico, tanto da compensare il gravissimo colpo subìto dall'Intesa con l'uscita di scena della Russia.

La stanchezza degli eserciti e le iniziative di pace

Nell'immediato, infatti, gli avvenimenti russi incisero negativamente sul morale delle truppe. In Francia come in Italia si fecero più frequenti gli episodi di insubordinazione dei reparti combattenti e le proteste popolari contro la guerra. Il caso più grave si verificò sul fronte francese dove, all'inizio di maggio, a conclusione di un'ennesima, inutile offensiva, alcuni reparti di fanteria si rifiutarono di tornare a combattere. L'ammutinamento, che coinvolse più di 40 mila uomini, fu domato con una durissima repressione, ma anche con l'adozione di misure volte a migliorare la condizione dei soldati.

Anche negli Imperi centrali si andavano frattanto moltiplicando i segni di stanchezza. Particolarmente delicata era, all'inizio del '17, la posizione dell'Impero austro-ungarico, dove prendevano forza le aspirazioni indipendentiste delle "nazionalità oppresse": polacchi, cechi, slavi del Sud. Alla costituzione di un governo cecoslovacco in esilio seguì, nell'estate del '17, un accordo fra serbi, croati e sloveni per la costituzione, a guerra finita, di uno Stato unitario degli slavi del Sud (la futura Jugoslavia). Consapevole del pericolo di disgregazione cui era esposto l'Impero, il nuovo imperatore Carlo I (Francesco Giuseppe era morto nel novembre del '16 dopo quasi settant'anni di regno) avviò tra il febbraio e l'aprile del '17 negoziati segreti in vista di una pace separata. Ma le sue proposte furono respinte dall'Intesa.

Non ebbe miglior fortuna una iniziativa promossa in agosto da papa Benedetto XV che invitò i governi a porre fine all'"inutile strage" e a prendere in considerazione l'ipotesi di una pace senza annessioni. Tanto più cresceva il carico di sofferenze imposto dalla guerra, tanto meno i responsabili degli Stati belligeranti erano disposti ad ammettere che tutto era stato "inutile" e ad accantonare le loro speranze di vittoria.

Le difficoltà dell'Italia

Anche per l'Italia il 1917 fu l'anno più difficile della guerra. Fra maggio e settembre Cadorna ordinò una nuova serie di offensive sull'Isonzo, con risultati modesti e costi umani ancora più pesanti che in passato. Tra i soldati le manifestazioni di protesta e i gesti di insubordinazione si fecero più frequenti, anche se non giunsero mai a organizzarsi in un movimento di ampie proporzioni. Intanto fra la popolazione civile si moltiplicavano i segni di malcontento per i disagi causati dall'aumento dei prezzi e dalla carenza di generi alimentari. Si trattava per lo più di manifestazioni spontanee che vedevano in prima fila le donne e si esaurivano nel giro di poche ore. L'unico vero episodio insurrezionale si verificò a Torino fra il 22 e il 26 agosto, quando una protesta originata dalla mancanza di pane si trasformò in una autentica sommossa, con forte partecipazione operaia.

Caporetto

Fu in questa situazione che i comandi austro-tedeschi decisero di profittare della disponibilità di truppe provenienti dal fronte russo, ormai di fatto chiuso, per infliggere un colpo decisivo all'Italia. Il 24 ottobre 1917, un'armata austriaca rinforzata da sette divisioni tedesche attaccò le linee italiane sull'alto Isonzo e le sfondò nei pressi del villaggio di Caporetto. Gli attaccanti avanzarono in profondità nel Friuli, mettendo in atto la nuova tattica dell'infiltrazione, che consisteva nel penetrare il più rapidamente possibile in territorio nemico senza preoccuparsi di consolidare le posizioni raggiunte, ma sfruttando invece la sorpresa per mettere in crisi lo schieramento avversario. La manovra fu così efficace che buona parte delle truppe italiane, per evitare di essere accerchiate, dovettero abbandonare precipitosamente le posizioni che tenevano dall'inizio della guerra. Alcuni reparti riuscirono a ripiegare ordinatamente, altri si disgregarono: circa 400 mila sbandati rifluirono verso il Veneto mescolandosi alle colonne di profughi civili e dando alla ritirata l'aspetto di un'autentica rotta. Solo dopo due settimane un esercito praticamente dimezzato riusciva ad attestarsi sulla nuova linea difensiva del Piave, lasciando in mano al nemico circa 10 mila km^2 di territorio italiano, oltre a 300 mila prigionieri e a una quantità impressionante di armi, munizioni e vettovaglie.

Le responsabilità della sconfitta

Prima di essere rimosso dal comando supremo, il generale Cadorna gettò le colpe della disfatta sui suoi stessi soldati, accusandoli di essersi arresi senza combattere. In realtà la rottura del fronte era stata determinata dagli errori dei comandi, che si

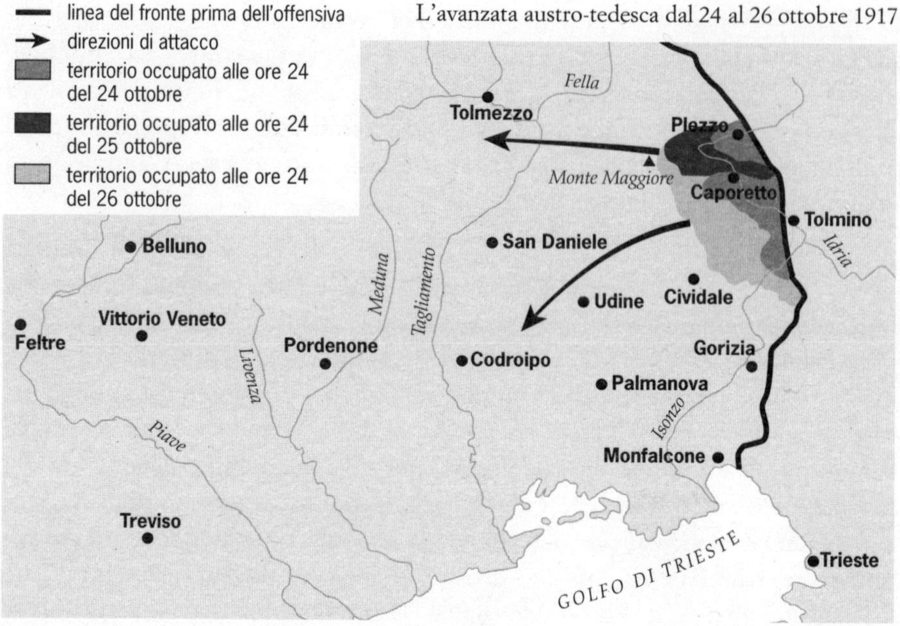

erano lasciati cogliere impreparati dall'attacco sull'alto Isonzo. Certo le conseguenze della sconfitta furono ingigantite dallo stato di stanchezza e di demoralizzazione delle truppe: ma una simile condizione era in larga parte comune a tutti gli eserciti, a cominciare da quello austriaco. Del resto i soldati italiani dimostrarono di saper combattere valorosamente resistendo, sul Piave e sul Monte Grappa, all'avanzata degli austro-tedeschi che minacciavano di dilagare nella Pianura padana ed evitando così che la sconfitta si trasformasse in una definitiva catastrofe.

Una guerra difensiva

Paradossalmente questa disfatta ebbe ripercussioni positive sul corso della guerra italiana. La ritirata sul Piave aveva consentito un notevole accorciamento del fronte e quindi un minor logorìo dei reparti combattenti. I soldati si trovarono inoltre a combattere una guerra difensiva, contro un nemico che occupava una parte del territorio nazionale: ciò contribuì a rendere più comprensibili gli scopi del conflitto e ad aumentare il senso di coesione patriottica, al fronte come nel paese. Fu costituito un nuovo governo di coalizione nazionale presieduto da Vittorio Emanuele Orlando e le forze politiche parvero trovare una maggiore concordia: gli stessi leader dell'ala riformista del Partito socialista assicurarono la loro solidarietà allo sforzo di resistenza del paese. Anche il cambio della guardia alla testa dell'esercito ebbe effetti positivi sul morale delle truppe. Armando Diaz, il nuovo capo di stato maggiore, si mostrò meno incline di Cadorna all'uso indiscriminato dei mezzi repressivi e più attento alle esigenze dei soldati, cui furono garantiti vitto più abbondante e licenze più frequenti.

La linea del Piave

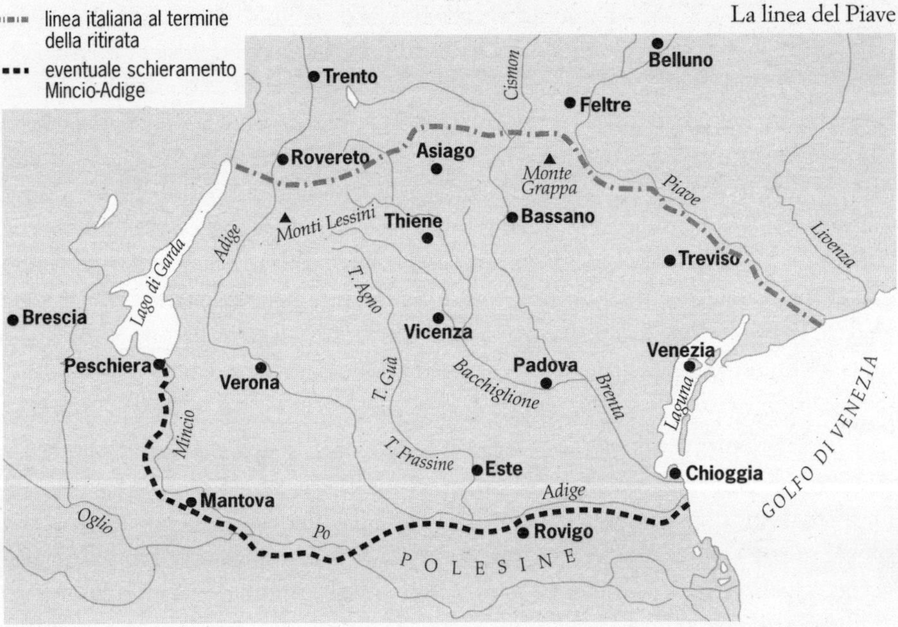

Il ruolo della propaganda

Inoltre, dall'inizio del 1918, fu svolta un'opera sistematica di propaganda fra le truppe attraverso la diffusione dei giornali di trincea e la creazione di un Servizio P (cioè propaganda) che si affidava soprattutto all'opera degli ufficiali inferiori e si avvaleva anche della collaborazione di numerosi intellettuali di prestigio. Si prospettò ai soldati la possibilità di vantaggi materiali di cui il paese e i singoli cittadini avrebbero potuto godere in caso di vittoria (cominciò, fra l'altro, a circolare la parola d'ordine della "terra ai contadini"). Si cercò soprattutto di presentare la guerra come una lotta per un più giusto ordine interno e internazionale. Prese così vigore l'idea della guerra democratica, già agitata dagli interventisti di sinistra e rilanciata con ben altra autorità dal presidente statunitense Wilson.

10.9. La rivoluzione russa: da febbraio a ottobre

Fra tutti gli sconvolgimenti politici e sociali provocati dalla prima guerra mondiale, la rivoluzione russa fu non soltanto il più violento e traumatico, ma anche il più imprevisto, almeno nei suoi sviluppi. Quando, all'inizio del '17, il regime zarista fu abbattuto dalla rivolta degli operai e dei soldati di Pietrogrado, pochi immaginavano che ne sarebbe seguito il più grande evento rivoluzionario mai verificatosi nel mondo dopo la Rivoluzione francese.

Il governo provvisorio e i partiti

Dopo l'abdicazione dello zar, il 17 marzo, si formò nella capitale un governo provvisorio che aveva l'obiettivo dichiarato di continuare la guerra a fianco dell'Intesa e di promuovere nel contempo la modernizzazione, politica ed economica, del paese. Condividevano questa prospettiva non solo i gruppi liberal-moderati che facevano capo al partito dei cadetti (ossia costituzionali-democratici), ma anche i socialisti menscevichi (ossia "minoritari") che si ispiravano ai modelli della socialdemocrazia europea, e i social-rivoluzionari, che avevano solide radici nella società rurale russa e interpretavano le aspirazioni delle masse contadine a una radicale riforma agraria [▸8.6]. Rappresentanti di tutti e tre i partiti entrarono nel governo provvisorio. Gli unici a rifiutare ogni partecipazione al potere furono i bolscevichi [▸7.5].

I *soviet*

Come già era accaduto nella rivoluzione del 1905, al potere "legale" del governo si affiancò subito il potere di fatto dei consigli (*soviet*, in russo) degli operai e dei soldati [▸8.6]. Il più importante di questi *soviet*, quello della capitale Pietrogrado, agiva come una specie di parlamento proletario, spesso in contrasto con le disposizioni del governo. Quello che la rivoluzione aveva ormai messo in moto era un movimento di massa che respingeva l'idea di un'autorità centrale, era favorevole a un diffuso potere dal basso e, soprattutto, voleva porre fine alla guerra.

Lenin e le *Tesi di aprile*

Questa era la situazione nell'aprile del '17, quando Lenin [▸7.5], leader dei bolscevichi, rientrò in Russia dalla Svizzera dopo un avventuroso viaggio attraverso l'Europa in guerra. Il viaggio era stato reso possibile dalla copertura delle autorità tedesche che, conoscendo le idee di Lenin sulla guerra, speravano di accelerare l'uscita della Russia. Non appena giunto a Pietrogrado, Lenin diffuse un documento in dieci punti – le cosiddette *Tesi di aprile* – in cui poneva il problema della presa del potere, rovesciando la teoria marxista ortodossa, secondo cui la rivoluzione proletaria sarebbe scoppiata prima nei paesi più sviluppati. Il primo obiettivo era quello di conquistare la maggioranza nei *soviet* – riconosciuti come unica legittima fonte del potere – e di lanciare le parole d'ordine della pace, della terra ai contadini poveri, del controllo della produzione da parte dei consigli operai.

I bolscevichi contro il governo

Il primo scontro fra i bolscevichi e il governo provvisorio si ebbe a Pietrogrado a metà luglio, quando soldati e operai armati scesero in piazza per impedire la partenza per il fronte di alcuni reparti. Ma l'insurrezione fallì. A settembre un tentativo di colpo di Stato promosso dal capo dell'esercito, il generale Kornilov, fu sventato dal governo, allora guidato dal social-rivoluzionario Aleksandr Kerenskij, grazie all'aiuto di tutte le forze socialiste. A uscire rafforzati da questa vicenda furono però soprattutto i bolscevichi, principali protagonisti della mobilitazione popolare contro il colpo di Stato, che conquistarono la maggioranza nei *soviet* di Pietrogrado e di Mosca.

La rivoluzione d'ottobre

La decisione di rovesciare il governo fu presa dai bolscevichi in ottobre. Organizzatore dell'insurrezione fu Lev Davidovič Bronstein, noto con lo pseudonimo di Trotzkij, eletto presidente del *soviet* di Pietrogrado. La mattina del 7 novembre (25 ottobre per il calendario russo) soldati rivoluzionari e guardie rosse (ossia milizie operaie) circondarono il Palazzo d'Inverno, già residenza dello zar e ora sede del governo provvisorio, e se ne impadronirono la sera stessa. L'assalto al Palazzo d'Inverno – destinato ad assurgere a episodio simbolo della rivoluzione, come era stata la presa della Bastiglia nel 1789 – fu praticamente incruento: pochissime furono le vittime nei confusi scontri che ebbero luogo nei corridoi e nei saloni dell'antica reggia.

In quegli stessi giorni, si riuniva a Pietrogrado il Congresso panrusso dei *soviet*, cioè l'assemblea dei delegati dei *soviet* di tutte le province dell'ex Impero russo. Come suo primo atto il Congresso varò due decreti, proposti personalmente da Lenin: il primo faceva appello a tutti i popoli dei paesi belligeranti «per una pace giusta e democratica [...] senza annessioni e senza indennità»; il secondo stabiliva l'abolizione della grande proprietà terriera «immediatamente e senza alcun indennizzo». Veniva frattanto costituito un nuovo governo rivoluzionario presieduto da Lenin, che fu chiamato Consiglio dei commissari del popolo.

10.10. La rivoluzione russa: dittatura e guerra civile

Lo scioglimento dell'Assemblea costituente

La fulminea presa del potere da parte dei bolscevichi colse di sorpresa tutte le altre forze politiche. Menscevichi, cadetti e social-rivoluzionari non organizzarono una reazione efficace e preferirono puntare le loro carte sulle elezioni dell'Assemblea costituente, fissate per la fine di novembre. I risultati delle urne costituirono una delusione per i bolscevichi, che ottennero meno di un quarto dei seggi. Quasi scomparsi dalla scena i menscevichi e i cadetti, i veri trionfatori delle elezioni furono i social-rivoluzionari, che si assicurarono la maggioranza assoluta, grazie al massiccio sostegno dell'elettorato rurale. Ma i bolscevichi non avevano alcuna intenzione di rinunciare al potere appena conquistato. Riunitasi la prima volta all'inizio di gennaio, l'Assemblea costituente fu immediatamente sciolta dall'intervento dei militari bolscevichi, che obbedivano a un ordine del Congresso dei *soviet*. Questo nuovo atto di forza, coerente con le idee espresse più volte da Lenin che non credeva alle regole della "democrazia borghese", segnava una rottura irreversibile con le altre componenti del movimento socialista e con tutta la tradizione democratica occidentale.

Stato e rivoluzione

Convinti di poter conquistare in tempi brevi l'appoggio compatto delle masse popolari, i leader bolscevichi speravano di poter procedere rapidamente alla costruzione di un nuovo Stato proletario ispirato all'esperienza della Comune di Parigi, secondo un modello di autogoverno delineato da Lenin in una delle sue opere più famose, *Stato e rivoluzione*. In quel saggio, scritto alla vigilia della rivoluzione d'ottobre, Lenin riprendeva la definizione di Marx sullo Stato come strumento del dominio di una classe sulle altre e prevedeva che, una volta scomparso questo dominio, lo Stato stesso si sarebbe avviato verso una rapida estinzione. Nella società socialista non vi sarebbe stato bisogno di Parlamenti e di magistratura, di eserciti e di burocrazia, ma le masse stesse si sarebbero autogovernate secondo i princìpi di democrazia diretta sperimentati nei *soviet*.

Il trattato di Brest-Litovsk

Tuttavia, se era stato relativamente facile per i bolscevichi impadronirsi del potere centrale, molto più difficile – per un partito che contava nel novembre '17 circa 70 mila iscritti su una popolazione di oltre 150 milioni di abitanti – si presentava il compito di gestire questo potere, di amministrare un paese immenso, di governare una società tanto complessa quanto arretrata, di affrontare i tremendi problemi ereditati dal vecchio regime, primo fra tutti quello della guerra. L'ipotesi su cui puntavano i bolscevichi era quella di una sollevazione generale dei popoli europei, da cui sarebbe scaturita una pace equa, "senza annessioni e senza indennità". Ma questa ipotesi non si realizzò. E i capi rivoluzionari, che non potevano deludere le attese di pace da loro stessi incoraggiate, si trovarono a trattare in condizioni di grave inferiorità con un nemico che già occupava vaste zone dell'ex Impero russo. Già il 5 dicembre il nuovo governo firmò l'armistizio che poneva fine alle ostilità. Seguì una lunga e drammatica trattativa con gli Imperi centrali, che si concluse tre mesi dopo, il 3 marzo 1918, con la firma della pace di Brest-Litovsk. La Russia rivoluzionaria dovette accettare tutte le durissime condizioni imposte da Germania e Austria-Ungheria, che comportavano la perdita di tutti i territori non russi dell'ex Impero (circa un quarto della sua parte europea), dove stavano nascendo nuovi Stati indipendenti. Per imporre questa decisione, Lenin dovette tuttavia superare le perplessità di alcuni fra i suoi stessi compagni di partito e la violenta opposizione dei social-rivoluzionari, compresa la minoranza di sinistra che in un primo tempo aveva appoggiato il governo rivoluzionario. I bolscevichi rimanevano così completamente isolati.

La guerra civile

Gravissime furono poi le conseguenze del trattato a livello dei rapporti internazionali. Le potenze dell'Intesa, ancora impegnate contro gli Imperi centrali e preoccupate di un possibile contagio rivoluzionario, considerarono la pace un tradimento e cominciarono ad appoggiare le forze antibolsceviche che, già dalla fine del '17, si erano andate organizzando in varie zone del paese, per lo più sotto la guida di ex ufficiali zaristi. Fra la primavera e l'estate del 1918 si ebbero sbarchi di truppe anglo-francesi prima nel Nord della Russia e poi sulle coste del Mar Nero, mentre reparti statunitensi e giapponesi penetravano nella Siberia orientale. L'arrivo dei contingenti stranieri servì a rafforzare l'opposizione al governo bolscevico – soprattutto quella dei monarchico-conservatori, i cosiddetti bianchi – e ad alimentare la guerra civile in diverse zone del paese. La prima minaccia venne dall'Est, dove i bianchi assunsero il controllo di vasti territori della Siberia penetrando, nell'estate del '18, nella zona fra gli Urali e il Volga: fu in questa circostanza che lo zar e tutta la sua famiglia, prigionieri nella città di Ekaterinburg, furono giustiziati per ordine del *soviet* locale nel timore che fossero liberati dai controrivoluzionari.

La Russia dal 1918 al 1920

Le forze controrivoluzionarie erano però divise e mal coordinate, per motivi sia di rivalità politica sia di distanza geografica, e non riuscirono a guadagnarsi l'appoggio dei contadini, che spesso diffidavano dei bolscevichi ma temevano ancor più il ritorno dei vecchi proprietari. Solo nell'estate del '19, però, le potenze straniere avrebbero cominciato a ritirare le loro truppe, per le proteste che l'intervento suscitava nei loro paesi e per il pericolo di un "contagio rivoluzionario" fra i soldati. Nella primavera del '20 la fase più acuta della guerra civile si sarebbe chiusa, dopo oltre due anni di combattimenti che avevano provocato perdite gravissime da ambo le parti e sofferenze inaudite per l'intera popolazione.

La stretta autoritaria

Frattanto il regime rivoluzionario accentuava i suoi tratti autoritari. Si era cominciato, già nel dicembre '17, con la creazione di una polizia politica, la čeka. Nello stesso periodo era stato istituito un Tribunale rivoluzionario centrale, col compito di processare chiunque disobbedisse al "governo operaio e contadino". Nel giugno '18 vennero messi fuori legge i partiti d'opposizione e fu reintrodotta la pena di morte che era stata abolita subito dopo la rivoluzione d'ottobre. Arresti arbitrari ed esecuzioni sommarie di "nemici di classe" entrarono sin da allora nella realtà quotidiana del nuovo regime. Si procedeva nel contempo alla riorganizzazione dell'esercito, ricostituito ufficialmente nel febbraio '18 col nuovo nome di Armata rossa degli operai e dei contadini. Artefice principale dell'operazione fu Trotzkij che, servendosi anche di ufficiali del vecchio esercito zarista, costruì una potente macchina da guerra, fondata su una ferrea disciplina. Ad assicurare la lealtà al governo rivoluzionario provvedevano figure di nuova istituzione, i commissari politici, distaccati dal partito presso le unità combattenti.

La sfida rivoluzionaria

La creazione di un esercito efficiente, decisiva per la vittoria nella guerra civile, avrebbe consentito anche in seguito alla Russia sovietica di sopravvivere allo scontro con i suoi numerosi nemici, interni ed esterni. Nasceva così un nuovo modello di Stato a partito unico dai tratti spietatamente autoritari, prototipo, come vedremo, di molti regimi antidemocratici che si sarebbero affermati negli anni successivi, eppure capace di proporsi, col suo radicale messaggio di eguaglianza sociale, come agente di liberazione per i popoli di tutto il mondo e come permanente minaccia per l'ordine economico e per gli equilibri internazionali dell'intero Occidente.

10.11. 1918: la sconfitta degli Imperi centrali

I "14 punti" di Wilson

Nella fase finale della guerra, per scongiurare la minaccia di una diffusione del modello rivoluzionario bolscevico, gli Stati dell'Intesa accentuarono il carattere ideologico dello scontro, presentandolo sempre più come una crociata della democrazia contro l'autoritarismo. Questa concezione della guerra trovò il suo interprete più autorevole nel presidente americano Woodrow Wilson. Nel gennaio 1918 Wilson precisò le linee ispiratrici della sua politica in un programma di pace in 14 punti. Oltre a formulare una serie di proposte concrete circa il nuovo assetto europeo da costruire nel rispetto del *principio di nazionalità*, il presidente americano proponeva l'abolizione della diplomazia segreta, il ripristino della libertà di navigazione, la soppressione delle barriere doganali, la riduzione degli armamenti. Nell'ultimo punto si prospettava infine l'istituzione di un nuovo organismo internazionale, la Società delle Nazioni, per assicurare il rispetto delle norme di convivenza fra i popoli.

Le ultime offensive degli Imperi centrali

La pace tuttavia appariva ancora lontana. Sul fronte bellico l'inizio del 1918 vedeva ancora i due schieramenti in una situazione di sostanziale equilibrio. La partita decisiva continuava a giocarsi sul fronte francese. Fu qui che la Germania tentò la sua ultima e disperata scommessa impegnando tutte le forze rese disponibili dalla firma della pace con la Russia. In giugno l'esercito tedesco era di nuovo sulla Marna e Parigi era sotto il tiro dei cannoni a lunga gittata. Sempre in giugno gli austriaci tentarono di sferrare il colpo decisivo sul fronte italiano attaccando in forze sul Piave e nella zona del Monte Grappa, ma furono respinti dopo una settimana di furiosi combattimenti. Alla fine di luglio le forze dell'Intesa, ormai superiori in uomini e mezzi grazie al massiccio apporto degli Stati Uniti, passarono al contrattacco. Fra l'8 e l'11 agosto, nella grande battaglia di Amiens, i tedeschi subirono la prima grave sconfitta sul fronte occidentale. Da quel momento cominciarono ad arretrare lentamente.

Una democratizzazione tardiva

I generali tedeschi capirono allora di aver perso la guerra: la loro principale preoccupazione divenne quella di sbarazzarsi del potere che avevano così largamente esercitato e di lasciare ai politici la responsabilità di un armistizio che si annunciava durissimo. Il compito ingrato di aprire le trattative toccò a un nuovo governo di coalizione democratica formatosi ai primi di ottobre con la partecipazione dei socialdemocratici e dei cattolici del centro. Si sperava che un governo realmente rappresentativo potesse costituire un interlocutore più credibile per l'Intesa. Ma era ormai troppo tardi. Mentre la Germania cercava invano una soluzione di compromesso, i suoi alleati crollavano militarmente o si disgregavano dall'interno.

La fine dell'Austria-Ungheria

La prima a cedere, alla fine di settembre, fu la Bulgaria. Un mese dopo era l'Impero turco a chiedere l'armistizio. Contemporaneamente, si consumava la crisi finale dell'Austria-Ungheria. Cecoslovacchi e slavi del Sud proclamarono l'indipendenza, mentre i soldati abbandonavano il fronte in numero sempre maggiore. Quando, il 24 ottobre, gli italiani lanciarono un'offensiva sul Piave, l'Impero era ormai in piena crisi. Sconfitti sul campo nella battaglia di Vittorio Veneto, gli austriaci il 3 novembre firmarono a Villa Giusti, presso Padova, l'armistizio con l'Italia che sarebbe entrato in vigore il giorno successivo, il 4 novembre 1918.

La resa della Germania

Intanto la situazione precipitava anche in Germania. Ai primi di novembre i marinai di Kiel, dov'era concentrato il grosso della flotta tedesca, si ammutinarono e diedero vita, assieme agli operai della città, a consigli rivoluzionari ispirati all'esempio russo. Il moto si propagò a Berlino e in Baviera e ad esso parteciparono i socialdemocratici, presenti anche nel governo "legale" del Reich. Il 9 novembre a Berlino un socialdemocratico, Friedrich Ebert, fu proclamato capo del governo, mentre Guglielmo II fuggiva in Olanda e veniva proclamata la Repubblica. L'11 novembre i delegati del governo provvisorio tedesco firmavano l'armistizio nel villaggio francese di Rethondes.

Il bilancio della guerra

La Germania perdeva così una guerra che più degli altri aveva contribuito a far scoppiare. La perdeva per fame e per stanchezza, ma senza essere stata schiacciata sul piano militare e senza che il suo territorio fosse stato invaso da eserciti stranieri. Gli Stati dell'Intesa, vincitori grazie all'apporto, tardivo ma decisivo, di una potenza extraeuropea, uscivano dal conflitto scossi e provati per l'immane sforzo sostenuto. La guerra si chiudeva non solo con un tragico bilancio di perdite umane (8 milioni e mezzo di morti, oltre 20 milioni di feriti gravi e mutilati), ma anche con un drastico ridimensionamento del peso politico dell'Europa sulla scena internazionale.

10.12. Vincitori e vinti

La conferenza di pace

Il 18 gennaio 1919, nella Reggia di Versailles, presso Parigi, si aprirono i lavori della conferenza di pace. Vi parteciparono i rappresentanti di trentadue paesi dei cinque continenti (compresi alcuni Stati appena costituiti), molti dei quali avevano svolto nella guerra un ruolo marginale. Rimasero invece esclusi i paesi sconfitti, chiamati solo a ratificare le decisioni che li riguardavano. Tutte le materie più importanti vennero in realtà riservate ai cosiddetti "quattro grandi", ossia ai capi di governo delle principali potenze vincitrici: l'americano Wilson, il francese Clemenceau, il britannico Lloyd George e l'italiano Orlando, quest'ultimo però relegato a un ruolo secondario anche a causa dei contrasti con gli alleati sul nuovo confine orientale dell'Italia [▶12.1]. I leader delle potenze vincitrici avevano il compito di ridisegnare la carta politica del Vecchio Continente, sconvolta dal crollo contemporaneo di quattro imperi (russo, austro-ungarico, tedesco e turco).

Pace democratica e pace punitiva

Il nuovo equilibrio doveva tener conto dei princìpi di democrazia e di giustizia internazionale enunciati nei "14 punti" di Wilson, rappresentante della potenza uscita dalla guerra in una evidente posizione di forza economica e politica. In pratica, però, la realizzazione di quel programma si rivelò assai problematica: i princìpi wilsoniani non sempre erano compatibili con l'esigenza di punire in qualche modo gli sconfitti – considerati i soli responsabili della guerra – e di premiare i vincitori, o quanto meno di garantirli, anche sul piano territoriale, contro la possibilità di rivincite da parte degli ex nemici.

La contraddizione risultò evidente soprattutto quando furono discusse le condizioni da imporre alla Germania. I francesi non si accontentavano della restituzione dell'Alsazia-Lorena, ma chiedevano di spostare i loro confini fino alla riva sinistra del Reno: il che avrebbe significato l'annessione di territori fra i più ricchi e popolosi della Germania. Ma questi progetti incontravano l'opposizione decisa di Wilson. La Francia dovette dunque rinunciare al confine sul Reno, in cambio della promessa (che non sarebbe stata mantenuta) di una garanzia anglo-americana sulle nuove frontiere franco-tedesche. La Germania poté così limitare le amputazioni territoriali, ma subì, senza nemmeno poterle discutere, una serie di clausole che, se eseguite integralmente, sarebbero state sufficienti a cancellarla per molto tempo dal novero delle grandi potenze.

Il trattato di Versailles

Il trattato, che venne firmato a Versailles il 28 giugno 1919, fu in realtà un'imposizione – un *Diktat*, ovvero un "dettato", come allora fu definito – subìta dalla Germania sotto la minaccia dell'occupazione militare e del blocco economico. Dal punto di vista territoriale era prevista, oltre alla scontata restituzione alla Francia dell'Alsazia-Lorena, annessa nel 1871, la cessione alla Polonia (ricostituita sulle ceneri degli Imperi centrali e dell'Impero russo, che se l'erano spartita alla fine del '700) di alcune regioni orientali abitate solo in parte da tedeschi: l'Alta Slesia, la Posnania, più una striscia della Pomerania – il cosiddetto "corridoio polacco" – che interrompeva la continuità territoriale fra Prussia occidentale e Prussia orientale, per consentire alla Polonia di affacciarsi sul Baltico e accedere al porto di Danzica. Questa città, abitata in prevalenza da tedeschi, veniva anch'essa tolta alla Germania e trasformata in "città libera". La Germania venne privata anche delle sue colonie in Africa e in Oceania, spartite tra Francia, Gran Bretagna e Giappone.

Ma la parte più pesante del *Diktat* era costituita dalle clausole economiche e militari. Indicata nel testo stesso del trattato come responsabile della guerra, la Germania dovette impegnarsi a rifondere ai vincitori, a titolo di riparazione, i danni subìti in conseguenza del conflitto. Fu inoltre costretta ad abolire il servizio di leva, a rinunciare alla marina da guerra, a ridurre la consistenza del proprio esercito entro il limite di 100 mila uomini e a lasciare "smilitarizzata" (priva cioè di reparti armati e di fortificazioni) l'intera valle del Reno, che sarebbe stata presidiata per quindici anni da truppe britanniche, francesi e belghe. Erano condizioni umilianti, tali da ferire profondamente l'orgoglio nazionale tedesco. Ma erano anche, agli occhi dei francesi, l'unico mezzo per impedire alla Germania di riprendere la sua posizione di grande potenza.

La dissoluzione dell'Impero asburgico

Un problema completamente diverso era costituito dal riconoscimento delle nuove realtà nazionali emerse dalla dissoluzione dell'Impero asburgico. La nuova Repubblica di Austria si trovò ridotta entro un territorio di appena 85 mila km^2 (più o meno quello che occupa attualmente), abitato da sei milioni e mezzo di cittadini di lingua tedesca: più di un quarto risiedevano a Vienna, una capitale ormai sproporzionata alle dimensioni e alle risorse del piccolo Stato. Un trattamento severo toccò anche all'Ungheria: costituitasi in repubblica nel novembre '18, perse non solo quelle regioni slave (Slovacchia, Croazia) che nel duplice impero dipendevano da Budapest, ma anche alcuni territori abitati in prevalenza da popolazioni magiare.

Le nuove nazioni

A trarre vantaggio dal crollo dell'Impero asburgico, oltre all'Italia [▶12.1], furono soprattutto i popoli slavi. I polacchi della Galizia si unirono alla nuova Polonia, formata da territori già appartenenti agli Imperi russo e tedesco. I cechi e gli slovacchi confluirono nella Repubblica di Cecoslovacchia, uno Stato federale che comprendeva anche una minoranza di tre milioni di tedeschi (i Sudeti). Gli slavi del Sud – cioè gli abitanti della Croazia, della Slovenia e della Bosnia-Erzegovina – si unirono alla Serbia e al Montenegro per dar vita al Regno dei Serbi, Croati e Sloveni (dal '29 Regno di Jugoslavia).

Il nuovo assetto nei Balcani e il problema della Russia

Il nuovo assetto balcanico era completato dall'ingrandimento della Romania, dal ridimensionamento della Bulgaria e dalla quasi completa estromissione dall'Europa dell'Impero ottomano che, privato contemporaneamente di tutti i suoi territori arabi, si trasformava di fatto in uno Stato nazionale turco, conservando la sola penisola dell'Anatolia, tranne la regione di Smirne assegnata alla Grecia. Dell'antico Impero restava ormai solo un involucro formale, che mascherava il tentativo delle potenze vincitrici di spartire il paese in zone di influenza a loro riservate.

Restava aperto il problema dei rapporti con la Russia rivoluzionaria. Gli Stati vincitori non riconobbero la Repubblica dei *soviet*, mentre furono riconosciute e protette, proprio in funzione antisovietica, le nuove Repubbliche indipendenti che si erano formate nei territori baltici persi dalla Russia con il trattato di Brest-Litovsk: la Finlandia, l'Estonia, la Lettonia e la Lituania.

L'indipendenza dell'Irlanda

L'Europa uscita dalla conferenza di Parigi contava dunque ben otto nuovi Stati. A essi si sarebbe aggiunto nel 1921 lo Stato libero d'Irlanda, cui la Gran Bretagna si risolse a concedere l'indipendenza, anche se nell'ambito del Commonwealth e con l'esclusione del Nord protestante (Ulster).

Il fallimento della Società delle Nazioni

Ad assicurare il rispetto dei trattati e la salvaguardia della pace avrebbe dovuto provvedere la Società delle Nazioni. Il nuovo organismo prevedeva nel suo statuto la rinuncia da parte degli Stati membri alla guerra come strumento di soluzione dei contrasti e l'adozione di sanzioni economiche nei confronti degli

La nuova carta d'Europa dopo la prima guerra mondiale

Stati aggressori. Ma nasceva minato in partenza da profonde contraddizioni, tra cui particolarmente grave era l'esclusione iniziale dei paesi sconfitti e della Russia. Il colpo più duro alla Società delle Nazioni, però, arrivò proprio dagli Stati Uniti, cioè dal paese che più di ogni altro ne aveva voluto la nascita: nel marzo 1920, infatti, il Senato statunitense rifiutò di ratificare i trattati di Versailles, che includevano l'adesione al nuovo organismo. Mentre per gli Stati Uniti cominciava una stagione di isolazionismo, ossia di rifiuto delle responsabilità mondiali e di ritorno a una sfera di interessi continentali, la Società delle Nazioni finì con l'essere egemonizzata da Gran Bretagna e Francia e non fu in grado di prevenire i conflitti che costellarono gli anni fra le due guerre mondiali.

10.13. Il mito e la memoria

La comunità dei combattenti

La prima guerra mondiale fu, come pochi altri eventi della storia contemporanea, una grande produttrice di miti. Lo fu innanzitutto per coloro che la combattevano. La condizione di disagio psicologico oltre che materiale, di sradicamento e spaesamento vissuta dalla maggior parte dei soldati portò molti di loro a sviluppare forme diverse di fuga dalla realtà: dunque a coltivare credenze irrazionali, ad accettare come vere notizie fantastiche, a immaginare apparizioni miracolose o eventi sovrannaturali. Anche la tendenza a sentirsi parte di una comunità omogenea e compatta – quella delle trincee – contrapposta a una società egoista e ingrata, insensibile ai sacrifici di chi stava al fronte, si trasformò un po' in tutti i paesi in una visione distorta e semplificata della realtà, in cui alla frattura fisica che opponeva il proprio fronte a quello nemico si sommava la frattura morale tra veri combattenti e cosidetti "imboscati": coloro che, per diversi motivi, riuscivano a evitare il servizio in prima linea.

Il culto dei caduti

Anche negli anni successivi alla fine del conflitto, la guerra continuò a lungo a essere oggetto di rappresentazione e di trasfigurazione mitica. L'entità senza precedenti delle perdite umane, che ovviamente avevano colpito soprattutto le generazioni più giovani, lasciò una traccia profonda e aprì una ferita non rimarginabile nella memoria privata delle famiglie e degli stessi commilitoni, ma anche nella memoria pubblica dei paesi coinvolti nel conflitto. Comune alla dimensione privata e a quella pubblica era il tentativo di elaborare, per quanto possibile, il lutto, di trovare a posteriori giustificazioni ideali a tanta sofferenza, in nome del patriottismo e della difesa della nazione. Ne risultò spesso una visione idealizzata della guerra, che nel ricordo veniva depurata dei suoi orrori e delle sue crudeltà e rivissuta nella chiave dell'eroismo, del volontario martirio: una sorta di santificazione laica di coloro che erano caduti nell'adempimento del dovere.

Luoghi della memoria

Non si trattava certo di una novità: la celebrazione dei morti in guerra, ben presente fin dall'Antichità classica e alimentata da una cospicua tradizione letteraria, era stata rinverdita dalla cultura romantica che vedeva negli eserciti basati sulla leva in massa l'espressione della nazione in armi. Nuove erano però le dimensioni del fenomeno, proporzionate alla vastità del conflitto e al numero delle vittime. Nuova la partecipazione emotiva di massa e più esteso l'impegno delle autorità pubbliche nelle iniziative in ricordo dei caduti. Non solo furono eretti grandi mausolei nei luoghi dei combattimenti più sanguinosi (Tannenberg in Prussia orientale, Verdun in Francia, Redipuglia in Italia), ma in moltissimi centri, compresi i piccoli comuni, sorsero monumenti ai caduti che celebravano il sacrificio dei soldati originari del luogo, i cui nomi erano elencati nel monumento stesso o in apposite targhe. Ai monumenti si aggiunsero parchi e viali "della rimembranza" (questo il nome che assunsero in Italia), luoghi di raccoglimento che dovevano ricordare i caduti e al tempo stesso suggerire l'idea di una continuità della vita, simboleggiata dagli alberi piantati nell'occasione.

Il milite ignoto

Una forma nuova di celebrazione collettiva, anch'essa commisurata alla vastità del lutto, fu quella del "milite ignoto": la sepoltura solenne in uno spazio pubblico delle spoglie di un soldato anonimo, scelto in rappresentanza di tutti i combattenti morti e in particolare dei tanti di cui non era stato possibile nemmeno il riconoscimento. In tutti i paesi che la adottarono (cominciarono la Francia e la Gran Bretagna nel 1920, seguite un anno dopo anche dall'Italia, che scelse per la sepoltura l'Altare della patria, sul grande monumento a Vittorio Emanuele II), la celebrazione del milite ignoto fu seguita con grande emozione e partecipazione popolare. Ma rappresentò anche il tentativo delle classi dirigenti di riunificare e pacificare una memoria che restava comunque divisa, di riavvicinare l'immagine ufficiale ed eroica del conflitto al sentimento diffuso in larghi strati della popolazione (anche dei paesi vincitori), che nella guerra vedevano soprattutto una spaventosa sciagura, o addirittura un grande misfatto collettivo di cui i responsabili avrebbero prima o poi dovuto rispondere. La contrapposizione mai del tutto sanata fra le diverse memorie costituì un fattore non secondario della radicalizzazione politica e sociale che avrebbe segnato gli anni agitati del dopoguerra europeo.

sommario

L'Europa del 1914 mostrava aspetti contraddittori: la supremazia politica, economica e culturale del continente, lo sviluppo tecnologico, il benessere relativamente diffuso e il consolidarsi delle istituzioni democratiche e rappresentative si affiancavano all'acutizzarsi dei conflitti sociali e delle tensioni tra le potenze. Settori non trascurabili delle classi dirigenti e delle opinioni pubbliche nazionali valutavano la guerra come un'opzione praticabile nella logica del confronto fra le potenze, o come un dovere patriottico, o un evento liberatorio, o più concretamente come una opportunità di carriera, di successo e di guadagno. I più la immaginavano breve, sul modello dei conflitti ottocenteschi, e naturalmente vittoriosa per il proprio paese.

L'evento scatenante della prima guerra mondiale fu l'uccisione a Sarajevo, il 28 giugno 1914, dell'arciduca Francesco Ferdinando, erede al trono degli Asburgo. Un mese dopo l'Austria dichiarò guerra alla Serbia, ritenuta corresponsabile dell'attentato. Il conflitto che ne scaturì vide contrapposti gli Imperi centrali (Germania e Austria-Ungheria) alle potenze dell'Intesa (Francia, Russia, Gran Bretagna). Lo scoppio del conflitto e la sua successiva estensione su scala mondiale furono causati da una serie di tensioni preesistenti, ma anche dalle decisioni prese dai capi politici e militari dei paesi interessati. Le scelte dei governanti furono del resto appoggiate da una forte mobilitazione dell'opinione pubblica. Gli stessi partiti socialisti si schierarono, nella maggior parte dei casi, su posizioni patriottiche.

Gli eserciti scesi in campo nell'estate del '14 non avevano precedenti per dimensioni e per novità di armamenti. Ma le concezioni strategiche restavano legate alle esperienze ottocentesche. I tedeschi, in particolare, puntavano sull'ipotesi di una rapida guerra di movimento. Ma, dopo essere penetrati in territorio francese, furono bloccati sulla Marna. Il conflitto assunse presto i caratteri di guerra di posizione.

Allo scoppio del conflitto, l'Italia si dichiarò neutrale. Successivamente, però, le forze politiche e l'opinione pubblica si divisero sul problema dell'intervento in guerra contro gli Imperi centrali. Erano interventisti: i gruppi della sinistra democratica, i nazionalisti, alcuni ambienti liberal-conservatori. Erano neutralisti: la maggioranza dello schieramento liberale, che faceva capo a Giolitti, il mondo cattolico, i socialisti. Ciò che determinò l'entrata in guerra al fianco dell'Intesa (maggio 1915) fu la convergenza tra la pressione della piazza e la volontà del sovrano, del capo del governo Antonio Salandra e del ministro degli Esteri Sidney Sonnino, che col patto di Londra avevano concordato importanti acquisizioni territoriali per l'Italia in caso di vittoria.

Nel 1915-16 la guerra sui fronti francese e italiano si risolse in una immane carneficina, senza che nessuno dei due schieramenti riuscisse a conseguire risultati significativi. In particolare le battaglie di Verdun e della Somme, due dei più spaventosi massacri della storia militare, provocarono oltre un milione e mezzo di perdite, fra morti, feriti e prigionieri, per entrambi gli schieramenti. Alterne furono le vicende sul fronte orientale, dove gli Imperi centrali ottennero alcuni importanti successi.

Sul piano tecnico la trincea fu la vera protagonista del conflitto: la vita monotona che vi si svolgeva era interrotta solo da grandi e sanguinose offensive, prive di risultati decisivi. Da ciò, soprattutto nei soldati semplici, scaturì uno stato d'animo di rassegnazione e apatia che a volte sfociava in forme di insubordinazione. Il primo conflitto mondiale si caratterizzò anche per l'utilizzo di nuove armi: gas, aerei, carri armati, sottomarini. Alcune di esse – come gli aerei e i carri armati –, tuttavia, avrebbero trovato una applicazione sistematica e intensiva solo nel corso del secondo conflitto mondiale.

La guerra coinvolse direttamente anche i civili e trasformò profondamente la stessa vita delle popolazioni dei paesi in conflitto. In campo economico si dilatò enormemente l'intervento statale, teso a garantire le risorse necessarie allo sforzo bellico. Il potere dei governi fu largamente condizionato da quello dei militari e, in genere, tutta la società fu soggetta a un processo di "militarizzazione".

Nel 1917 si verificarono due avvenimenti di decisiva importanza. In Russia, dopo la caduta dello zar, in marzo, iniziò un processo di dissoluzione dell'esercito che avrebbe portato il paese al ritiro dal conflitto. In aprile gli Stati Uniti entrarono in guerra a fianco dell'Intesa dando al loro intervento, per volontà del presidente Wilson, una nuova connotazione ideologica "democratica". Il 1917 fu l'anno più difficile della guerra, soprattutto per l'Intesa: molti furono i casi di manifestazioni popolari contro il conflitto e gli episodi di ribellione fra le stesse truppe. Questo clima di stanchezza – espresso anche dall'appello alla pace lanciato senza successo da papa Benedetto XV – si riscontrava anche in Italia: la demoralizzazione e la stanchezza delle truppe contribuirono, nell'ottobre '17, alla disastrosa sconfitta italiana di Caporetto, causata però soprattutto dagli errori dei comandi.

Nel marzo 1917 la rivolta degli operai e dei soldati di Pietrogrado provocò la caduta dello zar e la formazione di un governo provvisorio di orientamento liberale. Entrarono successivamente a far parte di questo governo tutti i partiti, a eccezione dei bolscevichi. Frattanto, accanto al potere "legale" del governo, veniva crescendo il potere parallelo dei *soviet*, i consigli eletti direttamente dagli operai e dai soldati. Col ritorno di Lenin in Russia, i bolscevichi accentuarono la loro opposizione al governo provvisorio, chiedendo la pace immediata, la redistribuzione della terra e il passaggio di tutti i poteri ai *soviet*. La mattina del 7 novembre (25 ottobre per il calendario russo) soldati rivoluzionari e guardie rosse circondarono il Palazzo d'Inverno, già residenza dello zar e ora sede del governo provvisorio, e se ne impadronirono la sera stessa.

La fulminea presa del potere da parte dei bolscevichi colse di sorpresa la maggioranza delle forze politiche. Nelle elezioni per l'Assemblea costituente, che si tennero tra la fine di novembre e l'inizio di dicembre, il Partito socialista rivoluzionario, che raccoglieva consensi soprattutto fra i contadini, riportò un grande successo, mentre i bolscevichi ebbero un risultato deludente. L'Assemblea, però, fu subito sciolta dai bolscevichi, che in tal modo ruppero definitivamente con la tradizione democratica occidentale. L'uscita della Russia dalla guerra – trattato di Brest-Litovsk del marzo 1918 – provocò l'intervento militare dell'Intesa in appoggio alle armate "bianche" costituite dalle forze ribelli al governo. La guerra civile che ne seguì spinse i bolscevichi ad accentuare i caratteri dittatoriali del regime comunista. Grazie alla riorganizzazione dell'esercito – l'Armata rossa –, il governo rivoluzionario riuscì a prevalere.

Anche grazie alla superiorità militare conseguita con l'intervento americano, nel novembre 1918 la guerra terminava con la vittoria dell'Intesa: un esito che fu accelerato dalla dissoluzione interna dell'Austria-Ungheria, causata dalle iniziative indipendentiste delle varie nazionalità, e dalla rivoluzione scoppiata in Germania, che portò alla caduta della monarchia e alla fuga dell'imperatore Guglielmo II.

Alla conferenza di pace, che si tenne a Versailles, il compito dei vincitori si rivelò difficilissimo. Nelle dure condizioni imposte alla Germania risultò evidente il contrasto fra l'ideale di una pace democratica e l'obiettivo francese di una pace punitiva. La carta dell'Europa fu profondamente mutata, soprattutto in conseguenza del crollo dell'Impero zarista e della dissoluzione dell'Impero asburgico, che permisero la nascita di nuovi Stati. Il progetto wilsoniano di un organismo internazionale che potesse evitare guerre future, però, non si realizzò compiutamente: la Società delle Nazioni nacque minata da profonde contraddizioni, prima fra tutte la mancata adesione degli Stati Uniti.

La prima guerra mondiale fu una grande produttrice di miti, sia per i combattenti al fronte – dove, in condizioni estreme di disagio e spaesamento, si svilupparono credenze irrazionali e leggende – sia negli anni successivi alla fine del conflitto, quando si sviluppò una visione idealizzata della guerra: ne nacque il culto dei caduti, privato e familiare, ma anche pubblico. Si diffusero in tutti i paesi i monumenti ai caduti per onorare il sacrificio dei soldati del luogo, e le celebrazioni del milite ignoto, la sepoltura solenne in uno spazio pubblico delle spoglie di un soldato anonimo.

bibliografia

Sulle origini della guerra: J. Joll, *Le origini della prima guerra mondiale*, Laterza, Roma-Bari 1999 (ed. or. 1984); W. Mulligan, *Le origini della prima guerra mondiale*, Salerno, Roma 2011 (ed. or. 2010) e C. Clark, *I sonnambuli. Come l'Europa arrivò alla Grande Guerra*, Laterza, Bari-Roma 2016 (ed. or. 2012). Sulla Germania e sul problema della responsabilità della guerra si vedano le opposte tesi di F. Fischer, *Assalto al potere mondiale. La Germania nella guerra 1914-1918*, Einaudi, Torino 1973 (ed. or. 1961) e di G. Ritter, *I militari e la politica nella Germania moderna*, 3 voll., Einaudi, Torino 1967-73 (ed. or. 1954-68), e vedi inoltre G.E. Rusconi, *Rischio 1914. Come si decide una guerra*, Il Mulino, Bologna 1987.

Fra le opere complessive: M. Gilbert, *La grande storia della prima guerra mondiale*, Mondadori, Milano 2014 (ed. or. 1994); J. Keegan, *La prima guerra mondiale: una storia politico-militare*, Carocci, Roma 2004 (ed. or. 1998); S. Robson, *La prima guerra mondiale*, Il Mulino, Bologna 2013 (ed. or. 1998); S. Audoin-Rouzeau-J.J. Becker (a cura di), *La prima guerra mondiale*, 2 voll., Einaudi, Torino 2014 (ed. or. 2004); O. Janz, *1914-1918: la grande guerra*, Einaudi, Torino 2014 (ed. or. 2013); J. Winter (a cura di), *The Cambridge History of the First World War*, 3 voll., Cambridge University Press, Cambridge-New York 2014. Per la qualità dei testi e dei materiali digitali si veda anche l'enciclopedia online coordinata da O. Janz: *1914-1918-online. International Encyclopedia of the First World War*: http://www.1914-1918-online.net/.

Sulla crisi finale degli imperi: F. Fejtö, *Requiem per un impero defunto*, Mondadori, Milano 2002 (ed. or. 1969) e M.A. Reynolds, *Shattering Empires. The Clash and Collapse of the Ottoman and Russian Empires, 1908-1918*, Cambridge University Press, Cambridge-New York 2011.

Sull'Italia: P. Melograni, *Storia politica della grande guerra 1915-1918*, Mondadori, Milano 2014 (ed. or. 1969); G. Procacci, *Soldati e prigionieri italiani nella grande guerra*, Bollati Boringhieri, Torino 2016 (ed. or. 1993); A. Gibelli, *La Grande Guerra degli italiani 1915-1918*, Bur, Milano 2014 (ed. or. 1998); M. Isnenghi-G. Rochat, *La grande guerra 1914-1918*, Il Mulino, Bologna 2014 (ed. or. 2000); F. Minniti, *Il Piave*, Il Mulino, Bologna 2015 (ed. or. 2000) e M. Mondini, *La guerra italiana. Partire, raccontare, tornare (1914-1918)*, Il Mulino, Bologna 2014. Su Caporetto: A. Barbero, *Caporetto*, Laterza, Bari-Roma 2017; N. Labanca, *Caporetto. Storia e memoria di una disfatta*, Il Mulino, Bologna 2017; e, sulla questione dei profughi, D. Ceschin, *Gli esuli di Caporetto. I profughi in Italia durante la Grande Guerra*, Laterza, Roma-Bari 2014 (ed. or. 2006). In particolare, sulla figura del generale Cadorna, si veda M. Mondini, *Il Capo. La grande guerra del generale Luigi Cadorna*, Il Mulino, Bologna 2017.

Sui riflessi psicologici e letterari: E.J. Leed, *Terra di nessuno. Esperienza bellica e identità personale nella prima guerra mondiale*, Il Mulino, Bologna 2014 (ed. or. 1979); P. Fussell, *La Grande Guerra e la memoria moderna*, Il Mulino, Bologna 2014 (ed. or. 1975); e per l'Italia: M. Isnenghi, *Il mito della grande guerra*, Il Mulino, Bologna 2014 (ed. or. 1970); A. Gibelli, *L'officina della guerra. La grande guerra e le trasformazioni del mondo mentale*, Bollati Boringhieri, Torino 2009 (ed. or. 1991). Si veda anche Q. Antonelli, *Storia intima della Grande Guerra. Lettere, diari e memorie dei soldati al fronte*, Donzelli, Roma 2014.

Sullo sterminio degli armeni: G. Lewy, *Il massacro degli armeni. Un genocidio controverso*, Einaudi, Torino 2015 (ed. or. 2005); M. Flores, *Il genocidio degli armeni*, Il Mulino, Bologna 2017 (ed. or. 2006).

Sulle conferenze di pace: G.D. Feldman-E. Glaser (a cura di), *The Treaty of Versailles. A Reassessment after 75 Years*, Cambridge University Press, Cambridge-New York 2006 (ed. or. 1998); W. Keylor (a cura di), *The Legacy of the Great War. Peacemaking, 1919*, Houghton Mifflin, Boston 1998 e E. Goldstein, *Gli accordi di pace dopo la Grande Guerra (1919-1925)*, Il Mulino, Bologna 2005 (ed. or. 2002).

L'opera più recente e aggiornata sulla Russia sovietica è quella di A. Graziosi, *L'Urss di Lenin e Stalin. Storia dell'Unione Sovietica 1914-1945*, Il Mulino, Bologna 2010 (ed. or. 2007). In particolare, sugli eventi del 1917: A. Wood, *La rivoluzione russa*, Il Mulino, Bologna 2005 (ed. or. 1979); M. Flores, *1917. La Rivoluzione*, Einaudi, Torino 2007. Ma vedi anche: N. Werth, *Storia della Russia nel Novecento*, Il Mulino, Bologna 2000 (ed. or. 1990); R. Pipes, *La rivoluzione russa*, Mondadori, Milano 1995 (ed. or. 1990); O. Figes, *La tragedia di un popolo. La rivoluzione russa 1891-1924*, Mondadori, Milano 2017 (ed. or. 1996); F. Benvenuti, *Storia della Russia contemporanea 1853-1996*, Laterza, Roma-Bari 1999. Copre un ampio periodo, dai prodromi della rivoluzione al 1929, l'imponente *Storia della Russia sovietica* di E.H. Carr, Einaudi, Torino 1964-80 (ed. or. 1950-78), in nove tomi: si veda soprattutto il primo volume, *La rivoluzione bolscevica 1917-23*. Una rapida sintesi dello stesso autore è *La rivoluzione russa. Da Lenin a Stalin (1917-1929)*, Einaudi, Torino 1993 (ed. or. 1980). Un resoconto partecipe delle giornate di ottobre è quello del giornalista americano John Reed, *I dieci giorni che sconvolsero il mondo*, Editori Riuniti, Roma 2017, pubblicato per la prima volta nel 1919. Su Lenin e i bolscevichi vedi inoltre A.B. Ulam, *Lenin e il suo tempo*, Vallecchi, Firenze 1967 (ed. or. 1965).

Sui problemi ideologici: A. Salomoni, *Il pane quotidiano. Ideologia e congiuntura nella Russia sovietica (1917-1921)*, Il Mulino, Bologna 2001. Per l'influenza della rivoluzione russa sul confronto politico negli altri paesi del mondo: M. Flores, *La forza del mito: la rivoluzione russa e il miraggio del socialismo*, Feltrinelli, Milano 2017.

11. L'eredità della Grande Guerra

11.1. Le conseguenze economiche della guerra

Le difficoltà finanziarie

Quella che usciva dalla traumatica esperienza della Grande Guerra era un'Europa sconvolta e trasformata nel profondo, e non solo per la tremenda distruzione di vite umane e per il drastico mutamento dei confini fra gli Stati. Macroscopiche, e per molti aspetti dirompenti, furono le conseguenze sul piano economico. Con la sola eccezione degli Stati Uniti, tutti i paesi belligeranti uscirono dalla prima guerra mondiale in condizioni di gravissimo dissesto. La guerra aveva inghiottito una quantità incredibile di risorse: in Italia, in Francia e in Germania le spese sostenute per il conflitto furono pari al doppio del prodotto nazionale lordo dell'ultimo anno di pace, in Gran Bretagna addirittura al triplo. Per far fronte a queste enormi spese, i governi erano ricorsi dapprima all'aumento delle tasse. Quindi avevano fatto appello al patriottismo dei risparmiatori lanciando sottoscrizioni e prestiti nazionali e allargando a dismisura il *debito pubblico*. Infine avevano contratto massicci debiti con i paesi amici, in primo luogo con gli Stati Uniti.

L'inflazione

Né le tasse né i prestiti erano stati comunque sufficienti a coprire le spese di guerra. Così i governi avevano stampato carta moneta in eccedenza, mettendo in moto un rapido processo inflazionistico. Fra il 1915 e il 1918 i prezzi crebbero di tre volte e mezzo in Francia, di due volte e mezzo in Italia, di due volte in Gran Bretagna e in Germania. E nei primi due anni del dopoguerra la tendenza risultò ulteriormente accelerata, determinando uno sconvolgimento nella distribuzione della ricchezza e nelle stesse gerarchie sociali: se la guerra aveva creato fortune improvvise soprattutto fra gli industriali e gli speculatori (i cosiddetti "pescecani" o profittatori di guerra), l'inflazione distruggeva posizioni economiche consolidate – ad esempio quelle dei proprietari di terre o di case, che riscuotevano affitti svalutati – ed erodeva i risparmi dei ceti medi, in particolare di coloro che avevano investito in titoli del debito pubblico.

L'intervento statale

Per non aggravare le tensioni, i governi dovettero mantenere per tempi più o meno lunghi il blocco sui prezzi dei generi di prima necessità e sui canoni d'affitto. D'altro canto il sostegno dei poteri pubblici era richiesto dagli industriali che dovevano affrontare la difficile riconversione alle attività di pace. Rimasero quindi in vita molti apparati burocratici (ministeri, sottosegretariati, commissariati) destinati ai compiti più diversi: dal controllo dei prezzi agli approvvigionamenti alimentari, dalle pensioni di guerra alla composizione delle vertenze di lavoro. Non si interruppe, anzi si rafforzò, la tendenza dei pubblici poteri a intervenire su materie un tempo riservate alla libera iniziativa delle parti sociali. Grazie al sostegno dello Stato, accordato sotto forma di dazi protettivi, di facilitazioni creditizie, di nuove commesse per la ricostruzione civile e per le forze armate, l'industria europea riuscì in un primo tempo a mantenere i livelli produttivi degli anni di guerra. Ma questa espansione artificiale, che si accompagnò a una stagione di intense lotte sociali, durò meno di due anni e fu seguita, nel 1920-21, da una fase depressiva.

Il calo degli scambi

Una pronta ripresa delle economie europee era peraltro frenata dal calo degli scambi internazionali. Quattro anni di interruzione delle usuali correnti di traffico avevano inferto un colpo durissimo alla tradizionale supremazia commerciale dell'Europa. Gli Stati Uniti e il Giappone avevano fortemente aumentato le esportazioni, sostituendosi agli europei sui mercati dell'Asia e del Sud America. Altri paesi, come l'Argentina e il Brasile, il Canada, il Sudafrica e l'Australia, avevano sviluppato una propria produzione industriale allentando la dipendenza dall'Europa. Ancora più grave, nell'immediato, era per Gran Bretagna e Francia la perdita di molti partner commerciali europei, economicamente stremati come la Germania, isolati come la Russia, o smembrati, come l'Impero austro-ungarico, in tanti nuovi Stati, ciascuno con la sua moneta, il suo sistema di comunicazioni, i suoi dazi doganali. Invece della piena libertà degli scambi auspicata nel programma di Wilson [▸10.11], si ebbe nel dopoguerra una ripresa di nazionalismo economico e di protezionismo doganale, soprattutto da parte dei nuovi Stati che volevano sviluppare una propria industria.

parola chiave

Inflazione

Col termine "inflazione" (dal latino *inflatio*, ossia "gonfiamento") si intende la perdita di potere d'acquisto della moneta che si verifica quando la moneta stessa circola in quantità, e con velocità, superiore a quella richiesta dai bisogni del mercato. Il tasso di inflazione, per lo più calcolato su base annua, indica l'entità di questa perdita di valore: si parla dunque di inflazione al 5, al 10 o al 50 per cento se in un anno diminuisce di quella percentuale la quantità di beni che si possono acquistare con una determinata quantità di danaro. Mentre un'inflazione minima è considerata fisiologica, anzi segno di buona salute dell'economia, un'inflazione elevata produce danni economici e sociali rilevanti e mina la credibilità finanziaria del paese che la subisce.

Il fenomeno dell'inflazione è antico quanto la moneta. Quest'ultima, infatti, è anch'essa una merce e dunque è soggetta alla legge della domanda e dell'offerta: se ne circola troppa, il suo valore scende fino ad annullarsi. L'innesco di un processo inflazionistico è ovviamente diventato più facile da quando la moneta cartacea ha sostituito quella metallica (che ha comunque un suo valore intrinseco ed è più difficile da riprodurre). Le autorità statali, per soddisfare esigenze improvvise (è il caso delle guerre) o semplicemente per guadagnare consenso, possono infatti essere indotte a stampare banconote senza rispettare alcun limite, danneggiando tutti i cittadini che hanno prestato soldi allo Stato con l'acquisto di titoli del debito pubblico. Un'altra conseguenza dell'inflazione è la rapida, e spesso traumatica, redistribuzione di redditi e patrimoni fra diverse categorie di cittadini, che penalizza i creditori rispetto ai debitori, i percettori di redditi fissi – più lenti ad adeguarsi all'aumento del costo della vita che il processo inflattivo determina – rispetto ai commercianti e ai possessori di beni reali. Anche per evitare le turbolenze sociali e politiche che in genere accompagnano questi processi, i governi dei paesi industrializzati, dopo le disastrose esperienze dei due conflitti mondiali, hanno cercato con alterna fortuna di controllare e limitare i processi inflazionistici, peraltro ancora diffusi nel mondo.

Una ulteriore azione di vigilanza è quella esercitata dalle autorità sovranazionali; il controllo dell'inflazione può essere condizione per ottenere prestiti o sussidi o anche per far parte di una determinata comunità, come accaduto nel caso dell'area dell'euro all'interno dell'Unione europea: come condizione per l'adesione all'Unione monetaria (1999), si richiedeva ai paesi di rispettare una serie di parametri comuni (detti "criteri di convergenza") che avrebbero dovuto garantire la solidità della nuova moneta e la credibilità finanziaria dell'Unione, tra i quali appunto un basso tasso di inflazione.

11.2. I mutamenti sociali

L'evoluzione dei costumi

I mutamenti economici del dopoguerra europeo si accompagnarono e si intrecciarono, com'era naturale, con un più ampio processo di trasformazione della società [▶10.7]. L'espansione dell'industria bellica aveva spostato dalle campagne alle città nuovi strati di lavoratori non qualificati, per lo più donne e ragazzi non ancora in età di leva. Il brusco distacco dal nucleo familiare di molti giovani e l'assenza prolungata dei capifamiglia chiamati al fronte avevano messo in crisi le strutture tradizionali della famiglia e provocato mutamenti profondi nella mentalità e nelle abitudini delle generazioni più giovani. C'era minor rispetto per le tradizioni e per le gerarchie consolidate. I giovani cercavano nuove occasioni di divertimento e le trovavano nel cinema o nella musica esportata in Europa dai soldati statunitensi. I lavoratori chiedevano maggior disponibilità di tempo libero. Tutti cercavano compensi per le sofferenze subìte o per gli anni perduti a causa della guerra.

Le donne

A risentire di questi mutamenti furono anche coloro che alla guerra non avevano direttamente partecipato: in primo luogo le donne. Le ripercussioni più evidenti si ebbero nel mondo del lavoro: nei campi, nelle fabbriche, negli uffici le donne presero spesso il posto degli uomini al fronte, assumendo responsabilità e compiti fino ad allora sostanzialmente preclusi. Divennero operaie nelle fabbriche di armi, guidatrici di tram, impiegate di banca. Anche tra le mura domestiche il loro ruolo cambiò radicalmente: da esecutrici delle mansioni domestiche a capifamiglia di fatto, in assenza del coniuge. La maggiore disponibilità economica e la crescente consapevolezza delle proprie capacità trasformarono l'immagine stessa della donna; le giovani, soprattutto, tendevano a passare più tempo fuori casa e ad assumere comportamenti più liberi, anche nella vita quotidiana e nell'abbigliamento: furono abbandonati corpetti e gonne lunghe fino ai piedi in favore di abiti più corti e leggeri. Il processo di emancipazione ebbe nel dopoguerra anche un parziale riconoscimento sul piano del diritto di voto alle donne: dopo la Gran Bretagna, che lo riconobbe nel 1918, furono la Germania (1919) e gli Stati Uniti (1920) i principali paesi occidentali a codificarlo nel primo dopoguerra.

Gli ex combattenti

La trasformazione del ruolo della donna suscitò però anche forti resistenze in ampi settori dell'opinione pubblica. A manifestare preoccupazione furono soprattutto i reduci di guerra, che temevano di veder occupati quei posti di lavoro cui credevano di aver diritto. Il problema del trattamento degli ex combattenti e del loro reinserimento nel mondo del lavoro fu tra i più urgenti per le classi dirigenti di tutti i paesi. Chi aveva rischiato la vita sui campi di battaglia tornava a casa con la convinzione di aver maturato un credito nei confronti della società. Quelli che al fronte avevano avuto ruoli di comando mal si rassegnavano al ritorno a un lavoro subordinato. Sorsero dappertutto associazioni di ex combattenti che si mobilitavano in difesa dei propri valori e dei propri interessi. Nei confronti dei reduci i governanti di tutti i paesi furono larghi di promesse; ma in realtà, a causa dei gravissimi problemi finanziari che assillavano gli Stati europei, le provvidenze in favore dei combattenti – polizze di assicurazione, premi di smobilitazione, pensioni per gli invalidi, gli orfani e le vedove – furono limitate, suscitando un diffuso senso di risentimento.

La "massificazione" della politica

Le inquietudini dei reduci erano però solo un segno di un più vasto fenomeno di mobilitazione sociale. La guerra aveva dimostrato l'importanza del principio di organizzazione applicato alle masse. Per far valere i propri diritti e per affermare le proprie rivendicazioni sembrava dunque necessario associarsi e organizzarsi in gruppi il più possibile numerosi. Risultò così accentuata la tendenza, già in atto, alla "massificazione": partiti e sindacati videro aumentare ovunque il numero dei loro iscritti, i loro apparati organizzativi divennero più complessi e centralizzati. Persero importanza le forme tradizionali dell'attività politica nei regimi liberali: quelle che si svolgevano nei circoli ristretti dei notabili e che culminavano nell'azione parlamentare. Acquistavano invece maggior peso e maggiore frequenza le manifestazioni pubbliche – *comizi*, dimostrazioni, adunate, cortei – basate sulla partecipazione diretta dei cittadini.

La ricerca di un "ordine nuovo"

La consapevolezza del sacrificio subìto dai popoli giustificava di per sé l'attesa di soluzioni nuove. Del resto era stata la stessa propaganda ufficiale a incoraggiare le aspettative di una società più giusta e di un ordine politico e sociale diverso da quello che aveva portato l'Europa alla guerra. Per un buon numero di lavoratori e di intellettuali l'"ordine nuovo" era quello che si stava cominciando ad attuare in Russia dopo la rivoluzione d'ottobre [▶10.9 e 11.7]. Ma questa prospettiva radicale era fatta propria solo da minoranze, per quanto consistenti e attive. Più numerosi erano coloro che cercavano di inserire le loro richieste concrete – salari più alti, case a buon mercato, terre da coltivare – nel quadro ideale di una società più equa e più democratica, in cui le rivendicazioni patriottiche si conciliassero col progetto di un nuovo ordine internazionale fondato sui pacifici rapporti fra le nazioni.

11.3. Stati nazionali e minoranze

I nuovi Stati indipendenti

La vittoria delle potenze democratiche e il crollo degli imperi multietnici significarono per molti popoli europei il coronamento di lunghe lotte per l'indipendenza e parvero dar corpo agli ideali di nazionalità proclamati dai protagonisti delle rivoluzioni ottocentesche e rilanciati, nell'ultima fase della guerra, dai "14 punti" di Wilson. Come abbiamo visto, però, già nel corso della conferenza di pace l'applicazione dei princìpi wilsoniani si rivelò a dir poco problematica [▶10.12]. Una difficoltà che, se in parte poteva essere ricondotta ai calcoli e agli egoismi delle potenze vincitrici, in realtà nasceva soprattutto dall'oggettiva impossibilità di tradurre in atto l'utopia di una pacifica convivenza fra i diversi popoli, ciascuno sovrano nel suo proprio territorio.

Etnie e territori

Questa utopia si basava infatti sul presupposto di una coincidenza pressoché perfetta fra poche nazioni etnicamente omogenee e i territori da esse occupati. Una condizione che poteva realizzarsi, con larga approssimazione, nei principali Stati dell'Europa occidentale (Francia, Spagna, la stessa Italia), ma era molto lontana dalla realtà etnico-linguistica della parte orientale del continente, dove popoli diversi erano abituati a convivere sullo stesso territorio e dove l'appartenenza a un gruppo nazionale non costituiva l'unico né sempre il principale riferimento politico. Negli antichi imperi la divisione etnica coincideva spesso con i confini di classe più che con quelli geografici: in ampie zone della Polonia, ad esempio, i signori erano per lo più polacchi o tedeschi, i contadini erano ucraini e polacchi, mentre gli ebrei, concentrati in insediamenti separati (*shtetl*), si dedicavano prevalentemente al commercio o alle professioni. Nell'Impero ottomano situazioni del genere erano la regola più che l'eccezione e i diversi gruppi etnico-religiosi potevano essere sottoposti a giurisdizioni diverse pur vivendo sulla stessa terra.

Il problema delle minoranze

Date queste premesse, l'applicazione del principio di nazionalità non poteva che risultare imperfetta, oltre che difficile: si è calcolato che le decisioni di Versailles diedero una patria indipendente a circa sessanta milioni di persone, ma ne trasformarono altri venticinque milioni in minoranze. Una volta elevato il principio nazionale a base di legittimazione degli Stati, quella che era una condizione generalmente accettata nei contesti multietnici (dove pure non mancavano i conflitti e le sopraffazioni) divenne un problema da risolvere, se non addirittura un'anomalia da estirpare. La presenza di gruppi che parlavano lingue diverse, seguivano proprie tradizioni o professavano altre religioni rispetto alla maggioranza fu sentita come una minaccia dai membri di comunità nazionali che si volevano omogenee e coese. Paradossalmente, la liberazione dei popoli dalle dominazioni straniere poteva così dar luogo a nuove oppressioni o persecuzioni e scatenare nuovi conflitti a sfondo nazionale.

Contese e scontri etnici

Già durante la conferenza di Versailles e poi nella neonata Società delle Nazioni, gli statisti europei si sforzarono di trovare soluzioni pacifiche a un problema che tutti avevano sottovalutato. In alcuni casi controversi (come quello dell'Alta Slesia, contesa fra Germania e Polonia), furono indetti plebisciti per decidere l'assegnazione di un territorio. Più spesso si cercò di vincolare gli Stati al rispetto dei diritti delle minoranze, primo fra tutti quello di studiare e di comunicare nella propria lingua. Ma queste norme furono per lo più ignorate, anche per l'incapacità della Società delle Nazioni di imporre sanzioni efficaci. Si aprì dunque la strada alle soluzioni più drastiche. In alcuni casi – come quelli di alcuni territori contesi fra Germania e Polonia – si organizzarono scambi di popolazioni. Altre volte questi scambi si verificarono in forma cruenta come risultato di un conflitto: per esempio, la guerra fra Grecia e Turchia del 1922-23 portò al trasferimento forzato, in direzioni opposte, di circa due milioni di persone in base all'appartenenza etnica e religiosa. Procedendo su questa strada, si sarebbe giunti a quelle che oggi chiamiamo "pulizie etniche", ovvero alle espulsioni in massa non mitigate da alcun accordo fra le parti, e infine al caso estremo, già annunciato dal massacro degli armeni durante la Grande Guerra [▸ 10.7], dello sterminio pianificato di un intero popolo.

11.4. Il "biennio rosso": rivoluzione e controrivoluzione in Europa

Le lotte operaie

Tra la fine del 1918 e l'estate del 1920 (il cosiddetto "biennio rosso") il movimento operaio europeo fu protagonista di un'impetuosa avanzata politica che assunse in alcuni casi connotati rivoluzionari. I partiti socialisti registrarono quasi ovunque notevoli incrementi elettorali. I lavoratori organizzati dai sindacati diedero vita a un'ondata di agitazioni che consentì agli operai dell'industria di difendere o migliorare i livelli reali delle loro retribuzioni e di ottenere fra l'altro la riduzione dell'orario di lavoro a otto ore giornaliere a parità di salario: un obiettivo che da trent'anni figurava al primo posto nei programmi del movimento socialista e che fu raggiunto quasi simultaneamente, subito dopo la fine della guerra, in tutti i principali Stati europei. L'ondata di lotte operaie non si esaurì nelle rivendicazioni sindacali. Alimentate dalle vicende russe, si manifestavano aspirazioni più radicali, che investivano direttamente il problema del potere nella fabbrica e nello Stato. Ovunque si formarono spontaneamente consigli operai che scavalcavano le organizzazioni tradizionali dei lavoratori e che, sull'esempio dei *soviet* russi, si proponevano come organi di governo della futura società socialista.

Il fallimento dei tentativi rivoluzionari

L'ondata rossa del '19-20 si manifestò nei singoli paesi in forme e con intensità diverse. Nelle due maggiori potenze vincitrici, Francia e Gran Bretagna (diverso fu il caso dell'Italia: ▸12.1-3), conservatori e moderati mantennero il controllo dei rispettivi Parlamenti e la pressione del movimento operaio fu contenuta senza eccessive difficoltà. Germania, Austria e Ungheria, dove le tensioni sociali si sommavano ai traumi della sconfitta e del cambiamento di regime, furono invece teatro di tentativi rivoluzionari, che furono però rapidamente stroncati. Ciò che era stato possibile in Russia non fu dunque possibile negli altri paesi europei, dove borghesia e capitalismo non erano stati prostrati ma piuttosto trasformati dalla guerra e dove lo stesso movimento operaio era legato a una ormai lunga esperienza di azione pacifica all'interno delle istituzioni.

La divisione del movimento operaio

La rivoluzione d'ottobre aveva accentuato, all'interno del movimento operaio, la frattura, già manifestatasi durante la guerra, fra le avanguardie rivoluzionarie e il resto del movimento legato ai partiti socialdemocratici e alle grandi centrali sindacali. Già nel 1918, i bolscevichi avevano abbandonato l'antica denominazione di Partito socialdemocratico, a lungo contesa con i menscevichi, per quella di Partito comunista (bolscevico) di Russia. La scissione fu sancita ufficialmente, nel marzo 1919, con la costituzione a Mosca di una Internazionale comunista (Comintern, con dizione abbreviata), o Terza Internazionale.

I partiti comunisti

La struttura e i compiti del Comintern furono fissati nel II congresso, che si tenne, sempre a Mosca, nel luglio del 1920. Fu lo stesso Lenin a fissare in un documento in 21 punti le condizioni da rispettare per poter essere ammessi al nuovo organismo: i partiti aderenti al Comintern avrebbero dovuto ispirarsi al modello bolscevico, cambiare il proprio nome in quello di Partito comunista, difendere in tutte le sedi possibili la causa della Russia sovietica, rompere con le correnti riformiste espellendone i principali esponenti. Condizioni così pesanti e ultimative suscitarono in seno al movimento operaio europeo accesi dibattiti e gravi lacerazioni con conseguenti scissioni. Fra la fine del '20 e l'inizio del '21 fu comunque raggiunto l'obiettivo di creare in tutto il mondo una rete di partiti ricalcati sul modello bolscevico e fedeli alle direttive del partito-guida. Nessuna di queste formazioni riuscì però a conquistare il consenso maggioritario delle classi lavoratrici dei paesi più sviluppati. La scissione del movimento operaio, preparata e consumata nella prospettiva di un'imminente rivoluzione europea, avrebbe invece contribuito ad aprire il varco alla controffensiva conservatrice.

Rivoluzione in Germania

Prima di essere sancita dalle scissioni, la rottura fra socialdemocrazia e comunismo era stata segnata dalle vicende drammatiche che in Germania avevano seguito la proclamazione della Repubblica [▸10.11]. Già al momento della firma dell'armistizio lo Stato tedesco si trovava in una situazione tipicamente rivoluzionaria. Il governo legale, presieduto da Friedrich Ebert e con sede a Berlino, era formato da esponenti socialdemocratici, compresi gli "indipendenti" dell'Uspd, la frazione di sinistra staccatasi dalla Spd nel '17. Ma in molte città i padroni della situazione erano i consigli degli operai e dei soldati. La situazione poteva sembrare simile a quella della Russia del '17. Ma le differenze erano notevoli. I socialdemocratici tedeschi, l'unica grande forza organizzata presente in quel momento nel paese, erano decisamente contrari a una rivoluzione di tipo sovietico e favorevoli a una democratizzazione del sistema politico entro il quadro delle istituzioni parlamentari. Non intendevano quindi smantellare le strutture militari e civili del vecchio Stato fino alla convocazione di un'Assemblea costituente. Si creò così un'obiettiva convergenza fra i capi della Spd e gli esponenti della vecchia classe dirigente, che vedevano nella forza della socialdemocrazia e nel suo ascendente sulle masse l'unico argine efficace contro la rivoluzione. I capi dell'esercito, in particolare, stabilirono con i leader socialdemocratici una specie di patto non scritto, impegnandosi a servire lealmente le istituzioni repubblicane in cambio di garanzie circa la tutela dell'ordine pubblico e il mantenimento della tradizionale struttura gerarchica delle forze armate.

L'insurrezione spartachista

La linea moderata scelta dalla Spd portava fatalmente allo scontro con le correnti più radicali del movimento operaio, soprattutto con i rivoluzionari della Lega di Spartaco (nucleo originario del Partito comunista tedesco), che si opponevano alla convocazione della Costituente e puntavano tutto sui consigli, visti come cellule costitutive di una nuova "democrazia socialista". Il 5-6 gennaio 1919, centinaia di migliaia di berlinesi scesero in piazza per protestare contro la destituzione di un esponente della sinistra dalla carica di capo della polizia della capitale. I dirigenti spartachisti e alcuni leader dell'Uspd decisero allora di approfittare di questa mobilitazione di massa e diffusero un comunicato in cui si incitavano i lavoratori a rovesciare il governo. Ma la risposta del proletariato berlinese fu inferiore alle aspettative.

Durissima fu invece la reazione delle autorità che, non potendo contare su un esercito efficiente, si servirono per la repressione di squadre volontarie – i cosiddetti *Freikorps*, ossia "corpi franchi" – formate da soldati smobilitati e inquadrate da ufficiali di orientamento nazionalista e conservatore. Nel giro di pochi giorni i *Freikorps* schiacciarono nel sangue l'insurrezione berlinese. I leader del movimento spartachista, Karl Liebknecht e Rosa Luxemburg, furono arrestati e trucidati da ufficiali dei corpi franchi.

La Costituzione di Weimar

Il 19 gennaio si tennero le elezioni per l'Assemblea costituente. La convergenza fra socialisti, cattolici e democratici (gli spartachisti, per protesta, avevano boicottato le elezioni) rese possibile la formazione di un governo di coalizione a guida socialdemocratica e, soprattutto, l'approvazione, nell'agosto 1919, di un nuovo testo costituzionale. La Costituzione di Weimar – chiamata così dal nome della città in cui si svolsero i lavori dell'Assemblea – aveva un'ispirazione fortemente democratica: prevedeva larghe autonomie regionali, il suffragio universale maschile e femminile, un governo responsabile di fronte al Parlamento e un presidente della Repubblica eletto direttamente dal popolo.

Un inizio difficile

Né la convocazione della Costituente né il varo della Costituzione valsero però a riportare la tranquillità nel paese. In aprile l'epicentro del moto rivoluzionario si era spostato in Baviera, dove era stata proclamata una Repubblica dei consigli, stroncata dall'intervento dell'esercito e dei corpi franchi. Non meno grave era la minaccia che veniva da destra: dai corpi franchi e dagli stessi capi dell'esercito, questi ultimi pronti a dimenticare, man mano che si allontanava il pericolo rivoluzionario, i loro impegni di lealtà alle istituzioni repubblicane. Furono proprio quei generali che portavano la maggiore responsabilità politica della sconfitta, e che avevano sollecitato, nell'autunno del '18, una rapida conclusione dell'armistizio, a diffondere la leggenda della "pugnalata alla schiena", secondo cui l'esercito tedesco sarebbe stato ancora in grado di vincere se non fosse stato tradito da una parte del paese. Una leggenda priva di fondamento, utile però a gettare discredito sulla Repubblica e sulla classe dirigente che si era assunta l'ingrato compito di firmare la pace.

Rivoluzione e reazione in Austria e in Ungheria

Anche nella nuova Repubblica austriaca furono i socialdemocratici a governare il paese nella difficile fase del trapasso di regime, mentre i comunisti tentarono ripetutamente, senza fortuna, la carta dell'insurrezione. Nel 1920, però, le elezioni videro prevalere il voto clericale e conservatore. Breve e drammatica fu la vita della Repubblica democratica in Ungheria, dove i socialisti si unirono ai comunisti per instaurare, nel marzo del 1919, una Repubblica sovietica, che attuò una politica di dura repressione nei confronti della borghesia e dell'aristocrazia agraria. L'esperimento durò pochi mesi. Ai primi di agosto, il regime guidato dal comunista Béla Kun cadde sotto l'urto convergente delle forze conservatrici guidate dall'ammiraglio Miklós Horthy e delle truppe rumene, che avevano invaso il paese con l'appoggio di Gran Bretagna e Francia. Horthy si insediò al potere scatenando un'ondata di "terrore bianco". L'Ungheria cadeva così sotto un regime autoritario sorretto dalla Chiesa e dai grandi proprietari terrieri: prima applicazione di un modello destinato a incontrare notevole fortuna nei paesi dell'Europa orientale negli anni fra le due guerre mondiali.

11.5. La Germania di Weimar

La sfiducia nella democrazia

Nonostante i travagliati esordi, la Repubblica nata dalla Costituente di Weimar rappresentò nell'Europa degli anni '20 un modello di democrazia parlamentare aperta e avanzata. Lo stesso rigoglio di attività intellettuali, che fece della Germania weimariana il centro più vivace della cultura europea del tempo, era strettamente collegato al clima di grande libertà che allora si respirava. Molti erano tuttavia i fattori che contribuivano a indebolire il sistema repubblicano.

Un evidente motivo di debolezza stava nella accentuata frammentazione dei gruppi politici, che rendeva instabili maggioranze e governi. Per un decennio la Spd rimase il partito più forte, ma dovette misurarsi con le formazioni del centro (cattolici e liberali) e della destra conservatrice. Queste ultime non nascondevano la loro diffidenza nei confronti delle istituzioni repubblicane, indissolubilmente associate alla sconfitta, all'umiliazione di Versailles e a quella autentica tragedia nazionale che fu costituita dal problema delle "riparazioni", i risarcimenti che il paese sconfitto era tenuto a pagare ai vincitori [▶ 10.12].

Le riparazioni

Nella primavera del 1921 le potenze alleate stabilirono l'ammontare dei risarcimenti dovuti dalla Germania nella cifra, spaventosa per quei tempi, di 132 miliardi di marchi, ancorata al valore dell'oro, da pagare in 42 rate annuali. L'annuncio dell'entità delle riparazioni suscitò in tutto il paese un'ondata di proteste. I gruppi dell'estrema destra nazionalista – fra i quali si stava mettendo in luce il piccolo Partito nazionalsocialista guidato da Adolf Hitler – scatenarono un'offensiva terroristica contro la classe dirigente repubblicana, accusata di tradimento per essersi piegata alle imposizioni dei vincitori. Fra il '21 e il '22 caddero vittime di attentati il ministro delle Finanze Matthias Erzberger, leader del Centro cattolico, colpevole di aver firmato nel novembre '18 l'armistizio in rappresentanza del governo provvisorio, e il ministro degli Esteri, il democratico Walther Rathenau, ebreo, grande imprenditore, già alla guida della mobilitazione industriale durante la guerra, che si stava adoperando per raggiungere un accordo con le potenze vincitrici.

I governi di coalizione che si succedettero fra il '21 e il '23 si impegnarono comunque a pagare le prime rate delle riparazioni ma, per non rendersi ulteriormente impopolari, evitarono interventi troppo drastici sulle tasse e sulla spesa pubblica: furono quindi costretti ad aumentare la stampa di carta moneta. Il risultato fu che il valore del marco precipitò, accelerando il processo inflazionistico già in atto.

La crisi della Ruhr e la grande inflazione

Nel gennaio 1923 la Francia e il Belgio, traendo pretesto dalla mancata consegna di alcuni materiali da parte del governo di Berlino, inviarono truppe nel bacino della Ruhr, centro della produzione carbonifera e dell'industria siderurgica tedesca. Impossibilitato a reagire militarmente, il governo incoraggiò la resistenza passiva della popolazione: imprenditori e operai della Ruhr abbandonarono le fabbriche, rifiutando ogni collaborazione con gli occupanti.

Per le già dissestate finanze tedesche l'occupazione della Ruhr rappresentò il definitivo tracollo, poiché privava il paese di una parte delle sue risorse produttive e costringeva il governo a ingenti spese per finanziare la resistenza passiva. Il marco, abbandonato al suo destino, precipitò a livelli impensabili e il suo potere d'acquisto fu praticamente annullato: un chilo di pane giunse a costare 400 miliardi, un chilo di burro 5000. Le conseguenze di questa polverizzazione della moneta furono sconvolgenti. Lo Stato stampava banconote in quantità sempre maggiore e con valore nominale sempre più alto: un milione, un miliardo, cento miliardi e così via. Ma chi riceveva in pagamento denaro svalutato si affrettava a liberarsene in cambio di qualsiasi cosa, aumentando così la velocità di circolazione della moneta e alimentando ulteriormente l'inflazione [▶11.1]. Chi possedeva risparmi in denaro o in titoli di Stato perse tutto. Chi viveva del proprio stipendio dovette affrontare grossi sacrifici: le retribuzioni venivano infatti continuamente adeguate – si giunse a pagarle giornalmente – ma mai abbastanza da poter tener dietro al ritmo dell'inflazione. Furono invece avvantaggiati i possessori di beni reali (agricoltori, industriali, commercianti) e tutti coloro che avevano contratto debiti.

La "grande coalizione" e il complotto di Monaco

Nel momento più drammatico della crisi la classe dirigente trovò però la forza di reagire. Nell'agosto 1923 si formò un governo di "grande coalizione" presieduto da Gustav Stresemann, leader del Partito tedesco-popolare (considerato il portavoce della grande industria). In settembre, fra le proteste dell'estrema destra, il governo ordinò la fine della resistenza passiva nella Ruhr e riallacciò i contatti con la Francia. Subito dopo decretò lo stato di emergenza e se ne servì per reprimere i focolai insurrezionali diffusi nel paese e per fronteggiare la ribellione della destra nazionalista che aveva il suo centro in Baviera.

A Monaco, nella notte fra l'8 e il 9 novembre 1923, alcune migliaia di aderenti al Partito nazionalsocialista guidati da Adolf Hitler cercarono di organizzare un'insurrezione contro il governo centrale. Ma il complotto fallì e fu rapidamente represso. Hitler fu condannato a cinque anni di carcere (poi in buona parte condonati) e la sua carriera politica parve precocemente conclusa.

Il ritorno alla normalità

Ristabilita l'autorità dello Stato, il governo cercò di porre rimedio al caos economico. Nell'ottobre '23 era stata emessa una nuova moneta, il cosiddetto *Rentenmark* ("marco di rendita"), il cui valore era garantito dal patrimonio agricolo e industriale della Germania: lo Stato tedesco si comportava cioè come un privato che impegni tutti i suoi averi per garantirsi un credito. Nel contempo veniva avviata una politica rigorosamente deflazionistica (basata cioè sulla limitazione del credito e della spesa pubblica e sull'aumento delle imposte) che costò ai tedeschi ulteriori sacrifici, ma consentì un graduale ritorno alla normalità monetaria.

Il piano Dawes

Una vera stabilizzazione sarebbe stata tuttavia impossibile senza un accordo con i vincitori sulle riparazioni. L'accordo fu trovato, all'inizio del 1924, sulla base di un piano elaborato da un finanziere e uomo politico statunitense, Charles G. Dawes. Il piano Dawes si basava sull'idea che la Germania avrebbe potuto far fronte ai suoi impegni solo se fosse stata messa in grado di rilanciare la sua economia: prevedeva quindi che l'entità delle rate da pagare fosse graduata nel tempo e che la finanza internazionale, in particolare quella statunitense, sovvenzionasse lo Stato tedesco con una serie di prestiti a lunga scadenza. La Germania rientrava così in possesso della Ruhr, vedeva temporaneamente alleviato l'onere dei suoi debiti e soprattutto otteneva un massiccio aiuto per la sua ripresa economica, che fu in effetti pronta e consistente: in poco tempo l'industria tedesca tornò ai primi posti nel mondo per volume di produzione.

La stabilizzazione politica

Più lenta e difficile fu la stabilizzazione politica. La grande coalizione guidata da Stresemann si ruppe già alla fine del '23. Nelle elezioni presidenziali del marzo 1925, il cattolico Wilhelm Marx, sostenuto da tutti i partiti democratici ma non dai comunisti, fu battuto di stretta misura dal vecchio maresciallo Hindenburg, già capo dell'esercito e simbolo vivente del passato imperiale. Negli anni successivi, tuttavia, grazie anche alla ripresa produttiva, la situazione politica si andò normalizzando. I partiti di centro e di centro-destra mantennero il potere fino al 1928, quando i socialdemocratici riassunsero la guida del governo. Stresemann conservò ininterrottamente fino alla sua morte, nel 1929, la carica di ministro degli Esteri, assicurando così la continuità di quella linea di collaborazione con le potenze vincitrici che costituì il cardine principale dell'equilibrio europeo nella seconda metà degli anni '20.

11.6. Il dopoguerra dei vincitori

La prevalenza dei moderati

La fine del "biennio rosso" e la recessione economica seguita alla fase espansiva dell'immediato dopoguerra segnarono in tutta Europa un brusco riflusso delle agitazioni operaie, una riscossa delle forze moderate e un ritorno alle soluzioni conservatrici in campo politico ed economico. Allontanatosi il pericolo rivoluzionario, le classi dirigenti si preoccuparono soprattutto di ricostruire, nei limiti del possibile, i tradizionali equilibri politici e sociali, di frenare i fenomeni inflazionistici (mediante restrizioni del credito e tagli nella spesa pubblica), di assicurare stabilità all'assetto internazionale uscito dalla conferenza di pace. Nelle due maggiori potenze vincitrici, Francia e Gran Bretagna, l'obiettivo della stabilizzazione fu sostanzialmente raggiunto, almeno sul piano della politica interna. Ma non mancarono i conflitti e le tensioni sociali. La ripresa economica fu lenta; e problematico si rivelò il recupero di quel ruolo egemonico su cui, in teoria, si sarebbero dovuti fondare gli equilibri internazionali del dopo-Versailles.

Moderati e radicali in Francia

In Francia la maggioranza di centro-destra che controllò il governo dal '19 in poi attuò una politica fortemente conservatrice, che faceva ricadere sulle classi popolari il peso di una difficile ricostruzione. Solo nella primavera del '24 i radicali di sinistra e i socialisti, uniti in una coalizione elettorale detta "il cartello delle sinistre", riuscirono a strappare la maggioranza ai moderati. Ma l'esperimento ebbe breve durata, anche perché il governo non seppe affrontare una gravissima crisi finanziaria, accentuata dalla fuga di capitali verso l'estero. Nel luglio del '26 la guida del governo fu assunta dal leader storico dei moderati, l'ex presidente della Repubblica Raymond Poincaré. Rimasto in carica per tre anni, Poincaré riuscì a stabilizzare il corso della moneta e a risanare il bilancio statale aumentando ulteriormente la pressione fiscale.

Le difficoltà della Gran Bretagna

Anche in Gran Bretagna furono le forze moderate a guidare il paese negli anni critici del dopoguerra. Fra il 1918 e il 1929 i conservatori furono quasi sempre al potere (prima coi liberali, poi da soli). La grande novità di questi anni fu il ridimensionamento dei liberali, che consentì al Partito laburista (*Labour Party*) di assumere il ruolo di principale antagonista dei conservatori e fece sì che il sistema politico britannico riassumesse la tradizionale forma bipolare. I governi conservatori portarono avanti una politica di austerità finanziaria e di contenimento dei salari che li fece scontrare con i sindacati. L'episodio più drammatico si verificò nel 1926 con un imponente sciopero dei minatori, che chiedevano aumenti salariali e proponevano la nazionalizzazione del settore minerario. Padronato e governo non cedettero e i lavoratori dovettero sospendere l'agitazione, durata ben sette mesi, senza aver ottenuto nulla. Il governo cercò di profittare di questo successo: furono vietati gli scioperi di solidarietà e fu dichiarata illegale la pratica per cui gli aderenti alle *Trade Unions* venivano iscritti "d'ufficio" al *Labour Party*. I laburisti riuscirono però a risalire la corrente e ad affermarsi nelle elezioni del 1929. Si formò così un ministero di coalizione liberal-laburista, destinato a vita breve per il sopraggiungere della grande crisi economica mondiale del 1929-30.

La Francia e le alleanze

Sul terreno dell'equilibrio europeo, Gran Bretagna e Francia seguirono linee spesso divergenti. Mentre la Gran Bretagna evitò di assumere impegni vincolanti sul continente, la Francia, profondamente segnata dalle esperienze della guerra franco-prussiana del 1870 e dell'attacco del 1914, cercò di costruire in funzione antitedesca una rete di alleanze con tutti i paesi dell'Europa centro-orientale che erano stati avvantaggiati dai trattati di Versailles – o dovevano ad essi la loro stessa esistenza – ed erano quindi contrari a ogni ipotesi di revisione del nuovo assetto europeo: in primo luogo la Polonia; poi la Cecoslovacchia, la Jugoslavia e la Romania che, nel 1921, si erano unite in un'alleanza detta Piccola Intesa. L'accordo con gli Stati dell'Est Europa non sembrava tuttavia sufficiente ad allontanare lo spettro di una rivincita tedesca. Da qui l'impegno quasi fanatico dei governanti francesi nel pretendere il rispetto integrale delle clausole di Versailles e nell'esigere il pagamento delle riparazioni.

La ricerca della distensione

Questa linea di politica estera, culminata nell'occupazione della Ruhr, subì un deciso mutamento nel 1924 con l'accettazione del piano Dawes [▶11.5] da parte della Francia. Si inaugurò allora una fase di distensione e di collaborazione fra le due potenze ex nemiche, che ebbe i suoi maggiori protagonisti in Gustav Stresemann e nel ministro degli Esteri francese Aristide Briand. I due statisti perseguivano obiettivi diversi, se non opposti: Briand voleva fondare su basi più stabili l'equilibrio di Versailles, mentre Stresemann cercava di superare quell'equilibrio per riportare prima o poi la Germania a una condizione di grande potenza. Alla base dell'intesa c'era però la volontà comune di normalizzare i rapporti fra vincitori e vinti, nel quadro di un più vasto progetto di sicurezza collettiva.

Gli accordi di Locarno e il piano Young

Il risultato più importante dell'intesa franco-tedesca fu rappresentato dagli accordi di Locarno dell'ottobre 1925, che consistevano nel riconoscimento da parte di Germania, Francia e Belgio delle frontiere comuni tracciate a Versailles e nell'impegno di Gran Bretagna e Italia a farsi garanti contro eventuali violazioni. La Francia otteneva così una garanzia internazionale ai suoi confini. Un anno dopo la firma del patto, la Germania fu ammessa alla Società delle Nazioni.

Nel giugno 1929 fu varato il piano Young che ridusse e graduò ulteriormente le riparazioni tedesche dilazionandole in sessant'anni. Nel giugno 1930 gli ultimi reparti francesi si ritirarono dalla Renania, mentre il governo tedesco rinnovava l'impegno a mantenere la regione smilitarizzata. Il clima di distensione internazionale aveva trovato una conferma eloquente – anche se di valore soprattutto simbolico – nell'estate del 1928, quando i rappresentanti di quindici Stati, fra cui Germania e Unione Sovietica, riuniti a Parigi su iniziativa di Briand e del segretario di Stato americano Frank Kellogg, avevano firmato un patto con cui si impegnavano a rinunciare alla guerra come mezzo per risolvere le controversie.

La crisi della "sicurezza collettiva"

Questa stagione di distensione internazionale, tuttavia, si interruppe bruscamente alla fine del decennio, in coincidenza con l'inizio della grande crisi economica mondiale [▸13]. Già nel settembre 1930 la Francia decise di dare il via alla costruzione di un imponente complesso di fortificazioni difensive (la cosiddetta linea Maginot) lungo il confine con la Germania. Era il segno più evidente dell'esaurirsi dello "spirito di Locarno" e della caduta delle speranze in una "sicurezza collettiva" assicurata dalla Società delle Nazioni e dagli accordi fra le potenze.

11.7. La Russia comunista

La guerra con la Polonia

Negli anni dell'immediato dopoguerra, la Russia comunista rappresentò un mito positivo, oltre che un punto di riferimento, per i rivoluzionari di tutta Europa, così come la Francia lo era stata alla fine del '700. La capacità espansiva dell'esperienza bolscevica non fu però altrettanto grande; e ancor meno lo era la forza militare del paese in cui quell'esperienza si incarnava. La stessa sopravvivenza del regime comunista rimase a lungo in forse. Appena conclusa, nella primavera del '20, la guerra civile [▸10.10], i bolscevichi dovettero affrontare l'attacco improvviso da parte della Polonia, che cercava di profittare delle difficoltà del vicino per ritagliarsi confini più vantaggiosi. Dopo fasi alterne (l'Armata rossa contrattaccò efficacemente e nell'agosto 1920 giunse alle porte di Varsavia per essere poi ricacciata entro i confini russi) si giunse a un trattato di pace che accontentava in parte le aspirazioni polacche e segnava soprattutto la fine della speranza di esportare la rivoluzione grazie ai successi militari.

Il collasso economico

Una minaccia non meno grave alla sopravvivenza dell'esperimento comunista veniva dal rischio di un collasso economico. Quando i bolscevichi presero il potere, l'economia russa si trovava già in uno stato di dissesto, che la rivoluzione e le devastazioni della guerra civile finirono con l'aggravare ulteriormente. L'abolizione della proprietà terriera e la redistribuzione delle terre ai contadini poveri si risolsero nella creazione di una miriade di piccole aziende che producevano soprattutto per l'*autoconsumo* e non contribuivano all'approvvigionamento delle città. Molte industrie furono lasciate in mano ai vecchi imprenditori, ma sotto la sorveglianza dei consigli operai, altre furono gestite direttamente dai lavoratori, altre infine furono poste sotto il controllo statale. Le banche furono *nazionalizzate* e i debiti con l'estero cancellati. Ma tutto questo servì a poco, visto lo stato di caos in cui versava il paese sconvolto dalla guerra civile, e il governo fu costretto, per le esigenze più urgenti, a stampare carta moneta priva di qualsiasi valore. Si finì così col tornare al sistema del baratto e le stesse retribuzioni vennero pagate in natura.

Il "comunismo di guerra"

A partire dall'estate del '18, il governo bolscevico cercò di attuare una politica più energica e autoritaria, che fu poi definita "comunismo di guerra". Per risolvere il problema degli approvvigionamenti alle città, furono istituiti in tutti i centri rurali comitati col compito di provvedere all'ammasso e distribuzione delle derrate. Venne incoraggiata, senza molto successo, la formazione di comuni agricole volontarie, le cosiddette "fattorie collettive" (*kolchozy*), e furono anche istituite delle "fattorie sovietiche" (*sovchozy*) gestite direttamente dallo Stato o dai *soviet* locali. In campo industriale furono nazionalizzati tutti i settori più importanti: una misura che aveva lo scopo di normalizzare la produzione e di centralizzare le decisioni, ponendo fine allo spontaneismo che aveva caratterizzato le prime fasi della rivoluzione.

Carestia e rivolta

Grazie al "comunismo di guerra" il regime bolscevico riuscì ad assicurare lo svolgimento di alcune funzioni essenziali e soprattutto ad armare e nutrire il suo esercito. Ma sul piano economico l'esperienza si risolse in un totale fallimento. Alla fine del 1920 il volume della produzione industriale era di ben sette volte inferiore a quello del 1913. Le grandi città si erano spopolate per la disoccupazione e per la fame. Il commercio privato, formalmente vietato, fioriva nell'illegalità. La crisi raggiunse il culmine nella primavera-estate del '21 quando, per l'effetto congiunto della guerra civile e di un anno di siccità, una terribile carestia colpì le campagne della Russia e dell'Ucraina, provocando la morte di almeno 3 milioni di persone. Imbarazzante per il potere comunista era poi il dissenso che cominciava a serpeggiare fra gli operai, stanchi delle privazioni materiali, ma anche delusi dalla gestione autoritaria dell'economia. Il punto di maggior tensione fu toccato ai primi di marzo del 1921, quando a ribellarsi al governo furono i marinai della base di Kronštadt, presso Pietrogrado, che era stata una roccaforte dei bolscevichi. Alle richieste dei ribelli, che invocavano maggiori libertà politiche e sindacali, il governo rispose con una feroce repressione militare, con centinaia di fucilazioni immediate e poi migliaia di condanne a morte, al carcere o ai lavori forzati.

La Nep

Nello stesso 1921, mentre si chiudeva ogni spazio di discussione all'interno del partito, prendeva avvio una parziale liberalizzazione nella produzione e negli scambi. La nuova politica economica (Nep) aveva l'obiettivo principale di stimolare la produzione agricola e di favorire l'afflusso dei generi alimentari verso le città. Ai contadini si consentiva ora di vendere sul mercato le eventuali eccedenze, una volta che avessero consegnato agli organi statali una quota fissa dei raccolti. La liberalizzazione si estese anche al commercio e alla piccola industria produttrice di beni di consumo. Lo Stato mantenne comunque il controllo delle banche e dei maggiori gruppi industriali. La Nep ebbe conseguenze indubbiamente benefiche su un'economia stremata, ma produsse effetti sociali non previsti né desiderati dai suoi promotori. Nelle campagne i nuovi spazi concessi all'iniziativa privata favorirono il riemergere del ceto dei contadini benestanti, i *kulaki*. La liberalizzazione del commercio accrebbe la disponibilità di beni di consumo, ma provocò la comparsa di una nuova classe di affaristi, la cui ricchezza contrastava col basso tenore di vita della maggioranza della popolazione urbana.

11.8. L'Urss da Lenin a Stalin

La Costituzione del 1918

La prima Costituzione della Russia rivoluzionaria fu varata nel luglio del '18, in piena guerra civile, e si apriva con una Dichiarazione dei diritti del popolo lavoratore e sfruttato – quasi una replica alle dichiarazioni dei diritti dell'uomo delle rivoluzioni "borghesi" – dove si proclamava che il potere doveva «appartenere unicamente e interamente alle masse lavoratrici e ai loro autentici organismi rappresentativi: i *soviet*». La Costituzione si ispirava dunque all'idea consiliare e collocava al vertice del potere il Congresso dei *soviet*. Inoltre prevedeva che il nuovo Stato avesse carattere federale, rispettasse l'autonomia delle minoranze etniche e si aprisse all'unione con altre future Repubbliche "sovietiche", nella prospettiva di un'unica repubblica socialista mondiale.

L'Unione Sovietica e la Costituzione del 1924

In realtà, quella che si attuò fra il '20 e il '22 fu semplicemente l'unione alla Repubblica russa – che comprendeva anche l'intera Siberia – delle altre province dell'ex Impero zarista (l'Ucraina, la Bielorussia, l'Azerbaigian, l'Armenia e la Georgia), nelle quali i comunisti erano riusciti a prendere il potere dopo aver eliminato le altre forze politiche col decisivo aiuto dell'Armata rossa. Quella che dal 1922 prese il nome di Unione delle Repubbliche socialiste sovietiche (Urss) era una compagine priva di reali meccanismi federativi, e in cui i russi erano la nazionalità dominante. La nuova Costituzione dell'Urss, approvata nel 1924, prevedeva una complessa struttura istituzionale, al cui vertice stava ancora il Congresso dei *soviet* dell'Unione. Ma il potere reale era nelle mani del Partito comunista (che dal 1925 assume il nome di Partito comunista dell'Unione Sovietica, Pcus), l'unico la cui esistenza fosse prevista dalla Costituzione.

Il partito-Stato

Il partito, in mano a un ristretto gruppo dirigente, era guidato da un segretario generale e aveva come organo fondamentale l'Ufficio politico (Politburo) del Comitato centrale. Il partito era responsabile delle direttive ideologiche e politiche che ispiravano l'azione del governo; controllava la polizia politica (la čeka, poi denominata Gpu), che colpiva gli oppositori, i cosiddetti "nemici del popolo", con arresti arbitrari, cui seguivano processi, fucilazioni, deportazioni in campi di lavoro. Proponeva infine i candidati alle elezioni dei *soviet* che avvenivano su lista unica e con voto palese. Di fatto deteneva tutto il potere e il suo apparato centrale e periferico si sovrapponeva a quello dello Stato.

Modernizzazione e istruzione

Lo sforzo di trasformazione intrapreso dai bolscevichi dopo la conquista del potere non riguardò soltanto le strutture economiche e gli ordinamenti politici. Come tutti i rivoluzionari dei tempi moderni, anche i comunisti russi mirarono a cambiare la società nel profondo, a cancellare valori e comportamenti tradizionali, a creare una nuova cultura adatta alla realtà che si voleva costruire. Lo sforzo si indirizzò soprattutto in due direzioni: l'alfabetizzazione di massa e la lotta contro la Chiesa ortodossa. Premessa indispensabile per lo sviluppo economico, la lotta contro l'analfabetismo rappresentò una priorità per il nuovo regime. L'elevazione dell'obbligo scolastico fino all'età di quindici anni si accompagnò a sostanziali innovazioni nei contenuti e nei metodi dell'insegnamento. Si cercò di collegare la scuola al mondo della produzione, privilegiando l'istruzione tecnica su quella umanistica. E ci si preoccupò, nel contempo, di formare ideologicamente le nuove generazioni incoraggiando l'iscrizione in massa all'organizzazione giovanile del partito – il Komsomol, ossia Unione comunista della gioventù – e facendo largo spazio in tutti i livelli di istruzione all'insegnamento della dottrina marxista.

Scristianizzazione e liberalizzazione dei costumi

Anche la lotta contro la Chiesa ortodossa assumeva una chiara valenza ideologica, in quanto volta a combattere una visione del mondo incompatibile con i fondamenti materialisti della dottrina marxista, e quindi da estirpare. La scristianizzazione fu portata avanti con molta durezza – confisca dei beni ecclesiastici, chiusura di chiese, arresti di capi religiosi – e, nel complesso, poté dirsi riuscita nei suoi obiettivi. L'influenza della Chiesa non fu del tutto eliminata (culti e credenze continuarono a sopravvivere, soprattutto nelle campagne), ma certo fu drasticamente ridimensionata.

La battaglia contro la religione e la morale tradizionale si estese anche ai problemi della famiglia e dei rapporti fra i sessi. Il governo rivoluzionario stabilì fra i suoi primi atti il riconoscimento del solo matrimonio civile e semplificò al massimo le procedure per il divorzio. Nel 1920 fu legalizzato l'aborto. Venne proclamata l'assoluta parità fra i sessi e la condizione dei figli illegittimi fu equiparata a quella dei legittimi. In generale il regime comunista favorì una notevole liberalizzazione dei costumi, anche se furono ben presto emarginate le posizioni estreme di chi riteneva che la rivoluzione dovesse portare all'assoluta libertà sessuale e alla scomparsa della famiglia.

Rivoluzione e cultura

Gli effetti della rivoluzione si fecero sentire anche nel mondo dell'alta cultura. Parecchi intellettuali di prestigio – come il musicista Igor Stravinskij, il pittore Marc Chagall, il linguista Roman Jakobson – andarono a ingrossare le file dell'emigrazione politica. Ma i più, soprattutto fra i giovani, si gettarono con entusiasmo nell'esperienza rivoluzionaria tentando di trasferirne contenuti e valori nei propri settori di attività. Se per alcuni intellettuali comunisti la nuova arte "proletaria" doveva porsi al diretto servizio della politica di classe e andare incontro ai bisogni culturali delle masse, per molti altri – quelli già impegnati nei movimenti d'avanguardia artistica e letteraria – la rivoluzione nelle arti doveva essere parallela a quella politica (non dipendente da essa) e doveva consistere prima di tutto nella rottura dei canoni tradizionali e nella ricerca di nuove forme espressive. In una prima fase queste tendenze d'avanguardia furono guardate con simpatia o apertamente incoraggiate dalle autorità preposte alla cultura. Anche per questo gli anni del dopo-rivoluzione rappresentarono una stagione di intensa sperimentazione, di accesi dibattiti fra le varie correnti e soprattutto di straordinaria fioritura creativa. Furono gli anni della poesia futurista di Vladimir Majakovskij e Viktor Chlebnikov, del teatro rivoluzionario di Vsevolod Emil'evič Mejerchol'd, della pittura astrattista di Kazimir Malevič ed Eliezer Lisickij, dei primi grandi film di Sergej Ejzenštejn e di Vsevolod Pudovkin. La stagione d'oro delle avanguardie ebbe però breve durata. A partire dalla metà degli anni '20 la libertà di espressione artistica fu sempre più condizionata dalle preoccupazioni di ordine propagandistico e dalla crescente invadenza di un potere politico che diventava di giorno in giorno più autoritario.

Lo scontro tra Stalin e Trotzkij

Le tendenze autoritarie si andarono consolidando con l'ascesa al vertice del Pcus del georgiano Iosif Džugašvili, detto Stalin: ex commissario alle Nazionalità, fu nominato segretario generale del partito nell'aprile del 1922. Poche settimane dopo, Lenin fu colpito dal primo attacco di quella malattia che lo avrebbe condotto alla morte nel gennaio 1924. Da allora si aprì una sempre più scoperta lotta per la successione. Il primo grave scontro all'interno del gruppo dirigente ebbe per oggetto proprio il problema della centralizzazione e della eccessiva burocratizzazione del partito. A sostenere la necessità di limitare le prerogative dell'apparato fu Trotzkij, il più autorevole e il più popolare dopo Lenin fra i capi bolscevichi, ma anche il più isolato rispetto agli altri leader – Grigorij Zinov'ev, Lev Kamenev, Nikolaj Bucharin – che respinsero le sue critiche alla gestione del partito appoggiando la linea di Stalin.

Il socialismo in un solo paese

Lo scontro non riguardava solo il problema della "burocratizzazione". Trotzkij attribuiva l'involuzione autoritaria del partito all'isolamento internazionale dello Stato sovietico e riteneva che, per invertire questa tendenza, la Repubblica dei *soviet* dovesse estendere il processo rivoluzionario all'intero Occidente capitalistico. Contro questa tesi, per cui fu coniata l'espressione "rivoluzione permanente", scese in campo lo stesso Stalin. Stalin sosteneva che, nei tempi brevi, la vittoria del socialismo era "possibile e probabile" anche in un solo paese e che l'Unione Sovietica aveva in sé le forze sufficienti a fronteggiare l'ostilità del mondo capitalista. La teoria del "socialismo in un solo paese" rappresentava una rottura con quanto era sempre stato affermato dai bolscevichi, ma si adattava alla situazione reale, che da tempo non consentiva illusioni circa la possibilità di una rivoluzione mondiale, e offriva inoltre al paese lo stimolo di un potente richiamo patriottico. Anche l'atteggiamento delle potenze europee, che fra il '24 e il '25 si decisero a instaurare rapporti diplomatici con lo Stato sovietico, finì col rafforzare implicitamente le tesi di Stalin.

L'eliminazione degli oppositori

Una volta sconfitto Trotzkij, venne meno però il principale legame che teneva uniti i suoi avversari politici. A partire dall'autunno del '25, Zinov'ev e Kamenev, riprendendo idee già sostenute da Trotzkij, si pronunciarono per un'interruzione dell'esperimento della Nep, che a loro avviso stava facendo rinascere il capitalismo nelle campagne, e per un rilancio dell'industrializzazione a spese, se necessario, degli strati contadini privilegiati. La tesi opposta, favorevole alla prosecuzione della Nep, fu sostenuta da Bucharin, che ebbe l'appoggio di Stalin. Zinov'ev e Kamenev, messi in minoranza nel partito, si riaccostarono a Trotzkij e cercarono di organizzare un fronte unico degli avversari del segretario. Ma i leader dell'opposizione furono dapprima allontanati dagli organi dirigenti e poi, nel '27, espulsi dal partito. I loro seguaci furono perseguitati e incarcerati. Trotzkij fu deportato in una località dell'Asia centrale e successivamente espulso dall'Urss. Con la sconfitta dell'opposizione di sinistra si chiudeva definitivamente la prima fase della rivoluzione comunista, la fase della costruzione del nuovo Stato. Se ne apriva una nuova, caratterizzata dalla continua crescita del potere personale di Stalin e dal suo tentativo di portare l'Unione Sovietica alla condizione di grande potenza industriale e militare.

sommario

Tutti i paesi belligeranti, esclusi gli Stati Uniti, uscirono dal conflitto in condizioni di grave dissesto economico. Per affrontare le spese di guerra tutti gli Stati avevano contratto ingenti debiti, in primo luogo con gli Stati Uniti, ma questa misura non era stata sufficiente a coprire tali spese. Così i governi avevano stampato carta moneta in eccedenza, mettendo in moto un processo inflazionistico, che portò, nel dopoguerra, a un notevole aumento dei prezzi. Tuttavia, grazie anche al sostegno dello Stato all'economia, l'industria europea attraversò, nell'immediato dopoguerra, un periodo di crescita, cui seguì, nel 1920-21, una fase di depressione economica. Per quanto riguarda gli scambi internazionali, la guerra ridusse drasticamente la tradizionale supremazia commerciale europea. Ne conseguì un ritorno, nel dopoguerra, al nazionalismo economico e al protezionismo doganale.

La guerra determinò enormi cambiamenti sociali. L'espansione dell'industria bellica aveva determinato uno spostamento massiccio dalle campagne alle città, soprattutto di giovani. Il distacco dal nucleo familiare e l'assenza dei capifamiglia avevano provocato mutamenti profondi nella mentalità e nelle abitudini delle giovani generazioni. La guerra segnò una tappa importante anche nella trasformazione del ruolo delle donne: nelle famiglie, ma anche nei campi, nelle fabbriche, negli uffici le donne presero spesso il posto degli uomini arruolati nell'esercito, assumendo responsabilità e compiti inediti. La disponibilità economica e la consapevolezza delle proprie capacità trasformarono l'immagine stessa della donna e i suoi comportamenti, che divennero più liberi, sin dall'abbigliamento. Questo processo di emancipazione ebbe nel dopoguerra anche un parziale riconoscimento sul piano del diritto di voto, riconosciuto nel 1918 in Gran Bretagna, nel 1919 in Germania, nel 1920 negli Stati Uniti. L'altra questione sociale che i governi dovettero affrontare nel dopoguerra fu quella del reinserimento dei reduci, che rivendicavano compensi per le privazioni subìte. Le scarse misure adottate dagli Stati, nonostante le promesse, generarono tra gli ex combattenti (riuniti spesso in associazioni) un forte risentimento. Tutto ciò contribuì ad accelerare la tendenza già in atto alla "massificazione" della politica: partiti e sindacati videro aumentare il numero dei loro iscritti, come aumentò notevolmente la partecipazione dei cittadini alle manifestazioni pubbliche.

La vittoria delle potenze democratiche e il crollo degli imperi multietnici significarono per molti popoli europei il coronamento di lunghe lotte per l'indipendenza e parvero dar corpo agli ideali di nazionalità proclamati da Wilson. Ma in ragione della complessità etnico-linguistica di alcune zone d'Europa, in particolare l'area orientale, l'applicazione del principio di nazionalità risultò difficile: le decisioni di Versailles diedero una patria indipendente a circa 60 milioni di persone, ma ne trasformarono altri 25 milioni in minoranze. La presenza sullo stesso territorio di gruppi che parlavano lingue diverse, con tradizioni e credi diversi, fu talvolta sentita come una minaccia dai membri di comunità nazionali che si volevano omogenee e coese: ciò fu causa di nuovi conflitti.

Tra la fine del '18 e l'estate del '20 – il "biennio rosso" – il movimento operaio europeo fu protagonista di una grande avanzata politica che assunse anche tratti di agitazione rivoluzionaria; ovunque in Europa aumentarono gli iscritti ai partiti socialisti e i lavoratori ottennero miglioramenti salariali. Ma i tentativi rivoluzionari fallirono. La rivoluzione d'ottobre accentuò all'interno del movimento operaio la scissione fra avanguardie rivoluzionarie e il resto del movimento legato ai partiti socialdemocratici e ai sindacati. Tale scissione fu sancita ufficialmente, nel marzo 1919, con la costituzione a Mosca della Terza Internazionale (Comintern) e la nascita dei partiti comunisti. Dopo l'armistizio, la Germania, nelle cui città si erano creati consigli degli operai e dei soldati, si trovava in una situazione simile a quella della Russia nel '17. Ma i socialdemocratici erano contrari a rivoluzioni di tipo sovietico e scelsero una linea moderata, in convergenza con la vecchia classe dirigente e i militari. L'insurrezione tentata nel gennaio '19 dai comunisti "spartachisti" fu repressa nel sangue. Le elezioni per l'Assemblea costituente che si tennero poco dopo videro l'affermazione della socialdemocrazia e del Centro cattolico. L'Assemblea, riunita a Weimar, elaborò una Costituzione democratica fra le più avanzate dell'epoca. Ma i socialdemocratici subirono nel 1920 una sconfitta elettorale e dovettero lasciare la guida del governo.

La situazione politica della Repubblica di Weimar era caratterizzata da una forte instabilità. L'entità delle riparazioni di guerra stabilite dagli alleati determinò una ondata di proteste sociali e l'aggravarsi del processo inflazionistico già in atto. All'inizio del '23 l'occupazione da parte di Francia e Belgio della Ruhr, regione vitale per l'economia tedesca, fece precipitare la crisi economica, polverizzando il valore del marco. A partire dall'estate, il governo di coalizione presieduto da Stresemann avviò una politica di stabilizzazione monetaria e di riconciliazione con la Francia e represse, nel novembre dello stesso anno, un tentativo di colpo di Stato organizzato a Monaco dal Partito nazionalsocialista, guidato da Adolf Hitler. Grazie al piano Dawes, inoltre, a partire dal 1924 la Germania poté fruire di prestiti internazionali – soprattutto statunitensi –, che le avrebbero consentito una rapida ripresa economica.

Anche nei paesi più sviluppati dell'Europa occidentale, il "biennio rosso" si concluse con un riflusso delle agitazioni operaie e una ripresa delle forze conservatrici. La Francia degli anni '20 registrò sul piano politico un'egemonia dei moderati, che – nella seconda metà del decennio – adottarono una politica di stabilizzazione della moneta e di risanamento del bilancio. Più difficile fu la situazione dell'economia britannica, caratterizzata da una fase di ristagno per tutti gli anni '20. In questo periodo il Partito laburista si affermò come secondo partito del paese – nonostante la sconfitta subìta dal movimento sindacale nel '26, in occasione del grande sciopero dei minatori. Dal punto di vista degli equilibri internazionali, iniziava una fase di distensione tra Francia e Germania, confermata dagli accordi di Locarno del 1925, che stabilizzavano i confini definiti a Versailles. A coronare questa fase di distensione, nel 1926 la Germania fu ammessa alla Società delle Nazioni. Nel 1929 il piano Young ridusse ulteriormente l'entità delle riparazioni tedesche e ne graduò il pagamento in sessant'anni. Questa fase di distensione, tuttavia, si interruppe bruscamente all'inizio degli anni '30 in coincidenza con la crisi economica mondiale.

Fallite, dopo la guerra con la Polonia, le speranze di esportare la rivoluzione fuori dalla Russia, i bolscevichi dovettero affrontare la gravissima situazione economica in cui versava il paese. Nel 1918 fu varato il cosiddetto "comunismo di guerra", una politica economica basata sulla centralizzazione delle decisioni e sulla statalizzazione di gran parte delle attività produttive: furono create le "fattorie collettive" (*kolchozy*) e le "fattorie sovietiche" (*sovchozy*) gestite direttamente dallo Stato o dai *soviet* e in campo industriale furono nazionalizzati tutti i settori più importanti. L'esperienza si risolse però in un fallimento: una terribile carestia colpì il paese nel '21. Nel marzo 1921 ci fu un mutamento di rotta con la Nep (nuova politica economica). Basata su una parziale liberalizzazione delle attività economiche, la Nep stimolò la ripresa produttiva, mentre, dal punto di vista sociale, determinò la crescita del ceto dei contadini ricchi (*kulaki*) e dei piccoli commercianti.

La compagine statale che nel 1922 prese la denominazione di Unione delle Repubbliche socialiste sovietiche (Urss) fu il frutto dell'unione della Russia –

compresa la Siberia – con le altre province dell'ex Impero zarista, nelle quali i comunisti erano riusciti a prendere il potere: si trattava in realtà di una compagine priva di reali meccanismi federativi in cui i russi erano la nazionalità dominante. La nuova Costituzione dell'Urss (1924) prevedeva un meccanismo consiliare, con al vertice il Congresso dei *soviet* dell'Unione, ma nella realtà il potere era nelle mani del Partito comunista, il quale, oltre a guidare l'azione di governo, controllava la polizia politica. Dal punto di vista sociale i bolscevichi intrapresero una battaglia contro la morale tradizionale e contro la Chiesa ortodossa. In campo culturale, i primi anni '20 furono una stagione di fioritura delle avanguardie artistiche. Con l'ascesa di Stalin alla segreteria del partito (aprile '22) e la malattia di Lenin (morto nel gennaio '24), si scatenò una dura lotta all'interno del gruppo dirigente bolscevico. Stalin riuscì dapprima a emarginare Trotzkij, il più autorevole e il più popolare dopo Lenin fra i capi bolscevichi. Quindi si sbarazzò dell'"opposizione di sinistra" – Zinov'ev, Kamenev – che chiedeva la fine della Nep e l'accelerazione dello sviluppo industriale. Si affermava, così, il suo potere personale.

bibliografia

Sugli effetti della prima guerra mondiale nella cultura europea: P. Fussell, *La Grande Guerra e la memoria moderna*, Il Mulino, Bologna 2014 (ed. or. 1975); G.L. Mosse, *Le guerre mondiali. Dalla tragedia al mito dei caduti*, Laterza, Roma-Bari 2014 (ed. or. 1990); J. Winter, *Il lutto e la memoria: la Grande Guerra nella storia culturale europea*, Il Mulino, Bologna 2014 (ed. or. 1995); S. Audoin-Rouzeau, A. Becker, *La violenza, la crociata, il lutto. La Grande Guerra e la storia del Novecento*, Einaudi, Torino 2002 (ed. or. 2000) ed E. Gentile, *L'apocalisse della modernità. La Grande Guerra per l'uomo nuovo*, Mondadori, Milano 2014 (ed. or. 2008).

Per un'analisi comparata delle vicende economiche e politiche in Francia, Germania e Italia: C.S. Maier, *La rifondazione dell'Europa borghese*, Il Mulino, Bologna 1999 (ed. or. 1975). Per uno sguardo di ampio respiro sul dopoguerra: E. Traverso, *La guerra civile europea, 1914-1945*, Il Mulino, Bologna 2007; A.J. Tooze, *The Deluge. The Great War and the Remaking of Global Order, 1916-1931*, Allen Lane, London 2014 e I. Kershaw, *All'inferno e ritorno. Europa 1914-1949*, Laterza, Bari-Roma 2016 (ed. or. 2015).

Sulla Repubblica di Weimar: H. Schulze, *La Repubblica di Weimar. La Germania dal 1917 al 1933*, Il Mulino, Bologna 2004 (ed. or. 1982); H.A. Winkler, *La Repubblica di Weimar. 1918-1933: storia della prima democrazia tedesca*, Donzelli, Roma 1998 (ed. or. 1993) e E.D. Weitz, *La Germania di Weimar. Utopia e tragedia*, Einaudi, Torino 2008 (ed. or. 2007). Sugli aspetti culturali, P. Gay, *La cultura di Weimar*, Dedalo, Bari 2002 (ed. or. 1968) e W. Laqueur, *La Repubblica di Weimar*, Bur, Milano 2002 (ed. or. 1976).

Su Regno Unito e Francia nel periodo fra le due guerre: N. Branson-M. Heinemann, *L'Inghilterra negli anni Trenta*, Laterza, Roma-Bari 1976 (ed. or. 1971); J. Stevenson, *British Society. 1914-45*, Penguin Books, Harmondsworth 1990 (ed. or. 1984) e J.F. Sirinelli-R. Vandenbussche-J. Vavasseur-Desperriers, *Storia della Francia nel Novecento*, Il Mulino, Bologna 2003 (ed. or. 1993).

Sulla Russia comunista: A. Graziosi, *La grande guerra contadina in Urss. Bolscevichi e contadini (1918-1933)*, Esi, Napoli 1998 e J.D. Smele, *The "Russian" Civil Wars, 1916-1926. Ten Years that Shook the World*, Oxford University Press, Oxford-New York 2014. Per un inquadramento della politica estera sovietica fino alla fine degli anni '20, si veda A. Di Biagio, *Coesistenza e isolazionismo. Mosca, il Komintern e l'Europa di Versailles*, Carocci, Roma 2004.

12. Dopoguerra e fascismo in Italia

12.1. Le tensioni del dopoguerra

Un paese inquieto

Uscita vincitrice dalla prova più impegnativa della sua storia unitaria, l'Italia si trovò a condividere i problemi politici e le tensioni sociali che la Grande Guerra aveva suscitato in tutta Europa [▶ 11.4]. L'economia presentava i tratti tipici della crisi postbellica: sviluppo abnorme di alcuni settori industriali, con conseguenti problemi di riconversione, sconvolgimento dei flussi commerciali, deficit gravissimo del bilancio statale, inflazione galoppante. Rispetto agli altri paesi vincitori, problemi e tensioni si presentavano però in forma più acuta: sia perché le strutture economiche erano meno avanzate e più ampie le sacche di arretratezza, sia perché le istituzioni politiche erano meno radicate nella società. L'esperienza del primo conflitto mondiale aveva fortemente accelerato il processo di avvicinamento delle masse allo Stato, ma lo aveva fatto in modo traumatico, provocando nuove divisioni. Aveva alimentato il rifiuto della guerra; ma aveva anche generato, come negli altri paesi, una diffusa assuefazione alla violenza e accentuato la tendenza a risolvere le questioni controverse con atti di forza. Una tendenza che, in Italia, si inseriva in un contesto storico da sempre segnato dalla radicalità dello scontro politico e sociale. Quella che usciva dalla guerra era dunque una società inquieta e attraversata da profonde fratture, unita però da una generale ansia di rinnovamento, da una sorta di febbre rivendicativa che tendeva a saltare le mediazioni politiche e a spostare il centro delle lotte dal Parlamento alle piazze.

Scioperi e lotte agrarie

Le tensioni sociali erano legate in primo luogo al continuo aumento dei prezzi al consumo. Fra il giugno e il luglio del 1919 le principali città italiane divennero teatro di violenti tumulti contro il caro-viveri, mentre le industrie erano investite da una ondata di scioperi volti a ottenere aumenti salariali. Anche il settore dei servizi pubblici, in genere meno sindacalizzato, fu sconvolto da una lunga serie di astensioni dal lavoro. Non meno intense furono in questo periodo le lotte dei lavoratori agricoli. In Val Padana, dove più forte era la presenza dei braccianti – i lavoratori generici pagati a giornata –, gli scioperi erano organizzati dalle "leghe rosse" controllate dai socialisti, che avevano, a livello locale, il monopolio della rappresentanza sindacale. Nelle regioni centrali, in cui dominavano la *mezzadria* e la piccola proprietà contadina, erano attive soprattutto le "leghe bianche" cattoliche. L'aspirazione alla proprietà della terra fu poi all'origine di un altro movimento che si sviluppò in forma spontanea nelle campagne del Centro-Sud: l'occupazione di terre incolte e latifondi da parte di contadini poveri, spesso ex combattenti.

L'Italia alla conferenza di pace

Ad agitare la scena italiana dell'immediato dopoguerra contribuì anche una cattiva gestione della pace, che rese il clima più simile a quello di un paese sconfitto che a quello di una potenza vincitrice. L'Italia era uscita dalla guerra nettamente rafforzata: aveva ottenuto – secondo gli accordi firmati a Londra nel 1915 [▸10.4] – Trento, Trieste e le altre "terre irredente"; aveva raggiunto i "confini naturali" segnati dalle Alpi, includendo nel suo territorio anche zone non italiane come il Sud Tirolo (ribattezzato Alto Adige) o solo parzialmente italiane come l'Istria; aveva infine visto scomparire dalle sue frontiere il nemico tradizionale, l'Impero asburgico.

Ma la dissoluzione dell'Austria-Ungheria e la nascita del nuovo Stato jugoslavo ponevano una serie di problemi non previsti nel momento in cui era stato stipulato il patto di Londra: in base a quel patto, infatti, l'Italia avrebbe dovuto annettere anche la Dalmazia, una striscia costiera ritenuta importante per il controllo dell'Adriatico, ma abitata in prevalenza da slavi. Non era prevista invece l'annessione della città di Fiume, a maggioranza italiana, che doveva restare all'Impero asburgico. Tuttavia, alla conferenza di Versailles, il presidente del Consiglio Orlando e il ministro degli Esteri Sonnino chiesero l'annessione di Fiume sulla base del principio di nazionalità, in aggiunta ai territori promessi nel 1915.

La "vittoria mutilata"

Tali richieste incontrarono l'opposizione degli alleati, in particolare del presidente degli Stati Uniti, che si sentiva slegato dagli impegni delle potenze europee ed estraneo alle logiche che li ispiravano. Nell'aprile del '19, per protestare contro l'atteggiamento di

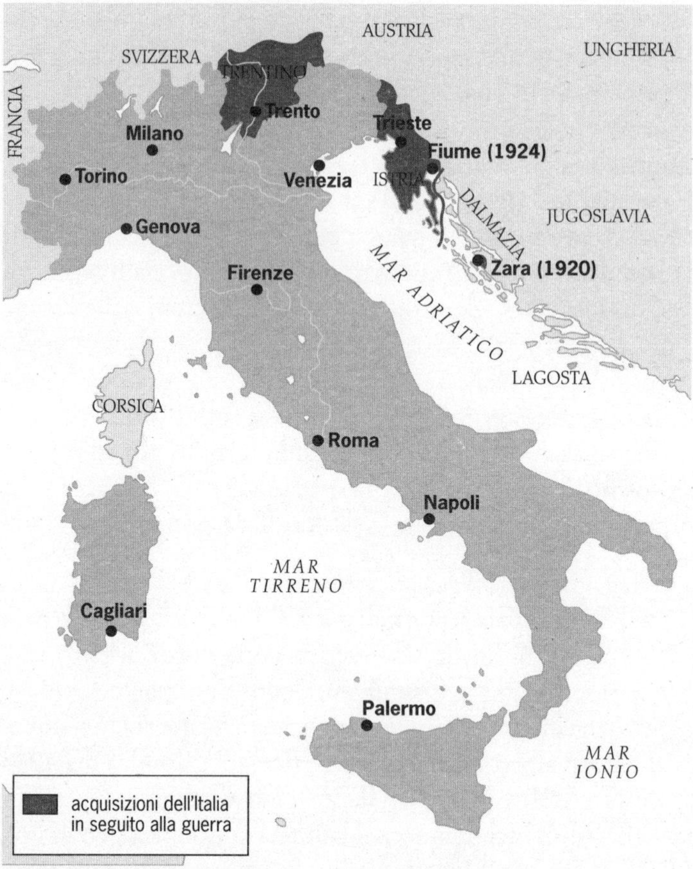

L'Italia dopo la prima guerra mondiale

Wilson – che aveva cercato di scavalcarli indirizzando un messaggio al popolo italiano –, Orlando e Sonnino abbandonarono Versailles e fecero ritorno in Italia, dove furono accolti da imponenti manifestazioni patriottiche. Ma un mese dopo dovettero tornare a Parigi senza aver ottenuto alcun risultato. Questo insuccesso segnò la fine del governo Orlando. Il nuovo ministero presieduto da Francesco Saverio Nitti si trovò ad affrontare una situazione già gravemente deteriorata. Gli avvenimenti della primavera 1919 avevano infatti suscitato in larghi strati dell'opinione pubblica un sentimento di ostilità verso gli ex alleati, accusati di voler defraudare l'Italia dei frutti della vittoria. Si parlò allora di "vittoria mutilata": un'espressione coniata da Gabriele D'Annunzio, ormai assurto al ruolo di protagonista politico, anche in virtù di alcune audaci imprese compiute durante la guerra.

D'Annunzio a Fiume

La manifestazione più clamorosa di questa protesta si ebbe nel settembre 1919, quando alcuni reparti militari ribelli assieme a gruppi di volontari, sotto il comando di D'Annunzio, occuparono la città di Fiume, posta allora sotto controllo internazionale, e ne proclamarono l'annessione all'Italia. Concepita all'inizio come un mezzo di pressione sul governo, l'avventura fiumana si prolungò per quindici mesi e si trasformò in un'inedita esperienza politica. A Fiume, dove D'Annunzio istituì una provvisoria "reggenza", furono sperimentati per la prima volta formule e rituali collettivi – adunate coreografiche, dialoghi fra il capo e la folla – che sarebbero stati ripresi e applicati su ben più larga scala dai movimenti autoritari degli anni '20 e '30.

12.2. I partiti e le elezioni del 1919

La crisi della classe dirigente

In questa fase di crisi e di profonde trasformazioni, la classe dirigente liberale si trovò sempre più contestata e isolata, non si mostrò in grado di dominare i fenomeni di mobilitazione di massa che il conflitto mondiale aveva suscitato e finì così col perdere l'egemonia indiscussa di cui aveva goduto fino ad allora. Risultarono invece favorite quelle forze, socialiste e cattoliche, che si consideravano estranee alla tradizione dello Stato liberale, che non erano compromesse con le responsabilità della guerra e che, inquadrando larghe masse, potevano meglio interpretare le nuove dimensioni assunte dalla lotta politica.

Il Partito popolare

Furono i cattolici a portare il primo e più importante fattore di novità, abbandonando la tradizionale linea astensionistica e dando vita, nel gennaio 1919, a una nuova formazione politica che prese il nome di Partito popolare italiano (Ppi). Il nuovo partito, che ebbe il suo padre riconosciuto e il suo primo segretario in un sacerdote siciliano, don Luigi Sturzo, si presentava con un programma di impostazione democratica e, pur ispirandosi apertamente alla dottrina sociale cattolica, si dichiarava non confessionale. In realtà, il Ppi era strettamente legato alla Chiesa e alle sue strutture organizzative. La sua stessa nascita era stata resa possibile dal nuovo atteggiamento assunto dopo la guerra dal papa e dalle gerarchie ecclesiastiche, preoccupati di opporre un argine alla minaccia socialista. Nelle file del partito erano inoltre confluiti, accanto agli eredi della democrazia cristiana [▶9.7] e ai capi delle leghe bianche (spesso schierati su posizioni socialmente molto avanzate), anche gli esponenti delle correnti clerico-moderate che avevano guidato il movimento cattolico nell'anteguerra. Nonostante questi elementi contraddittori, la nascita del partito rappresentò una svolta in positivo per la democrazia italiana, la fine di un'anomalia che aveva accompagnato lo Stato unitario fin dalla nascita.

Il Psi e il massimalismo

L'altra grande novità nel panorama politico italiano fu la crescita impetuosa del Partito socialista, dove si registrava la schiacciante prevalenza della corrente di sinistra, ora chiamata *massimalista*, su quella riformista, che conservava però una posizione di forza nel gruppo parlamentare e nelle organizzazioni economiche. I massimalisti, che avevano il loro leader di maggior spicco nel direttore dell'«Avanti!» Giacinto Menotti Serrati, si ponevano come obiettivo immediato l'instaurazione della repubblica socialista fondata sulla dittatura del proletariato e si dichiaravano ammiratori entusiasti della rivoluzione russa, ma avevano poco in comune con i bolscevichi. Più che preparare la rivoluzione, la aspettavano, ritenendola comunque inevitabile.

Bordiga e Gramsci

In polemica con questa impostazione, si formarono nel Psi gruppi di estrema sinistra, composti per lo più da giovani, che si battevano per un più coerente impegno rivoluzionario e per una più stretta adesione all'esempio dei bolscevichi russi. Fra questi gruppi emergevano quello napoletano che faceva capo ad Amadeo Bordiga e quello che operava a Torino attorno ad Antonio Gramsci e alla rivista «L'Ordine Nuovo». Mentre Bordiga puntava soprattutto sulla creazione di un nuovo partito rivoluzionario ricalcato sul modello bolscevico, Gramsci e gli altri "ordinovisti" (Togliatti, Terracini, Tasca), che agivano a contatto coi nuclei operai più avanzati e combattivi d'Italia, erano affascinati dall'esperienza dei *soviet*, visti come strumenti di lotta contro l'ordine borghese e al tempo stesso come embrioni della società socialista.

Le illusioni rivoluzionarie

All'indomani della guerra, il grosso del Partito socialista era dunque schierato su posizioni apertamente rivoluzionarie. Ma questa radicalizzazione finì con l'isolare il movimento operaio e col ridurne i margini di azione politica. Prospettando una soluzione "alla russa", i socialisti si preclusero ogni possibilità di collaborazione con le forze democratico-borghesi, spaventate dalla minaccia della dittatura proletaria. Insistendo nella condanna indiscriminata di tutto ciò che avesse a che fare col passato conflitto, e rifiutando in generale ogni logica nazionale, ferirono il patriottismo della piccola borghesia e fornirono argomenti all'oltranzismo nazionalista dei numerosi gruppi che si formarono nell'immediato dopoguerra con lo scopo di difendere i "valori della vittoria".

Mussolini e i Fasci di combattimento

Fra questi movimenti, per lo più destinati a vita breve, faceva spicco quello fondato a Milano, il 23 marzo 1919, da Benito Mussolini [▶12.7 e 10.4]: i *Fasci di combattimento*. Politicamente, il nuovo movimento si schierava a sinistra, chiedeva audaci riforme sociali e si dichiarava favorevole alla repubblica; ma nel contempo ostentava un acceso nazionalismo e una feroce avversione nei confronti dei socialisti. Ai suoi esordi, il fascismo raccolse solo scarse ed eterogenee adesioni (ex repubblicani, ex sindacalisti rivoluzionari, ex Arditi di guerra), ma si fece subito notare per il suo stile politico aggressivo e violento. I fascisti furono protagonisti del primo grave episodio di guerra civile dell'Italia postbellica: lo scontro con un corteo socialista avvenuto a Milano il 15 aprile '19 e conclusosi con l'incendio della sede dell'«Avanti!». Era il segno di un clima di violenza e di intolleranza destinato ad aggravarsi col passare dei mesi.

Le elezioni del 1919

Le prime elezioni politiche del dopoguerra, che si tennero nel novembre 1919, mostrarono la gravità delle fratture che attraversavano la società e il sistema politico. Furono queste le prime elezioni tenute col nuovo metodo della rappresentanza proporzionale con scrutinio di lista: metodo che prevedeva il confronto fra liste di partito, anziché fra singoli candidati, e che, contrariamente al vecchio sistema del collegio uninominale, assicurava alle forze politiche un numero di seggi proporzionale ai voti ottenuti, favorendo i gruppi organizzati su base nazionale. L'esito fu disastroso per la vecchia classe dirigente. I gruppi liberal-democratici, che si erano presentati divisi alle elezioni, persero la maggioranza assoluta. I socialisti, che pure avevano adottato un programma rivoluzionario, ottennero un successo clamoroso con 156 seggi (tre volte più che nel 1913). Il Partito popolare italiano (Ppi), con 100 deputati, si affermava come la principale novità politica del dopoguerra.

I due vincitori delle elezioni non potevano però coalizzarsi fra loro, dal momento che il Psi massimalista rifiutava ogni collaborazione con i gruppi "borghesi". L'unica maggioranza possibile era quella basata sull'accordo fra popolari e liberal-democratici. Su questa precaria alleanza si fondarono gli ultimi governi dell'era liberale.

12.3. Il ritorno di Giolitti e l'occupazione delle fabbriche

Il programma di Giolitti

Indebolito dall'esito delle elezioni, il ministero Nitti sopravvisse fino al giugno 1920, quando a costituire il nuovo governo fu richiamato l'ormai quasi ottantenne Giovanni Giolitti. Rimasto ai margini della vita politica negli anni della guerra, Giolitti era rientrato in scena alla vigilia delle elezioni con un programma molto avanzato, in cui si proponeva fra l'altro la nominatività dei titoli azionari (cioè l'obbligo di intestare le azioni al nome del possessore, permettendone così la tassazione) e un'imposta straordinaria sui profitti realizzati dall'industria bellica. Le preoccupazioni che questo programma suscitava negli ambienti conservatori passarono in secondo piano rispetto alla speranza che il vecchio statista riuscisse a domare l'opposizione socialista con le arti del compromesso parlamentare.

Il trattato di Rapallo

In effetti, nei dodici mesi in cui tenne la guida dell'esecutivo, Giolitti diede prova ancora una volta di abilità e di energia. I risultati più importanti li ottenne in politica estera, imboccando l'unica strada praticabile per la soluzione della questione adriatica: quella del negoziato diretto con la Jugoslavia. Il negoziato si concluse, il 12 novembre 1920, con la firma del trattato di Rapallo. L'Italia conservò Trieste, Gorizia e tutta l'Istria. La Jugoslavia ebbe la Dalmazia, salvo la città di Zara che fu assegnata all'Italia. Fiume fu dichiarata città libera (sarebbe diventata italiana, grazie a un successivo accordo con la Jugoslavia, nel 1924). Il trattato fu accolto con generale favore dall'opinione pubblica e dalle forze politiche. A Fiume, intanto, D'Annunzio annunciava una resistenza a oltranza; ma, quando, il giorno di Natale del 1920, le truppe regolari attaccarono la città dalla terra e dal mare, preferì abbandonare la partita.

I limiti del disegno giolittiano

Più serie furono le difficoltà incontrate da Giolitti sul terreno della politica interna, in un periodo (il "biennio rosso" 1919-20) segnato in tutta Europa da lotte operaie e agitazioni sindacali. Il governo impose, nonostante le proteste dei socialisti, la liberalizzazione del prezzo del pane (tenuto artificialmente basso, a spese dell'erario, fin dagli anni della guerra) e avviò così il risanamento del bilancio statale. Non riuscì invece a rendere operanti i progetti fiscali, che sarebbero poi stati affossati dai successivi governi. Ma a fallire fu soprattutto il disegno politico complessivo dello statista piemontese: disegno che consisteva nel ridimensionare le spinte rivoluzionarie del movimento operaio accogliendone in parte le istanze di riforma, nel ripetere insomma l'esperimento già tentato con qualche successo ai primi del secolo. In realtà, quell'esperienza non era ripetibile: i liberali non avevano più la solida maggioranza dell'anteguerra; i socialisti erano su posizioni molto diverse da quelle di vent'anni prima; i popolari erano troppo forti per piegarsi al ruolo subalterno cui Giolitti avrebbe voluto costringerli; il centro della politica si era ormai spostato dal Parlamento ai partiti.

L'occupazione delle fabbriche

I conflitti sociali del "biennio rosso" italiano conobbero il loro episodio più drammatico nell'estate-autunno del '20 con l'agitazione degli operai metalmeccanici culminata nell'occupazione delle fabbriche. La vertenza vedeva contrapporsi gli industriali del settore, nucleo di punta del mondo imprenditoriale, e i metalmeccanici, una categoria operaia compatta e combattiva, guidata dal più forte fra i sindacati aderenti alla Confederazione generale del lavoro (Cgl): la Federazione italiana operai metallurgici (Fiom). A Torino e in altri centri industriali del Nord si era poi sviluppata, fuori dal sindacato, l'esperienza dei consigli di fabbrica, ispirata al modello dei *soviet* e animata dal gruppo di giovani intellettuali che si riunivano attorno alla rivista «L'Ordine Nuovo» [▶12.2]. Fu la Fiom a dare inizio alla vertenza, presentando una serie di richieste economiche e normative, cui gli industriali opposero un netto rifiuto. Alla fine di agosto, in risposta alla chiusura degli stabilimenti attuata da un'industria milanese, la Fiom ordinò ai lavoratori di occupare le fabbriche. Nei primi giorni di settembre, 400 mila operai occuparono gli stabilimenti metallurgici e meccanici del Nord, issarono le bandiere rosse sui tetti delle officine e organizzarono servizi armati di vigilanza (le "guardie rosse").

Le attese rivoluzionarie e il compromesso sindacale

Molti lavoratori in lotta vissero questa esperienza come l'inizio di un moto rivoluzionario destinato a estendersi a tutto il paese. In realtà il movimento non era in grado di uscire dalle fabbriche e di porsi in modo concreto il problema del potere. Prevalse invece la linea dei dirigenti della Cgl, che intendevano riportare la vertenza nei binari di una lotta sindacale. Tale esito fu favorito dall'iniziativa mediatrice di Giolitti, che si attenne a una linea di rigorosa neutralità fra sindacato e industriali, resistendo alle pressioni del padronato per un intervento della forza pubblica contro le fabbriche occupate. Si giunse così a un accordo che accoglieva nella sostanza le richieste economiche della Fiom e affidava a una commissione paritetica l'incarico di elaborare un progetto (che peraltro non avrebbe mai trovato attuazione pratica) per la partecipazione dei sindacati al controllo delle aziende. Sul piano sindacale, gli operai uscivano vincitori dallo scontro. Ma diffuso era anche il senso di delusione rispetto alle attese maturate nei giorni dell'occupazione. D'altro canto, gli industriali non nascondevano la loro irritazione per aver dovuto subire le pressioni del governo. E la borghesia tutta, passata la "grande paura" della rivoluzione, si apprestava a sfruttare ogni occasione di rivincita.

La nascita del Partito comunista

Le polemiche interne al movimento operaio si intrecciarono con le fratture provocate dal II congresso del Comintern, dove erano state fissate le condizioni per l'ammissione all'Internazionale comunista [▸11.4]. Serrati e i massimalisti rifiutarono queste condizioni. Così al congresso del Psi, che si tenne a Livorno nel gennaio 1921, i riformisti non vennero espulsi e fu invece la minoranza di sinistra guidata da Bordiga ad abbandonare il Psi per formare il Partito comunista d'Italia. Il nuovo partito nasceva con una base piuttosto ristretta e con un programma rigorosamente leninista, proprio nel momento in cui la prospettiva rivoluzionaria andava svanendo in tutta Europa [▸11.6]. L'occupazione delle fabbriche e la scissione di Livorno segnarono la fine del "biennio rosso" in Italia. Provato da due anni di lotte e indebolito dalle divisioni interne, il movimento operaio cominciò ad accusare i colpi della crisi che stava investendo l'economia italiana. In questo quadro, in larga parte comune a tutta l'Europa, si inserì un fenomeno che invece non aveva riscontro in nessun altro paese: lo sviluppo improvviso del movimento fascista.

12.4. L'offensiva fascista

Il fascismo agrario

Fino all'autunno del '20, il fascismo aveva svolto un ruolo marginale nella politica italiana: nelle elezioni del 1919 le liste dei Fasci ottennero poche migliaia di voti e nessun deputato. Tra la fine del 1920 e l'inizio del 1921, il movimento subì però un rapido processo di mutazione che lo portò ad accantonare l'originario programma radical-democratico, a organizzare formazioni paramilitari – le squadre d'azione – e a condurre una lotta spietata contro il movimento socialista, in particolare contro le organizzazioni contadine della Val Padana. Questa trasformazione da piccolo movimento di ceti medi urbani a partito armato radicato nelle campagne (per questo si parlò di "fascismo agrario") si spiega in parte con la scelta di Mussolini di assecondare l'ondata antisocialista seguita al "biennio rosso"; in parte con la particolare situazione delle campagne padane, dove lo squadrismo fascista si sviluppò e dove più forte era la presenza delle leghe rosse.

Il sistema delle leghe

In due anni di lotte aspre e quasi sempre vittoriose, le leghe di molte province padane non solo avevano ottenuto notevoli miglioramenti salariali, ma avevano creato un "sistema" apparentemente inattaccabile: attraverso i loro uffici di collocamento, controllavano il mercato del lavoro, contrattando con i proprietari il numero di giornate lavorative necessarie alla coltivazione di un fondo e distribuendone il carico fra i propri associati. I socialisti disponevano inoltre di una fitta rete di cooperative e avevano in mano buona parte delle amministrazioni comunali. Il sistema non era privo di aspetti autoritari (chi si sottraeva alla disciplina della lega veniva boicottato, in pratica bandito dalla comunità) e celava al suo interno non poche contraddizioni: prima fra tutte il contrasto fra la strategia delle organizzazioni socialiste – che privilegiavano il ruolo dei braccianti senza terra e indicavano come obiettivo finale la socializzazione – e gli interessi delle categorie intermedie, ossia dei mezzadri, dei piccoli affittuari, dei salariati fissi stabilmente impiegati nell'azienda agraria, che aspiravano a distinguere la loro posizione da quella dei lavoratori giornalieri e a trasformarsi in proprietari.

I fatti di Palazzo d'Accursio

Fu l'offensiva fascista ad aprire le prime brecce nell'edificio delle organizzazioni rosse. Il 21 novembre 1920 a Bologna gli squadristi si mobilitarono per impedire la cerimonia d'insediamento della nuova amministrazione comunale socialista. Vi furono scontri e sparatorie dentro e fuori il municipio. Per un tragico errore i socialisti incaricati di difendere il Palazzo d'Accursio, sede del comune, gettarono bombe a mano sulla folla, composta in gran parte dai loro stessi sostenitori, provocando una decina di morti. Da ciò i fascisti trassero pretesto per scatenare una serie di ritorsioni antisocialiste in tutta la provincia. Episodi analoghi si verificarono un mese dopo a Ferrara, dopo l'uccisione di tre fascisti. In entrambi i casi i socialisti furono colti di sorpresa e non riuscirono a organizzare reazioni adeguate. La loro incertezza e la loro vulnerabilità accrebbero l'audacia degli avversari.

Lo squadrismo

I proprietari terrieri scoprirono allora nei Fasci lo strumento capace di abbattere il potere delle leghe e cominciarono a sovvenzionarli generosamente. Il movimento fascista vide affluire nelle sue file nuove reclute: ex ufficiali e soldati reduci della Grande Guerra (tra cui numerosi ex Arditi, ▶10.6), che faticavano a reinserirsi nella vita civile; ma anche figli della piccola borghesia alla ricerca di nuovi canali di promozione sociale e di affermazione politica; giovani e giovanissimi che non avevano

Squadrismo

parola chiave

Il termine "squadrismo" entrò nel linguaggio politico italiano nel primo dopoguerra in riferimento alle azioni di violenza organizzata e pianificata condotte dalle formazioni paramilitari fasciste (le squadre d'azione) contro le sedi e le persone fisiche dei loro avversari politici. Le origini e gli sviluppi dello squadrismo italiano, come di fenomeni analoghi manifestatisi in altri paesi europei (si pensi soprattutto alla Germania dei corpi franchi [▶11.4] e delle SA naziste [▶14.3-4]), si collegano strettamente all'esperienza della Grande Guerra, sia per le modalità organizzative delle squadre (per lo più comandate da ex ufficiali), sia per i rituali e i simboli adottati. E certamente all'esperienza bellica vanno fatti risalire la violenza spesso efferata e il diffuso disprezzo per la vita umana che furono orgogliosamente esibiti come tratti caratterizzanti dell'attività squadristica.
Negli anni del suo massimo sviluppo, tra la fine del 1920 e l'estate del 1922, il fascismo squadrista, quello che aveva le sue roccheforti nelle province padane, fu considerato da molti cosa diversa dal fascismo politico, a base essenzialmente urbana e impersonato soprattutto da Mussolini, e per una breve fase gli si contrappose esplicitamente. In realtà i "due fascismi" erano le facce di una stessa medaglia, nessuna delle quali avrebbe potuto prescindere dall'altra. Sarebbe comunque riduttivo vedere nello squadrismo un semplice braccio armato del fascismo o della reazione padronale. Le squadre furono invece non solo il nucleo costitutivo dell'intero movimento, ma anche le depositarie dei suoi rituali (le bandiere, le sfilate, i canti, le parole d'ordine, il culto dei caduti), le custodi della sua anima "rivoluzionaria". In quanto fenomeno politico rilevante, invece, lo squadrismo si esaurì con la trasformazione del fascismo in regime.
Da allora si parla genericamente di squadrismo per definire, e stigmatizzare, azioni di violenza compiute in gruppo, e per motivi politici, contro persone e cose riconducibili a uno schieramento avverso.

fatto in tempo a partecipare alla guerra e che trovavano l'occasione per combattere una loro battaglia contro quelli che consideravano nemici della patria. Nel giro di pochi mesi, il fenomeno dello squadrismo dilagò in tutte le province padane, estendendosi anche ad altre zone del Centro-Nord, mentre pressoché immune dal contagio fascista rimaneva il Mezzogiorno, con l'eccezione della Puglia dove esisteva una fitta rete di leghe socialiste.

Le tecniche squadriste

L'offensiva ebbe ovunque le stesse caratteristiche. Le squadre d'azione, inquadrate militarmente, partivano in genere dalle città e si spostavano in camion per le campagne, verso i centri rurali. Obiettivo delle spedizioni erano non solo le sedi delle amministrazioni locali e delle rappresentanze sindacali socialiste – i municipi, le Camere del lavoro, le leghe, le Case del popolo –, che vennero sistematicamente devastate e incendiate, ma le persone stesse, dirigenti e militanti socialisti, sottoposti a ripetute violenze, in qualche caso uccisi e spesso costretti a lasciare il loro paese. Le amministrazioni locali "rosse" della Val Padana furono in buona parte costrette a dimettersi. Centinaia di leghe furono sciolte e molti dei loro aderenti passarono, per scelta o per costrizione, alle nuove organizzazioni costituite dagli stessi fascisti, che promettevano di incoraggiare la formazione della piccola proprietà.

I fattori del successo

Il successo dell'offensiva fascista non può spiegarsi solo con fattori di ordine "militare"; né può essere imputato interamente agli errori dei socialisti, che pure furono molti e di non poco conto: primo fra tutti quello di ferire i sentimenti patriottici dei ceti medi e di spaventarli con la promessa di una prossima e cruenta resa dei conti rivoluzionaria. In realtà il movimento operaio, nel 1921-22, si trovò a combattere una lotta impari contro un nemico che poteva giovarsi della benevola neutralità, o addirittura dell'aperto sostegno, di buona parte della classe dirigente e degli apparati statali. Raramente la forza pubblica, portata a vedere nei fascisti dei naturali alleati nella lotta contro i "rossi", si oppose con efficacia alle azioni squadristiche. La stessa magistratura adottò nei loro confronti criteri ben diversi da quelli usati contro i sovversivi di sinistra. Ma pesanti furono anche le responsabilità del governo. Giolitti infatti, pur evitando di favorire apertamente lo squadrismo, pensò di servirsi del movimento fascista per ridurre a più miti pretese i socialisti (e gli stessi popolari) e di poterlo in seguito assorbire nella maggioranza liberale.

12.5. Mussolini alla conquista del potere

Le elezioni del 1921

Nelle elezioni del maggio 1921 il disegno di Giolitti si concretizzò con l'ingresso di candidati fascisti nei cosiddetti blocchi nazionali, cioè nelle liste di coalizione in cui i gruppi "costituzionali" (conservatori, liberali, democratici) si unirono per impedire una nuova affermazione dei partiti di massa. I fascisti ottenevano così una legittimazione da parte della classe dirigente, senza per questo dover rinunciare ai metodi illegali tipici dello squadrismo. Anzi, la campagna elettorale fornì loro lo spunto per intensificare intimidazioni e violenze contro gli avversari. Ciononostante, i risultati delle urne delusero chi aveva voluto le elezioni. I socialisti subirono una limitata flessione. I popolari addirittura si rafforzarono. I gruppi liberal-democratici migliorarono le loro posizioni, ma non tanto da riacquistare il completo controllo del Parlamento. In definitiva, la maggior novità fu costituita dall'ingresso alla Camera di 35 deputati fascisti, capeggiati da un Mussolini deciso a giocare il ruolo di nuovo arbitro della politica nazionale.

Il patto di pacificazione

L'esito delle elezioni di maggio mise praticamente fine all'ultimo esperimento governativo di Giolitti, che si dimise all'inizio di luglio. Il suo successore, l'ex socialista Ivanoe Bonomi [▶9.7], tentò di far uscire il paese dalla guerra civile favorendo una tregua d'armi fra le due parti in lotta. Nell'agosto 1921, fu in effetti firmato un patto di pacificazione tra socialisti e fascisti con cui le due parti si impegnavano a rinunciare alla violenza e a sciogliere le loro formazioni armate: i socialisti, in particolare, accettavano di sconfessare le formazioni degli "Arditi del popolo", ossia quei gruppi di militanti che si erano formati spontaneamente in alcune città per contrastare lo squadrismo fascista. Il patto rientrava in quel momento nella strategia di Mussolini, che mirava a inserirsi nel gioco politico "ufficiale" e temeva il diffondersi di una reazione popolare contro lo squadrismo. Questa strategia non era però condivisa dai fascisti intransigenti, che si riconoscevano nello squadrismo agrario e nei suoi capi locali, i cosiddetti *ras*. I *ras* (Grandi a Bologna, Farinacci a Cremona, Balbo a Ferrara, per citare solo i più noti) sabotarono in ogni modo il patto di pacificazione e giunsero a mettere in discussione l'autorità di Mussolini.

La nascita del Pnf

La ricomposizione si ebbe al congresso dei Fasci tenutosi a Roma ai primi di novembre. Mussolini si rese conto di non poter fare a meno della massa d'urto dello squadrismo agrario e sconfessò il patto di pacificazione (che del resto non aveva mai funzionato sul serio). I *ras* riconobbero la guida politica di Mussolini e accettarono la trasformazione del movimento fascista in un vero e proprio partito, cosa che avrebbe limitato non poco la loro libertà d'azione. Nasceva così il Partito nazionale fascista (Pnf), che poteva contare su una base di oltre 200 mila iscritti, in gran parte nelle regioni del Centro-Nord.

L'agonia dello Stato liberale

Il ministero Bonomi cadde nel febbraio del 1922. Alla guida del governo fu allora chiamato Luigi Facta, un giolittiano di scarsa autorevolezza. Il governo non mise alcun freno alla violenza fascista che si rese protagonista di operazioni sempre più ampie e clamorose: scorrerie che coinvolgevano intere province, occupazione in armi di grandi centri, come Ferrara, Bologna e Cremona. All'inizio di agosto, in risposta alla decisione dei dirigenti sindacali di proclamare uno sciopero generale legalitario in difesa delle libertà costituzionali, i fascisti lanciarono una nuova e più violenta offensiva. Il movimento operaio non seppe opporre all'attacco squadrista né una mobilitazione di massa né un'iniziativa politica volta ad appoggiare, come chiedevano i riformisti, un governo capace di far rispettare la legge. L'unica conseguenza dei dissensi all'interno del partito fu una nuova e ormai inutile scissione. Ai primi di ottobre del 1922 – poche settimane prima che il fascismo andasse al potere –, in un congresso tenuto a Roma, i riformisti guidati da Turati abbandonarono il Psi per fondare il nuovo Partito socialista unitario (Psu).

Il doppio gioco di Mussolini

Sconfitto il movimento operaio, il fascismo doveva porsi il problema della conquista dello Stato. Solo insediandosi al potere il partito avrebbe potuto andare incontro alle aspettative delle masse ormai ingenti che si raccoglievano nelle sue file ed evitare il pericolo di una reazione di rigetto da parte di quelle forze moderate che, avendo appoggiato lo squadrismo in funzione antisocialista, avrebbero potuto ritenerne ormai esaurito il ruolo. In questa delicata fase Mussolini giocò, come al solito, su due tavoli. Da un lato intrecciò trattative con tutti i più autorevoli esponenti liberali in vista della partecipazione fascista a un nuovo governo; rassicurò la monarchia sconfessando le passate simpatie repubblicane; si guadagnò il favore degli industriali annunciando di voler restituire spazio all'iniziativa privata. Dall'altro lasciò che l'apparato militare del fascismo si preparasse apertamente alla presa del potere mediante un colpo di Stato.

La marcia su Roma

Prese così corpo il progetto di una marcia su Roma, ossia di una mobilitazione generale di tutte le forze fasciste, con obiettivo la conquista del potere centrale. Un piano del genere non avrebbe avuto alcuna possibilità di successo se avesse incontrato una ferma reazione da parte delle autorità. Per quanto agguerrite, le squadre fasciste erano pur sempre delle bande indisciplinate ed equipaggiate in modo approssimativo, non certo in grado di affrontare uno scontro con l'esercito regolare. Ne era consapevole lo stesso Mussolini, che contava soprattutto sulla debolezza del governo e sulla benevola neutralità della monarchia. In effetti, nel generale disfacimento dei poteri statali, decisivo fu l'atteggiamento del re. Spaventato dalla prospettiva di una guerra civile, Vittorio Emanuele III rifiutò, la mattina del 28 ottobre 1922, il giorno fissato per la marcia fascista sulla capitale, di firmare il decreto per la proclamazione dello stato d'assedio (cioè per il passaggio dei poteri alle autorità militari), che era stato preparato in tutta fretta dal governo Facta, già dimissionario.

Il governo Mussolini

Il rifiuto del re aprì alle camicie nere (così venivano chiamati gli squadristi per via della loro divisa) la strada per la capitale e al loro capo la via del potere: forte della resa ottenuta, Mussolini non si accontentò della soluzione auspicata dal re e dagli ambienti moderati (partecipazione fascista a un governo guidato da un esponente conservatore), ma chiese e ottenne di essere chiamato lui stesso a presiedere il governo. La mattina del 30 ottobre 1922, mentre gli squadristi entravano nella capitale senza incontrare alcuna resistenza da parte della forza pubblica, Mussolini fu ricevuto dal re. La sera stessa il nuovo ministero era già pronto. Ne facevano parte, oltre ai fascisti, esponenti di tutti i gruppi che avevano partecipato ai precedenti governi: liberali giolittiani, liberali di destra, democratici e popolari.

Cambio di governo o nuovo regime?

La crisi si era dunque risolta in modo quanto meno ambiguo. I fascisti gridarono al trionfo e si convinsero di aver attuato una rivoluzione che in realtà era stata soltanto simulata. I moderati si rallegrarono perché la legalità costituzionale, violata nei fatti, era stata rispettata almeno nelle forme. I rivoluzionari (socialisti massimalisti e comunisti) si illusero che nulla fosse cambiato nella sostanza, dal momento che ai loro occhi ogni governo borghese era espressione della stessa dittatura di classe. Il paese nel suo complesso seguì gli eventi con un misto di indifferenza e di rassegnazione. Pochi capirono che il sistema liberale aveva ricevuto un colpo mortale e che il cambio di governo sarebbe presto diventato un cambio di regime.

12.6. Verso il regime

Il Gran consiglio e la Milizia

Salito al potere con una finta rivoluzione, Mussolini, con 35 deputati (meno del 7% dei seggi), non disponeva di una sua maggioranza alla Camera. Riuscì ugualmente a consolidare il suo potere grazie anche al sostegno delle forze moderate, liberali e cattoliche (i cosiddetti “fiancheggiatori”), che facevano parte della maggioranza di governo e che continuarono a garantire il loro appoggio in Parlamento anche quando fu chiaro che il Partito fascista intendeva assumere un ruolo incompatibile con i princìpi basilari dello Stato liberale. Nel dicembre 1922 fu istituito il Gran consiglio del fascismo, che aveva il compito di indicare le linee generali della politica fascista e di servire da raccordo fra partito e governo. Nel gennaio 1923 le squadre fasciste vennero inquadrate nella Milizia volontaria per la sicurezza nazionale: un corpo armato di partito che aveva come scopo dichiarato quello di «proteggere gli inesorabili sviluppi della rivoluzione», ma che, nelle intenzioni di Mussolini, doveva anche disciplinare lo squadrismo e limitare il potere dei *ras*.

L'istituzionalizzazione della Milizia non servì peraltro a far cessare le violenze illegali contro gli oppositori, alle quali ora si sommava la repressione "legale" condotta dalla magistratura e dagli organi di polizia mediante sequestri di giornali, scioglimenti di amministrazioni locali, arresti preventivi di militanti. Le vittime principali furono i comunisti, costretti già dal 1923 a una sorta di semiclandestinità. Le conseguenze di questa azione combinata su quel che restava delle organizzazioni del movimento operaio furono disastrose. Il numero degli scioperi, già in rapido calo a partire dal '21, scese nel '23 a livelli insignificanti. I salari reali subirono una costante riduzione, riavvicinandosi ai livelli dell'anteguerra.

La ripresa economica

La compressione dei salari era del resto una componente importante della politica economica del governo che, fedele alle promesse della vigilia, mirò soprattutto a restituire libertà d'azione e margini di profitto all'iniziativa privata. Fu alleggerito il carico fiscale sulle imprese, privatizzato il servizio telefonico e contenuta la spesa statale con un energico sfoltimento dei dipendenti pubblici (vennero colpiti soprattutto i ferrovieri, una delle categorie più sindacalizzate). Sul piano economico e finanziario, la politica liberista ottenne discreti successi: fra il '22 e il '25 vi fu un notevole aumento della produzione e il bilancio dello Stato tornò in pareggio. Il risultato era in buona parte dovuto all'opera degli ultimi ministeri liberali, ma valse ugualmente a rafforzare il governo e a rinsaldare i legami fra potere economico e fascismo.

Chiesa e istruzione

Un altro sostegno decisivo Mussolini lo ebbe dalla Chiesa cattolica in cui, dopo l'elezione del nuovo papa Pio XI nel febbraio 1922, stavano riprendendo il sopravvento le tendenze più conservatrici. Per molti cattolici il fascismo, al di là dei suoi orientamenti ideologici, aveva il merito di aver allontanato il pericolo di una rivoluzione socialista. Dal canto suo Mussolini, abbandonati i toni anticlericali del primo fascismo, si mostrò disposto a importanti concessioni. La riforma scolastica varata nella primavera del 1923 dall'allora ministro della Pubblica Istruzione, il filosofo Giovanni Gentile, prevedeva l'insegnamento della religione nelle scuole elementari e l'introduzione di un esame di Stato al termine di ogni ciclo di studi: una misura da tempo richiesta dai cattolici, in quanto metteva sullo stesso piano scuole pubbliche e private. La prima vittima dell'avvicinamento fra Chiesa e fascismo fu il Partito popolare, considerato ormai dalle gerarchie ecclesiastiche un ostacolo sulla via del miglioramento dei rapporti con lo Stato. Nell'aprile 1923 Mussolini impose le dimissioni dei ministri popolari dal suo governo. Poco dopo, don Sturzo, sotto le pressioni del Vaticano, lasciò la segreteria del Ppi.

La nuova legge elettorale

Liberatosi del più scomodo fra i suoi alleati, Mussolini aveva il problema di crearsi una sua maggioranza parlamentare, affermando al tempo stesso la posizione di preminenza del fascismo.

Fu questo lo scopo della nuova legge elettorale maggioritaria, varata nell'estate del 1923 col voto favorevole di buona parte dei liberali e dei cattolici di destra. La legge Acerbo (così chiamata dal nome dell'allora sottosegretario alla presidenza del Consiglio) avvantaggiava vistosamente la lista che avesse ottenuto la maggioranza relativa (con almeno il 25% dei voti), assegnandole i due terzi dei seggi disponibili. Quando, all'inizio del 1924, la Camera fu sciolta, molti esponenti liberali (compresi Orlando e Salandra) e alcuni cattolici conservatori accettarono di candidarsi assieme ai fascisti nelle "liste nazionali" presentate in tutti i collegi col simbolo del fascio. Le forze antifasciste erano invece profondamente divise. I socialisti, i comunisti, i popolari, i liberali di opposizione guidati da Giovanni Amendola e gli altri partiti minori si presentarono ciascuno con proprie liste: il che significava condannarsi a sicura sconfitta.

Le elezioni del '24

Nonostante questo vantaggio iniziale, i fascisti non rinunciarono alla violenza contro gli avversari, sia durante la campagna elettorale sia nel corso delle votazioni, che ebbero luogo il 6 aprile 1924. La scontata vittoria fascista assunse così proporzioni clamorose, tanto da rendere inutile il meccanismo della legge maggioritaria: le "liste nazionali", infatti, ottennero il 65% dei voti e più di tre quarti dei seggi. Il successo fu massiccio soprattutto nel Mezzogiorno e nelle isole, cioè nelle regioni in cui il fascismo aveva minori radici, ma si era rapidamente imposto grazie all'adesione dei notabili moderati e delle loro clientele.

Il delitto Matteotti

Poco più di due mesi dopo le elezioni, un evento tragico e inatteso intervenne a mutare bruscamente lo scenario. Il 10 giugno 1924, il deputato socialista Giacomo Matteotti fu rapito a Roma da un gruppo di squadristi, caricato a forza su un'auto e ucciso a pugnalate. Il suo cadavere, abbandonato in una macchia boscosa a pochi chilometri dalla capitale, sarebbe stato trovato solo due mesi dopo. Dieci giorni prima di essere ucciso, Matteotti aveva pronunciato alla Camera una durissima requisitoria contro il fascismo, denunciandone le violenze e contestando la validità dei risultati elettorali. Era dunque naturale che la sua scomparsa suscitasse nell'opinione pubblica, pur assuefatta alla violenza politica, un'ondata di indignazione contro il fascismo e il suo capo. Sebbene gli esecutori materiali del crimine fossero stati subito individuati e arrestati, né allora né in seguito si poterono individuare con certezza i mandanti diretti. Il paese capì tuttavia che il delitto era il risultato di una pratica ormai consolidata di violenze e di impunità, di cui Mussolini e i suoi seguaci portavano intera la responsabilità. Il fascismo, che fino a pochi giorni prima era parso inattaccabile, si trovò improvvisamente isolato.

L'Aventino

Ma l'opposizione, drasticamente ridimensionata dalle elezioni, non aveva la possibilità di mettere in minoranza il governo, né d'altra parte era in grado di affrontare una prova di forza sul piano della mobilitazione di piazza. L'unica iniziativa concreta presa dai gruppi antifascisti fu quella di astenersi dai dibattiti nelle aule parlamentari e di riunirsi separatamente finché non fosse stata ripristinata la legalità democratica. La secessione dell'Aventino, come fu definita in riferimento a un episodio della storia romana (la plebe che si ritira sul colle Aventino per protestare contro i patrizi), aveva un indubbio significato ideale, ma era di per sé priva di qualsiasi efficacia pratica. I partiti "aventiniani" si limitarono infatti ad agitare di fronte all'opinione pubblica una "questione morale", sperando in un intervento della Corona o in uno sfaldamento della maggioranza fascista. Ma il re non intervenne. E i fiancheggiatori non tolsero l'appoggio al governo.

Il discorso del 3 gennaio

Nel giro di pochi mesi l'ondata antifascista rifluì. E Mussolini, premuto dall'ala intransigente del fascismo, decise di contrattaccare. Il 3 gennaio 1925, in un discorso alla Camera, il capo del governo ruppe ogni cautela legalitaria, assumendosi la «responsabilità politica, morale e storica» di tutto quanto era avvenuto e minacciando apertamente di usare la forza contro le opposizioni. Nei giorni successivi, una raffica di arresti, perquisizioni e sequestri si abbatté sui partiti d'opposizione e sui loro organi di stampa. Anziché provocare la fine dell'avventura fascista, la crisi Matteotti aveva determinato la disfatta dei partiti democratici e accelerato il passaggio a una vera e propria dittatura. A questo punto non restava spazio per equivoci e compromessi. La scelta era tra fascismo e antifascismo, tra dittatura e libertà. Molti politici e uomini di cultura che avevano fino ad allora mantenuto nei confronti del fascismo un atteggiamento di benevola neutralità sentirono la necessità di prendere posizione. A un *Manifesto degli intellettuali fascisti* diffuso nell'aprile '25 per iniziativa di Giovanni Gentile, gli antifascisti risposero con un "contromanifesto" redatto da Benedetto Croce, che rivendicava i diritti di libertà ereditati dalla tradizione risorgimentale.

12.7. La dittatura a viso aperto

Repressione e fascistizzazione

Fra il 1925 e il 1926, con la chiusura di ogni residuo spazio di libertà politica e sindacale, giunse a compimento il processo di fascistizzazione dello Stato. Molti esponenti antifascisti furono costretti a prendere la via dell'esilio. Giovanni Amendola morì in Francia nell'estate del '26 dopo aver subìto un'aggressione squadrista. Sempre in Francia era morto pochi mesi prima il giovane liberale di sinistra Piero Gobetti che era stato, con la sua rivista «La Rivoluzione liberale», uno degli animatori del dibattito politico fra il '22 e il '24. Gli organi di stampa dei partiti antifascisti furono messi nell'impossibilità di funzionare. I grandi quotidiani di informazione, che avevano assunto una linea critica verso il governo dopo il delitto Matteotti, furono "fascistizzati" mediante pressioni sui proprietari che licenziarono i direttori antifascisti. Nell'ottobre '25, il sindacalismo libero venne neutralizzato dal patto di Palazzo Vidoni, con cui la Confindustria si impegnava a riconoscere la rappresentanza dei lavoratori ai soli sindacati fascisti.

La fine dello Stato liberale

Eliminate o ridotte al silenzio le voci d'opposizione, il fascismo non si accontentò più di esercitare una dittatura di fatto, ma procedette alla formulazione di nuove leggi destinate a stravolgere definitivamente i connotati dello Stato liberale. La nuova legislazione ebbe il suo maggior artefice nel ministro della Giustizia, il giurista Alfredo Rocco, proveniente dalle file del movimento nazionalista [▶9.6] che si era fuso col fascismo nel 1923.

La prima importante legge costituzionale del regime fu quella del dicembre 1925 che rafforzava i poteri del capo del governo sia rispetto agli altri ministri sia rispetto al Parlamento.

Seguì, nel febbraio '26, una riforma delle amministrazioni locali che aboliva l'elettività dei sindaci e dei consigli comunali. Nell'aprile '26, una legge sindacale proibì lo sciopero e stabilì che solo i sindacati "legalmente riconosciuti" (cioè quelli fascisti) avevano il diritto di stipulare contratti collettivi.

Le leggi fascistissime

Nel novembre '26, all'indomani di un fallito attentato alla vita di Mussolini, i «provvedimenti per la difesa dello Stato» – in realtà una raffica di misure repressive – cancellarono le ultime tracce di vita democratica: furono sciolti tutti i partiti antifascisti e soppresse tutte le pubblicazioni contrarie al regime; furono dichiarati decaduti dal mandato i deputati aventiniani; fu reintrodotta la pena di morte per i colpevoli di reati "contro la sicurezza dello Stato"; fu istituito, per giudicare questi reati, un Tribunale speciale composto non da giudici ordinari, ma da ufficiali delle forze armate e della Milizia.

La costruzione del regime sarebbe stata completata nel 1928 con due provvedimenti: la nuova legge elettorale che introduceva il sistema della lista unica (con tanti candidati quanti erano i seggi da occupare) e lasciava agli elettori solo la scelta se approvarla o respingerla in blocco; e la "costituzionalizzazione" del Gran consiglio che diventò un organo dello Stato, dotato di prerogative molto importanti, fra cui quella di preparare le liste elettorali. Ma già le leggi "fascistissime" del novembre '26 avevano messo fine allo Stato liberale nato con l'Unità d'Italia e avevano dato vita a un nuovo regime: un regime a partito unico, in cui era stata abolita la separazione dei poteri e tutte le decisioni importanti erano concentrate nelle mani di un solo uomo.

12.8. I regimi autoritari negli anni '20

Il successo del fascismo in Italia non fu un caso isolato. Già nel corso degli anni '20, il regime mussoliniano rappresentò per molti paesi un possibile modello, alternativo a quello democratico-liberale. Nelle stesse democrazie occidentali non pochi guardarono a quel modello come a una soluzione praticabile in quei paesi in cui le istituzioni rappresentative non poggiavano su una solida base di cultura e di tradizione liberale, scontando invece il peso preponderante dei militari, dell'aristocrazia terriera e delle Chiese.

L'Europa centro-orientale

Il primo paese a sperimentare, prima ancora dell'avvento del fascismo, un autoritarismo di questo tipo fu l'Ungheria dell'ammiraglio Miklós Horthy [▶ 11.4], ex comandante della marina asburgica divenuto nel 1920 "reggente" in attesa di una futura (e mai attuata) restaurazione monarchica: il regime rappresentativo sopravvisse solo formalmente e le libertà politiche e sindacali furono fortemente limitate. Un altro regime semidittatoriale si affermò in Polonia nel 1926, quando l'ex socialista Józef Piłsudski guidò una "marcia su Varsavia" e modificò la Costituzione in senso autoritario. Anche in Austria le tensioni fra il Partito cristiano-sociale al potere e l'opposizione socialdemocratica portarono, nella seconda metà degli anni '20, a una netta involuzione autoritaria. Nel 1934, il cancelliere Engelbert Dollfuss, dopo aver represso sanguinosamente una rivolta operaia scoppiata nella capitale (la Comune di Vienna), avrebbe messo fuori legge il Partito socialdemocratico e varato una nuova Costituzione di ispirazione clericale e corporativa.

Gli Stati balcanici

Non meno agitate furono negli anni '20 le vicende degli Stati balcanici. In Grecia il regime repubblicano nato nel '24 non riuscì a funzionare regolarmente per i continui interventi dei militari e per la ricorrente minaccia dei gruppi monarchici che, nel '35, avrebbero riportato sul trono la dinastia regnante. In Bulgaria l'esperimento democratico attuato dal primo ministro Stambolijski, leader del Partito dei contadini e promotore di un'ampia riforma agraria, fu interrotto nel '23 da un colpo di Stato militare. Un caso a parte era rappresentato dalla Jugoslavia, dove la scena politica era dominata dal contrasto fra i diversi gruppi etnici. Per domare la protesta dei croati, che si sentivano oppressi dal centralismo serbo, il re Alessandro I attuò nel 1929 un colpo di Stato, col risultato di aggravare le tensioni e di spingere il movimento separatista croato (gli *ustascia*) sulla via del terrorismo.

Spagna e Portogallo

Nel complesso si trattava di regimi autoritari di tipo tradizionale, sostenuti dall'esercito e dai gruppi conservatori, e privi di una base di massa, molto simili a quelli che nello stesso periodo si affermarono in un'altra area geografica, anch'essa afflitta da grave arretratezza economica e da profonde disuguaglianze sociali: la penisola iberica. In Spagna, un colpo di Stato fu attuato nel 1923 dal generale Miguel Primo de Rivera, con l'appoggio del sovrano Alfonso XIII. Nel 1930, dopo sette anni di governo semidittatoriale, Primo de Rivera fu costretto a dimettersi di fronte a una massiccia ondata di proteste popolari. Nelle elezioni amministrative del 1931 i partiti democratici e repubblicani ottennero un larghissimo successo, che indusse il re a lasciare il paese. Si formò così una Repubblica, destinata anch'essa – come si vedrà in seguito – a vita breve e travagliata. Anche in Portogallo furono i militari a interrompere, nel 1926, l'esperienza di una fragile democrazia parlamentare. Ma fu un economista cattolico, António de Oliveira Salazar (ministro delle Finanze dal '28, presidente del Consiglio dal '32), ad assumere il ruolo di ispiratore e guida di un regime autoritario, clericale e corporativo che sarebbe rimasto in vita per quasi mezzo secolo.

sommario

L'Italia del dopoguerra era un paese inquieto attraversato da problemi politici e tensioni sociali. Le tensioni sociali erano alimentate prima di tutto dal carovivери, che fu all'origine di una serie di tumulti di piazza, mentre le industrie erano investite da una ondata di scioperi volti ad ottenere aumenti salariali. A questo si aggiunse la questione della cosiddetta "vittoria mutilata", ovvero l'insoddisfazione di una parte dell'opinione pubblica per il trattamento riservato all'Italia nella conferenza di pace. Clamorosa fu la protesta attuata da D'Annunzio con l'occupazione della città di Fiume (settembre 1919), a maggioranza italiana, la cui assegnazione non era però prevista dal patto di Londra.

In Italia i problemi del dopoguerra furono aggravati dalla crisi della classe dirigente liberale. I cattolici abbandonarono la linea astensionistica e diedero vita a una nuova formazione politica, il Partito popolare (1919), guidata da Luigi Sturzo e ispirata a un programma democratico. I socialisti, invece, conquistarono moltissimi nuovi consensi ma non riuscirono a superare le divisioni interne al partito, dove continuavano a essere prevalenti le correnti rivoluzionarie. Questa connotazione contribuì ad alimentare le paure dei ceti medi e creò un terreno favorevole alla nascita di movimenti di ispirazione nazionalista, come i Fasci di combattimento, fondati da Benito Mussolini nel 1919, con un programma che coniugava un audace riformismo con un nazionalismo aggressivo. Le elezioni del novembre 1919, tenute col sistema proporzionale, segnarono la sconfitta delle forze liberali di governo e il successo clamoroso del Partito socialista e del Partito popolare.

Nel giugno 1920 Giolitti tornò al potere, con un governo di coalizione formato da popolari e liberal-democratici. Risolta la questione fiumana con il trattato di Rapallo (che assegnava l'Istria all'Italia, la Dalmazia, eccetto Zara, alla Jugoslavia e proclamava Fiume città libera), Giolitti dovette affrontare gravi problemi di politica interna, come l'agitazione dei metalmeccanici, che rappresentò il momento più critico del "biennio rosso" italiano. Nell'estate-autunno del '20 la vertenza culminò nella occupazione delle fabbriche che coinvolse 400 mila operai, prefigurando l'inizio di un moto rivoluzionario destinato a estendersi a tutto il paese. In realtà prevalse la linea dei sindacati, che videro accontentate le loro richieste economiche. Questa conclusione – fortemente voluta da Giolitti – risultò deludente per chi aveva sperato nella rivoluzione e accentuò le divisioni nel movimento socialista che avrebbero portato, nel congresso di Livorno del gennaio 1921, alla scissione dell'ala più vicina alla Terza Internazionale e alla nascita del Partito comunista.

Dalla fine del '20, le squadre d'azione fasciste attaccarono il movimento socialista, con azioni violente in particolare contro le leghe rosse della Val Padana. Conquistato l'appoggio dei proprietari terrieri, l'offensiva squadrista dilagò anche in altre zone del Centro-Nord, colpendo le sedi delle amministrazioni locali e delle rappresentanze sindacali socialiste che venivano sistematicamente devastate e incendiate, ma anche le persone dei dirigenti e militanti. L'offensiva fascista godette anche della neutralità degli apparati statali: le forze di polizia solo di rado si opposero alle violenze, mentre lo stesso Giolitti pensò di servirsene per ridimensionare il peso politico di socialisti e popolari.

Nelle elezioni del 1921 i fascisti, inseriti nei "blocchi nazionali", entrarono alla Camera con 35 deputati, ma continuarono a rendersi protagonisti di azioni squadristiche, profittando della debolezza dei governi. Nell'estate-autunno del 1922 Mussolini avviò trattative con i leader liberali in vista di una partecipazione al governo, ma intanto lasciava che le milizie fasciste preparassero una presa violenta del potere. Il 28 ottobre, giorno fissato per la "marcia su Roma", il rifiuto del re di firmare il decreto di stato d'assedio aprì ai fascisti la strada della capitale. Il 30 ottobre Mussolini ricevette dal sovrano l'incarico di formare un nuovo governo. Pochi, nella classe politica, capirono che il sistema liberale aveva ricevuto un colpo mortale.

Diventato presidente del Consiglio senza disporre di una maggioranza alla Camera, Mussolini riuscì a consolidare il suo potere per la miopia degli alleati di governo che continuarono ad appoggiarlo anche di fronte a misure incompatibili con i fondamenti dello Stato liberale. Alla fine del 1922 furono creati due nuovi organismi: il Gran consiglio del fascismo, che doveva fungere da raccordo fra il Partito fascista e il governo; e la Milizia volontaria, un corpo armato di partito cui erano attribuite funzioni pubbliche. Il "duce" cercò inoltre l'appoggio della Chiesa (anche attraverso la riforma Gentile della pubblica istruzione) e del potere economico, grazie a una politica di stampo liberista. Nell'estate del 1923, dopo aver costretto alle dimissioni dal governo i ministri del Partito popolare, Mussolini riuscì a far approvare dal Parlamento una legge elettorale maggioritaria che di fatto consegnava la maggioranza alla "Lista nazionale", risultata vincitrice con largo margine nelle elezioni dell'aprile '24. Nel giugno 1924 il deputato socialista Matteotti fu assassinato da una squadra fascista. L'ondata di sdegno che ne seguì fece vacillare il potere di Mussolini. Ma la reazione dei partiti di opposizione – che sollevarono una questione morale e si astennero dai dibattiti in Parlamento ("Aventino") – fu debole e l'ondata antifascista si esaurì, lasciando a Mussolini la possibilità di contrattaccare, col discorso del 3 gennaio 1925, e di sfidare le opposizioni prospettando l'uso della forza.

Tra il '25 e il '26 furono presi numerosi provvedimenti che rafforzavano i poteri del governo e riducevano gli spazi per la libertà di stampa e di associazione e per la contrattazione sindacale. Provvedimenti culminati, nell'autunno del '26, nella «legge per la difesa dello Stato», che fra l'altro decretava lo scioglimento dei partiti antifascisti e istituiva un Tribunale speciale per i reati «contro la sicurezza dello Stato».

Il successo del fascismo in Italia non fu un caso isolato. Regimi autoritari di tipo tradizionale, sostenuti dall'esercito e dai gruppi conservatori, e privi di una base di massa, si affermarono in Ungheria nel 1920 e in Polonia nel 1926. Anche in Austria le tensioni fra il Partito cristiano-sociale al potere e l'opposizione socialdemocratica portarono a una netta involuzione autoritaria. In Spagna, un colpo di Stato fu attuato nel 1923 dal generale Miguel Primo de Rivera, con l'appoggio del sovrano, mentre in Portogallo un economista cattolico, António de Oliveira Salazar, assunse nel 1926 la guida di un regime autoritario, clericale e corporativo che sarebbe rimasto in vita per quasi mezzo secolo.

bibliografia

Sugli effetti della guerra sulla politica italiana, si vedano: A. Ventrone, *La seduzione totalitaria. Guerra, modernità, violenza politica*, Donzelli, Roma 2003; A. Baravelli, *La vittoria smarrita. Legittimità e rappresentazioni della Grande Guerra nella crisi del sistema liberale (1919-1924)*, Carocci, Roma 2006 e F. Fabbri, *Le origini della guerra civile. L'Italia dalla Grande Guerra al fascismo*, Utet, Torino 2009. In particolare, sull'impresa di Fiume: M. Franzinelli-P. Cavassini, *Fiume. L'ultima impresa di D'Annunzio*, Mondadori, Milano 2009.

L'opera classica sul dopoguerra e le origini del fascismo, pubblicata per la prima volta a Parigi nel 1938, è quella di A. Tasca, *Nascita e avvento del fascismo*, La Nuova Italia, Firenze 2002. Si vedano inoltre le opere di altri testimoni e contemporanei: P. Nenni, *Storia di quattro anni (1919-1922)*, Sugarco, Milano 1976, scritto nel 1926 ma pubblicato solo dopo la guerra; G. Salvemini, *Lezioni di Harvard. L'Italia dal 1919 al 1929*, stese nel 1943 e oggi pubblicate in Id., *Le origini del fascismo in Italia: lezioni di Harvard*, Feltrinelli, Milano 2015.

Fra le opere scritte nel secondo dopoguerra, le più significative e documentate sono quelle di R. De Felice, *Mussolini il Rivoluzionario. 1883-1920*, Einaudi, Torino 2010 (ed. or. 1965) e *Mussolini il fascista*, I, *La conquista del potere. 1921-1925*, Einaudi, Torino 2006 (ed. or. 1966); A. Lyttelton, *La conquista del potere. Il fascismo dal 1919 al 1929*, Laterza, Roma-Bari 1982 (ed. or. 1973); R. Vivarelli, *Storia delle origini del fascismo*, 2 voll., Il Mulino, Bologna 2012 (ed. or. 1991); vedi inoltre il vol. VIII della *Storia dell'Italia moderna* di G. Candeloro, *La prima guerra mondiale, il dopoguerra, l'avvento del fascismo*, Feltrinelli, Milano 2016 (ed. or. 1978); e il vol. IV (*Guerre e fascismo. 1914-1943*) di G. Sabbatucci-V. Vidotto (a cura di), *Storia d'Italia*, Laterza, Roma-Bari 1998 (ed. or. 1997) e, in particolare, il saggio di G. Sabbatucci, *La crisi dello Stato liberale*. Sulla presa del potere da parte dei fascisti: G. Albanese, *La marcia su Roma*, Laterza, Roma-Bari 2006 ed E. Gentile, *E fu subito regime. Il fascismo e la marcia su Roma*, Laterza, Roma-Bari 2014 (ed. or. 2012). Sulla figura di Mussolini, oltre ai volumi già citati di Renzo De Felice: P. Milza, *Mussolini*, Carocci, Roma 2015 (ed. or. 1999); A. Campi, *Mussolini*, Il Mulino, Bologna 2001. Sul delitto Matteotti: M. Canali, *Il delitto Matteotti*, Il Mulino, Bologna 2015.

Sulla scissione di Livorno e il Pci: P. Spriano, *Storia del Partito comunista italiano*, I. *Da Bordiga a Gramsci*, Einaudi, Torino 1982 (ed. or. 1967). Sui Fasci di combattimento e il Partito fascista: E. Gentile, *Storia del Partito fascista. 1919-1922. Movimento e milizia*, Laterza, Roma-Bari 1989. Sugli aspetti culturali e ideologici del fascismo, si veda dello stesso Gentile, *Le origini dell'ideologia fascista (1918-1925)*, Il Mulino, Bologna 2011 (ed. or. 1975).

Sulla diffusione dei regimi fascisti: S.J. Woolf (a cura di), *Il fascismo in Europa*, Laterza, Roma-Bari 1984 (ed. or. 1968); G. Albanese, *Dittature mediterranee. Sovversioni fasciste e colpi di Stato in Italia, Spagna e Portogallo*, Laterza, Roma-Bari 2016. In particolare, sul Portogallo: G. Adinolfi, *Ai confini del fascismo. Propaganda e consenso nel Portogallo salazarista, 1932-1944*, Franco Angeli, Milano 2007; M. Ivani, *Esportare il fascismo. Collaborazione di polizia e diplomazia culturale tra Italia fascista e Portogallo di Salazar (1928-1945)*, Clueb, Bologna 2008. Sulla Spagna: L. Casali, *Franchismo. Sui caratteri del fascismo spagnolo*, Clueb, Bologna 2005.

13. La grande crisi: economia e società negli anni '30

13.1. Sviluppo e squilibri economici

La ripresa economica

Nella seconda metà degli anni '20, l'Europa e il mondo industrializzato, superati i traumi del primo conflitto mondiale, sembravano avviarsi verso una nuova stagione di prosperità, simile a quella vissuta all'inizio del '900. I rapporti fra le maggiori potenze attraversavano una fase di distensione, grazie anche al consolidamento della democrazia in Germania. L'economia dell'Occidente capitalistico, trainata dalla spettacolosa espansione produttiva degli Stati Uniti, aveva ripreso a svilupparsi con discreta regolarità dopo le convulsioni dell'immediato dopoguerra.

Le contraddizioni della crescita

L'apparente ritorno alla normalità dell'economia internazionale nascondeva però alcuni squilibri profondi che interessavano in primo luogo il Vecchio Continente. Durante la guerra, gli apparati produttivi dei maggiori Stati europei erano stati piegati alle esigenze dello sforzo bellico; e la domanda mondiale di beni di consumo, oltre che di materie prime, era stata soddisfatta in larga parte da quei paesi extraeuropei che erano rimasti estranei al conflitto o vi avevano preso parte solo marginalmente. A guerra finita, l'economia internazionale si trovò di conseguenza alle prese con una sovrapproduzione cronica.

Isolazionismo e protezionismo

Un altro problema fu costituito dalla scelta "isolazionista" degli Stati Uniti [▶10.12]: ossia dal loro rifiuto di assumersi non solo il ruolo di protagonista del nuovo ordine internazionale ma anche quello di leader dell'economia mondiale, a cui la loro stessa potenza li chiamava. Gli Stati Uniti attuarono così scelte di politica economica che penalizzavano fortemente le nazioni europee, introducendo nuovi dazi doganali sulle merci importate (praticando cioè una politica protezionistica) e varando provvedimenti che limitavano drasticamente l'immigrazione. In questo modo, impedirono alle merci provenienti dall'estero di trovare sbocco nel ricco mercato nordamericano e negarono a quegli europei che al ritorno dalla guerra non avevano trovato lavoro la possibilità di cercare fortuna oltreoceano, come invece avevano fatto le precedenti generazioni.

Una crisi epocale

Gli squilibri e le contraddizioni dell'economia internazionale vennero allo scoperto alla fine del 1929, quando ebbe inizio una crisi economica tanto imprevista quanto catastrofica. Scoppiata negli Stati Uniti nell'autunno del 1929 e prolungatasi per buona parte degli anni '30, la "grande crisi" – come ancora oggi viene chiamata – fece sentire i suoi effetti anche sulla politica e sulla cultura, sulle strutture sociali e sulle istituzioni statali, segnando una netta cesura, che si aggiunse a quella creata dalla Grande Guerra, nello sviluppo delle società occidentali. La crisi sconvolse i vecchi assetti e accelerò trasformazioni già in atto. Diede un'ulteriore, decisiva spinta alla decadenza dell'Europa liberale, creando le premesse per l'affermazione di regimi autoritari. Compromise seriamente gli equilibri internazionali, mettendo in moto una catena di eventi che avrebbe portato, nel giro di un decennio, a un nuovo conflitto mondiale.

13.2. Gli Stati Uniti: dal boom al crollo di Wall Street

Il primato economico degli Usa

Usciti vincitori da una guerra per loro relativamente breve (e combattuta lontano dal proprio territorio), gli Stati Uniti videro definitivamente confermato nel dopoguerra il loro ruolo di grande potenza economica mondiale. Erano il primo paese produttore in tutti i settori più importanti dell'industria e dell'agricoltura. Ma erano anche il primo esportatore di capitali e il primo creditore, in virtù dei prestiti concessi agli alleati nel corso del conflitto. A guerra finita, il dollaro era la nuova moneta forte dell'economia internazionale. E, accanto al mercato finanziario di Londra, cresceva di importanza quello di New York. A partire dal 1921, superata una breve fase di stagnazione, l'economia statunitense cominciò a crescere a ritmi molto rapidi. La diffusione della produzione in serie – grazie all'introduzione della catena di montaggio nelle grandi industrie – e i miglioramenti nell'organizzazione del lavoro in fabbrica – dove sempre più si affermava il modello fordista-taylorista [▶7.2] – favorirono un notevole aumento della produttività e dei salari. Contemporaneamente, però, diminuiva il numero degli occupati nell'industria: gli sviluppi della tecnica, infatti, avevano causato una diminuzione della quantità di lavoro necessaria a ottenere un determinato prodotto. Crebbe, invece, per l'espansione delle funzioni organizzative e burocratiche, l'occupazione nel settore terziario, mentre la diffusione fra i ceti medi di beni fino ad allora riservati a pochi (automobili ed elettrodomestici) faceva degli Stati Uniti il laboratorio di nuovi modi di vivere e di nuovi modelli di consumo.

Conservatorismo e razzismo

A questo indiscusso primato non corrispondeva però una adeguata capacità di guida dei processi economici. All'isolazionismo in politica estera fece riscontro una forte egemonia conservatrice. I repubblicani, che rimasero al potere per tutti gli anni '20, alimentarono le aspettative più ottimistiche sull'immancabile crescita della prosperità americana, senza troppo preoccuparsi dei gravi problemi sociali che pure continuavano a manifestarsi nel paese. La distribuzione dei redditi, infatti, era fortemente squilibrata e comportava l'emarginazione di consistenti fasce della popolazione. A tutto questo si aggiunse un'ondata di ostilità nei confronti delle minoranze etniche. L'introduzione di leggi limitative dell'immigrazione, oltre a sostenere la politica isolazionista e protezionista intrapresa in quegli anni, aveva anche lo scopo di preservare i caratteri etnici della popolazione bianca e di impedire la diffusione di ideologie sovversive di origine europea. Il punto culminante di questa reazione fu il processo ai due anarchici italiani Nicola Sacco e Bartolomeo Vanzetti, accusati ingiustamente di omicidio e mandati a morte nel 1927. Contemporaneamente si inasprirono le pratiche discriminatorie nei confronti della popolazione nera: la setta del Ku Klux Klan, espressione del razzismo più isterico, raggiunse negli Stati del Sud le dimensioni di un'organizzazione di massa. Consistenti settori della popolazione si chiusero in una difesa ottusa e fanatica dei valori della civiltà bianca e protestante: anche cattolici ed ebrei venivano guardati con diffidenza. Lo stesso proibizionismo – cioè il divieto di fabbricare e vendere bevande alcoliche, introdotto nel 1920 e rimasto in vigore fino al 1934 – scaturì da questo retroterra culturale, poiché l'ubriachezza era ritenuta un vizio tipico di neri e proletari in genere.

La febbre speculativa

Nonostante queste tensioni, la borghesia statunitense rimaneva fiduciosa in una continua moltiplicazione della ricchezza. La conseguenza più vistosa di questo clima fu la frenetica attività della Borsa di New York (chiamata Wall Street dal nome della via in cui tuttora ha sede). Incoraggiati dalla prospettiva di facili guadagni, infatti, i risparmiatori acquistavano *azioni* per rivenderle a prezzo maggiorato, confidando nella continua ascesa delle quotazioni, sostenuta dalla crescente domanda di titoli. Questa incontenibile euforia speculativa poggiava in realtà su fondamenta assai fragili. La domanda sostenuta di beni di consumo durevoli aveva fatto sì che nel settore industriale si formasse una capacità produttiva sproporzionata rispetto alle possibilità di assorbimento del mercato interno: possibilità limitate sia dalla particolare natura di quei beni (che, non avendo bisogno di essere continuamente sostituiti, tendevano a "saturare" il mercato), sia dalla crisi del settore agricolo, che teneva bassi i redditi dei ceti rurali, limitandone il potere di acquisto.

Il legame con l'Europa

L'industria statunitense aveva ovviato a questa difficoltà con l'aumento delle esportazioni nel resto del mondo, in particolare nel Vecchio Continente. Così si era venuto a creare uno stretto rapporto di interdipendenza fra economia americana ed economia europea: l'espansione americana finanziava con un cospicuo afflusso di prestiti la ripresa europea e quest'ultima, a sua volta, alimentava con le sue importazioni lo sviluppo degli Stati Uniti. Questo meccanismo, però, poteva incepparsi da un momento all'altro, anche perché i crediti statunitensi all'estero erano generalmente erogati da banche private e dunque legati a puri calcoli di profitto. Quando, nel 1928, molti capitali americani furono dirottati verso le più redditizie operazioni speculative di Wall Street, le conseguenze sull'economia europea si fecero sentire immediatamente, ripercuotendosi subito dopo sulla produzione industriale degli Stati Uniti, il cui indice cominciò a scendere già nell'estate del 1929.

La caduta della Borsa

In una situazione già carica di segnali allarmanti si abbatterono gli effetti catastrofici del crollo della Borsa di New York: un evento che fu a un tempo la spia del malessere dell'economia mondiale e l'elemento propulsore che portò d'un tratto in superficie tutti gli squilibri accumulatisi nel precedente periodo di espansione. Il valore dei titoli a Wall Street raggiunse i livelli più elevati all'inizio di settembre del 1929. Seguirono alcune settimane di incertezza, durante le quali cominciò a emergere la tendenza degli speculatori a vendere i propri pacchetti azionari per realizzare i guadagni fino ad allora ottenuti. La corsa alle vendite determinò naturalmente – secondo la legge della domanda e dell'offerta – una precipitosa caduta del valore dei titoli, distruggendo in pochi giorni i sogni di ricchezza dei loro possessori. A metà novembre le quotazioni si stabilizzarono su valori più o meno dimezzati. Ma intanto molte fortune si erano volatilizzate.

Il crollo del mercato azionario colpì in primo luogo i ceti ricchi e benestanti. Ma, riducendo drasticamente la loro capacità di acquisto e di investimento, ebbe conseguenze disastrose sull'intera economia nazionale, colpendo tutti gli strati della popolazione: un'industria chiudeva i battenti perché priva di ordini, licenziando i suoi dipendenti; i lavoratori disoccupati erano costretti a ridurre i loro consumi; il mercato diventava così sempre più asfittico, provocando il crollo di altre imprese, portando alla rovina gli esercizi commerciali, aggravando la crisi dell'agricoltura che non trovava più sbocchi per i suoi prodotti e costringendo masse di contadini a emigrare in cerca di fortuna.

13.3. Il dilagare della crisi

La crisi innescata dal crollo del 1929 raggiunse in poco tempo un'estensione mai vista in precedenza. La recessione economica si diffuse rapidamente in tutto il mondo – con l'eccezione dell'Unione Sovietica – come una spaventosa epidemia, presentandosi ovunque con i medesimi sintomi e con la stessa dinamica. Fra il 1929 e il 1932 la produzione mondiale di manufatti diminuì del 30% e quella di materie prime del 26%. I prezzi caddero bruscamente sia nel settore industriale sia, soprattutto, in quello agricolo, dove il calo fu di oltre il 50%. I disoccupati raggiunsero il numero di 14 milioni negli Stati Uniti e di 6 milioni in Germania, cui si deve aggiungere la cifra, ingente anche se incalcolabile, dei sotto-occupati.

La diffusione internazionale della crisi era il risultato delle strette relazioni commerciali e finanziarie che univano le diverse aree del mondo fra loro e le rendevano tutte dipendenti, sia pur in diversa misura, da quanto accadeva nel paese leader dell'economia mondiale, gli Stati Uniti. Quando, con lo scoppio della crisi, le banche americane ridussero, fino a sospenderla, l'erogazione di crediti all'estero, gli Stati europei si trovarono a corto di capitali, mentre le loro esportazioni negli Usa si ridussero per il generale calo della domanda. A tutto ciò si aggiunse la decisione, presa nel 1930 dal presidente degli Stati Uniti, Herbert Hoover, di inasprire il protezionismo per difendere la produzione interna.

Protezionismo e svalutazioni

La crisi e le risposte che ad essa vennero date dai governi provocarono un brusco passo indietro nell'integrazione tra i diversi mercati nazionali. L'inasprimento del protezionismo statunitense indusse gli altri paesi ad adottare analoghe misure a difesa della propria *bilancia commerciale*. Molti Stati, poi, svalutarono le loro monete, per rendere più competitivi i prezzi delle proprie merci e quindi favorire le esportazioni. Anche in questo caso, si avviarono reazioni a catena che ebbero l'effetto di rendere altamente instabili i rapporti di cambio tra le diverse monete. La conseguenza di tutto ciò fu una contrazione drastica del commercio internazionale, che fra il 1929 e il 1932 – l'anno in cui la crisi giunse al culmine – si ridusse di oltre il 60% rispetto al triennio precedente.

L'aumento delle disuguaglianze

Anche i paesi meno sviluppati, in America Latina, Asia e Africa, pagarono un ingente prezzo. Le loro economie si basavano in larga parte sull'esportazione di prodotti agricoli e materie prime verso i paesi più ricchi e quindi furono fortemente penalizzate dalle politiche protezionistiche. Nel giro di pochi anni i ricavi delle esportazioni si ridussero di quasi due terzi per l'America Latina e l'Asia e di circa il 40% per l'Africa. Negli stessi anni, in quei continenti si accelerava la crescita demografica: non solo quindi la ricchezza prodotta diminuiva, ma si doveva distribuire a un numero più elevato di persone. In quel periodo il divario tra i paesi più ricchi e quelli meno sviluppati toccò una delle sue punte massime.

L'assenza di collaborazione

Dopo l'inizio della crisi i governi dei paesi più industrializzati provarono a mettere a punto soluzioni condivise per fronteggiare le emergenze. Tuttavia, gli incontri e le conferenze internazionali non portarono ad alcun risultato. Al crescente allentamento dei legami commerciali e finanziari corrispose l'assenza di una effettiva collaborazione tra gli Stati. La crisi più grave fino ad allora sperimentata in età contemporanea, la prima ad avere un'estensione realmente globale, fu quindi affrontata senza meccanismi di controllo e di governo adeguati. Se alla vigilia della prima guerra mondiale il mondo sembrava, sul piano economico, sempre più unificato da flussi crescenti di merci, capitali e persone, venti anni dopo appariva frammentato da nuovi confini, barriere doganali e linee di separazione, mentre gli scambi si concentravano in aree specifiche sempre meno comunicanti le une con le altre.

13.4. La crisi in Europa

La crisi finanziaria

In Europa al declino delle attività produttive e commerciali si sovrappose una crisi finanziaria che ebbe le sue prime manifestazioni in Austria e in Germania, dove il fallimento di alcune importanti banche portò al collasso dell'intero sistema del credito. I crolli verificatisi in Austria e Germania provocarono un allarme incontrollato sulla solidità delle finanze del Regno Unito (molti capitali britannici erano stati infatti investiti in quei due paesi) e sulla stessa tenuta della sterlina. Le banche dovettero far fronte a un precipitoso ritiro dei capitali stranieri e a ingenti richieste di conversione delle sterline nel loro equivalente in oro. Nel settembre 1931, esauritesi le riserve auree della Banca d'Inghilterra, fu sospesa la convertibilità della sterlina in oro e la moneta fu svalutata: si trattò di un avvenimento che destò sensazione, poiché sanzionava emblematicamente la decadenza della Gran Bretagna dal ruolo di "banchiere del mondo".

Le politiche di austerità

Quando la crisi ebbe inizio, i governi dei paesi industrializzati si preoccuparono di mettere ordine nei bilanci statali e cercarono di ridurre il deficit tagliando drasticamente la spesa pubblica: vennero così ridotti gli stipendi ai pubblici dipendenti, furono diminuite le prestazioni sociali fornite dallo Stato e furono imposte nuove tasse. Questi provvedimenti compressero ulteriormente la domanda interna, aggravando la recessione e la disoccupazione.

La crisi in Germania

In Germania le conseguenze della crisi si fecero sentire più che in ogni altro Stato europeo, a causa della stretta integrazione che il sistema dei prestiti internazionali aveva creato fra l'economia statunitense e quella tedesca, ancora gravata dall'onere delle riparazioni di guerra. La crisi mise in difficoltà il governo di coalizione allora guidato dai socialdemocratici, provocando un dissenso insanabile fra questi ultimi e i partiti di centro-destra sui sussidi di disoccupazione e sulle altre prestazioni sociali assicurate dallo Stato, che i moderati volevano ridimensionare sensibilmente. Il governo cadde e il nuovo cancelliere, il cattolico-conservatore Heinrich Brüning, attuò una severissima politica di sacrifici, anche allo scopo di rivelare al mondo l'intollerabile onere che la Germania era condannata a sopportare per tener fede all'obbligo delle riparazioni. Lo scopo fu in parte raggiunto nel 1932, quando una conferenza internazionale ridusse sensibilmente l'entità delle riparazioni e ne sospese il versamento per tre anni (trascorsi i quali, comunque, i pagamenti non furono mai ripresi). Ma intanto la politica di Brüning aveva prodotto ben più tragici frutti: 6 milioni di lavoratori disoccupati facevano da sfondo alla rapida ascesa del Partito nazionalsocialista di Hitler [▸11.5] che, come si vedrà nel prossimo capitolo, seppe sfruttare il disagio e il risentimento largamente diffusi nella popolazione.

Francia e Gran Bretagna

Anche in Francia la politica di austerità fu applicata con estremo rigore. Qui la crisi giunse in ritardo, nella seconda metà del '31, ma durò più a lungo (nel '38 la produzione non era ancora tornata ai livelli del '29) anche perché i governi vollero legare il loro prestigio alla difesa della moneta nazionale, il franco, ritardandone fino al '37 la svalutazione. La crisi economica coincise con un periodo di grande instabilità della situazione politica francese: fra l'ottobre del '29 e il giugno del '36 si succedettero ben diciassette governi, ora di centro-destra ora di centro-sinistra.

In Gran Bretagna il ministero guidato dal laburista Ramsay MacDonald cercò di fronteggiare la crisi con un programma che prevedeva, fra l'altro, un drastico taglio del sussidio ai disoccupati. Questo programma incontrò però la ferma opposizione delle *Trade Unions*, le associazioni sindacali, nerbo del movimento laburista. A quel punto (agosto 1931) MacDonald ruppe clamorosamente col suo partito e, seguito da una minoranza di deputati laburisti, si accordò con liberali e conservatori per la formazione di un "governo nazionale" di cui egli stesso assunse la presidenza. Fu sotto questo governo che la Gran Bretagna svalutò la sterlina e abbandonò la sua secolare tradizione liberoscambista, adottando un sistema di tariffe doganali che privilegiava gli scambi commerciali nell'ambito del Commonwealth.

A partire dal 1933 l'economia europea cominciò a manifestare sintomi di miglioramento. Ma nella maggior parte dei paesi la ripresa fu molto lenta: un vero rilancio produttivo si ebbe solo alla fine del decennio e fu dovuto anche al generale incremento delle spese militari conseguente all'aggravarsi delle tensioni internazionali.

13.5. Il *New Deal* di Roosevelt

La vittoria di Roosevelt

Nel novembre 1932, dopo tre anni di crisi che avevano gettato la popolazione in un angoscioso stato di insicurezza, si tennero negli Stati Uniti le elezioni presidenziali. Il presidente uscente, il repubblicano Herbert Hoover, che non aveva conseguito alcun successo nella lotta contro la crisi, fu nettamente sconfitto dal democratico Franklin Delano Roosevelt, governatore dello Stato di New York. Già nella campagna elettorale Roosevelt seppe far valere le sue notevoli doti di comunicatore, instaurando con i cittadini un rapporto diretto, convinto com'era che la condizione preliminare di un'azione politica efficace stesse nella capacità di infondere speranza e coraggio nella popolazione. Diventato presidente, avrebbe aperto un nuovo canale di comunicazione con i cittadini: le *Conversazioni al caminetto*, una trasmissione radiofonica in cui illustrava le sue scelte con tono familiare e suadente.

Il *New Deal*

Nel discorso che aveva ufficializzato la sua candidatura, il 2 luglio 1932, Roosevelt annunciò di voler inaugurare un *New Deal* ("nuovo patto" o "nuovo corso") nella politica degli Stati Uniti: un nuovo corso che si sarebbe caratterizzato soprattutto per un più energico intervento dello Stato nei processi economici. Il *New Deal* fu avviato immediatamente nei primi mesi della presidenza Roosevelt – i cosiddetti "cento giorni" – con una serie di provvedimenti che dovevano servire da terapia d'urto per arrestare il corso della crisi: si cercò in primo luogo di ristrutturare e risanare, con ingenti aiuti pubblici, il sistema creditizio, sconvolto da cinquemila fallimenti bancari che avevano polverizzato i risparmi di milioni di americani; furono facilitati i prestiti per consentire ai cittadini indebitati di estinguere le ipoteche sulle case; furono aumentati i sussidi di disoccupazione e fu svalutato il dollaro per rendere più competitive le esportazioni.

A queste misure di emergenza, il governo affiancò alcuni provvedimenti più organici e qualificanti, caratterizzati dall'uso di nuovi e originali strumenti d'intervento. L'*Agricultural Adjustment Act* (Aaa) si proponeva di limitare la sovrapproduzione nel settore agricolo, assicurando premi in denaro a coloro che avessero ridotto coltivazioni e allevamenti. Il *National Industrial Recovery Act* (Nira) imponeva alle imprese operanti nei vari settori dei "codici di comportamento" volti a evitare, mediante accordi sulla produzione e sui prezzi, le conseguenze di una concorrenza troppo accanita, ma anche a tutelare i diritti e i salari dei lavoratori. Particolare rilievo ebbe, infine, l'istituzione della *Tennessee Valley Authority* (Tva), un ente che aveva il compito di sfruttare le risorse idroelettriche del bacino del Tennessee, producendo energia a buon mercato a vantaggio degli agricoltori, ed era anche impegnato in opere di sistemazione del territorio.

Spesa pubblica e legislazione sociale

Se l'esperienza della Tva – rimasta come un modello di intervento organico sul territorio da parte del potere centrale – rappresentò per Roosevelt un notevole successo sia sul piano economico sia su quello propagandistico, le altre iniziative ebbero effetti più lenti e contraddittori. Il calo della produzione agricola previsto dall'Aaa causò l'espulsione dalle campagne di vaste masse di lavoratori. Alla fine del '34 gli investimenti erano ancora stagnanti, mentre i disoccupati raggiungevano gli 11 milioni. Per porre rimedio a questa situazione, il governo federale allargò al di là di ogni consuetudine il flusso della spesa pubblica, nella convinzione che ciò avrebbe favorito l'aumento della produzione e del reddito. Parallelamente, si intensificò l'impegno nel campo delle riforme sociali. Nel 1935 furono varate una riforma fiscale, una legge sulla sicurezza sociale – che garantì alla maggior parte dei lavoratori la pensione di vecchiaia e riorganizzò l'assistenza statale a favore dei bisognosi – e una nuova disciplina dei rapporti di lavoro, che garantiva il libero svolgimento dell'azione sindacale.

Consensi e opposizioni

Con le sue misure progressiste in campo sociale Roosevelt si guadagnò l'appoggio del movimento sindacale che, negli anni del *New Deal*, attraversò una fase di espansione grazie anche a un'ondata di lotte operaie senza precedenti nella storia americana. D'altra parte, le novità del *New Deal* e i suoi risultati non sempre brillanti diedero spazio al formarsi di un'ampia coalizione avversa al presidente. Tra il 1935 e il 1936 la Corte suprema degli Stati Uniti, massimo organo del potere giudiziario, cercò di bloccare le riforme di Roosevelt dichiarando l'incostituzionalità del Nira e dell'Aaa. Forte dello schiacciante successo ottenuto nelle elezioni presidenziali del '36, Roosevelt reagì ripresentando con lievi modifiche le leggi bocciate.

In conclusione, l'azione di Roosevelt, se da un lato smentì un principio cardine del liberismo – secondo cui lo Stato deve lasciare libero corso alle leggi del mercato e all'iniziativa imprenditoriale – dall'altro non riuscì a conseguire completamente il fine ultimo che si era proposto: quello cioè di ridare slancio all'iniziativa economica dei privati. Per tutti gli anni '30 l'economia americana ebbe bisogno di continue iniezioni di denaro pubblico. Sarebbe giunta a una vera ripresa, nonché alla piena occupazione, solo durante la seconda guerra mondiale, con lo sviluppo della produzione bellica.

13.6. Il nuovo ruolo dello Stato

La sfiducia nel mercato

Prima dello scoppio della grande crisi, l'intervento dei poteri pubblici in economia era stato largamente attuato, soprattutto in Europa, per favorire l'industrializzazione, per moderare i conflitti di classe e, in forme particolarmente incisive, per organizzare la produzione in tempo di guerra. Ma la cultura dominante fra gli economisti e gli statisti dei paesi industrializzati considerava ancora queste forme di intervento come una conseguenza di specifiche situazioni o al massimo come un supporto che doveva rendere più scorrevole il funzionamento del mercato. La crisi del 1929 fece però sorgere un complesso di problemi la cui soluzione non poteva essere affidata all'iniziativa dei soggetti privati. E la fiducia nella capacità del mercato di autoregolarsi e di espandersi per forza propria precipitò. Molti, in quegli anni, subirono il fascino delle alternative di sistema che si andavano affermando in Europa: dal collettivismo integrale dell'Urss di Stalin agli esperimenti corporativi (basati cioè sulla gestione diretta dell'economia da parte delle rappresentanze sociali) proposti, ma mai realmente attuati, dal fascismo italiano e dai regimi autoritari di destra [▶15.4].

Le forme dell'intervento

Ovunque, dopo la crisi del '29, lo Stato assunse nuovi e importanti compiti. Dalle tradizionali misure di sostegno alle attività produttive (come i dazi sulle importazioni) si passò all'adozione di più radicali misure di controllo (sul cambio della moneta, sui prezzi e sui salari) e, infine, all'assunzione da parte dei poteri pubblici di un ruolo attivo nel promuovere l'espansione economica. In alcuni casi, come quello appena visto degli Stati Uniti, si agì soprattutto attraverso lo stimolo alla domanda interna mediante l'espansione della spesa pubblica; in altri, come in Italia, si giunse all'assunzione diretta da parte dello Stato di imprese industriali in difficoltà [▶15.4]; altrove – in Gran Bretagna e, in forme più incisive, nei paesi scandinavi – si puntò sull'elaborazione di programmi di sviluppo che si proponevano di orientare, tramite il credito o la manovra fiscale, l'attività economica verso obiettivi fissati dal potere politico.

Le teorie di Keynes

Il primo e più importante tentativo di sistemazione teorica delle trasformazioni in corso giunse nel 1936, con la pubblicazione da parte dell'economista inglese John Maynard Keynes del volume *Occupazione, interesse e moneta. Teoria generale*, che aprì un capitolo nuovo nella storia della scienza economica. Il crollo del '29 e la successiva crisi fornirono a Keynes gli elementi per confutare alcune proposizioni fondamentali della teoria economica classica, in particolare quella secondo cui il mercato tenderebbe spontaneamente a produrre l'equilibrio tra *doman-*

da e *offerta* e a raggiungere la piena occupazione. Keynes riteneva invece che i meccanismi spontanei del capitalismo non fossero in grado di garantire da soli un'utilizzazione ottimale delle risorse. Ciò lo indusse a criticare radicalmente le politiche *deflazionistiche* che, riducendo il potere d'acquisto dei privati mediante il contenimento della spesa pubblica e la restrizione del credito, aggravavano, nelle situazioni di crisi, le difficoltà dell'economia. Era dunque compito dello Stato sostenere la domanda con politiche di aumento della spesa pubblica, anche a costo di allargare, per periodi determinati, il deficit del bilancio statale e di accrescere la quantità di moneta in circolazione. Gli effetti inflazionistici di queste misure sarebbero stati compensati dai benefici arrecati ai redditi e alla produzione.

Le linee di intervento proposte da Keynes in sede di teoria economica rispecchiavano molto da vicino quelle che Roosevelt stava attuando – o aveva già attuato – negli Stati Uniti del *New Deal*. Politiche analoghe, basate essenzialmente sull'espansione della spesa pubblica, sarebbero state adottate da quasi tutti i governi occidentali dopo la fine della seconda guerra mondiale.

13.7. Nuovi consumi e comunicazioni di massa

Le città e i servizi

Dopo il 1929 l'intero Occidente industrializzato subì, come si è visto, un generale processo di impoverimento. Ma questo non impedì che nuove abitudini di vita, nuovi e più moderni modelli di consumo si affermassero, anche in Europa, presso vasti strati della popolazione, soprattutto urbana. Nel corso degli anni '30, il processo di urbanizzazione accelerò a causa della grave crisi in cui versava il settore agricolo. Crescita delle città significava sviluppo del settore edilizio. Lo sviluppo edilizio ebbe a sua volta conseguenze notevoli non solo sull'economia, ma anche sul modo di vivere delle masse urbane. Le case di nuova costruzione, in particolare quelle destinate ai ceti medi, erano di solito fornite di acqua corrente e di elettricità; inoltre, dato che si trovavano per lo più in zone periferiche, resero necessario uno sviluppo dei trasporti pubblici – tram elettrici, autobus e metropolitane – e della stessa motorizzazione privata.

I ceti medi

Inoltre la grande crisi, se per un verso accentuò le distanze fra ricchi e poveri, e fra occupati e disoccupati, per un altro determinò un certo miglioramento nelle retribuzioni reali e nei livelli di consumo di quei lavoratori che avevano mantenuto la loro occupazione e che, grazie al drastico calo dei prezzi agricoli, avevano potuto ridurre la quota di reddito riservata ai consumi alimentari, aumentando quindi quella da destinare ad altri beni. Così si spiega come mai, proprio negli anni '30, in Europa alcuni settori sociali – in primo luogo i ceti medi – poterono fruire per la prima volta su larga scala di quei beni di consumo durevoli che si erano diffusi negli Stati Uniti durante il decennio precedente.

Ceto medio

parola chiave

L'espressione "ceto medio" (o "classe media") indica genericamente quegli strati sociali che occupano una posizione intermedia nella distribuzione della ricchezza, del potere e del prestigio in una società che si presume divisa secondo uno schema bipolare (aristocrazia-popolo, ricchi-poveri, borghesia-proletariato). Già nel tardo '700 si parlava di ceto medio in riferimento al "Terzo stato", cioè alla borghesia. Più tardi, con lo sviluppo del capitalismo, l'espressione è diventata sinonimo di "piccola e media borghesia" ed è passata a designare un arco molto ampio e variegato di ceti e gruppi sociali. Rientravano sotto questa definizione tutti quei gruppi che non potevano essere assimilati alla borghesia propriamente detta (imprenditori e proprietari), ma si distaccavano dalle classi popolari per cultura, mentalità e orientamenti politici, oltre che per condizioni economiche: piccoli proprietari e piccoli commercianti, ma soprattutto impiegati pubblici e privati. Le trasformazioni economiche e sociali intervenute nel '900 – in particolare la crescita degli apparati statali e lo sviluppo del settore dei servizi – gonfiarono numericamente questi strati e ne aumentarono progressivamente il peso politico. Nel periodo fra le due guerre mondiali furono soprattutto le inquietudini e le oscillazioni del ceto medio (fin da allora considerato come una garanzia di stabilità sociale e come la base più sicura delle istituzioni liberal-democratiche) a determinare le più profonde trasformazioni politiche. I regimi autoritari e fascisti, in particolare, trovarono il loro principale sostegno di massa proprio nel ceto medio; mentre i partiti operai pagarono spesso duramente l'errore di averne sottovalutato la forza e di averlo giudicato fatalmente subalterno alle scelte della grande borghesia.
Nel secondo dopoguerra, tutti i partiti di massa, compresi quelli di sinistra, riservarono un'attenzione crescente alle esigenze di questo strato sociale (da cui, fra l'altro, provenivano in gran parte i quadri dirigenti dei partiti stessi) e cercarono di guadagnarne i consensi. Oggi si parla sempre più spesso, nei paesi economicamente avanzati, di una progressiva scomparsa delle classi tradizionalmente intese, o meglio di un loro assorbimento in un unico grande ceto medio che comprende ormai la maggioranza della popolazione, lasciando fuori solo alcune consistenti sacche di "nuova povertà" (non più coincidenti col proletariato industriale) e alcune esigue minoranze di ricchissimi e di privilegiati.

I nuovi consumi

La produzione europea di veicoli a motore fece registrare consistenti progressi, anche se restò lontana dai livelli statunitensi: nel 1938 circolavano in Europa oltre 8 milioni di autovetture, contro i 5 del 1930, mentre nello stesso periodo gli Usa passarono da 25 a 30 milioni. In Europa l'automobile rimase, per tutti gli anni '30, un bene riservato a pochi. Ma intanto cominciavano a comparire anche in Europa le prime vetture "popolari" – come la Volkswagen ("vettura del popolo") in Germania o la "Topolino" in Italia – concepite per emulare il successo della leggendaria Ford T, la prima utilitaria, che negli Stati Uniti, fra il 1908 e il 1924, era stata venduta in 15 milioni di esemplari. Un discorso analogo si può fare per la produzione degli elettrodomestici. I più costosi, come frigoriferi e scaldabagni, continuarono a essere considerati beni di lusso, ma il loro uso si andò ugualmente estendendo, almeno fra le categorie a reddito più elevato. Più ampia diffusione, anche fra i ceti medio-inferiori, ebbero altri apparecchi domestici, come il ferro da stiro elettrico, la cucina a gas e soprattutto la radio.

Lo sviluppo della radiofonia

I primi apparecchi per la trasmissione del suono attraverso l'etere senza l'ausilio dei fili erano stati realizzati e sperimentati da Guglielmo Marconi alla fine dell'800. Durante i primi vent'anni del '900 la tecnica radiofonica aveva fatto continui progressi. Il grande salto si ebbe dopo la fine della prima guerra mondiale, quando la radio si trasformò da mezzo di comunicazione fra singoli soggetti in strumento di diffusione di programmi di informazione e di svago destinati al pubblico. Le prime trasmissioni regolari si ebbero negli Stati Uniti nel 1920 e furono organizzate da compagnie private che si finanziavano con gli introiti pubblicitari. Nei maggiori paesi europei, invece, le trasmissioni si svilupparono, negli anni immediatamente successivi, per lo più a opera di enti che operavano sotto il controllo statale, sul modello della britannica Bbc (British Broadcasting Corporation), e imponevano agli utenti un canone di abbonamento. Nell'uno come nell'altro caso, lo sviluppo della radiofonia fu rapidissimo: alla fine degli anni '20 esistevano circa 3 milioni di apparecchi in Gran Bretagna, altrettanti in Germania e quasi 10 negli Stati Uniti. Queste cifre si moltiplicarono nel decennio successivo: nel 1939 c'erano in tutto il mondo circa 100 milioni di radio, metà delle quali nel Nord America.

Le nuove frontiere dell'informazione

Anche come mezzo di informazione la radio non temeva confronti: i notiziari radiofonici potevano essere ascoltati in qualsiasi ora, non richiedevano particolari sforzi di attenzione né spese supplementari ed erano per giunta molto più tempestivi dei giornali. A partire dagli anni '30, infatti, la diffusione della stampa subì un netto rallentamento. I giornali quotidiani continuarono a essere acquistati e letti soprattutto dal pubblico più qualificato, ma persero molta della loro capacità di espansione fra le classi popolari. Per riguadagnare il terreno perduto, il settore della carta stampata cominciò a puntare più sull'immagine: da qui lo sviluppo delle riviste illustrate (capofila del genere fu l'americana «Life»), dove la parte fotografica prevaleva decisamente sui testi.

Capostipite di una serie di invenzioni destinate a improntare di sé la civiltà contemporanea, la radio segnò una tappa decisiva nel cammino della società di massa e inaugurò – come a suo tempo il telegrafo e il telefono – un'era nuova nel campo delle telecomunicazioni. Lo capirono alcuni grandi gruppi industriali, in particolare i colossi elettrici americani e tedeschi, che puntarono decisamente sullo sviluppo della radiofonia. E se ne resero conto anche gli uomini politici, da Roosevelt a Hitler e Mussolini, che affidarono alla radio i loro discorsi più importanti e di essa si servirono per assicurare ai loro messaggi una diffusione capillare.

Il cinema

Gli anni del trionfo della radio videro anche l'affermazione di un'altra forma di comunicazione di massa tipica del nostro tempo: il cinema. Verso la fine degli anni '20, con l'invenzione del sonoro, il cinema divenne uno spettacolo "completo", come lo erano il teatro di prosa o l'opera lirica. Con la differenza che la proiezione di un film, ripetibile infinite volte, aveva costi incomparabilmente più bassi rispetto a una rappresentazione teatrale, poteva essere realizzata in qualsiasi locale abbastanza ampio per contenere uno schermo ed era quindi alla portata di un pubblico vastissimo. Spettacolo popolare per eccellenza, esempio di fusione fra creazione artistica e prodotto industriale, il cinema non era solo un mezzo di svago. Era anche un veicolo attraverso cui imporre immagini e personaggi: col boom del cinema nacque il fenomeno del "divismo" di massa, ossia quel particolare rapporto di attrazione, spesso ai limiti dell'idolatria, che lega il grande pubblico agli attori più popolari, o meglio alla loro immagine diffusa dagli schermi. Ma attraverso il cinema si potevano anche divulgare messaggi ideologici e visioni del mondo: si pensi al ruolo svolto dalla cinematografia statunitense – la più importante per prestigio e volume di produzione – nel diffondere in tutto il mondo i valori tipici della società americana: il coraggio, la tecnica, l'ascesa individuale. Una forma di propaganda più diretta era quella affidata ai cinegiornali d'attualità che venivano proiettati nelle sale cinematografiche in apertura di spettacolo e svolgevano una funzione complementare a quella dei notiziari radiofonici.

Politica e spettacolo

Insomma, lo sviluppo delle comunicazioni di massa non solo cambiò radicalmente i modi di concepire e di usare il tempo libero, ma ebbe effetti rivoluzionari in tutti i settori dell'attività umana. Radio e cinema costituivano un formidabile moltiplicatore, capace di trasformare in spettacolo di massa qualsiasi manifestazione della vita sociale: la creazione artistica come la competizione sportiva (fu in questo periodo che lo sport perse il suo carattere di attività dilettantistica fine a sé stessa per trasformarsi in esibizione destinata essenzialmente al pubblico), la cultura come la politica. Furono soprattutto i regimi autoritari a sfruttare appieno le possibilità insite nei nuovi mezzi di comunicazione e ad accentuare il lato "spettacolare" delle manifestazioni di massa. Ma anche nelle democrazie la radio, il cinema e la stampa illustrata contribuirono a "spettacolarizzare" la competizione politica, a valorizzarne gli aspetti più eclatanti, a concentrare l'attenzione sulle figure dei leader.

13.8. La scienza e la guerra

Il potere della scienza

Negli anni fra le due guerre mondiali, l'onda lunga della rivoluzione scientifica e tecnologica cominciata negli ultimi decenni dell'800 continuò a far sentire i suoi effetti sulla vita quotidiana e sulla salute, sulle attività di pace e sullo sviluppo dei mezzi bellici. Risalgono agli anni '20 e '30 alcune scoperte che avrebbero segnato in modo decisivo la storia del '900, dando la misura del carattere non neutrale della scienza moderna. Già la mobilitazione della comunità scientifica al servizio degli interessi delle potenze in guerra durante il primo conflitto mondiale aveva mostrato del resto le implicazioni politiche e sociali della ricerca scientifica.

La ricerca sull'atomo

A partire dagli anni '20, un folto gruppo di fisici di diversi paesi, quasi tutti nati all'inizio del secolo (l'italiano Enrico Fermi, gli inglesi Paul Dirac e James Chadwick, i francesi Frédéric Joliot-Curie e Louis De Broglie, i tedeschi Erwin Schrödinger e Werner Heisenberg per citarne solo alcuni), portò avanti gli studi e gli esperimenti sul nucleo dell'atomo avviati all'inizio del '900 da Ernest Rutherford e da Niels Bohr. Si trattava di ricerche essenzialmente teoriche, che assunsero però un'immediata risonanza anche al di fuori degli ambienti scientifici quando, alla fine degli anni '30, si scoprì che dalla scissione, provocata artificialmente, di un nucleo atomico di materiale radioattivo era possibile liberare enormi quantità di energia. Molti intuirono allora che da questa nuova straordinaria fonte di energia sarebbe stato possibile ottenere un'arma più potente di qualsiasi altra fino ad allora realizzata. Ma soltanto nel 1942, quando, durante la seconda guerra mondiale, una équipe di scienziati nordamericani guidata da Fermi (emigrato negli Stati Uniti nel 1938) realizzò il primo reattore nucleare, lo spettro della "guerra atomica" si materializzò minacciosamente, inducendo i due schieramenti in lotta a un'affannosa e segretissima corsa verso la costruzione della nuova bomba.

L'aviazione civile

Se i possibili impieghi bellici della fisica nucleare restarono per molto tempo sconosciuti ai più, nessuno poteva ignorare il nesso strettissimo che intercorreva fra le caratteristiche della guerra futura e gli sviluppi della tecnica aviatoria. Negli anni '20 e '30, l'aeronautica compì in tutti i paesi industrializzati progressi notevoli: gli aerei divennero più sicuri e più rapidi (i mezzi più veloci toccavano punte di 7-800 chilometri orari), aumentando nel contempo la loro capacità di carico e la loro autonomia. Imprese come la trasvolata solitaria dell'americano Charles Lindbergh, che nel 1927 compì per primo su un piccolo aereo il volo senza scalo da New York a Parigi, valsero a esaltare agli occhi dell'opinione pubblica mondiale le nuove possibilità offerte dal trasporto aereo. L'aviazione civile, dopo i primi timidi passi negli anni '20, conobbe nel decennio successivo un considerevole incremento, soprattutto negli Stati Uniti, pur restando, a causa dei suoi alti costi, un servizio accessibile solo alle categorie privilegiate.

L'aeronautica militare

I progressi dell'aviazione civile furono però superati dai contemporanei sviluppi dell'aeronautica militare. Dopo aver accolto con scetticismo i primi impieghi bellici dell'aviazione, generali e uomini di governo finirono col convincersi che un'arma aerea autonoma dall'esercito e dalla marina era destinata a svolgere un ruolo decisivo nelle guerre future. Tutte le grandi e medie potenze intensificarono, dall'inizio degli anni '30, la costruzione di aerei militari: *aerei da caccia* sempre più veloci, aerei da trasporto sempre più capienti, bombardieri dotati di sempre maggiore autonomia. L'ipotesi di una guerra in cui i contendenti si combattessero seminando morte dal cielo fra le popolazioni civili diventava ormai una tragica certezza.

13.9. La cultura della crisi

La perdita dell'unità

Anche per la cultura europea, gli anni '20 e '30 furono anni di crisi e di mutamenti profondi. Si accentuarono in questo periodo i fenomeni di disgregazione e di perdita dell'unità che già si erano delineati negli anni precedenti il primo conflitto mondiale con l'irruzione dell'irrazionale e del relativismo nel campo delle scienze e delle arti [►7.9]. Le maggiori scuole di pensiero sorte dopo la guerra (il neopositivismo, la fenomenologia, l'esistenzialismo, lo spiritualismo cattolico e le varie correnti del marxismo) avevano metodologie e interessi molto distanti fra loro e procedettero quindi senza influenzarsi in modo significativo.

Le avanguardie

Nell'ambito delle arti figurative e della musica, proseguì in questi anni la tendenza alla rottura delle forme canoniche e la ricerca, a volte esasperata, di nuovi moduli espressivi.

Continuò la stagione delle grandi correnti d'avanguardia che, in una società delusa e disorientata come quella postbellica, trovarono un pubblico più ampio e disponibile che in passato. Ai movimenti già affermatisi prima della Grande Guerra (l'astrattismo, il cubismo, il futurismo e l'espressionismo) se ne aggiunsero altri nuovi come il surrealismo: lanciato nel 1924 da un *Manifesto* scritto da André Breton, questo movimento vedeva nell'arte l'espressione delle tendenze profonde dell'inconscio, e promuoveva, nel campo culturale come in quello politico, la lotta contro ogni forma di convenzione borghese. Ma nessuna delle correnti che si diffusero nel primo dopoguerra giunse ad affermarsi sulle altre, tanto da essere rappresentativa di un'epoca e di una temperie culturale. Non è forse un caso se due fra le maggiori personalità dell'epoca rispettivamente nel campo pittorico e in quello musicale, Pablo Picasso e Igor Stravinskij, non si identificarono con una sola corrente d'avanguardia, ma piuttosto le attraversarono e le utilizzarono tutte con straordinario eclettismo.

La crisi del romanzo borghese

Nel periodo fra le due guerre furono pubblicati anche alcuni tra i più grandi capolavori del '900: gli ultimi volumi di *Alla ricerca del tempo perduto* di Marcel Proust uscirono a guerra appena terminata, come molti dei racconti e dei romanzi di Franz Kafka; l'*Ulisse* di James Joyce è del 1922, *La montagna incantata* di Thomas Mann del 1924, mentre *L'uomo senza qualità* di Robert Musil fu pubblicato all'inizio degli anni '30. Queste opere sono accomunate dalla volontà di rappresentare i problemi e le angosce dell'uomo del '900 e di esprimere, in modi anche molto diversi (ora restando, come Mann, nel solco della tradizione del romanzo ottocentesco ora forzando, come Joyce, strutture letterarie e convenzioni linguistiche), la rottura dell'universo borghese che aveva fatto da sfondo alla grande narrativa dell'800.

Lo scontro ideologico

Un ulteriore elemento di crisi e di disgregazione della cultura europea di questi anni fu indubbiamente rappresentato dalle divisioni politico-ideologiche. Anche se le loro opere non recavano spesso alcuna traccia visibile delle vicende sociali contemporanee e apparivano invece come distaccate e ripiegate sulla sperimentazione formale e sull'introspezione psicologica, letterati e artisti furono fortemente coinvolti nelle grandi contrapposizioni fra liberalismo borghese e comunismo marxista, tra fascismo e democrazia.

L'impegno degli intellettuali

L'impegno politico non era certo una cosa nuova per gli intellettuali europei. Ma ciò che accadde negli anni fra le due guerre fu un fenomeno più esteso e più carico di implicazioni. Gli intellettuali furono chiamati sempre più spesso non solo a testimoniare, ma a parteggiare apertamente, a prendere posizione su singoli problemi (fu allora che si diffuse l'uso dei manifesti e degli appelli pubblici firmati da personalità della cultura); furono mobilitati, e spesso utilizzati spregiudicatamente, da partiti e governi; si divisero secondo linee di contrapposizione che ricalcavano gli schieramenti politico-ideologici: se la cultura liberale aveva i suoi maggiori punti di riferimento in Benedetto Croce e in Thomas Mann, se i comunisti potevano vantare illustri "compagni di strada" come Pablo Picasso e Maksim Gor'kij, André Gide e Romain Rolland, anche la destra autoritaria poteva mettere in campo personaggi prestigiosi come i filosofi Giovanni Gentile e Martin Heidegger (uno dei padri dell'esistenzialismo), il giurista e politologo tedesco Carl Schmitt e il poeta statunitense Ezra Pound. Parve a molti che gli intellettuali, lasciandosi coinvolgere così a fondo nelle contese politiche, tradissero in qualche modo la loro missione, che abdicassero al loro ruolo di guida delle coscienze per adattarsi a quello di propagandisti.

La "fuga di cervelli" dall'Europa

Divisa e lacerata dalla radicalizzazione ideologica e politica, la cultura europea subì anche in modo diretto e drammatico le conseguenze dell'avvento dei regimi totalitari. Se la dittatura staliniana provocò la scomparsa fisica di una parte non trascurabile dell'intellettualità russa (una perdita che si aggiunse alla cospicua "fuga di cervelli" verificatasi dopo la rivoluzione del 1917), il regime nazista in Germania costrinse all'esilio centinaia di intellettuali, soprattutto ebrei. Molti si rifugiarono in Francia, in Gran Bretagna, in Svizzera. Ma i più scelsero come meta della loro emigrazione gli Stati Uniti. La cultura e la scienza europee subirono così, negli anni '30, un'emorragia di grandi proporzioni: dopo quello economico, anche il centro culturale del mondo industrializzato cominciava a dislocarsi al di là dell'Atlantico.

sommario

La seconda metà degli anni '20 segnò per l'Europa e il mondo industrializzato un periodo di ripresa economica e di espansione produttiva non privo di elementi di squilibrio. Le economie capitalistiche, infatti, si trovarono, a guerra finita, di fronte a una sovrapproduzione cronica, cioè a una capacità produttiva eccessiva rispetto alle capacità di assorbimento dei mercati. La situazione fu aggravata dalla scelta degli Stati Uniti che ostacolarono le importazioni e bloccarono l'immigrazione.

Gli Stati Uniti degli anni '20 erano il primo paese produttore in tutti i settori più importanti dell'industria e dell'agricoltura, il primo esportatore di capitali e il primo creditore; il dollaro aveva scalzato definitivamente la sterlina come moneta forte dell'economia internazionale. Il tutto in una situazione sociale non priva di contraddizioni e problemi (diseguaglianza sociale, crescita della intolleranza nei confronti delle minoranze etniche). La stessa febbre speculativa che portò a investimenti frenetici in Borsa aveva in realtà fondamenta assai fragili. A far precipitare la situazione fu la crisi borsistica del '29, innescata da massicce vendite, che determinarono la perdita di valore delle azioni e il polverizzarsi di grandi e piccoli risparmi, la chiusura di molte imprese, il dilagare della disoccupazione.

Dato lo stretto legame di interdipendenza delle economie europea e mondiale con gli Usa, la crisi innescata dal crollo del 1929 si diffuse in tutto il mondo (eccetto l'Urss): fra il 1929 e il 1932 la produzione mondiale di manufatti diminuì del 30%, quella di materie prime del 26%. I disoccupati raggiunsero i 14 milioni negli Stati Uniti e i 6 milioni in Germania. Tutti i paesi risposero alla crisi adottando, come gli Stati Uniti, politiche protezionistiche in difesa della produzione nazionale e svalutando le loro monete, per rendere più bassi i prezzi delle proprie merci e favorire le esportazioni. Ne conseguì una contrazione drastica del commercio internazionale, che fra il 1929 e il 1932 si ridusse di oltre il 60%.

In Europa al declino delle attività produttive e commerciali si sovrapposero una crisi bancaria e una monetaria che, nel 1931, spinsero la Banca d'Inghilterra a sospendere la convertibilità della sterlina in oro. Tutti i governi risposero alla crisi con gli strumenti classici (taglio alla spesa pubblica e nuove tasse), aggravando in realtà la recessione e la disoccupazione. In Germania le conseguenze della crisi furono particolarmente severe, in quanto il paese, gravato da ingenti riparazioni di guerra, dipendeva ancor più degli altri dai prestiti statunitensi. In Francia la crisi giunse in ritardo ma durò più a lungo e coincise con un periodo di instabilità politica. In Gran Bretagna fu adottato un sistema di tariffe doganali che privilegiava gli scambi commerciali nel Commonwealth.

Nel 1932 divenne presidente degli Usa il democratico Franklin Delano Roosevelt, abile politico e uomo di grande carisma e forza comunicativa. La sua politica (*New Deal*) si caratterizzò per un energico intervento dello Stato nell'economia: ingenti finanziamenti furono volti a risanare il sistema creditizio, furono facilitati i prestiti ai privati, aumentati i sussidi di disoccupazione e svalutato il dollaro per rendere più competitive le esportazioni. A queste misure si aggiunsero alcuni provvedimenti più organici di sostegno al settore agricolo, industriale, energetico. Il *New Deal* rappresentò un'esperienza innovativa anche se non riuscì a determinare una piena ripresa dell'economia americana, che si sarebbe verificata solo con la guerra.

In quasi tutti i paesi la grande crisi favorì l'adozione di nuove forme di intervento dello Stato in campo economico: una tendenza in radicale contrasto con i princìpi del liberismo. A livello teorico, l'utilità dell'intervento statale a sostegno delle attività produttive fu sostenuta dall'economista inglese Keynes che, in particolare, sottolineò il ruolo della spesa pubblica ai fini dell'incremento della domanda e del raggiungimento della piena occupazione.

Negli anni '30 si registrò un'accelerazione del processo di urbanizzazione, che comportò un boom edilizio e, grazie alla disponibilità di case nuove dotate di servizi, un miglioramento delle condizioni di vita della popolazione urbana. Aumentò anche la produzione europea di automobili, che rimasero in Europa però, diversamente dagli Usa, beni di lusso, come gli elettrodomestici. Grande diffusione ebbe, invece, la radio, che divenne un fondamentale mezzo di svago e soprattutto di comunicazione di massa. Gli stessi anni videro anche l'affermazione del cinema, dalla fine degli anni '20 passato al sonoro. La radio e il cinema costituirono un formidabile moltiplicatore, capace di trasformare in spettacolo di massa qualsiasi manifestazione della vita sociale.

Alcune scoperte degli anni '20 e '30 segnarono in modo decisivo la storia del '900. La più importante fu la scoperta dell'energia nucleare, che avrebbe portato alla costruzione della bomba atomica. Tra le applicazioni belliche della scienza, furono fondamentali anche i grandi sviluppi dell'aeronautica.

Per la cultura europea gli anni '20 e '30 furono anni di crisi e di mutamenti profondi. Proseguì la tendenza alla rottura delle forme canoniche e la ricerca, a volte esasperata, di diversi moduli espressivi. Nacquero nuove avanguardie artistiche, come il surrealismo, e furono pubblicati alcuni dei più grandi capolavori della narrativa del '900. Letterati e artisti cominciarono a essere fortemente coinvolti nelle contrapposizioni ideologiche fra liberalismo borghese e comunismo marxista, tra fascismo e democrazia. Dopo l'affermazione dei regimi totalitari, molti intellettuali russi e tedeschi abbandonarono i propri paesi per rifugiarsi all'estero, soprattutto negli Stati Uniti.

bibliografia

Sul "grande crollo" e la crisi mondiale che ne seguì: J.K. Galbraith, *Il grande crollo*, Bur, Milano 2017 (ed. or. 1954); C.P. Kindleberger, *La grande depressione nel mondo 1929-1939*, Etas Libri, Milano 1982 (ed. or. 1973).

Sugli Stati Uniti: E. Foner, *Storia degli Stati Uniti d'America*, Donzelli, Roma 2017 (ed. or. 1994); O. Bergamini, *Storia degli Stati Uniti*, Laterza, Roma-Bari 2010 (ed. or. 2002); M. Del Pero, *Libertà e impero. Gli Stati Uniti e il mondo, 1776-2016*, Laterza, Bari-Roma 2017 (ed. or. 2008) e A. Testi, *Il secolo degli Stati Uniti*, Il Mulino, Bologna 2017 (ed. or. 2008). In particolare, sugli anni '20 e '30, vedi M.E. Parrish, *L'età dell'ansia. Gli Stati Uniti dal 1920 al 1940*, Il Mulino, Bologna 2003 (ed. or. 1992). L'opera più ampia sugli anni della crisi e del *New Deal* è quella di A. Schlesinger jr., *L'età di Roosevelt*, Il Mulino, Bologna 1959-65 (ed. or. 1957-60), in tre volumi. Si vedano inoltre B. Bernanke, *Essays on the Great Depression*, Princeton University Press, Princeton (NJ) 2000 e M. Vaudagna, *The New Deal and the American Welfare State. Essays from a Transatlantique Perspective (1933-1945)*, Otto, Torino 2013; e il primo volume, *Road to New Deal*, di R. Daniels, *Franklin D. Roosevelt*, University of Illinois Press, Urbana 2015.

Sui nuovi mezzi di comunicazione di massa: A. Briggs-P. Burke, *Storia sociale dei media. Da Gutenberg a Internet*, Il Mulino, Bologna 2010 (ed. or. 2001); F. Monteleone, *Storia della radio e della televisione in Italia: un secolo di costume, società e politica*, Marsilio, Venezia 2013 (ed. or. 1992); A. Sangiovanni, *Storia dei media in Italia dall'età liberale alla seconda guerra mondiale*, Donzelli, Roma 2012 (ed. or. 2006).

14. L'Europa degli anni '30: totalitarismi e democrazie

14.1. L'eclissi della democrazia

Autoritarismo e totalitarismo

Negli anni '30 del '900, in coincidenza col dilagare della crisi economica, la democrazia visse la sua stagione più buia e rischiò addirittura di vedere le sue istituzioni e le sue culture cancellate dall'Europa continentale, anche dai paesi in cui sembravano avere basi più solide. Già nel decennio precedente, regimi autoritari si erano affermati in molti Stati dell'Europa mediterranea e orientale [▶12.8]. Ma, nei paesi più progrediti sul piano dell'economia e delle strutture civili, questi regimi erano stati visti soprattutto come un prodotto dell'arretratezza economica e politica e dell'insufficiente radicamento dei princìpi liberal-democratici. Con la grande crisi del 1929, con i successi del nazismo in Germania e con la crescita generalizzata dei movimenti antidemocratici soprattutto in Europa orientale, si capì che il male era più profondo.

In ampi strati dell'opinione pubblica, infatti, si era diffusa la convinzione che i sistemi democratici fossero troppo deboli per tutelare gli interessi nazionali e troppo inefficienti per garantire il benessere dei cittadini; che la vera alternativa fosse quella fra il comunismo sovietico e i regimi autoritari di destra. Furono questi ultimi a conoscere negli anni '30 il loro periodo di maggior fortuna: sia sotto la veste delle dittature reazionarie di tipo tradizionale, sia nelle forme più "moderne" del fascismo italiano e poi del nazismo tedesco.

I caratteri dei fascismi

Caratteristica fondamentale dei movimenti e dei regimi che convenzionalmente chiamiamo fascisti – anche se il fascismo non ebbe mai una base dottrinaria ben definita – era il tentativo di proporsi come artefici di una propria rivoluzione, di dar vita a un nuovo ordine politico e sociale, diverso da quelli conosciuti fino ad allora. Sul piano dell'organizzazione politica, fascismo significava accentramento del potere nelle mani di un capo, struttura gerarchica dello Stato, inquadramento più o meno forzato della popolazione nelle organizzazioni di massa, rigido controllo sull'informazione e sulla cultura. Sul piano economico, il fascismo si vantava di aver inventato una "terza via" fra capitalismo e comunismo: ma questo modello non riuscì mai a prender corpo e l'unica vera novità in questo campo consistette nella soppressione della libera dialettica sindacale, oltre che in un complessivo rafforzamento dell'intervento statale in economia.

Fascismo e ceti medi

Eppure, nonostante la sua inconsistenza teorica, il fascismo e i regimi ad esso affini esercitarono una notevole attrazione, soprattutto sugli strati sociali intermedi. Ai giovani in cerca di avventura, agli intellettuali bisognosi di certezze, ai piccolo-borghesi delusi dalla democrazia e spaventati dall'alternativa comunista, le nuove dittature parevano offrire una prospettiva nuova ed emozionante: la sensazione di appartenere a una comunità e di riconoscersi in un capo, la convinzione, non importa quanto fondata, di essere inseriti in una gerarchia basata sul merito (e non sulla ricchezza o sui privilegi di nascita), l'indicazione di un nemico cui attribuire ogni possibile colpa.

Società di massa e totalitarismi

Tutto ciò rappresentava una sorta di protezione contro il senso di schiacciamento e di anonimato provocato dai processi di "massificazione": dunque una reazione contro la società di massa, ma al tempo stesso un'esaltazione di alcuni suoi aspetti. Più di quanto non avessero mai fatto le classi dirigenti liberal-democratiche, il fascismo seppe capire la società di massa, ne interpretò le componenti aggressive e violente e soprattutto ne sfruttò appieno le tecniche e gli strumenti: i mezzi di propaganda (soprattutto quelli nuovi, come la radio e il cinema), i canali di informazione e di istruzione, le strutture associative, in particolare quelle giovanili. Questa capacità di adattamento alla società di massa e di controllo sui suoi meccanismi costituì una caratteristica specifica del fascismo e del nazismo, ma anche di un regime di opposta matrice ideologica e sociale come quello sovietico nell'età di Stalin: fu insomma propria di tutti quei regimi che, per la loro pretesa di dominare in modo "totale" la società, di condizionare non solo i comportamenti ma la stessa mentalità dei cittadini, sono stati definiti totalitari.

14.2. Totalitarismo e politiche razziali

Il ricorso alla violenza

Un elemento caratterizzante dei regimi totalitari, anche in tempo di pace, fu la scarsa o nulla considerazione del valore della vita umana e della dignità dell'individuo. Mai come in questa fase della storia europea – non a caso culminata con le stragi di massa del secondo conflitto mondiale – si affermò la tendenza a risolvere i problemi col ricorso sistematico alla forza, con le deportazioni e i campi di concentramento, infine con lo sterminio di intere popolazioni o gruppi sociali.

parola chiave

Totalitarismo

Il termine "totalitarismo" fu inventato dagli antifascisti italiani già nella prima metà degli anni '20. Successivamente, furono gli stessi fascisti, a cominciare da Mussolini, a usarlo "in positivo" per definire la loro aspirazione, peraltro mai pienamente realizzata, a una identificazione totale fra Stato e società. Nel secondo dopoguerra, il termine fu adottato nei paesi occidentali per designare quella particolare forma di potere assoluto che non si accontenta di controllare la società, ma pretende di trasformarla dal profondo in nome di un'ideologia onnicomprensiva, di pervaderla tutta attraverso l'uso combinato del terrore e della propaganda: quel potere, insomma, che non solo è in grado di reprimere, grazie a un capillare apparato poliziesco, ogni forma di dissenso, ma cerca anche di mobilitare i cittadini attraverso proprie organizzazioni, di imporre la propria ideologia attraverso il monopolio dell'educazione e dei mezzi di comunicazione di massa.
Il concetto di "totalitarismo" – così come lo ha definito la scienza politica, da Hannah Arendt a Carl Friedrich e Zbigniew Brzezinski – è modellato sulla concreta esperienza del nazismo tedesco e del comunismo sovietico. Più discussa è la sua applicabilità al caso del fascismo italiano (che pure, come abbiamo visto, si autodefiniva "totalitario") o a quello dei regimi comunisti imposti all'Europa dell'Est nel secondo dopoguerra. Certamente scorretto è parlare di "totalitarismo" in riferimento a regimi autoritari più "tradizionali" come il franchismo, affermatosi in Spagna dopo la guerra civile del '39 [▶14.9].
Per molto tempo la categoria del totalitarismo è stata rifiutata, o quanto meno guardata con sospetto, dalla cultura di sinistra (in particolare da quella marxista) perché, prescindendo da qualsiasi riferimento alla base sociale dei regimi, accomunava fenomeni giudicati incomparabili come il nazismo e lo stalinismo. Tuttavia, soprattutto negli ultimi anni, il termine "totalitarismo" si è largamente affermato nel linguaggio politico corrente (e anche in quello della sinistra), tanto che oggi rischia di essere addirittura "inflazionato". Lo si usa infatti comunemente – e impropriamente – come sinonimo di "autoritarismo" o di "dittatura" o di "tirannia".

La nazione come corpo unico

Queste pratiche non erano del tutto estranee all'Europa di inizio '900, che aveva conosciuto ripetuti e indiscriminati massacri nei territori dell'Impero ottomano (durante le guerre balcaniche e poi con lo sterminio degli armeni), senza contare gli eccidi perpetrati nelle guerre coloniali. Il salto qualitativo si ebbe però con la prima guerra mondiale, che non solo produsse una generale assuefazione alla morte di massa, ma abituò i gruppi dirigenti e le opinioni pubbliche a ragionare in termini di salute e di efficienza collettiva (delle forze armate e della stessa nazione), più che di benessere dei singoli. Infine, la controversa applicazione del principio di nazionalità, a guerra terminata, creò, come abbiamo visto [▶11.3], nuovi problemi di convivenza fra gruppi etnici, spesso risolti con il trasferimento forzato o la persecuzione delle minoranze, da parte di Stati che si volevano il più possibile omogenei.

Tutto ciò contribuiva a creare un atteggiamento diffuso, quasi un senso comune che vedeva nella comunità nazionale non tanto un insieme di individui, quanto un'entità collettiva, un organismo unico la cui integrità andava tutelata a ogni costo, anche a prezzo dell'espulsione di qualsiasi corpo estraneo o dell'amputazione di presunte parti "malate".

L'eugenetica

In questo quadro si spiega la rinnovata fortuna dell'eugenetica, una teoria nata nella seconda metà dell'800 che sosteneva la necessità di un perfezionamento non spontaneo della specie umana attraverso pratiche simili a quelle adottate per gli animali e per le piante: selezioni e incroci volti a far prevalere, nella trasmissione ereditaria, i caratteri positivi su quelli negativi. Figlia della cultura positivista ottocentesca (il suo inventore, l'inglese Francis Galton, era cugino di Charles Darwin), l'eugenetica non era all'inizio necessariamente legata al nazionalismo né alle ideologie razziste (al contrario, affascinò non pochi intellettuali progressisti, soprattutto anglosassoni). E alcune delle sue applicazioni più inquietanti – divieto di matrimoni fra soggetti sani e portatori di malattie ereditarie, sterilizzazione di questi ultimi, interventi chirurgici invasivi sul cervello di malati mentali o presunti tali – furono adottate per la prima volta, nei primi decenni del '900, dai poteri pubblici in Stati democratici, come gli Stati Uniti, la Gran Bretagna e i paesi scandinavi (non in quelli a maggioranza cattolica, per la decisa opposizione della Chiesa).

Dalla selezione allo sterminio

Il passaggio da queste esperienze a una diffusa pratica di eliminazione fisica dei soggetti ritenuti estranei alla comunità, pericolosi o semplicemente inadatti si ebbe però solo nei regimi totalitari. Nella Germania nazista l'adozione di misure di sterilizzazione forzata e poi di soppressione di individui malati si inquadrava nel progetto di una società basata sulla purezza della razza "eletta" e sulla sua vocazione al dominio; e suonava come minacciosa premessa alle deportazioni e allo sterminio razziale che sarebbero stati praticati ai danni degli ebrei negli anni del secondo conflitto mondiale. Diverse nelle motivazioni ma analoghe nelle conseguenze furono le politiche di sterminio adottate nell'Unione Sovietica di Stalin: qui le vittime (in primo luogo i *kulaki* [▶11.7 e 14.6]) erano scelte su basi ideologiche e di classe. Ma anche intere popolazioni (i tartari di Crimea, i tedeschi del Volga) furono deportate e in larga parte sterminate perché ritenute in blocco politicamente infide.

Alla base di questi orrori c'erano dunque storie diverse, ma un'unica idea di fondo: quella di una comunità omogenea e compatta, capace di espellere da sé ogni elemento di diversità (ideologica o religiosa, etnica o razziale) e di operare come un'unica massa agli ordini di un unico capo dotato di un potere assoluto e incontrollato. Il che costituiva l'obiettivo autentico dei totalitarismi novecenteschi.

14.3. L'ascesa del nazismo

L'ascesa di Hitler

Nel novembre 1923, quando finì in prigione per aver tentato di organizzare un colpo di Stato a Monaco di Baviera [▶11.5], Adolf Hitler era un personaggio semisconosciuto, capo di una piccola formazione politica – il Partito nazionalsocialista dei lavoratori tedeschi (Nsdap) – con un programma accesamente nazionalista e confusamente demagogico. Di lui si sapeva che era di origine austriaca, che aveva servito durante la guerra nell'esercito tedesco col grado di caporale guadagnandosi alcune decorazioni al valore, che aveva tentato senza successo di fare il pittore. Meno di dieci anni dopo, nel gennaio 1933, Hitler, leader di un partito che ormai rappresentava circa un terzo dell'elettorato tedesco, riceveva l'incarico di formare il governo. Per capire i motivi di questa imprevedibile ascesa è necessario tornare alla grande crisi e ai suoi effetti sulla società tedesca.

Il partito e le SA

Fino al 1930, infatti, il Partito nazionalsocialista – o nazista, come veniva comunemente chiamato – rimase un gruppo minoritario e marginale, che fondava la sua forza soprattutto su una robusta organizzazione armata: le SA (sigla di *Sturm-Abteilungen*, cioè "reparti d'assalto") comandate dal capitano dell'esercito Ernst Röhm. Dopo il fallimentare tentativo di Monaco, Hitler aveva cercato, sull'esempio di quanto aveva fatto Mussolini in Italia, di dare al partito un volto più "rispettabile". Aveva messo da parte le rivendicazioni di stampo anticapitalistico (riforma agraria, nazionalizzazione dei grandi complessi industriali) che figuravano nel programma nazista del '20, riuscendo così ad assicurarsi un certo sostegno finanziario da parte di alcuni ambienti della grande industria. Ma non aveva affatto rinunciato al nucleo centrale di quel programma, che prevedeva la denuncia del trattato di Versailles, la riunione di tutti i tedeschi in una nuova "grande Germania", l'adozione di misure discriminatorie contro gli ebrei, la fine del "parlamentarismo corruttore".

Il progetto hitleriano

I suoi progetti a lungo termine Hitler li aveva esposti con molta chiarezza in un libro dal titolo *Mein Kampf* ("La mia battaglia") scritto nei mesi del carcere, pubblicato nel '25 e destinato a diventare una sorta di testo sacro del nazismo. Al centro dei piani hitleriani c'era un'utopia nazionalista e razzista. Antisemita radicale fin dai tempi della giovinezza passata a Vienna, sostenitore di una concezione grossolanamente darwiniana della vita come continua lotta in cui solo i forti sono destinati a vincere, Hitler credeva nell'esistenza di una razza superiore e conquistatrice, quella ariana [▶7.8], progressivamente inquinata dalla commistione con le razze "inferiori". I caratteri originari dell'arianesimo si erano per lui conservati solo nei popoli nordici, in particolare nel popolo tedesco, che avrebbe dunque dovuto dominare sull'Europa e sul mondo. Per realizzare questo sogno era necessario dapprima schiacciare i nemici interni: primi fra tutti gli ebrei, considerati, in quanto "popolo senza patria", i portatori del virus della dissoluzione morale, responsabili a un tempo dei misfatti del capitalismo e di quelli del bolscevismo, causa e simbolo vivente della decadenza della civiltà europea. Una volta ricostituita la propria unità in un nuovo Stato, attorno a un capo in grado di interpretare i bisogni profondi del popolo, i tedeschi avrebbero dovuto respingere le imposizioni di Versailles, recuperare i territori perduti ed espandersi verso est a danno dei popoli slavi, considerati anch'essi inferiori. La ricerca dello spazio vitale a oriente avrebbe permesso di far coincidere l'espansione territoriale con la crociata ideologica contro il comunismo.

La crisi economica e l'ascesa dei nazisti

Questo programma, in apparenza irrealistico, aveva trovato scarsi consensi nella Germania di Weimar. Nelle elezioni del maggio 1928, infatti, i nazisti ottennero appena il 2,5% dei voti. Ma con lo scoppio della grande crisi economica, la maggioranza dei tedeschi, colpiti per la terza volta in poco più di un decennio (dopo i traumi della guerra e della grande inflazione), perse fiducia nella Repubblica e nei partiti che in essa si identificavano. In questa situazione i nazisti poterono uscire dal loro isolamento e far leva sulla paura della grande borghesia, sulla frustrazione dei ceti medi, sulla rabbia dei disoccupati. Ai suoi concittadini provati dalla crisi Hitler offriva non solo la prospettiva esaltante della riconquista di un primato della nazione tedesca, non solo l'indicazione rassicurante di una serie di capri espiatori cui addossare la responsabilità delle disgrazie del paese, ma anche l'immagine tangibile di una forza politica in grado di ristabilire l'ordine contro "traditori" e "nemici interni".

Il governo Brüning

L'agonia della Repubblica di Weimar cominciò nel settembre 1930, quando il cancelliere Heinrich Brüning [▶13.4] convocò nuove elezioni, sperando di far uscire dalle urne una maggioranza favorevole a una politica di austerità, ritenuta necessaria per fronteggiare gli effetti della crisi economica. Accadde invece che i nazisti ebbero uno spettacoloso incremento (dal 2,5 al 18,3% dei voti) a spese soprattutto della destra tradizionale, mentre i comunisti guadagnarono posizioni ai danni dei socialdemocratici. L'aspetto più grave dei risultati stava nel fatto che, mentre le forze antisistema si ingrossavano, i partiti fedeli alla Repubblica non disponevano più della maggioranza. Il ministero Brüning continuò a governare per altri due anni grazie al sostegno del vecchio presidente Hindenburg, che si valse sistematicamente dei poteri straordinari previsti dalla Costituzione nei casi di emergenza. Ma in quei due anni le istituzioni parlamentari si indebolirono ulteriormente, mentre la situazione economica andava precipitando.

Il collasso della Repubblica

Nel 1932 la crisi raggiunse il suo apice. La produzione industriale calò del 50% rispetto al 1928 e i senza lavoro raggiunsero i 6 milioni: ciò significava che la disoccupazione toccava, direttamente o indirettamente, la metà delle famiglie tedesche. Frattanto i nazisti ingrossavano le loro file in modo impressionante (un milione e mezzo di iscritti) e riempivano le piazze con comizi [▶11.2] e cortei. Le città divennero teatro di scontri sanguinosi fra nazisti e comunisti, di agguati, di spedizioni punitive: nei soli mesi di luglio e agosto si registrarono più di 150 morti.

Il dissesto economico e l'esplodere della violenza andarono di pari passo con il collasso del sistema politico. Due crisi di governo e tre drammatiche consultazioni elettorali tenute a pochi mesi di distanza l'una dall'altra non fecero che confermare la crescita delle forze eversive e l'impossibilità di formare una qualsiasi maggioranza "costituzionale". Si cominciò, nel marzo 1932, con le elezioni per la presidenza della Repubblica. Per sbarrare la strada a Hitler, i partiti democratici non trovarono di meglio che appoggiare la rielezione dell'ottantacinquenne maresciallo Hindenburg [▶11.5]. Quest'ultimo fu eletto con un margine abbastanza netto su Hitler (che ottenne comunque ben 13 milioni di voti, pari al 37%). Ma, una volta confermato nella carica, cedette alle pressioni dei militari e della grande industria, congedò il primo ministro Brüning e cercò una via d'uscita dalla crisi prendendo atto dello spostamento a destra dell'asse politico.

I governi di destra

A guidare il governo furono chiamati due uomini della destra conservatrice, il cattolico Franz von Papen e, poi, il generale Kurt von Schleicher, consigliere personale del presidente. Entrambi i tentativi, privi di una base parlamentare, si risolsero in un fallimento.

Nelle due successive elezioni politiche che Papen fece convocare nella vana speranza di procurarsi una maggioranza, i nazisti si affermarono come il primo partito tedesco: 37% dei voti in luglio, il doppio che nelle elezioni del 1930, e 33% in novembre. I gruppi conservatori, l'esercito, lo stesso Hindenburg finirono col convincersi che senza di loro non era possibile governare.

Hitler capo del governo

Il 30 gennaio 1933 Hitler fu convocato dal presidente della Repubblica e accettò di capeggiare un governo in cui i nazisti avevano solo tre ministeri su undici e in cui erano rappresentate tutte le più importanti componenti della destra. Gli esponenti conservatori credettero di aver ingabbiato Hitler – così come, una decina di anni prima, i liberali italiani si erano illusi di aver neutralizzato Mussolini – e di poter utilizzare il nazismo per un'operazione di pura marca conservatrice. Si sarebbero presto resi conto di aver sbagliato grossolanamente i loro calcoli.

14.4. La costruzione del regime

L'incendio del Reichstag

Per trasformare lo Stato liberale italiano in una dittatura monopartitica Mussolini aveva impiegato circa quattro anni. A Hitler bastarono pochi mesi per imporre un regime pienamente totalitario. L'occasione per una prima stretta repressiva fu offerta da un episodio drammatico quanto oscuro: l'incendio appiccato alla sede del Reichstag, il Parlamento nazionale, nella notte del 27 febbraio 1933, una settimana prima della data fissata per una nuova consultazione elettorale. L'arresto di un comunista olandese, semisquilibrato mentale, indicato come l'autore materiale dell'incendio, fornì al governo il pretesto per un'imponente operazione di polizia contro i comunisti e per una serie di misure eccezionali che limitavano o annullavano le libertà di stampa e di riunione. Nelle successive elezioni del 5 marzo i nazisti ottennero un numero di voti (il 44%) che, uniti a quelli dei gruppi di destra, sarebbero bastati ad assicurare al governo un'ampia base parlamentare.

I pieni poteri

Ma Hitler mirava ormai all'abolizione del Parlamento. E il Reichstag appena eletto lo assecondò approvando una legge suicida che conferiva al governo i pieni poteri, compreso quello di modificare la Costituzione. Nel giugno 1933 la Spd fu sciolta dopo che era stata soppressa la Confederazione dei sindacati liberi, di ispirazione socialdemocratica. Una sorte non molto migliore toccò a quei partiti che avevano favorito o assecondato l'avvento del nazismo. Alla fine di giugno il Partito tedesco-nazionale, espressione della destra conservatrice, si autosciolse su pressione dei nazisti. La stessa cosa fece di lì a poco il Centro cattolico. In luglio

Hitler poteva varare una legge che proclamava il Partito nazionalsocialista unico partito legale in Germania. Infine, in novembre, una nuova consultazione elettorale, questa volta di tipo "plebiscitario", su lista unica, faceva registrare un 92% di voti favorevoli.

La "notte dei lunghi coltelli"

Di fronte a Hitler restavano ancora due ostacoli: da una parte l'ala estremista del nazismo, rappresentata soprattutto dalle SA di Röhm che invocavano apertamente una "seconda ondata" rivoluzionaria ed erano poco disposte a sottomettersi al controllo dei poteri legali; dall'altra la vecchia destra, impersonata dal presidente Hindenburg e dai capi dell'esercito, che chiedevano in termini ultimativi a Hitler di frenare i rigurgiti estremisti e di tutelare le tradizionali prerogative delle forze armate. Hitler, che temeva anche lui l'autonomia delle SA e che, già da qualche anno, aveva provveduto a formare una sua milizia personale, le SS (sigla di *Schutz-Staffeln*, "squadre di difesa"), decise di risolvere il problema nel modo più drastico e a lui più congeniale: con un massacro che fece inorridire il mondo civile. Nella notte del 30 giugno 1934, la "notte dei lunghi coltelli", reparti delle SS assassinarono Röhm insieme con tutto lo stato maggiore delle SA.

Hitler capo dello Stato

La contropartita chiesta e ottenuta da Hitler in cambio della testa di Röhm fu l'assenso delle forze armate alla sua candidatura alla successione di Hindenburg. Quando il vecchio maresciallo morì, nell'agosto del '34, Hitler si trovò così, in virtù di una legge emanata dal suo stesso governo, a cumulare le cariche di cancelliere e capo dello Stato. Ciò significava, fra l'altro, l'obbligo per gli ufficiali di prestare giuramento di fedeltà a Hitler (quindi al nazismo): in prospettiva, la fine di quell'autonomia dal potere politico di cui i generali tedeschi si erano mostrati così gelosi. Le conseguenze sarebbero apparse chiare pochi anni dopo, nel febbraio '38, quando Hitler decise di assumere personalmente il comando supremo delle forze armate.

I movimenti filonazisti

Con la vittoria di Hitler in Germania (uno degli Stati più progrediti e più forti d'Europa), la crisi dei regimi e dei valori democratici subì una forte accelerazione. In tutta l'Europa centro-orientale si assisté, a partire dal '33, al rafforzamento delle tendenze dittatoriali e militariste nei paesi già soggetti a regimi autoritari (fu il caso dell'Ungheria, della Polonia, della Jugoslavia, della Bulgaria), alla nascita di nuove dittature di stampo monarchico-fascista (in Grecia nel '36, in Romania nel '38). Crebbero nel contempo i movimenti estremisti e violentemente antisemiti (come le Croci frecciate in Ungheria o la Guardia di ferro in Romania) che più direttamente si richiamavano all'esempio del nazismo e su questa base contestavano gli stessi regimi autoritari dei loro paesi. Anche nella Repubblica austriaca, il regime clericale e autoritario del cancelliere Dollfuss – che pure aveva represso sanguinosamente la protesta operaia scoppiata nella capitale e aveva messo fuori legge il Partito socialdemocratico [▶12.8] – era minacciato dai nazisti locali, fautori dell'annessione alla Germania.

14.5. Politica e ideologia del Terzo Reich

Il Führer e le masse

Con l'assunzione della presidenza da parte di Hitler scomparivano anche le ultime tracce del sistema repubblicano. Nasceva il Terzo Reich, il terzo Impero (dopo il Sacro romano impero medievale e quello nato nel 1871). Nel nuovo regime si realizzava pienamente quel "principio del capo" (*Führerprinzip*) che costituiva un punto cardine della dottrina nazista. Il capo (Führer è l'equivalente tedesco di "duce") non era soltanto colui al quale spettavano le decisioni più importanti, ma anche la fonte suprema del diritto; non era solo la guida del popolo, ma anche colui che sapeva esprimerne le autentiche aspirazioni.

Il rapporto tra capo e popolo passava esclusivamente attraverso la mediazione del partito unico e delle altre organizzazioni del regime, come il Fronte del lavoro, che sostituiva i disciolti sindacati, o le organizzazioni giovanili che facevano capo alla *Hitlerjugend* (Gioventù hitleriana). Compito di queste organizzazioni era trasformare l'insieme dei cittadini in una comunità di popolo compatta e disciplinata. Dalla "comunità di popolo" erano esclusi per definizione gli elementi "antinazionali", i cittadini di origine straniera o di discendenza non "ariana" e soprattutto gli ebrei, investiti come si è detto del ruolo di capro espiatorio, di obiettivo predeterminato del malcontento popolare.

Gli ebrei tedeschi

Gli ebrei erano allora in Germania una ristretta minoranza: circa 500 mila su una popolazione di oltre 60 milioni di abitanti. Ma, diversamente da quanto accadeva nei paesi dell'Europa orientale, erano concentrati in prevalenza nelle grandi città (quasi 200 mila nella sola Berlino) e, pur non facendo parte della classe dirigente tradizionale, occupavano le zone medio-alte della scala sociale: erano per lo più commercianti, liberi professionisti (un terzo dei medici e degli avvocati delle grandi città erano ebrei), intellettuali e artisti; parecchi avevano posizioni di prestigio nell'industria e nell'alta finanza. Nei confronti di questa minoranza attivamente inserita nella comunità nazionale (oltre 100 mila ebrei avevano combattuto nell'esercito tedesco durante la Grande Guerra), la propaganda nazista riuscì a risvegliare quei sentimenti di ostilità – contro la diversità etnica e religiosa e contro il presunto privilegio economico – che erano largamente diffusi, soprattutto fra le classi popolari, in tutta l'Europa centro-orientale.

Dalla discriminazione alla persecuzione

La discriminazione fu ufficialmente sancita, nel settembre 1935, dalle cosiddette leggi di Norimberga (dal nome della città in cui annualmente si tenevano i congressi del Partito nazista) che tolsero agli ebrei la nazionalità tedesca, e con essa i diritti politici, e proibirono i matrimoni fra ebrei e non ebrei. Successivamente agli ebrei fu impedito di avere attività industriali e commerciali, di esercitare determinate professioni (come la medicina e l'avvocatura), di ricoprire incarichi statali e direttivi. Alla discriminazione "legale" si accompagnava una crescente emarginazione dalla vita sociale: il che spinse molti ebrei – circa 200 mila fra il '33 e il '39 – ad abbandonare la Germania.

La persecuzione antisemita subì un'ulteriore accelerazione a partire dal novembre 1938, quando, traendo pretesto dall'uccisione di un diplomatico tedesco a Parigi per mano di un ebreo, i nazisti organizzarono un gigantesco *pogrom* [▶7.8] in tutta la Germania. Quella fra il 9 e il 10 novembre '38 fu chiamata notte dei cristalli per via delle molte vetrine di negozi appartenenti a ebrei che furono infrante dalla furia dei dimostranti. Ma vi furono conseguenze ben più gravi: sinagoghe distrutte, abitazioni devastate, decine di ebrei uccisi e migliaia arrestati. Da allora in poi per gli ebrei rimasti in Germania la vita divenne pressoché impossibile: taglieggiati nei loro beni, privati del lavoro, accusati di cospirare contro il Reich e dunque minacciati di nuove violenze e di nuove misure repressive. Finché, a guerra mondiale già iniziata, Hitler non concepì il progetto mostruoso di una soluzione finale del problema: soluzione che prevedeva la deportazione in massa e il progressivo sterminio del popolo ebraico.

La difesa della razza

La persecuzione antiebraica fu la manifestazione più vistosa e più orribile della politica razziale nazista, ma non fu l'unica. Essa si inquadrava in un più vasto programma di difesa dell'integrità della "razza" che comportò, fra l'altro, la sterilizzazione forzata per i portatori di malattie ereditarie e, dalla fine degli anni '30, anche la soppressione dei malati di mente classificati come incurabili. Si trattava di pratiche incompatibili coi fondamenti dell'etica cristiana, che suscitarono reazioni di rivolta morale e di contenuta protesta in alcuni settori della società tedesca: reazioni che indussero il regime a sospendere il programma impropriamente detto di "eutanasia". Fu uno dei rari casi in cui si manifestò una frattura fra una parte della società civile e un regime che in generale poggiava su un'ampia base di consenso.

La debolezza delle opposizioni

Fino a quando non fu definitivamente sconfitta in guerra, la macchina del regime nazista poté funzionare senza incontrare ostacoli di rilievo e senza suscitare nel paese resistenze efficaci ed estese. L'opposizione comunista, quasi annientata dopo l'incendio del Reichstag, riuscì a mantenere in piedi solo pochi e isolati nuclei clandestini. La socialdemocrazia, per nulla preparata alla lotta illegale, fece sentire la propria voce solo attraverso gli esuli. I cattolici, dopo lo scioglimento del Partito del Centro, finirono con l'adattarsi al regime, incoraggiati anche dall'atteggiamento della Chiesa di Roma che, nel luglio del '33, stipulò un concordato col governo nazista, assicurandosi la libertà di culto e la non interferenza dello Stato negli affari interni del clero. Solo nel marzo 1937, di fronte agli eccessi della politica razziale nazista, papa Pio XI intervenne con un'enciclica in lingua tedesca per condannare dottrine e pratiche che sempre più rivelavano il loro carattere "pagano". Ma non vi fu, né allora né in seguito, una denuncia del concordato o una scomunica ufficiale del nazismo.

Se pochi furono i problemi creati al regime dalla minoranza cattolica, deboli furono anche le resistenze offerte dalla maggioranza protestante. Le Chiese luterane, per lo più orientate in senso conservatore e tradizionalmente ossequienti al potere, si piegarono alle imposizioni del regime, compreso il giuramento di fedeltà dei pastori al Führer. Solo una minoranza di ministri del culto (la cosiddetta "Chiesa confessante") si oppose attivamente alla nazificazione e fu perciò perseguitata.

Repressione e consenso

Come spiegare la debolezza dell'opposizione al nazismo in un paese che aveva un fortissimo proletariato industriale e che, fin quando aveva potuto esprimersi liberamente, aveva dato una parte rilevante dei suoi consensi alla sinistra? È necessario mettere in conto, in primo luogo, la vastità e l'efficienza dell'apparato repressivo e terroristico: i diversi corpi di polizia – da quella ufficiale a quella segreta, la Gestapo, all'onnipresente "servizio di sicurezza" delle SS – che controllavano con ogni mezzo la vita pubblica e privata dei cittadini; i campi di concentramento (Lager) dove gli oppositori venivano rinchiusi a centinaia di migliaia e sottoposti, sotto la regia di speciali reparti delle SS, a un lento annientamento.

La repressione poliziesca e i Lager possono spiegare la debolezza del dissenso, ma non bastano a spiegare le dimensioni del consenso al regime. Una prima risposta sta nei successi di Hitler in politica estera, di cui parleremo più avanti [▶14.10]. Un altro importante fattore di consenso fu senza dubbio la ripresa economica. Superato già nel '33 il momento più acuto della crisi, la produzione industriale tornò in pochi anni ai livelli del '28, per superarli nel '38-39. Grazie all'impulso dato ai lavori pubblici e soprattutto alla politica di riarmo messa in atto da Hitler, la disoccupazione diminuì rapidamente: fra il '33 e il '36 i disoccupati si ridussero da 6 milioni a 500 mila. Nel '39, alla vigilia della seconda guerra mondiale, era stata raggiunta la piena occupazione.

Un'utopia antimoderna

I successi in economia e in politica estera non basterebbero però a spiegare l'ampiezza del consenso al regime se non si tenesse conto di un altro fattore essenziale: la capacità del nazismo di imporre formule e miti capaci di toccare le corde profonde dell'anima popolare.

Attraverso la stampa, i discorsi del Führer, i film di propaganda, il nazismo propose ai tedeschi un'utopia reazionaria e "ruralista": un mondo popolato da uomini belli e sani, profondamente legati alla loro terra; una società patriarcale di contadini-guerrieri, libera dagli orrori delle metropoli moderne e dalle malattie della civiltà industriale. Questo ideale – ovviamente irrealizzabile in una società industrializzata e altamente urbanizzata come quella tedesca – contrastava in modo stridente con la prassi concreta del regime, sospinto dalla sua logica bellicistica a favorire lo sviluppo della grande industria. Ma si innestava su una solida tradizione culturale nazionale, di origine soprattutto romantica, fondata sui miti della terra e del sangue; e rifletteva uno stato d'animo, largamente diffuso a livello popolare, di istintivo rifiuto della civiltà moderna e di rimpianto per un passato preindustriale dipinto in forme idilliache.

Propaganda e comunicazioni di massa

La caratteristica peculiare della politica culturale nazista stava nel fatto che per diffondere un'utopia antimoderna il regime si serviva dei moderni mezzi di comunicazione di massa. Quello nazista fu il primo governo a istituire in tempo di pace un ministero per la Propaganda che, affidato all'abilissimo Joseph Goebbels, divenne uno dei principali centri di potere del regime. La stampa fu sottoposta a strettissimo controllo e inglobata in un unico apparato alle dipendenze del ministero. Gli intellettuali furono inquadrati in un'organizzazione nazionale (la Camera di cultura del Reich) e dovettero fare atto di adesione al regime: quelli che non vollero piegarsi furono costretti al silenzio od obbligati a lasciare il paese.

Le cerimonie pubbliche

Oltre a sfruttare abilmente i nuovi mezzi di comunicazione di massa, il potere nazista seppe utilizzare in misura mai vista prima le tecniche dello spettacolo. Tutti i momenti più significativi della vita del regime furono infatti scanditi da feste e cerimonie pubbliche: sfilate militari, esibizioni sportive di gruppo e soprattutto adunate di massa culminanti nel discorso del Führer o di altri dirigenti. Queste cerimonie-spettacolo erano preparate con estrema cura: la scenografia doveva essere solenne e monumentale, il colpo d'occhio suggestivo, la coreografia impeccabile. L'importanza delle cerimonie pubbliche non si limitava a questi aspetti di parata. Nella grande adunata il cittadino trovava quei momenti di socializzazione, sia pure forzata, che la vita delle grandi città non offriva spontaneamente; trovava quegli elementi "sacrali" che aveva perso col tramonto della vecchia società contadina, il cui ritmo era appunto scandito da feste e da riti. Era questo un fenomeno, ha scritto lo storico George L. Mosse, «che non può essere classificato con i tradizionali canoni della teoria politica. [Era] una religione laica, la prosecuzione, dai tempi primordiali e cristiani, di un modo di considerare il mondo attraverso il mito e il simbolo, di manifestare le proprie speranze e timori in forme cerimoniali e liturgiche».

14.6. L'Urss e l'industrializzazione forzata

L'Urss e l'antifascismo

Negli anni della grande depressione e del fascismo trionfante, lavoratori e intellettuali antifascisti di tutto il mondo guardavano con interesse e speranza all'Unione Sovietica: il paese che tentava di costruire una nuova società fondata sui princìpi del socialismo e che si presentava come l'estrema riserva dell'antifascismo mondiale. Non solo: mentre gli Stati capitalistici si dibattevano nelle spire della grande crisi, l'Urss, in virtù del suo stesso isolamento economico, non ne era affatto toccata, anzi si rendeva protagonista di un gigantesco sforzo di industrializzazione.

La fine della Nep

La decisione di forzare i tempi dello sviluppo industriale e di porre fine all'esperienza della Nep – che aveva reintrodotto elementi di parziale liberalizzazione economica [▶11.7] – fu presa da Stalin tra il '27 e il '28, subito dopo la definitiva sconfitta di quell'opposizione di sinistra che proprio sulla priorità dell'industrializzazione aveva impostato la sua battaglia. Del resto quasi tutto il gruppo dirigente comunista aveva sempre considerato la Nep come una soluzione transitoria. L'idea – comune a Lenin e a tutto il Partito bolscevico – dell'industrializzazione come presupposto insostituibile della società socialista si univa alla convinzione, forte soprattutto in Stalin, che solo un deciso impulso all'industria pesante avrebbe potuto fare dell'Urss una grande potenza militare, in grado di competere con le potenze capitalistiche.

La campagna contro i *kulaki*

Il primo e più importante ostacolo alla costruzione di un'economia totalmente collettivizzata e altamente industrializzata fu individuato nel ceto dei contadini benestanti, i *kulaki*, accusati di affamare le città non consegnando allo Stato la quota di prodotto dovuta e di venderla sul mercato arricchendosi alle spalle del popolo. Dopo una prima fase caratterizzata da misure restrittive e sistematiche requisizioni dei loro prodotti, a partire dall'estate '29 i *kulaki* furono espropriati di terre, bestiame e mezzi di produzione e inquadrati a forza nelle fattorie collettive, i cosiddetti *kolchozy* [▶11.7]. Queste misure avevano l'obiettivo di "eliminare i *kulaki* come classe" e di procedere immediatamente alla *collettivizzazione* del settore agricolo.

La collettivizzazione

Contro questa linea prese posizione Nikolaj Bucharin, numero due del regime e convinto teorico della Nep, che sosteneva la necessità di non spezzare l'alleanza fra operai e contadini. Ma la maggioranza del partito si schierò con Stalin: Bucharin e i suoi seguaci, condannati nel 1930 come "deviazionisti di destra", subirono una sorte analoga a quella dell'opposizione "di sinistra". E il gruppo dirigente comunista procedette sulla via della collettivizzazione forzata, senza arretrare dinanzi alla prospettiva di una inevitabile, sanguinosa repressione.

Non solo i contadini ricchi, ma anche tutti coloro che si opponevano alle requisizioni e resistevano al trasferimento nelle fattorie collettive furono considerati "nemici del popolo". Migliaia furono i fucilati dopo processi sommari. Centinaia di migliaia gli arrestati. Milioni di contadini furono deportati con le loro famiglie in Siberia o nella Russia settentrionale, chiusi in campi di lavoro forzato o abbandonati in terre inospitali.

La grande carestia

Agli effetti della repressione si sommarono quelli di una nuova spaventosa carestia (dopo quella del 1921 [▸11.7]). Culminata negli anni 1932-33, e a lungo nascosta al mondo, la nuova carestia fu determinata da una serie di fattori concomitanti: l'inefficienza di una macchina organizzativa troppo grande e troppo centralizzata per tener conto delle situazioni locali; la resistenza dei contadini che, in molti casi, preferirono macellare subito il bestiame piuttosto che consegnarlo alle fattorie collettive; ma anche la cinica determinazione delle autorità centrali che non solo non aiutarono in alcun modo la popolazione affamata, ma insistettero nella politica delle requisizioni, decise com'erano a stroncare con tutti i mezzi ogni possibile resistenza. Gli effetti furono terribili in termini di costi umani: fra il '29 e il '33 i *kulaki*, che in tutta l'Urss erano circa 5 milioni, scomparvero non solo "come classe", ma in gran parte anche come persone fisiche. Nella sola Ucraina, in quegli stessi anni, le vittime ammontarono, secondo calcoli recenti, a 4 milioni, fra cui numerosissimi bambini. Ma anche il bilancio economico dell'operazione fu, nell'immediato, disastroso: solo alla fine degli anni '30 la produzione agricola, grazie al massiccio impiego di macchine e concimi, tornò ai livelli dei tempi della Nep, mentre, per l'allevamento, si dovettero attendere gli anni '50. In compenso, fra deportazioni, morti per fame e fuga nelle città, l'eccesso di popolazione nelle campagne fu drasticamente ridotto e la grande maggioranza dei contadini (oltre il 90% nel 1939) fu inserita nelle fattorie collettive.

I piani quinquennali

Il vero scopo di quella che lo stesso Stalin definì una "rivoluzione dall'alto" era però favorire l'industrializzazione del paese mediante lo spostamento di risorse economiche e di energie umane. Da questo punto di vista i risultati furono indubbiamente notevoli, anche se inferiori a quelli programmati: il primo piano quinquennale per l'industria, varato nel 1928, fissava infatti una serie di obiettivi tecnicamente impossibili da conseguire, frutto più di una decisione politica che di un calcolo economico. La crescita del settore fu comunque imponente e si svolse con ritmi che nessun paese capitalistico aveva mai conosciuto fino ad allora. Nel 1932 la produzione industriale era aumentata, rispetto al '28, di circa il 50% e il numero degli addetti all'industria era passato da 3 milioni scarsi a oltre 5 milioni. Col secondo piano quinquennale (1933-37), la produzione aumentò di un altro 120% e il numero degli operai giunse a toccare i 10 milioni.

Lo stachanovismo

Questi risultati furono consentiti non solo da una straordinaria concentrazione di risorse – resa a sua volta possibile da un gigantesco prelievo di ricchezza a spese dell'intera popolazione e soprattutto dei ceti rurali – ma anche dal clima di entusiasmo ideologico e patriottico che Stalin seppe suscitare nella classe operaia intorno agli obiettivi del piano e che permise ai lavoratori dell'industria di sopportare sacrifici pesanti, anche se non paragonabili a quelli dei contadini, in termini di consumi individuali e di ritmi lavorativi. Gli operai furono infatti sottoposti a una disciplina severissima, ai limiti della militarizzazione, ma furono anche stimolati con incentivi materiali che premiavano in modo vistoso i lavoratori più produttivi. Il caso di un minatore del bacino del Don, Aleksej Stachanov, diventato famoso per aver estratto in una notte un quantitativo di carbone superiore di ben quattordici volte quello normale, diede origine a un vero e proprio movimento di esaltazione del lavoro, detto appunto stachanovismo, sostenuto dalle autorità ed esaltato da Stalin.

Il mito dell'Unione Sovietica

L'eco di questi successi varcò i confini dell'Urss galvanizzando i comunisti di tutto il mondo, che ne trassero auspici per un prossimo trionfo della rivoluzione nell'Occidente capitalistico, e suscitando ammirazione anche presso esponenti di altri schieramenti politici. Intellettuali sin allora lontani dai partiti comunisti ne divennero simpatizzanti o aderenti. Meno noti fuori dall'Urss erano i costi umani e politici di quell'impresa. Pochi immaginarono le reali dimensioni della tragedia che si era consumata nelle campagne. E pochi si resero conto che il clima creatosi nel paese in coincidenza col lancio dei piani quinquennali – un clima di esaltazione collettiva, ma anche di sospetto e di repressione giustificata con l'esigenza di colpire i "sabotatori" – era il più adatto ad accentuare i tratti totalitari del regime e la crescita del potere assoluto di Stalin.

14.7. Lo stalinismo, le grandi purghe, i processi

Il potere di Stalin

Sorretto da un onnipotente apparato burocratico e poliziesco – ma anche dal consenso spontaneo di milioni di lavoratori che vedevano in lui il continuatore dell'opera di Lenin e l'artefice dell'industrializzazione – Stalin finì con l'assumere in Urss un ruolo di capo assoluto, non diverso da quello svolto nello stesso periodo dai dittatori di opposta sponda ideologica. Era il padre e la guida infallibile del suo popolo. Era l'autorità politica suprema, ma anche il depositario della "autentica" dottrina marxista – anzi marxista-leninista, secondo la formula codificata negli anni '30 – e al tempo stesso il garante della sua corretta applicazione. Ogni critica, da qualunque parte avanzata, assumeva i caratteri odiosi del tradimento.

Il controllo sulla cultura

Le stesse attività intellettuali dovevano ispirarsi alle direttive del capo e dei suoi interpreti autorizzati: uno di questi, Andrej Zdanov, sarebbe assurto alla fine degli anni '30 al ruolo di controllore di tutto il settore culturale. La letteratura, il cinema, la musica e le arti figurative furono sottoposti a un regime di rigida censura e costretti a svolgere una funzione propagandistico-pedagogica entro i canoni del cosiddetto realismo socialista: il che in pratica significava limitarsi alla descrizione e all'esaltazione della realtà sovietica. La storia recente fu riscritta per mettere meglio in luce il ruolo di Stalin e cancellare quello di Trotzkij e degli altri oppositori sconfitti ed emarginati alla fine degli anni '20. Persino il settore delle scienze naturali fu messo sotto controllo e scienziati illustri furono perseguitati per aver sostenuto teorie giudicate non ortodosse.

Le radici del terrore staliniano

Questa deriva totalitaria, che si accentuò nel corso degli anni '30, era in parte già implicita nei caratteri del bolscevismo e nella prassi autoritaria inaugurata da Lenin subito dopo la presa del potere. Ma Stalin introdusse nella gestione di questo sistema elementi di spietatezza e arbitrio, riconducibili anche ad alcuni aspetti patologici della sua personalità, che peraltro non gli impedivano di ragionare in termini di cinico realismo: non si limitò a combattere i nemici della rivoluzione, ma eliminò buona parte del gruppo dirigente comunista e tutti coloro che considerava rivali reali o potenziali. E fece sparire assieme a loro migliaia di quadri dirigenti del partito e un numero incalcolabile di semplici cittadini sospetti di "deviazionismo" o soltanto invisi alla polizia politica.

La macchina del terrore: "purghe" e Gulag

La macchina del terrore indiscriminato aveva cominciato a funzionare già negli anni del primo piano quinquennale e della collettivizzazione: vittime principali erano stati i contadini e tutti coloro che potevano essere accusati di ostacolare lo sforzo produttivo. Nel 1934, l'assassinio – probabilmente organizzato dallo stesso Stalin – di Sergej Kirov, astro nascente del gruppo dirigente comunista, fornì il pretesto per un'imponente ondata di arresti che colpirono in larga misura gli stessi quadri del partito. Cominciava così la stagione delle "grandi purghe", ossia delle epurazioni di massa che periodicamente colpivano dirigenti politici o intere categorie di cittadini, sempre giustificate con la necessità di combattere traditori e nemici di classe. Si trattò di una gigantesca repressione poliziesca che fu condotta nell'arbitrio più assoluto: milioni di persone, spesso senza neanche conoscere le accuse a loro carico, furono deportate nei numerosi campi di lavoro disseminati nelle zone più inospitali dell'Urss e chiamati, con termine tedesco, "Lager": quell'universo a cui molti anni dopo lo scrittore Aleksandr Solženicyn avrebbe dato il nome di "Arcipelago *Gulag*".

I processi agli oppositori

Ancora peggiore fu la sorte di coloro che furono sottoposti a pubblici processi, formalmente regolari ma in realtà basati su confessioni estorte con la tortura, in cui gli imputati si confessavano colpevoli di complotti tramati immancabilmente d'intesa con i "trotzkisti" e con gli agenti del fascismo internazionale. In questo modo furono eliminati tutti gli antichi oppositori di Stalin – Zinov'ev e Kamenev furono fucilati nel '36, Bucharin nel '38 – ma anche molti stretti collaboratori del dittatore, inghiottiti dalla stessa macchina che avevano contribuito a creare. Lo stesso Trotzkij, esule dal '29 e animatore dall'estero di un'instancabile polemica antistaliniana, fu ucciso nel 1940 in Messico da un sicario di Stalin.

Un tragico bilancio

La repressione non risparmiò alcun settore della società. Professionisti e intellettuali, tecnici e scienziati scomparvero a migliaia nei campi di concentramento. Nel '37 una drastica epurazione colpì i quadri delle forze armate: furono eliminati circa 20 mila ufficiali, a cominciare dal maresciallo Tuchačevskij, capo dell'Armata rossa. Si calcola che, tra il '37 e il '38, circa 700 mila persone perirono a causa delle purghe. Fra l'inizio della collettivizzazione e lo scoppio della seconda guerra mondiale, il conto totale delle vittime ammontò a 10-11 milioni.

Gli echi in Occidente

Le "grandi purghe" e i processi degli anni '30 provocarono notevole impressione in Occidente. Nel complesso, però, la denuncia dello stalinismo non ebbe grande rilievo negli ambienti democratici e socialisti. Lo impedivano la scarsità di informazioni sulle reali dimensioni del fenomeno, ma anche i pregiudizi ideologici – in particolare l'idea, di origine giacobina, che una certa dose di terrore fosse componente indispensabile di ogni grande rivoluzione – e soprattutto le remore politiche: troppo prezioso era il contributo dell'Unione Sovietica e del comunismo internazionale alla lotta contro il fascismo. Così l'immagine di Stalin riuscì a passare indenne attraverso il drammatico periodo delle persecuzioni di massa e il regime comunista sovietico continuò a esercitare il suo fascino su milioni di lavoratori europei.

14.8. Le democrazie e i fronti popolari

La fine della sicurezza collettiva

Se già la grande crisi aveva distrutto le basi economiche della cooperazione fra vinti e vincitori e fra Europa e Stati Uniti, l'avvento al potere di Hitler diede un colpo definitivo all'equilibrio internazionale faticosamente costruito nella seconda metà degli anni '20, all'insegna della sicurezza collettiva [▶11.6].

La prima importante decisione del governo nazista in materia di politica estera fu, nell'ottobre '33, il ritiro della delegazione tedesca dalla conferenza internazionale di Ginevra, dove le grandi potenze (comprese Usa e Urss) cercavano di giungere a un accordo sulla limitazione degli armamenti. Seguì, pochi giorni dopo, il ritiro della Germania dalla Società delle Nazioni. Queste decisioni, con le quali Hitler mostrava chiaramente di non sentirsi legato al "sistema di Locarno" e agli impegni assunti dai governi precedenti, destarono allarme in tutta Europa.

L'assassinio di Dollfuss

Anche l'Italia fascista, nonostante le indubbie affinità ideologiche e nonostante il comune atteggiamento revisionista, cioè critico nei confronti dell'assetto internazionale stabilito a Versailles, dovette preoccuparsi per le mire aggressive tedesche. Quando in Austria, nel luglio del '34, gruppi nazisti ispirati da Berlino tentarono di impadronirsi del potere e uccisero il cancelliere Dollfuss [▸14.4] al fine di preparare l'unificazione fra Austria e Germania, Mussolini reagì immediatamente facendo schierare quattro divisioni al confine italo-austriaco. Hitler, che non era ancora pronto per una guerra, fu costretto a far marcia indietro.

La conferenza di Stresa

Meno di un anno dopo (aprile 1935) Hitler reintrodusse in Germania la coscrizione obbligatoria vietata dal trattato di Versailles. Di fronte a questa palese violazione degli accordi internazionali, i rappresentanti di Italia, Francia e Gran Bretagna si riunirono a Stresa per ribadire la validità dei trattati e per riaffermare il loro interesse all'indipendenza dell'Austria, senza peraltro adottare misure concrete contro le ambizioni tedesche. Fu questa l'ultima manifestazione di solidarietà fra le tre potenze vincitrici. Mentre si accordava con le democrazie occidentali per contrastare il riarmo tedesco, Mussolini stava già preparando l'aggressione all'Impero etiopico [▸15.5], dando avvio al riavvicinamento fra Italia e Germania.

La svolta della politica estera sovietica

Intanto la causa della sicurezza collettiva aveva trovato un nuovo e insperato sostegno proprio nel paese che fino ad allora era rimasto – per sua e per altrui volontà – completamente estraneo a tutte le iniziative nate nell'ambito della Società delle Nazioni: l'Unione Sovietica. Fino al '33 la politica estera dell'Urss si era ispirata a una linea dura e spregiudicata: rifiuto dei trattati di Versailles, nessuna distinzione fra Stati fascisti e democrazie borghesi. I successi di Hitler, che non aveva mai fatto mistero dei suoi progetti ostili nei confronti della Russia, indussero Stalin a intraprendere la strada della cooperazione internazionale. Nel settembre '34 l'Urss entrò nella Società delle Nazioni e nel maggio '35 stipulò un'alleanza militare con la Francia.

L'Internazionale comunista e i fronti popolari

Questa brusca svolta diplomatica ebbe immediato riscontro in un altrettanto rapido capovolgimento della linea seguita dal Comintern e dai partiti comunisti europei. Fu accantonata la tattica della contrapposizione frontale alle forze democratico-borghesi e più ancora alle socialdemocrazie, fino ad allora accusate di favorire "oggettivamente" il fascismo o addirittura di costituire "un'ala del fascismo" (da cui l'espressione polemica socialfascismo): una tattica che, dividendo la sinistra, aveva contribuito a spianare la strada al nazismo in Germania. La nuova parola d'ordine, lanciata ufficialmente nel VII congresso del Comintern (Mosca, agosto 1935), fu quella della lotta al fascismo, indicato ora come il primo e il principale nemico. Ai partiti comunisti spettava il compito di riallacciare i rapporti non solo con gli altri partiti operai, ma anche con le forze democratico-borghesi, di favorire ovunque possibile la nascita di larghe coalizioni dette "fronti popolari" (dove l'aggettivo stava a indicare il passaggio in secondo piano degli obiettivi più propriamente socialisti), allo scopo di appoggiare i governi democratici decisi a combattere il fascismo.

I fatti del febbraio '34 in Francia

Questa linea, se da una parte era funzionale alla nuova politica estera dell'Urss, dall'altra fu il risultato di una pressione unitaria della base operaia europea, spaventata dalla minaccia fascista. Questa spinta si avvertì soprattutto in Francia, dove l'instabilità governativa e il susseguirsi degli scandali politico-finanziari mettevano a dura prova le istituzioni repubblicane, dando spazio alla crescita della destra reazionaria e dei movimenti filofascisti. Quando, il 6 febbraio 1934, l'estrema destra organizzò una marcia sul Parlamento (interrotta dall'intervento della polizia) per impedire l'insediamento del governo presieduto dal radicale Daladier, socialisti e comunisti risposero con manifestazioni unitarie, le prime dopo molti anni. Fu questo il segno di un riavvicinamento che anticipava e preparava la svolta dell'Internazionale comunista e che sarebbe poi stato sanzionato dalla firma, in Francia e in altri paesi, di patti di unità d'azione fra socialisti e comunisti.

La rimilitarizzazione della Renania

La nuova linea unitaria ebbe l'effetto di rinfrancare un movimento operaio depresso da una lunga serie di sconfitte e di far rinascere la speranza che fosse possibile fronteggiare vittoriosamente il fascismo con l'unità fra tutte le forze di sinistra. Queste speranze si sarebbero rivelate illusorie. L'avvicinamento fra l'Urss e le democrazie e il rilancio della politica di sicurezza collettiva non bastarono a fermare, nel '35, l'aggressione dell'Italia fascista all'Etiopia [▶15.5]; né poterono impedire che, nella primavera del '36, Hitler violasse un'altra clausola di Versailles reintroducendo truppe tedesche nella Renania "smilitarizzata" [▶10.12]. La passività mostrata in questa occasione dalle democrazie, che non intervennero contro una Germania militarmente ancora debole, avrebbe oggettivamente incoraggiato i piani aggressivi di Hitler.

I governi di fronte popolare

Il solo risultato concreto della politica dei fronti popolari fu quello di restituire un minimo di unità al movimento operaio europeo, per la prima volta dopo la grande rottura della rivoluzione russa, e di ridare così alla sinistra l'opportunità di assumere il governo nelle democrazie occidentali. Nel febbraio 1936, una coalizione di fronte popolare comprendente anche i comunisti vinse le elezioni politiche in Spagna. Nel maggio dello stesso anno, in Francia il netto successo elettorale delle sinistre aprì la strada alla formazione di un governo composto da radicali e socialisti, sostenuto dall'esterno dai comunisti e presieduto dal socialista Léon Blum.

L'insediamento del primo governo a guida socialista nella storia francese fu accompagnato da grandi manifestazioni di entusiasmo popolare. La Francia repubblicana e socialista parve ritrovare per un momento l'atmosfera fra esaltata e festosa delle rivoluzioni ottocentesche. Gli operai dell'industria diedero vita a un'imponente ondata di scioperi e di occupazioni di fabbriche, strappando a un padronato riluttante, grazie anche alla decisiva mediazione del governo, la firma degli storici accordi di Palazzo Matignon (giugno 1936), che prevedevano, oltre a consistenti aumenti salariali, la riduzione della settimana lavorativa a quaranta ore e la concessione di quindici giorni di ferie pagate.

Declino e caduta del Fronte popolare in Francia

Sebbene andassero incontro a esigenze più che legittime (le due settimane di ferie, ad esempio, erano state conquistate in altri paesi europei già nell'immediato dopoguerra ed erano in vigore anche in Italia e in Germania), gli accordi di Palazzo Matignon crearono notevoli difficoltà all'economia francese, che non si era ancora ripresa dalla grande depressione. L'improvviso aumento del costo del lavoro pregiudicò la competitività dei prodotti dell'industria e innescò un rapido processo inflazionistico che vanificò in gran parte i vantaggi salariali conseguiti dai lavoratori. L'inflazione, e la contemporanea fuga dei capitali all'estero, costrinsero i governi di fronte popolare a due successive svalutazioni del franco. Divenuto bersaglio della violenta ostilità degli ambienti industriali e finanziari, oltre che delle ricorrenti minacce dell'estrema destra, il governo Blum si dimise nel giugno del '37 senza essere riuscito a condurre in porto un organico programma di riforme. La maggioranza di sinistra resistette ancora per un anno, prima di dissolversi a causa dei continui contrasti fra i radicali e i partiti operai. Nella primavera del '38, mentre la situazione internazionale si andava rapidamente deteriorando, l'esperienza del Fronte popolare poteva considerarsi già chiusa.

14.9. La guerra civile in Spagna

Fra il 1936 e il 1939, mentre in Francia si consumava l'esperienza del Fronte popolare, la Spagna fu sconvolta da una drammatica e sanguinosa guerra civile: un conflitto che si caricò di accesi antagonismi ideologici, trasformandosi in uno scontro fra democrazia e fascismo, fra rivoluzione sociale e reazione conservatrice. Scoppiata in un momento di forti tensioni internazionali, la guerra civile spagnola contribuì a sua volta ad aggravarle. Ma le sue origini furono essenzialmente nazionali e vanno ricondotte ai contrasti che avevano lacerato il paese nella prima metà degli anni '30.

Le tensioni sociali

Dopo la fine della dittatura di Primo de Rivera e la caduta della monarchia [▶12.8], la Spagna aveva attraversato un periodo di grave instabilità economica e sociale, che aveva visto succedersi un fallito colpo di Stato militare (estate '32) e una violenta insurrezione anarchica nella regione delle Asturie (autunno '34). Alle tensioni che percorrevano l'intera Europa negli anni della grande depressione si sommavano quelle specifiche di un paese arretrato e prevalentemente agricolo qual era allora la Spagna, dove qualsiasi tentativo riformatore si scontrava da un lato contro l'ottusità di un ceto dominante reazionario, dall'altro contro le tendenze sovversive e antistatali di un proletariato fortemente influenzato dalle ideologie anarco-sindacaliste. La Spagna era l'unico paese al mondo in cui il maggiore sindacato (la Cnt) fosse controllato dagli anarchici. Ma era anche uno degli Stati in cui più si faceva sentire il peso dell'aristocrazia terriera, che possedeva oltre il 40% delle terre coltivate ed era strettamente legata a una Chiesa, a sua volta schierata in gran parte su posizioni conservatrici e tradizionaliste.

Le forze politiche

Queste tensioni condizionarono pesantemente anche la vita politica della Spagna repubblicana, che pure si era data, nel 1932, una Costituzione democratica molto avanzata. Il quadro delle forze in campo non era in apparenza molto diverso da quello di altri paesi europei: a sinistra c'era un forte partito socialista (mentre scarso era il peso dei comunisti), ma si faceva sentire anche la presenza degli anarchici; a destra i gruppi cattolico-conservatori apertamente ostili alla Repubblica; al centro, come in Francia, i partiti di ispirazione radicale e democratico-repubblicana. Ma queste forze politiche, divise su tutto, erano accomunate da una concezione strumentale della democrazia, che le portava a rispettare i verdetti elettorali solo quando erano favorevoli alla propria parte. Da un lato i socialisti facevano ampie concessioni alla retorica rivoluzionaria e appoggiavano ogni movimento di contestazione politica e sociale. Dall'altro i cattolico-conservatori non si riconoscevano nella Costituzione repubblicana, guardavano con favore a un possibile intervento dei militari e non facevano mistero della loro simpatia per i regimi autoritari e fascisti.

La vittoria del Fronte popolare

Quando, nel febbraio 1936, le sinistre unite in una coalizione di Fronte popolare si affermarono nelle elezioni politiche, le tensioni accumulate esplosero in tutto il paese. Le masse proletarie vissero la vittoria come l'inizio di una rivoluzione sociale: un'ondata di collera popolare si rivolse contro i grandi proprietari, i notabili conservatori e soprattutto contro il clero cattolico. I gruppi di destra risposero con la violenza squadristica, in cui si distinsero le formazioni della Falange, che si ispiravano al modello fascista.

Il colpo di Stato

Una guerra civile di fatto era dunque già in corso, quando un gruppo di militari, seguendo una consolidata tradizione nazionale, decise di ribellarsi al governo repubblicano. L'evento scatenante fu l'uccisione, il 13 luglio 1936, da parte di poliziotti repubblicani, dell'esponente monarchico-conservatore José Calvo Sotelo. A guidare la ribellione fu una giunta di cinque generali, in cui il ruolo predominante fu assunto dal poco più che quarantenne Francisco Franco, a capo delle truppe coloniali di stanza in Marocco. I ribelli, detti nazionalisti, assunsero inizialmente il controllo di gran parte della Spagna occidentale; le prime fasi dello scontro parvero però favorevoli al governo repubblicano che, appoggiato da una parte delle stesse forze armate e sostenuto da un'intensa mobilitazione popolare (si organizzarono corpi volontari e si distribuirono armi alla popolazione), mantenne il controllo della capitale e delle regioni del Nord-Est, le più ricche e industrializzate.

La guerra di Spagna

Gli interventi esterni

Ciò che fece pendere la bilancia a favore dei nazionalisti di Franco fu il comportamento delle potenze europee. Italia e Germania aiutarono massicciamente gli insorti franchisti. Mussolini inviò in Spagna un contingente di 50 mila "volontari" (ma si trattava in realtà di reparti regolari) oltre a notevoli quantità di materiale bellico, mentre Hitler fornì soprattutto aerei e piloti e si servì della guerra per sperimentare l'efficienza della sua aviazione. Nessun aiuto venne invece alla Repubblica da parte delle potenze democratiche. Frenato dagli alleati inglesi e preoccupato dal rischio di uno scontro aperto con gli Stati fascisti, il governo francese di Fronte popolare si astenne da ogni aiuto palese ai repubblicani e si illuse di bloccare gli aiuti al campo opposto promuovendo un accordo generale fra le grandi potenze per il non intervento nella crisi spagnola. Sottoscritto, nell'agosto del '36, anche da Italia e Germania, l'accordo fu però rispettato solo da Francia e Gran Bretagna.

Le Brigate internazionali

L'unico Stato a portare aiuto alla Repubblica fu l'Urss, che non solo rifornì il governo spagnolo di materiale bellico ma favorì, attraverso il Comintern, la formazione di Brigate internazionali: reparti volontari composti in buona parte da comunisti ma aperti ad antifascisti di tutte le tendenze e di tutti i paesi, fra cui non pochi intellettuali di prestigio, come l'americano Ernest Hemingway, il francese André Malraux, l'inglese George Orwell. Numerosi furono gli italiani e i tedeschi che trovarono nella guerra l'occasione per combattere in campo aperto quella battaglia che non potevano affrontare in patria. «Oggi in Spagna, domani in Italia» fu lo slogan lanciato da Carlo Rosselli a nome dell'emigrazione antifascista italiana. L'intervento dei volontari antifascisti ebbe un significato morale e politico largamente superiore a quello militare, che pure non fu trascurabile (lo si vide nella battaglia di Guadalajara del marzo '37, quando gli italiani della Brigata Garibaldi inflissero una sconfitta ai loro connazionali inquadrati nei reparti fascisti). Ma non bastava a controbilanciare gli appoggi internazionali di cui godevano i franchisti.

Le divisioni fra i repubblicani

Inferiori agli avversari sul piano militare, i repubblicani erano anche indeboliti politicamente dalle loro divisioni interne. Mentre Franco, insignito del titolo di *caudillo* ("duce, condottiero"), si guadagnava l'appoggio delle gerarchie ecclesiastiche, dell'aristocrazia terriera e di buona parte della borghesia moderata e realizzava l'unità di tutte le destre in un partito unico chiamato Falange nazionalista (ma con i falangisti della prima ora ridotti in posizione subalterna), il Fronte popolare vedeva allontanarsi quei settori della borghesia progressista che, favorevoli in un primo tempo alla Repubblica, erano ora spaventati dagli eccessi di violenza cui si abbandonavano soprattutto gli anarchici. Mentre i nazionalisti mettevano in piedi nei loro territori uno Stato dai chiari connotati autoritari, i repubblicani si scontravano fra loro sull'organizzazione presente e futura della società e sul modo stesso di combattere la guerra.

Anarchici e comunisti

Particolarmente grave era il contrasto che divideva gli anarchici – insofferenti di qualsiasi disciplina militare e di ogni compromesso politico – dagli altri partiti della coalizione: a cominciare dai comunisti, favorevoli, in omaggio alla strategia dei fronti popolari, a una linea relativamente moderata, tale da non rompere l'unità con le forze democratico-borghesi. Il contrasto assunse toni drammatici soprattutto nella primavera del '37, quando a Barcellona gli anarchici si scontrarono armi in pugno con i comunisti e l'esercito regolare repubblicano. I comunisti che, grazie al legame con l'Urss, godevano di un'influenza sproporzionata alla loro modesta consistenza numerica, adottarono nei confronti degli anarchici metodi simili a quelli in uso nella Russia di Stalin: numerosi militanti scomparvero fra il '37 e il '38 e un intero partito, il Poum, nato dalla confluenza fra trotzkisti e anarco-sindacalisti, fu liquidato anche con l'intervento di agenti sovietici.

La sconfitta repubblicana

Le divisioni nel fronte repubblicano contribuirono a far svanire quel clima di entusiasmo popolare che aveva caratterizzato le prime fasi della resistenza antifranchista e facilitarono l'offensiva delle forze nazionaliste: un'offensiva lenta ma sistematica e spietata, volta a eliminare non solo ogni sacca di resistenza militare, ma anche ogni possibile centro di dissidenza politica. La sorte della guerra fu segnata nella primavera del '38, quando i franchisti riuscirono a spezzare in due il territorio controllato dai repubblicani separando Madrid dalla Catalogna. Abbandonata da tutti (anche il Comintern decise in autunno il ritiro delle Brigate internazionali), la Repubblica spagnola resistette ancora per quasi un anno. All'inizio del '39, i nazionalisti sferrarono l'offensiva finale che si concluse, in marzo, con la caduta di Madrid.

Un bilancio tragico

Tre anni di guerra civile lasciarono nel paese una pesante eredità di lutti e distruzioni: circa 500 mila morti (ai quali vanno aggiunte le decine di migliaia di vittime di una feroce repressione protrattasi per molti anni), quasi 300 mila emigrati politici, un dissesto economico di proporzioni incalcolabili. Terminata pochi mesi prima dello scoppio del secondo conflitto mondiale, la guerra civile spagnola ne rappresentò per molti aspetti un sinistro preludio: non solo perché ne prefigurò, almeno in parte, gli schieramenti (Urss e democrazie contro gli Stati fascisti) e ne anticipò il carattere di "guerra ideologica", ma anche perché in Spagna furono adottati per la prima volta metodi e tecniche di guerra (i bombardamenti dei centri abitati, le rappresaglie, i rastrellamenti) che l'Europa e il mondo avrebbero presto sperimentato su ben più ampia scala.

14.10. L'Europa verso la guerra

L'espansionismo hitleriano

Nel periodo in cui si combatté la guerra di Spagna, la marcia dell'Europa verso la catastrofe di un secondo conflitto generale subì una paurosa accelerazione. Il fattore scatenante dell'accresciuta tensione fu senza dubbio la politica della Germania hitleriana. Il comportamento arrendevole tenuto da Gran Bretagna e Francia in tutte le occasioni di confronto con le potenze fasciste convinse Hitler di poter accelerare i tempi per la realizzazione del suo programma. Programma che, come abbiamo visto, prevedeva prima la distruzione dell'assetto europeo uscito da Versailles, con la riunione di tutti i tedeschi in un unico "grande Reich", poi l'espansione verso est ai danni della Russia.

Chamberlain e l'*appeasement*

I piani hitleriani non comportavano necessariamente una guerra contro le potenze occidentali. Al contrario, Hitler sperò fino all'ultimo di poter evitare uno scontro con la Gran Bretagna, a patto naturalmente che la Gran Bretagna lasciasse campo libero alle mire tedesche in Europa centro-orientale. In questa speranza fu indubbiamente incoraggiato dalla linea seguita dai conservatori britannici, soprattutto a partire dal maggio '37, quando la guida del governo fu affidata a Neville Chamberlain, sostenitore convinto di quella che allora fu chiamata politica dell'*appeasement* ("pacificazione"): una politica basata sul presupposto che fosse possibile "ammansire" Hitler accontentandolo nelle sue rivendicazioni più "ragionevoli" e risarcendo in qualche modo la Germania del duro trattamento subìto a Versailles. Il presupposto era sbagliato, visto che i programmi di Hitler non erano affatto ragionevoli. Ma l'idea dell'*appeasement* riscosse ugualmente notevole successo perché rispondeva a una tendenza diffusa nella classe dirigente e nell'opinione pubblica inglese, incline al pacifismo (anche i laburisti, che contestavano l'*appeasement* in nome dell'antifascismo, si opponevano poi a qualsiasi politica di riarmo) e poco convinta, nel fondo, dell'equità del trattato di Versailles. La più coerente opposizione alla politica di Chamberlain venne da un'esigua minoranza di conservatori che facevano capo a Winston Churchill, convinti che l'unico modo per fermare Hitler fosse quello di opporsi con decisione a tutte le sue pretese, anche a costo di affrontare subito una guerra.

La crisi della Francia

Quanto alla Francia, che era stata negli anni '20 la prima garante dei trattati di Versailles, essa fu attraversata in questo periodo, oltre che da profonde lacerazioni politiche, da una sorta di crisi morale che ne minò la capacità di reazione. In Francia la paura della Germania era, per ovvi motivi di vicinanza geografica, più sentita che in Gran Bretagna. Ma ancora più forte era la paura di una nuova guerra: troppo recente era il trauma del primo conflitto mondiale, costato un prezzo altissimo in vite umane. Sentendosi protetti dalla linea Maginot [▶11.6], i francesi si chiedevano se valesse la pena rischiare un nuovo terribile scontro armato per difendere la Russia comunista o i lontani alleati dell'Est europeo. Ad alimentare queste perplessità concorrevano sia il tradizionale pacifismo dei socialisti sia l'aperto filofascismo di una destra tanto spaventata dal Fronte popolare da dimenticare le sue tradizioni nazionaliste («meglio Hitler che Blum» fu lo slogan di moda in quegli anni negli ambienti reazionari). Così la Francia, che restava almeno sulla carta la prima potenza militare d'Europa, si adattò a una politica timida e oscillante, sostanzialmente subalterna a quella della Gran Bretagna. E ciò consentì alla Germania di cogliere una serie di successi senza nemmeno dover mettere alla prova le sue forze armate ancora in fase di ricostituzione.

L'*Anschluss*

Un successo clamoroso Hitler lo ottenne nel marzo 1938 con l'annessione (*Anschluss*) dell'Austria al Reich tedesco. Era questo un obiettivo che il Führer, austriaco di nascita, aveva particolarmente a cuore e che aveva già tentato di raggiungere nell'estate del '34 [▶14.8]. Allora ne era stato impedito dalla decisa reazione delle potenze occidentali, in particolare dell'Italia. Ma quando, all'inizio del '38, Hitler rilanciò la questione dell'*Anschluss*, mobilitando i nazisti austriaci e costringendo alle dimissioni il cancelliere Schuschnigg, Mussolini rinunciò a opporsi alle pretese tedesche. Né alcuna reazione venne dal governo britannico, che considerava la questione austriaca fuori dalla sua sfera di interessi e riteneva non del tutto infondata la rivendicazione dell'*Anschluss* (l'Austria era un paese di lingua tedesca, che già in passato si era mostrato favorevole all'unificazione). L'11 marzo 1938 il capo dei nazisti austriaci Seyss-Inquart, nuovo capo del governo, chiese ufficialmente l'intervento dell'esercito tedesco "per salvare il paese dal caos". Il giorno seguente le truppe del Reich procedettero all'occupazione del territorio austriaco. Un mese dopo, un plebiscito sanzionò a schiacciante maggioranza l'avvenuta annessione.

La questione dei Sudeti

La questione austriaca si era appena chiusa, e già Hitler metteva sul tappeto una nuova rivendicazione, anch'essa fondata su motivi etnici: quella riguardante i Sudeti, ossia gli oltre tre milioni di tedeschi che vivevano entro i confini della Cecoslovacchia. Anche in questo caso Hitler agì mobilitando i nazisti locali e spingendoli a formulare richieste sempre più pesanti all'indirizzo del governo ceco: il quale, in un primo tempo, si mostrò disposto alla concessione di più larghe autonomie alla comunità tedesca. Ma questo non bastò ad accontentare Hitler, che in realtà mirava apertamente all'annessione della regione dei Sudeti e alla distruzione dello Stato cecoslovacco. Due volte, nel settembre del '38, Chamberlain volò in Germania per sottoporre invano a Hitler ipotesi di compromesso.

Gli accordi di Monaco

Alla fine di settembre, quando ormai l'Europa si stava preparando a una guerra che sembrava inevitabile, Hitler accettò la proposta di un incontro fra i capi di governo delle grandi potenze europee (Urss esclusa), lanciata in extremis da Mussolini su suggerimento dello stesso Chamberlain. Nell'incontro, che si svolse a Monaco di Baviera il 29-30 settembre 1938, Chamberlain e il primo ministro francese Édouard Daladier accettarono un progetto presentato dall'Italia che in realtà accoglieva quasi alla lettera le richieste tedesche e prevedeva l'annessione al Reich dell'intero territorio dei Sudeti. Ai cecoslovacchi, che non erano stati ammessi alla conferenza e nemmeno consultati, non restò che accettare un accordo che li lasciava alla mercé della Germania e apriva la strada al dissolvimento della loro Repubblica.

La falsa pace

Chamberlain, Daladier e lo stesso Mussolini furono accolti, al rientro in patria, da imponenti manifestazioni di entusiasmo popolare e acclamati come salvatori della pace. Ma quella salvata a Monaco era una pace fragile e precaria, pagata per giunta a caro prezzo. Accordandosi con Hitler sulla testa della Cecoslovacchia, le potenze democratiche avevano distrutto, assieme alle ultime tracce del principio di sicurezza collettiva, la loro stessa credibilità e avevano aperto la strada a nuove aggressioni. Il commento più appropriato agli accordi di Monaco fu quello di Winston Churchill: «Potevano scegliere fra il disonore e la guerra. Hanno scelto il disonore e avranno la guerra».

sommario

Nel corso degli anni '30, i sistemi politici democratici attraversarono un periodo di enorme difficoltà: l'ascesa del nazismo in Germania dimostrò che la democrazia poteva essere messa in discussione anche nei paesi più sviluppati. Caratteristiche fondamentali dei movimenti e dei regimi fascisti furono l'accentramento del potere nelle mani di un capo, la struttura gerarchica dello Stato, l'inquadramento forzato della popolazione nelle organizzazioni di massa, il rigido controllo sull'informazione e sulla cultura. Il fascismo esercitò una notevole attrazione, negli anni '30, soprattutto sui ceti medi: rappresentò una reazione contro la società di massa, ma al tempo stesso un'esaltazione di alcuni suoi aspetti. Questa capacità di adattamento alla società di massa costituì una caratteristica specifica del fascismo e del nazismo, ma anche del regime sovietico nell'età di Stalin. Per la loro pretesa di dominare in modo "totale" la società, di condizionare comportamenti e mentalità dei cittadini, tali regimi sono detti totalitari.

Caratteristica comune ai regimi totalitari fu il disprezzo del valore della vita e della dignità umane e il ricorso sistematico alla forza. In una visione della nazione come organismo unico la cui integrità va tutelata a ogni costo, anche a prezzo dell'espulsione dei "corpi estranei", si inquadra la fortuna dell'eugenetica, disciplina che persegue il miglioramento di una popolazione attraverso la selezione genetica. Il passaggio a una diffusa pratica di eliminazione fisica si ebbe solo nei regimi totalitari, in particolare nella Germania nazista. Diverse nelle motivazioni ma analoghe nelle conseguenze furono le politiche di sterminio adottate nell'Unione Sovietica di Stalin: qui le vittime (categorie sociali o intere popolazioni) erano scelte su basi ideologiche e di classe.

Il successo del nazismo è strettamente collegato alle conseguenze della crisi economica. Dopo il fallito colpo di Stato di Monaco (1923), che comportò per Hitler il carcere, e fino al 1930, infatti, il Partito nazionalsocialista era un gruppo marginale, che si serviva della violenza contro gli avversari politici, grazie ai suoi reparti d'assalto (le SA). In carcere Hitler scrisse *Mein Kampf* ("La mia battaglia"), in cui espose la sua ideologia fondata sulla esistenza della "razza superiore" ariana che avrebbe dovuto, nel suo programma, dominare sull'Europa e sul mondo, dopo aver sottomesso i popoli slavi per costruire il suo nuovo impero. Questo programma trovò ascolto nella popolazione tedesca solo dopo la crisi economica. Il partito di Hitler vide crescere i suoi consensi nelle numerose elezioni che si tennero fra il '30 e il '32, fino a diventare il primo partito tedesco. Nel gennaio '33 Hitler fu chiamato a guidare il governo.

La trasformazione della Repubblica tedesca in dittatura avvenne nel giro di pochi mesi. Traendo pretesto dall'incendio del Reichstag del febbraio '33, Hitler varò una serie di misure eccezionali che limitavano o annullavano le libertà di stampa e di riunione. Dopo l'affermazione elettorale del marzo (il Partito nazista prese il 44%), Hitler fece approvare una legge che conferiva al governo i pieni poteri, compreso quello di modificare la Costituzione. In luglio una legge sancì che il Partito nazionalsocialista era l'unico partito consentito in Germania. In novembre, le nuove elezioni di tipo plebiscitario accordavano al partito unico il 92% dei voti favorevoli. Nell'estate del '34, dopo la "notte dei lunghi coltelli" con cui si sbarazzò dell'ala estremista del nazismo che faceva capo alle SA, Hitler unificò nelle sue mani le cariche di cancelliere e di capo dello Stato.

Il Terzo Reich ("terzo impero") creato da Hitler si basava sul rapporto diretto fra il Führer ("capo", "duce") del nazismo e le masse, inquadrate nel partito unico e nei suoi organismi collaterali. Compito di queste organizzazioni era trasformare l'insieme dei cittadini in una "comunità di popolo" compatta che escludesse gli elementi estranei e nemici, primi tra tutti gli ebrei. Contro la comunità ebraica tedesca, Hitler scatenò una massiccia campagna di odio, fino alla discriminazione legale sancita dalle leggi di Norimberga (1935) con le quali gli ebrei perdevano la nazionalità tedesca e tutti i diritti politici. Non vi fu, durante il nazismo, alcuna forma di opposizione politica e anche le Chiese cristiane finirono per lo più con l'adattarsi al regime. All'efficienza dell'apparato repressivo (controllato dalla Gestapo e dalle SS) si aggiunsero i consensi ottenuti dal regime per i successi di Hitler in politica estera e soprattutto per la ripresa economica, e la capacità dei miti antimoderni della ideologia nazista di toccare le corde profonde del popolo tedesco, unita a una capillare propaganda e al controllo assoluto della cultura. Tutti i momenti più significativi della vita del regime furono scanditi da cerimonie pubbliche che assumevano per i cittadini il valore di un rito sacrale: sfilate militari, esibizioni sportive, adunate di massa.

In Urss, alla fine degli anni '20, Stalin decise di industrializzare il paese a tappe forzate e di collettivizzare il settore agricolo. I *kulaki*, i contadini agiati, furono individuati come un ostacolo a questo piano ed eliminati con una feroce repressione. Unita allo scoppio di una tremenda carestia nel 1932-33, tale repressione costò milioni di vittime, decimando la popolazione delle campagne e determinando un sensibile abbattimento della produzione agricola. Positivi furono, invece, in termini economici i risultati dei piani quinquennali per l'industria: con il primo, varato nel 1928, la produzione al 1932 risultava aumentata del 50%; con il secondo (1933-37), la produzione aumentò di un altro 120%.

Gli anni '30 videro anche il continuo rafforzamento della dittatura personale di Stalin, che assunse il ruolo di capo assoluto, procedendo alla eliminazione di ogni dissenso. Stalin non solo epurò dal partito tutti i suoi rivali ma li eliminò fisicamente insieme a migliaia di quadri dirigenti del partito e a un numero incalcolabile di semplici cittadini sospetti. Nel 1934 iniziarono le "grandi purghe", una gigantesca repressione poliziesca che colpì negli anni milioni di persone. Fra l'inizio della collettivizzazione e lo scoppio della seconda guerra mondiale, il conto totale delle vittime ammontò a 10-11 milioni.

Le prime iniziative hitleriane in politica estera – a cominciare dal ritiro dalla Società delle Nazioni – rappresentarono una minaccia all'equilibrio internazionale costruito negli anni '20. A partire dal 1935 la causa della sicurezza collettiva trovò un sostegno nella nuova politica estera sovietica, che si riflesse nella linea dettata ai partiti comunisti dalla Terza Internazionale: in nome della lotta al fascismo fu incoraggiata la formazione di alleanze – i "fronti popolari" – tra i comunisti e le forze socialiste e democratico-borghesi. Nel '36 governi di fronte popolare si formarono, prima in Spagna, poi anche in Francia sotto la guida del socialista Léon Blum, che cadde però l'anno successivo senza essere riuscito a portare a termine il suo programma di riforme sociali.

Fra il 1936 e il 1939, la Spagna fu sconvolta da una sanguinosa guerra civile: un conflitto basato su una forte contrapposizione ideologica che presto si trasformò in uno scontro fra democrazia e fascismo, fra rivoluzione sociale e reazione conservatrice. Alla vittoria del fronte popolare (febbraio '36), seguì una ribellione militare. I golpisti, guidati dal generale Franco, ebbero il decisivo appoggio di Italia e Germania, mentre i repubblicani poterono contare solo su rifornimenti sovietici e sui reparti di volontari antifascisti (Brigate internazionali). Nel 1939 la guerra civile terminò con la vittoria di Franco grazie anche alle profonde divisioni esistenti all'interno del fronte repubblicano, soprattutto fra comunisti e anarchici.

Negli stessi anni della guerra di Spagna, la linea della pacificazione (*appeasement*) seguita da Francia e Gran Bretagna nei confronti della Germania finì con l'incoraggiare la politica espansionistica del nazismo. Nel 1938 si compiva l'annessione (in tedesco *Anschluss*) dell'Austria alla Germania; subito dopo Hitler avanzava mire sul territorio cecoslovacco abitato da popolazione tedesca (i Sudeti). Gli accordi di Monaco (settembre '38), che accettavano le richieste tedesche, finirono con lo spianare la strada a un nuovo conflitto mondiale.

bibliografia

Sul totalitarismo: H. Arendt, *Le origini del totalitarismo*, Einaudi, Torino 2015 (ed. or. 1951); S. Forti, *Il totalitarismo*, Laterza, Roma-Bari 2005 (ed. or. 2001); E. Traverso, *Totalitarismo: storia di un dibattito*, ombre corte, Verona 2015 (ed. or. 2001).

Sulla crisi della Repubblica di Weimar e il nazismo: K.D. Bracher, *La dittatura tedesca*, Il Mulino, Bologna 1983 (ed. or. 1969); K. Hildebrand, *Il Terzo Reich*, Laterza, Roma-Bari 1997 (ed. or. 1979); D. Peukert, *Storia sociale del Terzo Reich*, Sansoni, Firenze 1989 (ed. or. 1982); M. Broszat, *Da Weimar a Hitler*, Laterza, Roma-Bari 2001 (ed. or. 1984); H.U. Thamer, *Il Terzo Reich*, Il Mulino, Bologna 2001 (ed. or. 1983); N. Frei, *Lo Stato nazista*, Laterza, Roma-Bari 2002 (ed. or.

1987); I. Kershaw, *Hitler e l'enigma del consenso*, Laterza, Roma-Bari 2011 (ed. or. 1991); G. Corni, *Breve storia del nazismo*, Il Mulino, Bologna 2015; B.C. Hett, *The Death of Democracy: Hitler's Rise to Power and the Downfall of the Weimar Republic*, Henry Holt and Co., New York 2018. Si vedano inoltre le biografie di J.C. Fest, *Hitler*, Garzanti, Milano 2005 (ed. or. 1973), di I. Kershaw, *Hitler 1889-1936* e *1936-1945*, Bompiani, Milano 2001-2003 (ed. or. 1998-2000) e di G. Corni, *Hitler*, Il Mulino, Bologna 2007. Sulla liturgia hitleriana: G.L. Mosse, *La nazionalizzazione delle masse*, Il Mulino, Bologna 2016 (ed. or. 1974). Sul dibattito in Germania, che ha visto gli storici dividersi sul tema dei rapporti fra nazismo e storia tedesca, vedi G.E. Rusconi (a cura di), *Germania: un passato che non passa*, Einaudi, Torino 1987, e I. Kershaw, *Che cos'è il nazismo? Problemi interpretativi e prospettive di ricerca*, Bollati Boringhieri, Torino 2003 (ed. or. 1985). Per un inquadramento di lungo periodo sul contenuto ideologico del nazismo: E. Traverso, *La violenza nazista. Una genealogia*, Il Mulino, Bologna 2002.

Per un confronto tra la Germania e gli altri regimi fascisti degli anni '30, si veda G. Melis, *Lo Stato negli anni Trenta. Istituzioni e regimi fascisti in Europa*, Il Mulino, Bologna 2008.

Sull'Unione Sovietica: oltre alle opere citate nella bibliografia del cap. 10, V. Zaslavsky, *Storia del sistema sovietico*, Carocci, Roma 2001 (ed. or. 1995). Sullo stalinismo: M. Lewin, *Storia sociale dello stalinismo*, Einaudi, Torino 1988 (ed. or. 1985); A. Romano, *Lo stalinismo*, Bruno Mondadori, Milano 2002. Sulle "purghe" staliniane: F. Bettanin, *Il lungo terrore*, Editori Riuniti, Roma 1999; O.V. Chlevnjuk, *Stalin e la società sovietica negli anni del terrore*, Guerra, Perugia 1997; Id., *Storia del Gulag*, Einaudi, Torino 2006 (ed. or. 2004); N. Werth, *Nemici del popolo. Autopsia di un assassinio di massa. Urss, 1937-1938*, Il Mulino, Bologna 2011 (ed. or. 2009). Si vedano inoltre le biografie di Stalin di M. McCauley, *Stalin e lo stalinismo*, Il Mulino, Bologna 2004 (ed. or. 1983) e di O.V. Chlevnjuk, *Stalin. Biografia di un dittatore*, Mondadori, Milano 2017 (ed. or. 2015). Sull'attrazione esercitata dall'Urss nei confronti degli intellettuali: F. Furet, *Il passato di un'illusione. L'idea comunista nel XX secolo*, Mondadori, Milano 1997 (ed. or. 1995). Per un diverso approccio al problema: E.J. Hobsbawm, *Il secolo breve*, Bur, Milano 2016 (ed. or. 1994).

Per una comparazione tra le vicende del nazismo e del comunismo: E. Nolte, *La guerra civile europea 1917-1945: nazionalsocialismo e bolscevismo*, Sansoni, Firenze 2004 (ed. or. 1987) e H. Rousso (a cura di), *Stalinismo e nazismo. Storia e memoria comparate*, Bollati Boringhieri, Torino 2001 (ed. or. 1999).

Sulla guerra civile spagnola: P. Preston, *La guerra civile spagnola*, Mondadori, Milano 2008 (ed. or. 1986); H. Browne, *La guerra civile spagnola*, Il Mulino, Bologna 2000 (ed. or. 1983); G. Ranzato, *L'eclissi della democrazia*, Bollati Boringhieri, Torino 2012 (ed. or. 2004) e Id., *La grande paura del 1936. Come la Spagna precipitò nella guerra civile*, Laterza, Roma-Bari 2011.

Per uno sguardo d'insieme sulla crisi delle democrazie: M. Mazower, *Le ombre dell'Europa. Democrazie e totalitarismi nel XX secolo*, Garzanti, Milano 2013 (ed. or. 1998).

Per una sintesi del quadro internazionale fra le due guerre, oltre ai volumi sul contesto europeo citati nella bibliografia del cap. 11, si vedano R. Overy, *Crisi fra le due guerre mondiali 1919-1939*, Il Mulino, Bologna 2009 (ed. or. 1994) e P. Brendon, *Gli anni Trenta. Il decennio che sconvolse il mondo*, Carocci, Roma 2005 (ed. or. 2000). In un'ottica di più lungo periodo, e con particolare riferimento all'Europa orientale, A. Graziosi, *Guerra e rivoluzione in Europa 1905-1956*, Il Mulino, Bologna 2001.

15. Il regime fascista in Italia

15.1. Lo Stato fascista

Stato e partito

Nella storia dei regimi autoritari fra le due guerre mondiali, il fascismo italiano occupa un posto di grande rilievo, se non altro per una questione di priorità cronologica. Come abbiamo visto [▶12.7], nella seconda metà degli anni '20, quando in Germania il nazismo era ancora una forza marginale, in Italia lo Stato fascista era una realtà già consolidata nelle sue strutture giuridiche – fondate sulla negazione di ogni principio democratico di rappresentanza dal basso – e nelle sue manifestazioni esteriori: le adunate di cittadini in uniforme, le campagne propagandistiche orchestrate dall'autorità, l'amplificazione dell'immagine e della parola del capo, oggetto di un vero e proprio culto. Caratteristica essenziale del regime era la sovrapposizione di due strutture e di due gerarchie parallele: quella dello Stato, che aveva conservato l'impalcatura del vecchio Stato monarchico, e quella del partito con le sue numerose ramificazioni. Al di sopra di tutti si esercitava il potere incontrastato di Mussolini, che riuniva in sé la qualifica di capo del governo e quella di "duce" del fascismo.

La prevalenza dello Stato

Ma, contrariamente a quanto sarebbe accaduto nei regimi più tipicamente totalitari, nel fascismo italiano l'apparato dello Stato ebbe fin dall'inizio, per esplicita scelta di Mussolini, una netta preponderanza sulla macchina del partito. Per trasmettere la sua volontà dal centro alla periferia, Mussolini si servì del tradizionale strumento dei prefetti – i funzionari pubblici che rappresentano, in ogni Provincia, il governo – assai più che degli organi locali del Partito fascista. A controllare l'ordine pubblico e reprimere il dissenso provvedeva la Polizia di Stato, mentre la Milizia [▶12.6] era confinata a una funzione decorativa e "ausiliaria", imparagonabile al ruolo svolto, per esempio, dalle SS nella Germania nazista.

Le organizzazioni di massa

Seppur privo di autonomia politica, il Pnf venne però continuamente dilatando le sue dimensioni e la sua presenza nella società civile. Dalla fine degli anni '20 l'iscrizione al partito cessò di essere il segno dell'appartenenza a un'élite e divenne una pratica di massa (nel 1939 gli iscritti superavano i 2 milioni e mezzo), necessaria fra l'altro per ottenere un posto nell'amministrazione statale.

Faceva capo al partito anche una serie di organismi collaterali, come l'Opera nazionale dopolavoro (che si occupava del tempo libero dei lavoratori organizzando gare sportive, gite e altre attività ricreative) e le numerose organizzazioni giovanili: i Fasci giovanili, per i giovani dai diciotto ai ventun anni, i Gruppi universitari fascisti (Guf) e soprattutto l'Opera nazionale *Balilla* (Onb). Quest'ultima, nata nel 1926, inquadrava tutti i ragazzi fra gli otto e i diciotto anni – divisi, secondo l'età, in "figli della lupa", "balilla" e "avanguardisti" – e forniva loro, oltre a un supplemento di educazione fisica e a qualche forma di istruzione premilitare, anche un indottrinamento ideologico di base. Dall'Onb dipendevano anche i corpi femminili: figlie della lupa, piccole italiane, giovani italiane. Nel complesso, queste strutture svolsero una funzione importante nella fascistizzazione del paese: attraverso queste e altre organizzazioni di massa, dai sindacati di regime alla Milizia, il fascismo cercava di "occupare", insieme con lo Stato, anche la società, riplasmandola dalle fondamenta.

L'influenza della Chiesa

Nel suo tentativo di permeare di sé la società il fascismo incontrava però alcuni ostacoli: il maggiore era rappresentato dalla Chiesa. In un paese in cui oltre il 99% della popolazione si dichiarava di fede cattolica, in cui la pratica religiosa era ovunque diffusa, in cui le parrocchie rappresentavano spesso l'unico centro di aggregazione sociale e culturale, non era facile governare contro la Chiesa o senza trovare con essa un qualche accordo. Consapevole di ciò, Mussolini cercò un'intesa col Vaticano, profittando della disponibilità manifestata dalle gerarchie ecclesiastiche nei confronti del regime, per comporre definitivamente lo storico contrasto fra Stato e Chiesa che aveva segnato l'intera vita del Regno d'Italia.

I Patti lateranensi

Le trattative, condotte in segreto, fra governo e Santa Sede si conclusero l'11 febbraio 1929 con la stipula dei patti che presero il nome dai palazzi del Laterano, cioè dal luogo in cui Mussolini e il segretario di Stato vaticano, il cardinale Pietro Gasparri, si incontrarono per la firma. I Patti lateranensi si articolavano in tre parti distinte: un trattato internazionale, con cui la Santa Sede poneva ufficialmente fine alla "questione romana" riconoscendo lo Stato italiano e la sua capitale e vedendosi riconosciuta la sovranità sullo "Stato della Città del Vaticano" (uno Stato poco più che simbolico, comprendente la basilica di San Pietro, i palazzi pontifici e un piccolo territorio circostante); una convenzione finanziaria, con cui lo Stato si impegnava a corrispondere alla Santa Sede una forte somma, equivalente all'importo delle annualità previste dalla "legge delle guarentigie" dopo la presa di Roma (somma che il papa aveva sempre rifiutato di accettare); infine un concordato, che regolava i rapporti interni fra la Chiesa e il Regno d'Italia, intaccando sensibilmente il carattere laico dello Stato. Il concordato stabiliva fra l'altro che i sacerdoti fossero esonerati dal servizio militare, che i preti spretati fossero esclusi dagli uffici pubblici, che il matrimonio religioso avesse effetti civili, che l'insegnamento della dottrina cattolica fosse considerato "fondamento e coronamento" dell'istruzione pubblica, che le organizzazioni dipendenti dall'Azione cattolica potessero continuare a svolgere la propria attività, purché sotto il controllo delle gerarchie ecclesiastiche e al di fuori di ogni partito politico.

La crescita del consenso

Per il regime fascista i Patti lateranensi rappresentarono un notevole successo. Presentandosi come l'artefice della "conciliazione", Mussolini consolidò la sua area di consenso e la estese anche a strati della popolazione rimasti fino ad allora ostili o indifferenti. Le prime elezioni plebiscitarie – tenute col sistema della lista unica [▶12.7] e indette, non a caso, nel marzo 1929, a poche settimane dalla firma dei Patti – registrarono un afflusso alle urne senza precedenti (quasi il 90%) con un 98% di voti favorevoli. Un risultato da valutare con cautela (come tutti quelli dei plebisciti tenuti in regimi autoritari, dove l'elettore non ha una vera libertà di scelta e manca qualsiasi controllo sulla veridicità dei dati), ma comunque indicativo di un diffuso orientamento favorevole al regime.

I vantaggi per la Chiesa

Se il fascismo trasse dai Patti lateranensi immediati vantaggi politici, fu però il Vaticano a cogliere i successi più significativi e duraturi. In cambio della rinuncia a qualcosa che aveva irrevocabilmente perduto da quasi sessant'anni (il potere temporale), la Chiesa acquistò una posizione di privilegio nei rapporti con lo Stato, anche in materie importanti come la legislazione matrimoniale e l'istruzione. Non a caso, l'unico serio contrasto emerso dopo il concordato fra il regime e la Santa Sede riguardò le organizzazioni di Azione cattolica, che, nel 1931, furono oggetto di violenze squadristiche per aver difeso la loro autonomia organizzativa nel settore giovanile. Il contrasto fu presto superato: il Vaticano ribadì il carattere non politico di quelle organizzazioni. E la Chiesa riuscì a mantenere intatta, seppur con un'operatività limitata, la sua rete di associazioni e circoli, assicurandosi un margine di autonomia ed entrando in oggettiva concorrenza col fascismo proprio nel settore delle organizzazioni giovanili. Di questi spazi la Chiesa non si servì mai per fare opera di opposizione; li usò, però, per educare ai suoi valori una parte non trascurabile della gioventù, per formare una classe dirigente capace, all'occorrenza, di prendere il posto di quella fascista: cosa che si sarebbe verificata nel secondo dopoguerra.

parola chiave

Consenso

Nel linguaggio politico moderno, il termine "consenso" indica l'accordo fra i membri di una comunità su alcuni valori e princìpi o su alcuni obiettivi specifici che la comunità stessa si pone attraverso l'azione dei suoi gruppi dirigenti. Nei sistemi democratici e pluralistici, un certo grado di consenso sui princìpi e sulle istituzioni è considerato indispensabile alla vita dello Stato; ma sulle scelte dei governanti il dissenso è ammesso e in qualche misura istituzionalizzato attraverso meccanismi che permettono il ricambio della classe dirigente. Invece nei sistemi autoritari – e soprattutto in quelli totalitari – il dissenso è represso o nascosto, mentre il consenso è dato per scontato, sulla base di una arbitraria attribuzione al capo, o al partito dominante, della capacità di rappresentare il popolo e di interpretarne i bisogni. Questo non significa che i regimi autoritari non possano godere di autentico consenso popolare. Il problema, per gli storici, è di verificare e misurare questo consenso, in assenza di indicatori attendibili (poiché tali non sono i risultati delle consultazioni elettorali "plebiscitarie" e le manifestazioni di massa organizzate dai regimi stessi).

Nel caso del fascismo italiano, ad esempio, si è discusso e si continua a discutere sulla natura e sulle dimensioni del consenso di cui il regime godette. Negli anni '70 il più autorevole storico del fascismo, Renzo De Felice (1929-1996), autore di una grande biografia di Mussolini, ha sostenuto che, per la maggioranza della popolazione, questo consenso fu ampio e stabile, soprattutto nella prima metà degli anni '30 (prima che cominciasse la fase delle guerre e dell'avvicinamento alla Germania nazista). Altri studiosi hanno contestato sia le conclusioni di De Felice, sia l'attendibilità delle fonti da lui prevalentemente utilizzate (la stampa, le carte di Mussolini, i rapporti di polizia), e hanno affermato che il grosso della popolazione diede al regime niente più che un consenso "passivo", un'accettazione rassegnata (salvo che in alcuni momenti particolari, come la conquista dell'Etiopia o la conferenza di Monaco). Oggi la maggior parte degli storici tende a riconoscere al fascismo una certa base di consenso, soprattutto fra i ceti medi, anche se ci si rende conto della difficoltà di valutarne la natura e di misurarne con precisione l'entità.

La monarchia

La Chiesa non costituì l'unico ostacolo per le aspirazioni totalitarie del fascismo. Un altro limite insuperabile stava all'interno, anzi al vertice delle istituzioni statali ed era rappresentato dalla monarchia. Per quanto fosse nei fatti regolarmente esautorato, fino ad apparire come un ostaggio nelle mani di Mussolini, il re restava pur sempre la più alta autorità dello Stato. A lui spettavano, secondo lo Statuto, il comando supremo delle forze armate, la scelta dei senatori e il diritto di nomina e revoca del capo del governo. Si trattava di poteri del tutto teorici, destinati a restare tali finché il regime fosse rimasto forte e compatto attorno al suo capo. Ma, in caso di crisi o di spaccatura interna, le carte migliori sarebbero fatalmente tornate in mano al re, punto di riferimento obbligato per i militari e la borghesia conservatrice. Questa eventualità rappresentava per il fascismo un motivo di sotterranea debolezza.

15.2. Un totalitarismo imperfetto

L'immagine dell'Italia fascista

Se osserviamo l'Italia del ventennio fascista quale ci appare attraverso i materiali prodotti durante il regime (cinegiornali d'attualità, foto ufficiali, stampa illustrata), vediamo emergere con evidenza l'immagine di un paese largamente fascistizzato: i ritratti di Mussolini esposti nelle scuole e negli uffici o innalzati per le strade in giganteschi cartelli; gli edifici pubblici e i monumenti; le copertine dei libri e le cartoline ornate dall'emblema del fascio littorio (insegna del potere dei magistrati di Roma antica, eletto a simbolo del regime); i muri istoriati da scritte guerriere; le grandi folle mobilitate in occasione delle ricorrenze fasciste (come l'anniversario della marcia su Roma) o dei discorsi del duce trasmessi dalla radio; gli scolari che sfilavano in formazione militare, in camicia nera e armati di fucili di legno, e i loro padri, anch'essi in divisa fascista, che si riunivano nei giorni festivi agli ordini dei Fasci locali per celebrare i riti del regime. Il problema è vedere se queste immagini rispecchiavano la realtà dell'Italia di allora. Il paese era davvero cambiato rispetto al periodo precedente, così com'era cambiata la sua immagine ufficiale? Per dare una risposta a questa domanda è necessario dare uno sguardo alle condizioni del "paese reale", quali risultano dai dati statistici.

La società italiana tra sviluppo e arretratezza

I dati ci dicono in primo luogo che, anche durante il periodo fascista, l'Italia continuò a svilupparsi secondo le linee di tendenza comuni a tutti i paesi dell'Europa occidentale, benché con un ritmo più lento di quello tenuto nel ventennio precedente. La popolazione, che era di 38 milioni nel 1921, passò a 44 nel 1939.

Nello stesso periodo si accentuò l'urbanizzazione e la percentuale dei residenti in comuni con più di 100 mila abitanti salì dal 13 al 18%; la quota degli addetti all'agricoltura sul totale della popolazione attiva calò dal 58 al 51%, mentre quella degli occupati nell'industria passò dal 23 al 26,5% e quella degli addetti al terziario dal 18 al 22%. Nonostante questi segni di sviluppo, alla vigilia della seconda guerra mondiale l'Italia era ancora un paese fortemente arretrato rispetto alle maggiori potenze europee. Alla fine degli anni '30, il reddito medio di un italiano era poco più della metà di quello di un francese, un terzo di quello di un britannico (e un quarto di quello di uno statunitense). Malgrado spendesse più della metà del suo reddito in consumi alimentari, l'italiano medio si nutriva essenzialmente di farinacei, mangiava carne e beveva latte in quantità tre volte inferiore a quella di un cittadino britannico o statunitense e considerava generi di lusso il caffè, il tè e lo zucchero. Nel 1938 c'era in Italia un'automobile ogni 100 abitanti (mentre il rapporto era di 1 a 20 in Gran Bretagna e in Francia), un telefono ogni 70 abitanti (1 a 13 in Gran Bretagna, 1 a 27 in Francia), un apparecchio radio ogni 40 (1 a 6 in Gran Bretagna, 1 a 8 in Francia).

Il tradizionalismo fascista

L'arretratezza economica e civile della società italiana fu per certi aspetti funzionale al regime e all'ideologia fascista. Il fascismo, come il nazismo, predicò il "ritorno alla campagna", lanciando a più riprese la parola d'ordine della ruralizzazione, e tentò di scoraggiare, senza peraltro riuscirvi, l'afflusso dei lavoratori verso i centri urbani. Il regime inoltre, d'accordo in questo con la Chiesa, difese ed esaltò la funzione del matrimonio e della famiglia, come garanzia di stabilità e come base per lo sviluppo demografico. Ispirandosi alla dottrina che identificava la potenza con la forza del numero, il fascismo cercò di incoraggiare con ogni mezzo l'incremento della popolazione: furono aumentati gli assegni familiari dei lavoratori, vennero favorite le assunzioni dei padri di famiglia, furono istituiti premi per le coppie più prolifiche, venne addirittura imposta una tassa sui celibi. In coerenza con questa linea, il regime ostacolò il lavoro delle donne (anche in questo caso con scarso successo) e, più in generale, si oppose al processo di emancipazione femminile. In realtà anche le donne ebbero, durante il fascismo, le loro strutture organizzative – i Fasci femminili, le Giovani italiane, le Massaie rurali –, ma si trattava di organismi poco vitali, la cui funzione principale stava nel ribadire la centralità delle virtù domestiche, l'immagine tradizionale della donna come "angelo del focolare".

L'utopia dell'"uomo nuovo"

Il fascismo, però, non era solo un regime conservatore e immobilista. Se da un lato voleva mantenere in vita strutture sociali e tradizioni del passato, dall'altro era in qualche modo proiettato verso il futuro, verso la creazione dell'"uomo nuovo", verso un sistema totalitario moderno, in cui l'intera popolazione fosse inquadrata nelle strutture del regime e pronta a combattere per la grandezza nazionale. Per la realizzazione di questa utopia il ritardo economico e culturale del paese rappresentava però un ostacolo insormontabile. Non era facile far giungere il messaggio fascista nei piccoli paesi dove non arrivavano le strade carrozzabili, non c'erano scuole e non si sapeva che cosa fossero la radio e il cinema.

Le classi lavoratrici

Ma era soprattutto la scarsezza delle risorse che impediva al regime di praticare una politica economica e sociale capace di conquistare il consenso delle classi lavoratrici. Nel 1927 venne varata con grande solennità la "Carta del lavoro" (in cui si parlava fra l'altro di "uguaglianza giuridica" fra imprenditori e prestatori d'opera e di "solidarietà fra i vari settori della produzione"). Ma le generiche enunciazioni della Carta non erano certo sufficienti a ripagare i lavoratori della scomparsa dei sindacati liberi e dunque della perdita di qualsiasi autonomia organizzativa e capacità contrattuale. I vantaggi offerti dall'organizzazione del dopolavoro e i miglioramenti nel campo della previdenza sociale (pensioni, ferie pagate) non bastarono a compensare il calo dei salari reali che, nel settore industriale, scesero del 20% fra il 1921 e il 1939.

I limiti del consenso al regime

Non a caso, i maggiori successi, in termini di partecipazione e di consenso, il regime li ottenne presso la media e piccola borghesia. I ceti medi, infatti, non solo furono complessivamente favoriti dalle scelte economiche del regime e si videro aprire nuovi canali di ascesa sociale dalla moltiplicazione degli apparati burocratici (sia nello Stato, sia nel partito e negli enti di nuova istituzione), ma erano anche i più sensibili ai valori esaltati dal fascismo (la nazione, la gerarchia, l'ordine sociale), i più disposti a recepirne i messaggi e a farne proprie le parole d'ordine.

In sintesi, il fenomeno della fascistizzazione fu ampio, ma riguardò essenzialmente gli strati intermedi della società, toccando solo parzialmente le classi popolari. Il regime riuscì a cambiare, in maniera anche vistosa, i comportamenti pubblici e le forme di partecipazione collettiva, ma non a trasformare nel profondo mentalità e strutture sociali.

15.3. Scuola, cultura, informazione

La fascistizzazione della scuola

In coerenza con la sua aspirazione al controllo totale della società, il fascismo dedicò un'attenzione particolare alla scuola, già profondamente ristrutturata nel 1923 con la riforma Gentile [▶12.6]: una riforma che mirava ad accentuare la severità degli studi e sanciva il primato delle discipline umanistiche, considerate il principale strumento di formazione della classe dirigente. Una volta consolidatosi, il regime si preoccupò di fascistizzare l'istruzione sia con una più stretta sorveglianza sugli insegnanti, sia attraverso il controllo dei libri scolastici e l'imposizione, dal 1930, di testi unici per le elementari.

L'università

Rispetto alla scuola elementare e media, l'università godette di una maggiore autonomia. Ma non la usò per contestare le scelte culturali del fascismo. Quando, nel 1931, fu imposto a tutti i docenti il giuramento di fedeltà al regime, su 1200 professori titolari solo una dozzina, per lo più anziani e prossimi alla pensione, rifiutarono di giurare e persero così le cattedre. Vi furono insegnanti non fascisti, o notoriamente antifascisti, che si piegarono all'imposizione solo per poter continuare la loro attività. Ma, nella maggior parte dei casi, il giuramento non suscitò particolari problemi di coscienza.

Il consenso degli intellettuali

In generale, gli ambienti dell'alta cultura – universitaria e non – si allinearono su una posizione di sostanziale adesione al regime. Alcuni fra i nomi più illustri della cultura italiana – oltre a Giovanni Gentile, storici come Gioacchino Volpe, scrittori come Luigi Pirandello, scienziati come Guglielmo Marconi, musicisti come Pietro Mascagni, architetti come Marcello Piacentini – fecero esplicita professione di fede fascista. Molti accettarono di inserirsi nelle istituzioni culturali pubbliche, godendo delle gratificazioni materiali e dei riconoscimenti di cui il fascismo fu prodigo nei loro confronti.

Il controllo della stampa

Ancor più diretto e capillare fu il controllo esercitato dal regime sull'informazione e sui mezzi di comunicazione di massa. Tutto il settore della stampa politica – già fascistizzata fra il '22 e il '26 [▶12.7] – fu sottoposto a un controllo sempre più stretto e soffocante da parte del potere centrale, che non si limitava alla semplice censura, ma interveniva con precise direttive sul merito degli articoli. Affidata istituzionalmente a un apposito ufficio – poi trasformato in ministero per la Cultura popolare (Minculpop), creato nel 1937 a imitazione di quello nazista per la propaganda – la sorveglianza sulla stampa era in realtà esercitata personalmente da Mussolini: il quale, non dimentico del suo passato di giornalista, dedicava alla lettura dei quotidiani una parte notevole del suo tempo.

La radio

Al controllo sulla carta stampata il regime univa quello sulle trasmissioni radiofoniche, affidate, dal 1927, a un ente di Stato denominato Eiar (progenitore dell'attuale Rai). Come mezzo d'ascolto privato, la radio ebbe però una diffusione abbastanza lenta, in confronto a quella dei paesi più sviluppati. Solo dopo il 1935 si affermò come essenziale canale di propaganda, grazie anche alla decisione del governo di installare apparecchi nelle scuole, negli uffici pubblici, nelle sedi delle organizzazioni di partito. E solo negli ultimi anni '30 entrò stabilmente nelle case della classe media, influenzandone non poco i gusti e le abitudini.

Il cinema

Come la radio, anche il cinema fu oggetto privilegiato delle attenzioni del regime e ne ricevette generose sovvenzioni, che avevano lo scopo di favorire la produzione nazionale e di limitare la massiccia penetrazione dei film statunitensi. Sulla normale produzione cinematografica il regime esercitò però un controllo abbastanza elastico, volto più a bandire dalle pellicole qualsiasi argomento politicamente e socialmente scabroso che non a introdurvi temi di esplicita propaganda. Per questo bastavano i cinegiornali d'attualità, prodotti da un apposito ente statale – l'Istituto Luce – e proiettati obbligatoriamente nelle sale cinematografiche [▶13.7]. I cinegiornali furono uno dei più importanti strumenti di propaganda di massa di cui disponesse il fascismo: sia perché raggiungevano un pubblico valutabile in parecchi milioni di persone, sia perché fornivano immagini capaci di attirare l'attenzione popolare e scelte accuratamente per meglio illustrare i trionfi del fascismo e del suo capo.

15.4. La politica economica e il mondo del lavoro

Il progetto corporativo

Fin dai suoi esordi, il fascismo italiano ebbe l'ambizione di presentarsi come portatore di nuove soluzioni nel campo dell'economia. La formula fatta propria ufficialmente dal regime fu quella del corporativismo: un'idea che affondava le sue radici addirittura nel Medioevo, nell'esperienza delle corporazioni di arti e mestieri, e aveva già ispirato nell'800 il pensiero sociale cattolico. In sostanza il corporativismo avrebbe dovuto significare gestione diretta dell'economia da parte delle categorie produttive, organizzate appunto in "corporazioni" distinte per settori di attività e comprendenti sia gli imprenditori sia i lavoratori dipendenti. Le istituzioni corporative avrebbero dovuto incarnare una "terza via" fra capitalismo e socialismo e contemporaneamente risolvere il problema della rappresentanza politica secondo criteri diversi da quelli "individualistici" della democrazia.

In realtà un vero sistema corporativo non vide mai la luce. Per molti anni le corporazioni restarono un puro progetto. Quando infine vennero istituite, nel 1934, tutto si risolse nella creazione di una nuova burocrazia sovrapposta a quelle già esistenti e priva di qualsiasi rappresentatività in quanto designata dall'alto. Il fascismo riuscì ugualmente a realizzare interventi importanti nell'economia, ma non inventò un nuovo sistema. E non mantenne nemmeno, nel corso del ventennio, una linea di politica economica coerente.

Dal liberismo al protezionismo

Nei suoi primi anni di governo (1922-25) il fascismo aveva adottato una linea liberista, di forte incoraggiamento all'iniziativa privata [▸12.6]. Questa politica però aveva provocato, oltre a un consistente incremento produttivo, un riaccendersi dell'inflazione, un crescente deficit negli scambi con l'estero e un deterioramento del valore della lira. Nell'estate del 1925 si ebbe una brusca svolta; e venne inaugurato un nuovo corso fondato sul protezionismo, sulla deflazione, sulla stabilizzazione monetaria e su un più accentuato intervento statale nell'economia.

Prima importante misura fu l'aumento del dazio sui cereali: una misura che si inseriva in una tendenza di lungo periodo volta a favorire la produzione cerealicola nazionale, ma che questa volta fu accompagnata da una rumorosa campagna propagandistica detta "battaglia del grano". L'obiettivo era il raggiungimento dell'autosufficienza nella produzione dei cereali, da conseguire sia attraverso l'aumento della superficie coltivata a frumento, sia mediante l'impiego di tecniche più avanzate: il che avrebbe favorito anche le industrie produttrici di concimi e macchine agricole. Lo scopo fu in buona parte raggiunto: alla fine degli anni '30 la produzione di grano era aumentata del 50%. Ma il prezzo fu il sacrificio di altri settori, come l'allevamento (danneggiato dalla riduzione dei pascoli), e delle colture rivolte all'esportazione.

La rivalutazione della lira

La seconda "battaglia" fu quella per la rivalutazione della lira. Nell'agosto 1926 il duce annunciò di voler riportare il cambio internazionale della moneta ai livelli precedenti il conflitto mondiale, e fissò l'obiettivo di "quota novanta", ossia 90 lire per una sterlina (contro le 145 del cambio allora in vigore). Alla base di questa scelta c'era soprattutto il desiderio di dare al mondo un'immagine di stabilità monetaria oltre che politica, rassicurando i risparmiatori. Anche questo obiettivo fu raggiunto, grazie a una forte restrizione del credito e con l'aiuto di un cospicuo prestito concesso da grandi banche statunitensi. I prezzi diminuirono e la lira recuperò il potere d'acquisto perduto. Ma a goderne non furono i lavoratori, che si videro tagliare i salari in misura più che proporzionale. Molte piccole e medie aziende agricole entrarono in crisi perché strozzate dal calo dei prezzi dei loro prodotti e dalla restrizione del credito. Nel settore industriale, furono colpite soprattutto le imprese che lavoravano per l'esportazione, danneggiate dalla rivalutazione della moneta; al contrario, quelle che operavano sul mercato interno poterono giovarsi della contrazione del costo del lavoro e di un forte aumento delle commesse pubbliche. Tutto questo avvantaggiò le grandi industrie e favorì i processi di concentrazione aziendale.

Gli effetti della grande crisi

L'economia italiana non si era ancora ripresa dalla cura deflazionistica, quando cominciarono a farsi sentire le conseguenze della crisi mondiale: conseguenze meno drammatiche che in altri paesi europei, anche perché la politica economica adottata dopo il 1925 aveva in qualche modo anticipato gli effetti negativi della crisi. Ma la recessione si fece ugualmente sentire: il commercio con l'estero si ridusse drasticamente (nel '33 il volume delle esportazioni era più che dimezzato rispetto al '29); l'agricoltura subì un nuovo colpo a causa del calo delle esportazioni e dell'ulteriore tracollo dei prezzi; le imprese industriali accusarono gravi difficoltà e la disoccupazione aumentò bruscamente.

La risposta del regime si attuò su due direttrici principali: lo sviluppo dei lavori pubblici come strumento per rilanciare la produzione (qui si può notare una analogia con le politiche messe in atto sia negli Stati Uniti di Roosevelt sia nella Germania di Hitler); e l'intervento diretto dello Stato a sostegno dei settori in crisi.

I lavori pubblici

La politica dei lavori pubblici ebbe il suo maggiore sviluppo nella prima metà degli anni '30. Furono realizzate nuove strade e costruiti nuovi edifici pubblici dove il regime poté appagare il suo gusto per il monumentale. Fu varato il "risanamento" del centro storico della capitale, che provocò la distruzione di interi antichi quartieri. E fu avviato un ambizioso programma di bonifica integrale che avrebbe dovuto portare al recupero e alla valorizzazione delle terre incolte. Il progetto, ostacolato sia dalle difficoltà della finanza pubblica sia dalle resistenze dei grandi proprietari, fu attuato solo parzialmente. Fu però portata a termine, nel giro di soli tre anni (dal '31 al '34), la bonifica dell'Agro Pontino, un vasto territorio paludoso e malarico a sud della capitale. Nel complesso furono recuperati alle colture circa 60 mila ettari. Furono creati 3 mila nuovi poderi dove vennero trasferiti contadini provenienti dalle zone più depresse del Centro-Nord (soprattutto dal Veneto); furono costruiti villaggi rurali e vere e proprie "città nuove" come Sabaudia e Littoria (l'odierna Latina): per il regime, un indubbio successo propagandistico.

La crisi bancaria e l'intervento dello Stato

Fu comunque nel settore dell'industria e del credito che l'intervento dello Stato assunse le forme più incisive. In difficoltà erano soprattutto le grandi banche (Banca Commerciale e Credito italiano) che erano state create alla fine dell'800 allo scopo di sostenere gli investimenti nell'industria e che, nel dopoguerra, avevano assunto il controllo di importanti gruppi industriali, soprattutto nel settore siderurgico. Per evitare che la crisi di questi gruppi trascinasse con sé quella delle banche, il governo intervenne creando nel 1931 un nuovo istituto di credito, l'Istituto mobiliare italiano (Imi), col compito di sostituire le banche in difficoltà nel sostegno alle industrie in crisi, e dando vita nel 1933 all'Istituto per la ricostruzione industriale (Iri). Valendosi di fondi forniti in gran parte dallo Stato, l'Iri rilevò le partecipazioni industriali delle banche, assumendo così il controllo di alcune fra le maggiori imprese italiane, fra cui l'Ansaldo, l'Ilva e la Terni.

Lo Stato imprenditore

Nei progetti originari, il compito dell'Istituto avrebbe dovuto essere transitorio, limitandosi al risanamento delle imprese in crisi in vista di una loro riprivatizzazione. Accadde invece che la vendita ai privati risultò impraticabile (date le dimensioni delle imprese e i rischi connessi alla loro gestione) e l'Iri diventò, nel 1937, un ente permanente. In questo modo lo Stato italiano si trovò a controllare una quota dell'apparato industriale e bancario superiore a quella di qualsiasi altro paese (salvo naturalmente l'Urss): diventò cioè Stato imprenditore oltre che Stato banchiere, senza con ciò minacciare l'autonomia delle grandi imprese. Al contrario, i maggiori gruppi privati furono aiutati a rafforzarsi e a ingrandirsi e accolsero con favore l'intervento statale, che accollava alla collettività i costi della crisi industriale e bancaria.

Il ruolo dei tecnici

Queste scelte non si tradussero comunque in una fascistizzazione dell'economia: per gli interventi più importanti Mussolini non si servì di personale proveniente dal partito o dalla nascente burocrazia "corporativa", ma si affidò piuttosto a tecnici, come l'esperto di agraria Arrigo Serpieri, teorico della bonifica integrale, o come Alberto Beneduce, ex socialista, fondatore e primo presidente dell'Iri. Nei nuovi enti che furono detti "parastatali" e nella stessa Banca d'Italia (che vide i suoi poteri ulteriormente rafforzati da una riforma bancaria nel 1936) si formò così una "burocrazia parallela" destinata a svolgere un ruolo di primo piano nell'Italia postfascista.

L'autarchia e l'economia di guerra

Intorno alla metà degli anni '30 l'Italia era uscita dalla fase più acuta della crisi, sia pure a prezzo di sacrifici non lievi. A questo punto, però, mancarono al regime la capacità e la volontà di profittare della ripresa per mettere in moto un processo di sviluppo che si riflettesse sulle condizioni di vita della popolazione. Al contrario, il regime si lanciò in una politica di dispendiose imprese militari. Alla fine del 1935, traendo spunto dalle sanzioni economiche imposte all'Italia per l'aggressione all'Etiopia [▶ 15.5], Mussolini decise di insistere con la politica "autarchica" già inaugurata con la "battaglia del grano" e consistente nella ricerca di una sempre maggiore autosufficienza economica, soprattutto nel campo dei prodotti e delle materie prime utili in caso di guerra. In pratica l'*autarchia* si tradusse in una ulteriore stretta protezionistica, in un più intenso sfruttamento del sottosuolo e in un incoraggiamento alla ricerca applicata, soprattutto nel campo delle fibre artificiali e dei combustibili sintetici. I risultati finali non furono brillanti. L'autosufficienza rimase un traguardo irraggiungibile e la produzione industriale crebbe piuttosto lentamente. Le spese militari sottrassero risorse ai consumi e agli investimenti produttivi accentuando l'isolamento economico del paese, senza nemmeno ottenere, tranne che per i settori interessati alle commesse belliche, quegli effetti positivi che il riarmo produsse sulla ben più forte struttura industriale della Germania nazista. Cominciava per l'Italia una lunga stagione di *economia di guerra* destinata a prolungarsi senza interruzioni fino al secondo conflitto mondiale.

15.5. La politica estera e l'Impero

La vocazione nazionalista

Diversamente dalla Germania, uscita sconfitta dalla guerra e punita al tavolo della pace, l'Italia mussoliniana non aveva da avanzare rivendicazioni territoriali capaci di mobilitare l'opinione pubblica. Nonostante le delusioni subìte a Versailles, era pur sempre una potenza vincitrice e aveva risolto in modo soddisfacente la spinosa questione adriatica [▸12.1 e 12.3]. Ma non per questo il fascismo poteva accantonare quella vocazione nazionalista ed espansionista che faceva parte dei suoi caratteri originari e lo portava a proporsi come il restauratore delle glorie di Roma antica.

Fino ai primi anni '30, le aspirazioni imperiali del fascismo rimasero vaghe e si tradussero, più che in una coerente direttiva di politica estera, in una generica contestazione dell'assetto europeo uscito dai trattati di Versailles. Il che tuttavia non impedì all'Italia di mantenere buoni rapporti con la Gran Bretagna e di restare all'interno del sistema di sicurezza collettiva fondato sull'intesa fra le potenze vincitrici. Questa fase, culminata negli accordi di Stresa dell'aprile 1935 [▸14.8], si esaurì però con l'attacco dell'Italia fascista all'Impero etiopico, allora l'unico grande Stato indipendente del continente africano.

L'impresa etiopica e le sanzioni

A spingere Mussolini verso un'impresa di cui pochi in Italia sentivano la necessità furono motivi di politica internazionale e interna. Con la conquista dell'Etiopia il duce intendeva innanzitutto dare uno sfogo alla vocazione imperiale del fascismo, vendicando al contempo lo scacco subìto dall'Italia nel 1896 con la sconfitta di Adua. Ma voleva anche creare una nuova occasione di mobilitazione popolare che facesse passare in secondo piano i problemi economici e sociali del paese.

I governi francese e britannico erano disposti ad assecondare, almeno in parte, le mire italiane. Ma non potevano accettare che uno Stato indipendente, membro della Società delle Nazioni, fosse cancellato dalla carta geografica da un atto di aggressione. Così, quando all'inizio di ottobre del 1935 l'Italia diede avvio all'invasione dell'Etiopia, Francia e Gran Bretagna chiesero al Consiglio della Società delle Nazioni di adottare sanzioni economiche, consistenti nel divieto di esportare in Italia merci necessarie all'industria di guerra.

La rottura con le democrazie

Approvate a schiacciante maggioranza pochi giorni dopo l'inizio dell'invasione, le sanzioni ebbero un'efficacia molto limitata: sia perché il blocco non era esteso alle materie prime, sia perché non impegnava gli Stati che non facevano parte della Società delle Nazioni, come gli Stati Uniti e la Germania. Le decisioni prese ebbero però l'effetto di approfondire la frattura fra il regime fascista e le democrazie europee e consentirono a Mussolini di montare un'imponente campagna propagandistica tesa a presentare l'Italia come vittima di una congiura internazionale. L'immagine dell'Italia "proletaria" cui le nazioni *plutocratiche*, già padrone di sterminati imperi coloniali, volevano impedire la conquista di un proprio "posto al sole" riuscì in effetti a far breccia nell'opinione pubblica italiana, non escluse le classi popolari, alle quali fu fatto intravedere il miraggio di nuovi posti di lavoro e di nuove opportunità di ricchezza da conquistare oltremare. Le piazze si riempirono di folle inneggianti a Mussolini e alla guerra. Studenti e attivisti di partito diedero vita a rumorose manifestazioni anti-inglesi. Milioni di coppie, a cominciare da quella reale, accolsero l'invito del governo a donare alla patria l'oro delle loro fedi nuziali.

L'Impero

Sul piano militare l'impresa fu più difficile del previsto: gli etiopici si batterono con accanimento per più di sette mesi sotto la guida del negus Hailè Selassiè. Ma il loro esercito, male organizzato e peggio equipaggiato, nulla poteva contro un corpo di spedizione che giunse a impegnare circa 400 mila uomini e fece ampio ricorso ai mezzi corazzati e all'aviazione, usata in più occasioni per bombardare le truppe nemiche con gas letali. Il 5 maggio 1936, le truppe italiane, comandate dal maresciallo Pietro Badoglio, entrarono in Addis Abeba. Quattro giorni dopo, Mussolini poteva annunciare alle folle plaudenti «la riapparizione dell'Impero sui colli fatali di Roma» e offrire a re Vittorio Emanuele III la corona di imperatore d'Etiopia.

Da un punto di vista economico la conquista dell'Etiopia, paese povero di risorse naturali e poco adatto agli insediamenti agricoli, rappresentò per l'Italia un peso non indifferente, cui si aggiunsero i problemi suscitati dalle sanzioni. Ma sul piano politico il successo fu indiscutibile. Portando a termine una campagna coloniale vittoriosa, imponendo la propria volontà alle democrazie occidentali e costringendole poi ad accettare il fatto compiuto (le sanzioni furono ritirate nell'estate 1936), Mussolini diede a molti la sensazione, illusoria, di aver conquistato per l'Italia una posizione di grande potenza.

L'Asse Roma-Berlino

Inebriato dal successo, il duce credette di poter condurre una politica ambiziosa e spregiudicata, sfruttando ogni occasione (come, per esempio, la guerra civile in Spagna: ▶14.9) per allargare l'area di influenza italiana. In questo piano rientrava anche l'avvicinamento dell'Italia alla Germania, cominciato subito dopo la guerra d'Etiopia e sancito, nell'ottobre 1936, dalla firma di un patto di amicizia cui fu dato il nome di Asse Roma-Berlino. Rafforzato dal comune impegno nella guerra civile spagnola e, nell'autunno '37, dall'adesione italiana al cosiddetto patto anti-Comintern (un accordo stipulato l'anno prima da Germania e Giappone, che impegnava i due paesi a lottare contro il comunismo internazionale), l'Asse Roma-Berlino non era ancora una vera alleanza militare. Mussolini considerava infatti l'appoggio alla Germania non tanto come una scelta irreversibile, quanto come uno strumento che, aumentando il peso contrattuale dell'Italia, le consentisse di ottenere qualche ulteriore vantaggio in campo coloniale: il tutto in attesa che il paese fosse preparato ad affrontare un conflitto in posizione di forza.

Il "patto d'acciaio"

Ma il dinamismo aggressivo della Germania non consentì a Mussolini i tempi e gli spazi di manovra necessari per realizzare il suo programma. Credendo di potersi servire dell'amicizia tedesca, il duce ne fu in realtà sempre più condizionato, al punto da dover accettare passivamente tutte le iniziative di Hitler (comprese quelle più sgradite come l'annessione dell'Austria). Finché, nel maggio 1939, si decise alla scelta che sarebbe risultata fatale al regime e al paese: la firma di un formale patto di alleanza con la Germania – il "patto d'acciaio" – che legava definitivamente le sorti dell'Italia a quelle dello Stato nazista.

15.6. La stretta totalitaria e le leggi razziali

Le incrinature del consenso

La vittoriosa campagna contro l'Etiopia segnò per il regime fascista l'apogeo del successo e della popolarità. Ma, svaniti gli entusiasmi che avevano accompagnato l'impresa coloniale, il fronte apparentemente compatto dei consensi conobbe alcune significative incrinature. A suscitare preoccupazione era soprattutto il nuovo indirizzo di politica estera attuato da Mussolini e dal suo principale collaboratore di questi anni, il genero Galeazzo Ciano, assurto poco più che trentenne alla carica di ministro degli Esteri. L'aspetto che più inquietava l'opinione pubblica era l'amicizia con la Germania: un'amicizia che urtava contro le tradizioni del Risorgimento e della Grande Guerra, e soprattutto contro la diffusa antipatia (anche se talvolta mista a una certa dose di ammirazione) di cui era oggetto lo Stato nazista. La politica mussoliniana si mostrava inoltre avara di risultati immediati e faceva sembrare più vicina l'eventualità di una nuova guerra europea. Non fu un caso se le uniche manifestazioni di spontaneo entusiasmo popolare di questo periodo si ebbero in coincidenza col ritorno di Mussolini dalla conferenza di Monaco del '38 [▸14.10], e furono rivolte al duce (che non le gradì) in quanto presunto salvatore della pace.

La campagna antiborghese di Mussolini

Ma le aspirazioni alla pace contrastavano con i programmi di Mussolini. Il duce auspicava per l'Italia un avvenire di imprese militari e pensava che gli italiani avrebbero dovuto non solo armarsi adeguatamente, ma anche rinnovarsi nel profondo, trasformandosi in un popolo di conquistatori e di guerrieri. Ciò implicava da parte del duce un atteggiamento duro e quasi punitivo nei confronti della popolazione, in particolare della borghesia, intesa non tanto come classe sociale quanto come atteggiamento mentale (tendenza agli agi e alla vita comoda, ricerca del profitto individuale anteposta al perseguimento di superiori ideali collettivi) che doveva essere definitivamente estirpato dal costume nazionale.

La radicalizzazione del regime

Per avvicinarsi a questo obiettivo, il regime doveva diventare più totalitario di quanto non fosse stato fino ad allora. Da qui scaturirono alcune modifiche istituzionali, che andavano dalla creazione del ministero per la Cultura popolare all'accorpamento delle organizzazioni giovanili nella Gioventù italiana del littorio (Gil), dall'ampliamento delle funzioni del Partito fascista alla sostituzione, nel 1939, della Camera dei deputati con una nuova Camera dei fasci e delle corporazioni dove, abolita ogni finzione elettorale, si entrava semplicemente in virtù delle cariche ricoperte negli organi di regime.

A una medesima logica rispondevano alcune iniziative di carattere più che altro formale, e quasi folkloristico, che tuttavia possono dare un'idea del clima di quegli anni: la campagna contro l'uso del "lei" (considerato "servile" e poco italiano e da sostituirsi quindi col "voi") e contro tutti i termini stranieri; l'imposizione della divisa ai funzionari pubblici; l'adozione del "passo romano" (una variante del "passo dell'oca" in uso nell'esercito tedesco) per conferire un aspetto più marziale alle sfilate militari.

Le leggi razziali

Ma la manifestazione più seria e più aberrante della stretta totalitaria voluta da Mussolini fu l'introduzione, nell'autunno del 1938, di una serie di leggi discriminatorie nei confronti degli ebrei: leggi che ricalcavano nelle grandi linee quelle naziste del '35 [▸14.5], escludendo gli israeliti dagli uffici pubblici, limitandone l'accesso alle professioni e vietando i matrimoni misti. Preannunciata da un manifesto di dieci scienziati (in cui si sosteneva l'esistenza di una "pura razza italiana" di indiscutibile origine ariana) e preparata da un'intensa campagna di stampa, la legislazione razziale giunse tuttavia del tutto inattesa in un paese che non aveva mai conosciuto – al contrario della Germania, della Russia e della stessa Francia – forme di antisemitismo diffuso: anche perché la comunità ebraica era assai poco numerosa (circa 50 mila persone concentrate per lo più a Roma e nelle città del Centro-Nord) e complessivamente ben integrata nella società. Adottando queste misure, tanto gratuite quanto moralmente ripugnanti, Mussolini si proponeva di inoculare nel popolo italiano il germe dell'orgoglio razziale e di fornirgli così un nuovo motivo di aggressività e compattezza nazionale. Ma, anziché suscitare consenso e mobilitazione (non vi furono in Italia, né allora né in seguito, episodi di violenza popolare contro gli ebrei, come mancarono, d'altro canto, le proteste e le manifestazioni di solidarietà con le vittime), le leggi razziali furono accolte con indifferenza o con perplessità dall'opinione pubblica; e aprirono per giunta un serio contrasto con la Chiesa, contraria non tanto alla discriminazione in sé quanto alle sue motivazioni non religiose, ma biologico-razziali.

Il coinvolgimento dei giovani

In generale, lo sforzo compiuto da Mussolini sul finire degli anni '30 per fare del regime fascista un totalitarismo pienamente realizzato e per cambiare la mentalità degli italiani ebbe risultati mediocri. L'unico settore della società in cui le aspirazioni totalitarie ottennero qualche successo fu quello giovanile. I ragazzi cresciuti nelle organizzazioni di regime, gli studenti inquadrati nei Gruppi universitari fascisti, i giovani più impegnati intellettualmente che ogni anno partecipavano a migliaia ai "littoriali della cultura" (concorsi nazionali riservati ai migliori studenti medi e universitari) si abituarono a "pensare fascista", a considerare il regime come una realtà immutabile, come un quadro di riferimento obbligato nelle sue linee di fondo. Fu solo con lo scoppio del conflitto e con i primi rovesci bellici che il fascismo cominciò a perdere progressivamente il sostegno sul quale più contava: quello appunto dei giovani. I quali, diventati nel frattempo soldati e ufficiali, vissero in prima persona il fallimento di un regime che, avendo puntato tutto sulla politica di potenza, si dimostrò poi incapace di preparare sul serio la guerra e la perse rovinosamente.

15.7. L'antifascismo italiano

Il silenzio e l'esilio interno

A partire dalla metà degli anni '20 – da quando cioè ogni forma di dissenso politico fu proibita e punita come un crimine – un numero crescente di italiani dovette affrontare il carcere o il *confino politico*, l'esilio o la clandestinità. Non tutti gli antifascisti sperimentarono i rigori della repressione. Molti, anzi i più, scelsero il silenzio o cercarono di sfruttare i ridotti spazi di autonomia culturale che il regime lasciava sussistere purché non si trasformassero in centri di opposizione politica. Fu questa la strada scelta dalla maggior parte dei popolari e dei liberali non fascistizzati e anche da molti socialisti. Se i cattolici potevano contare su qualche forma di tacito e prudente appoggio da parte di una Chiesa che restava pur sempre alleata del fascismo, i liberali trovarono un importante punto di riferimento in Benedetto Croce. Protetto dalla sua notorietà internazionale, ma anche da una precisa scelta del regime (preoccupato per i danni di immagine che gli sarebbero derivati da un intervento repressivo), l'anziano filosofo poté proseguire senza eccessivi fastidi la sua attività culturale e pubblicistica, evitando però ogni esplicita presa di posizione politica. Grazie ai suoi libri e alla sua rivista «La Critica», che continuò a stamparsi per tutto il ventennio, molti intellettuali ebbero la possibilità di conoscere e mantenere in vita la tradizione dell'idealismo liberale, contrapposta a quella nazionalista e tendenzialmente totalitaria impersonata da Gentile.

La clandestinità

Per coloro che intendevano opporsi attivamente alla dittatura, restavano aperte solo due strade: l'esilio all'estero e l'agitazione clandestina in patria. A praticare fin dall'inizio quest'ultima forma di lotta furono soprattutto, anche se non esclusivamente, i comunisti: gli unici preparati all'attività cospiratoria, sia per le caratteristiche della loro struttura organizzativa, sia perché erano stati oggetto per primi di una repressione sistematica da parte delle autorità. Durante tutto il ventennio, il Partito comunista riuscì a tenere in piedi e ad alimentare dall'interno e dall'estero una propria rete clandestina, a diffondere opuscoli, giornali e volantini di propaganda, a infiltrare suoi uomini nei sindacati e nelle organizzazioni giovanili fasciste. Tutto questo nonostante i modesti risultati immediati e gli altissimi rischi cui andavano incontro i militanti: più di tre quarti dei 4500 condannati dal Tribunale speciale [▶12.7] e degli oltre 10 mila confinati fra il '26 e il '43 furono infatti comunisti.

L'emigrazione politica

Anche gli altri gruppi antifascisti (socialisti riformisti e massimalisti, repubblicani, liberali di sinistra) cercarono di tenere in vita qualche isolato nucleo clandestino in Italia. Ma la loro attività principale si svolse all'estero, soprattutto in Francia, già sede di una numerosa comunità italiana, dove si erano rifugiati molti esponenti antifascisti (fra cui i vecchi capi del socialismo italiano come Turati e Treves e i leader della generazione più giovane, come Pietro Nenni e Giuseppe Saragat).

Nel 1927 questi gruppi si federarono in un'organizzazione unitaria, la Concentrazione antifascista, che si ricollegava all'esperienza dell'Aventino [▶12.6], ereditandone però, con il contenuto ideale, anche i limiti pratici e le divisioni interne. Nonostante ciò, i partiti della Concentrazione svolsero un'attività importante a livello di testimonianza e di propaganda, fecero sentire la voce dell'Italia antifascista nelle organizzazioni internazionali, stamparono i loro giornali, proseguirono in esilio le elaborazioni ideologiche e i dibattiti politici iniziati in patria sulle ragioni della loro sconfitta e sui possibili fattori di una riscossa democratica. Di particolare interesse fu la riflessione autocritica che vide impegnati i socialisti e che portò, nel 1930, in un congresso tenuto a Parigi, alla riunificazione dei due tronconi (massimalista e riformista) in cui il Psi si era diviso nel '22 [▶12.5].

Giustizia e Libertà

Un nuovo impulso all'azione concreta contro il fascismo e un'aperta critica alla tattica attendista della Concentrazione vennero dal movimento di Giustizia e Libertà (in sigla GL), fondato nell'estate del '29 da due antifascisti della giovane generazione: Emilio Lussu e Carlo Rosselli, che nel '37 sarebbe stato assassinato in Francia da sicari fascisti assieme al fratello Nello. GL voleva essere innanzitutto un organismo di lotta, capace di far concorrenza ai comunisti sul piano dell'attività clandestina (infatti riuscì a costituire piccoli nuclei organizzati in varie città); ma si proponeva anche come nucleo di una nuova formazione politica che sapesse coniugare gli ideali di libertà e di giustizia sociale, ricomponendo la frattura fra liberalismo e socialismo secondo le linee indicate da Rosselli in un libro del 1930 intitolato *Socialismo liberale*.

I comunisti

Fortemente polemici verso i partiti della Concentrazione, ma altrettanto ostili ai tentativi di GL, erano i comunisti, attestati su una posizione di rigido isolamento. Anche i comunisti avevano un "centro estero" con sede a Parigi, ma il vero centro dirigente era a Mosca. Palmiro Togliatti, il leader che guidò il partito negli anni dell'esilio, era anche un dirigente di primo piano della Terza Internazionale. Era dunque inevitabile che il Pci si allineasse senza riserve alla strategia dettata da Mosca, che ne seguisse fedelmente anche le formulazioni più settarie, che si adeguasse all'imperante culto di Stalin. I dirigenti che assunsero posizioni eterodosse furono espulsi dal partito. Le critiche alla linea ufficiale formulate in carcere da leader come Umberto Terracini e Antonio Gramsci rimasero sconosciute ai militanti. Egualmente sconosciute rimasero le originali riflessioni sulla storia d'Italia, sul ruolo degli intellettuali e sulla strategia del partito elaborate, sempre in carcere, da Gramsci e affidate ai quaderni di appunti che sarebbero stati pubblicati nel secondo dopoguerra, molti anni dopo la morte, nel 1937, del loro autore.

I "fronti popolari"

A metà degli anni '30, la svolta dei "fronti popolari" [▶14.8] aprì anche per l'antifascismo italiano una fase nuova, che vide il Pci riannodare i contatti con le altre forze d'opposizione, partecipare alle manifestazioni unitarie contro il fascismo, stringere nel '34 un patto di unità d'azione con i socialisti. Ma questa stagione, che conobbe il suo momento più alto con l'esperienza della guerra di Spagna, durò solo pochi anni. Il fallimento del Fronte popolare in Francia, le lotte interne allo schieramento repubblicano in Spagna, gli echi delle "grandi purghe" staliniane, la rottura fra l'Urss e le democrazie occidentali culminata, come vedremo più avanti, nel patto tedesco-sovietico del '39 si ripercossero negativamente sull'unità del movimento antifascista italiano, che fu colto disorientato e diviso dallo scoppio del secondo conflitto mondiale.

Un bilancio dell'antifascismo

Se si volesse tracciare un bilancio del movimento antifascista in base ai suoi scarsi successi immediati, si dovrebbe concludere che la sua incidenza sulla situazione italiana di quegli anni fu poco più che nulla. Per molto tempo gli antifascisti attesero invano un grande sommovimento popolare che abbattesse il regime. Si illusero che lo scossone potesse venire dalla grande crisi o dall'avventura etiopica, dovendo poi constatare che il fascismo era uscito rafforzato dall'una e dall'altra. Eppure il movimento antifascista svolse, fra il '26 e il '43, un ruolo di grande importanza politica oltre che morale: testimoniò con la sua sola presenza l'esistenza di un'Italia che non si piegava alla dittatura e ad essa diede voce e rappresentanza politica; rese possibile il sorgere, dopo il '43, di un movimento di resistenza armata al nazifascismo (movimento che invece mancò in Germania); anticipò con le sue riflessioni teoriche e i suoi dibattiti molti tratti della futura Italia democratica.

sommario

Nel regime fascista l'organizzazione dello Stato e quella del partito venivano a sovrapporsi. Fu la prima però a prevalere, mentre la funzione del Pnf fu quella di "occupare" la società civile, soprattutto attraverso le sue organizzazioni collaterali: l'Opera nazionale dopolavoro, che si occupava del tempo libero dei lavoratori, le numerose organizzazioni giovanili e l'Opera nazionale Balilla che inquadrava tutti i ragazzi fra gli otto e i diciotto anni. Un primo ostacolo a questo processo di completa "fascistizzazione" della società era rappresentato dalla Chiesa, la cui influenza venne espressamente riconosciuta coi Patti lateranensi (1929). I Patti rappresentarono, per il fascismo, anche un successo politico, sancito dalle prime elezioni plebiscitarie – tenute col sistema della lista unica e indette in quello stesso anno. Altro ostacolo ai propositi totalitari era la presenza del re quale massima autorità dello Stato. La monarchia rimase, infatti, un punto di riferimento per i militari e la borghesia conservatrice e questa presenza costituì per il fascismo un motivo di sotterranea debolezza.

Negli anni del fascismo, nonostante l'aumento dell'urbanizzazione e degli addetti all'industria e ai servizi, e la stessa immagine trionfante propagandata dal regime, la società italiana restava notevolmente arretrata. La "fascistizzazione" perseguita dal regime, portatore di un'ideologia tradizionalistica e insieme aspirante alla creazione di un "uomo nuovo", poté realizzarsi solo in parte: il fascismo riuscì a ottenere il consenso della piccola e media borghesia, ma solo in misura limitata quello delle classi popolari, che videro diminuire i loro salari e i loro consumi.

Il regime cercò di esercitare uno stretto controllo sulla scuola e, in generale, sul mondo della cultura. Molti intellettuali fecero esplicita professione di fede fascista, altri scelsero un'opposizione silenziosa. Il regime controllò capillarmente la stampa e i mezzi di comunicazione di massa, consapevole della loro importanza ai fini del consenso. Il controllo era affidato a uno specifico ministero (Minculpop). La radio e il cinema divennero fondamentali strumenti di propaganda. Ne erano un esempio i cinegiornali di attualità dell'Istituto Luce.

Il fascismo proponeva il modello economico corporativo, ovvero la gestione diretta da parte delle categorie produttive organizzate in corporazioni formate da imprenditori e lavoratori insieme. Ma tale progetto rimase sostanzialmente sulla carta. Sul piano della politica economica si passò nel 1925 da una linea liberista a una protezionistica e di maggior intervento statale. Sempre nel '25, Mussolini lanciò la "battaglia del grano" il cui obiettivo era il raggiungimento dell'autosufficienza cerealicola. Un anno dopo attuò la rivalutazione della lira ("quota novanta") per dare al paese un'immagine di stabilità monetaria. Di fronte alla crisi del 1929, il regime reagì attraverso una politica di lavori pubblici (come la bonifica delle Paludi Pontine) e intervenendo direttamente per salvare grandi banche e industrie in difficoltà. Fu creato un nuovo istituto di credito (Imi) e, nel 1933, nacque l'Iri, che rilevò le partecipazioni industriali delle banche. Con l'Iri lo Stato italiano acquisì il controllo di una quota dell'apparato industriale e bancario superiore a quella di qualsiasi altro paese occidentale, facendosi Stato imprenditore. Superata la crisi, il fascismo indirizzò l'economia verso l'autarchia e la produzione bellica che sottrassero, però, risorse ai consumi privati.

Fino ai primi anni '30 le aspirazioni imperiali, pur connaturate all'ideologia del fascismo, rimasero vaghe. L'aggressione all'Etiopia (1935) mutò bruscamente la posizione internazionale del regime. Se l'impresa costituì un grosso successo politico per Mussolini, significò anche una rottura con le potenze democratiche. Questa rottura fu accentuata dall'intervento nella guerra civile spagnola e dal riavvicinamento alla Germania (sancito, nel 1936, dall'Asse Roma-Berlino). Tale riavvicinamento era concepito da Mussolini come un mezzo di pressione su Francia e Gran Bretagna: si sarebbe risolto invece, con la firma del "patto d'acciaio" (1939), in una subordinazione alle scelte di Hitler.

Il consenso ottenuto dal regime cominciò a incrinarsi dopo l'impresa etiopica. L'avvicinamento alla Germania suscitò timori e dissensi nella maggioranza della popolazione. Nell'autunno del 1938 furono varate le leggi discriminatorie nei confronti degli ebrei che ricalcavano quelle naziste, escludendo gli ebrei dagli uffici pubblici, limitandone l'esercizio delle professioni e vietando i matrimoni misti. Rivolte contro una comunità poco numerosa (circa 50 mila persone concentrate per lo più a Roma e nelle città del Centro-Nord) e ben integrata nella società, le leggi razziali furono accolte con perplessità dall'opinione pubblica e aprirono un contrasto con la Chiesa. Soltanto fra i giovani il disegno mussoliniano di trasformare in senso fascista la vita e la mentalità degli italiani ottenne qualche successo.

In Italia la maggioranza degli antifascisti rimase in una posizione di silenziosa opposizione. I comunisti invece si impegnarono, benché con scarsi risultati, nell'agitazione clandestina in patria. Sulla stessa linea si mosse il gruppo di Giustizia e Libertà, di indirizzo liberal-socialista. Gli altri gruppi antifascisti, in esilio all'estero – socialisti, repubblicani, democratici, federati nel 1927 nella Concentrazione antifascista –, svolsero soprattutto un'opera di elaborazione politica in vista di una sconfitta del regime che l'antifascismo, di fatto, non era in grado di provocare. Nonostante questa debolezza, l'importanza dell'antifascismo risiedette nella funzione di testimonianza e di preparazione dei quadri e delle piattaforme politiche della futura Italia democratica.

biblio grafia

L'opera più importante e documentata sul fascismo è l'ampia biografia di Mussolini di Renzo De Felice, i cui studi hanno suscitato un largo e vivace dibattito. Ai volumi indicati nella bibliografia del cap. 12 vanno aggiunti *Mussolini il fascista*, II, *L'organizzazione dello Stato fascista. 1925-1929*, Einaudi, Torino 2008 (ed. or. 1968) e *Mussolini il duce*, I, *Gli anni del consenso. 1929-1936* e II, *Lo Stato totalitario. 1936-1940*, Einaudi, Torino 2007 (ed. or. 1974) e 2008 (ed. or. 1981).

Per un panorama storiografico, R. De Felice, *Le interpretazioni del fascismo*, Laterza, Roma-Bari 2007 (ed. or. 1969). Si vedano anche P.G. Zunino, *Interpretazione e memoria del fascismo. Gli anni del regime*, Laterza, Roma-Bari 2000 (ed. or. 1991) e A. De Bernardi, *Una dittatura moderna. Il fascismo come problema storico*, Mondadori, Milano 2006 (ed. or. 2001).

Fra le opere d'insieme sul fascismo: il vol. IX della *Storia dell'Italia moderna* di G. Candeloro, *Il fascismo e le sue guerre*, Feltrinelli, Milano 2014 (ed. or. 1981); il vol. IV (*Guerre e fascismo. 1914-1943*) di G. Sabbatucci-V. Vidotto (a cura di), *Storia d'Italia*, Laterza, Roma-Bari 1998 (ed. or. 1997); e V. de Grazia-S. Luzzatto (a cura di), *Dizionario del fascismo*, Einaudi, Torino 2005 (ed. or. 2002-2003). Per gli aspetti istituzionali: A. Aquarone, *L'organizzazione dello Stato totalitario*, Einaudi, Torino 2003 (ed. or. 1965); S. Cassese, *Lo Stato fascista*, Il Mulino, Bologna 2016 (ed. or. 2010); G. Melis, *La macchina imperfetta. Immagine e realtà dello Stato fascista*, Il Mulino, Bologna 2018. Sui rapporti fra Stato e partito: E. Gentile, *La via italiana al totalitarismo*, Carocci, Roma 2008 (ed. or. 1995). Per una storia parallela del Pnf e dei partiti antifascisti si veda, dello stesso Gentile, *Fascismo e antifascismo. I partiti italiani fra le due guerre*, Le Monnier, Firenze 2000. Sul funzionamento della macchina politica del regime: S. Lupo, *Il fascismo. La politica in un regime totalitario*, Feltrinelli, Milano 2013 (ed. or. 2000). Per gli aspetti sociali: P. Dogliani, *Il fascismo degli italiani. Una storia sociale*, Utet, Torino 2008.

Sull'economia: G. Toniolo, *L'economia dell'Italia fascista*, Il Mulino, Bologna 1980; A. Gagliardi, *Il corporativismo fascista*, Laterza, Roma-Bari 2010. Sull'imperialismo fascista: A. Del Boca, *Gli italiani in Africa orientale*, 2, *La conquista dell'impero*, Mondadori, Milano 2001 (ed. or. 1979); Id., *Gli italiani in Libia*, 2, *Dal fascismo a Gheddafi*, Mondadori, Milano 2011 (ed. or. 1986); E. Collotti, *Fascismo e politica di potenza*, La Nuova Italia, Firenze 2000; N. Labanca, *Oltremare. Storia dell'espansione coloniale italiana*, Il Mulino, Bologna 2007; Id., *La guerra d'Etiopia (1935-1941)*, Il Mulino, Bologna 2015; R. Bottoni (a cura di), *L'impero fascista: Italia ed Etiopia (1935-1941)*, Il Mulino, Bologna 2008; G.P. Calchi Novati, *L'Africa d'Italia. Una storia coloniale e postcoloniale*, Carocci, Roma 2011.

Sui rapporti con la Germania: M. Knox, *Destino comune. Dittatura, politica estera e guerra nell'Italia fascista e nella Germania nazista*, Einaudi, Torino 2003 (ed. or. 2000).

Sull'organizzazione del consenso: S. Colarizi, *L'opinione degli italiani sotto il regime, 1929-1943*, Laterza, Roma-Bari 2009 (ed. or. 1991); E. Gentile, *Il culto del littorio*, Laterza, Roma-Bari 2009 (ed. or. 1993); P. Corner, *Italia fascista. Politica e opinione popolare sotto la dittatura*, Carocci, Roma 2015 (ed. or. 2012) e Id., *La dittatura fascista. Consenso e controllo durante il ventennio*, Carocci, Roma 2017. Su fascismo, cultura e intellettuali: G. Turi, *Il fascismo e il consenso degli intellettuali*, Il Mulino, Bologna 1984 (ed. or. 1980); G. Belardelli, *Il Ventennio degli intellettuali. Cultura, politica, ideologia nell'Italia fascista*, Laterza, Roma-Bari 2005; A. Tarquini, *Storia della cultura fascista*, Il Mulino, Bologna 2016 (ed. or. 2011). Sull'ideologia: P.G. Zunino, *L'ideologia del fascismo*, Il Mulino, Bologna 2013 (ed. or. 1985). Per una prospettiva comparata, P. Corner (a cura di), *Il consenso totalitario. Opinione pubblica e opinione popolare sotto fascismo, nazismo e comunismo*, Laterza, Roma-Bari 2012 (ed. or. 2009).

Sull'antifascismo: A. Garosci, *Storia dei fuorusciti*, Laterza, Bari 1953; C.F. Delzell, *I nemici di Mussolini*, Castelvecchi, Roma 2017 (ed. or. 1961); S. Fedele, *Storia della Concentrazione antifascista*, Feltrinelli, Milano 1976; M. Bresciani, *Quale antifascismo? Storia di Giustizia e Libertà*, Carocci, Roma 2017 e i voll. II e III (*Gli anni della clandestinità* e *I fronti popolari, Stalin, la guerra*) della *Storia del Partito comunista italiano* di P. Spriano, Einaudi, Torino 1978 (ed. or. 1969-70).

Sulle leggi razziali: R. De Felice, *Storia degli ebrei italiani sotto il fascismo*, Einaudi, Torino 1997 (ed. or. 1961); E. Collotti, *Il fascismo e gli ebrei. Le leggi razziali in Italia*, Laterza, Roma-Bari 2009 (ed. or. 2003); M.-A. Matard-Bonucci, *L'Italia fascista e la persecuzione degli ebrei*, Il Mulino, Bologna 2015 (ed. or. 2007); M. Sarfatti, *Gli ebrei nell'Italia fascista. Vicende, identità, persecuzione*, Einaudi, Torino 2018 (ed. or. 2000).

16. Il declino degli imperi coloniali

16.1. La crisi dell'egemonia europea

Negli anni '20 e '30 del '900 l'egemonia europea sugli altri continenti cominciò a indebolirsi. La Gran Bretagna e la Francia si illusero di poter continuare a svolgere il loro ruolo di grandi potenze mondiali, grazie alla scelta isolazionista degli Stati Uniti e grazie anche al fatto che i loro domìni d'oltremare erano usciti intatti dalla guerra, anzi si erano ampliati con l'acquisto delle colonie tedesche e di alcuni territori dell'ex Impero ottomano. In realtà le potenze europee, esaurite dal conflitto mondiale, non avevano più le risorse economiche e le capacità militari necessarie per mantenere il controllo sui loro sterminati imperi, dove nel frattempo si moltiplicavano i segni di insofferenza nei confronti dei dominatori.

La partecipazione delle colonie alla guerra mondiale

Nel corso della prima guerra mondiale Gran Bretagna e Francia avevano fatto ampio ricorso all'aiuto dei loro territori d'oltremare, sotto forma non solo di materie prime ma anche di uomini da mandare al fronte. Circa 400 mila africani e 70 mila fra indocinesi e caraibici avevano combattuto nell'esercito francese. La Gran Bretagna aveva mobilitato un milione e trecentomila indiani e quasi altrettanti uomini dai *dominions* bianchi: Canada, Australia, Nuova Zelanda, Sudafrica. La partecipazione alla guerra e il contatto con altre culture politiche fortemente imbevute di ideali nazionali e democratici avevano fatto crescere nei popoli extraeuropei la consapevolezza di aver maturato nuovi diritti e di aver mutato i rapporti di forza con i colonizzatori. Nacquero così, in molti paesi, nuovi movimenti indipendentisti, animati all'inizio da ristretti gruppi intellettuali che per lo più avevano studiato nelle università europee.

Il diritto all'autogoverno

A questa prima, embrionale presa di coscienza contribuirono anche gli echi dei grandi eventi politici che avevano accompagnato la fase finale del conflitto, a cominciare dalla rivoluzione russa: i bolscevichi non solo concessero ampie autonomie amministrative e linguistiche ai territori dell'Asia centrale già appartenenti all'Impero zarista, ma non esitarono a innalzare la bandiera della liberazione dei popoli dall'imperialismo e sostennero apertamente i movimenti anticoloniali. Non meno importante fu la diffusione dell'ideologia wilsoniana che, sia pure in termini vaghi, imponeva alle potenze coloniali il rispetto della volontà dei popoli [▸10.11].

In realtà fu subito chiaro che, per la maggior parte degli europei e degli stessi americani, questi diritti si immaginavano riservati alle sole popolazioni bianche. Alla conferenza di pace di Versailles, la proposta della delegazione giapponese di proclamare in un documento ufficiale l'uguaglianza fra tutte le "razze" non fu nemmeno presa in considerazione. In compenso gli Stati Uniti – che non erano mai stati una potenza coloniale in senso stretto – si batterono affinché l'assegnazione alle potenze vincitrici dei territori extraeuropei già appartenenti alla Germania e all'Impero turco avvenisse sotto la forma del *mandato*: un istituto che, se da un lato serviva a mascherare la prosecuzione a tempo indeterminato del dominio coloniale, dall'altro conteneva un implicito riconoscimento del diritto dei popoli extraeuropei all'autogoverno.

16.2. Rivoluzione e modernizzazione in Turchia

Kemal e la guerra con la Grecia

Fra tutti i paesi sconfitti nella prima guerra mondiale, l'Impero turco fu forse quello a cui venne riservata la sorte peggiore. Drasticamente ridimensionato dal punto di vista territoriale, amputato anche nel suo nucleo storico (l'Anatolia) dall'occupazione greca di Smirne [▸10.12], era inoltre oggetto di un tentativo di spartizione in zone di influenza da parte di Gran Bretagna e Francia, che occupavano militarmente alcune regioni costiere e manovravano un governo centrale inefficiente e corrotto.

La reazione a questo stato di cose venne dalle forze armate. Fu infatti un generale, Mustafà Kemal, che aveva combattuto contro i britannici durante la guerra, ad assumere la guida del movimento di riscossa nazionale, con l'appoggio di molti intellettuali e di buona parte della borghesia turca. Mentre le potenze vincitrici trattavano col governo-fantoccio del sultano, un'Assemblea nazionale riunita ad Ankara nella primavera del 1920 affidava a Kemal il compito di liberare il suolo della Turchia dagli stranieri. L'impresa fu condotta a termine in poco più di due anni. Britannici e francesi rinunciarono ai loro progetti di penetrazione economica e lasciarono la Grecia a vedersela da sola contro i turchi. Fra il '21 e il '22, l'esercito turco sconfisse ripetutamente i greci e li costrinse a evacuare la zona di Smirne: la città fu in parte incendiata e i suoi abitanti costretti a fuggire precipitosamente su navi britanniche e francesi. Per la Grecia, costretta a riaccogliere in patria quasi un milione di profughi che da secoli vivevano in quella regione, fu un'autentica tragedia nazionale. La Turchia ebbe riconosciuta la sua sovranità su tutta l'Anatolia e si vide restituito quel lembo di territorio europeo (la Tracia orientale) che le garantiva il controllo degli Stretti.

Repubblica e modernizzazione

Contemporaneamente, si avviava la trasformazione della Turchia in uno Stato nazionale laico. Nel novembre '22 venne abolito il sultanato e, un anno dopo, fu proclamata la repubblica. Nel '24 fu approvata una nuova Costituzione. Nominato presidente con poteri semidittatoriali, Mustafà Kemal (insignito del soprannome di Atatürk, ossia "padre dei turchi") si impegnò a fondo in una politica di occidentalizzazione e di laicizzazione dello Stato. Furono varati nuovi codici ispirati ai modelli occidentali e aboliti i tribunali che giudicavano in base ai princìpi del Corano. Fu adottato l'alfabeto latino e tutto il sistema di istruzione fu riformato sull'esempio delle nazioni europee. Anche l'abbigliamento tradizionale fu sostituito con quello occidentale e alle donne fu proibito l'uso del velo negli uffici pubblici. L'esperimento modernizzatore riuscì solo in parte, come avrebbero dimostrato le travagliate vicende della Repubblica turca dopo la morte, nel 1938, del suo fondatore; ma ebbe il valore di un modello per molti paesi impegnati sulla strada dell'emancipazione dai vincoli coloniali.

16.3. Nazionalismo arabo e sionismo

Impegni e strategie delle potenze europee

Il crollo dell'Impero ottomano fece sentire le sue conseguenze nelle regioni rimaste formalmente sotto la sua autorità, vale a dire in tutta quella vasta area compresa fra la Turchia, la sponda sud-orientale del Mediterraneo, il Mar Rosso e il Golfo Persico, che in gran parte coincide con quello che oggi siamo soliti chiamare "Medio Oriente". In questa regione, abitata quasi per intero da popolazioni arabe di religione musulmana, gli impegni spesso contraddittori presi durante la guerra dalle potenze dell'Intesa determinarono una situazione quanto mai intricata.

Un impegno totalmente disatteso fu ad esempio quello assunto dalle potenze vincitrici nei confronti dei curdi, un popolo musulmano non arabo che viveva in un ampio territorio montuoso oggi diviso fra Turchia, Siria, Iraq e Iran. La promessa di un Kurdistan indipendente non si realizzò, anche perché contrastava con la priorità allora accordata dalla Gran Bretagna ai rapporti con il mondo arabo.

Il nazionalismo arabo

Il nazionalismo arabo, in quegli anni, era ancora un movimento in embrione, legato più al prestigio dei capi tribali che alla spinta delle popolazioni. Nel 1915 i britannici si accordarono con uno di questi capi, Hussein Ibn Ali, emiro della Mecca (la città santa dell'islam) e fondatore della dinastia hashemita, promettendo l'appoggio alla creazione di un grande regno arabo indipendente comprendente l'Arabia, la Mesopotamia e la Siria in cambio di una collaborazione militare contro l'Impero ottomano. Nel 1916 Hussein lanciò le sue tribù beduine – composte per lo più da nomadi che vivevano nel deserto e si spostavano a dorso di dromedari – in una "guerra santa" contro i turchi, che si affiancò efficacemente alla campagna dell'esercito britannico. Alla guida delle truppe erano i figli di Hussein, Abdallah e Feisal. Loro consigliere era un agente britannico, appassionato della cultura islamica, il colonnello Thomas Edward Lawrence, il leggendario Lawrence d'Arabia.

I progetti di spartizione

Le vere intenzioni della Gran Bretagna sul futuro dei territori arabi sottratti all'Impero ottomano erano però diverse, anche perché il governo doveva tener conto degli interessi della Francia in quella regione. Nel maggio 1916 francesi e britannici firmarono un patto segreto, gli accordi Sykes-Picot (così chiamati dal nome dei diplomatici che avevano condotto i negoziati), per la spartizione in zone d'influenza di tutta la zona compresa fra la Turchia e la penisola arabica: alla Francia la Siria e il Libano, alla Gran Bretagna la Mesopotamia e la Palestina. A guerra finita,

Il Medio Oriente fra le due guerre mondiali

nonostante le proteste degli arabi, la spartizione si realizzò, appena mascherata dall'assegnazione alle due potenze dei rispettivi territori sotto forma di mandato. Come compenso alla forzata rinuncia al grande regno arabo, la Gran Bretagna creò nella zona di sua competenza due nuovi Stati, governati dalla dinastia hashemita, sempre sotto controllo britannico: l'Iraq (l'antica Mesopotamia) e la Transgiordania (l'attuale Giordania). Nel 1932 nacque un altro Stato, l'Arabia Saudita, fondato nella penisola arabica dal sovrano Ibn Saud, che aveva sottratto alla dinastia hashemita il controllo dei luoghi santi dell'islam.

L'immigrazione ebraica

Un'altra ipoteca sulla sovranità nei territori ex ottomani era stata intanto posta in Palestina, dove il governo britannico aveva riconosciuto, nel novembre 1917, con una dichiarazione ufficiale del ministro degli Esteri Arthur James Balfour, il diritto del movimento sionista a creare in Palestina una sede nazionale per il popolo ebraico, secondo il progetto lanciato alla fine dell'800 da Theodor Herzl [▸7.8]. La *Dichiarazione Balfour*, redatta in consultazione col presidente americano Wilson e sotto la pressione del movimento sionista, faceva salvi i "diritti civili e religiosi" (non si parlava di quelli politici) delle comunità non ebraiche, ma sostanzialmente mirava a legittimare l'immigrazione sionista, che cominciò a svilupparsi in quegli anni attorno ai piccoli insediamenti ebraici già presenti nella regione. Tra 1920 e 1921 scoppiarono i primi violenti scontri tra i coloni ebrei e i residenti arabi, insofferenti della minaccia portata ai loro diritti sulla Palestina. Negli anni '30, dopo l'avvio delle persecuzioni razziali in Europa, il flusso degli immigrati ebrei aumentò rapidamente, suscitando ulteriori tensioni e risentimenti nella popolazione araba. Era l'inizio di un conflitto che avrebbe insanguinato la regione nei decenni successivi, prolungandosi per tutto il '900 e oltre.

16.4. La lotta per l'indipendenza in India

Il ridimensionamento dell'Impero britannico

Fra le grandi potenze coloniali la Gran Bretagna fu quella che prima di tutte si orientò, sia pure con riluttanza, verso un ridimensionamento della sua posizione imperiale, attraverso la concessione graduale di maggiori autonomie ai suoi possedimenti extraeuropei. Questa tendenza si manifestò, come si è visto, nell'area mediorientale e portò, oltre che alla creazione dei nuovi regni arabi, alla rinuncia al protettorato britannico sull'Egitto: il più importante e il più popoloso fra i paesi del Nord Africa fu trasformato nel '22 in regno autonomo e ottenne nel '36 la piena indipendenza, pur restando nell'orbita della Gran Bretagna, che conservava comunque una presenza militare nel paese, e controllava, assieme alla Francia, la Compagnia del Canale di Suez.

Il Commonwealth oggi

Il Commonwealth

Una tappa importante nel processo di graduale smobilitazione dell'Impero britannico fu rappresentata dalla Conferenza imperiale che si tenne a Londra nel 1926 e nella quale i *dominions* bianchi (Canada, Sudafrica, Australia, Nuova Zelanda) – che già godevano di una condizione di semi-indipendenza e avevano partecipato con proprie delegazioni alla conferenza di pace – furono riconosciuti come "comunità autonome ed eguali in seno all'Impero", unite dal comune vincolo di fedeltà alla Corona d'Inghilterra e "liberamente associate come membri del Commonwealth britannico", ossia una libera federazione fra Stati, che sarebbe servita anche in futuro ad assicurare il mantenimento di una serie di legami economici e istituzionali fra la Gran Bretagna e le sue ex colonie.

Il caso dell'India

Il paese in cui il processo di emancipazione assunse un valore esemplare fu senza dubbio l'India: la più importante, sul piano economico e strategico, fra le colonie britanniche, quella il cui controllo era ancora considerato essenziale da buona parte della classe dirigente del Regno Unito. Ma anche quella in cui le aspirazioni all'indipendenza si erano fatte sentire maggiormente già prima della Grande Guerra, trovando un canale di espressione nel Congresso nazionale indiano: un organismo nato alla fine dell'800 come rappresentanza dei notabili e poi apertosi a istanze più radicali.

Durante il primo conflitto mondiale il governo britannico aveva premiato il lealismo manifestato dalla classe dirigente locale in occasione della guerra, promettendo ufficialmente, nel novembre 1917, "una crescente associazione degli indiani a ogni ramo dell'amministrazione e un graduale sviluppo di forme di autogoverno, in vista della progressiva realizzazione di un governo responsabile in India". Queste promesse, formulate non a caso nel momento più difficile della guerra e successivamente attuate in modo lento e parziale, non bastarono però a bloccare lo sviluppo del movimento nazionalista. Quando, nell'aprile '19, nella città di Amritsar, le truppe britanniche repressero sanguinosamente una manifestazione popolare di protesta (i morti furono quasi 400), la frattura fra colonizzatori e colonizzati si approfondì irrimediabilmente.

Gandhi e la non violenza

Intanto, in seno al Congresso nazionale indiano – trasformatosi nel 1920 in un vero e proprio partito politico – e in genere fra la maggioranza della popolazione di religione induista, riscuoteva sempre maggiori consensi la predicazione di un nuovo e prestigioso leader indipendentista, Mohandas Karamchand Gandhi. Adottando nuove forme di lotta, basate sulla resistenza passiva, sulla non violenza e sul rifiuto di qualsiasi collaborazione con i dominatori, e coniugando la battaglia per l'indipendenza con quella per la rottura del *sistema delle caste*, Gandhi acquistò in breve tempo un'immensa popolarità e fece del nazionalismo indiano un autentico movimento di massa.

Il movimento indipendentista

Alla crescita del movimento indipendentista – che faceva proseliti anche nella forte minoranza musulmana – i britannici risposero alternando gli interventi repressivi alle concessioni. Nel 1919, con il *Government of India Act*, venne riconosciuto maggiore spazio agli indiani nei ranghi dell'amministrazione, fu attuato un limitato decentramento e venne consentita a una ristretta minoranza l'elezione di propri organismi rappresentativi. Nel 1935 il diritto di voto fu esteso al 15% circa della popolazione e vennero ampliati gli spazi di autonomia delle singole province. Questi provvedimenti non valsero a fermare la marcia dell'India verso la piena indipendenza (che si sarebbe realizzata dopo la seconda guerra mondiale), ma offrirono al movimento nazionale indiano canali legali attraverso cui esprimersi e combattere le proprie battaglie: un'esperienza che avrebbe contribuito alla tenuta delle istituzioni rappresentative nella futura India indipendente.

16.5. La guerra civile in Cina

L'anarchia militare

Per tutta la prima metà del '900, lo Stato più popoloso del mondo, la Cina, fu sconvolto e paralizzato da una lunga e sanguinosa guerra civile. La Repubblica democratica creata dalla rivoluzione del 1911 [▶8.7] ebbe vita quanto mai travagliata. Il suo padre fondatore, Sun Yat-sen, leader del Kuomintang (il Partito nazionalista cinese), fu costretto all'esilio dopo appena due anni di governo. E il regime autoritario imposto dal generale Yuan Shi-kai nel 1913 non riuscì ad assicurare al paese tranquillità e unità. Anzi, venuto meno il collante costituito dal pur screditato potere imperiale, la Cina precipitò in una situazione di semi-anarchia. Il governo non aveva forza sufficiente né per imporre la sua autorità alle province, dove i governatori militari – i cosiddetti signori della guerra – si comportavano come capi feudali, arruolando milizie e imponendo tributi, né per opporsi alle mire egemoniche del Giappone che, entrato in guerra contro la Germania nel 1915, mirava a sostituirsi alle potenze europee nel controllo delle zone più ricche della Cina. La decisione, presa dalla Cina nell'agosto 1917, di intervenire nel conflitto mondiale a fianco dell'Intesa non servì a mutare la situazione. Alla conferenza di pace – cui pure partecipò come Stato vincitore – la Cina fu sacrificata dalle grandi potenze occidentali che riconobbero al Giappone il diritto di subentrare alla Germania sconfitta nel controllo economico della regione dello Shantung.

Il ritorno di Sun Yat-sen

Questa ennesima umiliazione – che significava per la Cina la conferma di una condizione di sovranità limitata – ebbe l'effetto di risvegliare l'agitazione nazionalista, che si raccolse ancora una volta attorno al Kuomintang e a Sun Yat-sen, tornato nel frattempo dall'esilio. Nel maggio 1919, scoppiarono dimostrazioni di protesta iniziate nelle università e poi propagatesi in tutte le grandi città. Alla base di queste agitazioni c'era l'alleanza, già operante nella rivoluzione del 1911, fra la gioventù intellettuale, la nascente borghesia industriale e commerciale insofferente dell'invadenza straniera e quei nuclei di classe operaia che si erano formati nelle regioni più esposte alla penetrazione del capitale europeo.

L'alleanza fra Kuomintang e Partito comunista

La lotta intrapresa contro il governo centrale da Sun Yat-sen, che nel '21 formò un proprio governo a Canton, ebbe anche l'appoggio del Partito comunista cinese, fondato, sempre nel '21, da un gruppo di intellettuali (fra i quali il giovane Mao Zedong), per lo più passati attraverso l'esperienza nazionalista e successivamente influenzati dall'esempio della rivoluzione russa. Anche l'Unione Sovietica sostenne attivamente la causa di Sun Yat-sen (in omaggio alla strategia che prescriveva l'appoggio del movimento operaio alle "borghesie nazionali" impegnate nei movimenti di liberazione dal colonialismo), inviò aiuti economici e militari al governo di Canton e indusse addirittura il Partito comunista ad aderire in blocco al Kuomintang (conservando però la sua struttura organizzativa).

Chiang Kai-shek e la repressione dei comunisti

L'alleanza fra nazionalisti e comunisti non sopravvisse però alla morte, nel 1925, di Sun Yat-sen. Il suo successore Chiang Kai-shek, esponente dell'ala destra del Kuomintang, era molto meno aperto alle istanze di riforma sociale e molto più diffidente nei riguardi dei comunisti, i cui progressi suscitavano crescente preoccupazione nei ceti borghesi. I contrasti cominciarono a manifestarsi nel '26 – quando Chiang Kai-shek, alla guida di un nuovo esercito, iniziò la campagna per scacciare il governo di Pechino, ancora riconosciuto dalle potenze occidentali – ed esplosero l'anno successivo. Nell'aprile 1927 a Shanghai, massimo centro industriale cinese e roccaforte dei comunisti, le milizie operaie, che avevano liberato da sole la città dai governativi e non intendevano deporre le armi, furono affrontate e sconfitte dalle truppe di Chiang Kai-shek. In dicembre un'insurrezione operaia a Canton fu repressa in un bagno di sangue. Il Partito comunista fu messo fuori legge e molti dirigenti furono incarcerati.

I tentativi di riforma

Dopo aver condotto a termine vittoriosamente la lotta contro il governo di Pechino (la capitale fu conquistata nel giugno '28), Chiang Kai-shek cercò di riorganizzare l'economia e l'apparato statale secondo modelli di ispirazione occidentale, ma fortemente venati di autoritarismo. Il suo progetto però si scontrava contro l'obiettiva difficoltà di controllare un paese immenso e profondamente diviso. Da un lato c'erano i comunisti che, sconfitti nelle città, cominciarono a organizzare "basi rosse" nelle campagne, rimaste fino ad allora estranee al processo rivoluzionario. Dall'altro sopravviveva in alcune province il potere dei "signori della guerra", aiutati dal Giappone che non aveva rinunciato ai suoi progetti di espansione ed era ostile al consolidamento di un forte potere statale in Cina.

L'invasione giapponese della Manciuria

Nel 1931, traendo pretesto da un incidente di frontiera, i giapponesi invasero la Manciuria, una vasta regione sotto la sovranità cinese, ai confini con la Siberia, da tempo oggetto delle loro mire, e vi crearono uno Stato-fantoccio, il Manchukuo, che avrebbe dovuto servire da base per un'ulteriore espansione sul continente. L'inerzia manifestata nell'occasione dal governo di Chiang Kai-shek e lo scarso appoggio ad esso fornito dalle potenze occidentali (la Società delle Nazioni si limitò a una condanna dell'aggressione) diedero nuovo spazio all'azione dei comunisti, che sempre più potevano presentarsi come i soli autentici difensori degli interessi nazionali.

Mao Zedong e la "lunga marcia"

Decisiva per le fortune del Partito comunista fu la strategia di Mao Zedong, che individuava nelle masse rurali il vero protagonista del processo rivoluzionario, rovesciando la teoria marxista ortodossa in modo ancor più radicale di quanto non avesse fatto a suo tempo Lenin. All'inizio degli anni '30, i comunisti fecero numerosi proseliti fra i contadini (delusi per la mancata attuazione della promessa riforma agraria da parte del governo nazionalista) e allargarono le loro basi in molte zone agricole, dove i latifondi furono espropriati e le terre distribuite fra i coltivatori. Nel 1931 fu fondata addirittura una "Repubblica sovietica cinese", con centro nella regione dello Jiangxi.

Costretto a combattere su due fronti, Chiang Kai-shek decise di dare la priorità alla lotta contro i comunisti, anche a costo di trascurare la minaccia giapponese, e lanciò, fra il '31 e il '34, una serie di sanguinose campagne militari contro le zone da loro controllate. Nell'ottobre del '34, circa 100 mila militanti, accerchiati nello Hunan, nel Sud del paese, decisero di evacuare quella zona e di trasferirsi nella regione settentrionale dello Shanxi, giudicata meglio difendibile. Ne giunsero a destinazione meno di 10 mila, dopo una marcia durata un anno attraverso l'interno della Cina. Con quella che sarebbe poi passata alla storia e all'epopea rivoluzionaria come la "lunga marcia", Mao Zedong riuscì comunque a salvare il nucleo dirigente comunista e a ricostituire il partito proprio nelle zone in cui più forte era la minaccia giapponese. Quando, nel '36, Chiang Kai-shek decise di lanciare una nuova campagna contro i comunisti, dovette scontrarsi con l'aperta dissidenza di una parte dell'esercito, che chiedeva la fine della guerra civile e l'unione di tutte le forze nazionali contro l'aggressione giapponese. Si giunse così, all'inizio del '37, a un accordo stipulato sotto gli auspici dell'Urss fra comunisti e nazionalisti: le due parti si impegnavano a costituire un fronte unito contro il nemico giapponese che si apprestava a lanciare una nuova e più devastante offensiva.

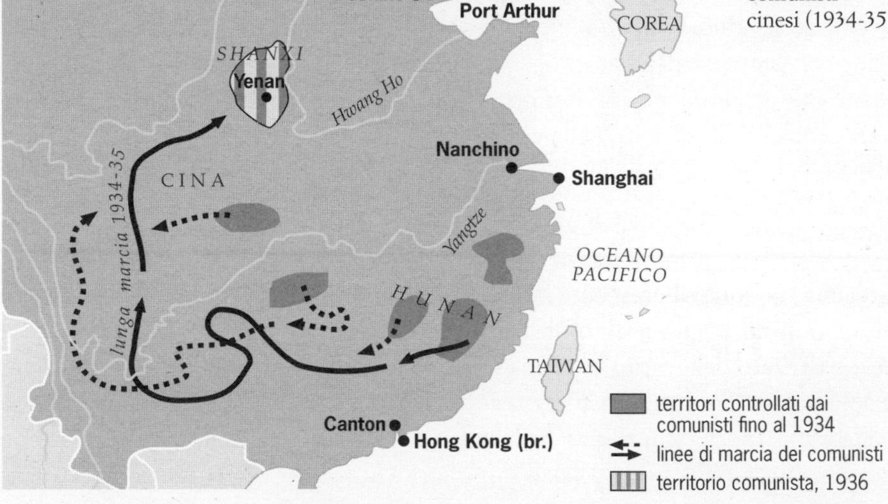

La "lunga marcia" dei comunisti cinesi (1934-35)

16.6. L'imperialismo giapponese

Sviluppo industriale e militarismo

La partecipazione alla prima guerra mondiale aveva consentito al Giappone di consolidare, con un impegno militare relativamente esiguo, la sua posizione di massima potenza asiatica e di rafforzare la sua struttura produttiva, grazie soprattutto alla conquista di nuovi mercati non più raggiungibili dalle potenze europee impegnate nel conflitto. Il dinamismo dell'economia – in particolare delle grandi concentrazioni industriali e finanziarie, gli *zaibatsu* –, l'impetuosa crescita demografica (nei primi trent'anni del secolo la popolazione passò da 44 a 65 milioni di abitanti), la stessa struttura della classe dirigente, imperniata sull'unione fra grande industria, grande proprietà terriera e alti gradi militari, spingevano il Giappone verso una politica imperialistica: una politica che aveva come campo d'azione il Pacifico e l'intera Asia orientale e come obiettivo principale la sottomissione di vaste zone della Cina. Questa politica veniva giustificata dalla classe dirigente con le esigenze reali di un paese troppo popoloso e dinamico rispetto alla sua limitata estensione territoriale, ma poggiava anche sulla rivendicazione di una superiorità culturale e razziale e di una naturale vocazione al dominio sull'intero scacchiere asiatico.

La crescita dei movimenti di destra

Durante il primo decennio postbellico, le spinte imperialistiche si conciliarono col mantenimento di un quadro istituzionale vicino al modello liberale, in cui la crescita, sia pur contrastata, di partiti e sindacati operai aveva permesso lo sviluppo di una certa dialettica politica. Già negli anni '20, però, fecero la loro comparsa movimenti autoritari di destra, in parte ispirati al modello dei fascismi occidentali, in parte impregnati di cultura tradizionalista (difesa delle antiche strutture sociali e familiari, culto dell'imperatore come suprema autorità politica e religiosa). Alla fine degli anni '20, queste tendenze furono favorite sia dalle conseguenze della grande crisi, che determinò una certa contrazione delle attività economiche suscitando un diffuso malcontento popolare, sia dalle preoccupazioni suscitate nella classe dirigente dai progressi dei partiti di sinistra nelle prime elezioni a suffragio universale che si tennero nel 1928.

Il regime autoritario

Cominciò così per il Giappone, in significativa coincidenza con quanto stava accadendo in molti Stati europei, una stagione di crescente autoritarismo. Questo autoritarismo non sfociò, almeno in un primo tempo, in forme esplicitamente fasciste (un tentativo di colpo di Stato dei gruppi estremisti di destra fu represso dall'esercito nel 1936; e solo nel '40 fu istituito un regime a partito unico); ma si risolse ugualmente nella chiusura di ogni spazio di opposizione legale e in una dura repressione antioperaia. Con l'appoggio dell'imperatore Hirohito, salito al trono nel 1926, i generali e gli esponenti delle grandi concentrazioni industriali e finanziarie assunsero un peso crescente nelle scelte politiche giapponesi. Furono queste forze a gestire la politica imperialistica in Estremo Oriente, a scegliere una collocazione internazionale molto vicina a quella delle potenze fasciste europee (nel '36 il Giappone firmò con la Germania il patto anti-Comintern, cui successivamente avrebbe aderito anche l'Italia [▶15.5]) e, infine, a far precipitare il paese nella catastrofica avventura del secondo conflitto mondiale.

16.7. L'Oriente in guerra

L'aggressione giapponese alla Cina

Nel luglio del 1937, uno scontro fra militari giapponesi e cinesi sul ponte Marco Polo, presso Pechino – forse un incidente, forse una messa in scena orchestrata dagli aggressori –, fornì al governo nipponico il pretesto per lanciare un attacco in forze contro la Cina. L'Estremo Oriente asiatico, dove già dall'inizio degli anni '30 era in atto un conflitto non dichiarato, che si intrecciava con le vicende della guerra civile in Cina, entrò da questo momento in un vero stato di guerra, anticipando di due anni lo scontro mondiale che si sarebbe acceso a partire dall'Europa e annunciandone in larga misura le devastazioni e gli orrori. Questa volta la resistenza cinese fu accanita, sia da parte dell'esercito regolare sia da parte dei guerriglieri-contadini organizzati dai comunisti. Ma non bastò a compensare l'enorme dislivello militare (e soprattutto industriale) fra i due contendenti e il peso delle divisioni interne alla Repubblica cinese, dove, come si è visto, comunisti e nazionalisti avevano appena raggiunto un precario accordo.

Il massacro di Nanchino

Alla fine del 1937, dopo pochi mesi di guerra, i giapponesi raggiunsero Nanchino, allora capitale della Cina, e la occuparono dopo un breve assedio. Per sei terribili settimane (fra il dicembre '37 e il febbraio '38), gli occupanti infierirono sulla popolazione, donne e bambini compresi, con uccisioni, incendi e saccheggi. I morti, in buona parte civili, furono moltissimi: fra i 200 mila e i 300 mila secondo stime attendibili. E altissimo fu il numero degli stupri (tanto da far parlare dello "stupro di Nanchino" come di una sorta di crimine collettivo). La guerra si prolungò con fasi alterne, sempre contrassegnata dall'elevatissimo numero di vittime civili, causate soprattutto dai bombardamenti giapponesi. L'avanzata degli aggressori proseguì sistematicamente ma lentamente, anche a causa dell'impossibilità di controllare le aree interne di un paese vastissimo come la Cina. Nell'estate del '39, il Giappone occupava comunque buona parte della zona costiera, tutto il Nord-Est industrializzato e quasi tutte le città più importanti, a cominciare da Nanchino dove fu insediato un governo-fantoccio. Ma a questo punto le vicende della guerra cino-giapponese cominciarono a intrecciarsi con quelle del secondo conflitto mondiale che, dal 1941, avrebbe avuto proprio in Asia orientale un teatro decisivo.

16.8. L'Africa coloniale

Marginalità e soggezione

I nuovi fermenti politici che, negli anni fra le due guerre, si manifestarono nelle colonie asiatiche e nei paesi arabi interessarono solo marginalmente quella parte del continente africano – comunemente chiamata "Africa nera" o "Africa subsahariana" – in cui il dominio coloniale era nella maggior parte dei casi arrivato più tardi e non sembrava mostrare segni di crisi. Nonostante il miglioramento delle condizioni sanitarie (causa principale dello sviluppo demografico del continente, che passò dai circa 120 milioni del 1900 ai 165 del 1935), la pur lenta diffusione dell'istruzione di base, soprattutto attraverso le scuole missionarie, l'aumentata partecipazione al commercio internazionale e la crescita rapidissima dei grandi centri urbani (come Dakar, Lagos, Nairobi), la condizione di marginalità economica e di subalternità politica delle popolazioni africane, escluse da ogni forma di partecipazione al governo dei loro paesi, rimase sostanzialmente immutata.

Le prime organizzazioni politiche

Qualcosa tuttavia cominciava a cambiare. Se per i figli delle famiglie economicamente più agiate (ma anche per chi riusciva a fruire di borse di studio) si apriva la possibilità di studiare in Europa, per un numero ben più elevato di giovani era il servizio militare a offrire l'occasione di uscire dal chiuso delle comunità di villaggio, di maturare nuove esperienze e di praticare nuove forme di socializzazione. Nacquero così, all'inizio degli anni '20, le prime organizzazioni autonome dei nativi: la *Young Baganda Association* in Uganda, il *National Congress of British West Africa* in Costa d'oro (il futuro Ghana), la *East Africa Association* in Kenya, il *National Democratic Party* in Nigeria, e altre consimili. Fra il 1919 e il 1927 si tennero, in diverse capitali europee, quattro congressi panafricani, dove furono discussi i problemi comuni e furono lanciate per la prima volta proposte di federazione fra le colonie. Il tema dell'indipendenza era ancora assente da questi dibattiti, dove si affrontavano per lo più questioni specifiche (in primo luogo la lotta contro la discriminazione razziale) e si studiavano forme di partecipazione e canali di rappresentanza più aperti per le popolazioni locali. Ma intanto venivano emergendo nuove figure di intellettuali, come il keniano Jomo Kenyatta, laureato in etnologia a Londra, il senegalese Léopold Senghor, laureato in lettere a Parigi e apprezzato poeta in lingua francese, il ghanese Nkwame Krumah, laureato in filosofia dopo aver studiato in Gran Bretagna e negli Usa: tutti destinati, nel secondo dopoguerra, a svolgere un ruolo decisivo nelle lotte per l'indipendenza dei loro paesi.

16.9. L'America Latina fra le due guerre mondiali

Le conseguenze della grande crisi

Negli anni '20 e '30 anche i paesi latino-americani risentirono fortemente dei mutamenti in atto in Europa e nel Nord America. Il trauma maggiore fu rappresentato dalla grande crisi economica, che ridusse i tradizionali flussi commerciali e fece crollare i prezzi delle materie prime e delle derrate alimentari: tutte le economie del continente, che si fondavano essenzialmente sulle esportazioni di minerali, carne e prodotti agricoli, si trovarono in gravi difficoltà. Anche nel caso dell'America Latina, gli effetti della depressione economica furono accentuati dal legame sempre più stretto con gli Usa, che si erano ormai sostituiti alla Gran Bretagna nel ruolo di potenza egemone dell'intero continente. Alcuni Stati subirono passivamente la crisi, altri – i più grandi e i più importanti: Brasile, Argentina, Cile e Messico – reagirono promuovendo un processo di diversificazione produttiva, che consentì lo sviluppo di alcuni settori dell'industria manifatturiera per sopperire alle esigenze del mercato interno.

Le dittature personali

Questi mutamenti non furono senza influenza sugli equilibri politici dei singoli Stati, che conobbero quasi tutti vicende molto agitate. Nei paesi ancora legati al sistema della monocoltura [▸8.9] continuarono a prevalere le vecchie oligarchie terriere, in un'alternanza di instabili regimi liberali e spietate dittature personali gestite per lo più da militari, come quelle di Fulgencio Batista a Cuba (1933) e di Anastasio Somoza in Nicaragua (1936), destinate a durare ben oltre la fine della seconda guerra mondiale. Nei paesi in via di industrializzazione, invece, dove era già emerso un nucleo di classe operaia, la crisi ebbe effetti più complessi e contraddittori. Anche gli Stati più importanti e dinamici, comunque, sperimentarono forme di autoritarismo più o meno marcato.

Autoritarismo e populismo

Nell'autunno del 1930 due sommovimenti politici quasi contemporanei ebbero luogo in Argentina e in Brasile. In Argentina un colpo di Stato militare rovesciò le istituzioni democratiche: seguì, per oltre un decennio, una serie di governi conservatori tenuti sotto stretta tutela dai generali e dalla grande proprietà terriera. In Brasile, invece, una rivolta popolare contro le vecchie oligarchie, appoggiata da una parte delle forze armate, portò al potere Getulio Vargas, avvocato e politico di formazione liberal-progressista, governatore del Rio Grande do Sul (uno degli Stati in cui era divisa la Repubblica federale brasiliana). Vargas diede vita a un regime autoritario, basato sul rapporto diretto fra capo e masse, su un acceso nazionalismo e su un energico intervento statale a sostegno della produzione, ma anche sulla concessione di una legislazione sociale per i lavoratori urbani: un regime destinato a servire da modello ad altre esperienze politiche latino-americane, che sarebbero state definite col termine populismo. Nella sua versione più radicale e demagogica, il populismo si sarebbe poi affermato in Argentina, durante e dopo la seconda guerra mondiale, con l'ascesa al potere del colonnello Juan Domingo Perón e del movimento che da lui prese il nome di peronismo, improntando di sé la storia del paese anche nei decenni successivi [▶19.11]. Una forma di populismo molto avanzata sul piano sociale fu quella praticata in Messico sotto la presidenza di Lázaro Cárdenas (1934-40), che portò avanti in modo deciso la riforma agraria iniziata negli anni '20 e nazionalizzò la produzione petrolifera. Ma la stabile affermazione delle forze che si dicevano progressiste – unite dal 1929 nel Partito rivoluzionario istituzionale – non bastò a superare gli squilibri sociali che segnavano la società messicana.

parola chiave

Populismo

Per "populismo" si intende un orientamento politico e culturale che si fonda su una visione idealizzata e indifferenziata del "popolo", visto – in opposizione all'aristocrazia e ai ceti privilegiati – come depositario dei più autentici valori nazionali e come protagonista del processo di rinnovamento sociale. Il populismo si differenzia dunque dal marxismo, che contrappone all'idea del popolo come un tutto unico la visione di una società divisa in classi individuate in base al loro ruolo nel processo produttivo.
In quanto movimento politico organizzato, il populismo nacque e si sviluppò in Russia nella seconda metà dell'800. I teorici del populismo russo (Herzen, Černyševskij) sostenevano il dovere degli intellettuali di «andare verso il popolo» (identificato soprattutto con le masse contadine) e si ispiravano a ideali di socialismo agrario. A ideali di democrazia rurale (ma senza sconfinamenti nel socialismo) si ispirò anche il Partito populista che nacque e si affermò negli Stati Uniti nell'ultimo decennio dell'800 ed esprimeva la protesta dei piccoli e medi agricoltori, messi in crisi dalle politiche protezioniste e dalla difficoltà di accesso al credito, contro il mondo industriale e finanziario.
In epoche più recenti il termine "populismo" è stato usato anche in riferimento a ideologie e movimenti di stampo nazionalista e autoritario (in questo senso si può parlare di un populismo fascista o nazista). In particolare, sono definiti populisti quei movimenti e quei regimi sviluppatisi in America Latina a partire dagli anni '30 e '40 – come il "getulismo" in Brasile e il "peronismo" in Argentina – che hanno cercato di combinare il nazionalismo col riformismo sociale, la lotta contro le vecchie oligarchie terriere con una gestione più o meno autoritaria e personalistica del potere, e che hanno trovato la loro principale base di sostegno nel proletariato industriale e nella piccola borghesia urbana.

sommario

La Grande Guerra influì in modo determinante sullo sviluppo dei movimenti indipendentisti in Asia e in Africa: Gran Bretagna e Francia avevano infatti ampiamente utilizzato uomini e mezzi delle loro colonie, facendo scaturire nei popoli colonizzati la consapevolezza di nuovi diritti. Determinanti furono anche gli echi della rivoluzione russa e la diffusione dell'ideologia wilsoniana, in particolare del principio di autogoverno dei popoli. Anche per questo gli Stati Uniti spinsero affinché l'assegnazione alle potenze vincitrici dei territori extraeuropei già appartenenti alla Germania e all'Impero turco avvenisse sotto la forma del mandato.

Il collasso dell'Impero ottomano suscitò in Turchia un movimento di riscossa nazionale promosso dalle forze armate e guidato da Mustafà Kemal. Dopo aver sconfitto la Grecia, la Turchia ebbe riconosciuta la sua sovranità su tutta l'Anatolia e si vide restituito quel lembo di territorio europeo (la Tracia orientale) che le garantiva il controllo degli Stretti. Nel 1923 Kemal, abolito il sultanato, proclamò la repubblica e avviò una politica di modernizzazione e laicizzazione del paese.

Durante la prima guerra mondiale, Gran Bretagna e Francia cercarono di sfruttare la crisi dell'Impero ottomano per imporre la loro egemonia sull'area mediorientale, prospettando, con gli accordi Sykes-Picot del 1916, una spartizione in zone di influenza: Iraq e Palestina ai britannici, Siria e Libano ai francesi (la spartizione si sarebbe realizzata a guerra finita sotto la forma del mandato). Contemporaneamente, la Gran Bretagna cercò di mobilitare contro l'Impero ottomano il nascente nazionalismo arabo, promettendo di favorire la costituzione di un nuovo regno indipendente. Questo impegno contrastava però con il riconoscimento da parte britannica (Dichiarazione Balfour del 1917) del diritto del popolo ebraico a fondare un proprio Stato in Palestina, come richiesto dal movimento sionista. Si ponevano così le premesse per un conflitto fra ebrei e palestinesi destinato a prolungarsi per oltre un secolo.

La Gran Bretagna fu tra le potenze coloniali quella che per prima comprese la necessità di dare maggiore autonomia ad alcune sue colonie: nel '22 l'Egitto fu trasformato in un regno autonomo e ottenne nel '36 la piena indipendenza. Nel 1926 i *dominions* bianchi (Canada, Sudafrica, Australia, Nuova Zelanda) furono riconosciuti come Stati indipendenti all'interno del Commonwealth britannico. In India durante il primo conflitto mondiale il governo inglese aveva promesso un graduale sviluppo di forme di autogoverno, ma questa promessa ebbe una attuazione lenta e parziale. La repressione da parte della Gran Bretagna delle proteste del movimento indipendentista determinò la rottura tra colonizzatori e colonizzati. Intanto nel Partito del Congresso nazionale indiano cresceva l'influenza politica e morale di Gandhi. Quest'ultimo, adottando nuove forme di lotta basate sulla resistenza passiva e sulla non violenza, coniugò la battaglia per l'indipendenza con quella per la rottura del sistema delle caste, e acquistò in breve tempo un'immensa popolarità, facendo del nazionalismo indiano un autentico movimento di massa.

Negli anni '20 e '30 la Cina fu teatro di una lunga guerra civile. Fino alla metà degli anni '20 il contrasto principale fu quello tra i nazionalisti del Kuomintang – guidati da Sun Yat-sen e alleati con i comunisti – e il governo centrale. Negli anni successivi si scatenò una dura lotta tra il Kuomintang, alla cui testa era ora Chiang Kaishek, e i comunisti. Sconfitto il governo centrale, Chiang proseguì nella sua lotta contro i comunisti, relegando in secondo piano quella contro i giapponesi che, nel '31, avevano invaso la Manciuria. Nell'ottobre 1934, accerchiati nello Hunan, nel Sud del paese, 100 mila militanti comunisti decisero di trasferirsi nella regione settentrionale dello Shanxi. Ne giunsero a destinazione meno di 10 mila, dopo una "lunga marcia" conclusasi un anno dopo, nel '35. Nel '37, sotto gli auspici dell'Urss, comunisti e nazionalisti si accordarono in funzione antigiapponese.

In Giappone il dinamismo dell'economia e la struttura della classe dirigente, imperniata sull'unione fra grandi concentrazioni industriali e finanziarie (gli *zaibatsu*), grande proprietà terriera e alti gradi militari, spinsero il paese verso una politica imperialistica che ebbe come principale obiettivo la Cina. Durante il primo decennio postbellico queste spinte si conciliarono col mantenimento di un quadro istituzionale di tipo liberale, ma alla fine degli anni '20 cominciò una stagione di crescente autoritarismo. Nel decennio successivo il Giappone assunse una collocazione internazionale molto vicina a quella delle potenze fasciste europee.

L'attacco del Giappone alla Cina, nel luglio del 1937, portò nel giro di due mesi gli aggressori a occupare la capitale Nanchino, messa per settimane a ferro e fuoco. L'avanzata proseguì sistematicamente anche se lentamente: alla vigilia dello scoppio della seconda guerra mondiale in Europa, nell'estate del '39, il Giappone (che sarebbe entrato in guerra nel '41) occupava buona parte della zona costiera, tutto il Nord-Est industrializzato e quasi tutte le città più importanti; a Nanchino fu insediato un governo-fantoccio.

Rispetto all'Africa del Nord e all'Asia, nell'Africa subsahariana il dominio coloniale era arrivato più tardi e non mostrava segni di crisi, mentre permaneva la condizione di marginalità economica e di subalternità politica delle popolazioni africane, pur in presenza di migliori condizioni sanitarie e di una lenta diffusione dell'istruzione. All'inizio degli anni '20 nacquero però le prime organizzazioni autonome dei nativi e, tra il '19 e il '27, quattro congressi panafricani discussero i problemi comuni e lanciarono per la prima volta proposte di federazione fra le colonie; in questo contesto emersero nuove figure di intellettuali che avrebbero svolto, nel secondo dopoguerra, un ruolo decisivo nelle lotte per l'indipendenza dei loro paesi.

In America Latina la grande crisi ebbe conseguenze negative, ma stimolò in alcuni paesi un processo di diversificazione produttiva. Sul piano politico, molti Stati videro l'affermarsi di dittature personali o di governi più o meno autoritari. Nel 1930 in Argentina un colpo di Stato militare rovesciò le istituzioni democratiche, mentre in Brasile una rivolta popolare contro le vecchie oligarchie portò al potere Getulio Vargas, fondatore di un regime populista. Un regime dai forti tratti populisti si sarebbe poi affermato in Argentina, negli anni della seconda guerra mondiale, con l'ascesa di Perón.

biblio grafia

Sul Medio Oriente negli anni fra le due guerre mondiali: J.L. Gelvin, *Storia del Medio Oriente moderno*, Einaudi, Torino 2009 (ed. or. 2005); M. Campanini, *Storia del Medio Oriente contemporaneo*, Il Mulino, Bologna 2017 (ed. or. 2006); M. Emiliani, *Medio Oriente. Una storia dal 1918 al 1991*, Laterza, Bari-Roma 2018 (ed. or. 2012).

Sull'India: M. Torri, *Storia dell'India*, Laterza, Roma-Bari 2010 (ed. or. 2000); D. Rothermund, *Storia dell'India*, Il Mulino, Bologna 2007 (ed. or. 2002); D. Ludden, *Storia dell'India e dell'Asia del Sud*, Einaudi, Torino 2011 (ed. or. 2002).

Sulla Cina: E. Collotti Pischel, *Storia della rivoluzione cinese*, Editori Riuniti, Roma 2005 (ed. or. 1972); M. Meisner, *Mao e la Rivoluzione cinese*, Einaudi, Torino 2010 (ed. or. 2007); M. Sabattini-P. Santangelo, *Storia della Cina*, Laterza, Bari-Roma 2017 (ed. or. 1986); J. Osterhammel, *Storia della Cina moderna (secoli XVIII-XX)*, Einaudi, Torino 1992 (ed. or. 1989); J.A.G. Roberts, *Storia della Cina*, Il Mulino, Bologna 2013 (ed. or. 1999).

Sul Giappone: E.K. Tipton, *Il Giappone moderno. Una storia politica e sociale*, Einaudi, Torino 2011 (ed. or. 2001); R. Caroli-F. Gatti, *Storia del Giappone*, Laterza, Bari-Roma 2018 (ed. or. 2004).

Sull'America Latina: M. Carmagnani, *L'altro Occidente*, Einaudi, Torino 2003; L. Zanatta, *Storia dell'America Latina contemporanea*, Laterza, Bari-Roma 2017 (ed. or. 2010); R. Nocera-A. Trento, *America Latina, un secolo di storia*, Carocci, Roma 2013.

17. La seconda guerra mondiale

17.1. Le origini e lo scoppio della guerra

Le responsabilità tedesche

Nell'estate del 1939 lo scoppio di una nuova guerra fra le potenze europee era un evento largamente atteso. Mentre nel 1914 il conflitto generale era stato occasionato da un singolo evento tragico e imprevedibile come l'attentato di Sarajevo, venticinque anni dopo tutto sembrava condurre verso l'inevitabile scontro fra la Germania nazista e le democrazie dell'Europa occidentale. Per la seconda guerra mondiale, inoltre, la questione delle responsabilità è molto meno controversa di quanto non sia per la prima. Non vi sono dubbi sul fatto che a provocare il conflitto fu la politica di conquista e di aggressione della Germania hitleriana. Anche se ciò non significa che le altre potenze fossero immuni da errori o da colpe.

La fine della Cecoslovacchia

Le democrazie occidentali si erano illuse, nella conferenza di Monaco [▶14.10], di aver placato la Germania con la cessione dei Sudeti. In realtà, già nell'ottobre del '38, Hitler aveva pronti i piani per l'occupazione della Boemia e della Moravia, ossia della parte più popolosa e industrialmente più sviluppata dell'unico Stato democratico del Centro-Europa, la Repubblica cecoslovacca, già indebolita dalla perdita dei Sudeti e minata dalla lotta fra le diverse nazionalità che convivevano entro i suoi confini. L'operazione scattò nel marzo 1939. Mentre la Slovacchia si proclamava indipendente con l'appoggio dei tedeschi, Hitler dava vita al "protettorato di Boemia e Moravia", parte integrante del Grande Reich tedesco.

Francia e Gran Bretagna in difesa della Polonia

La distruzione dello Stato cecoslovacco determinò una svolta nell'atteggiamento delle potenze occidentali. Fra il marzo e il maggio 1939, accantonata la politica dell'*appeasement*, Gran Bretagna e Francia diedero vita a un'offensiva diplomatica, volta a contenere l'aggressività delle potenze dell'Asse, stipulando patti di assistenza militare con i paesi più direttamente minacciati dall'espansionismo tedesco (Belgio, Olanda, Grecia, Romania). Il più importante [illegible] quello con la Polonia, che costituiva il nuovo obiettivo dei progetti di Hitler: già in marzo, infatti, il Führer aveva rivendicato il possesso di Danzica e il diritto di passaggio attraverso il "corridoio" che univa la città al territorio polacco [▶10.12]. L'alleanza fra Gran Bretagna, Francia e Polonia, conclusa fra marzo e aprile, costituiva una risposta a queste minacce; e significava che le potenze occidentali erano disposte ad affrontare la guerra pur di impedire che la Polonia subisse la sorte della Cecoslovacchia.

L'Italia e il "patto d'acciaio"

Il radicalizzarsi della contrapposizione fra la Germania e gli anglo-francesi tolse ogni residuo spazio di manovra all'Italia. Mussolini cercò dapprima di contrapporre alle iniziative di Hitler una propria iniziativa unilaterale: l'occupazione (aprile 1939) del piccolo Regno di Albania, considerato una base per una ulteriore penetrazione nei Balcani. Un mese dopo (maggio '39), Mussolini, convinto che l'Italia non potesse restare neutrale nello scontro che si andava profilando e sicuro della superiorità della Germania, decise di accettare le pressanti richieste tedesche di trasformare il generico vincolo dell'Asse Roma-Berlino in una vera e propria alleanza militare, che fu significativamente chiamata "patto d'acciaio" [▶15.5]. Il patto stabiliva che, se una delle due parti si fosse trovata impegnata in un conflitto per una causa qualsiasi (dunque anche in veste di aggressore), l'altra sarebbe stata obbligata a scendere in campo al suo fianco. Mussolini e il ministro degli Esteri Ciano, pur sapendo che l'Italia non era preparata militarmente a un conflitto europeo, accettarono sconsideratamente un impegno così gravoso, fidandosi delle assicurazioni verbali di Hitler circa la sua intenzione di non scatenare la guerra prima di due o tre anni. In realtà, nel maggio '39, lo stato maggiore tedesco stava già preparando l'invasione della Polonia.

L'Urss e le democrazie

La principale incognita era costituita a questo punto dall'atteggiamento dell'Urss. Un'adesione sovietica alla coalizione antitedesca avrebbe probabilmente bloccato i piani di Hitler, che temeva il ripetersi dello scenario della prima guerra mondiale (la Germania minacciata da Est e da Ovest). Ma le trattative fra l'Urss e i franco-britannici furono compromesse da una serie di reciproche e non infondate diffidenze: i sovietici sospettavano che gli occidentali mirassero a indirizzare su di loro l'aggressività della Germania; gli occidentali attribuivano ai sovietici ambizioni egemoniche sull'Europa dell'Est; inoltre i polacchi – che temevano una presenza militare russa non meno di un'aggressione tedesca – non volevano concedere alle truppe dell'Urss il permesso di attraversare il proprio territorio in caso di attacco da parte della Germania. I sovietici cominciarono allora a prestare attenzione alle offerte di intesa che stavano intanto giungendo da parte di Hitler.

Il patto tedesco-sovietico

Il 23 agosto 1939, i ministri degli Esteri tedesco e sovietico, Joachim von Ribbentrop e Vjačeslav Molotov, firmarono a Mosca un patto di non aggressione fra i due paesi. L'annuncio dell'accordo fra due regimi ideologicamente contrapposti rappresentò uno dei più grandi colpi di scena nella storia della diplomazia di ogni tempo e fu accolto in tutto il mondo con un misto di stupore e di indignazione. Si trattò in realtà di un gesto di spregiudicato realismo, che assicurava ad ambo le parti considerevoli vantaggi. L'Urss non solo allontanava momentaneamente la minaccia tedesca dai suoi confini, ma otteneva anche, mediante un protocollo segreto, un riconoscimento delle sue aspirazioni territoriali nei confronti degli Stati baltici, della Romania e della Polonia (di cui si prevedeva la spartizione). Dal canto suo Hitler era costretto a modificare la sua strategia di fondo, rinviando lo scontro col nemico storico, la Russia sovietica; ma intanto poteva risolvere la questione polacca senza correre il rischio di una guerra su due fronti.

Una guerra totale

Il 1° settembre 1939, le truppe tedesche attaccarono la Polonia. Il 3 settembre Gran Bretagna e Francia dichiararono guerra alla Germania, mentre l'Italia, il giorno stesso dello scoppio delle ostilità, si affrettò a proclamare la sua "non belligeranza". La seconda guerra mondiale cominciava così come una continuazione, o una replica, della prima. Molto simili erano la posta in gioco e le cause di fondo: il tentativo della Germania di affermare la propria egemonia sul continente europeo e la volontà di Gran Bretagna e Francia di impedire questa affermazione. Simile era anche la tendenza del conflitto ad allargarsi fuori dai confini europei. Ma questa volta l'estensione del teatro di guerra sarebbe stata ancora maggiore e ancora più rivoluzionarie le conseguenze sugli equilibri internazionali. Rispetto al primo conflitto mondiale, il secondo vide inoltre accentuarsi il carattere totale della guerra: lo scontro ideologico fra i due schieramenti fu più aspro e radicale, e più ampia fu la mobilitazione dei cittadini con o senza uniforme. Nuove tecniche di guerra e nuove armi furono impiegate anche fuori dai campi di battaglia e le conseguenze sulle popolazioni civili furono più tragiche che in qualsiasi guerra del passato.

17.2. L'attacco alla Polonia

La guerra-lampo

Le prime settimane di guerra furono sufficienti alla Germania per sbarazzarsi della Polonia e per offrire al mondo un'impressionante dimostrazione di efficienza bellica. L'offensiva tedesca, accompagnata da una serie di micidiali bombardamenti aerei, ebbe facilmente ragione di un esercito antiquato e mal guidato. Fu questa il primo esempio di guerra-lampo (in tedesco *Blitzkrieg*), una strategia che si basava sull'uso congiunto dell'aviazione e delle forze corazzate, cui era affidato il peso principale dell'attacco. L'impiego su vasta scala dei carri armati e delle autoblindo e il loro raggruppamento in speciali reparti motorizzati rendevano di nuovo possibile la guerra di movimento, e consentivano, in caso di successo, di impadronirsi in pochi giorni di territori molto vasti, tagliando fuori gli eserciti nemici dalle loro fonti di rifornimento.

La spartizione della Polonia

Fu esattamente quanto accadde nella campagna di Polonia. A metà settembre le armate del Reich già assediavano Varsavia che, semidistrutta dai bombardamenti, capitolò alla fine del mese. Frattanto l'Urss, in base alle clausole segrete del patto Molotov-Ribbentrop, si impadroniva delle regioni orientali del paese, dopo aver invaso le tre piccole Repubbliche baltiche (Estonia, Lettonia, Lituania) che persero così la loro indipendenza. All'inizio di otto-

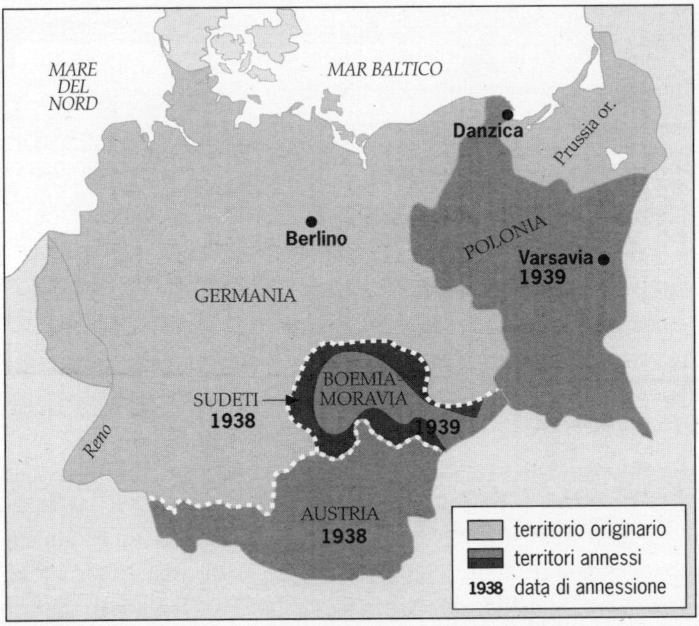

L'espansione del Terzo Reich

bre cessava ogni resistenza da parte dell'esercito polacco. Tedeschi e sovietici imposero nei territori sotto il loro controllo uno spietato regime di occupazione: in questo periodo si consumò, per opera dei sovietici, il massacro di oltre 4 mila ufficiali polacchi fatti prigionieri, i cui corpi, gettati in fosse comuni, sarebbero stati scoperti dai tedeschi, nel '43, nella foresta di Katyn, in territorio russo.

La *drôle de guerre*

La Repubblica polacca cessava così di esistere dopo appena vent'anni di vita, senza aver ricevuto alcun aiuto concreto dai suoi alleati occidentali che, non volendo affrontare uno scontro in campo aperto, restarono sulla difensiva, aspettando l'attacco tedesco. Per i successivi sette mesi, la guerra a Occidente restò così congelata. L'Europa visse una fase di attesa che i francesi chiamarono *drôle de guerre* ("strana guerra" o "guerra per finta") e che certo non giovò al morale delle truppe franco-britanniche, mentre consentì ai tedeschi di riorganizzare le forze in vista dello scontro decisivo.

La guerra nel Nord Europa

Mentre le armi tacevano sul fronte occidentale, il teatro di guerra si spostava inaspettatamente nell'Europa del Nord. Questa volta fu l'Urss a prendere l'iniziativa, attaccando il 30 novembre la Finlandia, colpevole di aver rifiutato alcune rettifiche di confine. La campagna si rivelò però più difficile del previsto: i finlandesi resistettero per più di tre mesi infliggendo notevoli perdite agli aggressori. Nel marzo 1940 la Finlandia dovette cedere alle richieste sovietiche, conservando tuttavia la sua indipendenza.

A questo punto fu di nuovo la Germania a cogliere tutti di sorpresa e a prevenire ogni eventuale mossa anglo-francese nel Nord Europa lanciando, il 9 aprile 1940, un improvviso attacco alla Danimarca e alla Norvegia. La Danimarca si arrese senza combattere. La Norvegia oppose una certa resistenza, ma anche in questo caso l'azione tedesca si rivelò incontenibile, nonostante la relativa esiguità delle forze impiegate. Nella primavera del '40, Hitler controllava buona parte dell'Europa centro-settentrionale. I tempi erano maturi per scatenare l'attacco a Occidente.

17.3. La disfatta della Francia e la resistenza della Gran Bretagna

Un esito inatteso

L'attacco tedesco alla Francia ebbe inizio il 10 maggio 1940 e si risolse nel giro di poche settimane in un nuovo travolgente successo, tanto più clamoroso in quanto ottenuto a spese delle due maggiori potenze occidentali coalizzate. L'esercito francese, disponendo di una forte aviazione e di ingenti forze corazzate, era il più consistente e il meglio armato d'Europa. A provocare la sconfitta furono gli errori dei suoi comandi, ancora legati a una concezione statica della guerra e troppo fiduciosi nell'efficacia delle fortificazioni difensive che costituivano la famosa linea Maginot [▸11.6]. Queste in realtà coprivano solo la frontiera franco-tedesca, lasciando scoperto il confine col Belgio: fu proprio da qui che, come nel 1914 [▸10.1-2], i tedeschi iniziarono l'attacco violando la neutralità dello Stato confinante. Questa volta, oltre al Belgio, furono invasi anche l'Olanda e il Lussemburgo. Fra il 12 e il 15 maggio, dopo aver attraversato velocemente la foresta delle Ardenne, in territorio belga (ritenuta fino ad allora invalicabile dai carri armati), i reparti corazzati tedeschi sfondarono nei pressi di Sedan, ossia nel punto centrale della linea difensiva francese, le cui forze più consistenti erano in parte impegnate nella difesa del Belgio, in parte dislocate più a sud, a presidiare l'inutile linea Maginot. Le truppe tedesche dilagarono in pianura e puntarono verso il canale della Manica, chiudendo in una sacca molti reparti francesi e belgi e l'intero corpo di spedizione britannico, da poco sbarcato sul continente.

Attacco tedesco alla Francia (primavera 1940)

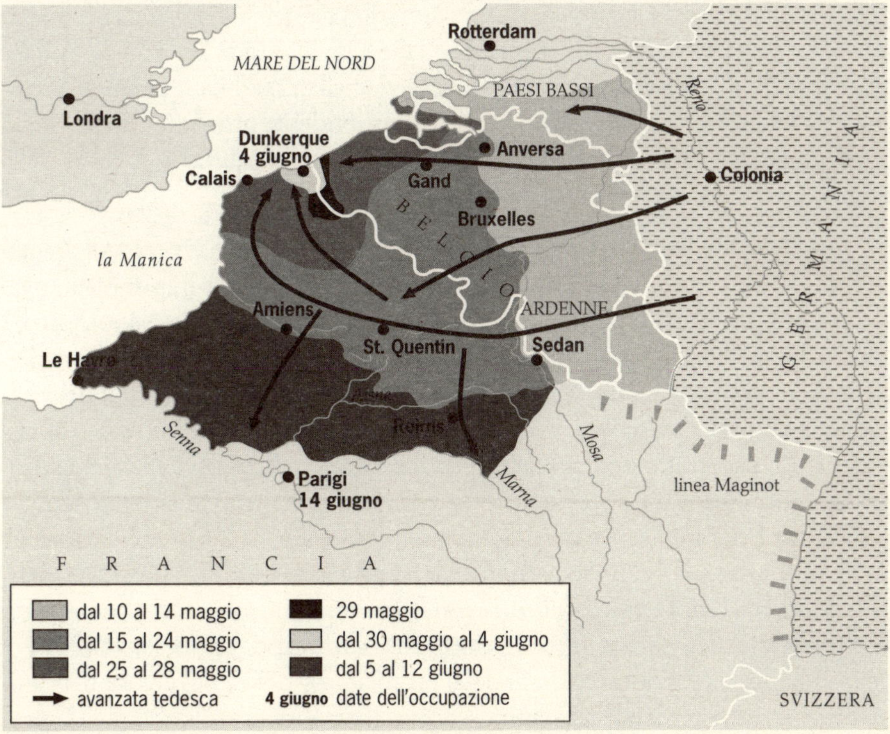

Dunkerque

Solo un momentaneo arresto dell'offensiva consentì al grosso delle forze britanniche (circa 200 mila, assieme a 130 mila tra francesi e belgi) un difficile reimbarco nel porto di Dunkerque (29 maggio-4 giugno). La sosta tedesca era dovuta in parte al timore degli alti comandi di aver spinto l'attacco troppo lontano dalle basi di partenza, e di esporle così a una possibile controffensiva nemica; in parte forse a un calcolo politico di Hitler, che voleva lasciarsi aperta la strada di un accordo con la Gran Bretagna. Per i britannici la ritirata rappresentò comunque la possibilità di continuare la lotta. Ma per la Francia, fiaccata nel morale oltre che nell'efficienza bellica, la sconfitta era ormai irreparabile. Il 14 giugno i tedeschi entravano a Parigi, mentre lunghe colonne di profughi si riversavano verso il Sud.

Pétain e l'armistizio

Assieme alle forze armate, cedeva anche la classe politica: il governo presieduto da Paul Reynaud, fautore della resistenza a oltranza, fu costretto a dimettersi. Divenne presidente del Consiglio l'ottantaquattrenne maresciallo Philippe Pétain (comandante dell'esercito francese nell'ultima fase della Grande Guerra), che aprì immediatamente le trattative per l'armistizio. Invano il generale Charles De Gaulle, sottosegretario alla Difesa nel governo Reynaud, lanciò da Londra, il 18 giugno, un appello ai francesi per incitarli a continuare a combattere a fianco dei loro alleati. L'armistizio fu firmato il 22 giugno 1940 nella stessa località (il villaggio di Rethondes) e nello stesso vagone ferroviario che nel novembre '18 avevano visto la delegazione tedesca piegarsi ai vincitori di allora [▶10.11]. In base all'armistizio il governo, che stabilì la sua sede nella cittadina termale di Vichy, conservava la sua sovranità su una zona corrispondente grosso modo alla metà centro-meridionale del paese, oltre che sulle colonie. Parigi e il resto della Francia restavano sotto l'occupazione tedesca.

Il regime di Vichy

Il crollo militare della Francia e l'avvento di Pétain segnarono anche la fine della Terza Repubblica, nata settant'anni prima da un'altra catastrofe bellica, quella subita da Napoleone III contro i prussiani. Il 9 luglio l'Assemblea nazionale, riunita a Vichy, si spogliava dei suoi poteri, affidando al presidente del Consiglio il compito di promulgare una nuova Costituzione. Come molti francesi, Pétain attribuiva la responsabilità della sconfitta non agli errori dei comandi militari, ma alla classe dirigente repubblicana e al sistema democratico-parlamentare, considerato troppo permissivo e dunque causa di rilassamento morale. La "rivoluzione nazionale" da lui promossa – col diffuso consenso di un'opinione pubblica passiva e smarrita, desiderosa soprattutto di finirla con la guerra – si risolse così in un ritorno alle tradizioni dell'*ancien régime*: culto dell'autorità, difesa della religione e della famiglia, esaltazione retorica della piccola proprietà e del lavoro nei campi, organizzazione sociale di stampo corporativo. Il regime di Vichy vide progressivamente restringersi i suoi margini di autonomia e si ridusse al rango di Stato-satellite della Germania hitleriana. Ogni rapporto con la Gran Bretagna fu interrotto dopo che il 3 luglio la flotta francese, ancorata nella Baia di Mers el Kebir in Algeria, fu attaccata e distrutta da quella britannica per evitare che cadesse in mano ai tedeschi.

L'intransigenza di Churchill

Dal giugno 1940 la Gran Bretagna era rimasta sola a combattere contro la Germania e i suoi alleati. A questo punto Hitler sarebbe stato disposto a trattare, a patto di vedersi riconosciute le sue conquiste. Ma ogni ipotesi di tregua trovò un ostacolo insuperabile nella volontà di resistenza della classe dirigente e del popolo britannico. Interprete e ispiratore di questa linea inflessibile fu il primo ministro conservatore Winston Churchill, da sempre intransigente oppositore della politica di *appeasement*. Chiamato nel maggio del 1940, dopo le dimissioni di Chamberlain, a guidare un nuovo governo di coalizione nazionale, Churchill enunciò subito il suo programma in un celebre discorso: una sola politica, «la guerra per mare, per terra e nell'aria, con tutte le nostre energie», e un solo obiettivo, «la vittoria a tutti i costi [...] per quanto lunga e dura possa essere la strada». Ai suoi concittadini non aveva nulla da offrire «se non sangue, travagli, lacrime e sudore».

La battaglia d'Inghilterra

I sacrifici annunciati da Churchill divennero ben presto una dura realtà. All'inizio di luglio, Hitler dava il via all'operazione "Leone marino" per l'invasione della Gran Bretagna. Premessa essenziale per la riuscita del piano era il dominio dell'aria, che avrebbe consentito ai tedeschi di compensare la superiorità navale della Gran Bretagna. Quella scatenata dalla Germania nell'estate del '40 fu la prima grande battaglia aerea della storia. Per circa tre mesi l'aviazione tedesca (Luftwaffe) effettuò continue incursioni in territorio britannico, prima contro obiettivi militari, poi contro i principali centri industriali, compresa Londra, che fu ripetutamente bombardata. Gli attacchi furono però efficacemente contrastati dalla contraerea e dagli aerei da caccia della Royal Air Force (Raf), che si avvaleva fra l'altro di un ottimo sistema di informazione e di avvistamento *radar*. All'inizio dell'autunno apparve chiaro che, nonostante le perdite umane e le distruzioni materiali subìte, la Gran Bretagna non era stata piegata e l'operazione "Leone marino" fu rinviata a tempo indefinito.

La guerra aerea

La battaglia d'Inghilterra, tuttavia, aveva dato una tragica dimostrazione delle potenzialità distruttive del mezzo aereo: i bombardamenti sulle città, le terrificanti incursioni notturne precedute dal suono delle sirene e dalla fuga dei civili verso i rifugi antiaerei, gli orrori prodotti dalle bombe incendiarie sarebbero diventati un elemento ricorrente e un fattore decisivo nelle successive fasi della guerra. La tenace resistenza britannica aveva ottenuto comunque un successo determinante, anche dal punto di vista psicologico, imponendo alla Germania la prima battuta d'arresto dall'inizio del conflitto.

17.4. L'Italia e la "guerra parallela"

Dalla "non belligeranza" alla dichiarazione di guerra

Nell'estate del 1939 l'Italia fu colta di sorpresa dal precipitare della crisi internazionale. E, allo scoppio della guerra, non poté far altro che annunciare la propria "non belligeranza" (un'espressione usata per evitare il termine "neutralità", poco consono alla retorica fascista). L'inadempienza agli impegni del "patto d'acciaio" era giustificata con l'impreparazione ad affrontare un conflitto di lunga durata. In effetti l'equipaggiamento delle forze armate, già scarso e antiquato, era stato ulteriormente impoverito dalle imprese in Etiopia e in Spagna. Insufficienti erano anche le scorte di materie prime, per le quali l'Italia dipendeva in larga parte dalle importazioni. Ma nel maggio 1940, di fronte al crollo della Francia, Mussolini pensò che l'esito del conflitto fosse ormai deciso e vinse le resistenze di quei settori della classe dirigente (il re, i gerarchi dell'ala "moderata" del fascismo, gli industriali, gli stessi vertici militari) che fino ad allora si erano mostrati meno favorevoli all'entrata in guerra. Anche l'opinione pubblica, prima avversa all'alleanza con la Germania, cambiò orientamento di fronte alla prospettiva di una vittoria da ottenersi col minimo sforzo (lo stesso Mussolini, in privato, parlò di "qualche migliaio di morti da gettare sul tavolo della pace"). Il 10 giugno 1940, dal balcone di Palazzo Venezia, il duce annunciò a una folla plaudente l'entrata in guerra dell'Italia contro Francia e Gran Bretagna.

I primi fallimenti

L'offensiva sulle Alpi contro la Francia, sferrata il 21 giugno in condizioni di netta superiorità numerica contro un avversario praticamente già sconfitto, si risolse però in una disastrosa prova di inefficienza. L'armistizio subito richiesto dalla Francia e firmato il 24 giugno prevedeva solo qualche minima rettifica di confine, oltre alla smilitarizzazione di una fascia di territorio francese profonda 50 chilometri. Non diversamente andarono le cose in Africa settentrionale, dove l'attacco lanciato in settembre dal territorio libico contro le forze britanniche in Egitto dovette arrestarsi per l'insufficienza dei mezzi corazzati. Mussolini, convinto che l'Italia dovesse combattere una sua guerra, parallela e non subalterna a quella tedesca, rifiutò un'offerta d'aiuto da parte della Germania, preoccupato di sottrarsi alla tutela del più potente alleato. Si trattava però di una guerra che le forze armate italiane non erano in grado di affrontare, come gli avvenimenti dei mesi successivi avrebbero ampiamente dimostrato.

L'aggressione alla Grecia

Nell'ottobre 1940 l'esercito italiano, muovendo dall'Albania, attaccava improvvisamente la Grecia. Questa offensiva, decisa senza adeguata preparazione e senza alcuna giustificazione plausibile, si scontrò con una resistenza molto più dura del previsto. Alla fine di novembre i greci passarono al contrattacco e gli italiani furono costretti a ripiegare in territorio albanese. L'esito fallimentare della campagna di Grecia provocò un terremoto nei vertici militari (il capo di stato maggiore Badoglio fu costretto alle dimissioni) e suscitò nel paese una diffusa crisi di sfiducia. Le notizie che filtravano dal fronte greco – e parlavano di disorganizzazione, di carenza di equipaggiamento invernale, di fenomeni di sbandamento fra le truppe – diedero un grave colpo all'immagine guerriera del regime e alla popolarità di Mussolini. Tanto più che quelle notizie si accompagnavano all'eco dei contemporanei insuccessi in Africa.

Gli insuccessi sui fronti africani

Nel dicembre '40 i britannici passarono al contrattacco sul fronte libico e, grazie anche alla superiorità dei loro carri armati, in poche settimane conquistarono l'intera Cirenaica (ossia la parte orientale della Libia) infliggendo agli italiani la perdita di 140 mila uomini fra morti, feriti e prigionieri. Per evitare la definitiva cacciata dalla Libia, Mussolini fu costretto questa volta ad accettare l'aiuto della Germania. Nel marzo 1941, con l'arrivo dei primi reparti tedeschi, equipaggiati con moderni mezzi corazzati e comandati da un brillante stratega della guerra di movimento, il generale Erwin Rommel, le truppe dell'Asse cominciarono una lunga controffensiva che, già in aprile, portò alla riconquista della Cirenaica.

Ma intanto l'Africa orientale italiana (Etiopia, Somalia, Eritrea), difficilmente difendibile per la sua posizione geografica, stava cadendo nelle mani della Gran Bretagna: il 6 aprile 1941 fu occupata Addis Abeba, dove pochi giorni dopo rientrava trionfalmente il negus. Fu un altro durissimo colpo per il prestigio dell'Italia, ormai costretta a rinunciare a ogni sogno di "guerra parallela" e ridotta ovunque a recitare il ruolo dell'alleato subalterno.

L'intervento tedesco nei Balcani

Anche nei Balcani, come in Nord Africa, il fallimento delle iniziative italiane finì con l'aprire la strada all'intervento in forze della Germania. Nell'aprile 1941, la Jugoslavia e la Grecia, attaccate simultaneamente da truppe tedesche e italiane, furono facilmente travolte, mentre i britannici – che in marzo erano sbarcati in territorio ellenico – erano costretti a ritirarsi, abbandonando per la seconda volta in poco più di un anno il continente europeo. L'Italia, da questo momento, si trovò a svolgere assieme alla Germania il ruolo di potenza occupante nei Balcani, vedendosi assegnate una parte della Slovenia (che fu annessa al Regno d'Italia), ampie zone della Croazia, della Dalmazia e del Montenegro e gran parte del territorio greco. Pur se meno feroce di quella tedesca, l'occupazione italiana fu segnata da violenze e rappresaglie che si sovrapposero ai conflitti etnici e politici di un paese già profondamente diviso com'era allora la Jugoslavia. Nella primavera del '41, restava aperto il solo fronte nordafricano (dove i britannici erano avvantaggiati dalla superiorità navale nel Mediterraneo, oltre che dall'ampio retroterra di cui disponevano in Africa e in Medio Oriente). Ma Hitler non aveva più rivali in Europa. E poteva concentrare il grosso delle sue forze verso l'obiettivo più ambìto: la conquista dello "spazio vitale" a Est ai danni dell'Urss.

17.5. 1941: l'entrata in guerra di Urss e Stati Uniti

Con l'attacco tedesco all'Unione Sovietica, all'inizio dell'estate 1941, la guerra entrò in una nuova fase. Un altro vastissimo fronte si aprì in Europa orientale. La Gran Bretagna non fu più sola a combattere. Lo scontro ideologico si semplificò e si radicalizzò col venir meno dell'anomala intesa fra nazismo e comunismo sovietico.

L'attacco tedesco all'Unione Sovietica

Che l'Urss costituisse da sempre il principale obiettivo delle mire espansionistiche di Hitler non era un mistero per nessuno. Stalin si illuse tuttavia che Hitler non avrebbe scatenato l'attacco a Est prima di aver chiuso la partita con la Gran Bretagna. Così, quando il 22 giugno 1941 l'offensiva tedesca – denominata in codice operazione Barbarossa – scattò su un fronte lungo 1600 chilometri, dal Baltico al Mar Nero, i sovietici furono colti impreparati (anche perché le "grandi purghe" del '37-38 avevano privato l'Armata rossa dei suoi migliori ufficiali). In due settimane le armate del Reich penetrarono in territorio sovietico per centinaia di chilometri. L'offensiva – cui prese parte anche un corpo di spedizione italiano inviato in tutta fretta da Mussolini, ansioso di inserirsi nella crociata antibolscevica – continuò per tutta l'estate travolgendo ogni resistenza. Ma l'attacco decisivo verso Mosca fu sferrato troppo tardi, all'inizio di ottobre, e fu bloccato a poche decine di chilometri dalla capitale dal sopraggiungere del maltempo, che rese impraticabili molte strade e rallentò il movimento degli automezzi.

La resistenza dell'Urss

In dicembre i sovietici lanciavano la loro prima controffensiva, allontanando la minaccia da Mosca. All'inizio dell'inverno, i tedeschi erano ancora padroni di territori vastissimi e importantissimi dal punto di vista economico e strategico: l'Ucraina, la Bielorussia, le regioni baltiche. Ma Hitler aveva mancato l'obiettivo di mettere fuori causa l'Urss ed era costretto a tenere il grosso del suo esercito immobilizzato nelle pianure russe, alle prese con un terribile inverno e con una resistenza sempre più accanita. Guidata personalmente da Stalin – che fece appello al sentimento patriottico del popolo russo – la guerra difensiva dei sovietici risultò infatti più efficace del previsto. Attingendo a un serbatoio umano che sembrava inesauribile e riorganizzando la produzione industriale nelle regioni a est del Volga, l'Urss riuscì infatti a compensare le spaventose perdite subìte (3 milioni di uomini, 20 mila carri armati e 15 mila aerei nei primi tre mesi di guerra).

Anche la guerra meccanizzata si trasformava così in una guerra d'usura, in cui l'elemento decisivo era costituito dalla capacità di compensare rapidamente il logorìo degli uomini e dei materiali. In una guerra del genere – così com'era accaduto nel primo conflitto mondiale – la Germania era destinata a perdere il suo vantaggio iniziale, dovuto soprattutto alla superiorità tecnica e strategica. Tanto più nel momento in cui gli Stati Uniti, massima potenza industriale del mondo, si schieravano a fianco di Gran Bretagna e Urss.

Gli aiuti americani alla Gran Bretagna

Allo scoppio del conflitto, gli Stati Uniti avevano ribadito la loro linea di non intervento negli affari europei, ma, una volta rieletto alla presidenza per la terza volta, nel novembre 1940, Roosevelt si impegnò in una politica di aperto sostegno economico alla Gran Bretagna, rimasta sola a combattere contro la Germania. Nel marzo 1941 fu approvata una legge, detta "degli affitti e prestiti", che consentiva la fornitura di materiale bellico a condizioni molto favorevoli a quegli Stati la cui difesa fosse considerata vitale per gli interessi americani. In maggio gli Stati Uniti ruppero le relazioni diplomatiche con Germania e Italia. In giugno la marina militare Usa fu incaricata di scortare fino all'Islanda i convogli che trasportavano aiuti a nazioni alleate e autorizzata a rispondere a eventuali attacchi.

La Carta atlantica

Questa politica – che tendeva a fare degli Stati Uniti l'"arsenale delle democrazie" – ebbe il suo suggello ufficiale nell'incontro fra Roosevelt e Churchill avvenuto il 14 agosto 1941 su una nave da guerra al largo dell'isola di Terranova. Frutto dell'incontro fu la cosiddetta Carta atlantica: un documento in otto punti – una sorta di riedizione aggiornata dei 14 punti di Wilson – in cui i due statisti ribadivano la condanna dei regimi fascisti e fissavano le linee di un nuovo ordine democratico da costruire a guerra finita: rispetto dei princìpi di sovranità popolare e di autodecisione dei popoli, libertà dei commerci, libertà dei mari, cooperazione internazionale, rinuncia all'uso della forza nei rapporti fra gli Stati. Il coinvolgimento degli Usa in quella che sempre più stava diventando una guerra antifascista sembrava già a questo punto inevitabile.

L'espansionismo del Giappone

A trascinare gli Stati Uniti nel conflitto fu però l'aggressione improvvisa subita nel Pacifico da parte del Giappone: la maggiore potenza dell'emisfero orientale e il principale alleato asiatico di Germania e Italia, cui era legato, dal settembre 1940, da un patto di alleanza militare detto patto tripartito. Già impegnato dal '37 nella guerra contro la Cina [▶16.7], il Giappone aveva profittato del conflitto europeo per allargare le sue aspirazioni espansionistiche a tutti i territori del Sud-Est asiatico. Quando, nel luglio 1941, i giapponesi invasero l'Indocina francese, Stati Uniti e Gran Bretagna reagirono decretando il blocco delle esportazioni verso il Giappone. L'Impero asiatico si trovò a questo punto di fronte a una scelta: piegarsi alle richieste delle potenze occidentali (che esigevano il ritiro delle truppe giapponesi dall'Indocina e dalla Cina) o scatenare la guerra per conquistare nuovi territori e procurarsi così le materie prime necessarie alla sua politica di grande potenza. Il governo giapponese, dominato dalle correnti belliciste, scelse la strada della guerra.

L'attacco a Pearl Harbor

Il 7 dicembre 1941, l'aviazione giapponese attaccò, senza previa dichiarazione di guerra, la flotta degli Stati Uniti ancorata a Pearl Harbor, nelle isole Hawaii, e la distrusse in buona parte. Nei mesi successivi, profittando della netta superiorità navale così conquistata nel Pacifico, i giapponesi raggiunsero di slancio tutti gli obiettivi che si erano prefissati: nel maggio '42 controllavano le Filippine (strappate agli Usa), la Malesia e la Birmania britanniche, l'Indonesia olandese; ed erano in grado di minacciare l'Australia e la stessa India, costringendo la Gran Bretagna a distogliere forze preziose dal Medio Oriente.

Il patto delle Nazioni Unite

Pochi giorni dopo l'attacco a Pearl Harbor, anche Germania e Italia dichiaravano guerra agli Stati Uniti. Il conflitto diventava a questo punto veramente mondiale. Gli anglo-americani e i sovietici, trovatisi a combattere dalla stessa parte più per scelta altrui che per propria volontà, si posero subito il problema di elaborare una strategia comune per battere le potenze fasciste. Lo fecero per la prima volta nella conferenza che si tenne a Washington fra il dicembre 1941 e il gennaio 1942, nella quale tutte le 26 nazioni in guerra contro Germania, Italia e Giappone (oltre a Stati Uniti, Unione Sovietica e Gran Bretagna c'erano anche i paesi del Commonwealth e numerosi rappresentanti di Stati occupati dai tedeschi) sottoscrissero il patto "delle Nazioni Unite": i contraenti – gli alleati, come da allora sarebbero stati definiti – si impegnavano a tener fede ai princìpi della Carta atlantica, a combattere le potenze fasciste e a non concludere con esse paci separate.

17.6. Resistenza e collaborazionismo nei paesi occupati

Il dominio dell'Asse

Nella primavera-estate del 1942 le potenze dell'Asse Roma-Berlino-Tokyo raggiunsero la loro massima espansione territoriale. Il Giappone dominava su tutto il Sud-Est asiatico, su vaste zone della Cina e su molte isole del Pacifico. In Europa i tedeschi controllavano, direttamente o indirettamente, un territorio di circa 6 milioni di km² con oltre 350 milioni di abitanti. Attorno alla Germania e all'Italia ruotavano gli alleati "minori": Finlandia, Ungheria, Romania, Bulgaria, Slovacchia, Croazia e Francia di Vichy. Olanda, Norvegia e Boemia erano governate da "alti commissari" tedeschi. Spagna, Turchia e Svezia, formalmente neutrali, erano di fatto incluse nella sfera politico-economica dell'Asse. All'interno di questo blocco l'Italia aveva un ruolo marginale. Il cuore pulsante del sistema era infatti la Germania, la cui macchina bellica lavorava a pieno ritmo, grazie anche al lavoro obbligatorio dei prigionieri di guerra e degli operai prelevati dai paesi occupati.

Le vittorie dell'Asse (1939-42)

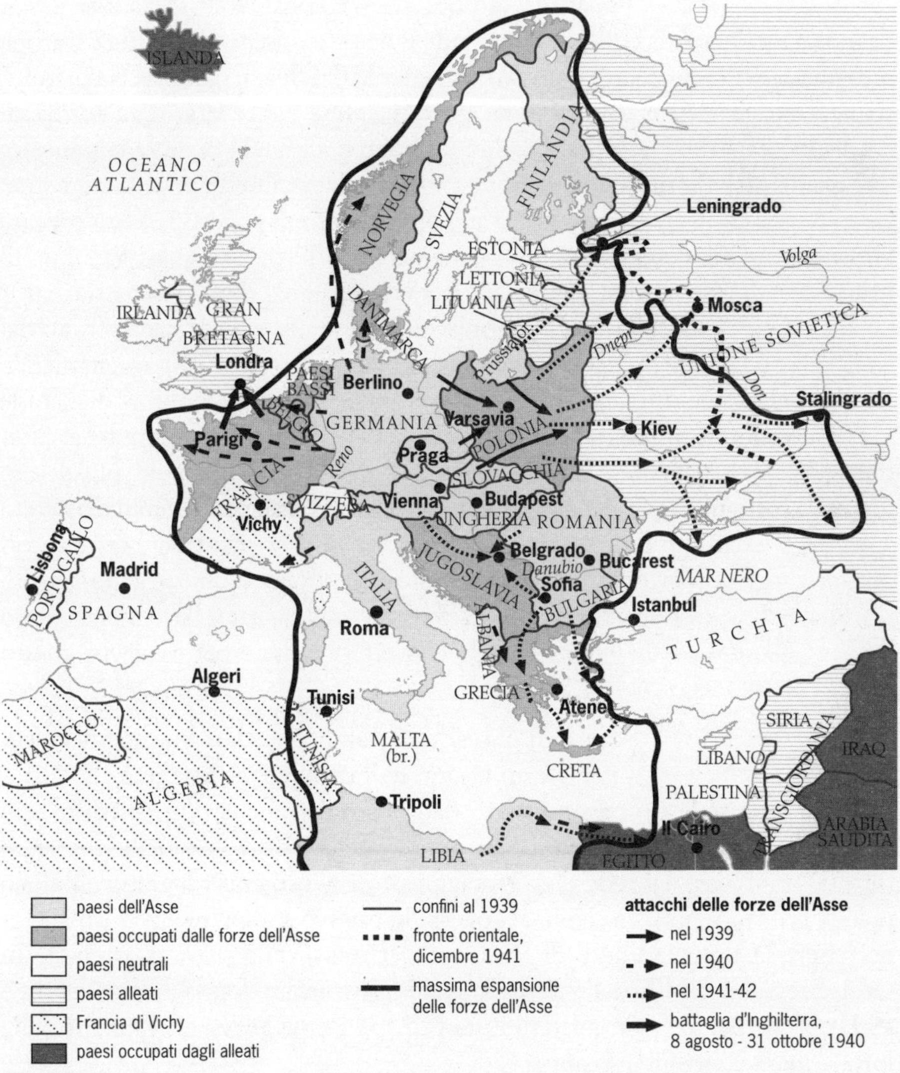

Il nuovo ordine nazista

Sia la Germania sia il Giappone cercarono di costruire nelle zone sotto il loro controllo un "nuovo ordine" basato sulla supremazia della nazione eletta. Mentre però il Giappone si appoggiò ai movimenti indipendentisti dei paesi soggetti al dominio coloniale e fece propria, strumentalmente, la causa della lotta contro l'imperialismo europeo, la Germania non concesse nulla alle aspirazioni dei popoli ad essa soggetti. Per le popolazioni considerate razzialmente inferiori, i progetti hitleriani prevedevano solo la totale subordinazione, se non addirittura lo sterminio (era questo, come vedremo fra poco, il destino riservato agli ebrei).

Sfruttamento e terrore

Un trattamento particolarmente duro e inumano fu riservato ai popoli slavi, considerati razza inferiore e destinati, nei piani di Hitler, a una condizione di semischiavitù: tutta l'Europa orientale doveva diventare una colonia agricola del Reich, ogni traccia di industrializzazione e di urbanizzazione doveva essere cancellata, ogni forma di istruzione superiore bandita. Le élite dirigenti e gli intellettuali (a cominciare dai quadri del Partito comunista in Russia) andavano eliminati fisicamente. Circa 6 milioni di civili sovietici e 2 milioni e mezzo di polacchi, senza contare gli ebrei, morirono negli anni dell'occupazione tedesca. Dei quasi 6 milioni di prigionieri di guerra russi, più della metà non fece mai ritorno in patria.

Il sistema di sfruttamento, di terrore e di sterminio pianificato costruito dai tedeschi nell'Europa occupata portò alla Germania consistenti vantaggi immediati: una riserva inesauribile di forza-lavoro gratuita, un flusso continuo di materie prime, un enorme prelievo di ricchezza e di beni di consumo che permise ai cittadini tedeschi di mantenere, almeno fino al '43, un livello di vita molto più elevato di quello consentito agli altri popoli europei. Questo sistema di dominio, ispirato a un cieco fanatismo razziale, costrinse però i tedeschi a mantenere nei territori occupati forti contingenti di truppe; suscitò nelle popolazioni soggette moti di ribellione che spesso sarebbero sfociati in resistenza armata; sollevò infine contro la Germania nazista un'ondata di odio che avrebbe finito per rivolgersi contro l'intero popolo tedesco.

I movimenti di resistenza

Episodi di resistenza all'occupazione nazista – in forme che andavano dalla non collaborazione alla diffusione di materiale propagandistico, dalla trasmissione di informazioni agli alleati al sabotaggio – si manifestarono già nella prima fase della guerra in tutti i paesi invasi dai tedeschi. Protagonisti di questi episodi erano all'inizio piccoli gruppi, legati per lo più ai governi in esilio o ai movimenti di liberazione (come la Francia libera di De Gaulle) che avevano trovato ospitalità in Gran Bretagna. Le file della Resistenza si ingrossarono dopo l'attacco tedesco all'Urss, che portò i comunisti di tutta Europa a impegnarsi attivamente nella lotta armata contro il nazismo.

Non sempre le diverse forze che confluivano nella Resistenza riuscirono però a stabilire una linea d'azione comune. Sebbene avessero operato in gran fretta un nuovo cambio di strategia subordinando ogni obiettivo rivoluzionario alla lotta di liberazione nazionale – in base a questa strategia Stalin, nel maggio 1943, decise lo scioglimento del Comintern [▶11.4] – i comunisti erano guardati con sospetto dagli anglo-americani e dalle componenti moderate del fronte antifascista. Accordi unitari furono ugualmente raggiunti in Francia e in Italia. Ma la collaborazione si rivelò impossibile in quei paesi dell'Europa orientale e balcanica dove più fondato era il timore che i partiti comunisti fungessero da strumento per i piani egemonici dell'Urss. In Jugoslavia in particolare – il paese in cui il movimento di resistenza assunse più che altrove le dimensioni di una guerra di popolo – l'esercito *partigiano* guidato dal comunista Josip Broz (più noto col nome di battaglia di Tito) si scontrò con i gruppi nazionalistici e monarchici che pure si opponevano ai tedeschi.

Il collaborazionismo

La resistenza al nazismo rappresentò solo una faccia della realtà dell'Europa occupata. In tutti i paesi invasi dalla Germania o da essa controllati, vi fu una parte più o meno consistente della popolazione che, per opportunismo o per convinzione, accettò di collaborare con i dominatori. Le forze di occupazione tedesche trovarono ovunque alleati nella lotta contro la Resistenza, volontari pronti ad arruolarsi nelle loro file (decine di migliaia di giovani di diversi paesi furono inquadrati nei reparti combattenti delle SS), leader disposti a governare in nome e alle dipendenze degli occupanti. In alcuni paesi i tedeschi si servirono di esponenti dei fascismi locali, come il norvegese Vidkun Quisling, che, diventato capo del governo, si legò ai nazisti al punto da rendere il suo cognome sinonimo di "collaborazionista". In altri trovarono il sostegno di movimenti separatisti (gli slovacchi, gli *ustascia* croati in lotta contro il centralismo serbo) o di esponenti della classe dirigente al potere prima della guerra. Il caso più significativo in questo senso fu quello della Francia di Vichy, la cui sottomissione ai tedeschi si accentuò nella primavera del '42, quando Pétain affidò il governo a Pierre Laval, già primo ministro negli anni '30. La sua accondiscendenza verso la Germania non servì a evitare che, dopo lo sbarco alleato in Nord Africa alla fine del '42, per prevenire un attacco anglo-americano nella Francia meridionale, i tedeschi occupassero anche la Francia di Vichy ponendo fine a ogni finzione di autonomia.

17.7. La *Shoah*

Un progetto di sterminio

Ancor prima che il conflitto mondiale avesse inizio, in un discorso tenuto il 30 gennaio 1939, Hitler aveva ribadito la necessità di liberare definitivamente la Germania dalla presenza degli ebrei e aveva anche profetizzato “la distruzione della razza ebraica in Europa”, come punizione per le presunte responsabilità della “finanza internazionale ebraica” nello scoppio della guerra. La minaccia hitleriana divenne realtà già nelle prime fasi del conflitto. Prima i massacri indiscriminati, ma ancora sporadici, nelle comunità israelitiche in Polonia, dove vivevano oltre 3 milioni di ebrei, progressivamente rinchiusi nei *ghetti* istituiti dai nazisti. Poi la deportazione degli ebrei dai territori via via occupati dai tedeschi in appositi campi di lavoro e di prigionia. Quindi, dopo l’invasione dell’Urss nell’estate 1941, cominciò a essere praticata in modo sistematico l’eliminazione fisica dei deportati. Cominciava così quell’operazione di sterminio, di genocidio pianificato che, con un termine ebraico, sarebbe stata definita *Shoah* (“catastrofe”, “cataclisma”).

Dalle fucilazioni alle camere a gas

Inizialmente furono reparti speciali di SS (gli Einsatzgruppen: “gruppi operativi”), con l’ausilio di militari dell’esercito regolare e di collaborazionisti (prevalentemente dei paesi baltici), a eseguire fucilazioni di massa, come quella del set-

parola chiave

Genocidio

“Genocidio” (dal greco *ghènos*, “stirpe”) è lo sterminio deliberato di tutto un popolo, a prescindere dall’età, dal sesso, dalle opinioni politiche e dalle credenze religiose dei suoi membri. Il termine fu coniato dopo la fine della seconda guerra mondiale, nel 1946, durante il processo di Norimberga contro i dirigenti nazisti, e fu usato per indicare la più orribile delle colpe addebitate agli imputati: lo sterminio degli ebrei nei paesi occupati dall’esercito tedesco. Quello messo in atto dai nazisti contro gli ebrei non fu certo l’unico massacro indiscriminato compiuto nella storia ai danni di un intero popolo. Riferendosi ai secoli passati, si è parlato di genocidio in relazione ad alcune guerre di religione del Medioevo (per esempio, la crociata contro gli albigesi) o alla decimazione degli Incas e degli Aztechi a opera dei colonizzatori spagnoli. Per restare al ’900, basterà ricordare lo sterminio di oltre un milione di armeni perpetrato dai turchi durante la Grande Guerra [▶10.7]; la deportazione – che comportava un vero e proprio sterminio di classe – di milioni di contadini (ma anche di intere popolazioni considerate infide, sulla base di discriminanti etniche) decisa da Stalin nel corso degli anni ’30 e ’40; il trasferimento forzato, risoltosi in una strage, di tutta la popolazione urbana della Cambogia sotto la dittatura comunista di Pol Pot nel 1975-76 [▶22.10].

Sul problema dell’“unicità” del genocidio del popolo ebraico (che gli tembre del 1941, quando nella fossa di Babi Yar, in Ucraina, furono uccisi oltre 33 mila ebrei di Kiev. Ma questa procedura richiedeva tempi lunghi, era troppo visibile e inadatta ai grandi numeri: in più poteva provocare qualche resistenza, o qualche cedimento psicologico, tra i militari. Dall'inizio di dicembre 1941 a Chełmno, in Polonia, erano state impiegate camere a gas mobili su autocarri diesel in cui gli ebrei venivano uccisi dall'ossido di carbonio dei motori. Intanto era iniziata a Bełzec la costruzione del primo campo (in tedesco Lager) di sterminio, cui seguirono quelli di Treblinka, Majdanek e il più sinistramente noto, quello di Auschwitz-Birkenau, non lontano da Cracovia. In questi campi vennero avviati non solo gli ebrei polacchi, ucraini, russi ma anche quelli prelevati negli altri paesi occupati dai nazisti.

L'organizzazione dello sterminio

Deportare milioni di ebrei costituiva un grosso problema organizzativo che si provò a risolvere in una riunione dei maggiori responsabili della politica antiebraica tenuta a Wannsee, un sobborgo residenziale di Berlino, nel gennaio 1942. Per gli ebrei tedeschi si doveva passare dall'incentivo all'emigrazione alla deporta-

parola chiave

ebrei preferiscono chiamare *Shoah*, in ebraico "sciagura", "catastrofe") si è sviluppato in tempi recenti un acceso dibattito. Certo è difficile, e forse inutile, stabilire una graduatoria fra stermini di massa tutti caratterizzati dal fatto di coinvolgere intere popolazioni inermi e di non risparmiare nemmeno i bambini. Si può tuttavia osservare che nessuno di questi stermini ebbe il carattere sistematico e pianificato della "soluzione finale" progettata da Hitler, che aveva lo scopo di cancellare tutti gli ebrei dalla faccia della terra e aveva l'aggravante di compiersi nel cuore della civilissima Europa.
A maggior ragione appare improprio usare il termine "genocidio" – come spesso si è fatto negli ultimi decenni – per denunciare il carattere di indiscriminata crudeltà (soprattutto nei confronti della popolazione civile) di alcune guerre condotte contro movimenti di guerriglia partigiana (per esempio, dagli americani in Vietnam o dai sovietici in Afghanistan) o per richiamare l'attenzione sull'oppressione di minoranze etniche e su episodi particolarmente sanguinosi di repressione politica.
È importante comunque sottolineare che la definizione di "genocidio", contenuta nella Convenzione per la prevenzione e la repressione del delitto di genocidio (1948) e ripresa nello Statuto di Roma della Corte penale internazionale (1998), pone come requisito l'esistenza di un progetto per distruggere del tutto o in parte un intero gruppo etnico o una determinata categoria di persone.

zione verso est. Egualmente verso est sarebbero stati evacuati quelli rastrellati nel resto d'Europa (il totale degli ebrei europei ammontava a circa 11 milioni). Il verbale della riunione, giunto fino a noi, era volutamente reticente per quanto riguardava il destino degli ebrei: era chiaro però che i più deboli sarebbero stati vittime della «selezione naturale» durante i lavori forzati a cui erano destinati, mentre gli elementi più validi sarebbero stati «opportunamente trattati» (ossia eliminati quando non fossero più stati in grado di lavorare) per evitare che ricostituissero «la cellula germinale di una rinascita ebraica».

I numeri dello sterminio

Soprattutto ad Auschwitz cominciarono a giungere, dopo lunghi viaggi nei carri bestiame piombati, i deportati provenienti da tutta Europa: all'arrivo veniva compiuta una selezione che divideva gli abili al lavoro dai più deboli, dagli anziani, dai bambini che venivano immediatamente portati nelle camere a gas alimentate dai fumi sprigionati da un potente insetticida a base di acido cianidrico (lo Zyklon B). I corpi venivano poi bruciati nei forni crematori o seppelliti in grandi fosse comuni.

Ad Auschwitz le vittime furono 1,5 milioni, a Treblinka 900 mila. Nel complesso gli ebrei sterminati – uccisi direttamente o morti di stenti – furono poco meno di 6 milioni. Il maggiore contributo di vittime fu costituito da poco meno di 3 milioni di polacchi (il 90% del totale), 900 mila ucraini, 450 mila unghe-

Principali campi di concentramento e di sterminio in Europa

resi, 300 mila romeni, per ricordare solo gli appartenenti alle maggiori comunità dell'Europa orientale. Ma anche nei paesi occidentali le vittime furono numerose in rapporto alla loro più ridotta presenza: i 54 mila greci e i 105 mila olandesi rappresentavano più del 70% delle loro comunità di appartenenza. 6800 furono i deportati dall'Italia, solo 837 i sopravvissuti.

Le altre vittime

Alle vittime ebree si devono aggiungere anche gli zingari, sinti e rom, anch'essi oggetto dei pregiudizi razziali nazisti, con un numero di uccisi che oscilla, secondo le stime, tra un minimo di 220 mila e un massimo di 500 mila. Nei campi affluirono anche molti prigionieri sovietici, in particolare i commissari politici dell'Armata rossa, e numerosi militari e civili polacchi.

L'ossessione ideologica

Questa gigantesca operazione di sterminio sottrasse truppe e risorse all'impegno bellico tedesco, anche se moltissimi ebrei, come del resto i prigionieri di guerra, vennero impiegati nelle attività produttive tedesche, trovando egualmente la morte per malattia o denutrizione. L'ossessione ideologica antiebraica non si spense nemmeno negli ultimi mesi di guerra; allo stesso modo non si fermò la macchina dello sterminio: i superstiti delle eliminazioni furono costretti a lunghe marce nel gelo dell'inverno 1945 per abbandonare i Lager minacciati dall'avanzata sovietica, e anche per occultare l'infamia che vi era stata perpetrata. Auschwitz col tempo è diventata l'emblema del male assoluto, un luogo e un evento su cui misurare quanto la barbarie possa allignare nei popoli civili e possa alimentarsi della modernità tecnologica del mondo industrializzato. La condanna di questi orrori sarebbe diventata nel tempo un principio basilare della coscienza occidentale e avrebbe dato impulso allo sviluppo di una giustizia penale internazionale incaricata di colpire i responsabili dei "crimini contro l'umanità".

17.8. Le battaglie decisive

La guerra sui mari

Fra il 1942 e il 1943, l'avanzata delle potenze dell'Asse si arrestò e la guerra subì una svolta decisiva su tutti i fronti. I primi segni di un'inversione di tendenza si ebbero nel Pacifico, dove la spinta offensiva dei giapponesi fu fermata dagli americani – nel maggio-giugno '42 – nelle due battaglie del Mar dei Coralli, di fronte alle coste della Nuova Guinea, e delle isole Midway, a ovest delle Hawaii: le prime battaglie navali in cui le flotte si affrontarono senza vedersi, a decine di chilometri l'una dall'altra, bombardandosi a vicenda con gli apparecchi che decollavano dalle grandi navi portaerei. Dopo che, nel febbraio '43, le truppe da sbarco americane (i *marines*) ebbero conquistato l'isola di Guadalcanal, i giapponesi rinunciarono alle azioni

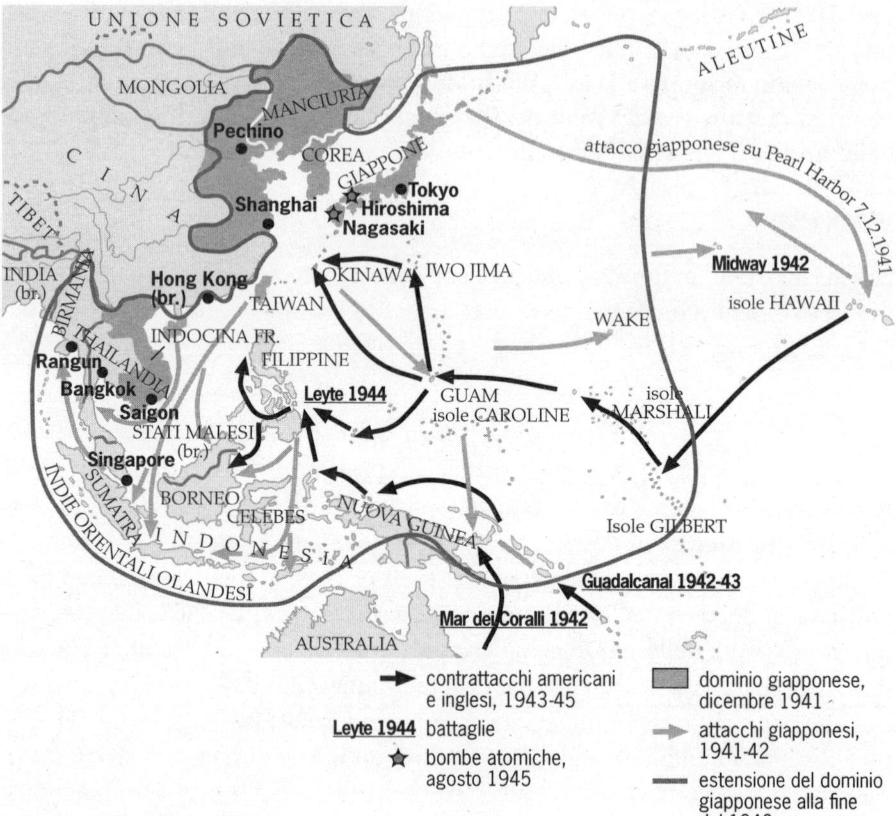

La guerra nel Pacifico (1941-45)

offensive, limitandosi a difendere le posizioni raggiunte all'inizio della guerra. Da allora, nonostante la priorità accordata al fronte europeo, gli Stati Uniti iniziarono una lenta riconquista delle posizioni perdute nel Pacifico.

Dalla fine del '42, i rapporti di forza cambiarono anche nell'Atlantico, dove i tedeschi avevano condotto fino ad allora un'efficace guerra sottomarina contro i convogli che trasportavano armi e approvvigionamenti dagli Stati Uniti alla Gran Bretagna. Gli alleati riuscirono a limitare notevolmente le perdite, grazie a una serie di innovazioni tecniche (radar più perfezionati, bombe di profondità, razzi antisommergibile) e grazie a una migliore organizzazione dei trasporti via mare.

El Alamein

A segnare la svolta furono però due grandi battaglie di terra combattute, quasi contemporaneamente, in Egitto e in Russia. Nell'estate del 1943, in Nord Africa, le truppe italo-tedesche comandate dal generale Rommel, avanzando dalla Cirenaica lungo la costa mediterranea [▸17.4], erano arrivate a circa cento chilometri da Alessandria, minacciando la presenza britannica in Egitto e, in prospettiva, in tutto il Medio Orien-

Nord Africa e Sud Italia (1942-43)

te. Fra luglio e ottobre, nei pressi della cittadina costiera di El Alamein, i due eserciti si affrontarono in una serie di sanguinosi scontri. A fine ottobre il generale Montgomery, comandante delle forze britanniche, poteva lanciare la controffensiva disponendo di una notevole superiorità in uomini e mezzi. Ai primi di novembre gli italo-tedeschi cominciavano una lunga ritirata che li avrebbe portati, in tre mesi, a ripercorrere a ritroso tutto il litorale libico fino alla Tunisia.

Stalingrado

Ancora più decisivo fu lo scontro fra tedeschi e sovietici che ebbe per centro la città industriale di Stalingrado (così battezzata dal 1925 in omaggio al dittatore), sul Volga, punto nodale della difesa sovietica nel settore sud-est. Nell'agosto 1942, le armate tedesche (rinforzate da quelle dei paesi alleati, fra cui l'Italia) misero sotto assedio la città che, se conquistata, avrebbe aperto agli invasori la strada del bacino del Don, con le sue risorse minerarie, e del Caucaso, con i suoi pozzi petroliferi. In novembre, dopo mesi di durissimi combattimenti, strada per strada, casa per casa, i sovietici contrattaccarono efficacemente sui fianchi dello schieramento nemico, e chiusero i tedeschi in una morsa. Anziché autorizzare la ritirata, Hitler ordinò la resistenza a oltranza, sacrificando così un'intera armata che, all'inizio di febbraio, fu costretta ad arrendersi. Per i tedeschi questo fu il più grave rovescio subìto dall'inizio della guerra. Per i sovietici e per gli antifascisti di tutto il mondo, Stalingrado divenne immediatamente un simbolo di riscossa, il segno più evidente della svolta intervenuta nel corso del conflitto.

La controffensiva sovietica travolse anche il corpo di spedizione italiano, schierato nella regione del Don. Male armate e peggio equipaggiate, quasi sprovviste di mezzi motorizzati, le truppe italiane furono costrette a una tragica ritirata nell'inverno russo, durante la quale persero circa la metà dei loro effettivi (oltre 100 mila uomini su poco più di 200 mila).

Lo sbarco in Nord Africa e la conferenza di Casablanca

Frattanto, sempre nel novembre '42, un contingente anglo-americano era sbarcato in Algeria e in Marocco, accerchiando le forze dell'Asse (gli ultimi reparti si sarebbero arresi nel maggio del 1943). Si apriva ora per gli alleati il problema dell'attacco alla "fortezza Europa". Su questo punto, però, la strategia di Churchill, che intendeva chiudere prima di tutto la partita in Africa per poi intervenire in Europa meridionale (e prevenire un'avanzata sovietica in quel settore), si scontrava con le richieste di Stalin, che premeva per uno sbarco immediato nell'Europa del Nord al fine di alleggerire la pressione tedesca sull'Urss.

Prevalse, in questa fase, il punto di vista britannico. Nella conferenza che si tenne a Casablanca, in Marocco, nel gennaio 1943, si decise che per prima sarebbe stata attaccata l'Italia, considerata l'obiettivo più facile sia per motivi logistici (la vicinanza della Sicilia alle coste della Tunisia), sia per ragioni politico-militari (lo stato di crisi in cui versavano le forze armate italiane e il regime fascista). Nella stessa conferenza, con una decisione di portata storica che serviva soprattutto a rassicurare i sovietici sulla serietà dell'impegno alleato, gli anglo-americani si accordarono sul principio della resa incondizionata da imporre agli avversari: la guerra sarebbe continuata fino alla vittoria totale, senza patteggiamenti di sorta con la Germania o con i suoi alleati.

17.9. Dallo sbarco in Sicilia allo sbarco in Normandia

La campagna d'Italia

La campagna militare contro l'Italia (il "ventre molle" dell'Asse, secondo la definizione di Churchill) ebbe inizio il 12 giugno 1943 con la conquista alleata dell'isola di Pantelleria. Un mese dopo, il 10 luglio, i primi contingenti anglo-americani sbarcavano in Sicilia e in poche settimane si impadronivano dell'isola, mal difesa da truppe in larga parte convinte dell'inevitabilità della sconfitta. Lo sbarco, come vedremo fra poco, determinò non solo il crollo del regime fascista, ma anche l'occupazione da parte dei tedeschi dell'Italia centro-settentrionale. E l'avanzata degli alleati rimase a lungo bloccata a sud di Roma.

L'avanzata dell'Armata rossa e l'incontro di Teheran

Intanto i sovietici riprendevano l'iniziativa sul fronte orientale. Dopo aver respinto, nel luglio 1943, l'ultima offensiva tedesca nella battaglia di Kursk, la più grande battaglia di carri armati mai combattuta su tutti i fronti di guerra, l'Armata rossa iniziò una lenta ma inarrestabile avanzata che si sarebbe conclusa solo nell'aprile-maggio 1945 con la conquista di Berlino. Queste vittorie, ottenute a prezzo di un eccezionale sforzo organizzativo e di un enorme sacrificio di vite umane (quasi 10 milioni di militari morti nel corso della guerra), consentirono all'Unione Sovietica di accrescere notevolmente il suo peso in seno alla "grande alleanza" antinazista.

Il nuovo ruolo dell'Urss emerse chiaramente nella conferenza interalleata di Teheran (novembre-dicembre 1943), la prima in cui i "tre grandi" – Roosevelt, Stalin e Churchill – si incontrarono personalmente. Questa volta Stalin ottenne dagli anglo-americani l'impegno, da tempo sollecitato, per uno sbarco in forze sulle coste francesi, da attuarsi nella primavera del '44.

Lo sbarco in Normandia

Si trattava di un'operazione rischiosa, anche perché i tedeschi avevano munito tutta la zona costiera di imponenti fortificazioni difensive (il cosiddetto "vallo atlantico"). Per attuare il piano, che prevedeva lo sbarco sulle coste settentrionali della Normandia, furono necessari un lungo lavoro di preparazione, un'accurata campagna di disinformazione circa il luogo esatto dello sbarco e un eccezionale spiegamento di mezzi, tale da assicurare agli alleati – che agivano sotto il comando unificato del generale americano Dwight Eisenhower – una schiacciante superiorità aeronavale. L'operazione Overlord – questo il nome in codice dello sbarco in Normandia – scattò all'alba del 6 giugno 1944, preparata da una serie di massicci bombardamenti e da un nutrito lancio di paracadutisti. Nonostante l'accanita resistenza tedesca, gli attaccanti riuscirono a far sbarcare in territorio francese, nelle successive quattro settimane, oltre un milione e mezzo di uomini.

La liberazione della Francia

Alla fine di luglio, dopo due mesi di combattimenti, gli alleati sfondarono le difese tedesche e dilagarono nel Nord della Francia. Il 25 agosto, gli anglo-americani e i reparti di De Gaulle entravano a Parigi, già liberata dai partigiani. In settembre la Francia era quasi completamente liberata. Poche settimane prima (20 luglio 1944) Hitler era miracolosamente scampato a un attentato organizzato da un gruppo di alti ufficiali dell'esercito e di esponenti della vecchia classe dirigente tedesca, nell'ultimo disperato tentativo di separare le sorti della Germania da quelle del nazismo e del suo capo.

17.10. L'Italia: la caduta del fascismo e l'armistizio

Gli scioperi operai

Lo sbarco anglo-americano in Sicilia rappresentò il colpo di grazia per il regime fascista, già in profonda crisi, screditato da una lunga serie di insuccessi militari. Un segnale allarmante era venuto, nel marzo 1943, dai grandi scioperi operai che, partendo da Torino, avevano interessato tutti i maggiori centri industriali del Nord. La protesta – la prima di queste dimensioni nella storia del regime fascista – era il sintomo di un diffuso disagio popolare legato al carovita, all'acuirsi dei disagi alimentari, agli effetti dei bombardamenti aerei alleati che, nell'inverno '42-43, avevano colpito sempre più frequentemente le città italiane; ma in essa aveva avuto parte anche l'iniziativa di nuclei clandestini comunisti.

La congiura del 25 luglio

A determinare la caduta di Mussolini non furono però le proteste popolari, né le iniziative dei partiti antifascisti, ancora sconosciute alla maggioranza della popolazione. Fu invece una sorta di congiura che faceva capo al re e vedeva tutte le componenti moderate del regime (industriali, militari, gerarchi dell'ala monarchico-conservatrice) unite ad alcuni esponenti del mondo politico prefascista, nel tentativo di portare il paese fuori da una guerra ormai perduta e di assicurare la sopravvivenza della monarchia. Il pretesto formale per l'intervento del re fu offerto da una riunione del Gran consiglio del fascismo, tenutasi nella notte fra il 24 e il 25 luglio 1943 e conclusasi con l'approvazione a larga maggioranza di un ordine del giorno presentato dall'ex ministro Dino Grandi. Nel documento si auspicava il «ripristino di tutte le funzioni statali» – in pratica un ritorno alle regole dello Statuto albertino – e si invitava il sovrano a riassumere le sue funzioni di comandante supremo delle forze armate: un atto di evidente sfiducia nei confronti del duce. Il pomeriggio del 25 luglio, Mussolini fu convocato da Vittorio Emanuele III, invitato a rassegnare le dimissioni e immediatamente arrestato dai carabinieri. Capo del governo fu nominato il maresciallo Pietro Badoglio, già comandante delle forze armate.

Il crollo del regime

L'annuncio della caduta di Mussolini fu accolto dalla popolazione con incontenibili manifestazioni di esultanza. La gente scese per le strade e sfogò il suo risentimento contro sedi e simboli del regime. Non vi fu spargimento di sangue, anche perché il Partito fascista, che per vent'anni aveva riempito la scena politica italiana, scomparve praticamente nel nulla con tutte le sue mastodontiche organizzazioni collaterali, prima ancora che il governo provvedesse a scioglierlo d'autorità.

L'entusiasmo popolare era dovuto non tanto alla gioia per la riconquistata libertà, quanto alla diffusa speranza di una prossima fine della guerra. L'uscita dal conflitto si sarebbe però rivelata per l'Italia più tragica di quanto già non fosse stata la guerra stessa. I tedeschi si affrettarono a rafforzare la loro presenza militare nella penisola per prevenire, o punire, la ormai prevedibile defezione dell'alleato. Il governo Badoglio, dal canto suo, proclamò che nulla sarebbe cambiato nell'impegno bellico italiano ("la guerra continua"). Ma intanto allacciò trattative segretissime con gli alleati per giungere a una pace separata.

L'armistizio e il disastro dell'8 settembre

Con gli anglo-americani, legati all'impegno della "resa incondizionata", c'era però ben poco da trattare. Quello che l'Italia dovette sottoscrivere fu appunto un atto di resa. Firmato il 3 settembre a Cassibile, in Sicilia, l'armistizio fu reso noto solo l'8 settembre 1943, in coincidenza con lo sbarco di un contingente alleato a Salerno. L'annuncio dell'armistizio, comunicato da Badoglio al paese con un messaggio radiofonico, gettò l'Italia nel caos più completo. Mentre il re e il governo abbandonavano la capitale per riparare a Brindisi, sotto la protezione degli alleati appena sbarcati in Puglia, i tedeschi procedevano all'occupazione dell'Italia centro-settentrionale.

Abbandonate a sé stesse, con ordini vaghi e contraddittori, le truppe si sbandarono senza poter opporre ai tedeschi una resistenza organizzata. Roma fu inutilmente difesa solo da alcuni reparti isolati ai quali si unirono gruppi di civili armati: gli scontri, che ebbero luogo a Porta San Paolo il 9 settembre, furono il primo episodio della Resistenza italiana. Ben 600 mila furono i militari fatti prigionieri dai tedeschi e deportati in Germania. Molti soldati fuggirono cercando di tornare alle loro case. La sorte più tragica toccò ai militari raggiunti dall'annuncio dell'armistizio lontano dall'Italia, in particolare ai 650 mila che operavano nei Balcani, trattati come nemici sia dai partigiani jugoslavi e greci sia dai tedeschi, che punirono spietatamente ogni tentativo di resistenza: l'episodio più grave avvenne nell'isola greca di Cefalonia dove, in settembre, fu sterminata un'intera divisione italiana (la divisione Acqui) che aveva rifiutato di arrendersi.

La linea Gustav

Attestatisi su una linea difensiva (la linea Gustav) che andava da Gaeta a Pescara e aveva il suo punto nodale nella zona di Cassino, i tedeschi riuscirono a bloccare l'offensiva alleata fino alla primavera dell'anno successivo. Nel gennaio 1944, un forte contingente anglo-americano riuscì a sbarcare ad Anzio, circa cinquanta chilometri a sud di Roma, ma fu bloccato sulla costa dalla reazione tedesca. Solo nel maggio del '44, le armate alleate (composte da reparti americani, inglesi, australiani, polacchi e anche da truppe coloniali arruolate sotto la bandiera della Francia libera) riuscirono a sfondare le linee nemiche sui Monti Aurunci. Protagonisti dell'azione decisiva furono i reparti nordafricani, che, dopo aver subìto fortissime perdite, si resero responsabili di violenze d'ogni genere sulla popolazione civile, in particolare sulle donne. Diventata campo di battaglia per eserciti stranieri, l'Italia doveva affrontare i momenti più duri di tutta la sua storia unitaria.

17.11. Resistenza e guerra civile in Italia

Un paese spezzato in due

A partire dall'autunno 1943, l'Italia fu non solo divisa di fatto da un fronte, ma anche spezzata in due entità statali distinte, in guerra l'una contro l'altra. Mentre nelle regioni meridionali già liberate dagli anglo-americani (il "Regno del Sud") il vecchio Stato monarchico sopravviveva formalmente col suo governo e la sua burocrazia, esercitando la sua teorica sovranità sotto lo stretto controllo degli alleati, nell'Italia settentrionale il fascismo rinasceva dalle sue ceneri sotto la protezione degli occupanti nazisti. Roma fu dichiarata "città aperta", ovvero zona non di guerra, ma questa condizione, mai ufficialmente riconosciuta, non le evitò di subire l'occupazione nazista e i bombardamenti alleati.

La Repubblica sociale

Il 12 settembre 1943, un commando di aviatori e paracadutisti tedeschi liberò Mussolini dalla prigionia di Campo Imperatore, sul Gran Sasso, e lo condusse in Germania. Pochi giorni dopo, il duce annunciò, in un discorso trasmesso da Radio Monaco, la nascita, nell'Italia occupata dai tedeschi, di un nuovo Stato fascista, che avrebbe preso il nome di Repubblica sociale italiana (Rsi), con un suo nuovo esercito e un nuovo partito fascista. Il regime repubblicano – o "repubblichino", come fu spregiativamente chiamato dagli antifascisti – trasferì i suoi ministeri da Roma, troppo vicina al fronte, nella zona del Lago di Garda (donde la denominazione di Repubblica di Salò). E cercò di accreditarsi come unico legittimo rappresentante dell'Italia in contrapposizione al governo del Sud e alla monarchia. Suo obiettivo primario era punire gli artefici del "tradimento" del 25 luglio, ossia monarchici, "badogliani" e fascisti moderati: cinque dei gerarchi che avevano votato l'ordine del giorno Grandi – fra cui il genero di Mussolini, Galeazzo Ciano – furono arrestati e fucilati a Verona nel gennaio '44 dopo un sommario processo. Il nuovo regime, e il nuovo Partito fascista repubblicano (Pfr), cercarono di guadagnare consensi e credibilità riesumando le parole d'ordine rivoluzionarie del primo fascismo e lanciando un programma di socializzazione delle imprese industriali, che non riuscì mai a decollare.

L'occupazione tedesca

In realtà la Repubblica di Mussolini non acquistò mai credibilità a causa della sua totale dipendenza dai tedeschi, che si comportavano a tutti gli effetti come un esercito di occupazione, praticando un intenso sfruttamento delle risorse economiche e umane dei territori controllati – requisizioni, deportazione di lavoratori in Germania – e applicandovi le politiche razziali già sperimentate negli altri paesi occupati. L'episodio più tragico si verificò il 16 ottobre '43, quando oltre mille ebrei di Roma (la più antica comunità israelitica d'Europa) furono prelevati dalle loro case e inviati nel campo di sterminio di Auschwitz, dal quale pochissimi fecero ritorno.

La Resistenza

Il governo di Salò e le sue forze armate erano impegnati soprattutto a combattere il movimento di Resistenza contro i tedeschi che stava nascendo nell'Italia occupata. Le regioni del Centro-Nord diventavano così teatro di una guerra civile tra italiani, che si sovrapponeva a quella combattuta dagli eserciti stranieri. Le prime formazioni armate si raccolsero nelle zone montane dell'Italia centro-settentrionale subito dopo l'8 settembre; e nacquero dall'incontro fra piccoli nuclei di militanti antifascisti e di militari sbandati che non avevano voluto consegnarsi ai tedeschi. Col prolungarsi della guerra, le formazioni armate allargarono la loro base di reclutamento a strati più vasti della popolazione (lavoratori, studenti, intellettuali, con una significativa partecipazione femminile). Il movimento non raggiunse mai dimensioni di massa, ma si appoggiò su una diffusa rete di sostegno nelle campagne e nelle zone montane. I partigiani – questo il nome con cui venivano comunemente indicati i combattenti della Resistenza – agivano soprattutto lontano dai centri abitati, con attacchi improvvisi e con azioni di sabotaggio; ma erano presenti anche nelle città con i Gruppi di azione patriottica (Gap), piccole formazioni di tre o quattro elementi che compivano attentati contro militari o contro singole personalità tedesche e repubblichine. Gli occupanti risposero con spietate rappresaglie: particolarmente feroce quella messa in atto a Roma, nel marzo '44, quando, in risposta a un attentato in cui avevano trovato la morte 33 militari tedeschi, furono fucilati alle Fosse Ardeatine 335 detenuti, ebrei, antifascisti e militari badogliani (in una proporzione di 10 a 1, con 5 in più aggiunti per errore).

La rinascita dei partiti

Dopo una prima fase di aggregazione spontanea, le bande partigiane si andarono organizzando in base all'orientamento politico prevalente fra i loro membri: le Brigate Garibaldi, le più numerose e attive, erano formate in maggioranza da comunisti; le formazioni di Giustizia e Libertà si ricollegavano all'omonimo movimento antifascista degli anni '30 [▸15.7]; le Brigate Matteotti erano legate ai socialisti; vi erano poi formazioni cattoliche e liberali e bande "autonome" composte per lo più da militari di orientamento monarchico.

Fin dall'inizio, dunque, le vicende della Resistenza si intrecciarono strettamente con quelle dei partiti antifascisti, ricostituiti in clandestinità o riemersi alla luce dopo la caduta del fascismo. Nell'estate del 1942 era sorto, dalla confluenza di diversi gruppi che si collocavano in area intermedia fra il liberalismo progressista e il socialismo, il Partito d'azione (Pda). In ottobre numerosi esponenti cattolici avevano elaborato il programma di una nuova formazione destinata a raccogliere l'eredità del Partito popolare: la Democrazia cristiana (Dc). Subito dopo il 25 luglio '43, fu costituito il Partito liberale (Pli) e rinacquero il Partito repubblicano (Pri) e quello socialista, col nome di Partito socialista di unità proletaria (Psiup). Sempre nell'estate '43, per iniziativa dell'ex presidente del Consiglio Ivanoe Bonomi [▸12.5], fu fondato il Partito democratico del lavoro, che si collegava alla tradizione della democrazia radicale prefascista. Quanto ai comunisti, da sempre presenti nel paese coi loro nuclei clandestini e già attivi negli scioperi di marzo, riuscirono a ricostituire buona parte del loro gruppo dirigente, soprattutto dopo la liberazione, avvenuta in agosto, di molti militanti antifascisti dal carcere o dal confino.

Il Cln e il governo Badoglio

Fra il 9 e il 10 settembre, i rappresentanti di sei partiti (Pci, Psiup, Dc, Pli, Pda, Democrazia del lavoro) si riunirono clandestinamente a Roma sotto la presidenza di Bonomi e si costituirono in Comitato di liberazione nazionale (Cln), incitando la popolazione "alla lotta e alla resistenza [...] per riconquistare all'Italia il posto che le compete nel consesso delle libere nazioni". I partiti antifascisti si proponevano così come guida e rappresentanza dell'Italia democratica, in contrapposizione non solo agli occupanti tedeschi e ai loro collaboratori fascisti, ma anche a Badoglio e allo stesso sovrano, corresponsabile della dittatura e della guerra.

Privi di una base organizzata nell'Italia libera, i partiti del Cln non avevano però la forza per imporsi al governo Badoglio, che godeva della fiducia degli alleati, in quanto garante degli impegni assunti con l'armistizio. Nell'ottobre '43 il governo dichiarò guerra alla Germania e ottenne per l'Italia la qualifica di "cobelligerante": un piccolo Corpo italiano di liberazione combatté in effetti a fianco degli anglo-americani, come nucleo di un ricostituito esercito italiano.

Togliatti e la "svolta di Salerno"

Tra il Cln e il governo del Sud, espressione della continuità dello Stato, si aprì un contrasto sulla sorte del re e dello stesso istituto monarchico. Anche il Cln era diviso al suo interno tra i partiti di sinistra, che avrebbero voluto sbarazzarsi subito della monarchia, e i gruppi moderati, che si sarebbero accontentati dell'abdicazione di Vittorio Emanuele III. Il contrasto fu sbloccato solo nel marzo 1944 dall'iniziativa del leader comunista Palmiro Togliatti, giunto in Italia dall'Urss dopo un esilio durato quasi vent'anni. Appena sbarcato a Napoli, Togliatti, scavalcando la posizione ufficiale del Cln, propose di accantonare ogni pregiudiziale contro il re o contro Badoglio e di formare un governo di unità nazionale capace di concentrare le sue energie sulla lotta contro il nazifascismo. La "svolta di Salerno" (così chiamata perché Salerno era allora la capitale provvisoria del Regno del Sud) era in armonia con la linea allora tenuta dall'Urss, che aveva già riconosciuto il governo Badoglio, ma serviva anche a legittimare il Pci come partito nazionale.

La tregua istituzionale

La svolta togliattiana fu criticata da socialisti e azionisti, e suscitò qualche perplessità anche all'interno del Pci. Ma consentì di formare, il 24 aprile, il primo governo di unità nazionale, presieduto sempre da Badoglio e comprendente i rappresentanti dei partiti del Cln. L'accordo prevedeva che Vittorio Emanuele III, pur senza abdicare, si facesse da parte, delegando i suoi poteri al figlio Umberto, in attesa che, a guerra finita, fosse il popolo a decidere la sorte dell'istituzione monarchica. Nel giugno 1944, dopo che gli alleati avevano finalmente liberato Roma, Umberto assunse la luogotenenza generale del Regno. Badoglio si dimise e lasciò il posto a un nuovo governo guidato da Ivanoe Bonomi, presidente del Cln. L'avvento del governo Bonomi significò un più stretto collegamento fra i poteri legali dell'Italia liberata e il movimento di resistenza. Le formazioni partigiane, che già dal gennaio '44 avevano riconosciuto la loro guida politica nel Cln Alta Italia (Clnai), si diedero anche, nel giugno '44, una organizzazione militare unitaria (Corpo volontari della libertà), con un comando unificato.

Riprendeva intanto, dopo la liberazione di Roma, l'avanzata alleata nelle regioni centrali. La base di reclutamento delle formazioni partigiane si allargò, anche per l'afflusso di molti giovani renitenti alla leva decretata dal governo di Salò. Le azioni militari dei partigiani divennero più ampie e frequenti, nonostante le continue rappresaglie tedesche: la più terribile, in questa fase, fu quella messa in atto a Marzabotto, nell'Appennino bolognese, dove, nel settembre '44, furono uccisi 770 civili. Molte città, fra cui Firenze, furono liberate prima dell'arrivo degli alleati.

Italia (1943-45)

Un difficile inverno

Questa attività – che testimoniava l'esistenza di un'Italia decisa a rompere i ponti col fascismo e a dare un contributo attivo alla causa alleata – aveva però un valore simbolico molto superiore alla sua forza militare. L'efficacia dell'azione partigiana era infatti limitata dalla difficoltà di coinvolgere una popolazione preoccupata soprattutto della propria sopravvivenza e spesso incline a non schierarsi in uno scontro il cui esito restava affidato essenzialmente all'azione delle armate alleate. Nell'autunno del '44, l'offensiva sul fronte italiano – diventata secondaria nel quadro della strategia degli anglo-americani dopo lo sbarco in Normandia – si bloccò lungo la linea gotica (la nuova linea difensiva tedesca, fra Pesaro e La Spezia). La Resistenza visse allora il suo momento più difficile, soprattutto dopo il proclama firmato dal generale inglese Harold Alexander, che, nel novembre '44, invitava i partigiani a sospendere le operazioni su vasta scala in attesa dell'ultima e definitiva spallata prevista per l'anno successivo. Alle difficoltà oggettive si aggiungevano i contrasti fra le diverse componenti politiche, che talvolta sfociarono in aperto conflitto. Lo scontro più grave si ebbe nel febbraio del 1945, quando a Porzus, una piccola località montana del Friuli, diciassette membri della Brigata Osoppo (una formazione autonoma, che riuniva antifascisti di orientamento cattolico, liberale e socialista) furono catturati e fucilati da un reparto di partigiani comunisti perché ritenuti di ostacolo a una totale integrazione con le forze jugoslave agli ordini di Tito [▸17.6 e 18.4]. Il movimento partigiano riuscì tuttavia a mantenersi attivo e a sopravvivere al difficile inverno '44-45. Nella primavera del '45, con la ripresa dell'offensiva alleata, la Resistenza, che aveva visto ingrossare le sue file fino a raccogliere circa 200 mila uomini armati, sarebbe stata pronta a promuovere l'insurrezione generale contro gli occupanti in ritirata.

17.12. La fine della guerra e la bomba atomica

Il dramma della Germania

Nell'autunno 1944 la Germania poteva considerarsi virtualmente sconfitta. Il fronte dei suoi alleati nella guerra contro l'Urss (dopo l'Italia, si ritirarono dal conflitto Romania, Bulgaria, Finlandia, Ungheria) si stava sfaldando. In ottobre, i sovietici e i partigiani jugoslavi liberarono Belgrado, mentre i britannici sbarcavano in Grecia. L'offensiva alleata si era momentaneamente arrestata in Francia e in Italia. Ma la sproporzione di forze fra i due schieramenti era tale da lasciare pochi dubbi sull'esito dello scontro.

Il territorio del Reich non era ancora stato toccato da eserciti stranieri, ma era sottoposto a continui bombardamenti da parte degli alleati che disponevano ormai del dominio dell'aria. L'offensiva aerea aveva lo scopo non solo di colpire la produzione industriale e il sistema di comunicazioni, ma anche di "demoralizzare" il popolo tedesco fino a minarne la capacità di resistenza.

Molte città della Germania, fra cui Amburgo e Dresda, furono ridotte a cumuli di macerie. In tutto, oltre 600 mila civili perirono sotto i bombardamenti. Nemmeno i bombardamenti servirono, però, a piegare la feroce determinazione del Führer, deciso a far sì che l'intero popolo tedesco condividesse fino in fondo la sorte del regime nazista. Peraltro, Hitler si illuse fino all'ultimo di poter rovesciare la situazione grazie all'impiego di nuove "armi segrete" (razzi telecomandati V1 e V2 furono in effetti lanciati contro le città britanniche, ma con risultati tutt'altro che decisivi) o per un'improvvisa rottura dell'"innaturale" coalizione fra l'Urss e le democrazie occidentali.

La "grande alleanza" e gli accordi sul dopoguerra

Questa ipotesi era in realtà del tutto infondata. Nonostante l'accesa concorrenzialità che si manifestava all'interno della "grande alleanza", anglo-americani e

La controffensiva degli alleati (1943-45)

sovietici continuarono a tener fede agli impegni assunti e a cercare accordi globali per la sistemazione dell'Europa postbellica. Nella conferenza di Mosca dell'ottobre '44, Churchill e Stalin abbozzarono una divisione in sfere d'influenza dei paesi balcanici (Romania e Bulgaria all'Urss, Grecia alla Gran Bretagna, situazione di equilibrio in Jugoslavia e Ungheria): un progetto che, in contrasto con le proclamazioni della Carta atlantica, non teneva in alcun conto la volontà dei popoli interessati.

I tre grandi si incontrarono ancora in Urss, nella cittadina termale di Yalta, in Crimea, nel febbraio 1945. In questa occasione fu stabilito, fra l'altro, che la Germania sarebbe stata divisa provvisoriamente in quattro zone di occupazione (francese, britannica, statunitense e sovietica) e sottoposta a radicali misure di "denazificazione" e che i popoli dei paesi liberati avrebbero potuto esprimersi mediante libere elezioni. Dal canto suo, l'Urss si impegnò a entrare in guerra contro il Giappone.

L'ultima offensiva in Europa

Mentre i grandi discutevano a Yalta sulle sorti future dell'Europa, era già scattata l'offensiva finale che, nel giro di pochi mesi, avrebbe portato al crollo del Terzo Reich. A metà gennaio, dopo un'ultima efficace controffensiva tedesca nelle Ardenne, gli anglo-americani riprendevano l'iniziativa sul fronte occidentale. I sovietici, dopo aver conquistato Varsavia, attraversavano tutto il restante territorio polacco. In febbraio erano già a poche decine di chilometri da Berlino (un obiettivo che Stalin voleva raggiungere prima degli anglo-americani). Più a sud l'Armata rossa cacciava i tedeschi dall'Ungheria per poi puntare su Vienna, che fu raggiunta il 23 aprile, e su Praga, liberata il 4 maggio. Frattanto gli anglo-americani, che il 22 marzo avevano attraversato il Reno, penetravano in profondità in territorio tedesco incontrando, per la prima volta dall'inizio della guerra, una scarsa resistenza da parte delle truppe del Reich, che invece continuavano a combattere con disperato accanimento sul fronte orientale, al doppio scopo di proteggere la fuga dei civili dalla devastante avanzata dell'Armata rossa e di ridurre per quanto possibile la zona di occupazione dell'Urss. Il 25 aprile le avanguardie alleate raggiungevano l'Elba e si congiungevano con i sovietici che stavano accerchiando Berlino.

La morte di Mussolini e Hitler e la resa tedesca

In quegli stessi giorni crollava anche il fronte italiano. Il 25 aprile, mentre gli alleati sfondavano la linea gotica, il Cln lanciava l'ordine dell'insurrezione generale contro il nemico in ritirata, e i tedeschi abbandonavano Milano. Mussolini fu catturato mentre tentava di fuggire in Svizzera e fucilato dai partigiani il 28 aprile, assieme ad altri gerarchi e alla sua giovane amante, Clara Petacci. I loro cadaveri, appesi per i piedi, furono esposti per alcune ore a piazzale Loreto, a Milano.

Il 30 aprile, mentre i sovietici stavano entrando a Berlino, Hitler si suicidò nel bunker sotterraneo dove era stata trasferita la sede del governo, lasciando la presidenza del Reich all'ammiraglio Karl Dönitz, che offrì subito la resa agli alleati. Il 7 maggio 1945, nel quartier generale alleato a Reims, fu firmato l'atto di capitolazione delle forze armate tedesche. Le ostilità cessarono nella notte fra l'8 e il 9 maggio. La guerra europea si concludeva così, a cinque anni e otto mesi dal suo inizio, con la morte dei due dittatori che più d'ogni altro avevano contribuito a scatenarla. Restava aperto, a questo punto, solo il fronte del Pacifico.

La sconfitta del Giappone e la bomba atomica

Nell'estate del '45 gli americani, ormai liberi da impegni bellici in Europa, attaccarono in forze il Giappone, ormai isolato e sottoposto a continui bombardamenti, ma ancora deciso a combattere con eccezionale accanimento, escludendo ogni ipotesi di resa e facendo ampio ricorso all'azione dei *kamikaze*, aviatori suicidi che si gettavano sulle navi avversarie con i loro aerei carichi di esplosivo.

Il nuovo presidente americano Harry Truman (Roosevelt era morto il 12 aprile 1945) decise allora di impiegare contro il Giappone la nuova arma "totale", la bomba a fissione nucleare o bomba atomica, che era stata appena messa a punto da un gruppo di scienziati [► 13.8] e sperimentata per la prima volta in luglio nel deserto del Nuovo Messico. La decisione di Truman serviva innanzitutto ad abbreviare una guerra che rischiava di essere ancora lunga e sanguinosa, ma aveva anche lo scopo di offrire al mondo (e soprattutto agli alleati-rivali sovietici) la dimostrazione della potenza militare americana. Il 6 agosto 1945, un bombardiere americano sganciava la prima bomba atomica sulla città di Hiroshima. Tre giorni dopo, l'operazione era ripetuta a Nagasaki. In entrambi i casi le conseguenze furono spaventose: non solo per il numero dei morti (circa 100 mila a Hiroshima, 60 mila a Nagasaki) e per la distruzione totale delle due città, ma anche per gli effetti di lungo periodo su quanti erano stati contaminati dalle radiazioni. Il 15 agosto, dopo che l'Urss aveva anch'essa dichiarato guerra al Giappone, l'imperatore Hirohito offrì agli alleati la resa senza condizioni. Con la firma dell'armistizio, il 2 settembre 1945, si concludeva così il secondo conflitto mondiale.

sommario

Nel marzo 1939 la Germania occupò la Boemia e la Moravia, le regioni più avanzate della Repubblica cecoslovacca. La distruzione della Cecoslovacchia (marzo '39) determinò una svolta nella politica anglo-francese verso la Germania. In risposta alle mire tedesche sulla Polonia, Francia e Gran Bretagna conclusero un'alleanza con questo paese. Si arenarono, invece, per reciproche diffidenze, le trattative fra sovietici e anglo-francesi, mentre si chiusero quelle tra Urss e Germania, che portarono a un patto di non aggressione fra le due potenze e a un accordo per tutelare i reciproci interessi in Europa orientale (patto Molotov-Ribbentrop, agosto '39). Garantitosi a est, Hitler poté attaccare subito dopo la Polonia (1° settembre 1939). Francia e Gran Bretagna dichiararono guerra alla

Germania mentre l'Italia – che da poco aveva concluso il "patto d'acciaio" con i tedeschi, ma era militarmente impreparata a sostenere un conflitto – annunciò la "non belligeranza". Si apriva la seconda guerra mondiale, una guerra "totale", che lo scontro ideologico, l'uso di nuove potentissime armi, la mobilitazione dei cittadini e le vittime civili resero diversa da tutte quelle del passato.

La conquista tedesca della Polonia fu rapidissima, grazie al nuovo tipo di guerra-lampo praticato dai tedeschi, con l'uso congiunto di aviazione e mezzi corazzati. Nei primi mesi la guerra si svolse in pratica solo al Nord. L'Urss, dopo aver occupato la parte orientale della Polonia, attaccò la Finlandia, che resistette per più di tre mesi. La Germania, invece, occupò la Danimarca e la Norvegia.

Nel maggio-giugno 1940 l'offensiva tedesca sul fronte occidentale si risolse in un travolgente successo: i tedeschi penetrarono in Francia da Belgio, Olanda e Lussemburgo. La parte centro-settentrionale della Francia fu occupata dai tedeschi; il resto del paese rimase formalmente sotto la sovranità della Repubblica di Vichy, il nuovo regime autoritario costituito dal generale Pétain, di fatto subordinato alla Germania. La Gran Bretagna, rimasta sola a combattere contro le potenze fasciste, riuscì sotto la guida di Churchill a respingere il tentativo tedesco di invadere le isole britanniche. La battaglia d'Inghilterra dell'estate '40 – combattuta soprattutto nell'aria (numerosi furono i bombardamenti sulle città inglesi, compresa Londra) – segnò per la Germania la prima battuta d'arresto.

Il 10 giugno '40, convinto che la guerra stesse ormai per finire, Mussolini annunciò l'intervento dell'Italia a fianco dell'alleato nazista. Ma l'esercito italiano fornì subito una pessima prova sia contro i francesi, sia – in Africa e nel Mediterraneo – contro gli inglesi. Nell'autunno del '40 un improvviso attacco italiano alla Grecia si risolse in un nuovo fallimento. Gli insuccessi italiani nel Nord Africa e in Grecia obbligarono Mussolini a chiedere l'aiuto dei tedeschi che intervennero a supporto dell'Italia – e con successo – rispettivamente nel marzo e nell'aprile '41: finiva così l'illusione di Mussolini di poter combattere una "guerra parallela", non subalterna a quella tedesca.

Nel 1941 il conflitto entrò in una nuova fase, divenendo effettivamente mondiale. Nell'estate la Germania attaccò l'Unione Sovietica, riportando notevoli successi ma finendo con l'immobilizzare su quel fronte, in una guerra di usura, gran parte del proprio esercito. A partire dal '40 gli Stati Uniti iniziarono a sostenere massicciamente lo sforzo bellico inglese garantendo la fornitura di armamenti a condizioni favorevoli (legge "degli affitti e prestiti"), per poi sottoscrivere con la Gran Bretagna (agosto '41) la Carta atlantica: un documento in cui i due paesi ribadivano la condanna dei regimi fascisti e fissavano le linee di un nuovo ordine democratico da costruire a guerra finita. In dicembre gli Stati Uniti entrarono anch'essi in guerra dopo l'attacco subìto a Pearl Harbor da parte del Giappone (unito alle potenze dell'Asse dal patto "tripartito"). Nei mesi successivi i giapponesi raggiunsero tutti gli obiettivi espansionistici che si erano prefissati.

Nella primavera-estate del 1942 le potenze del patto "tripartito" raggiunsero la massima espansione. Nelle zone occupate, il Giappone e la Germania cercarono di costruire un "nuovo ordine" fondato sulla supremazia della nazione "eletta". I tedeschi, in particolare, miravano a ridurre i popoli slavi in condizioni di semischiavitù, con l'obiettivo di fare di tutta l'Europa orientale una colonia agricola al servizio del Reich. Lo sfruttamento e lo sterminio pianificati dai nazisti in Europa assicurarono alla Germania un'ingente forza-lavoro gratuita e grandi quantità di materie prime, ma costrinsero i tedeschi a mantenere nei territori occupati forti contingenti di truppe. Soprattutto dopo l'attacco tedesco all'Urss, si svilupparono in Europa movimenti di resistenza. In molti dei paesi controllati dai nazisti una parte della popolazione e della classe dirigente accettò invece di collaborare con gli occupanti.

La persecuzione di Hitler si concentrò soprattutto contro gli ebrei: poco meno di 6 milioni furono sterminati nei Lager, dove i prigionieri venivano subito "selezionati" tra abili e inabili al lavoro (questi ultimi mandati a morte nelle camere a gas). Vittime dei campi furono anche zingari, sinti e rom, con centinaia di migliaia di uccisi.

Nel 1942-43 si ebbe una svolta nella guerra. I giapponesi subirono alcune sconfitte nel Pacifico (Mar dei Coralli, Midway). Sul fronte nordafricano gli alleati fermarono le forze dell'Asse a El Alamein e le costrinsero a ritirarsi. Sul fronte russo la lunga e sanguinosa battaglia di Stalingrado si risolse in una sconfitta dei tedeschi, che per gli antifascisti di tutto il mondo divenne un segnale di riscossa. Nella conferenza di Casablanca (gennaio 1943) gli anglo-americani si accordarono sul principio della resa incondizionata da imporre alla Germania e ai suoi alleati e decisero di portare l'attacco all'Europa, sbarcando dall'Africa in Italia, considerata l'obiettivo più facile.

Il 10 luglio gli anglo-americani sbarcarono in Sicilia, impadronendosi dell'isola in poche settimane. Frattanto l'Urss aveva iniziato una lenta ma inarrestabile avanzata, che permise a Stalin di accrescere il suo peso in seno alla "grande alleanza" antinazista. Il nuovo ruolo dell'Urss emerse nella conferenza interalleata di Teheran (novembre-dicembre 1943), in cui Roosevelt, Stalin e Churchill decisero, su istanza di Stalin, lo sbarco in forze sulle coste francesi. Gli alleati sbarcarono in Normandia (operazione Overlord) nel giugno '44. In settembre la Francia era quasi completamente liberata.

Lo sbarco alleato in Sicilia nel luglio '43 rappresentò il colpo di grazia per il regime fascista. Il 25 luglio Mussolini fu destituito e arrestato. L'8 settembre 1943 fu annunciato l'armistizio fra l'Italia e gli alleati. Mentre il re e i membri del governo Badoglio fuggivano a Brindisi, i tedeschi occupavano l'Italia centro-settentrionale. Le forze armate italiane, prive di chiare direttive, si sbandarono. Circa 600 mila militari furono fatti prigionieri dai tedeschi e deportati in Germania. Gli episodi di aperta resistenza furono puniti dai tedeschi con veri e propri massacri, come avvenne nell'isola greca di Cefalonia. Attestatisi su una linea difensiva che andava da Gaeta a Pescara (la linea Gustav), i tedeschi riuscirono a bloccare l'offensiva alleata fino alla primavera del '44.

Dall'autunno 1943, l'Italia era un paese diviso in due entità statali, in guerra l'una contro l'altra: nel Sud, occupato dagli alleati, sopravviveva lo Stato monarchico, mentre nel Centro-Nord, occupato dai tedeschi, Mussolini costituiva un nuovo Stato fascista detto Repubblica sociale italiana. Nasceva intanto il movimento di Resistenza contro tedeschi e fascisti. Dopo una prima fase di aggregazione spontanea, le bande partigiane si organizzarono in brigate in base all'orientamento politico; frattanto i partiti antifascisti (Pci, Psiup, Dc, Pli, Pda), che si andavano ricostituendo, si riunirono nel Comitato di liberazione nazionale (Cln), proponendosi come guida dell'Italia democratica, in contrapposizione allo stesso governo Badoglio. Il contrasto si sbloccò per l'intervento del leader comunista Togliatti, che propose di accantonare ogni pregiudiziale contro il re e il governo finché non si fosse giunti alla liberazione del paese. Nell'aprile '44 si formò il primo governo di unità nazionale, con la partecipazione dei partiti del Cln. Dopo la liberazione di Roma, in giugno, il re trasmise i propri poteri al figlio Umberto e si costituì un nuovo governo (con alla testa Bonomi), più direttamente legato al movimento partigiano.

Nel 1945 i tedeschi dovettero arretrare su tutti i fronti. Frattanto, nelle conferenze di Mosca (ottobre '44) e di Yalta (febbraio '45), sovietici, americani e inglesi si accordavano sulla futura sistemazione dell'Europa, sancendo la divisione della Germania in quattro zone d'occupazione. Crollava anche il fronte italiano: il 25 aprile 1945 il Cln lanciò l'ordine dell'insurrezione generale contro il nemico in ritirata. Mussolini fu catturato e fucilato dai partigiani il 28 aprile, mentre i russi entravano a Berlino, Hitler si suicidava e la Germania capitolava il 7 maggio '45. Restava aperto il fronte del Pacifico, dove il Giappone continuava a combattere con eccezionale accanimento. Il nuovo presidente americano Truman decise di impiegare la bomba atomica: la prima fu lanciata il 6 agosto su Hiroshima, un'altra tre giorni dopo su Nagasaki. In entrambi i casi le conseguenze furono spaventose: 100 mila morti a Hiroshima, 60 mila a Nagasaki; altrettanto tragici furono gli effetti delle distruzioni e della contaminazione. L'imperatore Hirohito offrì agli alleati la resa senza condizioni. Con la firma dell'armistizio, il 2 settembre 1945, si concluse il secondo conflitto mondiale.

bibliografia

Sulla guerra: A.J.P. Taylor, *Le origini della seconda guerra mondiale*, Laterza, Roma-Bari 2006 (ed. or. 1961); P. Calvocoressi-G. Wint, *Storia della seconda guerra mondiale*, Rizzoli, Milano 1980 (ed. or. 1972); A. Hillgruber, *Storia della 2ª guerra mondiale*, Laterza, Roma-Bari 2000 (ed. or. 1982); R. Overy, *Le origini della seconda guerra mondiale*, Il Mulino, Bologna 2009 (ed. or. 1987); Id., *La strada della vittoria. Perché gli alleati hanno vinto la seconda guerra mondiale*, Il Mulino, Bologna 2011 (ed. or. 1995); S.P. MacKenzie, *La seconda guerra mondiale in Europa*, Il Mulino, Bologna 2011 (ed. or. 1999); J. Bourke, *La seconda guerra mondiale*, Il Mulino, Bologna 2005 (ed. or. 2001); A. Beevor, *La seconda guerra mondiale*, Rizzoli, Milano 2013 (ed. or. 2012). Di grande interesse sono le memorie di W. Churchill, *La seconda guerra mondiale*, 12 voll., Mondadori, Milano 1948. Sulla sconfitta della Francia, si veda la lucida testimonianza di M. Bloch, *La strana disfatta. Testimonianza del 1940*, Einaudi, Torino 1995 (ed. or. 1946). Su alcuni episodi specifici: M. Ferretti, *La battaglia di Stalingrado*, Giunti, Firenze 2001; O. Wieviorka, *Lo sbarco in Normandia*, Il Mulino, Bologna 2018 (ed. or. 2007); P.M.H. Bell, *La guerra in 12 mosse. Momenti chiave della seconda guerra mondiale*, Il Mulino, Bologna 2012 (ed. or. 2011).

Sulla partecipazione italiana: R. De Felice, *Mussolini l'alleato*, I, *L'Italia in guerra (1940-1943)*, Einaudi, Torino 2008 (ed. or. 1990); G. Rochat, *Le guerre italiane, 1935-1943. Dall'Impero d'Etiopia alla disfatta*, Einaudi, Torino 2008 (ed. or. 2005); D. Rodogno, *Il nuovo ordine mediterraneo. Le politiche di occupazione dell'Italia fascista in Europa*, Bollati Boringhieri, Torino 2003. Sulla guerra nei Balcani: J.H. Burgwyn, *L'impero sull'Adriatico. Mussolini e la conquista della Jugoslavia (1941-1943)*, Leg, Gorizia 2006 (ed. or. 2005); E. Aga Rossi-M.T. Giusti, *Una guerra a parte. I militari italiani nei Balcani 1940-1945*, Il Mulino, Bologna 2017 (ed. or. 2011); E. Gobetti, *Alleati del nemico. L'occupazione italiana in Jugoslavia (1941-1943)*, Laterza, Roma-Bari 2013. Sull'intervento italiano in Russia: T. Schlemmer, *Invasori, non vittime. La campagna italiana di Russia 1941-43*, Laterza, Roma-Bari 2009; M.T. Giusti, *La campagna di Russia. 1941-1943*, Il Mulino, Bologna 2018 (ed. or. 2016). Sull'uscita dell'Italia dalla guerra: E. Aga Rossi, *Una nazione allo sbando*, Il Mulino, Bologna 2003 (ed. or. 1993); C. Vallauri, *Soldati. Le forze armate italiane dall'armistizio alla Liberazione*, Utet, Torino 2003. Sull'eccidio di Cefalonia: G.E. Rusconi, *Cefalonia 1943. Quando gli italiani si battono*, Einaudi, Torino 2004, e E. Aga Rossi, *Cefalonia. La resistenza, l'eccidio, il mito*, Il Mulino, Bologna 2016.

Sulle politiche di occupazione della Germania nazista: E. Collotti, *L'Europa nazista. Il progetto di un Nuovo ordine europeo (1939-1945)*, Giunti, Firenze 2002; G. Corni, *Il sogno del 'grande spazio'. Le politiche d'occupazione nell'Europa nazista*,

Laterza, Roma-Bari 2005; M. Mazower, *L'impero di Hitler. Come i nazisti governavano l'Europa occupata*, Mondadori, Milano 2012 (ed. or. 2008).

Sul genocidio degli ebrei: L. Poliakov, *Il nazismo e lo sterminio degli Ebrei*, Einaudi, Torino 2003 (ed. or. 1951); R. Hilberg, *La distruzione degli ebrei d'Europa*, Einaudi, Torino 2017, 3 voll. (ed. or. 1961); G. Corni, *I ghetti di Hitler*, Il Mulino, Bologna 2001; W. Laqueur (a cura di), *Dizionario dell'Olocausto*, Einaudi, Torino 2012 (ed. or. 2001); H. Mommsen, *La soluzione finale. Come e perché si è giunti allo sterminio degli ebrei*, Il Mulino, Bologna 2016 (ed. or. 2002); S. Friedländer, *Aggressore e vittima. Per una storia integrata dell'Olocausto*, Laterza, Roma-Bari 2009 (ed. or. 2007); Id., *Gli anni dello sterminio. La Germania nazista e gli ebrei (1939-1945)*, Garzanti, Milano 2017 (ed. or. 2007); C.R. Browning, *Le origini della Soluzione finale*, Il Saggiatore, Milano 2012 (ed. or. 2008); D. Stone, *La liberazione dei campi*, Einaudi, Torino 2017 (ed. or. 2015). Sul problema della responsabilità del popolo tedesco si vedano le opposte tesi di C.R. Browning, *Uomini comuni*, Einaudi, Torino 2004 (ed. or. 1992) e di D.J. Goldhagen, *I volenterosi carnefici di Hitler*, Mondadori, Milano 2002 (ed. or. 1996). Sul genocidio degli ebrei in Italia: M. Sarfatti, *La Shoah in Italia. La persecuzione degli ebrei sotto il fascismo*, Einaudi, Torino 2008 (ed. or. 2005); M. Flores-S. Levis Sullam-M.-A. Matard-Bonucci-E. Traverso (a cura di), *Storia della Shoah in Italia. Vicende, memorie, rappresentazioni*, Utet, Torino 2010, 2 voll.

Sulla guerra dell'Unione Sovietica: O. Bartov, *Fronte orientale. Le truppe tedesche e l'imbarbarimento della guerra*, Il Mulino, Bologna 2003 (ed. or. 2001); F. Bettanin, *Stalin e l'Europa. La formazione dell'impero esterno sovietico (1941-1953)*, Carocci, Roma 2006; C. Bellamy, *Guerra assoluta. La Russia sovietica nella seconda guerra mondiale*, Einaudi, Torino 2010 (ed. or. 2007).

Sulla Resistenza in Europa: G. Vaccarino, *Storia della Resistenza in Europa 1938-1945. I paesi dell'Europa centrale: Germania, Austria, Cecoslovacchia, Polonia*, Feltrinelli, Milano 1981; O. Wieviorka, *Storia della Resistenza nell'Europa occidentale*, Einaudi, Torino 2018 (ed. or. 2016).

Sul regime di Vichy: R.O. Paxton, *Vichy (1940-44). Il regime del disonore*, Il Saggiatore, Milano 2013 (ed. or. 1972); H. Rousso, *La Francia di Vichy*, Il Mulino, Bologna 2010 (ed. or. 2007).

Tra le opere sulla Resistenza italiana, si vedano: E. Collotti-R. Sandri-F. Sessi (a cura di), *Dizionario della Resistenza*, Einaudi, Torino 2006, 2 voll. (ed. or. 2000-2001); S. Peli, *Storia della Resistenza in Italia*, Einaudi, Torino 2015 (ed. or. 2006); Id., *Storie di Gap. Terrorismo urbano e resistenza*, Einaudi, Torino 2017 (ed. or. 2014); T. Piffer, *Gli Alleati e la Resistenza italiana*, Il Mulino, Bologna 2010. È ancora fondamentale, inoltre, per la ricostruzione delle motivazioni etiche e politiche che mossero gli italiani nel periodo 1943-45, C. Pavone, *Una guerra civile. Saggio storico sulla moralità nella Resistenza*, Bollati Boringhieri, Torino 2013 (ed. or. 1991). Sull'occupazione tedesca dell'Italia centro-settentrionale: L. Klinkhammer, *L'occupazione tedesca in Italia, 1943-45*, Bollati Boringhieri, Torino 2016 (ed. or. 1993); L. Baldissara-P. Pezzino, *Crimini e memorie di guerra. Violenze contro le popolazioni e politiche del ricordo*, L'Ancora del Mediterraneo, Napoli 2004. Sulla Repubblica sociale italiana: L. Ganapini, *La Repubblica delle camicie nere. I combattenti, i politici, gli amministratori, i socializzatori*, Garzanti, Milano 2010 (ed. or. 1999); D. Gagliani, *Brigate nere. Mussolini e la militarizzazione del Partito fascista repubblicano*, Bollati Boringhieri, Torino 2017 (ed. or. 1999); A. Lepre, *La storia della Repubblica di Mussolini*, Mondadori, Milano 1999; R. Chiarini, *L'ultimo fascismo. Storia e memoria della Repubblica di Salò*, Marsilio, Venezia 2009; M. Fioravanzo, *Mussolini e Hitler. La Repubblica sociale sotto il Terzo Reich*, Donzelli, Roma 2009; A. Osti Guerrazzi, *Storia della Repubblica sociale italiana*, Carocci, Roma 2012. Si veda inoltre l'ultimo volume incompiuto della biografia mussoliniana di R. De Felice, *Mussolini l'alleato*, II, *La guerra civile (1943-1945)*, Einaudi, Torino 2008 (ed. or. 1997).

18. L'età della guerra fredda

18.1. La nascita dell'Onu

La lezione della guerra

La seconda guerra mondiale si concludeva con un bilancio di perdite umane che non aveva precedenti nella storia dell'umanità: circa 60 milioni furono i morti, per due terzi civili, vittime dei bombardamenti, delle carestie, delle deportazioni e dei massacri indiscriminati. L'entità dello sterminio, ma anche la sua inedita e sconvolgente "qualità", colpirono profondamente la coscienza collettiva e conferirono una nuova dimensione all'orrore per la guerra. A ciò contribuì, alla fine del conflitto, un duplice trauma morale: da un lato quello derivante dalle agghiaccianti rivelazioni sui crimini nazisti e sul genocidio degli ebrei; dall'altro quello provocato dall'apparizione della bomba atomica, cioè di un'arma non solo dotata di capacità distruttive senza precedenti, ma addirittura capace di minacciare la sopravvivenza dell'umanità.

La conferenza di San Francisco

Questa terribile lezione produsse allora, come in parte era già accaduto all'indomani della prima guerra mondiale, un generale desiderio di rifondare su basi più stabili il sistema delle relazioni internazionali. Il risultato più importante fu la nascita dell'Organizzazione delle Nazioni Unite (Onu). Fondata, soprattutto per iniziativa americana, in una conferenza tenuta a San Francisco fra l'aprile e il giugno del 1945, dunque quando la guerra non era ancora finita, l'Onu si presentava all'inizio come un prolungamento destinato a sopravvivere in tempo di pace di quel "patto delle Nazioni Unite" che, dalla fine del 1941, aveva legato gli Stati in lotta contro le potenze dell'Asse [▸ 17.5]. L'obiettivo era però quello di dar vita a una organizzazione permanente e a carattere tendenzialmente universale, che sostituisse la vecchia e screditata Società delle Nazioni nel compito di «salvare le generazioni future dal flagello della guerra» e di «promuovere il progresso economico e sociale di tutti i popoli».

Lo statuto delle Nazioni Unite

Ispirato ai princìpi della Carta atlantica [▸ 17.5], lo statuto dell'Onu porta l'impronta di due diverse concezioni: da un lato l'utopia democratica che era stata di Wilson [▸ 10.11], e a cui ancora si ispirava una parte dell'opinione pubblica americana; dall'altro l'approccio realistico tipico di Roosevelt, convinto della necessità di un "direttorio" delle grandi potenze come unico efficace strumento di governo degli affari mondiali. I princìpi dell'universalità dell'organizzazione e dell'uguaglianza fra le nazioni si realizzano nell'Assemblea generale degli Stati membri, che si riunisce annualmente e può adottare solo risoluzioni non vincolanti. Il meccanismo del "direttorio" è invece alla base del Consiglio di sicurezza, organo permanente che, in caso di crisi internazionale, ha il potere di prendere decisioni vincolanti per gli Stati membri e di adottare misure che possono giungere fino all'intervento armato. Il Consiglio si compone di quindici membri: le cinque maggiori potenze vincitrici – Usa, Urss (dal 1992 Russia), Gran Bretagna, Francia e Cina – sono membri permanenti di diritto, mentre gli altri dieci vengono eletti a turno fra tutti gli Stati. Ciascuno dei membri permanenti gode inoltre di un diritto di veto (che è stato adoperato ampiamente) col quale può paralizzare l'azione del Consiglio quando la ritenga contraria ai propri interessi o ai propri convincimenti: un meccanismo che fu introdotto soprattutto per volontà dell'Urss, diffidente nei confronti di un'organizzazione in cui avrebbe potuto facilmente essere messa in minoranza.

Gli organismi dell'Onu

Al fianco di questi organi, operano altri enti: in primo luogo il Consiglio economico e sociale, da cui dipendono le "agenzie specializzate" per la cooperazione nei vari campi, come l'Unesco per l'istruzione e la cultura, la Fao per l'alimentazione e l'agricoltura, l'Unicef per la tutela dell'infanzia; e infine la Corte internazionale di giustizia con sede all'Aja, in Olanda, per risolvere le controversie fra gli Stati.

Malgrado l'aspirazione a costituire un embrione di governo mondiale, l'Onu è stata fin dall'inizio lo specchio del carattere conflittuale della comunità internazionale. Egemonizzata, ma anche esautorata, dalle maggiori potenze, paralizzata dai loro contrasti sulle questioni più importanti, si è rivelata spesso inadempiente al suo compito principale: quello di prevenire e contenere le crisi. Ciò non toglie che abbia svolto, e svolga tuttora, un ruolo importante come sede di negoziati e consultazioni, nonché come tribuna da cui ogni Stato può far sentire la propria voce.

I processi di Norimberga e Tokyo

Parallelo, e complementare, al progetto di rifondazione dei rapporti fra gli Stati fu il tentativo, già avviato senza grandi risultati all'indomani della Grande Guerra, di aggiornare e codificare il diritto internazionale, includendovi un settore penale, con i suoi reati e le sue sanzioni, in modo da colpire sia gli Stati sia i singoli individui. Per questo, gli alleati costituirono, a guerra conclusa, tribunali militari per giudicare i colpevoli dei crimini più odiosi fra i responsabili delle principali potenze sconfitte (l'uccisione di Mussolini giustificò l'esclusione dell'Italia). I processi che ne seguirono – quello di Norimberga (1945-46) contro i capi nazisti e quello di Tokyo (1946-48) contro i dirigenti giapponesi – si conclusero con numerose condanne a morte e destarono grande scalpore in tutto il mondo. Si trattò di un precedente (e quindi di un deterrente) di notevole rilievo, nonostante i problemi politici e morali che implicava: si trattava infatti di un procedimento intentato e condotto dai vincitori nei confronti dei vinti, scavalcando la sovranità dei singoli Stati.

Le istituzioni economiche internazionali

Sotto l'impulso degli Stati Uniti, la rifondazione dei rapporti internazionali si estese anche al campo economico. L'opera di riforma fu improntata alla filosofia economica e agli interessi del capitalismo americano, che tendevano a creare un vasto e vitale mercato mondiale in regime di libera concorrenza. Vennero così ridimensionati i vincoli protezionistici e le aree preferenziali di commercio, a cominciare da quella legata al sistema imperiale britannico.

A guerra ancora in corso, con gli accordi di Bretton Woods del luglio 1944, fu creato il Fondo monetario internazionale, con lo scopo di costituire un adeguato ammontare di riserve valutarie mondiali, cui gli Stati membri potessero attingere in caso di necessità, e di assicurare la stabilità dei cambi fra le monete, ancorandoli non soltanto all'oro, ma anche al dollaro (di cui gli Stati Uniti si impegnavano a garantire la convertibilità in oro). Si venne così a consolidare il primato della moneta americana come valuta internazionale per gli scambi e come valuta di riserva per le banche centrali di tutto il mondo. Al Fondo monetario fu affiancata, sempre a Bretton Woods, la Banca Mondiale, col compito di concedere prestiti a medio e lungo termine ai singoli Stati per favorirne la ricostruzione e lo sviluppo. Sul piano commerciale, un sistema fondato sul libero scambio fu instaurato dall'Accordo generale sulle tariffe e sul commercio (Gatt), stipulato a Ginevra nell'ottobre '47, che prevedeva un generale abbassamento dei dazi doganali.

Concepiti all'inizio come strumenti di governo dell'economia mondiale, questi organismi videro in parte compromessa la loro rappresentatività dalla mancata adesione dell'Urss (che pure aveva partecipato alla conferenza di Bretton Woods) e poi degli altri regimi comunisti. D'altra parte, grazie a questi strumenti, gli Stati Uniti rafforzarono il loro controllo sulle economie occidentali, usando la loro influenza per stimolarne la ripresa e al tempo stesso per integrarle nella propria sfera di interessi.

18.2. I nuovi equilibri mondiali

Le superpotenze

Il verdetto del secondo conflitto mondiale non si esaurì nella sconfitta della Germania hitleriana e dei suoi alleati e nella liquidazione del nazifascismo. La guerra segnò anche un mutamento irreversibile degli equilibri internazionali. Le antiche grandi potenze – la Gran Bretagna che aveva combattuto contro Hitler dal primo all'ultimo giorno di guerra, e anche la Francia che era stata subito sconfitta dalla Germania e poi generosamente riammessa al tavolo dei vincitori – dovettero presto rendersi conto di non poter più mantenere le proprie posizioni di dominio. In particolare la Gran Bretagna, che sulla carta avrebbe dovuto svolgere un ruolo di co-gestore del nuovo ordine, avviò un graduale ritiro dalle responsabilità mondiali. L'Europa, già esaurita dallo scontro fratricida della guerra '14-18, perse definitivamente la sua centralità. A un ruolo egemonico, infatti, potevano ormai aspirare due soli Stati, due superpotenze continentali e multietniche, molto diverse dai vecchi Stati-nazione: gli Stati Uniti, che vantavano una schiacciante superiorità economica (nel 1945 la loro produzione industriale risultava raddoppiata rispetto al 1939 e la disoccupazione di fatto scomparsa) e una netta supremazia militare, esaltata dal possesso dell'arma atomica; e l'Unione Sovietica, che disponeva di un imponente apparato industriale e militare e occupava con le sue truppe la metà orientale del continente europeo.

I contrasti fra Usa e Urss

A partire dal 1941, Usa e Urss avevano combattuto assieme contro le potenze fasciste, offrendo il contributo più consistente alla "grande alleanza" antihitleriana. E, nell'ultimo anno di guerra, avevano provato insieme a gettare le basi di un nuovo ordine internazionale centrato sulla creazione dell'Onu. Ma, proprio in quella fase, erano emerse tra i futuri vincitori divergenze profonde sul futuro del mondo e in particolare dell'Europa. Gli Stati Uniti puntavano a una ricostruzione nel segno dell'economia di mercato e della libertà degli scambi internazionali, come contesto ideale per far valere la loro egemonia. L'Unione Sovietica, che aveva pagato un prezzo altissimo in distruzioni materiali e perdite umane, pretendeva la punizione degli Stati aggressori, adeguate riparazioni economiche e soprattutto garanzie territoriali contro ogni possibile attacco lanciato da Occidente, sull'esempio di Napoleone, Guglielmo II e Hitler. Questa esigenza di sicurezza, che in Stalin assunse tratti quasi ossessivi, si traduceva per l'Urss nella richiesta di spingere le proprie frontiere il più possibile a Ovest e di non avere regimi ostili negli Stati confinanti. Gli alleati occidentali erano in parte disposti ad accogliere queste richieste, vuoi per realismo politico, come nel caso di Churchill, vuoi perché convinti, come Roosevelt, che una Unione Sovietica appagata nelle sue legittime aspirazioni (e magari gradualmente democratizzata) potesse rappresentare un fattore di stabilizzazione nell'irrequieto scacchiere dell'Europa orientale. Si trattava insomma di creare un nuovo ordine europeo in cui, ferma restando l'egemonia degli Usa, anche l'Urss avrebbe avuto un ruolo importante, presentandosi come forza d'ordine in un'area tradizionalmente turbolenta.

La crisi della "grande alleanza"

Nell'aprile del 1945 Roosevelt morì, pochi mesi dopo essere stato eletto per la quarta volta (caso unico nella storia degli Stati Uniti); e con lui tramontò il "grande disegno" di cooperazione fra Occidente e Urss. Il successore di Roosevelt, Harry Truman, si mostrò subito meno aperto alle istanze di Stalin, che era portato già di suo – soprattutto dopo il lancio dell'atomica americana sul Giappone – alla diffidenza nei confronti degli alleati occidentali.

L'Urss e il controllo dell'Europa orientale

Il principale banco di prova del contrasto fra le potenze vincitrici fu l'Europa orientale. Nei paesi occupati dall'Armata rossa – Germania Est, Polonia, Cecoslovacchia, Ungheria, Romania e Bulgaria – le possibilità che l'influenza sovietica si affermasse nel rispetto della volontà popolare erano praticamente nulle. Per imporsi in un contesto ostile, l'Urss non trovò così altro mezzo, come vedremo meglio più avanti, che puntare sui partiti comunisti locali, per lo più privi di larghe basi di consenso, e portarli al potere in spregio a qualsiasi principio democratico.

I contrasti emersero chiaramente già nella conferenza interalleata che si tenne a Potsdam, presso Berlino, fra luglio e agosto del 1945. Sei mesi dopo, nel marzo 1946, Churchill (che aveva perso pochi mesi prima la guida del governo, ma conservava intatto il suo prestigio personale) pronunciò a Fulton, negli Stati Uniti, un discorso che ebbe un'enorme risonanza, in cui denunciava il comportamento dei sovietici in Europa orientale: «Da Stettino, sul Baltico, a Trieste, sull'Adriatico, una cortina di ferro è calata sul continente. [...] Questa non è certo l'Europa liberata per costruire la quale abbiamo combattuto». Stalin replicò dando a Churchill del guerrafondaio e paragonandolo a Hitler. La "grande alleanza" era ormai in frantumi e il processo negoziale sui trattati di pace ne subì le conseguenze.

La Polonia dopo la seconda guerra mondiale

La conferenza di pace

Infatti, i lavori della conferenza di pace, che si aprirono a Parigi nel luglio 1946, si interruppero tre mesi dopo senza che su molti punti fossero state raggiunte conclusioni definitive. Nonostante l'assenza di un accordo generale, furono fissati i nuovi confini fra Urss, Polonia e Germania: l'Unione Sovietica incamerava le ex Repubbliche baltiche (Estonia, Lituania e Lettonia), parte della Polonia dell'Est e della Prussia orientale; la Polonia, a sua volta, si rifaceva a ovest a spese della Germania, portando il suo confine alla linea segnata dai fiumi Oder e Neisse.

La "dottrina Truman"

La conferenza di Parigi fu l'ultimo atto della cooperazione postbellica fra Urss e potenze occidentali. Fra il 1946 e il 1947 i contrasti si approfondirono. E gli Stati Uniti – i soli a poterlo fare, dopo la rinuncia della Gran Bretagna alle sue ambizioni imperiali – si dichiararono pronti a intervenire militarmente in sostegno di quei paesi che si sentissero minacciati da nuove mire espansioniste dell'Urss o da tentativi rivoluzionari da essa ispirati. Esposta in un discorso presidenziale nel marzo 1947, la "dottrina Truman" – che da allora avrebbe costituito la base della politica estera Usa – non metteva in discussione gli assetti raggiunti alla fine della guerra, ma mirava a impedire che l'Urss li modificasse a proprio vantaggio, in Europa e nel resto del mondo: si parlò per questo di "teoria del contenimento".

La guerra fredda

L'equilibrio Usa-Urss prodotto dal conflitto mondiale si trasformava così stabilmente in un rapporto conflittuale tra le due superpotenze, che avrebbe dato origine a un nuovo *sistema bipolare* imperniato su due blocchi contrapposti: un blocco "occidentale", che riconosceva l'egemonia politica e culturale degli Usa e si ispirava agli ideali della democrazia rappresentativa, del libero scambio e dell'iniziativa individuale; e uno "orientale" guidato dall'Urss e organizzato secondo i princìpi del comunismo e dell'economia pianificata, in base a un'etica anti-individualista della disciplina e del sacrificio. Cominciava quella che, con una formula destinata a grande fortuna, il giornalista americano Walter Lippmann definì "guerra fredda": una guerra – combattuta non sui campi di battaglia, ma con le armi dell'ideologia e della propaganda – fra due blocchi

parola chiave

Nucleare

L'energia nucleare – o, meno propriamente, atomica – è quella contenuta nel nucleo dell'atomo e liberata mediante processi di reazione (scissione o fusione) provocati artificialmente. Le prime applicazioni dell'energia nucleare furono indirizzate a fini bellici. Furono le "bombe atomiche" (basate sulla scissione del nucleo di materiali radioattivi come l'uranio o il plutonio) fatte esplodere dagli americani a Hiroshima e Nagasaki nell'agosto '45 a porre fine al secondo conflitto mondiale. Pochi anni più tardi (1952) sarebbero state sperimentate le più potenti bombe all'idrogeno (o termonucleari), in cui l'energia è sviluppata dalla fusione di atomi dell'idrogeno o dei suoi isotopi (deuterio e trizio). L'apparizione delle bombe nucleari – col loro enorme potenziale distruttivo e con i loro disastrosi effetti di lungo periodo sugli equilibri naturali – aprì una nuova fase nella storia delle relazioni internazionali, portando un elemento di sconvolgente novità nella strategia militare e influendo profondamente sugli stessi modi di pensare dei contemporanei. Espressioni come "era nucleare" (o "era atomica"), "logica nucleare", "equilibrio nucleare", "rischio nucleare" sono entrate stabilmente nel linguaggio politico e militare. Da un lato, l'affermarsi di due superpotenze nucleari, ciascuna delle quali dotata di arsenali capaci di distruggere l'avversario, ha dato una notevole stabilità al quadro internazionale postbellico e che non solo erano portatori di interessi divergenti e di strategie contrapposte, ma rappresentavano anche due diversi modelli di governo e due messaggi ideologici fra loro incompatibili.

Il deterrente nucleare

Nella lunga stagione della guerra fredda, le due superpotenze non si combatterono mai direttamente, soprattutto perché, dal 1949, anche l'Urss si dotò dell'arma nucleare: da quel momento fu chiaro a tutti che un conflitto atomico avrebbe avuto conseguenze terrificanti per il mondo intero. Ma non mancarono le occasioni di scontro e le guerre per interposta persona, per lo più in aree periferiche del pianeta. Risorse immense vennero profuse dalle due superpotenze nella corsa agli armamenti e nella ricerca a fini militari. E l'incubo dello sterminio nucleare, magari frutto di un errore o di un calcolo azzardato, pesò a lungo, e in parte continua a pesare, nella coscienza dei contemporanei.

La sfida globale

La contrapposizione globale fra Usa e Urss non si limitò a tracciare un confine invalicabile fra i due blocchi, ma ebbe effetti di lungo periodo sulla vita dei singoli Stati: soprattutto in Europa, dove la linea divisoria fra area "socialista" e area "capitalista" rispecchiava in larga misura le posizioni raggiunte alla fine delle ostilità dai due maggiori eserciti occupanti. Dall'una e dall'altra parte – anche se in misura e

parola chiave

ha fatto apparire più remota l'eventualità di un conflitto generale. D'altro canto, la stessa esistenza di armi capaci di alterare in modo irrimediabile gli equilibri naturali, di compromettere la salute delle generazioni future e, al limite, di distruggere ogni forma di vita sul pianeta ha introdotto un fattore di angoscia permanente che è tipico della nostra epoca (ed è sostanzialmente diverso dalla semplice paura della guerra e della morte).

L'incubo della morte nucleare ha dato argomenti e spazio alle tematiche pacifiste e, successivamente, ha costituito uno degli argomenti centrali delle campagne dei movimenti ecologisti, che dell'energia nucleare hanno contestato anche gli usi pacifici. Le numerose centrali nucleari, costruite a partire dagli anni '50 in molti paesi industrializzati per assicurare la produzione di energia elettrica a costi inferiori a quelli delle centrali "termiche" (alimentate da petrolio, carbone o gas), presentano infatti alcune inquietanti incognite, legate sia al problema dell'eliminazione delle scorie radioattive sia al rischio di guasti o di errori umani. Incidenti come quello accaduto nel '79 nella centrale statunitense di Three Mile Island o quelli più gravi verificatisi nell'86 nella centrale sovietica di Černobyl' e nel 2011 a Fukushima, in Giappone, hanno destato allarme in tutto il mondo determinando la rinuncia alla tecnologia nucleare da parte di alcuni paesi, fra cui l'Italia.

con modalità molto diverse – il vincolo di politica estera, ossia la subordinazione di ogni altra istanza alla compattezza dei rispettivi blocchi, divenne prioritario e strutturale. Ovunque, la lotta politica interna fu largamente condizionata dalle logiche della guerra fredda e lo stesso dibattito culturale restò a lungo bloccato nella gabbia delle opposte ortodossie. Mentre nei paesi occupati dall'Armata rossa le forze non comuniste erano ridotte al silenzio, in Europa occidentale i partiti legati all'Urss venivano esclusi dalle coalizioni di governo ed erano nel contempo costretti ad accantonare i progetti rivoluzionari. Unica eccezione la Grecia, dove, fra il 1946 e il 1949, si combatté una sanguinosa guerra civile tra comunisti e forze di governo filo-occidentali conclusasi con la vittoria delle seconde.

18.3. Ricostruzione e riforme

Il mito americano

Fra la situazione dell'Europa occidentale e quella dei paesi dell'Est c'era però una differenza sostanziale. Mentre il controllo sovietico si esercitava per lo più con mezzi coercitivi, l'influenza degli Stati Uniti, sostenuta da grandi risorse economiche e da un imponente apparato propagandistico, assumeva anche le forme di una egemonia culturale. In questi anni, l'imitazione dei modelli di vita d'oltreoceano – già importati dalle truppe di occupazione e poi veicolati attraverso la musica, la letteratura e soprattutto il cinema – diede corpo a un rapporto complesso e ambivalente, ma comunque intenso, fra le due sponde dell'Atlantico: all'indomani della più terribile delle guerre, il mito americano parve incarnare le speranze e le aspettative di benessere di molti europei costretti a confrontarsi con i problemi di una difficile ricostruzione.

Il piano Marshall

Su un piano più concreto, gli Stati Uniti si impegnarono massicciamente per rilanciare le economie dei paesi europei. Nel giugno 1947 fu lanciato un vasto programma di aiuti economici all'Europa, che prese il nome di *European Recovery Program* (Erp) o, più comunemente, piano Marshall, dal nome del segretario di Stato americano che ne assunse l'iniziativa. Fra il 1948 e il 1951, il piano Marshall riversò sulle economie dell'Europa occidentale ben 13 miliardi di dollari fra prestiti a condizioni di favore e aiuti materiali d'ogni genere, soprattutto macchinari e grano. L'effetto fu non solo di favorire la ricostruzione, ma anche di avviare una forte ripresa delle economie dell'Europa occidentale, che già tra la fine degli anni '40 e l'inizio dei '50 raggiunsero e superarono largamente i livelli produttivi dell'anteguerra.

Il piano Marshall (1947-51)

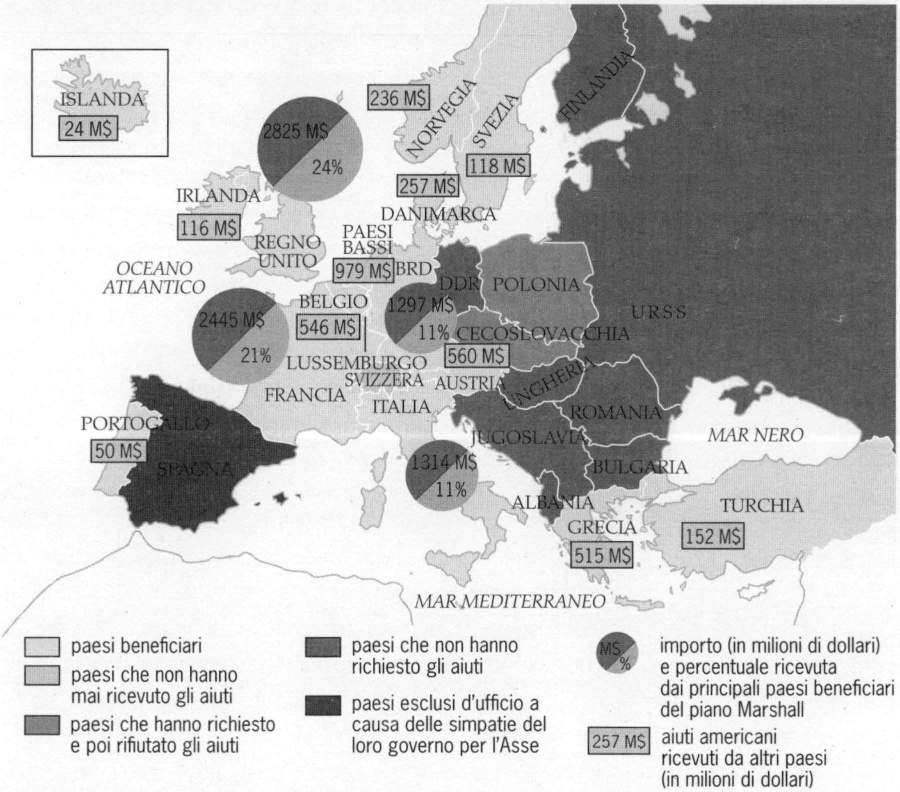

Le politiche sociali

Pur realizzandosi complessivamente in un quadro economico liberista, il processo di ricostruzione si accompagnò, almeno in una prima fase, a una forte spinta verso le riforme sociali e a un diffuso ricorso all'intervento statale che riprendeva e ampliava pratiche già sperimentate nel corso degli anni '30. Negli Stati Uniti, nonostante il progressivo deterioramento del clima politico in seguito alle tensioni della guerra fredda, il presidente Truman, rieletto nel 1948, rimase fedele all'eredità del *New Deal* e incrementò i programmi di assistenza. Ma il suo programma sociale (il *Fair Deal*, "giusto patto"), che si proponeva di portare avanti la politica riformista rooseveltiana, si realizzò solo in parte, a causa delle resistenze del Congresso, a maggioranza repubblicana, e dei democratici del Sud, contrari all'integrazione razziale. L'abolizione, seguita alla fine della guerra, dei controlli sulle attività industriali e il forte deficit del bilancio statale (gravato dalle spese militari e da quelle per gli aiuti all'estero) provocarono inoltre un sensibile aumento del costo della vita. Ne seguì un'ondata di rivendicazioni salariali e di agitazioni operaie, cui il Congresso rispose approvando nel 1947, contro il volere del presidente, il *Taft-Hartley Act*, una legge di impronta conservatrice e antisindacale che limitava la libertà di sciopero nelle industrie di interesse nazionale. Le conquiste fondamentali del *New Deal* [▶ 13.5-6] vennero comunque salvaguardate, ma la spinta ideologica dell'età rooseveltiana appariva ormai esaurita.

Il dopoguerra in Francia e Italia

In Francia, nazionalizzazioni e politiche sociali furono varate dal governo provvisorio presieduto da De Gaulle fra il 1944 e il 1945 e dai successivi governi di coalizione basati sull'accordo fra i partiti di massa [▶ 18.8]. Nel 1946, inoltre, fu varato un piano quadriennale (piano Monnet) che contemperava un'ispirazione liberista di fondo con aspetti di carattere riformatore e dirigistico. In Italia, pur nel quadro di un ritorno generalizzato alle pratiche dello Stato liberale, gli strumenti di intervento sull'economia introdotti durante il fascismo furono mantenuti in vita; e altri ne furono sperimentati [▶ 20.4].

Il *Welfare State* in Gran Bretagna

Il caso più emblematico fu però quello della Gran Bretagna, dove, nelle elezioni del luglio 1945, Churchill fu inaspettatamente battuto dai laburisti di Clement Attlee. Il nuovo governo nazionalizzò le industrie elettriche e carbonifere, la siderurgia e i trasporti; introdusse il salario minimo e il Servizio sanitario nazionale, che prevedeva la completa gratuità delle prestazioni mediche; riformò in senso progressivo la fiscalità ed estese il sistema di sicurezza sociale. Complessivamente furono gettate le basi di uno Stato sociale o *Welfare State* (letteralmente "Stato del benessere") che aveva l'ambizione di assistere il cittadino "dalla culla alla tomba" in base al principio secondo cui la collettività deve farsi carico dei rischi ai quali l'individuo è esposto nel corso della sua esistenza: in particolare nelle fasi della vita più difficili (infanzia, anzianità), nelle condizioni di maggiore disagio (malattia, invalidità, disoccupazione) e nei settori sociali più svantaggiati. Queste riforme, che ricalcavano in parte quelle attuate dai governi socialdemocratici nella Svezia degli anni '30 (ma erano anche ispirate all'esempio del *New Deal* rooseveltiano), erano state già proposte in un celebre rapporto steso nel 1942, a guerra ancora in corso, dall'economista liberale William Beveridge e fatto proprio dal governo britannico. Il piano Beveridge avrebbe costituito da allora un modello per molti paesi industrializzati dell'Occidente.

18.4. L'Urss e le "democrazie popolari"

Il rifiuto del piano Marshall

Il lancio del piano Marshall, se da un lato facilitò la ripresa economica europea, dall'altro ebbe l'effetto immediato di irrigidire le contrapposizioni dell'incipiente guerra fredda. Nella sua formulazione originaria, il piano aveva infatti come destinatari tutti i paesi europei, compresi quelli dell'Est. Ma i sovietici, convinti che l'aiuto promesso fosse un cavallo di Troia per affermare l'egemonia americana all'interno della loro area di influenza, respinsero il progetto e imposero di fare altrettanto ai paesi dell'Europa orientale. Anche i comunisti dell'Occidente si mobilitarono contro il piano, il che contribuì, in Francia e in Italia, alla rottura delle coalizioni di governo di cui ancora facevano parte. Per coordinare l'azione dei partiti "fratelli", Stalin decise, nel settembre 1947, la formazione del Cominform (Ufficio d'informazione dei partiti comunisti): una sorta di riedizione su scala ridotta (ne facevano parte i partiti italiano e francese, oltre a quelli dell'Europa orientale) della Terza Internazionale che era stata sciolta nel '43 in omaggio all'alleanza con le potenze democratiche.

La sovietizzazione dell'Europa dell'Est

Procedeva frattanto a tappe forzate l'imposizione del modello politico ed economico sovietico ai paesi occupati dall'Armata rossa. L'operazione fu realizzata attraverso una serie di crescenti forzature delle istituzioni democratiche, che formalmente sopravvivevano (tant'è che i nuovi regimi si definivano "democrazie popolari"), ma venivano di fatto svuotate dall'attribuzione ai comunisti di tutte le posizioni chiave (ministero dell'Interno, vertici della polizia e dell'esercito). Gli altri partiti (socialisti, liberal-democratici, partiti dei contadini), presenti in una prima fase nei governi di coalizione antifascista, furono gradualmente emarginati, perseguitati e infine sciolti o ridotti a una funzione puramente decorativa. Le stesse elezioni furono condizionate e manipolate, fino a trasformarsi in plebisciti dall'esito scontato. L'iniziativa privata fu cancellata o fortemente limitata e tutte le attività economiche furono portate sotto il controllo pubblico. Il meccanismo, sperimentato dapprima in Polonia e in Germania orientale, fu successivamente applicato in Ungheria, Romania, Bulgaria e Albania.

La Cecoslovacchia e il colpo di Stato del '48

Un caso a parte fu quello della Cecoslovacchia, paese economicamente e socialmente sviluppato, di solida tradizione democratica, che in politica estera seguiva una linea non ostile all'Urss e in cui i comunisti avevano ottenuto la maggioranza relativa nelle libere elezioni del maggio '46. Il governo formatosi a seguito delle elezioni era guidato dal leader comunista Klement Gottwald e si fondava sull'alleanza fra i partiti di sinistra. La coalizione si ruppe però all'inizio del '48, quando si trattò di decidere circa l'accettazione degli aiuti del piano Marshall, sostenuta dalla maggioranza dei socialisti e dalle forze borghesi e osteggiata dai comunisti. Per imporre il loro punto di vista i comunisti lanciarono una violenta campagna contro le altre forze politiche, costringendo, sotto la minaccia della guerra civile, il presidente della Repubblica Eduard Beneš ad affidare il potere a un nuovo governo da loro completamente controllato. In marzo, il ministro degli Esteri socialista Jan Masaryk, l'unica personalità non comunista del nuovo ministero, morì cadendo dalla finestra in circostanze mai chiarite. Nel maggio 1948, le elezioni si tennero col sistema della lista unica e il presidente Beneš si dimise per non dover firmare la nuova Costituzione che trasformava definitivamente il paese in una "democrazia popolare".

Lo scisma di Tito

Ancora diverso fu il caso della Jugoslavia. Qui i comunisti, sotto la guida di Tito (divenuto nel '45 presidente della nuova Repubblica jugoslava), si imposero da soli al potere con ampio uso della violenza contro i loro avversari, ma anche grazie all'autorità e al prestigio guadagnati con l'impegno nel movimento di Resistenza, che aveva liberato il paese dall'occupazione nazista. Fu proprio la forza della leadership jugoslava, che aveva consentito al regime di superare o soffocare i tradizionali conflitti etnici e religiosi, a porre un ostacolo al pieno dispiegarsi del dominio dell'Urss. La rottura si consumò nel giugno 1948, quando si manifestarono le ambizioni jugoslave di svolgere un ruolo-guida fra i paesi balcanici e di perseguire una via autonoma allo sviluppo industriale: accusati da Stalin di "deviazionismo" e di collusione con l'imperialismo, i comunisti jugoslavi furono espulsi dal Cominform.

Il modello jugoslavo

Completamente isolata dal mondo comunista (che si schierò compatto con Stalin), la dirigenza jugoslava resistette alle pressioni sovietiche e cominciò a sperimentare una linea autonoma in politica estera, basata sull'equidistanza fra i due blocchi, e un nuovo corso in politica economica, volto alla ricerca di un difficile equilibrio fra statizzazione e autonomia gestionale delle imprese. In realtà, sul piano dell'organizzazione politica, il modello jugoslavo non si differenziava da quello delle altre "democrazie popolari", basato com'era sulla ferrea dittatura del Partito comunista. Eppure l'esperienza jugoslava suscitò interesse in Occidente, perché rappresentò in quegli anni l'unica ribellione riuscita al dominio sovietico in Europa orientale, proprio nel momento in cui le tensioni della guerra fredda conoscevano la loro fase più acuta con il riproporsi della questione tedesca.

Il blocco di Berlino e le due Germanie

Dalla fine della guerra, la Germania era divisa in quattro zone di occupazione (statunitense, britannica, francese e sovietica). La capitale Berlino, che si trovava all'interno dell'area sovietica, era a sua volta divisa in quattro zone. Saltata ogni possibilità di intesa con i sovietici sul futuro del paese, Stati Uniti e Gran Bretagna avviarono, nel 1947, l'integrazione delle loro zone, introducendo una nuova moneta, liberalizzando l'economia e rivitalizzandola poi con gli aiuti del piano Marshall.

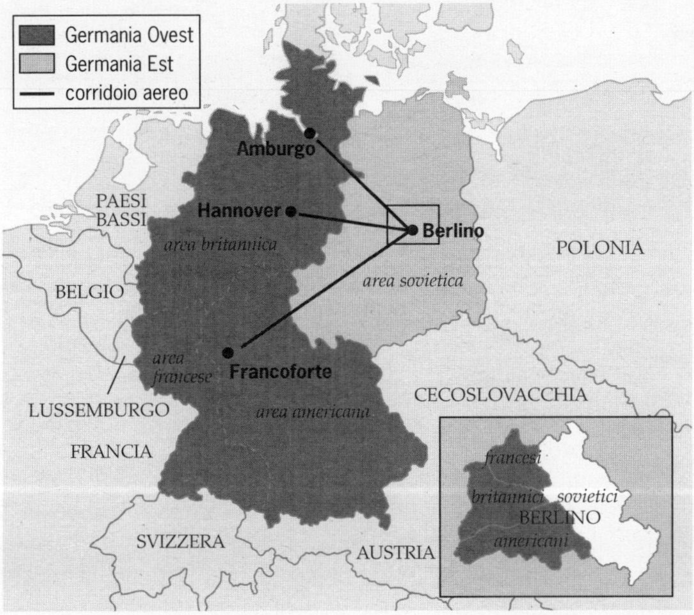

La Germania e Berlino (1946-49)

Di fronte a quella che ormai si profilava chiaramente come la rinascita di un forte Stato tedesco integrato nel blocco occidentale, Stalin reagì con la prova di forza del blocco di Berlino. Nel giugno 1948 i sovietici chiusero gli accessi alla città impedendone il rifornimento, nella speranza di indurre gli occidentali ad abbandonare la zona ovest della ex capitale da loro occupata. L'Europa sembrò nuovamente sull'orlo di un conflitto. La crisi si risolse tuttavia senza uno scontro militare. Gli americani organizzarono un gigantesco *ponte aereo* per rifornire la città, finché, nel maggio '49, i sovietici si risolsero a togliere il blocco, rivelatosi inefficace. Nello stesso mese furono unificate tutte e tre le zone occidentali della Germania (compresa quella sotto controllo francese) e fu proclamata la Repubblica federale tedesca (*Bundesrepublik Deutschland*, Brd), con capitale Bonn. La risposta sovietica fu la creazione, nella parte orientale del paese, di una Repubblica democratica tedesca (*Deutsche Demokratik Republik*, Ddr), che aveva la sua capitale a Pankow (un sobborgo di Berlino).

Il Patto atlantico e il Patto di Varsavia

A questo punto la divisione dell'Europa in due blocchi contrapposti era compiuta. Nell'aprile 1949, mentre era ancora aperta la crisi di Berlino, fu firmato a Washington il Patto atlantico, un'alleanza difensiva fra i paesi dell'Europa occidentale (Francia, Gran Bretagna, Belgio, Olanda, Lussemburgo, Norvegia, Danimarca, Islanda, Portogallo e Italia), gli Stati Uniti e il Canada. Il patto, che si fondava su una comune professione di fede nella "civiltà occidentale", pre-

L'Europa nel 1956

vedeva un dispositivo militare integrato composto da contingenti dei singoli paesi membri: la Nato (Organizzazione del trattato del Nord Atlantico). Nel 1951 aderirono al patto la Grecia e la Turchia, nel 1955 anche la Germania federale, fulcro della difesa avanzata contro un possibile attacco sovietico. Sempre nel '55, proprio a seguito dell'adesione tedesco-occidentale alla Nato, l'Urss rispose stringendo con i paesi satelliti un'alleanza, il Patto di Varsavia, basata anch'essa su un'organizzazione militare integrata.

Industrializzazione e modernizzazione

L'imposizione del modello collettivistico sovietico ebbe conseguenze profonde sugli assetti socioeconomici dell'Europa orientale. I latifondisti furono spazzati via fin dalle prime riforme agrarie. Il ceto contadino si ridusse sensibilmente, in parallelo all'espansione di quello operaio. Fra il '46 e il '48, furono nazionalizzate le miniere, le industrie siderurgiche e meccaniche, le banche e l'intero settore commerciale. Furono lanciati i primi piani di sviluppo, basati sul modello sovietico, che assegnava la priorità all'industria pesante. Soprattutto nei primi anni, la crescita produttiva fu notevole, con incrementi medi superiori al 10% annuo.

La subordinazione all'Urss

Questo sviluppo fu però condizionato, e in qualche modo distorto, dalla subordinazione delle economie dei paesi "satelliti" a quella dello "Stato-guida". Gli obiettivi di produzione furono scelti in modo da risultare complementari a quelli dell'Urss. I tassi di cambio all'interno dell'"area del rublo", nonché la quantità e i prezzi dei beni scambiati, furono rigidamente regolati attraverso il Consiglio di mutua assistenza economica (Comecon), fondato a Varsavia nel gennaio '49 con l'adesione di tutti i paesi del blocco orientale. Inoltre, le caratteristiche del modello di sviluppo imposto ai paesi dell'Europa dell'Est comportavano una forte compressione dei consumi e del tenore di vita della popolazione. Tutto questo non avrebbe certo giovato alla popolarità dei regimi comunisti e avrebbe contribuito non poco a far nascere agitazioni sociali e moti di rivolta antisovietica, che paradossalmente avrebbero avuto per protagonista proprio il ceto operaio cresciuto con la collettivizzazione.

Le purghe nell'Europa dell'Est

Per conservare e tenere unito il suo "impero", l'Urss dovette quindi esercitare un controllo molto forte sui partiti comunisti dei paesi satelliti. Una violenta stretta repressiva si ebbe già all'indomani dello scisma jugoslavo: per evitare che l'eresia di Tito trovasse nuove adesioni, furono attuate, tra la fine degli anni '40 e l'inizio degli anni '50, massicce "purghe" nei confronti dei dirigenti comunisti dell'Est europeo sospettati di velleità autonomistiche. I processi di quegli anni furono una drammatica replica del copione già sperimentato in Unione Sovietica nel periodo prebellico: arresti arbitrari, inverosimili accuse di tradimento o di altri crimini, corroborate da confessioni estorte con la tortura, condanne pesantissime, anche alla pena capitale.

18.5. Rivoluzione in Cina, guerra in Corea

La guerra civile

Mentre in Europa il confine fra i due blocchi si andava stabilizzando, il teatro del confronto fra mondo comunista e mondo capitalistico si allargava al continente asiatico, intrecciandosi con le vicende della lunga e sanguinosa guerra civile che da decenni si stava combattendo in Cina [▶ 16.5-7]. Dopo la sconfitta del Giappone e la fine del conflitto mondiale, la Repubblica cinese era diventata formalmente una potenza vincitrice; ma era sempre più lacerata dallo scontro fra il governo "nazionalista" di Chiang Kai-shek e i comunisti di Mao Zedong, che occupavano e amministravano ampie zone dell'ex impero. Fallito ogni tentativo di accordo fra i contendenti, Chiang Kai-shek lanciò, fra il 1946 e il 1947, una violenta offensiva militare, contando sul sostegno degli Stati Uniti. I comunisti, dopo un primo arretramento, riuscirono ancora una volta a riorganizzarsi e a contrattaccare, puntando sull'appoggio delle masse contadine, attratte dalla promessa di una radicale riforma agraria. Il fronte nazionalista, sempre più identificato con la causa dei proprietari terrieri e screditato dalla diffusa corruzione, si andò invece sfaldando di fronte all'efficace guerriglia condotta dalle forze maoiste.

La vittoria dei comunisti

Nel febbraio 1949 i comunisti entrarono a Pechino. Due mesi dopo cadeva Nanchino, capitale della Cina nazionalista. Chiang Kai-shek, con quanto restava del governo e dell'esercito, riparò, sotto la protezione della flotta statunitense, nell'isola di Taiwan (Formosa), da dove non cessò mai di sognare la riconquista. Il 1° ottobre 1949 fu proclamata a Pechino la nascita della Repubblica popolare cinese, subito riconosciuta dall'Urss e dalla Gran Bretagna, ma non dagli Stati Uniti e da molti dei loro alleati, che continuarono a considerare come legittimo governo cinese quello di Taiwan (che avrebbe occupato, fino al 1971, il seggio della Cina all'Onu). La nuova Repubblica a guida comunista procedette subito a misure radicali: le banche e le grandi e medie industrie furono nazionalizzate, così come il commercio con l'estero, mentre la terra fu distribuita fra i contadini.

Una nuova potenza comunista

L'Urss, che durante la guerra civile aveva fornito ai comunisti cinesi solo aiuti limitati, continuando fino all'ultimo a riconoscere il regime di Chiang Kai-shek, stipulò subito col nuovo regime un trattato di amicizia e di mutua assistenza. Ma la dirigenza sovietica guardò con qualche preoccupazione all'emergere di una nuova potenza capace di contestare all'Urss il suo ruolo di Stato-guida e di proporsi come modello di società comunista, distinto da quello sovietico e destinato a esercitare una certa attrazione sui paesi ex coloniali. Il contrasto sarebbe emerso, come vedremo, da lì a pochi anni. Sul momento, però, il successo della rivoluzione nello Stato più popoloso del mondo (comprendente da solo un quarto della popolazione mondiale) fu visto come un allargamento del "campo socialista" e dunque come una nuova e radicale sfida lanciata al blocco occidentale e in particolare agli Stati Uniti.

Le due Coree

La prova più drammatica delle nuove dimensioni mondiali assunte dal confronto fra i due blocchi si ebbe nel 1950 in Corea. Alla fine del secondo conflitto mondiale, la Corea (a lungo contesa fra Cina e Giappone e annessa all'Impero giapponese dal 1910), in base agli accordi tra gli alleati, era stata divisa in due zone, delimitate dal 38° parallelo. Analogamente a quanto era accaduto in Germania, una delle due zone – la Corea del Nord – era governata da un regime comunista guidato da Kim Il Sung, mentre nell'altra – la Corea del Sud – si era insediato un governo nazionalista appoggiato dagli Stati Uniti.

La guerra e gli interventi stranieri

Dopo una serie di incidenti di frontiera, nel giugno 1950 le forze nordcoreane, armate dall'Urss, invasero il Sud. Di fronte a quella che appariva come una clamorosa conferma delle mire espansionistiche del blocco comunista, gli Stati Uniti reagirono inviando in Corea un forte contingente, che agiva sotto la bandiera dell'Onu, in quanto il Consiglio di sicurezza, assente il delegato sovietico (che intendeva così protestare contro la mancata assegnazione del seggio alla Cina comunista), aveva condannato la Corea del Nord e autorizzato l'invio di truppe. I nordcoreani furono respinti e in ottobre gli americani oltrepassarono il 38° parallelo. A questo punto, però, fu la Cina di Mao a intervenire in difesa dei comunisti, con un massiccio invio di falsi volontari, che in poche settimane respinsero gli americani sulle posizioni di partenza. Nell'aprile 1951 Truman accettò di aprire trattative con la Corea del Nord. I negoziati – e con essi la guerra – si trascinarono per altri due anni, per concludersi infine nel 1953 con il ritorno alla situazione precedente, con la Corea divisa in due da una "Zona demilitarizzata".

La guerra di Corea (1950-53)

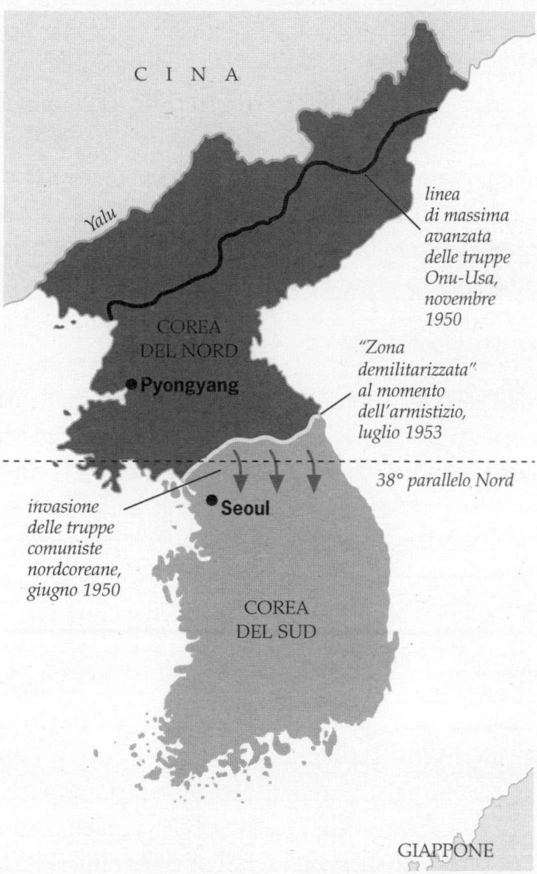

Le conseguenze della guerra

Gli effetti della crisi coreana furono di ampia portata. Anche in assenza di un coinvolgimento diretto dell'Urss, l'eventualità di uno scontro fra le superpotenze era apparsa vicina e lo spettro di una guerra nucleare concreto come non mai. Da qui un vasto riarmo americano, un'accresciuta sensibilità degli Stati Uniti alla minaccia comunista nel Pacifico, un rafforzamento dei loro legami militari con gli alleati asiatici ed europei.

18.6. Il Giappone: da nemico ad alleato

La tutela americana

La vittoria dei comunisti in Cina e la guerra in Corea resero sempre più essenziale, nel sistema di alleanze degli Stati Uniti, il ruolo del Giappone: nemico irriducibile fino all'agosto 1945, sottoposto dopo la sconfitta a un duro regime di occupazione affidato al generale MacArthur, il paese dovette non solo rinunciare alle sue ambizioni espansionistiche, ma anche adeguare le sue istituzioni ai modelli occidentali. La nuova Costituzione approvata nel 1946, in realtà scritta da funzionari americani, trasformava l'autocrazia imperiale in una monarchia parlamentare (a questo patto l'imperatore Hirohito poté conservare il trono). Sempre nel '46 fu inoltre varata una vasta riforma agraria. L'azione di rinnovamento imposta dagli Stati Uniti ebbe un effetto durevole nel rimodellare su nuove basi la realtà del paese. Tuttavia essa incontrò un freno nella necessità di non indebolire troppo quei ceti conservatori su cui gli occupanti contavano per legare a sé il paese e per farne un bastione del "mondo capitalistico" in Asia.

La ripresa economica

Questo orientamento si accentuò quando, con la guerra di Corea, il Giappone divenne base logistica e fornitore dell'esercito americano. A partire dagli anni '50 le grandi imprese sarebbero diventate il motore principale di una rapidissima ripresa economica, favorita dall'assistenza degli Stati Uniti, oltre che da una stabilità politica che si fondava sull'egemonia dei gruppi moderati, raccolti nel Partito liberal-democratico.

La quasi completa assenza di spese militari imposta dal trattato di pace, assieme a una politica economica fondata sul contenimento dei consumi, consentì negli anni '50 un tasso di investimento elevatissimo, pari a un terzo del prodotto nazionale. Inoltre il sistema delle imprese – basato sulla compresenza di pochi grandissimi complessi industrial-finanziari (come la Honda, la Mitsubishi, la Sony e la Panasonic) e di una miriade di piccole e medie aziende – si rivelò particolarmente adatto a cogliere le occasioni di sviluppo. Merito della classe imprenditoriale fu quello di puntare sui settori in crescita – la siderurgia, la cantieristica, l'automobile, la meccanica di precisione e poi soprattutto l'elettronica – e sulle tecnologie d'avanguardia.

Il miracolo giapponese

Tutto ciò permise al Giappone di mantenere per tutto il ventennio 1950-70 un tasso di sviluppo medio del 15% annuo (il triplo di quello dell'Occidente industrializzato) e di invadere il mondo con i prodotti della sua industria, compensando ampiamente le importazioni di materie prime e mantenendo in perenne attivo la bilancia commerciale. Come la Germania, il Giappone trovava nell'alleanza con l'ex nemico la base per uno straordinario rilancio che gli avrebbe consentito di ottenere con mezzi pacifici gli obiettivi egemonici prima perseguiti attraverso la guerra.

18.7. Guerra fredda e coesistenza pacifica

Repressione e "caccia alle streghe"

Il quinquennio che va dalla crisi di Berlino del 1948 alla fine del conflitto in Corea fu il periodo più buio della guerra fredda. La minaccia di un conflitto nucleare imminente non solo gettò un'ombra di ansia e di pessimismo sul clima psicologico dei paesi che faticosamente si stavano riprendendo dai traumi della guerra appena conclusa, ma condizionò negativamente la politica interna delle maggiori potenze coinvolte.

In Urss Stalin rispose alle necessità della ricostruzione e alle sfide poste dal confronto con l'Occidente accentuando i connotati autocratici e repressivi del suo regime. Le purghe tornarono a colpire quadri del partito e comuni cittadini, mentre i condizionamenti sulla vita intellettuale e artistica si fecero ancora più soffocanti. Negli Stati Uniti, soprattutto a partire dal '49 – in coincidenza con l'esplosione dell'atomica sovietica –, si scatenò una campagna anticomunista che prese a tratti la forma di una "caccia alle streghe" e che ebbe il suo principale ispiratore nel senatore repubblicano Joseph McCarthy (donde l'espressione "maccartismo"), presidente di una commissione parlamentare istituita per reprimere le "attività antiamericane". Nel 1950, il Congresso adottò l'*Internal Security Act* ("legge per la sicurezza interna"), che costituì lo strumento giuridico per emarginare o epurare quanti, nella pubblica amministrazione o nel mondo della cultura e dello spettacolo, fossero sospettati di filocomunismo o di simpatie di sinistra. Gli eccessi del maccartismo si protrassero fino al 1955, quando il senatore, le cui accuse arrivarono a colpire buona parte della classe dirigente, fu censurato dal Senato e costretto a uscire di scena.

Segnali di distensione

Nelle elezioni presidenziali del novembre 1952, Truman non si ripresentò e la vittoria andò al candidato repubblicano, il generale Eisenhower, già comandante degli eserciti alleati nell'ultima fase della seconda guerra mondiale. Nel marzo 1953, Stalin morì all'improvviso, celebrato e pianto dai comunisti di tutto il mondo. L'uscita di scena dei principali protagonisti della guerra fredda non portò, in un primo tempo, mutamenti significativi nei due blocchi. Eppure, proprio in questi anni di tensione, venne maturando un atteggiamento di accettazione reciproca, che, pur non comportando alcuna tregua nel confronto ideologico o alcuna pausa nella corsa agli armamenti, costituiva almeno la premessa per una coesistenza pacifica. Se i sovietici avevano di fronte lo spettacolo di crescente prosperità offerto dal blocco occidentale, gli Stati Uniti erano costretti a prendere atto del consolidamento dell'Urss e del continuo rafforzamento del suo apparato militare: nell'agosto 1953 l'esplosione della bomba all'idrogeno (o bomba H) sovietica, un anno dopo il primo analogo esperimento americano, mostrava che in questo campo il divario tecnologico fra le due superpotenze andava scomparendo.

In questa fase, Usa e Urss rinunciarono ad agire militarmente fuori delle rispettive aree di influenza. E addirittura arrivarono a collaborare per il mantenimento dello *status quo*: accadde durante la "crisi di Suez" dell'estate 1956 [▸19.5], quando le due potenze, dopo una breve fase di tensione, si trovarono sostanzialmente d'accordo nel bloccare l'azione anglo-francese contro l'Egitto. Ma proprio gli eventi di quel cruciale 1956 mostrarono come il prezzo da pagare per la stabilità e la pace fosse per l'Occidente la rinuncia a mettere in discussione le forme del controllo sovietico sull'Europa dell'Est.

L'ascesa di Kruscëv

La "direzione collegiale" succeduta a Stalin alla guida dell'Urss, infatti, non aveva allentato la presa sui paesi satelliti: quando, nel giugno 1953, gli operai di Berlino Est scesero in piazza per protestare contro le dure condizioni di vita imposte dal regime comunista, la rivolta fu sanguinosamente repressa dalle truppe sovietiche. Qualcosa parve cambiare quando il successore di Stalin alla guida del Pcus, Nikita Kruscëv, si impose come leader indiscusso dell'Unione Sovietica. Personaggio vivace ed estroverso (molto diverso in questo da Stalin), dotato di una forte carica di comunicativa popolaresca, Kruscëv si fece promotore di alcune significative aperture sia in politica estera, sia in politica interna. Sotto il primo aspetto vanno ricordati il trattato di Vienna del 1955 – con cui i sovietici accettarono di ritirare le proprie truppe di occupazione dall'Austria in cambio della neutralità del paese – e l'incontro con i capi occidentali a Ginevra per discutere il problema tedesco; ma anche la clamorosa riconciliazione con i comunisti jugoslavi, sempre nel '55, e lo scioglimento del Cominform, nell'anno seguente. In politica interna la svolta krusceviana non comportò mutamenti sostanziali nella struttura del potere e nella gestione centralizzata dell'economia, ma segnò la fine delle "grandi purghe", un rilancio dell'agricoltura e una maggiore attenzione alle condizioni di vita dei cittadini.

La denuncia dei crimini di Stalin

Per rendere irreversibile la svolta, Kruscëv non esitò a compiere un'operazione traumatica: la demolizione della figura di Stalin attraverso una sistematica denuncia degli orrori e dei crimini commessi in Unione Sovietica a partire dagli anni '30. Nel febbraio 1956, in un rapporto al XX congresso del Pcus, Kruscëv pronunciò una durissima requisitoria contro il leader scomparso tre anni prima, rievocando senza reticenze gli arresti in massa e le deportazioni, le torture e i processi-farsa e riabilitando implicitamente le vittime del terrore staliniano (con l'eccezione di Trotzkij). Il rapporto Kruscëv – che fu letto ai soli dirigenti e non fu mai pubblicato in Urss, ma fu presto conosciuto in tutto il mondo occidentale – non metteva in discussione la validità del modello sovietico e della dottrina leniniana. Gli errori e le deviazioni erano attribuiti alle scelte di Stalin, al "culto della personalità" che lo aveva circondato, all'eccessivo potere della burocrazia e alle troppo frequenti violazioni della "legalità socialista".

Le ripercussioni nell'Europa dell'Est

La denuncia ebbe ugualmente effetti traumatizzanti. I partiti comunisti occidentali si allinearono al nuovo corso non senza imbarazzi e riserve. Ma le conseguenze più esplosive della destalinizzazione si ebbero nell'Europa dell'Est, in particolare in Polonia e in Ungheria. In questi paesi, il rapporto Kruscëv fece nascere l'illusione che l'egemonia dell'Urss sui suoi satelliti potesse assumere forme più blande o essere cancellata del tutto. In Polonia, dopo una serie di agitazioni operaie iniziate in giugno e culminate in autunno in un generale moto di protesta, i sovietici favorirono il ritorno al potere del leader comunista Wladyslaw Gomulka, vittima delle epurazioni staliniste. Gomulka promosse una politica di cauta liberalizzazione e di parziale riconciliazione con la Chiesa, impegnandosi per contro a non mettere in discussione l'alleanza con l'Urss.

L'insurrezione ungherese

In Ungheria gli avvenimenti del '56 seguirono all'inizio un corso analogo. Vi furono, per tutta l'estate, agitazioni e proteste animate soprattutto da intellettuali e studenti. In ottobre le proteste sfociarono in una vera e propria insurrezione, con ampia partecipazione dei lavoratori. In tutte le fabbriche si formarono consigli operai, autonomi dalle organizzazioni ufficiali. A capo del governo fu chiamato Imre Nagy, comunista dell'ala "liberale", già espulso dal partito. Alla fine del mese le truppe sovietiche si ritirarono dall'Ungheria. A questo punto, però, il regime di piena libertà instauratosi nel paese aprì larghi spazi alle forze antisovietiche e i comunisti persero il controllo della situazione. Quando, il 1° novembre, Nagy annunciò l'uscita dell'Ungheria dal Patto di Varsavia, il segretario del Partito comunista Janos Kádár invocò l'intervento sovietico. Reparti dell'Armata rossa occuparono Budapest e, con i carri armati, stroncarono in pochi giorni la resistenza delle milizie popolari. Pochi mesi dopo, Nagy fu fucilato, mentre Kádár assumeva la guida del paese.

L'intervento sovietico – che suonava come una brutale smentita alle speranze suscitate dalla destalinizzazione – provocò sdegno e proteste in Occidente e suscitò non poche crisi di coscienza fra i comunisti di tutto il mondo, già colpiti dal trauma del rapporto Kruscëv. Ma, sul piano dei rapporti di forza, la "rioccupazione" dell'Ungheria confermò il controllo sovietico sui paesi satelliti e l'immutabilità dell'assetto europeo uscito dalla seconda guerra mondiale.

18.8. Le democrazie europee e l'avvio dell'integrazione economica

Sviluppo e integrazione

Mentre l'Europa orientale vedeva riaffermata la sua subordinazione all'Urss, mentre la Gran Bretagna si dedicava alla costruzione di un sistema di sicurezza sociale che la avvicinava alle democrazie scandinave, mentre nella penisola iberica sopravvivevano i regimi autoritari di Spagna e Portogallo (rimasti neutrali nel conflitto mondiale), nella parte centro-occidentale del continente che aveva sofferto i traumi e le distruzioni della guerra ma aveva mantenuto o recuperato le istituzioni democratiche, la ricostruzione e il rilancio produttivo si accompagnavano al primo avvio di un processo di integrazione economica tra gli Stati.

Il "miracolo tedesco"

La ripresa più spettacolare, soprattutto se si tiene conto delle condizioni di partenza, fu quella della Germania federale, dove i governi postbellici applicarono un modello di economia sociale di mercato che combinava un sistema avanzato di protezione sociale con un'ispirazione di fondo liberistica e produttivistica. Il prodotto nazionale tedesco crebbe negli anni '50 al ritmo del 6% annuo; la disoccupazione fu quasi completamente riassorbita, il marco divenne la più forte fra le monete europee e la bilancia commerciale rimase sempre in attivo. Diversi furono i fattori alla base del "miracolo tedesco": in primo luogo la stretta integrazione nel blocco occidentale. Gli Stati Uniti, infatti, intendevano fare della Repubblica federale non solo un bastione avanzato dello schieramento atlantico, ma anche una sorta di vetrina del benessere "capitalistico", contrapposto al modello "spartano" dei paesi dell'Est: rinunciarono perciò alle riparazioni di guerra loro dovute e consentirono alla Repubblica federale di beneficiare degli aiuti del piano Marshall. Contribuirono all'eccezionale ripresa tedesca anche la disponibilità di una numerosa manodopera fornita dai profughi (ai dodici milioni circa provenienti dai territori perduti a est se ne aggiunsero, nel decennio '50-60, altri 3 milioni fuggiti dalla Germania comunista) e la notevole stabilità politica: una stabilità dovuta anche alla Costituzione del '49 – varata sotto la tutela delle autorità di occupazione alleate – che, pur mantenendo la struttura federale e l'impianto parlamentare, prevedeva meccanismi atti a penalizzare i piccoli partiti e a evitare le troppo frequenti crisi parlamentari che avevano indebolito la Repubblica di Weimar.

Le forze politiche nella Germania federale

A guidare il nuovo Stato tedesco furono innanzitutto le forze di cooperazione cristiana, che avevano raccolto l'eredità del vecchio Partito del Centro. L'Unione cristiano-democratica (Cdu) e la sua branca bavarese, l'Unione cristiano-sociale (Csu), mantennero ininterrottamente fino al '63 la guida del governo con Konrad Adenauer, per lo più in coalizione con il Partito liberale. Il Partito socialdemocratico svolse il ruolo di opposizione costituzionale, abbandonando ufficialmente, nel congresso di Bad Godesberg del 1959, l'antica base teorica marxista, in favore di una piattaforma democratico-riformista. La Germania federale si ricandidava così a svolgere un ruolo di rilievo nello scacchiere europeo, puntando però questa volta su una prospettiva di collaborazione e di integrazione.

La spinta all'integrazione

Del resto, gli Stati-nazione dell'Europa occidentale, per il fatto stesso di aver perduto la posizione centrale a suo tempo occupata nel mondo, di essere inseriti nella stessa alleanza e retti da regimi parlamentari molto simili fra loro, vedevano svanire i vecchi motivi di rivalità e crescere gli elementi di affinità reciproca (diverso era il caso della Gran Bretagna che continuava a privilegiare i legami col Commonwealth). L'ideale di un'Europa unita nel segno della pace, della democrazia e della cooperazione economica fu fatto proprio, nell'immediato dopoguerra, da autorevoli uomini politici di diversi paesi: soprattutto cattolici come l'italiano De Gasperi, il tedesco Adenauer e il francese Robert Schuman. Favorevoli al processo di integrazione erano anche gli Stati Uniti, interessati soprattutto a inserire la Germania occidentale nel dispositivo militare del Patto atlantico.

La Ceca e la Ced

La prima tappa significativa di questo processo si ebbe nel 1951 con la creazione della Comunità europea del carbone e dell'acciaio (Ceca), che aveva il compito di coordinare produzione e prezzi in quelli che erano ancora i settori chiave della grande industria continentale. Il successo della Ceca incoraggiò i governi dei paesi membri (Francia, Germania federale, Italia, Olanda, Belgio e Lussemburgo) a proseguire sulla strada dell'integrazione. Ma il progetto di una Comunità europea di difesa (Ced), ovvero di un'organizzazione militare integrata che avrebbe dovuto porre le premesse per una vera e propria comunità politica, fallì nel 1954 per il voto contrario del Parlamento francese.

I trattati di Roma

A questo punto, i governanti europei ripiegarono su un obiettivo più realistico: un accordo che consentisse la creazione di un'area di libero scambio e il coordinamento delle politiche economiche, predisponendo almeno le strutture di base per una futura integrazione politica. Nel marzo 1957 i sei paesi membri della Ceca giunsero così alla firma dei trattati di Roma, che istituivano la Comunità economica europea (Cee) e davano vita all'Euratom, un ente che aveva il compito di coordinare gli sforzi dei paesi membri per lo sfruttamento pacifico dell'energia nucleare.

La Cee

Lo scopo primario della Cee era quello di creare un Mercato comune (Mec), mediante il graduale abbassamento delle tariffe doganali e la libera circolazione della forza-lavoro e dei capitali, ma anche attraverso il coordinamento delle politiche industriali e agricole e l'intervento in favore delle aree depresse e dei settori in crisi. Organi principali della Cee erano la Commissione, organismo tecnico che aveva il compito di proporre i piani di intervento e di disporne l'attuazione; il Consiglio, formato da delegati dei governi dei paesi membri; la Corte di giustizia, incaricata di dirimere le controversie fra Stato e Stato; il Parlamento europeo, con funzioni puramente consultive, composto inizialmente da rappresentanti dei Parlamenti nazionali, poi (dal '79) eletto direttamente dai cittadini. Sul piano economico, il Mercato comune ottenne buoni risultati, dando un forte stimolo alle economie dei paesi associati. Sul piano politico, però, la spinta all'integrazione si esaurì nel giro di pochi anni. E le scelte più importanti continuarono a essere prerogativa dei governi e dei Parlamenti nazionali.

La Quarta Repubblica in Francia

Nel complesso, le democrazie europee mantennero in questo periodo una notevole stabilità delle istituzioni, nonostante le tensioni della guerra fredda. Fece eccezione la Francia, che già nell'immediato dopoguerra aveva vissuto una difficile fase costituente, conclusasi nel 1946 col varo di una Costituzione voluta soprattutto dai tre partiti di massa, al governo insieme fino al 1947: comunisti, socialisti della Sfio [▸7.5] e cattolici del Movimento repubblicano popolare (Mrp), un nuovo partito di ispirazione democratico-cristiana. Il sistema politico della "Quarta Repubblica" non si differenziava molto da quello della Terza (nata dopo la caduta di Napoleone III e abbattuta nel 1940 dall'invasione tedesca [▸17.3]), anzi ne accentuava i difetti, a cominciare dalla frammentazione politica e dalla conseguente instabilità dei governi di coalizione. Per questo il generale De Gaulle ne criticò le linee ispiratrici e si ritirò in orgoglioso isolamento.

La crisi algerina e la nascita della Quinta Repubblica

Già fragile di per sé, la Quarta Repubblica non resse alle tensioni provocate dalla smobilitazione dell'impero coloniale francese il cui mantenimento si rivelava sempre più insostenibile, ma il cui abbandono era osteggiato da forti correnti dell'opinione pubblica. Nel maggio '58 giunse al culmine la crisi legata al problema algerino, con la minaccia di un colpo di Stato da parte dei coloni e dei militari di stanza ad Algeri, contrari a ogni ipotesi di trattativa con il movimento indipendentista [▶19.6].

Nel pieno della crisi, con una procedura del tutto anomala, il generale De Gaulle, da anni lontano dalla politica, fu chiamato a formare un nuovo governo di coalizione. Il Parlamento concesse al governo poteri straordinari e avviò un processo di revisione costituzionale, come richiesto dal generale. La nuova Costituzione – con cui nasceva la Quinta Repubblica – si distingueva dalla precedente soprattutto per il rafforzamento delle prerogative del presidente della Repubblica, che diventava il vero capo dell'esecutivo. Il presidente – in un primo tempo eletto dal Parlamento, poi, dal '62, direttamente dal popolo – aveva il potere di nominare il primo ministro (che doveva però ottenere anche la fiducia del Parlamento), di sciogliere le Camere e indire nuove elezioni quando lo ritenesse opportuno e di sottoporre a referendum le questioni da lui considerate più importanti. La Costituzione stessa fu sottoposta a referendum e approvata, nel settembre '58, dall'80% degli elettori.

Gli accordi di Evian

Eletto alla presidenza della Repubblica nel dicembre dello stesso anno, De Gaulle deluse le aspettative della destra colonialista che pure ne aveva accolto con favore il ritorno al potere: avviò alla sua logica soluzione l'affare algerino, riconobbe, con gli accordi di Evian del 1962, l'indipendenza all'ex colonia e stroncò i tentativi di sedizione da parte degli oppositori più radicali, che diedero vita a un gruppo clandestino armato (l'Oas, *Organisation de l'Armée secrète*).

La politica di De Gaulle

D'altra parte, obbedendo alla sua vocazione nazionalista, De Gaulle cercò di risollevare il prestigio internazionale del paese, facendosi promotore di una politica estera che tendeva a svincolare la Francia da legami troppo stretti con gli Stati Uniti e a proporla come guida di una futura Europa indipendente dai due blocchi. Il presidente volle dunque che la Francia si dotasse di una propria "forza d'urto" nucleare; ritirò nel '66 le truppe francesi dall'organizzazione militare della Nato, pur senza mettere in discussione l'Alleanza atlantica; contestò la supremazia del dollaro nell'economia occidentale, proponendo il ritorno al sistema della convertibilità in oro; si oppose ai progetti di integrazione politica fra i paesi della Cee, che non si accordavano col suo ideale di un'Europa egemonizzata dalla Francia; mise il veto all'ingresso della Gran Bretagna nel Mercato comune. Era una politica per molti aspetti velleitaria, anche perché non sostenuta da un'adeguata base economica. Ma suscitò ugualmente vaste adesioni, a destra come a sinistra, e contribuì a rendere più solida la base di consenso su cui poggiava la Quinta Repubblica.

18.9. Distensione e confronto: gli anni di Kennedy e Kruscëv

La stagione dell'ottimismo

La pace armata che seguì la fase più acuta della guerra fredda coincise, per le democrazie occidentali, con una stagione di crescita demografica, di innovazione tecnologica e di intenso sviluppo produttivo [▸21.2]. Soprattutto nei primi anni '60, questo quadro positivo contribuì ad alimentare un clima di diffuso ottimismo, fondato sulla speranza che il progresso economico potesse rendere meno aspro il confronto ideologico e militare e che la stessa contrapposizione fra i blocchi si trasferisse sul terreno della pacifica competizione economica. In realtà, al di là delle rappresentazioni convenzionali, il clima dei rapporti internazionali fu in questi anni piuttosto agitato. Non mancarono le crisi locali e la coesistenza si consolidò solo attraverso momenti di scontro, a tratti anche drammatico.

Kennedy e la "nuova frontiera"

Le speranze e le contraddizioni di questa stagione furono ben incarnate dalle figure dei due leader che si trovarono allora alla testa delle due superpotenze: il segretario del Pcus Nikita Kruscëv e il presidente degli Stati Uniti, il democratico John Fitzgerald Kennedy, eletto nel novembre 1960, a 44 anni, e primo cattolico a entrare alla Casa Bianca. Assistito da un nutrito gruppo di intellettuali, Kennedy suscitò immediatamente ampi consensi attorno alla sua persona, riallacciandosi alla tradizione progressista di Wilson e Roosevelt e aggiornandola col riferimento a una "nuova frontiera": una frontiera non più materiale come quella dei pionieri dell'800, ma spirituale, culturale e scientifica. In politica interna lo slancio riformatore kennediano si tradusse in un forte incremento della spesa pubblica, assorbito in parte dai programmi sociali e in parte dalle esplorazioni spaziali [▸21.5], ma anche nel sostegno al movimento per i diritti civili dei neri guidato dal pastore Martin Luther King e alle sue battaglie per imporre l'integrazione in quegli Stati del Sud che ancora praticavano forme di discriminazione razziale.

Il Muro di Berlino

In politica estera, la presidenza Kennedy seguì una linea ambivalente, in cui l'enfasi sui temi della pace e della distensione con l'Est si univa a una sostanziale intransigenza sulle questioni ritenute essenziali. Il primo incontro fra Kennedy e Kruscëv, avvenuto a Vienna nel giugno '61 e dedicato al problema di Berlino Ovest (che gli americani consideravano parte della Germania federale, mentre i sovietici avrebbero voluto trasformarla in "città libera"), si risolse in un fallimento. I sovietici risposero con la costruzione di un muro che separava le due parti della città, chiudendo l'unico varco praticabile attraverso la cortina di ferro e rendendo pressoché impossibili le fughe, fino ad allora molto frequenti, dal settore orientale a quello occidentale. Il Muro di Berlino sarebbe diventato da allora il simbolo più visibile della divisione della Germania – e dell'Europa e del mondo – secondo le linee già segnate dalla guerra fredda.

La tensione fra Cuba e gli Usa

Ma in questo periodo il confronto più drammatico fra le due superpotenze ebbe per oggetto l'isola di Cuba, dove si era affermato il regime socialista di Fidel Castro [▶19.11]. La presenza di uno Stato ostile a meno di duecento chilometri dalle coste della Florida fu sentita negli Stati Uniti come una minaccia alla sicurezza del paese. Per questo, all'inizio della sua presidenza, Kennedy tentò di soffocare il regime cubano, sia boicottandolo economicamente, sia appoggiando i gruppi di esuli anticastristi che tentarono, nell'aprile 1961, una spedizione armata nell'isola. Lo sbarco, che ebbe luogo in una località chiamata Baia dei porci e che, nei progetti americani, avrebbe dovuto suscitare un'insurrezione contro Castro, si risolse però in un totale fallimento e in un gravissimo scacco per l'amministrazione Kennedy.

La crisi dei missili

Nella tensione così creatasi si inserì l'Unione Sovietica, che non solo offrì ai cubani assistenza economica e militare, ma iniziò l'installazione nell'isola di alcune basi di lancio per missili nucleari. Quando, nell'ottobre 1962, le basi furono scoperte da aerei-spia americani, Kennedy ordinò un blocco navale attorno a Cuba per impedire alle navi sovietiche di raggiungere l'isola. Per sette drammatici giorni (22-28 ottobre) il mondo fu vicino a un conflitto generale: mai l'incubo della guerra nucleare era apparso così concreto. Ma alla fine Kruscëv cedette e acconsentì a smantellare le basi missilistiche. In cambio gli Stati Uniti si impegnavano ad astenersi da azioni militari contro Cuba e a ritirare i loro missili nucleari dalle basi Nato in Turchia.

Il dialogo Usa-Urss

Lo scontro mancato dell'ottobre 1962 riaprì la strada del dialogo fra le superpotenze. Nell'agosto del 1963 Usa e Urss firmarono un trattato per la messa al bando degli esperimenti nucleari nell'atmosfera (continuarono invece quelli sotterranei, meno pericolosi per le conseguenze sull'ambiente). Nello stesso periodo entrò in funzione una linea diretta di telescriventi (la linea rossa) fra la Casa Bianca e il Cremlino, che serviva a scongiurare il pericolo di una guerra "per errore".

La caduta di Kruscëv e la morte di Kennedy

Nell'ottobre del 1964 Kruscëv fu estromesso da tutte le sue cariche e sostituito da una nuova "direzione collegiale". Pesarono nel suo siluramento le divisioni interne al gruppo dirigente. Ma pesò soprattutto il fallimento dell'incauta sfida lanciata al mondo occidentale dal leader sovietico, che era giunto a promettere al suo popolo il raggiungimento, nel giro di un decennio, di un livello di vita superiore a quello dei paesi capitalistici più sviluppati.

Un anno prima era scomparso tragicamente l'altro protagonista della scena internazionale dei primi anni '60. Il 22 novembre 1963 Kennedy fu ucciso a Dallas, nel Texas, in un attentato di cui non si giunse mai a scoprire i mandanti: il primo di una serie di omicidi politici (nel '68 furono uccisi Robert Kennedy, fratello di John e probabile candidato democratico alla presidenza, e Martin Luther King, leader del movimento antisegregazionista) che contribuirono a imprimere un segno di inquietante violenza su tutta una fase della storia degli Stati Uniti. A Kennedy subentrò – e fu poi rieletto nel '64 – il vicepresidente Lyndon Johnson, che riuscì a tradurre in atto e ad ampliare alcuni importanti progetti in materia di legislazione sociale e di diritti civili avviati in epoca kennediana. Johnson finì però, come vedremo, col legare il suo nome soprattutto allo sfortunato impegno americano nella guerra del Vietnam.

18.10. Nuove tensioni nei due blocchi: guerra del Vietnam e crisi cecoslovacca

L'intervento americano in Vietnam

Per oltre dieci anni – fra il 1964 e il 1975 – gli Stati Uniti furono coinvolti in una guerra, questa volta con dispiegamento di armi ed eserciti, nel lontano Vietnam. Un conflitto combattuto sempre nel nome della lotta contro il comunismo, che logorò la superpotenza americana economicamente e militarmente, ne sfigurò l'immagine e ne divise profondamente l'opinione pubblica.

Dopo il ritiro della Francia dalla penisola indocinese, gli accordi di Ginevra del '54 [▶19.3] avevano diviso il Vietnam in due repubbliche: quella del Nord, retta dai comunisti di Ho Chi-minh; e quella del Sud, governata da un regime semidittatoriale appoggiato dagli Stati Uniti che cercavano di sostituire la loro influenza al dominio francese. Contro il governo del Sud, inviso anche alla maggioranza buddista della popolazione, si sviluppò un movimento di guerriglia, il Vietcong, guidato dai comunisti e sostenuto dallo Stato nordvietnamita. Preoccupati dalla prospettiva di un'Indocina comunista, gli Stati Uniti inviarono nel Vietnam del Sud un contingente di "consiglieri militari" che, durante la presidenza Kennedy, si ingrossò fino a raggiungere la consistenza di 30 mila uomini.

L'*escalation* militare

Sotto la presidenza Johnson la presenza Usa in Vietnam compì un salto qualitativo, trasformandosi in aperto intervento bellico. Nell'estate del 1964, in risposta a un attacco subìto da due navi da guerra statunitensi nel Golfo del Tonchino, il presidente, con l'autorizzazione del Congresso, ordinò il bombardamento di alcuni obiettivi militari nel Vietnam del Nord. In seguito i bombardamenti divennero sistematici, mentre crescevano continuamente le dimensioni del corpo di spedizione impegnato nel Sud, che giunse a contare, nel 1967, oltre mezzo milione di uomini. La continua dilatazione dell'impegno militare americano (l'*escalation*, ossia la graduale intensificazione, come fu definita negli Stati Uniti) non fu però sufficiente a domare la lotta dei Vietcong, che godevano di vasti appoggi fra le masse contadine, né a piegare la resistenza della Repubblica nordvietnamita che, aiutata da Russia e Cina, continuò ad alimentare la guerriglia con armi e uomini. Di fronte a un nemico inafferrabile, l'esercito statunitense entrò in una profonda crisi, originata non solo da fattori tecnici (le difficoltà di un esercito moderno, addestrato alla guerra meccanizzata, nell'affrontare una guerriglia partigiana), ma anche da un crescente disagio morale.

La protesta contro la guerra

Negli Stati Uniti, infatti, il conflitto vietnamita – le cui immagini venivano quotidianamente diffuse dalla televisione e le cui vicende erano oggetto di un acceso dibattito – apparve ai settori più progressisti dell'opinione pubblica come una guerra fondamentalmente ingiusta (una "sporca guerra"), contraria alle tradizioni della democrazia americana. Vi furono imponenti manifestazioni di protesta (che spesso si intrecciavano con la mobilitazione dei neri sulla questione razziale) e molti giovani in età di leva rifiutarono di indossare la divisa. Anche fuori dagli Usa le ripercussioni furono vastissime. Per i movimenti rivoluzionari di tutto il mondo le vicende vietnamite dimostravano che la più grande macchina militare poteva essere tenuta in scacco da una guerra di popolo.

I successi dei Vietcong

All'inizio del '68, i Vietcong lanciarono contro le principali città del Sud una grande offensiva che, pur non ottenendo risultati decisivi, mostrò tutta la vitalità della guerriglia. In marzo Johnson decise la sospensione dei bombardamenti sul Nord e annunciò contemporaneamente la sua intenzione di non ripresentarsi alle elezioni di quell'anno. Il suo successore, il repubblicano Richard Nixon, avviò negoziati ufficiali con il Vietnam del Nord e con i rappresentanti del Vietcong, e ridusse progressivamente l'impegno militare americano. Ma nel contempo allargò le operazioni belliche agli Stati confinanti, il Laos e la Cambogia, dove pure erano attivi movimenti di guerriglia comunisti, nel tentativo di tagliare ai Vietcong le vie di rifornimento.

La sconfitta degli Usa e l'Indocina comunista

Solo nel gennaio 1973, americani e nordvietnamiti firmarono a Parigi un armistizio che prevedeva il graduale ritiro delle forze statunitensi. Dopo l'inizio del ritiro americano, la guerra continuò per oltre due anni: fino a quando, il 30 aprile 1975, i Vietcong e le truppe nordvietnamite entrarono a Saigon, capitale del

Sud, mentre i membri del governo, assieme agli ultimi consiglieri e al personale dell'ambasciata Usa, abbandonavano precipitosamente la città. Pochi giorni prima, i guerriglieri comunisti cambogiani (khmer rossi) avevano conquistato Phnom Penh, capitale della Cambogia, cacciandone il governo filoamericano. Tre mesi dopo (agosto '75) era il Laos a cadere nelle mani dei partigiani del Pathet Lao. Tutta l'Indocina era così diventata comunista. Gli Stati Uniti, che avevano combattuto proprio per impedire questo esito, dovettero registrare la prima grave sconfitta di tutta la loro storia.

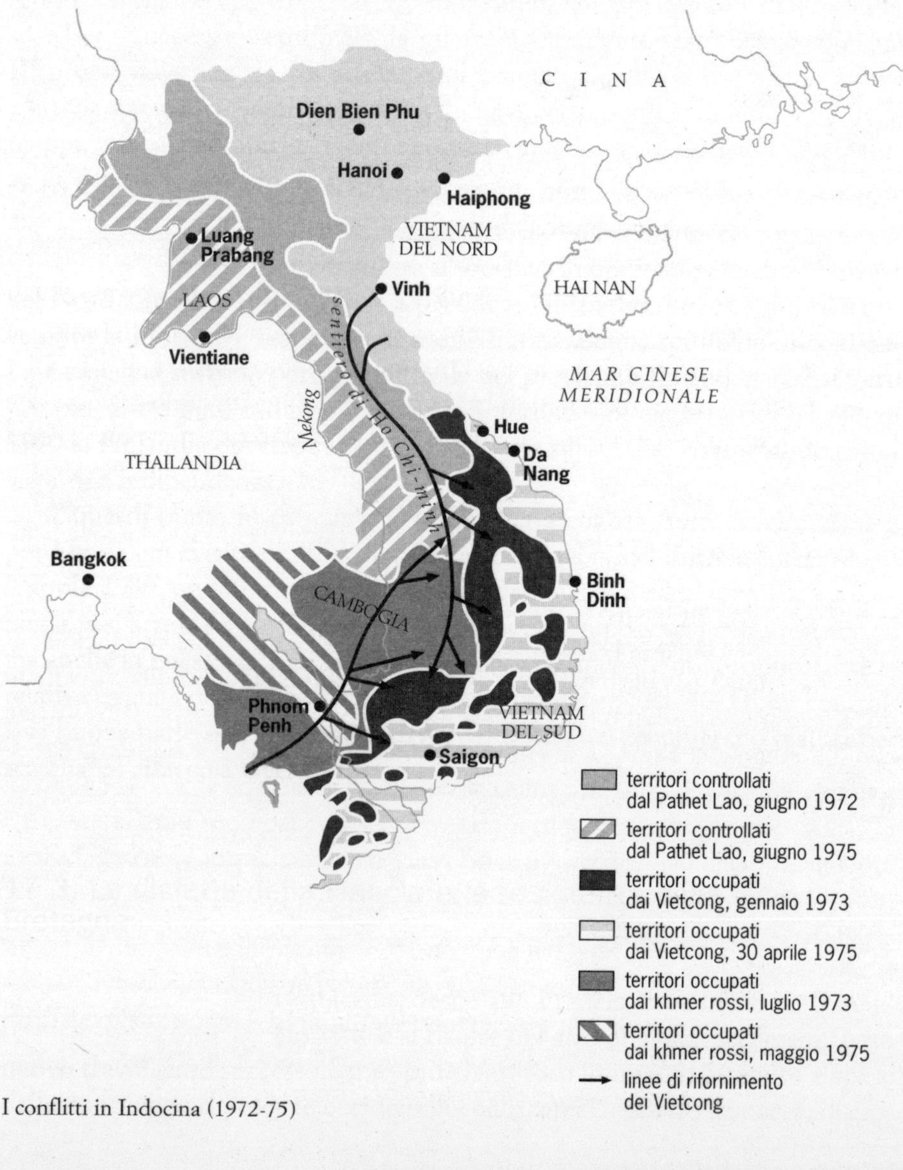

I conflitti in Indocina (1972-75)

L'Urss di Brežnev

Mentre la superpotenza americana si logorava nell'avventura vietnamita, l'Unione Sovietica doveva ancora una volta confrontarsi con le inquietudini dei paesi satelliti dell'Europa orientale. Il gruppo dirigente salito al potere dopo l'allontanamento di Kruscëv, guidato dal nuovo segretario del Pcus Leonid Brežnev, accentuò, pur senza mai raggiungere i livelli di brutalità dell'era staliniana, la repressione di ogni forma di dissenso, che colpì in particolare gli intellettuali. In economia, fu varata una riforma che accordava alle imprese più ampi margini di autonomia, ma i risultati non furono brillanti e l'Urss vide in questo periodo accentuarsi il suo distacco rispetto ai paesi occidentali. In politica estera, la linea della coesistenza con l'Occidente non fu mai messa in discussione, ma si accompagnò a una più decisa politica di riarmo che assorbì quote crescenti del bilancio, a scapito del tenore di vita dei cittadini. E soprattutto fu ribadito con i fatti il vincolo di subordinazione che doveva legare allo Stato-guida i paesi satelliti dell'Europa orientale: solo la Romania, sotto la guida di Nicolae Ceauşescu, riuscì a conquistare una certa autonomia, sia sul piano delle scelte economiche sia su quello della politica internazionale, ma senza mettere in discussione le strutture interne del regime. I dirigenti sovietici si mostrarono invece intransigenti nei confronti del più ampio e interessante esperimento di liberalizzazione mai tentato fino ad allora in un paese del blocco sovietico: quello avviato in Cecoslovacchia all'inizio del '68 e culminato nella cosiddetta primavera di Praga.

La "primavera di Praga"

Nel gennaio 1968 salì alla segreteria del Partito comunista cecoslovacco Aleksander Dubček, leader dell'ala innovatrice. Premuto da un'opinione pubblica in fermento, appoggiato con entusiasmo dagli intellettuali, dagli studenti e dagli stessi operai, Dubček varò un programma che cercava di conciliare il mantenimento del sistema economico socialista con l'introduzione di elementi di pluralismo economico e soprattutto politico (compresa la presenza di diversi partiti) e con la più ampia libertà di stampa e di opinione. Fra la primavera e l'estate del '68, la Cecoslovacchia visse dunque una stagione di radicale rinnovamento politico e di grande fermento intellettuale, che parve dar corpo all'ideale di un "socialismo dal volto umano". A differenza del moto ungherese del '56, l'esperienza cecoslovacca del '68 fu sempre controllata dai comunisti e non mise mai in discussione la collocazione del paese nel sistema di alleanze sovietico. E tuttavia fu sentita come una minaccia intollerabile dal gruppo dirigente dell'Urss, preoccupato dagli effetti di contagio che quel processo avrebbe potuto avere sugli altri Stati del blocco orientale.

L'intervento sovietico e la "normalizzazione"

Il 21 agosto 1968, reparti corazzati dell'Urss e di altri paesi del Patto di Varsavia occuparono Praga e il resto del paese. Non vi fu in questo caso una reazione armata, ma solo una efficace resistenza passiva contro gli occupanti, mentre un congresso clandestino del partito tenuto in una fabbrica di Praga confermava nel loro ruolo i dirigenti riformisti, vanificando il tentativo sovietico di insediare un nuovo gruppo dirigente. Ma fu un successo di breve durata: costretti in un primo tempo a mantenere i loro incarichi sotto il controllo delle forze di occupazione, gli uomini della "primavera di Praga" furono progressivamente emarginati, costretti a emigrare o a cercarsi un lavoro manuale, e sostituiti con elementi fidati. Con la rimozione di Dubček, che fu sostituito alla guida del partito da Gustav Husák, cominciò la fase della "normalizzazione" e si chiuse ogni residuo spazio di libertà.

18.11. La Cina di Mao Zedong

La sfida cinese

Mentre l'Unione Sovietica doveva tenere insieme con la forza (e con grave danno di immagine) il suo "impero" europeo, la seconda potenza comunista, la Cina di Mao Zedong, accentuava i tratti radicali del suo regime e si proponeva, in concorrenza con l'Urss, come guida e modello per i movimenti rivoluzionari di tutto il mondo, in particolare per quelli dei paesi che si stavano emancipando dal dominio coloniale. Mentre l'Urss si proponeva come garante di un ordine mondiale "bipolare", la Cina di Mao Zedong tendeva a contestare lo *status quo* internazionale, ad appoggiare la causa dei movimenti rivoluzionari di tutto il mondo, a proporsi come guida dei paesi in via di sviluppo in lotta contro l'imperialismo. Mentre l'Urss intendeva mantener fermo il suo ruolo di Stato-guida e di unica superpotenza del campo socialista, la Cina rivendicava maggior peso sulla scena internazionale e maggior voce in capitolo sulle questioni di interesse comune. Mentre in Urss la destalinizzazione diede luogo a una sia pur timida apertura in senso "liberale", in Cina si assisté nello stesso periodo a una accentuazione dei tratti radicali e collettivistici del regime nato dalla rivoluzione del '49. L'esperimento maoista si sarebbe risolto in una colossale tragedia umana, economica e politica. Ma, come era avvenuto per quello sovietico degli anni '30, il "modello cinese" esercitò un notevole fascino su molti intellettuali e sui gruppi di estrema sinistra che si andavano formando in Occidente.

Industrializzazione e collettivizzazione

Nel corso degli anni '50 il regime comunista aveva nazionalizzato i settori industriale e commerciale e aveva compiuto uno sforzo notevole per dotarsi di una propria industria pesante, giovandosi dell'aiuto di tecnici sovietici. Nel settore agricolo (dove erano occupati oltre tre quarti della popolazione) aveva dapprima, con la riforma agraria del 1950, distribuito le terre fra i contadini, creando così una miriade di piccole aziende agricole. Quindi aveva obbligato le aziende familiari a riunirsi in cooperative, controllate dalle autorità statali. Mentre nel settore industriale si era ottenuta, partendo quasi da zero, una crescita molto rapida (con ritmi di poco inferiori al 20% annuo), molto meno soddisfacenti erano stati i risultati nel settore agricolo, sul quale incombeva l'onere di sfamare una popolazione in continuo aumento (poco più di mezzo miliardo nel '49, quasi 600 milioni cinque anni dopo).

Le comuni popolari

Per accelerare il rilancio della produzione agricola, la dirigenza comunista varò, nel maggio 1958, una nuova strategia che fu definita del "grande balzo in avanti". Le cooperative furono riunite in unità più grandi, le "comuni popolari", ciascuna delle quali doveva tendere all'autosufficienza economica, producendo in proprio quanto le era necessario (dunque anche le macchine e, in qualche caso, persino l'acciaio). L'intera popolazione fu sottoposta a un controllo sempre più stretto e mobilitata con una martellante campagna propagandistica. I risultati furono però fallimentari: la produzione agricola crollò, provocando una spaventosa carestia (stime recenti parlano di 30 milioni di morti) e costringendo la Cina a massicce importazioni di cereali.

La rottura con l'Urss

Un'altra conseguenza di queste scelte politiche fu quella di far precipitare i rapporti con l'Urss. I sovietici, infatti, criticarono aspramente la strategia del "grande balzo in avanti" e, fra il '59 e il '60, richiamarono i loro tecnici, infliggendo un duro colpo alla già provata economia cinese. Contemporaneamente, l'Urss rifiutò di fornire qualsiasi assistenza nel campo nucleare (il che non avrebbe impedito alla Cina di far esplodere, nel '64, la sua prima bomba atomica), motivando il rifiuto con l'"avventurismo" dei dirigenti cinesi. Questi replicarono accusando l'Urss di "revisionismo" e di acquiescenza all'imperialismo; e, in un crescendo di scambi polemici, giunsero a rimettere in discussione i confini fra Cina e Russia definiti nel '600. Nel 1969 la tensione sarebbe sfociata addirittura in episodici scontri armati lungo il fiume Ussuri, ai confini fra la Siberia e la Manciuria.

La rivoluzione culturale

Il fallimento del "grande balzo in avanti" diede spazio, all'interno del gruppo dirigente comunista, alle componenti meno ostili all'Urss, rappresentate soprattutto dal presidente della Repubblica Liu Shao-chi. Non disponendo di un controllo dell'apparato tale da consentirgli una rapida epurazione dei suoi avversari, Mao ricorse a una forma di lotta inedita in un regime comunista: avvalendosi del sostegno dell'esercito, controllato dal ministro della Difesa Lin Piao, si appellò ai giovani, esortandoli a ribellarsi contro i dirigenti sospettati di percorrere la "via capitalistica". Si scatenò così una rivolta generazionale apparentemente spontanea, ma in realtà orchestrata dall'alto, che, richiamandosi all'"autentico" pensiero di Mao, contestava ogni potere burocratico e ogni autorità basata sulla competenza tecnica. Nelle scuole e nei luoghi di lavoro, nel partito e negli organi di governo locale, gruppi di giovani guardie rosse, in maggioranza studenti, mettevano sotto accusa insegnanti e dirigenti politici, intellettuali e funzionari: molti di questi furono internati in "campi di rieducazione" e sottoposti a torture fisiche e psicologiche, alle quali spesso non sopravvissero. L'intento era quello di promuovere un radicale mutamento nella cultura e nella mentalità collettiva (da qui il nome di "rivoluzione culturale") e di superare in questo modo tutti gli ostacoli che si frapponevano alla realizzazione del comunismo. Anche in paesi molto lontani dalla Cina, soprattutto in Europa occidentale, si formarono gruppi e movimenti giovanili ispirati all'esempio delle guardie rosse e al pensiero di Mao.

Il ritorno all'ordine

La rivoluzione culturale si esaurì nel giro di due o tre anni: quanti furono necessari per eliminare i dirigenti contrari alla linea maoista. A partire dal '68, lo stesso Mao Zedong cominciò a porre un freno al movimento da lui suscitato, che – al di là dei suoi pesantissimi costi umani (almeno un milione di morti) – stava provocando profonde spaccature nella base comunista e rischiava di gettare nel caos l'economia. Le guardie rosse furono allontanate dalle città. I leader più radicali furono emarginati, mentre riacquistarono peso tecnici ed esperti. Un ruolo importante in questa fase fu svolto da Chou En-lai, il più autorevole dopo Mao fra i capi comunisti cinesi, che ricoprì ininterrottamente dal 1949 la carica di primo ministro e che rappresentò, anche negli anni più agitati, la continuità del potere istituzionale.

La svolta in politica estera

Fu Chou En-lai ad avviare, all'inizio degli anni '70, una linea di normalizzazione anche in campo internazionale, resa necessaria dall'isolamento economico e diplomatico in cui il paese si trovava. Dal momento che i rapporti con l'Urss restavano pessimi, la nuova linea si tradusse in una clamorosa apertura agli Stati Uniti, sancita, nell'estate '72, da un viaggio del presidente americano Richard Nixon a Pechino e dall'ammissione all'Onu della Cina comunista, che prese il posto occupato fino ad allora dalla Repubblica "nazionalista" di Chiang Kai-shek [▶18.5]. Nell'autunno 1971 il maresciallo Lin Piao, protagonista della rivoluzione culturale e successore designato di Mao, scomparve in un incidente aereo e fu successivamente accusato di aver tentato di fuggire in Urss dopo un fallito complotto antimaoista. Con questo misterioso episodio, il periodo della rivoluzione culturale si chiudeva definitivamente. Cominciava una fase di transizione destinata a sfociare, dopo la morte di Mao e di Chou En-lai (scomparsi entrambi nel 1976), in un radicale mutamento di rotta anche sul piano interno.

sommario

Di fronte all'orrore della guerra, al cui bilancio di vittime si aggiungeva il doppio trauma del genocidio degli ebrei e dell'esplosione della bomba atomica, la comunità internazionale rispose con una serie di iniziative volte a evitare nuovi conflitti. Nella primavera del 1945 nacque l'Organizzazione delle Nazioni Unite (Onu), con l'obiettivo di salvaguardare la pace internazionale e promuovere il progresso economico e sociale di tutti i popoli. Successivamente furono tenuti i processi di Norimberga (1945-46) contro i capi nazisti, e di Tokyo (1946-48) contro i dirigenti giapponesi. La rifondazione dei rapporti internazionali si estese anche al campo economico e commerciale. Con gli accordi di Bretton Woods (1944) furono creati il Fondo monetario internazionale e la Banca Mondiale. L'Accordo generale sulle tariffe e sul commercio (Gatt, 1947) portò a un abbassamento generalizzato dei dazi doganali.

La seconda guerra mondiale segnò un mutamento irreversibile degli equilibri internazionali: sancì la perdita della centralità delle antiche grandi potenze europee e l'emergere di due superpotenze, Usa e Urss. Dopo aver combattuto contro le potenze fasciste, la "grande alleanza" fra le potenze vincitrici entrò definitivamente in crisi dopo la morte di Roosevelt e l'avvento di Truman alla presidenza degli Usa. I contrasti fra gli Stati Uniti e l'Unione Sovietica erano relativi al futuro della Germania e al controllo dell'Urss sui paesi dell'Europa orientale occupati dall'Armata rossa. Nel '46-47 tali contrasti si accentuarono dando inizio a quella contrapposizione tra due blocchi – il blocco "occidentale" sotto l'egemonia Usa e quello "orientale" guidato dall'Urss – definita "guerra fredda". Il deterrente nucleare impedì di fatto che la guerra fredda esplodesse in un vero e proprio conflitto armato diretto tra le due superpotenze.

L'influenza degli Stati Uniti sull'Europa occidentale assunse anche le forme di una egemonia culturale. Sul piano pratico, gli Usa lanciarono un programma di aiuti economici detto "piano Marshall", che favorì la ricostruzione e la ripresa delle economie dell'Europa occidentale. Il processo di ricostruzione si accompagnò a una forte spinta verso le riforme sociali. Il caso più emblematico fu quello della Gran Bretagna, dove nel '45-51 i laburisti attuarono un vasto programma di interventi pubblici in campo fiscale e assistenziale che segnava la nascita del *Welfare State*.

L'Urss respinse il piano Marshall e obbligò alla stessa scelta i paesi dell'Europa orientale, ai quali fu anche imposto, nella seconda metà degli anni '40, il modello politico ed economico sovietico: tutti questi Stati (le cosiddette "democrazie popolari") furono trasformati in "satelliti" dell'Urss. Un'eccezione fu la Jugoslavia di Tito, la cui autonomia portò nel '48 a una rottura con i sovietici. Il paese sperimentò in politica estera l'equidistanza fra i due blocchi, e sul piano economico cercò un equilibrio fra statizzazione e autonomia gestionale delle imprese. In Germania, che dalla fine della guerra era divisa in quattro zone di occupazione (statunitense, britannica, francese e sovietica), Stati Uniti e Gran Bretagna avviarono, nel 1947, l'integrazione delle loro zone. Stalin rispose con il blocco di Berlino (giugno 1948), cioè chiudendo gli accessi alla città e impedendone il rifornimento. Ma gli americani organizzarono un gigantesco ponte aereo per rifornire l'ex capitale, finché, nel maggio '49, i sovietici tolsero il blocco. Nello stesso mese fu proclamata la Repubblica federale tedesca. L'Urss rispose con la creazione della Repubblica democratica tedesca. Il Patto atlantico (1949) e il Patto di Varsavia (1955) completarono la divisione dell'Europa in due.

La vittoria dei comunisti di Mao Zedong sui nazionalisti di Chiang Kai-shek e la fondazione della Repubblica popolare cinese (1949) segnarono la rinascita della Cina come Stato indipendente e, insieme, un ampliamento del "campo socialista". La nuova "Repubblica popolare" procedette subito a misure radicali: nazionalizzazione di banche e grandi e medie industrie e distribuzione della terra fra i contadini. L'anno successivo la dimensione mondiale del confronto tra i due blocchi si manifestò con la guerra di Corea, originata dall'invasione del Sud del paese da parte di truppe del Nord comunista. All'intervento americano rispose quello cinese: la crisi coreana si concluse nel 1953 col ritorno alla situazione precedente la guerra.

In Giappone si affermò, per iniziativa degli occupanti americani, un modello di organizzazione politica e sociale di tipo liberale e occidentale. Furono varate una nuova Costituzione, che trasformava l'autocrazia imperiale in una monarchia costituzionale, e una radicale riforma agraria. La quasi completa assenza di spese militari imposta dal trattato di pace, assieme a una politica economica tutta fondata sul rilancio produttivo, consentì nel corso degli anni '50 un tasso di investimento elevatissimo, che permise al paese di divenire una potenza economica mondiale.

Il quinquennio 1948-53 fu il periodo di massima tensione della guerra fredda. In Unione Sovietica si ebbe un'accentuazione dei caratteri autoritari e repressivi del regime. Negli Stati Uniti, sotto la presidenza Truman, si diffuse una violenta campagna anticomunista il cui protagonista fu il senatore repubblicano McCarthy. Tra il '52 e il '53 con l'elezione del nuovo presidente Usa Eisenhower e la morte di Stalin uscirono di scena i due principali protagonisti della guerra fredda mentre veniva maturando una situazione di coesistenza pacifica fra le due superpotenze. In Urss, nel febbraio '56, nel corso del XX congresso del Pcus, il leader sovietico Kruscëv denunciò i crimini di Stalin. Il processo di destalinizzazione avviato in Urss alimentò nei paesi dell'Europa dell'Est la speranza di un allentamento del controllo sovietico. Diffusi movimenti di protesta si verificarono in Polonia (giugno-ottobre '56) e in Ungheria (ottobre-novembre). Mentre le agitazioni polacche portarono a una cauta liberalizzazione, l'insurrezione ungherese fu stroncata dall'intervento dell'Armata rossa.

Nell'Europa centro-occidentale, la ricostruzione e il rilancio produttivo (di cui la Germania federale fu l'esempio più clamoroso) si accompagnavano al primo avvio di un processo di integrazione economica tra gli Stati. La prima realizzazione concreta sul cammino dell'unità si ebbe nel 1951 con la creazione della Comunità europea del carbone e dell'acciaio (Ceca). Nel 1957 si giunse alla firma del trattato di Roma fra i rappresentanti di Francia, Italia, Germania federale, Belgio, Olanda e Lussemburgo, che istituiva la Comunità economica europea (Cee). Scopo primario della Comunità era quello di creare un Mercato comune europeo (Mec). In Francia – dove nel '46 fu varata una nuova Costituzione democratico-parlamentare (Quarta Repubblica) – la coalizione fra i partiti di massa resse fino al 1947, quando i comunisti furono esclusi dal governo. Negli anni '50 il paese attraversò una grave crisi istituzionale, legata alla questione algerina, che si risolse nel 1958 con il ritorno di De Gaulle al governo e il varo di una nuova Costituzione (Quinta Repubblica) che rafforzava le prerogative del capo dello Stato. Eletto alla presidenza, De Gaulle riconobbe l'indipendenza all'Algeria mentre cercò di risollevare il prestigio internazionale del paese, facendosi promotore di una politica estera che tendeva a svincolare la Francia da legami troppo stretti con gli Stati Uniti.

I primi anni '60 da un lato furono un periodo di crescita economica e diffuso ottimismo, dall'altro conobbero crisi locali e scontri anche drammatici, sul fronte delle relazioni internazionali. Le contraddizioni di questi anni furono ben incarnate dai due leader Urss e Usa, il segretario del Pcus Kruscëv e il presidente Usa Kennedy. La presidenza di Kennedy – durata dal '60 al '63, anno del suo assassinio – fu improntata a un indirizzo riformistico (incremento delle politiche sociali e sostegno all'integrazione razziale). In politica estera il confronto con l'Urss si risolse in un fallimento relativamente alla questione di Berlino, la cui divisione fu definitivamente sancita con la costruzione da parte dei sovietici del Muro che divideva in due la città (1961). La crisi legata alla presenza di missili nucleari sovietici a Cuba (1962), che fece temere lo scoppio di una guerra fra le due superpotenze, si risolse invece con un successo americano. Nel 1963 Usa e Urss firmarono un trattato per la messa al bando degli esperimenti nucleari nell'atmosfera. In Urss Kruscëv accentuò i caratteri pacifici del confronto con l'Occidente, ma nel 1964 venne destituito anche per il fallimento dei suoi piani economici.

Fra il 1964 e il 1975, gli Stati Uniti furono coinvolti in un conflitto armato nel Vietnam del Sud, che era governato da un regime semidittatoriale appoggiato dagli Usa, e dove era attivo un movimento di guerriglia che aveva l'appoggio del Vietnam del Nord, governato dai comunisti di Ho Chi-minh. L'intervento militare americano – che vide l'invio di contingenti nel Vietnam del Sud e bombardamenti sul Nord – divise profondamente l'opinione pubblica, scatenando manifestazioni di protesta, e si chiuse nel 1975 con il ritiro delle truppe americane. In Urss, il nuovo segretario del Pcus, Brežnev (1964-82), accentuò la repressione del dissenso. Nel 1968 l'Unione Sovietica mise fine al tentativo riformatore dei comunisti cecoslovacchi – la cosiddetta "primavera di Praga" – intervenendo militarmente.

La Cina di Mao Zedong accentuò tra gli anni '50 e '60 i tratti radicali del suo regime e si propose, in concorrenza con l'Urss, come guida per i movimenti rivoluzionari di tutto il mondo. Nel maggio 1958, per rilanciare la produzione agricola Mao varò una nuova strategia (il "grande balzo in avanti"), che portò alla creazione di comuni popolari, ciascuna delle quali doveva tendere all'autosufficienza economica. Mentre la popolazione veniva sottoposta a un controllo sempre più stretto, i risultati fallimentari di questa politica (crollo della produzione agricola e carestia) favorirono sul piano internazionale la definitiva rottura con l'Urss, mentre sul piano interno diedero spazio alle componenti meno ostili all'Urss del gruppo dirigente comunista. Per scalzare il potere di queste ultime, tra il 1965 e il 1968 Mao stimolò un vasto movimento di contestazione giovanile, la "rivoluzione culturale": nelle scuole, nei luoghi di lavoro, nel partito, negli organi di governo locale, gruppi di giovani guardie rosse misero sotto accusa insegnanti e dirigenti politici, intellettuali e funzionari, che furono in molta parte internati in "campi di rieducazione" e sottoposti a torture fisiche e psicologiche (si parla di almeno un milione di morti).

bibliografia

Sulla guerra fredda: R. Crockatt, *Cinquant'anni di guerra fredda*, Salerno, Roma 1997 (ed. or. 1994); J. Smith, *La guerra fredda. 1945-1991*, Il Mulino, Bologna 2005 (ed. or. 1997); G. Caredda, *Le politiche della distensione (1959-1972)*, Carocci, Roma 2008; B. Bongiovanni, *Storia della guerra fredda*, Laterza, Roma-Bari 2009 (ed. or. 2001); M. Del Pero, *La guerra fredda*, Carocci, Roma 2014 (ed. or. 2001); J.L. Gaddis, *La guerra fredda. Cinquant'anni di paura e di speranza*, Mondadori, Milano 2017 (ed. or. 2005); F. Romero, *Storia della guerra fredda. L'ultimo conflitto per l'Europa*, Einaudi, Torino 2009; J.L. Harper, *La guerra fredda. Storia di un mondo in bilico*, Il Mulino, Bologna 2013 (ed. or. 2011).

Sulla cooperazione internazionale: A. Polsi, *Storia dell'Onu*, Laterza, Roma-Bari 2009 (ed. or. 2006).

Sulla cesura del 1956: A. Panaccione, *Il 1956. Una svolta nella storia del secolo*, Unicopli, Milano 2006 e V. Sebestyen, *Budapest 1956. La prima rivolta contro l'Impero sovietico*, Rizzoli, Milano 2006 (ed. or. 2006).

Sugli Stati Uniti, oltre ai volumi generali citati nella bibliografia del cap. 13: G. Mammarella, *Storia degli Stati Uniti dal 1945 a oggi*, Laterza, Roma-Bari 2013 (ed. or. 1992).

Sull'Europa: M. Mazower, *Le ombre dell'Europa. Democrazie e totalitarismi nel XX secolo*, Garzanti, Milano 2013 (ed. or. 1998); G. Mammarella, *Storia d'Europa dal 1945 a oggi*, Laterza, Roma-Bari 2006 (ed. or. 1980); T. Judt, *Dopoguerra. Come è cambiata l'Europa dal 1945 a oggi*, Mondadori, Milano 2011 (ed. or. 2005). Sulle due Germanie: H.A. Winkler, *Grande storia della Germania*, 2 voll., Donzelli, Roma 2004 (ed. or. 2000). Sulla Francia: G. Quagliariello, *De Gaulle e il gaullismo*, Il Mulino, Bologna 2003. Sui rapporti economici fra le due sponde dell'Atlantico: D.W. Ellwood, *L'Europa ricostruita*, Il Mulino, Bologna 1998 (ed. or. 1992).

Sull'Urss, oltre alle opere citate nella bibliografia del cap. 14, vedi A. Graziosi, *L'Urss dal trionfo al degrado. Storia dell'Unione Sovietica, 1945-1991*, Il Mulino, Bologna 2011 (ed. or. 2008). Sulle "democrazie popolari": F. Fejtö, *Storia delle democrazie popolari*, 2 voll., Bompiani, Milano 1977 (ed. or. 1952); B. Fowkes, *L'Europa orientale dal 1945 al 1970*, Il Mulino, Bologna 2007 (ed. or. 2000); F. Guida, *L'altra metà dell'Europa. Dalla Grande Guerra ai giorni nostri*, Laterza, Roma-Bari 2015; G. Crainz, *Il Sessantotto sequestrato. Cecoslovacchia, Polonia, Jugoslavia e dintorni*, Donzelli, Roma 2018.

Sulla rivoluzione cinese e le sue evoluzioni, oltre ai volumi citati nella bibliografia del cap. 16: M.-C. Bergère, *La Cina dal 1949 ai nostri giorni*, Il Mulino, Bologna 2004 (ed. or. 1987) e L. Benson, *La Cina dal 1949 a oggi*, Il Mulino, Bologna 2013 (ed. or. 2002). Sulla guerra in Corea: S.H. Lee, *La guerra di Corea*, Il Mulino, Bologna 2016 (ed. or. 2001) e M. Riotto, *Storia della Corea dalle origini ai giorni nostri*, Bompiani, Milano 2018 (ed. or. 2005). Sul Giappone, oltre ai volumi citati nella bibliografia del cap. 16, si veda J.M. Bouissou, *Storia del Giappone contemporaneo*, Il Mulino, Bologna 2003 (ed. or. 1992).

Sulla guerra del Vietnam: M. Frey, *Storia della guerra in Vietnam*, Einaudi, Torino 2008 (ed. or. 1998); M.K. Hall, *La guerra del Vietnam*, Il Mulino, Bologna 2011 (ed. or. 1999); F. Montessoro, *Le guerre del Vietnam*, Giunti, Firenze 2004.

19. La decolonizzazione e il Terzo Mondo

19.1. La crisi degli imperi coloniali

Un nuovo scenario internazionale

Per oltre quarant'anni, dalla conclusione della seconda guerra mondiale fino agli anni '80 del '900, la scena internazionale fu dominata dal confronto "bipolare" fra i due grandi blocchi a guida americana e sovietica. Negli stessi anni, però, a questa realtà tendenzialmente statica si aggiunse e si sovrappose un processo di rapida e profonda trasformazione che ebbe per protagonisti i paesi asiatici e africani sin allora rimasti, con poche eccezioni, fuori dai circuiti del potere mondiale, vuoi perché oggetto del dominio coloniale, vuoi perché, anche se formalmente indipendenti, soggetti all'influenza delle potenze maggiori. Per avere un'idea delle dimensioni di questo processo, basta guardare una carta politica del mondo nel 1945: si vedrà come vaste zone dell'Asia e buona parte dell'Africa fossero ancora possedimenti della Gran Bretagna e della Francia. Una trentina di anni dopo gli imperi coloniali erano scomparsi e il numero degli Stati indipendenti era cresciuto vertiginosamente (oggi sono circa duecento).

Decolonizzazione e guerre mondiali

Preparato già negli anni fra le due guerre con la nascita di movimenti indipendentisti [▸16.1], il processo di decolonizzazione – cioè lo smantellamento del sistema coloniale con l'accesso all'indipendenza dei popoli afroasiatici – ricevette la spinta decisiva dal secondo conflitto mondiale: nei fronti extraeuropei i gruppi

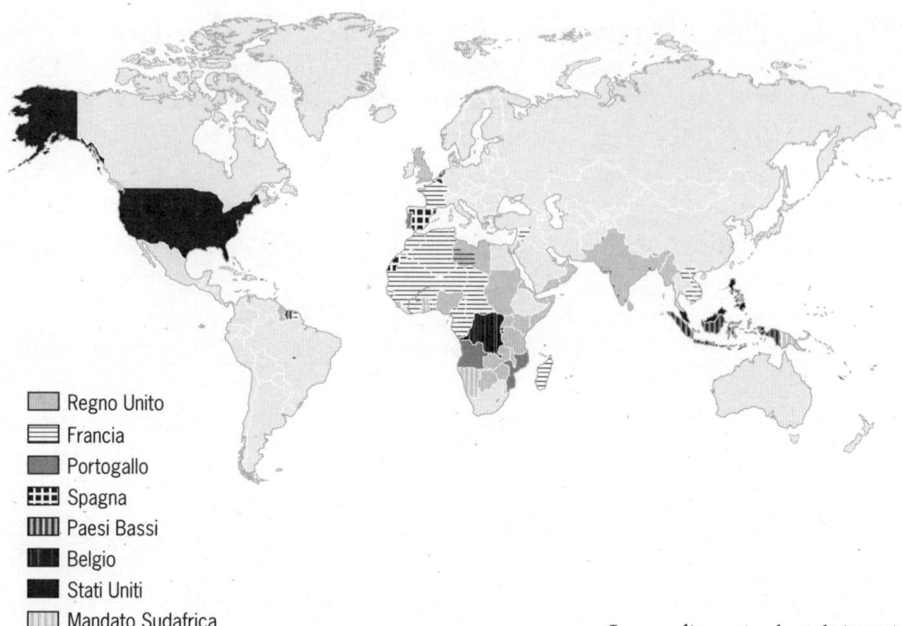

I possedimenti coloniali (1945)

nazionalisti si impegnarono a fianco dell'uno o dell'altro schieramento e, a guerra finita, rimasero mobilitati politicamente e militarmente per battersi contro il dominio coloniale. Un fenomeno analogo si era in parte verificato già durante il primo conflitto mondiale, ma, in sede di conferenza di pace, le promesse di emancipazione implicite nel messaggio wilsoniano [▶10.11] erano state largamente disattese dalle grandi potenze europee, ancora titolari di immensi imperi d'oltremare.

Il principio di autodeterminazione

Nel secondo dopoguerra la situazione era molto diversa. Le due superpotenze vincitrici – gli Usa, nati da una rivoluzione anticoloniale, e l'Urss, da sempre impegnata contro l'imperialismo – erano divise su quasi tutto, ma trovavano un terreno di oggettiva convergenza nell'opporsi alla perpetuazione del vecchio sistema di dominio. Con la Carta atlantica del 1941 [▶17.5], per volontà soprattutto degli Stati Uniti, gli alleati avevano proclamato, ancora in piena guerra mondiale, il «diritto di tutti i popoli a scegliere la forma di governo da cui intendono essere retti». Il principio di autodeterminazione dei popoli, che avrebbe ispirato l'intera attività dell'Onu, si impose così come base di un nuovo codice etico-politico internazionale, a cui le potenze coloniali, uscite esauste dalla guerra, non potevano certo sottrarsi: tanto più che i benefici del colonialismo compensavano sempre meno i costi politici, militari e finanziari del mantenimento degli imperi.

Due vie alla decolonizzazione

Se la linea di tendenza era già chiara alla fine della guerra, non mancarono tuttavia le resistenze nella fase di attuazione. Il processo di decolonizzazione si compì attraverso vicende alterne, che risentirono sia della natura dei nazionalismi locali, sia della consistenza numerica della colonizzazione bianca, sia delle politiche dei paesi europei. La Gran Bretagna, che aveva sempre praticato forme di dominio "indiretto", ossia fondato su ampie deleghe alle élite locali, avviò nella maggior parte dei casi un ritiro graduale dalle colonie: i popoli soggetti furono preparati all'indipendenza mediante la concessione di Costituzioni e di organismi rappresentativi. In questo modo la Gran Bretagna cercava di trasformare l'impero in una comunità di nazioni sovrane, liberamente associate nel Commonwealth [▶16.4] (un vincolo che peraltro sarebbe diventato puramente simbolico). La Francia, invece, oppose una tenace resistenza ai movimenti indipendentisti e praticò fino all'ultimo una politica "assimilatrice", che pretendeva di riunire la madrepatria e le colonie in un'unica compagine politica e concedeva ai popoli soggetti una formale parità di diritti. Sia nel caso dei domìni britannici sia in quello dei possedimenti francesi (e delle potenze coloniali minori), lo sbocco obbligato fu comunque l'indipendenza.

L'Asia nel 1975

in **nero** data dell'indipendenza

B. = BAHREIN **1971**
BA. = BANGLADESH **1971**
BH. = BHUTAN **1947**
CA. = CAMBOGIA **1953**
E.A.U. = EMIRATI ARABI UNITI **1971**
GI. = GIORDANIA **1946**
I. = ISRAELE **1948**
KU. = KUWAIT **1961**
LA. = LAOS **1953**
LI. = LIBANO **1941-43**
QA. = QATAR **1971**
YE. = YEMEN **1967**

L'eredità coloniale

Il rapporto con l'Europa, che nel bene e nel male era stato per i popoli afroasiatici un fattore decisivo di modernizzazione, rimase comunque importante, soprattutto per le nuove classi dirigenti che si erano formate nelle scuole, nelle università o nelle accademie militari dei paesi colonizzatori. Nonostante la polemica ricorrente contro alcuni aspetti della cultura occidentale, l'eredità coloniale lasciò tracce durevoli non solo sul piano materiale, ma anche su quello delle abitudini, della cultura, della lingua (si pensi al caso dell'India, dove l'inglese continuò a svolgere la funzione di lingua nazionale). Sul piano delle istituzioni politiche, però, la democrazia parlamentare di tipo europeo si affermò solo in pochi paesi. Le ragioni furono molteplici: il peso di una tradizione diversa; il fatto che l'Europa aveva mostrato in Africa e in Asia non il suo volto liberale, ma quello autoritario del governo coloniale; i limiti delle classi dirigenti locali, espressione di clan o di élite numericamente esigue e spesso corrotte; la difficoltà di avviare un processo di sviluppo partendo da condizioni di grave arretratezza economica. Il risultato fu quasi ovunque, con l'importante eccezione dell'India, la prevalenza di regimi autoritari.

19.2. L'indipendenza dell'India

Una svolta storica

Il percorso di emancipazione dei popoli colonizzati ebbe la sua prima e fondamentale tappa nel 1947, quando la Gran Bretagna accettò di privarsi del pezzo più importante del suo impero: il subcontinente indiano, sede di antiche civiltà e di religioni millenarie (induismo, buddismo, islamismo), ma anche terminale di scambi commerciali che avevano svolto un ruolo decisivo nell'affermazione della Gran Bretagna come potenza industriale.

Gandhi e il Partito del Congresso

Abbiamo già visto come, negli anni fra le due guerre, fosse cresciuto in India un forte movimento indipendentista, organizzato nel Partito del Congresso, sotto la guida carismatica del mahatma Gandhi [▶16.4]. Durante il secondo conflitto mondiale, la maggioranza degli indiani aveva contribuito lealmente allo sforzo bellico britannico, mettendo in campo un esercito volontario che fu impegnato su tutti i fronti di guerra e giunse a contare due milioni e mezzo di uomini. Nel contempo, il Partito del Congresso – guidato, dal 1941, da Jawaharlal Nehru, uno dei più stretti collaboratori di Gandhi – aveva continuato a promuovere il movimento di resistenza non violenta alla dominazione britannica, strappando la promessa di concedere all'India la condizione di *dominion* (quella di cui godevano Canada, Australia, Nuova Zelanda e Sudafrica), che equivaleva a una indipendenza di fatto.

Una separazione cruenta

A guerra finita si aprirono i negoziati per il trasferimento della sovranità, che si conclusero nell'agosto del 1947. Ma l'esito fu diverso da quello auspicato da Gandhi, che si era battuto per uno Stato unitario laico dove potessero convivere i diversi gruppi religiosi. La componente musulmana reclamò la creazione di un proprio Stato, che fu infine accordata dai britannici dopo gravi conflitti tra le due comunità. Così, nell'agosto 1947, nacquero due Stati: l'Unione indiana, a maggioranza indù, e il Pakistan musulmano, geograficamente diviso in due tronconi situati alle opposte estremità della penisola indiana (il Pakistan vero e proprio a ovest; il Bengala orientale, l'odierno Bangladesh, a est).

La creazione dei due Stati non impedì, soprattutto nelle zone miste, il moltiplicarsi degli scontri fra le due comunità, che assunsero a tratti le proporzioni di una vera e propria guerra. Così la vicenda di un movimento di liberazione nazionale affermatosi con mezzi pacifici si concluse con oltre 200 mila morti e con il trasferimento da uno Stato all'altro di 17 milioni di persone, senza contare le conseguenze delle due guerre che India e Pakistan avrebbero combattuto successivamente (nel 1948 e nel 1965) per il controllo della regione

India e
Pakistan (1947)

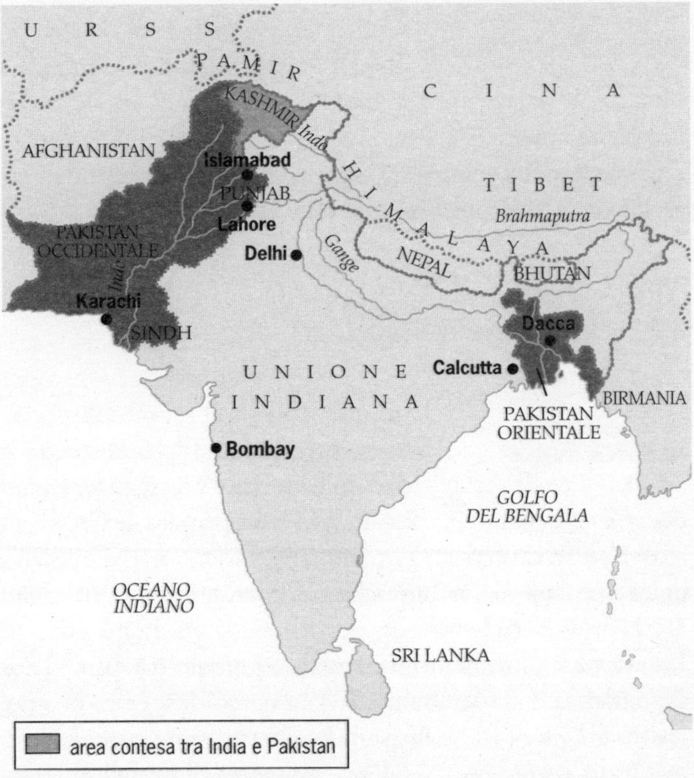

del Kashmir, a maggioranza musulmana ma assegnata all'Unione indiana. Lo stesso Gandhi fu vittima di quel clima di violenza e di odio religioso che tanto aveva combattuto: giudicato troppo arrendevole verso i musulmani, fu assassinato da un estremista indù nel gennaio 1948.

L'India democratica

Primo capo del governo dell'India indipendente, Nehru rimase fino alla sua morte (1964) alla guida di un paese sempre gravato da immensi problemi interni: la povertà cronica delle campagne; l'eccezionale sovraccarico demografico (fra il 1951 e il 1981 la popolazione quasi raddoppiò, passando da 362 a 683 milioni); le tensioni fra i diversi gruppi etnici e religiosi che convivevano nell'Unione indiana (tendenze separatiste si manifestarono soprattutto nella comunità religiosa dei *sikh*, concentrata nella regione del Punjab); la permanenza di abiti mentali arcaici e di divisioni legate al vecchio sistema delle caste [▶16.4]. Tuttavia, malgrado alcuni aspetti autoritari e personalistici del potere esercitato prima da Nehru, poi da sua figlia Indira Gandhi – primo ministro dal 1966 al 1977 e dal 1981 al 1984, quando fu uccisa da due militanti *sikh* –, le istituzioni democratico-parlamentari lasciate in eredità dalla dominazione britannica riuscirono progressivamente a consolidarsi.

Pakistan e Bangladesh

Assai più travagliata fu la vicenda politica del Pakistan, dove la vita democratica fu prima a lungo interrotta da dittature militari e, in anni più recenti, minacciata dalla crescita delle correnti islamiche integraliste. Nel 1971, inoltre, lo Stato nato nel '47 dovette subire la secessione della sua parte orientale che, dopo un nuovo sanguinoso conflitto, diede vita alla Repubblica del Bangladesh.

19.3. Le guerre d'Indocina

Nazionalisti e comunisti nel Sud-Est asiatico

In tutto il Sud-Est asiatico il processo di emancipazione si intrecciò con lo scontro fra le forze "nazionaliste", alleate con l'Occidente, e i movimenti comunisti che avevano, come in Cina, la loro base principale nelle campagne. Il confronto ebbe esiti diversi. In Birmania (oggi Myanmar) e in Malesia (oggi Malaysia), entrambe colonie britanniche, indipendenti rispettivamente nel 1948 e nel 1957, prevalsero le forze nazionaliste e la guerriglia comunista fu sconfitta. In Indonesia il movimento nazionalista guidato da Ahmed Sukarno ottenne l'indipendenza dall'Olanda nel 1949 e cercò di seguire una politica autonoma rispetto ai due blocchi, resistendo alle pressioni contrapposte della destra militare e dei comunisti. Nel 1965, a seguito di un fallito tentativo rivoluzionario dei comunisti risoltosi con un massacro di militanti del partito, Sukarno fu costretto a cedere il potere ai militari del generale Suharto. Nel Regno di Thailandia – l'ex Siam, unico fra gli Stati della regione ad aver sempre mantenuto l'indipendenza – le forze moderate mantennero il potere in un alternarsi di regimi militari e governi civili. Nelle Filippine, cui gli Stati Uniti concessero l'indipendenza nel 1946 conservando tuttavia ampi privilegi economici e basi militari, governi di carattere spesso autoritario – come quello di Ferdinand Marcos, al potere dal '65 all'86 – dovettero fronteggiare la guerriglia condotta dai comunisti e dai gruppi separatisti musulmani.

L'indipendenza del Vietnam

Una netta prevalenza dei comunisti si ebbe invece negli Stati sorti dalla dissoluzione dell'impero francese in Indocina. Nel Vietnam i comunisti, sotto la guida di Ho Chi-minh, avevano assunto un ruolo preminente nella Lega per l'indipendenza (Vietminh), che era stata costituita nel 1941 per combattere la domina-

L'Indocina nel 1954

zione francese. Nel 1945, Ho Chi-minh proclamò nella capitale Hanoi l'indipendenza dalla Francia e la nascita della Repubblica democratica del Vietnam. Ma i francesi non riconobbero il nuovo Stato e occuparono la parte meridionale del paese. Nel 1946 cominciò un lungo scontro tra i francesi e le forze del Vietminh, che riuscirono a logorare gli avversari con una sanguinosa guerriglia: il conflitto si concluse nel maggio 1954, quando la piazzaforte di Dien Bien Phu, dove era concentrato il grosso delle forze francesi, fu costretta a capitolare dopo tre mesi di assedio. Gli accordi di Ginevra del luglio dello stesso anno sancirono il ritiro dei francesi da tutta la penisola indocinese – dunque anche dal Laos e dalla Cambogia – e la divisione provvisoria del Vietnam in due Stati: uno comunista al Nord, l'altro filo-occidentale al Sud. Ma a questo punto, come già era accaduto in Corea, la crisi indocinese veniva a inserirsi nel contrasto Est-Ovest, portando i germi di quel conflitto che si sarebbe concluso con la storica sconfitta degli Stati Uniti [▸18.10].

19.4. Il mondo arabo e la nascita di Israele

Il nazionalismo arabo

Dall'inizio del '900, in tutti i paesi del Medio Oriente e della sponda Sud del Mediterraneo, si era sviluppato un movimento nazionale arabo, in lotta prima contro la dominazione turca, poi contro l'influenza europea. Già nel corso della Grande Guerra, come si è visto, le vicende di questo movimento si erano intrecciate con quelle delle potenze coloniali e col loro tentativo di subentrare nel controllo dell'area al moribondo Impero ottomano [▸16.3]. Durante il secondo conflitto mondiale l'intreccio divenne più stretto: anche perché la regione mediorientale aveva visto crescere la sua importanza strategica, a causa delle sue ingenti risorse petrolifere. I tedeschi, in particolare, tentarono di giocare la carta dell'appoggio ai movimenti nazionali arabi contro Gran Bretagna e Francia, che controllavano la regione in virtù del mandato coloniale ricevuto all'indomani della Grande Guerra.

I nuovi Stati indipendenti

A guerra finita, le potenze "mandatarie" decisero di rinunciare ai loro possessi mediorientali, tentando però di mantenere su di essi qualche forma di controllo, appoggiandosi ai regimi monarchici e conservatori che loro stesse avevano contribuito a insediare. Così, nel 1946 la Gran Bretagna riconobbe l'indipendenza della Transgiordania e la Francia ritirò le sue truppe dalla Siria e dal Libano. L'Iraq aveva ottenuto l'indipendenza dai britannici già nel '32 [▸16.3]. Insieme all'Egitto, all'Arabia Saudita e allo Yemen, questi paesi formarono, nel 1945, la Lega degli Stati arabi (o Lega araba), con scopi di cooperazione politica ed economica e con ambizioni di integrazione federale che sarebbero peraltro rimaste sulla carta.

L'immigrazione ebraica in Palestina

Restava da sciogliere il nodo della Palestina, assegnata per mandato alla Gran Bretagna, ma contesa fra arabi ed ebrei [▶16.3]. Negli anni della guerra, la pressione del movimento sionista per la creazione di uno Stato ebraico si fece sempre più forte, alimentata dall'immigrazione degli ebrei europei che fuggivano dal terrore nazista (nel 1945 c'erano in Palestina 550 mila ebrei, contro 1 milione e 250 mila arabi); e l'aspirazione a un "focolare nazionale" ricevette una nuova, potente legittimazione presso l'opinione pubblica democratica dopo le rivelazioni sugli orrori dei campi di sterminio. La causa sionista fu sostenuta dagli Stati Uniti, dove la comunità ebraica era numerosa e influente, ma fu ostacolata dalle autorità britanniche, che temevano di inimicarsi gli Stati arabi. Mentre i leader sionisti chiedevano la libertà di immigrazione, le organizzazioni militari ebraiche in Palestina passavano alla lotta armata non più solo contro gli arabi, ma contro gli stessi britannici.

La prima guerra arabo-israeliana

Trovatasi di fronte a una situazione incontrollabile, e avendo constatato l'impossibilità di formare uno Stato binazionale, la Gran Bretagna si chiamò fuori dal con-

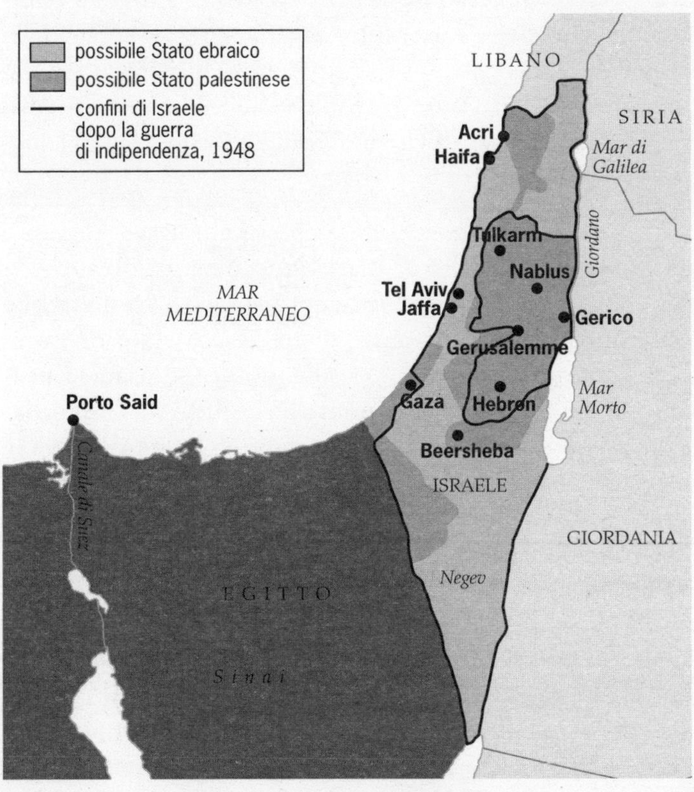

Piano Onu di divisione della Palestina (1947)

flitto: nel 1947 il governo annunciò che avrebbe ritirato le sue truppe dalla Palestina alla mezzanotte del 15 maggio 1948 e rimise alle Nazioni Unite il compito di trovare una soluzione al problema. L'Onu approvò un piano di spartizione in due Stati, che venne però respinto dagli Stati arabi. Nel maggio '48, in coincidenza col ritiro britannico, gli ebrei proclamarono la nascita dello Stato di Israele e gli Stati della Lega araba reagirono subito attaccandolo militarmente. L'esito dello scontro sembrava scontato, vista la sproporzione delle forze in campo. Invece la prima guerra arabo-israeliana (maggio '48-gennaio '49) si risolse in una disfatta per le forze arabe, mal equipaggiate e mal coordinate fra loro, e segnò la definitiva affermazione del nuovo Stato ebraico, mostrandone la determinazione e la combattività.

Lo Stato di Israele

Stato moderno, ispirato ai modelli delle democrazie occidentali, dotato di strutture sociali e civili molto avanzate – che contrastavano con la complessiva arretratezza dell'area mediorientale – e di un'organizzazione economica in cui il capitalismo industriale conviveva con l'esperimento cooperativistico delle comunità agricole (*kibbutzim*) create dai pionieri sionisti fin dall'inizio del secolo, Israele rivelò fin dai primi anni una forza insospettata rispetto alle sue piccole dimensioni: una forza che gli derivava non solo dalle risorse provenienti dall'esterno (le comunità ebraiche europee e soprattutto americane), ma anche dalla preparazione e dall'intraprendenza dei suoi dirigenti – in particolare dei leader laburisti, come David Ben Gurion e Golda Meir, che guidarono il paese dopo l'indipendenza – e dalla forte motivazione patriottica dei suoi cittadini.

Il dramma palestinese

Con la guerra del '48, lo Stato ebraico si ingrandì rispetto al piano di spartizione, occupando anche la parte occidentale di Gerusalemme, città che nei progetti dell'Onu sarebbe dovuta restare sotto controllo internazionale e che invece restò divisa in due fino al 1967. La Transgiordania, dal 1949 Regno di Giordania, incamerò i territori occupati dalle sue truppe durante il conflitto (la Cisgiordania, ovvero la riva occidentale del Giordano), mentre l'Egitto occupava la striscia di Gaza: si trattava in entrambi i casi di territori assegnati dal piano dell'Onu all'ipotizzato Stato arabo di Palestina che invece non vide mai la luce. Circa 700 mila arabi abbandonarono, per scelta o per costrizione, le terre che abitavano e ripararono nei paesi vicini, per lo più in Giordania, dove furono ammassati in campi profughi, vivendo grazie agli aiuti dell'Onu e delle organizzazioni umanitarie, senza alcuna possibilità di integrarsi, e coltivando il sogno di un rapido ritorno alle loro case. Cominciò così il dramma palestinese, sul quale si sarebbe da allora incentrato il conflitto arabo-israeliano.

19.5. L'Egitto di Nasser e la crisi di Suez

Tradizionalismo e nazionalismo laico

La disastrosa sconfitta subìta nella guerra contro Israele (che sarebbe stata ricordata come la *nakba*, "la catastrofe") contribuì a radicalizzare le correnti nazionaliste e a far crescere nel mondo arabo il risentimento verso l'Occidente. In questo processo confluivano due diverse componenti: quella tradizionalista, rappresentata dal movimento dei Fratelli musulmani (fondato alla fine degli anni '20 da un intellettuale egiziano, Hasan al-Banna, e poi diffusosi in tutta l'area mediorientale), puntava a una "reislamizzazione" della società mediante l'applicazione integrale dei precetti coranici; quella laica e nazionalista era incarnata soprattutto dai militari, più attenti alle istanze di modernizzazione e di sviluppo economico. Questa seconda tendenza, che traeva ispirazione dalle esperienze occidentali, mescolando spunti socialisti con temi presi a prestito dai regimi autoritari di destra, si affermò negli anni '50, trovando il suo centro e la sua guida nell'Egitto, il più importante degli Stati arabi per popolazione e per storia.

La rivoluzione nasseriana in Egitto

Formalmente indipendente dal 1922, l'Egitto era retto da un regime monarchico strettamente legato alla Gran Bretagna, che manteneva sul paese una sorta di protettorato e conservava, assieme alla Francia, il controllo della Compagnia del Canale di Suez. Nel luglio 1952, la monarchia fu rovesciata da un colpo di Stato militare e il potere fu assunto da un "Comitato di ufficiali liberi" guidato da Mohammed Neguib e da Gamal Abdel Nasser. Nel 1954, Nasser allontanò il più moderato Neguib e si impose come unico leader del paese, instaurando di fatto una dittatura personale. Il nuovo regime avviò subito una serie di riforme di segno socialista (redistribuzione della terra, nazionalizzazione delle principali attività economiche) e tentò di promuovere un processo di industrializzazione. In politica estera, Nasser si propose come guida nella lotta dei paesi arabi contro Israele e si mosse con decisione per liberare il paese da ogni condizionamento da parte delle potenze ex coloniali: ottenne così lo sgombero delle truppe britanniche dalla zona del Canale e stipulò accordi con l'Urss per aiuti economici e militari.

La crisi di Suez

In risposta a quello che appariva come uno scivolamento verso posizioni filosovietiche, gli Stati Uniti bloccarono il finanziamento da parte della Banca Mondiale della grande diga di Assuan, sull'alto Nilo, necessaria per l'elettrificazione del paese e per l'irrigazione di ampi territori desertici. Nasser rispose nazionalizzando la Compagnia del Canale di Suez. Si aprì a questo punto una crisi internazionale di vasta portata. Nell'ottobre 1956, d'intesa con i governi di Londra e Parigi, Israele attaccò l'Egitto e lo sconfisse, penetrando in profondità nella penisola del Sinai, mentre reparti di paracadutisti francesi e britannici occupavano la zona del Canale. A far fallire l'operazione, però, fu l'atteggiamento delle due superpotenze: gli Stati Uniti non diedero alcun appoggio all'impresa, anzi la sconfessarono apertamente; l'Urss inviò addirittura un ultimatum a Francia, Gran Bretagna e Israele. Anche l'Assemblea generale dell'Onu votò a larga maggioranza una mozione di condanna. Privi dell'appoggio americano, i franco-britannici dovettero fermare la loro offensiva e abbandonare la zona del Canale, mentre Israele si ritirava dal Sinai.

La diffusione del nasserismo in Medio Oriente

Molte e importanti furono le conseguenze di questa crisi. Innanzitutto essa sancì simbolicamente la fine dell'era coloniale e la perdita di peso delle potenze che ne erano state protagoniste, Gran Bretagna e Francia. L'effetto più immediato fu però quello di rafforzare sia la posizione dell'Egitto, che pure era stato sconfitto militarmente, sia quella personale di Nasser. Rilanciando la causa del panarabismo (ossia dell'unità fra tutti i popoli arabi) e legandola a un progetto di modernizzazione fortemente osteggiato dai tradizionalisti, il leader egiziano acquistò un immenso prestigio presso le masse popolari e la borghesia intellettuale di tutto il mondo islamico. Ideali e programmi simili a quelli del dittatore egiziano furono fatti propri, in Siria e in Iraq, dal Partito socialista arabo *Baath* (in arabo "Rinascita"), che trovò consensi soprattutto fra i militari. Già nel '54 in Siria si era affermato un regime militare di ispirazione panaraba. Nel '58, militari legati al Baath presero il potere in Iraq, rovesciando la monarchia hashemita [▶16.3].

Il fallimento del panarabismo

Sempre nel 1958, Nasser annunciò la fusione fra Egitto e Siria in una Repubblica araba unita (Rau). Ma il progetto fallì nel giro di pochi anni: i sogni di unità panaraba si scontrarono ben presto con la realtà delle gelosie nazionali e delle divisioni ideologiche. E il progetto di un socialismo islamico capace di conciliare tradizione e modernità si risolse in una sequenza di colpi di Stato e di dittature militari. Tuttavia il richiamo del nasserismo rimase molto forte ed ebbe un'influenza decisiva anche sulle vicende dei paesi del Maghreb (ossia la parte occidentale del Nord Africa), in lotta contro il dominio coloniale francese.

19.6. L'indipendenza del Maghreb

Marocco e Tunisia

Sia il Marocco sia la Tunisia, dove la Francia esercitava il suo dominio in forma di protettorato e dove sussistevano forme di limitato autogoverno, avevano visto nascere, già all'inizio del secolo, forti movimenti indipendentisti. Nel dopoguerra la guida di questi movimenti fu assunta da forze di ispirazione nazionalista e laica: in Marocco l'Istiqlal, appoggiato dal sultano Ben Youssef, in Tunisia il Neo-Destur, guidato da Habib Burghiba. Nel 1956 i francesi, dopo aver cercato di reprimere questi movimenti, si rassegnarono a concedere la piena indipendenza a entrambi i paesi, che negli anni successivi avrebbero mantenuto una posizione moderata e filo-occidentale in politica estera.

La guerra di Algeria

Ben più drammatica e cruenta fu la lotta di liberazione in Algeria, dove la presenza francese aveva radici più profonde (la conquista risaliva al 1830) e maggiore consistenza. La colonia algerina era a tutti gli effetti una provincia dello Stato francese, abitata da oltre un milione di coloni che erano in gran parte nati in Algeria e la consideravano come casa propria. Gli otto milioni di algerini musulmani erano anch'essi cittadini francesi dal 1945, ma non godevano di pieni diritti politici e non erano rappresentati nel Parlamento di Parigi. A partire dal 1954, il movimento nazionalista algerino, già attivo negli anni fra le due guerre, si organizzò nel Fronte di liberazione nazionale (Fln) guidato da Mohammed Ben Bella, un'organizzazione clandestina radicata soprattutto nelle città. Cominciava così uno scontro che avrebbe assunto il valore di un modello per i movimenti rivoluzionari delle ex colonie, anche per il ruolo rivestito dalle donne. Lo scontro culminò nel 1957 con la battaglia di Algeri, che durò quasi nove mesi e vide la parte araba della città mobilitata a sostegno dei combattenti del Fln. I francesi riuscirono a piegare l'insurrezione con un massiccio invio di reparti speciali e con una repressione particolarmente brutale, suscitando proteste anche in una parte dell'opinione pubblica nazionale.

L'indipendenza

Nel maggio 1958, la minaccia di un colpo di Stato da parte dei militari e dei coloni più oltranzisti provocò la crisi della Quarta Repubblica e favorì il ritorno al potere di De Gaulle [▶18.8]. Il generale, inizialmente favorevole al mantenimento di una presenza nella colonia, capì ben presto che la causa dell'"Algeria francese" era ormai perduta e agì con determinazione per far uscire il paese da una guerra sempre più difficile e costosa. Si apriva così la strada all'indipendenza algerina che fu sancita dagli accordi di Evian del marzo 1962. Prima sotto la guida di Ben Bella, poi (dal '65 al '79) sotto quella del più moderato Huari Bumedien, l'Algeria si diede un ordinamento interno fortemente autoritario, con un'economia in buona parte statalizzata, e assunse una posizione di punta nello schieramento dei paesi arabi.

Gheddafi al potere in Libia

Di ispirazione nazionalista, anche se con connotati particolari di ortodossia islamica, fu la rivoluzione che, nel 1969, depose la monarchia in Libia – l'ex colonia italiana, indipendente dal 1951 – e portò al potere i militari guidati dal giovane colonnello Muhammar Gheddafi. Il regime di Gheddafi – che fra i suoi primi atti nazionalizzò le compagnie petrolifere straniere ed espulse la numerosa comunità italiana ancora residente nel paese – si sarebbe in seguito caratterizzato per il tentativo di realizzare una sua speciale versione del socialismo islamico e soprattutto per il dinamismo a tratti avventuroso della sua politica estera: una politica che lo avrebbe portato ad appoggiare i movimenti di guerriglia antioccidentali e a inserirsi nei conflitti interni di vari paesi africani, creando uno stato di permanente tensione con i regimi arabi moderati e soprattutto con gli Stati Uniti.

19.7. Le guerre arabo-israeliane

La "guerra dei sei giorni"

Dopo la crisi di Suez del 1956, il Medio Oriente continuò a rappresentare un pericoloso focolaio di tensione: a livello locale, a causa della permanente ostilità fra Israele e i paesi arabi, che rifiutavano di riconoscere lo Stato ebraico; a livello internazionale, in quanto terreno di scontro tra l'Unione Sovietica, divenuta grande protettrice dell'Egitto, e gli Stati Uniti, che sostenevano con decisione Israele. Nel 1967 Nasser proclamò la chiusura del Golfo di Aqaba, unico sbocco israeliano sul Mar Rosso, e strinse un patto militare con la Giordania. Gli israeliani risposero sferrando, il 5 giugno, un attacco preventivo contro Egitto, Giordania e Siria. La guerra durò appena sei giorni, ma il suo esito venne deciso fin dalle prime ore, con la distruzione dell'intera aviazione egiziana, colpita ancor prima di decollare, e fu disastroso per gli arabi. L'Egitto perse la penisola del Sinai, la Giordania perse tutti i territori della riva occidentale del Giordano, inclusa la parte orientale di Gerusalemme (la città venne successivamente annessa dallo Stato ebraico e nel 1980 proclamata sua capitale), la Siria perse le alture del Golan. Gli arabi contarono più di 30 mila morti, gli israeliani poche centinaia. Altri 400 mila palestinesi ripararono in Giordania e negli altri paesi arabi, dove andarono a ingrossare le file dei rifugiati nei campi profughi.

Arafat e l'Olp

La disfatta della "guerra dei sei giorni" ebbe per gli arabi conseguenze di vasta portata: segnò il declino di Nasser e della sua politica di oltranzismo panarabo; indusse a un atteggiamento più prudente la Giordania e gli altri Stati moderati della zona; determinò il distacco dei movimenti di resistenza palestinese, riuniti nell'Organizzazione per la liberazione della Palestina (Olp), dalla tutela dei regimi arabi. Guidata, a partire dal 1969, da Yasser Arafat, già leader del gruppo principale, quello di *al-Fatah*, l'Olp pose le sue basi in Giordania, creandovi una specie di Stato nello Stato. Il re di Giordania, Hussein, esposto alle rappresaglie israeliane a causa degli attentati terroristici condotti dai *feddayn* ("combattenti") palestinesi contro lo Stato ebraico, decise di interrompere la difficile convivenza: nel settembre 1970 – il cosiddetto "settembre nero" – le truppe regolari giordane si scontrarono con i militanti palestinesi che furono costretti a riparare nel vicino Libano. I morti, fra combattenti e civili, furono migliaia. Da allora l'Olp avrebbe esteso la lotta terroristica sul piano internazionale, con una serie di dirottamenti aerei e di attentati clamorosi, come quello attuato a Monaco contro gli atleti israeliani, durante le Olimpiadi del 1972.

La "guerra del Kippur"

Nel 1970 Nasser morì. Il suo successore, Anwar Sadat, cercò di dare alla politica egiziana un'impronta più realistica e meno condizionata dall'ideologia. Deciso a recuperare il Sinai, preparò accuratamente il confronto con Israele. Il 6 ottobre 1973, giorno della festa ebraica dello Yom Kippur, le truppe egiziane investirono di sorpresa le linee israeliane sul Canale di Suez e dilagarono nel Sinai, mentre i siriani attaccavano nel Golan. Ma Israele riuscì a respingere gli attaccanti e a passare all'offensiva,

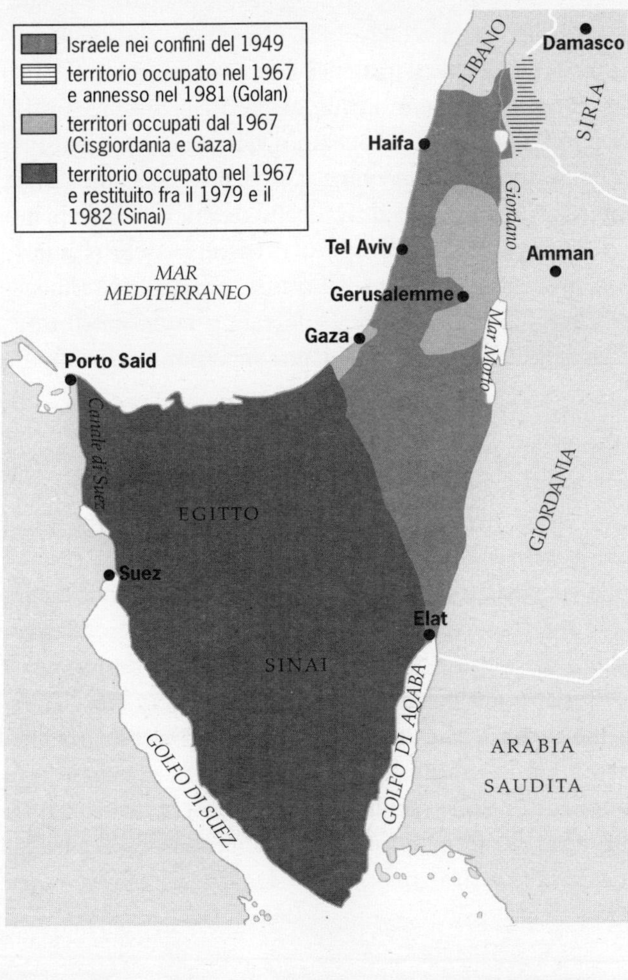

Israele (1967-82)

penetrando in territorio egiziano. Quando, con la mediazione degli Stati Uniti, si giunse a un "cessate il fuoco", la guerra si chiuse senza vincitori né vinti. Gravi furono invece le conseguenze a livello internazionale: la chiusura per due anni del Canale di Suez e il blocco petrolifero decretato dagli Stati arabi (fra i quali si annoveravano alcuni fra i maggiori produttori mondiali, come l'Arabia Saudita, l'Iraq, il Kuwait) contro i paesi occidentali amici di Israele diedero alla crisi una dimensione globale. L'aumento improvviso del prezzo del petrolio imposto dai paesi produttori, infatti, provocò conseguenze di vasta portata sulle economie di tutto il mondo [▶22.1-2]. Sul piano degli equilibri locali, i successi iniziali ottenuti con l'attacco nel Sinai, per quanto vanificati dalla controffensiva israeliana, diedero agli egiziani la sensazione di aver lavato l'onta del 1967 e scossero il mito dell'invincibilità dello Stato ebraico.

19.8. Tradizionalismo e modernizzazione in Turchia e Iran

Due potenze regionali

Il contrasto che attraversò il mondo islamico fra tradizionalismo e spinte modernizzatrici si fece sentire anche nei due maggiori paesi musulmani non arabi del Medio Oriente: la Turchia e l'Iran (l'antica Persia), che non avevano conosciuto la dominazione coloniale ma avevano subìto, in diversa misura, l'influenza delle potenze europee; la Turchia, dopo la sconfitta dell'Impero ottomano nella Grande Guerra, aveva rischiato di finire divisa in zone di influenza, ma era stata salvata dalla rivoluzione di Kemal Atatürk [▶16.2]. L'Iran, grande produttore di petrolio, era oggetto, fin dall'800, delle opposte mire egemoniche di Russia e Gran Bretagna.

L'eredità di Atatürk

Rimasta neutrale per quasi tutta la durata del secondo conflitto mondiale (una formale dichiarazione di guerra alla Germania arrivò solo nel febbraio '45), la Repubblica turca aderì al sistema di alleanze occidentale (divenne membro della Nato nel 1952) per sottrarsi all'influenza della vicina Unione Sovietica. Sul piano interno, continuò a muoversi entro le linee tracciate da Atatürk, che aveva guidato con mano di ferro il paese lungo un percorso di accelerata modernizzazione e di forzata laicizzazione. Nel secondo dopoguerra, però, in parallelo con l'apertura di nuovi spazi di democrazia (dal partito unico si passò al pluripartitismo), le maglie del controllo sui cittadini si allargarono e fu concessa una maggiore tolleranza nei confronti delle tradizionali forme di culto, che resistevano soprattutto nelle aree rurali e montane dell'interno dell'Anatolia. Protagonista di questa fase politica fu Adnan Menderes, primo ministro per l'intero decennio 1950-60.

I colpi di Stato militari

Accusato di aver gestito il potere con abusi autoritari, ma anche di aver tradito, con le sue aperture all'islam, l'eredità di Atatürk, Menderes fu rovesciato nel 1960 e mandato a morte da un colpo di Stato militare. Da allora, e per molti anni, la Turchia visse una vita politica alquanto agitata, in cui una vivace dialettica partitica veniva periodicamente interrotta (accadde nel 1971 e nel 1980) dagli interventi dei militari, custodi della tradizione laica della rivoluzione kemalista: il che peraltro non impedì al paese di progredire sulla via dello sviluppo economico e di rafforzare la sua posizione internazionale.

Il regime degli scià in Iran

Anche l'Iran, nel primo dopoguerra, aveva intrapreso un percorso di modernizzazione economica e politica sotto la monarchia di Reza Pahlavi (detto Rheza Khan), un militare insediatosi al trono nel 1925 col titolo di scià (imperatore) dopo un colpo di Stato che aveva rovesciato la dinastia turca dei Cagiari. Durante la seconda guerra mondiale, il paese, collocato in posizione strategica fra il mondo arabo, la Russia e il subcontinente indiano, fu sottoposto alla duplice occupazione di britannici e sovietici, che nel 1941 imposero allo scià, sospettato di simpatie filotedesche, di abdicare in favore del figlio Mohammad Reza Pahlavi.

Il tentativo di Mossadeq

Il giovane monarca continuò la politica del padre, governando con metodi autoritari, ma si avvicinò alle potenze occidentali, in particolare alla Gran Bretagna, legata all'Iran da un accordo per lo sfruttamento delle risorse petrolifere. Un tentativo di svolta si ebbe nel 1951, quando divenne primo ministro Mohammed Mossadeq, fautore di una democratizzazione del sistema politico e di un'emancipazione del paese dalla subordinazione economica all'Occidente. La decisione di Mossadeq di nazionalizzare l'industria petrolifera provocò però la reazione del governo britannico, che questa volta, diversamente da quanto sarebbe accaduto qualche anno dopo con la crisi di Suez, ottenne la collaborazione degli Stati Uniti, preoccupati (era in corso la guerra in Corea) di una possibile penetrazione sovietica nell'area. Nel 1953 un colpo di Stato militare organizzato dai servizi segreti anglo-americani depose il primo ministro e restituì il potere assoluto allo scià.

19.9. L'indipendenza dell'Africa nera

La partita decisiva della decolonizzazione si giocò, come abbiamo visto, in quei paesi dell'Asia e del Nord Africa che avevano alle spalle una più lunga esperienza di soggezione al dominio coloniale, ma anche una più forte tradizione di statalità. Per i paesi dell'Africa a sud della fascia sahariana (quella che comunemente chiamiamo "Africa nera"), che erano stati quasi tutti colonizzati nel giro di pochi decenni, alla fine dell'800, l'emancipazione fu più tardiva, ma anche più rapida e, nel complesso, meno contrastata, dal momento che le maggiori potenze coloniali avevano rinunciato a opporsi a un processo ormai inarrestabile.

La stagione dell'indipendenza

La grande stagione dell'emancipazione africana si aprì nei territori britannici con l'indipendenza del Ghana (l'antica Costa d'oro) nel 1957. Fra le colonie francesi la prima ad affrancarsi fu la Guinea nel 1958. Nel 1960, in quello che fu chiamato l'anno dell'Africa, ottennero l'indipendenza ben diciassette nuovi Stati: fra questi la Nigeria, il Congo belga (poi ribattezzato Zaire), il Senegal e la Somalia (dove era scaduto il mandato assegnato all'Italia [▸20.3]). Nel 1961 fu la volta del Tanganica e nel 1963 di Zanzibar, che nel 1964 si unirono dando vita alla Repubblica di Tanzania, sotto la guida di Julius Nyerere.

Il cammino verso l'indipendenza fu più travagliato dove erano in gioco interessi più forti o dove più consistente era la presenza dei coloni bianchi. Il Kenya, per esempio, prima di raggiungere l'indipendenza nel 1963, fu insanguinato dalla violenta campagna terroristica condotta dai Mau-Mau (braccio armato del movimento indipendentista guidato da Jomo Kenyatta), cui rispose un'altrettanto spietata repressione da parte dei britannici. Nella Rhodesia del Sud, la minoranza bianca (il 7% della popolazione), per difendere le sue posizioni, non esitò a rompere con la Gran Bretagna: nel 1965 il governo razzista di Ian Smith proclamò unilateralmente l'indipendenza e l'uscita dal Commonwealth. Solo nel 1980, dopo quindici anni di lotte, il paese fu restituito alla maggioranza nera e prese il nome di Zimbabwe.

Il Sudafrica e l'*apartheid*

Ultima roccaforte del potere bianco nel continente rimaneva l'Unione Sudafricana, *dominion* britannico di fatto già indipendente, le cui truppe avevano combattuto a fianco degli alleati nel secondo conflitto mondiale. Qui il dominio della forte minoranza bianca – circa 5 milioni fra anglofoni e boeri (i discendenti dei coloni olandesi) contro oltre 20 milioni di neri – si reggeva su un regime di segregazione razziale, l'*apartheid*, che fu inasprito e reso più rigido già nel corso degli anni '50: uno stato di cose non più tollerabile dalla comunità internazionale nell'era della decolonizzazione, che portò all'uscita del Sudafrica dal Commonwealth (1961) e a numerose condanne da parte dell'Onu. Il tentativo di concentrare una parte della popolazione nera in piccoli Stati semi-indipendenti (i Bantustan, dal nome del più numeroso gruppo etnico-linguistico dell'Africa subsahariana) non servì ad attenuare le tensioni, che si concentravano soprattutto nelle città, né a spegnere la protesta, anche violenta, della maggioranza nera, organizzata nell'Anc (African National Congress), fuori legge dal 1960. Solo nell'ultimo decennio del secolo, come vedremo, si sarebbe giunti a una soluzione pacifica del contrasto: soluzione resa problematica sia dall'entità della posta in gioco (il

Sudafrica era ed è uno dei massimi produttori mondiali di materie prime strategiche come l'uranio, oltre che di oro e diamanti), sia dalla consistenza della comunità bianca, soprattutto di quella boera, presente da tre secoli nel paese e dunque portata a considerarlo come la propria vera patria.

Il dramma del Congo

Un caso di decolonizzazione particolarmente drammatica e cruenta fu quello del Congo, lasciato dalla dominazione belga in condizioni di spaventosa arretratezza. L'indipendenza, concessa nel 1960 senza alcuna preparazione, si accompagnò a una sanguinosa guerra civile e al tentativo di secessione della ricca provincia mineraria del Katanga, fomentato e appoggiato con l'invio di mercenari dalle compagnie minerarie belghe. Il capo

La decolonizzazione in Africa

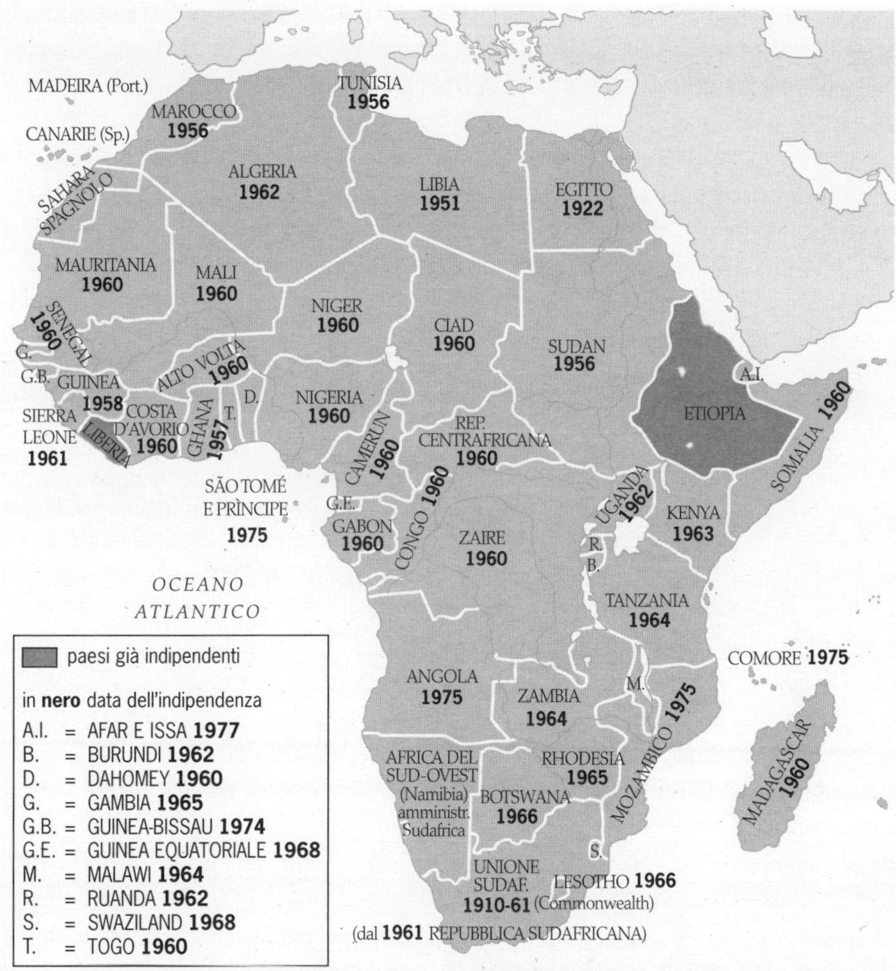

del governo congolese e leader del movimento indipendentista, Patrice Lumumba, fu fatto prigioniero e ucciso dai secessionisti nel 1961. L'unità del paese – dove si affermò un regime militare guidato dal generale Sese Seko Mobutu – fu faticosamente ristabilita solo con l'intervento di truppe delle Nazioni Unite.

Conflitti interni e instabilità politica

Sia pure in forma estrema, il conflitto nel Congo fu emblematico delle contraddizioni e dei contrasti – etnici, tribali, politici e religiosi – che attraversarono l'Africa all'indomani della decolonizzazione, e non fu un caso isolato. In Nigeria, il tentativo secessionista del Biafra, fra il '66 e il '68, fu sanguinosamente represso; in Etiopia, dopo il colpo di Stato che nel 1974 rovesciò il vecchio imperatore Hailè Selassiè, portando al potere i militari capeggiati dal colonnello Hayla Mariam Menghistu, si inasprirono le lotte degli indipendentisti in Eritrea, prima colonia italiana, inglobata dall'Etiopia nel 1947.

Questi conflitti misero in drammatica evidenza l'intrinseca fragilità degli Stati africani e delle loro istituzioni. Per ottenere l'indipendenza, i leader nazionalisti avevano finito con l'accettare le frontiere tracciate a tavolino dai coloniz-

parola chiave

Neocolonialismo

Di "neocolonialismo" si cominciò a parlare intorno alla metà del '900, parallelamente al processo di decolonizzazione. Numerosi osservatori sostennero che all'acquisita indipendenza politica delle ex colonie asiatiche e africane non corrispondeva una piena autonomia economica: la fine del dominio "formale" era accompagnata dal persistere, con nuove modalità, di rapporti di dipendenza e di alcuni aspetti caratteristici del vecchio colonialismo. Secondo le teorie sul neocolonialismo, le ricchezze nazionali delle ex colonie continuavano a essere sfruttate a vantaggio del capitale estero in collusione con le classi dirigenti locali, spesso corrotte e prive di reale autonomia, in quanto dipendenti dal sostegno diplomatico, militare e finanziario dei governi occidentali e delle grandi multinazionali dell'industria e della finanza. Anche lo sfruttamento dei lavoratori (bassi salari e scarse tutele) poteva essere perseguito più facilmente e in misura maggiore nelle aree arretrate, dove non esistevano forze in grado di opporsi e dove lo Stato sosteneva i capitalisti stranieri.

L'iniqua distribuzione delle risorse e il più elevato sfruttamento dei lavoratori sarebbero a loro volta stati sorretti da una visione eurocentrica del mondo, fondata sulla convinzione della superiorità economico-culturale dell'Occidente. Molte teorie sul neocolonialismo si basavano sul concetto di scambio ineguale: da un lato, l'arretratezza economica e tecnologica, le marcate disuguaglianze, la diffusa povertà e l'accentuata preminenza della produzione di materie prime o di raccolti poco remunerativi portava gli Stati di zatori e gli stessi apparati amministrativi ereditati dall'epoca coloniale. Del resto non esistevano facili alternative. Rispetto alla frammentazione delle società tradizionali africane, l'organizzazione statale rappresentava un principio di aggregazione più avanzato e consentì in effetti un significativo ridimensionamento del potere dei capi-tribù. D'altro canto il tentativo di imporre strutture da Stato-nazione a popolazioni eterogenee per etnia, religione, lingua e tradizioni incontrò difficoltà formidabili. E quasi mai riuscì il ricalco delle istituzioni democratiche europee, tentato soprattutto nelle ex colonie britanniche. Nel giro di pochi anni questi istituti lasciarono il posto a dittature monopartitiche e a regimi militari di stampo autoritario o decisamente dispotico, come la crudele dittatura dell'ex caporale Idi Amin in Uganda tra il 1971 e il 1979.

I problemi economici e il modello socialista

All'instabilità politica si aggiungeva una condizione di grave debolezza economica, che rischiava di provocare una rinnovata dipendenza dai paesi industrializzati, attraverso aiuti non sempre disinteressati e rapporti commerciali fortemente squilibrati. Contro queste forme di neocolonialismo si fecero più forti, a parti-

parola chiave

nuova indipendenza a indirizzare l'economia verso l'esportazione e non alla creazione di un mercato interno; dall'altro, la netta predominanza economica, tecnologica, diplomatica e militare avrebbe permesso alle economie occidentali di imporre rapporti contrattuali a loro molto più favorevoli, riuscendo così a ottenere prezzi più bassi. Ciò avrebbe comportato un trasferimento di ricchezza dai paesi poveri a quelli ricchi.

Elaborate da studiosi marxisti e da movimenti indipendentisti asiatici e africani negli anni '50 e '60, le teorie sul neocolonialismo esprimevano la delusione per le difficoltà incontrate dal processo di decolonizzazione e per il fatto che la nascita di nuovi Stati non si traduceva in piena indipendenza politica né dava luogo a uno sviluppo economico. All'accusa rivolta alle imprese multinazionali e ai governi occidentali di attuare politiche finalizzate a perpetuare le diseguaglianze e la subordinazione dei paesi sottosviluppati si saldò la denuncia del ruolo svolto dalle organizzazioni internazionali (soprattutto il Fondo monetario internazionale e la Banca Mondiale), considerate una diretta emanazione degli interessi delle economie più avanzate, in particolare di quella statunitense. A partire dagli anni '70 la crescita dell'economia e dell'autonomia politica di alcuni paesi sottosviluppati ha prodotto una forte differenziazione all'interno del Terzo Mondo, modificando pure il rapporto tra paesi ricchi e paesi poveri; ciò ha indotto a una profonda revisione delle teorie e delle analisi elaborate sino ad allora.

re dalla metà degli anni '60, le spinte a una decolonizzazione radicale, ispirata al socialismo marxista e appoggiata dall'Unione Sovietica. Paesi come la Tanzania di Nyerere, il Congo Brazzaville (l'ex Congo francese) e il Benin scelsero la via della rottura con l'Occidente, a favore di uno sviluppo basato sul mercato interno e pilotato dallo Stato. A questo indirizzo si ispirarono successivamente anche il regime etiopico di Menghistu e soprattutto l'Angola e il Mozambico, giunti all'indipendenza nel 1975, dopo una lunga lotta contro il dominio portoghese, e protagonisti di quella che è stata chiamata la "seconda decolonizzazione" africana. La scelta del modello socialista, tuttavia, non risparmiò ai paesi che l'avevano effettuata gli stessi problemi di quelli che avevano mantenuto stretti legami con l'Occidente: povertà cronica, carestie, disgregazione sociale, emarginazione dal mercato mondiale.

19.10. Il Terzo Mondo: non allineamento e sottosviluppo

La conferenza di Bandung

Fra il 18 e il 24 aprile 1955 si riunirono a Bandung, in Indonesia, i rappresentanti di ventinove Stati afroasiatici che avevano appena raggiunto l'indipendenza o che avevano combattuto per emanciparsi dall'egemonia delle grandi potenze europee: fra questi, oltre all'Indonesia, paese ospite, l'India e il Pakistan, l'Egitto e l'Arabia Saudita, e la stessa Repubblica popolare cinese. Era presente come Stato osservatore, in virtù della sua particolare collocazione internazionale, anche la Jugoslavia di Tito. La Conferenza Asia-Africa si concluse con l'approvazione di un documento che proclamava l'eguaglianza fra tutte le nazioni, il sostegno ai movimenti impegnati nella lotta al colonialismo e il rifiuto delle alleanze militari egemonizzate dalle superpotenze. Ciò che univa questi paesi, diversi per condizioni economiche e ordinamenti politici, era l'idea di condividere un'eredità, quella della lotta di liberazione dal colonialismo, e di essere portatori di comuni interessi e aspirazioni, che non potevano essere contenuti nella logica della competizione fra i due blocchi: di far parte insomma di un "*Terzo Mondo*" distinto sia dall'Occidente capitalistico sia dall'Est comunista.

I non allineati

Da allora si tennero periodicamente altre riunioni, in cui si cercò di rinsaldare il legame fra i paesi "terzi". In una conferenza che si tenne a Belgrado nel 1961, i principali leader del movimento – l'indiano Nehru, l'egiziano Nasser e lo jugoslavo Tito – lanciarono la formula del "non allineamento": gli Stati del Terzo Mondo si proponevano così come protagonisti di una politica di neutralismo attivo, destinata a erodere l'egemonia delle superpotenze e a sottrarre il mondo alla morsa della guerra fredda. In realtà, le aspirazioni neutraliste finirono col ridursi a rituali affermazioni di principio. Man mano che il movimento si allargava (alla conferenza di Algeri del 1973 erano rappresentati 75 Stati), si accentuava la sua eterogeneità. Accanto a paesi di osservanza filo-occidentale – fra gli altri l'Iran, la Thailandia, le Filippine e l'Arabia Saudita – vi figuravano Stati strettamente legati all'Unione Sovietica, come Cuba e il Vietnam. Né mancarono i tentativi di spostare l'asse del non allineamento in senso filosovietico, sostenendo la posizione dell'Urss come "naturale alleata" dei paesi del Terzo Mondo, in quanto avversaria degli Stati Uniti e depositaria di una tradizione anti-imperialista.

Il sottosviluppo

Se il non allineamento apparve fin dagli anni '50 il comune denominatore politico del Terzo Mondo, il sottosviluppo sembrò rappresentarne, con uguale semplificazione, la dimensione economica. Da questo punto di vista, i paesi di nuova indipendenza, pur nella grande diversità delle situazioni, presentavano alcune caratteristiche comuni: la carenza di strutture industriali; l'arretratezza dell'agricoltura, caratterizzata da una produttività molto bassa (mediamente inferiore alla metà di quella dell'Europa all'inizio della rivoluzione industriale); la crescente emarginazione dalle grandi correnti degli scambi internazionali (fra il '48 e il '70 la partecipazione dei paesi del Terzo Mondo al commercio mondiale scese dal 33 al 18%); la drammatica sproporzione fra le risorse disponibili e una popolazione in continuo, inarrestabile aumento.

Le aree povere

Da tutto ciò emergeva un quadro di generale e sconsolante povertà. Intorno al 1960, nei paesi definiti "sottosviluppati" o, più correttamente, in via di sviluppo, il prodotto pro capite era mediamente inferiore di dieci volte a quello dei paesi industrializzati; l'analfabetismo era ancora molto diffuso (con punte del 90% e oltre in alcuni Stati africani); le infrastrutture civili e le attrezzature igienico-sanitarie largamente carenti, con le inevitabili e catastrofiche conseguenze sul piano della mortalità, a causa del dilagare di epidemie; la sottoalimentazione una realtà molto diffusa. In questo contesto il fenomeno dell'urbanizzazione non era sintomo di progresso, ma di miseria e degrado. Masse di diseredati si riversavano nelle *bidonvilles* (grandi agglomerati di baracche costruite con mezzi di fortuna) delle città capitali, alla ricerca di occupazioni saltuarie, sussidi governativi, aiuti umanitari.

La polemica contro l'Occidente

Non si trattava certamente di fatti nuovi, ma nuova fu la percezione del fenomeno. L'allargamento dell'orizzonte mondiale provocato dalla decolonizzazione fece sì che la povertà di massa che affliggeva i due terzi della popolazione del globo non potesse più essere considerata come una condizione "naturale", ma diventasse invece una flagrante smentita a quel principio di uguaglianza dei popoli che era alla base del nuovo ordine affermatosi dopo la seconda guerra mondiale. Questa problematica fu inoltre amplificata dall'atteggiamento "rivendicazionista" assunto dalla maggior parte dei paesi del Terzo Mondo nei confronti dell'Occidente sviluppato, accusato di aver costruito il suo benessere sullo sfruttamento coloniale, e poi su quello "neocoloniale", e dunque chiamato a dividere questo benessere con i paesi più poveri. Ne derivò un'attenzione inedita da parte dei paesi occidentali, nei quali crebbe la consapevolezza della drammaticità del fenomeno e si sviluppò una tendenza politica e culturale, il "terzomondismo", che individuò proprio nel superamento delle disuguaglianze l'obiettivo politico prioritario.

19.11. Dittature e populismi in America Latina

Fra Terzo Mondo e Occidente

Al movimento dei non allineati parteciparono quasi tutti i paesi dell'America Latina. Difficile dire se e in quale misura essi rientrassero nella categoria del "Terzo Mondo": da un lato, per i grandi squilibri sociali e la presenza di estese aree di arretratezza, potevano essere assimilati alla tipologia dei paesi in via di sviluppo; dall'altro la condivisione dei modelli culturali europei li avvicinava piuttosto all'Occidente. Inoltre alcuni di quei paesi, a cominciare dai più importanti come Brasile, Argentina e Messico, avevano già avviato, negli anni del secondo conflitto mondiale, un processo di crescita economica, favorito sia dall'aumento dei prezzi delle materie prime e dei prodotti agricoli sia dal calo delle esportazioni degli Usa e degli Stati europei impegnati nella guerra.

La dipendenza dagli Usa

Quando però questa congiuntura favorevole cessò, riemersero i problemi di un'antica arretratezza, accentuati dalla crescente dipendenza dagli Stati Uniti. In alcuni casi, come quello del Messico, i capitali statunitensi concorsero, pur con inevitabili condizionamenti, alla crescita industriale. In altri casi, soprattutto nei paesi più poveri del Centro America – le cui economie, basate sulle monocolture agricole, erano dominio riservato delle grandi *corporations* come la United Fruit Company –, i gruppi di interesse statunitensi e lo stesso governo di Washington si trovarono alleati alle oligarchie terriere locali nel combattere ogni forma di rinnovamento. In generale, gli Stati Uniti assunsero una funzione di tutela sull'intero continente. Sotto il loro impulso fu creata nel 1948 l'Organizzazione degli Stati americani, che doveva realizzare una più stretta cooperazione economica fra i paesi del continente, ma aveva anche un preciso scopo politico: impedire che l'aggravarsi dell'instabilità politica e il riacutizzarsi delle tensioni sociali aprissero spazi alla penetrazione comunista.

Ceti medi e populismo

A farsi interpreti delle spinte al cambiamento, in assenza di forti partiti operai, furono soprattutto i ceti medi urbani, animati per lo più da sentimenti nazionalistici, avversi alle oligarchie tradizionali, divisi fra le aspirazioni al rinnovamento e l'esigenza di proteggersi contro le spinte dal basso: dunque portati ad allearsi ora con le classi più povere ora con gli strati più abbienti. Questa crescente centralità dei ceti medi si concretizzò in soluzioni politiche di segno diverso, ma sostanzialmente riconducibili alla tradizione del populismo [▶16.9].

L'Argentina e il peronismo

Di stampo populista fu il regime instaurato in Argentina dal colonnello Juan Domingo Perón. Eletto presidente con largo margine nel 1946, Perón avviò, col sostegno dei sindacati, una politica di incentivi all'industria e di aumenti salariali, di lotta contro i monopoli e di nazionalizzazione dei servizi pubblici. Il suo riformismo sociale, condito da una forte dose di demagogia, si accompagnava a una prassi politica autoritaria, che ricordava per molti aspetti quella dei regimi fascisti: dialogo nelle piazze fra il leader e i suoi seguaci (i *descamisados*), pressioni sulla stampa, culto carismatico della figura del presidente e ancor più di quella di sua moglie Evita, subito diventata una icona popolare (e tale rimasta anche dopo la morte nel 1952). Sul piano economico, la politica peronista ebbe successo finché durò la congiuntura favorevole del periodo postbellico. Osteggiato dai conservatori, dai vertici delle forze armate, dalle gerarchie ecclesiastiche e alla fine – a causa del dissesto finanziario e del continuo aumento dell'inflazione – anche dai ceti medi, Perón fu rovesciato nel 1955 da un colpo di Stato militare e costretto ad abbandonare l'Argentina.

I governi militari

Da allora, il paese visse anni agitati, in una continua alternanza fra deboli governi civili e dispotici regimi militari. Nel 1972, in presenza di una situazione sempre più delicata, soprattutto sotto il profilo dell'economia e dell'ordine pubblico (erano attivi nel paese diversi gruppi di guerriglia, sia di ispirazione marxista sia di obbedienza peronista), furono gli stessi militari a sollecitare il ritorno in patria dell'esule Perón. Rieletto alla presidenza della Repubblica nel '73, il leader, anziano e malato, fallì completamente nel compito di riportare l'ordine nel paese. Né meglio di lui seppe fare la sua seconda moglie, Isabelita, salita alla presidenza dopo la morte del marito. Nel 1976, i militari decisero di deporre la presidente e di riprendere in mano il potere. La dittatura militare, per combattere i movimenti di opposizione, usò metodi estremamente brutali: decine di migliaia di persone furono arrestate e uccise o scomparvero nel nulla. Ma nemmeno il pugno di ferro dei militari servì a rimettere in sesto l'economia e a fermare l'inflazione.

Il Brasile e il ritorno di Vargas

Simili per molti aspetti a quelle vissute dall'Argentina furono le vicende del Brasile, dove si era sviluppato già negli anni '30 il primo esperimento di governo populista dell'America Latina, quello di Getulio Vargas [▶16.9]. Rovesciato nel 1945 dai militari, Vargas tornò al potere nel 1950, ma si scontrò con difficoltà analoghe a quelle incontrate da Perón in Argentina. Nel 1954, esautorato nuovamente dai militari, Vargas si suicidò. I suoi successori seguirono una politica di non allineamento nelle relazioni internazionali e rilanciarono i progetti di industrializzazione e modernizzazione (nel 1960 fu fondata la nuova capitale, Brasilia) ma non riuscirono a cancellare i gravissimi squilibri di un paese immenso, caratterizzato dalla presenza di vaste zone di arretratezza (soprattutto nel Nord-Est). Nel 1964 un nuovo colpo di Stato appoggiato dagli Stati Uniti riportò al potere i militari, che imposero una svolta autoritaria, basata sulla repressione dei conflitti sociali e sull'incoraggiamento all'afflusso dei capitali stranieri: l'economia brasiliana registrò buoni risultati a prezzo, però, di un ulteriore aggravamento degli squilibri.

La rivoluzione di Castro a Cuba

In un quadro di generale debolezza delle forze di sinistra in tutto il continente, assunse enorme rilievo la vicenda di Cuba, dove il regime corrotto e dittatoriale di Fulgencio Batista fu rovesciato nel gennaio 1959, dopo una guerriglia iniziata tre anni prima sulle montagne della Sierra Maestra, da un movimento rivoluzionario guidato da Fidel Castro. Schierato inizialmente su posizioni democratico-riformiste, Castro avviò subito una riforma agraria che colpiva il monopolio esercitato dalla United Fruit Company sulla coltivazione della canna da zucchero, principale risorsa dell'isola. Gli Stati Uniti, che pure non avevano osteggiato la rivoluzione e avevano prontamente riconosciuto il nuovo regime, assunsero a questo punto un atteggiamento ostile e iniziarono un boicottaggio economico verso l'isola, imponendo l'*embargo* nei suoi confronti. Castro si rivolse allora all'Urss, che si impegnò ad acquistare lo zucchero cubano a prezzi molto superiori a quelli del mercato internazionale e a rifornire l'isola di petrolio e macchinari. Nel giro di pochi anni, il regime cubano, che aveva rotto le relazioni diplomatiche con gli Usa, si orientò sempre più decisamente in senso comunista. L'economia fu in gran parte statalizzata e venne istituito un regime a partito unico.

La sfida cubana

Le vicende cubane assunsero subito una portata che andava ben al di là di quella di un qualsiasi rivolgimento politico in un piccolo Stato del Centro America (lo si vide con la drammatica crisi dei missili del 1962 [▶18.9]). Per la prima volta, in un continente sotto tutela nordamericana e in un paese vicinissimo agli Stati Uniti, si affermava un regime marxista e filosovietico che mirava apertamente a esportare il suo modello rivoluzionario in tutto il Terzo Mondo. Divenne celebre lo slogan "creare due, tre, cento Vietnam" coniato da Ernesto "Che" Guevara, medico argentino che aveva preso parte alla guerriglia contro Batista e ricopriva ora ruoli di primo piano nel governo cubano. I successi in questo campo furono scarsi: nel 1967 lo stesso Guevara, che si era impegnato in prima persona nel tentativo di accendere focolai di guerriglia in America Latina, fu catturato e ucciso in Bolivia. In compenso, la sfida rivoluzionaria ebbe l'effetto di inasprire le tensioni interne nei paesi latino-americani e di fornire nuovi pretesti per gli interventi repressivi dei militari, già affermatisi in buona parte del Sud e del Centro America.

Il Cile da Allende a Pinochet

Nella prima metà degli anni '70, i militari assunsero il potere anche in paesi di tradizione democratica. Fu, per esempio, il caso dell'Uruguay, dove il regime liberale, indebolito da una gravissima crisi economica e dalle spettacolari azioni di guerriglia urbana messe in atto dal movimento clandestino dei *tupamaros*, fu rovesciato nel '73. Ma la vicenda più emblematica fu quella del Cile, dove nel 1970 il socialista Salvador Allende aveva assunto la presidenza, a capo di una coalizione di Unità popolare. Allende tentò di realizzare un programma di nazionalizzazioni e di radicali riforme sociali, ma dovette scontrarsi, oltre che con la debolezza della sua base elettorale (era stato eletto con circa un terzo dei voti), anche con una situazione economica ai limiti del dissesto, con l'opposizione della borghesia e con l'aperta ostilità degli Stati Uniti (che vedevano messi in pericolo i privilegi di alcune grandi *corporations*), nonché con le intemperanze estremiste di una parte dei suoi stessi seguaci. Nel settembre 1973 Allende fu rovesciato da un colpo di Stato militare e ucciso mentre tentava un'estrema resistenza nel palazzo presidenziale. Il potere fu assunto dal generale Augusto Pinochet, che schiacciò con la violenza ogni possibile opposizione e diede vita a un regime dai tratti duramente autoritari.

sommario

La seconda guerra mondiale sancì la definitiva crisi del colonialismo e l'affermazione, a livello internazionale, del principio di autodeterminazione. La Gran Bretagna procedette a una graduale abdicazione al proprio dominio, mentre la Francia oppose una tenace resistenza ai movimenti indipendentisti e praticò fino all'ultimo una politica "assimilatrice". La democrazia parlamentare di tipo europeo si affermò solo in pochi dei nuovi Stati indipendenti. Le ragioni furono molteplici: il peso di una tradizione diversa, i limiti delle classi dirigenti locali, la difficoltà di avviare un processo di sviluppo partendo da condizioni di grave arretratezza economica.

Nel 1947 raggiunse il suo compimento l'indipendenza dell'India, con la creazione di due Stati: l'Unione indiana, a maggioranza indù, e il Pakistan musulmano, paesi tra i quali la tensione sarebbe più volte sfociata in guerra. Vittima di queste tensioni fu anche il mahatma Gandhi, padre dell'indipendenza indiana e assertore della non violenza. Il primo capo del governo dell'India indipendente, Nehru, e poi dal 1964 sua figlia Indira Gandhi dovettero affrontare questo e numerosi altri problemi interni, ma seppero consolidare le istituzioni democratiche ereditate dalla Gran Bretagna.

Nel Sud-Est asiatico l'emancipazione dalle potenze coloniali si intrecciò con lo scontro fra le forze "nazionaliste", alleate con l'Occidente, e i movimenti comunisti, con esiti diversi. Lungo e combattuto fu il processo di emancipazione del Vietnam, conclusosi nel 1954 con gli accordi di Ginevra, che sancirono il ritiro dei francesi da tutta la penisola indocinese e la divisione provvisoria del Vietnam in due Stati: uno comunista al Nord, l'altro filo-occidentale al Sud.

La seconda guerra mondiale accelerò la decolonizzazione del Medio Oriente, ma lasciò irrisolto il nodo della Palestina, contesa fra arabi ed ebrei. Nel 1947 Londra annunciò il ritiro delle sue truppe dalla Palestina e rimise alle Nazioni Unite il compito di trovare una soluzione al problema. L'Onu approvò un piano di spartizione in due Stati, che venne però respinto dagli arabi. Nel maggio '48 gli ebrei proclamarono la nascita dello Stato di Israele e gli Stati arabi reagirono attaccandolo militarmente. La prima guerra arabo-israeliana si concluse con la sconfitta delle forze arabe. Circa 700 mila profughi abbandonarono i territori occupati da Israele riparando nei paesi vicini.

Nella prima metà degli anni '50 il nazionalismo arabo trovò una guida nell'Egitto, dove Nasser assunse il potere (1954). Il nuovo regime avviò una serie di riforme in senso socialista. Nel 1956 Nasser decise di nazionalizzare la Compagnia del Canale di Suez, dove britannici e francesi conservavano forti interessi. Allora Israele, d'intesa con i governi di Londra e Parigi, attaccò l'Egitto e lo sconfisse. Gli Stati Uniti, però, condannarono l'impresa e l'Unione Sovietica inviò un ultimatum alle potenze occidentali. Israele fu costretto a ritirarsi dal Sinai, mentre le truppe franco-britanniche abbandonavano la zona del Canale. L'effetto più immediato di questa crisi fu quello di rafforzare la posizione dell'Egitto e il prestigio di Nasser.

Particolarmente drammatico fu il processo di emancipazione in Algeria, per la presenza di oltre un milione di coloni francesi avversi all'indipendenza. Fu De Gaulle a capire che era ormai inevitabile rinunciare all'Algeria, riconoscendone l'indipendenza nel '62. In Libia, nel 1969, una rivoluzione portò al potere il colonnello Gheddafi, artefice negli anni successivi di un discusso esperimento di "socialismo islamico".

Negli anni '60-70 il Medio Oriente fu teatro di due successive guerre: la "guerra dei sei giorni" del '67 e la "guerra del Kippur" del '73. La guerra del '67, che si concluse con l'occupazione da parte di Israele di nuovi territori arabi, determinò il declino di Nasser e la radicalizzazione dei movimenti di resistenza palestinese, riuniti nell'Organizzazione per la liberazione della Palestina (Olp). Dopo l'espulsione dalla Giordania, dove aveva inizialmente posto le sue basi, l'Olp, guidata da Yasser Arafat, avrebbe esteso la lotta terroristica sul piano internazionale. La guerra del '73, iniziata dall'Egitto con un improvviso attacco a Israele, si concluse, grazie alla mediazione degli Usa, senza vincitori né vinti, ma fu all'origine del blocco petrolifero proclamato dai paesi arabi e del successivo aumento del prezzo del petrolio.

Il contrasto fra tradizionalismo e modernizzazione caratterizzò la storia dei due maggiori paesi musulmani non arabi del Medio Oriente, che non avevano conosciuto il dominio coloniale: la Turchia e l'Iran. Nel dopoguerra, la Turchia aderì al sistema di alleanze occidentale, mentre in politica interna proseguì il cammino di modernizzazione avviato da Atatürk. In Iran – un paese ricco di petrolio e sottoposto al regime autoritario dello scià (imperatore) Reza Pahlavi – fallì rapidamente l'esperimento di democratizzazione avviato nel 1951 dal primo ministro Mohammed Mossadeq: nel 1953 un colpo di Stato militare organizzato dai servizi segreti anglo-americani depose il primo ministro, che aveva tentato di nazionalizzare le compagnie petrolifere straniere, e restituì il potere assoluto allo scià.

A sud del Sahara, nell'Africa nera, il processo di decolonizzazione si compì fra la fine degli anni '50 e l'inizio degli anni '60. Fu un processo pacifico tranne in pochi casi, come quelli del Kenya, della Rhodesia del Sud o del Congo. Le nuove istituzioni politiche, ricalcate sui modelli europei, mostrarono una particolare fragilità, lasciando spesso il posto a regimi militari. Un caso a sé fu quello del Sudafrica, dove la minoranza bianca riuscì a conservare il potere praticando una politica di discriminazione (*apartheid*) ai danni della maggioranza nera.

Sul piano della politica internazionale, i paesi di nuova indipendenza cercarono una piattaforma comune – a partire dalla conferenza di Bandung del '55 – nel "non allineamento". Questi paesi, nonostante le differenze di condizioni economiche e ordinamenti politici, riconoscevano di avere interessi e aspirazioni comuni che non potevano essere contenuti nella logica della competizione fra i due blocchi: di far parte insomma di un "Terzo Mondo" distinto sia dall'Occidente capitalistico sia dall'Est comunista. Sul piano economico, i paesi del Terzo Mondo erano accomunati dalla realtà del sottosviluppo, ovvero dall'incapacità di risolvere i problemi di arretratezza economica resi ancor più gravi dall'aumento assai rapido della popolazione.

I paesi dell'America Latina godevano da tempo dell'indipendenza politica ma si trovavano in condizioni di dipendenza economica dagli Stati Uniti, che esercitavano una sorta di tutela su tutto il continente. La politica dell'America centrale e meridionale fu caratterizzata dall'alternanza di governi liberali e di regimi autoritari. Fra le esperienze più significative, quella del regime populista stabilito da Perón in Argentina negli anni '40 e '50 e quella tentata da Getulio Vargas in Brasile, entrambe fallimentari sul piano economico e stroncate da colpi di Stato militari. Di grande rilievo, per l'attrazione che esercitò in tutta l'America Latina, fu la rivoluzione cubana guidata da Castro (1959), che diede al nuovo regime un orientamento comunista. Negli anni '70 i militari assunsero il potere anche in un paese tradizionalmente democratico come il Cile, che aveva vissuto una breve stagione di radicali riforme socialiste sotto la guida di Salvador Allende.

bibliografia

Sulla decolonizzazione: R. Betts, *La decolonizzazione*, Il Mulino, Bologna 2007 (ed. or. 1998); B. Droz, *Storia della decolonizzazione nel XX secolo*, Mondadori, Milano 2010 (ed. or. 2006); D. Kennedy, *Storia della decolonizzazione*, Il Mulino, Bologna 2017 (ed. or. 2016).

Sull'India, si vedano i libri citati nella bibliografia del cap. 16.

Sulla guerra di indipendenza algerina: B. Stora, *La guerra d'Algeria*, Il Mulino, Bologna 2009 (ed. or. 1982); A. Brazzoduro, *Soldati senza causa. Memorie della guerra d'Algeria*, Laterza, Roma-Bari 2012.

Sul Medio Oriente e la nascita di Israele, oltre ai volumi citati nella bibliografia del cap. 16: B. Lewis, *La costruzione del Medio Oriente*, Laterza, Roma-Bari 2006 (ed. or. 1993); T. Segev, *Il settimo milione: come l'olocausto ha segnato la storia di Israele*, Mondadori, Milano 2002 (ed. or. 1993); C. Vercelli, *Israele. Storia dello Stato. Dal sogno alla realtà (1881-2007)*, Giuntina, Firenze 2007; Id., *Breve storia dello Stato d'Israele (1948-2008)*, Carocci, Roma 2008; A. Bregman, *La vittoria maledetta. Storia di Israele e dei territori occupati*, Einaudi, Torino 2017 (ed. or. 2014). Sul conflitto arabo-israeliano e la questione palestinese: G. Codovini, *Storia del conflitto arabo israeliano palestinese*, Bruno Mondadori, Milano 2007 (ed. or. 1999); B. Morris, *Vittime. Storia del conflitto arabo-sionista (1881-2001)*, Rizzoli, Milano 2010 (ed. or. 1999); I. Pappe, *Storia della Palestina moderna*, Einaudi, Torino 2014 (ed. or. 2002); J.L. Gelvin, *Il conflitto israelo-palestinese*, Einaudi, Torino 2007 (ed. or. 2005).

Sull'Africa: J. Ki-Zerbo, *Storia dell'Africa nera*, Einaudi, Torino 1977 (ed. or. 1972); A.M. Gentili, *Il leone e il cacciatore. Storia dell'Africa sub-sahariana*, Carocci, Roma 2008 (ed. or. 1995); G.P. Calchi Novati-P. Valsecchi, *Africa: la storia ritrovata. Dalle prime forme politiche agli Stati nazionali*, Carocci, Roma 2016 (ed. or. 2005); W. Speitkamp, *Breve storia dell'Africa*, Einaudi, Torino 2010 (ed. or. 2007); S. Bellucci, *Africa contemporanea. Politica, cultura, istituzioni a sud del Sahara*, Carocci, Roma 2010.

Sull'America Latina, oltre ai titoli già citati nella bibliografia del cap. 16: R. Nocera, *Stati Uniti e America Latina dal 1945 a oggi*, Carocci, Roma 2005; L. Zanatta, *Il peronismo*, Carocci, Roma 2008. Su Cuba: H. Thomas, *Storia di Cuba 1762-1970*, Einaudi, Torino 1973 (ed. or. 1971); R. Gott, *Storia di Cuba*, Mondadori, Milano 2008 (ed. or. 2004); I.M. Cannataro, *Il nazionalismo ai tempi di Fidel Castro. Rivoluzione, Stato, socialismo*, Rubbettino, Soveria Mannelli 2015. Sul Cile: L. Aguzzi, *Salvador Allende*, Ediesse, Roma 2003.

Per una visione complessiva dei rapporti tra gli Stati decolonizzati: G. Calchi Novati-L. Quartapelle (a cura di), *Terzo Mondo addio. La conferenza afro-asiatica di Bandung in una prospettiva storica*, Carocci, Roma 2007; V. Prashad, *Storia del Terzo Mondo*, Rubbettino, Soveria Mannelli 2009 (ed. or. 2007).

20. L'Italia repubblicana

20.1. L'Italia nel 1945

La Prima Repubblica

Nel giro di pochi anni, fra il 1945 e il 1949, l'Italia si lasciò alle spalle l'esperienza della dittatura fascista ed entrò in una nuova fase della sua storia unitaria. Guidata dai partiti che si erano opposti al regime mussoliniano, si diede un nuovo ordinamento repubblicano, una nuova Costituzione democratica e un nuovo sistema politico destinato a durare per quasi mezzo secolo e a dar forma a quella che, a partire dalle trasformazioni di fine '900, è stata definita "Prima Repubblica". Una vicenda lunga e complessa, segnata però da forti elementi di continuità. Prima di ripercorrere le tappe principali di questa vicenda, sarà utile vedere quali fossero le condizioni del paese a guerra appena terminata e quali le forze che si candidavano a governarlo.

Le distruzioni materiali

Con la fine del secondo conflitto mondiale, l'Italia aveva recuperato libertà e unità territoriale, anche se sotto la stretta tutela delle autorità di occupazione alleate. Ma la sua situazione era quella di un paese materialmente devastato. La produzione industriale era scesa a meno di un terzo di quella dell'anteguerra, quella agricola era più che dimezzata e il patrimonio zootecnico distrutto per tre quarti. La quantità media giornaliera di calorie a disposizione di ogni cittadino era meno della metà di quella del '38. L'inflazione era aumentata in modo vertiginoso: i prezzi al consumo erano cresciuti di 18 volte in sei anni, polverizzando i risparmi e ridimensionando drasticamente i salari reali. Il sistema dei trasporti era in buona parte disarticolato. Circa tre milioni di vani di abitazioni erano stati distrutti dai bombardamenti; i molti italiani rimasti senza casa erano costretti a coabitazioni forzate o cercavano rifugio nelle scuole e in altri edifici pubblici, trasformati in dormitori per gli "sfollati".

I problemi dell'ordine pubblico

La fame, la mancanza di alloggi e l'elevata disoccupazione contribuivano a rendere precaria la situazione dell'ordine pubblico. La fine della guerra aveva ridato slancio a una conflittualità sociale che gli stessi leader della sinistra faticavano a tenere a freno. Un serio problema era poi costituito da quegli ex partigiani che intendevano liquidare i conti del ventennio con misure di giu-

parola chiave

Mafia

La parola "mafia" (o "maffia"), termine dall'etimologia incerta, fece la sua comparsa nel dialetto siciliano, e poi nella lingua italiana, intorno alla metà dell'800; essa indicava una rete di associazioni legate da stretti vincoli gerarchici e da un codice d'onore fondato sull'omertà, che praticavano la violenza e l'intimidazione per trarne guadagni e vantaggi per i propri membri, ma anche per imporre, a livello locale, un proprio ordine, alternativo a quello dello Stato. In questo senso la parola ha poi goduto di larghissima fortuna, ben al di là dei confini nazionali (si è parlato, fra l'altro, di mafia russa e turca, cinese e giapponese), e viene oggi comunemente usata, assieme al derivato "mafioso", per indicare la tendenza a prevaricare, a sostituire il proprio potere a quelli istituzionali, valendosi di una rete di amicizie e complicità illegali.
Storicamente, le radici del fenomeno sono state individuate nella Sicilia semifeudale del '700 e dell'800: nelle "compagnie d'armi" al servizio dei signori, ma anche nelle corporazioni artigiane di Palermo e soprattutto nell'azione dei grandi affittuari (gabellotti) per il controllo del mondo contadino nella parte centro-occidentale dell'isola. Dopo l'Unità d'Italia, l'associazionismo mafioso si estese e si rafforzò anche come reazione alla più forte presenza dello Stato, diventando subito oggetto di studi e inchieste. Ma fu soprattutto dopo il 1893, con l'assassinio del direttore del Banco di Sicilia Emanuele Notarbartolo e il successivo processo che vide imputato come mandante il deputato Raffaele Palizzolo (sospettato di legami con la mafia), che il fenomeno assunse rilevanza nazionale, svelando i suoi stretti intrecci con la politica. Questi legami si intensificarono all'inizio del '900, mentre la mafia varcava l'Oceano inserendosi, tramite le comunità emigrate, nel "gangsterismo" nordamericano.
Nel 1926 il nascente regime fascista affrontò la questione, inviando a Palermo il prefetto Cesare Mori e investendolo di poteri straordinari

stizia sommaria nei confronti dei fascisti. Nelle regioni del Centro-Sud, fin dalla primavera del '44, contadini e braccianti avevano ripreso, come nel primo dopoguerra, a occupare terre incolte e latifondi. Ma la minaccia più grave, nel Mezzogiorno e nelle isole, veniva dalla malavita comune, in buona parte legata al contrabbando e alla borsa nera (ossia al commercio clandestino di generi razionati).

Sicilia: banditismo e separatismo

In Sicilia, in particolare, si assisteva a una ripresa in grande stile del fenomeno mafioso, favorita anche dal comportamento delle autorità militari americane, che non avevano esitato, al momento dello sbarco nell'isola, a servirsi di noti esponenti della malavita italoamericana per stabilire contatti con la popolazione.

parola chiave

per debellare la rete mafiosa, che fu in effetti colpita e decapitata, ma non del tutto estirpata. Quando molti esponenti della mafia italoamericana sbarcarono in Sicilia nel luglio 1943 assieme alle truppe statunitensi (e forse con l'appoggio delle autorità alleate), la rete fu rapidamente ricostituita e, nell'immediato dopoguerra, fu largamente usata come strumento della reazione padronale contro il movimento contadino.
Un ulteriore salto di qualità si ebbe a partire dagli anni '60, quando la mafia, originariamente espressione di una società contadina, si inserì, sfruttando anche i suoi collegamenti politici, nella speculazione edilizia per poi applicarsi con profitto al traffico internazionale degli stupefacenti, senza per questo rinunciare alle attività tradizionali, come il taglieggiamento delle attività commerciali (il "pizzo") richiesto come contropartita a una protezione imposta con la forza.
L'estendersi degli interessi mafiosi scatenò una serie di cruente lotte interne all'organizzazione, da cui uscì vincitore il gruppo dei "corleonesi" (così chiamati dal loro paese d'origine), guidato da Salvatore Riina e Bernardo Provenzano. Questi, a partire dalla fine degli anni '70, di fronte ai primi segnali di reazione da parte dei poteri pubblici, dopo anni di interventi scarsamente incisivi, reagirono scatenando una autentica guerra allo Stato che provocò molte vittime illustri, culminando, nel 1982, nell'uccisione del prefetto di Palermo Carlo Alberto Dalla Chiesa e, dieci anni dopo, nell'assassinio dei magistrati Giovanni Falcone e Paolo Borsellino. Da allora l'azione repressiva di polizia e magistratura ha fatto registrare non pochi successi, a cominciare dall'arresto di Totò Riina (in carcere dal 1993, morto nel 2017) e di Bernardo Provenzano (detenuto dal 2006 e deceduto nel 2016). Ma la mafia, in quanto fenomeno radicato nel territorio e dotato di estesi collegamenti internazionali, è ancora lontana dall'essere definitivamente estirpata.

Sempre negli anni dell'occupazione alleata, si era sviluppato in Sicilia un movimento indipendentista, strettamente legato agli agrari e alla vecchia classe dirigente prefascista e condizionato da una forte presenza mafiosa. Il movimento, che disponeva di un proprio esercito clandestino, fu affrontato con energia e stroncato dai governi del dopo-liberazione. Ma molti suoi aderenti rimasero alla macchia, dando vita ad alcuni fra i più gravi episodi di banditismo del dopoguerra (come quelli di cui fu protagonista, sui monti del Palermitano, la banda capeggiata da Salvatore Giuliano).

La frattura Nord-Sud

Fenomeni come questi erano solo i segni più evidenti della disgregazione morale, oltre che politica, in cui la guerra aveva gettato il paese. Le vicende seguite all'armistizio avevano fortemente appannato l'immagine del potere statale e avevano scavato nella compagine nazionale una profonda frattura che si sovrapponeva alle tradizionali spaccature fra Nord e Sud. A partire dal settembre '43, le due metà del paese avevano infatti vissuto due esperienze diverse. Da una parte, al Sud, l'occupazione alleata, la continuità istituzionale sotto il segno della monarchia, la sostanziale tenuta dei vecchi equilibri sociali. Dall'altra, nel Centro-Nord, l'occupazione tedesca, la guerra civile, un'insurrezione popolare in cui la lotta di liberazione nazionale si intrecciava alle istanze rivoluzionarie. Queste spinte al cambiamento si scontravano, inoltre, con la situazione obiettiva del paese nel contesto internazionale. L'Italia era una nazione sconfitta e occupata militarmente, dipendeva dagli aiuti alleati e non poteva dunque considerarsi completamente arbitra del proprio destino.

I partiti di sinistra

Il compito di affrontare questi problemi spettava in primo luogo ai partiti che si erano raccolti nel Comitato di liberazione nazionale [▸17.11] e che già esercitavano di fatto un ruolo di governo. Il ritorno alla vita democratica si era accompagnato a un'impetuosa crescita della partecipazione politica, che di per sé favoriva le forze organizzate su basi di massa cioè quelle che, per tradizione e per capacità organizzative, erano preparate a inquadrare grandi numeri di aderenti nelle loro strutture territoriali (sezioni e federazioni), facenti capo a un unico centro dirigente. I più attrezzati da questo punto di vista erano i partiti di sinistra: il Partito socialista, che portava allora il nome di Psiup, assunto nel '43, ed era guidato da Pietro Nenni; e il Partito comunista, nato nel 1921 da una scissione del Psi [▸12.3]. Il Partito socialista era storicamente il primo partito della classe operaia italiana, ma era diviso ancora una volta fra la tradizione riformista e le spinte rivoluzionarie, che lo portavano a mantenere uno stretto legame con i comunisti. Giocava inoltre a sfavore dei socialisti il ruolo non di primo piano svolto nella Resistenza. Al contrario, il Partito comunista traeva forza e credibilità proprio dal contributo offerto alla lotta antifascista. Il «partito nuovo» che Palmiro Togliatti aveva cercato di costruire dopo la "svolta di Salerno" [▶17.11] era un autentico partito di massa e aspirava a mantenere un ruolo di governo, senza però allentare il suo stretto legame con l'Urss e senza accantonare del tutto l'opzione rivoluzionaria.

La Democrazia cristiana

Fra gli altri partiti, l'unico in grado di competere con le sinistre sul piano dell'organizzazione di massa era la Democrazia cristiana. La Dc si richiamava all'esperienza del Partito popolare di Sturzo, ne ricalcava il programma, ispirato alla dottrina sociale cattolica [▶12.2] (rifiuto della lotta di classe, rispetto per il diritto di proprietà, apertura alle istanze di riforma agraria), e ne ereditava la base contadina e piccolo-borghese. Anche il gruppo dirigente, a cominciare dal segretario Alcide De Gasperi, veniva in buona parte da quel partito, ma era stato rafforzato dall'afflusso delle nuove leve cresciute politicamente durante il ventennio nelle file dell'Azione cattolica. La Dc godeva dell'appoggio della Chiesa, che aveva visto crescere il suo ruolo negli anni della guerra e poi della dissoluzione del potere statale; e anche per questo si presentava come la forza principale del fronte moderato.

Liberali e democratici

Il Partito liberale, che raccoglieva nelle sue file gran parte della classe dirigente prefascista, poteva contare su una serie di adesioni illustri (come quelle di Luigi Einaudi e Benedetto Croce), oltre che sul sostegno della grande industria e dei proprietari terrieri. Ma il rapporto personale e clientelare fra i leader liberali e la loro base elettorale era ormai definitivamente compromesso dopo vent'anni di dittatura fascista. Fra i partiti laici, il Partito repubblicano si distingueva per l'intransigenza sulla questione istituzionale (aveva infatti respinto ogni collaborazione con la monarchia, rifiutando persino di partecipare al Cln). In una posizione particolare, al confine fra l'area liberal-democratica e quella socialista, si collocava il Partito d'azione. Forte del prestigio che gli veniva dal notevole contributo dato alla lotta partigiana, il Pda si faceva promotore di ampie riforme sociali (nazionalizzazione dei grandi complessi industriali, riforma agraria, massimo sviluppo delle autonomie locali), ma era privo di una base di massa e faticava a trovare una sua identità, diviso com'era fra un'ala socialista e un'ala liberal-democratica. Si sarebbe presto sciolto, così come il piccolo Partito democratico del lavoro [▶17.11] che pure aveva fatto parte del Cln.

Le destre

Quanto alla destra vera e propria, essa appariva politicamente fuori gioco nel clima del dopo-liberazione. Assente ancora un movimento neofascista organizzato (solo nel dicembre '46 si sarebbe costituito il Msi, Movimento sociale italiano), gli elettori di destra si raccolsero in parte sotto le bandiere monarchiche e in parte contribuirono all'affermazione di un nuovo movimento: l'Uomo qualunque, fondato nel '45 dal commediografo Guglielmo Giannini. I *qualunquisti* rifiutavano qualsiasi caratterizzazione ideologica e si limitavano ad assumere le difese del cittadino medio (dell'"uomo qualunque", appunto), oppresso dalle tasse e dalla nuova "dittatura" dei partiti del Cln. Il movimento riscosse notevoli consensi, soprattutto presso la piccola e media borghesia del Centro-Sud. Ma presto sarebbe entrato in crisi, soprattutto per la confluenza dell'opinione pubblica moderata attorno alla Democrazia cristiana.

La Cgil unitaria

Un ruolo importante nell'Italia del dopoguerra fu svolto anche dalla Confederazione generale italiana del lavoro (Cgil), ricostituita su basi unitarie, nel giugno '44, nella Roma ancora occupata dai tedeschi. Le tre componenti – socialista, comunista e cattolica – erano rappresentate pariteticamente negli organi dirigenti, ma erano molto squilibrate fra loro come peso numerico (i comunisti erano di gran lunga i più forti, i cattolici nettamente i più deboli, soprattutto fra le categorie operaie). La loro convivenza non fu sempre facile e richiese un incessante lavoro di mediazione politica. La Cgil riuscì tuttavia, nel quadro di una linea complessivamente moderata, a realizzare alcune importanti e durevoli conquiste normative: il riconoscimento delle commissioni interne, che rappresentavano il sindacato all'interno delle aziende; l'introduzione di un meccanismo di scala mobile per l'adeguamento automatico dei salari al costo della vita; una nuova e più rigida disciplina dei licenziamenti; un maggior egualitarismo retributivo fra i lavoratori delle diverse categorie.

Da Parri a De Gasperi

La prima occasione di confronto fra i partiti del Cln all'indomani della liberazione si presentò al momento di scegliere il nuovo capo del governo. Dopo un lungo braccio di ferro fra socialisti e democristiani, l'accordo fu trovato sul nome di Ferruccio Parri, esponente del Partito d'azione e già capo militare della Resistenza. Parri cercò di promuovere la normalizzazione del paese e mise all'ordine del giorno lo spinoso problema dell'epurazione dei funzionari statali e dei grandi imprenditori più compromessi col fascismo. Annunciò inoltre una serie di provvedimenti volti a colpire con forti tasse le grandi imprese e a favorire le piccole e medie aziende. Ma in questo modo si attirò l'opposizione delle forze moderate, in particolare del Partito liberale, che nel novembre '45 tolse la fiducia al governo, determinandone la caduta. La Dc riuscì allora a imporre la candidatura del suo leader Alcide De Gasperi. Il nuovo governo si reggeva sempre sulla partecipazione di tutti i partiti del Cln, ma inaugurava una svolta di segno moderato destinata a rivelarsi irreversibile.

20.2. La Repubblica e la Costituente

Elezioni e referendum

All'inizio del 1946, dopo molti rinvii dovuti alla difficile situazione del paese (collegamenti precari, mancato ritorno di molti militari dai campi di prigionia), il governo fissò al 2 giugno la data per le elezioni dell'Assemblea costituente, che sarebbe stata incaricata di scrivere la nuova Costituzione italiana. Erano le prime consultazioni politiche libere dopo venticinque anni, e le prime in cui, grazie a un decreto emanato dal governo Bonomi nel febbraio 1944, avevano diritto a votare anche le donne. Si stabilì inoltre che in quello stesso giorno gli italiani e le italiane sarebbero stati chiamati a decidere direttamente, mediante referendum, se mantenere in vita l'istituto monarchico o fare dell'Italia una repubblica. Il 9 maggio, quando mancavano poche settimane al voto, Vittorio Emanuele III tentò di risollevare le sorti della dinastia sabauda, screditata dalla sua lunga collaborazione col regime fascista, e abdicò in favore del figlio Umberto II. Ma la mossa non ottenne gli effetti sperati.

I risultati del 2 giugno

Nelle votazioni del 2 giugno, caratterizzate da un'affluenza senza precedenti nella storia delle elezioni libere in Italia (circa il 90% degli aventi diritto), la repubblica prevalse con un margine abbastanza netto: 12.700.000 voti circa contro 10.700.000 per la monarchia. Il 13 giugno, dopo un vano tentativo dei monarchici di contestare la regolarità formale del voto, Umberto II partì per l'esilio in Portogallo. Si spezzava così definitivamente il legame fra l'Italia e la monarchia sabauda, che tanta parte aveva avuto nel processo di unificazione.

Nelle elezioni per la Costituente, la Dc si affermò come il primo partito col 35,2% dei voti, seguita a notevole distanza dal Psiup (20,7%) e subito dopo dal Pci (18,9%). L'Unione democratica nazionale, che raccoglieva i maggiori esponenti della classe dirigente liberale, ebbe un risultato modesto, come i qualunquisti e i monarchici. Il Partito d'azione raccolse solo l'1,5% dei voti, molto meno del vecchio Partito repubblicano (4,4%).

Nuovi equilibri e vecchie divisioni

Rispetto alle ultime elezioni prefasciste, era evidente il successo dei partiti di massa (Dc, Psiup e Pci raccolsero insieme i due terzi dei voti). E altrettanto evidente era la crisi dei vecchi gruppi liberal-democratici, ormai sostituiti dalla Dc nella rappresentanza dell'Italia moderata. La sinistra risultava complessivamente rafforzata, ma non tanto da diventare maggioritaria; e vedeva mutati i rapporti di forza al suo interno, col Psiup insidiato da vicino dal Pci. Nel complesso, i risultati mostravano che gli elettori italiani avevano voltato pagina rispetto all'esperienza fascista. Quegli stessi risultati, però, se analizzati regione per regione, rivelavano che la vittoria della Repubblica nel referendum si reggeva tutta sulle regioni settentrionali; e che anche il voto politico vedeva la sinistra in vantaggio nel Centro-Nord, ma debolissima nel Mezzogiorno.

La crisi dell'unità antifascista e la scissione socialista

Dopo le elezioni per la Costituente, democristiani, socialisti e comunisti continuarono a governare insieme, accordandosi sull'elezione del primo, e provvisorio, presidente della Repubblica, il liberale Enrico De Nicola. Ma la coabitazione al governo non eliminava i contrasti, originati, da un lato, dall'inasprirsi dello scontro sociale, dall'altro dal profilarsi della guerra fredda. A fare le spese di questa radicalizzazione fu soprattutto il Partito socialista, all'interno del quale si erano delineati due schieramenti: il primo, che faceva capo a Nenni, voleva conservare i caratteri classisti e rivoluzionari del partito, era favorevole all'"unità d'azione" col Pci e puntava, a livello internazionale, sull'alleanza fra l'Urss e le sinistre occidentali; il secondo schieramento, che era guidato da Giuseppe Saragat, si batteva invece per un allentamento dei legami col Pci e non nascondeva la sua ostilità verso il comunismo sovietico e la politica staliniana nell'Europa dell'Est. Nel gennaio 1947, in un congresso a Roma, l'ala guidata da Saragat abbandonò il Psiup (che riassunse il vecchio nome di Psi) e diede vita al Partito socialista dei lavoratori italiani (Psli) che, qualche anno più tardi, avrebbe assunto il nome di Partito socialdemocratico italiano (Psdi).

In maggio, traendo spunto dai contrasti in seno alla coalizione, De Gasperi diede le dimissioni e formò un nuovo governo di soli democristiani, rafforzato dall'apporto di "*tecnici*" di area liberal-democratica (come Luigi Einaudi al Bilancio e Carlo Sforza agli Esteri). Si chiudeva così, con i cattolici al potere e le sinistre all'opposizione, la fase della collaborazione governativa fra i tre partiti di massa.

20.3. La Costituzione e il trattato di pace

Genesi e caratteri della Costituzione

I contrasti politici culminati con l'esclusione delle sinistre dal governo non impedirono ai partiti antifascisti di mantenere quel minimo di solidarietà che era necessaria alla Repubblica per il varo della Costituzione repubblicana. L'Assemblea incaricata di dare al paese una nuova legge fondamentale, dopo lo Statuto albertino di cento anni prima, cominciò i suoi lavori il 24 giugno 1946 e li concluse il 22 dicembre 1947 con l'approvazione a larghissima maggioranza del testo costituzionale, che entrò in vigore dal 1° gennaio 1948. La Costituzione repubblicana si ispirava ai modelli democratici ottocenteschi per la parte riguardante le istituzioni e i diritti politici: essa dava vita a un sistema parlamentare, col governo responsabile di fronte alle due Camere (la Camera dei deputati e il Senato della Repubblica), entrambi titolari del potere legislativo, senza apprezzabili differenze di funzioni. Alle Camere, elette a suffragio universale, spettava il compito di scegliere, in seduta congiunta, un presidente della Repubblica con mandato settennale e con funzioni di garanzia e di rappresentanza dell'unità nazionale. Era inoltre previsto che un Consiglio superiore della magistratura assicurasse l'autonomia dell'ordine giudiziario, che una Corte costituzionale vigilasse sulla conformità delle leggi alla Costituzione, che le leggi potessero essere sottoposte a referendum abrogativo – diretto cioè all'annullamento di una legge o di alcune sue parti – dietro richiesta di almeno 500 mila cittadini, che la vecchia struttura centralistica dello Stato fosse spezzata grazie al nuovo istituto della regione, dotato di ampi poteri (anche legislativi).

Le norme relative al Consiglio superiore della magistratura, alla Corte costituzionale, al referendum e alle regioni erano però destinate a restare inattuate per molti anni, in assenza delle leggi applicative che dovevano essere approvate dal Parlamento. Non sempre, inoltre, avrebbero trovato riscontro nella realtà alcune affermazioni di principio in materia di diritti sociali, che erano il risultato della convergenza fra la Dc e i partiti di sinistra e che rappresentavano la maggiore novità rispetto ai modelli costituzionali ottocenteschi: fra l'altro, era sancito il "diritto al lavoro" ed era stabilito che il diritto di proprietà potesse essere limitato a vantaggio del benessere collettivo.

Il compromesso costituente

Nel complesso, i costituenti – preoccupati di allontanarsi il più possibile dall'esempio negativo dell'autoritarismo fascista – sentirono più l'esigenza di garantire spazi di rappresentanza a tutte le forze politiche, grandi e piccole, che non quella di assicurare stabilità al potere esecutivo. La scelta in favore di un modello parlamentare – unita a un sistema elettorale proporzionale (in cui ad ogni lista viene assegnato un numero di seggi proporzionale ai voti raccolti) – faceva infatti dei partiti i primi destinatari del consenso e dunque gli arbitri della politica italiana, spesso a scapito della tenuta dei governi. I partiti, del resto, erano considerati come il tramite più efficace fra i cittadini e le istituzioni, soprattutto se avevano una larga base popolare. Essi svolsero a loro modo una funzione educativa nei confronti dei ceti meno acculturati, offrendo un canale di partecipazione alla politica che contribuì al difficile processo di formazione di una cittadinanza repubblicana. Nel complesso, la Costituzione rappresentò un compromesso equilibrato fra le istanze delle diverse forze che avevano contribuito a realizzarla. Fu merito dei costituenti l'aver raggiunto questo risultato nonostante l'asprezza dei contrasti che si aprirono su singole questioni.

L'articolo 7

Lo scontro più clamoroso si verificò nel marzo '47, quando si discusse la proposta democristiana di inserire nella Costituzione un articolo (l'articolo 7) in cui si stabiliva che i rapporti fra Stato e Chiesa erano regolati dal concordato stipulato nel 1929 fra Santa Sede e regime fascista [▸15.1]. La proposta sembrava destinata a essere respinta. Ma all'ultimo momento, con una decisione che fece scalpore, Togliatti annunciò il voto favorevole del Pci, motivando la sua scelta con la volontà di rispettare il sentimento religioso della popolazione italiana e di non creare fratture in seno alle masse. L'articolo 7 fu così approvato, nonostante l'opposizione dei socialisti e degli altri partiti laici.

Il trattato di pace

Nel luglio di quello stesso 1947, l'Assemblea Costituente fu chiamata ad affrontare un'altra importante scadenza: la ratifica del trattato di pace che il governo aveva firmato in febbraio a Parigi con gli Stati vincitori della guerra mondiale. Non fu una decisione facile. L'Italia, nonostante gli sforzi del governo per veder riconosciuto il contributo fornito agli alleati fra il '43 e il '45, fu trattata a tutti gli effetti come una nazione sconfitta: si impegnò a pagare riparazioni agli Stati che aveva attaccato (Russia, Grecia, Jugoslavia, Albania, Etiopia), dovette ridurre la consistenza delle sue forze armate e perse tutte le sue colonie (anche se, nel 1950, avrebbe ottenuto per un decennio l'amministrazione fiduciaria della Somalia). Dal punto di vista territoriale, a ovest l'Italia non subì perdite di rilievo, salvo alcune rettifiche secondarie a favore della Francia. A nord profittò della condizione di inferiorità dell'Austria (considerata Stato sconfitto in quanto parte del Terzo Reich) per mantenere il confine al Brennero, impegnandosi però a concedere ampie autonomie all'Alto Adige. Molto dolorose furono invece le mutilazioni subìte sul confine orientale, dove l'Italia doveva misurarsi con uno Stato vincitore, la Jugoslavia.

Il dramma del confine orientale

L'esercito di liberazione jugoslavo comandato dal maresciallo Tito [▸17.6 e 18.4] aveva infatti occupato l'Istria e rivendicava il possesso di Trieste. L'occupazione aveva fatto riesplodere il conflitto fra italiani e slavi (sloveni e croati), esasperato dalla repressione condotta dal regime fascista contro le minoranze etniche. Nella primavera-estate del 1945 migliaia di italiani, a Trieste, a Gorizia e in molti centri dell'Istria, erano stati uccisi o deportati, con la generica accusa di complicità col fascismo. Molti di loro erano stati gettati, vivi o morti, nelle foibe, profonde cavità naturali dell'altopiano carsico comunemente usate come discariche. Anche a seguito di queste violenze, un gran numero di italiani della Venezia Giulia e della Dalmazia (circa 250 mila secondo stime attendibili) lasciarono le loro terre e ripararono per lo più in Italia. Il dramma del confine orientale si intrecciò così con le divisioni create dalla guerra fredda (fino alla rottura fra Tito e Stalin, la frontiera fra Italia e Jugoslavia coincideva con quella fra i due blocchi); e divenne un fattore di mobilitazione per le forze anticomuniste, che ebbero buon gioco nel denunciare la posizione ambigua del Pci e il suo sostanziale allineamento alle posizioni jugoslave.

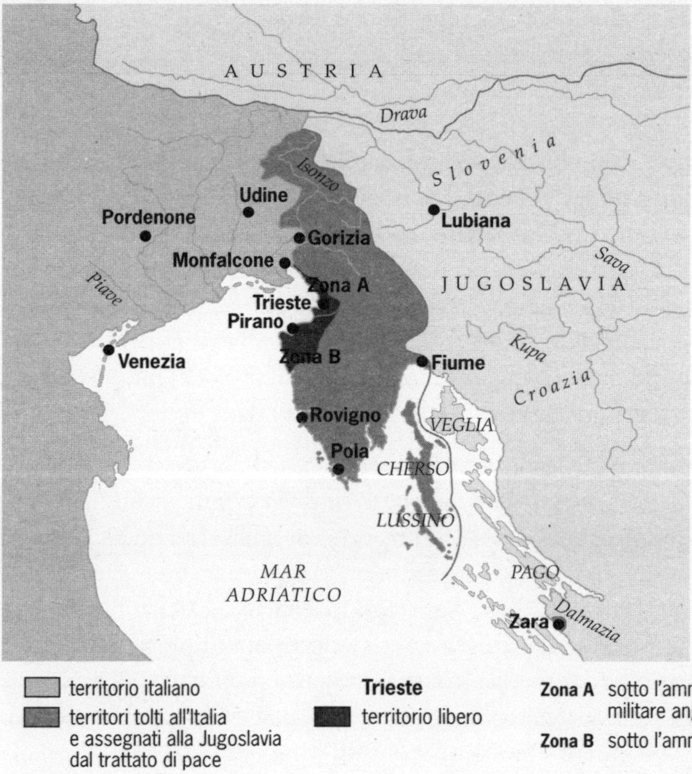

Istria e Trieste dopo la seconda guerra mondiale

La questione di Trieste

Alla fine del '46 fu attuata una sistemazione provvisoria, che lasciava alla Jugoslavia la penisola istriana, eccettuata una striscia comprendente Trieste e Capodistria, che avrebbe dovuto costituire il Territorio libero di Trieste. Il Territorio fu a sua volta diviso in una zona A (Trieste e dintorni) occupata dagli alleati e in una zona B tenuta dagli jugoslavi. Solo nell'ottobre 1954, dopo momenti di forte tensione fra Italia e Jugoslavia, si giunse a una spartizione di fatto, che sanciva il controllo jugoslavo sulla zona B e il passaggio dall'amministrazione alleata a quella italiana della zona A, ossia di Trieste, che veniva così riunita al territorio nazionale. Sarebbero passati ancora più di vent'anni perché si giungesse a un accordo (il trattato di Osimo del 1975) con cui le due parti riconoscevano ufficialmente i nuovi confini.

20.4. Il tempo delle scelte

Due schieramenti contrapposti

Il varo della Costituzione repubblicana fu l'ultima manifestazione significativa della collaborazione tra le forze antifasciste. Dall'inizio del '48, i partiti si impegnarono in una gara sempre più accanita in vista delle elezioni politiche, convocate per il 18 aprile di quell'anno, che avrebbero dato alla Repubblica il suo primo Parlamento. Caratteristica di questa campagna elettorale fu la polarizzazione fra due schieramenti contrapposti: quello governativo, guidato dalla Dc e comprendente anche i partiti laici minori (liberali, socialdemocratici e repubblicani, entrati nel dicembre '47 nel governo De Gasperi); e quello di opposizione, in cui Psi e Pci si presentavano con liste comuni sotto l'insegna del Fronte popolare. Gli elettori si trovarono così di fronte a un'alternativa secca, che lasciava scarsi margini alle posizioni intermedie: due schieramenti che si combattevano non solo sul piano delle scelte politiche, ma anche su quello delle visioni del mondo e delle scelte di campo internazionali dettate dalla guerra fredda.

La campagna elettorale

Nella sua campagna elettorale il partito di De Gasperi poté giovarsi dell'aiuto di due potenti alleati. La Chiesa, a cominciare dal pontefice Pio XII, si impegnò in una vera crociata anticomunista e mobilitò tutte le sue organizzazioni in una propaganda spesso grossolana, ma indubbiamente efficace, a sostegno della Dc. Decisivo fu anche l'appoggio degli Stati Uniti, che consentì ai democristiani di presentarsi come i più accreditati rappresentanti della massima potenza mondiale e di agitare la concreta minaccia di una sospensione degli aiuti del piano Marshall [▶ 18.3] in caso di vittoria delle sinistre. Giocavano quindi a favore della Dc, oltre alla paura di mutamenti radicali, e al tradizionale ossequio alla Chiesa di Roma, anche le prospettive di sviluppo e di benessere associate nella stessa mentalità popolare al legame con gli Stati Uniti.

Socialisti e comunisti risposero facendo appello ai lavoratori e insistendo sui toni democratici e populisti (il ritratto di Garibaldi fu scelto come contrassegno delle liste del Fronte) rispetto a quelli classisti e rivoluzionari. Ma la loro propaganda fu fortemente danneggiata da una stretta adesione alla causa dell'Urss e alla politica estera di Stalin, in un momento in cui l'immagine del comunismo sovietico era inevitabilmente associata a quanto stava accadendo nell'Europa dell'Est, in particolare in Cecoslovacchia [▶ 18.4].

La vittoria della Dc

Le elezioni si risolsero in un travolgente successo del partito cattolico, che ottenne il 48,5% dei voti e la maggioranza assoluta dei seggi alla Camera, attirando sulle sue liste i suffragi dell'elettorato moderato e anticomunista, istintivamente portato a concentrare i suoi voti sul partito più forte (le destre risultarono infatti in netto calo). Bruciante fu la sconfitta di socialisti e comunisti, che uniti ottennero il 31% contro il 39,6% del 1946. Il peso della sconfitta ricadeva per intero sul Psi, che vedeva più che dimezzata la sua rappresentanza parlamentare e pagava così l'allineamento sulle posizioni del Pci. Cadevano le speranze della sinistra di guidare la trasformazione del paese, mentre si rafforzava l'egemonia del partito cattolico, già delineatasi con l'avvento al governo di De Gasperi e ora sancita in modo inequivocabile dal responso delle urne.

L'attentato a Togliatti

L'insofferenza dei militanti di sinistra per questo risultato esplose tre mesi dopo le elezioni, quando, il 14 luglio del '48, il segretario comunista Togliatti fu ferito gravemente mentre usciva da Montecitorio da un giovane di destra che gli sparò alcuni colpi di pistola. In tutte le principali città, militanti dei partiti di sinistra scesero in piazza, scontrandosi con le forze dell'ordine. Ricomparvero armi e barricate e molte fabbriche furono occupate. Nella zona del Monte Amiata, in Toscana, il moto assunse un carattere insurrezionale. L'agitazione si esaurì in pochi giorni, anche per il comportamento prudente dei dirigenti comunisti e per l'appello alla calma lanciato dallo stesso Togliatti. Ma le tensioni nel paese risultarono ulteriormente esasperate.

La rottura dell'unità sindacale

Un'altra conseguenza delle giornate del luglio '48 fu la rottura all'interno della Cgil, che era stata ricostituita nel 1944 su basi unitarie [▶20.1]. La decisione della maggioranza socialcomunista del sindacato di proclamare uno sciopero generale in segno di protesta contro l'attentato a Togliatti, infatti, fornì alla componente cattolica l'occasione per dar vita a una nuova confederazione, la Cisl (Confederazione italiana sindacati lavoratori). Pochi mesi dopo i sindacalisti repubblicani e socialdemocratici fondarono una terza organizzazione, la Uil (Unione italiana del lavoro).

Le scelte di politica economica

Con le elezioni del 18 aprile '48, gli elettori italiani non solo scelsero il partito che avrebbe governato il paese negli anni a venire, ma si espressero anche in favore di un sistema economico e di una collocazione internazionale. Sul terreno della politica economica, i governi dell'immediato dopoguerra non introdussero riforme strutturali di rilievo: anche perché la corrente di pensiero dominante fra gli economisti vedeva nella pianificazione un prodotto dei regimi autoritari. Comunisti e socialisti, finché restarono al governo, si limitarono sostanzialmente a un'azione di difesa dei salari e dell'occupazione. Anche questa linea di resistenza cadde però con l'estromissione delle sinistre dal governo e la formazione del nuovo gabinetto De Gasperi, in cui il ministero del Bilancio era tenuto dall'economista liberale Luigi Einaudi.

La "linea Einaudi"

Mentre le sinistre si impegnavano in un'impopolare battaglia contro il piano Marshall, Einaudi attuò una manovra economica che aveva come scopi principali la fine dell'inflazione, il ritorno alla stabilità monetaria e il risanamento del bilancio statale. La manovra si attuò su tre distinti livelli: una serie di inasprimenti fiscali e tariffari; una svalutazione della lira (da 225 a 350 lire per un dollaro) che doveva favorire le esportazioni e incoraggiare il rientro dei capitali, attirati dal cambio favorevole; una energica restrizione del credito che limitò la circolazione della moneta e costrinse imprenditori e commercianti a mettere sul mercato le scorte accumulate in attesa di un aumento dei prezzi. Nel complesso, la "linea Einaudi" ottenne i risultati che si era prefissa: la lira recuperò potere d'acquisto, i capitali esportati rientrarono in Italia (soprattutto dopo le elezioni del '48), i ceti medi risparmiatori riacquistarono fiducia, gli stessi salariati si giovarono del calo dei prezzi. L'operazione ebbe però forti costi sociali, soprattutto sul versante della disoccupazione che, abolito il blocco dei licenziamenti, superò nel '48 i 2 milioni di unità. I fondi del piano Marshall (1300 milioni di dollari fra il '48 e il '51) furono utilizzati per finanziare le importazioni di derrate alimentari e materie prime, ma non per sviluppare la domanda interna. La durezza dello scontro sociale che ne scaturì non impedì comunque al paese di trovare lo slancio necessario per una ricostruzione più rapida del previsto: nel 1950 furono infatti raggiunti i livelli produttivi dell'anteguerra.

L'adesione alla Nato

L'adozione di un modello di sviluppo fondato sull'iniziativa privata, sia pur corretta dall'intervento pubblico, era anche il risultato di una crescente integrazione con le economie dell'Occidente capitalistico e contribuì a definire la collocazione internazionale del paese. Così, quando, alla fine del '48, furono gettate le basi per il Patto atlantico [▶ 18.4], il governo italiano, per volontà soprattutto di De Gasperi e del ministro degli Esteri Sforza, decise di accettare la proposta di adesione che era stata rivolta all'Italia, nonostante l'opposizione di socialisti e comunisti e le perplessità di una parte del mondo cattolico. L'adesione al Patto atlantico fu approvata dal Parlamento, dopo un acceso dibattito, nel marzo 1949. Col passare degli anni, la scelta sarebbe stata accettata anche da molte delle forze che l'avevano inizialmente contestata e sarebbe rimasta un punto fermo della politica estera italiana.

20.5. De Gasperi e il centrismo

I governi De Gasperi

I cinque anni della prima legislatura repubblicana (1948-53) segnarono il periodo di massima egemonia della Democrazia cristiana sulla vita politica nazionale. Nonostante potesse contare sulla maggioranza assoluta dei seggi alla Camera, la Dc mantenne l'alleanza con i partiti laici minori; appoggiò la candidatura alla presidenza della Repubblica del liberale Luigi Einaudi, eletto nel maggio 1948; associò ai suoi governi, sempre presieduti da De Gasperi, rappresentanti del Pli, del Pri e del

Psdi. Fu questa la formula del centrismo, che vedeva una Dc molto forte occupare il centro dello schieramento politico, lasciando fuori della maggioranza sia la sinistra socialcomunista, sia la destra monarchica e neofascista. Componente essenziale della politica centrista era una moderata dose di riformismo che rafforzasse la base di consenso popolare dei partiti di governo.

La riforma agraria

Da questo punto di vista, l'iniziativa più importante fu la riforma agraria del 1950, che prevedeva l'esproprio e il frazionamento di parte delle grandi proprietà terriere in ampie aree geografiche del Mezzogiorno e delle isole e anche del Centro-Nord (il delta del Po e la Maremma toscana). La riforma costituiva il primo tentativo di larga e profonda modifica dell'assetto fondiario mai attuato nella storia dell'Italia unita e andava incontro alle attese delle masse rurali del Centro-Sud, protagoniste, ancora alla fine degli anni '40, di alcuni drammatici episodi di lotta per la terra. Gli obiettivi a più lungo termine erano l'incremento della piccola impresa agricola e il rafforzamento del ceto dei contadini indipendenti, tradizionalmente considerato un fattore di stabilità sociale e largamente egemonizzato dalla Dc, attraverso la potente Confederazione dei coltivatori diretti. Questi obiettivi si sarebbero però rivelati illusori. Le nuove piccole aziende agricole si dimostrarono per lo più poco vitali. E la riforma non servì a contenere quel fenomeno di migrazione dalle campagne che, cominciato all'inizio degli anni '50, avrebbe assunto proporzioni imponenti alla fine del decennio.

La Cassa per il Mezzogiorno

Nell'agosto 1950, contemporaneamente alla riforma agraria, fu varata un'altra legge importante: quella che istituiva la Cassa per il Mezzogiorno, un nuovo ente pubblico che aveva lo scopo di promuovere lo sviluppo economico e civile delle regioni meridionali attraverso il finanziamento statale per le infrastrutture (strade, acquedotti, centrali elettriche) e il credito agevolato alle industrie localizzate nelle aree depresse. Un intervento imponente, che si prolungò per oltre un trentennio ed ebbe indubbi effetti positivi sull'economia meridionale e sul tenore di vita della popolazione, anche se non bastò a mettere in moto un autonomo processo di modernizzazione al livello della società civile e a colmare il divario con le regioni del Nord, che stavano intanto conoscendo un impetuoso sviluppo.

I primi interventi adottati dalla Cassa per il Mezzogiorno mirarono al miglioramento dell'agricoltura e alla costruzione di infrastrutture atte a favorire l'industrializzazione: strade, linee elettriche e acquedotti. A partire dal 1957 la politica della Cassa fu orientata verso il sostegno diretto, attraverso la concessione di crediti agevolati alle industrie che si fossero impiantate in aree prescelte dallo Stato, i cosiddetti poli di sviluppo. Nel giro di pochi anni grandi complessi industriali si insediarono a Taranto, Brindisi, Cagliari, Gela, Bagnoli, Pomigliano d'Arco e Pozzuoli.

Le resistenze della destra e l'opposizione delle sinistre

Le riforme varate dai governi centristi – accanto a quelle già citate si devono ricordare la legge Fanfani sul finanziamento alle case popolari e la riforma tributaria Vanoni, che introduceva per la prima volta l'obbligo della dichiarazione annuale dei redditi – furono fortemente avversate dalla destra: gli stessi liberali si ritirarono dal governo nel '50 in quanto contrari alla riforma agraria. D'altro canto le sinistre continuarono a condurre contro i governi De Gasperi un'opposizione dura, motivata anche dallo stato di disagio in cui ancora versavano le classi lavoratrici. Nonostante la forte ripresa produttiva iniziata nei primi anni '50, la disoccupazione si mantenne su livelli elevati e i salari restarono bassi. La politica economica del governo continuava infatti a basarsi sull'austerità finanziaria e sul contenimento dei consumi privati.

I partiti di sinistra e la Cgil reagirono mobilitando le masse operaie in una serie di scioperi e manifestazioni, che spesso si concludevano in scontri con le forze dell'ordine. A sua volta, il governo intensificò l'uso dei mezzi repressivi. Le forze di polizia furono potenziate con la creazione dei reparti celeri (ossia gruppi motorizzati di pronto intervento) impiegati esclusivamente nei servizi di ordine pubblico. Le armi da fuoco furono a volte usate contro i manifestanti, provocando non poche vittime. Comunisti e socialisti furono "schedati" e a volte discriminati negli impieghi pubblici. Il ministro degli Interni Mario Scelba, che tenne quasi ininterrottamente la carica fra il '47 e il '55, divenne, agli occhi dei militanti di sinistra, il simbolo di una politica illiberale e repressiva.

La "legge truffa"

Costretti a fronteggiare la pressione della sinistra e minacciati dalla crescita della destra, De Gasperi e i suoi alleati tentarono, nell'imminenza delle elezioni del '53, di rendere inattaccabile la coalizione centrista attraverso una modifica dei meccanismi elettorali. Il sistema scelto fu quello di assegnare il 65% dei seggi alla Camera a quel gruppo di partiti "apparentati" (ossia uniti da una preventiva dichiarazione di alleanza) che ottenesse almeno la metà più uno dei voti. Dal momento che né l'opposizione di sinistra né quella di destra potevano aspirare a raggiungere un simile risultato, il sistema sembrava costruito su misura per la maggioranza. Da qui le violente polemiche che accompagnarono la discussione in Parlamento della riforma elettorale, ribattezzata dalle sinistre "legge truffa". La legge fu approvata nel marzo '53, dopo una durissima battaglia parlamentare. Nelle elezioni che si tennero in giugno, però, la coalizione di governo fu sorprendentemente sconfitta: sia la Dc sia i suoi alleati persero consensi rispetto al '48, mentre ne guadagnarono monarchici e neofascisti. L'obiettivo del 50% fu mancato per poche decine di migliaia di voti. Il premio di maggioranza non scattò e, dopo le elezioni, la legge fu abrogata.

Sviluppo e riforme

Uscito di scena De Gasperi, che si dimise nel '53 e morì un anno dopo, i successivi governi a guida democristiana continuarono ad appoggiarsi sulla ormai esigua maggioranza centrista, rafforzata in qualche caso dall'apporto di voti monarchici e neofascisti. Frattanto, però, significative novità andavano maturando nelle istituzioni e nel governo dell'economia. La crescita economica si consolidava. E si rafforzavano di pari passo – grazie anche alla liberalizzazione degli scambi con l'estero attuata nei primi anni '50 dal ministro del Commercio estero, il repubblicano Ugo La Malfa – i legami con l'Europa più avanzata, che sarebbero poi stati ribaditi, nel marzo 1957, dall'adesione italiana alla Comunità europea [▸18.8]. Nell'estate 1955 fu presentato in Parlamento il cosiddetto piano Vanoni (dal nome dell'allora ministro del Bilancio), che indicava fra gli obiettivi prioritari della politica economica l'assorbimento della disoccupazione e la cancellazione del divario fra Nord e Sud.

Un'altra novità importante di questi anni, sul piano delle istituzioni, fu l'insediamento, nell'aprile '56, della Corte costituzionale [▸20.3]. Composta in parte da magistrati e in parte da membri nominati dal Parlamento e dal presidente della Repubblica, la Corte avrebbe svolto una funzione importante nell'adeguare la vecchia legislazione ai princìpi costituzionali e nel far cadere alcune fra le norme più autoritarie varate in periodo fascista. Due anni dopo (1958) si sarebbe insediato il Consiglio superiore della magistratura, anch'esso previsto dalla Costituzione.

Verso nuovi equilibri

Cambiamenti importanti si registrarono anche nei principali partiti. Nella Democrazia cristiana emergeva la nuova generazione cresciuta nell'Azione cattolica degli anni '30, legata alle problematiche del cattolicesimo sociale e favorevole all'intervento statale nell'economia. Il principale esponente di questa generazione, Amintore Fanfani, divenuto segretario nel 1954, cercò di rafforzare la struttura organizzativa del partito e di svincolarlo dai condizionamenti dell'industria privata, collegandolo più strettamente alle imprese di Stato: in particolare all'Eni (Ente nazionale idrocarburi, azienda pubblica attiva nel settore del petrolio e dei gas naturali) di Enrico Mattei, un abile e dinamico manager che esercitò in questi anni una notevole influenza sul mondo politico. Nel dicembre '56 fu creato il ministero delle Partecipazioni statali, col compito di coordinare l'attività delle aziende di Stato: era il segno di una nuova volontà del potere politico di intervenire più incisivamente nella gestione dell'economia.

La svolta autonomista del Psi

Frattanto, soprattutto dopo le elezioni presidenziali del 1955 – che videro la vittoria di Giovanni Gronchi, democristiano di sinistra, votato anche da socialisti e comunisti – cominciavano a delinearsi significativi mutamenti negli scenari politici nazionali, rimasti a lungo bloccati nelle contrapposizioni della guerra fredda. Un passaggio importante verso nuovi equilibri fu rappresentato dalle ripercussioni dei fatti d'Ungheria del 1956 [▸18.7]. Mentre il Pci approvò l'intervento sovietico, il Psi lo condannò. Fu Pietro Nenni, leader del partito ai tempi del Fronte popolare, a guidare la svolta autonomista, con cui il Psi si rendeva disponibile a una collaborazione con la Dc e i partiti laici. Si creavano così le premesse politiche per una apertura a sinistra. Né mancavano i margini economici per una politica di riforme, dato che il paese stava cominciando a vivere il più rapido boom industriale della sua storia.

20.6. Il "miracolo economico"

Il boom industriale

Già dall'inizio degli anni '50, una volta esaurite le urgenze della ricostruzione, l'economia italiana aveva cominciato a crescere a ritmi mai conosciuti in passato. Questo processo giunse al culmine fra il 1958 e il 1963: gli anni del "miracolo economico", in cui l'Italia, con un tasso di sviluppo inferiore in Europa solo a quello tedesco, ridusse significativamente il divario che la separava dalla maggior parte dei paesi industrializzati. Il *prodotto interno lordo*, che fra il '51 e il '58 era cresciuto a un tasso medio annuo del 5,3%, nel quinquennio successivo progredì ulteriormente a un ritmo del 6,5%. Fra il '51 e il '63, il prodotto pro capite crebbe mediamente del 5,8% all'anno. Lo sviluppo interessò soprattutto l'industria

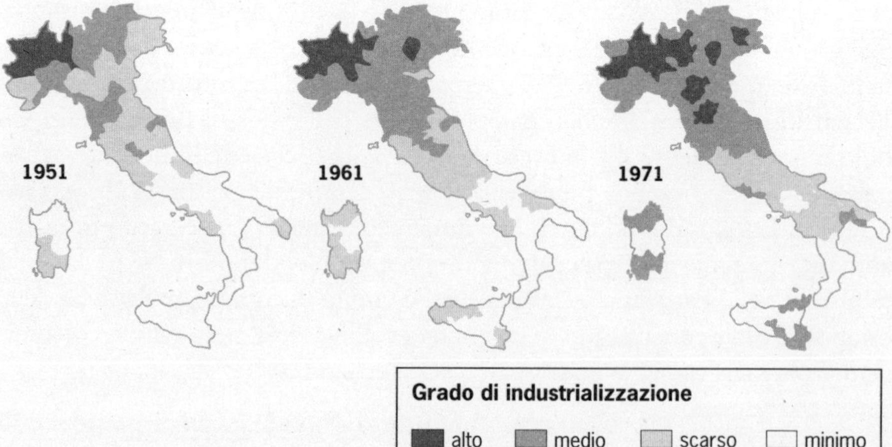

Diffusione territoriale e crescita dell'industrializzazione nelle province italiane (censimenti 1951, 1961, 1971)

manifatturiera, che nel '61 giunse a triplicare la sua produzione rispetto al periodo prebellico: un incremento particolarmente significativo si verificò nei settori siderurgico, meccanico e chimico, dove più ampio fu il rinnovamento degli impianti e delle tecnologie. La crescita industriale fu alimentata dallo sviluppo delle esportazioni, soprattutto nei settori degli elettrodomestici e dell'abbigliamento. La diffusione dei prodotti italiani, la solidità della lira, la stabilità dei prezzi, ma anche alcuni eventi extraeconomici, come il successo organizzativo delle Olimpiadi di Roma nel 1960 o le celebrazioni del centenario dell'Unità nel 1961, contribuirono a rafforzare l'immagine di un'Italia ormai avviata verso nuove prospettive di benessere.

I fattori del miracolo

Molti i fattori all'origine del miracolo: innanzitutto l'Italia poté inserirsi nella fase di crescita delle economie occidentali [▶21.2]; contarono poi la politica di libero scambio avviata negli anni '50, la modesta entità del prelievo fiscale e, soprattutto, lo scarto fra l'aumento della produttività e il basso livello dei salari che consentì alti profitti e tassi di investimento molto elevati. La compressione salariale era il risultato di una larga disponibilità di manodopera a basso costo, dovuta, a sua volta, al costante flusso migratorio dalle zone depresse a quelle più progredite. L'agricoltura, che nel '51 assorbiva ancora quasi il 45% degli occupati, passava dieci anni dopo al 30% (e la percentuale sarebbe scesa ulteriormente negli anni successivi). Nello stesso periodo l'industria saliva dal 29 al 37% e i servizi dal 27 al 32%. Fu allora che, anche sotto questo aspetto, l'Italia divenne un paese industriale. Limitata, invece, fu la modernizzazione delle attività agricole, che mantennero in questo periodo un tasso di sviluppo modesto – circa il 3% contro il 9% dell'industria – e una scarsa produttività.

Una battuta d'arresto

La crescita economica, favorita all'inizio dal basso livello delle retribuzioni, si accompagnò, nella sua fase più intensa, a un netto miglioramento delle condizioni dei lavoratori. Il calo della disoccupazione, conseguenza dello sviluppo industriale, accrebbe la capacità contrattuale dei sindacati, che riuscirono a ottenere notevoli miglioramenti salariali. Questi aumenti, necessari anche per sviluppare il mercato interno, ebbero però l'effetto di ridurre i margini di profitto e di mettere in moto un processo inflazionistico. Così, nel 1963-65, il "miracolo italiano" conobbe una battuta d'arresto. La crescita riprese a partire dal '66, anche se a ritmi più lenti.

Migrazioni e urbanizzazione

Negli anni del boom, la società italiana subì una serie di profonde trasformazioni, che cambiarono il volto del paese e le abitudini dei suoi cittadini forse più di quanto non fosse avvenuto nei precedenti cent'anni di storia unitaria. Col "miracolo economico" l'Italia si lasciò alle spalle le strutture e i valori della società contadina ed entrò nella civiltà dei consumi [▸21.3]. Vi entrò disordinatamente, senza aver superato i suoi storici squilibri territoriali, che anzi nell'immediato apparvero aggravati. Il fenomeno più importante e più vistoso di questi anni fu il massiccio esodo dal Sud verso il Nord e dalle campagne verso le città. Fra il '51 e il '61, circa 2 milioni di persone abbandonarono il Mezzogiorno. In tutto il paese il ceto dei coltivatori diretti subì una drastica riduzione, mentre aumentavano la piccola borghesia urbana e la classe operaia. Sempre fra il '51 e il '61, la popolazione residente in città con più di 300 mila abitanti passò da 6.847.000 a 9.190.000. La popolazione di Milano crebbe del 22%, quella di Roma del 27%, quella di Torino (sede della maggior industria nazionale, la Fiat) di circa il 40%. La crescita delle città, anche di quelle non industriali, si accompagnò fra il '51 e il '63 a un fortissimo incremento dell'occupazione nei settori del commercio (+100%) e dell'edilizia (+84%). Nello stesso periodo l'occupazione nell'industria manifatturiera aumentò del 40%.

I costi della modernizzazione

Le grandi migrazioni interne e la rapida urbanizzazione erano indubbiamente il segno di un progresso economico del paese: l'emigrazione verso l'estero, ancora molto elevata per tutti gli anni '50, si ridusse fino a scomparire, i livelli di istruzione migliorarono significativamente e la dieta degli italiani divenne più ricca, soprattutto per quanto riguardava il consumo di carne. Ma i costi umani e sociali furono pesanti. L'espansione delle città avvenne spesso in forme caotiche, senza un adeguato intervento dei poteri pubblici. Il difficile inserimento degli immigrati meridionali nei grandi centri industriali mise in evidenza il divario – che investiva anche i modi di vivere e i modelli culturali – fra il Nord e il Sud del paese. Tuttavia, in quegli stessi anni, le differenze nei comportamenti sociali cominciarono ad attenuarsi: ebbe inizio un processo di integrazione legato alle comuni esperienze lavorative, ma favorito anche, per le generazioni più giovani, dalla scolarizzazione e, per l'insieme della popolazione, dalla diffusione di alcuni consumi di massa.

Televisione e automobile

La televisione e l'automobile furono gli strumenti e i simboli principali di questo cambiamento. I primi apparecchi televisivi entrarono nelle case degli italiani a partire dal 1954, con l'inizio di regolari trasmissioni da parte della Rai, l'ente di Stato che già deteneva il monopolio dell'emittenza radiofonica. Ma il boom della televisione cominciò alla fine del decennio, in coincidenza col "miracolo economico": nel 1955 c'erano 4 apparecchi ogni 1000 abitanti, 43 nel '60, 117 nel '65. La televisione non era solo un nuovo e pervasivo mezzo di svago: era anche un veicolo attraverso cui passavano una lingua comune (la lingua nazionale, che solo in questi anni si affermò nell'uso parlato, a scapito dei dialetti) e nuovi modelli culturali di massa.

Anche il boom della motorizzazione privata cominciò nella seconda metà degli anni '50; e coincise col grande successo delle nuove utilitarie prodotte dalla Fiat: la Seicento e la Cinquecento. Dalle 18 automobili ogni 1000 abitanti del 1955 si passò alle 105 di dieci anni dopo. L'espansione dell'industria automobilistica nazionale fu incoraggiata anche dallo Stato, attraverso la costruzione di una grande rete autostradale che sarebbe stata completata a metà degli anni '70.

20.7. Il centro-sinistra e le riforme

Una svolta politica

All'inizio degli anni '60 i mutamenti economici e sociali legati al "miracolo italiano" si accompagnarono all'allargamento delle basi del sistema politico, con l'ingresso dei socialisti nell'area di governo. Si trattò del primo importante mutamento negli equilibri politici italiani dopo la rottura della coalizione tripartita nel '47 e il trionfo democristiano nelle elezioni del '48. Fu una scelta sofferta e contrastata; e maturò per gradi, attraverso una sequenza di eventi anche drammatici. Non fu un mutamento traumatico, anche perché non nacque da un capovolgimento dei rapporti di forza elettorali, ma da una scelta operata a livello dei gruppi dirigenti dei partiti interessati. Eppure esso suscitò, soprattutto nella sua fase iniziale, molte speranze di rinnovamento e anche, nell'opinione pubblica moderata, molti timori. L'apertura a sinistra fu a lungo osteggiata dalla destra economica e da una larga parte della stessa Democrazia cristiana. Opposizioni e perplessità nei confronti del nuovo corso si manifestarono anche in Vaticano e negli ambienti diplomatici statunitensi, prima dell'avvento di Kennedy alla presidenza.

La crisi Tambroni

Nella primavera 1960 il presidente del Consiglio incaricato Fernando Tambroni, non riuscendo a trovare l'accordo con socialdemocratici e repubblicani (che avrebbero voluto accelerare i tempi dell'apertura a sinistra), formò ugualmente un governo "monocolore", composto da soli democristiani con l'appoggio determinante del Movimento sociale italiano: questa scelta suscitò le proteste dei partiti laici e della stessa sinistra della Dc, i cui rappresentanti si dimisero dal governo. La tensione esplose alla fine di giugno, quando il Msi fu autorizzato a tenere il suo congresso nazionale a Genova, nonostante l'opposizione delle forze democratiche cittadine. La decisione, che fu interpretata dalla sinistra come un prezzo pagato da Tambroni per l'appoggio parlamentare dei neofascisti e come una sfida alle tradizioni operaie e antifasciste della città, suscitò un'autentica rivolta popolare: per tre giorni (dal 30 giugno al 2 luglio 1960) operai e militanti dei partiti di sinistra si scontrarono duramente con la polizia che cercava di garantire lo svolgimento del congresso. Alla fine il governo cedette e il congresso fu rinviato. Ma altre manifestazioni antigovernative dilagate in molte città, fra cui Roma, furono represse aspramente, in qualche caso con le armi, provocando una decina di morti (cinque nella sola Reggio Emilia). In un clima di sollevazione dell'opinione pubblica di sinistra, Tambroni fu sconfessato dalla stessa Dc e costretto a dimettersi. Con lui cadde ogni ipotesi di governo appoggiato dall'estrema destra.

I governi Fanfani

Per superare la crisi, fu formato un nuovo governo monocolore presieduto da Fanfani, che ottenne, nell'agosto '60, l'astensione dei socialisti nel *voto di fiducia* in Parlamento, aprendo così la stagione politica del centro-sinistra. La nuova alleanza fu sancita dal congresso della Dc che si tenne nel gennaio '62, grazie alla sapiente regia del segretario Aldo Moro, che riuscì a far accettare la svolta al grosso del suo partito. Un nuovo governo Fanfani, formatosi nel marzo '62 e composto da Dc, Pri e Psdi, si presentò con un programma concordato col Psi. Fu proprio in questa fase (in cui i socialisti non facevano parte del governo) che la svolta di centro-sinistra, ancora incompiuta sul piano della composizione dell'esecutivo, conseguì i risultati più importanti.

Il programma del centro-sinistra

Il programma di governo prevedeva infatti la realizzazione della scuola media unificata, l'attuazione dell'ordinamento regionale previsto dalla Costituzione, una più efficace tassazione dei titoli azionari e la nazionalizzazione dell'industria elettrica. Queste due ultime riforme, che erano state da tempo richieste dai socialisti come condizione per il loro ingresso nella maggioranza, miravano a introdurre dei correttivi nella struttura del capitalismo italiano e si inquadravano nel tentativo di dare avvio a una programmazione economica, nucleo qualificante e obiettivo prioritario del disegno riformatore: un disegno che mirava a potenziare gli strumenti dell'intervento statale sull'economia, al fine di ridurre gli squilibri della società italiana, e soprattutto il divario fra Nord e Sud.

Le prime riforme

La nazionalizzazione dell'industria elettrica fu portata a compimento, pur fra molte difficoltà, nel novembre 1962, con la creazione dell'Ente nazionale per l'energia elettrica (Enel). Nel dicembre 1962 fu approvata la legge di riforma che istituiva la scuola media unica, abolendo gli istituti di avviamento professionale (destinati, nel vecchio ordinamento, a coloro che non avevano la possibilità di proseguire gli studi). Breve vita ebbe invece la nuova tassazione dei titoli azionari, che fu radicalmente modificata già nel '64 dopo una fase di caduta della Borsa e di fuga all'estero dei capitali. L'attuazione delle regioni, temuta dalla Dc perché avrebbe rafforzato le sinistre al livello del potere locale, fu rinviata. Quanto alla politica di programmazione, essa non riuscì mai a tradursi compiutamente in pratica e rimase il simbolo più evidente dell'utopia riformatrice del primo centro-sinistra. Tale politica avrebbe richiesto infatti consensi politici e sindacali più ampi di quelli rappresentati dalle forze di governo, peraltro largamente divise. Il contrasto non riguardava solo la quantità e la portata delle riforme, ma anche le priorità da introdurre nella politica di programmazione, che per i socialisti doveva privilegiare gli investimenti e la spesa sociale, mentre per i repubblicani (guidati dal ministro del Bilancio Ugo La Malfa) comportava anche un controllo della dinamica salariale (la cosiddetta politica dei redditi), al fine di commisurarla alla crescita produttiva e di contenere così i processi inflazionistici.

Le elezioni del '63 e il centro-sinistra "organico"

I contrasti nella maggioranza furono esasperati dall'esito delle elezioni dell'aprile '63. La perdita di voti di democristiani e socialisti, il successo dei liberali, che si erano opposti all'apertura a sinistra, e il rafforzamento dei comunisti accentuarono le resistenze moderate in seno alla Dc e inasprirono le divisioni interne del Psi. Un governo di centro-sinistra "organico" (cioè con la partecipazione di ministri socialisti accanto a quelli democristiani, socialdemocratici e repubblicani) si formò solo nel dicembre 1963 sotto la presidenza di Moro e nacque su basi più moderate rispetto al precedente governo Fanfani.

Il blocco delle riforme

A partire dal '63 il processo riformatore fu praticamente bloccato, anche per il manifestarsi dei primi segni di sofferenza dell'economia, che sembravano suggerire una politica più cauta. Inoltre, si faceva sempre sentire il peso delle forze ostili al centro-sinistra, che annoveravano tra le loro file, oltre alla destra economica, anche le alte gerarchie militari (tre anni dopo, un'inchiesta giornalistica avrebbe denunciato addirittura una minaccia di colpo di Stato nell'estate del '64) e lo stesso presidente della Repubblica, il democristiano Antonio Segni. In realtà gli ostacoli più seri a una politica radicalmente riformatrice venivano dall'interno della coalizione governativa, in particolare dall'esigenza della Dc di mantenere unito il composito fronte di forze economiche e sociali che costituiva la sua base di consenso: un fronte in cui le istanze di rinnovamento erano nettamente minoritarie rispetto al peso dei gruppi moderati che avevano accettato a malincuore la politica di centro-sinistra. Nell'atteggiamento della Dc agivano anche la visione solidaristica della politica e il rifiuto ideologico di scelte radicali che erano tipici del modo di operare di un leader come Moro, incline a risolvere i contrasti col compromesso e la mediazione (anche a costo di un progressivo svuotamento dei contenuti originari del programma di governo).

Le divisioni nella sinistra

Se la Dc riuscì in questo modo a mantenere la sua unità, il Psi pagò la partecipazione al governo con una nuova scissione: nel gennaio 1964 la minoranza di sinistra, che si opponeva alla scelta governativa, diede vita al Partito socialista di unità proletaria (Psiup). Una perdita solo in parte compensata dalla riunificazione col Partito socialdemocratico (ottobre 1966), che peraltro durò poco: i due partiti si sarebbero nuovamente separati tre anni dopo, anche in seguito all'esito deludente delle elezioni del 1968.

Crescita e isolamento del Pci

All'indebolimento dei socialisti faceva riscontro la lenta ma regolare crescita del Pci. Nell'agosto 1964 Togliatti morì durante un soggiorno in Urss, lasciando al partito una difficile eredità ma indicando, nel cosiddetto memoriale di Yalta (una specie di testamento politico redatto alla vigilia della morte), una linea che riaffermava l'originalità della «via italiana al socialismo». I funerali di Togliatti, che si tennero a Roma, furono un esempio emblematico del larghissimo seguito e delle grandi capacità organizzative di un partito che, con oltre il 25% dei voti, restava tuttavia in una posizione di marcato isolamento. Un isolamento non attenuato dal contributo determinante dei voti comunisti all'elezione alla presidenza della Repubblica del leader socialdemocratico Giuseppe Saragat, nel dicembre '64.

Nonostante le difficoltà incontrate fin dai suoi esordi, la formula di centro-sinistra sarebbe durata, con fasi alterne e interruzioni, per oltre un decennio, con i governi presieduti fino al '68 da Moro, poi da Mariano Rumor e da Emilio Colombo. Progressivamente, però, si sarebbe esaurita, rivelandosi inadeguata a fronteggiare i problemi di una società sempre più articolata e percorsa da un'elevata conflittualità politica e sindacale.

sommario

Le condizioni in cui versava l'Italia alla fine della guerra erano molto gravi. L'apparato produttivo era stato fortemente colpito. Ingenti anche i danni subìti dall'edilizia, elevatissima l'inflazione. La maggioranza della popolazione risentiva della scarsità di cibo e abitazioni. La disoccupazione aveva raggiunto livelli preoccupanti. Numerosi erano anche i problemi d'ordine pubblico: difficoltà nella smobilitazione dei partigiani, occupazione delle terre, borsa nera. Il ritorno della democrazia determinò una crescita della partecipazione politica. La Democrazia cristiana, perno del fronte moderato, era l'unico partito in grado di competere con socialisti e comunisti sul piano dell'organizzazione di massa. Molto minor seguito avevano i liberali, i repubblicani e il Partito d'azione. A destra il movimento dell'Uomo qualunque ebbe, per breve tempo, notevole successo. Il primo governo dell'Italia liberata, basato sulla coalizione fra i partiti del Cln, fu presieduto da Ferruccio Parri. Nel novembre '45 la guida del governo passò a De Gasperi, leader della Dc.

Il 2 giugno 1946 un referendum popolare sancì la vittoria della Repubblica e la fine della monarchia. Nello stesso giorno si tennero le elezioni per l'Assemblea costituente, che videro il successo dei tre partiti di massa e, soprattutto, della Dc, che divenne il partito di maggioranza relativa. Nel '46-47 i contrasti fra i partiti della coalizione antifascista si approfondirono. Le accresciute tensioni interne e internazionali provocarono, nel gennaio '47, la scissione del Partito socialista:

l'ala contraria alla stretta alleanza col Pci fondò il Partito socialista dei lavoratori italiani (poi Partito socialdemocratico). A maggio De Gasperi estromise socialisti e comunisti dal governo e formò un ministero "monocolore".

I contrasti tra i partiti non impedirono il varo della nuova Costituzione repubblicana, approvata alla fine del 1947 ed entrata in vigore dal 1° gennaio 1948. La Costituzione affiancava agli istituti tipici di un sistema democratico-parlamentare alcuni importanti princìpi di tipo sociale come il diritto al lavoro. Sempre nel 1947 l'Italia firmò il trattato di pace, che comportava la rinuncia alle colonie e all'Istria, il mantenimento dell'Alto Adige e secondarie rettifiche di confine a favore della Francia. Restava aperta la questione del confine orientale, dove il contrasto fra italiani e slavi alimentò una catena di sanguinose vendette e spinse circa 250 mila italiani della Venezia Giulia e della Dalmazia ad abbandonare le loro terre. Solo nel 1954 l'Italia raggiunse l'accordo con la Jugoslavia sulla questione di Trieste, che fu così riunita all'Italia.

La campagna per le elezioni parlamentari del 18 aprile '48 vide una forte contrapposizione tra il Fronte popolare (socialisti e comunisti) e la Dc. I democristiani ottennero un grande successo, anche grazie all'appoggio della Chiesa e degli Stati Uniti. Dopo le elezioni De Gasperi diede vita a una coalizione centrista che vedeva la Dc alleata con liberali, repubblicani e socialdemocratici. Sul piano della politica economica, i governi postbellici non introdussero novità significative, preoccupandosi soprattutto di risanare il bilancio dello Stato e di contenere l'inflazione. Dopo l'estromissione delle sinistre dal governo, questa politica si affermò pienamente, ad opera del ministro del Bilancio Einaudi: il successo della sua linea di risanamento finanziario ebbe comunque forti costi sociali, soprattutto in termini di disoccupazione. Nel 1949 l'appartenenza dell'Italia al blocco occidentale ottenne una sanzione sul piano militare con l'adesione al Patto atlantico.

Dopo le elezioni del '48, si affermò la formula del centrismo, che vedeva una Dc molto forte occupare il centro dello schieramento politico, lasciando fuori della maggioranza sia la sinistra socialcomunista, sia la destra monarchica e neofascista. Componente essenziale della politica centrista era un riformismo moderato. I cinque anni della prima legislatura repubblicana (1948-53), in cui De Gasperi tenne la guida del governo, videro importanti interventi sociali, come la riforma agraria e l'istituzione della Cassa per il Mezzogiorno. La linea di austerità finanziaria e contenimento dei consumi perseguita dal governo suscitò numerose proteste di piazza cui le forze dell'ordine risposero con durezza. In questa situazione la Dc cercò di rendere più stabile la propria maggioranza con una riforma del meccanismo elettorale ("legge truffa"), la cui approvazione suscitò vivaci proteste a sinistra e fu comunque priva di risultati pratici nelle elezioni del '53. Gli anni '53-58 furono un periodo di transizione: si consolidarono sia la crescita economica sia i legami con l'Europa più avanzata, confermati dall'adesione italiana alla Comunità europea (1957). Nella Dc si affermò con la segreteria Fanfani (1954) una nuova generazione, più favorevole all'intervento dello Stato nell'economia e più sensibile ai problemi sociali. Il Psi, soprattutto a partire dall'invasione sovietica dell'Ungheria nel '56, cominciò ad allontanarsi dai comunisti. Si creavano così le premesse politiche per una apertura a sinistra.

Lo sviluppo dell'economia italiana si fece particolarmente intenso negli anni 1958-63. Fu questo il cosiddetto "miracolo economico", che mutò definitivamente in senso industriale il volto del paese. In questo periodo l'Italia riuscì a ridurre sensibilmente il divario dagli Stati più sviluppati dell'Europa occidentale grazie soprattutto al livello basso dei salari che garantì tassi di investimento molto elevati. Al boom nell'industria si accompagnarono due importanti fenomeni sociali:

l'esodo dal Sud al Nord e l'urbanizzazione. Entrambi si svolsero in modo non coordinato, creando notevoli problemi. In quegli anni, con la televisione si ebbe per la prima volta un'unificazione linguistica e nei modelli di comportamento. Altro simbolo dell'Italia del "miracolo economico" fu l'automobile, che ebbe una diffusione di massa.

I mutamenti economici e sociali si accompagnarono, all'inizio degli anni '60, a una svolta politica, con l'ingresso dei socialisti nell'area della maggioranza (centro-sinistra). L'inserimento fu graduale e molto contrastato. Nell'estate '60, dopo la crisi del ministero Tambroni – che aveva tentato, suscitando violente proteste, di governare con l'appoggio determinante del Msi –, si formò un governo Fanfani che si reggeva grazie all'astensione – poi trasformata in appoggio parlamentare – dei socialisti. In questa fase furono varati due importanti provvedimenti: la nazionalizzazione dell'industria elettrica e l'istituzione della scuola media unificata. Nel '63 si formò il primo governo di centro-sinistra "organico", presieduto da Moro, con la partecipazione dei socialisti. Nonostante le difficoltà, la formula di centro-sinistra durò, con fasi alterne, per oltre un decennio. Ma il processo riformatore si bloccò per le resistenze della Dc e delle componenti moderate della coalizione di governo.

biblio grafia

Sull'Italia del dopoguerra: il vol. XI della *Storia dell'Italia moderna* di G. Candeloro, *La fondazione della Repubblica e la ricostruzione. Considerazioni finali*, Feltrinelli, Milano 2015 (ed. or. 1986); P. Ginsborg, *Storia d'Italia dal dopoguerra a oggi*, Einaudi, Torino 2006 (ed. or. 1989); P. Scoppola, *La repubblica dei partiti*, Il Mulino, Bologna 2006 (ed. or. 1991); S. Lanaro, *Storia dell'Italia repubblicana: l'economia, la politica, la cultura, la società dal dopoguerra agli anni '90*, Marsilio, Venezia 2001 (ed. or. 1992); A. Lepre, *Storia della prima Repubblica. L'Italia dal 1943 al 2003*, Il Mulino, Bologna 2007 (ed. or. 1993); A. Ventrone, *La cittadinanza repubblicana. Come cattolici e comunisti hanno costruito la democrazia in Italia (1943-1948)*, Il Mulino, Bologna 2008; F. Barbagallo, *L'Italia repubblicana. Dallo sviluppo alle riforme mancate (1945-2008)*, Carocci, Roma 2009; G. Crainz, *Storia della Repubblica. L'Italia dalla liberazione a oggi*, Donzelli, Roma 2016; P. Craveri, *L'arte del non governo. L'inesorabile declino della Repubblica italiana*, Marsilio, Venezia 2016; A. Giovagnoli, *La Repubblica degli italiani. 1946-2016*, Laterza, Bari-Roma 2016; infine il vol. V, *La Repubblica. 1943-1963*, di G. Sabbatucci-V. Vidotto (a cura di), *Storia d'Italia*, Laterza, Roma-Bari 2004 (ed. or. 1997) e i cinque tomi della *Storia dell'Italia repubblicana*, coordinata da F. Barbagallo, Einaudi, Torino 1993-97.

Sui problemi relativi alla definizione del confine orientale, sulle foibe e sull'esodo: G. Crainz, *Il dolore e l'esilio. L'Istria e le memorie divise d'Europa*, Donzelli, Roma 2003; R. Wörsdörfer, *Il confine orientale. Italia e Jugoslavia dal 1915 al 1955*, Il Mulino, Bologna 2009 (ed. or. 2004); M. Cattaruzza, *L'Italia e il confine orientale*, Il Mulino, Bologna 2015 (ed. or. 2007); R. Pupo-R. Spazzali, *Foibe*, Mondadori, Milano 2003; J. Pirjevec, *Foibe. Una storia d'Italia*, Einaudi, Torino 2009; R. Pupo, *Trieste '45*, Laterza, Roma-Bari 2015; Id., *Il lungo esodo. Istria, le persecuzioni, le foibe*, Bur, Milano 2013 (ed. or. 2005).

Sull'economia: V. Zamagni, *Dalla periferia al centro. La seconda rinascita economica dell'Italia*, Il Mulino, Bologna 2008 (ed. or. 1990); C. Spagnolo, *La stabilizzazione incompiuta. Il piano Marshall in Italia, 1947-52*, Carocci, Roma 2001; E. Bernardi, *La riforma agraria in Italia e gli Stati Uniti. Guerra fredda, piano Marshall e interventi per il Mezzogiorno negli anni del centrismo degasperiano*, Il Mulino, Bologna

2008; F. Fauri, *Il Piano Marshall e l'Italia*, Il Mulino, Bologna 2010; G. Berta, *La via del Nord. Dal miracolo economico alla stagnazione*, Il Mulino, Bologna 2015; L. Tedoldi, *Il conto degli errori. Stato e debito pubblico in Italia*, Laterza, Roma-Bari 2015.

Per gli aspetti istituzionali: F. Bonini, *Storia costituzionale della Repubblica*, Carocci, Roma 2008 (ed. or. 1993); P. Pombeni, *La Costituente. Un problema storico-politico*, Il Mulino, Bologna 1995.

Sui partiti: S. Colarizi, *Storia dei partiti nell'Italia repubblicana*, Laterza, Roma-Bari 1998 (ed. or. 1994); S. Lupo, *Partito e antipartito. Una storia politica della prima Repubblica, 1946-1978*, Donzelli, Roma 2004. Sul qualunquismo: S. Setta, *L'Uomo qualunque. 1944-1948*, Laterza, Roma-Bari 2005 (ed. or. 1975). Sul Partito d'azione: G. De Luna, *Storia del Partito d'azione*, Utet, Torino 2005 (ed. or. 1982). Sulla Dc: G. Baget-Bozzo, *Il Partito cristiano al potere*, Vallecchi, Firenze 1978 (ed. or. 1974); A. Giovagnoli, *Il partito italiano. La Democrazia cristiana dal 1942 al 1994*, Laterza, Roma-Bari 1996. Su De Gasperi, e in genere sui primi anni della Repubblica, è fondamentale P. Craveri, *De Gasperi*, Il Mulino, Bologna 2015 (ed. or. 2006). Sul Pci: R. Martinelli, *Storia del Partito comunista italiano*, VI, *Il "partito nuovo" dalla Liberazione al 18 aprile*, Einaudi, Torino 1995; R. Martinelli-G. Gozzini, *Storia del Partito comunista italiano*, VII, *Dall'attentato a Togliatti all'VIII congresso*, Einaudi, Torino 1998; R. Gualtieri (a cura di), *Il PCI nell'Italia repubblicana (1943-1991)*, Carocci, Roma 2001; A. Vittoria, *Storia del PCI (1921-1991)*, Carocci, Roma 2006. Sul Psi: Z. Ciuffoletti-M. Degl'Innocenti-G. Sabbatucci, *Storia del Psi*, 3, *Dal dopoguerra a oggi*, Laterza, Roma-Bari 1993. Sul Movimento sociale italiano: P. Ignazi, *Il polo escluso. Profilo storico del Movimento Sociale Italiano*, Il Mulino, Bologna 1998 (ed. or. 1989); D. Conti, *L'anima nera della Repubblica. Storia del Msi*, Laterza, Roma-Bari 2013. Sui monarchici: A. Ungari, *In nome del re. I monarchici italiani dal 1945 al 1948*, Le Lettere, Firenze 2004.

Sulla politica estera: A. Varsori, *L'Italia nelle relazioni internazionali dal 1943 al 1992*, Laterza, Roma-Bari 1998; F. Fauri, *L'Italia e l'integrazione economica europea, 1947-2000*, Il Mulino, Bologna 2005 (ed. or. 2001); G. Mammarella-P. Cacace, *La politica estera dell'Italia. Dallo Stato unitario ai giorni nostri*, Laterza, Bari-Roma 2017 (ed. or. 2006); S. Lorenzini, *L'Italia e il trattato di pace del 1947*, Il Mulino, Bologna 2007; G. Formigoni, *Storia d'Italia nella guerra fredda*, Il Mulino, Bologna 2016.

Sull'Italia del miracolo economico: G. Crainz, *Storia del miracolo italiano*, Donzelli, Roma 2009 (ed. or. 1996); V. Castronovo, *L'Italia del miracolo economico*, Laterza, Roma-Bari 2010. Sui problemi dei decenni successivi vedi, sempre di Crainz, *Il paese mancato. Dal miracolo economico agli anni ottanta*, Donzelli, Roma 2005 (ed. or. 2003). Sul centro-sinistra: G. Tamburrano, *Storia e cronaca del centro-sinistra*, Bur, Milano 1990 (ed. or. 1971); U. Gentiloni Silveri, *La nuova frontiera. Stati Uniti e centro-sinistra (1958-1965)*, Il Mulino, Bologna 1998.

21. La civiltà dei consumi

21.1. La crescita demografica

Un mondo affollato

Il mondo in cui oggi viviamo è circa venti volte più popolato rispetto a quello di tre secoli fa, che non aveva ancora conosciuto la rivoluzione industriale. In alcuni paesi, non solo europei, la ripresa demografica si era avviata già nel '700: da allora la popolazione aumentò a ritmi sempre più rapidi. Questa tendenza si accentuò all'indomani della seconda guerra mondiale. A partire dall'inizio degli anni '50, la popolazione della Terra crebbe a un tasso medio annuo dell'1,8%: un ritmo più che doppio di quello del cinquantennio precedente (0,8%). In vent'anni, tra il 1950 e il 1970, gli abitanti della Terra aumentarono del 50%, passando da 2 miliardi e mezzo a 3 miliardi e 700 milioni. Nello stesso periodo la vita media dell'uomo salì da 65 a oltre 70 anni nelle zone più sviluppate e da 40 a 50 (quasi 60 nel 1985) nei paesi più poveri. Le cause di questo incremento spettacolare erano in parte già operanti a partire dalla seconda metà dell'800: i progressi della medicina e della chirurgia, l'uso di nuovi farmaci, la pratica delle vaccinazioni di massa, la diffusione di alcuni essenziali princìpi igienici, la maggior quantità di cibo disponibile e – almeno nei paesi sviluppati – la miglior qualità dell'alimentazione.

I paesi in via di sviluppo

La crescita della popolazione non si distribuì in modo omogeneo fra le diverse aree del pianeta. Al contrario, si andò accentuando la forbice fra le tendenze demografiche dei paesi industrializzati e quelle dei paesi in via di sviluppo. Negli Stati del Terzo Mondo il regime demografico tipico delle società arretrate – alti tassi di natalità e alti tassi di mortalità – fu modificato solo per quanto riguarda la mortalità (soprattutto infantile), che cadde rapidamente in seguito alla diffusione delle pratiche mediche e igieniche, mentre i ritardi nel processo di modernizzazione continuarono a impedire che si affermasse l'abitudine al controllo delle nascite, mantenendo *tassi di natalità* molto elevati. Di conseguenza la popolazione di questi paesi crebbe a un tasso medio del 2,5% annuo (con punte del 4%): il che equivale a dire che raddoppiava ogni ventotto anni.

Le aree industrializzate: dal *baby boom* alla decrescita

Nei paesi industrializzati, la fase di slancio demografico (con tassi medi di incremento annuo dell'1,3%) si protrasse per tutto il decennio successivo alla fine del conflitto mondiale: il periodo del cosiddetto *baby boom*. Una crescita determinata in parte da fattori psicologici (la voglia di ricostruire e di riprogettare il futuro dopo i lutti e le distruzioni della guerra); e in parte, come vedremo fra poco, segno e insieme concausa del grande sviluppo economico postbellico. Dopo la metà degli anni '50, riprese il sopravvento, in Europa e nel Nord America, la tendenza al calo della natalità. Questo fenomeno – che aveva come cause immediate la minor durata dei matrimoni (ci si sposava più tardi e si divorziava più spesso) e soprattutto l'abitudine al controllo delle nascite – si accompagnò ai processi di modernizzazione, collegandosi alla mentalità e ai modi di vita delle società urbanizzate e industrializzate: l'incremento del lavoro femminile, i costi crescenti per l'educazione e il mantenimento dei figli, la ristrettezza degli spazi abitativi, la maggior preoccupazione per il benessere materiale e la minor influenza delle religioni tradizionali, in particolare di quella cattolica, fermamente contraria al divorzio e alla contraccezione.

Le pratiche anticoncezionali

La tendenza alla pianificazione familiare, e in genere alla limitazione delle nascite, fu favorita dalla diffusione delle nuove pratiche anticoncezionali, in particolare dei contraccettivi orali (la cosiddetta pillola, ossia il farmaco, introdotto all'inizio degli anni '60, che inibisce l'ovulazione nella donna). L'uso generalizzato delle pratiche anticoncezionali significò per la prima volta la possibilità di un controllo pressoché totale sulla fertilità ed ebbe conseguenze rivoluzionarie non solo sulle tendenze demografiche, ma anche sulla mentalità e sul costume. La rapida liberalizzazione dei comportamenti sessuali che le società sviluppate conobbero a partire soprattutto dalla fine degli anni '60 si dovette non solo alle caratteristiche generali di quelle società (maggior mobilità, maggiori possibilità di contatti, maggior circolazione delle informazioni e delle idee), ma anche alla drastica riduzione del rischio di gravidanze indesiderate.

21.2. Il boom economico

L'"età dell'oro" del capitalismo

Una "età dell'oro", un periodo di sviluppo ininterrotto e di benessere crescente: così appare oggi, a molti studiosi, la condizione economica dei paesi industrializzati negli anni '50 e '60 del '900. L'uso di una metafora così impegnativa, presa in prestito dalla mitologia (dove indica un'immaginaria epoca remota della prosperità e dell'abbondanza), dà un'idea dei risultati conseguiti allora dalle maggiori economie del mondo, soprattutto se messi a confronto con le difficoltà attraversate nei decenni successivi. L'Europa occidentale, gli Stati Uniti e il Giappone vissero infatti, tra il 1950 (fine della fase più difficile della ricostruzione) e il 1973 (inizio della cosiddetta "crisi petrolifera"), una crescita rapida e costante, che raramente avevano sperimentato in passato e che da allora non si sarebbe più registrata. In quel periodo il prodotto pro capite nelle nazioni industrializzate aumentò di circa il 3,8% all'anno. L'espansione postbellica differì profondamente da quella di altre fasi analoghe non solo per il ritmo intenso (quasi tre volte superiore alla crescita del 1896-1913), ma anche per la durata e la continuità. Lo sviluppo dei paesi industrializzati a economia di mercato era sempre stato, fino a quel momento, discontinuo. Anche le fasi di maggiore espansione avevano subìto interruzioni se non vere e proprie crisi. L'"età dell'oro" postbellica, invece, per quasi un venticinquennio conobbe pochi brevi rallentamenti ma nessuna vera battuta d'arresto.

Ricostruzione e sviluppo

Il boom cominciò negli Stati Uniti subito dopo la guerra. La crescita americana, grazie anche agli aiuti erogati attraverso il piano Marshall [▶ 18.3], trainò a sua volta la ripresa dell'Europa occidentale e del Giappone. Dopo aver portato a compimento la ricostruzione postbellica, questi paesi si svilupparono a ritmi sempre più elevati, tanto che, soprattutto negli anni '60, grazie al progressivo rinnovamento delle loro strutture produttive, crebbero a una velocità superiore a quella degli stessi Stati Uniti. In questo modo, gli equilibri tra i paesi a capitalismo avanzato mutarono e gli Stati Uniti, pur conservando il primato economico sul mondo occidentale, videro ridursi le distanze dai propri alleati. Se nel 1945 il reddito statunitense corrispondeva alla metà di quello mondiale, nel 1970 era sceso al 30%, mentre la ricchezza prodotta da Europa occidentale e Giappone aumentava proporzionalmente.

Industria, agricoltura e servizi

L'espansione degli anni '50 e '60 si basò principalmente sull'industria, in particolare sui settori legati da un lato all'uso di tecnologie avanzate e, dall'altro, alla produzione di beni di consumo durevoli (automobili, elettrodomestici, televisori), che raggiunsero in questi anni una diffusione di massa non solo negli Stati Uniti, ma in tutto l'Occidente industrializzato. L'agricoltura ebbe uno sviluppo più lento, ma il processo di modernizzazione del settore si estese e si consolidò, consentendo un forte aumento della produttività, mentre gli addetti al settore scendevano, nei paesi sviluppati, sotto il 15% (sotto il 5% in Gran Bretagna e negli Usa). Parallelamente crebbe la quota degli addetti al settore terziario (commercio, servizi, amministrazione e, in genere, tutto ciò che non rientra nei settori agricolo e industriale), che nei paesi più avanzati, all'inizio degli anni '70, risultavano i più numerosi. Anche i dati sull'occupazione furono molto positivi. Il tasso di disoccupazione medio dei paesi industrializzati in alcuni anni scese sotto il 2% (una soglia considerata pressoché insuperabile). La forte domanda di manodopera contribuì ad avviare una crescita sostenuta dei redditi da lavoro, che favorì a sua volta l'espansione dei consumi, la diffusione del benessere materiale e la riduzione delle disuguaglianze.

I fattori della crescita

Lo sviluppo di questi anni poté giovarsi di alcune condizioni favorevoli: la crescita della popolazione determinò non solo un allargamento della domanda di beni di consumo, di abitazioni, di strutture sociali (scuole, ospedali), ma anche, sui tempi lunghi, l'immissione nei processi produttivi di nuova forza-lavoro più giovane e meglio qualificata (grazie ai progressi dell'istruzione); il costo relativamente basso delle materie prime, in particolare del petrolio, che aveva ormai preso il posto del carbone come principale fonte energetica; la disponibilità di una serie di scoperte scientifiche e di innovazioni tecnologiche, che consentirono di immettere nel mercato nuove tipologie di beni di consumo ma anche di ridurre i costi di produzione; la concentrazione delle imprese, che spesso assunsero dimensioni *multinazionali*, operando in diversi contesti geografici oltre che in diversi settori produttivi, consentendo alti tassi di investimento per l'innovazione e per la razionalizzazione dei costi; i notevoli risparmi accumulati dai cittadini, che, in Europa occidentale e Giappone, incrementarono solo lentamente i propri consumi, consentendo quindi nel frattempo un elevato livello di investimenti. Importantissima, infine, risultò anche l'opera dei governi, quasi tutti ammaestrati dalle esperienze negative degli anni '30 e guadagnati alla causa delle politiche "keynesiane" di intervento statale in sostegno della crescita [▶13.6].

L'espansione degli scambi

Alla crescita della produzione e dei redditi corrispose l'espansione del commercio internazionale che, dopo le chiusure protezionistiche della grande depressione, tornò dopo la guerra a espandersi velocemente. Il volume degli scambi aumentò di ben cinque volte fra il 1950 e il 1970, grazie alla migliore efficienza dei mezzi e delle tecniche di trasporto delle merci, alla politica di liberalizzazione promossa dagli Stati Uniti, e all'opera di organismi internazionali (come il Fondo monetario internazionale e la Banca Mondiale) o di accordi interstatali (come il Gatt) [▸18.1], che fissarono un sistema di regole per il commercio e garantirono cambi stabili tra le monete e il coordinamento fra le economie nazionali.

Una dimensione globale

Il boom non rimase circoscritto all'area del capitalismo ma, seppure con ritmi diversi, investì la quasi totalità del mondo industrializzato. Proprio questa dimensione globale costituì uno dei tratti più caratteristici, e di maggiore novità, dell'"età dell'oro". Gli stessi paesi socialisti dell'Europa orientale registrarono tassi di crescita elevati. Nel loro caso, tuttavia, il rigido controllo statale dell'economia attribuì la priorità al rafforzamento dell'industria pesante, a scapito dei consumi e del benessere materiale dei cittadini. Apprezzabili, in termini quantitativi, furono anche i risultati conseguiti dalle regioni meno sviluppate. Ma nel loro caso, come si è visto, il boom economico si accompagnò a una notevole espansione demografica. L'incremento della ricchezza prodotta si andò quindi a distribuire su una popolazione anch'essa in forte aumento: di conseguenza, il reddito medio pro capite variò in misura molto limitata e il divario con le nazioni più ricche e sviluppate aumentò ulteriormente.

21.3. Nuovi consumi e politiche sociali

Il miglioramento dei livelli di vita

In tutti i paesi industrializzati a economia di mercato la grande espansione economica postbellica si tradusse in un rapido miglioramento delle condizioni di vita della popolazione. Nordamericani, europei occidentali e giapponesi riuscirono, nel giro di pochi anni, a lasciarsi alle spalle le sofferenze vissute durante la grande crisi, la seconda guerra mondiale e i difficili anni della ricostruzione e a sperimentare un livello di benessere materiale mai vissuto in precedenza. Per queste ragioni si è parlato, in riferimento a questa parte del mondo, di "società del benessere" o, con chiaro intento polemico, di "civiltà dei consumi", o di "consumismo".

La diffusione dei consumi

La crescita dei consumi fu infatti uno dei tratti distintivi di questa fase. A beneficiarne furono non solo i ceti tradizionalmente benestanti, ma anche quei gruppi sociali, in particolare le classi lavoratrici, che in precedenza avevano potuto godere solo limitatamente dei vantaggi dello sviluppo. Era il risultato della maggiore disponibilità di reddito e della riduzione dei prezzi conseguente agli aumenti di produttività dell'industria, ma anche dell'ampliamento e della razionalizzazione della rete commerciale (si pensi ai supermercati), della moltiplicazione dei messaggi pubblicitari amplificati dai mezzi di comunicazione di massa e dell'aumento del tempo libero consentito dalla progressiva riduzione degli orari di lavoro.

Omologazione e standardizzazione

Non solo aumentava mediamente la quantità di beni che ciascun individuo riusciva ad acquistare, ma si modificava anche la loro composizione. Il consumo essenziale per eccellenza, quello di prodotti alimentari, scese in vent'anni dalla metà a meno di un terzo della spesa globale di un salariato europeo, pur essendo cresciuto in quantità e in qualità. Aumentò, in compenso, la quota destinata all'abbigliamento, alla casa e soprattutto ai beni e servizi considerati comunemente non essenziali e in gran parte riservati fino ad allora (tranne che negli Usa) alle sole classi agiate: gli elettrodomestici e le automobili, i televisori e gli apparecchi per la riproduzione del suono, gli spettacoli e i viaggi. Il risultato fu l'accentuarsi del processo di omologazione delle preferenze, ovvero la *standardizzazione* dei modelli di consumo: un processo che aveva accompagnato l'avvento della società di massa e che, nei paesi più avanzati, aveva cominciato a palesarsi già negli anni '30. Si attenuarono le differenze tra i diversi paesi, nel

Consumismo

parola chiave

Il termine "consumismo" entrò nel linguaggio delle scienze sociali, e poi nell'uso comune, in coincidenza con il boom economico degli anni '50 e '60 del secolo scorso, per definire, con forte connotazione polemica, le manifestazioni deteriori di un fenomeno (l'avvento della cosiddetta "società del benessere") generalmente considerato in sé positivo. Aspetti caratteristici del consumismo sono: il rapido invecchiamento tecnologico di molti prodotti industriali; la spinta alla frequente sostituzione dei beni di uso corrente (dai capi di abbigliamento all'automobile) al di là delle necessità imposte dall'usura materiale di questi beni; il massiccio, e spesso invadente, condizionamento esercitato dai messaggi pubblicitari; una certa tendenza allo spreco, un tempo caratteristica dei soli ceti privilegiati e ora ampiamente diffusa fra i ceti medi e anche popolari. In questo senso, il consumismo è orientato non tanto alla soddisfazione di bisogni reali quanto all'ostentazione di un rango sociale elevato, vero o fittizio che sia: il tutto nell'interesse di una macchina produttiva capitalista (o "neocapitalista") che deve essere alimentata da una domanda crescente. Insomma, la filosofia del consumo fine a sé stesso, in netto contrasto con l'etica del risparmio tipica della borghesia ottocentesca.

Abbozzata già da Marx, che parlava di "feticismo della merce", e in parte anticipata nel 1899 in un celebre libro del sociologo statunitense Thorstein Veblen (*Teoria della classe agiata*), la critica al consumismo è stata sviluppata e rilanciata da Herbert Marcuse e dai teorici della "scuola di Francoforte" [▶21.7] ed è diventata un tema centrale dei movimenti di contestazione giovanile nati intorno al 1968.

segno di un'inarrestabile "americanizzazione", e si fecero meno evidenti – pur nel permanere di forti squilibri sociali e di grosse sacche di povertà – i segni esteriori delle differenze di classe.

L'aumento della spesa sociale

Il maggior benessere non si concretizzò soltanto nell'ampia diffusione dei beni di consumo individuale offerti dal mercato e dall'industria privata. Impatto non meno rilevante nel far crescere i consumi collettivi ebbe l'affermazione del *Welfare State*, un sistema organico di politiche sociali e assistenziali volte a migliorare le condizioni di vita dei cittadini, che abbiamo visto già sperimentato, oltre che nei paesi scandinavi, nella Gran Bretagna dell'immediato dopoguerra [▸18.3]. Tra gli anni '50 e gli anni '70, pur con tempi, livelli e caratteristiche diversi, tutti i paesi industrializzati adottarono politiche di questo genere. Aumentarono in misura considerevole gli investimenti pubblici per la scuola, l'università, le cure mediche, la costruzione di nuovi ospedali, le pensioni di anzianità, l'erogazione di sussidi di disoccupazione, il sostegno agli invalidi. Il maggiore impegno per le politiche sociali comportò un notevole incremento della *spesa pubblica*. A metà degli anni '70 nella maggioranza dei paesi occidentali essa ammontava a oltre il 40% dell'intero reddito nazionale.

Modelli di *Welfare*

Ogni Stato costruì un proprio sistema di *Welfare*, che differiva dagli altri per livello di spesa, ampiezza dell'intervento e modalità di attuazione. La principale differenza era quella tra il sistema cosiddetto "universalistico" – rivolto a tutti i cittadini indistintamente, il cui modello originario era stato disegnato in Gran Bretagna negli anni '40 – e il sistema "occupazionale", che offre servizi in base all'occupazione svolta e ai contributi pagati, e che trovò attuazione soprattutto in Germania. Pur con le differenze tra i diversi contesti nazionali, il *Welfare State* divenne, tra gli anni '50 e gli anni '70, un tratto distintivo del mondo capitalistico industrializzato. Esso contribuì a migliorare il tenore di vita, in particolare dei settori più svantaggiati della popolazione, favorendo una complessiva riduzione delle disuguaglianze. Soprattutto in Europa occidentale, le politiche sociali ottennero un vasto consenso, contrassegnando l'iniziativa politica di governi di diverso orientamento, e non solo dei partiti progressisti o socialdemocratici.

21.4. Le nuove frontiere della scienza e della tecnologia

Ricerca e innovazione

Uno dei fattori fondamentali dello sviluppo economico nel secondo dopoguerra in Nord America e in Europa fu senza dubbio costituito dalle scoperte scientifiche e dalle innovazioni tecnologiche, cioè dalla applicazione pratica delle nuove scoperte: un nesso, quello fra ricerca e produzione industriale, che era già operante a partire dalla seconda rivoluzione industriale e che si fece più stretto anche in conseguenza degli eventi bellici. Ciò che mutò rispetto all'anteguerra fu non tanto il ritmo dell'innovazione tecnologica, quanto la velocità della sua diffusione e della sua applicazione ai diversi settori produttivi. Nel giro di pochi anni, il mondo sviluppato fu sommerso da un'ondata di nuovi materiali e di prodotti di ogni genere, in gran parte sconosciuti alla generazione precedente e spesso destinati ad apparire superati alla generazione successiva. Cambiò anche il ruolo dei governi e degli apparati statali, che destinarono quote crescenti del reddito nazionale alla ricerca, creando spesso enti e agenzie speciali a essa preposti. E il lungo periodo di pace seguito alla fine del conflitto consentì di indirizzare verso gli usi civili risorse intellettuali e finanziarie prima assorbite in misura preponderante dalle esigenze militari, che pure continuarono a farsi sentire, soprattutto nelle grandi potenze e soprattutto nei settori di rilevanza strategica, in primo luogo il nucleare.

La chimica e i nuovi materiali

Nel settore chimico, le maggiori novità furono legate allo sviluppo di scoperte risalenti al periodo prebellico. I primi materiali sintetici, prodotti cioè in laboratorio a partire da elementi chimici più semplici, risalivano ai primi anni del secolo. La più diffusa tra le fibre sintetiche, il nylon, era stata realizzata negli Stati Uniti nel 1935. Ma solo nel secondo dopoguerra materie plastiche e fibre sintetiche si affermarono su larghissima scala nelle forme e negli usi più vari, fino a sostituirsi in gran parte ai materiali "naturali" e a dominare lo scenario della vita quotidiana nei paesi industrializzati.

I nuovi farmaci

Un discorso in parte analogo si può fare per i medicinali. Molti farmaci le cui proprietà erano già note prima della guerra entrarono nell'uso corrente solo dopo il secondo conflitto mondiale, grazie ai progressi della chimica, che consentirono di isolare una serie di sostanze e di produrle su larga scala. Il caso più noto è quello degli antibiotici, che costituiscono tuttora il più efficace strumento di difesa contro i *batteri* patogeni. La scoperta della penicillina avvenne nel 1928, per opera del chimico scozzese Alexander Fleming. Ma solo dieci anni dopo si poterono isolare i primi antibiotici, che sarebbero stati impiegati e portati in Europa dagli Stati Uniti durante la guerra mondiale; e solo alla fine degli anni '50 cominciò la produzione delle penicilline sintetiche. Al periodo fra le due guerre risalgono anche l'isolamento di molte vitamine (la A, la C, la B12) e la scoperta di sostanze importantissime come i sulfamidici (antibatterici che poi sarebbero stati in parte soppiantati dagli antibiotici) e come gli ormoni, fra cui l'insulina e il cortisone. Alla ricerca del periodo postbellico si deve invece l'introduzione di altri farmaci che si possono considerare tipici della nostra epoca, come gli psicofarmaci e gli anticoncezionali [▸21.1].

La chirurgia

Paralleli a quelli della farmacologia furono i progressi della chirurgia, legati soprattutto all'uso di nuove apparecchiature e di nuovi anestetici meno tossici, che consentirono interventi di durata anche molto lunga, come le operazioni "a cuore aperto". Una svolta ulteriore nella storia della chirurgia si ebbe negli anni '60 con la realizzazione dei primi trapianti di organi (retina, rene, midollo osseo, fegato e, dal 1967, anche il cuore): tecnica che presto si affermò, nonostante suscitasse non pochi problemi sia di ordine clinico – per la "reazione di rigetto" dell'organismo in presenza di un corpo estraneo – sia di natura etica, per la difficoltà di definire la morte clinica del donatore.

Il laser

Un altro salto qualitativo, non meno importante, venne dagli sviluppi della microchirurgia, che consentirono interventi non invasivi su parti molto ristrette del corpo, grazie all'uso di speciali microscopi e, dal 1960, di una nuova e rivoluzionaria invenzione della fisica, il laser: un dispositivo che, generando e amplificando radiazioni ottiche, riesce a concentrare enormi quantità di energia in spazi minimi. Usato con successo anche nella meccanica di precisione (per esempio per il taglio e la saldatura dei metalli), il laser trovò ampie applicazioni nel campo militare (soprattutto nella difesa antimissilistica o per il puntamento e la guida delle bombe). Un tipico esempio, accanto a quello classico dell'energia nucleare, di come le scoperte della scienza – in questo caso la fisica – e le tecnologie da esse derivate possano avere applicazioni diverse e opposte, trasformandosi di volta in volta in mezzi di distruzione o in strumenti capaci di incrementare la durata e la stessa qualità della vita umana.

21.5. Le imprese spaziali

Una "nuova frontiera" scientifica

Nel 1960 John Kennedy, nel discorso che ufficializzava la sua candidatura alla presidenza, fece ricorso a una formula destinata a restare famosa: la "nuova frontiera" [▶ 18.9]. Quella evocata da Kennedy, con esplicito riferimento alla storia degli Stati Uniti e della loro espansione a Ovest, era soprattutto una frontiera immateriale, di progresso e di conquiste civili. Ma esplicito era anche il riferimento a una nuova impresa scientifica in cui le due superpotenze si erano lanciate, in reciproca competizione, nel corso del decennio precedente: l'esplorazione dello spazio. Nessun aspetto del progresso scientifico e tecnologico del secondo dopoguerra fu capace come questo di colpire la fantasia dei contemporanei, di simboleggiare lo slancio ottimistico di un'intera epoca, combinando l'avventura con le tecniche più sofisticate, il trionfo della grande organizzazione con lo spirito pionieristico. Nacque da qui una nuova mitologia, in parte anticipata e poi amplificata dalla letteratura e dal cinema di fantascienza.

I problemi tecnici

I problemi da risolvere erano molti e difficili: respirare in assenza di ossigeno, muoversi in assenza di gravità, proteggersi da temperature estreme. Ma il primo problema era disporre di vettori abbastanza potenti da permettere a una navicella attrezzata per le ricerche di superare i confini dell'atmosfera (senza contare le difficoltà del rientro e del recupero degli astronauti). Il vettore fu individuato nei missili, già impiegati dai tedeschi nell'ultima fase del secondo conflitto mondiale [▶17.12] e perfezionati negli anni successivi come veicoli capaci di colpire con ordigni esplosivi obiettivi molto lontani.

La corsa allo spazio

Dal punto di vista politico-economico, i voli spaziali furono resi possibili da un'eccezionale concentrazione di risorse nel settore, da parte soprattutto delle due superpotenze, che si impegnarono in una gara accanita e spettacolare, dettata da motivi sia propagandistici sia strategici. Fu l'Unione Sovietica a ottenere il primo, clamoroso (e per molti inatteso) successo mandando in orbita, il 4 ottobre 1957, il primo *satellite artificiale*, lo Sputnik, precedendo di pochi mesi gli Stati Uniti, che lanciarono il loro Explorer nel gennaio 1958. Furono ancora i sovietici a inviare nello spazio il primo astronauta, Yuri Gagarin, che il 12 aprile 1961 girò per due ore attorno alla Terra a bordo della navicella Vostok.

Lo sbarco sulla Luna

A questi successi gli Stati Uniti – che nel 1958 avevano dato vita a un'agenzia governativa per i voli aerospaziali, la Nasa (*National Aeronautics and Space Administration*, Ente Nazionale per le Attività Spaziali e Aeronautiche) – replicarono moltiplicando il loro impegno finanziario nel settore e puntando all'obiettivo più ambizioso: lo sbarco di uomini sulla Luna. L'obiettivo fu centrato il 21 luglio 1969, quando gli astronauti Neil Armstrong ed Edwin E. Aldrin, discesi dalla navicella Apollo 11, misero piede sul suolo lunare mentre le loro immagini venivano trasmesse in diretta sui teleschermi di tutto il mondo. L'impresa degli astronauti americani destò ovunque, com'è facile immaginare, entusiasmo e stupore. In molti allora pensarono che si aprisse per l'uomo l'era della conquista di altri mondi (così come la fase delle grandi esplorazioni della Terra aveva inaugurato l'età moderna), e magari dell'incontro con altre forme di vita nel cosmo. In realtà, nonostante il buon esito delle successive sei missioni americane sulla Luna, quel percorso si interruppe dopo soli tre anni: costi e rischi di queste imprese apparvero troppo alti in relazione ai risultati scientifici e ai possibili vantaggi economici.

Le ricadute tecnologiche e militari

Negli anni successivi gli sforzi delle potenze impegnate nella corsa allo spazio (agli Usa e all'Urss si erano intanto aggiunti i paesi della Cee, il Giappone e la Cina) si concentrarono su operazioni meno spettacolari, ma non meno importanti dal punto di vista scientifico: messa in orbita di satelliti meteorologici e per telecomunicazioni, invio di *sonde spaziali* senza uomini a bordo per esplorare il sistema planetario e gli spazi intersiderali, costruzione di "stazioni orbitanti", lancio di "navette spaziali" (gli Space Shuttles realizzati dagli Stati Uniti) capaci di rientrare a terra dopo aver compiuto la loro missione. Al di là del loro specifico interesse scientifico, le imprese spaziali provocarono una fortissima ricaduta di tecnologia, che interessò tutti i settori produttivi di punta: la meccanica e la metallurgia, la chimica dei combustibili e quella dei nuovi materiali, le telecomunicazioni e l'elettronica in genere. Non meno importanti furono le implicazioni di carattere militare. Il perfezionamento delle tecniche di lancio e di guida a distanza dei missili ebbe un riflesso immediato sui sistemi d'arma delle superpotenze, che ormai affidavano agli arsenali missilistici il grosso della loro capacità deterrente – quella che doveva indurre i rivali a desistere da eventuali attacchi – e si servivano regolarmente di "satelliti spia" dotati di potentissime apparecchiature fotografiche per raccogliere informazioni sui dispositivi degli avversari.

21.6. Un pianeta più piccolo: trasporti e comunicazioni di massa

La motorizzazione privata

Come già era accaduto all'inizio dell'800 con le ferrovie e la navigazione a vapore, e un secolo dopo con l'elettricità e il motore a scoppio, gli effetti del progresso tecnologico si fecero subito sentire nel settore dei trasporti. Due furono le maggiori novità del periodo postbellico. La prima fu il boom del trasporto su strada, soprattutto nella forma della motorizzazione privata: un boom che dagli Stati Uniti, dov'era già esploso negli anni fra le due guerre, si estese progressivamente a tutti i paesi industrializzati a economia capitalistica. In Europa occidentale il rapporto fra vetture circolanti e abitanti, che era di 1 a 50 prima della guerra, passò da 1 a 5 nel 1970. Negli anni dei "miracoli economici", l'automobile divenne non solo un mezzo per spostarsi più rapidamente e conquistare una libertà di movimento prima sconosciuta, ma anche il bene di consumo più ambìto, la testimonianza più visibile di successo e di status sociale, la protagonista di nuovi miti e moderne epopee; il boom dell'automobile, tuttavia, si portava dietro anche nuovi problemi, come il traffico e l'inquinamento da combustione.

L'aviazione civile

La seconda e fondamentale novità nel campo dei trasporti fu lo sviluppo dell'aviazione civile. Anche in questo caso fu decisiva l'esperienza della guerra, che aveva stimolato la produzione non solo di mezzi da combattimento, ma anche di aerei da trasporto sempre più grandi e potenti. Già cresciuto nei primi anni del dopoguerra (i passeggeri in tutto il mondo passarono dai 2 milioni e mezzo del '37 ai 21 milioni del '47), il trasporto aereo ricevette una nuova spinta, nella seconda metà degli anni '50, col passaggio dalla propulsione a elica a quella a reazione (o "a getto", in inglese *jet*), grazie a motori capaci di trasformare in energia cinetica l'energia chimica della combustione. Gli aerei aumentarono contemporaneamente la loro velocità e la loro capienza: se nel 1950 un Constellation a elica impiegava 18 ore per trasportare 60 passeggeri da Parigi a New York, vent'anni dopo un Boeing 747 (il cosiddetto Jumbo Jet) ne impiegava 7 per trasportarne 600. Negli anni '70 nessun punto della Terra distava da un altro più di una giornata di volo.

Treni e navi

L'affermazione dell'aereo sui lunghi percorsi e dell'auto su quelli medio-brevi ebbe come conseguenza il declino del treno e della nave passeggeri. Il treno avrebbe risposto più tardi con le linee ad alta velocità. La navigazione marittima trovò invece un nuovo terreno di sviluppo in alcuni trasporti speciali (le gigantesche petroliere, di stazza anche superiore alle 500 mila tonnellate, e le navi *porta-containers*, che rivoluzionarono il movimento delle merci riducendone tempi e costi), ma vide contrarsi progressivamente, fino a scomparire del tutto, il traffico passeggeri sulle rotte transoceaniche.

Il "villaggio globale"

Dunque, un mondo caratterizzato da una crescente facilità di spostamento e anche, in misura ancora maggiore, da una sempre più rapida circolazione delle informazioni e dei messaggi. Molto prima della rivoluzione elettronica e dell'avvento della Rete, già si parlava, in Occidente, di "villaggio globale": un'espressione coniata dal sociologo canadese Marshall McLuhan che, in un libro del 1964, descriveva (anticipando i tempi) un pianeta diventato improvvisamente piccolo, in cui le distanze fisiche e culturali tendevano ad annullarsi, mentre contenuti e forme della comunicazione si uniformavano a modelli comuni.

I mass media

Protagonisti, o quanto meno veicoli principali, di queste trasformazioni furono i mezzi di comunicazione di massa (o *mass media*, come allora si cominciò a chiamarli). La rivoluzione in questo campo era cominciata già nel periodo fra le due guerre, con l'affermazione della radio e del cinema sonoro [▶13.7]. Anche nel secondo dopoguerra, radio e cinema continuarono a svolgere un ruolo importantissimo. La radio, in particolare, conobbe un nuovo boom alla fine degli anni '50, con l'apparizione degli apparecchi a transistor (caratterizzati dall'ingombro minimo, dai bassi costi di fabbricazione e dall'indipendenza dalle reti di alimentazione elettrica), e rimase a lungo il più diffuso fra i mezzi di comunicazione.

La diffusione del mezzo televisivo

Ma la vera protagonista di questa fase della storia delle comunicazioni di massa fu la televisione. Le prime trasmissioni sperimentali furono effettuate in Gran Bretagna già negli anni '30. Ma le trasmissioni regolari per il grande pubblico cominciarono subito dopo la guerra negli Stati Uniti, per opera di alcune grandi compagnie private che si finanziavano con la pubblicità. E fu negli Stati Uniti che il nuovo mezzo si affermò in pochi anni fino a diventare un consumo di massa (un televisore ogni 4 abitanti nel 1960). Nel corso degli anni '50 la televisione si impose anche in Europa occidentale e, nei decenni successivi, si diffuse nelle aree meno industrializzate: nel 1980 c'erano in tutto il mondo circa 400 milioni di apparecchi (uno ogni 10 abitanti) e anche i paesi più poveri disponevano di una propria rete televisiva.

I progressi della telecomunicazione

Frattanto il mezzo si andava perfezionando dal punto di vista tecnico. All'inizio degli anni '60, l'uso dei satelliti per telecomunicazioni consentì la trasmissione dei segnali televisivi da un capo all'altro del mondo. Nello stesso periodo furono realizzati i primi apparecchi a colori, che sarebbero stati commercializzati su vasta scala nel decennio successivo. L'avvento della televisione non si limitò a trasformare il mondo dell'informazione, offrendo la possibilità di mostrare, e di diffondere in tutto il globo, le immagini di un evento – da una competizione sportiva allo sbarco del primo uomo sulla Luna, da un attentato all'eruzione di un vulcano – nel momento stesso in cui si svolgeva. Le trasmissioni televisive portarono lo spettacolo dentro le case, creando nuove forme di intrattenimento collettivo e un diverso uso del tempo libero. E contribuirono in modo decisivo alla diffusione di una nuova cultura di massa: una cultura in cui l'immagine tende a prevalere sulla parola scritta (quello di libri e giornali è l'unico fra i consumi culturali a non aver conosciuto incrementi di rilievo nell'ultimo quarantennio); una cultura i cui prodotti e i cui modelli, prevalentemente di origine nordamericana, si diffusero in tutto il mondo, imponendo ovunque i suoi linguaggi e i suoi valori, a scapito delle culture tradizionali.

Musica e modelli culturali

Un'altra componente fondamentale di questo universo culturale, un'altra fabbrica inesauribile di miti e di idoli popolari – in particolare giovanili – fu, soprattutto a partire dalla fine degli anni '50, la musica detta "leggera" per distinguerla da quella classica, lirica e sinfonica, più "seria" e tecnicamente impegnativa. La canzone – intesa come componimento musicale breve e orecchiabile – era da secoli una forma tipica della cultura popolare; e ancor più lo era diventata con l'avvento del grammofono e poi della radio. L'ulteriore boom commerciale degli anni postbellici si spiega, da un lato, con la diffusione della musica americana durante e dopo il conflitto mondiale; dall'altro, col perfezionamento degli strumenti per la riproduzione del suono: dai grammofoni si passò a registratori, dischi microsolco e cassette magnetiche (prodotte a partire dalla seconda metà degli anni '60). In questo campo si assisté a un continuo affinamento delle tecnologie (alta fedeltà, stereofonia) e a un contemporaneo rapido allargamento del mercato (circa 2 miliardi di dischi e cassette venduti annualmente in tutto il mondo alla fine degli anni '70). Anche in questo caso, come in quello della televisione, i progressi della tecnologia elettronica si sovrapposero all'egemonia commerciale e culturale dei paesi anglosassoni: l'inglese divenne la lingua della musica pop – ossia "popolare, accessibile a tutti" (da *popular*) – come nel '700 l'italiano era stato la lingua della musica colta. Il tutto contribuì a creare un linguaggio comune ai giovani di buona parte del mondo, a diffondere valori alternativi alle convenzioni "borghesi" (maggior indipendenza, rapporti più liberi fra i sessi, pacifismo), a imporre un po' ovunque nuove mode e nuovi modelli di comportamento.

21.7. Critica del consumismo e contestazione giovanile

Le scienze umane

Come tutti i grandi processi di trasformazione, anche l'avvento della civiltà dei consumi e il boom dei mass media suscitarono dibattiti e reazioni contrastanti fra gli intellettuali. Da un lato, le trasformazioni della società e del costume favorirono, soprattutto nei paesi anglosassoni, l'affermazione delle scienze sociali: la sociologia, la scienza politica, la psicologia (in particolare la psicanalisi, diventata in questo periodo una componente essenziale della cultura dei paesi avanzati) e la stessa economia. Queste discipline erano viste come gli strumenti più adatti per capire la nuova realtà e, in una certa misura, anche per valutarne e accettarne gli effetti positivi, nella convinzione che dalla diffusione del benessere (un processo che molti tendevano a considerare irreversibile) dovesse discendere una progressiva attenuazione dello scontro di classe e del confronto ideologico nell'Occidente industrializzato.

Il rifiuto del consumismo

D'altro canto, quasi a smentire queste previsioni, si diffuse, proprio a partire dagli anni '60, un atteggiamento di rifiuto ideologico nei confronti della civiltà dei consumi, accusata di sostituire allo sfruttamento economico tradizionale una forma più subdola e raffinata di dominio realizzato attraverso la pubblicità e i mass media, di sottoporre gli individui a una nuova tirannia tecnologica, di sopire i conflitti sociali con la diffusione di un benessere che si giudicava illusorio e comunque ottenuto a spese dei popoli poveri del Terzo Mondo [▶19.10]. Questa reazione si espresse in primo luogo in una ripresa delle ideologie rivoluzionarie di matrice marxista, che peraltro avevano conservato, anche negli anni della guerra fredda, una forte influenza sugli intellettuali, soprattutto in Italia e in Francia. E non mancarono i tentativi di coniugare le teorie marxiste con le analisi delle nuove scienze sociali. Significativa fu la fortuna incontrata in questo periodo da quel filone di pensiero, formatosi nella Germania di Weimar e poi trapiantato negli Stati Uniti dopo l'avvento del nazismo, che aveva il suo nucleo originario nella cosiddetta scuola di Francoforte (Francoforte era stata la sede dell'Istituto per la ricerca sociale, fondato nel 1923 e diretto da Max Horkheimer) e si era applicato fin dall'inizio all'analisi e alla critica della società di massa.

Tra gli intellettuali che incarnarono questa reazione, un successo particolare, soprattutto fra i giovani, toccò, nella seconda metà degli anni '60, a Herbert Marcuse, tedesco emigrato negli Stati Uniti, che univa alla critica della società "opulenta", del consumismo e dell'etica borghese del successo un giudizio pessimistico sulle capacità rivoluzionarie di una classe operaia ormai "integrata" nel sistema: le residue speranze di trasformazione erano affidate agli emarginati delle metropoli moderne e soprattutto ai popoli extraeuropei non ancora toccati dall'industrialismo.

La rivolta giovanile

La denuncia del consumismo nelle società sviluppate si unì dunque al "terzomondismo" nel fornire una base teorica a quei fenomeni di contestazione giovanile che si diffusero con eccezionale rapidità nelle società avanzate nella seconda metà degli anni '60: proprio al culmine di una lunga fase di crescita economica. Il dato, apparentemente paradossale, si spiega in realtà col fatto che lo sviluppo prolungato suscitava l'aspettativa di nuovo sviluppo e di nuovo benessere e faceva risaltare le disuguaglianze nella distribuzione, nazionale e mondiale, della ricchezza. Sul piano politico, diventavano ancora una volta oggetto di critica le stesse istituzioni della democrazia "borghese", incapace di mantenere le sue promesse. E apparivano sempre più intollerabili i residui del passato: come la discriminazione razziale negli Usa, ma anche la struttura gerarchica del sistema universitario. La critica investiva poi lo stesso istituto familiare e la morale sessuale corrente; o, all'altro estremo, il sistema dei rapporti internazionali, che appariva ancora dominato dall'imperialismo, dalla guerra fredda e dall'incubo nucleare.

Le culture alternative

La contestazione ebbe inizio negli Stati Uniti e trovò la più larga eco proprio fra i figli del *baby boom*, ossia i giovani nati nei primi anni del dopoguerra. La protesta si espresse dapprima nella forma del rifiuto delle convenzioni, della fuga dalla società industrializzata – fu il caso delle comunità hippies, che si diffusero soprattutto nel Nord

America a partire dalla metà degli anni '60 – e quindi nella creazione di una cultura alternativa, in cui confluivano pratica della non violenza e religiosità orientale (buddismo, induismo), consumo di droghe leggere e messaggi diffusi attraverso la nuova musica.

La protesta nelle università americane

In seguito la rivolta giovanile assunse forme più politicizzate e trovò i suoi centri propulsori nelle università, dove la scolarizzazione di massa aveva concentrato un ceto studentesco numeroso e socialmente articolato, seppure di estrazione in prevalenza borghese. Anche in questo caso il fenomeno prese l'avvio dagli Stati Uniti, dove la mobilitazione – iniziata con l'occupazione dell'Università di Berkeley, in California, nel 1964 – si intrecciò con la protesta contro la guerra del Vietnam [▶18.10] e col movimento contro la segregazione razziale.

Le rivolte dei neri e il Black Power

Mentre la protesta studentesca ebbe un carattere prevalentemente pacifico e si espresse in marce, occupazioni e *sit-in*, la mobilitazione dei neri – che in un primo tempo era stata egemonizzata da leader non violenti come il pastore battista Martin Luther King – esplose fra il '65 e il '67 in una serie di rivolte dei quartieri poveri (i "ghetti neri") delle grandi città. Le rivolte erano ispirate all'ideologia rivoluzionaria del Black Power ("potere nero"), che univa la protesta sociale alla rivendicazione da parte dei neri d'America di una propria identità culturale separata da quella della maggioranza bianca.

La contestazione in Europa

A partire dal 1966-67 – e con un apice nel '68, "l'anno degli studenti" – la rivolta giovanile si estese ai maggiori paesi dell'Europa occidentale (e anche al Giappone), dove prese forme più ideologizzate, ispirandosi ora alle correnti radicali del marxismo, ora a modelli "terzomondisti", ora all'esempio della "rivoluzione culturale" nella Cina di Mao Zedong [▶18.11]. In Francia la mobilitazione dei diversi movimenti di estrema sinistra – che cercavano di coniugare il tradizionale impegno rivoluzionario con nuove e più fantasiose forme di lotta antiautoritaria all'insegna dello slogan «l'immaginazione al potere» – diede luogo all'episodio più clamoroso di tutta la stagione delle rivolte studentesche: all'inizio di maggio del 1968, il quartiere latino di Parigi fu teatro di una prolungata e violenta guerriglia urbana che vide contrapposti studenti e forze di polizia e parve evocare l'immagine delle insurrezioni cittadine ottocentesche.

Mito e realtà del '68

Anche per questo, oltre che per l'ampiezza e per la simultaneità delle proteste, "il Sessantotto", come nel secolo precedente "il Quarantotto", assunse un significato simbolico che andava ben al di là dei risultati immediati ottenuti dal movimento, nel complesso modesti: nei paesi toccati dalla contestazione non vi furono infatti significative svolte politiche. In alcuni casi (come nella Francia di De Gaulle o negli Stati Uniti di Nixon), furono le forze moderate ad avvantaggiarsi dell'allarme suscitato dalla contestazione giovanile. E mancò nel movimento un'adeguata riflessione critica sui regimi comunisti: affascinati dagli esperimenti rivoluzionari della Cuba di Castro o della Cina di Mao, i giovani ribelli dedicarono scarsa attenzione ai regimi autoritari dell'Europa dell'Est e ai fermenti libertari che lì si manifestavano, a cominciare dalla "primavera di Praga" [▸18.10].

Tuttavia, le lotte del '68 lasciarono un segno profondo nella società occidentale: rilanciarono, seppure in modo effimero, il mito di una trasformazione rivoluzionaria della società; crearono nuove forme di mobilitazione e riproposero, attraverso le assemblee e i cortei, le pratiche della democrazia diretta; influenzarono nel profondo i comportamenti individuali; diedero vita a un patrimonio di memorie e di tradizioni in cui molti giovani di allora avrebbero continuato a riconoscersi anche negli anni successivi.

21.8. Il nuovo femminismo

La parità e i suoi limiti

La grande ondata di contestazione che scosse i paesi industrializzati tra gli anni '60 e i '70 si accompagnò a un rilancio, in forme nuove e più radicali, della questione femminile. Un fenomeno all'inizio minoritario, e largamente sottovalutato dalle forze politiche (compresi i gruppi rivoluzionari), ma capace come pochi altri di agire nel profondo su comportamenti e modi di pensare. All'inizio del '900, i primi movimenti femministi avevano lottato soprattutto per l'emancipazione politica delle donne e per la parità giuridica fra i sessi. All'indomani della seconda guerra mondiale, molte di queste battaglie – a cominciare da quella per il diritto di voto – potevano considerarsi vinte, almeno sulla carta: anche se permanevano, soprattutto nei paesi del Sud Europa, norme discriminatorie e soprattutto barriere di fatto che ostacolavano l'eguaglianza retributiva e l'accesso alle professioni (in Italia, per fare un esempio, le prime donne-magistrato entrarono in servizio solo nel 1965).

La contestazione dei modelli familiari

Ma proprio il permanere di questi e di altri ostacoli al pieno conseguimento della parità dimostrava che il problema principale non stava tanto nelle leggi, quanto negli equilibri e nei ruoli interni alla famiglia tradizionale – sempre strutturata, più o meno consapevolmente, in base a un modello patriarcale – e soprattutto in un'immagine convenzionale, ereditata dalla cultura tradizionale e riproposta dalla pubblicità e dai mass media, che confinava la donna a un ruolo comunque subalterno: sia che questo ruolo si esaurisse entro l'ambito delle mura domestiche, sia che si sommasse a un carico lavorativo "esterno". Alle lotte tese al miglioramento della condizione delle donne attraverso misure legislative (legalizzazione dell'aborto volontario, riforma del diritto di famiglia, accesso alle professioni) andava dunque affiancata una battaglia culturale volta a sconfiggere e a capovolgere i vecchi e i nuovi stereotipi.

Nuovi obiettivi e nuove forme di lotta

Questa problematica fu al centro della nuova corrente femminista che ebbe origine negli Stati Uniti alla metà degli anni '60 e trovò i suoi testi fondamentali negli scritti di militanti come Betty Friedan, Kate Millett e Juliet Mitchell. Netto era il cambio di impostazione rispetto alla fase precedente, sia per la radicalità degli obiettivi (che implicavano una politicizzazione del privato, ossia il riconoscimento della rilevanza politica di ciò che avviene nella sfera dei rapporti personali e familiari), sia per la novità dei metodi di lotta: la contestazione di tutti i modelli culturali legati al *maschilismo* e, in parallelo, la valorizzazione dei caratteri tipicamente e autenticamente femminili ("donna è bello"), la rivendicazione di una sfera separata rispetto all'universo maschile, l'autonomia da qualsiasi altro gruppo, il rifiuto dell'organizzazione politica tradizionale (vista come luogo e strumento di riproduzione della subalternità delle donne) e l'adozione del *collettivo* femminista come principale forma di aggregazione e di militanza.

Parità e specificità

Nel corso degli anni '70 il movimento delle donne allargò ovunque il suo seguito, ma perse in parte le sue punte più aggressive e conobbe le prime divisioni interne. Da una parte si insisteva sulla parità con l'uomo, da raggiungersi attraverso la progressiva riduzione delle differenze nel comportamento quotidiano, soprattutto all'interno della struttura familiare, mettendo per esempio in discussione il ruolo tradizionale della madre e valorizzando quello del padre, fin dalla nascita del bambino. Dall'altra parte si tornava a rivendicare la specificità femminile, attraverso la rivalutazione di quelli che da sempre erano considerati i tratti tipici delle donne: la spontaneità, la dolcezza, la capacità di vivere i sentimenti, la conoscenza dei problemi emotivi. In coincidenza col generale declino dei movimenti di contestazione, anche la militanza femminista perse visibilità. Ma i suoi effetti sul ripensamento e sulla trasformazione del ruolo della donna continuarono a lungo a farsi sentire e sono tuttora operanti.

21.9. Chiesa e società: il Concilio Vaticano II

Religione e modernità

Come la società borghese, laica e positivista di metà '800, anche la società "opulenta" e consumista sviluppatasi dopo il secondo conflitto mondiale trovò un critico severo e un avversario tenace nella Chiesa di Roma. I cattolici costituivano ancora, negli anni '60, la più numerosa fra le comunità di credenti, con oltre 500 milioni di fedeli sparsi in tutto il mondo. Ma non potevano non guardare con preoccupazione al progressivo declino delle pratiche religiose tradizionali nelle aree industrializzate, all'affermarsi di mentalità e valori tipicamente materialisti, al diffondersi di comportamenti e di costumi (soprattutto in materia di rapporti sessuali e di contraccezione) contrari agli insegnamenti della Chiesa. Questa volta però la reazione non si espresse, come un secolo prima, ai tempi del *Sillabo* di Pio IX, in una chiusura quasi totale alle novità del mondo esterno, ma sfociò in un tentativo di rinnovamento interno, accompagnato da una maggiore attenzione alla mutata realtà sociale e internazionale. Furono questi gli anni in cui il mondo cattolico non solo maturò una definitiva accettazione di quelle istituzioni democratico-rappresentative che sin allora aveva a malincuore tollerato (quando non apertamente avversato), ma fece anche proprio il principio della libertà religiosa come diritto fondamentale della persona e come unico contesto in cui far valere le proprie scelte di fede.

Giovanni XXIII

Il nuovo corso ebbe inizio col pontificato di Giovanni XXIII, salito al soglio nel 1958 dopo la morte di Pio XII. Diversamente dal suo predecessore – che aveva legato il suo pontificato alla riaffermazione dei dogmi tradizionali e alla lotta frontale contro il comunismo – il nuovo papa, che pure non era affatto un innovatore in materia dottrinaria, cercò di rilanciare il ruolo ecumenico della Chiesa e di instaurare un dialogo con le realtà esterne, o addirittura ostili, al mondo cattolico. In questo fu favorito sia dalla sua grande popolarità – legata alla sua immagine bonaria e alla sua stessa origine contadina –, sia dalla congiuntura internazionale di quegli anni: gli anni di Kruscëv e Kennedy e della distensione fra le due superpotenze [▶18.9]. La svolta impressa alla politica vaticana da Giovanni XXIII fu sancita in due celebri encicliche. Nella prima, la *Mater et Magistra* del 1961, il papa condannava l'egoismo dei ceti privilegiati e dei paesi ricchi, per incoraggiare, pur nella persistente condanna delle ideologie e dei regimi comunisti, il riformismo politico ed economico. La seconda enciclica, la *Pacem in Terris* del 1963, era invece dedicata soprattutto ai rapporti internazionali e conteneva, oltre a un appello al negoziato fra le potenze e alla cooperazione fra i popoli – con una significativa apertura verso i paesi di nuova indipendenza –, anche una proposta di dialogo con le religioni non cattoliche e con gli stessi non credenti.

Il Concilio Vaticano II

Ma l'atto più importante del pontificato di Giovanni XXIII fu la convocazione di un Concilio ecumenico (cioè una assemblea dei vescovi di tutto il mondo), il Vaticano II, a quasi cent'anni di distanza dal precedente – il Vaticano I del 1870 – che aveva segnato il momento di più rigida chiusura e di più grave isolamento della Chiesa di Roma. Apertosi nell'ottobre 1962, pochi mesi prima della morte di Giovanni XXIII, il Concilio si prolungò per oltre tre anni (fino al dicembre '65) sotto il pontificato di Paolo VI, che continuò e consolidò, sia pure con uno stile più cauto, la svolta avviata dal suo predecessore. Dal Concilio la Chiesa uscì rinnovata, anche se non radicalmente trasformata, sia nell'organizzazione interna (per il maggior peso assunto dal collegio dei vescovi rispetto al papa e alla Curia romana), sia nella liturgia: l'innovazione più importante in questo campo fu l'introduzione della messa nelle lingue nazionali anziché in latino, per consentire una maggior partecipazione dei fedeli al rito. Sul piano strettamente dottrinario, non vi furono novità di grande rilievo. Ma fu ribadita l'importanza delle Sacre Scritture come fonti prime della rivelazione e fu affermata la necessità del dialogo con le altre Chiese (presenti al Concilio con loro osservatori), in vista di una possibile futura riunificazione della Cristianità.

Dissenso e scisma

Si trattava di novità importanti, capaci di cambiare l'immagine della Chiesa e di provocare conseguenze di diverso segno. Nacquero in molti paesi nuove correnti e nuovi movimenti che, andando spesso al di là delle indicazioni della gerarchia ecclesiastica, cercarono di coniugare il messaggio cattolico con un più accentuato impegno nelle lotte sociali. Gruppi di "cattolici del dissenso" si formarono in Italia e in Francia alla fine degli anni '60 e spesso andarono a confluire nei partiti di sinistra o nei movimenti nati nel '68. In America Latina la partecipazione di sacerdoti e di gruppi cattolici alla lotta contro le dittature e le oligarchie conservatrici fu addirittura all'origine di una nuova teologia, la "teologia della liberazione", che reinterpretava il messaggio cristiano e le stesse Scritture nel quadro di una concezione marxista della storia. Questa teologia fu ufficialmente condannata dalla Chiesa, ma conservò una certa influenza su una parte del clero latino-americano.

Su un opposto versante dottrinario, le novità introdotte dal Concilio suscitarono la reazione di un numeroso gruppo di prelati che facevano capo all'arcivescovo francese Marcel Lefebvre: i seguaci di monsignor Lefebvre contestavano non solo alcune specifiche innovazioni, come la messa in volgare e la possibilità per i preti di non indossare l'abito talare, ma lo spirito stesso del Concilio, rivendicando contro ogni apertura al dialogo il primato dell'unica verità. Il movimento tradizionalista diede vita a un vero e proprio scisma, che sarebbe stato ufficializzato nel 1988, raccogliendo però l'adesione di esigue minoranze.

sommario

Tra il 1950 e il 1970 gli abitanti della Terra aumentarono del 50%, mentre la vita media dell'uomo salì da 65 a oltre 70 anni nelle zone più sviluppate e da 40 a 50 nei paesi più poveri: progressi della medicina, nuovi farmaci e vaccinazioni, maggior quantità di cibo e miglior qualità dell'alimentazione furono le principali cause di questo incremento. Si accentuò la forbice fra le tendenze dei paesi industrializzati e quelle dei paesi in via di sviluppo. Negli Stati del Terzo Mondo il regime demografico tipico delle società arretrate fu modificato solo per quanto riguarda la mortalità (soprattutto infantile), mentre i ritardi nel processo di modernizzazione continuarono a impedire che si affermasse l'abitudine al controllo delle nascite. I paesi industrializzati, invece, conobbero una fase di slancio demografico solo nel decennio successivo alla guerra: il periodo del cosiddetto *baby boom*. Dopo la metà degli anni '50 riprese il sopravvento la tendenza al calo della natalità, favorito dalle pratiche contraccettive e da una più consapevole pianificazione familiare.

Negli anni '50 e '60 l'economia capitalistica attraversò un periodo di sviluppo senza precedenti: i progressi riguardarono soprattutto l'industria e il settore terziario. A favorire questa straordinaria espansione furono l'esplosione demografica, il costo basso delle materie prime, le scoperte scientifiche, le innovazioni tecnologiche, la razionalizzazione produttiva e il sostegno pubblico alla crescita.

La conseguenza più vistosa dell'espansione economica postbellica nei paesi industrializzati fu il rapido miglioramento del livello di vita della popolazione. Scese la percentuale di spesa per i prodotti alimentari, aumentò la quota destinata all'abbigliamento, alla casa e soprattutto ai beni e servizi considerati non essenziali. Questo boom dei consumi "superflui" fu favorito dall'aumento dei redditi, dal calo dei prezzi di molti beni prodotti in serie, dall'ampliamento della rete commerciale e dalla moltiplicazione dei messaggi pubblicitari. Di conseguenza, i modelli di consumo nelle aree industrializzate subirono un processo di omologazione. Un impatto rilevante nel far crescere i consumi ebbe anche l'affermazione delle politiche di *Welfare* a sostegno del reddito in tutti i paesi industrializzati.

Nel secondo dopoguerra il nesso fra ricerca scientifica e produzione, che si era instaurato a partire dalla seconda rivoluzione industriale, divenne strettissimo. Il mondo sviluppato fu sommerso da un'ondata di nuovi materiali e di prodotti d'ogni genere in gran parte sconosciuti alla generazione precedente: le maggiori novità furono legate alla diffusione delle materie plastiche, delle fibre sintetiche e dei nuovi farmaci (antibiotici, sulfamidici, insulina e cortisone, psicofarmaci, anticoncezionali). Straordinari miglioramenti si ebbero anche nella chirurgia (trapianti, utilizzo del laser).

Negli anni '50 e '60 del '900 si sviluppò fra le due maggiori potenze mondiali la competizione per la conquista dello spazio. Nel 1957 i sovietici misero in orbita il primo satellite artificiale, lo Sputnik. Nel 1969 gli astronauti americani Armstrong e Aldrin misero piede sul suolo lunare. Negli anni successivi gli sforzi si concentrarono su operazioni meno spettacolari, ma non meno interessanti dal punto di vista scientifico. Le imprese spaziali provocarono una fortissima ricaduta di tecnologia che interessò tutti i settori produttivi, compreso quello militare. Il perfezionamento delle tecniche di lancio e di guida a distanza dei missili potenziò i sistemi d'arma delle superpotenze, che affidarono agli arsenali missilistici nucleari la loro capacità deterrente.

Un settore in cui gli effetti del progresso tecnologico si fecero subito sentire fu quello dei trasporti. Due furono le principali novità: il boom della motorizzazione privata e lo sviluppo dell'aviazione civile. Gli anni '50 e '60 videro anche un rapido aumento della circolazione delle informazioni e dei messaggi, di cui furono protagonisti i mass media: giornali, radio, cinema, e infine televisione, la vera protagonista della storia delle comunicazioni di massa della seconda metà del '900. Le trasmissioni regolari per il grande pubblico cominciarono negli Stati Uniti subito dopo la seconda guerra mondiale. Nel corso degli anni '50 la televisione si impose anche in Europa occidentale e, nei decenni successivi, si diffuse nelle aree meno industrializzate. L'avvento della televisione trasformò il mondo dell'informazione, portò lo spettacolo dentro le case e creò anche una nuova cultura di massa. Un'altra fabbrica inesauribile di miti e di idoli popolari fu costituita, a partire dalla fine degli anni '50, dalla musica "leggera".

Gli sviluppi della civiltà dei consumi da un lato favorirono l'affermazione delle scienze umane (sociologia, scienze politiche, psicologia, psicanalisi), dall'altro furono la causa di un rifiuto ideologico nei confronti di una società accusata di sostituire allo sfruttamento economico di tipo tradizionale una forma più subdola di dominio. La contestazione nei confronti della società del benessere trovò la più larga eco tra i giovani. Questa opposizione si espresse dapprima in un rifiuto delle convenzioni e nella creazione di una cultura alternativa, in seguito assunse forme più politicizzate e trovò i suoi centri propulsori nelle università. La protesta studentesca ebbe inizio negli Stati Uniti, dove si intrecciò col movimento contro la segregazione razziale, e più tardi si estese ai maggiori paesi dell'Europa occidentale. In Francia ci fu l'episodio più clamoroso: nel maggio 1968 il quartiere latino di Parigi fu teatro di una guerriglia tra studenti e forze di polizia. Le lotte del '68 lasciarono un segno profondo nella società occidentale: rilanciarono il mito di una trasformazione rivoluzionaria della società, crearono nuove forme di mobilitazione e riproposero le pratiche della democrazia diretta, influenzando anche i comportamenti individuali.

Fra la seconda metà degli anni '60 e l'inizio degli anni '70 si assisté a un rilancio della questione femminile. L'impegno del movimento femminista si rivolgeva innanzitutto alla rivendicazione di un trattamento egualitario per il lavoro femminile, ma metteva anche in discussione l'immagine convenzionale della donna e i ruoli interni alla struttura familiare. Questa nuova ondata femminista, che ebbe origine negli Stati Uniti, segnò una svolta netta rispetto alla fase precedente sia per la radicalità degli obiettivi sia per la novità dei metodi di lotta. Nel corso degli anni '70 il movimento delle donne allargò il suo seguito in tutti i paesi occidentali ma conobbe anche alcune fratture interne: da una parte c'era la ricerca della parità con l'uomo, dall'altra la rivendicazione della specificità femminile.

La società consumista trovò un critico severo nella Chiesa di Roma, che guardò con preoccupazione al declino delle pratiche religiose e reagì avviando un tentativo di rinnovamento interno. Il nuovo corso ebbe inizio con Giovanni XXIII, che cercò di rilanciare il ruolo ecumenico della Chiesa e di instaurare un dialogo con le realtà esterne al mondo cattolico. L'atto più importante del suo pontificato fu la convocazione del Concilio Vaticano II, che si svolse fra il 1962 e il 1965 sotto il pontificato di Paolo VI. I nuovi fermenti introdotti nella Chiesa dal Concilio provocarono la nascita di nuovi movimenti impegnati a coniugare il messaggio cattolico con un più accentuato impegno nelle lotte sociali ("cattolici del dissenso" e "teologia della liberazione").

bibliografia

Per gli aspetti economici e sociali, oltre al volume di E.J. Hobsbawm, *Il secolo breve*, Bur, Milano 2016 (ed. or. 1994), si vedano: S. Pollard (a cura di), *Storia economica contemporanea*, Il Mulino, Bologna 2012 (ed. or. 1991); V. de Grazia, *L'impero irresistibile. La società dei consumi americana alla conquista del mondo*, Einaudi, Torino 2006; S. Cavazza-E. Scarpellini (a cura di), *La rivoluzione dei consumi. Società di massa e benessere in Europa, 1945-2000*, Il Mulino, Bologna 2010. Per una riflessione critica, J. Baudrillard, *La società dei consumi. I suoi miti e le sue strutture*, Il Mulino, Bologna 2010 (ed. or. 1970).

Sui mass media e le comunicazioni di massa, oltre ai volumi di carattere generale già citati nella bibliografia del cap. 13, si veda M. McLuhan, *Gli strumenti del comunicare*, Il Saggiatore, Milano 2015 (ed. or. 1964). Su alcuni aspetti della mentalità e del costume del nostro tempo, vedi i saggi di autori vari raccolti in P. Ariès-G. Duby, *La vita privata. Il Novecento*, Laterza, Roma-Bari 2001 (ed. or. 1987).

Sulla contestazione giovanile e i movimenti per i diritti civili: P. Ortoleva, *Saggio sui movimenti del 1968 in Europa e in America*, Editori Riuniti, Roma 1988; M. Flores-A. De Bernardi, *Il Sessantotto*, Il Mulino, Bologna 2003 (ed. or. 1998); N. Venturini, *Con gli occhi fissi alla meta. Il movimento afroamericano per i diritti civili, 1940-1965*, Franco Angeli, Milano 2010; B. Cartosio, *I lunghi anni Sessanta. Movimenti sociali e cultura politica negli Stati Uniti*, Feltrinelli, Milano 2012; M. Flores-G. Gozzini, *Il 1968. Un anno spartiacque*, Il Mulino, Bologna 2018.

Sulla condizione delle donne nel '900 e i movimenti femministi: J. Mitchell, *La condizione della donna. Il nuovo femminismo*, Einaudi, Torino 1978 (ed. or. 1971); G. Duby-M. Perrot (a cura di), *Storia delle donne*, vol. V, *Il Novecento*, Laterza, Roma-Bari 2011 (ed. or. 1992). Sulla costruzione del "genere" femminile: J. Butler, *Questione di genere. Il femminismo e la sovversione dell'identità*, Laterza, Bari-Roma 2017 (ed. or. 1989); S. Piccone Stella-C. Saraceno (a cura di), *Genere. La costruzione sociale del femminile e del maschile*, Il Mulino, Bologna 1996.

Sulle trasformazioni della Chiesa: G. Verucci, *La Chiesa nella società contemporanea*, Laterza, Roma-Bari 1999 (ed. or. 1988); D. Menozzi, *La Chiesa cattolica e la secolarizzazione*, Einaudi, Torino 1993.

22. Anni di cambiamento

22.1. La fine dell'"età dell'oro": la crisi petrolifera

All'inizio degli anni '70, si interruppe il ciclo espansivo dell'economia mondiale che aveva contraddistinto l'intero dopoguerra. Non si trattò di una "normale" pausa nel processo di sviluppo, ma di una svolta dalle conseguenze traumatiche, non solo sul piano economico. La svolta fu segnata soprattutto da due eventi.

L'instabilità monetaria

Il primo, nell'agosto 1971, fu la scelta degli Stati Uniti di sospendere la convertibilità del dollaro in oro, convertibilità che costituiva il pilastro del sistema monetario internazionale disegnato dagli accordi di Bretton Woods del 1944 e basato su rapporti di cambio fissi fra le monete dei paesi aderenti [▸18.1]. Tale decisione era il segno più evidente delle difficoltà dell'economia americana che, appesantita dagli enormi costi della guerra in Vietnam e da un crescente passivo della bilancia commerciale, non era più in grado di garantire con le sue riserve auree il cambio di una grande massa di dollari circolante nel mondo o custodita nelle banche centrali europee e asiatiche. Ma era anche l'inizio di una lunga fase di instabilità e di disordine monetario internazionale, con continue oscillazioni nei prezzi delle materie prime e nei cambi fra le monete e con una generale tendenza all'inflazione.

L'aumento del prezzo del petrolio

Ancora più gravida di conseguenze fu la decisione presa dai principali paesi produttori di petrolio nel novembre 1973, in seguito alla guerra arabo-israeliana [▸19.7], di quadruplicare il prezzo della materia prima. Questo improvviso aumento fu l'inizio di una progressiva ascesa delle quotazioni del greggio che si sarebbe protratta per l'intero decennio: alla fine degli anni '70, anche a causa della rivoluzione iraniana del 1979 [▶25.3] il prezzo del petrolio era dieci volte più alto di quello del '73. Lo "shock petrolifero" colpì in varia misura tutti i paesi industrializzati, in particolare quelli che dipendevano quasi completamente dalle importazioni per il loro fabbisogno energetico, come l'Italia e il Giappone (gli Stati Uniti e l'Unione Sovietica ne risentirono in misura minore in quanto disponevano di proprie risorse petrolifere); e fu il fattore scatenante di una crisi economica seria e profonda, anche se meno lunga e violenta di quella degli anni '30.

Inflazione e disoccupazione

Ovunque, fra il '74 e il '75, la produzione industriale fece registrare un brusco calo, per poi riprendere a crescere a partire dal '76, ma con ritmi più lenti rispetto al periodo precedente. Contrariamente a quanto era accaduto nelle crisi del passato, tutte caratterizzate dal calo dei prezzi, in questo caso la recessione produttiva si accompagnò a una generale crescita dell'inflazione, con tassi di aumento del costo della vita, nei paesi industrializzati, superiori al 10% e, talvolta, al 20% annuo. Questo fenomeno inedito – che è stato definito col termine "stagflazione", ovvero "stagnazione più inflazione" – era dovuto in parte all'origine "esterna" dell'inflazione (l'aumento dei prezzi del petrolio e delle materie prime in genere), in parte alla maggiore rigidità dei salari che, in virtù dei meccanismi di copertura introdotti nei decenni precedenti, tendevano ad adeguarsi automaticamente alla crescita dei prezzi creando a loro volta nuove spinte inflazionistiche. Sul piano sociale la conseguenza più grave della crisi fu la crescita della disoccupazione, che si mantenne molto elevata per tutto il decennio, anche se, soprattutto in Europa occidentale, il problema era reso meno drammatico dalla presenza di numerosi "ammortizzatori sociali": i sussidi di disoccupazione, le sovvenzioni statali alle industrie in crisi, la stessa preesistente condizione di benessere.

La crisi del *Welfare State*

Ma a subire gli effetti della crisi fu lo stesso modello del *Welfare State*, che, affermatosi in tutte le democrazie occidentali come strumento di stabilizzazione economica oltre che di perequazione sociale, cominciò allora a mostrare chiari segni di difficoltà. La crescita continua della spesa pubblica, non più sostenuta da un adeguato sviluppo produttivo, costrinse i governi a portare a livelli sempre più alti la pressione fiscale suscitando, in vasti settori dell'opinione pubblica e del mondo economico, un crescendo di critiche contro lo Stato assistenziale e contro l'intervento pubblico in economia e un parallelo ritorno in auge delle teorie liberiste e del monetarismo. L'avvento al potere dei conservatori in Gran Bretagna con Margaret Thatcher (1979) e l'elezione alla presidenza Usa del repubblicano Ronald Reagan (1980) – l'una e l'altro presentatisi agli elettori con la promessa di tagli delle spese e delle tasse – furono anche il prodotto di questo mutamento del clima politico e culturale.

Monetarismo

parola chiave

Il monetarismo è una corrente di pensiero economico sviluppatasi a partire dagli anni '60 del '900 e legata soprattutto al nome dell'economista statunitense Milton Friedman e alla cosiddetta "scuola di Chicago", la sede universitaria in cui Friedman insegnò. Alla base delle teorie monetariste c'è l'importanza attribuita alla quantità di moneta come elemento regolatore dell'attività economica. Secondo i monetaristi, è l'ammontare di moneta resa disponibile dalla Banca centrale a determinare, almeno nel lungo periodo, il livello dei prezzi e della produzione. Regolando il quantitativo di moneta in circolazione, soprattutto attraverso la manovra del tasso di sconto (il tasso di interesse richiesto dalla Banca centrale alle altre banche), le autorità pubbliche di uno Stato possono intervenire efficacemente sull'andamento generale dell'economia.

Infatti un'espansione della moneta determina un aumento della domanda complessiva, che a sua volta stimola un incremento della produzione e dei prezzi. Una riduzione, naturalmente, produce l'effetto opposto. Se infatti il governo e la Banca centrale limitano la quantità di moneta in circolazione, i datori di lavoro ne hanno di meno a disposizione per acquistare nuovi macchinari, per assumere nuovi lavoratori o per aumentare i salari: la produzione e i consumi ne soffrono, ma l'inflazione viene bloccata. L'equilibrio si ottiene con una politica che commisuri l'offerta di moneta al tasso di crescita dell'economia. Secondo i monetaristi l'intervento sulla moneta non è solo il più efficace, ma anche l'unico compatibile con politiche che riducano al minimo l'ingerenza dello Stato nell'economia e interferiscano il meno possibile col funzionamento del mercato. La concezione monetarista si contrappone dunque frontalmente alle teorie di John Maynard Keynes [▸13.6] – che prevedono interventi mirati dello Stato per ridurre la disoccupazione e per stimolare il ciclo produttivo – e alle politiche ad esse ispirate, largamente praticate da molti governi nel secondo dopoguerra. Il monetarismo si è perciò di fatto identificato con le posizioni neoliberiste, favorevoli a una maggiore libertà del mercato e dell'iniziativa privata.

Negli anni '70 e '80, di fronte alla difficoltà di controllare una spesa pubblica in continua crescita, molti governi occidentali adottarono politiche monetariste; e una prospettiva analoga fu fatta propria dalle organizzazioni internazionali quali la Banca Mondiale e il Fondo monetario internazionale, che la imposero ai paesi beneficiari dei loro aiuti. Ne nacque un acceso dibattito, sia perché quelle politiche non furono coronate da un pieno successo (non sempre si riuscì a controllare la quantità di moneta in circolazione), sia per i costi sociali derivanti, soprattutto nei paesi in via di sviluppo, dalla riduzione dell'intervento dello Stato e delle spese per le politiche sociali.

La fine di un'epoca

Giunta al termine di una lunga fase di sviluppo pressoché ininterrotto e di benessere crescente, la crisi petrolifera costituì per l'Occidente un trauma fortissimo sul piano psicologico prima ancora che economico: rivelò un'insospettata fragilità dei paesi più avanzati; contribuì a rendere instabile lo stesso quadro politico mondiale, preparando i grandi mutamenti che avrebbero segnato la fine del secolo XX; e fece sorgere una serie di interrogativi sul futuro della società industriale.

22.2. I problemi dell'ambiente

I limiti dello sviluppo

Il primo problema che la crisi petrolifera del '73 rese evidente fu quello del carattere limitato, e dunque esauribile, delle risorse naturali del pianeta: un dato che contraddiceva, almeno in apparenza, la prospettiva ottimistica di una crescita illimitata – della produzione, dei consumi, della stessa popolazione – su cui si era fino ad allora fondata la filosofia ispiratrice della civiltà industriale. Questa prospettiva cominciò allora ad apparire a molti non solo irreale, ma anche dannosa, in quanto portava con sé la tendenza allo spreco energetico, alla dissipazione delle risorse naturali, alla modifica violenta dell'ambiente. Alla protesta ideologica contro la civiltà dei consumi si sovrappose, e in parte si sostituì, una critica più concreta animata dai movimenti ambientalisti (o verdi), attenta soprattutto alle tematiche dell'ecologia e fondata sulla denuncia delle minacce portate dall'azione degli uomini – in particolare dall'industrializzazione e dall'urbanizzazione indiscriminata – all'equilibrio naturale del pianeta.

Il degrado ambientale

Il degrado dell'ambiente aveva radici lontane, legate ai primi passi della rivoluzione industriale; ma nel corso del XX secolo si era aggravato, soprattutto per il crescente utilizzo dei combustibili fossili, prima il carbone poi il petrolio. Se all'inizio del '900 la principale responsabile dell'inquinamento dell'aria era ancora la combustione del carbone nelle industrie e nelle abitazioni, negli anni '60 il traffico automobilistico aveva già cominciato a contenderle questo primato: nel 1990 sarebbe diventato la maggiore fonte di inquinamento a livello mondiale. Più in generale, l'eccezionale sviluppo economico del pianeta lungo tutto il XX secolo comportò il consumo di una quantità straordinaria di energia: dieci volte più che nei mille anni precedenti, secondo i calcoli di alcuni studiosi. Se dunque si voleva continuare a sostenere la crescita economica senza compromettere irrimediabilmente le condizioni ambientali, già alla metà degli anni '70 appariva necessario abbassare i consumi o utilizzare fonti di energia alternative ai combustibili fossili.

Risparmio energetico e fonti alternative

All'indomani della crisi petrolifera, i governi si mossero in entrambe le direzioni, anche sulla base di esigenze economiche immediate: da un lato adottarono politiche di risparmio energetico, cercando di limitare la circolazione dei mezzi di trasporto privati e di contenere i consumi di elettricità, dall'altro promossero la ricerca e l'uso di nuove fonti di energia. Alcuni Stati (Usa, Francia, Germania federale, Giappone) puntarono sullo sviluppo delle centrali nucleari, in grado di fornire energia a costi sensibilmente inferiori a quelli delle centrali termoelettriche, ma contestate dagli ecologisti per i problemi legati allo smaltimento delle scorie e per i danni irreversibili che potevano provocare in caso di guasti o incidenti: come dimostrò, nel 1986, il caso della centrale nucleare di Černobyl' in Ucraina. Altrove si riscoprì il carbone o si avviò lo sfruttamento dell'energia solare e di quella eolica: energie pulite e inesauribili, il cui impiego stentò però ad affermarsi soprattutto a causa delle difficoltà tecniche e degli elevati costi iniziali.

Il superamento della crisi

Tra la fine degli anni '80 e l'inizio dei '90, l'emergenza ambientale sembrò per molti aspetti ridimensionarsi. La scoperta di nuovi giacimenti petroliferi, se da un lato rallentò la spinta alla ricerca di fonti alternative, dall'altro fece apparire eccessivi gli allarmi lanciati negli anni della crisi, quando autorevoli studiosi formulavano previsioni catastrofiche sull'esaurimento delle risorse energetiche entro la fine del secolo. Una nuova fase di crescita produttiva e di euforia finanziaria riportò nel mondo dell'economia un clima di diffuso (e, come vedremo, incauto) ottimismo.

Sviluppo sostenibile e politiche ambientaliste

Non per questo, però, venne meno l'attenzione per i problemi ecologici. E la ricerca di uno *sviluppo sostenibile* – capace cioè di conciliare crescita produttiva e tutela dell'ambiente – restò al centro non solo dei dibattiti scientifici, ma anche dell'attività dei governi e delle organizzazioni internazionali. La Commissione sull'ambiente e sullo sviluppo delle Nazioni Unite si espresse al riguardo col rapporto Brundtland (dal nome della sua autrice, allora a capo del governo norvegese) del 1987, dove si affermava che lo sviluppo «deve rispondere ai bisogni del presente senza compromettere la possibilità delle generazioni future di fare altrettanto».

Di fronte alla crescente attenzione per le questioni ecologiche, anche i governi avviarono politiche ambientaliste. Nel 1992, in una conferenza organizzata dall'Onu a Rio de Janeiro, oltre 140 paesi si impegnarono a limitare l'inquinamento atmosferico e a perseguire uno sviluppo economico rispettoso dell'ambiente. I risultati, tuttavia, furono inferiori alle aspettative. Così nel 1997, di fronte alle sempre più evidenti conseguenze del cambiamento climatico, un nuovo vertice internazionale sull'ambiente elaborò un nuovo documento, il Protocollo di Kyoto, che aveva lo scopo di obbligare gli Stati a ridurre le emissioni di anidride carbonica entro un quindicennio. Questo programma, che implicava alti costi per l'ammodernamento degli impianti, non fu però condiviso né dalla massima potenza industriale del mondo, gli Stati Uniti, né dalle potenze industriali emergenti, come la Cina e l'India. All'inizio del XXI secolo, una comune azione internazionale per ridurre l'inquinamento e favorire uno "sviluppo sostenibile" incontrava ancora forti difficoltà.

22.3. Crisi delle ideologie e terrorismo

I mutamenti culturali

Le trasformazioni economiche e sociali degli anni '70 si accompagnarono, nelle società industriali dell'Occidente, a un mutamento profondo delle ideologie e della cultura politica. Si può affermare, schematizzando, che negli anni '60 e nei primi anni '70 la cultura di sinistra era stata (soprattutto per le generazioni più giovani) la cultura egemone: sia nella versione riformista, che accettava la "società del benessere" e cercava di guidarla verso traguardi di maggiore giustizia sociale; sia nella versione rivoluzionaria, che rifiutava quella società e contestava il riformismo gradualista. Entrambe le versioni, tuttavia, si basavano sul presupposto di un'illimitata capacità espansiva del sistema economico e sulla possibilità di controllare i processi sociali con gli strumenti della politica. A partire dagli anni dello "shock petrolifero", queste e altre certezze cominciarono a venir meno. La crisi energetica metteva in discussione la prospettiva di uno sviluppo industriale continuo. Le trasformazioni economiche e le nuove tecnologie ridimensionavano il peso numerico e politico della classe operaia.

Il declino dei regimi comunisti

Intanto nei paesi comunisti era ormai evidente l'incapacità del modello collettivistico di offrire soluzioni adeguate ai problemi della società contemporanea. L'Unione Sovietica vedeva appannarsi la sua immagine, già macchiata dai fatti di Praga del '68 [▶18.10], sia per le continue denunce da parte degli esuli e dei dissidenti, sia per gli insuccessi in campo economico. Alcuni partiti comunisti dell'Europa occidentale cominciarono a prendere le distanze dall'Urss. Ulteriori delusioni per i militanti di sinistra vennero dagli altri Stati comunisti, come la Cina, Cuba, il Vietnam e la Cambogia, che, considerati all'inizio esempi alternativi all'Unione Sovietica, avevano mostrato ben presto il loro carattere dispotico.

Il "grande riflusso"

Si parlò allora di "grande riflusso", per indicare la caduta dei più ambiziosi progetti di trasformazione politica e sociale: ciò che veniva messo in discussione non era solo la validità di questo o quel programma, ma la stessa capacità delle ideologie – in particolare quelle di sinistra – di interpretare la realtà e porsi come veicoli di trasformazione sociale. La generale caduta della tensione politica finì col lasciare isolate (ma proprio per questo col rendere più esasperate e incontrollabili) le componenti estremiste e violente dei movimenti di contestazione giovanile attivi alla fine degli anni '60.

I gruppi terroristici

Si assisté così, in alcuni paesi dell'Europa occidentale, a una drammatica esplosione di terrorismo politico attuato da piccoli gruppi clandestini fortemente militarizzati: le Brigate rosse in Italia [►26.3], la Raf, ossia "Frazione dell'Armata rossa" (*Rote Armee Fraktion*), attiva in Germania, il gruppo di *Action directe* in Francia. Queste formazioni agivano per lo più sulla base di parole d'ordine ispirate a una versione estremizzata del marxismo-leninismo e colpivano con gesti "esemplari" (attentati dinamitardi, omicidi, ferimenti, sequestri) quei personaggi o quelle istituzioni che ai loro occhi più si identificavano col sistema da abbattere. Un terrorismo molto diverso da quello – prevalentemente individualistico – degli anarchici di fine '800, e invece ispirato nel modello organizzativo – e in qualche caso anche collegato – ai movimenti di liberazione del Terzo Mondo (soprattutto a quello palestinese) o a quelli nati dalle lotte delle minoranze etniche nella stessa Europa (come l'Ira in Irlanda del Nord o i separatisti baschi dell'Eta in Spagna), privo però della base di consenso di cui quei movimenti si giovavano.

Poco seguiti dalle masse lavoratrici in nome delle quali affermavano di agire, tra la fine degli anni '70 e l'inizio degli anni '80 i gruppi terroristici italiani e tedeschi furono sconfitti prima politicamente, nel fallito tentativo di mobilitare la classe operaia, poi sul piano dell'azione repressiva, con l'arresto di buona parte dei loro componenti.

Il terrorismo internazionale

Ma il terrorismo come fenomeno internazionale – spesso finanziato e strumentalizzato da Stati contro altri Stati – non scomparve e si espresse attraverso una serie di azioni sanguinose. La più grave e clamorosa ebbe luogo il 13 maggio 1981, quando papa Giovanni Paolo II [►27.8] fu gravemente ferito in piazza San Pietro da un terrorista turco, Ali Ağca, affiliato a un gruppo nazionalista di estrema destra, ma sospettato anche di legami con i servizi segreti dell'Europa dell'Est: un episodio oscuro, forse legato alle logiche della guerra fredda. Ma anche un preannuncio di quel terrorismo di matrice fondamentalista islamica che avrebbe insanguinato il mondo nei decenni successivi.

22.4. Gli Stati Uniti: da Nixon a Reagan

Il caso Watergate

Negli anni '70, gli Stati Uniti attraversarono una delle fasi più difficili della loro storia, a causa dell'instabilità del dollaro, della fallimentare guerra in Vietnam e dei problemi politici interni. Il repubblicano Richard Nixon, eletto per la seconda volta alla presidenza Usa nel 1972, pose fine all'impegno militare in Vietnam [▸18.10], ma fu travolto nel 1974 da uno scandalo legato alla campagna elettorale: il caso Watergate, così chiamato dal nome dell'albergo di Washington dove alcuni collaboratori del presidente avevano condotto un'operazione di spionaggio ai danni del Partito democratico. Messo sotto accusa da un'efficace campagna di stampa, Nixon fu costretto a dimettersi.

La presidenza Carter

Il democratico Jimmy Carter, diventato capo dello Stato nel '76, dopo due anni di presidenza del vice di Nixon, il repubblicano Gerald Ford, cercò di promuovere una politica fondata sul riconoscimento del diritto di autodeterminazione e sulla difesa dei diritti umani in ogni parte del mondo. Questa linea – opposta a quella, tutta improntata al realismo, praticata da Nixon e dal segretario di Stato Henry Kissinger – fu però portata avanti in modo incerto e velleitario: se da un lato contribuì a rendere tesi i rapporti con l'Urss (che vedeva nelle campagne in favore del diritto al dissenso un'intromissione nei suoi affari interni), dall'altro fu criticata perché lasciava spazio all'affermazione di regimi ostili agli Stati Uniti in Africa, in America Latina e in Medio Oriente, in particolare in Iran.

La vittoria di Reagan

Furono proprio le vicende drammatiche della rivoluzione iraniana – culminate nel sequestro di un gruppo di diplomatici e funzionari americani [▸25.3] – a dare il colpo definitivo alla popolarità del presidente. Nelle elezioni del 1980, Carter fu nettamente sconfitto da Ronald Reagan, anziano ex attore, esponente dell'ala destra del Partito repubblicano. Reagan si presentò con un programma liberista, basato sulla riduzione delle tasse e della spesa pubblica; promise di adottare in politica estera una linea più dura nei confronti dell'Urss (da lui definita "l'impero del male") e di tutti i nemici degli Stati Uniti, incarnando l'orgoglio nazionalista e il desiderio di rivincita di larghi strati dell'opinione pubblica americana.

La ripresa economica

Il successo della presidenza Reagan, che fu confermato con ampio margine nelle elezioni dell'84, si dovette anche al buon andamento dell'economia che, fra l'83 e l'86, riprese a marciare a pieno ritmo grazie soprattutto allo sviluppo dei settori di punta, in particolare quelli legati all'elettronica e alle produzioni militari. La crescita economica degli anni '80 non fu priva di ombre: alcuni settori industriali – quelli tecnologicamente più "maturi", legati cioè alle precedenti fasi dello sviluppo industriale, come la siderurgia e la meccanica – conobbero un netto declino e numerose imprese entrarono in crisi perché private di qualsiasi sussidio pubblico. Le disuguaglianze sociali – e le stesse fratture fra i gruppi etnici nelle grandi metropoli – si accentuarono in seguito al taglio delle spese per l'assistenza e per le pensioni. In compenso, però, l'inflazione fu contenuta, la disoccupazione in parte riassorbita, il dollaro tornò a essere la moneta forte dell'economia mondiale nonostante il permanere di un vistoso deficit nel bilancio dello Stato, dovuto alla continua crescita della spesa militare.

Le iniziative internazionali

Il mantenimento di un alto livello di armamenti costituì del resto un elemento essenziale nella strategia di Reagan, tesa a far valere il peso militare degli Stati Uniti sia per mantenere una posizione di forza nel confronto con l'Unione Sovietica, sia per far sentire la presenza americana in tutti i punti caldi del pianeta. Sotto il primo aspetto, va ricordato l'appoggio di Reagan all'Iniziativa di difesa strategica (Sdi), un avveniristico quanto costoso progetto mirante a creare una sorta di scudo elettronico spaziale capace di neutralizzare, mediante raggi laser, qualsiasi minaccia missilistica: un progetto criticato sia per la sua problematica realizzabilità, sia perché rischiava di mettere in moto una nuova spirale di spese militari in entrambe le superpotenze. Nel contempo gli Stati Uniti intensificarono la fornitura di armi e materiali ai gruppi armati che combattevano contro i regimi filocomunisti sia in America Latina, come in Nicaragua [▸22.9], sia in Afghanistan [▸22.5]; e intervennero con azioni punitive contro i paesi accusati di favorire il terrorismo internazionale: clamoroso fu l'attacco aereo lanciato nel marzo-aprile 1986 contro la Libia di Gheddafi, in risposta a un attentato in cui erano rimasti vittime alcuni militari americani a Berlino.

La linea interventista e ostentatamente aggressiva seguita da Reagan – e, dopo la fine del suo secondo mandato nel 1988, dal suo vicepresidente e successore, George Bush – non impedì però l'avvio di un fruttuoso dialogo con l'avversario di sempre: l'Unione Sovietica, dove, a metà degli anni '80, si stava profilando una nuova e decisiva svolta politica.

22.5. L'Unione Sovietica: da Brežnev a Gorbačëv

Stagnazione e repressione

Tra la fine degli anni '60 e la prima metà degli anni '80, gli anni del potere incontrastato del segretario del Pcus Leonid Brežnev [▸18.10], l'Unione Sovietica vide accentuarsi il declino economico e politico in atto ormai da tempo: un settore agricolo inefficiente, incapace di sopperire al fabbisogno alimentare del paese, costretto per questo a importare ingenti quantitativi di cereali dall'Occidente; un apparato industriale mastodontico e invecchiato, orientato principalmente a obiettivi militari e inadeguato a tenere il passo con la domanda di beni di consumo; una burocrazia invasiva e soffocante, che tentava di controllare ogni aspetto della vita sociale e non consentiva alcun reale spazio di dibattito. Si inasprì, in questo periodo, l'attività repressiva nei confronti degli intellettuali dissidenti, molti dei quali furono confinati in luoghi sperduti o condannati a pene detentive o addirittura internati in cliniche psichiatriche. Alcuni, fra cui il celebre scrittore Aleksandr Solženicyn [▸14.7], riuscirono a emigrare in Occidente da dove alimentarono una serrata polemica contro il regime comunista.

La conferenza di Helsinki

Nel 1975 l'Urss partecipò, assieme ad altri 35 paesi, alla conferenza di Helsinki sulla sicurezza e la cooperazione in Europa (Csce) e ne sottoscrisse gli accordi finali che garantivano, fra l'altro, il rispetto dei diritti dell'uomo e delle libertà politiche fondamentali. Il mancato rispetto di questi accordi avrebbe costituito negli anni successivi un ulteriore motivo di protesta da parte dei dissidenti e un serio ostacolo al dialogo dell'Urss con l'Occidente.

La "seconda guerra fredda"

Eppure, proprio in questi anni, l'Urss riuscì a profittare della relativa debolezza degli Stati Uniti per avvantaggiarsi nella corsa agli armamenti e per ampliare la sua sfera di influenza in tutti i continenti: dall'America (Nicaragua) all'Africa (Etiopia, Angola, Mozambico), al Medio Oriente, nonostante lo scacco subìto col passaggio dell'Egitto nel campo filo-occidentale [▸25.2]. Col risultato di riacutizzare le tensioni internazionali, in quella che allora fu chiamata "seconda guerra fredda" e che culminò, alla fine degli anni '70, nella decisione sovietica di installare nuovi missili a media gittata (gli SS 20) puntati verso l'Europa: decisione a cui i membri europei della Nato risposero con lo spiegamento di armi analoghe (gli euromissili) nel loro territorio.

L'invasione dell'Afghanistan

Un intervento militare pagato a caro prezzo fu quello attuato dall'Urss in Afghanistan, paese situato in posizione strategica nel cuore dell'Asia musulmana fra l'Iran, il Pakistan e la stessa Unione Sovietica, fino ad allora schierato su posizioni di non allineamento. Per imporre nel paese un governo fedele alle loro direttive, i sovietici inviarono in Afghanistan, alla fine del 1979, un forte contingente di truppe che si dovette scontrare, per quasi dieci anni, contro l'accanita resistenza dei gruppi guerriglieri islamici (sostenuti, oltre che dal Pakistan e dall'Iran, dagli stessi Stati Uniti, che si trovarono così ad armare e a finanziare i propri futuri nemici). Per l'Urss fu un'esperienza amara che – per il suo altissimo costo in vite umane, per le sue ripercussioni psicologiche, e anche per le sue conseguenze di lungo periodo – è stata paragonata all'intervento americano in Vietnam.

Gorbačëv

La svolta, per l'Unione Sovietica e per l'intero mondo comunista, arrivò, inaspettata, a metà degli anni '80. Nel 1985, dopo la morte di Brežnev (1982) e dopo un breve interregno che vide salire alla guida del partito e dello Stato gli anziani Yuri Andropov e Konstantin Černenko – entrambi deceduti per malattia poco dopo la loro ascesa al vertice –, la segreteria del Pcus fu assunta da Michail Gorbačëv. Più giovane (54 anni) e più dinamico dei suoi predecessori, rappresentante di una generazione che non era stata direttamente coinvolta nello stalinismo, Gorbačëv si mostrò subito deciso a introdurre una serie di radicali novità nella politica sovietica, sia sul piano interno sia su quello internazionale.

Riforme e trasparenza

In politica economica il nuovo segretario legò il suo nome alla parola d'ordine della *perestrojka* (ossia "riforma"), proponendo una serie di interventi volti a introdurre nel sistema socialista elementi di economia di mercato. Sul terreno delle istituzioni Gorbačëv si fece promotore, nel 1988, di una nuova Costituzione che, senza intaccare il sistema del partito unico, lasciava spazio a un limitato pluralismo, distinguendo più chiaramente le strutture dello Stato da quelle del partito. Le elezioni del Congresso dei *soviet* tenutesi nel marzo '89 inaugurarono un sistema di candidature plurime – ma sempre su lista unica – e consentirono l'ingresso nel massimo organo rappresentativo di alcuni esponenti del dissenso, fra i quali il fisico Andrej Sacharov, già perseguitato nel periodo brezneviano. Nel maggio '90 il Congresso elesse a larghissima maggioranza Gorbačëv presidente dell'Urss.

Ancora più importante delle singole riforme – che per lo più si dimostrarono inadeguate e furono regolarmente scavalcate dall'incalzare della crisi dell'intero sistema – fu l'avvio di un processo di liberalizzazione interna condotto all'insegna della *glasnost'* ("pubblicità", "trasparenza", in senso più ampio "libertà d'espressione"): un processo che consentì lo sviluppo di un dibattito politico-culturale impensabile fino a pochi anni prima.

Le difficoltà della svolta

Le riforme economiche e la liberalizzazione interna giovarono indubbiamente all'immagine dell'Urss e del suo nuovo leader, ma evidenziarono e acutizzarono alcune contraddizioni che erano rimaste fino ad allora nascoste nella stagnazione dell'età di Brežnev. I tentativi di riforma dell'economia, innestandosi su una realtà poco preparata ad accoglierli, perché ormai non più abituata alla logica della competizione e dell'efficienza, finirono per suscitare non pochi malumori e per accentuare il dissesto di un sistema ormai irrigidito e privo di qualsiasi capacità di adattamento. L'apertura di nuovi spazi di dibattito politico mise in moto tensioni non facilmente controllabili, anche per l'emergere di movimenti autonomisti e indipendentisti fra le popolazioni non russe già inglobate a forza nell'Urss. Come vedremo più avanti [▸23.4], queste contraddizioni sarebbero esplose nel giro di pochi anni, determinando il fallimento del progetto riformista di Gorbačëv.

22.6. Il dialogo Usa-Urss

I negoziati sul disarmo

Conseguenza – e insieme presupposto – delle aperture riformiste di Gorbačëv fu il rilancio del dialogo con l'Occidente, rimasto pressoché congelato negli anni della "seconda guerra fredda": un rilancio imposto anche dall'incapacità del sistema sovietico di rispondere alla sfida globale lanciata da Reagan e dalla necessità di frenare la corsa agli armamenti per poter destinare maggiori risorse ai consumi individuali. La disponibilità di Gorbačëv al negoziato trovò un interlocutore interessato in un Reagan desideroso di concludere in bellezza il suo secondo mandato presidenziale e di dimostrare al mondo che l'ostentazione di forza di cui era stato protagonista – soprattutto in materia di armamenti – non portava necessariamente allo scontro, ma al contrario poteva costituire la miglior base per una nuova trattativa globale con l'Urss.

Gli incontri Reagan-Gorbačëv

Due successivi incontri fra Reagan e Gorbačëv (a Ginevra nel novembre '85 e a Reykjavik nell'ottobre '86), pur non raggiungendo risultati conclusivi, segnarono la fine di una lunga stagione di incomunicabilità e inaugurarono un clima più disteso nei rapporti Usa-Urss. Un terzo vertice (a Washington nel dicembre '87) portò a uno storico accordo sulla riduzione degli armamenti missilistici in Europa: un'intesa che, al di là della sua limitata portata pratica, ebbe un alto valore simbolico, perché per la prima volta prevedeva la distruzione concordata di armi nucleari.

La ricerca di un nuovo ordine internazionale

Nell'aprile 1988 l'Urss si impegnò a ritirare le sue truppe dall'Afghanistan: nel gennaio 1989 gli ultimi soldati lasciarono il paese. Nel clima determinato dai rivolgimenti politici dell'Europa orientale, nuovi incontri al vertice fra Gorbačëv e il nuovo presidente Usa Bush consentirono di porre le basi per ulteriori accordi sulla riduzione degli armamenti strategici. La rinnovata collaborazione fra le due superpotenze fece nascere molte speranze sulla prospettiva di un nuovo ordine internazionale basato non soltanto sull'"equilibrio del terrore". Questo nuovo ordine ebbe un inizio di attuazione quando a Parigi, nel novembre 1990, nell'ambito di una riunione della Conferenza sulla sicurezza e la cooperazione in Europa [▸22.5], i paesi della Nato e del Patto di Varsavia firmarono un trattato di non aggressione e di riduzione degli armamenti convenzionali. A questo punto era però la stessa idea di un ordine internazionale basato sul condominio fra Usa e Urss a entrare in crisi per l'improvviso collasso di uno dei due partner, l'Unione Sovietica [▸23.4].

22.7. Mutamenti politici in Europa occidentale

I socialisti al governo

Negli anni '60 e '70, i paesi dell'Europa occidentale conobbero importanti mutamenti politici. Se in Francia i gruppi legati a De Gaulle mantennero la guida del governo anche dopo l'uscita di scena del generale (che si ritirò nel '69 e morì l'anno seguente), in Germania occidentale, in Gran Bretagna e, come abbiamo visto, in Italia [▸20.7], questa fase coincise con l'entrata al governo dei socialisti, da soli o in coalizione con altri partiti.

La Germania federale: grande coalizione e *Ostpolitik*

Nella Repubblica federale tedesca si aprì una nuova fase politica quando, nel 1966, il partito di maggioranza, l'Unione cristiano-democratica [▸18.8], non trovando un accordo con i liberali, diede vita a una grande coalizione con i socialdemocratici guidati dall'ex sindaco di Berlino Ovest Willy Brandt. Nel 1969, i socialdemocratici ruppero la grande coalizione e formarono un governo assieme ai liberali. La stagione dei governi socialdemocratico-liberali – che si sarebbe prolungata per un quindicennio – si caratterizzò soprattutto per una nuova linea di politica estera, volta alla normalizzazione nei rapporti fra la Germania federale e i paesi del blocco comunista, compresa la Germania Est: la cosiddetta *Ostpolitik* ("politica orientale"). Veniva così riproposta implicitamente, pur senza mettere in discussione la fedeltà all'Alleanza atlantica, la prospettiva di una futura riunificazione fra le due Germanie attraverso un graduale superamento dei blocchi. Furono dunque instaurati rapporti diplomatici coi paesi comunisti, vennero riconosciuti – per mezzo di trattati con la Polonia e con l'Urss – i confini fissati dopo la seconda guerra mondiale e fu avviato il primo scambio ufficiale di contatti con i tedeschi dell'Est.

La Gran Bretagna e l'adesione alla Cee

Più breve e travagliata fu l'esperienza di governo dei laburisti britannici, tornati al potere con Harold Wilson nel 1964. Trovatosi a gestire una congiuntura economica difficile e costretto quindi ad attuare un'impopolare politica di austerità, il governo Wilson dovette anche fronteggiare il riacutizzarsi della mai risolta questione irlandese. Nell'Ulster [▸8.4 e 10.12], la minoranza cattolica, la parte più povera della popolazione, diede vita, alla fine degli anni '60, a una serie di violente agitazioni, in cui la rivendicazione dell'unità irlandese si mescolava alla protesta sociale. Le difficoltà economiche e politiche, insieme all'abbandono di quasi tutto ciò che restava dell'Impero (Malta, Singapore, Aden), ebbero però l'effetto di attenuare la diffidenza della classe dirigente e dell'opinione pubblica nei confronti della Comunità europea. Nel '67 il governo Wilson, sotto la pressione degli ambienti imprenditoriali, aprì un difficile negoziato che si concluse solo nel gennaio 1973 (dopo che i conservatori erano tornati al potere), con l'ingresso della Gran Bretagna nella Cee, insieme a Irlanda e Danimarca.

Le difficoltà dei governi socialisti

Gli anni che seguirono la crisi petrolifera del 1973 furono, per l'Europa occidentale, anni di serie difficoltà economiche. Tutti i paesi della Cee (con la parziale eccezione della Gran Bretagna che cominciava a sfruttare i giacimenti appena scoperti nel Mare del Nord) furono colpiti dal rincaro del petrolio. E tutti dovettero affrontare i problemi legati al declino di alcuni settori industriali (il minerario e soprattutto il siderurgico) un tempo centrali nell'economia europea. Ne risultarono inasprite le tensioni sociali e accentuate le tentazioni protezionistiche.

La crisi mise in difficoltà soprattutto le socialdemocrazie dell'Europa settentrionale. Negli anni '80, anche nei paesi scandinavi (Svezia, Danimarca, Norvegia), i partiti socialisti videro minacciato o interrotto un dominio che durava da oltre un trentennio. In Germania federale l'era dei governi socialdemocratici, guidati prima da Willy Brandt poi da Helmut Schmidt, si concluse nel 1983, con la rottura dell'alleanza coi liberali e con l'ascesa al governo del cristiano-democratico Helmut Kohl, futuro protagonista della riunificazione tedesca.

Il governo Thatcher in Gran Bretagna

La partita più importante si giocò in Gran Bretagna, dove i laburisti furono nettamente sconfitti dai conservatori nelle elezioni del 1979. Il governo di Margaret Thatcher, presentatosi su una piattaforma di intransigente liberismo, lanciò un duro attacco contro il potere dei sindacati, mise in discussione i fondamenti e la stessa filosofia del *Welfare State* (senza però toccarne le prestazioni fondamentali in materia di pensioni e di assistenza medica) e privatizzò settori chiave dell'industria pubblica, dalle ferrovie ai trasporti locali, dall'elettricità alle telecomunicazioni. Questa linea fu premiata dagli elettori, che per due volte confermarono la maggioranza ai conservatori, sia nell'83 – grazie anche alla vittoria nella guerra delle Falkland [▸22.9] – sia nelle successive elezioni dell'87. Nel 1990, però, dopo ben undici anni di ininterrotta presenza al governo, la "lady di ferro" (così venne chiamata Margaret Thatcher) entrò in contrasto col suo stesso partito, che non approvava alcune impopolari misure fiscali decise dal primo ministro e non condivideva la sua ostinata resistenza ai progetti di integrazione europea: dovette così lasciare la guida dell'esecutivo a un altro conservatore, John Major.

La vittoria di Mitterrand in Francia

Mentre perdevano terreno nelle tradizionali roccheforti dell'Europa del Nord, i partiti socialisti si affermavano nell'area mediterranea. In Francia l'Unione delle sinistre, che già aveva sfiorato il successo nel '74, si impose nelle elezioni dell'81, portando alla presidenza il socialista François Mitterrand. Partita fra grandi entusiasmi, con ambiziosi programmi di nazionalizzazioni, riforme sociali e aumenti salariali, l'esperienza dell'Unione delle sinistre finì in parte col deludere le attese dei suoi sostenitori. Le difficoltà dell'economia indussero i socialisti ad accantonare i progetti di riforma più ambiziosi e ad adottare una serie di misure restrittive: il che contribuì a provocare la rottura con un Partito comunista schierato su posizioni di intransigenza (ma in forte calo elettorale). La rottura non impedì a Mitterrand di ottenere nell'88 il suo secondo mandato presidenziale, né al Partito socialista di governare per oltre un decennio.

22.8. Le nuove democrazie nell'Europa meridionale

All'inizio degli anni '80, governi a guida socialista si affermarono anche nelle nuove democrazie dell'Europa meridionale, dove Portogallo, Grecia e Spagna, nel corso del decennio precedente, avevano affrontato rapidi e quasi simultanei processi di fuoriuscita da regimi autoritari.

La fine del salazarismo in Portogallo

In Portogallo, il regime sopravvisse per pochi anni alla morte, nel 1970, del dittatore Salazar [▸12.8]: con un incruento colpo di Stato, nel 1974 il potere fu assunto da un gruppo di ufficiali di sinistra appoggiati dal Partito comunista, che contestavano la costosa guerra coloniale contro i movimenti indipendentisti dell'Angola e del Mozambico [▸19.9]. Dopo una difficile transizione durata due anni, i militari cedettero il posto ai civili e il paese fu restituito a un normale regime parlamentare e pluripartitico. Fu varata una Costituzione democratica e, nel '76, si tennero le elezioni, vinte dai socialisti di Mario Soares, che da allora si alternarono al governo con i gruppi moderati di centro-destra.

La caduta dei colonnelli in Grecia

Molto diversa fu la vicenda della Grecia. Qui erano stati i militari di destra, nel 1967, a rovesciare con un colpo di Stato il regime liberale vigente dalla fine della guerra, attuando poi una durissima repressione ai danni dell'opposizione democratica. A porre fine alla dittatura dei colonnelli fu, nel 1974, l'esito disastroso di un colpo di mano mirante a ottenere l'annessione alla Grecia dell'isola di Cipro, da sempre divisa fra una comunità greca e una turca. La Turchia, militarmente più forte, reagì occupando una parte dell'isola (che da allora sarebbe rimasta politicamente divisa in due). Travolti dall'insuccesso, i militari dovettero lasciare il potere ai partiti democratici: la Nuova democrazia di Kòstas Karamanlis, espressione della destra moderata, e il Partito socialista di Andreas Papandreu, che da allora si alternarono per molti anni al governo. Sempre nel 1974 un referendum popolare aveva sancito la fine della monarchia, peraltro già estromessa di fatto dalla dittatura dei colonnelli.

Il ritorno alla democrazia in Spagna

La monarchia svolse invece un ruolo importante nella transizione alla democrazia in Spagna. Il re Juan Carlos di Borbone, insediato nel 1975 dopo la morte del generale Franco su un trono vacante dal 1931, come erede designato del dittatore, seppe guidare verso la democrazia un paese che, fin dagli anni '60, aveva conosciuto un rapido sviluppo economico e che non si riconosceva più nelle strutture del regime clericale e autoritario. Il re chiamò alla guida del governo Adolfo Suárez, un giovane uomo politico cresciuto nelle file del franchismo ma convinto della necessità di un radicale rinnovamento. Furono legalizzati i partiti e i sindacati liberi e fu approvata per referendum, nel '78, una Costituzione democratica. Nonostante l'intensificarsi delle azioni terroristiche dei *separatisti baschi*, la democrazia spagnola si consolidò rapidamente e sopportò senza scosse il cambio di potere verificatosi nell'82 con la vittoria elettorale dei socialisti di Felipe González.

22.9. L'America Latina e la fine delle dittature

L'Argentina e la guerra delle Falkland

A partire dall'inizio degli anni '80, la democrazia rappresentativa, per lungo tempo quasi cancellata nel Sud e nel Centro America, ricominciò a guadagnare posizioni, grazie anche al complessivo fallimento delle dittature militari e dei regimi populisti [▸19.11]. La prima dittatura a cadere, a causa di un gravissimo scacco militare, fu quella instaurata in Argentina dai generali. Nel 1982, anche per distogliere l'opinione pubblica dai problemi interni, il governo procedette all'occupazione delle isole Malvine (o Falkland), situate a qualche centinaio di chilometri dalla costa atlantica e tenute da secoli dalla Gran Bretagna. Ma il governo britannico, allora retto da Margaret Thatcher [▸22.7], reagì inviando navi, aerei e truppe. Dopo poche settimane di combattimenti, gli argentini furono ricacciati dall'arcipelago, la cui esigua popolazione (poche migliaia di abitanti) era peraltro rimasta fedele alla Corona britannica. Investiti da un'ondata di impopolarità, i generali furono costretti a farsi da parte e a convocare, nel 1983, libere elezioni che furono vinte dal radicale Raúl Alfonsín.

La fine delle dittature militari

In questo stesso periodo, anche negli altri paesi sudamericani, si assisté al rientro più o meno spontaneo dei militari nelle caserme e al conseguente ritorno a una sia pur precaria vita democratica. In Brasile, dove già negli anni '70 i militari avevano allentato le maglie della dittatura, le prime libere elezioni presidenziali si tennero nel 1985. Fra il 1984 e il 1985 si ebbero libere consultazioni in Perù, Uruguay e Bolivia. Nel 1988, in Cile, il regime di Pinochet – già costretto dalle pressioni internazionali ad aprire alcuni spazi di limitato pluralismo – fu sconfitto in un referendum indetto dallo stesso dittatore; e le elezioni presidenziali del dicembre '89 videro la vittoria del candidato delle opposizioni, il democristiano Patricio Aylwin. Nel 1989 fu rovesciata anche la dittatura del generale Stroessner, al potere in Paraguay da quasi mezzo secolo.

I fattori di destabilizzazione

Il consolidamento della democrazia trovava però ancora numerosi e gravissimi ostacoli, anche di natura economica. In Argentina le conseguenze di un'inflazione inarrestabile logorarono l'esperimento di Alfonsín e determinarono, nelle elezioni del 1989, la sconfitta dei radicali e l'affermazione del candidato peronista Carlos Menem. Anche in Brasile l'inflazione fece da sfondo a una seria crisi istituzionale, che vide il presidente Fernando Collor de Mello, eletto nel 1989, messo sotto accusa per corruzione e costretto a dimettersi alla fine del '92. In Perù, dove un movimento di guerriglia di ispirazione maoista (Sendero luminoso) si era reso protagonista di una serie di azioni sanguinose, fu lo stesso presidente Alberto Fujimori a farsi promotore, sempre nel '92, di un colpo di Stato incruento, sospendendo la Costituzione ed esautorando il Parlamento. In Colombia la minaccia più grave era costituita dall'attività dei grandi trafficanti di droga, che esportavano sui mercati statunitensi ed europei la cocaina ricavata dalle foglie della coca, prodotta oltre che in Colombia, anche in Perù e in Bolivia. Grazie agli enormi profitti realizzati, e al fatto che la coltivazione della coca rappresentava la principale risorsa di intere regioni poverissime, i narcotrafficanti potevano condizionare, con la corruzione e con la violenza, l'operato dei poteri locali e degli stessi governi di molti paesi: non solo la Colombia e altri Stati del Sud e del Centro America, ma anche il Messico, dove grandi cartelli criminali gestivano il passaggio della droga verso gli Stati Uniti.

La rivoluzione sandinista in Nicaragua

Ancora più complessa e travagliata, dal punto di vista politico, era la situazione dei piccoli Stati dell'America centrale, dove la fine delle ultime dittature personali (Somoza in Nicaragua nel '79, Duvalier a Haiti nell'86) non si tradusse in una stabile affermazione della democrazia; e dove fragili regimi formalmente liberal-democratici (come quelli di Honduras, El Salvador, Guatemala, Santo Domingo) erano perennemente soggetti al rischio di scivolare nella dittatura militare e nel contempo dovevano subire gli attacchi della guerriglia di estrema sinistra. Un ulteriore fattore di tensione nell'area centroamericana fu costituito, negli anni '80, dagli avvenimenti del Nicaragua, dove un gruppo rivoluzionario di sinistra, il movimento sandinista (chiamato così da Sandino, eroe nazionale e protagonista della lotta anti-imperialista negli anni '20 del '900), prese il potere nel 1979. Gli Stati Uniti, che avevano a lungo appoggiato Somoza, non intervennero per impedirne la caduta. Ma quando il nuovo regime accentuò i suoi tratti "socialisti" in politica interna e internazionale, si creò una forte tensione, sfociata, durante la presidenza Reagan, nell'appoggio degli Usa ai movimenti armati antisandinisti (i *contras*). Solo nel 1989 si giunse a una tregua, in seguito alla quale i *contras* sospesero la guerriglia in cambio della promessa del governo di convocare libere elezioni: elezioni che si tennero nel febbraio '90 e furono vinte dal fronte delle opposizioni antisandiniste. La sconfitta dei sandinisti in Nicaragua accentuava l'isolamento di Cuba, dove il regime di Fidel Castro era messo in seria difficoltà dal collasso dell'Urss, che lo privava del suo principale tutore e partner economico.

Inflazione e crisi finanziaria

Mentre il quadro politico dell'America Latina degli anni '80, nonostante le difficoltà e le contraddizioni, fu caratterizzato da una generale tendenza alla stabilizzazione democratica, il quadro economico si presentava più complesso e contraddittorio. Quasi tutti i paesi latino-americani furono in questo periodo travagliati dall'inflazione, con tassi di aumento dei prezzi a volte vertiginosi, e dovettero contemporaneamente far fronte a un pesantissimo carico di debiti con l'estero: debiti contratti per finanziare ambiziosi programmi di sviluppo e cresciuti negli anni al punto da assorbire spesso, con l'onere dei soli interessi, l'intero valore delle esportazioni.

22.10. Nuovi conflitti nell'Asia comunista

Nell'età della decolonizzazione, la vittoriosa guerriglia dei popoli dell'Indocina, prima per l'indipendenza dalla Francia poi contro la presenza americana nel Sud-Est asiatico, aveva rappresentato un punto di riferimento, quasi un mito positivo, per i rivoluzionari di tutto il mondo e per buona parte della sinistra occidentale. Tanto più amara fu la delusione dell'opinione pubblica progressista di fronte alle vicende che seguirono la presa del potere da parte dei comunisti in Vietnam, Cambogia e Laos [►18.10].

La dittatura comunista in Vietnam

Dopo la conquista, nel 1975, di Saigon, ribattezzata "città Ho Chi-minh", i nordvietnamiti ignorarono tutte le promesse di autodeterminazione e di riconciliazione fra le due metà del paese, attuando una politica di annessione del Sud da parte del Nord e di sistematica emarginazione, non solo dei sostenitori del vecchio regime, ma anche dei capi della guerriglia contro l'occupazione americana. L'economia fu interamente collettivizzata. Nella primavera del 1978, la numerosa comunità di origine cinese – formata in gran parte da commercianti – fu improvvisamente espropriata dei suoi averi. Centinaia di migliaia di persone abbandonarono il paese, per lo più su piccole imbarcazioni, e molti persero la vita durante la fuga.

La Cambogia di Pol Pot

Ancora più tragiche furono le vicende della vicina Cambogia, dove i guerriglieri comunisti, i khmer rossi, sotto la guida del loro capo, Pol Pot, misero in atto, fra il '76 e il '78, uno dei più radicali e sanguinari esperimenti di rivoluzione sociale mai tentati nella storia. Nell'intento di cancellare ogni traccia della vecchia società e di costruirne una nuova partendo da zero, i comunisti cambogiani consumarono uno spaventoso massacro, non solo eliminando fisicamente coloro che avevano servito sotto il regime precedente, ma provocando anche la morte per fame e per stenti di circa un milione e mezzo di comuni cittadini (su una popolazione di nemmeno sette milioni), costretti da un giorno all'altro a evacuare le città e a trasferirsi nelle campagne in omaggio all'utopia di uno spietato comunismo agrario. Il denaro fu abolito. Templi buddisti, biblioteche e istituzioni di ogni genere furono materialmente distrutti in quanto testimonianza di un passato da cancellare.

L'invasione vietnamita della Cambogia e l'intervento cinese

Geloso della propria indipendenza, e appoggiato dalla Cina, il regime di Pol Pot costituiva però un ostacolo per i piani del Vietnam, che intendeva ridurre l'intera Indocina sotto la sua influenza (e lo stava già facendo col Laos). Nel dicembre 1978, 200 mila soldati vietnamiti, assieme a gruppi di esuli cambogiani, invadevano il paese e vi installavano un governo "amico" rovesciando quello dei khmer rossi, i quali, col sostegno della Cina, avrebbero continuato per parecchi anni a dar vita a un'ostinata guerriglia. Poche settimane dopo (febbraio '79), i cinesi effettuarono una spedizione punitiva nel Vietnam del Nord, infliggendo notevoli danni al paese, senza però raggiungere lo scopo di costringere il governo vietnamita a ritirare le truppe di occupazione dalla Cambogia.

Solo nel 1988, grazie alla mediazione dell'Onu, le forze vietnamite cominciarono a ritirarsi. E solo nel '91 si giunse a un accordo fra tutte le fazioni in lotta, che avrebbe portato, due anni dopo, alla restaurazione della monarchia e alla convocazione di libere elezioni.

22.11. La Cina dopo Mao

L'ascesa di Deng Xiaoping e la "demaoizzazione"

Dopo la morte di Mao Zedong, nel 1976, si aprì nella Cina comunista un processo di revisione interna – ideologica, economica e politica – simile per alcuni aspetti a quello avviato in Urss dopo la morte di Stalin, ma con esiti assai più radicali. Artefice principale della "demaoizzazione" fu Deng Xiaoping, anziano esponente del gruppo dirigente storico del comunismo cinese, emarginato ai tempi della rivoluzione culturale. Riabilitato e reinserito nei vertici del partito per iniziativa del primo ministro Chou En-lai [▸18.11], Deng emerse progressivamente come il vero leader del paese e condusse la lotta contro gli ultimi eredi politici della rivoluzione culturale (la cosiddetta "banda dei quattro", guidata dalla vedova di Mao, Jiang Qing), prima di assumere ufficialmente, nel 1981, la guida del partito e dello Stato.

Le riforme economiche

Nel giro di pochi anni, Deng Xiaoping capovolse la linea rigorosamente collettivista ed egualitaria di Mao Zedong, la cui figura peraltro non fu mai messa in discussione, e promosse una serie di profonde modifiche nella gestione dell'economia: furono reintrodotte le differenze salariali e aumentati gli incentivi per i lavoratori; la direzione delle aziende fu ricondotta a criteri di efficienza; fu incoraggiata l'importazione di tecnologia dai paesi più sviluppati; i contadini ebbero la possibilità di coltivare i propri fondi e di venderne i prodotti sul mercato libero; in generale, furono introdotti nel sistema elementi di economia di mercato. Una trasformazione profonda, che provocò notevoli mutamenti nella stratificazione sociale, nella mentalità e nel costume: come nell'Urss ai tempi della Nep [▸11.7], si formarono nuovi strati privilegiati di manager, piccoli imprenditori agricoli, tecnici e commercianti, mentre si affermavano, soprattutto fra le generazioni più giovani, modelli di vita di tipo "consumistico".

Contestazione e repressione

Proprio il contrasto fra una modernizzazione economica per molti aspetti traumatica (e non priva di costi sociali, in termini di disoccupazione e di migrazioni interne) e il mantenimento della struttura burocratico-autoritaria del potere fu all'origine, alla fine degli anni '80, di un vasto e spontaneo fenomeno di contestazione. Protagonisti della protesta – cui certo non era estranea l'eco dei processi riformatori in atto nell'Urss di Gorbačëv – furono gli studenti dell'Università di Pechino, che diedero vita, nella primavera dell'89, a una serie di imponenti e pacifiche manifestazioni di piazza per chiedere più libertà e più democrazia. Dopo qualche vano tentativo di dialogo, il gruppo dirigente comunista, preoccupato anche per l'estendersi delle manifestazioni ad altre città della Cina, rispose con una brutale repressione militare e con l'epurazione dei vertici del partito. Nel giugno 1989, l'intervento dell'esercito contro i manifestanti riuniti in piazza Tienanmen, la più grande piazza della capitale, si risolse in un massacro, che suscitò reazioni sdegnate in tutto il mondo democratico.

Autoritarismo e mercato

La protesta, però, influì solo marginalmente nei rapporti commerciali fra la Cina e l'Occidente: troppo forte era l'interesse dei paesi industrializzati nei confronti di un mercato potenzialmente enorme e di un'economia che, già nel decennio '80-90, conobbe una fase di intenso sviluppo. Il regime cinese sarebbe riuscito così a sopravvivere al grande ciclone che avrebbe investito l'intero mondo comunista alla fine degli anni '80. E il paese più popoloso del mondo sarebbe diventato il teatro di un inedito esperimento di rilancio dell'economia di mercato all'interno di un regime autoritario che continuava a proclamarsi comunista e in cui il partito unico deteneva il monopolio del potere politico.

22.12. Il Giappone: successi economici e debolezza politica

Uno sviluppo eccezionale

Fra i numerosi "miracoli economici" del secondo dopoguerra, quello del Giappone – protagonista già negli ultimi decenni dell'800 di un'esperienza di modernizzazione unica nel suo genere – fu certamente il più straordinario [▶18.6]. Paese da sempre povero di materie prime e con una densità di abitanti fra le maggiori del mondo – nel 1980 la popolazione sfiorava i 120 milioni, su una superficie di poco superiore a quella dell'Italia –, uscito dalla guerra in condizioni disastrose, il Giappone era diventato, già negli anni '60, la terza potenza economica del mondo dopo Usa e Urss. All'inizio degli anni '80, il suo prodotto nazionale superava quello sovietico (facendo di quella giapponese la seconda economia mondiale), la sua industria conquistava i mercati di tutto il mondo e la sua potenza finanziaria preoccupava gli stessi Stati Uniti.

Gli effetti della crisi petrolifera

La crisi petrolifera del 1973 colpì il Giappone più di altri paesi industriali e provocò la prima brusca caduta della produzione. La crisi fu superata abbastanza rapidamente e negli anni '80 il tasso di sviluppo, pur molto rallentato rispetto al ventennio precedente, fu sempre circa il doppio di quello medio dei paesi occidentali. Ma sul piano politico la tradizionale stabilità del paese fu messa a dura prova, a partire dalla fine degli anni '80, da una serie di scandali finanziari che investirono il Partito liberal-democratico e lo portarono a perdere, nelle elezioni del 1992, la maggioranza assoluta dei seggi in Parlamento.

Forza economica e debolezza militare

Alle incognite derivanti dalla mutata situazione politica si aggiungevano quelle derivanti dall'anomala posizione internazionale del paese, saldamente inserito nella sfera di influenza degli Usa e protetto dal loro "ombrello" nucleare, ma privo – anche per le disposizioni contenute nella Costituzione imposta dai vincitori [▶18.6] – di una adeguata forza militare propria. Il Giappone, che fino ad allora aveva potuto concentrare le sue risorse sulla ricerca scientifica e sullo sviluppo industriale, vedeva crescere le pressioni da parte dei suoi alleati per un maggior contributo alle spese per la propria difesa e per le attività delle Nazioni Unite: premessa per l'assunzione di nuove responsabilità in una comunità internazionale non più bloccata dalla competizione bipolare.

sommario

L'aumento del prezzo del petrolio nel '73 (che si inseriva in una fase di instabilità monetaria internazionale inaugurata nel '71 dalla decisione degli Usa di sospendere la convertibilità del dollaro) generò una crisi economica internazionale di vaste proporzioni. La condizione di particolare debolezza degli apparati industriali dei paesi dell'Europa occidentale, fortemente dipendenti dalle importazioni di petrolio, fu accentuata dalla crescita del costo del lavoro che si era verificata nel corso degli anni precedenti. A differenza delle crisi del passato, la stagnazione economica si sommava a un elevato tasso di inflazione (stagflazione).

La crisi petrolifera pose le società industrializzate di fronte al problema del carattere limitato ed esauribile delle risorse naturali del pianeta. Si diffusero i movimenti ambientalisti (o verdi), attenti alle tematiche dell'ecologia, mentre i governi adottarono politiche di risparmio energetico e promossero la ricerca e l'uso di nuove fonti di energia: non solo il nucleare, ma anche energie pulite come quella solare e quella eolica. Tra la fine degli anni '80 e l'inizio dei '90, l'emergenza ambientale sembrò ridimensionarsi e la ricerca puntò su uno sviluppo economico "sostenibile" anche in termini ambientali.

Mutamenti politici, economici e culturali segnarono gli anni '70 e '80 del XX secolo. Mentre in Occidente lo shock petrolifero innescava una crisi che avrebbe spinto i governi ad adottare politiche di riduzione della spesa sociale, l'Urss e i paesi comunisti mostravano tutti i limiti dei loro sistemi economici e inasprivano la repressione del dissenso. Nei paesi occidentali si manifestò così, già nei tardi anni '70, una crisi delle ideologie di sinistra, sia riformiste sia rivoluzionarie, e la tendenza all'abbandono dell'impegno politico per un ritorno al privato o ai valori tradizionali (il cosiddetto "grande riflusso"). Nello stesso periodo esplose il fenomeno del terrorismo politico.

Dopo un periodo di incertezza politica ed economica, gli Stati Uniti inaugurarono, con la presidenza di Reagan (1980-88) – e poi con il suo successore Bush –, un nuovo corso basato sulla scelta liberista in economia e sul taglio delle spese sociali; furono, invece, aumentate le spese militari e le iniziative in politica estera tese a far valere il peso militare, politico ed economico degli Stati Uniti nei confronti dell'Urss e in generale sullo scacchiere internazionale. Tale politica determinò, sul piano interno, una crescita economica, ma anche l'accentuarsi delle disuguaglianze sociali e la crisi di alcuni settori industriali.

Negli ultimi anni dell'età di Brežnev, l'Urss vide accentuarsi, sul piano interno, il suo declino economico e politico, mentre, in politica estera, accentuò la sua aggressività per allargare la sua sfera di influenza in tutti i continenti in competizione con gli Usa, dando avvio a quella che fu definita una "seconda guerra fredda". Particolarmente costoso, anche da un punto di vista umano, fu il fallimentare intervento militare in Afghanistan iniziato nel '79. Con l'avvento di Gorbačëv (1985) fu avviata una radicale svolta sia in politica estera sia in politica interna, con aperture all'economia di mercato e al pluralismo e maggior libertà di informazione. Ma i tentativi di riformare l'economia in una società ormai lontana dalle logiche del mercato ne accentuarono il dissesto, mentre l'apertura del dibattito politico mise in moto nuove tensioni e fece emergere movimenti autonomisti e indipendentisti. Tali contraddizioni sarebbero presto esplose determinando il fallimento del progetto riformista di Gorbačëv.

In seguito a una serie di incontri fra i leader sovietici e statunitensi, si instaurò, dopo l'85, un nuovo clima di distensione internazionale che consentì alcuni accordi fra le superpotenze sulla limitazione degli armamenti e influì positivamente anche sulle prospettive di soluzione dei conflitti locali. Le basi di quello che doveva essere il nuovo ordine internazionale furono gettate a Parigi, nel novembre 1990, con un trattato di non aggressione e di riduzione degli armamenti convenzionali sottoscritto dai paesi di entrambi i blocchi.

Nella Germania Ovest a fine anni '60 si inaugurò la stagione dei governi socialdemocratico-liberali che si sarebbe prolungata per un quindicennio e si caratterizzò per una nuova e coraggiosa linea di politica estera, volta alla normalizzazione dei rapporti con i paesi del blocco comunista e soprattutto con la Germania Est (*Ostpolitik*). In Gran Bretagna, entrata nel '73 nella Cee dopo lunghe trattative condotte dai governi laburisti, a fine anni '70 salirono al potere i conservatori: il nuovo primo ministro Thatcher inaugurò una politica economica liberista intransigente, mettendo in discussione i fondamenti e la stessa filosofia del *Welfare State* e privatizzando settori importanti dell'industria pubblica. In Francia, l'Unione delle sinistre, che già aveva sfiorato il successo nel '74, si impose nelle elezioni dell'81, portando alla presidenza il socialista François Mitterrand.

A metà anni '70, Portogallo, Grecia e Spagna furono protagonisti di rapidi e quasi simultanei processi di fuoriuscita da regimi autoritari. In Portogallo, dopo la morte del dittatore Salazar (1970), un incruento colpo di Stato, nel 1974, portò al potere un gruppo di ufficiali di sinistra, che dopo due anni restituirono il paese a un regime parlamentare e pluripartitico. In Grecia, nel 1974, la dittatura dei colonnelli fu travolta dall'insuccesso militare contro la Turchia a Cipro: fu ristabilita la normale dialettica partitica, mentre un referendum popolare sanciva la fine della monarchia. In Spagna, invece, fu il re Juan Carlos di Borbone, insediatosi nel 1975 dopo la morte del generale Franco, a guidare il paese verso la democrazia: furono legalizzati i partiti e approvata una Costituzione democratica.

A partire dall'inizio degli anni '80 in America Latina la caduta delle dittature diede di nuovo spazio alle democrazie. In Argentina la dittatura dei generali cadde dopo l'occupazione argentina delle isole Malvine (o Falkland, 1982), liberate in poche settimane dalle truppe britanniche. Anche in Brasile, Perù, Uruguay e Bolivia si ebbero, fra il 1984 e il 1985, libere consultazioni. Nel 1988 fu sconfitto da un referendum il dittatore cileno Pinochet. Ovunque però il consolidamento della democrazia trovò gravissimi ostacoli economici: i maggiori problemi erano l'inflazione e gli ingentissimi debiti con l'estero.

Il Sud-Est asiatico, dopo la partenza degli americani, vide l'esplodere di conflitti fra i paesi comunisti. Nel '78, la Cambogia, teatro del sanguinario regime di Pol Pot e dei khmer rossi, fu invasa dal Vietnam che vi installò un governo "amico", nell'intento di estendere il proprio controllo a tutta l'Indocina. Solo nel 1988, con la mediazione dell'Onu, le forze vietnamite cominciarono a ritirarsi dalla Cambogia, e nel '91 si giunse a un accordo fra tutte le fazioni in lotta, che avrebbe portato, due anni dopo, alla restaurazione della monarchia e alla convocazione di libere elezioni.

In Cina l'ascesa di Deng Xiaoping portò a un processo di riforme interne e liberalizzazione economica che diede buoni risultati in termini di sviluppo produttivo, ma non si accompagnò alla democratizzazione. Il contrasto fra modernizzazione economica e struttura burocratico-autoritaria del potere fu all'origine, alla fine degli anni '80, di un movimento di contestazione animato dagli studenti dell'Università di Pechino e brutalmente represso militarmente, fino al culmine del massacro di piazza Tienanmen nel giugno 1989.

Il Giappone, già protagonista nel secondo dopoguerra di un "miracolo economico", subì gli effetti della crisi petrolifera che provocò una caduta della produzione. Già negli anni '80 il tasso di sviluppo era tornato a crescere e il paese si affermava come la seconda potenza industriale e finanziaria del mondo. La ridotta spesa militare imposta nel dopoguerra dagli Usa, se da un lato aveva consentito maggiori investimenti produttivi, dall'altro non permetteva al Giappone di assumere un ruolo in campo internazionale adeguato alla sua forza economica.

biblio grafia

Oltre alle opere citate nella bibliografia del cap. 18, si vedano: G. Mammarella, *La Germania da Adenauer a oggi*, Laterza, Roma-Bari 1979; Id., *Liberal e conservatori. L'America da Nixon a Bush*, Laterza, Roma-Bari 2004; B. Gökay, *L'Europa orientale dal 1970 a oggi*, Il Mulino, Bologna 2005 (ed. or. 2001).

Sullo "shock petrolifero" del 1973 e le sue conseguenze, si veda E. Bini-G. Garavini-F. Romero (a cura di), *Oil shock. The 1973 Crisis and its Economic Legacy*, I.B. Tauris, London-New York 2016 e, più in generale, D. Yergin, *Il premio. L'epica corsa al petrolio, al potere, al denaro*, Sperling & Kupfer, Milano 1996 (ed. or. 1990) e Id., *The Quest. Energy, Security, and the Remaking of the Modern World*, Penguin Press, New York 2012 (ed. or. 2011). Sull'ambiente e i problemi energetici: U. Colombo, *Energia. Storia e scenari*, Donzelli, Roma 2000 (ed. or. 1996); J.R. McNeill, *Qualcosa di nuovo sotto il sole. Storia dell'ambiente nel XX secolo*, Einaudi, Torino 2002 (ed. or. 1998); B. De Marchi-L. Pellizzoni-D. Ungaro, *Il rischio ambientale*, Il Mulino, Bologna 2005 (ed. or. 2001); P. Bevilacqua, *La Terra è finita. Breve storia dell'ambiente*, Laterza, Roma-Bari 2009 (ed. or. 2006); S. Mosley, *Storia globale dell'ambiente*, Il Mulino, Bologna 2013 (ed. or. 2010). Sul contesto italiano, G. Della Valentina, *Storia dell'ambientalismo in Italia*, Bruno Mondadori, Milano-Torino 2011.

Sulla crisi delle ideologie, si vedano il classico di D. Bell, *La fine dell'ideologia. Il declino delle idee politiche dagli anni Cinquanta a oggi*, SugarCo, Milano 1991 (ed. or. 1960) e L. Colletti, *Tramonto dell'ideologia*, Laterza, Roma-Bari 1986 (ed. or. 1980). Sul terrorismo: D. della Porta-G. Pasquino (a cura di), *Terrorismo e violenza politica. Tre casi a confronto. Stati Uniti, Germania e Giappone*, Il Mulino, Bologna 1983; W. Laqueur, *L'età del terrorismo*, Rizzoli, Milano 1987 (ed. or. 1987); C. Cornelißen-B. Mantelli-P. Terhoeven (a cura di), *Il decennio rosso*, Il Mulino, Bologna 2012.

Sulla fine della dittatura franchista in Spagna: A. Botti, *La questione basca*, Bruno Mondadori, Milano 2003; A. Bosco, *Da Franco a Zapatero. La Spagna dalla periferia al cuore d'Europa*, Il Mulino, Bologna 2005; R. Scarciglia-D. Del Ben, *Spagna*, Il Mulino, Bologna 2005; C. Adagio-A. Botti, *Storia della Spagna democratica: da Franco a Zapatero*, Bruno Mondadori, Milano 2009 (ed. or. 2006).

23. La caduta dei comunismi in Europa

23.1. Un impero in crisi

Il collasso dell'Urss

Nell'ultimo decennio del '900, l'equilibrio internazionale basato sul bipolarismo Usa-Urss si ruppe definitivamente, a causa del cedimento repentino di uno dei pilastri su cui si fondava. Abbiamo visto come, già a partire dagli anni '70, l'immagine dell'Unione Sovietica – e in generale del sistema comunista come alternativa globale al capitalismo – avesse subìto un inesorabile declino [▸22.3]. Eppure, in Occidente pochi immaginavano che il declino potesse in tempi brevi trasformarsi in crisi irreversibile. Se la crisi si verificò, ciò fu dovuto in primo luogo alla sconfitta dell'Urss nella competizione con l'Occidente sul terreno dello sviluppo, del benessere economico e della stessa giustizia sociale: insomma, nel raggiungimento di quegli obiettivi che avrebbero dovuto giustificare la privazione delle libertà politiche e dei diritti civili. A fronte di questo insuccesso, l'impegno politico-militare della leadership sovietica (la presenza in Africa, i missili puntati contro l'Europa, infine la disastrosa spedizione in Afghanistan) si rivelava sempre più chiaramente come la manifestazione di un nuovo e aggressivo imperialismo.

Ma il fattore che più di ogni altro rese la crisi irreversibile fu l'oggettiva impossibilità di riformare un sistema che si era fino ad allora tenuto in piedi grazie al suo carattere "chiuso" e soprattutto al potere deterrente dell'apparato repressivo e della forza militare. Nel momento in cui il riformismo di Gorbačëv [▸22.5] aprì le prime brecce nel sistema, cercando di introdurvi dosi controllate di pluralismo e rinunciando all'uso della forza nei confronti dei paesi satelliti, l'intera costruzione crollò. E crollarono nel contempo gli equilibri internazionali nati dalla seconda guerra mondiale.

La Polonia e la nascita di Solidarnosc

Gli effetti del nuovo atteggiamento dell'Urss si fecero sentire in tutta l'Europa orientale. Ma a profittarne per prima, e in misura più rilevante, fu la Polonia, che quei mutamenti aveva in parte anticipato. Già fra il 1980 e il 1981 era infatti nato e si era sviluppato con grande rapidità un sindacato indipendente a forte base operaia, e di dichiarata ispirazione cattolica, chiamato *Solidarnosc* ("solidarietà"), guidato da un leader diventato subito popolarissimo, Lech Wałęsa. Paese compattamente cattolico, la Polonia era sempre stata, fra le "democrazie popolari" dell'Est, la più refrattaria all'imposizione del modello comunista. E il clero aveva svolto, pur fra molte difficoltà, una funzione di salvaguardia dell'identità nazionale e di riferimento per le correnti di opposizione. Questa funzione risultò rafforzata con l'ascesa al soglio pontificio, nel 1978, del polacco Karol Wojtyła col nome di Giovanni Paolo II: si spiega così anche l'iniziale tolleranza manifestata dalle autorità comuniste nei confronti del sindacato indipendente e degli imponenti scioperi da esso organizzati nelle principali aree industriali, in particolare nei cantieri di Danzica.

Dal golpe alle elezioni libere

La tolleranza aveva tuttavia dei limiti invalicabili. Nell'estate del 1981 un generale, Wojciech Jaruzelski, assunse la guida del governo e del Poup, il Partito operaio polacco (l'equivalente del Partito comunista). Di fronte al ruolo politico crescente di Solidarnosc, nel dicembre dello stesso anno, anche per prevenire la concreta minaccia di un intervento dell'Urss, Jaruzelski assunse i pieni poteri (si parlò di "autogolpe") e mise fuori legge Solidarnosc, i cui maggiori dirigenti furono arrestati. In seguito, tuttavia, lo stesso Jaruzelski allentò le misure repressive e cercò di riallacciare il dialogo con la Chiesa e con lo stesso sindacato indipendente, che continuava a operare in semiclandestinità e il cui ruolo fu ulteriormente rafforzato da due successive visite del papa in Polonia (1983 e 1987). Dopo la svolta di Gorbačëv in Unione Sovietica, il dialogo si intensificò, fino all'apertura, all'inizio dell'89, di un tavolo ufficiale di negoziato. Ne uscì, in aprile, un accordo su una riforma costituzionale che prevedeva lo svolgimento di libere elezioni, le prime in un paese comunista. Le elezioni si tennero nel giugno dell'89 e videro la schiacciante vittoria di Solidarnosc, aprendo la strada alla nascita di un governo di coalizione (con i comunisti agli Interni e alla Difesa) presieduto da un uomo vicino al sindacato indipendente, l'economista cattolico Tadeusz Mazowiecki. Jaruzelski restò alla presidenza della Repubblica, da cui si dimise un anno dopo, quando ormai il fragile compromesso dell'89 era stato travolto dalla generale ondata di democratizzazione che aveva investito l'Europa dell'Est.

Le riforme in Ungheria

Gli avvenimenti polacchi diedero avvio a una reazione a catena che, nel giro di pochi mesi, fra il 1989 e il 1990, avrebbe messo in crisi l'intero sistema delle "democrazie popolari". Il primo paese a seguire la Polonia sulla via delle riforme fu l'Ungheria, dove, all'inizio dell'89, era stato deposto il vecchio Kádár [▶18.7], protagonista della repressione del '56, ma anche del successivo trentennio di relativo benessere e di timida liberalizzazione. Sempre nell'89, i nuovi dirigenti comunisti, decisi a spingere il processo riformatore fino alle ultime conseguenze, riabilitarono solennemente i protagonisti della rivolta del '56, legalizzarono i partiti e indissero libere elezioni per l'anno successivo. Ma la decisione più importante e più gravida di conseguenze fu la rimozione, decisa in agosto, dei controlli polizieschi e delle barriere di filo spinato al confine con l'Austria: per la prima volta si apriva una breccia nella cortina di ferro che da quasi mezzo secolo impediva la libera circolazione delle persone fra le due Europe.

23.2. Il crollo del Muro di Berlino e la riunificazione tedesca

La crisi della Germania comunista

Naturalmente non furono solo gli ungheresi a profittare dell'opportunità offerta dall'apertura dei loro confini. A partire dall'estate dell'89, decine di migliaia di cittadini della Germania comunista (la Ddr) abbandonarono il loro paese per raggiungere la Repubblica federale attraverso l'Ungheria e l'Austria. La fuga in massa, accompagnata da imponenti manifestazioni nelle principali città tedesco-orientali, mise in crisi il regime comunista, costringendo alle dimissioni il segretario del partito Erich Honecker. I nuovi dirigenti, con l'avallo di Gorbačëv, avviarono un processo di riforme interne e quindi liberalizzarono la concessione dei visti d'uscita dal paese e dei permessi di espatrio.

La caduta del Muro

Anche in questo caso il processo, una volta messo in moto, si rivelò incontrollabile. La sera del 9 novembre 1989, dopo che un portavoce del governo tedesco-orientale aveva annunciato il ripristino della libera circolazione fra le due metà di Berlino, divise a partire dal 1961 da un muro di separazione [▶18.9], un numero crescente di berlinesi si riversò nei varchi aperti, li oltrepassò e infine, in un'atmosfera di festa e di riconciliazione, cominciò a smantellare materialmente il muro (che di lì a poco sarebbe stato quasi completamente abbattuto) e a portarne i pezzi a casa come ricordo.

Le elezioni in Germania Est

Il crollo del Muro, che coincise con l'apertura dei confini fra le due Germanie, rappresentò simbolicamente la fine della guerra fredda e della divisione in due dell'Europa ed ebbe come immediata conseguenza il rilancio della questione dell'unità tedesca, fino ad allora impossibile da affrontare per l'opposizione dell'Urss. Ancora una volta gli eventi si consumarono in tempi più rapidi del previsto. Nel marzo 1990 si tennero libere elezioni nella Germania dell'Est: risultarono puniti non solo gli ex comunisti, ma anche i socialdemocratici e gli altri gruppi di sinistra, che si erano mostrati esitanti di fronte alla prospettiva di un'immediata unificazione nel segno dell'economia di mercato e della democrazia liberale. La vittoria andò così ai cristiano-democratici che, in pieno accordo con i loro compagni di partito allora al governo nella Germania Ovest, accelerarono i tempi per la liquidazione di una entità statale, la Ddr, ormai privata di ogni legittimità e svuotata di qualsiasi funzione storica.

La riunificazione

In questa situazione si inserì con grande efficacia l'azione del governo guidato da Helmut Kohl [►22.7], che riuscì a preparare in pochi mesi un'operazione tecnicamente e politicamente complessa come la riunificazione del paese e a fare accettare anche all'Urss la nuova realtà di una Germania unita e integrata nell'Alleanza atlantica. In maggio i due governi tedeschi firmarono un trattato per l'unificazione economica e monetaria. Il 3 ottobre 1990, dopo che il leader sovietico Gorbačëv aveva dato il suo assenso all'operazione e dopo che la Polonia era stata tranquillizzata da una solenne dichiarazione dei due Parlamenti tedeschi circa l'inviolabilità delle frontiere uscite dal secondo conflitto mondiale, entrò in vigore il trattato di unificazione politica, accettato dalle ex potenze occupanti, compresa l'Urss. Si trattava in realtà di un assorbimento dell'ormai dissolta Repubblica democratica nelle strutture istituzionali della Repubblica federale. Non fu varata una nuova Costituzione e non vi fu bisogno di una nuova moneta: ai tedeschi orientali fu consentito di convertire la loro valuta in marchi a un tasso di cambio molto favorevole. Fu una decisione costosa per la Repubblica federale, come faticosa sarebbe stata l'integrazione delle aree orientali e delle loro industrie tecnologicamente arretrate nella ben più dinamica economia dell'Ovest. L'operazione comunque riuscì: nei due decenni successivi alla riunificazione, il divario fra le due parti del paese si sarebbe progressivamente ridotto. Dopo oltre un quarantennio di divisione, la Germania tornava a essere uno Stato unitario, il più forte economicamente e politicamente dell'intero continente europeo.

23.3. La fine delle "democrazie popolari"

La caduta dei regimi comunisti

L'abbattimento della cortina di ferro provocò la caduta, quasi in contemporanea, di tutti i regimi comunisti dell'Europa orientale. In Cecoslovacchia, nel novembre 1989, una serie di imponenti manifestazioni popolari, che videro tornare sulla scena Dubček e gli altri protagonisti della "primavera di Praga" [►18.10], costrinse alle dimissioni il gruppo dirigente comunista legato alla "normalizzazione" del dopo '68. In dicembre il Parlamento elesse alla presidenza della Repubblica lo scrittore Václav Havel, un democratico già perseguitato dal regime comunista. Il passaggio di potere si realizzò senza spargimento di sangue, tanto che si parlò di "rivoluzione di velluto". Così come complessivamente pacifico fu il processo di democratizzazione nella maggior parte delle ex "democrazie popolari": oltre che in Polonia, dove le elezioni presidenziali del 1990 portarono alla guida dello Stato lo storico leader di Solidarnosc Lech Wałęsa [►23.1], i regimi comunisti caddero in Ungheria, in Bulgaria e, poco più tardi, in Albania, ultima roccaforte dell'ortodossia marxista-leninista in Europa. Fece eccezione in questo quadro la Romania, dove la dittatura personale di Nicolae Ceaușescu fu travolta, nel dicembre '89, da un'insurrezione popolare. Dopo un sanguinoso tentativo di repressione, Ceaușescu fu catturato e messo a morte insieme con la moglie il 25 dicembre. Un caso ancora diverso fu, come vedremo, quello della Jugoslavia, dove, già dal 1980 (data della morte di Tito), si era aperta una grave crisi economica e istituzionale e si erano fatti più difficili i rapporti fra i diversi gruppi etnici [►23.5].

Una difficile transizione

Passata l'euforia per la libertà riconquistata, i paesi ex satelliti dell'Urss dovettero affrontare i problemi legati alla riconversione dell'apparato produttivo in funzione del mercato, con la chiusura di molte imprese di Stato e la conseguente crescita della disoccupazione. Con la caduta dei vecchi regimi vennero inoltre a mancare quelle certezze che, per decenni, avevano garantito stabilità e sicurezza sociale, pur nel quadro di economie arretrate e stagnanti. Sul piano politico, il ritorno alla democrazia portò con sé l'immediata proliferazione di forze politiche, vecchie e più spesso nuove, come il Forum democratico in Ungheria e il Forum civico in Cecoslovacchia. I gruppi dirigenti di formazione comunista, che quasi ovunque avevano gestito la fuoriuscita dal vecchio sistema, furono per lo più sconfitti nelle prime elezioni libere, ma in alcuni casi (Polonia, Romania, Ungheria) ritornarono successivamente al potere sotto nuove denominazioni (da cui scomparve ovunque l'aggettivo "comunista", spesso rimpiazzato da "socialdemocratico"). Lo stesso Wałęsa fu sconfitto, nelle elezioni presidenziali del 1995 in Polonia, dall'ex ministro Aleksander Kwaśniewski. Le istituzioni democratiche non furono comunque rimesse in discussione, nonostante le asprezze e le turbolenze che spesso caratterizzarono la lotta politica.

23.4. La dissoluzione dell'Urss

L'ascesa di Eltsin

Nel giro di nemmeno due anni, l'Unione Sovietica aveva perso il suo "impero esterno", ossia quella cintura protettiva di paesi satelliti che Stalin aveva imposto all'Europa orientale dopo la vittoria in guerra. Negli anni successivi presero vigore anche le spinte centrifughe interne all'Unione, che subì, come vedremo fra poco, una progressiva disgregazione. Nel 1990 la stessa Repubblica russa – la più grande e la più popolosa dell'Unione, guida e centro motore dell'intero sistema sovietico – rivendicò la propria autonomia dal potere federale ed elesse alla propria presidenza il riformista radicale Boris Eltsin, confermato, nel giugno dell'anno seguente, da un'elezione popolare a suffragio diretto.

Il colpo di Stato del 1991

La crisi dell'Urss si acutizzò fra il '90 e il '91, in concomitanza con l'aggravarsi della situazione economica. Gorbačëv cercò di mediare fra le spinte liberalizzatrici e le pressioni dell'ala intransigente del partito, alternando concessioni e interventi repressivi e proponendo un nuovo patto federativo che allargasse gli spazi di autonomia delle Repubbliche sovietiche.

Questo fragile equilibrio, però, si ruppe nell'agosto 1991, quando un gruppo di esponenti di primo piano della dirigenza sovietica (fra questi il primo ministro, i ministri dell'Interno e della Difesa, il vicepresidente dell'Urss e il capo dei servizi segreti) tentò la carta del colpo di Stato per bloccare il processo di rinnovamento. I congiurati, che contavano di sfruttare il malcontento diffuso nel paese a causa delle difficoltà economiche, sequestrarono lo stesso Gorbačëv nella sua casa di vacanza in Crimea, forse sperando di strappargli un'adesione al progetto di restaurazione del vecchio regime. Ma i calcoli si rivelarono errati e il colpo, organizzato senza adeguata preparazione, fallì clamorosamente di fronte a un'inattesa protesta popolare e al mancato sostegno delle forze armate: a Mosca, fra il 19 e il 20 agosto, una grande folla si raccolse a presidio delle libere istituzioni appena conquistate, ponendo i golpisti di fronte alla scelta fra una sanguinosa repressione e un'ingloriosa ritirata. Decisivo fu, in questa occasione, il ruolo del presidente della Repubblica russa Boris Eltsin che, dopo aver capeggiato la resistenza popolare e aver imposto la liberazione di Gorbačëv, si propose come il vero detentore del potere, relegando in secondo piano lo stesso presidente sovietico.

Il fallimento del golpe di agosto da un lato valse a spazzare via quanto restava del potere comunista (il Pcus, un tempo onnipotente, vide sospese le sue attività e requisiti i suoi averi), dall'altro accelerò ulteriormente la crisi dell'autorità centrale, aggravata dal mancato decollo della riforma economica e dalla difficile circolazione delle merci all'interno di un'Unione in cui frattanto si facevano sempre più forti le istanze separatiste.

I movimenti indipendentisti

L'Urss, infatti, era un impero plurinazionale, anzi la più grande compagine multietnica mai apparsa sulla faccia della Terra. Abbiamo già visto come le riforme di Gorbačëv avessero prodotto una serie di spinte centrifughe, aprendo spazi, oltre che alla manifestazione del dissenso politico, anche alle rivendicazioni nazionali dei territori non russi dell'ex Impero zarista [▸22.5]. Le prime a muoversi, rivendicando la piena indipendenza, erano state le Repubbliche baltiche (Lettonia, Estonia, Lituania), inglobate nell'Urss nel 1939 in seguito al patto Molotov-Ribbentrop [▸17.1]. Ma movimenti analoghi si svilupparono anche nelle Repubbliche caucasiche (Armenia, Georgia, Azerbaigian) e in quelle musulmane dell'Asia centrale (Kazakistan, Turkmenistan, Uzbekistan, Tagikistan, Kirghizistan). Fra il 1990 e il 1991 tutte queste Repubbliche, più la Moldavia (strappata dall'Urss alla Romania dopo il secondo conflitto mondiale), proclamarono unilateralmente la loro indipendenza; e lo stesso fecero l'Ucraina e la Bielorussia, pur legate alla Russia da antichi vincoli storico-culturali oltre che da stretti rapporti di interdipendenza economica.

La dissoluzione dell'Urss (1990-91)

La fine dell'Urss

Gorbačëv tentò di bloccare questo processo rilanciando l'idea di un nuovo trattato di unione che assicurasse almeno l'esistenza dell'Urss come entità militare e come soggetto di politica internazionale. La sua iniziativa fu però scavalcata da quella dei presidenti delle tre Repubbliche slave (Russia, Ucraina e Bielorussia), che si accordarono sull'ipotesi di una comunità di Stati sovrani ottenendo il consenso delle altre Repubbliche ex sovietiche. Il 21 dicembre 1991, ad Alma Ata, capitale del Kazakistan, i rappresentanti di undici Repubbliche (sulle quindici già facenti parte dell'Urss) diedero vita a una Comunità degli Stati indipendenti (Csi) e sancirono la scomparsa dell'Unione Sovietica. Il 25 dicembre Gorbačëv trasse le logiche conseguenze da quanto era accaduto e annunciò in un discorso televisivo le sue dimissioni. Il giorno stesso, la bandiera sovietica fu ammainata dal Cremlino di Mosca, sede del governo, e sostituita da quella russa.

23.5. Conflitti etnici e guerra in Jugoslavia

Il risorgere dei nazionalismi

La fine del sistema di potere sovietico non portò all'Europa orientale solo libertà e democrazia. Quasi ovunque, nei primi anni '90, si fecero sentire le difficoltà provocate dal passaggio all'economia di mercato (disoccupazione, fenomeni speculativi e crescita dei prezzi) e si accentuò l'instabilità dovuta alla frammentazione politica. Contestualmente emersero, con forza insospettata, vecchi e nuovi nazionalismi rimasti a lungo soffocati e ora pronti a scontrarsi fra loro. Nei territori dell'ex Unione Sovietica nacquero, o risorsero, movimenti indipendentisti (come quello dei ceceni, di cui parleremo più avanti [▸23.6]) e si accesero conflitti per il possesso di territori contesi (per esempio fra Armenia e Azerbaigian nel 1988 e fra Russia e Georgia venti anni dopo [▸30.4]). Anche nelle ex "democrazie popolari" si manifestarono irredentismi e contrasti a sfondo etnico, che ebbero esiti dirompenti in due fra gli Stati nati alla fine della prima guerra mondiale dalla dissoluzione dell'Impero austro-ungarico: la Cecoslovacchia e la Jugoslavia. In Cecoslovacchia, le aspirazioni separatiste della minoranza slovacca portarono nel 1992 a una sorta di separazione consensuale e alla creazione di due Repubbliche: una ceca, comprendente Boemia e Moravia e governata dai partiti di ispirazione liberale, e una slovacca, guidata dai gruppi ex comunisti.

I conflitti etnici in Jugoslavia

Drammatico e cruento fu invece il processo di disgregazione della Jugoslavia, dove la crisi del regime a partito unico fece saltare gli equilibri fra le nazionalità su cui il paese si reggeva dalla fine della seconda guerra mondiale. L'esito delle prime elezioni libere, che si tennero nel 1990, accentuò le spinte centrifughe già operanti all'interno dello Stato federativo: mentre infatti le Repubbliche di Slovenia e Croazia, le più sviluppate economicamente e le più vicine al Centro-Europa per tradizioni e per collocazione geografica, davano la vittoria ai partiti autonomisti, in Serbia prevaleva il neocomunismo nazionalista di Slobodan Milošević, deciso a riaffermare il ruolo egemone dei serbi in una Jugoslavia unita.

Nel 1991, prima la Slovenia poi la Croazia proclamarono la propria indipendenza, facendola sancire da plebisciti. Lo stesso fece la Repubblica di Macedonia, che occupava la parte meridionale, e più arretrata, della Jugoslavia. Il governo federale jugoslavo, controllato dalla componente serba, accettò il fatto compiuto dell'indipendenza slovena e macedone, ma reagì duramente all'analoga iniziativa della Repubblica croata (che ospitava nei suoi confini consistenti minoranze serbe) mobilitando forze armate e milizie irregolari. I due contrapposti nazionalismi, serbo e croato, alimentarono una guerra che non risparmiò le popolazioni civili. Sistematico fu il ricorso a operazioni di "pulizia etnica", ossia a persecuzioni e violenze rivolte contro le minoranze per costringerle ad abbandonare le aree contese.

parola chiave

Pulizia etnica

Di "pulizia etnica" si cominciò a parlare in Europa a proposito dei conflitti interetnici seguiti alla dissoluzione della Jugoslavia e protrattisi per tutti gli anni '90 del secolo scorso. L'espressione serve a designare una pratica di persecuzione o di violenza fisica compiuta da una popolazione ai danni di un'altra per terrorizzarla e costringerla ad abbandonare un territorio conteso. In questo senso, quindi, "pulire" un'area geografica significa renderla forzatamente omogenea, "liberandola" da tutti gli appartenenti alle etnie minoritarie.
In Jugoslavia, per esempio, il leader serbo Slobodan Milošević tentò di allontanare in questo modo gli albanesi che risiedevano nel Kosovo (e lo stesso fecero, in quegli anni, i serbi contro i croati e i croati contro i serbi nelle aree miste da essi controllate). L'espressione è stata utilizzata anche a proposito degli scontri tra hutu e tutsi in Ruanda. Ma può essere usata anche in riferimento a moltissimi episodi del passato, che videro intere popolazioni costrette ad abbandonare le loro terre. E oggi viene utilizzata dai mass media per denunciare casi di politiche discriminatorie contro minoranze etniche indesiderate all'interno di una nazione. In questo senso la "pulizia etnica" si distingue dal genocidio propriamente detto [▶Parola chiave, p. 378]: in quest'ultimo, infatti, il fine che ci si propone è l'annientamento fisico di un popolo, mentre la pulizia etnica ha come obiettivo il suo allontanamento, indipendentemente dai mezzi usati per ottenerlo. Ciò non esclude, tuttavia, che un'accezione più ampia del termine "genocidio" possa comprendere anche episodi di pulizia etnica.

La guerra in Bosnia

A partire dalla primavera del 1992 il centro del conflitto si spostò nella Bosnia, una delle ex Repubbliche jugoslave, che in marzo si era anch'essa dichiarata indipendente. La Bosnia era abitata da una popolazione mista, composta da musulmani (la componente più numerosa), croati cattolici e serbi ortodossi: la secessione, voluta dai musulmani, provocò la reazione della componente serba, attivamente appoggiata dal regime di Milošević. Una guerra nella guerra, costellata di massacri, deportazioni e altri orrori che l'Europa non aveva più conosciuto dai tempi del secondo conflitto mondiale: fra i tanti episodi di violenza, il più terribile fu quello di Srebrenica, in Bosnia, dove circa 8000 civili musulmani furono sterminati dalle milizie serbe nell'inerzia dei reparti dell'Onu inviati lì per imporre una tregua. La stessa capitale bosniaca, Sarajevo, fu sottoposta dai serbi a un lunghissimo assedio. Fallite le iniziative della Comunità europea e dell'Onu – che impose l'embargo alla Serbia –, per porre fine al conflitto fu necessario l'impegno diretto degli Stati Uniti, che agirono in quanto membri dell'Alleanza atlantica. Fra maggio e settembre del 1995 la Nato attuò una serie di attacchi aerei (cui parteciparono anche piloti italiani) contro le posizioni dei serbi di Bosnia; il "cessate il fuoco" fu proclamato in ottobre, grazie soprattutto agli sforzi della diplomazia statunitense.

Gli accordi di Dayton

Preceduto da trattative dirette fra i governanti della Serbia, della Croazia e della Bosnia musulmana, l'accordo di pace fu siglato in novembre a Dayton, negli Stati Uniti: esso prevedeva il mantenimento di uno Stato bosniaco, diviso però in una repubblica serba e in una federazione croato-musulmana. Anche la guerra con la Croazia si chiudeva intanto con la sconfitta della Serbia: nell'estate del '95 l'esercito croato lanciò un'offensiva nelle zone contese ed espulse con la forza circa 200 mila serbi che vi abitavano.

Nuove tensioni politiche nella ex Jugoslavia

La situazione nell'ex Jugoslavia, ridotta ormai a una federazione che riuniva solo Serbia e Montenegro, era resa ancor più precaria dalle tensioni politiche interne ai singoli Stati. In Serbia, fra il '96 e il '97, ebbe inizio una lunga stagione di agitazioni contro lo strapotere del presidente Milošević e degli ex comunisti del Partito socialista serbo. Anche in Croazia, dove si era affermato un governo autoritario di matrice nazionalista e anticomunista, il processo di democratizzazione si avviò solo dopo la morte, nel 1999, del presidente Franjo Tudjman e l'elezione del progressista Stipe Mesić.

La crisi del Kosovo

Nel 1998, un altro focolaio di tensione si sviluppò nel Kosovo, una regione autonoma all'interno della Serbia, abitata da una popolazione albanese, dove si era sviluppato un movimento di guerriglia indipendentista. Ancora una volta la repressione serba provocò l'intervento militare dei paesi della Nato, fra cui l'Italia. Per oltre due mesi, fra marzo e giugno del 1999, il territorio della Serbia fu sistematicamente bombardato. L'intervento, giustificato con l'esigenza di proteggere i diritti della popolazione del Kosovo (si parlò a questo proposito di "ingerenza umanitaria"), fu apertamente criticato dalla Russia, tradizionale alleata dei serbi, e suscitò forti discussioni nell'opinione pubblica dei paesi occidentali. Ma alla fine lo scopo fu raggiunto: ai primi di giugno, Milošević ritirò le sue truppe dal Kosovo.

La fine di Milošević

Indebolito dalla sconfitta, il presidente serbo, oggetto di una pesante contestazione in patria, resistette per poco più di un anno. Nel settembre 2000 fu sconfitto nelle elezioni presidenziali e fu costretto ad abbandonare il potere. Milošević venne successivamente arrestato, consegnato al Tribunale internazionale dell'Aja e processato per crimini contro l'umanità: sarebbe morto in carcere nel 2006, prima della conclusione del processo. In quello stesso anno lo Stato serbo dovette subire una nuova amputazione, in seguito alla dichiarazione di indipendenza della Repubblica del Montenegro, proclamata in maggio sulla base di un referendum. Nel 2008, anche l'indipendenza del Kosovo fu riconosciuta dai principali Stati occidentali. La Serbia pagava così a caro prezzo il tentativo di conservare con la forza la sua posizione egemonica nell'area jugoslava: un'area ora occupata da una pluralità di piccoli Stati indipendenti, per lo più instabili all'interno e divisi tra loro da conflitti etnico-territoriali irrisolti.

Crisi e stabilizzazione in Albania

Vicende agitate furono vissute in questo periodo anche dalla vicina Albania. Il passaggio alla democrazia si accompagnò in una prima fase a una grave crisi economica, provocata dal fallimento di una serie di società finanziarie che, cresciute all'improvviso, avevano raccolto i risparmi di molti albanesi. Ne seguì un caotico moto di ribellione, dove la protesta economica si mescolava con quella politica nei confronti di una classe dirigente accusata di connivenza coi responsabili delle società fallite. Nel gennaio del 1997 si assisté al collasso quasi totale delle strutture statali che si accompagnò a un imponente flusso migratorio, soprattutto verso l'Italia. Ne seguì una fase di semi-anarchia, interrotta dall'intervento dell'Onu che, in marzo, inviò nel paese un contingente di pace (in cui la parte più importante fu assunta dall'Italia) col compito di favorire il ritorno all'ordine e alla normalità politica. Da allora fu avviato gradualmente un percorso di ripresa economica e di stabilizzazione, che consentì il consolidamento dello Stato e l'avvicendamento al potere di forze moderate e progressiste.

23.6. La Russia postcomunista

L'eredità dell'Urss

Dopo la fine dell'impero sovietico, la Russia di Eltsin cercò di accreditarsi come l'erede del ruolo di grande potenza già svolto dall'Urss. In questo suo tentativo venne appoggiata dagli Stati Uniti e dalla comunità internazionale che le riconobbero il diritto di occupare il seggio dell'Unione Sovietica in seno al Consiglio di sicurezza dell'Onu. Questa aspirazione – non più sostenuta dalla forza dell'ideologia comunista – era però contraddetta dall'oggettiva debolezza della Russia, che non riusciva nemmeno a imporre la sua egemonia sulle altre Repubbliche ex sovietiche, spesso in lotta fra loro e lacerate da conflitti interni. La stessa Repubblica russa, che era ordinata anch'essa in forma di federazione e comprendeva nei suoi confini etnie e culture diverse, era minacciata da movimenti separatisti e stentava a trovare uno stabile equilibrio istituzionale.

I conflitti interni

A tutto questo si aggiungeva l'emergere di forti opposizioni al nuovo corso, che si esprimevano ora nella richiesta di maggior democrazia, ora nella nostalgia del regime comunista, ora nel tradizionalismo antioccidentale, e spesso antisemita, ora in una curiosa miscela fra queste tendenze. Il fronte degli avversari delle riforme trovò un luogo di aggregazione nel Congresso del popolo, il Parlamento russo, eletto secondo la Costituzione voluta da Gorbačëv nel 1988 [▸22.5]. Il conflitto esplose nel settembre-ottobre 1993 quando Eltsin, non riuscendo a superare l'ostruzionismo della maggioranza, sciolse l'assemblea elettiva e indisse nuove elezioni. Il Parlamento rispose destituendo il presidente, che reagì decretando lo stato di emergenza e facendo occupare il Parlamento da reparti speciali delle forze armate. Ristabilito l'ordine a prezzo di largo spargimento di sangue, Eltsin varò, in dicembre, una nuova Costituzione che rafforzava i poteri del presidente.

L'intervento in Cecenia

Alla fine del 1994, per consolidare la sua posizione e per non lasciare spazio ai movimenti nazionalisti, Eltsin decise un intervento militare in Cecenia, una repubblica musulmana situata nella regione del Caucaso, che aveva proclamato l'indipendenza dalla Federazione russa di cui faceva parte. Fortemente contrastata dalla resistenza degli indipendentisti, l'operazione si trasformò in un lungo e logorante conflitto, costellato di cruente azioni di guerriglia e di crudeli rappresaglie sulla popolazione civile. L'esito disastroso dell'intervento era il risultato non solo della scarsa efficienza della macchina militare russa, ma, più in generale, di una profonda crisi dell'intero apparato statale e di una crescente disgregazione della società civile, cui i governanti non riuscivano a trovare risposte efficaci.

La crisi economica

Alle turbolenze politiche si sommava frattanto una drammatica crisi economica e sociale. All'origine della crisi, il tentativo di Eltsin – sostenuto e incoraggiato dai governi occidentali – di accelerare il processo di transizione verso il capitalismo e l'economia di mercato. Un processo che però non riusciva a decollare anche per l'assenza di un vero ceto imprenditoriale, e in genere di un tessuto sociale adatto a sostenere il cambiamento. Il passaggio ai privati di grandi concentrazioni industriali e finanziarie (spesso gestite da ex funzionari del periodo sovietico trasformatisi in imprenditori) e la nascita di un capitalismo dai tratti fortemente speculativi finirono coll'avvantaggiare solo gruppi ristretti, spesso legati alla malavita, mentre le condizioni di vita della maggioranza della popolazione peggioravano sensibilmente, sia a causa dell'inflazione, sia perché lo Stato non disponeva di un efficiente apparato fiscale e non era quindi in grado di pagare puntualmente gli stipendi ai dipendenti pubblici. La crisi giunse al suo culmine nell'estate del 1998, travolgendo il rublo, che fu svalutato del 60% rispetto alle altre valute, e costringendo il governo a una dichiarazione di insolvenza sul debito della Russia con l'estero. Fu un duro colpo alla popolarità di Eltsin, sempre più incline a esercitare il suo potere in forme autoritarie: ben quattro governi si avvicendarono fra il '98 e il '99, per volontà del presidente.

L'ascesa di Putin

Nell'agosto del 1999, Eltsin scelse come primo ministro uno sconosciuto dirigente dei servizi segreti, Vladimir Putin, e lo indicò come suo successore alla presidenza della Repubblica. Grazie al suo piglio giovanile ed efficientistico, e soprattutto alla spietata energia con cui affrontò la ribellione cecena, il nuovo premier guadagnò una notevole popolarità. Eltsin, da tempo malato, si dimise alla fine dell'anno e, nelle elezioni presidenziali del marzo 2000, Putin si impose con largo margine. La sua presidenza si sarebbe caratterizzata per il tentativo di restituire efficienza alla macchina dello Stato e di ridare slancio all'economia che, pur frenata dai problemi ormai cronici (corruzione diffusa, incertezza delle norme, disordine del sistema bancario), cominciò a manifestare segni evidenti di stabilizzazione finanziaria e di ripresa produttiva, grazie anche all'aumento dei prezzi delle materie prime di cui la Russia era esportatrice (soprattutto gas e petrolio).

Un nuovo autoritarismo

Al recupero di efficienza del sistema economico e della macchina statale faceva però riscontro un crescente autoritarismo, a malapena mascherato dal formale rispetto delle regole democratiche: arresti di oppositori, scomparsa in circostanze mai chiarite di giornalisti e dissidenti politici, dubbi sulla regolarità delle elezioni, uso eccessivo della forza nella lotta contro gli indipendentisti ceceni; una guerriglia, quella cecena, legata al fondamentalismo islamico e responsabile di atti di terrorismo che colpirono anche il territorio russo, compresa la capitale Mosca, e costarono moltissime vittime, soprattutto fra i civili. Nonostante l'involuzione autoritaria e personalistica, il regime di Putin godeva nel paese di una crescente popolarità, testimoniata dal successo del partito governativo "Russia Unita" nelle elezioni per la Camera del dicembre 2007 e dall'ascesa alla presidenza, nel marzo 2008, di Dmitrij Medvedev, uno stretto collaboratore di Putin (mentre lo stesso Putin assumeva la guida del governo).

Coesistenza e competizione

Sul fronte della politica estera si assisteva frattanto a una ripresa di iniziativa della diplomazia russa, in due direzioni diverse e spesso contraddittorie. Da un lato il tentativo di presentarsi all'Occidente come interlocutore affidabile (oltre che prezioso fornitore di gas e petrolio), e anche come alleato nella lotta contro l'integralismo islamico che minacciava la stessa Russia. Dall'altro, l'ambizione di raccogliere l'eredità dell'Urss in quanto unica potenza capace di controbilanciare e limitare l'egemonia degli Stati Uniti. Da qui una serie di contrasti con l'Occidente sui temi più diversi: l'allargamento dell'Alleanza atlantica (e dell'Unione europea) ai paesi dell'Europa dell'Est, l'appoggio russo alla Serbia nelle guerre jugoslave e agli Stati arabi sulla questione palestinese, le "ingerenze" occidentali sul tema del rispetto dei diritti umani in Russia. Il dialogo con gli Stati Uniti non fu interrotto, ma era ugualmente evidente il ritorno a formule e modalità di azione tipiche degli anni della guerra fredda.

L'allargamento a Est della Nato

A preoccupare i dirigenti russi era soprattutto l'ingresso nella Nato degli ex satelliti dell'Urss: nel 1997 Ungheria, Polonia e Repubblica ceca; nel 2004 Romania, Bulgaria, Slovacchia e Slovenia, cui si aggiunsero le tre Repubbliche baltiche (Estonia, Lettonia, Lituania) che fino al 1990-91 avevano fatto parte dell'Urss. L'Alleanza atlantica si estendeva così fino ai confini della Russia, vanificando l'obiettivo strategico conseguito da Stalin e dai suoi successori dopo la vittoria nella seconda guerra mondiale, con la costruzione di una rete difensiva "esterna", capace di impedire qualsiasi attacco da Occidente.

23.7. Gli Stati Uniti: la difficile gestione di una vittoria

Le difficoltà economiche

La scomparsa dell'Unione Sovietica e le difficoltà della Russia postcomunista proiettarono gli Stati Uniti nel ruolo di unica superpotenza mondiale. Un ruolo non previsto e forse non desiderato, che accresceva le responsabilità internazionali degli Usa in un momento in cui l'economia americana, e quella dell'intero Occidente industrializzato, mostravano qualche segno di difficoltà. Anche per questo, la storica vittoria ottenuta nel confronto con l'Urss – cui si era aggiunta nel '91 quella nella prima guerra contro l'Iraq [▸25.4] – non si tradusse in un rafforzamento della presidenza di George Bush [▸22.4], che subì, al contrario, un calo di popolarità, dovuto essenzialmente ai problemi economico-sociali lasciati aperti dalle precedenti amministrazioni repubblicane: crescita della disoccupazione, servizi sociali insufficienti, aumento delle distanze fra ricchi e poveri. Il deficit del bilancio statale costrinse inoltre il presidente ad aumentare la pressione fiscale, invertendo il corso inaugurato da Reagan e smentendo le promesse formulate in campagna elettorale.

La presidenza Clinton

Nelle elezioni del novembre 1992, Bush fu seccamente sconfitto dal candidato democratico Bill Clinton: un politico poco più che quarantenne, privo di esperienza internazionale, ma abile nello sfruttare le debolezze dell'avversario e nell'interpretare il diffuso desiderio di cambiamento. Il nuovo presidente cercò di imprimere alla politica estera americana un segno "progressista", in linea con la tradizione del suo partito, e di rilanciare l'immagine degli Stati Uniti non solo come garanti degli equilibri mondiali, ma anche come difensori della democrazia in ogni parte del pianeta. Questa vocazione interventista si scontrava però con la riluttanza dell'opinione pubblica americana ad accettare gli oneri e i sacrifici derivanti da un impegno militare troppo esteso. I maggiori successi diplomatici della presidenza Clinton (l'accordo israelo-palestinese del '93 [▸25.5] e la pacificazione imposta in Bosnia) produssero così risultati precari.

La ripresa economica

Nel 1996, alla fine del suo primo mandato, Clinton poteva comunque vantare un bilancio non del tutto negativo in campo internazionale. Ma soprattutto poteva giovarsi – e questo fu il fattore principale della sua trionfale rielezione – del netto miglioramento della situazione economica. A partire dal '96 il sistema americano, alleggerito (sia pure a costi sociali pesanti) dalla cura liberista degli anni di Reagan e Bush, riacquistò flessibilità e competitività e si sviluppò con un tasso annuo superiore al 4%, rafforzando il suo primato, sia nei settori produttivi della "nuova economia" (quelli legati al boom dell'informatica: ▸27.1), sia nei mercati finanziari, dove la moltiplicazione degli strumenti per far circolare il denaro creò nuove occasioni di arricchimento (e anche di speculazione). Nel '97 la disoccupazione scese, secondo i dati ufficiali, sotto il 5%, mentre il deficit di bilancio si riduceva. Clinton, dal canto suo, riuscì a presentarsi come il garante di questo corso positivo, accantonando alcuni suoi originari progetti di riforme sociali (in particolare nel settore della sanità) e spostando così verso il centro l'asse della sua politica.

La popolarità di Clinton

Fra il '98 e il '99 la posizione del presidente fu minacciata dall'emergere di accuse relative alla sua vita privata (affari poco chiari precedenti alla sua elezione, comportamenti sessuali scorretti con una giovane collaboratrice), ma anche ai metodi usati nella raccolta di fondi per la campagna elettorale. Queste accuse, per lo più non provate o prive di rilievo penale, rischiarono di incrinare l'immagine pubblica e il prestigio internazionale di Clinton, ma non ne scalfirono seriamente la popolarità interna. Una popolarità fondata sulle personali capacità comunicative del presidente e più ancora sui continui e spettacolari successi dell'economia statunitense.

L'elezione di George W. Bush

Nel novembre 2000, scaduto il secondo mandato di Clinton, le elezioni presidenziali si risolsero però in un incredibile "pareggio" fra il democratico Al Gore, vicepresidente con Clinton, e il candidato repubblicano George W. Bush, figlio del predecessore di Clinton: il risultato finale, a lungo contestato, vide Bush prevalere per poche centinaia di voti ottenuti nel decisivo Stato della Florida (di cui era governatore il fratello). I primi atti della nuova presidenza si ispirarono a una linea tendenzialmente conservatrice in politica interna (ulteriori tagli alle tasse, contenimento della spesa pubblica) e orientata, in politica estera, a una più esclusiva tutela degli interessi nazionali, anche a scapito dell'impegno diretto degli Stati Uniti nelle zone calde del globo. La strategia "neoisolazionista" di Bush junior non poté comunque attuarsi appieno: il traumatico attentato alle Twin Towers di New York dell'11 settembre 2001 avrebbe infatti costretto gli Stati Uniti a un impegno su scala mondiale, in nome della lotta contro il terrorismo [▸29.1].

sommario

Il declino dell'Urss, manifestatosi già negli anni '70, conobbe una brusca accelerazione nel decennio successivo. Decisivo nel determinare la crisi fu il fallimento del tentativo di Gorbačëv di avviare un processo di parziale liberalizzazione, aprendo limitati spazi di pluralismo nel sistema sovietico e nei rapporti con i paesi satelliti. La Polonia aveva anticipato questi mutamenti già all'inizio degli anni '80, con la nascita del sindacato indipendente Solidarnosc. Dopo l'avvento di Gorbačëv, si mise in moto un processo che portò, nell'89, alle prime elezioni libere in un regime di "democrazia popolare". Dalla Polonia si innescò una reazione a catena che avrebbe messo in crisi, in pochi mesi, tutte le "democrazie popolari", a partire dall'Ungheria, dove, sempre nell'89, i nuovi dirigenti comunisti legalizzarono i partiti e rimossero i controlli polizieschi ai confini con l'Austria. Si apriva la prima breccia nella cortina di ferro.

La fuga in massa dei tedeschi dell'Est attraverso l'Ungheria e l'Austria provocò nella Ddr un cambio nei vertici del partito e l'avvio di un processo riformatore che divenne presto incontrollabile, fino allo smantellamento pacifico del Muro che divideva in due Berlino, nella notte del 9 novembre '89. La vittoria nelle prime elezioni libere della Germania Est (marzo '90) dei cristiano-democratici accelerò la riunificazione delle due Germanie (ottobre '90), sotto la guida del cancelliere tedesco-occidentale Helmut Kohl.

La caduta dei regimi comunisti dell'Europa orientale avvenne nella maggior parte dei casi in forma pacifica, con l'eccezione della Romania, dove il dittatore Ceaușescu tentò di reprimere l'insurrezione popolare del dicembre '89, ma fu catturato e giustiziato. Un caso diverso fu quello jugoslavo, dove già alla morte di Tito, nell'80, si era aperta una grave crisi economica e istituzionale che si innestava nei contrasti etnici. Nelle ex "democrazie popolari", la riconversione dell'apparato produttivo in funzione del mercato e il ritorno alla democrazia non furono facili ma non furono messe in discussione le nuove istituzioni democratiche.

All'inizio degli anni '90 si disgregò anche l'Urss, sotto la spinta delle rivendicazioni nazionaliste, che cominciarono nelle Repubbliche baltiche (Lettonia, Estonia, Lituania) per poi estendersi in tutta l'Unione. Anche la Repubblica russa rivendicò la propria autonomia ed elesse alla presidenza il riformista Boris Eltsin (1990). Mentre si aggravava la situazione economica, nell'agosto 1991 una parte della dirigenza sovietica tentò il colpo di Stato per bloccare il processo di rinnovamento. Il fallimento del golpe – grazie anche all'intervento di Eltsin – accelerò ulteriormente la crisi dell'autorità centrale. Dopo le tre Repubbliche baltiche, anche Georgia, Armenia, Azerbaigian, Moldavia, Ucraina, Bielorussia e le Repubbliche asiatiche proclamarono unilateralmente la loro secessione dall'Unione Sovietica, finché il 21 dicembre 1991 11 delle 15 Repubbliche che costituivano l'Urss diedero vita alla Comunità degli Stati indipendenti (Csi). Le dimissioni di Gorbačëv (25 dicembre) sancirono la fine dell'Unione Sovietica.

Mentre in Cecoslovacchia, nel 1992 si crearono, con un processo pacifico, due Repubbliche distinte, una ceca e una slovacca, il processo di disgregazione della Jugoslavia fu drammatico e cruento. Fra il '90 e il '91, Slovenia, Croazia e Macedonia proclamarono la propria indipendenza. Il governo federale, controllato dalla componente serba, reagì alla secessione della Croazia (abitata da consistenti minoranze serbe). Ne nacque una guerra che dal 1992 si spostò in Bosnia, dichiaratasi in marzo anch'essa indipendente. La guerra si risolse in una serie di massacri, fino all'intervento militare della Nato del 1995, che costrinse la Serbia a riconoscere l'indipendenza della Bosnia. Fra il '98 e il '99 esplose la crisi del Kosovo, dove la repressione attuata dai serbi nei confronti della popolazione albanese venne bloccata ancora una volta dall'intervento militare della Nato.

La Federazione russa, sotto la guida di Eltsin, cercò di ereditare il ruolo internazionale dell'Urss, ma si trovò in condizioni di serio dissesto economico e di cronica instabilità politica, aggravata dal conflitto con i separatisti della Cecenia. Una stabilizzazione fu avviata a partire dal 2000, con la presidenza Putin, caratterizzata da un crescente autoritarismo nei confronti di oppositori e dissidenti e dalla dura repressione della guerriglia indipendentista dei ceceni. Pur presentandosi come interlocutore dell'Occidente, Putin entrò in contrasto con esso su vari fronti (appoggio alla Serbia e agli Stati arabi, diritti umani, allargamento della Nato).

Negli Stati Uniti, rimasti dopo il crollo dell'Urss a svolgere il ruolo di unica superpotenza mondiale, le difficoltà economiche provocarono, nel '92, la sconfitta del presidente repubblicano Bush e l'elezione del democratico Clinton. Il nuovo presidente volle rilanciare gli Usa come garanti della democrazia nel mondo: di qui il ruolo statunitense nell'accordo israelo-palestinese del '93 e la pacificazione imposta in Bosnia. Grazie soprattutto alla favorevole congiuntura economica, Clinton fu rieletto nel '96. Le presidenziali del 2000 furono vinte di strettissima misura dal repubblicano George W. Bush, fautore di una linea tendenzialmente conservatrice in politica interna (tagli alle tasse, contenimento della spesa pubblica) e "neoisolazionista" in politica estera.

biblio
grafia

Sulla crisi dei regimi comunisti, oltre ai titoli citati nella bibliografia dei capp. 18 e 22: R. Dahrendorf, *1989. Riflessioni sulla rivoluzione in Europa*, Laterza, Roma-Bari 1999 (ed. or. 1990); T. Garton Ash, *Le rovine dell'Impero. Europa centrale 1980-1990*, Mondadori, Milano 1992 (ed. or. 1983-90); F. Fejtö, *La fine delle democrazie popolari*, Mondadori, Milano 1998 (ed. or. 1991); B. Bongiovanni, *La caduta dei comunismi*, Garzanti, Milano 1995; A. Guerra, *Urss. Perché è crollata*, Editori Riuniti, Roma 2001. Sulla Russia postsovietica: L. Gudkov-V. Zaslavsky, *La Russia da Gorbaciov a Putin*, Il Mulino, Bologna 2010; F. Benvenuti, *Russia oggi. Dalla caduta dell'Unione sovietica ai nostri giorni*, Carocci, Roma 2013.

Sulla dissoluzione della Jugoslavia e le guerre: J. Pirjevec, *Le guerre jugoslave 1991-1999*, Einaudi, Torino 2014 (ed. or. 2001); A. Marzo Magno (a cura di), *La guerra dei dieci anni. Jugoslavia: 1991-2001. I fatti, i personaggi, le ragioni dei conflitti*, Il Saggiatore, Milano 2015 (ed. or. 2001).

Sulla riunificazione tedesca: R. Darnton, *Diario berlinese 1989-1990*, Einaudi, Torino 1992 (ed. or. 1990); C.S. Maier, *Il crollo. La crisi del comunismo e la fine della Germania Est*, Il Mulino, Bologna 1999 (ed. or. 1997).

Sui nuovi scenari mondiali: G.J. Ikenberry, *America senza rivali?*, Il Mulino, Bologna 2004 (ed. or. 2002); N. Ferguson, *Colossus. Ascesa e declino dell'impero americano*, Mondadori, Milano 2006 (ed. or. 2004); R. Dahrendorf, *La società riaperta. Dal crollo del muro alla guerra in Iraq*, Laterza, Roma-Bari 2005 (ed. or. 2004); W.I. Cohen, *Gli errori dell'impero americano. Le relazioni internazionali americane dopo la guerra fredda*, Salerno, Roma 2007 (ed. or. 2005); G. Mammarella, *Europa e Stati Uniti dopo la guerra fredda*, Il Mulino, Bologna 2016 (ed. or. 2010); O. Barié, *Dalla guerra fredda alla grande crisi. Il nuovo mondo delle relazioni internazionali*, Il Mulino, Bologna 2013. Tra i testi principali del dibattito sugli scenari internazionali che si sarebbero aperti alla fine della guerra fredda, si vedano F. Fukuyama, *La fine della storia e l'ultimo uomo*, Bur, Milano 2017 (ed. or. 1992); S.P. Huntington, *Lo scontro delle civiltà e il nuovo ordine mondiale*, Garzanti, Milano 2006 (ed. or. 1996); e M. Hardt-A. Negri, *Impero. Il nuovo ordine della globalizzazione*, Bur, Milano 2010 (ed. or. 2000).

24. L'Unione europea

24.1. Il progetto europeo fra utopia e realismo

L'idea federalista

La fine della seconda guerra mondiale aveva lasciato dietro di sé una terribile eredità di morte e distruzione e aveva definitivamente privato l'Europa del suo ruolo di centro della politica mondiale. Da questa situazione oggettiva era nata una nuova spinta alla creazione di una comunità integrata su scala continentale che superasse le logiche dello Stato nazionale e allontanasse per sempre la minaccia di una nuova guerra fratricida. Questa prospettiva, fatta propria, come abbiamo visto, da importanti statisti di diversi paesi europei [▶18.8], non riuscì però ad affermarsi nella sua forma più piena e coerente: quella federalista, fondata cioè su una federazione politica che portasse in tempi brevi agli Stati Uniti d'Europa. Inoltre, apparve presto evidente che, in un'Europa divisa in due dalla cortina di ferro, il progetto unitario non poteva che riguardare la sola metà occidentale del continente, essendo quella orientale sotto il controllo dell'Urss.

L'approccio "funzionalista"

Prevalse così un approccio meno ambizioso e più concreto, ben esemplificato dall'istituzione della Comunità europea del carbone e dell'acciaio (la Ceca) nel 1951 e poi della Comunità economica europea nel 1957 [▶18.8]: un approccio che fu detto "funzionalista" e che, pur senza accantonare del tutto la prospettiva federale, privilegiava la messa in comune di funzioni e compiti specifici, soprattutto in campo economico, trasferendone la gestione dalle autorità nazionali a quelle comunitarie.

Dunque un'integrazione graduale e settoriale, che partiva dalle convenienze più che dai fondamenti ideali, ma che avrebbe dovuto portare con sé anche le premesse di una integrazione politica.

Le due logiche – quella funzionalista e quella federalista – erano in realtà molto diverse. Il passaggio dalla prima alla seconda si sarebbe dunque rivelato problematico. E il cammino verso una più stretta unità sarebbe stato segnato da un'alternanza di passi avanti e battute d'arresto. Ma l'approccio empirico e gradualistico adottato negli anni '50 dagli statisti europei consentì di mantenere in vita la prospettiva comunitaria e di costruire, attorno ai sei Stati firmatari degli accordi sulla Ceca e dei trattati di Roma del 1957 [▸18.8], il nucleo forte di un'entità sovranazionale capace di sopravvivere alle sue stesse contraddizioni.

24.2. L'allargamento della Cee

I nuovi ingressi

Fra il 1973 e il 1986, la Comunità economica europea nata nel 1957 allargò considerevolmente i suoi confini e raddoppiò il numero dei suoi membri, da sei a dodici: prima grazie all'adesione di Gran Bretagna, Irlanda e Danimarca, poi in seguito all'ingresso dei paesi mediterranei – Grecia, Portogallo e Spagna – che si erano liberati da regimi autoritari [▸22.8].

L'ingresso dei nuovi membri fu senza dubbio un passo avanti sulla strada dell'unità di un'Europa occidentale i cui confini tendevano sempre più a coincidere con quelli dell'area dei paesi democratici e degli aderenti all'Alleanza atlantica. Nell'immediato, però, l'allargamento suscitava nuovi problemi nella gestione delle politiche comunitarie e faceva risaltare le distanze economiche e culturali che separavano le diverse zone. Tutto questo rendeva più lento il cammino verso quella graduale integrazione politica che costituiva il vero obiettivo della costruzione europea.

I progressi dell'integrazione

Il cammino tuttavia non si arrestò, anzi superò alcune tappe importanti. Nel 1974, in un vertice tenutosi a Parigi, si decise che i capi di governo dei paesi membri si sarebbero incontrati non occasionalmente, ma a scadenze regolari, dando vita di fatto a un nuovo organismo, il Consiglio europeo, che avrebbe da allora avuto la responsabilità di tracciare le linee-guida del processo di integrazione (mentre alla Commissione europea restavano affidati i compiti operativi, come l'attuazione dei singoli provvedimenti e la gestione delle risorse finanziarie). Contemporaneamente si stabilì che il Parlamento europeo, anziché essere composto, come era stato sin allora, da rappresentanze dei Parlamenti nazionali, sarebbe stato eletto direttamente dai cittadini, con scadenza quinquennale, in base alle leggi elettorali vigenti nei singoli paesi. I poteri del Parlamento, con sede a Strasburgo e a Bruxelles, non mutarono significativamente, ma l'elezione popolare e la stessa organizzazione per correnti politiche (socialisti, popolari, liberali, ambientalisti, ecc.), anziché per gruppi nazionali, conferirono all'organismo un maggiore peso, avvicinandolo ai cittadini.

Lo Sme

Le prime elezioni per il Parlamento europeo si tennero nel 1979. In quello stesso anno, al fine di rilanciare il processo di integrazione economica in parte compromesso dalla crisi petrolifera, e di proteggere le economie nazionali dall'instabilità valutaria, entrò in funzione il Sistema monetario europeo (Sme): un sistema di cambi fissi (o oscil-

parola chiave

Europeismo

L'europeismo è un movimento politico e di idee che tende a promuovere l'avvicinamento tra gli Stati nazionali europei, fino alla costruzione di un'Europa politicamente unita. Esso si richiama alle fondamentali affinità culturali e storiche che legano tra loro i popoli d'Europa e al sentimento di appartenenza a una storia comune.
Richiami a una civiltà europea intesa come unità culturale erano già presenti in epoca prerinascimentale, soprattutto in riferimento alla tradizione cristiana medievale. L'idea si ripresentò nel '700 (con Voltaire e Kant) e nell'800 (con Mazzini), intesa non più soltanto nei suoi aspetti culturali ma declinata anche come concreta opzione politica. Il tema, però, rimase a lungo patrimonio di ristrette élite intellettuali.
Nuovi spazi per un discorso europeista sembrarono aprirsi dopo la fine della prima guerra mondiale: le tragiche conseguenze cui aveva condotto il nazionalismo dei diversi Stati e la crisi del tradizionale equilibrio fra le potenze confermavano le ragioni di chi poneva l'obiettivo di un superamento delle divisioni politiche interne all'Europa. Negli anni '20 del '900, un politico austriaco, Richard Coudenhove-Kalergi, fondò l'Unione paneuropea, finalizzata alla promozione dell'unione politica fra gli Stati del continente (ad esclusione dell'Unione Sovietica e della Gran Bretagna); furono anche elaborate alcune proposte federaliste, come il progetto del ministro francese Aristide Briand di istituire gli Stati Uniti d'Europa. L'ascesa al potere dei nazisti in Germania, le tensioni e i conflitti degli anni '30 e poi la seconda guerra mondiale dimostrarono che i tempi non erano ancora maturi.
Nel 1941, proprio nel pieno della guerra, furono due antifascisti italiani – l'economista liberale Ernesto Rossi e l'ex militante comunista Altiero Spinelli, entrambi sottoposti al confino nell'isola di Ventotene – a rilanciare il progetto europeista, nella sua versione più radicale, in un documento (il *Manifesto per un'Europa libera e unita*) che ebbe all'inizio una circolazione limitata e clandestina. Rossi e Spinelli non si limitavano ad auspicare una più stretta unione fra gli Stati europei, ma criticavano alla radice l'idea stessa di Stato nazionale, considerandola principale responsabile delle guerre che avevano sconvolto

lanti entro margini prestabiliti) fra le monete dei paesi membri, cui aderirono tutti i membri della Cee, salvo la Gran Bretagna.

24.3. La creazione dell'Unione europea

L'Atto unico europeo

I grandi mutamenti degli equilibri di potenza e degli assetti economici mondiali maturati alla fine del secolo XX posero l'Europa occidentale di fronte a nuove e difficili sfide. Fu

parola chiave

il continente; e puntavano direttamente all'obiettivo degli "Stati Uniti d'Europa". Quello indicato nel Manifesto era dunque un percorso rivoluzionario che richiedeva la partecipazione simultanea dei popoli di diversi paesi europei.

La guerra ebbe invece come risultato la divisione politica dell'Europa tra Est e Ovest e, con l'emergere delle superpotenze Usa e Urss, il ridimensionamento del continente nello scenario mondiale. Fu in questo contesto che l'idea di un'Europa unita – rilanciata durante la guerra da varie forze antifasciste – divenne un tema all'ordine del giorno del dibattito politico e culturale. Essa fu sostenuta da politici di diverso orientamento: socialisti come il francese Léon Blum e il belga Paul-Henri Spaak, cattolici come il tedesco Konrad Adenauer, il francese Robert Schuman e l'italiano Alcide De Gasperi, conservatori come Winston Churchill. Importante fu poi l'azione di alcuni gruppi europeisti, il principale dei quali fu il Movimento federalista europeo, ispirato al *Manifesto di Ventotene* e guidato dallo stesso Spinelli.

Se l'idea di un avvicinamento tra le nazioni del continente fu largamente condivisa, profonde divergenze si registrarono – e continuano a registrarsi – sulle forme che avrebbe dovuto assumere il processo d'integrazione: al modello federalista si contrapponeva quello funzionalista, che puntava al superamento della sovranità statale assoluta attraverso accordi settoriali [▸24.1]. Il percorso seguito a partire dalla costituzione della Ceca e, soprattutto, della Cee [▸18.8] fu seguito dalla scelta di far precedere l'integrazione economica a quella politica, nel tentativo di aggirare le forti resistenze degli Stati nazionali. La prospettiva federalista non fu mai del tutto abbandonata: fu anzi implicitamente rilanciata dalle riforme che avrebbero portato, negli anni '80 e '90, alla nascita dell'Unione europea [▸24.3 e 24.5]. Ma nel nuovo secolo aumentarono anche le resistenze al processo di integrazione e ripresero vigore le spinte nazionaliste, alimentate dalla crisi economica scoppiata nel 2007-2008 [▸30.1]. Gruppi e partiti populisti ed esplicitamente antieuropeisti avrebbero allora conosciuto nuove e inattese fortune.

anche per rispondere a queste sfide che i dodici paesi membri della Comunità europea (sarebbero diventati quindici nel 1995, in seguito all'adesione di Austria, Svezia e Finlandia) decisero di dare nuovo impulso al processo di integrazione. Il primo passo importante in questo senso era stata, nel 1985, la firma degli accordi di Schengen (in Lussemburgo) che impegnavano gli Stati membri ad abolire entro dieci anni i controlli alle frontiere sul transito delle persone. Nel febbraio 1986, a Lussemburgo, fu sottoscritto l'Atto unico europeo, così chiamato perché affrontava in un unico testo gli aspetti riguardanti l'economia e quelli relativi al rafforzamento della cooperazione politica. Si stabiliva, fra l'altro, che entro il 1992 sarebbero state rimosse le residue barriere alla circolazione delle merci e dei capitali e si introduceva il voto a maggioranza qualificata nel Consiglio europeo dei ministri, le cui decisioni sin allora potevano essere bloccate dal veto di ogni singolo Stato.

Il trattato di Maastricht

Le direttive dell'Atto unico divennero esecutive con la firma, nel febbraio 1992, nella città olandese di Maastricht, di un nuovo trattato che istituiva l'Unione europea. Il trattato sanciva la completa unificazione dei mercati dall'inizio dell'anno successivo e allargava l'area di competenza delle istituzioni europee a campi nuovi, fra cui la ricerca e l'istruzione, la sanità pubblica e la tutela dei consumatori. Si prevedeva inoltre una politica estera e di sicurezza comune (Pesc), che però non riuscì a esercitare un ruolo incisivo, anche perché qualsiasi decisione doveva essere approvata all'unanimità dagli Stati membri.

La moneta unica

La decisione più significativa, fra quelle assunte a Maastricht, fu però l'impegno a realizzare entro il 1999 il progetto di una moneta comune (cui sarebbe stato dato il nome di euro) e di una Banca centrale europea. Si stabiliva, infine, come condizione per l'adesione all'Unione monetaria, l'adeguamento a una serie di parametri comuni (criteri di convergenza) che avrebbero dovuto garantire la solidità della nuova moneta e la credibilità finanziaria dell'Unione: tassi di inflazione contenuti, cambi stabili per un periodo di almeno due anni prima dell'entrata in vigore della moneta unica, *deficit* statale annuo non superiore al 3% del prodotto interno lordo e debito pubblico non superiore al 60%.

24.4. L'euro e le politiche di austerità

I tagli alla spesa pubblica

All'inizio il cammino si rivelò irto di difficoltà, sia perché non era facile coordinare le decisioni dei singoli governi nazionali, sia perché la libertà di circolazione dei capitali favoriva le operazioni speculative contro le valute deboli: nel 1993 Gran Bretagna e Italia furono costrette a svalutare le loro monete e lo stesso sistema di cambi fissi attuato con lo Sme venne messo a dura prova. Inoltre gli sforzi dei governi per adeguarsi ai parametri di Maastricht mediante tagli alla spesa pubblica, soprattutto nei settori in cui questa tendeva naturalmente a espandersi – assistenza sanitaria, pensioni, trasferimenti agli enti locali –, provocarono proteste diffuse, testimoniate, fra l'altro, dall'esito tutt'altro che trionfale dei referendum sull'Unione tenuti in alcuni paesi: i "sì" prevalsero di stretta misura sia in Francia (settembre 1992) sia in Danimarca (maggio 1993). Le politiche restrittive aggravavano infatti la crisi dei sistemi di *Welfare* [▸22.1] e rendevano difficile l'uso della spesa pubblica per creare nuovi posti di lavoro. Per tutti gli anni '90, la disoccupazione si mantenne su livelli molto elevati: nel 1997 la media nei paesi dell'Unione arrivava all'11,3%.

I problemi delle economie europee

In realtà, la cura di austerità finanziaria imposta dal trattato di Maastricht non fece che mettere a nudo alcuni caratteri distorsivi che da tempo affliggevano le economie del Vecchio Continente e le rendevano poco competitive nel confronto con le più dinamiche realtà del Nord America o dell'Oriente: l'eccesso di spesa pubblica, che distoglieva risorse dagli investimenti produttivi; la difficile sostenibilità finanziaria, sui tempi lunghi, dei sistemi di sicurezza sociale (che per altri versi costituivano un vanto per la civiltà europea); la rigidità del mercato del lavoro, orientato più alla tutela dei "garantiti" che alla creazione di nuove opportunità per giovani e disoccupati. Da questo punto di vista, i tanto discussi parametri europei ebbero effetti salutari sulle politiche economiche di quei paesi (come l'Italia) che sembravano più lontani dagli obiettivi fissati.

Il varo dell'euro

Nel maggio 1998, a sei anni dalla firma del trattato di Maastricht, venne ufficialmente inaugurata l'Unione monetaria europea (Ume) con la partecipazione di undici Stati: restarono fuori la Grecia, che non aveva raggiunto i parametri (sarebbe stata ammessa solo nel 2001), e la Gran Bretagna, la Danimarca e la Svezia, che rinviarono l'adesione per loro scelta. Contemporaneamente venne istituita la Banca centrale europea (Bce), che assorbiva alcune delle funzioni principali prima spettanti alle banche centrali dei singoli Stati membri, come l'emissione di moneta e il controllo del *tasso di interesse*; e si fissò al 1° gennaio 1999 l'entrata in vigore negli scambi finanziari della moneta unica, destinata tre anni dopo (1° gennaio 2002) a sostituire interamente le valute nazionali. L'avvio della circolazione dell'euro rappresentò il segno più tangibile dei progressi raggiunti nel processo di integrazione europea: l'uso di una moneta valida al di là delle frontiere nazionali, infatti, contribuì a rafforzare il senso di appartenenza a un grande spazio comune continentale.

24.5. La scena politica europea tra XX e XXI secolo

La prevalenza dei moderati

Il dibattito sui modi e sui tempi di realizzazione del progetto europeo finì inevitabilmente col dominare la scena politica dei singoli paesi e col condizionare le scelte di governi e forze politiche. In un primo tempo, parve che a fare le spese delle difficoltà inerenti al processo di integrazione fossero soprattutto i partiti di matrice socialista, costretti a confrontarsi con problemi e rimedi poco congeniali ai loro orientamenti di fondo. In Germania la coalizione fra cristiano-democratici e liberali guidata da Helmut Kohl prevalse (per la quarta volta consecutiva) nelle elezioni dell'ottobre '94. In Francia, scaduto il secondo mandato di Mitterrand, la coalizione di centro-destra (già vincitrice nelle politiche del '93) portò alla presidenza della Repubblica, nel '95, il gaullista Jacques Chirac. In Spagna, nel marzo '96, i socialisti di González, al potere da quindici anni, furono sconfitti dai conservatori di José María Aznar.

I successi dei socialisti

Successivamente la tendenza si invertì: le forze di ispirazione progressista si affermarono in Italia (aprile '96), in Francia (maggio '97) e in Gran Bretagna, dove, sempre nel maggio '97, i laburisti di Tony Blair prevalsero con largo margine sui conservatori, al potere da diciotto anni: un successo favorito dalla grande popolarità di Blair, abile, come Clinton negli Stati Uniti, nel conquistare l'elettorato moderato conciliando la vocazione sociale del suo partito con il rilancio delle logiche del mercato. La sconfitta dei moderati in Francia costituì invece un'autentica sorpresa: la vittoria delle sinistre, presentatesi con un programma che prevedeva fra l'altro la riduzione dell'orario di lavoro a trentacinque ore settimanali, suonò come implicita protesta contro un'applicazione giudicata troppo rigida delle regole stabilite a Maastricht.

La conferma del mutamento di tendenza veniva, nel settembre '98, dalla Germania, dove la netta vittoria dei socialdemocratici di Gerhard Schröder sulla coalizione fra cristiano-democratici e liberali pose fine alla lunga stagione politica del cancelliere Kohl, il principale artefice della riunificazione tedesca.

Nuovi avvicendamenti

Nel decennio successivo, conservatori e progressisti continuarono ad alternarsi alla guida dei governi europei. In Francia le elezioni parlamentari del 2002 videro il ritorno al potere dei gaullisti, che nel 2007 portarono alla presidenza Nicolas Sarkozy, poi sconfitto nel 2012 dal socialista François Hollande. In Spagna, le elezioni del 2004 riconsegnarono il governo ai socialisti, guidati da José Luis Rodríguez Zapatero, promotore di radicali riforme laiche nel campo dei diritti civili. Zapatero sarebbe stato confermato nel 2008, ma, anche in seguito alla crisi economica che aveva colpito il paese, perse le elezioni anticipate del 2011 e cedette la guida del governo al leader dei popolari Mariano Rajoy. In Germania, nel 2005, il sostanziale equilibrio fra i due partiti principali portò a un accordo programmatico sulle misure necessarie per il rilancio dell'economia e alla nascita di un governo di grande coalizione presieduto dalla cristiano-democratica Angela Merkel che si sarebbe affermata nuovamente nel 2009, questa volta in coalizione con i liberali. In Gran Bretagna, l'esperienza governativa di Tony Blair, logorato anche dalla scelta di schierare la Gran Bretagna a fianco degli Usa nell'impopolare guerra all'Iraq [▸29.2], si concluse nel 2007, dopo dieci anni e senza una sconfitta elettorale, con le dimissioni di Blair che lasciò la carica al suo collega di partito Gordon Brown.

24.6. L'allargamento dell'Unione tra progressi e resistenze

L'Ue all'alba del nuovo millennio

All'inizio del nuovo secolo, lo slancio che aveva portato i governi europei allo storico traguardo dell'euro parve esaurirsi. E il cammino verso l'integrazione politica tornò a farsi più lento. Nel contempo però, a riprova di una persistente vitalità del progetto unitario, o quanto meno della sua capacità di fungere da polo di attrazione per i paesi vicini, si accelerava il processo di allargamento che, nel giro di pochi anni, avrebbe portato l'Unione a coincidere di fatto con l'Europa geografica (Russia esclusa), cancellando definitivamente, almeno sul piano dell'organizzazione politica, la grande frattura creatasi mezzo secolo prima con l'inizio della guerra fredda.

Le nuove adesioni

Richieste di associazione furono avanzate nel corso degli anni '90 da tutti gli Stati dell'Europa ex comunista e anche da alcuni paesi della sponda sud del Mediterraneo, tra cui la Turchia. Con dodici di questi paesi (Bulgaria, Cipro, Estonia, Lettonia, Lituania, Malta, Romania, Slovacchia, Slovenia, oltre a Polonia, Ungheria e Repubblica ceca, questi ultimi tre già membri della Nato) i negoziati per l'adesione ebbero inizio nel luglio 1997 e, dopo una lunga valutazione dei requisiti, fu deciso dal maggio 2004 l'ingresso di dieci Stati; Bulgaria e Romania, in un primo momento escluse, furono ammesse nel gennaio del 2007, portando così a 27 il numero degli Stati membri. Con l'ammissione della Croazia nel 2013 il numero salì a 28.

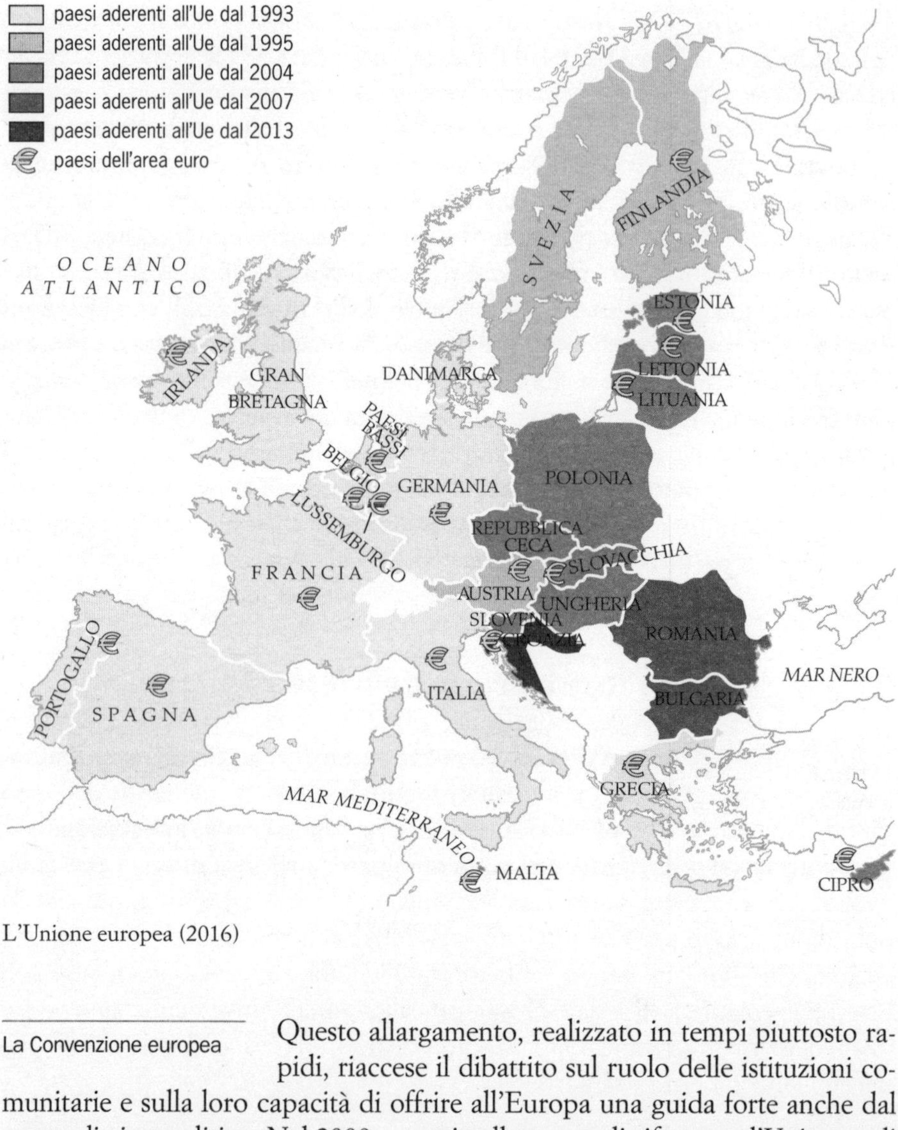

L'Unione europea (2016)

La Convenzione europea

Questo allargamento, realizzato in tempi piuttosto rapidi, riaccese il dibattito sul ruolo delle istituzioni comunitarie e sulla loro capacità di offrire all'Europa una guida forte anche dal punto di vista politico. Nel 2000, proprio allo scopo di riformare l'Unione e di potenziarne l'azione rispetto a quella dei governi nazionali, i paesi membri decisero di dar vita a una "Convenzione" composta da parlamentari e rappresentanti dei governi, con il compito di redigere una Carta costituzionale della Ue. La Convenzione si riunì a Nizza e nel 2001, dopo sedici mesi di lavoro, presentò un progetto di Costituzione che sarebbe stato approvato nel giugno 2003: il documento conteneva un elenco dei princìpi generali alla base dell'Unione e uno schema di riforma delle istituzioni comunitarie. Nelle intenzioni degli europeisti, l'approvazione di una Costituzione europea avrebbe dovuto rappresentare il primo passo verso una più stretta integrazione politica del continente.

Le difficoltà del processo di integrazione

Il traguardo tuttavia appariva ancora lontano. Se per un verso l'ingresso dei nuovi membri dava corpo per la prima volta all'ideale di un'Europa capace di superare antiche e recenti divisioni ideologiche e politiche e di accogliere nuove energie e nuove aspirazioni al benessere, per altro verso il progetto comunitario appariva a molti calato dall'alto e non riusciva a trovare un adeguato consenso popolare: ne fu testimonianza il basso livello di partecipazione alle elezioni europee del giugno 2004 registrato in molti paesi. Ma il colpo più duro per le aspirazioni degli europeisti venne un anno dopo, quando, tra la fine di maggio e l'inizio di giugno del 2005, gli elettori della Francia e dell'Olanda, entrambi paesi fondatori della Comunità europea, chiamati a decidere mediante referendum sulla ratifica della Costituzione, si pronunciarono per il "no" con margini piuttosto netti (57% in Francia, 63% in Olanda). Giocarono nell'esito del voto la protesta contro i vincoli di politica economica imposti dall'appartenenza all'Unione e il timore di un'eccessiva liberalizzazione del mercato del lavoro, che avrebbe favorito l'afflusso nei paesi più ricchi di manodopera a basso costo destinata a far concorrenza ai lavoratori locali.

Il nuovo trattato

Nell'ottobre del 2007, un tentativo di rilanciare il processo di integrazione venne da un vertice europeo tenuto a Lisbona. In questo vertice i capi di Stato e di governo dei paesi membri si accordarono sul testo di un nuovo trattato di riforma, che correggeva in parte, limitandone le ambizioni, la Convenzione di Nizza, ma allargava le competenze delle autorità europee in materia di energia e di sviluppo, di immigrazione e di lotta contro la criminalità.

Le spinte centrifughe

I progressi compiuti sul piano istituzionale non bastarono però a restituire slancio al processo di unificazione: anche perché, proprio a partire dal 2007, l'Europa intera fu colpita dalla crisi economica più grave e più lunga mai verificatasi dopo il secondo conflitto mondiale [▶30.1 e 30.5]. La crisi non solo contribuì a rallentare il cammino verso l'unità europea, ma diede spazio e visibilità alle forze avverse all'integrazione, invertendo la direzione di una marcia che era fino ad allora rimasta costante pur nella lentezza del suo procedere. Le difficoltà finanziarie di alcuni fra i paesi più deboli, soprattutto nell'area mediterranea, misero in allarme le più forti economie dei paesi del Nord, timorosi di doversi accollare gli oneri di eventuali insolvenze. Si cominciò così a parlare di una possibile uscita dall'Ue dei membri inadempienti, come la Grecia e la stessa Italia, gravati da un pesantissimo debito pubblico. Questo esito fu allora scongiurato. Ma, come vedremo [▶30.6], ad abbandonare il progetto europeo in seguito all'esito di un referendum sarebbe stato, nell'estate 2016, un paese "forte" come la Gran Bretagna, da sempre gelosa della sua peculiarità atlantica e insulare e insofferente dei limiti imposti dalle regole dell'Unione alle sue scelte economiche e di politica estera. Con la fuoriuscita della Gran Bretagna (la *Brexit*), la costruzione europea subiva la sua prima defezione.

sommario

Dopo la fine della seconda guerra mondiale negli Stati europei, privati del loro ruolo di centro della politica internazionale, si cominciò a prendere in considerazione l'idea di una comunità integrata che superasse le logiche dello Stato nazionale. La difficoltà di attuare un progetto federalista aprì la strada all'opzione "funzionalista", che privilegiava la messa in comune di funzioni e compiti specifici, soprattutto in campo economico, ma che avrebbe dovuto portare con sé anche le premesse di una integrazione politica.

Fra il 1973 e il 1986, la Comunità economica europea raddoppiò il numero dei suoi membri, da sei a dodici, grazie all'adesione di Gran Bretagna, Irlanda, Danimarca, Grecia, Portogallo e Spagna. Nel 1974, in un vertice tenutosi a Parigi, fu istituito un nuovo organismo, il Consiglio europeo, col compito di tracciare le linee-guida del processo di integrazione; si stabilì anche che il Parlamento europeo sarebbe stato eletto direttamente dai cittadini, con scadenza quinquennale, in base alle leggi elettorali vigenti nei singoli paesi. Nel 1979, al fine di rilanciare il processo di integrazione economica e di proteggere le economie nazionali dall'instabilità valutaria, entrò in funzione il Sistema monetario europeo (Sme): un sistema di cambi fissi fra le monete dei paesi membri, cui però non aderì la Gran Bretagna.

Il primo passo importante nel processo di integrazione fu, nel 1985, la firma degli accordi di Schengen, che impegnavano gli Stati membri ad abolire entro dieci anni i controlli alle frontiere sul transito delle persone. Dopo la firma nel 1986 dell'Atto unico europeo, un passo decisivo nel processo di integrazione europea fu la stipula del trattato di Maastricht (1992). La decisione più significativa e più visibile, fra quelle assunte a Maastricht, fu l'impegno a realizzare entro il 1999 il progetto di una moneta comune (cui sarebbe stato dato il nome di euro) e di una Banca centrale europea. Si stabiliva, infine, come condizione per l'adesione all'Unione monetaria, l'adeguamento a una serie di parametri comuni che avrebbero dovuto garantire la solidità della nuova moneta e la credibilità finanziaria dell'Unione.

Per garantire il rispetto dei parametri di Maastricht, i paesi Ue furono costretti ad adottare politiche di tagli alla spesa pubblica e di austerità. I conseguenti effetti negativi sul piano sociale provocarono tra i cittadini reazioni di protesta e disaffezione nei confronti delle istituzioni comunitarie. Nel 1998 vennero ufficialmente istituite l'Unione monetaria europea (Ume) e la Banca centrale europea (Bce). A partire dal gennaio 2002 l'euro sostituì le monete nazionali (tranne che in Gran Bretagna, Danimarca e Svezia).

Il dibattito sull'Unione europea (e sui vincoli che essa poneva alle politiche nazionali) si intrecciò con le vicende dei singoli paesi, che videro in questi anni una regolare alternanza tra forze moderate e forze di orientamento progressista. Negli anni '90, in Germania, Francia e Spagna, le difficoltà relative al processo di integrazione penalizzarono inizialmente i partiti di ispirazione socialista. Successivamente, però, furono le coalizioni di sinistra a ottenere una serie di successi elettorali.

All'inizio del nuovo secolo, l'Unione accolse le richieste di adesione di quasi tutti i paesi ex comunisti dell'Europa orientale. Fu così cancellata la frattura creatasi con la guerra fredda. Nel 2007 il numero degli Stati membri arrivò a ventisette, e nel 2013 a ventotto. Segnò invece il passo il processo di integrazione politica, soprattutto dopo la bocciatura, nel 2005, da parte dell'elettorato francese e olandese, del progetto di Costituzione europea elaborato, fra il 2001 e il 2003, da un'apposita Convenzione. Nel 2007, in occasione del vertice europeo di Lisbona, fu approvato un trattato di riforma che allargava le competenze dell'Unione in materia di energia e di sviluppo, di immigrazione e di lotta contro la criminalità. La crisi economica del 2007-2008 introdusse nuovi elementi di contrasto all'interno dell'Unione, dando spazio alle forze avverse all'integrazione. Queste forze ebbero il sopravvento in Gran Bretagna, provocandone l'uscita dall'Ue in seguito all'esito di un referendum nel giugno 2016 (*Brexit*).

biblio grafia

Sull'idea di Europa: F. Chabod, *Storia dell'idea d'Europa*, Laterza, Roma-Bari 2015 (ed. or. 1961); H. Mikkeli, *Europa. Storia di un'idea e di un'identità*, Il Mulino, Bologna 2002 (ed. or. 1997).

Sulle vicende dell'integrazione europea: G. Mammarella, *Storia d'Europa dal 1945 a oggi*, Laterza, Roma-Bari 2008 (ed. or. 1980); B. Olivi, *L'Europa difficile. Storia politica dell'integrazione europea (1948-2000)*, Il Mulino, Bologna 2001 (ed. or. 1993); G. Mammarella-P. Cacace, *Storia e politica dell'Unione europea (1926-2013)*, Laterza, Roma-Bari 2013 (ed. or. 1998); L. Rapone, *Storia dell'integrazione europea*, Carocci, Roma 2015 (ed. or. 2002); M. Gilbert, *Storia politica dell'integrazione europea*, Laterza, Roma-Bari 2013 (ed. or. 2003); V. Castronovo, *L'avventura dell'unità europea. Una sfida con la storia e il futuro*, Einaudi, Torino 2004; B. Olivi-R. Santaniello, *Storia dell'integrazione europea. Dalla guerra fredda ai nostri giorni*, Il Mulino, Bologna 2015 (ed. or. 2005).

Sugli aspetti economici: A. Mantovani-L. Marattin, *Economia dell'integrazione europea*, Il Mulino, Bologna 2008; F. Fauri, *L'Unione Europea. Una storia economica*, Il Mulino, Bologna 2015.

Sugli aspetti giuridici: J.H.H. Weiler, *La Costituzione dell'Europa*, Il Mulino, Bologna 2003 (ed. or. 1997).

Sullo scenario politico europeo tra la fine del XX e l'inizio del XXI secolo, oltre ai testi già citati nella bibliografia del cap. 22: G. Baldini-M. Lazar (a cura di), *La Francia di Sarkozy*, Il Mulino, Bologna 2007; A. Bosco-I. Sánchez-Cuenca, *La Spagna di Zapatero*, Il Mulino, Bologna 2009; S. Bolgherini-F. Grotz (a cura di), *La Germania di Angela Merkel*, Il Mulino, Bologna 2010; A. Botti-B.N. Field, *La Spagna di Rajoy*, Il Mulino, Bologna 2013; R. Brizzi-G. Goodliffe (a cura di), *La Francia di Hollande*, Il Mulino, Bologna 2013; V. Castronovo, *La sindrome tedesca. Europa 1989-2014*, Laterza, Roma-Bari 2014; M. Braun, *Mutti. Angela Merkel spiegata agli italiani*, Laterza, Roma-Bari 2015.

25. Il nodo del Medio Oriente

25.1. Un'area contesa

Nuovi fattori di tensione

Dopo la fine della guerra fredda, i principali focolai di tensione del sistema internazionale si manifestarono in Medio Oriente, ovvero in quella vasta area abitata da popolazioni di religione musulmana che andava dal Nord Africa al Golfo Persico. Nella seconda metà del '900, la centralità di questa area fu accentuata dall'insorgere di nuovi motivi di scontro. Il primo fattore era costituito dal crescente interesse del mondo industrializzato per la risorsa-petrolio, le cui riserve erano concentrate per la maggior parte (oltre il 60% secondo calcoli del 2005) proprio nella regione mediorientale: un interesse che si accrebbe esponenzialmente dopo la "guerra del Kippur" del 1973 e la conseguente crisi petrolifera [▶ 19.7 e 22.1]. Il secondo fattore fu l'aggravarsi e il cronicizzarsi, nonostante i ricorrenti tentativi di soluzione pacifica, del conflitto arabo-israeliano per la Palestina, manifestatosi già all'indomani della prima guerra mondiale e poi esploso in una lunga sequenza di scontri e di vere e proprie guerre.

Il fondamentalismo

Il terzo fattore – il più inquietante e il più imprevisto – fu infine la rinascita, in forme nuove e aggressive, del fondamentalismo islamico: quella corrente che, sulla base di una interpretazione rigida delle norme del Corano, mirava a una "reislamizzazione" della società e chiamava i musulmani alla *jihad* (guerra santa) contro gli infedeli e gli eretici. Si trattava di un fenomeno complesso, esteso al di là dell'area

Fondamentalismo

parola chiave

Si definisce "fondamentalismo" l'atteggiamento di chi si batte per un ritorno ai "fondamenti" della religione: dunque per una interpretazione letterale dei testi sacri posti alla base della propria confessione (si tratti della Bibbia, del Vangelo o del Corano) e per un'applicazione integrale dei precetti in essi contenuti, che dovrebbero informare di sé anche le leggi dello Stato, e dunque la politica, la cultura, la vita sociale e l'economia (in questo senso si parla anche di "integralismo", un termine che però ha un significato più vago e un campo di applicazione più ampio). I movimenti fondamentalisti si considerano i legittimi detentori delle verità religiose originarie, inquinate dai processi di modernizzazione, e si inseriscono nelle fasi di crisi offrendo una soluzione semplice e immediata: il ritorno, appunto, alle antiche tradizioni e alle certezze del credo religioso. Essi costituiscono pertanto organizzazioni e comunità chiuse, in cui non credenti e dissidenti sono considerati nemici da combattere. Se l'atteggiamento fondamentalista è antico quanto le religioni, il termine "fondamentalismo" si è imposto soprattutto nel XX secolo. I primi a usarlo furono quei gruppi di protestanti conservatori americani che si riconoscevano nei *Fundamentals*, una raccolta di testi ricavata dalla Bibbia che doveva costituire la base per il rinnovamento spirituale della società. In ambito islamico, le origini del fondamentalismo contemporaneo vanno fatte risalire al movimento dei Fratelli musulmani, nato in Egitto alla fine degli anni '20 del '900 per iniziativa di un insegnante, Hasan al-Banna, con lo scopo di reagire all'occidentalizzazione della società in nome di una totale adesione ai precetti coranici. Ma la diffusione del fenomeno su vasta scala risale alla fine degli anni '70, in coincidenza con la rivoluzione khomeinista in Iran [▶25.3] e con la resistenza dei combattenti afghani all'occupazione sovietica. Il carattere militante e aggressivo di un certo islamismo radicale – manifestatosi in forma emblematica soprattutto con gli attentati dell'11 settembre 2001 alle Torri Gemelle di New York [▶29.1] – ha fatto sì che il fondamentalismo islamico venisse avvertito in Occidente (e in molti degli stessi paesi musulmani) come una minaccia permanente e come l'emergenza prioritaria del nostro tempo. Ciò non deve tuttavia far dimenticare che il fondamentalismo in quanto tale non è un carattere esclusivo dell'islamismo. Esiste un fondamentalismo evangelico, forte soprattutto negli Stati Uniti, legato alla destra conservatrice e impegnato nella battaglia contro le teorie evoluzioniste e contro la pratica dell'aborto. Esiste un fondamentalismo cattolico, che si batte contro le innovazioni del Concilio Vaticano II [▶21.9]. Esistono gruppi fondamentalisti ebraici, diffusi sia in Israele sia negli Stati Uniti. Esiste un fondamentalismo induista, che in India si è spesso scontrato con la minoranza musulmana. Si tratta, in ognuno di questi casi, di fenomeni minoritari e non necessariamente violenti, che però testimoniano la presenza di vaste aree di disagio e di reazione tradizionalista, che i processi di modernizzazione hanno allargato e acuito.

mediorientale e radicato soprattutto negli strati più poveri delle società islamiche. Vi confluivano movimenti eterogenei negli obiettivi e nelle modalità d'azione, e tuttavia accomunati dall'opposizione agli orientamenti laici e dal rifiuto della cultura occidentale.

La divisione fra tradizionalismo religioso e nazionalismo laico era presente nei paesi arabi fin dagli anni fra le due guerre mondiali. A partire dagli anni '50, i movimenti nazionalisti, per lo più guidati dai militari (come nell'Egitto di Nasser), si erano imposti quasi ovunque sull'onda delle lotte contro il dominio europeo e avevano represso, o comunque tenuto sotto controllo, l'attività dei gruppi religiosi tradizionalisti, come i Fratelli musulmani [▸16.3 e 19.5]. Furono gli insuccessi dei regimi laici, spesso autoritari e corrotti, ad aprire spazi ai movimenti più radicali e ad agevolarne la diffusione.

Sunniti e sciiti

A partire dagli ultimi decenni del '900, il rilancio dell'islam fondamentalista si accompagnò al riacutizzarsi delle antiche divisioni religiose interne al mondo musulmano, a cominciare da quella fra *sunniti e sciiti*, che risaliva addirittura al VII secolo e alle dispute, dottrinarie e di potere, scoppiate dopo la morte di Maometto fra i discendenti e aspiranti eredi del profeta. I sunniti sono assai più numerosi su scala mondiale (circa un miliardo e trecento milioni contro duecentotrenta milioni di sciiti nel 2015). Gli sciiti sono largamente maggioritari in Iran, prevalenti in Siria e in Iraq e presenti in Libano e nello Yemen. Come vedremo più avanti, anche le fratture religiose avrebbero contribuito ad accrescere le tensioni, soprattutto fra due delle potenze economiche e militari dell'area – da un lato l'Iran, dall'altro l'Arabia Saudita, massimo produttore di petrolio e custode dei luoghi santi dell'islam –, intrecciandosi spesso con contrasti strategici e concreti scontri di interesse.

25.2. La pace fra Egitto e Israele

La svolta di Sadat

Per quanto riguarda il conflitto arabo-israeliano, nuove e promettenti prospettive di soluzione sembrarono aprirsi nella seconda metà degli anni '70, soprattutto per iniziativa del presidente egiziano Anwar Sadat. All'indomani della "guerra del Kippur" [▸19.7], che si era conclusa senza vinti né vincitori ma aveva ancora una volta messo a nudo la debolezza militare degli Stati arabi, Sadat si convinse della necessità di far uscire il suo paese da un perenne stato di guerra e di trovare una soluzione pacifica al conflitto con Israele. La premessa della svolta fu il riavvicinamento agli Stati Uniti: nel 1974-75, Sadat attuò un clamoroso rovesciamento di alleanze, espellendo i tecnici sovietici dall'Egitto, congelando i rapporti con l'Urss e imprimendo alla sua politica un orientamento filo-occidentale.

Gli accordi di Camp David

Nel novembre 1977 il presidente egiziano si recò in visita a Gerusalemme e formulò personalmente, in un discorso al Parlamento israeliano, la sua offerta di pace. Il governo israeliano, allora guidato dal leader della destra nazionalista, Menachem Begin, accolse la proposta. Si aprirono così negoziati diretti fra le due parti, con l'attiva mediazione del presidente americano Carter. Nel settembre 1978, Begin e Sadat si incontrarono a Camp David, residenza estiva dei presidenti degli Stati Uniti, e sottoscrissero un accordo che prevedeva un trattato di pace fra i due paesi e che sarebbe stato firmato alla Casa Bianca nel marzo 1979. In cambio, l'Egitto ottenne la restituzione della penisola del Sinai, occupata da Israele nella "guerra dei sei giorni" del '67 [▶19.7].

Una svolta incompiuta

Si trattava di una svolta storica, che rompeva per la prima volta l'isolamento di Israele dai suoi vicini arabi e sembrava porre le premesse per una soluzione generale basata sulla formula "pace in cambio di territori". Ma le cose andarono diversamente: la scelta di Sadat fu condannata dalla maggioranza degli Stati arabi e il presidente egiziano, nell'ottobre 1981, fu ucciso al Cairo in un attentato organizzato da un gruppo fondamentalista islamico. Due anni prima il fondamentalismo si era insediato alla guida dell'Iran, uno dei più grandi e popolosi Stati del Medio Oriente.

25.3. La rivoluzione iraniana

Il risveglio del fondamentalismo

Alla fine del secolo XX, quando la crisi dei regimi comunisti sembrava aprire nuove prospettive di pace e offrire nuove possibilità di espansione alle istituzioni liberali e all'economia di mercato, le democrazie occidentali, ma anche i regimi postcomunisti, si trovarono a fronteggiare una nuova sfida globale: quella dell'islam radicale e fondamentalista. Il rilancio del fondamentalismo prese le mosse da due eventi verificatisi entrambi nel 1979: l'intervento sovietico in Afghanistan [▶22.5], che provocò per reazione una mobilitazione internazionale di combattenti islamici, appoggiata dagli Stati Uniti ma destinata a rivolgersi contro l'Occidente; e la rivoluzione scoppiata in Iran, che, dopo aver deposto lo scià, portò al potere l'ala più intransigente del clero musulmano di osservanza sciita.

Il regime dello scià

Governato con metodi autoritari dallo scià (imperatore) Reza Pahlavi, dopo la fine dell'esperimento riformatore del primo ministro Mossadeq [▶19.8], l'Iran era stato fino ad allora un pilastro fondamentale della presenza occidentale in Medio Oriente e un importante fornitore di petrolio. A partire dagli anni '60 lo scià aveva avviato una politica di modernizzazione accelerata, e per molti aspetti traumatica, che mirava a trasformare il paese in una grande potenza militare, senza però riuscire ad assicurare significativi progressi nella condizione di vita delle masse. Questa politica suscitò una crescente opposizione sia da parte dei gruppi di sinistra che agivano per lo più in clandestinità, sia da parte del clero islamico tradizionalista che assunse, nel 1978, la guida di un vasto movimento di protesta popolare.

La Repubblica islamica

Lo scià tentò di fermare la rivolta prima con sanguinose repressioni, poi chiamando al governo esponenti dell'opposizione moderata. Ma, nel gennaio 1979, abbandonato anche dagli Stati Uniti, dovette lasciare il paese. Sempre in gennaio, rientrava nella capitale Teheran l'ayatollah Ruhollah Khomeini, massima autorità spirituale dei musulmani sciiti, che aveva ispirato dal suo esilio di Parigi l'opposizione religiosa al regime dello scià. Le componenti laiche e di sinistra, che avevano partecipato alla rivoluzione e avevano espresso i primi governi del dopo scià, furono subito emarginate. In Iran si instaurò così una Repubblica islamica di stampo teocratico, ispirata a un vago riformismo sociale basato sui dettami del Corano e guidata di fatto dal clero sciita, anche dopo la morte, nel 1989, della "guida suprema" Khomeini. Rigidamente tradizionalista e oscurantista in materia di costumi e di controllo sulla vita privata, e violentemente antioccidentale, il nuovo regime entrò subito in contrasto con gli Stati Uniti, accusati di aver sostenuto lo scià e di avergli offerto ospitalità dopo la sua fuga. Nel Golfo Persico, l'area nella quale passava il 30% della produzione petrolifera mondiale, si affermava così un regime ostile agli Stati Uniti. Per oltre un anno (dal novembre '79 al gennaio '81) il personale dell'ambasciata Usa a Teheran fu tenuto prigioniero da un gruppo di militanti islamici che agivano col pieno appoggio delle autorità. Gli ostaggi furono liberati solo dopo una lunga trattativa e dopo il fallimento, nell'aprile '80, di una azione di forza ordinata dal presidente statunitense Carter.

La guerra con l'Iraq

Isolato internazionalmente e gravemente dissestato nell'economia, l'Iran fu attaccato, nel settembre 1980, dal vicino Iraq, che, appoggiato in questa circostanza dagli Stati Uniti, cercò di profittare della situazione per impadronirsi di alcuni territori da tempo contesi fra i due paesi. La guerra si protrasse con fasi alterne per ben otto anni e si risolse in una spaventosa quanto inutile carneficina (circa un milione di morti): il cessate il fuoco stabilito, grazie alla mediazione dell'Onu, nel luglio 1988 trovò infatti i contendenti sulle stesse posizioni dell'inizio del conflitto. Ma intanto le vicende della rivoluzione e della guerra avevano dato un forte contributo alla destabilizzazione dell'intera area mediorientale, approfondendo sia la frattura con l'Occidente sia le divisioni interne al mondo islamico.

25.4. La guerra del Golfo

L'invasione del Kuwait

Nell'agosto del 1990 Saddam Hussein, il dittatore dell'Iraq, già protagonista della guerra di aggressione contro l'Iran (e per questo armato e rifornito sia dall'Urss sia da molti paesi occidentali), invase il piccolo e confinante Emirato del Kuwait, affacciato sul Golfo Persico, uno dei maggiori produttori mondiali di petrolio, tradizionalmente filo-occidentale, e ne proclamò l'annessione alla Repubblica irachena.

La risposta della comunità internazionale

L'invasione del Kuwait – che traeva pretesto da antiche rivendicazioni territoriali e mirava in realtà al controllo dell'intera penisola arabica, con le risorse petrolifere – fu subito condannata dalle Nazioni Unite che, con voto pressoché unanime, decretarono l'embargo nei confronti dell'aggressore. Contemporaneamente, gli Stati Uniti inviavano in Arabia Saudita un corpo di spedizione che sarebbe giunto a contare oltre 400 mila uomini: ciò al doppio scopo di difendere gli Stati arabi minacciati e di costringere Saddam Hussein al ritiro. Alla spedizione si unirono anche alcuni Stati europei (Gran Bretagna, Francia e, in misura assai più limitata, l'Italia) e una parte dei paesi arabi fra cui Egitto, Arabia Saudita e Siria, mentre l'Iran manteneva una prudente neutralità. Decisivo fu l'atteggiamento dell'Unione Sovietica, che in analoghe occasioni si era schierata a fianco del nazionalismo arabo: Gorbačëv, alle prese con la crisi interna che di lì a poco avrebbe portato alla dissoluzione dell'Urss e bisognoso dell'appoggio occidentale, non si oppose all'intervento armato (pur cercando di svolgere opera di mediazione) e consentì così alla forza multinazionale di agire sotto la copertura delle Nazioni Unite.

La strategia di Saddam

Il dittatore iracheno cercò allora di stabilire un collegamento fra l'occupazione del Kuwait e il problema dei territori palestinesi occupati da Israele, presentandosi come vendicatore delle masse arabe oppresse e banditore di una guerra santa contro l'Occidente. L'appello, pur venendo da un paese in passato tutt'altro che sensibile ai richiami del fondamentalismo religioso, trovò notevole eco fra le masse di molti paesi arabi, in particolare fra i palestinesi dell'Olp, il cui leader, Arafat, si schierò a fianco dell'Iraq.

L'attacco all'Iraq

Alla fine di novembre il Consiglio di sicurezza dell'Onu approvava a stragrande maggioranza – e col voto favorevole dell'Urss – una risoluzione che imponeva all'Iraq di ritirarsi dal Kuwait entro il 15 gennaio 1991, autorizzando in caso contrario l'impiego della forza. Nella notte fra il 16 e il 17 gennaio la forza multinazionale scatenò un violento attacco aereo contro obiettivi militari in Iraq e nel Kuwait occupato. Saddam rispose lanciando missili con testate esplosive sulle città dell'Arabia Saudita e di

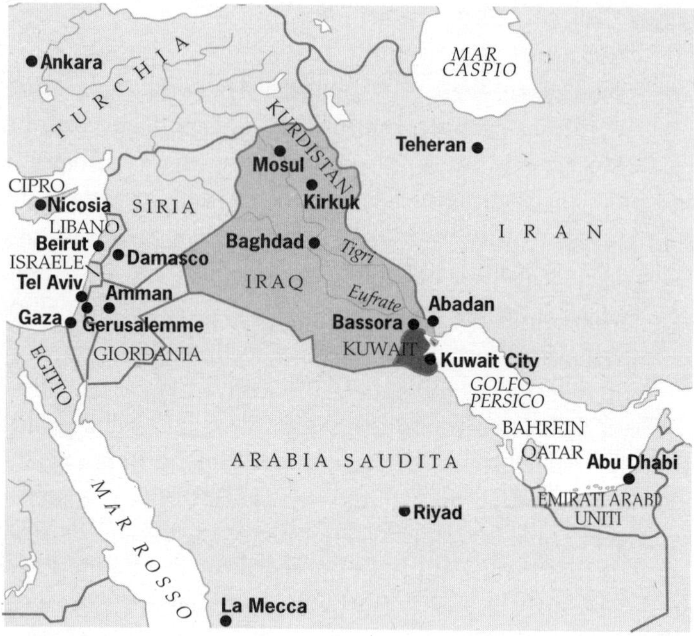

La prima guerra del Golfo

Israele (che pure era rimasto estraneo al conflitto) e minacciando il ricorso alle armi chimiche. Alla fine di febbraio, dopo quaranta giorni di bombardamenti, scattò l'offensiva di terra contro le forze irachene in Kuwait. Inferiore quanto a tecnologia bellica e privo della copertura aerea indispensabile in una guerra nel deserto, l'esercito iracheno cedette di schianto abbandonando precipitosamente il Kuwait occupato, non prima, però, di averne incendiato gli impianti petroliferi, con conseguenze gravissime sull'economia e sugli equilibri ecologici della regione.

La vittoria degli Stati Uniti

Ottenuto lo scopo principale, e ufficiale, dell'intervento (la liberazione del Kuwait), il presidente George Bush decise di arrestare l'offensiva della forza multinazionale per evitare il rischio di complicazioni diplomatiche o di un coinvolgimento degli Usa in un conflitto di lunga durata. Saddam Hussein, contro tutte le previsioni, sopravvisse politicamente alla sconfitta, nonostante i tentativi di ribellione delle minoranze sciita e curda. Ma gli Stati Uniti risultavano ugualmente vincitori, essendo riusciti a riscattare il proprio prestigio militare, ancora appannato dalla vicenda del Vietnam, e a imporsi come supremi garanti degli equilibri mondiali. Contando su questo prestigio – accresciuto dal contemporaneo collasso dell'Urss – gli Stati Uniti cercarono di profittare della situazione favorevole creatasi in seguito alla sconfitta irachena (e al conseguente indebolimento del fronte arabo radicale) per rilanciare il processo di pace in tutta l'area mediorientale.

25.5. La questione palestinese

Lo scontro per i territori contesi

Gli accordi di Camp David del 1978 [▸25.2] prevedevano ulteriori negoziati per un regolamento globale nella regione e per la soluzione del problema palestinese. Ma questi negoziati non furono avviati. L'ostacolo principale venne in un primo tempo dagli Stati arabi e dall'Olp, che denunciarono il "tradimento" dell'Egitto e rifiutarono ogni trattativa col "nemico storico". Successivamente, a partire dalla metà degli anni '80, gli Stati arabi "moderati" (in particolare Giordania e Arabia Saudita) e la stessa dirigenza dell'Olp assunsero una posizione più morbida e, sfidando la condanna del cosiddetto "fronte del rifiuto" (Siria, Iraq, Libia e l'ala radicale delle organizzazioni palestinesi), si dissero disposti a trattare con Israele e a riconoscerne l'esistenza in cambio del suo ritiro dai territori occupati (Cisgiordania e striscia di Gaza), dove sarebbe dovuto sorgere uno Stato palestinese. A questo punto, però, furono i dirigenti dello Stato ebraico – che aveva frattanto avviato una parziale "colonizzazione" dei territori occupati – a rifiutare la trattativa con l'Olp di Arafat, considerata un'organizzazione terroristica.

L'intifada

La tensione si accrebbe ulteriormente quando, a partire dalla fine del 1987, i palestinesi dei territori occupati diedero vita a una lunga e diffusa rivolta – detta intifada, in arabo "risveglio" – contro gli occupanti, che reagirono con una dura repressione. L'intensità e la durata della protesta (nata spontaneamente, ma poi organizzata dagli uomini dell'Olp) e il suo indiscutibile carattere popolare giovarono alla causa del movimento palestinese, assai più di quanto non avessero fatto in precedenza le azioni terroristiche (che peraltro non cessarono mai del tutto), e resero più difficile la posizione dei governi israeliani.

La guerra civile in Libano

I riflessi dell'irrisolto nodo palestinese si erano intanto fatti sentire pesantemente anche in Libano, un piccolo Stato pluriconfessionale e plurietnico rimasto fino ad allora ai margini del conflitto arabo-israeliano, dove l'Olp aveva trasferito le sue basi dopo il "settembre nero" del 1970 [▸19.7]. Il trapianto delle organizzazioni di guerriglia non tardò a far saltare il fragile equilibrio su cui si reggeva la convivenza fra le diverse comunità libanesi (cristiani, musulmani sunniti, sciiti, drusi). Dal 1975 il Libano entrava in uno stato di cronica e sanguinosa guerra civile, in cui tutte le fazioni si fronteggiavano con le loro milizie armate e si combattevano a colpi di attentati e di massacri ai danni soprattutto della popolazione civile. La situazione si aggravò ulteriormente dopo che l'esercito israeliano, nell'estate 1982, invase il paese spingendosi fino a Beirut per cacciarne, dopo sanguinosi combattimenti, le basi dell'Olp. Il successivo invio a Beirut di una forza multinazionale di pace da parte di Stati Uniti, Francia, Italia e Gran Bretagna consentì l'evacuazione dei combattenti dell'Olp (il cui centro dirigente fu trasferito a Tunisi), ma non servì a riportare la calma nel paese. La forza multinazionale fu ritirata nel 1984, dopo una serie di attentati contro i contingenti americano e francese. E il Libano rimase da allora lacerato da lotte intestine, che avrebbero poi fornito alla vicina Siria il pretesto per intervenire militarmente nel paese e imporvi una sorta di protettorato.

La conferenza di Madrid

Nell'ottobre 1991, grazie soprattutto agli sforzi del presidente americano Bush, fu convocata a Madrid la prima sessione di una conferenza di pace sul Medio Oriente, in cui rappresentanti del governo israeliano incontrarono delegazioni dei paesi confinanti (che ancora, con l'eccezione dell'Egitto, non riconoscevano lo Stato ebraico) ed esponenti palestinesi dei territori occupati. Un'ulteriore spinta al processo di pace venne, nel giugno 1992, dalla vittoria del Partito laburista nelle elezioni politiche israeliane dopo quasi un ventennio di egemonia del Fronte nazionalista (il Likud). Il primo ministro, Yitzhak Rabin, bloccò i nuovi insediamenti ebraici nei territori occupati e si mostrò più propenso dei suoi predecessori a concessioni territoriali in cambio della pace con i paesi confinanti.

Gli accordi di Washington

Una nuova svolta storica si profilò nel 1993, quando Rabin e il ministro degli Esteri Shimon Peres presero la sofferta decisione di rimuovere il principale ostacolo che si opponeva al progresso dei negoziati e di trattare direttamente con l'Olp, profittando della disponibilità di un Arafat indebolito per l'appoggio fornito a Saddam Hussein durante la guerra del Golfo e isolato all'interno dello stesso mondo arabo. Un lungo negoziato segreto portò a un primo accordo che fu firmato a Oslo in agosto e prevedeva, oltre al reciproco riconoscimento, un avvio graduale dell'autogoverno palestinese nell'amministrazione dei territori occupati. Il 13 settembre 1993 l'accordo fu solennemente sottoscritto a Washington da Rabin e Arafat, sotto gli auspici del presidente americano Bill Clinton. Nel 1994 l'autonomia amministrativa dei territori si concretizzò nella creazione di un organismo elettivo internazionalmente riconosciuto, l'Autorità nazionale palestinese (Anp).

Le questioni aperte

Sul negoziato gravava però il peso di numerose questioni aperte: le forme, i tempi e l'ulteriore estensione dell'autogoverno che i palestinesi consideravano come la prima tappa per uno Stato indipendente; il destino degli insediamenti ebraici nei territori occupati; la sorte di Gerusalemme, proclamata da Israele "capitale eterna e indivisibile"; l'atteggiamento ostile della Siria e dell'Iran; l'opposizione di buona parte dell'Olp e della destra nazionalista israeliana; infine la minaccia dei movimenti integralisti islamici.

Gli attentati terroristici

L'attività terroristica di questi gruppi si intensificò col frequente ricorso ad attentati suicidi che fecero numerosissime vittime tra le forze armate e la popolazione civile di Israele. I continui attacchi suscitarono nella società israeliana un diffuso senso di insicurezza, tradottosi anche nella crescita di gruppi estremistici a sfondo nazionalistico e religioso (in questo clima maturò la strage di palestinesi, compiuta nel febbraio '94 da un colono israeliano, nella moschea di Hebron in Cisgiordania). Questa nuova spirale di violenza e di fanatismo ebbe il suo culmine nell'uccisione del premier Rabin, avvenuta a Tel Aviv il 4 novembre 1995 per mano di un giovane estremista israeliano. Privato della sua guida più autorevole, il Partito laburista fu sconfitto nelle elezioni politiche del maggio 1996 da una coalizione di destra guidata da Benjamin Netanyahu (leader del partito nazionalista, il Likud) e formata da quei partiti che si erano opposti alle trattative con l'Olp.

Il fallimento dei negoziati

La vittoria della destra segnò una battuta d'arresto nel processo di pace, ma non ne interruppe il cammino. Nell'ottobre 1998, ancora una volta sotto la pressione americana, Netanyahu e Arafat firmarono negli Stati Uniti un nuovo accordo che fissava i tempi del ritiro israeliano dai territori occupati in cambio di un più forte impegno da parte dell'autorità palestinese nella repressione del terrorismo. Il dialogo, sempre difficile, fra le due parti fu poi favorito, nel maggio 1999, dalla vittoria nelle elezioni politiche israeliane di una coalizione di centro-sinistra guidata dal laburista Ehud Barak. Nell'estate del 2000 il presidente americano Clinton, desideroso di concludere il suo mandato con uno storico successo diplomatico, convocò le parti per una nuova tornata di colloqui di pace a Camp David, lo stesso luogo in cui nel '78 era stato negoziato il primo accordo fra Egitto e Israele. Questa volta gli israeliani si mostrarono disposti a trattare anche su problemi fino ad allora mai affrontati. L'accordo per una pace globale e definitiva fu però ancora una volta mancato, soprattutto per i contrasti relativi alla sovranità sui luoghi santi di Gerusalemme e al destino dei profughi palestinesi che chiedevano di poter tornare nelle terre abbandonate mezzo secolo prima. E da una pace mancata per poco si sarebbe passati in brevissimo tempo a una nuova situazione di scontro generalizzato.

La seconda intifada

A innescare lo scontro, alla fine di settembre del 2000, fu una visita compiuta dal generale Ariel Sharon, leader della destra israeliana, alla spianata delle Moschee di Gerusalemme: una provocazione agli occhi dei palestinesi, che reagirono scatenando una nuova rivolta. La seconda intifada fu assai più cruenta della prima, sia per la violenza delle manifestazioni sia per la durezza della repressione. Il conflitto divenne cronico e coinvolse non solo Gaza e la Cisgiordania, dove il problema era rappresentato dalla presenza di insediamenti ebraici all'interno dei territori controllati dall'Autorità nazionale palestinese, ma le stesse città israeliane, dove ripresero gli attentati, spesso suicidi, condotti contro i civili da organizzazioni estremistiche come *Hamas* (in arabo "entusiasmo, zelo religioso"): un movimento islamista che, affiancando la pratica del terrorismo alle attività sociali e assistenziali, si era rapidamente radicato negli strati più poveri della società palestinese.

25.6. La diffusione dell'integralismo islamico

I talebani in Afghanistan

Il successo di Hamas era solo una delle facce della generale diffusione in tutto il mondo islamico delle correnti radicali e fondamentaliste, cui faceva riscontro il calo dei consensi ai regimi nazionalisti laici, come quello iracheno, sconfitto nella guerra del Golfo. Abbiamo visto come il radicalismo islamista avesse ricevuto un notevole impulso prima dalla rivoluzione khomeinista in Iran [▸25.3] e poi dalla vittoriosa resistenza all'occupazione sovietica in Afghanistan [▸22.5]. Proprio in Afghanistan, alcuni gruppi fondamentalisti detti talebani ("studenti" delle scuole coraniche) approfittarono della situazione di caos creata dal ritiro sovietico e, fra il 1995 e il 1996, assunsero il controllo di buona parte del paese, imponendo un regime di intollerante oscurantismo, soprattutto nei confronti delle libertà femminili (alle donne era fra l'altro impedito di frequentare le scuole).

I massacri in Algeria

Già all'inizio del decennio, correnti islamiste radicali avevano ottenuto un clamoroso, anche se effimero, successo in Algeria, dove, nel gennaio 1992, gli integralisti del Fis (Fronte islamico di salvezza) vinsero le elezioni, approfittando del diffuso disagio economico che aveva fatto perdere consensi ai gruppi dirigenti di matrice laica e militare. Il governo annullò le votazioni e la reazione del Fis fu violentissima: una strategia del terrore a base di massacri indiscriminati fra la popolazione civile che, tra il '92 e il '98, provocarono oltre centomila morti e furono fermati solo a prezzo di una repressione cruenta.

Laici e religiosi in Turchia

Un caso a sé era quello della Turchia, paese membro della Nato dove erano ancora vigenti istituzioni rappresentative di tipo occidentale e dove l'ordinamento laico era stato fino ad allora garantito dai militari. Anche qui si ebbe una generale ripresa delle pratiche religiose tradizionali e dei vecchi simboli di appartenenza, a cominciare dall'uso del velo da parte delle donne, già bandito ai tempi di Atatürk. Le elezioni del 2002 videro così la vittoria del partito di ispirazione islamico-moderata Giustizia e Sviluppo, guidato da Recep Tayyip Erdoğan, che governò il paese con metodi sempre più autoritari (ne fece le spese soprattutto la minoranza curda [▶16.3], i cui tentativi separatisti furono sanguinosamente repressi), vanificando di fatto il tentativo, oggetto di lunghi negoziati, di far entrare la Turchia nell'Unione europea.

Lo "scontro di civiltà"

Intanto, manifestazioni violente ed estreme del fondamentalismo islamico si registravano anche in Somalia, in Sudan, in Pakistan, nell'Africa subsahariana e cominciavano a coinvolgere lo stesso Occidente attraverso le numerose comunità di immigrati, profilandosi come una emergenza internazionale. La diffusione del fondamentalismo, con la sua carica aggressiva nei confronti delle altre religioni, e più ancora delle società laiche e secolarizzate, suscitò non poche preoccupazioni in Occidente: tanto da suggerire ai pessimisti lo scenario di un mondo futuro tutto percorso dalle guerre di religione o diviso da nuovi e catastrofici scontri tra le diverse culture. A metà degli anni '90 alcuni osservatori, preoccupati della crescente tensione che animava le relazioni tra paesi occidentali e mondo islamico, cominciarono a sostenere apertamente l'ineluttabilità di uno "scontro di civiltà", in un mondo segnato non più dalle tradizionali contrapposizioni ideologiche, ma da conflitti a base identitaria e culturale. Con l'attentato terroristico alle Torri Gemelle di New York dell'11 settembre 2001 [▶29.1], l'idea dello "scontro di civiltà" sarebbe uscita dall'ambito ristretto del dibattito teorico, per diventare oggetto di discussione e di confronto politico.

sommario

I principali fattori di tensione nel mondo arabo-islamico furono dettati, negli ultimi decenni del '900, dalla competizione per il petrolio, dalla ripresa del conflitto arabo-israeliano per la Palestina, e dalla rinascita, in forme nuove e aggressive, del fondamentalismo islamico, quale elemento fondante dell'identità collettiva. Questa corrente, sulla base di una interpretazione rigida delle norme del Corano, mirava a una "reislamizzazione" della società e chiamava i musulmani al *jihad* (guerra santa) contro gli infedeli e, soprattutto, l'Occidente. Il rilancio dell'islam fondamentalista si accompagnò al riacutizzarsi delle antiche divisioni religiose interne al mondo musulmano, a cominciare da quella fra sunniti e sciiti.

Dopo la "guerra del Kippur", il presidente egiziano Anwar Sadat si impegnò a trovare una soluzione pacifica al conflitto con Israele, grazie anche alla mediazione degli Stati Uniti. Nel settembre 1978, Menachem Begin (alla guida del governo israeliano) e Sadat si incontrarono a Camp David e sottoscrissero un accordo che prevedeva un trattato di pace fra i due paesi (che sarebbe stato sottoscritto l'anno successivo): l'Egitto ottenne la restituzione della penisola del Sinai, ma la maggioranza degli Stati arabi condannò la scelta di Sadat, che nell'ottobre 1981 fu ucciso al Cairo in un attentato organizzato da un gruppo fondamentalista islamico.

In Iran, nel 1979, una rivoluzione rovesciò la monarchia e instaurò una repubblica di stampo teocratico e fondamentalista guidata dall'ayatollah Khomeini. Violentemente antioccidentale, il nuovo regime entrò subito in contrasto con gli Stati Uniti e tenne sequestrato per più di un anno il personale dell'ambasciata americana a Teheran. Nel 1980 l'Iran, in grave dissesto economico, fu attaccato dall'Iraq, che, con l'appoggio degli Usa, cercò di impadronirsi di alcuni territori da tempo contesi fra i due paesi: la guerra durò otto anni e si risolse in un'inutile carneficina.

L'invasione del Kuwait nel 1990 da parte dell'Iraq di Saddam Hussein – che mirava al controllo della penisola arabica – provocò la condanna immediata della Nato e, nel '91, l'intervento militare di una coalizione guidata dagli Stati Uniti, che agiva sotto la bandiera dell'Onu. La campagna fu rapida e vittoriosa, ma il regime di Saddam rimase in piedi.

Dopo l'attentato a Sadat, il processo di pace fra Israele e i palestinesi subì un rallentamento, anche a causa dello scoppio della guerra civile in Libano, dove l'Olp aveva spostato le sue basi operative. Nel 1987 i palestinesi diedero vita a una lunga rivolta (intifada) nei territori occupati da Israele. Il dialogo riprese nel 1993, quando a Oslo il primo ministro israeliano Rabin e il leader palestinese Arafat firmarono un accordo che prevedeva la graduale restituzione dei territori di Gaza e della Cisgiordania e la nascita dell'Autorità nazionale palestinese (Anp), sancita ufficialmente a Washington. L'intesa fu tuttavia minacciata sia dalla recrudescenza del terrorismo palestinese, sia dall'azione dei gruppi estremisti in Israele, dopo l'attentato che nel 1995 costò la vita a Rabin. Nel 2000, dopo un fallito tentativo di giungere a un accordo generale a Camp David, gli scontri e gli attentati ripresero con rinnovata violenza. La seconda intifada coinvolse anche le città israeliane, teatro di numerosissimi attentati condotti da organizzazioni estremistiche come Hamas.

Alla fine del '900 aumentò la diffusione delle correnti fondamentaliste nell'intero mondo islamico, sia sunnita sia sciita. Questa tendenza – rafforzata dalla rivoluzione iraniana del '79 – ebbe nuovo impulso in occasione dell'intervento occidentale contro l'Iraq (1991). Nel '96-97, le tendenze fondamentaliste trovarono una base in Afghanistan sotto il regime dei talebani che approfittarono della situazione di anarchia creatasi dopo il ritiro dei sovietici per assumere il controllo del paese e imporvi un regime rigidamente oscurantista. In Algeria la reazione dei gruppi fondamentalisti all'annullamento delle elezioni del '92 provocò una serie di spaventosi massacri. In Turchia, paese di tradizione laica, nel 2002 si affermò il partito di ispirazione islamico-moderata guidato da Erdoğan. Il suo governo fu caratterizzato da politiche autoritarie e repressive nei confronti delle minoranze. Intanto, manifestazioni violente del fondamentalismo islamico si registravano anche in Somalia, in Sudan, in Pakistan, nell'Africa subsahariana e cominciavano a coinvolgere lo stesso Occidente, profilandosi come una emergenza internazionale. La diffusione del radicalismo islamista suscitò pertanto molte preoccupazioni, tanto che alla metà degli anni '90 fu evocata la prospettiva di uno "scontro di civiltà".

bibliografia

Sulla storia del Medio Oriente e del conflitto israelo-palestinese, oltre alle opere citate nella bibliografia dei capp. 16 e 19, si vedano in particolare, sulla rivoluzione iraniana e i suoi sviluppi: F. Sabahi, *Storia dell'Iran*, Bruno Mondadori, Milano 2009 (ed. or. 2003); R. Guolo, *La Via dell'Imam. L'Iran da Khomeini a Ahmadinejad*, Laterza, Roma-Bari 2007; P.L. Petrillo, *Iran*, Il Mulino, Bologna 2008. Su Hamas: Z. Chehab, *Hamas. Storie di militanti, martiri e spie*, Laterza, Roma-Bari 2008 (ed. or. 2007).

Sul pensiero politico islamico contemporaneo e il fondamentalismo islamico: G. Kepel, *Jihad, ascesa e declino: storia del fondamentalismo islamico*, Carocci, Roma 2001 (ed. or. 2000); R. Guolo, *Il fondamentalismo islamico*, Laterza, Roma-Bari 2002; M. Campanini-K. Mezran, *Arcipelago Islam. Tradizione, riforma e militanza in età contemporanea*, Laterza, Roma-Bari 2007.

26. Declino e crisi della Prima Repubblica

26.1. Contestazione e riforme

Il movimento studentesco

La fine degli anni '60 fu caratterizzata in Italia da una radicalizzazione dello scontro sociale che ebbe come protagonisti prima gli studenti, poi la classe operaia. La mobilitazione degli studenti universitari, iniziata nel '67 e cresciuta nei primi mesi del '68, portò all'occupazione di numerose facoltà universitarie, a grandi manifestazioni di piazza e a frequenti scontri con le forze dell'ordine. La contestazione giovanile, pur riprendendo temi e obiettivi già presenti negli altri movimenti studenteschi dei paesi occidentali, come l'anti-imperialismo e la protesta contro la guerra del Vietnam, l'antiautoritarismo e l'avversione alla civiltà dei consumi [►21.7], si caratterizzò in Italia per una più accentuata connotazione marxista e rivoluzionaria. Cresciuto nella lotta contro l'autoritarismo accademico e contro il principio stesso della selezione scolastica, il movimento studentesco assunse una posizione sempre più ostile nei confronti del sistema capitalistico e della "cultura borghese" in generale. La critica alla società borghese divenne rifiuto della prassi politica tradizionale (compresa quella dei partiti della sinistra "storica"), esaltazione della democrazia di base e della pratica assembleare, dell'egualitarismo e della spontaneità. La ricerca, spesso velleitaria, di un nuovo modo di far politica si accompagnò, per molti giovani nati tra la fine degli anni '40 e l'inizio degli anni '50, a una vera e propria rivoluzione dei comportamenti che, innestandosi sui mutamenti già provocati dal boom economico, coinvolgeva i rapporti personali, il ruolo della famiglia e le relazioni fra i sessi.

L'operaismo

Promosso all'inizio da una minoranza di estrazione borghese e allargatosi poi, col coinvolgimento degli studenti medi, a strati sociali più ampi, il movimento studentesco, a partire dall'autunno '68, individuò il suo interlocutore privilegiato nella classe operaia. La ricerca di uno stabile collegamento col proletariato derivava in parte dall'influenza di gruppi intellettuali da tempo schierati su posizioni *operaiste*, ma più in generale era dovuta alla presenza di una forte tradizione marxista che aveva caratterizzato per tutto il dopoguerra la cultura della sinistra italiana.

I gruppi "extraparlamentari"

L'operaismo fu anche il tratto distintivo di alcuni fra i nuovi gruppi politici (tutti destinati a vita più o meno breve) che nacquero fra il '68 e il '70 sull'onda del movimento studentesco e che, per sottolineare il distacco dai partiti tradizionali rappresentati in Parlamento, furono chiamati "extraparlamentari": Potere operaio, Lotta continua, Avanguardia operaia. Caratteristiche ideologiche e organizzative diverse (più simili a quelle di un partito, con strutture di comando fortemente autoritarie) ebbe invece l'Unione dei marxisti-leninisti, che si ispirava all'esperienza della Cina di Mao e della rivoluzione culturale. Legata alle lotte del '68 – e più specificamente alla contestazione nei confronti del Pci – fu infine la nascita del Manifesto, gruppo costituitosi nel '69 attorno all'omonima rivista per iniziativa di alcuni dissidenti espulsi dal Partito comunista.

L'"autunno caldo"

La riscoperta della centralità operaia da parte del movimento degli studenti coincise con un'intensa stagione di lotte dei lavoratori dell'industria, iniziata nei primi mesi del '69, in vista di una serie di rinnovi contrattuali, e culminata, alla fine di quell'anno, nel cosiddetto autunno caldo. Avviatesi in modo spontaneo in alcune grandi fabbriche del Nord, le lotte ebbero come principale protagonista la figura dell'operaio massa, ossia del lavoratore scarsamente qualificato, spesso immigrato, sul quale più gravavano i disagi dell'inserimento nel contesto urbano e l'insufficienza dei servizi sociali. Anche per l'influenza della contestazione giovanile, questi conflitti aziendali si caratterizzarono per l'adozione dell'assemblea come momento decisionale, per l'elevato grado di partecipazione e per la radicalità delle richieste: a essere messe in discussione erano le disparità salariali tra gli operai con diverse qualifiche e l'organizzazione stessa del lavoro in fabbrica. Per quanto colte di sorpresa dal movimento e contestate dalle sue frange più radicali, le tre maggiori organizzazioni sindacali (Cgil, Cisl, Uil) riuscirono a prendere in mano la direzione delle lotte e a pilotarle verso la firma di una serie di *contratti nazionali* che assicurarono ai lavoratori dell'industria cospicui vantaggi salariali (la crescita media delle retribuzioni fu di circa il 18%).

Il nuovo ruolo dei sindacati

L'impegno comune nelle lotte dell'autunno caldo servì anche a riavvicinare le tre confederazioni sindacali, che avviarono un processo di parziale unificazione (sfociato, nel 1972, nella costituzione di una Federazione unitaria, ma destinato a interrompersi alla fine del decennio) e rinnovarono profondamente le loro strutture organizzative, con la creazione di nuove e più dirette forme di rappresentanza, i consigli di fabbrica. Cominciò allora una fase – che si sarebbe protratta per almeno un decennio – in cui i sindacati assunsero un peso crescente nella vita del paese, trattando direttamente col governo anche questioni non strettamente attinenti ai rapporti di lavoro (fisco, pensioni, sanità, tariffe pubbliche) e invadendo non di rado il campo d'azione dei partiti. Il nuovo peso delle organizzazioni sindacali fu favorito, e in qualche modo sancito, dall'approvazione da parte del Parlamento, nella primavera del 1970, dello Statuto dei lavoratori: una serie di norme che garantivano le libertà sindacali e i diritti dei salariati all'interno delle aziende.

Un sistema bloccato

Nel complesso, però, le lotte degli studenti e degli operai trovarono pochi sbocchi politici in un sistema che rivelò nell'occasione la sua rigidità e il suo scarso dinamismo. Fallito il tentativo del Partito socialista di rafforzarsi grazie all'attività di governo – e di contendere così al Pci la posizione di primo partito della sinistra – la Dc continuò a occupare il centro dell'arco politico e il Pci consolidò il suo ruolo di maggior partito di opposizione, cui era però preclusa, per la sua vicinanza all'Unione Sovietica, ogni possibilità di accedere al governo.

Le regioni e il divorzio

Le elezioni del maggio 1968 non modificarono nella sostanza i rapporti di forza tra i partiti. E, di fronte alla contestazione, la classe dirigente si mosse con molte incertezze, senza riuscire a esprimere un coerente disegno riformatore. Nel campo dell'istruzione, l'unico intervento di rilievo fu la liberalizzazione degli accessi alle facoltà universitarie, non accompagnato, come sarebbe stato necessario, da una riforma della scuola superiore e della stessa università. Eppure, proprio in questo periodo che vide un netto calo di popolarità dei governi di centro-sinistra, furono varate alcune riforme importanti, destinate a incidere profondamente nelle istituzioni e nella società. Oltre allo Statuto dei lavoratori, nel 1970 furono approvati, come già previsto dalla Costituzione, i provvedimenti relativi all'istituzione delle regioni e nel giugno dello stesso anno si tennero le prime elezioni regionali. In dicembre, con l'appoggio delle sinistre e dei partiti laici, e nonostante l'opposizione della Dc, fu approvata in Parlamento la legge Fortuna-Baslini che introduceva in Italia l'istituto del divorzio.

26.2. Violenza politica e crisi economica

La strage di piazza Fontana

Il 12 dicembre 1969, in pieno autunno caldo, una bomba esplosa a Milano, in piazza Fontana, nella sede della Banca nazionale dell'agricoltura, provocò 17 morti e oltre 100 feriti. Un evento traumatico e inatteso che aprì per l'Italia una lunga stagione di violenze e di attentati dalla dinamica spesso oscura. L'opinione pubblica e la stampa di sinistra individuarono nell'estrema destra fascista la matrice politica della strage (matrice poi confermata in sede giudiziaria) e denunciarono le responsabilità dei servizi di sicurezza nel deviare le indagini verso un'improbabile "pista anarchica". Si parlò allora di una "strategia della tensione" messa in atto dalla destra eversiva per incrinare le basi dello Stato democratico e favorire soluzioni autoritarie.

La rivolta di Reggio Calabria

La conferma di una minaccia alle istituzioni venne, nell'estate 1970, dalla rivolta di Reggio Calabria: una violenta sommossa popolare che traeva spunto dalla mancata designazione della città come capoluogo dell'appena istituita regione e che si protrasse per più di sei mesi, coinvolgendo all'inizio diverse forze politiche, per poi essere egemonizzata da esponenti del Movimento sociale.

I contrasti nella maggioranza

L'impotenza dimostrata, in questa come in altre occasioni, dai poteri pubblici rifletteva anche profonde divisioni all'interno dello schieramento di governo. Da una parte Dc e Psdi tendevano a farsi interpreti di un'opinione pubblica moderata (la cosiddetta "maggioranza silenziosa"), spaventata dalle agitazioni operaie e studentesche, spostando verso destra l'asse politico della maggioranza; dall'altra, il Psi mirava apertamente al coinvolgimento del Pci nelle responsabilità di governo. Dopo le elezioni politiche anticipate del maggio 1972, si tentò il ritorno a una formula centrista (Dc, Psdi e Pli), con il governo guidato da Giulio Andreotti. Ma l'esperimento ebbe breve durata. Intanto, la crisi petrolifera del 1973 [▸22.1] provocava, in Italia come altrove, un calo della produzione industriale e l'avvio di un processo inflazionistico, aggravando una situazione economica già compromessa dalla persistente conflittualità sociale e dall'aumento della spesa pubblica.

Gli scandali finanziari

A tutto questo si aggiungeva un crescente disagio morale, provocato da una serie di scandali in cui furono coinvolti numerosi imprenditori (del settore pubblico come di quello privato) ed esponenti delle forze di governo: questi ultimi messi sotto accusa per aver riscosso in modo illecito somme di denaro (tangenti) destinate a sovvenzionare i rispettivi partiti. La rapida adozione, nell'aprile 1974, di una legge sul finanziamento pubblico dei partiti non bastò a bloccare il flusso illegale di risorse verso il mondo della politica.

Le battaglie per i diritti civili: il divorzio

Mentre cresceva la sfiducia nella classe politica, si accentuava l'impegno dei cittadini sul terreno dei diritti civili. Quando, nel 1974, la nuova legge sul divorzio, approvata nel '70, fu sottoposta a referendum abrogativo per iniziativa di gruppi cattolici appoggiati dalla Dc e dal Msi, si assisté a una grande mobilitazione appoggiata dalle forze laiche, in particolare dal piccolo *Partito radicale* di Marco Pannella. Il netto successo dei divorzisti – i no all'abrogazione della legge furono quasi il 60% – mostrò chiaramente che la società italiana era cambiata e che il peso della Chiesa come guida della vita privata dell'individuo era fortemente ridimensionato.

Il nuovo diritto di famiglia e la legge sull'aborto

Questi mutamenti trovarono ulteriore riscontro in due leggi del 1975: la riforma del diritto di famiglia, che sanciva la parità giuridica fra i coniugi; e l'abbassamento della maggiore età (cui era legato il diritto di voto) da ventuno a diciotto anni. Tre anni più tardi (giugno '78), dopo un lungo e acceso dibattito che vide ancora una volta la Dc opporsi alle sinistre e ai partiti laici, il Parlamento approvò una nuova legge sull'aborto, che legalizzava e disciplinava l'interruzione volontaria della gravidanza.

Berlinguer e il "compromesso storico"

A cogliere i frutti politici di questa stagione fu soprattutto il Pci, che nel '68 aveva preso per la prima volta le distanze dall'Urss, condannando l'intervento sovietico in Cecoslovacchia [▶18.10]. Nel 1973, il segretario Enrico Berlinguer, traendo spunto dall'esito tragico dell'esperimento di Unidad popular in Cile [▶19.11], sostenne la necessità di giungere a un "compromesso storico", ossia a un accordo di lungo periodo tra le forze comuniste, socialiste e cattoliche (compresa dunque la Dc), come unica via per scongiurare i rischi di soluzioni autoritarie e per allargare le basi dell'azione riformatrice. In seguito il Pci stabilì contatti con i comunisti francesi e spagnoli per avviare una politica comune in Europa occidentale, con connotati diversi da quelli del comunismo sovietico: si parlò allora di eurocomunismo.

I successi del Pci e la fine del centro-sinistra

Il carattere moderato e rassicurante della proposta di Berlinguer, unito alla persistente "diversità" che derivava dalle origini rivoluzionarie del partito e dal legame con l'Urss (ciò che fino ad allora aveva rappresentato un limite alla sua espansione), fecero del Pci, in questa fase, il principale luogo di incontro delle istanze di trasformazione della società italiana. Lo si vide nelle elezioni regionali e locali del giugno 1975 (le prime cui parteciparono i diciottenni) e poi nelle politiche del 1976, dove il Pci toccò il suo massimo storico (34,4%), avvicinandosi alle percentuali della Dc (38,7%), mentre il Psi restava sotto il

10%. La sconfitta portò alla crisi del gruppo dirigente socialista e all'ascesa alla segreteria di Bettino Craxi, leader della corrente autonomista che faceva capo a Pietro Nenni.

26.3. Terrorismo e "solidarietà nazionale"

Il Pci nella maggioranza

L'esito delle elezioni del giugno 1976 lasciava aperto il problema di una nuova formula di governo. Visto che i socialisti non erano disponibili a una riedizione del centro-sinistra, l'unica soluzione praticabile era il coinvolgimento del Pci nella maggioranza. Si giunse così, in agosto, alla costituzione di un governo monocolore democristiano guidato da Andreotti, che ottenne l'astensione in Parlamento di tutti gli altri partiti, esclusi il Msi e i radicali. Cominciava così la breve stagione dei governi di "solidarietà nazionale", basati cioè su maggioranze allargate anche al Pci: una risposta unitaria della classe politica a una situazione resa sempre più preoccupante dalla crisi economica e soprattutto dal dilagare del fenomeno terrorista, ora anche di sinistra.

Il terrorismo di destra

Opposti nella loro matrice ideologica, i due terrorismi, quello nero (di destra) e quello rosso (di sinistra), erano diversi anche nel modo di operare. Il tratto distintivo del terrorismo di destra fu il ricorso ad attentati dinamitardi in luoghi pubblici, che provocavano stragi indiscriminate, col probabile scopo di diffondere il panico nel paese e di favorire una svolta autoritaria. Dopo la strage di piazza Fontana, vi furono le bombe in piazza della Loggia a Brescia nel maggio '74 durante una manifestazione sindacale e, tre mesi dopo, l'attentato al treno Italicus, sulla linea ferroviaria tra Firenze e Bologna. Il 2 agosto del 1980, quando si pensava che la stagione delle stragi si fosse chiusa, si consumò l'attentato più sanguinoso, quello alla stazione di Bologna, che provocò più di 80 morti. La convinzione di larga parte dell'opinione pubblica, che attribuì le stragi a esponenti della destra eversiva con la complicità di elementi dei servizi segreti, pur confortata da molti riscontri investigativi, non sempre trovò conferma nelle sentenze della magistratura. Restava la responsabilità del potere politico per non aver saputo dirigere e controllare l'azione dei servizi di sicurezza.

Il terrorismo di sinistra

L'immagine di uno Stato debole e minato dalla corruzione politica (emersa con gli scandali per le tangenti), la presenza di un terrorismo di destra e la psicosi di un colpo di Stato (che alimentava in alcuni settori la giustificazione di una risposta preventiva e violenta) furono tra i fattori che contribuirono alla nascita del terrorismo di sinistra. In realtà, il principio della "lotta armata" come strumento per conquistare il potere era da tempo un elemento portante di tutte le ideologie rivoluzionarie che il movimento del '68 aveva contribuito a mitizzare e a divulgare. Ma allora per la prima volta – anche per la suggestione dei modelli della guerriglia latino-americana e del terrorismo palestinese – si formarono nuclei organizzati pronti a passare dalle parole ai fatti. Per i terroristi – in gran parte giovani provenienti dalle file del movimento studentesco, dai gruppi extraparlamentari e dagli stessi partiti della sinistra storica – l'azione armata si presentava come un atto esemplare, come un messaggio destinato essenzialmente alla classe operaia, al fine di mobilitarla per il rovesciamento del sistema capitalistico e dello Stato borghese.

Gli attentati

Ai primi isolati attentati incendiari contro fabbriche o sedi di partito, seguirono, fra il '72 e il '75, sequestri di dirigenti industriali e di magistrati. Nel 1976, con l'uccisione del procuratore generale di Genova Francesco Coco e dei due uomini della sua scorta, si giunse all'assassinio programmato. Gli autori di queste azioni appartenevano alle Brigate rosse, il primo e il più organizzato gruppo terrorista di sinistra. A esso si affiancarono, fra il '75 e il '76, i Nuclei armati proletari, Prima linea e altre formazioni minori.

Crisi e inflazione

Negli stessi anni in cui doveva fronteggiare il terrorismo di sinistra, il governo si confrontò con la crisi economica. Nel 1975 il prodotto interno si ridusse del 3,6%. A partire dall'anno successivo si ebbe una limitata ripresa, ma il tasso di inflazione rimase molto elevato, oscillando fra il 17 e il 19% (tra i più alti dei paesi industrializzati). L'inflazione era dovuta all'aumento del prezzo del petrolio, ma anche alla dilatazione dei consumi e della spesa pubblica. I suoi effetti, inoltre, furono amplificati dal nuovo meccanismo di scala mobile introdotto nel gennaio '75 grazie a un accordo fra sindacati e Confindustria, meccanismo che assicurava ai salari (soprattutto a quelli più bassi) un rapido adeguamento al costo della vita. Se la questione della spesa pubblica e quella del costo del lavoro erano destinate a restare, anche negli anni successivi, i principali nodi dell'economia italiana, il problema socialmente più drammatico era quello della disoccupazione, soprattutto giovanile. Lo sviluppo della scolarizzazione accresceva le aspirazioni dei giovani, che però faticavano a trovare sbocchi lavorativi adeguati al titolo di studio.

Il movimento del '77

Nei primi mesi del 1977, un nuovo movimento di studenti universitari e medi diede luogo a occupazioni di università e a violenti scontri di piazza, che videro per la prima volta l'uso di armi da fuoco da parte dei dimostranti. Protagonisti degli scontri furono i gruppi di Autonomia operaia, che raccoglievano in forme estremizzate l'eredità dell'operaismo sessantottesco. Bersaglio principale della contestazione fu la sinistra tradizionale, soprattutto il Pci e i sindacati, considerati troppo moderati e inclini al compromesso: clamorosa fu l'aggressione di un gruppo di autonomi a un comizio del segretario della Cgil Luciano Lama, avvenuta in febbraio all'Università di Roma. L'esaurirsi del movimento spinse non pochi giovani verso la militanza nelle organizzazioni terroristiche che, intanto, continuavano a pianificare ed eseguire attentati (circa 800 nel solo 1979).

Il sequestro e l'assassinio di Moro

Nel 1978 le Brigate rosse, consapevoli di disporre di una più diffusa rete di consensi, misero in atto il loro progetto più ambizioso. Il 16 marzo – il giorno stesso della presentazione in Parlamento di un nuovo governo, un monocolore democristiano sempre presieduto da Andreotti, ma questa volta sostenuto anche dal voto favorevole del Pci – un commando brigatista rapì Aldo Moro, presidente della Dc e principale artefice della politica di "solidarietà nazionale", uccidendo i cinque uomini della sua scorta. A quella giornata, vissuta dal paese con sorpresa e sgomento, seguirono 55 giorni di attesa e di polemiche di fronte alla sofferta decisione del governo di non trattare con i terroristi per il rilascio di Moro: decisione appoggiata dal Pci e dalla maggioranza della Dc, ma contrastata, per motivi politici e umanitari, dal Psi, da una parte del mondo cattolico e da altri gruppi minori della sinistra. Il 9 maggio Moro fu ucciso e il suo cadavere abbandonato nel bagagliaio di un'auto in una strada del centro di Roma. Questo delitto evidenziò come nessun altro la gravità del fenomeno terroristico, ma contemporaneamente avviò una progressiva presa di distanza dall'area eversiva da parte di quanti avevano coltivato fino ad allora ambigue solidarietà.

Austerità e riforme

Nel difficile clima politico creatosi dopo l'assassinio di Moro, il governo cercò di avviare il risanamento dell'economia, aiutato in questo dall'atteggiamento dei comunisti, che si fecero sostenitori di una linea di austerità, e da una relativa moderazione delle richieste sindacali. Nel '78 l'inflazione scese di qualche punto. La situazione finanziaria diede segni di miglioramento, grazie all'adozione di nuove imposte. Ma, sul fronte delle riforme, la difficoltà di conciliare tutti gli interessi rappresentati nella coalizione portò a risultati discutibili. La legge del '78 sull'equo canone, che aveva lo scopo di regolare il livello degli affitti, avrebbe prodotto risultati disastrosi, creando un doppio mercato degli alloggi, soprattutto nelle grandi città. La riforma sanitaria varata nello stesso anno – che sanciva la gratuità delle cure per tutti e riordinava la medicina pubblica, affidandone la gestione ad appositi organismi (le Usl, Unità sanitarie locali) dipendenti dalle regioni – si sarebbe rivelata, nell'applicazione concreta, fonte di inefficienza e di sprechi.

La fine della "solidarietà nazionale"

Nel complesso la politica di "solidarietà nazionale" non produsse risultati adeguati all'ampiezza delle forze impegnate e alle attese dell'opinione pubblica di sinistra. In questi anni continuarono a verificarsi, soprattutto negli enti locali e nelle imprese a partecipazione statale, episodi di cattiva gestione o di vera e propria corruzione politica. Gli scandali giunsero a toccare la presidenza della Repubblica, costringendo alle dimissioni, nel giugno 1978, il capo dello Stato, il democristiano Giovanni Leone (eletto nel '71 da una maggioranza di centro-destra), accusato ingiustamente di connivenze con gruppi affaristici. Al suo posto fu eletto, col voto di tutti i partiti dell'*arco costituzionale*, il socialista Sandro Pertini, ottantaduenne, figura di indiscusso prestigio morale, che seppe conquistarsi in breve tempo una vastissima popolarità. Si andava frattanto esaurendo l'esperienza della "solidarietà nazionale". Il nuovo corso impresso da Craxi alla politica socialista – centrato sul recupero della tradizione riformista in aperta polemica col Pci – creava le condizioni per una ripresa dell'alleanza fra il Psi e i partiti di centro. Nel gennaio '79 il Pci, in contrasto con gli altri partiti anche su problemi di politica estera ed economica, abbandonò la maggioranza.

26.4. Politica, economia e società negli anni '80

Il pentapartito

I risultati delle elezioni del '79, e quelli delle successive consultazioni del giugno '83, fecero registrare alcuni significativi mutamenti nel panorama politico. Il Pci registrò una forte perdita di consensi. La Dc, stabile nel '79, subì una netta sconfitta nelle elezioni dell'83. Il Psi, nonostante il dinamismo di Craxi e del nuovo gruppo dirigente, raccolse risultati deludenti, comunque non adeguati all'aspirazione a diventare il centro propulsore del sistema politico. Chiusa la parentesi della "solidarietà nazionale", l'unica strada praticabile fu il ritorno alla coalizione di centro-sinistra (Dc, Psi, Pri, Psdi), allargata, a partire dall'81, anche al Partito liberale, in una nuova formula di governo definita "pentapartito".

Il governo Craxi

Ma la novità più importante si ebbe al vertice dell'esecutivo: per la prima volta dopo il 1945, la Dc cedette la guida del governo, affidata nell'81-82 al segretario repubblicano Giovanni Spadolini e, dopo le elezioni dell'83, al leader del Psi Bettino Craxi. Fra i primi atti significativi del governo a guida socialista, va ricordata la firma, nel febbraio 1984, di un nuovo concordato con la Santa Sede, che ritoccava gli accordi del '29 [▶15.1] lasciandone cadere le clausole più anacronistiche.

In generale, l'esperienza di Craxi capo del governo, durata fino al 1987, si sarebbe caratterizzata per il tentativo di potenziare il ruolo del presidente del Consiglio e di affermare una più incisiva presenza dell'Italia nella politica internazionale. Significativo a questo proposito il confronto con gli Stati Uniti avvenuto il 10 ottobre 1985, all'aeroporto militare di Sigonella, in Sicilia, sede di una base aerea Usa, quando il governo italiano rifiutò di consegnare alle autorità statunitensi i quattro palestinesi responsabili del sequestro, in acque egiziane, della motonave passeggeri *Achille Lauro* e dell'uccisione di un cittadino americano di origine ebraica. L'episodio evidenziò una significativa divergenza fra l'Italia e gli Stati Uniti in materia di politica mediorientale, senza tuttavia mettere in discussione la fedeltà dell'Italia all'Alleanza atlantica.

Il ridimensionamento dei sindacati

All'inizio degli anni '80 si registrò un altro profondo mutamento degli assetti politico-sociali, anch'esso legato al progressivo esaurirsi della spinta a sinistra alla fine degli anni '70. Nell'autunno 1980 i sindacati subirono la loro prima grave sconfitta, dopo l'autunno caldo del '69, nella vertenza apertasi con la Fiat sul problema della riduzione della manodopera. Mentre il Pci appoggiò gli operai in sciopero, l'azienda torinese riuscì a imporre le proprie scelte di razionalizzazione produttiva, e l'allontanamento dei responsabili di violenze in fabbrica, con l'imprevisto aiuto di una mobilitazione di piazza dei quadri aziendali intermedi, la cosiddetta "marcia dei quarantamila" (ottobre 1980), che sfilarono in corteo a Torino chiedendo il ritorno all'ordine.

Da quell'episodio ebbe inizio un progressivo ridimensionamento del ruolo del sindacato, che di lì a pochi anni avrebbe registrato una nuova sconfitta. Il contrasto riguardava il costo del lavoro, in particolare il meccanismo di scala mobile introdotto nel '75 da un accordo fra sindacati e Confindustria [▸26.3], che adeguava automaticamente i salari al costo della vita alimentando così l'inflazione. Nel 1984, il governo Craxi varò un *decreto legge* che modificava il meccanismo in senso sfavorevole ai lavoratori. Quando il decreto fu convertito in legge dopo una lunga battaglia parlamentare, i comunisti promossero un referendum abrogativo, che si tenne nel giugno '85, ma ne uscirono sconfitti, seppur di misura.

Spesa pubblica e ripresa produttiva

Restava irrisolta la questione del controllo della spesa pubblica e delle forme dell'intervento statale, ampliatosi notevolmente, negli anni '70, nei settori della sanità, della previdenza e dell'istruzione, ma ancora caratterizzato da inefficienza e costi elevati. Anche in Italia, come in tutto il mondo occidentale, gli anni '80 videro svilupparsi una polemica che, partendo dalla denuncia degli eccessi di "assistenzialismo", giungeva a mettere in discussione alcune strutture portanti del *Welfare State* (come la gratuità delle cure mediche o la semigratuità dell'istruzione).

Queste difficoltà vennero in parte compensate da una ripresa dell'economia che, a partire dall'84, superò la fase recessiva grazie all'aumento delle esportazioni e al profondo rinnovamento tecnologico di alcuni settori industriali sia privati (a cominciare da quello automobilistico) sia pubblici (come il siderurgico). Queste trasformazioni, tuttavia, ebbero notevoli contraccolpi sociali: la diminuita necessità di manodopera, infatti, faceva aumentare la disoccupazione e la spesa dello Stato per la Cassa integrazione guadagni, cioè per l'erogazione di un salario provvisorio ai lavoratori che perdevano il loro impiego.

L'economia sommersa e il terziario

Nel complesso il sistema economico italiano manifestò nel decennio '80-90 – anche nei momenti di crisi più acuta – una vitalità notevole, al di là di quanto non apparisse dai dati ufficiali sull'andamento della produzione e del reddito. Il fenomeno si spiegava soprattutto con la crescita della cosiddetta "economia sommersa": ossia quella miriade di piccole imprese disseminate nella provincia italiana e caratterizzate – grazie agli intensi turni lavorativi, all'assenza di controlli sindacali, alla mobilità della manodopera, all'elevata evasione fiscale, ma talora anche all'innovazione tecnologica – da alta produttività, da bassi costi e da una notevole capacità di adattamento alle esigenze del mercato. Un'espansione molto articolata, dal punto di vista della varietà delle forme di impiego, caratterizzò soprattutto il settore terziario, ormai al primo posto anche in Italia per numero di addetti (54,2%, rispetto al 33,7% dell'industria e all'11,7% dell'agricoltura nel 1985). Lo sviluppo del terziario, il dinamismo di alcuni settori produttivi e la rinnovata competitività dei prodotti italiani sui mercati internazionali erano indubbiamente sintomi di vitalità del tessuto sociale. Essi furono però accompagnati da gravi fattori degenerativi.

Corruzione e criminalità

Il fenomeno della corruzione politica rivelò un nuovo inquietante volto all'inizio degli anni '80 con lo scandalo della Loggia P2: una specie di branca segreta della Massoneria, ben inserita nel mondo politico, nella burocrazia e nei vertici militari e sospettata di perseguire – oltre a scopi di lucro e di carriera per i suoi associati – anche il fine di una ristrutturazione autoritaria dello Stato. Lo scioglimento della Loggia, decretato nell'81 dal governo Spadolini, non cancellò l'immagine di una connessione, sia pur indiretta, fra alcuni settori della classe politica e la malavita comune. Il dilagare delle organizzazioni criminali – la mafia in Sicilia, la camorra nel Napoletano, la 'ndrangheta in Calabria – anche al di là delle tradizionali aree di insediamento si configurava sempre più come aperta sfida ai poteri dello Stato. L'episodio più drammatico in questo senso fu, nel settembre 1982, l'assassinio del generale Carlo Alberto Dalla Chiesa, già protagonista della lotta al terrorismo, inviato come prefetto a Palermo per coordinare il contrasto alla mafia.

La sconfitta del terrorismo di sinistra

Esiti più positivi ebbe la lotta contro il terrorismo di sinistra. La svolta in questo senso si delineò nel 1980, quando alcuni terroristi arrestati decisero di abiurare la lotta armata e di denunciare i compagni in libertà. Il numero dei pentiti – così furono impropriamente chiamati coloro che accettavano di collaborare con la giustizia – andò da allora sempre aumentando, grazie anche a una legge dell'80 che concedeva forti sconti di pena come compenso per il contributo fornito dagli imputati allo svolgimento delle indagini. Il numero degli attentati, ancora molto alto nell'81, calò rapidamente negli anni successivi e i principali gruppi clandestini, sempre più isolati, cessarono praticamente di esistere.

26.5. La crisi del sistema politico

La sfiducia nei partiti

La fine della lunga emergenza terroristica non servì a restituire credibilità e popolarità a un ceto politico che appariva bloccato in un equilibrio instabile eppure immutabile: quello fondato sull'alleanza fra Dc e Psi, o meglio sugli accordi fra le correnti delle formazioni maggiori, che agivano spesso come forze politiche autonome. Tutto questo alimentava un senso diffuso di sfiducia nei confronti dei partiti, veri detentori del potere nell'Italia repubblicana, approfondiva il distacco fra classe politica e società civile e faceva crescere la polemica contro le disfunzioni del sistema. L'accordo che, nel luglio '85, consentì l'elezione alla presidenza della Repubblica del democristiano Francesco Cossiga non evitò il riproporsi dei contrasti fra Psi e Dc, quest'ultima decisa a rivendicare, in quanto partito di maggioranza relativa, la guida del governo.

Le nuove forze politiche

Si giunse così, nella primavera del 1987, alla crisi del governo Craxi. Le elezioni che si tennero in giugno segnarono una discreta affermazione del Psi e un nuovo calo dei comunisti, cui fece riscontro una lieve ripresa della Dc. Ma la maggiore novità fu l'apparizione di nuovi gruppi, estranei ai partiti tradizionali: il movimento dei Verdi, nato nel 1986 su una piattaforma ambientalista [►22.2], e le Leghe regionali, presenti soprattutto in Veneto e in Lombardia e poi riunite nella Lega Nord sotto la guida di Umberto Bossi. Queste ultime, impostando la loro propaganda sulla polemica contro il centralismo statale e la pressione fiscale e sulla rivendicazione di una identità separata per le regioni del Nord – ma facendo anche leva su pregiudizi antimeridionalisti e sulle preoccupazioni suscitate dal fenomeno immigratorio – avrebbero ottenuto notevoli successi nelle consultazioni amministrative dell'anno successivo.

Le mancate riforme

Dopo le elezioni del 1987, la maggioranza di pentapartito si ricostituì faticosamente, consentendo la formazione di nuovi governi a guida democristiana. Ma né quello formato nell'88 dallo stesso segretario della Dc, Ciriaco De Mita – che aveva tentato di avviare un processo di rinnovamento interno, ma aveva incontrato forti opposizioni ed era stato costretto a lasciare la guida del partito e del governo – né quello costituito nell'89 dall'esperto Giulio Andreotti, fondato su un difficile equilibrio fra i socialisti e l'ala più moderata della Dc, riuscirono a condurre in porto quelle significative riforme politiche che ormai erano reclamate da gran parte dell'opinione pubblica. Al di là della tradizionale denuncia del malcostume, era il sistema nel suo insieme a essere messo sotto accusa. Le radici della crisi furono individuate nel meccanismo elettorale proporzionale, nella debolezza dell'esecutivo, nell'impossibile alternanza al governo di schieramenti contrapposti. Sarebbero stati tuttavia elementi esterni al sistema – il mutamento del quadro internazionale, le sollecitazioni indotte da nuove forze politiche, unitamente a una serie di clamorose iniziative giudiziarie – ad accelerare una crisi da tempo latente e alla quale i partiti di governo, in primo luogo Dc e Psi, non avevano saputo porre rimedio.

26.6. Una difficile transizione

Verso la "Seconda Repubblica"

Nel linguaggio corrente è ormai consuetudine indicare con l'espressione "Seconda Repubblica" l'assetto politico-istituzionale determinatosi in Italia nella prima metà degli anni '90 con il crollo dei vecchi partiti, la nuova legge elettorale maggioritaria e il profondo rinnovamento della classe politica, in direzione di un sistema tendenzialmente bipolare.

La nascita del nuovo sistema fu però il risultato di una serie di passaggi imprevisti e a volte traumatici che si consumarono nel giro di due anni o poco più. Una accelerazione dovuta in parte all'incombere delle scadenze legate all'ingresso dell'Italia nell'Unione europea [▸24.2-3], che imponevano una più attenta gestione della finanza pubblica, in parte ad alcuni eventi che mettevano in luce la debolezza della classe politica ed evidenziavano la necessità di meccanismi istituzionali più efficienti e più vicini alle esigenze dei cittadini.

La stasi economica

Segnali negativi venivano anche dall'economia: a partire dal 1990 la crescita del decennio precedente si interruppe. Molte imprese italiane, a cominciare dalle maggiori come Fiat e Olivetti, perdevano competitività sui mercati internazionali, anche perché penalizzate (in termini di oneri previdenziali e di inadeguatezza delle infrastrutture) dall'inefficienza della *pubblica amministrazione*. Il tutto mentre l'inflazione restava ben al di sopra della media europea e il deficit del bilancio statale non accennava a ridursi, anche per il peso degli interessi sul debito: il che costringeva lo Stato a continue emissioni di titoli che attiravano il risparmio, distogliendolo dagli impieghi produttivi.

Dal Pci al Pds

Sul piano della vita politica, la prima importante novità fu la trasformazione del Pci nel nuovo Partito democratico della sinistra (Pds). La clamorosa decisione – annunciata alla fine del 1989 dal segretario Achille Occhetto e tradotta in atto, dopo lunghe polemiche interne, in un congresso tenutosi a Rimini nel febbraio '91 – avrebbe dovuto "sbloccare" la principale forza di opposizione e porre le premesse per una ricomposizione della sinistra italiana nel segno del riformismo democratico. Ma questo progetto si scontrò con le diffidenze reciproche che permanevano fra il Psi, ancora al governo, e il nuovo Pds, indebolito dalla scissione dell'ala più legata all'eredità del vecchio Pci, che diede vita al partito di Rifondazione comunista.

Sull'opposto versante politico si consolidavano, nel Settentrione, le posizioni della Lega Nord, che intensificava la sua polemica contro lo Stato accentratore, il fisco e l'intero sistema dei partiti. In generale, la proliferazione di piccoli movimenti, spesso concentrati su problemi specifici, esasperava la frammentazione dello schieramento parlamentare e rendeva più difficile la governabilità.

Il dibattito sulle riforme istituzionali

Anche per questo le forze politiche cominciarono a prendere in considerazione l'ipotesi di una nuova legge elettorale capace di dare maggiore stabilità all'esecutivo. A tenere aperto il problema contribuì, nel giugno 1991, lo schiacciante successo di un referendum abrogativo di alcune parti della legge elettorale promosso da un comitato composto da esponenti di diversi partiti e presieduto dal democristiano Mario Segni: un risultato importante non tanto per il suo contenuto specifico (la riduzione a una del numero delle preferenze), quanto per il suo significato di protesta nei confronti del sistema vigente. Un'altra inattesa sollecitazione in direzione delle riforme giungeva addirittura dal vertice dello Stato: il presidente della Repubblica Francesco Cossiga si rese protagonista di una serie di accese polemiche con le forze politiche e dichiarò apertamente la sua volontà di contribuire a cambiare il sistema di cui egli stesso era il più alto rappresentante.

Le elezioni del 1992 e la presidenza Scalfaro

Le elezioni dell'aprile 1992 registrarono alcune clamorose novità. Venivano seccamente sconfitti la Dc (che passava dal 34,3% al 29,7% dei voti alla Camera) e il Pds (che con il 16,1% perdeva più del 10% rispetto al Pci, in parte a vantaggio di Rifondazione comunista), mentre il Psi subiva una leggera flessione; crescevano, invece, le forze politiche nuove, come i Verdi e soprattutto la Lega Nord di Umberto Bossi che, con l'8,6% dei voti, ottenuti quasi tutti nelle regioni settentrionali, si affermava come quarta forza politica nazionale. La coalizione di governo conservava una maggioranza parlamentare ridottissima, pur restando, al momento, priva di alternative. All'indomani delle elezioni, in drammatica coincidenza con un nuovo e più terribile attentato della mafia (quello in cui, come vedremo fra poco, trovò la morte il magistrato Giovanni Falcone), il Parlamento elesse alla presidenza della Repubblica Oscar Luigi Scalfaro, democristiano, presidente della Camera, parlamentare dai tempi della Costituente: una figura che per il suo rigore morale era chiamata a rappresentare la tradizione positiva di una classe politica ormai largamente screditata.

"Tangentopoli"

Da alcuni mesi, infatti, un nuovo gravissimo scandalo stava coinvolgendo un numero crescente di uomini politici accusati di aver preteso e ottenuto tangenti per la concessione di appalti pubblici. L'inchiesta "Mani pulite", avviata dalla magistratura milanese, svelava un diffuso sistema di finanziamento illegale dei partiti e dei singoli uomini politici che fu denominato "Tangentopoli". Destinatari principali erano i partiti della maggioranza, in primo luogo la Dc e il Psi (ma non mancarono casi di coinvolgimento del Pci-Pds e dei partiti minori). Fenomeno non nuovo, materia di precedenti scandali ma tacitamente ammesso e tollerato, il sistema delle tangenti rivelava una penetrazione capillare che aggravava la crisi dei partiti e testimoniava della loro incapacità di rinnovarsi. Fra il 1992 e il 1993, numerosi esponenti politici di primo piano, a cominciare dal segretario del Psi Bettino Craxi, furono raggiunti da avvisi di garanzia (ossia da notifiche dell'avvio di indagini emesse dai magistrati inquirenti) e costretti ad abbandonare le responsabilità di partito. Un anno dopo Giulio Andreotti, più volte presidente del Consiglio, fu accusato da alcuni pentiti di collusioni con la mafia: accuse destinate poi a cadere nel processo, in parte perché giudicate infondate, in parte per l'intervenuta prescrizione del reato.

Le stragi di mafia

Il susseguirsi delle iniziative giudiziarie contro la classe politica si inseriva in una situazione resa drammatica dalla recrudescenza dell'offensiva mafiosa contro i poteri dello Stato. Il 23 maggio 1992, mentre erano in corso alla Camera le votazioni per la presidenza della Repubblica, un attentato al tritolo lungo l'autostrada fra l'aeroporto di Palermo e la città uccise il magistrato Giovanni Falcone, direttore degli Affari penali del ministero della Giustizia, la moglie e tre agenti della scorta. Meno di due mesi dopo, il 19 luglio, il magistrato Paolo Borsellino e cinque agenti furono uccisi da un'autobomba in piena Palermo. Falcone e Borsellino erano figure notissime, da tempo in prima fila nella lotta alla mafia: la loro morte scosse l'opinione pubblica e stimolò un potenziamento dell'azione di magistratura e polizia, che avrebbe portato, nel gennaio 1993, all'arresto del "capo dei capi" dell'organizzazione mafiosa, Salvatore Riina.

Il governo Amato

Il nuovo governo presieduto dal socialista Giuliano Amato, entrato in carica alla fine di giugno del '92 e sostenuto dai partiti della vecchia maggioranza, si trovò dunque ad affrontare un compito difficilissimo. Alla crisi dei partiti e all'allarme per il dilagare della criminalità organizzata si aggiungevano i problemi suscitati dalla crisi produttiva e dalla crescita del debito pubblico, che rischiavano di compromettere gli impegni presi dall'Italia a Maastricht nel febbraio dello stesso anno. Il governo affrontò subito il problema finanziario prima con interventi fiscali (compreso un prelievo sui conti correnti bancari), poi con una manovra più organica volta a contenere le spese. Tali interventi, insieme alla privatizzazione di alcune grandi imprese pubbliche, si rendevano tanto più necessari dopo che, in settembre, una ondata di vendite sui mercati valutari aveva investito la lira, deprezzandola di oltre il 20% e costringendo l'Italia a uscire dal Sistema monetario europeo [▸24.2].

Il referendum del 1993

Restava aperto il problema della legge elettorale. L'introduzione di un sistema maggioritario uninominale sembrava a molti la via più rapida per la riforma e la moralizzazione della politica: il voto a favore di singole personalità avrebbe ridotto al minimo l'ingerenza dei partiti e dei loro apparati. I difensori del sistema proporzionale vigente, con il voto di lista che tutelava al massimo il potere organizzativo dei partiti, si limitavano invece a suggerire una serie di correttivi. Il disaccordo tra le forze politiche spianò ancora una volta la strada a una soluzione imposta da un referendum abrogativo. Il 18 aprile 1993 i cittadini approvarono a larghissima maggioranza il quesito che, attraverso la soppressione di alcune parti della legge vigente, introduceva il sistema maggioritario uninominale al Senato. Il successo del referendum suonava come una secca sconfitta per il sistema dei partiti.

Il governo Ciampi e la nuova legge elettorale

All'indomani dei referendum, Amato rassegnò le dimissioni. Il presidente della Repubblica chiamò allora il governatore della Banca d'Italia Carlo Azeglio Ciampi, che formò il governo muovendosi al di fuori delle logiche partitiche. Il nuovo esecutivo, composto in parte da tecnici e in parte da politici, si impegnava a favorire il varo di una riforma elettorale che recepisse il principio maggioritario indicato dal referendum e prometteva di proseguire l'opera di

parola chiave

Proporzionale/Maggioritario

A partire dalle elezioni per l'Assemblea costituente e fino agli anni '90 del '900, gli italiani hanno eletto i loro rappresentanti politici in Parlamento con un sistema proporzionale plurinominale basato sullo scrutinio di lista: nei collegi elettorali venivano presentate liste di partiti, ciascuna contrassegnata da un simbolo e composta da un numero di candidati pari ai seggi in palio; gli elettori esprimevano la loro opzione per una lista ed eventualmente per uno o più candidati (voto di preferenza). Ad ogni partito veniva assegnato un numero di seggi proporzionale ai voti raccolti. Il sistema proporzionale assicura un'esatta raffigurazione delle scelte dell'elettorato, ma spesso indebolisce la stabilità del governo. Viene infatti incoraggiata e moltiplicata la frammentazione politica, garantendo rappresentanti in Parlamento anche a piccoli gruppi o partiti con basse percentuali di voti. Perciò difficilmente in un sistema proporzionale un partito conquista la maggioranza assoluta: per formare un governo è dunque necessaria una coalizione di partiti, dove ogni forza tende a sottolineare le differenze rispetto agli alleati per accrescere il proprio consenso, indebolendo l'attività del governo. Inoltre, in un regime parlamentare privo di altre cariche direttamente elette dal popolo (come il capo dello Stato o il capo del governo), questo sistema elettorale contribuisce ad assegnare ai partiti un ruolo determinante nelle decisioni politico-istituzionali, a scapito degli elettori: con il voto nell'urna viene infatti indicato soltanto il partito preferito, mentre la formazione del governo e, di conseguenza, l'elaborazione del programma e la scelta dei ministri sono il risultato di trattative tra le forze politiche dopo le elezioni. Per questo, in alcuni casi, il metodo proporzionale viene corretto con l'introduzione di un premio di maggioranza, ovvero di una quota supplementare di seggi, allo scopo di favorire la stabilità. In altri casi (come quello della Repubblica federale tedesca dopo la seconda guerra mondiale) lo stesso obiettivo viene perseguito attraverso una soglia di sbarramento (in Germania è del 5%): chi non la supera è escluso dalla rappresentanza parlamentare.
Con il sistema maggioritario uninominale, invece, il territorio è diviso in un numero di collegi pari ai rappresentanti da eleggere (dunque molto più piccoli rispetto a quelli del sistema proporzionale, e tali da favorire un contatto più diretto tra eletto ed elettori), dove si

risanamento delle finanze pubbliche. Le nuove leggi elettorali per la Camera e il Senato, approvate ai primi di agosto, estendevano a entrambe le Camere il sistema maggioritario uninominale, ma prevedevano una quota di seggi, pari al 25%, da assegnare con il sistema proporzionale. Si trattava, comunque, di un passaggio decisivo: di fatto segnava la fine della "Repubblica dei partiti" che proprio su quel sistema si era retta per quasi mezzo secolo.

parola chiave

affrontano i candidati, uno per ciascun partito o coalizione di partiti (da cui "uninominale"): chi ottiene il maggior numero di voti (anche se non necessariamente la maggioranza assoluta) ha diritto al seggio. Esistono molte versioni del sistema uninominale: le più note sono l'inglese e la francese. Nel primo caso la votazione avviene in un unico turno: è così possibile conquistare il seggio anche con una maggioranza relativa molto bassa. Nel secondo caso, invece, qualora nessun candidato si sia aggiudicata la maggioranza assoluta al primo turno, viene svolto un secondo turno elettorale (detto ballottaggio) tra i candidati più votati, consentendo agli elettori dei candidati esclusi di votare per l'esponente politicamente più vicino tra quelli rimasti in gara. Il sistema uninominale, come tutti i sistemi maggioritari, non assicura la corrispondenza proporzionale tra voti e seggi: generalmente chi ottiene la maggioranza relativa di voti conquista un numero di seggi superiore a quanti gliene spetterebbero in proporzione. Viene così garantita una semplificazione del panorama politico, che tende a evolvere verso il bipolarismo.
Esistono anche sistemi "misti", che combinano meccanismi e princìpi ispiratori differenti. In Italia, nel 1993, dopo il referendum che aveva segnato la fine del proporzionalismo, fu approvata una legge che prevedeva un turno unico su collegi uninominali per i tre quarti dei seggi e assegnava il restante quarto con metodo proporzionale. Nel 2005, la maggioranza di centro-destra varò una nuova riforma che reintroduceva il criterio proporzionale con liste bloccate (ossia decise dai partiti senza voto di preferenza), correggendolo con un premio di maggioranza per la coalizione vincente (su base nazionale alla Camera, regionale al Senato) e con una clausola di sbarramento fissata al 4%. Nel 2013 una sentenza della Corte costituzionale dichiarò illegittime alcune parti della legge. Nel 2017, dopo lunghe trattative, è stata approvata una legge che assegnava due terzi dei seggi con metodo proporzionale e il restante terzo in collegi uninominali: una legge che rappresentava un compromesso fra le istanze delle forze politiche di centro-destra e di centro-sinistra, ma non era in grado di garantire un esito chiaro ai fini della formazione di una maggioranza. Il tema della riforma elettorale tornava così al centro del dibattito politico.

26.7. La "rivoluzione maggioritaria"

La trasformazione dei partiti

Col varo del nuovo sistema elettorale si fecero più forti le pressioni per un ricorso anticipato alle urne che, nelle aspettative di larga parte dell'opinione pubblica, avrebbe liberato il Parlamento dalla vecchia classe dirigente compromessa con gli scandali di Tangentopoli e posto le basi per un nuovo patto fra cittadini e potere politico. In questa prospettiva i partiti della vecchia maggioranza cercarono di rinnovarsi, cambiando, in qualche caso, il simbolo e il nome del partito. Il Psi, uscito di scena Craxi, che espatriò in Tunisia temendo l'arresto, si diede nuovi dirigenti, senza però riuscire a rilanciare la sua immagine. La Dc decise di tornare alle origini e alla denominazione del primo partito cattolico – quello fondato da Sturzo nel 1919 [▸12.2] – assumendo, nel gennaio 1994, il nome di Partito popolare italiano (Ppi). Ma una consistente minoranza ostile alle correnti di sinistra abbandonò il Ppi e diede vita a una nuova formazione, il Centro cristiano democratico (Ccd).

Anche a destra si registrarono significativi mutamenti. Il segretario del Msi Gianfranco Fini, sospinto dai buoni risultati raggiunti nelle elezioni comunali e dalla necessità di ottenere una definitiva legittimazione che lo inserisse nel gioco politico, avviò la trasformazione del suo partito in Alleanza nazionale: un processo che si sarebbe concluso nel congresso di fondazione di Fiuggi (gennaio 1995), con una netta rottura di continuità col passato neofascista.

La "discesa in campo" di Berlusconi

Ma l'elemento di maggior novità nello scenario italiano fu l'ingresso in politica dell'imprenditore televisivo Silvio Berlusconi. Proprietario delle tre maggiori reti televisive private e del Milan, la società di calcio più forte del momento, industriale impegnato in molti altri settori, dall'edilizia alle assicurazioni, dalla finanza alla pubblicità, Berlusconi annunciò nel gennaio 1994 la sua "discesa in campo" con il dichiarato obiettivo di arginare un eventuale successo delle sinistre e di ricompattare uno schieramento moderato ormai disperso.

Le elezioni del 1994

Nel giro di pochi mesi, Berlusconi riuscì non solo a fondare un proprio partito, Forza Italia, che si presentava con un programma di ispirazione liberale, ma anche a mettere assieme una doppia alleanza elettorale: con la Lega Nord nell'Italia settentrionale (Polo delle libertà) e con Alleanza nazionale nel Centro-Sud (Polo del buon governo). Confluirono in questo schieramento anche i radicali di Pannella e il Ccd. Sul fronte opposto il Pds coagulò intorno a sé (nel cartello dei Progressisti) tutte le forze di sinistra da Rifondazione comunista ai Socialisti, ai Verdi. Più isolati e più deboli apparivano il Ppi e il gruppo di Mario Segni (Patto per l'Italia), che si collocavano al centro.

Le elezioni politiche del 27-28 marzo 1994 decretarono il successo delle forze raccolte intorno a Berlusconi, che ottennero, grazie al nuovo meccanismo uninominale, la maggioranza assoluta dei seggi alla Camera, mancandola di poco al Senato. La neonata Forza Italia si affermò come primo partito col 21% dei voti, seguita dal Pds (20,3%), dal Msi-Alleanza nazionale (13,5%), dal Ppi (11,1%) e dalla Lega Nord (8,4%). Nella distribuzione geografica dei collegi, i progressisti prevalsero in Emilia-Romagna, Toscana, Umbria, Marche, ma anche in Abruzzo, Campania e Calabria; nelle altre regioni settentrionali e meridionali il successo del centro-destra fu incontrastato. Le ragioni della vittoria di Berlusconi erano ascrivibili non solo al sostegno delle sue reti televisive, ma soprattutto alla capacità di proporsi – con efficaci messaggi al tempo stesso popolari e populistici – come l'unico in grado di sostituire il ceto di governo spazzato via dagli scandali di "Tangentopoli".

L'avvio del bipolarismo

Dalle elezioni usciva così un quadro politico radicalmente trasformato: quasi scomparsi il Psi e i partiti laici minori, drasticamente ridimensionato il Partito popolare erede della Dc, rientrata in gioco l'ex estrema destra con la nascita di Alleanza nazionale, si delineava un confronto fra due schieramenti contrapposti destinati, come è tipico di un sistema politico bipolare, ad alternarsi al governo: un centro-destra guidato da Berlusconi e un centro-sinistra gravitante intorno al Pds.

Ma la nascita di una "normale" democrazia dell'alternanza simile a quella dei principali paesi europei si rivelò subito difficile. Troppo aspra era in primo luogo la contrapposizione fra i due schieramenti principali, che si delegittimavano a vicenda: mentre Berlusconi bollava i suoi avversari come eredi del comunismo, la sinistra accusava Berlusconi di attentare ai fondamenti antifascisti della Repubblica (anche per la sua alleanza con Fini) e denunciava il *conflitto di interessi* del presidente del Consiglio, che era anche un grande imprenditore e il proprietario delle maggiori reti televisive private.

La fragilità delle coalizioni

All'esasperata conflittualità fra i due poli si aggiungeva l'eterogeneità delle coalizioni che si erano costituite in gran fretta, in vista della prova elettorale. Nel maggio 1994 Berlusconi formò il nuovo governo con gli alleati della Lega, di Alleanza nazionale, del Ccd e altri esponenti di centro. Ma l'alleanza si rivelò subito fragile, e non solo per i contrasti sui provvedimenti da adottare in una situazione finanziaria sempre difficile. Era soprattutto la Lega – che, grazie alla concentrazione del suo elettorato nelle popolose regioni del Nord, aveva ottenuto un altissimo numero di seggi nei collegi uninominali – a manifestare insofferenza nei confronti di possibili misure di austerità e a voler riprendere la sua libertà d'azione, scontrandosi con le altre componenti della nuova maggioranza.

Il governo Dini

In novembre, Berlusconi fu raggiunto da un avviso di garanzia della magistratura milanese (il primo di una lunga serie) per una vicenda di tangenti da cui poi sarebbe uscito prosciolto. Un mese dopo, a poco più di sette mesi dal suo insediamento, il governo fu costretto a dimettersi per il ritiro della fiducia da parte della Lega. Nel gennaio 1995, Lamberto Dini, ministro del Tesoro nel ministero uscente, formò un esecutivo di tecnici con l'obiettivo, ormai obbligato, di contenere la spesa pubblica (in agosto fu varata una riforma delle pensioni, destinata però ad avere effetti solo nel lungo periodo) e di portare in tempi brevi il paese a nuove elezioni. I tempi però si prolungarono; e il governo Dini, nato grazie al voto favorevole del Pds, del Ppi e della Lega e all'astensione di Forza Italia, Alleanza nazionale e Ccd, divenne sempre più espressione del centro-sinistra, mentre il centro-destra passava a una netta opposizione reclamando l'immediato ritorno alle urne.

Prodi, l'Ulivo e le elezioni del 1996

Nell'imminenza delle nuove elezioni – Dini si dimise nel dicembre '95 – i due schieramenti principali si riorganizzarono, con alcune significative varianti rispetto a due anni prima. La novità più significativa fu la nascita, già nel febbraio del 1995, dell'Ulivo, un nuovo contenitore politico di centro-sinistra che raccoglieva il Pds, il Ppi e altri gruppi minori attorno alla candidatura di Romano Prodi, economista di area cattolica ed ex presidente dell'Iri. L'Ulivo avrebbe poi stipulato un accordo elettorale con Rifondazione comunista. Sull'altro fronte, il Polo delle libertà riuniva Forza Italia, Alleanza nazionale e altri gruppi minori. La Lega decideva invece di correre da sola. I due schieramenti erano guidati, rispettivamente, da Berlusconi e da Prodi come leader e presidenti del Consiglio designati, col loro nome indicato sulle schede accanto ai simboli elettorali.

L'unità a sinistra e la divisione del centro-destra furono decisive nel determinare l'esito del confronto: nelle elezioni del 21 aprile 1996, l'Ulivo si impose di misura, ottenendo la maggioranza assoluta al Senato e quella relativa alla Camera, dove diventava determinante l'appoggio di Rifondazione. Sempre di stretta misura, il Pds (alla cui guida, dopo la sconfitta del '94, Massimo D'Alema aveva sostituito Occhetto) scavalcava Forza Italia affermandosi come primo partito, mentre guadagnavano consensi Alleanza nazionale e Rifondazione comunista. Clamoroso fu il successo della Lega che, smentendo le previsioni, superò il 10% nazionale e il 30% nel Nord-Est. Forte di questo risultato, Umberto Bossi avrebbe cercato di compattare le file del movimento, spostandolo su posizioni apertamente separatiste: a tal fine promosse una serie di manifestazioni culminate, in settembre, in una "dichiarazione di indipendenza della Padania".

26.8. Il centro-sinistra e la scelta europea

Il governo Prodi

Il nuovo governo presieduto da Romano Prodi, entrato in carica nel maggio 1996, schierava nelle sue file esponenti politici e tecnici di peso: Walter Veltroni vicepresidente del Consiglio, Giorgio Napolitano ministro degli Interni, Lamberto Dini ministro degli Esteri, Carlo Azeglio Ciampi ministro delle Finanze. Al ministero dei Lavori pubblici andava l'ex pubblico ministero Antonio Di Pietro, il più popolare dei magistrati impegnati nell'inchiesta "Mani pulite". Al governo Prodi spettava il compito di equilibrare la necessaria politica di rigore con la tutela dei ceti meno protetti, e di rilanciare l'economia e l'occupazione, con tutte le difficoltà derivanti da una maggioranza eterogenea che si estendeva dal centro all'estrema sinistra.

L'ingresso nell'Unione monetaria

Il primo obiettivo, perseguito con particolare determinazione dal ministro Ciampi, fu quello di ridurre il deficit del bilancio statale entro il 3% del prodotto interno lordo, il più importante dei parametri fissati a Maastricht per l'ammissione nel sistema della moneta unica europea [▶24.2-3]. Una serie di interventi fiscali e di tagli alla spesa pubblica consentirono all'Italia di rientrare nel Sistema monetario europeo alla fine del '96, di attestarsi, alla fine del '97, al di sotto dell'obiettivo del 3% e di ottenere, nel maggio '98, l'ingresso nell'Unione monetaria europea, cui sarebbe seguita l'introduzione, a partire dal 1° gennaio 2002, dell'euro in sostituzione della lira.

I problemi aperti

Per rendere stabili i risultati raggiunti, occorreva però agire con energia sul fronte del *Welfare*: la spesa previdenziale, in continua crescita nonostante le misure adottate dal governo Dini, caricava sulle generazioni future il costo di un numero elevato di pensionati che avevano avuto, a partire dagli anni '70, la possibilità di uscire anticipatamente dal mondo del lavoro. I correttivi da introdurre avrebbero portato, gradualmente, a calcolare le nuove pensioni non più in base all'ultima retribuzione (sistema retributivo), ma in base ai contributi versati nella vita lavorativa (sistema contributivo). I tentativi di intervento del governo, solo parzialmente attuati, provocavano però le resistenze dei sindacati e la risoluta opposizione di Rifondazione comunista, il cui apporto era invece indispensabile al governo per ottenere la maggioranza alla Camera.

Problemi non meno delicati erano quelli legati all'amministrazione della giustizia. Le inchieste giudiziarie sul sistema delle tangenti, che avevano avviato il crollo del sistema politico della Prima Repubblica, pur essendosi tradotte in un numero rilevante di processi, erano ben lungi dall'essere concluse, mentre rimaneva aperto un contenzioso spesso assai aspro fra settori dell'ordine giudiziario e una parte della classe politica, che criticava il ruolo protagonistico assunto dopo Tangentopoli dalla magistratura inquirente: il contrasto era ulteriormente alimentato dal coinvolgimento in alcune inchieste del leader dell'opposizione, Berlusconi.

Il governo D'Alema

Nell'ottobre 1998, dopo un ennesimo contrasto sulla politica economica, Rifondazione comunista negò la fiducia al governo Prodi, che fu costretto a dimettersi. Si formò rapidamente un nuovo governo di centro-sinistra presieduto da Massimo D'Alema, leader dei Democratici di sinistra (Ds) – questa la nuova denominazione assunta nel '98 dal Pds – sostenuto dall'Ulivo, da alcuni gruppi minori di centro e da una parte dei parlamentari di Rifondazione, in dissenso con la scelta di far cadere il governo Prodi. Il cambio alla presidenza del Consiglio senza un'investitura elettorale apparve, però, come una ripresa delle consuetudini del vecchio sistema dei partiti e perciò fu duramente contestato dal Polo, ma anche da una parte del centro-sinistra. E l'ascesa alla guida del governo di D'Alema, leader del maggior partito della coalizione e primo ex comunista a diventare presidente del Consiglio, non riuscì a spegnere le microconflittualità interne alla maggioranza dove ogni raggruppamento, indipendentemente dalle dimensioni, cercava di far pesare il suo contributo determinante.

In due occasioni, tuttavia, si manifestò un largo consenso tra le forze politiche: nell'elezione, a larga maggioranza e al primo scrutinio, di Carlo Azeglio Ciampi alla presidenza della Repubblica (maggio 1999) e nel sostegno alla partecipazione italiana alle operazioni militari contro la Serbia per il Kosovo [►23.5], in piena sintonia con gli Stati Uniti e con gli alleati della Nato.

Il ritorno di Amato e la riforma federalista

In politica interna, il governo D'Alema non resse alla prova delle elezioni regionali dell'aprile 2000. Dopo il successo del centro-destra, che conquistò otto regioni su quindici, D'Alema si dimise e al suo posto fu chiamato ancora una volta Giuliano Amato alla testa di un altro governo di centro-sinistra. La principale realizzazione di quest'ultima fase della legislatura fu l'approvazione (nel marzo 2001 in Parlamento e nell'ottobre successivo con un referendum confermativo) di una legge costituzionale che introduceva alcune importanti modifiche all'ordinamento italiano in materia di poteri degli enti locali (oggetto del Titolo quinto della Costituzione): furono ampliati i poteri legislativi delle regioni in materia di sanità, istruzione, lavori pubblici, agricoltura, turismo, e riconosciute maggiori autonomie ai comuni, alle province e alle aree metropolitane (le grandi città con i piccoli centri ad esse collegati). La riforma mirava a togliere spazio alle rivendicazioni federaliste della Lega (che peraltro si oppose in nome di un federalismo più spinto); ma fu criticata sia per la macchinosità di alcune formulazioni sia in quanto frutto di una iniziativa unilaterale della maggioranza.

Fra il 1996 e il 2001 il centro-sinistra aveva guidato l'Italia verso la nuova dimensione europea, ma il paese sembrava mantenere molte caratteristiche legate alle specifiche tradizioni della sua vita pubblica e del suo ordinamento istituzionale: in primo luogo la debolezza dell'esecutivo e la breve durata dei governi. E tuttavia l'insieme delle novità introdotte nel sistema politico a partire dai primi anni '90 confermava il carattere epocale dei mutamenti vissuti dal paese alla fine del XX secolo.

sommario

Nel '68 esplose anche in Italia la contestazione studentesca, con caratteri di particolare radicalità. Nacquero, fra il '68 e il '70, i gruppi extraparlamentari di estrema sinistra. Il '69 fu segnato da intense agitazioni operaie (l'"autunno caldo"), che videro fra i protagonisti i lavoratori immigrati al Nord. Le lotte si conclusero con forti aumenti salariali e con un rafforzamento delle confederazioni sindacali. Al crescere della conflittualità politica e sociale la classe dirigente non seppe rispondere in modo adeguato. Nel 1970 furono approvati tuttavia alcuni importanti provvedimenti: Statuto dei lavoratori, istituzione delle regioni, divorzio.

Dopo la strage di piazza Fontana del 12 dicembre 1969, si aprì per l'Italia una lunga stagione di violenze e di attentati, riconducibili alla destra eversiva e finalizzati a incrinare le basi dello Stato democratico e a favorire soluzioni autoritarie. L'impotenza dimostrata dai poteri pubblici rifletteva profonde divisioni all'interno dello schieramento di governo. Fra il 1972 e il 1973 si ebbero le prime manifestazioni del terrorismo di sinistra, che, negli anni successivi, si sarebbe reso protagonista di una serie di azioni sanguinose. Intanto la situazione economica ritornava preoccupante per gli effetti della crisi petrolifera. Gli equilibri politici cominciarono a modificarsi dopo il successo del referendum sul divorzio (1974) che confermò i profondi cambiamenti della società in contrasto con le posizioni della Chiesa e della Dc. La nuova politica del "compromesso storico", annunciata dal segretario del Pci Berlinguer (1973), favorì i successi elettorali dei comunisti ('75-76).

Per affrontare i problemi suscitati dalla crisi economica e dal terrorismo di destra e di sinistra, nel 1978 fu formato un governo di "solidarietà nazionale", a guida Dc con l'appoggio di tutte le maggiori forze politiche, compreso il Pci. Proprio allora le Brigate rosse (il più importante gruppo terrorista di sinistra) compirono la loro azione più clamorosa: il rapimento e l'assassinio di Moro. Nonostante alcune leggi di contenuto sociale – equo canone e riforma sanitaria – il programma riformatore del governo di "solidarietà nazionale" non riuscì a realizzarsi, mentre si accentuarono i contrasti tra le forze politiche, che già si erano divise sull'atteggiamento da tenere durante il sequestro Moro.

Negli anni '80, esauritasi l'esperienza della "solidarietà nazionale", si ebbero per la prima volta governi a guida non democristiana, con il repubblicano Spadolini e poi con il socialista Craxi. Tra i problemi maggiori affrontati dall'esecutivo, quelli dell'espansione abnorme della spesa pubblica e del dilagare della malavita organizzata, mentre il terrorismo, dopo la legge sui "pentiti", risultava sostanzialmente sconfitto.

I contrasti interni alla maggioranza portarono, nell'87, alla crisi del governo Craxi e a nuove elezioni anticipate, che segnarono un progresso del Psi e un calo del Pci, e soprattutto l'emergere di nuove forze politiche: gli ambientalisti (i Verdi) e le leghe regionali (presenti soprattutto in Veneto e in Lombardia). Dopo le elezioni la coalizione si ricostituiva, dando vita a nuovi governi a guida democristiana. Si accentuava frattanto nell'opinione pubblica la critica alle disfunzioni del sistema politico e l'attesa delle riforme istituzionali.

I primi anni '90 videro aggravarsi i fattori di crisi, sia sul terreno dell'economia (rallentamento della produzione, aumento del debito pubblico), sia su quello della convivenza civile (ripresa dell'offensiva mafiosa, dilagare della corruzione). Sul piano politico, le maggiori novità furono la trasformazione del Pci in Partito democratico della sinistra e l'emergere di nuovi movimenti estranei al sistema dei partiti (Verdi, Lega Nord). Dopo le elezioni dell'aprile 1992, che segnavano la sconfitta dei partiti tradizionali, delegittimati dalle inchieste della magistratura

(Tangentopoli), e il forte incremento della Lega Nord, il governo presieduto da Giuliano Amato ottenne alcuni successi nell'affrontare l'emergenza economica. Il referendum dell'aprile 1993 impose il passaggio al sistema maggioritario uninominale, confermato dalle nuove leggi elettorali. Dopo le dimissioni di Amato (aprile) il governo Ciampi affrontò la difficile situazione economica e finanziaria del paese, mentre le forze politiche si preparavano a un nuovo confronto elettorale.

Le elezioni del marzo '94, tenutesi col nuovo sistema maggioritario uninominale, si svolsero in un quadro politico trasformato: mentre il Psi non riusciva a recuperare la sua immagine dopo le inchieste giudiziarie di Milano, la Dc assumeva il nome di Partito popolare italiano e il Msi avviava la sua trasformazione in Alleanza nazionale, per segnare una rottura col passato neofascista. Nasceva, soprattutto, una nuova forza politica, Forza Italia, ad opera dell'imprenditore televisivo Silvio Berlusconi, che promosse un cartello elettorale con la Lega Nord nell'Italia settentrionale (Polo delle libertà) e con Alleanza nazionale nel Centro-Sud (Polo del buon governo), vincendo le elezioni contro la coalizione di centro-sinistra (i Progressisti). Il governo Berlusconi cadde però dopo solo sette mesi per i contrasti con la Lega. Gli succedette un ministero di tecnici presieduto da Lamberto Dini e sostenuto da uno schieramento di centro-sinistra. Le nuove elezioni anticipate (aprile '96) furono vinte dalla coalizione di centro-sinistra (l'Ulivo).

Il nuovo governo presieduto da Romano Prodi affrontò il grave problema del deficit di bilancio riuscendo a ridurlo nel corso del 1997, fino a rientrare nei parametri indicati dal trattato di Maastricht per l'ingresso nel 1998 dell'Italia nell'Unione monetaria. Nel 1998 il governo Prodi cadde e fu sostituito da un nuovo centro-sinistra guidato da D'Alema. Nel 1999 l'Italia partecipò con gli altri paesi della Nato all'intervento militare in Kosovo. Nel 2000, al governo D'Alema ne succedette un altro di centro-sinistra presieduto da Amato. Alla fine della legislatura la maggioranza approvò una legge costituzionale che ampliava i poteri degli enti locali.

biblio grafia

In generale, oltre ai volumi già citati nella bibliografia del cap. 20: G. Sabbatucci-V. Vidotto (a cura di), *Storia d'Italia*, VI, *L'Italia contemporanea*, Laterza, Roma-Bari 1999; G. Crainz, *Il paese reale. Dall'assassinio di Moro all'Italia di oggi*, Donzelli, Roma 2012; A. De Bernardi, *Un paese in bilico. L'Italia degli ultimi trent'anni*, Laterza, Roma-Bari 2015 (ed. or. 2014).

Sulle trasformazioni sociali: P. Sylos Labini, *Le classi sociali negli anni '80*, Laterza, Roma-Bari 1986; P. Ginsborg, *L'Italia del tempo presente. Famiglia, società civile, Stato 1980-1996*, Einaudi, Torino 2007 (ed. or. 1998); V. Vidotto, *Italiani/e. Dal miracolo economico a oggi*, Laterza, Roma-Bari 2005.

Sulla storia politica: P. Ignazi, *Il potere dei partiti. La politica in Italia dagli anni Sessanta a oggi*, Laterza, Roma-Bari 2002; C. Guarnieri, *Il sistema politico italiano*, Il Mulino, Bologna 2016 (ed. or. 2006). Su Craxi e il Psi: S. Colarizi-M. Gervasoni, *La cruna dell'ago. Craxi, il partito socialista e la crisi della Repubblica*, Laterza, Roma-Bari 2005; L. Musella, *Craxi*, Salerno, Roma 2007. Sul Pci: G. Chiarante, *La fine del PCI. Dall'alternativa democratica di Berlinguer all'ultimo Congresso (1979-2001)*, Carocci, Roma 2009.

Sui movimenti di contestazione: A. Bravo, *A colpi di cuore. Storie del sessantotto*, Laterza, Roma-Bari 2008; F. Socrate, *Sessantotto. Due generazioni*, Laterza, Bari-Roma 2018; L. Falciola, *Il movimento del 1977 in Italia*, Carocci, Roma 2015; A. Gagliardi, *Il '77 tra storia e memoria*, Manifestolibri, Roma 2017. Sul movimento femminista in Italia: T. Bertilotti-A. Scattigno (a cura di), *Il femminismo degli anni Settanta*, Viella, Roma 2005; F. Lussana, *Il movimento femminista in Italia. Esperienze, storie, memorie (1965-1980)*, Carocci, Roma 2012.

Sulla violenza politica e il fenomeno del terrorismo: D. della Porta (a cura di), *Terrorismi italiani*, Il Mulino, Bologna 1984; Ead., *Il terrorismo di sinistra*, Il Mulino, Bologna 1990; M. Clementi, *Storia delle Brigate Rosse*, Odradek, Roma 2007; G. Panvini, *Ordine nero, guerriglia rossa: la violenza politica nell'Italia degli anni Sessanta e Settanta*, Einaudi, Torino 2009; M. Lazar-M.-A. Matard-Bonucci, *Il libro degli anni di piombo. Storia e memoria del terrorismo italiano*, Rizzoli, Milano 2010 (ed. or. 2010). Sul delitto Moro, si vedano A. Giovagnoli, *Il caso Moro. Una tragedia repubblicana*, Il Mulino, Bologna 2018 (ed. or. 2005) e, per un'analisi degli scritti dello statista democristiano durante il sequestro, M. Gotor, *Il memoriale della Repubblica. Gli scritti di Aldo Moro dalla prigionia e l'anatomia del potere italiano*, Einaudi, Torino 2011.

Sugli anni '80: M. Gervasoni, *Storia dell'Italia degli anni ottanta*, Marsilio, Venezia 2010; i tre volumi (*Fine della Guerra fredda e globalizzazione*; *Il mutamento sociale*; *Istituzioni e politica*) di AA.VV., *L'Italia contemporanea dagli anni Ottanta a oggi*, Carocci, Roma 2014.

Sui mutamenti politici dei primi anni '90: L. Cafagna, *La grande slavina*, Marsilio, Venezia 2012 (ed. or. 1993); L. Caracciolo, *Terra incognita. Le radici geopolitiche della crisi italiana*, Laterza, Roma-Bari 2001; e, in generale sulla Seconda Repubblica, S. Colarizi-M. Gervasoni, *La tela di Penelope. Storia della seconda repubblica*, Laterza, Roma-Bari 2014 (ed. or. 2011).

Sulle nuove forze politiche: P. Ignazi, *Dal Pci al Pds*, Il Mulino, Bologna 1992; I. Diamanti, *La Lega. Geografia, storia e sociologia di un nuovo soggetto politico*, Donzelli, Roma 1995 (ed. or. 1993); Id., *Il male del Nord. Lega, socialismo, secessione*, Donzelli, Roma 1996.

Sul berlusconismo: P. Ginsborg-E. Asquer, *Berlusconismo. Analisi di un sistema di potere*, Laterza, Roma-Bari 2011; G. Orsina, *Il berlusconismo nella storia d'Italia*, Marsilio, Venezia 2013; P. Ignazi, *Vent'anni dopo. La parabola del berlusconismo*, Il Mulino, Bologna 2014.

27. La terza rivoluzione industriale e la globalizzazione

27.1. La rivoluzione informatica

Le nuove tecnologie

Negli ultimi decenni del '900, il mondo industrializzato fu investito da un'ondata di innovazioni tecnologiche paragonabile a quella che, un secolo prima, aveva dato corpo alla seconda rivoluzione industriale. Come alla fine dell'800, l'emergere di nuove tecnologie e di nuovi settori produttivi – il siderurgico, il chimico, l'elettrico – aveva mutato profondamente le strutture economiche e la stessa vita quotidiana nei paesi più sviluppati, così ora si assisteva al declino di interi settori industriali che avevano svolto un ruolo centrale per oltre un secolo, all'affermarsi di nuove produzioni, all'aprirsi di nuovi campi di attività. Il nucleo propulsore di questo processo di trasformazione stava nell'elettronica, cioè quella branca della fisica che studia il movimento degli elettroni e le sue applicazioni alla tecnologia: già nella prima metà del '900 l'elettronica era stata alla base di alcune fondamentali scoperte nel campo dei sistemi di trasmissione delle informazioni a distanza, ovvero delle telecomunicazioni. Nella seconda metà del secolo, i progressi dell'elettronica si intrecciarono con lo sviluppo di una nuova disciplina: l'informatica, ossia la scienza applicata che si occupa della gestione e della trasmissione delle informazioni mediante procedure automatiche. Da qui nacque, negli anni '70, una nuova branca della disciplina: la telematica, ossia l'applicazione delle tecniche dell'informatica al settore delle telecomunicazioni, resa possibile anche grazie all'adozione delle fibre ottiche in luogo dei vecchi fili di rame.

Il computer

Protagonista e simbolo di questa rivoluzione tecnologica fu l'elaboratore elettronico, in inglese *computer*. I computer sono macchine da calcolo elettroniche, capaci di riprodurre in qualche misura i meccanismi di funzionamento del cervello umano, di eseguire operazioni matematiche senza possibilità di errore in tempi infinitamente più brevi di quelli consentiti all'uomo; di immagazzinare nelle loro "memorie" una serie di dati da richiamare poi all'occorrenza; di reagire, se opportunamente programmati, a impulsi esterni e di comandare, in base a questi impulsi, l'attività di altre macchine.

I primi calcolatori erano stati realizzati già durante la seconda guerra mondiale. Ma, basati sull'uso di componenti elettromeccaniche (i *relè*, comunemente impiegati nella telefonia), erano soggetti a usura, oltre che molto ingombranti. La sostituzione del relè prima con la valvola termoionica e poi col transistor consentì, nel corso degli anni '50, di ridurre enormemente le dimensioni dei computer e di aumentarne la potenza di calcolo, l'affidabilità e la complessità.

Il circuito integrato e il pc

Un ulteriore salto qualitativo fu compiuto nel decennio successivo con l'introduzione, da parte dell'americana Ibm (*International Business Machines Corporation*), del circuito integrato (*chip*): una piastrina di silicio sulla quale possono essere riprodotte, in forma miniaturizzata, le funzioni di un'intera rete di transistor. La svolta decisiva fu realizzata dalla società americana Intel che, all'inizio degli anni '70, mise a punto il microprocessore, un circuito integrato di ridottissime dimensioni che agisce come "cervello" di un computer, segnando il passaggio dall'elettronica alla microelettronica. Nascevano così i computer della "terza generazione": apparecchi che non solo vantavano, rispetto ai loro predecessori, dimensioni ancora più ridotte, velocità di calcolo ancora maggiore – oltre alla possibilità di collegare molti apparecchi periferici ("terminali") a una sola memoria centrale –, ma avevano anche costi di produzione sensibilmente più bassi. E questo fu certo un fattore decisivo per far uscire il computer dall'ambito dei laboratori specializzati e degli istituti di ricerca, per farlo entrare nel mondo della produzione di massa e trasformarlo in uno strumento individuale di uso comune (personal computer, in sigla pc).

Infine la digitalizzazione, a partire dagli anni '80, del suono e delle immagini (cioè la loro trasposizione in un formato numerico), resa possibile dalla sempre maggiore velocità e capacità di memoria dei computer, consentì di unificare i linguaggi e di far circolare informazioni di diversa natura (testi, audio, foto, video) sugli stessi canali di comunicazione.

Il boom della tecnologia digitale

Alla metà degli anni '70, per iniziativa di alcuni giovani e geniali imprenditori, videro la luce alcune imprese che avrebbero dato un contributo fondamentale allo sviluppo del settore, come la Apple, creata da Steve Jobs, e la Microsoft, fondata da Bill Gates. Nata negli Stati Uniti (in particolare in California), la nuova industria trovò un terreno favorevole di diffusione in Asia (Giappone, Corea del Sud, Cina, Malesia) e invase con le sue tecnologie tutti i principali comparti produttivi. Oggi i prodotti della rivoluzione informatica non solo sono oggetti familiari per gran parte della popolazione, anche nelle aree meno sviluppate, ma sono incorporati in una gran quantità di apparecchi di uso corrente: automobili (la quantità di elettronica computerizzata contenuta oggi in una normale autovettura è superiore a quella delle prime navicelle spaziali), elettrodomestici, impianti per il condizionamento termico e per la riproduzione del suono, orologi e apparecchi fotografici, e soprattutto telefoni cellulari, un'altra innovazione chiave che, introdotta per la prima volta nel 1983, applicata su larga scala dall'inizio degli anni '90 e poi diffusasi in tutto il mondo con straordinaria rapidità, ha contribuito come poche altre a cambiare le forme della comunicazione e le relazioni interpersonali. Questo insieme di innovazioni ha profondamente trasformato il sistema delle comunicazioni di massa. Non solo sono aumentati i mezzi con i quali poter trasmettere le informazioni, dal telefono cellulare alla tv digitale, ma i diversi canali di trasmissione sono stati accorpati in un unico apparecchio di dimensioni ridotte: con i computer e, soprattutto, con i più recenti *tablet* e *smartphone*, è possibile infatti vedere film, ascoltare musica, fare telefonate o “navigare” su Internet.

27.2. La Rete

Internet

Una delle più importanti novità collegate alla rivoluzione informatica fu lo sviluppo rapidissimo di Internet. Alla fine degli anni '60, era stata istituita negli Stati Uniti, per iniziativa delle forze armate, una rete di connessione fra diversi computer (Arpanet), che costituiva un sistema di comunicazione capillare e sicuro, in grado di resistere anche a una guerra nucleare. Parallelamente fu realizzato un collegamento tra i grandi calcolatori di alcune università americane, che negli anni successivi coinvolse anche altri paesi. All'inizio degli anni '80 le forze armate statunitensi diedero vita a una propria rete separata, mentre le reti civili, che collegavano soprattutto centri di ricerca e università, vennero unificate. Nacque in questo modo Internet, che inizialmente offriva servizi dedicati a particolari comunità di utenti. Una svolta decisiva si ebbe nel 1991, quando il Cern (Consiglio europeo per la ricerca nucleare) di Ginevra creò il primo *server* World Wide Web (www) per permettere agli scienziati di scambiarsi informazioni composte da testi e immagini. Da allora cominciò la grande espansione della Rete tra gli utenti privati: si diffuse l'uso della posta elettronica (*e-mail*), già sperimentata all'inizio degli anni '70; nacquero i primi siti, si affermarono i grandi provider (ossia le società che organizzano l'accesso alla Rete), cominciò a muovere i primi passi il commercio a distanza (*e-commerce*). Il successo di Internet fu immediato, soprattutto tra le generazioni più giovani e istruite.

Una diffusione capillare

La novità si diffuse con una rapidità impensabile per altri strumenti di informazione o altri generi di consumo: nel 1995, a solo quattro anni dalla sua nascita, la Rete contava già 50 milioni di soggetti collegati.

Il numero dei "navigatori" da allora aumentò costantemente, prima nei paesi del Nord America e dell'Europa settentrionale poi nelle nazioni di nuova industrializzazione. Si è stimato che gli utenti della rete Internet nel mondo fossero circa due miliardi e mezzo nel 2012, tre miliardi e 700 milioni (più di metà della popolazione mondiale) nel 2017. Internet contribuì così a modificare i modi di espressione e gli orizzonti culturali di milioni di persone, grazie alla possibilità di collegarsi a fonti di informazione sparse su tutto il pianeta e alla maggiore facilità di confronto fra culture e opinioni diverse.

I social network

All'inizio del terzo millennio, nuovi cambiamenti rivoluzionarono le forme di utilizzo di Internet e introdussero nuove possibilità di partecipazione, segnando il passaggio al cosiddetto Web 2.0. L'utente, che nei primi anni era per lo più un lettore di contenuti scritti da altri, fu messo in condizione di intervenire attivamente attraverso i blog, i forum, le chat, di partecipare alla realizzazione di progetti comuni (come nel caso dell'enciclopedia online *Wikipedia*) e di condividere fotografie, filmati e brani musicali. La nascita dei social network, ovvero siti aperti in cui ciascuno può creare personali reti di contatti, ha reso più facile scambiare messaggi, riflessioni e materiali multimediali. L'importanza di questa nuova forma di comunicazione è testimoniata dal successo ottenuto in breve tempo dal più diffuso dei social network, Facebook, che nel 2017 contava circa due miliardi di utenti; nonché dallo straordinario utilizzo di alcuni programmi software (le "applicazioni") di messaggistica: fra questi WhatsApp, che, nato nel 2009, era utilizzato nel 2017 da un miliardo di persone in tutto il mondo.

27.3. Economia globale e finanza internazionale

La globalizzazione economica

Negli ultimi decenni del XX secolo, il mondo entrò in una fase di crescente integrazione economica e finanziaria, che oggi viene generalmente definita "globalizzazione". L'integrazione non costituiva di per sé una novità. Le economie capitalistiche avanzate si erano mosse sempre su scala planetaria. E sulla stessa dimensione mondiale erano stati costruiti i grandi imperi delle potenze coloniali europee. A partire dalla fine del '900, tuttavia, continenti e nazioni strinsero legami economici fitti e consistenti come mai in passato. Determinante fu innanzitutto il miglioramento dei sistemi di trasporto. I voli aerei più economici, la maggiore velocità dei trasporti su gomma e su rotaia, la costruzione di navi più grandi ed efficienti e l'uso dei container per il trasporto marittimo consentirono di trasferire grandi quantità di merci e di persone a costi notevolmente più bassi, in tempi più rapidi e in condizioni di sicurezza e comodità superiori rispetto a quanto fosse possibile anche nei decenni immediatamente precedenti.

Un ulteriore fondamentale contributo all'integrazione economica internazionale venne dai progressi nei sistemi di comunicazione (in particolare Internet) e dall'uso di una lingua veicolare comune – l'inglese – che resero più veloce ed economica la circolazione delle idee e delle informazioni. Infine, come vedremo meglio più avanti, gli scambi commerciali furono facilitati dall'abbattimento di molte barriere create artificialmente dall'uomo, come i dazi doganali e le leggi che limitavano la circolazione delle merci [►27.4].

La mondializzazione della finanza

Come l'integrazione commerciale, anche la globalizzazione della finanza fu il risultato sia dei miglioramenti tecnologici che consentirono di far circolare informazioni da una parte all'altra del mondo in pochi istanti, sia delle scelte dei governi nazionali che, a partire dalla metà degli anni '70, ridussero o cancellarono i vincoli ai movimenti dei capitali. Gli intermediari finanziari potevano ormai spostare le loro attività da una Borsa all'altra, attraverso nazioni, continenti e fusi orari, operando 24 ore su 24.

I mercati finanziari diventarono non solo strettamente connessi fra loro, ma sempre più svincolati dagli elementi materiali dell'economia. Oggi, infatti, solo una piccola percentuale dei capitali in movimento è destinata ad acquistare merci o a finanziare attività produttive, mentre la gran parte viene spostata per acquisire titoli finanziari che garantiscano alti rendimenti o per investire su titoli o monete nella speranza di rivenderli in un secondo tempo a un valore più alto. Nel grande mercato finanziario globale vengono scambiate non solo valute, azioni (rappresentative dei capitali investiti nelle imprese) e obbligazioni (titoli di debito che attribuiscono al possessore il diritto al rimborso del capitale prestato e al guadagno di un interesse) ma, in misura crescente, nuove tipologie di titoli "atipici": così chiamati in quanto non previsti dalle leggi che regolano i mercati, ma creati dall'iniziativa dei privati e soggetti a controlli meno stretti. Questi titoli si basano sulla variazione nel futuro del prezzo di un bene materiale e finanziario, e quindi implicano un rischio elevato per l'investitore.

Le bolle speculative

L'accelerata circolazione dei capitali offrì dunque nuove possibilità di investimento ai grandi finanzieri come ai piccoli risparmiatori. Al tempo stesso, però (com'era accaduto per il boom azionario americano alla fine degli anni '20 [▶13.2]), consentì la formazione di ricchezze artificiali, non commisurate al valore effettivo dei beni reali, innescando rischi fortissimi: lo si vide alla fine degli anni '90, con l'esplosione della bolla speculativa provocata dalla crescita abnorme dei valori azionari di imprese legate alla "nuova economia" (quella nata con lo sviluppo dei computer e delle comunicazioni in rete); e il fenomeno si sarebbe ripetuto su scala più ampia nel 2007-8, quando la crisi dei cosiddetti "derivati" (strumenti finanziari il cui prezzo è legato al valore di altri titoli, spesso ad alto rischio) mise in grave difficoltà il sistema bancario statunitense e mondiale, innescando una crisi economica che sarebbe diventata presto mondiale [▶30.1].

27.4. Il governo dell'economia mondiale e la tutela dell'ambiente

G8 e Wto

Nell'epoca della globalizzazione, i governi delle maggiori potenze occidentali si impegnarono non solo per la riduzione di vincoli e ostacoli agli scambi, ma anche per l'istituzione di regole condivise e di nuovi organismi sovranazionali. La prima iniziativa, nata già nel 1975 da un'idea del presidente francese Giscard d'Estaing mentre era ancora in atto la crisi petrolifera, si tradusse nella convocazione di una serie di vertici annuali fra i governi dei paesi più industrializzati: all'inizio erano solo

Gli Stati membri del Wto (2018)

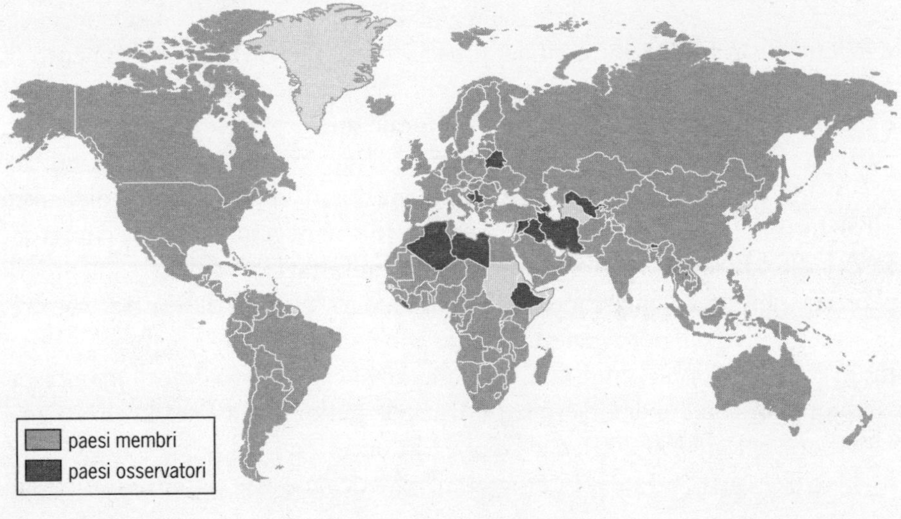

cinque (Usa, Giappone, Germania, Francia, Gran Bretagna), poi diventarono sette, con l'ammissione di Italia e Canada e infine otto – da cui la sigla G8, dove G sta per "gruppo" – con l'ingresso della Russia postcomunista.

La volontà di incentivare gli scambi fu poi all'origine dell'istituzione della Wto (*World Trade Organization*, "Organizzazione mondiale del commercio"), che sostituiva gli accordi stipulati alla fine della seconda guerra mondiale (Gatt) [▸18.1]. Fondato nel 1995, dopo lunghi negoziati, con lo scopo di coordinare e favorire la liberalizzazione del commercio internazionale, l'organismo contava, nel 2016, 164 Stati membri (comprese Cina e Russia), che rappresentavano il 97% del commercio mondiale. Un segno evidente di quanto i processi di globalizzazione dell'economia coinvolgessero il pianeta in tutta la sua estensione.

Le politiche ambientaliste

Il tentativo di coordinare l'azione dei governi nazionali sulle questioni di interesse comune non riguardò solo la dimensione economica. Gli sforzi per una comune azione internazionale volta a ridurre l'inquinamento e a favorire uno sviluppo sostenibile, avviati negli anni '90 [▸22.2], proseguirono nel nuovo millennio, grazie anche alla svolta impressa alla politica statunitense dalla presidenza Obama [▸30.2]. Si tennero, sotto il patrocinio delle Nazioni Unite, incontri periodici che portarono, nel dicembre 2015, al varo dell'Accordo di Parigi, un documento con cui 196 paesi si impegnavano a combattere contro le conseguenze del riscaldamento globale e a limitare le emissioni di gas inquinanti. L'attuazione di queste misure incontrava però serie difficoltà, per l'assenza di procedure vincolanti e di tempi certi di applicazione, oltre che per le resistenze di alcune fra le maggiori potenze industriali.

Il movimento "no global"

Contro gli assetti economici internazionali e le forme assunte dalla globalizzazione, e contro la mancata attenzione al problema ambientale, prese sempre più forza un movimento di protesta, anch'esso diffuso su scala mondiale, che raccoglieva organizzazioni e gruppi di provenienza politica e culturale anche molto diversa e solo in parte riconducibili alla sinistra tradizionale. Nato già agli inizi degli anni '90, questo movimento, tuttavia, non trovò spazio sui media sino al dicembre 1999, quando nella città statunitense di Seattle, in occasione di una conferenza del Wto, furono organizzate le prime manifestazioni, a tratti violente, di protesta: per questo inizialmente fu denominato "popolo di Seattle" mentre, in seguito, divenne noto genericamente come movimento "no global". Privo di un'organizzazione unitaria, il movimento si espresse in grandi manifestazioni di piazza in cui emersero soprattutto le minoranze più radicali, come a Göteborg nel giugno 2001 e a Genova in occasione del vertice del G8 nel luglio successivo [▸31.2]. I "no global" chiedevano alle potenze industriali di cancellare il debito estero contratto dai paesi in via di sviluppo [▶28.5 e 28.7], di adottare nuove e più restrittive regole nel commercio internazionale, di limitare le attività delle multinazionali nelle regioni più povere del pianeta, di difendere le identità e i sistemi produttivi locali e, più in generale, di impegnarsi per realizzare una distribuzione più equa delle ricchezze.

27.5. Le trasformazioni nel mondo del lavoro e dell'industria

La delocalizzazione

I processi di globalizzazione si accompagnarono anche ai profondi cambiamenti nel mondo del lavoro e in qualche misura contribuirono a determinarli. In particolare, a partire dagli anni '80, diventarono sempre più frequenti gli spostamenti della produzione da una nazione all'altra. Il controllo informatico e la velocità delle comunicazioni consentirono a molte imprese – non solo le grandi multinazionali, ma anche le piccole e le piccolissime – di decentrare la produzione nei paesi dove il costo del lavoro era più basso, soprattutto in Europa orientale, in Asia e in America Latina, riuscendo a mantenere elevata la qualità e ad abbassare i costi, grazie alla disponibilità di una manodopera disposta ad accettare salari ridotti, orari più lunghi e dure condizioni di lavoro. La cosiddetta "delocalizzazione" determinava così, assieme a nuove opportunità di lavoro e di guadagno, la propagazione di drammatiche forme di sfruttamento, anche minorile. Il fenomeno ebbe inoltre ripercussioni sui lavoratori dei paesi industrializzati, spesso costretti ad accettare un peggioramento delle proprie condizioni per evitare un trasferimento della produzione e quindi la perdita del lavoro. Si accentuava dunque, per i paesi dell'Europa occidentale e del Nord America, il rischio di perdere i privilegi di un benessere protetto solo da una superiorità tecnologica sempre più difficile da mantenere.

La società postindustriale

La delocalizzazione, insieme alle conseguenze della rivoluzione elettronica, accelerò la transizione dei paesi occidentali verso un tipo di società che è stato definito "postindustriale". In questi paesi il ruolo dominante delle attività industriali venne declinando a vantaggio del settore dei servizi. Il processo, in atto ormai da molti decenni [▶21.2], si era definito, nei primi anni '90, secondo una graduatoria che vedeva il terziario occupare il 67% della popolazione attiva nei maggiori paesi industriali, con un'oscillazione che andava dal 59% della Germania al 69% della Gran Bretagna, al 73% degli Stati Uniti e al 60% dell'Italia. Ridotta ormai l'agricoltura a un valore medio del 7% (ma del 3% negli Usa e del 2% in Gran Bretagna), l'industria manteneva percentuali di popolazione attiva superiori al 30% solo in Germania, Italia, Spagna e Giappone.

Lo sviluppo dei servizi, se da un lato faceva crescere la ricchezza prodotta e la manodopera impiegata in attività come i trasporti, le assicurazioni, le banche, il commercio, il turismo, le telecomunicazioni, dall'altro dava anche spazio a innumerevoli impieghi sottopagati e precari, i cosiddetti *macjobs* (dal modo in cui venivano chiamati i lavori nelle catene dei *fast-food* americani McDonald's). Ciò significava anche che il motore fondamentale delle attività economiche, la fabbrica, aveva perso quella centralità nel mondo della produzione e nelle relazioni sociali che era stata tipica della società industriale (sia capitalistica sia socialista).

La riorganizzazione della fabbrica: il "postfordismo"

Del resto anche l'organizzazione del lavoro in fabbrica era ormai cambiata: al modello produttivo "fordista" fondato sulla catena di montaggio e sulla grande fabbrica introdotto negli Stati Uniti da Henry Ford all'inizio del '900 [▶7.2] se ne era sostituito un altro, definito con il termine "postfordismo", che era stato adottato fin dagli anni '50 in Giappone dall'industria automobilistica Toyota. Il sistema fordista, rigidamente gerarchico, cedeva il passo a una struttura più flessibile e leggera – organizzata in unità produttive più piccole e specializzate in singole fasi della lavorazione – in grado di rispondere più rapidamente, e a costi più ridotti, alle domande del mercato e di adattarsi più agevolmente alle innovazioni tecnologiche. Il lavoro senza autonomia della catena di montaggio era sostituito da una strutturazione per gruppi (composti da operai, ingegneri, manager), in cui le mansioni esecutive si univano a compiti di controllo, in modo da realizzare un prodotto finito in tempi più brevi, con meno difetti di produzione e più a misura della clientela.

Date queste caratteristiche, il nuovo modello produttivo determinava il superamento della standardizzazione, sia sul versante della produzione sia su quello del consumo di massa, privilegiando invece l'offerta di una maggiore varietà dei prodotti. Si pensi alle innumerevoli varianti degli articoli di largo consumo, anche di beni durevoli (auto, elettrodomestici, apparecchi elettronici).

Lavoro flessibile e precariato

Un altro elemento caratterizzante della nuova organizzazione del lavoro è la flessibilità, sia nel settore industriale sia in quello terziario: l'occupazione stabile, con contratti a tempo indeterminato, è oggi largamente sostituita da forme di assunzione temporanea, talvolta anche per periodi molto brevi; ai lavoratori, inoltre, è richiesta, più che l'esecuzione di mansioni fisse, la capacità di adattarsi a svolgere operazioni e procedure diversificate.

La società dell'informazione

L'espressione "società postindustriale" non indica dunque un mondo senza industria, ma suggerisce che l'industria non è più l'asse portante delle attività produttive e delle relazioni umane e sociali. Ciò che connota la società postindustriale è invece il controllo dell'informazione, dei suoi linguaggi, delle sue procedure, dei suoi flussi. Produrre e vendere informazione definisce le nuove gerarchie di potere e di ricchezza, di dominio e di libertà.

Nelle società postindustriali c'è inoltre meno spazio per le contrapposizioni di classe di tipo tradizionale. Il che non significa che siano venuti meno i motivi di scontro. I conflitti si collocano però in ambiti diversi, meno condizionati dai sistemi di produzione: sono, per esempio, quelli che contrappongono le classi di età, soprattutto i giovani agli adulti, col rafforzarsi simbolico e rituale delle identità giovanili, o che vedono i settori meno garantiti contrapposti a quelli più tutelati dal sistema del *Welfare*. Altre aree conflittuali sono quelle in cui operano i movimenti delle donne, i movimenti ecologisti, i gruppi di tutela delle diversità etniche, linguistiche, religiose.

27.6. Mutamenti demografici e migrazioni

Le migrazioni

Il nuovo mondo globalizzato è attraversato non solo da ininterrotti flussi di merci e capitali, ma anche da imponenti spostamenti di popolazione: a partire dagli anni '60 del '900 la dimensione dei flussi migratori è andata infatti aumentando a un ritmo elevato. Neanche questo era un fenomeno nuovo: basti pensare che, tra la metà del XIX e i primi anni del XX secolo, si erano trasferiti nel continente americano circa 60 milioni di persone provenienti da tutto il mondo, Europa compresa. Nuove, però, erano le dimensioni del flusso e nuova la sua estensione planetaria. Nel 1990 si stimava la presenza di circa 154 milioni di persone emigrate da uno Stato all'altro, poi salite a 175 milioni nel 2000 e a 244 milioni nel 2015. Diversamente dalla grande ondata di un secolo prima, gli spostamenti interessavano in misura rilevante anche la forza-lavoro qualificata, ovvero persone con un buon livello di scolarizzazione, alcune delle quali in possesso della laurea.

I flussi

Gli spostamenti di popolazione hanno coinvolto tutti i continenti. Oltre ai flussi a lungo raggio verso le nazioni più ricche (dal Centro al Nord America, dalla riva sud a quella nord del Mediterraneo, dall'Europa orientale a quella occidentale, dal continente asiatico a quello europeo o americano) si sono registrati anche consistenti movimenti a corto raggio al di fuori dell'Occidente, per esempio all'interno dell'Africa o dell'Asia. La scelta delle destinazioni è condizionata da molti fattori, non solo geografici, economici e politici, ma anche culturali: la lingua, la religione, la presenza nel luogo di arrivo di comunità di connazionali già consolidate.

Migranti e rifugiati

Diverse anche le motivazioni che inducono grandi masse di uomini, donne e bambini ad abbandonare il loro paese con qualsiasi mezzo. Nella maggior parte dei casi, quelli che genericamente chiamiamo "migranti" sono spinti dalla fame o dalla ricerca di condizioni di vita migliori (si parla di "migranti economici"). Altro il caso di coloro che fuggono da guerre, stragi e persecuzioni politiche e religiose e che, in base alle regole stabilite dall'Onu, sono riconosciuti come "rifugiati", con diritto all'assistenza da parte dei paesi ospitanti. Nella pratica, però, questa condizione si rivela difficile da accertare, in assenza di canali istituzionali per selezionare gli arrivi, e ancora più difficile da gestire, vista la carenza di strutture adeguate per l'accoglienza.

L'immigrazione clandestina

In larga parte, le migrazioni verso l'Europa avvenivano (e avvengono) in forma clandestina: sia che seguissero un percorso via terra, la cosiddetta "rotta balcanica", che dalla Turchia, attraverso la Grecia e i paesi dell'ex Jugoslavia, puntava verso il Centro-Europa; sia che prevedessero, dopo lunghi viaggi verso le coste del Nord Africa, il passaggio del Mediterraneo su imbarcazioni di fortuna dirette soprattutto in Italia, Grecia, Spagna. Anche in questo caso, destinazione finale erano i paesi del

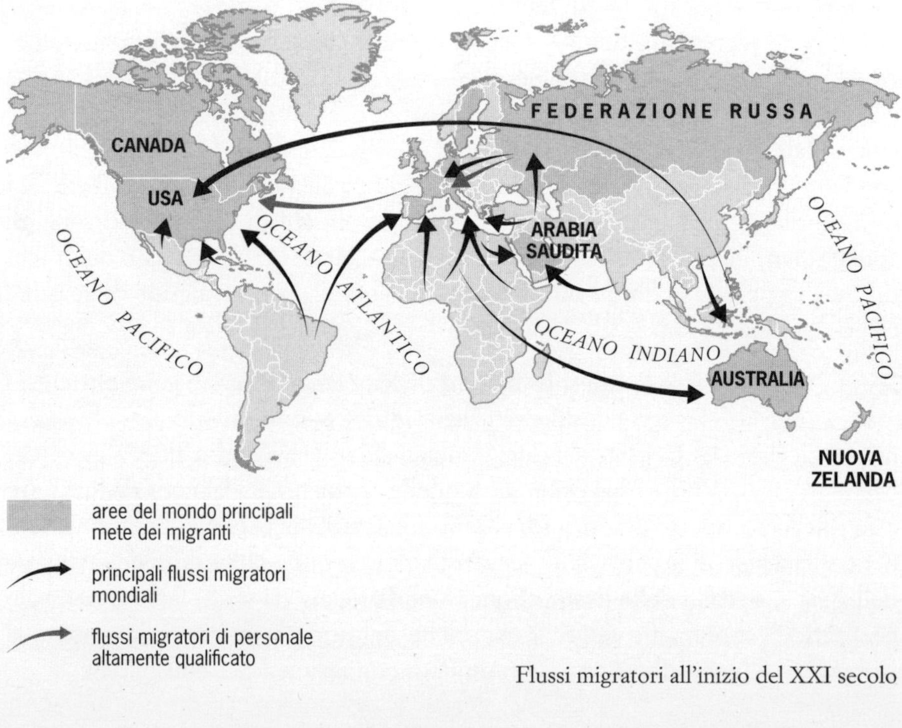

Flussi migratori all'inizio del XXI secolo

Centro e del Nord Europa, dove esistevano forti comunità di immigrati. A organizzare i viaggi via mare erano quasi sempre gruppi criminali nordafricani che, in cambio di somme considerevoli, trasportavano grandi quantità di migranti, in condizioni generalmente disumane e di grande pericolo, come dimostrano le cifre relative alle persone decedute durante la traversata: secondo stime forzatamente approssimative, oltre 30 mila migranti, in buona parte mai identificati, morirono nel Mediterraneo fra il 2001 e il 2016, con un picco nel 2015-16 dovuto anche all'intensificarsi dei conflitti armati nei paesi africani e nell'intero Medio Oriente [►30.8].

Il soccorso ai migranti

Il bilancio sarebbe ancora più grave senza gli interventi di soccorso in mare da parte delle marine militari, delle flotte commerciali e delle organizzazioni internazionali di volontariato. L'Italia, in particolare, si è trovata a svolgere in questa attività un ruolo importante, anche per la sua posizione geografica che ne fa la meta privilegiata delle imbarcazioni provenienti dal Nord Africa, soprattutto dalla Libia, in preda al caos dopo la caduta del regime di Gheddafi [►30.7].

Le reazioni alla società multietnica

Il carattere incontrollabile, e in apparenza inarrestabile, del fenomeno migratorio costituisce per le economie e per le opinioni pubbliche dei paesi industrializzati un problema di non facile soluzione, che ha dato luogo a reazioni di diverso segno. Da un lato si è manifestata – soprattutto nella sinistra, nelle Chiese cristiane e nella stessa cultura liberale – la tendenza a cogliere gli aspetti positivi dell'immigrazione: non solo in termini di afflusso di nuova forza-lavoro funzionale allo sviluppo economico (e pronta a svolgere mansioni poco appetibili per i giovani cresciuti nella società del benessere), ma anche in quanto apportatrice di nuovi valori, di nuove usanze, di nuove culture; da qui l'intensa attività delle organizzazioni di volontariato, cristiane e laiche, nel sopperire alle difficoltà dell'accoglienza. È in questo contesto che il multiculturalismo viene assunto come valore positivo, veicolando l'idea di una società multietnica, in cui le differenze culturali e religiose siano non solo ammesse come cosa normale (piuttosto che tollerate come eccezioni), ma anche adeguatamente protette e valorizzate, soprattutto in ambito scolastico. Dall'altro lato, il fenomeno migratorio ha suscitato reazioni di ansia e di rigetto, con punte di xenofobia o addirittura di razzismo, dando corpo all'antica paura dell'Occidente di vedersi fisicamente sommerso da ondate di popoli più numerosi e demograficamente più vitali. E la minaccia, vera o presunta, portata agli equilibri dei paesi ospiti dall'innesto degli immigrati (soprattutto se dotati di forte coesione culturale, com'è il caso dei musulmani) ha accentuato, per reazione, la tendenza alla riscoperta, e alla difesa gelosa, delle identità nazionali o religiose, già alimentata dalla caduta dei grandi sistemi ideologici.

parola chiave

Multiculturalismo

Questo termine, elaborato originariamente nell'ambito delle discipline antropologiche, indica il riconoscimento della pari dignità delle espressioni culturali di tutti i gruppi e comunità che convivono in una società. È un concetto che si fonda sull'idea che ciascun essere umano ha diritto a crescere dentro la propria cultura e la propria tradizione e non deve essere costretto ad assimilarsi a quelle della maggioranza. La parola "multiculturalismo" cominciò a circolare con insistenza negli Stati Uniti e in Canada durante gli anni '70 del '900, per poi diffondersi altrove nel decennio successivo. Inizialmente, il termine faceva riferimento soprattutto alla convivenza all'interno della società di etnie e culture diverse. Decisiva, al riguardo, era stata, negli Stati Uniti, la mobilitazione degli afroamericani per il riconoscimento dei diritti civili negli anni '60. E altrettanto importante era stata la decisione del governo canadese di avviare, all'inizio degli anni '70, una politica federale multiculturale per soddisfare le richieste delle minoranze, soprattutto di quella francofona. Ma presto si affermò anche un'accezione più ampia del concetto, che faceva riferimento a tutte le differenze presenti in una società. A ispirarla fu soprattutto l'esperienza dei movimenti collettivi degli anni '60, in particolare del femminismo, che rivendicava il riconoscimento della differenza di "genere". A quest'ultima si aggiunsero poi le differenze di orientamenti sessuali, di stili di vita, di credenze spirituali.

Oggi il tema del multiculturalismo è al centro del dibattito pubblico nelle società occidentali, non solo in quelle profondamente trasformate dall'immigrazione, e costituisce il principio legittimante di tutte le politiche destinate a garantire pari opportunità e quote di presenze (nelle università, in politica o negli uffici pubblici) a donne e minoranze culturali. La questione risulta strettamente intrecciata all'idea che lo Stato debba trattare con rispetto non solo il cittadino in quanto entità astratta, ma anche la persona col suo patrimonio di esperienze e di culture: ovvero che le istituzioni pubbliche debbano valorizzare anche ciò che rende diversi gli individui. Questa idea, però, pone a sua volta problemi nuovi, resi evidenti negli ultimi decenni soprattutto dalla crescita e dalla riscossa identitaria delle comunità islamiche immigrate in Occidente. Ci si chiede in particolare se l'ideale del rispetto per l'identità culturale di ogni singola comunità (comunitarismo) possa entrare in contrasto con i valori dello Stato di diritto e della stessa democrazia basata sull'uguaglianza dei cittadini, o quanto meno rendere più difficile il funzionamento di leggi e istituzioni che dovrebbero valere per tutti, al di là dei confini fra le comunità.

Nuovi equilibri demografici

Il grande flusso migratorio si collegava direttamente ai profondi cambiamenti nello sviluppo demografico intervenuti nelle diverse aree del mondo. In Europa e nell'America del Nord, caratterizzate sin dall'inizio del '900 da bassi tassi di mortalità e di natalità [▸21.1], il tasso di fecondità – ossia il numero medio di figli per ogni donna – scese ulteriormente, attestandosi alla fine del secolo sotto quota 2, ossia sotto la soglia della "crescita zero" (l'Italia raggiunse nel 1997 l'ultimo posto in questa classifica con un tasso di 1,2). Il calo demografico creava non pochi problemi proprio in relazione al mantenimento dei livelli di benessere raggiunti dalle società sviluppate. La contrazione delle nascite, unita al prolungamento della vita media, aumentava la percentuale degli anziani sul totale della popolazione (in Italia nel 2015 gli ultrasessantacinquenni erano oltre il 20%) e dunque la quota dei pensionati rispetto a quella dei lavoratori attivi: il numero di questi ultimi, peraltro, si assottigliava anche per l'accorciamento della vita lavorativa media (nelle società con alto livello di istruzione si tende a ritardare l'ingresso dei giovani nel mondo del lavoro). Tutto questo rendeva sempre meno sostenibili per la finanza pubblica i costi dei sistemi pensionistici e contribuiva ad aggravare quella crisi del modello di *Welfare State* che già aveva cominciato a manifestarsi nell'Europa degli anni '70 [▸22.1]. L'immigrazione rappresentava in questo senso un parziale riequilibrio, sia in termini assoluti (i nuovi arrivi bilanciavano in parte le minori nascite), sia riguardo alla composizione generazionale: gli immigrati erano prevalentemente giovani e quindi contribuivano all'abbassamento dell'età media.

Le aree povere

Nelle aree povere del mondo il tasso di natalità – ovvero il numero dei nati in un anno ogni mille abitanti – rimaneva elevato (fino al 50 per mille in alcuni paesi africani), anche se cominciò a calare fin dagli anni '70: più lentamente in Africa, più rapidamente in America Latina e in Asia. Questa tendenza diffusa era dovuta a fattori diversi. In qualche caso era aiutata da politiche demografiche attuate dai governi centrali e volte a incoraggiare con tutti i mezzi il controllo delle nascite: era questo il caso dei due paesi più popolosi del mondo, la Cina e l'India (rispettivamente 1388 e 1335 milioni nel 2017). Ma più spesso andava attribuita a fattori spontanei: la conquista di più elevati livelli di benessere, che immancabilmente portava con sé comportamenti demografici "moderni"; i processi, spesso tumultuosi, di urbanizzazione, che interessavano anche le aree più povere e portavano ad accalcarsi nelle grandi metropoli enormi masse di popolazione per lo più povera o poverissima, allontanandola dalle abitudini e dai comportamenti tipici delle società contadine. Nel 2016, le più estese aree metropolitane dei paesi asiatici (Shanghai e Pechino in Cina, Mumbai e Delhi in India, Karachi in Pakistan) raggiungevano o superavano i 20 milioni di abitanti, affiancandosi a San Paolo del Brasile, Città del Messico e New York, mentre in Africa Il Cairo e Lagos si attestavano intorno ai 15 milioni.

La crescita della popolazione mondiale

Nonostante il forte rallentamento della natalità (nel 1970-75 il tasso era di circa il 2%, mentre all'inizio del nuovo millennio scendeva all'1,2%), la popolazione mondiale continua ad aumentare, anche se a un ritmo meno rapido: dai 6 miliardi nel 2000 si è passati ai 7,5 nel 2017. Alcune stime parlano di oltre 9 miliardi nel 2050.

27.7. Questioni di genere

Donne e diritti civili

Negli ultimi decenni del '900, grazie anche alle battaglie femministe [▶21.8], l'emancipazione giuridica delle donne nei paesi economicamente più avanzati fece significativi passi avanti, vincendo le resistenze che ancora la ostacolavano. Per esempio, il principio di pari responsabilità nei confronti dei figli e nell'amministrazione dei beni familiari divenne legge in Italia nel 1975, in Portogallo nel 1978, in Spagna nel 1981 e in Grecia nel 1983.

Lavoro ed emancipazione economica

Sul terreno dell'emancipazione economica delle donne e della loro presenza nel mondo del lavoro, nonostante gli indubbi progressi, permanevano e permangono ancora, anche nelle società sviluppate, ritardi e disparità tra i sessi: negli incarichi più prestigiosi e meglio remunerati le donne costituiscono una minoranza, soprattutto nei paesi dell'Europa meridionale, mentre in molte famiglie il carico del lavoro domestico continua a essere distribuito in modo ineguale ai danni della parte femminile. Le donne, inoltre, sono state maggiormente penalizzate dalle conseguenze della crisi economica iniziata nel 2007-8: la disoccupazione femminile è cresciuta più di quella maschile ed è riemerso con forza il modello di organizzazione della famiglia basato sulla divisione tra lavoro retribuito dell'uomo e quello domestico svolto dalla donna. Per questo molti governi nazionali hanno promosso apposite politiche "attive" di "pari opportunità", per sostenere l'occupazione femminile e, in alcuni casi, per riservare alle donne posti di responsabilità in ambito politico, amministrativo o economico (le "quote rosa").

I ritardi dell'emancipazione nei paesi in via di sviluppo

Assai più limitati furono invece i progressi nelle condizioni di vita della popolazione femminile in molti paesi dell'Asia e dell'Africa e, in parte, dell'America Latina. La forza delle tradizioni culturali e religiose – soprattutto, ma non solo, di matrice islamica – che spesso relegavano la donna a un ruolo subordinato all'uomo, e i ritardi nei processi di modernizzazione ostacolarono lo sviluppo di un'emancipazione simile a quella in atto nei paesi occidentali. Così ancora oggi molte donne asiatiche, africane, sudamericane non vanno a scuola, eseguono solo faticosi e monotoni lavori domestici, non godono di alcuna autonomia economica e rimangono tutta la vita sotto la tutela degli uomini, prima i padri e poi i mariti. In molti paesi, al di là della mancanza di un riconoscimento legale dell'uguaglianza tra i sessi, risulta poco diffusa l'idea di un diritto della donna all'autorealizzazione personale.

La violenza di genere

In anni recenti sono cresciute, a livello internazionale, l'attenzione e la sensibilità verso i numerosi episodi di violenza sulle donne. Nonostante i cambiamenti sociali, economici e culturali che, seppure con modalità e conseguenze diverse, hanno segnato larghe aree del mondo, continuano a essere numerosi i casi di violenza domestica, gli stupri, le mutilazioni e i cosiddetti "femminicidi" (gli omicidi di donne uccise per motivi relativi alla loro identità di genere). In molti paesi si sono intraprese specifiche iniziative dei governi e campagne di sensibilizzazione che hanno puntato il dito non solo sul persistere di retaggi culturali arcaici e dinamiche patriarcali e autoritarie nelle relazioni di genere, ma anche sulla rappresentazione della figura femminile alimentata dai mezzi di comunicazione e dalla pubblicità. Rientra in questo quadro la decisione dell'Assemblea generale delle Nazioni Unite di designare il 25 novembre come "Giornata mondiale per l'eliminazione della violenza contro le donne".

L'omosessualità: diritti e discriminazioni

Negli ultimi decenni del '900 è cambiata anche la percezione generale dell'omosessualità. La cultura medica e psichiatrica abbandonò progressivamente l'idea che la relazione tra persone dello stesso sesso dovesse essere considerata una forma di perversione o di malattia, per considerarla invece come una delle molteplici varianti dell'affettività e della sessualità umana. Le leggi che punivano l'omosessualità vennero, già negli anni '60, progressivamente abolite (per esempio in Gran Bretagna nel 1967 e in Germania nel 1969). In tempi più recenti, sono state disciplinate legislativamente le unioni omosessuali, in tema, per esempio, di previdenza e di successione ereditaria. Il passo successivo, ossia la completa equiparazione giuridica al matrimonio civile, compreso il diritto di adottare figli, è stato compiuto in molti paesi occidentali all'inizio del XXI secolo, nonostante l'opposizione della Chiesa cattolica e di quanti, anche fra i laici, difendevano l'idea tradizionale della famiglia. Fra il 2000 e il 2015, il matrimonio fra persone dello stesso sesso fu riconosciuto in numerosi Stati europei (fra i primi Olanda e Belgio, poi i paesi scandinavi e anche paesi a maggioranza cattolica come la Spagna e l'Irlanda), del Nord America (Stati Uniti e Canada) e della stessa America Latina, a cominciare dal Brasile. In altri paesi, come la Francia e l'Italia [▸31.1], le unioni omosessuali sono state riconosciute e disciplinate, anche se non pienamente omologate al matrimonio.

Il contrasto all'omofobia

Per combattere pregiudizi e intolleranze ancora diffusi, diversi Stati dell'Occidente hanno approvato specifiche leggi contro l'"omofobia" (l'ostilità e la discriminazione nei confronti delle persone omosessuali). Più difficile rimane generalmente la condizione degli uomini e delle donne omosessuali nelle altre aree del mondo, dove spesso restano in vigore dure norme repressive e dove la larga diffusione di atteggiamenti di intolleranza sfocia in frequenti episodi di discriminazione e di violenza.

Il mutato atteggiamento nei confronti dell'omosessualità si inscrive in una rinnovata attenzione alle questioni di genere (in inglese *gender*): un termine con cui si fa riferimento all'identità sessuale come libera scelta di ruolo e di relazione con gli altri e non come semplice dato biologico.

27.8. Le religioni nel mondo contemporaneo

La ricerca del sacro

Se negli anni '70 del '900, i processi di secolarizzazione, alimentati dai cambiamenti della morale sessuale e dalla civiltà dei consumi, apparivano inarrestabili e generalizzati, nei decenni successivi si ebbe invece una significativa inversione di tendenza. A fronte di comportamenti individuali sempre meno rispondenti ai canoni tradizionali (come indicava l'aumento dei divorzi, dei legami extramatrimoniali e dell'utilizzo di metodi contraccettivi) si registrava una significativa ripresa della partecipazione alle credenze e alle pratiche religiose; una tendenza confermata dai dati statistici che, nel 2015, collocavano al primo posto le confessioni cristiane, con 2,4 miliardi di adepti; al secondo, con 1,7 miliardi, un islam in rapida espansione; a seguire, induisti e buddisti, rispettivamente con 982 milioni e 520 milioni di fedeli.

Si può dunque affermare che quello religioso resta ancora il riferimento culturale fondamentale per buona parte dei popoli del pianeta: nelle stesse società industrializzate la ricerca del sacro e del trascendente si fa ancora fortemente sentire, anche se a volte, anziché rivolgersi alle religioni "istituzionali", si esprime in movimenti minoritari, impropriamente definiti "sètte".

La Chiesa di Giovanni Paolo II

La Chiesa di Roma, in particolare, largamente maggioritaria in Europa (52%, esclusa l'ex Unione Sovietica) e soprattutto in America Latina (quasi il 90%), ha guadagnato posizioni nelle tradizionali terre di missione, Africa e Asia, compensando così quella tendenza allo svuotamento del suo nucleo dogmatico e all'abbandono della pratica dei sacramenti (alla riduzione, insomma, della fede a una generica cornice, a un indefinito senso di appartenenza) che si registrava in molti paesi europei pure classificati a maggioranza cattolica. Un ruolo importante nel rilancio planetario del cattolicesimo (e, indirettamente, anche nella crisi dei regimi comunisti) fu certamente svolto dal papa polacco Karol Wojtyła, salito al soglio pontificio nel 1978 col nome di Giovanni Paolo II. Il pontificato di Wojtyła, primo papa non italiano dopo quattro secoli e mezzo, si caratterizzò da un lato per l'intransigente difesa dei dogmi e dei culti tradizionali, dall'altro per la grande apertura ai problemi sociali e al dialogo con le altre religioni e con gli stessi non credenti: il tutto sottolineato da un attivismo senza precedenti che portò il pontefice a intraprendere una lunga serie di viaggi pastorali in ogni parte del mondo e a esporsi, come mai era accaduto prima a un papa, all'attenzione dei mass media.

Benedetto XVI

A Giovanni Paolo II, morto nell'aprile del 2005 dopo una lunga malattia e beatificato nel 2011, succedette, col nome di Benedetto XVI, il cardinale tedesco Joseph Ratzinger. Grande teologo e intellettuale raffinato, il nuovo papa si mosse in sostanziale continuità col suo predecessore (di cui era stato stretto collaboratore): sia nella prosecuzione del dialogo interreligioso, sia nella salvaguardia della tradizione e dell'ortodossia dottrinaria, soprattutto riguardo agli interrogativi aperti dagli sviluppi della ricerca scientifica e della medicina. Negli anni del suo pontificato, però, scoppiarono all'interno della Chiesa di Roma alcuni gravi scandali, legati da un lato alla scarsa trasparenza della banca vaticana (Ior, Istituto per le opere di religione) e alla diffusione non autorizzata di documenti riservati; dall'altro, cosa ancora più grave, alla denuncia di numerosi casi di pedofilia tra le file del clero cattolico, soprattutto nel Nord America. In questo clima di crescente difficoltà per le istituzioni vaticane, nel febbraio 2013 Benedetto XVI comunicava la decisione di rinunciare al pontificato: un gesto senza precedenti nell'epoca moderna e contemporanea, motivato da Ratzinger con i problemi derivanti dall'età avanzata.

Francesco

Si venne così a creare una situazione inedita con la coesistenza tra Benedetto XVI, "papa emerito" (questo il titolo ufficiale adottato) privo di ogni ruolo attivo nell'organizzazione ecclesiastica, e il nuovo papa, il gesuita argentino Jorge Mario Bergoglio, che assunse il nome di Francesco. Sin da questa scelta – un evidente richiamo a Francesco d'Assisi, una delle figure più amate dai fedeli cattolici – il nuovo papa intese richiamare l'attenzione sulla necessità, per la Chiesa, di praticare e predicare la rinuncia ai privilegi e ai beni materiali. La fase iniziale del suo pontificato si caratterizzò infatti per la rinnovata attenzione ai settori più svantaggiati della società, con una nuova sensibilità verso i problemi della povertà nel mondo globalizzato, ma anche per alcune significative aperture al mondo laico su temi attinenti ai comportamenti e alla sfera privata dei fedeli, come divorzio e omosessualità.

Fondamentalismo religioso e nuove Chiese

Un altro aspetto del rilancio religioso di inizio millennio fu la crescita dei fondamentalismi, ossia delle interpretazioni rigide dei testi sacri e delle applicazioni integrali dei precetti della fede. Vedremo nel capitolo successivo come uno di questi fondamentalismi, quello islamico, abbia assunto negli ultimi decenni forme aggressive e violente e mostrato inattese capacità di diffusione. Ma tendenze fondamentaliste si sono manifestate, seppure in forme meno bellicose, anche in altri culti religiosi: per esempio nelle nuove Chiese evangeliche nate negli Stati Uniti e in America Latina al seguito di carismatici predicatori.

27.9. Medicina e bioetica

Progressi e squilibri

L'aumento della durata media della vita dell'uomo, che, all'inizio del terzo millennio, risultava più che raddoppiata rispetto a un secolo prima, si dovette innanzitutto ai continui progressi realizzati dalla scienza medica. Va però ricordato che lo sviluppo delle conoscenze e delle *tecnologie biomediche*, se ha complessivamente accresciuto la qualità, oltre che la durata, della vita, ha ulteriormente allargato il divario, anche in questo campo, fra il Nord e il Sud del mondo: uno squilibrio che potrebbe essere ridotto mediante l'estensione degli interventi sanitari di base e la diffusione di pratiche elementari di assistenza, ma anche facilitando il trasferimento dei risultati della ricerca verso i paesi poveri.

Farmaci e diagnostica

I maggiori progressi si sono avuti nel campo dei farmaci cardiovascolari e antitumorali e nello sviluppo delle tecnologie diagnostiche, in particolare nella diagnostica per immagini. I medici dispongono ora, oltre che dell'ecografia con ultrasuoni, priva degli effetti collaterali delle radiazioni, della tomografia assiale computerizzata (Tac) che, attraverso la sofisticata utilizzazione del computer, consente di ottenere una precisa elaborazione delle immagini radiologiche e di individuare la presenza di tumori e di lesioni interne. A queste due tecniche, già largamente diffuse, si sono aggiunte la risonanza magnetica nucleare (Rmn), che utilizza le emissioni provenienti dal corpo stesso dopo l'attivazione di un campo magnetico, e la tomografia a emissione di positroni (Pet), impiegata diffusamente nella diagnosi dei tumori.

L'ingegneria genetica

Nel settore della medicina clinica un decisivo progresso si realizzò con l'applicazione dell'*ingegneria genetica*. La scoperta decisiva in questo campo risaliva al 1953, quando due biologi, il britannico Harry Crick e lo statunitense James Watson, individuarono la struttura dell'acido desossiribonucleico (Dna), responsabile della trasmissione ereditaria dei caratteri genetici negli esseri viventi. Gli sviluppi della genetica, offrendo la possibilità di selezionare le specie vegetali e animali, consentirono di migliorare la produttività nell'agricoltura e nell'allevamento e aprirono nuovi orizzonti anche in campo farmacologico. Molti farmaci di origine animale o umana (insulina, interferone, proteine) sono ricostruiti ormai in laboratorio con il vantaggio di ottenere maggiore purezza e tollerabilità.

Vecchie e nuove malattie

Mentre sembrano arginate o arginabili alcune malattie degenerative (come quelle cardiovascolari), e mentre notevoli progressi si sono registrati nella cura dei tumori (grazie soprattutto all'uso di terapie chimiche), sono riemerse malattie infettive che si ritenevano per gran parte debellate. Malaria, tubercolosi, dissenteria sono di nuovo sull'agenda della sanità mondiale non solo per i paesi più poveri, ma anche per alcuni di quelli più sviluppati, caratterizzati dalla presenza di condizioni di vita gravemente disagiate in alcuni settori della loro popolazione, soprattutto urbana. Così, sia negli Stati Uniti sia nell'ex Unione Sovietica, la tubercolosi ha avuto una preoccupante ripresa. Gli allarmi maggiori, a partire soprattutto dagli anni '80 del '900, sono stati però suscitati dalla diffusione di quella che fu definita, forse con eccessiva enfasi, la peste del nostro tempo: l'Aids (sindrome da immunodeficienza acquisita), che è provocata dal virus Hiv e che, abbattendo le difese immunitarie, espone l'organismo a ogni sorta di malattie, con conseguenze anche mortali. Il virus, che è stato isolato per la prima volta nel 1981 e ha come principale area di diffusione l'Africa subsahariana, si trasmette attraverso il sangue e si diffonde soprattutto, anche se non esclusivamente, attraverso i contatti sessuali. Per questo oggettivo legame con una liberalizzazione dei costumi solo di recente conquistata, la sua comparsa e la sua diffusione relativamente rapida hanno provocato notevoli traumi nei paesi industrializzati: dove pure il male colpisce solo settori minoritari della popolazione (in particolare omosessuali e tossicodipendenti), e dove si sono ottenuti buoni risultati nella cura grazie all'uso di una combinazione di farmaci peraltro molto costosi. Nei paesi più ricchi, l'Aids è dunque diventata simile a una patologia cronica, seppur grave, mentre, nelle aree povere, soprattutto dell'Africa subsahariana, la malattia miete ancora molte vittime, nonostante si sia esteso l'accesso ai farmaci e siano state lanciate campagne di educazione e di prevenzione.

Il dibattito sulla bioetica

Gli sviluppi recenti della medicina e della genetica hanno portato notevoli successi nella lotta contro le vecchie e le nuove malattie, ma hanno anche fatto emergere molte domande di ordine morale. È nata così una nuova disciplina, a metà fra scienza e filosofia, la bioetica, che affronta i problemi riguardanti la generazione della vita in forme assistite dalla scienza (come la fecondazione *in vitro* o l'"utero in affitto") o la possibilità di riprodurre la vita in laboratorio. È il caso ad esempio della clonazione, ossia il processo che consente di "copiare" un organismo partendo da una singola cellula: nel 1997, in Gran Bretagna fu creata in laboratorio per la prima volta una pecora (alla quale fu dato il nome Dolly). Altri problemi di ordine morale sono sorti intorno alla possibilità di ricostruire la sequenza del genoma umano, ossia il patrimonio genetico dell'uomo: ciò permette di individuare quelle variazioni che sono responsabili di determinate malattie, ma lascia aperto anche il rischio di poter manipolare i geni. Un acceso dibattito si è infine concentrato sull'utilizzo di cellule staminali (cellule non "specializzate", dotate della capacità di trasformarsi in diversi altri tipi di cellule) nella cura di gravi malattie neurologiche, cardiache e oncologiche, dove possono essere impiegate per generare tessuti e organi attivi.

Gli interrogativi morali

Problemi così complessi hanno sollecitato le istituzioni a confrontarsi con una materia in larga parte nuova e a inserire i problemi della biologia nell'ambito di intervento delle leggi e della politica. Ma hanno anche diviso l'opinione pubblica, ponendola di fronte a interrogativi pressanti: fin dove spingere il desiderio di procreare; dove finisce il dovere di curare e dove il diritto del paziente a essere curato; come introdurre criteri di equità per equilibrare l'ampiezza delle tecniche curative disponibili con l'impossibilità di fatto per moltissimi malati di accedervi. E ancora, se accanto al diritto alla vita si ponga anche il diritto a morire: se cioè le sempre più sofisticate tecniche di mantenimento in vita non configurino forme di eccesso terapeutico, sfide alla pietà della morte.

sommario

Gli ultimi decenni del '900 hanno segnato nuove trasformazioni nell'economia, che hanno avuto il loro centro propulsore nelle crescenti applicazioni dell'elettronica ai settori delle telecomunicazioni e dell'informatica. Alla metà degli anni '70, per iniziativa di alcuni imprenditori di grande talento, sorsero aziende (Microsoft e Apple) destinate a dare un contributo decisivo al successo mondiale dei personal computer. L'industria informatica ha ormai invaso con le sue tecnologie tutti i principali comparti produttivi: dalle automobili ai telefoni cellulari, un'innovazione che ha contribuito a trasformare le forme della comunicazione e le relazioni sociali. La digitalizzazione ha inoltre consentito di unificare i linguaggi e di far circolare informazioni di diversa natura sugli stessi canali di comunicazione.

Una delle più importanti novità dell'ultimo decennio del '900 è stato lo sviluppo di Internet: la Rete ha contribuito a modificare i modi di espressione e gli orizzonti culturali di milioni di persone. Alla rapidissima espansione della Rete su scala planetaria sono legate altre innovazioni fondamentali come la posta elettronica e i social network.

L'accresciuta velocità delle comunicazioni e la maggiore facilità di spostamento sono all'origine di una sempre maggiore integrazione economica e finanziaria a livello planetario, la cosiddetta "globalizzazione". Al processo di mondializzazione della finanza ha contribuito anche la decisione degli Stati di ridurre o eliminare i vincoli alla circolazione dei capitali. L'integrazione dei mercati, in una economia sempre più incentrata sulla compravendita di titoli finanziari, ha permesso nuove possibilità di investimento a grandi e piccoli risparmiatori, ma anche la crescita fittizia di patrimoni che vanno incontro ai rischi delle oscillazioni del mercato.

A partire dagli anni '70, gli Stati più industrializzati promossero vertici annuali per coordinare le loro politiche, soprattutto in materia economica. Al 1995 risale l'istituzione del Wto, organismo internazionale per la tutela e il coordinamento delle politiche commerciali, cui aderivano, nel 2016, 164 paesi. Anche riguardo all'emergenza ambientale le potenze hanno avviato una serie di vertici internazionali, volti a incentivare pratiche di sviluppo sostenibile, in grado di conciliare sviluppo economico e salvaguardia dell'ambiente: con gli accordi di Parigi del 2015, 196 paesi si impegnavano a combattere contro le conseguenze del riscaldamento globale e a limitare le emissioni di gas inquinanti. Contro gli effetti della globalizzazione si è sviluppato un moto di protesta mondiale (movimento "no global"), che manifesta in nome della difesa delle identità locali e di una più equa distribuzione delle ricchezze.

Gli sviluppi dell'elettronica e dell'informatica hanno accelerato la transizione verso una società "postindustriale", caratterizzata dalla delocalizzazione (decentramento della produzione in paesi con manodopera a basso costo), dalla prevalenza del terziario, dalla fine della centralità della fabbrica e del modello produttivo basato sulla catena di montaggio ("postfordismo"), dal ruolo crescente dell'informazione. Un'altra caratteristica della nuova organizzazione del lavoro è la flessibilità, sia nel settore industriale sia in quello terziario: l'occupazione stabile, con contratti a tempo indeterminato, è stata spesso sostituita da forme di assunzione temporanea.

Il nuovo mondo globalizzato del XXI secolo vede lo spostamento non solo di merci e denaro, ma anche di uomini e popolazioni. Rispetto all'inizio del secolo precedente gli spostamenti interessano anche la forza-lavoro qualificata, mentre è rilevante il peso delle migrazioni clandestine. Lo sviluppo di una società multietnica ha dato luogo a reazioni di diverso segno. Da un lato si è manifestata la tendenza a cogliere gli aspetti positivi dell'immigrazione, dall'altro ci sono state reazioni di ansia e di ripulsa. Nell'ultimo trentennio del '900 la popolazione mondiale ha continuato ad aumentare, ma il ritmo di crescita si sta riducendo. In Europa e negli Usa la "crescita zero" e il calo della popolazione attiva – parzialmente riequilibrato dall'immigrazione – hanno reso sempre più difficilmente sostenibili per la finanza pubblica i costi dei sistemi pensionistici e hanno contribuito ad accentuare la crisi del modello di *Welfare State* cominciata a fine anni '70.

Nonostante i progressi compiuti nel campo dei diritti civili e delle pari opportunità nel mondo del lavoro, permane, anche nei paesi più avanzati, una serie di ostacoli all'affermazione dei diritti delle donne. Negli anni recenti è cresciuta, a livello internazionale, l'attenzione verso i numerosi episodi di violenza sulle donne (violenza domestica, stupri, mutilazioni e "femminicidi"). Negli ultimi decenni del '900 è cambiata anche la percezione generale dell'omosessualità, considerata ora una delle molteplici varianti dell'espressione dell'affettività e della sessualità umana, mentre in molti paesi sono state disciplinate legislativamente le unioni omosessuali e in alcuni casi si è raggiunta la completa equiparazione giuridica al matrimonio civile.

All'inizio del XXI secolo la religione resta ancora il riferimento culturale fondamentale per buona parte dei popoli del pianeta. Un ruolo importante nel rilancio planetario del cattolicesimo è stato svolto dal papa polacco Karol Wojtyła, salito al soglio pontificio nel 1978 col nome di Giovanni Paolo II. Un altro fenomeno caratteristico di questo periodo è l'espansione della religione musulmana al di là delle sue aree tradizionali di insediamento. Il rilancio dell'islam ha spesso preso le forme dell'integralismo, ossia di quella tendenza che si batte per un'applicazione integrale dei precetti religiosi e per la subordinazione del potere civile all'autorità spirituale.

L'aumento della durata media della vita dell'uomo, che, all'inizio del terzo millennio, risultava più che raddoppiata rispetto a un secolo prima, è dovuto innanzitutto ai continui progressi realizzati dalla scienza medica e allo sviluppo delle conoscenze e delle tecnologie biomediche. Molto rilevanti, per esempio, i risultati ottenuti nella diagnostica per immagini e nella cura delle malattie cardiovascolari e tumorali grazie all'applicazione dell'ingegneria genetica. A questi progressi, però, ha fatto riscontro negli ultimi decenni la comparsa di nuove malattie, come la sindrome da immunodeficienza acquisita (Aids). Gli sviluppi della medicina e della genetica hanno aperto nuovi problemi nei rapporti fra scienza ed etica. I limiti degli interventi sulla natura e sulla vita costituiscono il campo di riflessione della bioetica.

biblio grafia

In generale, J. Rifkin, *L'era dell'accesso. La rivoluzione della new economy*, Mondadori, Milano 2001 (ed. or. 2000), e Id., *La Terza rivoluzione industriale. Come il "potere laterale" sta trasformando l'energia, l'economia e il mondo*, Mondadori, Milano 2014 (ed. or. 2011).

Sull'ambiente e i problemi energetici, si vedano i titoli citati nella bibliografia del cap. 22.

Su Internet e sui nuovi media: F. Ciotti-G. Roncaglia, *Il mondo digitale. Introduzione ai nuovi media*, Laterza, Roma-Bari 2010 (ed. or. 2000); M. Castells, *Galassia Internet*, Feltrinelli, Milano 2006 (ed. or. 2001); J. Ryan, *Storia di Internet e il futuro digitale*, Einaudi, Torino 2011 (ed. or. 2010).

Sui problemi del lavoro: J. Rifkin, *La fine del lavoro*, Baldini & Castoldi, Milano 2007 (ed. or. 1995); L. Gallino, *Il lavoro non è una merce. Contro la flessibilità*, Laterza, Roma-Bari 2011 (ed. or. 2007), e Id., *Vite rinviate. Lo scandalo del lavoro precario*, Laterza, Roma-Bari 2014.

Sulla globalizzazione: U. Beck, *Che cos'è la globalizzazione. Rischi e prospettive della società planetaria*, Carocci, Roma 2009 (ed. or. 1997); Z. Bauman, *Dentro la globalizzazione. Le conseguenze sulle persone*, Laterza, Roma-Bari 2012 (ed. or. 1998); L. Gallino, *Globalizzazione e disuguaglianze*, Laterza, Roma-Bari 2009 (ed. or. 2000); M. Pianta, *Globalizzazione dal basso. Economia mondiale e movimenti sociali*, Manifestolibri, Roma 2001; J.E. Stiglitz, *La globalizzazione e i suoi oppositori*, Einaudi, Torino 2018 (ed. or. 2002); F. Bonaglia-A. Goldstein, *Globalizzazione e sviluppo*, Il Mulino, Bologna 2008 (ed. or. 2003); J. Osterhammel-N.P. Petersson, *Storia della globalizzazione*, Il Mulino, Bologna 2005 (ed. or. 2003); M. Zupi, *Sottosopra. La globalizzazione vista dal Sud del mondo*, Laterza, Roma-Bari 2004; D. Zolo, *Globalizzazione. Una mappa dei problemi*, Laterza, Roma-Bari 2009 (ed. or. 2004); T. Maccabelli-G. Provasi (a cura di), *La globalizzazione tra politica ed economia. Scenari del XXI secolo*, Laterza, Roma-Bari 2006; D. Rodrik, *La globalizzazione intelligente*, Laterza, Roma-Bari 2015 (ed. or. 2011).

Sulle migrazioni: S. Sassen, *Migranti, coloni, rifugiati. Dall'emigrazione di massa alla fortezza Europa*, Feltrinelli, Milano 1999 (ed. or. 1996); K. Koser, *Le migrazioni internazionali*, Il Mulino, Bologna 2008 (ed. or. 2007); M. Ambrosini, *Un'altra globalizzazione. La sfida delle migrazioni transnazionali*, Il Mulino, Bologna 2008.

Sulla condizione femminile e la violenza di genere: F. Sartori, *Differenze e disuguaglianze di genere*, Il Mulino, Bologna 2009; S. Feci-L. Schettini (a cura di), *La violenza di genere nella storia*, Viella, Roma 2017.

Sul rilancio del proselitismo religioso e sull'integralismo: B. Lewis, *La rinascita islamica*, Il Mulino, Bologna 1991; G. Kepel, *La rivincita di Dio. Cristiani, ebrei, musulmani alla riconquista del mondo*, Rizzoli, Milano 1991; A. Riccardi, *Intransigenza e modernità. La Chiesa cattolica verso il terzo millennio*, Laterza, Roma-Bari 1996; E. Pace-R. Guolo, *I fondamentalismi*, Laterza, Roma-Bari 2002 (ed. or. 1998); G.A. Almond-R.S. Appleby-E. Sivan, *Religioni forti. L'avanzata dei fondamentalismi sulla scena mondiale*, Il Mulino, Bologna 2006 (ed. or. 2003); E. Bianchi-G. Kepel, *Dentro il fondamentalismo*, Bollati Boringhieri, Torino 2008; A. Melloni, *Quel che resta di Dio. Un discorso storico sulle forme della vita cristiana*, Einaudi, Torino 2013; A. Riccardi (a cura di), *Il cristianesimo al tempo di papa Francesco*, Laterza, Bari-Roma 2018. Sul pontificato di Giovanni Paolo II, Benedetto XVI e Francesco I: J. Cornwell, *Un papa d'inverno. Trionfi e conflitti nel pontificato di Giovanni Paolo II*, Garzanti, Milano 2005 (ed. or. 2004); D. Menozzi, *Giovanni Paolo II. Una transizione incompiuta? Per una storicizzazione del pontificato*, Morcelliana, Brescia 2006; A. Melloni, *Le cinque perle di Giovanni Paolo II. I gesti di Wojtyła che hanno cambiato la storia*, Mondadori, Milano 2011; A. Riccardi, *Giovanni Paolo II. La biografia*, San Paolo, Cinisello Balsamo 2011; M. Politi, *Joseph Ratzinger. Crisi di un papato*, Laterza, Roma-Bari 2013 (ed. or. 2011); V. Ferrone, *Lo strano Illuminismo di Joseph Ratzinger. Chiesa, modernità e diritti dell'uomo*, Laterza, Roma-Bari 2013; A. Riccardi, *La sorpresa di papa Francesco. Crisi e futuro della Chiesa*, Mondadori, Milano 2013; M. Politi, *Francesco tra i lupi. Il segreto di una rivoluzione*, Laterza, Roma-Bari 2015 (ed. or. 2014); G.E. Rusconi, *La teologia narrativa di papa Francesco*, Laterza, Bari-Roma 2017.

Sulle biotecnologie: J. Rifkin, *Il secolo biotech: il commercio genetico e l'inizio di una nuova era*, Baldini & Castoldi, Milano 2003 (ed. or. 1998); A. Bazzi-P. Vezzoni, *Biotecnologie della vita quotidiana*, Laterza, Roma-Bari 2003 (ed. or. 2000); C. Masters, *Il DNA e il nostro corpo. Cosa dobbiamo sapere sulle biotecnologie*, Dedalo, Bari 2007 (ed. or. 2005); N. Rose, *La politica della vita. Biomedicina, potere e soggettività nel XXI secolo*, Einaudi, Torino 2008 (ed. or. 2006); S. Crabu, *Dalla molecola al paziente. La biomedicina nella società contemporanea*, Il Mulino, Bologna 2017. Sulla bioetica: D. Neri, *La bioetica in laboratorio. Cellule staminali, clonazione e salute umana*, Laterza, Roma-Bari 2005 (ed. or. 2001); E. Lecaldano, *Dizionario di bioetica*, Laterza, Roma-Bari 2007 (ed. or. 2002); L. Battaglia, *Un'etica per il mondo vivente. Questioni di bioetica medica, ambientale, animale*, Carocci, Roma 2010; S.F. Magni, *Bioetica*, Carocci, Roma 2011.

28. Sviluppo e disuguaglianza

28.1. Le economie emergenti

Le nuove gerarchie della ricchezza

I processi di globalizzazione ridisegnarono la geografia della ricchezza. La raffigurazione di un'economia internazionale rigidamente divisa tra Nord e Sud del pianeta – una formula geograficamente approssimativa che a lungo però aveva efficacemente descritto il dualismo tra nazioni industrializzate e resto del mondo – appariva in larga parte inadeguata. A partire dagli anni '70, il quadro dei rapporti fra le aree prospere e industrializzate e quelle povere e arretrate fece registrare infatti profonde modifiche rispetto al periodo della decolonizzazione.

Inizialmente furono i paesi produttori ed esportatori di petrolio – in primo luogo quelli del Medio Oriente, come l'Arabia Saudita, l'Iran, il Kuwait e gli altri emirati arabi – a guadagnare posizioni nella classifica mondiale della ricchezza, riuscendo in qualche caso a salire nelle parti più alte, grazie all'aumento negli anni '70 [►22.1] dei prezzi della materia prima. La disponibilità di enormi capitali non si tradusse però nell'avvio di un autonomo processo di industrializzazione e di modernizzazione.

Altri paesi in Asia, in America Latina e, in minor misura, in Africa, riuscirono non solo a risolvere i problemi alimentari più gravi, ma anche a mettere in moto un meccanismo di sviluppo, inserendosi nei mercati internazionali, integrando le loro economie con quelle dei paesi più avanzati, incrementando le esportazioni di prodotti industriali e attirando investimenti.

La nuova industrializzazione

I primi a imboccare questa strada furono alcuni Stati del Sud-Est asiatico (Corea del Sud, Taiwan, Singapore, Hong Kong). Seguirono Cina, India, Brasile, Russia, Sudafrica (i cosiddetti Brics, dalle iniziali dei loro nomi), poi il Messico, la Colombia, e molti altri. Tra i maggiori protagonisti del mercato globale figurano oggi grandi imprese dell'Asia o dell'America Latina, attive anche in settori produttivi tecnologicamente avanzati, come l'elettronico o il farmaceutico. Al progressivo declino delle produzioni industriali tradizionali in Occidente, corrispose quindi l'industrializzazione di altre aree del resto del mondo.

L'espansione dei consumi

Alla parziale redistribuzione della capacità industriale e della ricchezza globale corrispose una espansione dei consumi. Larghi strati delle popolazioni del Sud del mondo incrementarono il proprio benessere materiale e poterono sperimentare, grazie alle nuove disponibilità economiche e alle opportunità offerte dal mercato, abitudini e stili di consumo tipici delle nazioni occidentali, anche se filtrati da culture e tradizioni diverse. In qualche caso si crearono, quasi dal nulla, nuove immense fortune. Persistevano tuttavia, all'interno dei singoli paesi e su scala internazionale, enormi sacche di arretratezza e povertà.

28.2. La Cina potenza mondiale

Il boom economico

Il caso più rilevante di decollo industriale e di successo economico tra quelli registrati a partire dagli ultimi decenni del XX secolo è sicuramente quello della Cina, il paese più popoloso del mondo (nel 2017 contava poco meno di un miliardo e 400 milioni di abitanti). Tra la fine del '900 e i primi anni del XXI secolo la Cina mantenne un ritmo di sviluppo elevatissimo: i tassi di crescita del Pil furono superiori al 10% annuo, per poi stabilizzarsi intorno al 7%, a un livello comunque notevolmente superiore a quello fatto registrare in quegli anni dai paesi occidentali. Questo straordinario percorso di crescita fece segnare una tappa significativa all'inizio del 2011, quando il prodotto interno lordo cinese superò per la prima volta quello giapponese, facendo della Repubblica popolare la seconda potenza economica del mondo dopo gli Stati Uniti.

La presenza nei mercati internazionali

A dare la misura dello sviluppo non erano solo i dati quantitativi. Diversamente dalla Russia o dai paesi produttori di petrolio, la Cina fondava la sua crescita non tanto sullo sfruttamento delle risorse naturali, quanto sul dinamismo dei settori più moderni dell'economia e della finanza e sul crescente inserimento nel mercato globale. Inizialmente la Cina ricoprì un ruolo subalterno, specializzandosi nelle lavorazioni a basso costo e attirando, grazie ai bassi salari e agli scarsi vincoli per le imprese, grandi capitali dall'estero. A partire dall'inizio del nuovo secolo, il colosso cinese manifestò una crescente autonomia: aumentarono gli investimenti esteri delle aziende di Stato e dei fondi di investimento controllati dal governo (i "fondi sovrani"), che acquisirono partecipazioni azionarie in imprese e istituti finanziari stranieri (come l'Ibm o il colosso bancario statunitense Morgan Stanley); parallelamente si intensificavano gli acquisti all'estero di terreni agricoli o di giacimenti minerari per lo sfruttamento di materie prime e fonti energetiche, in particolare nel continente africano. Nel 2001 la Cina fu ammessa nella World Trade Organization (Wto) [▸27.4], entrando a tutti gli effetti nel mercato globale, di cui accettava formalmente regole e istituzioni.

Le riforme economiche

Procedeva intanto a ritmo serrato il cammino delle riforme che mutavano nel profondo gli equilibri economico-sociali del paese: dopo l'apertura ai capitali esteri, furono liberalizzati gli istituti bancari e finanziari, fu riordinato il sistema fiscale e fu riorganizzata l'industria di Stato. Con una revisione della Costituzione venne inoltre garantita la tutela della proprietà privata, che in questo modo poté ulteriormente rafforzarsi.

Lo sviluppo tecnologico

In quegli anni si ebbe anche un notevole sviluppo della ricerca scientifica e dell'innovazione tecnologica. Il governo di Pechino sostenne la crescita delle maggiori università cinesi, stimolò l'innovazione delle imprese nazionali e incentivò le multinazionali straniere a investire non solo in fabbriche ma anche in centri di ricerca, avviando così una trasformazione del paese da "fabbrica del mondo" (ossia primo produttore mondiale nell'industria manifatturiera) a superpotenza tecnico-scientifica. Alla fine del primo decennio del XXI secolo il volume di investimenti in ricerca della Cina superava quelli del Giappone e di ogni singolo paese dell'Unione europea, mentre il numero di brevetti tecnologici internazionali depositati era più alto di quello della Germania. Settori come quello aerospaziale o quello delle biotecnologie assunsero una rilevanza crescente. Le Olimpiadi di Pechino del 2008 furono utilizzate dal governo per dare al resto del mondo una dimostrazione del livello di sviluppo tecnologico raggiunto dal paese.

Hong Kong e Macao

Ai successi economici si accompagnarono importanti risultati in politica internazionale. Un obiettivo di indubbio prestigio fu raggiunto quando, alla fine di giugno del '97, la Cina ristabilì la propria sovranità sull'antica colonia inglese di Hong Kong, uno dei centri più attivi dell'economia asiatica e della finanza internazionale, pur impegnandosi a rispettarne le peculiarità attraverso un regime di autonomia secondo la formula "uno Stato, due sistemi" (una formula che peraltro non bastò a evitare proteste popolari e tensioni fra la popolazione di Hong Kong e il governo centrale cinese). Nel '99 fu la volta di Macao, ancora appartenente al Portogallo e ultima traccia della presenza coloniale europea sul continente asiatico.

Squilibri sociali e contraddizioni

I successi politici ed economici conseguiti dalla Repubblica popolare non cancellavano però le contraddizioni della società cinese. Il processo di industrializzazione fu accompagnato da un'intensa urbanizzazione, che ridisegnò in profondità la geografia e la composizione sociale del paese, riducendo i residui della società preindustriale e nel contempo incrementando le disuguaglianze. Alle aree rurali più povere, in cui le condizioni di vita non sembravano aver fatto grandi passi in avanti, si affiancavano le grandi città pienamente inserite nei flussi globali, come Pechino e Shanghai. Anche all'interno dei maggiori centri urbani, il nuovo ceto medio – attivo nel settore industriale o nel terziario, legato alla burocrazia dello Stato e del partito unico o alle grandi imprese private – continuò a convivere con vaste schiere di lavoratori provenienti dalle campagne e costretti a impieghi mal pagati e scarsamente tutelati. Il persistere di forti correnti migratorie, soprattutto verso gli Stati Uniti e l'Europa, indicava chiaramente come non per tutti il boom dell'economia nazionale si fosse tradotto in maggiore benessere. In coincidenza con la crisi economica internazionale del 2008 [▸30.1], scoppiarono scioperi e proteste, che coinvolsero soprattutto i settori industriali: il governo reagì da un lato con misure volte a migliorare parzialmente le condizioni degli operai più poveri e dei contadini, dall'altro con un rigido controllo sull'informazione e la repressione delle proteste più politiche, quelle che mettevano in discussione l'autorità del Partito comunista.

La continuità politica

Il boom economico cinese si svolse infatti nella piena continuità politica. Morto, nel '97, il vecchio Deng Xiaoping [▸22.11], i suoi eredi non deviarono dalla linea da lui tracciata, che consisteva nel lasciare ampio spazio all'iniziativa privata pur nel quadro di uno stretto controllo statale e all'interno di un regime autoritario e monopartitico. Qualche segno di allentamento nelle maglie strette del regime si registrò con l'avvento, nel 2013, del nuovo presidente della Repubblica, Xi Jinping, che si distinse dai suoi predecessori sia per una maggiore apertura alle riforme sul terreno delle libertà personali (nel 2015 fu definitivamente abolito il divieto per le coppie di mettere al mondo più di un figlio), sia per un più deciso impegno contro il dilagare della corruzione anche ai vertici dello Stato e del partito unico, che restava comunque il vero detentore del potere politico.

Col tempo Xi Jinping andò rafforzando il suo potere personale, non solo come leader politico, ma anche come maestro di teoria. Nel 2017 il suo "pensiero" – come già quello di Mao e quello di Deng Xiaoping – divenne dottrina ufficiale e fu inserito nella Costituzione. Nel 2018 il Parlamento della Repubblica popolare approvava una riforma costituzionale che cancellava ogni limite alla rielezione del presidente: di fatto si apriva per Xi la via della presidenza a vita.

I diritti umani

Le potenze occidentali guardarono con favore all'evoluzione della Cina, chiudendo un occhio sulla repressione del dissenso, sulle ricorrenti violazioni dei diritti umani, sulla larga applicazione della pena di morte (migliaia di esecuzioni ogni anno), nonché sulla dura dominazione imposta al Tibet, incluso a forza dal 1950 nella Repubblica popolare cinese. Questo paese di grandi tradizioni religiose, sede dei centri principali della cultura buddista, non poté beneficiare se non in parte delle novità introdotte dal nuovo corso del regime comunista e continuò a essere privato di ogni autonomia in campo culturale e linguistico.

28.3. Il Giappone e le "tigri asiatiche"

La crisi del 1997-98

Negli anni a cavallo fra i due secoli, i paesi asiatici che per primi avevano intrapreso un percorso di industrializzazione e sviluppo economico – il Giappone innanzitutto [▸18.6], poi, dalla metà degli anni '80, Corea del Sud, Taiwan, Singapore, Hong Kong, detti, proprio in virtù della loro competitività sui mercati, "tigri asiatiche" – conobbero vicende diverse. Ma tutti dovettero misurarsi con le difficoltà derivanti da una grave crisi finanziaria scoppiata nel 1997-98. Originata da un eccesso di produzione e da un'incontrollata euforia speculativa, la crisi coinvolse tutto il Sud-Est asiatico e suscitò allarme anche nei paesi occidentali, legati ai paesi emergenti dell'Estremo Oriente da vincoli commerciali e finanziari. L'intervento delle autorità monetarie internazionali, che erogarono prestiti per fermare la caduta del valore delle monete nei paesi coinvolti, riuscì a tamponare, almeno nell'immediato, gli effetti della crisi.

Il declino del Giappone

La ripresa più difficile fu quella del Giappone, che vide progressivamente venir meno i fattori all'origine di un "miracolo" in atto ormai da mezzo secolo [▸18.6]. L'economia nipponica, che ancora nella seconda metà degli anni '80 sembrava in grado di insidiare in prospettiva il primato degli Stati Uniti, entrò all'inizio del decennio successivo in una fase di declino, che si aggravò in seguito alla crisi del 1997-98, per dar luogo a una lunga stagnazione.

Diverse furono le cause di questo declino. Le grandi imprese nipponiche, sull'onda della sempre più forte concorrenza dei vicini asiatici, incontrarono crescenti difficoltà a esportare nei mercati occidentali e si trovarono quindi con una capacità produttiva in eccesso. Inoltre, la crisi finanziaria colpì le banche, che dovettero ridurre i prestiti alle imprese, innescando una contrazione degli investimenti e un rallentamento delle innovazioni.

Ad aggravare la situazione contribuirono anche le difficoltà politiche. Il declino del Partito liberal-democratico, di tendenza conservatrice, diede luogo a un periodo di instabilità, testimoniata dalla breve durata dei governi e aggravata dai frequenti scandali legati a fenomeni di corruzione. La maggiore novità di questi anni fu la vittoria, nel 2009, del Partito democratico del Giappone, di centro-sinistra, che interruppe per pochi anni la lunga egemonia dei liberal-democratici. Nel 2012 i conservatori tornarono al potere con il loro leader Shinzo Abe, che cercò di rilanciare l'economia con una politica di incentivi fiscali, e, pur mantenendo stretti i legami con l'Occidente, diede al suo governo una forte impronta nazionalista, proponendo la modifica o la reinterpretazione di quella norma della Costituzione che negava all'Impero nipponico ogni possibilità di riarmo.

La vitalità delle "tigri asiatiche"

A differenza del Giappone, le "tigri asiatiche" seppero uscire in pochi anni dalla recessione causata dalla crisi del 1997-98 e rilanciare la crescita grazie a un peculiare modello di governo dell'economia: un modello basato da un lato sull'incoraggiamento all'iniziativa privata, sull'apertura al mercato internazionale e sul controllo dei conti pubblici, dall'altro su un attivo intervento dello Stato per favorire gli investimenti e sostenere la capacità delle imprese di esportare. Nel nuovo secolo le quattro "tigri" figuravano tra i grandi protagonisti del mercato globale: Corea del Sud e Taiwan raggiunsero posizioni di primo piano in ambito industriale, soprattutto nel settore delle tecnologie informatiche (la prima anche nei settori automobilistico e cantieristico); Hong Kong e Singapore si affermarono invece come centri finanziari di importanza mondiale. L'esempio di questi paesi fu seguito, a partire dagli anni '90 e soprattutto nel nuovo secolo, dalle altre economie dell'area. Malesia, Indonesia, Thailandia, Filippine (chiamate "tigri minori" o "piccole tigri") e, in un momento successivo, Vietnam e Cambogia, seppero a loro volta avviare un rapido processo di industrializzazione. Anche in questo caso, il cambiamento fu reso possibile da un particolare compromesso tra sostegno all'iniziativa privata e intervento dello Stato. Nel caso del Sud-Est asiatico, quindi, il successo economico di alcuni paesi riuscì ad avere un effetto positivo sullo sviluppo di quelli circostanti: le tigri infatti costituirono un modello da cui trarre ispirazione e, al tempo stesso, con le delocalizzazioni produttive, stimolarono la crescita degli altri sistemi industriali. Grazie a questa positiva interazione, l'area si confermò tra le più dinamiche dell'intera economia globale.

28.4. Lo sviluppo dell'India

Anche l'India, all'inizio del nuovo millennio, divenne protagonista della scena economica mondiale. Il secondo gigante demografico del mondo (nel 2017 contava un miliardo e 335 milioni di abitanti) fece registrare un ritmo di crescita inferiore a quello cinese ma comunque tra i più alti al mondo: il tasso annuo, dall'inizio del secolo, fu mediamente superiore al 6% (con un picco del 9,7% nel 2006). Nel 2012 l'India figurava al decimo posto nel mondo per prodotto interno lordo, appena sotto l'Italia; nel 2017 saliva al quinto, superando la Gran Bretagna.

I fattori della crescita

La rincorsa iniziò alla fine degli anni '80, quando il governo di Rajiv Gandhi, leader del Partito del Congresso e figlio di Indira [▶ 19.2], per porre rimedio alla stagnazione del settore industriale, smantellò progressivamente il sistema di pianificazione economica che era stato messo in piedi dopo la conquista dell'indipendenza e che prevedeva uno stretto controllo del governo centrale sull'apparato produttivo. Ai primi timidi tentativi di liberalizzazione seguì l'azione più sistematica dei governi succedutisi nell'ultimo decennio del '900. Per rendere più competitivo il paese e rafforzare l'iniziativa privata, furono privatizzate numerose aziende pubbliche, liberalizzati gli scambi e incoraggiati gli investimenti stranieri. Numerose imprese private – sia nei settori tradizionali (siderurgico, meccanico, tessile), sia in quelli più avanzati legati alle tecnologie informatiche e alla farmaceutica – poterono svilupparsi e conquistare posizioni nel mercato internazionale. A differenza di quanto era accaduto nelle altre economie asiatiche, tuttavia, l'accelerazione dello sviluppo nella seconda metà degli anni '90 fu dovuta solo in parte all'industria. Ancora più importante fu il settore terziario, che contribuì più di tutti gli altri alla crescita. L'abbondante presenza di forza-lavoro qualificata, le basse retribuzioni e la diffusa conoscenza dell'inglese (che, dai tempi della dominazione britannica, svolgeva in parte la funzione di lingua nazionale) indussero le multinazionali occidentali, soprattutto nordamericane e britanniche, a delocalizzare in India attività commerciali, informatiche, di assistenza alla clientela e di ricerca.

Sviluppo e arretratezza

Lo sviluppo economico si realizzò in presenza di vaste sacche di arretratezza e di notevoli tensioni politiche. All'inizio del nuovo secolo, la maggioranza della forza-lavoro risultava ancora impiegata nell'agricoltura e circa mezzo miliardo di persone continuava a vivere in condizioni di povertà. Molto alto era anche il numero di analfabeti (il 24% fra gli uomini e il 46% fra le donne) mentre permanevano le divisioni di casta; e gravi discriminazioni di genere erano largamente diffuse nella società, come denunciarono, dall'estate 2013, alcune grandi manifestazioni di donne. Le tensioni erano prodotte soprattutto dagli attriti tra i diversi gruppi etnico-religiosi che da sempre dividevano il paese – in primo luogo fra la maggioranza induista e la minoranza islamica – e che diedero luogo a una serie di sanguinosi attentati di diversa matrice: una piaga peraltro non nuova nella storia dell'India indipendente: che restava comunque, almeno sotto il profilo dei numeri, la più grande democrazia esistente nel mondo.

I successi dei nazionalisti

Alla fine del '900, si interruppe la lunga stagione di dominio politico del Partito del Congresso [▶19.2]: le elezioni del 1998 portarono al potere una formazione di orientamento nazionalista e induista, il Partito del popolo (Bjp) di Atal Mehari Vajpayee. Nel 2004, il Partito del Congresso riconquistò la maggioranza, ma la perse nuovamente nelle elezioni del 2014, che riportarono al governo i nazionalisti guidati questa volta da Narendra Modi. Ne seguì una riacutizzazione delle tensioni con il Pakistan, che sfociarono nel 2015 in brevi scontri armati nelle zone di confine: un conflitto antico [▶19.2], che destava però nuove preoccupazioni, sia perché si incrociava con le divisioni religiose sia perché coinvolgeva due paesi entrambi dotati di armi nucleari.

28.5. L'America Latina: dalle crisi allo sviluppo

Politiche liberiste e processi di integrazione

Negli anni '90 del '900 molti paesi dell'America Latina, usciti dall'esperienza delle dittature [▶22.9] e ancora afflitti da gravi problemi economici, adottarono politiche liberiste orientate al risanamento delle finanze pubbliche e tentarono il rilancio dell'economia mediante l'apertura ai mercati internazionali. In questo stesso periodo prese l'avvio un importante processo di integrazione, che rafforzò i legami tra i paesi dell'America centro-meridionale e migliorò le loro relazioni con gli Stati Uniti. Nel 1991, Argentina, Brasile, Paraguay e Uruguay diedero vita a uno spazio commerciale comune, il Mercosur (Mercato comune del Sud), nel quale entrarono successivamente anche altri paesi. Nel 1992 il Messico firmò con Stati Uniti e Canada un accordo di libero scambio che fu chiamato Nafta (North American Free Trade Agreement).

Le crisi finanziarie

A partire dal 1998, i maggiori paesi del continente, Brasile e Argentina, dovettero però affrontare una nuova crisi, determinata dalla scelta di ridurre le misure di austerità, che negli anni precedenti avevano bloccato l'inflazione, dal ritorno a politiche di spesa facile e dalle difficoltà del sistema finanziario internazionale, rispetto al quale erano fortemente indebitati (e che era stato già colpito dall'insolvenza della Russia [▸23.6]). Soprattutto l'Argentina, dove i peronisti avevano perso il potere nel 1999 a vantaggio dei radicali, entrò in una gravissima crisi finanziaria: la decisione di arrestare l'inflazione legando la moneta nazionale al dollaro provocò un calo delle esportazioni e rese impossibile il pagamento di un debito estero in continua crescita, portando di fatto il paese al fallimento. Il momento peggiore arrivò alla fine del 2001, quando i cittadini corsero agli sportelli bancari per cambiare in dollari la valuta argentina e il governo scelse di bloccare i conti correnti, provocando proteste, anche violente, in tutto il paese. Una parziale stabilizzazione si ebbe con le elezioni dell'aprile 2003, che

parola chiave

Debito estero

Si intende per "debito estero" un debito pubblico a scadenza pluriennale contratto da uno Stato con creditori privati, governi ed enti pubblici di altri paesi e rimborsabile in valuta straniera, merci o servizi. Il debito estero di un paese si forma se il fabbisogno di fondi per finanziare la spesa privata in investimenti e la spesa pubblica è maggiore dei capitali disponibili all'interno dello Stato. Prendere a prestito fondi dalle economie più avanzate, o semplicemente più ricche di capitali, è pratica normale per quegli Stati che debbano affrontare speciali emergenze (guerre, ricostruzioni, opere di modernizzazione) e in genere per ogni paese che intenda scommettere sulla propria crescita. In particolare, negli anni '70 del '900, i paesi in via di sviluppo acquisirono ingenti prestiti dall'estero al fine di avviare la propria industrializzazione. È dunque in quel periodo che si registrò un rilevante aumento del volume del debito. Già nel decennio successivo, per molti di questi paesi, il debito estero divenne un problema drammatico. Infatti, alla fine degli anni '70, la rivalutazione del dollaro, provocata dalla necessità di contrastare gli effetti del caro petrolio, determinò un brusco aumento dei tassi di interesse sui prestiti internazionali e una crescita dello stesso ammontare dei debiti. Molti paesi debitori entrarono allora in difficoltà: è stato calcolato che tra 1978 e 1981 il peso reale degli interessi, al netto dell'inflazione, passò da un valore negativo (– 20%) a uno positivo (+ 20%). Questo incremento innescò una seria crisi economica nelle aree meno sviluppate del pianeta. Nel 1982 il Messico dichiarò una moratoria sul debito estero, ovvero una sospensione temporanea videro il successo del peronista di sinistra Nestor Kirchner. Anche la situazione finanziaria andò gradualmente migliorando. Restava però vivo il trauma suscitato dalla bancarotta di un grande paese che non aveva saputo far fronte ai suoi impegni e aveva tradito la fiducia di quanti – Stati, istituzioni internazionali, banche e semplici risparmiatori argentini e stranieri – gli avevano concesso crediti, poi risultati in gran parte inesigibili.

La stabilizzazione democratica

Al contrario di quanto era accaduto in precedenti periodi, la crisi economica latino-americana di inizio secolo non provocò il crollo delle istituzioni rappresentative e democratiche. In molti paesi si affermarono partiti e coalizioni di sinistra o di centro-sinistra: così accadde in Argentina, dove prima Kirchner e poi sua moglie Cristina governarono fino al 2015 quando i peronisti furono sconfitti dal liberale Mauricio Macri; così in Cile, dove i socialisti tennero a lungo la presidenza con Michelle Bachelet; così, soprattutto, in Brasile, dove dal 2003

parola chiave

dei pagamenti, e successivamente molti altri Stati presentarono richieste di rinvio delle scadenze e appelli per una rinegoziazione. Il debito estero, infatti, si rivelò un peso insostenibile per le fragili economie di molti paesi, soprattutto dell'Africa e dell'America Latina. Intervenne allora il Fondo monetario internazionale come garante di nuovi accordi di rinegoziazione tra paesi debitori e paesi creditori. Questo coinvolgimento del principale organismo finanziario internazionale inaugurò una nuova politica dei prestiti, che vennero sempre più vincolati a riforme economiche da realizzare nei paesi beneficiari. Lo scopo era quello di cercare di stabilizzare la situazione economica negli Stati debitori al fine sia di ridurre i rischi di insolvenza sia di promuovere l'espansione del mercato mondiale. Ma questa strategia, che provocò una severa compressione dei consumi in paesi già poveri, divenne oggetto di molte critiche. Alla fine degli anni '80 il Fondo monetario internazionale cambiò approccio e divenne promotore di interventi di rilancio economico nei paesi in via di sviluppo, appoggiando l'avvio di una riduzione volontaria del debito su basi bilaterali. Da allora molti Stati si giovarono dell'annullamento di una parte del debito e di una serie di significativi condoni. Il che non impedì il prolungarsi dello stato di crisi in molti paesi e il verificarsi di casi di insolvenza, come quello di cui fu protagonista l'Argentina nel 2000-1. Nel giugno del 2005 i paesi del G8 (eccetto la Russia) in accordo con la Banca Mondiale e il Fondo monetario internazionale decisero la cancellazione di 40 miliardi di dollari di debiti di 18 paesi poveri africani e americani.

al 2011 fu presidente della Repubblica il progressista Inácio Lula da Silva: ex operaio, ex sindacalista e leader del Partito dei lavoratori (Pt), che si era candidato con un programma basato sulla lotta alla povertà e alle disuguaglianze sociali. Il programma fu attuato con discreto successo, grazie anche al buon andamento delle esportazioni di materie prime (compreso il petrolio), e il Brasile entrò a far parte del gruppo delle nuove potenze economiche emergenti. Ma, scaduto il secondo mandato di Lula, l'intero gruppo dirigente del Pt fu travolto da un grave scandalo legato a finanziamenti illeciti al partito di governo da parte dell'azienda petrolifera di Stato; nel 2016 la presidente Dilma Rousseff, stretta collaboratrice di Lula, fu destituita da un voto del Senato e sostituita alla presidenza da un esponente più moderato. Lo stesso Lula fu condannato a una pesante pena detentiva, che cominciò a scontare nel 2018. La sentenza divise il paese, dove intanto si stava esaurendo la congiuntura economica favorevole che aveva accompagnato la stagione di Lula. Sempre nel 2018 una nuova crisi colpì l'Argentina a guida liberale, provocando una fiammata inflazionistica e una brusca svalutazione della moneta.

I governi populisti

In Venezuela nel 1999 salì alla presidenza l'ex generale Hugo Chávez: il suo governo fu caratterizzato da un populismo a sfondo sociale, da una gestione autoritaria del potere e dalla forte contrapposizione con gli Stati Uniti, cui faceva riscontro la stretta amicizia con Cuba. Grazie alle sue ricche risorse petrolifere, il Venezuela di Chávez si propose come nuovo modello per i paesi latino-americani, in alternativa al regime comunista cubano ormai in declino. Governi populisti si affermarono anche in altri paesi, come la Bolivia, l'Ecuador e il Perù, mentre in Nicaragua, nel 2006, tornava al governo, con un programma più moderato, l'ex capo del movimento sandinista, Daniel Ortega [▸22.9]. Ma la promessa non fu mantenuta. Dopo un decennio di governo, Ortega impose una dura svolta autoritaria che suscitò anche la protesta dei suoi sostenitori e fu seguita da un'ancor più dura repressione.

La sfida del narcotraffico

I gruppi liberal-conservatori rimasero invece al potere in Colombia e in Messico (dove nel 2000 si era interrotto il dominio, durato settant'anni, del Partito rivoluzionario istituzionale [▸16.9]). In entrambi i paesi i governi dovettero fronteggiare la doppia sfida dei movimenti di guerriglia sociale – come quello zapatista, attivo dall'inizio del secolo fra le popolazioni indie della poverissima regione messicana del Chiapas – e, soprattutto, delle potenti e ferocissime organizzazioni dei narcotrafficanti (*narcos*): veri Stati nello Stato, infiltrati da un lato negli apparati pubblici, mescolati dall'altro ai movimenti di guerriglia. Con una di queste organizzazioni, le Farc (Forze armate rivoluzionarie della Colombia), il governo colombiano firmò nel 2016 un accordo di pace che doveva sancire, in cambio della rinuncia al traffico di droga e alla violenza, il rientro dei guerriglieri nella vita civile. In

Messico – il paese più duramente colpito dalla violenza dei *narcos*, per la sua posizione di principale ponte verso i mercati statunitensi – le violenze proseguirono, toccando il picco di 2200 morti nel 2016, nonostante l'arresto, in quello stesso anno, di Joaquín Guzmán, capo della più importante rete criminale.

Sviluppo e protesta

Superate le difficoltà degli anni a cavallo fra i due secoli, quasi tutti i paesi dell'America Latina conobbero una fase di intensa crescita economica. Il Brasile in primo luogo e, in maniera più graduale, anche l'Argentina, il Messico, la Colombia e altri paesi latino-americani avviarono una modernizzazione delle strutture produttive e si liberarono dalla dipendenza da un'economia agraria basata sul latifondo. Le basi della ripresa restavano tuttavia fragili. Rimaneva aperto in tutto il continente il problema delle disuguaglianze sociali che lo sviluppo economico non bastava a ridurre, il che alimentava in alcuni paesi forti movimenti di protesta.

La crisi venezuelana

Peraltro, gli stessi governi populisti continuavano a mostrarsi incapaci di assicurare ai loro cittadini una ordinata crescita economica e di dare stabilità alle istituzioni rappresentative. Lo si vide proprio in Venezuela, paese fra i più ricchi del continente e guida del fronte populista di sinistra, piombato in una crisi drammatica dopo la morte di Chávez nel 2013. Il suo successore Nicolás Maduro, che si ispirava al modello di Chávez senza averne il prestigio, non seppe far fronte alle conseguenze di un forte calo del prezzo del petrolio, sulle cui esportazioni si basava l'intera economia venezuelana. Ne seguì un catastrofico dissesto economico (inflazione alle stelle, scomparsa dei generi di prima necessità), cui il presidente reagì reprimendo con la violenza le manifestazioni di piazza e imponendo una riforma autoritaria della Costituzione.

Il declino del castrismo

Si consumava frattanto il declino dell'esperienza castrista a Cuba, già punto di riferimento dei movimenti rivoluzionari latino-americani. Nel 2008, Fidel Castro, vecchio e malato (sarebbe morto a fine 2016), cedette il potere al fratello Raúl, che introdusse alcune limitate riforme economiche e promosse, con la mediazione del papa, una serie di iniziative commerciali e diplomatiche volte a normalizzare gradualmente i rapporti col nemico di sempre, gli Stati Uniti.

28.6. Il nuovo Sudafrica

In una mappa aggiornata dell'economia globale all'inizio del XXI secolo trova posto, tra i paesi capaci di intraprendere la strada dello sviluppo, anche il Sudafrica. Il paese si liberò, nei primi anni '90, dell'odioso regime di *apartheid* [▸19.9] e aprì una fase radicalmente nuova, fondata sull'integrale rinnovamento dello Stato e sulla fine delle discriminazioni che impedivano alla maggioranza nera di accedere al governo del paese.

La fine dell'*apartheid*

Il superamento dell'*apartheid* avvenne attraverso un percorso lungo e complesso. Alla fine degli anni '80, il primo ministro Frederik de Klerk, fino ad allora esponente dell'ala conservatrice del Partito nazionalista al potere, cominciò a smantellare il regime di discriminazione razziale e aprì negoziati con Nelson Mandela, leader del movimento antisegregazionista African National Congress (Anc), liberato dal carcere nel febbraio 1990. Il negoziato, benché ostacolato dalla resistenza dei gruppi intransigenti di entrambe le parti e dai violenti contrasti tra l'Anc e la più numerosa fra le tribù nere, quella degli zulu, ricevette un forte impulso dall'esito favorevole di un referendum tra la comunità bianca, nel marzo 1992. Nel maggio 1994 si svolsero pacificamente le prime elezioni a suffragio universale, vinte dall'Anc, e Mandela divenne capo dello Stato, alla guida di un governo di coalizione. La collaborazione al governo fra gli antichi avversari durò poco. Ma il nuovo Sudafrica riuscì ugualmente a superare i difficili problemi di convivenza e a mantenere la sua unità e le sue istituzioni rappresentative, affermandosi inoltre, grazie anche al prestigio di Mandela, come principale potenza dell'Africa subsahariana e portavoce dei paesi in via di sviluppo. Un forte contributo al superamento delle lacerazioni del passato venne dall'istituzione, nel '96, di una Commissione nazionale "per la verità e la riconciliazione", dinanzi alla quale i responsabili di reati e di violenze commessi da tutte le parti in lotta fornirono, con la promessa di amnistia, ampie testimonianze sugli anni dell'*apartheid*.

Dopo Mandela

Nel 1999 a Mandela – che aveva deciso di non ricandidarsi – succedettero Thabo Mbeki, già vicepresidente e riconfermato presidente nel 2004, e poi, nel 2009, Jacob Zuma, entrambi esponenti dell'Anc, che poté sempre contare su consensi altissimi. Nonostante la continuità politica, il ritiro di Mandela aprì una fase molto complessa. Il suo carisma e la sua indiscussa popolarità – rimasti intatti anche dopo il suo ritiro, come apparve chiaro in occasione della celebrazione dei funerali nel dicembre 2013 – avevano infatti costituito un fondamentale punto di riferimento nella fase della transizione. Venuto meno quel collante, l'Anc dovette fronteggiare una crescente conflittualità interna.

I successori di Mandela riuscirono comunque a far compiere ulteriori passi avanti al nuovo Sudafrica e ne rafforzarono la posizione internazionale. Sul piano economico, fu garantita continuità alla crescita avviata negli anni '90. Sfruttando la grande ricchezza di risorse naturali (diamanti, oro e altri metalli preziosi, ma anche carbone e petrolio) e la rapida integrazione nelle reti del mercato internazionale, il Sudafrica, con il miglior prodotto interno lordo pro capite di tutta l'Africa, riuscì nel XXI secolo a inserirsi nel gruppo dei grandi paesi in via di sviluppo, i Brics [▸28.1].

Squilibri e violenze

Nonostante i successi in campo economico, la classe politica del dopo Mandela non riuscì a dar pienamente vita all'ideale di una nazione finalmente pacificata e capace di integrare tutte le sue componenti etniche. La società sudafricana continuò infatti a essere attraversata da profonde disuguaglianze (gran parte della popolazione nera versava ancora in condizioni di povertà) e da frequenti esplosioni di violenza, legata soprattutto alla diffusa criminalità: fra il 1994 e il 2004, circa 250 mila sudafricani bianchi decisero di lasciare il paese.

28.7. La geografia della povertà: l'Africa subsahariana

L'accentuarsi delle disuguaglianze

La globalizzazione e le grandi trasformazioni economiche di fine '900 non produssero ovunque un incremento della ricchezza e del benessere. Se numerosi paesi del cosiddetto Terzo Mondo furono capaci, pur tra limiti e contraddizioni, di intraprendere un percorso di sviluppo, molti altri rimasero in drammatiche condizioni di povertà e arretratezza e, in alcuni casi, videro accrescersi le distanze dalle economie più sviluppate e peggiorare il livello di vita della popolazione. Anche nel nuovo contesto dell'economia globale, come per tutta la lunga fase inaugurata dalla rivoluzione industriale, il divario complessivo tra le aree ricche e quelle povere si allargò.

All'inizio del nuovo millennio la situazione più critica era quella di alcune aree dell'Asia meridionale, e soprattutto dell'Africa subsahariana, dove il Pil annuo pro capite era oltre cento volte inferiore a quello dei paesi più sviluppati, gli indici di analfabetismo continuavano ad essere spesso superiori al 50% (con punte del 70% in Stati come il Niger e il Burkina Faso), i tassi di mortalità infantile erano al di sopra del 10% (mentre in Europa occidentale e nel Nord America oscillavano fra lo 0,2 e l'1%), e le aspettative di vita rimanevano intorno ai cinquant'anni (la media mondiale nel 2014 era di 68 anni per gli uomini e di 73 per le donne, con picchi sopra gli 80 nei paesi più ricchi). Alla povertà, alle epidemie e alle guerre intestine, tradizionali fattori di mortalità in questa area, si aggiunse, negli ultimi decenni, la diffusione di nuove e vecchie malattie, come l'Aids [▸27.9], che colpì in particolare l'Africa nera, e il virus dell'ebola, che si credeva ormai sconfitto dalla medicina.

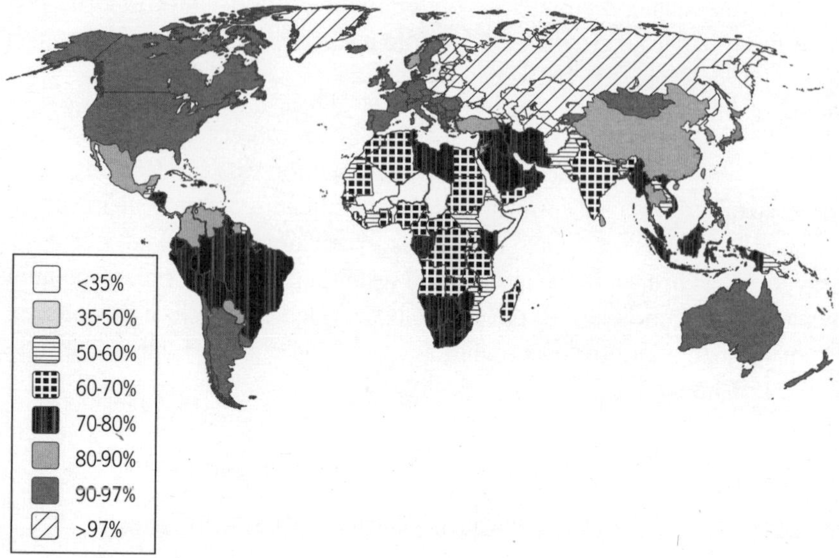

Tasso di alfabetizzazione (2014)

Povertà e sottoalimentazione

L'Africa subsahariana nel suo complesso non riuscì dunque a sfruttare le opportunità offerte dalle trasformazioni economiche di fine '900: dal 1980 al 2005 il prodotto pro capite dell'area diminuì del 3,2%, mentre aumentò il numero delle persone costrette a vivere sotto la soglia della povertà; nel 2005, secondo le statistiche, erano il 73% della popolazione; di questi, il 50% viveva in condizioni di "povertà estrema". I problemi erano aggravati dalla crescita demografica: la popolazione continuò ad aumentare con tassi elevatissimi, anche per l'assenza di politiche di controllo delle nascite, accrescendo così la pressione sulle già scarse risorse alimentari.

Le tragedie legate alla scarsa alimentazione, che colpirono, negli anni '90, paesi come la Somalia e l'Etiopia o, all'inizio del decennio successivo, il Sudan, erano del resto la manifestazione più evidente delle condizioni drammatiche in cui versavano le aree più povere dell'Africa. La questione della fame nel mondo e quella del rapporto Nord-Sud furono al centro di una serie di analisi e campagne promosse da organismi internazionali – come le Nazioni Unite e l'Unione europea –, dai singoli Stati e dalle organizzazioni della società civile: Chiese cristiane, gruppi politici, *organizzazioni non governative* (Ong).

Il problema del debito estero

Un altro problema che impegnò la comunità internazionale fu quello del debito: come abbiamo visto, molti paesi trovavano difficoltà a restituire i prestiti

Tasso di mortalità infantile per mille morti entro il primo anno di vita (2014)

contratti negli anni passati con gli Stati più ricchi allo scopo di favorire lo sviluppo. Sebbene in termini assoluti si trattasse di cifre non alte (il debito estero di tutta l'Africa subsahariana rappresentava all'inizio del XXI secolo l'1% di tutto il debito emesso nel mondo), l'indebitamento rappresentava un peso insopportabile per i paesi più poveri. Nella seconda metà degli anni '90 le numerose campagne per la riduzione o la cancellazione del debito portarono a risultati molto limitati, anche perché le risorse a disposizione dei governi locali andarono spesso ad alimentare la corruzione locale o l'incremento delle spese militari.

Il fallimento delle politiche di sviluppo

Anche quando, a partire dagli anni '80, alcuni paesi africani si aprirono al mercato mondiale, le élite politiche nazionali non furono capaci di sfruttare questa opportunità per avviare efficaci politiche di sviluppo. L'afflusso di capitali esteri fu utilizzato per mettere in atto programmi di industrializzazione che però fallirono, in assenza di un solido mercato interno e di una forte imprenditoria locale, aggravando così i bilanci degli Stati col peso degli interessi sui debiti contratti. Ancora più gravi furono i problemi legati al tentativo di inserire il settore agricolo nel mercato internazionale: numerosi contadini furono convinti a cedere la propria terra alle grandi proprietà, spesso riconducibili a società straniere; la scelta di dare più spazio alle esportazioni ridusse la quantità di prodotti destinati al consumo interno; il basso prezzo imposto dalla concorrenza estera portò minori guadagni ai produttori locali. Moltissimi lavoratori agricoli abbandonarono di conseguenza le campagne per andare a vivere in enormi agglomerati urbani: oltre 15 milioni di persone abitavano nel 2015 l'area metropolitana di Lagos in Nigeria, più di 10 milioni quella di Kinshasa, capitale del Congo.

L'instabilità politica

L'Africa centrale e meridionale vide i suoi mali aggravati anche da una esasperata conflittualità politica, causa di frequenti colpi di Stato e di sanguinose guerre civili. In alcuni casi i conflitti trovarono una soluzione pacifica: la lunga lotta degli eritrei contro la dominazione etiopica [▸19.9] si concluse nel 1991 con la conquista dell'indipendenza; nel 1994, grazie a una mediazione italiana, fu raggiunto un accordo fra le due opposte fazioni che dal 1981 si combattevano in Mozambico. In molti altri casi, però, i conflitti divennero cronici e si trascinarono fino a mettere in crisi ogni autorità centrale.

Le guerre in Ruanda e in Congo

Sanguinosissimo fu il conflitto scoppiato nel piccolo e poverissimo Ruanda, dove, nel 1994, le milizie dell'etnia hutu si resero protagoniste di spaventosi massacri soprattutto ai danni dell'etnia tutsi, provocando la morte di un numero di persone stimato fra 800 mila e oltre un milione.

La guerra in Ruanda provocò un gigantesco flusso di profughi verso i paesi confinanti, soprattutto in Zaire: caduta la dittatura più che trentennale del generale Mobutu [▸19.9], nel 1997 questo paese riprese il vecchio nome di Repubblica del Congo, ma fu teatro di una sanguinosa guerra, che coinvolse anche gli Stati vicini e causò un altissimo numero di vittime e una nuova ondata di profughi.

Il fondamentalismo islamico in Somalia

Dagli anni '90, nei conflitti che laceravano gli Stati africani della fascia subsahariana, si inserì un nuovo protagonista: il fondamentalismo islamico [▸25.1], presente in vaste aree del continente, dalla Nigeria al Mali, dal Kenya alla Somalia. Nella ex colonia italiana, dopo la caduta, nel 1991, della dittatura di Siad Barre, si scatenò una spietata guerra fra clan e bande rivali: inutile fu l'intervento, nel 1993-94, di un contingente dell'Onu, che dovette ritirarsi dopo aver subìto molte perdite. Da allora il paese restò senza un governo: ad approfittare di questa assenza di potere fu un movimento fondamentalista, le cosiddette "corti islamiche", che riuscì nel 2006 ad assicurarsi il controllo di buona parte del territorio, ma fu poi sconfitto da un intervento militare della vicina Etiopia, paese in maggioranza cristiano. Dopo il ritiro del contingente etiopico, tuttavia, la Somalia si trovò di nuovo in una situazione di anarchia, mentre prendeva sempre più forza il fenomeno della pirateria sulle coste, che metteva a rischio la sicurezza delle rotte turistiche e commerciali nell'Oceano Indiano. Si chiudeva in compenso con un accordo di pace (luglio 2018) un altro storico conflitto del Corno d'Africa: quello che opponeva da molti anni Etiopia ed Eritrea.

Il Sudan

I contrasti politici e quelli etnico-religiosi fra maggioranza arabo-islamica e minoranze cristiane e *animiste* causarono fin dagli anni '80 una guerra civile nel Sudan: alle carestie e agli scontri armati fra reparti governativi e movimenti di guerriglia, si aggiunsero le razzie operate da gruppi di predoni ai danni soprattutto della popolazione cristiana. Nel 2003 le violenze si concentrarono nella regione del Darfur, provocando una tragica emergenza umanitaria. Nel 2011 il Sudan meridionale si separò dal resto del paese, dando vita a un nuovo Stato, il Sud Sudan: gli scontri tribali proseguirono anche qui, aggravando il già pesante bilancio di vittime.

La Nigeria

Sempre legati a motivi etnico-religiosi furono i conflitti in Nigeria, lo Stato più popoloso dell'Africa: potenzialmente ricco, grazie alla disponibilità di risorse petrolifere, era diviso, oltre che dalle rivalità tribali, dai contrasti fra un Nord prevalentemente musulmano e un Sud a maggioranza cristiano. A partire dai primi anni 2000, il movimento fondamentalista islamico "Boko Haram" fu responsabile di numerosi e violenti attacchi, con stragi e rapimenti di massa, contro la comunità cristiana.

Il Mali

Anche il Mali, parte dell'ex Africa occidentale francese, fu attraversato da una guerra civile, originata dal contrasto fra i nomadi tuareg e le altre etnie, di cui la classe politica era espressione. Nel 2012 un gruppo di militari si impadronì del potere. Ne scaturì un conflitto che portò i ribelli, alleati a gruppi del fondamentalismo islamico, a prendere il controllo della parte settentrionale del paese. All'inizio del 2013, la Francia intervenne con attacchi aerei per liberare le città cadute in mano ai ribelli.

Le cause dei conflitti

I diversi conflitti che insanguinavano l'Africa traevano per lo più origine da vecchie e nuove rivalità tribali. Ma a volte nascondevano scontri relativi allo sfruttamento delle cospicue risorse naturali del continente, che a loro volta celavano anche contrasti fra le potenze occidentali. Queste ultime, soprattutto negli anni 2000, intensificarono i loro interventi nelle vicende interne africane, anche per fronteggiare l'espansione del fondamentalismo. I condizionamenti esterni erano però più l'effetto che la causa della crisi delle classi dirigenti africane, incapaci, a mezzo secolo dall'indipendenza, di costruire strutture statali moderne e durature.

Il secolo dell'Africa?

Ancora all'inizio del 2017, nella classifica mondiale del prodotto pro capite, le ultime venti posizioni erano occupate da Stati africani (ultima era la Somalia, dilaniata dalla guerra civile).

Eppure, a dispetto di queste sfavorevoli condizioni, con l'inizio del nuovo millennio importanti segnali di crescita si registrarono anche in Africa, grazie soprattutto a una maggiore apertura ai mercati internazionali. Nel 2015 ben ventidue paesi del continente (contro nessuno dell'Europa e del Nord America) videro le loro economie crescere a tassi superiori al 5%. Un dato che si spiegava in parte con i bassi livelli di partenza, ma che attestava le potenzialità di un continente vastissimo, con una popolazione in continua crescita (poco più di 800 milioni di abitanti nel 2000, un miliardo e 250 mila nel 2017, nonostante il massiccio flusso migratorio verso l'Europa) e attraversato da rapide trasformazioni sociali e culturali. Per questo, economisti e demografi hanno indicato proprio nell'ascesa dell'Africa un possibile tratto caratterizzante dell'intero XXI secolo.

sommario

I processi di globalizzazione hanno ridisegnato la geografia della ricchezza, modificando i rapporti tra aree prospere e industrializzate e aree povere e arretrate. Non solo i paesi produttori di petrolio hanno visto aumentare la loro ricchezza (anche se non sempre questo ha comportato un autonomo processo di industrializzazione), ma anche altre nazioni dell'Asia, dell'America Latina e dell'Africa hanno messo in moto un meccanismo di sviluppo, inserendosi nei mercati internazionali. In particolare alcuni grandi Stati come Cina, India, Brasile, Sudafrica hanno raggiunto negli ultimi decenni tassi di crescita molto elevati e una rapida industrializzazione. A una generale espansione dei consumi fa riscontro però la persistenza di grandi sacche di arretratezza e profonde disuguaglianze.

Il caso più rilevante di decollo economico fu quello cinese, con un tasso di crescita del Pil, negli ultimi decenni, superiore al 10% annuo. Nel 2011 la Cina diventò la seconda potenza mondiale dopo gli Usa. Alla crescente integrazione con i mercati internazionali (coronata dall'ingresso nel Wto nel 2001), in un quadro politico che continuava a unire autoritarismo e apertura all'iniziativa privata, si accompagnarono grandi mutamenti sociali: crescita della urbanizzazione e del benessere per alcuni strati della popolazione, ma anche accentuazione delle diseguaglianze e ricorrenti violazioni dei diritti politici da parte del governo cinese.

Sia il Giappone sia le "tigri asiatiche" (Corea del Sud, Taiwan, Singapore, Hong Kong) dovettero affrontare la grave crisi finanziaria del 1997-98, originata da un eccesso di produzione e da un'incontrollata euforia speculativa. L'intervento delle autorità monetarie internazionali tamponò gli effetti immediati della crisi. La ripresa fu lenta, soprattutto per il Giappone, che entrò in una fase di lunga stagnazione, aggravata dalle difficoltà politiche. Le "tigri asiatiche", invece, uscirono in pochi anni dalla recessione e rilanciarono la loro economia grazie al loro peculiare modello di governo, basato su un'integrazione tra iniziativa privata e intervento dello Stato a sostegno delle imprese. Questi paesi conquistarono posizioni di rilievo nel settore delle tecnologie informatiche (Corea del Sud e Taiwan) e come centri finanziari mondiali (Hong Kong e Singapore). A partire dagli anni '90, l'esempio di questi paesi fu seguito dalle altre economie dell'area (Malesia, Indonesia, Thailandia, Filippine) e, in una fase successiva, dal Vietnam e dalla Cambogia.

All'inizio del nuovo millennio, anche l'India divenne protagonista della scena economica mondiale, con un ritmo di crescita, a partire dagli anni '80, inferiore a quello cinese ma comunque elevato. Nel 2012 l'India figurava al decimo posto nel mondo per Pil. Grazie all'azione sistematica dei governi succedutisi a partire dalla fine degli anni '80, finalizzata a rafforzare l'iniziativa privata, numerose imprese – nei settori tradizionali e in quelli più avanzati legati alle tecnologie informatiche e alla farmaceutica – poterono svilupparsi e conquistare posizioni nel mercato internazionale. Permanevano comunque vaste sacche di arretratezza, forti tensioni politiche prodotte soprattutto dagli attriti tra i diversi gruppi etnico-religiosi e gravi discriminazioni di casta e genere.

In America Latina, negli anni '80, si assisté alla caduta delle dittature militari e al conseguente ritorno a una sia pur precaria vita democratica. Questo processo di democratizzazione, però, incontrò numerosi ostacoli di natura economica, politica e sociale. Quasi tutti i paesi furono travagliati dall'inflazione e da un pesantissimo carico di debiti con l'estero. Gli inizi degli anni '90 segnarono l'avvio di una ripresa e la tendenza alla creazione di aree economicamente integrate (Nafta, Mercosur). Per i maggiori paesi del Sud America una nuova crisi si profilò a partire dal 1998: il Brasile riuscì a superare il momento difficile, mentre l'Argentina precipitò in una gravissima crisi finanziaria. Negli anni successivi, in alcuni paesi latino-americani (Venezuela, Bolivia, Ecuador) si affermarono regimi populisti di sinistra. All'inizio del nuovo secolo, quasi tutti i paesi dell'America Latina, superate le difficoltà degli anni a cavallo fra i due secoli, conobbero una fase di intensa crescita economica. A favorire questa positiva tendenza fu un compromesso tra l'apertura ai flussi commerciali globali e l'integrazione continentale.

Tra i paesi che hanno intrapreso, negli ultimi decenni, la strada dello sviluppo, c'è anche il Sudafrica, che si liberò, nei primi anni '90, del regime di discriminazione razziale (*apartheid*) e portò poi con le prime elezioni a suffragio universale, nel maggio '94, alla presidenza del paese il leader del movimento antisegregazionista (Anc), Nelson Mandela. Il nuovo Sudafrica – nel quale fu istituita una Commissione nazionale "per la verità e la riconciliazione" per far luce sulle violenze degli anni dell'*apartheid* – riuscì a superare i difficili problemi di convivenza e a mantenere la sua unità e le sue istituzioni rappresentative. Il ritiro, nel 1999, di Mandela aprì una fase politica molto complessa, in cui l'Anc dovette fronteggiare una crescente conflittualità interna. Sul piano economico, fu comunque garantita continuità allo sviluppo avviato negli anni '90. Sfruttando la ricchezza di risorse naturali del paese e la rapida integrazione nei mercati internazionali, il Sudafrica riuscì nel XXI secolo a inserirsi nel gruppo di testa dei grandi paesi in via di sviluppo, i cosiddetti Brics (Brasile, Russia, India, Cina e, appunto, Sudafrica).

Nonostante i grandi mutamenti verificatisi in alcune aree del Terzo Mondo alla fine del '900, il divario fra paesi ricchi e paesi poveri complessivamente si approfondì. La situazione più critica riguardava alcune aree dell'Asia meridionale e soprattutto l'Africa subsahariana, dove in media il Pil annuo era largamente inferiore a quello dei paesi più sviluppati, gli indici di analfabetismo e i tassi di mortalità infantile restavano molto elevati, mentre fame, nuove epidemie e debito estero diventavano problemi sempre più pressanti. Anche se, a partire dagli anni '80, i paesi africani si erano aperti al mercato mondiale delle merci e dei capitali, le élite politiche nazionali non furono capaci di sfruttare questa opportunità per avviare efficaci politiche di sviluppo. Negli anni '90 l'Africa nera vide i suoi mali aggravati da una lunga serie di colpi di Stato e di guerre civili che, in alcuni paesi, giunsero a distruggere ogni autorità centrale. Il Ruanda fu dilaniato da una crudelissima guerra, fra le etnie degli hutu e dei tutsi, che ebbe tragiche conseguenze anche in Congo. La Somalia, in particolare, divenne teatro di una spietata guerra fra clan e bande rivali, che non venne arrestata nemmeno da una missione di pace dell'Onu. Nel Sudan le violenze della guerra civile si concentrarono nella regione del Darfur, provocando nel 2003 una tragica emergenza umanitaria. In Nigeria, a partire dai primi anni 2000, il movimento fondamentalista islamico "Boko Haram" fu responsabile di numerosi e violenti attentati contro la comunità cristiana.

biblio grafia

Sul tema delle disuguaglianze: L. Gallino, *Globalizzazione e disuguaglianze*, Laterza, Roma-Bari 2009 (ed. or. 2000); T. Judt, *Guasto è il mondo*, Laterza, Roma-Bari 2011 (ed. or. 2010). In particolare, sugli Stati Uniti, si veda B. Cartosio, *La grande frattura. Concentrazione della ricchezza e diseguaglianze negli Stati Uniti*, ombre corte, Verona 2013.

Sull'Africa, oltre ai volumi già citati nella bibliografia del cap. 19, si vedano: G. Carbone, *L'Africa. Gli Stati, la politica, i conflitti*, Il Mulino, Bologna 2012 (ed. or. 2005); S. Bellucci, *Storia delle guerre africane. Dalla fine del colonialismo al neoliberismo globale*, Carocci, Roma 2006; F. Bonaglia-L. Wegner, *Africa. Un continente in movimento*, Il Mulino, Bologna 2014.

Sulla Cina, oltre alle opere già citate nella bibliografia del cap. 18, si vedano: F. Rampini, *Il secolo cinese*, Mondadori, Milano 2006 (ed. or. 2005); I. Musu, *La Cina contemporanea*, Il Mulino, Bologna 2011. Sull'India: J. Drèze-A. Sen, *Una gloria incerta. L'India e le sue contraddizioni*, Mondadori, Milano 2017 (ed. or. 2013). Si veda anche, sullo sviluppo di Brasile, Russia, India, Cina: A. Goldstein, *Bric. Brasile, Russia, India e Cina alla guida dell'economia globale*, Il Mulino, Bologna 2011.

Sulla Corea del Sud: A. Goldstein, *Il miracolo coreano*, Il Mulino, Bologna 2013.

29. Il mondo islamico e lo scontro con l'Occidente

29.1. L'attacco all'Occidente

L'attentato alle Twin Towers

La mattina dell'11 settembre 2001 due aerei di linea americani si schiantarono contro le Twin Towers ("Torri Gemelle"), gli edifici più alti di New York, sede di uffici e banche, a quell'ora affollatissimi, provocandone l'incendio e il crollo. Un altro aereo, anch'esso carico di passeggeri, si abbatté a Washington sul Pentagono, il ministero della Difesa americano. I tre apparecchi erano stati sequestrati da commandos suicidi e guidati sul bersaglio dagli stessi dirottatori, debitamente addestrati. Un quarto aereo, forse diretto verso la Casa Bianca, precipitò in Pennsylvania dopo una colluttazione fra i dirottatori e alcuni passeggeri. I *kamikaze* [▶17.12] erano tutti provenienti da paesi arabi: di alcuni di loro si accertò l'appartenenza a un'organizzazione terroristica internazionale detta Al Qaeda ("la base"). Quest'ultima, che aveva la sua principale base operativa nell'Afghanistan dei talebani, si ispirava all'integralismo islamico. A guidarla era un miliardario saudita, Osama bin Laden, da tempo assertore di una guerra santa da condurre in ogni luogo e con ogni mezzo contro i nemici dell'islam, e in particolare contro gli Stati Uniti, oggetto, già in passato, di attacchi terroristici di analoga matrice: nel '93 le stesse Twin Towers erano state colpite con auto imbottite di esplosivo a opera di gruppi dell'estremismo integralista ed era stata la stessa Al Qaeda a rivendicare altri due sanguinosi attentati nel '98 contro le ambasciate americane in Kenya e in

Tanzania. Quanto alla tecnica dei commandos suicidi, essa era stata ampiamente sperimentata, anche se in forme assai meno sofisticate, dagli estremisti palestinesi contro Israele.

Il trauma

L'attentato dell'11 settembre – ripreso in diretta e trasmesso dalle televisioni e dai siti d'informazione di tutto il mondo – provocò migliaia di vittime civili (circa 3 mila, secondo stime attendibili) e destò ovunque enorme impressione. Gli Stati Uniti, prima potenza mondiale, avevano subìto per la prima volta un attacco sul loro stesso territorio. E l'intero Occidente, oggetto delle minacce di bin Laden, scopriva la propria vulnerabilità di fronte all'offensiva di un nemico che risultava tanto più inafferrabile in quanto non si identificava con un singolo Stato, ma agiva all'interno di società aperte e multietniche. Un senso di paura e di incertezza si diffuse in tutto il mondo, colpendo non solo i settori più direttamente interessati dalla catastrofe (le compagnie aeree, che videro bruscamente calare il numero dei viaggiatori, e le società di assicurazione, costrette a far fronte a un'enorme massa di risarcimenti), ma l'intera economia occidentale, di cui le Twin Towers apparivano come il simbolo e il cuore pulsante. La prospettiva dello scontro di civiltà sembrava farsi improvvisamente più concreta: anche perché l'opinione pubblica americana, ferita e spaventata, esigeva risposte all'altezza della sfida lanciata.

29.2. La guerra contro il terrorismo

La reazione americana all'attacco

L'amministrazione statunitense guidata da George Bush junior [▶23.7], in carica da pochi mesi dopo un'elezione incerta e contestata, riuscì, dopo un primo momento di smarrimento, a riprendere il controllo della situazione, contando anche sulla compattezza patriottica del paese e della sua classe politica. Il presidente si preoccupò innanzitutto di predisporre le condizioni politiche per un'azione militare adeguata, così come Bush padre aveva fatto dieci anni prima con la guerra del Golfo. L'obiettivo primario era questa volta l'Afghanistan, che ospitava il capo dei terroristi ed era diventato il riferimento di tutti i gruppi integralisti: paradossalmente gli stessi che gli statunitensi avevano armato e finanziato negli anni '80 per la lotta contro l'invasione sovietica.

La coalizione

Dopo essersi assicurata l'appoggio degli alleati della Nato e delle potenze ex avversarie (Russia e Cina), la diplomazia americana cercò anche quello degli Stati musulmani filo-occidentali, compresi quei paesi come Arabia Saudita e Pakistan, che, pur essendo formalmente alleati degli Usa, erano sospettati di intrattenere rapporti ambigui con i gruppi integralisti. L'obiettivo era quello di isolare i regimi più estremisti. L'operazione sostanzialmente riuscì. Gli Stati arabi, eccettuato l'Iraq, manifestarono comprensione, se non solidarietà, alla superpotenza. Persino l'Iran mantenne un atteggiamento di prudente neutralità. Il presumibile obiettivo di Osama bin Laden – sollevare le masse arabe contro i regimi moderati in nome della fede islamica e dell'antiamericanismo – fu sostanzialmente mancato: anche se il messaggio apocalittico del capo terrorista (che si atteggiava a nuovo profeta e si esprimeva periodicamente attraverso videocassette registrate) non mancò di fare proseliti fra le masse più radicalizzate del mondo musulmano.

L'intervento in Afghanistan

Ottenuto l'appoggio internazionale, il 7 ottobre 2001, quattro settimane dopo l'attentato alle Torri Gemelle, ebbero inizio le operazioni militari contro l'Afghanistan, che videro coinvolti, oltre ai nordamericani, anche reparti britannici e – con compiti prevalentemente logistici – quelli di altri paesi della Nato, fra cui l'Italia. L'impegno degli Stati Uniti e dei loro alleati si limitò, salvo circoscritte azioni dei reparti speciali, ai bombardamenti aerei. Il grosso dell'offensiva di terra fu affidato ai combattenti (i *mujaheddin*) delle fazioni afghane che da anni si battevano contro il regime integralista dei talebani. Dopo una stasi iniziale, l'offensiva fu rapida e vittoriosa: Kabul fu occupata il 13 novembre e il 7 dicembre cadde Kandahar, ultima roccaforte del regime, mentre il mullah Omar, capo spirituale dei talebani, e Osama bin Laden riuscivano a far perdere le loro tracce. Frattanto gli esponenti delle diverse fazioni vittoriose (divise fra loro in base a linee etniche e tribali oltre che politiche) si accordavano per la formazione di un nuovo governo, presieduto da Hamid Karzai.

Una vittoria incompleta

La cacciata dei talebani rappresentò certamente un successo per l'alleanza a guida americana. Ma assai più difficile si rivelò il consolidamento del nuovo regime. Negli anni successivi, i fondamentalisti, giovandosi delle basi di cui continuavano a disporre nel vicino Pakistan e dei proventi del commercio dell'oppio, ripresero il controllo di vaste zone del paese, dando vita a un'ostinata guerriglia e scatenando una campagna terroristica che fece molte vittime fra la popolazione civile. Un'offensiva a cui la coalizione antiterrorismo, che aveva mantenuto nel paese una forte presenza militare, trovava difficoltà a dare risposta, anche a causa del contemporaneo e pesante impegno militare degli Stati Uniti in Iraq.

L'ultimatum all'Iraq

Infatti, dopo aver rovesciato il regime dei talebani, gli Stati Uniti avevano rivolto la loro attenzione all'Iraq di Saddam Hussein, accusato di fiancheggiare il terrorismo internazionale e di nascondere armi di distruzione di massa (chimiche e batteriologiche). Nel 1998 Saddam aveva espulso gli ispettori dell'Onu incaricati di vigilare sugli armamenti iracheni e aveva respinto tutti i successivi inviti a riaprire il paese alle ispezioni. Dopo un infruttuoso negoziato tra Onu e Iraq, Stati Uniti e Gran Bretagna cominciarono a preparare l'operazione militare. A questo punto, però, la comunità internazionale si divise: Francia, Germania, Russia, Cina e Stati arabi si mostrarono contrari all'uso immediato della forza e propensi a una soluzione diplomatica. Ma gli Stati Uniti e la Gran Bretagna erano decisi a risolvere in modo definitivo la questione irachena. Il 18 marzo 2003 lanciarono un ultimatum a Saddam Hussein, intimandogli di lasciare il paese entro 48 ore.

L'intervento militare

Il 20 marzo i primi missili statunitensi colpirono Baghdad. Nei giorni seguenti le truppe anglo-americane cominciarono ad avanzare in Iraq dalla frontiera meridionale. Come nel 1991, la resistenza dell'esercito iracheno fu debole e male organizzata: il 9 aprile i *marines* americani conquistarono la capitale e, pochi giorni dopo, anche le città principali del Nord del paese. Saddam Husscin fuggì e il regime si sfaldò all'istante: bande senza controllo compirono saccheggi e razzie negli edifici pubblici, nei negozi e nei musei. Soltanto alcuni giorni dopo, con molta fatica, le forze di occupazione riuscirono a riportare un minimo di ordine nel paese.

29.3. La mancata stabilizzazione

I progetti americani

Nelle intenzioni della presidenza Usa e degli altri governi che inviarono contingenti militari in Iraq (fra gli altri Italia, Spagna e Polonia), l'abbattimento della dittatura doveva costituire la premessa per la rapida creazione di un regime democratico: condizione a sua volta per la diffusione della democrazia nel Medio Oriente e per la costruzione di un nuovo equilibrio più favorevole all'Occidente in un'area che restava cruciale per i rifornimenti petroliferi. Nella visione di alcuni collaboratori e consiglieri della presidenza Usa (i cosiddetti neo-con, ovvero neoconservatori), questo progetto si inquadrava in un'ambiziosa strategia che coniugava il disegno di esportazione della democrazia su scala planetaria – un disegno sino ad allora patrimonio della tradizione democratica, da Wilson a Roosevelt, più che di quella repubblicana – con un deciso rilancio della politica di potenza americana, anche a prescindere dal consenso della comunità internazionale e degli stessi alleati europei.

Un difficile dopoguerra

In realtà il processo di stabilizzazione trovò ostacoli insormontabili non solo in Afghanistan, come abbiamo già visto, ma anche nell'Iraq liberato dalla dittatura di Saddam Hussein e posto all'inizio sotto il diretto controllo degli occupanti. Nonostante l'arresto di molti fra i principali esponenti del vecchio regime e dello stesso Saddam Hussein, catturato nel dicembre 2003 e impiccato tre anni dopo, al termine di un discusso processo, i sostenitori del dittatore deposto e i gruppi integralisti arabi ispirati da Al Qaeda diedero inizio a un lungo stillicidio di sanguinosi attentati, per lo più suicidi, contro le truppe di occupazione e contro gli iracheni che collaboravano alla stabilizzazione. In uno di questi attentati, il 12 novembre 2003, morirono diciannove italiani (diciassette militari e due civili) nella città di Nassiriya.

Elezioni e guerra civile in Iraq

Nel corso del 2005, sembrò che la democrazia in Iraq potesse consolidarsi: in gennaio si tennero le elezioni per l'Assemblea costituente, che fecero registrare un'ampia partecipazione popolare e videro l'affermazione della componente sciita (numericamente maggioritaria, ma fortemente discriminata sotto il regime di Saddam). In agosto fu varata una Costituzione federale successivamente approvata con referendum popolare. Nemmeno questi progressi servirono però a stabilizzare la situazione in Iraq, dilaniato da una guerra civile strisciante che mieteva ogni giorno decine di vittime fra la popolazione e metteva a rischio la stessa unità del paese. Agli attentati di matrice fondamentalista si aggiungeva infatti la protesta, spesso violenta, dei gruppi sunniti, dominanti al tempo di Saddam e ora scontenti per la nuova distribuzione del potere e delle stesse risorse petrolifere.

Gli attentati in Europa

Il radicalismo islamista, intanto, aveva cominciato a colpire anche in Europa. L'11 marzo 2004 un attentato nella più grande stazione ferroviaria di Madrid provocò quasi duecento morti. L'attacco fu rivendicato dagli integralisti islamici, che volevano punire la Spagna per il suo impegno in Iraq a fianco degli Usa. Il 7 luglio 2005 il terrorismo fondamentalista colpì la rete dei trasporti urbani di Londra, con una serie di attentati suicidi simultanei che provocarono oltre cinquanta morti. Alcuni degli attentatori erano figli di immigrati e cittadini britannici, apparentemente integrati in una società che aveva sempre praticato il multiculturalismo. Il governo del Regno Unito non rinunciò all'alleanza con gli Stati Uniti, ma l'opinione pubblica era sempre meno convinta dell'opportunità di continuare l'impegno in Iraq.

Un bilancio deludente

Negli Stati Uniti, invece, la maggioranza dei cittadini continuava a sostenere la guerra: alle elezioni presidenziali del novembre 2004, Bush junior fu rieletto, con un margine abbastanza netto sul candidato democratico. Il prolungarsi del conflitto, tuttavia, suscitava critiche crescenti: le armi di distruzione di massa non erano state trovate, i legami fra Saddam Hussein e Al Qaeda non erano stati dimostrati, mentre il terrorismo fondamentalista aveva trovato in Iraq un nuovo terreno di azione. Inoltre, suscitarono sdegno le dure condizioni di prigionia delle centinaia di presunti affiliati ad Al Qaeda detenuti nel carcere militare statunitense di Guantánamo, sull'isola di Cuba, e le immagini delle torture e delle sevizie a cui alcuni militari statunitensi sottoponevano i prigionieri iracheni nel carcere di Abu Ghraib, vicino a Baghdad.

L'Iran e il fondamentalismo sciita

Era evidente che il terrorismo fondamentalista di matrice sunnita aveva trovato nell'Iraq un nuovo terreno di azione; e che, d'altra parte, l'affermazione della componente sciita apriva nuovi spazi per l'espansione di un altro fondamentalismo: quello sciita che faceva capo all'Iran, dove, nell'agosto 2005, in una consultazione condizionata dalle pesanti ingerenze delle gerarchie religiose, era stato eletto presidente Mahmoud Ahmadinejad. Ahmadinejad aveva rilanciato il khomeinismo nella sua versione più intransigente: aveva rivolto pesanti minacce a Israele riproponendo formule antiebraiche assai diffuse nel mondo arabo-islamico; e aveva annunciato, a dispetto della condanna della comunità internazionale e delle sanzioni votate dall'Onu (dicembre 2006), la sua intenzione di sviluppare un programma nucleare. Dopo due guerre costose e sanguinose, il conflitto fra il mondo islamico e l'Occidente, con epicentro nell'area mediorientale, continuava a rappresentare il principale focolaio di tensione internazionale.

29.4. Gli sviluppi della questione palestinese

Nuove tensioni

Il clima creatosi nel mondo islamico con l'emergere delle correnti fondamentaliste, che miravano apertamente alla distruzione dello Stato di Israele, non era certo il più adatto per favorire una soluzione negoziata dell'ormai cronico conflitto in Palestina. Anzi, come abbiamo visto, le tensioni aumentarono dopo il fallimento dei colloqui di Camp David del 2000 promossi dal presidente americano Clinton e l'inizio della "seconda intifada" [▸25.5]. Il nuovo governo israeliano, entrato in carica nel 2001 e guidato dal leader della destra Ariel Sharon, alzò ulteriormente il livello della risposta militare e della repressione nei territori occupati. Nel 2002 decise quindi di costruire un alto muro di cemento per separare Israele dai territori palestinesi: condannata aspramente da tutto il mondo arabo e da buona parte della comunità internazionale, la barriera difensiva contribuì comunque a far calare il numero degli attentati.

Il ritiro da Gaza e la vittoria di Hamas

Dopo la morte di Arafat (2004), divenne presidente dell'Anp il più moderato Abu Mazen, leader, come il suo predecessore, di al-Fatah, il principale partito dell'Olp [▸19.7]. Nell'estate 2005, con una mossa a sorpresa, il governo di Sharon decise unilateralmente il ritiro dell'esercito e lo smantellamento delle colonie ebraiche nella striscia di Gaza. La decisione, attuata con grande risolutezza, fu aspramente contestata dalle organizzazioni dei coloni e dalla destra del Likud [▸25.5]: tanto da indurre Sharon a spaccare il suo partito e a dar vita a una nuova formazione politica di centro. Il ritiro da Gaza non ebbe però gli effetti sperati, anche perché le possibilità di dialogo furono compromesse dalla vittoria di Hamas, che rifiutava di riconoscere Israele, alle elezioni palestinesi del gennaio 2006. Nel 2007, la lotta tra i due principali partiti palestinesi portò al completo controllo di Hamas sulla striscia di Gaza, non più occupata da Israele, e a quello di al-Fatah sulla Cisgiordania.

Nel gennaio 2006 era uscito di scena anche Sharon, per le conseguenze di una gravissima malattia. Nel 2009 tornava alla guida del governo israeliano il leader del Likud, Benjamin Netanyahu, fautore di una linea negoziale dura nei confronti dell'Olp.

La crisi libanese

Tornava frattanto in primo piano il problema del Libano, sottoposto, dalla fine degli anni '80, a una sorta di protettorato da parte della vicina Siria, che vi aveva inviato un contingente militare col pretesto di pacificare il paese dai conflitti etnico-religiosi che l'avevano sconvolto negli anni precedenti [▸25.5]. Anche dopo aver ritirato le sue truppe, nel 2005, la Siria continuò a far sentire la sua influenza soprattutto attraverso il movimento integralista sciita Hezbollah ("Partito di Dio"), appoggiato e armato dall'Iran. Nell'estate del 2006 Israele reagì con un attacco su vasta scala ai continui lanci di missili sul suo territorio a opera di Hezbollah. Una tregua fu stabilita grazie all'arrivo di un contingente Onu (con la partecipazione determinante dell'Italia).

L'intervento a Gaza

Alla fine del 2008 il centro delle tensioni si spostò nella striscia di Gaza, dove gli integralisti di Hamas avevano ripreso e intensificato il lancio di razzi su alcuni centri abitati del Sud di Israele. La risposta delle forze armate israeliane fu violentissima e il bilancio di perdite umane fra i civili palestinesi molto elevato. Solo nel gennaio 2009, dopo tre settimane di combattimenti, si arrivò a una tregua, grazie alla mediazione dell'Egitto. Ma intanto il processo di pace, mai ufficialmente interrotto, continuava a segnare il passo. La stessa soluzione da sempre indicata dalla comunità internazionale, e basata sulla convivenza dello Stato ebraico con un nuovo Stato palestinese in Cisgiordania e a Gaza, si allontanava a causa del prevalere delle posizioni intransigenti in entrambi i campi: i rappresentanti dell'Anp chiedevano pregiudizialmente il blocco di nuovi insediamenti nei territori occupati, mentre gli israeliani ponevano come condizione preliminare per i negoziati il riconoscimento del loro Stato.

Lo Stato di Palestina

Nel novembre 2012 la Palestina fu ammessa dall'Assemblea dell'Onu come Stato osservatore non membro, venendo così riconosciuta di fatto come Stato: decisione che fu fortemente criticata dai governi israeliani, in quanto non implicava un riconoscimento dello Stato ebraico da parte palestinese. All'inizio del 2013, quindi, l'Anp cambiò il suo nome in quello di Stato di Palestina, con capitale Gerusalemme Est. Non si fermarono però gli scontri sporadici, gli attentati contro obiettivi militari e civili, gli omicidi e i ferimenti isolati dovuti spesso a iniziative individuali (si parlò di "intifada dei coltelli"), in un clima che non poteva non risentire della generale radicalizzazione di una parte del mondo islamico.

sommario

L'11 settembre 2001 il terrorismo integralista mise a segno un clamoroso attentato: due aerei di linea pilotati da dirottatori si schiantarono contro le Twin Towers a New York e un altro si abbatté sul Pentagono a Washington. Un altro aereo dirottato precipitò in Pennsylvania. I dirottatori appartenevano all'organizzazione terroristica internazionale Al Qaeda con base operativa in Afghanistan. Alla guida di Al Qaeda era il miliardario saudita Osama bin Laden, fautore di una guerra contro i nemici dell'islam, in particolare contro gli Usa. L'attentato, che provocò migliaia di vittime civili e fu seguito in diretta in tutto il mondo, destò enorme impressione, instaurando soprattutto in Occidente un clima di paura e di incertezza.

L'amministrazione Bush decise un'azione militare contro l'Afghanistan, assicurandosi una fitta rete di appoggi internazionali. L'oppressivo regime dei talebani fu spazzato via dai bombardamenti americani e dall'offensiva via terra condotta dai combattenti delle fazioni afghane avverse ai talebani (i *mujaheddin*). Negli anni successivi, però, i talebani avrebbero ripreso il controllo di vaste zone del paese e dato vita a un'ostinata guerriglia. Dopo l'Afghanistan, gli Stati Uniti volsero la loro attenzione all'Iraq di Saddam Hussein, accusato di nascondere armi di distruzione di massa. Dopo un infruttuoso negoziato tra Onu e Iraq, Stati Uniti e Gran Bretagna attaccarono l'Iraq nel marzo 2003. La resistenza dell'esercito iracheno fu rapidamente sconfitta. Saddam Hussein fuggì: fu poi catturato nel dicembre 2003, sottoposto a un discusso processo e impiccato tre anni dopo.

Il processo di stabilizzazione dell'area mediorientale trovò ostacoli insormontabili. In Iraq, paese sottoposto ad occupazione, i sostenitori del dittatore deposto e i gruppi integralisti arabi ispirati da Al Qaeda diedero inizio a una serie di attentati. Né le elezioni del 2005 né il varo successivo di una Costituzione federale servirono a stabilizzare la situazione nel paese, nel quale l'affermazione della componente sciita apriva nuovi spazi per l'espansione di un altro fondamentalismo, quello che faceva capo all'Iran di Mahmoud Ahmadinejad. In Europa, la minaccia del terrorismo si concretizzava negli attentati di Madrid (11 marzo 2004) e Londra (7 luglio 2005). Dopo due guerre, il conflitto fra islam e Occidente rimaneva il principale focolaio di tensione internazionale.

Lo stato di tensione presente nel mondo islamico, per l'affermazione delle correnti fondamentaliste, acuì il conflitto israelo-palestinese. Nel 2002 il governo guidato dal leader della destra Ariel Sharon fece costruire un muro di separazione fra il territorio di Israele e le aree palestinesi. Nel 2005, però, lo stesso Sharon decise il ritiro unilaterale degli israeliani dalla striscia di Gaza. Dopo l'uscita di scena di Sharon e la morte di Arafat, la vittoria elettorale nel 2006 degli estremisti di Hamas a Gaza rese sempre più difficile una soluzione pacifica. Agli attentati e ai lanci di missili da Gaza e dal Libano (dove era attivo il movimento sciita Hezbollah), Israele reagì con durissime risposte militari. Nel 2012 la Palestina fu ammessa dall'Assemblea dell'Onu come Stato osservatore non membro e successivamente l'Anp cambiò il suo nome in quello di Stato di Palestina.

biblio grafia

Sul mondo islamico, oltre ai titoli citati nella bibliografia dei capp. 16, 19 e 25, si vedano: P. Branca, *Moschee inquiete. Tradizionalisti, innovatori, fondamentalisti nella cultura islamica*, Il Mulino, Bologna 2003; G. Kepel, *Fitna. Guerra nel cuore dell'Islam*, Laterza, Roma-Bari 2006 (ed. or. 2004).

Sullo scontro fra islam e Occidente: I. Buruma, A. Margalit, *Occidentalismo. L'Occidente agli occhi dei suoi nemici*, Einaudi, Torino 2004; R. Guolo, *L'ultima utopia. Gli jihadisti europei*, Guerini e Associati, Milano 2015.

30. Scenari del XXI secolo

30.1. Crisi finanziaria, crisi economica

Mutui immobiliari e "derivati"

A partire dal 2007, l'economia globale dovette confrontarsi con una grave recessione: la crisi investì in primo luogo le economie industrializzate dell'Occidente e, come già altre volte in passato, fu innescata da uno squilibrio nel mercato finanziario. La causa scatenante fu l'esplosione della "bolla" dei mutui immobiliari negli Stati Uniti. Si trattava di prestiti ad alto tasso d'interesse per l'acquisto di abitazioni, concessi negli anni passati con molta larghezza anche a soggetti a basso reddito, e garantiti unicamente dallo stesso valore delle case. Le banche, per ridurre il rischio, avevano emesso nuovi e complessi titoli finanziari, i cosiddetti "derivati" [▸27.3], il cui valore era collegato agli interessi sui mutui. In quel modo, il debito contratto da soggetti di dubbia affidabilità poteva essere venduto a società finanziarie e a piccoli risparmiatori, convinti che la restituzione dei prestiti, a tassi d'interesse in aumento, avrebbe assicurato loro un guadagno. Nati per redistribuire e diluire il rischio dalle sole banche a una schiera più vasta di investitori, i derivati erano in realtà titoli dal carattere altamente speculativo.

La bolla speculativa

Il meccanismo si bloccò nell'estate del 2007, quando i prezzi degli immobili cominciarono a scendere e i tassi di interesse sui mutui salirono. Di conseguenza, il valore delle proprietà diminuì mentre aumentarono le somme da restituire alle banche: molti di coloro che avevano acquistato una casa non furono quindi più in grado di pagare le somme dovute. La caduta del mercato immobiliare determinò il crollo del valore dei titoli collegati ai mutui, posseduti dagli istituti bancari, e la mancata restituzione dei prestiti mise in crisi le banche. Clamoroso fu, nel settembre 2008, il fallimento del colosso Lehman Brothers, fino a quel momento uno dei giganti della finanza mondiale. Per questo il 2008 viene spesso indicato come il punto di inizio di una crisi che in realtà si era già manifestata nel corso dell'anno precedente.

La propagazione della crisi

La crisi si diffuse rapidamente al di fuori dei confini degli Stati Uniti. Data la sempre più stretta integrazione tra i mercati, infatti, i prodotti derivati avevano avuto un'ampia circolazione: erano stati acquistati anche dalle banche europee e, in misura minore, da quelle asiatiche. Il crollo del valore di quei titoli fece nascere timori sulla solidità del sistema bancario e spinse molti risparmiatori a ritirare in fretta il proprio denaro dagli istituti in difficoltà, aggravandone la situazione: davanti agli sportelli delle banche si tornarono a vedere, come nei primi anni '30, lunghe file di persone preoccupate di vedere evaporare i propri risparmi. L'ondata di sfiducia si trasferì alle principali borse. A Wall Street e poi nelle borse europee e asiatiche si moltiplicarono le vendite di titoli degli istituti finanziari e delle banche ritenute più esposte nelle attività speculative.

La recessione

La crisi non rimase circoscritta al settore finanziario e alla Borsa ma, come era accaduto all'indomani del crollo di Wall Street nel 1929, si ripercosse immediatamente sull'economia reale, provocando un'ampia e diffusa recessione. Per fronteggiare le perdite, le banche ridussero i prestiti alle imprese, che quindi dovettero tagliare acquisti e investimenti: il peggioramento delle condizioni economiche generali comportò una riduzione dei consumi da parte delle famiglie, costringendo i produttori di beni e servizi a limitare la propria attività. Dal 2007 al 2009 il Pil diminuì di oltre il 2% negli Stati Uniti e di oltre il 4% nella zona dell'euro (l'Italia fu tra le nazioni più colpite, con una caduta del 5,2%). Anche l'economia giapponese subì una discesa consistente (circa il 5%). Parallelamente, si ridussero gli scambi tra le diverse economie. Per la prima volta dal 1982, il commercio mondiale si contrasse (–11%), con conseguenze rilevanti soprattutto per i paesi esportatori, come la Germania.

Le potenze emergenti

Tra le maggiori potenze economiche, le uniche eccezioni di rilievo furono costituite da Cina e India, che anzi fecero registrare incrementi produttivi, anche se meno consistenti rispetto al recente passato. La presenza di una vasta area dell'economia globale capace di far registrare risultati positivi – insieme all'utilizzo di più efficaci strumenti di intervento e a un migliore coordinamento fra le politiche economiche nazionali – contribuì ad attutire le conseguenze della crisi, che restava comunque la più grave mai vissuta dal mondo industrializzato dopo la grande depressione degli anni '30.

Le critiche al neoliberismo

La profondità e la durata del fenomeno recessivo suggerirono nuove diagnosi pessimistiche sulla efficacia del sistema economico "globalizzato", sulla governabilità dei suoi strumenti e sulla stessa moralità dei suoi princìpi fondanti. Uomini politici, economisti, imprenditori e sindacalisti puntarono il dito contro l'eccessivo peso assunto dalla finanza, il carattere incontrollato del mercato, le deregolamentazioni delle politiche neoliberiste. E l'intervento statale in sostegno delle situazioni più critiche, dopo essere stato a lungo bandito dalle pratiche di governo dell'Occidente o comunque guardato con sospetto in quanto turbativa al buon funzionamento del mercato, tornò a essere invocato e largamente praticato.

30.2. Gli Stati Uniti e la presidenza Obama

La crisi negli Usa

Furono per primi gli Stati Uniti, dopo lo shock dei fallimenti bancari, a intervenire con forza per fronteggiare l'aggravarsi della crisi. L'amministrazione Bush stanziò risorse imponenti a sostegno degli istituti in difficoltà, sconfessando di fatto il principio, professato dai repubblicani, della non ingerenza dello Stato nelle questioni economiche. Gli interventi messi in campo non bastarono però a tamponare le perdite e a consentire una rapida uscita dalla crisi. Il calo dei valori azionari colpiva i patrimoni dei risparmiatori che avevano investito in Borsa, mentre si moltiplicava il numero di persone che dovevano lasciare la propria casa, non potendo pagare le rate dei mutui contratti per comprarla. Si registrava inoltre un significativo aumento della disoccupazione.

L'elezione di Obama

In questo drammatico contesto ebbe luogo una svolta storica nella guida politica della maggior potenza mondiale. Scaduto il secondo mandato di Bush junior, nelle elezioni del novembre 2008 il candidato repubblicano John McCain fu sconfitto nettamente dal quarantasettenne senatore democratico dell'Illinois Barack Obama, primo afroamericano ad accedere alla presidenza Usa: un politico sino ad allora poco conosciuto, ma capace di suscitare attorno alla sua campagna elettorale un clima di speranza e di entusiasmo – *Yes we can*, "sì, possiamo", fu il suo slogan – simile a quello che, nel 1960, aveva accompagnato l'elezione di Kennedy.

Le misure anticrisi

Furono soprattutto gli interventi sull'economia a caratterizzare l'azione politica della nuova presidenza.

Per fronteggiare la crisi e rendere possibile la ripresa, Obama varò, poche settimane dopo l'insediamento alla Casa Bianca, un ampio piano di investimenti statali per infrastrutture, educazione, sanità, energie rinnovabili, espansione delle tutele ai disoccupati e sgravi fiscali diretti al ceto medio. Le misure – rese possibili da un massiccio intervento della Banca centrale (la Federal Reserve) che per aumentare la circolazione di moneta quasi azzerò i tassi di interesse – puntavano da un lato ad alleviare la situazione di settori sociali in sofferenza e, dall'altro, a offrire stimoli alla ripresa, favorendo un rilancio della domanda. Seguirono poi altri interventi, finalizzati a limitare la speculazione finanziaria e a sostenere i settori produttivi più in difficoltà, come quello dell'auto.

Il Pil statunitense tornò a crescere, seppur lentamente, dal 2010. La disoccupazione calò dal 10% del 2010 al 7% del 2013. E la ripresa proseguì negli anni del secondo mandato di Obama, rieletto nel 2012.

Le riforme

Sul piano delle misure sociali, la realizzazione più importante della presidenza Obama fu la riforma sanitaria varata nel 2010 dopo un duro confronto con l'opposizione repubblicana. Il provvedimento mirava a rendere obbligatoria e a finanziare, in parte a spese del bilancio pubblico, l'assistenza agli strati sociali più bassi che non riuscivano a sostenere i costi delle assicurazioni private. La legge, pur non prevedendo l'istituzione di un vero servizio sanitario nazionale, estendeva le coperture assicurative a 32 milioni di statunitensi che ne erano privi.

La vocazione sociale della presidenza Obama si esercitò anche sul terreno dei diritti civili – nel 2015 una sentenza della Corte suprema rese legali i matrimoni fra persone dello stesso sesso in tutti gli Stati dell'Unione – e su quello delle battaglie ambientaliste, con l'appoggio costante alle iniziative internazionali volte a limitare le emissioni di anidride carbonica.

La politica estera

In politica estera, secondo quanto promesso in campagna elettorale, il nuovo presidente accelerò il ritiro dall'Iraq: nel dicembre del 2011 gli ultimi reparti statunitensi abbandonarono il paese. In Afghanistan, dove non cessava la guerriglia condotta dai talebani, Obama rafforzò inizialmente il contingente impegnato nella missione, per poi decidere, anche in questo caso, un graduale ritiro.

In generale, il presidente adottò un approccio ai problemi internazionali molto diverso da quello del suo predecessore: un approccio fondato sulla disponibilità alla mediazione anche nei rapporti con gli avversari tradizionali e soprattutto al dialogo con il mondo islamico, pur nella costante riaffermazione dei valori fondanti della tradizione americana e occidentale. L'amministrazione Obama appoggiò il difficile accordo con l'Iran sul nucleare nel 2015 [▶30.7]; e ristabilì nel 2014 le relazioni diplomatiche con Cuba: una svolta sancita nel 2016 da una storica visita nell'isola dopo cinquant'anni di contrapposizione frontale [▶28.5].

Successi e insuccessi

Questo nuovo approccio diede grande popolarità a livello mondiale a Obama, che nel 2009 ricevette il premio Nobel per la pace. Ma non sempre il presidente Usa ottenne risultati rilevanti nel confronto con gli avversari più irriducibili degli Stati Uniti: dal regime comunista della Corea del Nord, che, per quanto isolato a livello internazionale, era riuscito a dotarsi di un arsenale atomico, al terrorismo fondamentalista che si stava scatenando in Medio Oriente e in Europa. Su questo terreno, il successo più significativo della presidenza Obama fu l'uccisione di Osama bin Laden: il capo di Al Qaeda, mandante principale degli attentati dell'11 settembre 2001, fu raggiunto nel suo rifugio segreto in Pakistan ed eliminato da un commando delle forze speciali americane il 1° maggio del 2011.

30.3. Da Obama a Trump

Problemi irrisolti

Il secondo mandato presidenziale di Barack Obama si concludeva nel 2016 con un bilancio in chiaroscuro. Il presidente poteva rivendicare il merito di aver portato il paese fuori dalla recessione, di aver ridotto l'impegno degli Stati Uniti in interventi militari sfortunati e costosi, di aver tenuto ferma l'attenzione sui temi dei diritti civili e delle riforme interne. Ma in campo economico, la lenta ripresa avviata dal 2010 non riusciva a cancellare le conseguenze sociali della crisi: posti di lavoro perduti, soprattutto nei settori "tradizionali", e già da tempo in difficoltà, dell'industria meccanica e siderurgica, mutui immobiliari diventati insostenibili, abbassamento del tenore di vita dei lavoratori salariati e di parte dei ceti medi.

La sconfitta dei democratici

A questi motivi di scontento, oltre che a un diffuso atteggiamento di protesta contro la classe politica, va ricondotto il risultato clamoroso delle elezioni presidenziali del novembre 2016, che videro una candidata democratica di grande esperienza come Hillary Clinton, moglie dell'ex presidente e segretaria di Stato con Obama, soccombere, anche se di stretta misura, di fronte a un candidato estraneo alla politica tradizionale come il repubblicano Donald Trump, discusso imprenditore nel settore edilizio, miliardario, personaggio televisivo.

Una svolta radicale

Trump incarnava alcuni valori tradizionali della destra americana, individualista e nemica delle retoriche progressiste care ai democratici, proponendosi come interprete degli umori profondi dell'opinione pubblica e in particolare degli strati sociali più colpiti dalla crisi. Al tempo stesso prometteva di abbassare drasticamente le tasse e di lasciare maggiore libertà a imprenditori e operatori finanziari. In politica internazionale il nuovo presidente prometteva di privilegiare senza riserve gli interessi strategici ed economici del suo paese al di là di ogni scelta ideologica, adottando politiche isolazionistiche e protezionistiche e assumendo atteggiamenti platealmente aggressivi nei confronti dei vecchi e nuovi avversari degli Stati Uniti. Il tutto accompagnato da uno stile comunicativo irruente e privo di sfumature. Quello che si annunciava, dunque, non era un normale avvicendamento alla guida del paese, ma un radicale cambio di mentalità e di strategia al vertice della prima potenza mondiale.

L'attacco alle riforme

Fin dai primi mesi della sua presidenza, Trump si dedicò a un sistematico smantellamento di alcune misure caratterizzanti della precedente amministrazione, anche a costo di scontrarsi al Congresso con una parte del suo stesso partito: furono i repubblicani moderati a opporsi al tentativo, su cui il presidente si era molto impegnato, di cancellare per intero la riforma sanitaria voluta da Obama. Anche in tema di politiche migratorie, Trump adottò una linea dura: proibì temporaneamente l'ingresso negli Usa dei cittadini di sette paesi a forte presenza terroristica (fra cui Iran, Iraq e Siria); sospese i programmi di assistenza ai rifugiati; inasprì il contrasto all'immigrazione clandestina, annunciando di voler accelerare e completare la costruzione (già iniziata dai suoi predecessori) di un muro di oltre 1000 chilometri lungo il confine col Messico. Un gesto di rottura con la presidenza Obama fu poi la decisione di ritirare l'adesione degli Stati Uniti agli accordi di Parigi sul clima del 2015 [▶27.4].

Il protezionismo

Un altro tratto caratteristico della prima fase della presidenza Trump fu la dichiarata volontà di rivedere il sistema del commercio internazionale, osteggiando la creazione e l'allargamento delle aree di libero scambio e puntando invece sulle trattative bilaterali con i singoli paesi per far meglio valere gli interessi nazionali degli Stati Uniti. Questo approccio provocò forti tensioni con l'Unione europea (con la quale si giunse comunque a nuovi accordi) e soprattutto con la Cina, dal 2009 primo paese esportatore del mondo.

La politica internazionale

Clamorose, seppure a volte oscillanti, furono le prime mosse del nuovo presidente in politica estera. Trump sembrò all'inizio incline a privilegiare l'amicizia con la Russia, anche a scapito del rapporto con la Cina. Successivamente i rapporti fra le due potenze si fecero più tesi, a causa delle posizioni divergenti assunte sui problemi del Medio Oriente: dove la Russia appoggiava il regime siriano di Bashar al-Assad, suo storico alleato, accusato dagli Usa di crimini contro l'umanità [▶30.7]. Anche sulla questione del nucleare iraniano, Trump capovolse l'impostazione di Obama, denunciando come ingiusto e inefficace l'accordo sottoscritto appena due anni prima dalle maggiori potenze mondiali [▸30.7]. Così come avvenne per lo storico riavvicinamento a Cuba, avviato con Obama e di fatto bloccato dalla nuova amministrazione Usa. Un'altra iniziativa clamorosa di Trump fu l'annuncio (dicembre 2017) dello spostamento dell'ambasciata Usa in Israele da Tel Aviv alla capitale Gerusalemme: la decisione era puramente simbolica (Gerusalemme era di fatto capitale dal 1967), ma rappresentava una rottura con la linea fino ad allora tenuta dalla comunità internazionale, che legava la questione di Gerusalemme a una soluzione complessiva del problema palestinese: per questo l'Assemblea generale dell'Onu approvò a larghissima maggioranza una mozione che condannava l'iniziativa statunitense.

La crisi coreana

Il più grave fattore di tensione con cui la presidenza Trump dovette confrontarsi fu però quello originato dall'armamento atomico della Corea del Nord: uno Stato comunista piccolo e marginale, quasi un residuo del tempo della guerra fredda (doveva infatti la sua nascita alla divisione del paese in due dopo la guerra del 1950-53 [▸18.5]), governato da allora con pugno di ferro da una dittatura personale che si trasmetteva per via ereditaria. Salito al potere nel 2011 alla morte del padre Kim Il Jong, il giovane dittatore Kim Jong Un diede una forte accelerazione al programma di armamento nucleare già avviato da anni; e mise in atto una serie di esperimenti, anche con missili a lunga gittata, che suonavano come sfida alle potenze vicine (Giappone e Corea del Sud) e agli stessi Stati Uniti. Alla fine del 2017 il confronto si inasprì ulteriormente. Alle provocazioni di Kim, isolato e sanzionato dalla comunità internazionale e condannato anche dall'Urss e dalla Cina (fino ad allora suo principale alleato), Trump rispose minacciando di distruggere la Corea del Nord e fu ricambiato con analoghi avvertimenti. La tensione così cresceva, risuscitando i fantasmi della catastrofe nucleare. Nella primavera del 2018, però, i due contendenti trovarono improvvisamente un accordo, suggellato da un incontro personale il 12 giugno a Singapore: la Corea del Nord si impegnava a smantellare il suo arsenale nucleare, mentre gli Stati Uniti rinunciavano alle manovre militari comuni con la Corea del Sud. Contemporaneamente si avviava, a partire da un evento sportivo (la partecipazione di atleti nordcoreani alle Olimpiadi invernali tenutesi nel 2018 in Corea del Sud), un processo di graduale distensione fra i due paesi.

30.4. La Russia di Putin

La crescita economica russa

Le difficoltà causate dalla crisi finanziaria del 2007-8 coinvolsero in parte anche la Russia, che però riuscì a superarle in tempi brevi, grazie soprattutto all'afflusso di valuta estera garantito dalla disponibilità di materie prime e di fonti energetiche (petrolio e gas). Già nel 2009 l'economia russa tornò a far segnare buoni ritmi di crescita, che le consentirono di inserirsi stabilmente nel gruppo di punta dei paesi emergenti, i cosiddetti Brics [▶28.1].

Stabilità e autoritarismo

Anche sul piano politico, questo periodo fu caratterizzato da una crescente stabilità. Al consolidamento del potere del presidente Vladimir Putin faceva però riscontro una pratica illiberale e autoritaria nei confronti delle opposizioni, che fu oggetto di numerose campagne di denuncia, dentro e fuori i confini della Russia. Nel 2008 le elezioni per la presidenza della Repubblica furono vinte a larga maggioranza da Dmitrij Medvedev, sostenuto da Putin, che, non potendo in base alla Costituzione vigente essere rieletto alla massima carica, assunse la presidenza del Consiglio. Alla guida del suo partito, "Russia Unita", Putin continuò tuttavia a essere il protagonista assoluto della politica russa e nel 2012 fu rieletto presidente della Repubblica. In politica internazionale, la Russia cercò in ogni modo di far valere il suo ruolo da protagonista, soprattutto sullo scacchiere mediorientale [▶30.8]; rafforzò i suoi legami con le altre potenze emergenti e rivendicò un'egemonia di fatto nei confronti dei paesi dell'ex Unione Sovietica. Nell'estate del 2008, la Russia fu addirittura impegnata in una breve guerra contro la Georgia, che si opponeva all'indipendenza della regione filorussa dell'Ossezia del Sud, appoggiata invece da Mosca.

La crisi ucraina

Assai più grave fu la crisi scoppiata nel 2013-14 in Ucraina, da tempo teatro di forti contrasti fra le correnti politiche vicine alla Russia e quelle che guardavano all'Occidente, in vista di un possibile ingresso nell'Unione europea. Quando (novembre 2013) il presidente filorusso Viktor Yanukovich rifiutò di firmare un trattato di associazione dell'Ucraina all'Ue, i gruppi filo-occidentali e i nazionalisti antirussi diedero vita a una serie di imponenti manifestazioni che culminarono, in febbraio, in sanguinosi scontri con la polizia e nella fuga del presidente dalla capitale Kiev, dove si insediò un nuovo governo espressione delle correnti filo-occidentali. A questo punto, però, furono i filorussi a sollevarsi, trovando subito l'appoggio di Putin: dalla Russia partirono non solo aiuti umanitari, ma anche armi e "volontari" (in realtà veri militari). La penisola di Crimea, tradizionalmente russa per lingua e per storia, proclamò la sua indipendenza dall'Ucraina e la fece sancire, nel marzo 2014, da un referendum la cui validità non fu riconosciuta dalla comunità internazionale. Anche le regioni orientali abitate in maggioranza da russi scelsero la secessione e, col sostegno di Mosca, si opposero con le armi ai tentativi del governo ucraino di ristabilire la sua autorità.

Il conflitto e le sanzioni

Ne scaturì un sanguinoso conflitto a sfondo etnico, che fece subito salire la tensione a livello internazionale: gli Stati Uniti e i paesi dell'Unione europea appoggiarono infatti il governo di Kiev e decretarono pesanti sanzioni economiche contro la Russia, che tornava così a proporsi come antagonista storica dell'Occidente, oltre che come modello di "democrazia autoritaria" dalla forte impronta nazionalista.

30.5. L'Europa e la crisi del debito

Le conseguenze della crisi

L'Europa, con la parziale eccezione della Germania, fu pesantemente colpita dalle conseguenze della crisi scoppiata negli Stati Uniti nel 2007-8. La recessione che ne seguì ebbe effetti negativi non solo sull'andamento delle economie dei singoli Stati, ma anche sull'efficacia delle risposte delle autorità europee: e dunque sulla compattezza dell'Unione e sulle prospettive di un processo di unificazione che aveva già subìto numerose battute d'arresto [▸24.6]. Le regole dell'Ue vincolavano i governi a non oltrepassare determinati livelli di spesa pubblica, rendendo quindi difficile la strada dello stimolo statale alla ripresa, percorsa invece dagli Stati Uniti; al tempo stesso, l'assenza di un forte governo comune dell'economia non consentiva di intervenire in maniera coordinata in un mercato europeo sempre più integrato. In particolare, i paesi che avevano aderito all'euro si trovarono privi dei tradizionali strumenti di politica monetaria, come la svalutazione o l'emissione di nuova moneta, ora di competenza della Banca centrale europea (l'organismo comune di gestione della moneta unica).

Il problema del debito pubblico

Oltre a ripercuotersi sull'economia reale, la crisi mise improvvisamente a nudo la pessima condizione dei bilanci pubblici di molti Stati europei, soprattutto dell'Europa meridionale. Con il calo delle entrate fiscali provocato dalla crisi, lo squilibrio tra le spese e le entrate si aggravò e nuovo debito si sommò a quello, spesso elevato, accumulato negli anni precedenti. Le banche e le società finanziarie si mostrarono più riluttanti ad acquistare i titoli di Stato dei paesi con il debito più alto, temendo che questi non fossero in grado di fare fronte agli impegni. Furono in particolare Grecia, Portogallo, Irlanda, Spagna e Italia a dover fronteggiare la situazione più difficile: per finanziare il proprio debito attraverso l'emissione di titoli di Stato, furono costretti a pagare interessi più alti, aggravando ulteriormente i propri squilibri di bilancio. Il divario (lo *spread*) tra il costo degli interessi sui titoli di Stato del paese finanziariamente più forte dell'Unione, la Germania, e quelli dell'Europa meridionale aumentò rapidamente e divenne un indicatore di grande importanza per dare la misura della crisi.

La crisi greca

Il primo paese a soffrire le conseguenze della sfiducia degli investitori fu la Grecia, il cui governo aveva fornito addirittura dati falsi in sostegno alla richiesta di ammissione nell'area dell'euro. Fra il 2009 e il 2011, su indicazione delle istituzioni europee, vennero attuate misure drastiche per il contenimento della spesa (licenziamenti di dipendenti statali, tagli degli stipendi, riduzione dei servizi pubblici) che provocarono manifestazioni anche violente in tutto il paese. Nonostante questo, la Grecia non riuscì a raddrizzare i suoi conti in tempi brevi e i titoli del suo debito subirono una forte svalutazione. La prospettiva di un possibile fallimento (*default*) greco provocò reazioni a catena in tutta l'area dell'euro.

L'ondata speculativa

Nel 2011, una ondata di vendite sui mercati valutari prese di mira anche gli altri paesi più deboli sul piano della finanza pubblica: prima l'Irlanda e il Portogallo, poi la Spagna e soprattutto l'Italia, che poggiava su basi economiche più solide, ma non riusciva a ridurre l'imponente massa del suo debito. Seri erano i rischi per la moneta unica, e per la stessa costruzione europea (che difficilmente avrebbe retto al fallimento e alla conseguente uscita dall'area dell'euro di alcuni fra i suoi membri più importanti). La situazione avrebbe richiesto un massiccio intervento della Banca centrale europea (paragonabile a quello attuato dalla Federal Reserve americana). Ma i paesi forti dell'Unione, in primo luogo la Germania della cancelliera Merkel, non intendevano assumersi l'onere di coprire senza adeguate garanzie gli errori dei paesi meno "virtuosi", anche perché i loro governi avrebbero dovuto risponderne dinanzi ai propri elettori.

Le misure di austerità

Gli Stati più esposti furono quindi costretti ad attuare politiche di austerità, basate su tagli della spesa e aumenti delle tasse, in aggiunta a quelli già varati negli anni '90 [▶24.4]. Queste misure riuscirono a fronteggiare gli attacchi della speculazione finanziaria, anche con l'aiuto di una nuova strategia della Banca centrale europea che, all'inizio del 2015, si dichiarò disposta all'acquisto di grandi quantità di titoli dei paesi più indebitati (*quantitative easing*, "facilitazione quantitativa"), per immettere liquidità nel sistema produttivo e dare stimolo all'economia. Fu così scongiurata la minaccia di fallimenti a catena dei paesi in difficoltà e di un collasso dell'Unione monetaria. Ma nemmeno queste misure bastarono a rilanciare in tempi brevi i consumi, gli investimenti e l'occupazione.

Una lenta ripresa

L'uscita dalla recessione fu lenta e graduale. Se la Francia e la Germania, come gli Stati Uniti, impiegarono quattro anni per recuperare i livelli persi, alla Gran Bretagna ne occorsero sei e nove alla Spagna. L'Italia, invece, pur tornata alla crescita, nel 2017 non aveva ancora raggiunto i livelli di dieci anni prima: un primato negativo condiviso solo con Grecia e Portogallo. Ancora più lento era il recupero dei posti di lavoro. Nel 2017, solo in alcuni paesi (tra i quali Gran Bretagna e Germania) il livello di disoccupazione era sceso intorno ai livelli di dieci anni prima, ma in molte economie europee quel traguardo non era ancora stato raggiunto. In Italia il tasso di disoccupazione nel giugno 2018 era ancora del 10,1%, rispetto al 6,5% del 2007.

30.6. L'avanzata dei populismi

L'area dello scontento

Un decennio di crisi aveva lasciato tracce profonde nell'esperienza dei popoli europei: sia nelle generazioni più anziane, cresciute nella società dei consumi e del *Welfare*, sia in quelle più giovani, colpite più delle altre dal calo delle opportunità di lavoro stabile e deluse nelle aspettative di ascesa sociale. Si aprirono così larghi spazi per quei movimenti che, partendo da una generica protesta contro le classi dirigenti al potere, facevano leva sul disagio suscitato dalla crisi – e più in generale dalle grandi trasformazioni di fine '900 (la globalizzazione, le migrazioni di massa, i nuovi lavori) – per rilanciare i valori della tradizione contro i traumi della modernità, il primato della sovranità nazionale contro il cosmopolitismo delle organizzazioni sovranazionali (a cominciare dall'Unione europea), il protagonismo dei leader contro le mediazioni della democrazia rappresentativa.

Il nuovo populismo

Per definire questa costellazione di forze, peraltro non sempre omologabili fra loro, si fece comunemente ricorso al termine "populismo": un'etichetta che era stata usata in riferimento a esperienze diverse e che richiamava la contrapposizione fra una politica considerata oligarchica e corrotta e un popolo immaginato come corpo sano, depositario di ogni virtù. I movimenti populisti europei non mettevano apertamente in discussione le regole della democrazia, ma ne davano una versione assai poco liberale, ispirandosi spesso agli esempi dei regimi autoritari o semi-autoritari – dalla Russia di Putin alla Turchia di Erdoğan – che si andavano affermando in molti paesi (le cosiddette "democrature", come vennero subito definite).

Il ritorno del nazionalismo nell'Europa dell'Est

In Europa le tendenze nazionaliste e populiste trovarono ampio spazio – e divennero forza di governo – soprattutto nei paesi dell'Est che erano usciti da poco dall'esperienza dei regimi comunisti e, nonostante avessero a lungo premuto per entrare nell'Unione, si mostravano spesso riluttanti ad accettarne le regole. Tipico in questo senso il caso dell'Ungheria, dove dal 2010 si affermò il partito di destra Fidesz, guidato dall'ex liberale Viktor Orbán, sulla base di un programma fortemente nazionalista, che prevedeva fra l'altro una riforma della Costituzione e una serie di misure limitative della libertà di stampa. Simili per molti aspetti furono le vicende della Polonia, dove nelle elezioni del 2015 i gruppi cattolico-tradizionalisti che facevano capo al partito "Diritto e giustizia" di Jaroslaw Kaczynski prevalsero sulle forze liberali che avevano governato il paese nel decennio precedente sotto la guida di Donald Tusk. Il nuovo governo entrò subito in contrasto con l'Unione europea a causa del varo di una legge illiberale che dava all'esecutivo forti poteri di controllo sulla magistratura. Governi di stampo populista, o quanto meno critici nei confronti dell'Ue, si affermarono anche in Slovacchia e, dal 2017, nella Repubblica ceca. Furono questi quattro paesi, uniti nel cosiddetto "gruppo di Visegrád", i primi a chiedere con forza controlli più severi alle frontiere interne ed esterne dell'Unione e a disattendere le disposizioni delle autorità europee che obbligavano ogni paese membro all'accoglienza di una determinata quota di migranti.

Il problema dei migranti

L'arrivo, soprattutto dall'Africa e dal Medio Oriente, di grandi masse di profughi, pur non essendo un fenomeno nuovo [▶27.6], rappresentò per l'Europa uno dei maggiori fattori di tensione politica: non solo per le sue evidenti implicazioni umanitarie e per le difficoltà pratiche che comportava, in termini di regolazione dei flussi e organizzazione dell'accoglienza, ma anche per le paure spesso irrazionali che suscitava in ampi strati della popolazione. Paura innanzitutto di una invasione sentita da molti come lesiva delle proprie posizioni economiche a vantaggio dei nuovi arrivati (che in realtà andavano spesso a coprire una reale domanda di lavoro). Paura di una minaccia portata ai propri valori e ai propri stili di vita da culture diverse e poco disposte a lasciarsi assimilare (come quella islamica). Paura, infine, di un afflusso incontrollato entro il quale si potessero inserire gruppi terroristici.

I movimenti antieuropeisti

Un clima di questo genere favoriva, anche in Europa occidentale, la crescita di movimenti e partiti populisti di destra, che contestavano le scelte politiche e gli stessi princìpi fondativi dell'Unione, si pronunciavano, se inclusi nella zona dell'euro, per l'uscita dalla moneta unica, chiedevano una maggiore tutela degli interessi e delle identità nazionali e si facevano sostenitori di una politica più dura nei confronti dell'immigrazione clandestina. Alcuni di questi movimenti raccolsero consensi rilevanti, pur senza mai avvicinarsi a prospettive di governo. Così il Front National di Marine Le Pen in Francia, o Alternative für Deutschland (Afd) in Germania e altre formazioni affini in Austria, in Belgio, in Olanda e nei paesi nordici. Così l'Ukip (Partito per l'indipendenza del Regno Unito) di Nigel Farage, che si batteva per l'uscita della Gran Bretagna dalla Ue.

Altri movimenti critici nei confronti del progetto europeo – ma anche dei meccanismi della democrazia rappresentativa – si collocavano in una posizione "trasversale" rispetto agli schieramenti tradizionali (come il Movimento 5 Stelle in Italia [▸31.4]) o si schieravano decisamente a sinistra: come gli spagnoli di Podemos ("Possiamo") o i greci di Syriza (sigla di "Coalizione della sinistra radicale").

La vittoria di Tsipras in Grecia

Nelle elezioni greche del gennaio 2015, Syriza sconfisse i vecchi partiti, responsabili del dissesto finanziario del paese. Il suo giovane leader, Alexis Tsipras, divenne primo ministro e cercò di rinegoziare con l'Unione europea e il Fondo monetario internazionale le condizioni del pagamento del debito greco, considerate troppo dure per la popolazione. Nel luglio dello stesso anno, per rafforzare la sua posizione, Tsipras convocò un referendum, in cui i greci votarono a maggioranza contro le proposte dei creditori, rifiutando nuovi tagli alla spesa. Ma il governo fu ugualmente costretto ad accettarli pur di allontanare il rischio di un'uscita forzata della Grecia dall'Unione.

L'uscita della Gran Bretagna dalla Ue

L'eventualità più temuta dagli europeisti – il distacco dall'Ue di uno dei suoi membri – si concretizzò però nel giugno del 2016, quando il premier conservatore britannico David Cameron, favorevole alla permanenza del Regno Unito nell'Unione, convocò un referendum per chiamare gli elettori a sostenere la sua posizione, ma fu sconfitto anche se di stretta misura dai fautori dell'uscita dall'Ue (la *Brexit*, dalla fusione fra le parole *Britain* ed *exit*). La Gran Bretagna non faceva parte del gruppo degli Stati fondatori e aveva sempre mantenuto ampi spazi di autonomia rispetto all'Ue (non era nemmeno entrata nell'area dell'euro). Ma restava, per popolazione, storia e importanza economica, uno dei membri di maggior peso. E la sua defezione rappresentò un grave trauma per una compagine che fino ad allora si era continuamente allargata rispetto al nucleo originario.

I risultati elettorali del 2017

L'esito del referendum britannico segnò il punto più basso nella parabola dell'Unione, in una Europa spaventata dalle imprese del terrorismo islamista [▸29.3 e 30.8]. Sembrò allora profilarsi una generale avanzata elettorale delle forze nazionaliste e populiste, che trassero incoraggiamento anche dalla vittoria di Trump nelle presidenziali americane [▸30.3].

Le elezioni che si tennero nel 2017 in vari Stati europei mostrarono però che, nonostante le difficoltà dei partiti tradizionali, l'ondata populista accennava a ridurre la sua capacità espansiva. In Olanda, in marzo, il Partito della libertà di Geert Wilders, che aveva impostato la sua campagna sul contrasto all'immigrazione islamica, rimase in netta minoranza rispetto alle forze moderate, che formarono un governo di coalizione. Un risultato simile si ebbe in ottobre in Germania: la Cdu-Csu [▶18.8] della cancelliera Merkel, che aveva tenuto ferma la sua politica di larga accoglienza ai migranti, perse consensi (e ancor più ne persero i socialdemocratici), ma mantenne con largo margine la sua posizione di primo partito, nonostante i progressi dei nazionalisti di Alternative für Deutschland. La formazione di un nuovo governo si rivelò comunque problematica, vista la riluttanza dei socialdemocratici a entrare in un nuovo governo di grande coalizione. Anche in Austria, dove pure si votò in ottobre, le elezioni segnarono la conferma del Partito popolare come prima forza politica e la contemporanea crescita dei nazionalisti del Fpö (Partito della libertà austriaco): in questo caso, però, i popolari, che fino ad allora avevano governato insieme ai socialisti, scelsero l'alleanza con la destra.

In Gran Bretagna, dove dal 2010 erano al governo i conservatori guidati da David Cameron (che si era dimesso dopo il referendum sull'Ue), le elezioni che si svolsero in giugno, a un anno dalla *Brexit*, videro il successo di stretta misura della premier conservatrice Theresa May sull'esponente della sinistra laburista Jeremy Corbyn, mentre i populisti dell'Ukip uscivano di scena dopo aver ottenuto il loro scopo, ossia l'uscita dalla Ue.

La vittoria di Macron in Francia

Il risultato più clamoroso si registrò in Francia, nelle elezioni presidenziali che si tennero in maggio. I socialisti, che dal 2012 avevano tenuto la presidenza con François Hollande, furono seccamente sconfitti nel primo turno; le forze di estrema sinistra e i repubblicani moderati si divisero; e il ballottaggio vide il confronto tra la candidata dell'estrema destra, Marine Le Pen, e il quarantenne leader di un nuovo movimento (*En marche!*, "In marcia!"), Emmanuel Macron: un brillante tecnocrate che si collocava al di fuori degli schieramenti tradizionali, con un programma di ispirazione liberale e convintamente europeista. La vittoria di Macron fu nettissima (66% contro 34%): un risultato che, se da un lato confermava il radicamento della destra populista, dall'altro sembrava segnarne i confini insuperabili.

La Spagna e la questione catalana

Nell'autunno del 2017, un nuovo scenario di tensione si aprì in Spagna. Questa volta la crisi non riguardava gli equilibri politico-parlamentari (nel giugno 2016, dopo una lunga fase di stallo il leader del Partito popolare, Mariano Rajoy, era riuscito a formare un governo di coalizione assieme ai socialisti) e nemmeno l'economia, che dal 2015 aveva dato forti segni di ripresa. Il problema nasceva invece dalle aspirazioni indipendentiste della Catalogna, la regione più ricca del Regno, già dotata di ampie autonomie sul piano politico, culturale e linguistico. Dopo il fallimento di un negoziato col governo centrale, il governo catalano indisse per il 1° ottobre un referendum sull'indipendenza, che si tenne in un clima molto teso, segnato da contestazioni e incidenti. Alla vittoria dei sì seguì la proclamazione della repubblica da parte del Parlamento catalano. Il governo Rajoy si oppose a queste iniziative, che violavano la Costituzione spagnola, e la magistratura fece arrestare alcuni fra i capi dei separatisti. Anche l'Unione europea si schierò con decisione a favore dell'integrità della Spagna. Nel dicembre del 2017 si tennero le elezioni per il Parlamento catalano. Anche in questo caso i partiti indipendentisti vinsero, ma di stretta misura e senza raggiungere la maggioranza del voto popolare. E l'agitazione si andò progressivamente esaurendo. Nel giugno 2018, però, Rajoy fu sfiduciato da un voto della Camera e lasciò il posto a un nuovo esecutivo guidato dal socialista Pedro Sánchez: un governo privo di una sua autonoma maggioranza e costretto, per sopravvivere, a un continuo negoziato con i rappresentanti delle formazioni minori, compresi i nazionalisti catalani.

Il problema dei micronazionalismi

Il movimento indipendentista rimase comunque vivo. E l'Unione europea, formata soprattutto da Stati nazionali di medie dimensioni, dovette confrontarsi con un problema che era già emerso in varie aree geografiche (in Gran Bretagna col nazionalismo scozzese, in Belgio con i contrasti fra valloni francofoni e fiamminghi, anche in Italia con la Lega Nord), ma che sembrava essersi stemperato nella comune appartenenza all'Unione: il problema dei micronazionalismi, delle "piccole patrie" che intendevano collegarsi direttamente all'Europa rompendo l'involucro delle formazioni statali preesistenti e introducendo così un nuovo fattore di instabilità.

30.7. Le "primavere arabe"

La rivolta in Tunisia

Mentre l'Europa e l'intero Occidente erano alle prese con la crisi economica, un nuovo imprevisto fattore di instabilità fu introdotto da un'ondata di sollevazioni e proteste che, nel corso del 2011, sconvolse buona parte del mondo arabo-islamico. Scoppiate per motivi diversi (richiesta di diritti di libertà, rivendicazioni sociali), le rivolte videro come protagonisti soprattutto i giovani.

Tutto cominciò in Tunisia, uno dei paesi apparentemente più stabili del Nord Africa, quando, nel dicembre 2010, un giovane venditore ambulante si uccise dandosi fuoco per protestare contro le vessazioni della burocrazia statale e contro la corruzione del regime autoritario guidato, dal 1987, dal presidente Ben Ali. La protesta si diffuse in tutto il paese e costrinse Ben Ali, che aveva perso l'appoggio delle forze armate, a fuggire all'estero. Ma intanto il fuoco della rivolta si era propagato con straordinaria rapidità in altri paesi del Nord Africa e del Medio Oriente, soprattutto in quelli governati da regimi autoritari di matrice militare e nazionalista.

Le insurrezioni in Egitto e in Libia

Il più importante di questi paesi, l'Egitto, fu il primo a sentire gli effetti del contagio tunisino. Fra gennaio e febbraio del 2011, una serie di imponenti manifestazioni con epicentro nella piazza principale della capitale, piazza Tahrir, bloccò il paese fino a quando, dopo aver tentato invano di reprimere il moto con la forza, il presidente Hosni Mubarak, in carica dal 1981, fu prima costretto a cedere il potere a una giunta militare (febbraio 2011), poi arrestato e processato.

In quello stesso mese di febbraio, la protesta popolare si estese alla Libia, da più di quarant'anni sotto la dittatura del colonnello Muhammar Gheddafi. Nelle settimane successive l'ondata di protesta coinvolse altri paesi arabi retti da regimi autoritari, come lo Yemen e la stessa Siria, governata con metodi dittatoriali da Bashar al-Assad. Si parlò allora di una "primavera araba", di una ventata di rinnovamento paragonabile, anche per la vasta partecipazione di giovani, alle rivoluzioni europee dell'800 e capace di mutare gli equilibri politici dell'intera area. Gli sviluppi delle rivolte si rivelarono però contraddittori e i risultati spesso in contrasto con le speranze suscitate in Occidente.

L'intervento in Libia e la morte di Gheddafi

In Libia Gheddafi scatenò una cruenta repressione contro i ribelli, concentrati soprattutto nella zona orientale del paese (la Cirenaica). A questo punto, però, i paesi occidentali, che pure, a cominciare dall'Italia, avevano intrattenuto stretti rapporti con la Libia, decisero di intervenire per fermare la controffensiva del dittatore. L'intervento, voluto soprattutto da Francia e Gran Bretagna che se ne assunsero l'onere maggiore, non comportò l'impiego di truppe di terra: furono gli aerei della Nato a colpire l'apparato militare del regime. Il conflitto si prolungò per parecchi mesi e si concluse solo nell'ottobre 2011, quando il dittatore, ormai isolato, fu catturato e ucciso dai ribelli. Ma la dissoluzione del regime e del suo apparato militare lasciò il paese in preda a gruppi armati in conflitto fra loro, che impedirono la formazione e il consolidamento di un governo legittimo.

Islamici e laici in Tunisia

L'uccisione, nel 2011, di due storici nemici dell'Occidente come Gheddafi e bin Laden [▸30.2] non servì a portare stabilità nel mondo arabo. Le prime elezioni libere che si tennero alla fine del 2011 in Tunisia e in Egitto delusero le attese di chi aveva sperato in un'affermazione delle forze laiche e democratiche. Prevalsero i partiti islamici, eredi dei Fratelli musulmani [▶19.5] e ostili ai regimi nazionalisti che li avevano a lungo perseguitati: partiti che avevano smussato le loro punte più radicali, ma non potevano certo considerarsi amici dell'Occidente e omogenei ai valori della democrazia liberale. L'affermazione di questi partiti fu peraltro fortemente contrastata. In Tunisia, l'uccisione nel 2012 di due esponenti delle forze di opposizione scatenò forti proteste contro il governo di ispirazione islamico-moderata, che fu costretto alle dimissioni. Nel 2014, le forze laiche prevalsero nelle elezioni legislative di ottobre e poi nelle presidenziali di dicembre, che videro la vittoria dell'anziano Caid Essebsi.

Integralisti e militari in Egitto

Più agitate furono le vicende vissute dall'Egitto, dove nel giugno 2012 era stato eletto presidente Mohammed Morsi, esponente del partito "Libertà e giustizia", espressione dei Fratelli musulmani. L'approvazione, a fine dicembre 2012, con un contestato referendum, di una Costituzione a forte impronta islamista provocò una nuova violenta ondata di proteste. Nell'estate del 2013 un colpo di Stato restituì il potere ai militari, che destituirono Morsi e arrestarono i maggiori esponenti della Fratellanza musulmana. Questa volta furono gli islamici a scendere in piazza contro i militari, che repressero la protesta con ulteriore spargimento di sangue. Fu messo al bando il partito islamico e fu formato un esecutivo di transizione, guidato dal nuovo uomo forte, il generale Abdel Fattah al-Sisi. Nel 2014, dopo l'approvazione tramite referendum di una nuova Costituzione che attribuiva ampi poteri ai militari, al-Sisi fu eletto presidente e diede vita a un regime autoritario, anche se aperto nei confronti dell'Occidente.

La guerra civile in Siria

In Siria, infine, il regime di Bashar al-Assad, espressione di un gruppo religioso minoritario di osservanza sciita (gli alawiti) e per questo sostenuto dall'Iran e dal movimento libanese Hezbollah [▶29.4], attuò una feroce repressione delle proteste popolari scoppiate dal 2011. Lo scontro con l'opposizione si trasformò in una sanguinosa guerra civile, alla quale parteciparono anche gruppi fondamentalisti vicini al terrorismo di matrice islamica. La repressione del governo, accusato anche di avere usato armi chimiche, fu spietata: nel novembre 2017, secondo dati dell'Onu, si contavano 340 mila morti, di cui oltre 100 mila civili dall'inizio della guerra nel 2011. La comunità internazionale rimase divisa tra i sostenitori dei ribelli (i paesi occidentali e gli Stati arabi del Golfo) e gli alleati di Assad (Russia e Iran), e non riuscì a concordare interventi comuni per mettere fine ai massacri.

L'Arabia Saudita

Anche l'Arabia Saudita e la Turchia – le due maggiori potenze dell'islam sunnita, assieme all'Egitto – furono toccate dalle proteste politiche. La monarchia saudita, che, come gli emirati del Golfo Persico, cercava di conciliare una modernizzazione economica accelerata col mantenimento di una struttura di potere feudale, riuscì a tenere sotto controllo la situazione, alternando la repressione del dissenso a qualche misura di sostegno ai ceti più poveri e a qualche timido intervento liberalizzatore: fu abolito ad esempio il divieto per le donne di guidare l'auto o di assistere a manifestazioni sportive.

La Turchia di Erdoğan

La Repubblica turca, che si reggeva su istituzioni democratico-rappresentative ed era membro dell'Alleanza atlantica, vide invece emergere il contrasto fra le aspirazioni di una società civile avanzata e vicina all'Europa, forte nei maggiori centri urbani, e una diffusa riscoperta dell'islam tradizionale, che si manifestava soprattutto nelle zone rurali e montane del paese, solo in parte toccate dalla rivoluzione di Atatürk. Questa tendenza fu incoraggiata dal governo di Tayyip Erdoğan, al potere dal 2002 alla guida di un partito islamico-moderato [►25.6]. Sotto Erdoğan, la Turchia fu protagonista di un intenso sviluppo economico che la inserì stabilmente nel gruppo delle potenze emergenti e ne accrebbe il peso politico nell'area mediorientale. Ma questo non bastò a far tacere la protesta dell'opinione pubblica laica e progressista contro la reintroduzione di costumi e pratiche religiose tradizionali e contro i metodi autoritari del primo ministro. Ne furono testimonianza le imponenti manifestazioni popolari che si tennero a Istanbul nell'estate 2013, nate come protesta contro la decisione di smantellare un parco pubblico per costruirvi un centro commerciale, ma indirizzate in realtà contro il governo e il suo scarso rispetto dei fondamenti laici dello Stato. Erdoğan riuscì tuttavia a mantenere la sua base di consenso e a farsi eleggere nel 2014 alla presidenza della Repubblica, sfruttando anche le paure di un'opinione pubblica scossa da una serie di sanguinosi attentati, riconducibili in parte ai gruppi fondamentalisti, in parte agli indipendentisti curdi. Nel luglio 2016, Erdoğan dovette fronteggiare un tentativo di colpo di Stato organizzato da una parte delle forze armate. Il tentativo fallì, ma la reazione fu ugualmente durissima: migliaia di militari, insegnanti, magistrati e impiegati dello Stato furono arrestati; intellettuali e giornalisti furono costretti al silenzio; e ancora maggiore fu il numero dei dipendenti pubblici destituiti dai loro incarichi. Nell'aprile del 2017, l'involuzione autoritaria del regime fu definitivamente sancita da una riforma costituzionale approvata, anche se di stretta misura, da un referendum: la riforma unificava la figura del capo del governo con quella del presidente della Repubblica e aumentava i poteri dell'esecutivo a scapito di quelli del Parlamento.

Radicali e moderati in Iran

Qualche segno di apertura si registrò in questo periodo nell'altro grande Stato islamico e non arabo del Medio Oriente, l'Iran. Qui, nel 2009, Mahmoud Ahmadinejad [►29.3], espressione del fondamentalismo sciita, fu confermato alla presidenza in un'elezione caratterizzata da pressioni e manipolazioni. La protesta, soprattutto giovanile, che seguì il contestato verdetto elettorale fu repressa sanguinosamente, ma rivelò l'esistenza di profonde fratture tra gli stessi leader religiosi che detenevano di fatto il controllo del paese. Ahmadinejad confermò comunque la sua linea antioccidentale, a partire dalla politica nucleare, nonostante le ripetute condanne delle Nazioni Unite, che comminarono severe sanzioni all'Iran. Nelle successive elezioni del 2013 – e poi in quelle del 2017 – vinse invece il più moderato Hassan Rouhani, che promise qualche apertura in tema di diritti civili e, dopo una lunga trattativa, riuscì a concludere, nel luglio 2015, un accordo sul programma nucleare sottoscritto dalle maggiori potenze mondiali (i cinque membri del Consiglio di sicurezza dell'Onu più la Germania): in cambio di un graduale ritiro delle sanzioni, l'Iran si impegnava a usare i suoi impianti nucleari solo per scopi civili e ad accettare controlli periodici da parte dell'Onu. Un accordo che sarebbe stato rimesso in discussione con l'arrivo alla presidenza di Donald Trump [▶30.3].

Questioni aperte

Restavano intanto forti le tensioni negli altri punti caldi dell'area mediorientale. Per quanto riguarda il conflitto tra israeliani e palestinesi, i tentativi compiuti dalla comunità internazionale, soprattutto per iniziativa statunitense, di riavviare i negoziati per un nuovo processo di pace non approdarono a risultati significativi. E lunghe fasi di tregua continuarono ad alternarsi a sporadici episodi di violenza.

In Iraq, il ritiro delle truppe statunitensi, conclusosi nel dicembre 2011, non fu seguito da una pacificazione. Il paese restò diviso tra gli sciiti, che controllavano il nuovo governo, e i sunniti, già etnia dominante con Saddam Hussein e ora sacrificati nella distribuzione del potere e delle risorse. A tutto questo si aggiungevano le aspirazioni dei curdi, che, forti del contributo fornito alla lotta contro il fondamentalismo, speravano di fare del territorio da loro controllato il nucleo di un nuovo Stato indipendente: un progetto cui si opponevano non solo il governo iracheno, ma anche la Turchia e gli altri Stati (Iran e Siria) che ospitavano minoranze curde entro i loro confini.

30.8. L'Isis e i conflitti nel mondo islamico

Lo Stato islamico

In questo contesto già difficile, a partire dal 2014 si affermò in Iraq una nuova formazione armata di estremisti sunniti che si presentava come nucleo di un nuovo Stato islamico (poi denominato Is o Isis, ovvero "Stato islamico di Iraq e Siria", o in arabo *Daesh*, "Stato islamico dell'Iraq e del Levante"). L'Isis proclamava la sua intenzione di imporre il dominio dell'islam ortodosso, restaurandone la suprema autorità politica e religiosa, il califfato, e combattendo senza quartiere contro tutti gli "infedeli": dai cristiani ai musulmani sciiti e in genere a tutti coloro che non si piegavano alle rigide prescrizioni dei fondamentalisti. Le truppe dell'autoproclamato "califfo" Abu Bakr al-Baghdadi – in cui confluivano spezzoni di Al Qaeda e di altri movimenti integralisti, ma anche sunniti iracheni insofferenti del predominio sciita o ex seguaci di Saddam Hussein – riuscirono a strappare alle forze regolari, divise e demotivate, il controllo di ampie zone dell'Iraq, impadronendosi di grandi quantità di armi e sfruttando le risorse petrolifere delle aree conquistate, per poi mettere radici anche nella Siria sconvolta dalla guerra civile. Successivamente, cellule del sedicente califfato si espandevano anche nel Nord Africa (in particolare nella Libia ancora contesa fra le fazioni in lotta) e nella stessa Africa subsahariana, proponendosi come riferimento per tutti i movimenti fondamentalisti e antioccidentali. Nelle milizie del califfato confluirono volontari provenienti prevalentemente dai paesi islamici, ma anche molti giovani cresciuti in Occidente (i cosiddetti *foreign fighters*, "combattenti stranieri").

Un regime di terrore

Nei territori da loro controllati, i miliziani dell'Isis instaurarono un regime di terrore, a base di stragi di civili, di conversioni forzate, di razzie di donne e bambini, di sequestri a scopo di ricatto, di decapitazioni in pubblico e altri macabri rituali, filmati e diffusi ovunque attraverso la Rete. Furono inoltre distrutti, con l'intento di cancellare dalla storia tutto ciò che non potesse essere ricondotto all'islam, monumenti, statue e interi siti archeologici di valore inestimabile, come i resti di età romana dell'antichissima città di Palmira, in Siria.

Gli attentati

Alle violenze praticate nei territori in guerra si affiancò l'attività di piccole cellule di terroristi, che colpivano con sanguinosi attentati sia i paesi musulmani (Yemen, Nigeria, Egitto, Tunisia, Turchia, Libano, oltre a Iraq e Siria), sia le metropoli europee dove era più facile per gli attentatori confondersi nelle comunità islamiche immigrate. Gli attentati in territorio europeo, per citare solo i più gravi di questa fase, si verificarono a Parigi, contro la redazione del giornale satirico «Charlie Hebdo» il 7 gennaio 2015, ancora nella capitale francese, in una affollatissima sala da concerto (il "Bataclan") il 13 novembre 2015 (con oltre 130 morti), a Bruxelles il 22 marzo 2016, a Nizza il 14 luglio, a Berlino il 19 dicembre dello stesso anno, a Londra il 6 giugno e a Barcellona il 17 agosto 2017.

La coalizione anti-Isis

Per bloccare la diffusione di questa utopia sanguinaria, si formò, nell'estate 2014, una coalizione che vedeva schierati, accanto agli Stati Uniti, al Regno Unito e alla Francia, anche molti Stati arabi moderati (Egitto, Giordania, Libano, Arabia Saudita, Emirati del

Golfo), a cui l'anno successivo si aggiunsero la Turchia e la Russia, mentre numerosi altri paesi, fra cui l'Italia, fornirono armi, addestramento e soccorsi umanitari. Non era previsto l'impiego di truppe di terra, ma solo di raid aerei per colpire le basi dell'Isis e aiutare la resistenza dei curdi iracheni, investiti dall'offensiva fondamentalista.

I contrasti nella coalizione

L'intervento aereo non ebbe in un primo tempo effetti risolutivi, anche per le divergenze emerse nella coalizione sulla strategia da adottare, soprattutto nei confronti del regime siriano di Assad, già sotto accusa da parte dell'Occidente per la sistematica violazione dei diritti umani, ma oggettivamente alleato nella lotta contro il califfato che occupava una parte del suo territorio. La Russia, da tempo alleata del regime siriano, indirizzò la sua azione non solo contro lo Stato islamico, ma anche contro altri gruppi che si opponevano ad Assad. La Turchia, a sua volta, cercava di colpire gli indipendentisti curdi, fra i principali protagonisti della resistenza all'Isis. Alla fine del 2016, il regime di Erdoğan si avvicinò alla Russia e ai suoi alleati: l'Iran sciita e la Siria di Assad, che, grazie soprattutto all'appoggio militare russo, riuscì, dopo anni di guerra sanguinosissima, a riprendere il controllo di gran parte del suo territorio. Si creava così un asse sciita che dall'Iran, attraverso l'Iraq e la Siria, giungeva fino al Libano ed era sentito come una minaccia da Israele e dagli Stati sunniti della zona (Egitto, Giordania, Arabia Saudita). Questi contrasti non impedirono alla coalizione anti-Isis di ottenere significativi successi. Nel 2016 le forze del califfato cominciarono a ripiegare: in autunno avevano perso circa un terzo dei territori conquistati nelle prime offensive. Nel 2017 l'Isis dovette abbandonare le città conquistate, come Mosul e Raqqa, e la sua presenza nell'area mediorientale si ridusse a pochi nuclei isolati.

Il terrorismo diffuso

Lo Stato islamico perse così la sua base territoriale. Ma i suoi combattenti non deposero le armi. Al contrario, si riorganizzarono in nuclei più piccoli disseminati in diversi paesi e fecero sentire la loro presenza col frequente ricorso a una nuova modalità di attentati: quella affidata a individui apparentemente isolati (ma spesso legati a reti clandestine), che agivano contro obiettivi politicamente non significativi e con mezzi rudimentali, come le armi da taglio o gli autoveicoli usati per investire passanti a caso. Una forma di terrore insidiosa quanto imprevedibile, che certo contribuì a diffondere un senso di angoscia e di precarietà sia in Europa sia nel mondo islamico.

sommario

La crisi finanziaria innescata nell'estate del 2007 ebbe origine dall'esplosione negli Stati Uniti della "bolla" dei mutui immobiliari, prestiti ad alto tasso d'interesse concessi senza adeguate garanzie, a fronte dei quali le banche avevano emesso titoli "derivati" per diluire il rischio finanziario. Quando i prezzi degli immobili cominciarono a scendere e i tassi di interesse sui mutui salirono, molti acquirenti di case non furono più in grado di risarcire il prestito. Le banche persero ingenti capitali, e alcune fallirono, come il colosso statunitense Lehman Brothers (2008). La crisi si diffuse ovunque e, oltre che sul settore finanziario (banche e borse valori), si rifletté immediatamente sulla economia reale. Si contrasse il credito alle imprese da parte delle banche, con il calo di investimenti, produzione, redditi e consumi.

Il democratico Barack Obama (eletto nel 2008), primo presidente afroamericano nella storia degli Usa, varò subito un ampio piano di investimenti statali in infrastrutture, sanità, educazione e sostenne i settori produttivi in difficoltà, mentre la Banca centrale abbassava i tassi di interesse. L'economia statunitense tornò a crescere, la disoccupazione scese e la ripresa proseguì negli anni del secondo mandato di Obama, rieletto nel 2012. La riforma sanitaria estese le coperture assicurative a 32 milioni di americani. In politica estera, Obama manifestò un approccio fondato sul dialogo con il mondo islamico: accelerò i tempi del disimpegno militare dall'Iraq, concluso nel 2011, e in Afghanistan avviò un ritiro graduale dal paese, mai pacificato. Molti consideravano i risultati ottenuti da Obama inferiori alle aspettative: evidenti erano ancora le conseguenze sociali della crisi, mentre in politica estera pesavano le incertezze manifestate nella lotta al terrorismo. A questi motivi di scontento, oltre che a un diffuso atteggiamento di protesta contro la classe politica, va ricondotto il risultato clamoroso delle elezioni presidenziali del novembre 2016, che videro la vittoria del repubblicano Donald Trump.

Nelle elezioni presidenziali del novembre 2016, la candidata democratica Hillary Clinton fu sconfitta dal repubblicano Donald Trump, discusso imprenditore miliardario e personaggio televisivo, che sin da subito si collocò su una linea d'intervento opposta a quella del suo predecessore: inasprì i provvedimenti in materia di immigrazione e ritirò l'adesione degli Stati Uniti agli accordi di Parigi sul clima del 2015; solo grazie all'opposizione di una parte del suo stesso partito, non riuscì a cancellare la riforma sanitaria voluta da Obama. In politica estera, respinse l'accordo sul nucleare sottoscritto da Obama con l'Iran; nel dicembre 2017 annunciò lo spostamento dell'ambasciata Usa in Israele da Tel Aviv alla capitale Gerusalemme, suscitando la condanna delle Nazioni Unite. Il più grave fattore di tensione venne, però, dalla Corea del Nord, dove il dittatore Kim Jong Un stava accelerando il programma di armamento nucleare, mettendo in atto una serie di esperimenti, che suonavano come sfida alle potenze vicine e agli stessi Stati Uniti. Rievocando i toni della guerra fredda, Trump minacciò di distruggere la Corea del Nord che rispose con analoghi avvertimenti.

La Russia arginò gli effetti della crisi globale grazie alla disponibilità di materie prime e di fonti energetiche, inserendosi stabilmente nel gruppo di punta dei paesi emergenti (Brics). Sul piano politico la Russia di Putin fu caratterizzata da una crescente stabilità ma anche da una pratica illiberale e autoritaria nei confronti delle opposizioni interne e delle spinte indipendentistiche nei territori delle ex Repubbliche sovietiche. Nel 2013-14 scoppiò un conflitto con l'Ucraina, teatro di forti contrasti a sfondo etnico fra le componenti filorusse e quelle filo-occidentali.

L'Europa subì le conseguenze più profonde della crisi, piombando, con la parziale eccezione della Germania, in una prolungata recessione: a determinare questo stato contribuirono i vincoli Ue alla spesa pubblica e l'assenza di un governo comune dell'economia. La crisi aggravò ovunque il debito pubblico degli Stati europei, ma fu l'area mediterranea – Grecia, Portogallo, Spagna e Italia – a fronteggiare la situazione più difficile. In particolare, la prospettiva di un possibile fallimento greco provocò reazioni a catena in tutta l'area dell'euro. Su impulso della Germania, questi paesi attuarono politiche di austerità che scongiurarono il fallimento, ma non aiutarono l'Europa a uscire dalla recessione. Segni evidenti di ripresa si manifestarono solo a partire dal 2015.

In questo contesto di crisi presero forza i movimenti politici populisti, molto critici nei confronti delle politiche europee e favorevoli invece a un ritorno alle monete nazionali. Regimi populisti si affermarono nell'Europa dell'Est (Ungheria, Polonia, Slovacchia e Repubblica ceca), mentre l'arrivo di grandi masse di profughi provenienti dall'Africa e dal Medio Oriente assecondava il diffondersi di sentimenti nazionalisti, alimentati dalla paura di eventuali attacchi terroristici. A sostenere simili posizioni erano soprattutto partiti di destra, in Francia, ma anche movimenti decisamente a sinistra, come gli spagnoli di Podemos o i greci di Syriza, risultati vincitori alle elezioni del 2015. Nel giugno 2016, in Gran Bretagna, la maggioranza dei cittadini si espresse per l'uscita dalla Ue in un referendum indetto dal governo. Le elezioni che si tennero nel 2017 in vari Stati europei mostrarono però che, nonostante le difficoltà dei partiti tradizionali, l'ondata populista accennava a esaurirsi. In Francia le elezioni presidenziali del 2017 videro prevalere Emmanuel Macron, leader di un nuovo movimento (*En marche!*, "In marcia!"), con un programma di ispirazione liberale e convintamente europeista. Nell'autunno del 2017, un nuovo scenario di tensione si aprì in Catalogna, dove, a seguito di un referendum, venne proclamata una repubblica indipendente. Con il sostegno dell'Unione europea, il governo spagnolo si oppose a queste iniziative, che violavano la Costituzione, facendo arrestare alcuni fra i capi dei separatisti.

Nel corso del 2011, un generale sommovimento politico sconvolse parte del mondo arabo-islamico. La protesta scoppiò in Tunisia, nel dicembre 2010, contro la corruzione del regime autoritario guidato da Ben Ali e da lì si diffuse in Egitto, dove a inizio 2011 imponenti manifestazioni di piazza provocarono la caduta del presidente Hosni Mubarak. Il successivo governo di Mohammed Morsi, leader del partito islamico dei Fratelli musulmani, fece approvare nel 2012 una Costituzione a forte impronta islamista, ma fu deposto per l'intervento dell'esercito. Il potere fu assunto dal generale Abdel Fattah al-Sisi, che nel 2014 fu eletto presidente. A febbraio 2011, era scoppiata la protesta anche in Libia contro la dittatura del colonnello Gheddafi, che scatenò una cruenta repressione nei confronti dei ribelli. Nell'ottobre 2011 il dittatore, contro il quale si erano schierati anche alcuni paesi occidentali, fu catturato e ucciso dai ribelli. Gli sviluppi più drammatici si ebbero però in Siria, dove il regime del dittatore Assad mise in atto una feroce repressione dei moti popolari dando inizio a una sanguinosissima guerra civile. In Turchia, sotto il governo di Erdoğan, si ebbe un intenso sviluppo economico, ma la progressiva reintroduzione di costumi e pratiche religiose tradizionali in una società in gran parte occidentalizzata provocò un malcontento che sfociò anche in aperte manifestazioni di protesta. Nel luglio 2016, Erdoğan dovette fronteggiare un tentativo di colpo di Stato organizzato da una parte delle forze armate, che fallì e fu duramente represso. In Iran, dopo la stagione segnata dalla leadership di Mahmoud Ahmadinejad, espressione del fondamentalismo islamico, nel 2013 fu eletto presidente il moderato Hassan Rouhani, che concesse aperture in tema di diritti civili e concluse, nel luglio 2015, un accordo con le maggiori potenze mondiali sul programma nucleare iraniano.

In uno scenario già compromesso si affermò nei territori tra l'Iraq e la Siria un'organizzazione armata di matrice sunnita che si presentava sotto le insegne del cosiddetto Stato islamico (Is, Isis o *Daesh*). Imporre l'egemonia dell'islam radicale, restaurare il califfato, la suprema autorità politico-religiosa del dissolto impero islamico, combattere contro tutti gli "infedeli": questi gli obiettivi dell'autoproclamato "califfo" Abu Bakr al-Baghdadi. Nei territori controllati, i miliziani dell'Is instaurarono un regime di violenze e terrore. La strategia terroristica dell'Isis sfociò in sanguinosi attentati che colpirono sia i paesi musulmani, sia le metropoli europee. Nel 2014 si formò una coalizione anti-Isis che comprendeva gli Stati Uniti, il Regno Unito, la Francia e anche diversi Stati arabi. Anche la Russia, da tempo alleata del regime siriano, intervenne militarmente contro lo Stato islamico e le fazioni che si opponevano al regime di Assad. Tra il 2015 e il 2016, nonostante i contrasti interni, la coalizione internazionale costrinse le forze dell'Isis a ripiegare: nel 2017 la presenza del califfato si ridusse a pochi nuclei isolati.

bibliografia

Sulle forme politiche del nuovo millennio: R. Segatori, *Sociologia dei fenomeni politici*, Laterza, Bari-Roma 2017 (ed. or. 2012).

Sulla presidenza Obama: E. Jones-S. Vassallo (a cura di), *L'America di Obama. Le elezioni del 2008 e le implicazioni per l'Europa*, Il Mulino, Bologna 2009.

Sulla Russia, si vedano i testi citati nella bibliografia del cap. 23.

Sulle primavere arabe: G.P. Calchi Novati, *Verso un nuovo orientalismo. Primavere arabe e Grande Medio Oriente*, Carocci, Roma 2012; M. Campanini (a cura di), *Le rivolte arabe e l'Islam. La transizione incompiuta*, Il Mulino, Bologna 2013. In particolare, sull'Egitto si veda M. Campanini, *Storia dell'Egitto. Dalla conquista araba a oggi*, Il Mulino, Bologna 2017. Sulla Tunisia: S.M. Torelli, *La Tunisia contemporanea. Una Repubblica sospesa tra sfide interne e mutamenti globali*, Il Mulino, Bologna 2015.

Sullo Stato islamico: M. Trentin (a cura di), *L'ultimo califfato. L'organizzazione dello Stato islamico in Medio Oriente*, Il Mulino, Bologna 2017.

31. L'Italia nel XXI secolo

31.1. Le trasformazioni sociali

I mutamenti demografici

L'Italia si presentava agli appuntamenti del nuovo millennio con un sistema politico radicalmente rinnovato e una società attraversata da rapide trasformazioni. Con quasi 58 milioni di abitanti nel 2000 e oltre 60 nel 2011, affiancava Gran Bretagna e Francia nel gruppo dei paesi più popolosi dell'Unione europea dopo la Germania. Ma con un incremento demografico prossimo allo zero, con il più basso numero medio di figli per donna in età feconda (1,35 nel 2015) e una percentuale di popolazione sotto i 15 anni (13,8% sempre nel 2015) inferiore a ogni altro paese dell'Europa occidentale, affidava il suo sviluppo demografico alla maggiore prolificità degli immigrati. I matrimoni e le nascite avevano cominciato a diminuire dalla metà degli anni '60; e verso la fine dei '70 l'Italia era scesa, con meno di due figli per donna, al di sotto del tasso di riproduzione necessario a mantenere almeno la popolazione costante. Il binomio matrimonio-figli non sembrava essere più per molti il perno intorno a cui costruire il futuro.

Nuovi modelli familiari

Avevano favorito questa rottura del modello tradizionale il nuovo ruolo della donna, una sessualità svincolata dalla riproduzione, il controllo consapevole delle nascite e in genere una complessiva secolarizzazione dei costumi. La maggiore diffusione di questi fenomeni nelle regioni a più alto reddito e con migliori servizi sociali suggeriva che nella scala dei valori fosse ormai salita al primo posto la difesa di un livello di benessere – da raggiungere e da conservare per sé e per i figli – all'interno di una progettazione razionale e prudente della vita e della famiglia. Accanto a questa trasformazione di fondo, anche in Italia si diffondeva il fenomeno dei *singles*, ossia dei nuclei familiari indipendenti formati da un solo individuo (uomo o donna), mentre si sviluppavano le nuove famiglie "allargate", nate dalla scomposizione e ricomposizione di nuclei familiari, in seguito a divorzi e secondi matrimoni. A tutto questo si aggiungevano le unioni civili, ossia le convivenze fra persone dello stesso sesso, regolate in Italia da una legge del 2016.

L'omologazione dei consumi

Il benessere e gli stili di vita un tempo riservati alle élite economiche e culturali si erano intanto diffusi in strati sempre più ampi. Le seconde case per vacanze e week-end, la nuova disponibilità per il tempo libero, la capillare motorizzazione a due e a quattro ruote (nel 2016 si contavano 625 autovetture ogni 1000 abitanti), fino alla più recente esplosione dei telefoni cellulari, segnalavano modelli di consumo largamente omologati. Accanto a questa omologazione, che si sommava a quella indotta dalla pervasività del linguaggio e del mezzo televisivo, persistevano profonde differenze culturali e di reddito.

Disuguaglianze e difesa dei privilegi

Nel confronto con altri paesi europei come Francia e Germania, l'Italia, pur in presenza di un'alta scolarizzazione (all'inizio del nuovo secolo il 90% dei ragazzi si iscriveva alle superiori e il 70% dei diplomati entrava all'università), registrava percentuali inferiori di laureati e di diplomati, confermando l'inefficienza di un sistema formativo che da decenni cercava invano di riformarsi. Il possesso del titolo di studio era anche correlato con il livello del reddito, in un paese in cui la ricchezza continuava a concentrarsi nelle mani di pochi. Il 10% delle famiglie più ricche, infatti, aveva quasi il 45% dell'intera ricchezza di tutte le famiglie italiane.

In una società in cui la coscienza e la solidarietà di classe si erano largamente indebolite in seguito al tramonto delle ideologie del socialismo e del comunismo, in cui la scena appariva dominata dalla articolata configurazione dei ceti medi, le differenze sociali derivavano soprattutto dalle disuguaglianze di reddito. E così la difesa dello status raggiunto e dei privilegi dei gruppi più tutelati (un lavoro stabile, il diritto alla pensione) ostacolava la *mobilità sociale*, che invece trovava nuovi sbocchi nelle professioni nate dalle tecnologie avanzate e nelle pieghe di un mercato del lavoro sempre più articolato e frammentato. Anche in Italia, dunque, erano forti i segni delle trasformazioni legate all'affermarsi della società postindustriale.

Nuove forme di partecipazione

Contemporaneamente mutavano le forme della partecipazione politica. Gli italiani tendevano in misura sempre maggiore ad allontanarsi dai partiti e ad accentuare la loro diffidenza nei confronti della politica, considerata nel suo insieme come luogo di intrighi e fonte di guadagni illeciti; oppure erano portati a concentrare i loro consensi e le loro speranze su singole personalità più che su programmi e scelte collettive: fenomeni, questi, che erano entrambi alla base del successo elettorale di un personaggio come Berlusconi. Quando i cittadini si mobilitavano, lo facevano per lo più su questioni settoriali, legate non tanto alle grandi ideologie, quanto ai concreti disagi originati dai nuovi assetti della società. Alla militanza nei partiti si andava così sostituendo, soprattutto da parte dei giovani, una sempre più diffusa adesione alle organizzazioni del volontariato, in primo luogo quelle facenti capo alla Chiesa cattolica, impegnate in un'importante attività di supporto e di supplenza alle carenze dell'intervento statale, in materia di assistenza ai soggetti economicamente e socialmente svantaggiati e, in particolare, ai migranti.

Le reazioni all'arrivo dei migranti

Nel 2017 il numero dei residenti stranieri in Italia superò i cinque milioni, senza contare gli irregolari: una presenza indispensabile per il funzionamento della macchina produttiva – soprattutto nelle piccole imprese – e per l'assistenza degli anziani, ma responsabile, in alcune frange, di episodi di piccola criminalità. Il rifiuto nei confronti del diverso emergeva in varie aree del paese e soprattutto nel Nord, denunciando non solo il crescere dei pregiudizi, spesso fomentati da alcune forze politiche, ma anche la difficoltà culturale a misurarsi con una realtà che diventava sempre più multietnica.

Il deficit di etica pubblica

Lo scambio virtuoso tra politica e società appariva interrotto da tempo, mentre si manifestavano, in Italia e fuori, diagnosi pessimistiche incentrate sulla permanente diversità politico-culturale del nostro paese. In effetti, nel paragone con il resto dell'Europa occidentale, emergeva un deficit di etica pubblica che appariva arduo recuperare in tempi brevi: alla diffusa corruzione di ampi settori della politica, dell'amministrazione pubblica e della società, al persistere di forme di criminalità organizzata in grado di controllare interi territori si aggiungeva quel diffuso disprezzo delle regole che caratterizzava molti comportamenti pubblici e privati e che nell'opinione comune era a volte giustificato come espressione di una vitale creatività. E la classe politica, che già stentava a definire i contorni delle nuove istituzioni, appariva spesso inadeguata a proporre una nuova "pedagogia nazionale" all'altezza degli obiettivi imposti dal confronto europeo.

31.2. La stagione del centro-destra

Negli ultimi anni del '900, lo schieramento a guida berlusconiana, pur essendosi imposto come protagonista della nuova stagione politica, aveva governato solo per pochi mesi (quelli del primo governo Berlusconi nel 1994). Nel primo decennio del nuovo secolo i rapporti di forza cambiarono e fu il centro-destra a guidare il paese, con un solo intervallo di due anni (2006-2008).

Le elezioni del 2001

Rimasta compatta all'opposizione e riconciliatasi con la Lega, l'alleanza di centro-destra si presentò rafforzata alla scadenza elettorale del 2001, contro un centro-sinistra che invece era uscito logorato dall'esperienza di governo e, dopo due cambi alla presidenza del Consiglio [▶26.8], si mostrava ancora incerto sul candidato-leader da contrapporre a Berlusconi. Alla fine, la scelta cadde su Francesco Rutelli, sindaco di Roma e leader della Margherita (la nuova formazione in cui erano confluiti il Ppi e altri gruppi minori di ispirazione cattolica). La coalizione di centro-sinistra riproponeva in sostanza quella dell'Ulivo e si fondava sull'alleanza fra i Ds [▶26.8] e la Margherita. La coalizione di centro-destra, ora denominata Casa delle libertà (Cdl), era composta, come nel '94, da Forza Italia, Alleanza nazionale, Lega Nord ed ex democristiani dell'ala moderata. Nelle elezioni del 13 maggio 2001, la vittoria della Casa delle libertà risultò nettissima. Nella quota proporzionale, i partiti dell'Ulivo ottenevano complessivamente il 35%, mentre quelli della Cdl sfioravano il 50%.

Il risultato delle elezioni mostrava come la coalizione di centro-destra avesse messo solide radici nel paese, grazie soprattutto alla capacità di Berlusconi di convogliare gran parte del voto moderato, in contrapposizione alla vecchia politica e alle sue inefficienze, presentate come frutto del malgoverno delle sinistre. Si consolidavano inoltre, nonostante l'assenza di una riforma istituzionale, i mutamenti intervenuti nel sistema politico a partire dal 1993-94: dalle urne usciva infatti un premier dotato di un'investitura popolare, sebbene indiretta (fino al 2013 il suo nome era presente nel simbolo della coalizione), e solo formalmente designato dal presidente della Repubblica.

Il governo Berlusconi

Il nuovo governo formato in giugno da Berlusconi, con Fini vicepresidente e Bossi ministro delle Riforme, incontrò presto una serie di difficoltà. Fra il 20 e il 22 luglio 2001, in occasione del vertice del G8 a Genova [▶27.4], gravi incidenti, con la morte di un manifestante, sollevarono forti critiche sull'operato delle forze di polizia, che avevano risposto alle violenze dei dimostranti con una reazione sproporzionata a manifestazione già finita. Successivamente, alcune misure varate dal Parlamento, come l'abolizione delle tasse sulle successioni (che sarebbero state reintrodotte pochi anni dopo) o l'attenuazione delle pene previste per il falso in bilancio, apparvero a parte dell'opinione pubblica troppo mirate a tutelare le posizioni del presidente del Consiglio, che figurava ancora imputato in alcuni procedimenti penali. I problemi giudiziari del presidente del Consiglio suscitarono tensioni e dibattiti, mentre il conflitto tra Berlusconi e la magistratura arrivava spesso ad assumere toni esasperati.

I punti di contrasto

A rendere ancora più tesi i rapporti fra i due schieramenti contribuì il progetto di modifica dello Statuto dei lavoratori presentato nel 2002 dal governo al fine di rendere più flessibile il mercato del lavoro: il progetto incontrò l'aspra opposizione della Cgil e dei partiti di sinistra, che diedero vita a una serie di imponenti dimostrazioni di piazza. Nel tentativo di inserirsi in questi conflitti, una nuova formazione terroristica che riprendeva la sigla delle Brigate rosse – e che aveva già colpito a morte nel maggio 1999, a Roma, il giurista del lavoro Massimo D'Antona – uccise a Bologna, nel marzo 2002, Marco Biagi, uno degli ispiratori della politica governativa nel settore del lavoro.

Un altro fattore di tensione venne dalla politica estera: il governo Berlusconi diede un forte sostegno, anche militare, alle iniziative belliche americane in Afghanistan avviate dopo gli attentati dell'11 settembre 2001, ottenendo il sostanziale appoggio del centro-sinistra. Ma questo consenso venne meno nella primavera del 2003, quando il governo decise la partecipazione italiana al nuovo intervento militare americano in Iraq, osteggiato dal centro-sinistra. E le polemiche si intensificarono quando (12 novembre 2003) 19 italiani morirono in un attentato nella città di Nassiriya [▶29.3].

Riforma costituzionale e legge elettorale

Ritornava intanto d'attualità, in seno alla maggioranza, il problema di una revisione costituzionale, richiesta con forza dalla Lega. Nel novembre del 2005 si giunse quindi a varare una riforma che attribuiva ulteriori competenze alle Regioni, istituiva un Senato federale e ampliava i poteri del presidente del Consiglio. Ma la riforma, sottoposta al giudizio degli elettori, sarebbe stata bocciata da un referendum confermativo nel giugno 2006.

Alla fine del 2005, nell'imminenza delle nuove elezioni, la maggioranza di centro-destra impose anche la riforma della legge elettorale, abolendo i collegi uninominali e reintroducendo un criterio proporzionale nella distribuzione dei seggi, bilanciato da un cospicuo premio di maggioranza per la coalizione che avesse raccolto il maggior numero di voti, indipendentemente dalla percentuale ottenuta.

Le elezioni del 2006 e il secondo governo Prodi

Dal momento che la nuova legge favoriva i piccoli partiti all'interno delle coalizioni penalizzando invece quelli che si presentavano da soli, gli schieramenti formatisi in vista delle elezioni dell'aprile 2006 confermarono la logica bipolare della competizione politica: nessuna formazione di qualche rilievo si collocò al di fuori dei due poli. Il centro-destra ripresentava l'alleanza del 1994 e del 2001 (Forza Italia, An, Udc e Lega, più qualche gruppo minore di centro e di estrema destra); la coalizione di centro-sinistra, denominata Unione e sempre imperniata sull'alleanza fra Ds e Margherita, si estendeva su tutto il restante arco dello schieramento politico.

Il centro-sinistra vinse con uno scarto minimo. E Romano Prodi, scelto nuovamente come candidato premier a seguito di *elezioni primarie*, formò il nuovo governo in maggio, dopo che il Parlamento aveva eletto alla presidenza della Repubblica Giorgio Napolitano, storico dirigente dell'ala riformista del Pci e poi dei Ds. Ma la frammentazione del centro-sinistra e la limitata maggioranza di cui il governo disponeva al Senato resero il cammino dell'esecutivo ancor più faticoso di quanto non fosse stato nel 1996-2001; e ostacolarono l'attuazione dei progetti di riduzione del deficit di bilancio e di rilancio dell'economia. Le divisioni interne alla maggioranza non si limitavano peraltro ai temi economici, ma investivano un ampio arco di questioni: dai temi della bioetica (dove forte era il conflitto fra le componenti cattoliche e laiche) a quelli dell'ambiente e delle opere pubbliche; più serio di tutti il contrasto sulla politica estera, che vedeva i gruppi riformisti e filo-occidentali contrapposti ai partiti di estrema sinistra, legati a loro volta ai gruppi della contestazione pacifista e "no global".

Le nuove aggregazioni: Pd e Pdl

La debolezza del governo fu evidenziata anche dalla nascita, nell'ottobre del 2007, del Partito democratico (Pd) – risultato della fusione dei Ds, della Margherita e di altre formazioni minori – che mirava a riunificare in un solo partito le componenti storiche del fronte progressista. Il suo leader Walter Veltroni, sindaco di Roma, aveva deciso di presentarsi nelle future consultazioni elettorali rifiutando il sistema delle alleanze dell'Unione: il governo che, visti i margini ristretti di cui disponeva in Parlamento, si reggeva anche su quelle alleanze, ne risultò indebolito. La scelta di Veltroni accelerò un processo analogo nel centro-destra con la nascita, promossa da Berlusconi nel novembre del 2007, del Popolo della libertà (Pdl) in cui convergevano Forza Italia e Alleanza nazionale.

Il ritorno del centro-destra

Nel febbraio 2008, la defezione di un piccolo gruppo di centro (l'Udeur del ministro della Giustizia Clemente Mastella) portò alla crisi del governo Prodi e, in aprile, alle elezioni anticipate. Di nuovo scattò la regola dell'alternanza; e il successo del Pdl fu nettissimo. Berlusconi formò rapidamente il suo nuovo governo, promettendo ancora una volta il rilancio dell'economia produttiva attraverso il taglio delle tasse. Questi propositi trovavano però un ostacolo insormontabile nelle condizioni della finanza pubblica e nei vincoli imposti dall'Unione europea, che costrinsero il governo a energici tagli della spesa, soprattutto nei settori dell'istruzione e della sanità. L'obiettivo era quello di contenere il deficit e di cominciare ad abbattere l'enorme montagna di un debito pubblico che non cessava di crescere per il peso degli interessi. Ma intanto cominciavano a farsi sentire gli effetti della crisi economica mondiale [▶30.1], che avrebbe finito col compromettere, assieme alle speranze di ripresa, anche le fortune politiche di Berlusconi e del centro-destra.

31.3. Crisi economica e instabilità politica

Le conseguenze della crisi

Se, all'inizio degli anni '90 del '900, il sistema politico della Prima Repubblica era stato distrutto dall'effetto combinato dei mutamenti del quadro internazionale, delle difficoltà della finanza pubblica, dei referendum elettorali e delle inchieste giudiziarie sulla corruzione, furono soprattutto le conseguenze della crisi economica a sconvolgere il sistema bipolare fondato sulla competizione tra le variegate coalizioni di centro-sinistra e il centro-destra a guida berlusconiana.

Subito dopo le elezioni del 2008, il centro-destra fu costretto ad affrontare i primi contraccolpi degli scossoni finanziari che si stavano propagando da oltreoceano. Il dinamismo dell'economia produttiva, già scarso, si ridusse, soprattutto nel settore delle piccole e medie imprese. E il governo fu costretto ad accantonare i più ambiziosi progetti di rilancio economico.

La tenuta del centro-destra

Nonostante queste difficoltà, e nonostante le ricorrenti polemiche che investivano le vicende giudiziarie di Berlusconi e i suoi stessi comportamenti privati, la posizione dell'esecutivo restava apparentemente solida. Le elezioni amministrative ed europee del giugno 2009, e poi le regionali della primavera 2010, confermavano i consensi per il centro-destra e attestavano il disorientamento del Pd, che non riusciva a trovare un amalgama fra le diverse culture e tradizioni confluite in quello schieramento politico. Nemmeno l'elezione (ottobre 2009) alla segreteria del partito di Pierluigi Bersani, attraverso il meccanismo delle elezioni primarie (già sperimentato per la designazione di Veltroni nel 2007 e prima ancora per quella di Prodi a candidato primo ministro nel 2005), sembrava restituire slancio e unità alla principale forza politica del centro-sinistra.

Lo strappo di Fini

La debolezza dell'opposizione contribuiva così a rafforzare il governo e la maggioranza, che riuscivano a sopravvivere anche alla grave crisi interna provocata dalla rottura fra Berlusconi e l'allora presidente della Camera Gianfranco Fini, cofondatore del Pdl e già leader di An, in disaccordo sui temi della giustizia e sulla stessa gestione del partito. Nell'estate del 2010, Fini e i suoi seguaci costituirono un nuovo gruppo ("Futuro e libertà"), mettendo a rischio la tenuta del centro-destra in Parlamento: in dicembre, una mozione di sfiducia contro il governo fu respinta per pochissimi voti. La maggioranza si salvava, ma era costretta a ricorrere, nei passaggi decisivi, ai voti di transfughi da altre formazioni. Prassi che non gettava luce positiva sulla classe dirigente, già screditata agli occhi di un'opinione pubblica sempre più tentata dalle suggestioni dell'antipolitica.

Crisi e sfiducia

Dunque, nonostante la larga maggioranza ottenuta dal centro-destra nelle elezioni del 2008, il paese continuava a soffrire di una instabilità politica resa via via più drammatica dall'aggravarsi della crisi economica e finanziaria. Tra i problemi irrisolti rimaneva in primo piano quello del debito pubblico che nel 2011 superò il milione e novecentomila euro (il 120% del Pil). Gli interventi varati dal governo allo scopo di arrestarne la crescita furono giudicati insufficienti dai mercati finanziari, che cominciarono a prendere di mira i titoli di Stato italiani, determinando un forte aumento dello *spread* con i titoli tedeschi [▶30.5]. Maturava una sfiducia complessiva nei confronti del nostro "sistema paese", considerato a rischio di insolvenza, con un tasso di crescita del Pil prossimo allo zero, che sarebbe diventato addirittura negativo nel 2012-13. In un'Italia in cui rimanevano inattaccabili i privilegi della classe politica, delle corporazioni e delle forme di lavoro garantite e sindacalmente protette, sempre minori prospettive sembravano aprirsi ai giovani, anche a quelli dotati di titolo di studio superiore, se non quelle di un diffuso precariato o di una lunga disoccupazione.

31.4. La supplenza dei tecnici

Le dimissioni di Berlusconi e il governo Monti

Nell'autunno del 2011 la situazione della finanza pubblica italiana si aggravò ulteriormente, in seguito a una brusca impennata degli interessi sul debito pubblico. Di fronte a una maggioranza in via di sgretolamento e all'irresolutezza e alla scarsa credibilità internazionale di Berlusconi, il presidente della Repubblica Napolitano prese l'iniziativa di favorire la formazione di un governo di emergenza sostenuto da tutte le forze maggiori del Parlamento, dal Pdl al Pd. Dopo le dimissioni di Berlusconi (12 novembre) l'incarico di formare il nuovo governo fu affidato a Mario Monti, professore di economia, presidente dell'università Bocconi di Milano, già commissario europeo al mercato e alla concorrenza. Monti, che era stato nominato qualche giorno prima senatore a vita dal presidente della Repubblica, in breve tempo costituì un governo "tecnico", formato da figure scelte in base alla competenza professionale.

Le politiche di austerità

Ottenuta la fiducia del Parlamento sulla base di un programma di sacrifici, Monti diede avvio a una serie di forti interventi correttivi: il primo e più importante fu la riforma del sistema pensionistico, che alzava progressivamente, fino a 67 anni, la soglia di età per il ritiro dal lavoro, tagliando la voce di spesa che più pesava sugli equilibri del bilancio pubblico. Seguirono misure di liberalizzazione nelle professioni e nei servizi, e inasprimenti fiscali come la reintroduzione dell'imposta sulla prima casa abolita da Berlusconi. Il tutto allo scopo di rilanciare la fiducia nell'affidabilità finanziaria dello Stato italiano, che confermava l'impegno – già assunto dal governo precedente – a contenere il deficit annuo di bilancio sotto la soglia del 3%.

La cura imposta dal nuovo governo si dimostrò efficace, almeno sul piano degli equilibri finanziari. Lo *spread* sui rendimenti dei titoli di Stato calò significativamente nel 2012 (e, in misura più rilevante, nel 2013) [▸30.5], alleviando il peso degli interessi sul bilancio pubblico: non tanto, però, da ridurre la massa del debito, che invece cresceva inesorabilmente. Ma intanto si manifestavano, a destra come a sinistra, le richieste di interventi più energici in sostegno dell'occupazione, che continuava a calare, e di una crescita economica che tardava ad arrivare. E si moltiplicavano i segni di malumore nei confronti delle misure di austerità e di quella che appariva come una prolungata sospensione della normale attività politica in nome della gestione "tecnica" della crisi.

Il Movimento "5 Stelle"

D'altro canto, l'intera classe politica appariva condannata a una crescente impopolarità, a causa soprattutto di una serie di scandali da cui emergeva la diffusa propensione del ceto politico nazionale, e soprattutto regionale, all'uso disinvolto dei fondi pubblici accordati ai partiti, con molta generosità e scarsi controlli, dalla legge vigente.

Malumori e proteste avevano trovato intanto un nuovo punto di aggregazione attorno al Movimento 5 Stelle che, fondato nel 2009 dal comico genovese Beppe Grillo, aveva visto progressivamente aumentare i propri consensi negli anni successivi. Il Movimento contestava la classe dirigente in blocco, senza distinzioni fra destra e sinistra, e con essa le forme tradizionali della rappresentanza politica, che intendeva sostituire con una consultazione permanente della base attraverso la rete Internet.

31.5. Un equilibrio precario

Le elezioni del 2013

Nel dicembre 2012, Berlusconi decise di togliere la fiducia al governo Monti, in vista delle elezioni politiche che si sarebbero tenute il 24-25 febbraio 2013. Il presidente del Consiglio rispose annunciando, poche settimane dopo, la nascita di un suo movimento, "Scelta civica", che aveva lo scopo dichiarato di contendere al Pdl la rappresentanza dell'area centrista e moderata. I risultati delle elezioni vanificarono però questo progetto. La coalizione di centro-sinistra, guidata dal segretario del Pd Pierluigi Bersani, riportò una vittoria di stretta misura (poco meno del 30% dei voti), superando di un soffio la coalizione di centro-destra: ottenne ugualmente una larga maggioranza alla Camera, in base al premio previsto dalla legge elettorale, ma non al Senato, dove il premio era assegnato regione per regione. Il partito di Berlusconi, che di lì a poco avrebbe riassunto il vecchio nome di Forza Italia, pur gravemente indebolito, riuscì comunque a confermarsi seconda forza politica. Subito dietro, con un risultato clamoroso per un movimento alla sua prima prova elettorale, si attestava il Movimento 5 Stelle (M5S) con il 25% dei voti, mentre "Scelta civica" si fermava all'8%.

La rielezione di Napolitano e il governo Letta

Quello uscito dalle elezioni era dunque un Parlamento difficilmente governabile, diviso com'era fra tre forze principali, una delle quali (i 5 Stelle) rifiutava a priori qualsiasi alleanza. Ciò fu evidente quando la nuova assemblea si trovò di fronte alla prima importante scadenza istituzionale: l'elezione di un nuovo presidente della Repubblica, essendosi concluso il settennato di Giorgio Napolitano. L'anziano presidente, che si era dichiarato indisponibile a un secondo mandato, dovette aderire alla richiesta di tutti i leader politici (salvo Grillo) di ricandidarsi, dopo che, nelle prime votazioni, le divisioni interne del Pd avevano bruciato alcuni fra i candidati più autorevoli. Rieletto a larghissima maggioranza nell'aprile 2013, Napolitano chiarì subito, nel suo discorso di insediamento, di voler restare in carica solo per il tempo necessario a varare le più urgenti riforme, anche istituzionali. Pochi giorni dopo la rielezione, il presidente diede a Enrico Letta, vicesegretario del Pd, l'incarico per la formazione di un nuovo governo "di larghe intese", composto in parte da tecnici, in parte da rappresentanti dei due partiti maggiori, Pd e Pdl.

Il nuovo governo si mosse sulla strada tracciata da Monti, confermando gli impegni al rigore assunti dall'Italia con le autorità europee e cercando al contempo di attenuarne l'impatto su un'economia reale che stentava a ripartire (solo alla fine del 2013 cominciarono a manifestarsi timidi segni di ripresa).

La condanna di Berlusconi e la scissione del Pdl

Ma un serio ostacolo sul cammino dell'esecutivo si presentò in agosto, quando Silvio Berlusconi fu colpito da una sentenza della Corte di Cassazione che lo condannava in via definitiva a cinque anni di reclusione per evasione fiscale: condanna che, in base a una legge approvata l'anno precedente, lo rendeva ineleggibile e incandidabile, privandolo del seggio senatoriale. Il leader del centro-destra reagì accusando i suoi avversari di aver tramato per escluderlo dalla competizione politica, in accordo con i settori "politicizzati" della magistratura; e annunciò l'uscita del suo partito dalla maggioranza e dal governo. Ma un gruppo di parlamentari e tutti i ministri del Pdl contestarono questa decisione e crearono un loro gruppo: il Nuovo Centro-destra, guidato dal vicepresidente del Consiglio Angelino Alfano, già segretario del Pdl.

Un difficile equilibrio

Grazie al sostegno del Nuovo Centro-destra, il governo Letta rimaneva in carica, ma con un margine di maggioranza al Senato ancora molto precario. Diviso su molte questioni importanti (dalla politica del lavoro all'immigrazione), l'esecutivo stentò a varare una legge di bilancio per il 2014 che contemperasse i vincoli imposti dall'Europa con l'esigenza di allentare la pressione fiscale sulle imprese, dovendo per giunta rinunciare alla tassa sulla prima casa, la cui abolizione era stata imposta da Berlusconi al momento della formazione del governo Letta. Intanto le forze rappresentate in Parlamento faticavano a trovare un accordo sulla nuova legge elettorale, anche dopo che una sentenza della Corte costituzionale, nel dicembre 2013, ebbe sancito l'incostituzionalità di quella approvata nel 2005 [▶31.2].

31.6. Renzi e le riforme

Il nuovo governo

A determinare una nuova svolta fu, nel dicembre 2013, la nomina alla segreteria del Partito democratico (ancora una volta grazie ad elezioni primarie) del non ancora quarantenne sindaco di Firenze Matteo Renzi. Lontano dalle posizioni della sinistra tradizionale, comunicatore brillante e abile nello sfruttare i nuovi canali del web, Renzi assunse una posizione critica nei confronti dell'esecutivo Letta, accusato di scarsa efficacia sui temi delle riforme: nel febbraio 2014, Letta, sfiduciato dal suo partito, si dimise e Renzi lo sostituì alla guida del governo. Rafforzato dal successo ottenuto dal Pd nelle elezioni europee del maggio 2014, con oltre il 40% dei voti, il nuovo presidente del Consiglio presentò un ambizioso programma di riforme, che furono approvate nei primi due anni di governo dopo accesi dibattiti: quella sul lavoro (nota come *Jobs Act*), che rendeva più facili assunzioni e licenziamenti; quella sulla scuola (denominata "la buona scuola"), che aumentava l'autonomia dei dirigenti scolastici e stabilizzava circa 100 mila insegnanti precari. Nel contempo, Renzi cercò di allargare i consensi del suo governo con un provvedimento di largo impatto sociale: uno sconto fiscale di 80 euro mensili sui redditi più bassi dei lavoratori dipendenti.

Le riforme istituzionali

Grazie a un accordo con Berlusconi (il cosiddetto "patto del Nazareno", dal nome della piazza di Roma in cui aveva sede il Partito democratico) furono inoltre avviate due riforme istituzionali. La prima introduceva una nuova legge elettorale: un sistema proporzionale detto "Italicum" e valido solo per la Camera dei deputati, che prevedeva un premio di maggioranza per il partito che avesse vinto con più del 40% dei voti e un eventuale ballottaggio tra i primi due partiti se al primo turno nessuno avesse raggiunto quella soglia. La seconda riforma istituzionale toccava invece la Costituzione e trasformava il Senato in una "Camera delle autonomie" i cui membri sarebbero stati designati da Regioni e Comuni, riducendone drasticamente le competenze e lasciando alla sola Camera dei deputati il potere legislativo.

Nel gennaio 2015 Napolitano rassegnò le dimissioni, dopo aver aspettato che si concludesse il semestre di presidenza italiana del Consiglio dell'Unione europea: fu eletto presidente della Repubblica, al quarto scrutinio, Sergio Mattarella, esponente del Partito democratico con un passato nella sinistra della Dc. La sua elezione, frutto di una scelta della maggioranza non concordata con l'opposizione di destra, causò la rottura del patto fra Renzi e Berlusconi sulle riforme istituzionali.

In politica estera, Renzi tentò di inserire l'Italia tra i paesi più influenti a livello europeo, schierandosi contro le misure di austerità e mantenendo al tempo stesso un rapporto di collaborazione con la Germania, soprattutto sul tema dell'accoglienza a profughi e migranti.

Le difficoltà del governo

Nonostante il suo attivismo nel campo delle riforme, Renzi continuava a essere criticato, a destra come a sinistra, nonché da una parte del suo stesso partito, che lo accusava di aver costruito un sistema di potere tutto centrato sulla sua persona e di aver compiuto scelte non in linea con le tradizioni della sinistra. La situazione dell'economia reale, intanto, dava qualche segno di miglioramento, grazie anche agli sgravi fiscali: nel 2016 il Pil registrava un incremento di qualche frazione di punto e l'occupazione cresceva lentamente. Ma i consumi stentavano a ripartire e il debito pubblico non diminuiva. Inoltre le difficoltà di alcuni istituti bancari che non riuscivano a recuperare i crediti concessi o si erano lanciati in pericolose speculazioni suscitavano allarme fra i risparmiatori e sospetti di possibili favoritismi a vantaggio di clienti privilegiati. Tutto questo si ripercuoteva negativamente sull'immagine del governo e del Partito democratico: lo si vide nelle elezioni amministrative del giugno 2016, che interessarono molte delle maggiori città italiane e segnarono un netto successo del M5S nella capitale, a Torino e in altri centri importanti.

Il referendum costituzionale e la sconfitta di Renzi

Il 4 dicembre 2016 si tenne il referendum confermativo sulla riforma costituzionale proposta dal governo. Per rafforzare la sua posizione e recuperare popolarità, il presidente del Consiglio puntò le sue carte su questa consultazione, che sembrava andare incontro alle diffuse richieste di semplificazione del sistema politico, arrivando a legare all'esito della votazione la sua stessa permanenza alla guida dell'esecutivo. Il risultato, però, lo punì in misura inaspettata (40,1% sì, 59,9% no) e suonò come una condanna dell'operato del governo, anche al di là delle questioni oggetto del referendum.

Il governo Gentiloni e la riforma elettorale

Coerentemente con gli impegni presi, Renzi si dimise e fu sostituito dal ministro degli Esteri Paolo Gentiloni, alla guida di un governo quasi identico al precedente. Sulla durata di questo governo e sull'opportunità di anticipare o meno le elezioni, previste per la primavera 2018, si aprì subito un dibattito, anche perché l'esito negativo del referendum costituzionale (esito che bocciava la proposta di modificare l'assetto del Senato) rendeva necessario il varo di una nuova legge elettorale prima di un ricorso alle urne. Dopo mesi di trattative, fu trovato, alla fine di ottobre del 2017, un accordo fra il Pd e il centro-destra su un sistema "misto", che prevedeva l'elezione di due terzi dei parlamentari con sistema proporzionale e del restante terzo in collegi uninominali. Un sistema che, in presenza di tre schieramenti politici non coalizzabili fra loro e di peso più o meno equivalente (centro-destra, Pd e Movimento 5 Stelle), non assicurava in partenza la formazione di una maggioranza in Parlamento.

La scissione del Pd

A complicare ulteriormente il quadro contribuì la scissione promossa da quell'ala del Partito democratico – comprendente fra gli altri gli ex segretari D'Alema e Bersani – che si era opposta alla riforma costituzionale di Renzi e che traeva spunto dal risultato del referendum per rimettere in discussione la guida e la stessa linea del partito. Sotto accusa erano non solo alcune riforme varate dal governo (ad esempio quelle sul lavoro e sulla scuola), cui pure la minoranza aveva contribuito, ma anche la personalità e lo stile politico del segretario, che peraltro sarebbe stato confermato nella carica con ampio margine dalle nuove primarie del partito nell'aprile '17. Già in febbraio i dissidenti avevano dato vita a un nuovo "Movimento dei democratici e progressisti", che poi si sarebbe dato un nuovo nome ("Liberi e uguali") e un nuovo leader nella persona dell'ex magistrato e allora presidente del Senato Pietro Grasso.

Riforme e diritti civili

L'esecutivo rimaneva intanto in carica, favorito anche dai dati economici che confermavano per l'Italia la tendenza positiva già delineatasi nel 2016, col Pil in ripresa e la disoccupazione in calo (restavano comunque preoccupanti le dimensioni del debito). I governi Renzi e Gentiloni potevano inoltre ascrivere a loro merito il varo di alcune importanti riforme in tema di diritti civili: come quella del 2013 che puniva più severamente la violenza contro le donne, quella del 2015 che accorciava i tempi delle pratiche di divorzio ("divorzio breve"), quella del 2016 sulle unioni civili fra persone dello stesso sesso, quella del 2017 che introduceva il reato di tortura; infine, sempre nel 2017, la legge sul biotestamento, che affrontava il tema del fine vita e dell'eventuale sospensione volontaria delle cure ai malati terminali attraverso l'istituzione delle Dat (disposizioni anticipate di trattamento).

Il problema dei migranti

Un altro tema che assorbì l'attenzione dell'opinione pubblica e impegnò non poco il governo fu quello dei migranti che arrivavano soprattutto dalla Libia [▶27.6]. Si cercò da un lato di migliorare le strutture di accoglienza e di rendere più efficienti le procedure di riconoscimento e di selezione dei richiedenti asilo, dall'altro di coinvolgere nella gestione dei flussi migratori il governo libico, la cui autorità però non era riconosciuta da tutte le fazioni in lotta dopo la morte di Gheddafi [▶30.7]. L'azione dell'Italia, cui spettava comunque il merito di essersi assunta il maggior peso nelle attività di soccorso e di assistenza ai migranti, fu criticata sia dai partiti di destra, fautori di una linea più dura in materia di accoglienza, sia dalle forze politiche di sinistra e dalle organizzazioni umanitarie, che richiamavano l'attenzione sulle condizioni terribili in cui versavano i migranti, ammassati nei campi di raccolta in Africa. A partire dall'estate del 2017 si registrò comunque un calo negli arrivi in Italia.

Un clima di incertezza

Nel complesso, la fine della legislatura trovava il paese in condizioni oggettivamente migliori rispetto a quelle di cinque anni prima. Ma il dato era percepito solo in parte, mentre restava viva la polemica contro i partiti e la politica in genere: polemica animata soprattutto dal Movimento 5 Stelle e testimoniata dalla crescita dell'astensionismo nelle elezioni locali. L'Italia si avviava dunque alle elezioni del 2018 in un clima di incertezza e di preoccupazione.

31.7. Nuovi equilibri e nuove forze politiche

Le elezioni del 2018

I risultati elettorali del 4 marzo 2018 evidenziarono i profondi mutamenti intervenuti nel quadro politico nazionale, decretando il netto successo delle formazioni "nuove", nate in polemica con la vecchia classe dirigente, e comunque estranee alle tradizioni e alle pratiche politiche della Prima Repubblica. Il Movimento 5 Stelle si piazzò al primo posto col 32,7% dei voti. La Lega, rilanciata dal suo leader Matteo Salvini, sulla base di una campagna tutta centrata sulla questione dei migranti, raccolse il 17,4% dei voti presentandosi come partito nazionale (e nazionalista) e staccando nettamente Forza Italia (14%), fin allora suo alleato maggiore. Il Pd, erede dei partiti che avevano a lungo governato il paese, toccò il suo minimo storico col 18,7%.

La formazione del governo

In questa situazione del tutto nuova la stessa formazione di una maggioranza risultava complicata. L'unica soluzione numericamente e politicamente praticabile era quella basata sull'alleanza tra le due forze di tendenza populista, il M5S e la Lega, pur molto diverse fra loro per matrici ideologiche e programmi. Si giunse così alla formazione di un governo di coalizione Lega-5 Stelle guidato da un giurista, Giuseppe Conte, fin allora estraneo alla politica attiva. Ne facevano parte in posizione di rilievo il poco più che trentenne capo politico del M5S, Luigi Di Maio, ministro dello Sviluppo economico e delle Politiche sociali, e il leader della Lega Salvini, che occupava la poltrona-chiave degli Interni. Il programma – frutto di un "contratto" fra le due forze politiche maggiori – indicava obiettivi ambiziosi e costosi: fra l'altro un forte abbassamento delle aliquote fiscali, un "reddito di cittadinanza" in sostegno alle fasce più povere, una decisa correzione della riforma delle pensioni varata dal governo Monti [▸31.4].

Le prime iniziative

Non mancavano nella maggioranza le diversità di vedute su punti anche importanti, come l'atteggiamento nei confronti delle grandi opere pubbliche: favorevole quello della Lega, che faceva proprie le istanze dell'industria del Nord; diffidente quello del Movimento, legato in parte a tematiche ecologiste e anti-industriali. Ciononostante il "governo del cambiamento" si mosse lungo le linee indicate dal "contratto", senza arretrare di fronte alla prospettiva di un peggioramento dei conti pubblici e di un conseguente scontro con le autorità europee.

sommario

Le trasformazioni sociali dell'Italia si riflettevano sui comportamenti demografici che registravano una spiccata denatalità e un invecchiamento della popolazione: l'incremento demografico registrato a inizio millennio, infatti, era dovuto soprattutto all'immigrazione straniera. Cadevano, intanto, i modelli tradizionali familiari e si diffondevano i nuclei formati da un solo individuo e le famiglie allargate. L'omologazione dei consumi non riusciva a nascondere differenze sociali basate soprattutto sulla disuguaglianza dei redditi e dei livelli culturali, in presenza di una sempre minore mobilità sociale e di trasformazioni del mercato del lavoro tipiche di una società postindustriale. La sfiducia nelle tradizionali forme di partecipazione politica determinò una crescente disaffezione ai partiti, cui contribuì in modo rilevante anche il deficit di etica pubblica, testimoniato da una diffusa corruzione e da un generale scarso rispetto per le regole della vita democratica e civile.

Le elezioni politiche del 2001 diedero una netta vittoria alla Casa delle libertà, la coalizione di centro-destra guidata da Berlusconi. Il nuovo governo fu molto criticato sia per la gestione dell'ordine pubblico (gravi incidenti si verificarono durante il vertice del G8 a Genova nel luglio 2001), sia per il suo progetto di modifica dello Statuto dei lavoratori e per alcune leggi in materia di giustizia che sembravano tutelare gli interessi del presidente del Consiglio. Nel 2005 una nuova riforma elettorale reintrodusse un criterio proporzionale nella distribuzione dei seggi, bilanciato da un cospicuo premio di maggioranza. Le successive elezioni dell'aprile 2006 segnarono la sconfitta, con stretto margine, del centro-destra. Dopo l'elezione del nuovo presidente della Repubblica, Giorgio Napolitano, Romano Prodi formò un nuovo governo di centro-sinistra. Ma, due anni dopo, le divisioni interne alla maggioranza provocarono una nuova crisi di governo. Alle elezioni anticipate dell'aprile 2008 il Popolo della libertà, la nuova formazione politica creata da Berlusconi, prevalse nettamente sul Partito democratico, guidato da Walter Veltroni. Berlusconi riassunse la guida del governo, promettendo il rilancio dell'economia produttiva attraverso il taglio delle tasse. Ma le cattive condizioni della finanza pubblica e i vincoli imposti dall'Unione europea costrinsero il governo a energici tagli della spesa.

A partire dal 2008, il governo di centro-destra guidato da Berlusconi dovette affrontare le conseguenze della crisi economica: rimaneva in primo piano il problema del debito pubblico, il tasso di crescita del Pil era vicino allo zero e divenne addirittura negativo nel 2012-13.

Mentre la disoccupazione, soprattutto giovanile, dilagava, crescevano, in tutto il paese, i consensi al nuovo Movimento "5 Stelle", fondato dall'ex comico genovese Beppe Grillo, che contestava la classe dirigente di destra e sinistra e le forme tradizionali della rappresentanza politica. Nell'autunno del 2011, di fronte all'aggravarsi della situazione della finanza pubblica, il presidente della Repubblica Napolitano favorì, dopo le dimissioni di Berlusconi, la formazione di un nuovo governo di emergenza sostenuto da tutte le forze maggiori del Parlamento, dal Pdl al Pd. Il nuovo governo "tecnico" presieduto dall'economista Mario Monti diede avvio a una serie di forti interventi di riduzione della spesa pubblica, allo scopo di rilanciare la fiducia nell'affidabilità finanziaria dello Stato italiano.

Alla fine del 2012, Berlusconi ritirò la fiducia al governo Monti. Nelle elezioni anticipate del febbraio 2013 la coalizione di centro-sinistra prevalse di stretta misura sul centro-destra berlusconiano. Il Movimento 5 Stelle (M5S) raccolse il 25% dei voti. Il nuovo Parlamento rielesse alla presidenza della Repubblica Napolitano, che diede a Enrico Letta, vicesegretario del Pd, l'incarico per la formazione di un nuovo governo. Il governo Letta proseguì sulla strada del rigore in politica economica, ma perse dopo pochi mesi l'appoggio di Berlusconi, condannato per evasione fiscale, e sopravvisse solo grazie a una nuova scissione nel centro-destra.

Nel dicembre 2013, la nomina alla segreteria del Partito democratico dell'allora sindaco di Firenze, Matteo Renzi, impresse una svolta nella vita politica italiana. Nel febbraio 2014 Renzi sostituì Letta alla guida del governo. Rafforzato dal consenso ottenuto dal Pd nelle elezioni europee del 2014, Renzi presentò un vasto programma di riforme che interessò il mercato del lavoro, il settore dell'istruzione e il campo dei diritti civili (divorzio breve, reato di tortura e unioni civili). Furono inoltre avviate riforme istituzionali in materia di legge elettorale e ordinamento costituzionale. Nel gennaio 2015, Napolitano rassegnò le dimissioni e fu eletto presidente della Repubblica Sergio Mattarella, esponente del Partito democratico. Nonostante il suo attivismo nel campo delle riforme, e qualche segno di miglioramento dell'economia reale, Renzi era criticato per aver costruito un sistema di potere centrato sulla sua persona e aver compiuto scelte non in linea con le tradizioni della sinistra. Il risultato negativo del referendum del 4 dicembre 2016 sulla riforma costituzionale proposta dal governo provocò le dimissioni di Renzi, che fu sostituito alla guida del governo dal ministro degli Esteri Paolo Gentiloni. Nel febbraio 2017 l'ala sinistra del Pd diede vita a un nuovo partito, "Liberi e uguali", guidato dall'ex magistrato Pietro Grasso. In ottobre fu varata una nuova legge elettorale: un sistema "misto", che prevedeva l'elezione di due terzi dei parlamentari con sistema proporzionale e del restante terzo in collegi uninominali.

Nelle elezioni del 4 marzo 2018 il M5S si affermò come primo partito, seguito dalla Lega, che aveva impostato la sua campagna sulla questione dei migranti. Molto distanti per impostazione ideologica e per programmi, le due forze politiche, guidate rispettivamente da Luigi Di Maio e da Matteo Salvini, trovarono ugualmente l'accordo su un programma che prevedeva l'adozione di misure impegnative sul piano della spesa (fra cui l'abbassamento delle aliquote fiscali, il "reddito di cittadinanza" per le fasce più povere, e una nuova e più generosa riforma delle pensioni), difficilmente conciliabili con le regole di bilancio fissate dall'Unione europea. Il nuovo governo, presieduto dal giurista Giuseppe Conte, con Salvini agli Interni e Di Maio allo Sviluppo economico e alle Politiche sociali dovette quindi mediare fra spinte contrastanti.

biblio grafia

Sull'Italia repubblicana, per le opere di carattere generale, si vedano i titoli citati nella bibliografia dei capp. 20 e 26. Si vedano, inoltre, M. Lazar, *Democrazia alla prova. L'Italia dopo Berlusconi*, Laterza, Roma-Bari 2007; I. Diamanti-M. Lazar, *Popolocrazia. La metamorfosi delle nostre democrazie*, Laterza, Bari-Roma 2018; S. Feltri, *Populismo sovrano*, Einaudi, Torino 2018.

Sulla stagione del centro-destra e il berlusconismo, si vedano i titoli citati nella bibliografia del cap. 26.

Sui Ds e sul Partito democratico: R. Mulé, *Dentro i DS*, Il Mulino, Bologna 2007; M. Damilano, *Chi ha sbagliato più forte. Le vittorie, le cadute, i duelli dall'Ulivo al Pd*, Laterza, Roma-Bari 2013.

Sul Movimento 5 Stelle: P. Corbetta-E. Gualmini (a cura di), *Il partito di Grillo*, Il Mulino, Bologna 2013; G. Santoro, *Un Grillo qualunque. Il Movimento 5 Stelle e il populismo digitale nella crisi dei partiti italiani*, Castelvecchi, Roma 2013; P. Corbetta (a cura di), *M5S. Come cambia il partito di Grillo*, Il Mulino, Bologna 2015.

Sulla crisi economica: S. Rossi, *Controtempo. L'Italia nella crisi mondiale*, Laterza, Roma-Bari 2009.

Sui cambiamenti sociali: R. Carlini, *Come siamo cambiati. Gli italiani e la crisi*, Laterza, Roma-Bari 2015.

Indice dei nomi

A

Abdul Hamid II, sultano ottomano, 144.
Abe, Shinzo, 645.
Abu Mazen, 667.
Acerbo, Giacomo, 265.
Adagio, Carmelo, 545.
Adenauer, Konrad, 425, 567.
Adinolfi, Goffredo, 271.
Aga Rossi, Elena, 400.
Ağca, Ali, 527.
Agnelli, Giovanni, 170.
Aguzzi, Luciano, 470.
Ahmadinejad, Mahmoud, 666, 668, 687-688, 692.
al-Baghdadi, Abu Bakr, 689, 693.
al-Banna, Hasan, 451, 577.
al-Sisi, Abdel Fattah, 686, 692.
Albanese, Giulia, 271.
Albertini, Luigi, 175, 194.
Aldrin, Edwin E., 507, 518.
Alessandro I, re di Serbia, 268.
Alessandro II Romanov, zar di Russia, 52-54.
Alexander, Harold, 394.
Alfano, Angelino, 704.
Alfonsín, Raúl, 536-537.
Alfonso XIII, re del Portogallo, 269.
Allende, Salvador, 467, 469.
Almond, Gabriel A., 639.
Alula, *ras* d'Etiopia, 104.
Amato, Giuliano, 605, 612, 614.
Ambrosini, Maurizio, 639.
Amendola, Giovanni, 265-266.
Amin, Idi, 461.
Andreotti, Giulio, 593, 595, 597, 602, 604.
Andropov, Yuri, 531.
Antonelli, Quinto, 225.
Appleby, R. Scott, 639.
Aquarone, Alberto, 165, 185, 344.
Arabi Pascià, 72.
Arafat, Yasser, 454, 468, 581, 583-585, 588, 667, 669.
Arendt, Hannah, 294, 321.
Arfè, Gaetano, 113.
Ariès, Philippe, 23, 520.
Armstrong, Neil, 507, 518.
Asburgo, dinastia, 146, 222.
Asquer, Enrica, 615.
Assad, Bashar al-, 675, 685-686, 690, 692-693.
Astuto, Giuseppe, 113.
Atatürk, *vedi* Kemal, Mustafà.
Attlee, Clement, 412.
Aubert, Roger, 21.
Audoin, Rouzeau, Stéphane, 224, 249.
Aylwin, Patricio, 537.
Aznar, José María, 570.

B

Bachelet, Michelle, 649.
Bade, Klaus J., 24.
Badoglio, Pietro, 373, 388-389, 392, 399.
Baget-Bozzo, Gianni, 497.
Bairoch, Paul, 35.
Bakunin, Michail, 19-20, 23, 44, 105.
Balbo, Italo, 261.
Baldini, Gianfranco, 575.
Baldissara, Luca, 401.
Balfour, Arthur James, 350, 361.
Banti, Alberto Mario, 113.
Barak, Ehud, 585.
Baravelli, Andrea, 271.
Barbagallo, Francesco, 113, 496.
Barbero, Alessandro, 225.
Barié, Ottavio, 563.
Barratt Brown, Michael, 85.

Bartov, Omer, 401.
Batista, Fulgencio, 359, 466-467.
Battaglia, Luisella, 639.
Battisti, Cesare, 194.
Baudrillard, Jean, 520.
Bauman, Zygmunt, 638.
Bava Beccaris, Fiorenzo, 167, 184.
Bayer, Friedrich, 32.
Bazzi, Adriana, 639.
Beck, Ulrich, 638.
Becker, Annette, 249.
Becker, Jean Jacques, 224.
Beckert, Sven, 67.
Beevor, Antony, 400.
Begin, Menachem, 579, 587.
Belardelli, Giovanni, 344.
Bell, Alexander Graham, 31.
Bell, Daniel, 544.
Bell, Philip Michael Hett, 400.
Bellabarba, Marco, 54.
Bellamy, Chris, 401.
Bellucci, Stefano, 85, 470, 660.
Ben Ali, Zine el-Abidine, 685, 692.
Ben Bella, Mohammed, 453.
Ben Gurion, David, 450.
Ben Youssef, sultano, 453.
Benda, Julien, 149.
Benedetto XV (Giacomo Della Chiesa), papa, 195, 207, 223.
Benedetto XVI (Joseph Alois Ratzinger), papa, 633, 639.
Beneduce, Alberto, 334.
Beneš, Eduard, 413.
Benevolo, Leonardo, 24.
Benson, Linda, 440.
Benvenuti, Francesco, 55, 225, 563.
Benz, Carl Friedrich, 30.
Bergamini, Oliviero, 67, 291.
Bergère, Marie-Claire, 440.
Bergson, Henri, 134, 138.
Berlinguer, Enrico, 594, 613.
Berlusconi, Silvio, 608-611, 614, 696-709.
Bernanke, Ben, 291.
Bernardi, Emanuele, 496.
Bernstein, Eduard, 125, 137, 180.
Bersani, Pierluigi, 700, 703, 706.
Berta, Giuseppe, 497.
Bertani, Agostino, 100.
Bertilotti, Teresa, 615.
Bettanin, Fabio, 322, 401.
Betts, Raymond F., 85, 469.
Beveridge, William, 412.
Bevilacqua, Piero, 35, 113, 544.
Biagi, Marco, 698.
Bianchi, Enzo, 639.
bin Laden, Osama, 661-663, 668, 674, 685.
Bini, Elisabetta, 544.
Bismarck, Otto von, 40-41, 43, 45-47, 53, 70, 73, 96, 103, 110, 131, 141, 151, 164.
Bissolati, Leonida, 180-181, 185, 194.
Blair, Tony, 570-571.
Bloch, Marc, 400.
Blum, Léon, 312, 318, 321, 567.
Bohr, Niels, 286.
Bolgherini, Silvia, 575.
Bonaglia, Federico, 638, 660.
Bonaparte, Luigi Napoleone, *vedi* Napoleone III.
Bonazzi, Tiziano, 67.
Bongiovanni, Bruno, 439, 563.
Bonini, Francesco, 497.
Bonomi, Ivanoe, 180-181, 185, 261, 391-393, 399.
Borbone, dinastia, 48.
Bordiga, Amadeo, 254, 257.
Borsa, Giorgio, 83.
Borsellino, Paolo, 473, 604-605.
Bosco, Anna, 545, 575.
Boselli, Paolo, 197.
Bossi, Umberto, 601, 604, 610, 697.
Botti, Alfonso, 545, 575.
Bottoni, Riccardo, 344.
Bouissou, Jean Marie, 440.
Boulanger, Georges, 49.
Bourke, Joanna, 400.
Bracher, Karl Dietrich, 321.
Branca, Paolo, 669.
Brandt, Willy, 533-534.
Branson, Noreen, 249.
Braun, Michael, 575.
Bravo, Anna, 614.
Brazzoduro, Andrea, 469.
Bregman, Ahron, 470.
Brendon, Piers, 322.
Bresci, Gaetano, 168.
Bresciani, Marco, 345.
Breton, André, 288.
Breuilly, John, 54.
Brežnev, Leonid, 433, 439, 529, 531, 543.
Briand, Aristide, 148, 240-241, 566.
Brigaglia, Manlio, 139.
Briggs, Asa, 55, 291.
Brizzi, Riccardo, 575.
Broszat, Martin, 321.
Brown, Gordon, 571.
Browne, Harry, 322.
Browning, Christopher, 401.
Bruhat, Jean, 54.
Brundtland, Gro Harlem, 525.
Brüning, Heinrich, 278, 298.
Brzezinski, Zbigniew, 294.
Bucharin, Nikolaj, 246, 305, 309.
Bumedien, Huari, 453.
Buonaiuti, Ernesto, 129.
Burghiba, Habib, 453.
Burgio, Alberto, 139.
Burgwyn, James H., 400.
Burke, Peter, 291.
Burrow, John W., 139.
Buruma, Ian, 669.
Bush, George, 529, 532, 542, 560-562, 582, 584.
Bush, George Walker, 561-562, 662, 665, 672.
Butler, Judith, 520.

C

Cacace, Paolo, 497, 575.
Cadorna, Luigi, 196, 207-208, 225.
Cafagna, Luciano, 113, 615.
Cafiero, Carlo, 105.
Calchi Novati, Gian Paolo, 85, 114, 344, 470, 693.
Calvocoressi, Peter, 400.
Cameron, David, 682-683.
Cammarano, Fulvio, 113.
Campanini, Massimo, 362, 589, 693.
Campi, Alessandro, 271.
Canali, Mauro, 271.

Candeloro, Giorgio, 113-114, 185, 271, 344, 496.
Cannataro, Italia Maria, 470.
Caracciolo, Alberto, 113.
Caracciolo, Luigi, 615.
Carbone, Giovanni, 660.
Cárdenas, Lázaro, 360.
Caredda, Giorgio, 439.
Carlini, Roberta, 710.
Carlo I, imperatore d'Austria, 206.
Carlo Magno, imperatore del Sacro romano impero, 42.
Carlyle, Thomas, 70.
Carmagnani, Marcello, 363.
Carocci, Giampiero, 113.
Caroli, Rosa, 67, 363.
Carr, Edward Hallet, 225.
Carter, Jimmy (James Earl), 528, 579-580.
Cartosio, Bruno, 520, 660.
Casali, Luciano, 271.
Cassese, Sabino, 344.
Castells, Manuel, 638.
Castro, Fidel, 429, 466, 469-470, 514, 538, 651.
Castro, Raúl, 651.
Castronovo, Valerio, 497, 575.
Cattaneo, Carlo, 91.
Cattaruzza, Marina, 496.
Cavallotti, Felice, 100.
Cavassini, Paolo, 271.
Cavazza, Stefano, 138, 520.
Cavour, Camillo Benso, conte di, 11, 88-89, 95, 111, 167, 173.
Ceauşescu, Nicolae, 433, 550, 562.
Čechov, Anton, 52.
Ceci, Lucia, 186.
Černenko, Konstantin, 531.
Černyševskij, Nikolaj Gavrilovič, 360.
Ceschin, Daniele, 225.
Chabod, Federico, 113, 575.
Chadwick, James, 286.
Chagall, Marc, 245.
Chamberlain, Arthur Neville, 317-319, 371.
Chamberlain, Houston Stewart, 132.
Chamberlain, Joseph, 51, 70, 147, 149-150.
Chávez, Hugo, 650-651.
Chehab, Zaki, 588.
Chesneaux, Jean, 85.
Chiang Kai-shek, 354-355, 361, 417-418, 436-437.
Chiantera-Stutte, Patricia, 85.
Chiarini, Roberto, 401.
Chirac, Jacques, 570.
Chlebnikov, Viktor, 245.
Chlevnjuk, Oleg V., 322.
Chou En-lai, 436, 540.
Churchill, Winston, 317, 319, 371, 375, 386-387, 396, 398-400, 406, 412, 567.
Ciampi, Carlo Azeglio, 605, 610-612.
Ciano, Galeazzo, 337, 365, 390.
Ciotti, Fabio, 638.
Ciuffoletti, Zeffiro, 497.
Cixi, imperatrice della Cina, 158.
Clark, Christopher, 224.
Clemenceau, Georges, 49, 148, 204, 216.
Clementi, Marco, 615.
Clinton, Bill, 560-562, 570, 584-585, 666, 674.
Clinton, Hillary, 674, 691.
Coco, Francesco, 596.
Codovini, Giovanni, 470.
Cohen, Warren I., 563.
Colarizi, Simona, 344, 497, 614-615.
Cole, George D.H., 139.
Colletti, Lucio, 544.
Collor de Mello, Fernando, 537.
Collotti Pischel, Enrica, 85, 362.
Collotti, Enzo, 344, 400-401.
Colombo, Emilio, 494.
Colombo, Umberto, 544.
Comte, Auguste, 6.
Conrad, Sebastian, 55.
Conti, Davide, 497.
Corbetta, Piergiorgio, 710.
Corbyn, Jeremy, 683.
Cornelißen, Christoph, 544.
Corner, Paul, 344.
Corni, Gustavo, 322, 400-401.
Cornwell, John, 639.
Corradini, Enrico, 177.
Cosmacini, Giorgio, 35.
Cossiga, Francesco, 601, 603.
Costa, Andrea, 99, 105.
Coudenhove-Kalergi, Richard, 566.
Crabu, Stefano, 639.
Crainz, Guido, 440, 496-497, 614.
Craveri, Piero, 496-497.
Craxi, Bettino, 595, 598-599, 604, 608, 613-614.
Cresti, Federico, 186.
Crick, Harry, 635.
Crispi, Francesco, 107-110, 112-113, 166, 176, 178.
Croce, Benedetto, 113, 134, 138, 195, 266, 289, 340, 475.
Crockatt, Richard, 439.
Crompton, Rosemary, 23.

D

D'Alema, Massimo, 610-612, 614, 706.
D'Annunzio, Gabriele, 195, 252-253, 256, 269.
D'Antona, Massimo, 698.
Dahrendorf, Ralf, 138, 563.
Daimler, Gottlieb, 30.
Daladier, Édouard, 311, 319.
Dalla Chiesa, Carlo Alberto, 473, 600.
Damilano, Marco, 710.
Daniels, Roger, 291.
Darnton, Robert, 563.
Darwin, Charles, 7, 22, 24, 295.
Dautry, Jean, 54.
Davis, David Brion, 67.
Dawes, Charles G., 238.
De Bernardi, Alberto, 344, 520, 614.
De Broglie, Louis, 286.
De Clementi, Andreina, 35.
De Felice, Renzo, 271, 326, 344-345, 400-401.
De Gasperi, Alcide, 425, 475-476, 478, 482-484, 486-487, 494-495, 497, 567.
De Gaulle, Charles, 370, 378, 387, 412, 426-427, 438, 453, 468, 514, 533.
de Grazia, Victoria, 344, 520.
de Klerk, Frederik, 652.
De Luna, Giovanni, 497.
De Marchi, Bruna, 544.
De Mita, Ciriaco, 602.
De Nicola, Enrico, 478.

De Rosa, Gabriele, 114.
De Seta, Cesare, 24.
Degl'Innocenti, Maurizio, 185, 497, 497.
Del Ben, Dania, 545.
Del Boca, Angelo, 114, 186, 344.
Del Panta, Lorenzo, 35.
Del Pero, Mario, 67, 291, 439.
Del Zanna, Giorgio, 165.
Della Peruta, Franco, 35.
della Porta, Donatella, 544, 615.
Della Valentina, Gianluigi, 544.
Delzell, Charles F., 345.
Deng Xiaoping, 540, 544, 643-644.
Depretis, Agostino, 98-100, 102, 107, 112-113, 175.
Dewey, John, 134.
Di Biagio, Anna, 249.
Di Pietro, Antonio, 611.
Diamanti, Ilvo, 615, 710.
Diaz, Armando, 208.
Díaz, Porfirio, 162, 163.
Diesel, Rudolf, 30.
Dilthey, Wilhem, 134.
Dini, Lamberto, 609-610, 614.
Dirac, Paul, 286.
Disraeli, Benjamin, 50-51, 54, 70.
Dogliani, Patrizia, 344.
Dollfuss, Engelbert, 268, 300, 310.
Donald, David H., 67.
Dönitz, Karl, 397.
Dostoevskij, Fëdor, 52.
Dreyfus, Alfred, 147-148, 164.
Drèze, Jean, 660.
Droz, Bernard, 469.
Dubček, Aleksander, 433-434.
Duby, Georges, 23, 139, 520.
Duggan, Christopher, 113.
Dunlop, John Boyd, 29.
Durkheim, Émile, 148.
Duvalier, François, 537.
Duverger, Maurice, 138.

E

Ebert, Friedrich, 216, 234.
Edison, Thomas Alva, 30-31.
Eiffel, Alexandre-Gustave, 29.
Einaudi, Luigi, 195, 475, 478, 483-484, 495.
Einstein, Albert, 134, 138.
Eiseley, Loren, 24.
Eisenhower, Dwight, 387, 421, 438.
Eisenstadt, Shmuel Noah, 139.
Ejzenštejn, Sergej, 245.
Ellwood, David W., 440.
Eltsin, Boris, 551, 557-558, 562.
Emiliani, Marcella, 362.
Engels, Friedrich, 106, 125.
Erdoğan, Recep Tayyip, 586, 588, 680, 687, 690, 692.
Erzberger, Matthias, 236.
Essebsi, Caid, 686.

F

Fabbri, Fabio, 271.
Fabre, Giorgio, 24.
Facta, Luigi, 261.
Falciola, Luca, 614.
Falcone, Giovanni, 473, 604-605.
Fanfani, Amintore, 487, 492.
Farage, Nigel, 682.
Farinacci, Roberto, 261.
Farini, Luigi Carlo, 88.
Fauri, Francesca, 497, 575.
Feci, Simona, 639.
Fedele, Santi, 345.
Fejtö, François, 224, 440, 563.
Feldman, Gerald D., 225.
Fenoaltea, Stefano, 113.
Ferguson, Niall, 563.
Fermi, Enrico, 286.
Fernández de Kirchner, Cristina, 649.
Ferretti, Maria, 400.
Ferrone, Vincenzo, 639.
Fest, Joachim Clemens, 322.
Feuchtwanger, Edgar Joseph, 55.
Field, Bonnie N., 575.
Fieldhouse, David K., 85.
Figes, Orlando, 165, 225.
Filippo d'Orléans, reggente di Francia, 43.
Fini, Gianfranco, 608-609, 697, 700-701.
Fioravanzo, Monica, 401.
Fischer, Fritz, 224.
Fleming, Alexander, 505.
Fliche, Augustin, 24.
Flores, Marcello, 225, 401, 520.
Foner, Eric, 67, 291.
Ford, Gerald, 528.
Ford, Henry, 624.
Formigoni, Guido, 114, 497.
Forti, Simona, 321.
Fortis, Alessandro, 174.
Fortunato, Giustino, 173.
Fowkes, Ben, 440.
Francesco (Jorge Mario Bergoglio), papa, 639.
Francesco Ferdinando d'Asburgo, 154, 188, 222.
Francesco Giuseppe, imperatore d'Austria, 61, 103, 154, 206.
Franco, Francisco, 314-315, 321, 536, 543.
Franzina, Emilio, 35.
Franzinelli, Mimmo, 271.
Frei, Norbert, 321.
Freud, Sigmund, 135, 138.
Frevert, Ute, 24.
Frey, Marc, 440.
Friedan, Betty, 515.
Friedländer, Saul, 401.
Friedman, Milton, 27, 523.
Friedrich, Carl J., 30, 294.
Fujimori, Alberto, 537.
Fukuyama, Francis, 563.
Furbank, Philip N., 23.
Furet, François, 322.
Fussell, Paul, 225, 249.

G

Gaddis, John Lewis, 439.
Gaeta, Franco, 185.
Gagarin, Yuri, 507.
Gagliani, Dianella, 401.
Gagliardi, Alessio, 344.
Galbraith, John Kenneth, 291.
Gall, Lothar, 54.
Gallino, Luciano, 638, 660.
Galton, Francis, 660.
Ganapini, Luigi, 401.
Gandhi, Indira, 446, 468.
Gandhi, Mohandas Karamchand, 352, 361, 444-446, 467.
Gandhi, Rajiv, 646.

Garavini, Giuliano, 544.
Garibaldi, Giuseppe, 42, 95-96, 482.
Garosci, Aldo, 345.
Garton Ash, Timothy, 563.
Gasparri, Pietro, 324.
Gates, Bill (William Henry III), 618.
Gatti, Francesco, 363.
Gay, Peter, 249.
Gelvin, James L., 362, 470.
Genovese, Eugene D., 67.
Gentile, Emilio, 185, 249, 271, 344.
Gentile, Giovanni, 134, 138, 195, 264, 266, 289, 330, 340.
Gentili, Anna Maria, 85, 470.
Gentiloni Silveri, Umberto, 497.
Gentiloni, Paolo, 706.
Gentiloni, Vincenzo Ottorino, 182.
Gervasoni, Marco, 614-615.
Gheddafi, Muhammar, 453, 468, 529, 627, 685, 692, 707.
Ghisalberti, Carlo, 113.
Giannini, Guglielmo, 476.
Gibelli, Antonio, 224-225.
Gide, André, 289.
Gilbert, Mark, 224, 575.
Ginsborg, Paul, 496, 614-615.
Giolitti, Giovanni, 108-109, 112, 168, 173-176, 180, 182-185, 194, 196, 222, 255-257, 260-261, 269-270.
Giorgio V, re d'Inghilterra, 150.
Giovagnoli, Agostino, 496-497, 615.
Giovanni Paolo II (Karol Wojtyła), papa, 527, 547, 633, 638-639.
Giovanni XXIII (Angelo Giuseppe Roncalli), papa, 516-517, 519.
Giscard d'Estaing, Valéry, 621.
Giuliano, Salvatore, 474.
Giusti, Maria Teresa, 400.
Gladstone, William, 50-51, 54.
Glaser, Elisabeth, 225.
Gobetti, Eric, 400.
Gobetti, Piero, 266.
Gobineau, Arthur de, 131-132.
Goebbels, Joseph, 304.
Gökay, Bülent, 544.
Goldhagen, Daniel Jonah, 401.
Goldstein, Andrea, 638, 660.
Goldstein, Erik, 225.
Gomulka, Wladyslaw, 423.
Gooch, John, 139.
Goodliffe, Gabriel, 575.
Gor'kij, Maksim, 289.
Gorbačëv, Michail, 531-532, 540, 543, 546-549, 551-553, 557, 561-562.
Gore, Al, 561.
Gotor, Miguel, 615.
Gott, Richard W., 470.
Gottwald, Klement, 413.
Gozzini, Giovanni, 497, 520.
Graff, Harvey J., 139.
Gramsci, Antonio, 254, 341.
Grandi, Dino, 261, 388.
Grant, Ulysses, 59.
Grasso, Pietro, 706, 710.
Graziosi, Andrea, 165, 225, 249, 322, 440.
Greilsammer, Ilan, 139.
Grillo, Beppe, 702-703, 709.
Gronchi, Giovanni, 487.
Grotz, Florian, 575.
Gualmini, Elisabetta, 710.
Gualtieri, Roberto, 497.
Guarnieri, Carlo, 614.
Gudkov, Lev, 563.
Guerra, Adriano, 563.
Guevara, Ernesto "Che", 467.
Guglielmo I, imperatore di Germania, 40-42.
Guglielmo II, imperatore di Germania, 141, 143, 151, 164, 216, 223, 406.
Guida, Francesco, 440.
Guolo, Renzo, 588-589, 639, 669.
Guzmán, Joachín, 651.

H

Hailè Selassiè, negus d'Etiopia, 336, 460.
Hall, Mitchell K., 440.
Hardt, Michael, 563.
Harper, John L., 439.
Haupt, Heinz-Gerhard, 24.
Haussmann, Georges-Eugène, 16, 23.
Havel, Václav, 550.
Hayek, Friedrich, 27.
Headrick, Daniel R., 85.
Heidegger, Martin, 289.
Heinemann, Margot, 249.
Heisenberg, Werner, 286.
Hemingway, Ernest, 315.
Herzen, Aleksandr Ivanovič, 360.
Herzl, Theodor, 133, 350.
Hett, Benjamin Carter, 322.
Hibbert, Christopher, 55.
Hilberg, Raul, 401.
Hildebrand, Klaus, 321.
Hillgruber, Andreas, 400.
Hindenburg, Paul von, 204, 238, 298-300.
Hirohito, imperatore del Giappone, 356, 397, 400, 420.
Hitler, Adolf, 236-237, 248, 278, 285-296, 303-309, 312, 315-317, 321, 333, 337, 343, 364-366, 368, 370-371, 374, 378-379, 381, 385, 387, 395-397, 399-400, 405-406.
Ho Chi-minh, 430, 439, 447-448, 538.
Hobsbawm, Eric J., 23, 35, 54, 139, 322, 520.
Hobson, John A., 69.
Hohenberg, Paul M., 24.
Hollande, François, 571, 683.
Hollen Lees, Lynn, 24.
Honecker, Erich, 548.
Hoover, Herbert, 276, 279.
Horkheimer, Max, 512.
Horthy, Miklós, 235, 268.
Howard, Jonathan, 24.
Huerta, Victoriano, 163.
Huntington, Samuel P., 563.
Husák, Gustav, 434.
Hussein Ibn Ali, emiro della Mecca, 349.
Hussein, re di Giordania, 454.
Hussein, Saddam, 581-582, 584, 588, 663-666, 668, 688-689.

I

Ibn Saud, re dell'Arabia Saudita, 350.

Ignazi, Piero, 497, 614-615.
Ikenberry, Gilford John, 563.
Isnenghi, Mario, 224-225.
Ivani, Mario, 271.

J

Jacini, Stefano, 101.
Jakobson, Roman, 245.
James, William, 134.
Janz, Oliver, 224.
Jarausch, Konrad H., 139.
Jaruzelski, Wojciek, 547.
Jaurès, Jean, 191.
Jedin, Hubert, 24, 139.
Jiang Qing, 540.
Jobs, Steve, 618.
Johnson, Lyndon, 430-431.
Joliot-Curie, Frédéric, 286.
Joll, James, 224.
Jones, Eric L., 693.
Joyce, James, 288.
Juan Carlos di Borbone, re di Spagna, 536, 543.
Juárez, Benito, 61.
Judt, Tony, 440, 660.

K

Kaczynski, Jaroslaw, 681.
Kádár, Janos, 423, 548.
Kafka, Franz, 288.
Kamenev, Lev, 246, 249, 309.
Kant, Immanuel, 566.
Karamanlis, Kòstas, 536.
Karzai, Hamid, 663.
Kautsky, Karl, 125.
Keegan, John, 224.
Keene, Donald, 67.
Kemal, Mustafà, 347-348, 361, 456-457, 468, 586, 687.
Kemp, Tom, 85.
Kennedy, Dane, 469.
Kennedy, John Fitzgerald, 428-430, 438, 491, 506, 516, 672.
Kennedy, Robert, 430.
Kenyatta, Jomo, 358, 458.
Kepel, Gilles, 589, 639, 669.
Kerenskij, Aleksandr Fëdorovič, 210.
Kershaw, Ian, 249, 322.
Keylor, William, 225.
Keynes, John Maynard, 281-282, 290, 523.
Khomeini, Ruhollah, 580, 587.
Ki-Zerbo, Joseph, 85, 470.
Kim Il Jong, 676.
Kim Il Sung, 418.
Kim Jong Un, 676, 691.
Kindleberger, Charles Poor, 291.
King, Martin Luther, 428, 430, 513.
Kipling, Joseph Rudyard, 70.
Kirchner, Néstor, 649.
Kirov, Sergej, 308.
Kissinger, Henry, 528.
Kitson Clark, George, 55.
Klinkhammer, Lutz, 401.
Knox, MacGregor, 344.
Koch, Robert, 32.
Kocka, Jürgen, 24.
Kohl, Helmut, 534, 549, 561, 570.
Kornilov, Lavr Georgievič, 210.
Koselleck, Reinhart, 139.
Koser, Khalid, 639.
Krüger, Paul, 77.
Kruscëv, Nikita, 422-424, 428-429, 433, 438-439, 506.
Kuliscioff, Anna, 106.
Kun, Béla, 235.
Kwaśniewski, Aleksander, 550.

L

La Malfa, Ugo, 487, 493.
Labanca, Nicola, 114, 225, 344.
Labriola, Antonio, 106.
Lama, Luciano, 597.
Lanaro, Silvio, 496.
Landes, David Saul, 24, 35.
Laqueur, Walter, 249, 401, 544.
Lassalle, Ferdinand, 18, 45.
Laval, Pierre, 379.
Lawrence, Thomas Edward, *detto* Lawrence d'Arabia, 349.
Lazar, Marc, 575, 615, 710.
Le Pen, Marine, 681, 683.
Lecaldano, Eugenio, 639.
Lee, Robert, 59.
Lee, Steven H., 440.
Leed, Eric J., 225.
Lefebvre, Marcel, 517.
Lenin (Vladimir Il'ič Ul'janov), 69, 126, 137, 205, 210-212, 223, 225, 233, 245-246, 249, 305, 307-308, 354.
Léon, Pauline, 24.
Leone XIII (Gioacchino Pecci), papa, 107, 112, 128-129, 137, 181.
Leone, Giovanni, 598.
Leopoldo II, re del Belgio, 73.
Lepre, Aurelio, 401, 496.
Letta, Enrico, 703-704, 709.
Levine, Bruce, 67.
Levis Sullam, Simon, 401.
Lewin, Moshe, 322.
Lewis, Bernard, 469, 639.
Lewy, Guenter, 225.
Liebknecht, Karl, 126, 137, 234.
Lin Piao, 435-436.
Lincoln, Abraham, 58-60, 67.
Lindbergh, Charles, 287.
Lisickij, Eliezer, 245.
Lissagaray, Prosper-Olivier, 54.
Liu Shao-chi, 435.
Livi Bacci, Massimo, 35.
Livingstone, David, 71.
Lloyd George, David, 204, 216.
Loisy, Alfred, 129.
Lönne, Karl Egon, 139.
Lorenzini, Sara, 497.
Lucarini, Federico, 185.
Ludden, David, 85.
Ludendorff, Erich, 204.
Luigi Filippo d'Orléans, re di Francia, 43, 48-49.
Lula da Silva, Inácio, 650.
Lumière, Auguste, 31.
Lumière, Louis, 31.
Lumumba, Patrice, 460.
Lupo, Salvatore, 344, 497.
Luraghi, Raimondo, 67.
Lussana, Fiamma, 615.
Lussu, Emilio, 341.
Luxemburg, Rosa, 69, 126, 137, 234.
Luzzatto, Sergio, 344.
Lyttelton, Adrian, 271.

M

MacArthur, Douglas, 420.
Maccabelli, Terenzio, 639.
MacDonald, James Ramsay, 278.
MacKenzie, Simon P., 400.

Macri, Mauricio, 649.
Macron, Emmanuel, 683, 692.
Madero, Francisco, 162-163.
Maduro, Nicolás, 651.
Magni, Sergio Filippo, 639.
Maier, Charles S., 249, 563.
Majakovskij, Vladimir, 245.
Major, John, 534.
Malatesta, Errico, 105.
Malevič, Kazimir, 245.
Malraux, André, 315.
Mammarella, Giuseppe, 440, 497, 544, 563, 575.
Manacorda, Gastone, 113.
Mandela, Nelson, 652-653, 659.
Mann, Thomas, 288-289.
Mantelli, Brunello, 544.
Mantovani, Andrea, 575.
Mao Zedong, 353-355, 362, 417, 419, 434-437, 439, 513-514, 540, 591, 644.
Maometto V, sultano ottomano, 144.
Maometto, 578.
Marattin, Luigi, 575.
Marconi, Guglielmo, 284, 330.
Marcos, Ferdinand, 447.
Marcuse, Herbert, 503, 512.
Margalit, Avishai, 669.
Margiotta Broglio, Francesco, 24.
Martin, Victor, 24.
Martina, Giacomo, 24.
Martinelli, Renzo, 497.
Marx, Karl, 18-20, 23, 44, 105-106, 125, 212, 503.
Marx, Wilhelm, 238.
Marzo Magno, A., 563.
Masaryk, Jan, 414.
Mascagni, Pietro, 330.
Mason, John W., 54.
Massimiliano d'Asburgo, 61.
Mastella, Clemente, 699.
Masters, Colin, 639.
Matard-Bonucci, Marie-Anne, 345, 401, 615.
Mattarella, Sergio, 705, 709.
Mattei, Enrico, 487.
Matteotti, Giacomo, 265-266, 270.
Mattera, Paolo, 185.
May, Theresa, 683.
Mayer, Arno J., 165.
Mazower, Mark, 322, 401, 440.
Mazowiecki, Tadeusz, 547.
Mazzini, Giuseppe, 18, 566.
Mbeki, Thabo, 652.
McCain, John, 672.
McCarthy, Joseph, 421, 438.
McCauley, Martin, 322.
McLuhan, Marshall Herbert, 509, 520.
McMeekin, Sean, 165.
McNeill, John R., 544.
Meda, Filippo, 197.
Medvedev, Dmitrij, 559, 677.
Meinecke, Friedrich, 134.
Meir, Golda, 450.
Meisner, Maurice, 362.
Mejerchol'd, Vsevolod Emil'evič, 245.
Melis, Guido, 113, 322, 344.
Melloni, Alberto, 639.
Melograni, Piero, 224.
Menderes, Adnan, 456-457.
Menelik, negus di Etiopia, 110.
Menem, Carlos, 537.
Menghistu, Hayla Mariam, 460, 462.
Menotti Serrati, Giacinto, 254.
Menozzi, Daniele, 24, 520, 639.
Merck, Heinrich Emanuel, 32.
Merkel, Angela, 571, 679, 683.
Merli, Stefano, 114.
Mesić, Stipe, 555.
Meucci, Antonio, 31.
Mezran, Karim, 589.
Michels, Robert, 136.
Mikkeli, Heikki, 575.
Mill, John Stuart, 127.
Millett, Kate, 515.
Milošević, Slobodan, 554-556.
Milton, John, 27.
Minghetti, Marco, 99.
Mitchell, Juliet, 515, 520.
Mitchell, Reid, 67.
Mitterrand, François, 535, 543, 570.
Mobutu, Sese Seko, 460, 656.
Modi, Narendra, 647.
Mohammed Ahmed, 72.
Mokyr, Joel, 35.
Mola, Aldo Alessandro, 185.
Molotov, Vjačeslav, 366-367, 397, 552.
Moltke, Helmuth Karl Bernhard von, 40-41.
Mommsen, Hans, 401.
Mommsen, Wolfgang, 165.
Mondini, Marco, 224-225.
Monet, Claude, 148.
Monteleone, Franco, 291.
Montessoro, Francesco, 440.
Montgomery, Bernard Law, 385.
Monti, Mario, 701-703, 709.
Moore, Barrington jr., 67.
Mori, Cesare, 472.
Moro, Aldo, 492-494, 496, 597, 613, 615.
Morris, Benny, 470.
Morsi, Mohammed, 686, 692.
Mosley, Stephen, 544.
Mossadeq, Mohammed, 457, 469, 579.
Mosse, George L., 54, 139, 249, 304, 322.
Mubarak, Hosni, 685, 692.
Mulè, Rosa, 710.
Mulligan, William, 224.
Murri, Romolo, 181.
Musella, Luigi, 614.
Musil, Robert, 288.
Musso, Stefano, 138.
Mussolini, Benito, 181, 183, 185, 195, 254, 258-267, 269-271, 285, 294, 296, 299, 310, 315, 318-319, 323-327, 330, 334-339, 343-344, 365, 372-374, 388, 390, 396, 398-400, 404.
Musu, Ignazio, 660.
Mutsuhito, imperatore del Giappone, 64.

N

Nagy, Imre, 423.
Nani, Michele, 139.
Napoleone Bonaparte, 406.
Napoleone III (Luigi Napoleone Bonaparte), imperatore dei francesi, 16, 21, 36-37, 39, 41, 53, 61, 69, 96-97, 111, 370, 426.

Napolitano, Giorgio, 610, 699, 701, 703, 705, 709.
Nasser, Gamal Abdel, 451-452, 454-455, 462, 468, 578.
Negri, Antonio, 563.
Neguib, Mohammed, 451.
Nehru, Jawaharlal, 444, 446, 462, 467.
Nenni, Pietro, 271, 341, 474, 478, 488, 595.
Neri, Demetrio, 639.
Netanyahu, Benjamin, 585, 667.
Nicola II Romanov, zar di Russia, 155.
Nietzsche, Friedrich, 133, 138.
Nitti, Francesco Saverio, 173, 252.
Nixon, Richard, 431, 436, 514, 528.
Nobel, Alfred, 29.
Nocera, Raffaele, 363, 470.
Nolte, Ernst, 322.
Notarbartolo, Emanuele, 472.
Nyerere, Julius, 458, 462.

O

Obama, Barack, 672-676, 691, 693.
Oberdan, Guglielmo, 103.
Obregón, Álvaro, 163.
Occhetto, Achille, 603, 610.
Olivi, Bino, 575.
Omar, Mohammed, 663.
Orbán, Viktor, 681.
Orlando, Vittorio Emanuele, 208, 216, 251-252, 265.
Orsina, Giovanni, 615.
Ortega y Gasset, José, 115.
Ortega, Daniel, 650.
Ortoleva, Peppino, 520.
Orwell, George, 315.
Osterhammel, Jürgen, 24, 85, 363, 638.
Osti Guerrazzi, Amedeo, 401.
Otto, Nikolaus, 30.
Overy, Richard, 322, 400.

P

Pace, Enzo, 639.
Palizzolo, Raffaele, 472.
Panaccione, Andrea, 439.
Pankhurst, Emmeline, 127.
Pannella, Marco, 594, 608.
Panvini, Guido, 615.
Paolo VI (Giovanni Battista Montini), papa, 517, 519.
Papandreu, Andreas, 536.
Papen, Franz von, 298-299.
Pappe, Ilan, 470.
Pareto, Vilfredo, 136.
Parri, Ferruccio, 476, 494.
Parrish, Michael E., 291.
Pasquino, Gianfranco, 544.
Pasteur, Louis, 32.
Pavone, Claudio, 401.
Paxton, Robert O., 401.
Peli, Santo, 401.
Pellizzoni, Luigi, 544.
Pelloux, Luigi, 167-168, 184.
Peres, Shimon, 584.
Perón, Evita (Eva Duarte), 465.
Perón, Isabelita (Maria Estela Martinez), 465.
Perón, Juan Domingo, 360, 362, 465-466, 469.
Perrot, Michelle, 23, 139, 520.
Pertini, Sandro, 598.
Pescosolido, Guido, 113.
Petacci, Clara, 396.
Pétain, Philippe, 370, 379, 398.
Peters, Karl, 71.
Petersson, Niels P., 24, 638.
Petraccone, Claudia, 113.
Petrillo, Pier Luigi, 588.
Petrucciani, Stefano, 139.
Peukert, Detlev J., 321.
Pezzino, Paolo, 401.
Piacentini, Marcello, 330.
Pianta, Mario, 638.
Picasso, Pablo, 288-289.
Piccone Stella, Simonetta, 520.
Piffer, Tommaso, 401.
Piłsudski, Józef, 268.
Pinochet, Augusto, 467, 537, 543.
Pinto, Giuliano, 35.
Pio IX (Giovanni Maria Mastai Ferretti), papa, 20-21, 23, 95, 97, 111, 128, 516.
Pio X (Giuseppe Melchiorre Sarto), papa, 130, 138, 181, 185.
Pio XI (Achille Ratti), papa, 264, 303.
Pio XII (Eugenio Pacelli), papa, 482, 516.
Pipes, Richard, 225.
Pirandello, Luigi, 330.
Pirjevec, Joze, 496, 563.
Plana, Manuel, 165.
Planck, Max, 134.
Plechanov, Georgij, 155.
Poincaré, Raymond, 149, 239.
Pol Pot, 380, 539, 544.
Poliakov, Léon, 401.
Politi, Marco, 639.
Pollard, Sidney, 24, 520.
Polsi, Alessandro, 439.
Pombeni, Paolo, 139, 497.
Poulat, Émile, 139.
Pound, Ezra, 289.
Prashad, Vijay, 470.
Preston, Diana, 165.
Preston, Paul, 322.
Prezzolini, Giuseppe, 195.
Princip, Gavrilo, 188-189.
Procacci, Giovanna, 224.
Procacci, Giuliano, 185.
Prodi, Romano, 610, 614, 699-700, 709.
Proudhon, Pierre-Joseph, 18.
Proust, Marcel, 148, 288.
Provasi, Giancarlo, 639.
Provenzano, Bernardo, 473.
Pudovkin, Vsevolod, 245.
Pupo, Raoul, 496.
Putin, Vladimir, 558-559, 562, 677, 680, 691.

Q

Qing, dinastia, 158-159, 164.
Quagliariello, Gaetano, 440.
Quartapelle, Lia, 470.
Quisling, Vidkun, 379.

R

Rabin, Yitzhak, 584-585, 588.
Raeff, Marc, 55.
Rajoy, Mariano, 571, 683-684.
Rampini, Federico, 660.
Ranzato, Gabriele, 322.
Rapone, Leonardo, 575.
Rathenau, Walter, 236.
Reagan, Ronald, 522, 528-529, 532, 542, 560.
Reed, John, 225.
Reinhard, Wolfgang, 85.
Reischauer, Edwin O., 67.
Renda, Francesco, 114.

Renzi, Matteo, 704-706, 709-710.
Reynaud, Paul, 370.
Reynolds, Michael A., 224.
Reza Pahlavi, *detto* Reza Khan, 457.
Reza Pahlavi, Mohammad, scià di Persia, 457, 469, 579.
Rhodes, Cecil, 76-77, 84.
Ribbentrop, Joachim von, 366.
Riccardi, Andrea, 639.
Ridolfi, Maurizio, 114.
Riesman, David, 138.
Rifkin, Jeremy, 638-639.
Riina, Salvatore, 473, 605.
Riotto, Maurizio, 440.
Ritter, Gerhard, 54, 224.
Rivera, Miguel Primo de, 269, 271, 313.
Roberts, John Anthony George, 85, 363.
Robson, Stuart, 224.
Rocco, Alfredo, 267.
Rochat, Giorgio, 224, 400.
Rodogno, Davide, 400.
Rodrik, Dani, 639.
Rogger, Hans, 165.
Röhm, Ernst, 296, 300.
Rolland, Romain, 289.
Romanelli, Raffaele, 113.
Romano, Andrea, 322.
Romano, Ruggiero, 113.
Romeo, Rosario, 113.
Romero, Federico, 439, 544.
Rommel, Erwin, 373, 384.
Roncaglia, Gino, 638.
Roosevelt, Franklin Delano, 279-280, 282, 285, 290, 333, 375, 387, 397, 399, 403, 406, 428, 437, 664.
Roosevelt, Theodore, 160-161, 165.
Rose, Nikolas, 639.
Rosenberg, Emily S., 35.
Rosselli, Carlo, 315, 341.
Rosselli, Nello, 341.
Rossi Doria, Anna, 139.
Rossi, Ernesto, 566.
Rossi, Mario G., 185.
Rossi, Salvatore, 710.
Roth, Guenther, 165.
Rothermund, Dietmar, 85, 362.
Rouhani, Hassan, 688, 692.
Rousso, Henry, 322, 401.
Rudinì, Antonio di, 167.
Rumor, Mariano, 494.
Rusconi, Gian Enrico, 224, 322, 400, 639.
Rutelli, Francesco, 697.
Rutherford, Ernest, 134, 286.
Ryan, Johnny, 638.

S

Sabahi, S. Farian, 588.
Sabattini, Mario, 85, 363.
Sabbatucci, Giovanni, 113, 185, 271, 344, 496-497, 614.
Sacco, Nicola, 274.
Sacharov, Andrej, 531.
Sadat, Anwar, 455, 578-579, 587-588.
Said, Edward, 85.
Salandra, Antonio, 183, 185, 193-196, 222, 265.
Salazar, António Oliveira de, 269, 271, 535, 543.
Salisbury, Robert, 149.
Salomoni, Antonella, 225.
Salsano, Alfredo, 139.
Salvemini, Gaetano, 173, 176, 178, 195, 271.
Samarani, Guido, 85.
Sánchez-Cuenca, Ignacio, 575.
Sandino, Augusto César, 538.
Sandri, Renato, 401.
Sangiovanni, Andrea, 291.
Santangelo, Paolo, 85, 363.
Santaniello, Roberto, 575.
Santoro, Giuliano, 710.
Saracco, Giuseppe, 168.
Saraceno, Chiara, 520.
Saragat, Giuseppe, 340, 478, 494.
Sarfatti, Margherita, 345, 401.
Sarkozy, Nicolas, 571.
Sartori, Francesca, 639.
Sartre, Jean-Paul, 149.
Sassen, Saskia, 639.
Saunders, David, 55.
Savorgnan di Brazzà, Pietro, 71.
Scalfaro, Oscar Luigi, 604.
Scarciglia, Roberto, 545.
Scarpari, Maurizio, 85.
Scarpellini, Emanuela, 520.
Scattigno, Anna, 615.
Scavino, Marco, 185.
Scelba, Mario, 486.
Schettini, Laura, 639.
Schivelbusch, Wolfgang, 24.
Schleicher, Kurt von, 298.
Schlemmer, Thomas, 400.
Schlesinger jr, Arthur M., 291.
Schlieffen, Alfred von, 190.
Schmidt, Helmuth, 534.
Schmitt, Carl, 289.
Schröder, Gerhard, 570.
Schrödinger, Erwin, 286.
Schulze, Hagen, 249.
Schuman, Robert, 425, 567.
Schuschnigg, Kurt von, 318.
Scoppola, Pietro, 496.
Scott, Joan Wallach, 139.
Sebestyen, Victor, 439.
Segatori, Roberto, 693.
Segev, Tom, 469.
Segni, Antonio, 493.
Segni, Mario, 603, 608.
Sella, Quintino, 98.
Sen, Amartya, 660.
Senghor, Léopold, 358.
Serpieri, Arrigo, 334.
Serrati, Giacinto Menotti, 254, 257.
Sessi, Frediano, 401.
Setta, Sandro, 497.
Settis, Bruno, 138.
Seyss-Inquart, Arthur, 318.
Sforza, Carlo, 478, 484.
Sharon, Ariel, 585, 666-667, 669.
Siad Barre, Mohammed, 656.
Sirinelli, Jean-François, 249.
Sivan, Emmanuel, 639.
Sivini, Giordano, 138.
Smele, Jonathan D., 249.
Smith, Adam, 27.
Smith, Ian, 458.
Smith, Joseph, 439.
Soares, Mario, 535.
Socrate, Francesca, 614.
Soldani, Simonetta, 113.
Solženicyn, Aleksandr Isaevič, 308, 530.
Sombart, Werner, 134.
Somoza, Anastasio, 359, 537-538.
Sonnino, Eugenio, 35.
Sonnino, Sidney, 167, 173-175, 194-195, 222, 251-252.
Sorel, Georges, 126, 137.

Sotelo, José Calvo, 314.
Spaak, Paul-Henri, 567.
Spadolini, Giovanni, 598, 613.
Spagnolo, Carlo, 496.
Spazzali, Roberto, 496.
Speitkamp, Winfried, 85, 470.
Spencer, Herbert, 6.
Spinelli, Altiero, 566-567.
Spriano, Paolo, 271, 345.
Stachanov, Aleksej, 307.
Stalin, Josip Vissarionovič Džugašvili *detto*, 245-246, 249, 281, 293, 296, 305-310, 316, 319-322, 341, 374, 379-380, 386-387, 396, 399, 401, 406, 413-415, 421-423, 437-438, 480, 482, 540, 551, 559.
Stambolijski, Aleksander, 268.
Stanley, Henry Morton, 71.
Stephanson, Anders, 67.
Stevenson, John, 249.
Stiglitz, Joseph E., 638.
Stolypin, Pëtr, 156, 164.
Stone, Dan, 401.
Stora, Benjamin, 469.
Stravinskij, Igor, 245, 288.
Stresemann, Gustav, 237-238, 240, 248.
Stroessner, Alfredo, 537.
Stürmer, Michael, 55.
Sturzo, Luigi, 253, 264, 269, 475, 608.
Suárez, Adolfo, 536.
Suharto, Hadij Mohamed, 447.
Sukarno, Ahmed, 446-447.
Sullivan, Louis Henry, 17.
Sun Yat-sen, 158-160, 164, 353-354, 361.
Sylos Labini, Paolo, 614.

T

Tambroni, Fernando, 491-492, 496.
Tamburrano, Giuseppe, 497.
Tasca, Angelo, 254, 271.
Taylor, Alan John Percival, 54, 400.
Taylor, Frederick Winslow, 118.
Terhoeven, Petra, 544.
Terracini, Umberto, 254, 341.
Tersen, Emile, 54.
Testi, Arnaldo, 67, 165, 291.
Thamer, Hans Ulrich, 321.
Thatcher, Margaret, 522, 534, 536, 543.
Thiers, Adolphe, 43-44.
Thomas, Hugh, 470.
Thomas, John L., 165.
Thomson, Joseph, 134.
Tilly, Louise A., 139.
Tipton, Elise K., 67, 363.
Tito, Josip Broz *detto*, 379, 394, 414, 417, 437, 462, 480, 550, 562.
Togliatti, Palmiro, 254, 341, 392, 399, 475, 480, 483, 494.
Tokugawa, dinastia, 63.
Tolstoj, Lev, 52.
Toniolo, Gianni, 113.
Tooze, Adam J., 249.
Torelli, Stefano Maria, 693.
Torri, Michelguglielmo, 85, 362.
Traverso, Enzo, 249, 321-322, 401.
Trentin, Massimiliano, 693.
Trento, Angelo, 165, 363.
Treves, Claudio, 340.
Trotzkij, Lev Davidovič Bronstein *detto*, 211, 214, 245-246, 249, 308-309, 423.
Truman, Harry, 397, 400, 406, 411, 419, 421, 437.
Trump, Donald, 674-676, 682, 688, 691.
Tsipras, Alexis, 682.
Tuchačevskij, Michajl Nikolaevič, 309.
Tudjman, Franjo, 555.
Turati, Filippo, 106, 173, 180, 262, 340.
Turgenev, Ivan Sergeevič, 52.
Turi, Gabriele, 113, 344.
Tusk, Donald, 681.

U

Ulam, Adam B., 225.
Umberto I di Savoia, re d'Italia, 168, 184.
Umberto II di Savoia, re d'Italia, 477.
Ungari, Andrea, 497.
Ungaro, Daniele, 544.

V

Vaccarino, Giorgio, 401.
Vajpayee, Atal Behari, 647.
Valeri, Nino, 185.
Vallauri, Carlo, 400.
Valsecchi, Pierluigi, 85, 470.
Vandenbussche, Robert, 249.
Vanzetti, Bartolomeo, 274.
Vargas, Getulio, 359, 362, 466, 469.
Varsori, Antonio, 497.
Vassallo, Salvatore, 693.
Vaudagna, Maurizio, 291.
Vavasseur-Desperriers, Jean, 249.
Veblen, Thorstein, 503.
Veltroni, Walter, 610, 699-700, 709.
Ventrone, Angelo, 271, 496.
Venturini, Karen, 24.
Venturini, Nadia, 520.
Vercelli, Claudio, 469.
Verucci, Guido, 139, 520.
Vezzoni, Paolo, 639.
Vidotto, Vittorio, 113, 185, 271, 344, 496, 614.
Villa, Francisco, *detto* Pancho, 163.
Villari, Rosario, 113.
Vitte, Sergej, 154.
Vittoria, Albertina, 497.
Vittoria, regina d'Inghilterra, 50, 55, 78, 150.
Vittorio Emanuele II di Savoia, re d'Italia, 221.
Vittorio Emanuele III di Savoia, re d'Italia, 168, 184, 262, 336, 388, 392, 477.
Vivanti, Corrado, 113.
Vivarelli, Roberto, 271.
Volpe, Gioacchino, 113, 330.
Volta, Alessandro, 30.
Voltaire (François-Marie Arouet), 566.

W

Wagner, Richard, 132.
Wałęsa, Lech, 547, 550.
Watson, James, 635.
Weber, Eugen, 54.
Weber, Max, 135-136.
Wegner, Lucia, 660.
Wehler, Hans-Ulrich, 55.
Weiler, Joseph H.H., 575.
Weitz, Eric D., 249.

Wende, Peter, 85.
Werth, Nicolas, 165, 225, 322.
Wesseling, Henk, 85.
Wieviorka, Olivier, 400-401.
Wilders, Geert, 683.
Willson, Perry, 139.
Wilson, Harold, 533.
Wilson, Thomas Woodrow, 161, 165, 209, 215-217, 223, 227, 231, 247, 252, 350, 375, 403, 428, 664.
Windthorst, Ludwig, 46.
Winkler, Heinrich A., 249, 440.
Winock, Michel, 54.
Wint, Guy, 400.
Winter, Jay, 224, 249.
Wojtyła, Karol, *vedi* Giovanni Paolo II.
Wood, Anthony, 225.
Woolf, Stuart J., 271.
Wörsdörfer, Rolf, 496.
Wright Mills, Charles, 138.
Wright, Orville, 202.
Wright, Wilbur, 202.

X

Xi Jinping, 643-644.

Y

Yergin, Daniel, 544.
Yuan Shi-kai, 159-160, 353.

Z

Zamagni, Vera, 113, 496.
Zanardelli, Giuseppe, 168, 173, 184.
Zanatta, Loris, 363, 470.
Zangheri, Renato, 114.
Zapata, Emiliano, 162.
Zapatero, José Luis Rodríguez, 571.
Zaslavsky, Victor, 322, 563.
Zdanov, Andrej, 308.
Zimmer, Oliver, 139.
Zimmermann, Clemens, 24.
Zinov'ev, Grigorij, 246, 249, 309.
Zola, Émile, 147-148.
Zolo, Danilo, 639.
Zuma, Jacob, 652.
Zunino, Pier Giorgio, 344.
Zupi, Marco, 639.

Annotazioni

Annotazioni

Annotazioni